TOTAL ARRANGEMENT OF
CIVIL PROCEDURE LAW RULES

民事诉讼法规范
——总整理——

熊跃敏 编

图书在版编目(CIP)数据

民事诉讼法规范总整理/熊跃敏编．—北京：北京大学出版社，2018.4
ISBN 978-7-301-29060-6

Ⅰ．①民… Ⅱ．①熊… Ⅲ．①民事诉讼法—中国 Ⅳ．①D925

中国版本图书馆CIP数据核字（2017）第313631号

书　　　名	民事诉讼法规范总整理 MINSHI SUSONGFA GUIFAN ZONG ZHENGLI
著作责任者	熊跃敏　编
责任编辑	王丽环　陆建华
标准书号	ISBN 978-7-301-29060-6
出版发行	北京大学出版社
地　　　址	北京市海淀区成府路205号　100871
网　　　址	http://www.pup.cn　http://www.yandayuanzhao.com
电子信箱	yandayuanzhao@163.com
新浪微博	@北京大学出版社　@北大出版社燕大元照法律图书
电　　　话	邮购部 62752015　发行部 62750672　编辑部 62117788
印　刷　者	北京中科印刷有限公司
经　销　者	新华书店
	880毫米×1230毫米　A5　30.25印张　1284千字 2018年4月第1版　2018年4月第1次印刷
定　　　价	98.00元

未经许可，不得以任何方式复制或抄袭本书之部分或全部内容。
版权所有，侵权必究
举报电话：010-62752024　电子信箱：fd@pup.pku.edu.cn
图书如有印装质量问题，请与出版部联系，电话：010-62756370

编写说明

自 1991 年《中华人民共和国民事诉讼法》(以下简称《民事诉讼法》)颁行以来，最高人民法院不仅相继制定了一系列司法解释，还发布了数量繁多的相关批复以及涉及民事诉讼法律具体适用的各类案例、审判会议纪要等。面对如此繁杂的民事诉讼法律规范，无论是民事诉讼法学研习者，还是法律实务工作者，都迫切需要一本内容全面准确、查询方便快捷、实用性强的工具书。现有的民事诉讼法汇编工具书，多数是以民事诉讼法条文为依归，将相关的司法解释及其他规范性文件中关联度高、联系紧密的条文一一对应其中。此种编写体例的优势在于方便读者集中查询，但在一定程度上不利于保持法律规范的完整性和独立性。本书的编写旨在借鉴现有相关工具书的编辑优势，同时亦弥补其不足。总体而言，《民事诉讼法规范总整理》具有以下三个特点：

一是规范完整、独立。本书共分为七个部分，包括民事诉讼法典，最高人民法院《关于适用〈中华人民共和国民事诉讼法〉的解释》(以下简称《适用解释》)，相关国际条约，单行法律、法规，其他司法解释及规范性文件，指导性案例、典型案例、公报案例与会议纪要以及附录。对民事诉讼法典及其《适用解释》以外的规范和案例分别按照《民事诉讼法》条文顺序及发布时间的先后进行排列，并在脚注部分将与《民事诉讼法》某一条文相关的所有规范、案例的名称、具体规定的条款序号及在本书的页码标示出来。如此编写，既保持了民事诉讼法典、司法解释及其他规范性文件的独立性和完整性，也有助于读者全面理解与掌握条文内容。

二是内容全面、准确。本书全面、准确地收录了现行民事诉讼法律规范，具体包括民事诉讼法典及其《适用解释》，相关国际条约 3 个，相关法律、法规共 29 部，其他司法解释及规范性文件共 272 件，最高人民法院相关指导性案例 10 个、最高人民检察院相关指导性案例 2 个、最高人民法院相关典型案例 80 个、最高人民法院相关公报案例 83 个、民事审判会议纪要 1 部。此外，还在附录部分将 1991 年《民事诉讼法》、2007 年、2012 年以及 2017 年《民事诉讼法》修正案、说明及修正决定收录本书，以方便读者了解民事诉讼法的立法变迁。

三是查询方便、快捷，实用性强。本书以《民事诉讼法》的条文为主干，通过脚注的方式实现《民事诉讼法》条文与相关国际条约、法律法规、司法解释及其他规范性文件、案例的快速链接,方便读者集中快捷查询相关民事诉讼法规范,有助于读者全面、准确掌握条文内容。为方便读者快速检索,本书还为《民事诉讼法》的每个法条制作了标题,并将司法解释及其他规范性文件按照时间先后及《民事诉讼法》的编章节顺序进行了整理。

此外,为了方便读者全面掌握2007年、2012年、2017年《民事诉讼法》修改的内容,本书还在附录部分整理了《民事诉讼法》条文对照表,清晰展现了三次修法新增与删除的条文内容。

本书不仅适合法学院校的师生作为研习民事诉讼法、备战司法考试的重要参考书,也是从事法律实务工作的法官、律师、公司法务人员等必备的工具书。

在本书编写过程中,北京大学出版社的陆建华先生、王丽环女士,为本书的编辑出版事宜付出甚多,笔者十分感激与敬佩!我指导的研究生张润、梁喆旎、王一、赵天等为本书的出版付出了辛勤的劳动,在此表示诚挚的感谢!

由于本人水平及能力所限,不当之处在所难免。为求本书不断完善,敬请各位读者不吝赐教,将《民事诉讼法规范总整理》的问题及意见、建议发送至笔者本人的邮箱:xiongyuemin@sina.com。

本书收录的法律、法规、司法解释、最高人民法院的批复、案例以及其他规范性文件等截至2017年11月6日。

熊跃敏　谨识

2018年1月26日

简 目

第一部分 中华人民共和国民事诉讼法(2017.6.27 修正) ………… 1
第二部分 最高人民法院关于适用《中华人民共和国民事
诉讼法》的解释(2015.1.30) ……………………………… 62
第三部分 国际条约 ………………………………………………… 117
第四部分 单行法律、法规 ………………………………………… 130
第五部分 其他司法解释及规范性文件 …………………………… 188
 一、总则 …………………………………………………… 188
 二、审判程序 ……………………………………………… 429
 三、执行程序 ……………………………………………… 509
 四、涉外民事诉讼程序的特别规定 ……………………… 608
第六部分 指导性案例、典型案例、公报案例与会议纪要 ……… 660
 一、指导性案例 …………………………………………… 660
 二、典型案例 ……………………………………………… 693
 三、公报案例 ……………………………………………… 766
 四、会议纪要 ……………………………………………… 793
附录 …………………………………………………………………… 799
 一、立改文件 ……………………………………………… 799
 二、废止文件目录 ………………………………………… 856
 三、《中华人民共和国民事诉讼法》条文修改对照表
  ——以 2007 年《民事诉讼法》和 2012 年《民事诉讼法》条文
  对照为主 ……………………………………………… 868

详 目

第一部分　中华人民共和国民事诉讼法（2017.6.27 修正） ………… 1

第一编　总　则 ………… 2
第一章　任务、适用范围和基本原则 ………… 2
- 第一条　立法依据 ………… 2
- 第二条　立法目的 ………… 3
- 第三条　适用范围 ………… 3
- 第四条　空间效力 ………… 3
- 第五条　外国人的诉讼地位 ………… 3
- 第六条　法院独立审判 ………… 3
- 第七条　审理原则 ………… 3
- 第八条　诉讼权利平等原则 ………… 3
- 第九条　法院调解 ………… 4
- 第十条　审判制度 ………… 4
- 第十一条　语言文字 ………… 4
- 第十二条　辩论原则 ………… 4
- 第十三条　诚实信用原则和处分权原则 ………… 4
- 第十四条　法律监督 ………… 4
- 第十五条　支持起诉 ………… 4
- 第十六条　变通规定 ………… 4

第二章　管辖 ………… 4
第一节　级别管辖 ………… 4
- 第十七条　基层法院管辖 ………… 4
- 第十八条　中级法院管辖 ………… 5

    第十九条　高级法院管辖 ··· 5
    第二十条　最高法院管辖 ··· 5
  第二节　地域管辖 ··· 5
    第二十一条　一般地域管辖 ······································· 5
    第二十二条　特别规定 ··· 6
    第二十三条　合同纠纷管辖 ······································· 6
    第二十四条　保险纠纷管辖 ······································· 6
    第二十五条　票据纠纷管辖 ······································· 6
    第二十六条　公司纠纷管辖 ······································· 6
    第二十七条　运输纠纷管辖 ······································· 6
    第二十八条　侵权纠纷管辖 ······································· 6
    第二十九条　交通事故管辖 ······································· 6
    第三十条　海损事故管辖 ··· 7
    第三十一条　海难救助管辖 ······································· 7
    第三十二条　共同海损管辖 ······································· 7
    第三十三条　专属管辖 ··· 7
    第三十四条　协议管辖 ··· 7
    第三十五条　共同管辖与选择管辖 ································· 7
  第三节　移送管辖和指定管辖 ··· 7
    第三十六条　移送管辖 ··· 7
    第三十七条　指定管辖 ··· 7
    第三十八条　管辖转移 ··· 8

第三章　审判组织 ··· 8
  第三十九条　一审审判组织 ··· 8
  第四十条　二审审判组织 ··· 8
  第四十一条　审判长 ··· 8
  第四十二条　合议庭评议 ··· 8
  第四十三条　依法审判义务 ··· 9

第四章　回避 ··· 9
  第四十四条　适用对象与事由 ··· 9
  第四十五条　回避申请 ··· 9
  第四十六条　回避决定 ··· 9
  第四十七条　回避处理及救济 ··· 9

第五章　诉讼参加人 ··· 10
  第一节　当事人 ··· 10
    第四十八条　当事人范围 ··· 10

第四十九条　诉讼权利义务	10
第五十条　自行和解	10
第五十一条　诉请处分和反诉	10
第五十二条　共同诉讼	11
第五十三条　代表人诉讼一	11
第五十四条　代表人诉讼二	11
第五十五条　公益诉讼	11
第五十六条　诉讼第三人和第三人撤销之诉	12
第二节　诉讼代理人	12
第五十七条　法定代理人	12
第五十八条　委托代理人	13
第五十九条　授权委托书	13
第六十条　代理权变更	13
第六十一条　代理人权利	13
第六十二条　离婚诉讼代理	13
第六章　证据	**14**
第六十三条　证据种类	14
第六十四条　举证责任和法院调查收集与审查核实证据	14
第六十五条　举证时限	15
第六十六条　证据收据	15
第六十七条　法院调取证据	15
第六十八条　当事人质证	15
第六十九条　公证证据	16
第七十条　书证物证	16
第七十一条　视听资料	16
第七十二条　证人条件和义务	16
第七十三条　证人出庭作证	16
第七十四条　证人费用负担	16
第七十五条　当事人陈述	16
第七十六条　鉴定程序的启动	17
第七十七条　鉴定人权利和鉴定意见形式	17
第七十八条　鉴定人出庭作证	17
第七十九条　申请有专门知识的人出庭	17
第八十条　勘验程序	18
第八十一条　证据保全	18

第七章　期间、送达 ····· 18
第一节　期间 ····· 18
第八十二条　期间的种类和计算 ····· 18
第八十三条　期间的耽误和顺延 ····· 18
第二节　送达 ····· 19
第八十四条　送达回证 ····· 19
第八十五条　直接送达 ····· 19
第八十六条　留置送达 ····· 19
第八十七条　电子送达 ····· 19
第八十八条　委托送达和邮寄送达 ····· 19
第八十九条　军队转交送达 ····· 20
第九十条　监所转交送达 ····· 20
第九十一条　转交送达期间 ····· 20
第九十二条　公告送达 ····· 20

第八章　调解 ····· 20
第九十三条　调解原则 ····· 20
第九十四条　调解组织形式 ····· 20
第九十五条　协助调解 ····· 20
第九十六条　调解协议 ····· 20
第九十七条　调解书 ····· 20
第九十八条　不制作调解书的情形 ····· 21
第九十九条　调解失败 ····· 21

第九章　保全和先予执行 ····· 21
第一百条　适用条件和程序 ····· 21
第一百零一条　诉前财产保全 ····· 22
第一百零二条　保全范围 ····· 22
第一百零三条　保全方式 ····· 22
第一百零四条　保全解除 ····· 22
第一百零五条　保全错误救济 ····· 22
第一百零六条　先予执行范围 ····· 22
第一百零七条　先予执行条件 ····· 23
第一百零八条　不服保全或先予执行裁定的复议 ····· 23

第十章　对妨害民事诉讼的强制措施 ····· 23
第一百零九条　拘传 ····· 23
第一百一十条　违反法庭规则 ····· 23
第一百一十一条　妨害司法行为 ····· 24

第一百一十二条　恶意诉讼和调解 …………………………… 24
第一百一十三条　恶意串通逃避执行 …………………………… 24
第一百一十四条　不履行协助调查、执行的责任 ……………… 24
第一百一十五条　罚款与拘留 …………………………………… 25
第一百一十六条　强制措施程序 ………………………………… 25
第一百一十七条　强制措施的决定 ……………………………… 25

第十一章　诉讼费用 …………………………………………… 25
第一百一十八条　诉讼费用 ……………………………………… 25

第二编　审判程序 ……………………………………………… 26

第十二章　第一审普通程序 …………………………………… 26
第一节　起诉和受理 …………………………………………… 26
第一百一十九条　起诉条件 ……………………………………… 26
第一百二十条　起诉形式 ………………………………………… 26
第一百二十一条　起诉状 ………………………………………… 26
第一百二十二条　先行调解 ……………………………………… 26
第一百二十三条　立案和受理 …………………………………… 27
第一百二十四条　起诉审查 ……………………………………… 27

第二节　审理前的准备 ………………………………………… 28
第一百二十五条　诉讼文书送达 ………………………………… 28
第一百二十六条　权利义务告知 ………………………………… 28
第一百二十七条　管辖权异议和应诉管辖 ……………………… 28
第一百二十八条　合议庭组成人员告知 ………………………… 29
第一百二十九条　审核取证 ……………………………………… 29
第一百三十条　调查程序 ………………………………………… 29
第一百三十一条　委托调查 ……………………………………… 29
第一百三十二条　当事人追加 …………………………………… 29
第一百三十三条　受理案件处理程序 …………………………… 29

第三节　开庭审理 ……………………………………………… 29
第一百三十四条　审理方式 ……………………………………… 29
第一百三十五条　巡回审理 ……………………………………… 30
第一百三十六条　开庭通知及公告 ……………………………… 30
第一百三十七条　庭前准备 ……………………………………… 30
第一百三十八条　法庭调查顺序 ………………………………… 30
第一百三十九条　当事人的庭审权利 …………………………… 30
第一百四十条　诉的合并 ………………………………………… 30

第一百四十一条　法庭辩论 30
　　第一百四十二条　庭审调解 31
　　第一百四十三条　按撤诉处理 31
　　第一百四十四条　缺席判决 31
　　第一百四十五条　申请撤诉 31
　　第一百四十六条　延期审理 31
　　第一百四十七条　法庭笔录 31
　　第一百四十八条　宣判 32
　　第一百四十九条　审理期限 32
　第四节　诉讼中止和终结 32
　　第一百五十条　诉讼中止 32
　　第一百五十一条　诉讼终结 32
　第五节　判决和裁定 33
　　第一百五十二条　判决书 33
　　第一百五十三条　先行判决 33
　　第一百五十四条　裁定范围 33
　　第一百五十五条　生效裁判 33
　　第一百五十六条　裁判文书公开 34

第十三章　简易程序 34
　第一百五十七条　适用范围 34
　第一百五十八条　起诉方式 34
　第一百五十九条　传唤方式 34
　第一百六十条　审判组织 34
　第一百六十一条　审理期限 34
　第一百六十二条　小额诉讼案件 34
　第一百六十三条　简易程序转化 34

第十四章　第二审程序 35
　第一百六十四条　上诉权 35
　第一百六十五条　上诉状 35
　第一百六十六条　上诉方式 35
　第一百六十七条　原审法院的工作 35
　第一百六十八条　审理范围 35
　第一百六十九条　审理方式 35
　第一百七十条　二审裁判 36
　第一百七十一条　裁定上诉处理 36
　第一百七十二条　二审调解 36

第一百七十三条　撤回上诉	36
第一百七十四条　二审适用程序	36
第一百七十五条　二审裁判效力	36
第一百七十六条　二审审限	36

第十五章　特别程序 ································· 37

第一节　一般规定 ································· 37
第一百七十七条　适用范围 ································· 37
第一百七十八条　审判组织 ································· 37
第一百七十九条　特别程序的转化 ································· 37
第一百八十条　审理期限 ································· 37

第二节　选民资格案件 ································· 37
第一百八十一条　起诉与管辖 ································· 37
第一百八十二条　审限与判决 ································· 37

第三节　宣告失踪、宣告死亡案件 ································· 38
第一百八十三条　宣告失踪 ································· 38
第一百八十四条　宣告死亡 ································· 38
第一百八十五条　公告与判决 ································· 38
第一百八十六条　撤销判决 ································· 38

第四节　认定公民无民事行为能力、限制民事行为能力案件 ································· 38
第一百八十七条　管辖与申请书 ································· 38
第一百八十八条　行为能力鉴定 ································· 39
第一百八十九条　代理与判决 ································· 39
第一百九十条　撤销判决 ································· 39

第五节　认定财产无主案件 ································· 39
第一百九十一条　管辖与申请书 ································· 39
第一百九十二条　公告与判决 ································· 39
第一百九十三条　撤销判决 ································· 39

第六节　确认调解协议案件 ································· 39
第一百九十四条　申请与管辖 ································· 39
第一百九十五条　审查与裁定 ································· 40

第七节　实现担保物权案件 ································· 40
第一百九十六条　申请与管辖 ································· 40
第一百九十七条　审查与裁定 ································· 40

第十六章　审判监督程序 ································· 40
第一百九十八条　法院决定再审 ································· 40
第一百九十九条　当事人申请再审 ································· 41

第二百条 再审法定事由 ·· 41
第二百零一条 调解书再审 ·· 42
第二百零二条 离婚判决、调解书不得再审 ······················ 42
第二百零三条 申请再审材料 ······································ 42
第二百零四条 再审审查与审级 ··································· 42
第二百零五条 申请再审期限 ······································ 42
第二百零六条 原裁判和调解书执行中止 ························ 42
第二百零七条 再审审理 ··· 43
第二百零八条 检察院抗诉 ·· 43
第二百零九条 申请检察建议或抗诉 ······························ 43
第二百一十条 调查核实权 ·· 43
第二百一十一条 抗诉的后果 ······································ 44
第二百一十二条 抗诉书 ··· 44
第二百一十三条 检察官出庭 ······································ 44

第十七章 督促程序 ··· 44
第二百一十四条 支付令申请 ······································ 44
第二百一十五条 受理审查 ··· 44
第二百一十六条 支付令 ·· 44
第二百一十七条 债务人异议 ······································ 45

第十八章 公示催告程序 ··· 45
第二百一十八条 适用范围 ··· 45
第二百一十九条 公告及期限 ······································ 45
第二百二十条 止付通知及效力 ··································· 45
第二百二十一条 权利申报 ·· 45
第二百二十二条 除权判决 ·· 46
第二百二十三条 撤销除权判决 ··································· 46

第三编 执行程序 ··· 46

第十九章 一般规定 ··· 46
第二百二十四条 执行依据及管辖 ································ 46
第二百二十五条 当事人对执行的异议 ··························· 46
第二百二十六条 向上级法院申请执行 ··························· 47
第二百二十七条 案外人对执行的异议 ··························· 47
第二百二十八条 执行主体 ·· 47
第二百二十九条 委托执行 ·· 47
第二百三十条 执行和解 ··· 48

第二百三十一条　执行担保 48
　　第二百三十二条　执行当事人变更 48
　　第二百三十三条　执行回转 48
　　第二百三十四条　调解书执行 48
　　第二百三十五条　执行检察监督 48

第二十章　执行的申请和移送 49
　　第二百三十六条　执行开始方式 49
　　第二百三十七条　仲裁裁决执行 49
　　第二百三十八条　公证债权文书执行 50
　　第二百三十九条　申请执行期限 50
　　第二百四十条　执行通知与强制执行 50

第二十一章　执行措施 50
　　第二百四十一条　被执行人的告知义务 50
　　第二百四十二条　查询、扣押、冻结、划拨、变价财产措施 51
　　第二百四十三条　扣留提取收入 51
　　第二百四十四条　查扣、冻结、拍卖、变卖 51
　　第二百四十五条　查扣程序 52
　　第二百四十六条　查封财产保管 52
　　第二百四十七条　拍卖和变卖措施 52
　　第二百四十八条　搜查措施 52
　　第二百四十九条　交付财物或者票证 52
　　第二百五十条　对不动产的执行 53
　　第二百五十一条　证照移转 53
　　第二百五十二条　对行为执行 53
　　第二百五十三条　迟延履行 53
　　第二百五十四条　继续执行 54
　　第二百五十五条　执行威慑制度 54

第二十二章　执行中止和终结 54
　　第二百五十六条　执行中止 54
　　第二百五十七条　执行终结 54
　　第二百五十八条　中止、终结裁定 55

第四编　涉外民事诉讼程序的特别规定 55

第二十三章　一般原则 55
　　第二百五十九条　适用本法 55

第二百六十条　国际条约优先 · 55
　　　第二百六十一条　外交特权与豁免 · 55
　　　第二百六十二条　语言文字 · 55
　　　第二百六十三条　中国律师代理 · 55
　　　第二百六十四条　公证和认证 · 55

第二十四章　管辖 · 56
　　　第二百六十五条　特殊地域管辖 · 56
　　　第二百六十六条　专属管辖 · 56

第二十五章　送达、期间 · 56
　　　第二百六十七条　送达方式 · 56
　　　第二百六十八条　答辩期间 · 57
　　　第二百六十九条　上诉期间 · 57
　　　第二百七十条　特别规定 · 57

第二十六章　仲裁 · 57
　　　第二百七十一条　仲裁协议 · 57
　　　第二百七十二条　财产保全 · 58
　　　第二百七十三条　仲裁裁决执行 · 58
　　　第二百七十四条　不予执行情形 · 58
　　　第二百七十五条　不予执行后果 · 59

第二十七章　司法协助 · 59
　　　第二百七十六条　协助原则 · 59
　　　第二百七十七条　协助途径 · 59
　　　第二百七十八条　文字要求 · 59
　　　第二百七十九条　协助程序 · 59
　　　第二百八十条　申请外国承认和执行 · 60
　　　第二百八十一条　外国申请承认执行 · 60
　　　第二百八十二条　外国裁判的承认和执行 · 60
　　　第二百八十三条　外国仲裁裁决的承认和执行 · 61
　　　第二百八十四条　生效日期 · 61

第二部分　最高人民法院关于适用《中华人民共和国民事诉讼法》的解释（2015.1.30） · 62

一、管辖 · 62
二、回避 · 65

三、诉讼参加人 ·· 66
四、证据 ·· 70
五、期间和送达 ·· 74
六、调解 ·· 75
七、保全和先予执行 ·· 76
八、对妨害民事诉讼的强制措施 ·· 78
九、诉讼费用 ·· 80
十、第一审普通程序 ·· 81
十一、简易程序 ·· 86
十二、简易程序中的小额诉讼 ·· 87
十三、公益诉讼 ·· 89
十四、第三人撤销之诉 ·· 89
十五、执行异议之诉 ·· 91
十六、第二审程序 ·· 92
十七、特别程序 ·· 95
十八、审判监督程序 ·· 98
十九、督促程序 ·· 104
二十、公示催告程序 ·· 106
二十一、执行程序 ·· 107
二十二、涉外民事诉讼程序的特别规定 ·· 113
二十三、附则 ·· 116

第三部分　国际条约 ·· 117

1. 承认及执行外国仲裁裁决公约（1958.6.10 纽约） ·············· 117
2. 关于向国外送达民事或商事司法文书和司法外文书公约
（1965.11.15 海牙） ·· 120
3. 关于从国外调取民事或商事证据的公约（1970.3.18 海牙） ·········· 124

第四部分　单行法律、法规 ·· 130

1. 全国人民代表大会常务委员会关于我国加入《承认及执行外国仲裁裁决
公约》的决定（1986.12.2） ·· 130
2. 全国人大常委会关于批准加入《关于向国外送达民事或商事司法文书和
司法外文书公约》的决定（1991.3.2） ·· 130

3. 全国人民代表大会常务委员会关于我国加入《关于从国外调取民事或商事证据的公约》的决定(1997.7.3) 131
4. 中华人民共和国合同法(节录)(1999.3.15) 131
5. 中华人民共和国海事诉讼特别程序法(1999.12.25) 131
6. 中华人民共和国婚姻法(节录)(2001.4.28 修正) 143
7. 中华人民共和国人民法院组织法(节录)(2006.10.31 修正) 143
8. 中华人民共和国企业破产法(节录)(2006.8.27) 143
9. 中华人民共和国劳动争议调解仲裁法(2007.12.29) 144
10. 中华人民共和国专利法(节录)(2008.12.27 修正) 149
11. 中华人民共和国侵权责任法(节录)(2009.12.26) 150
12. 中华人民共和国人民调解法(2010.8.28) 150
13. 中华人民共和国仲裁法(2017.9.1 修正) 153
14. 中华人民共和国农村土地承包经营纠纷调解仲裁法(2009.6.27) 160
15. 中华人民共和国著作权法(节录)(2010.2.26 修正) 165
16. 中华人民共和国律师法(2017.9.1 修正) 165
17. 中华人民共和国劳动合同法(节录)(2012.12.28 修正) 173
18. 中华人民共和国公司法(节录)(2013.12.28 修正) 173
19. 中华人民共和国商标法(节录)(2013.8.30 修正) 174
20. 中华人民共和国消费者权益保护法(节录)(2013.10.25 修正) 175
21. 中华人民共和国环境保护法(节录)(2014.4.24 修正) 175
22. 中华人民共和国就业促进法(节录)(2015.4.24 修正) 175
23. 全国人民代表大会常务委员会关于司法鉴定管理问题的决定(2015.4.24 修正) 176
24. 中华人民共和国电子签名法(节录)(2015.4.24 修正) 178
25. 中华人民共和国反家庭暴力法(节录)(2015.12.27) 179
26. 中华人民共和国全国人民代表大会和地方各级人民代表大会选举法(节录)(2015.8.29 修正) 180
27. 中华人民共和国刑法(节录)(2017.11.4 修正) 180
28. 中华人民共和国保险法(节录)(2015.4.24 修正) 181
29. 中华人民共和国公证法(2017.9.1 修正) 182

第五部分 其他司法解释及规范性文件 188

一、总则 188
(一)任务、适用范围和基本原则 188
  1. 最高人民法院关于适用《中华人民共和国婚姻法》若干问题的解释(一)(2001.12.25) 188

2. 最高人民法院关于村民小组诉讼权利如何行使的复函(2006.7.14) ……… 191
3. 最高人民法院印发《关于司法公开的六项规定》和《关于人民法院接受新闻媒体舆论监督的若干规定》的通知(2009.12.8) ……… 191
4. 最高人民法院印发《关于推进司法公开三大平台建设的若干意见》的通知(2013.11.21) ……… 195
5. 最高人民法院关于印发修改后的《民事案件案由规定》的通知(2011.2.18) ……… 198
6. 最高人民法院、最高人民检察院、公安部、民政部关于依法处理监护人侵害未成年人权益行为若干问题的意见(2014.12.18) ……… 214
7. 人民检察院民事诉讼监督规则(试行)(2013.11.18) ……… 220
8. 最高人民法院关于印发《人民法院落实〈司法机关内部人员过问案件的记录和责任追究规定〉的实施办法》的通知(2015.8.19) ……… 233
9. 最高人民法院关于印发《人民法院落实〈领导干部干预司法活动、插手具体案件处理的记录、通报和责任追究规定〉的实施办法》的通知(2015.8.19) ……… 236

(二) 管辖 ……… 238

10. 最高人民法院关于当事人对仲裁协议的效力提出异议由哪一级人民法院管辖问题的批复(2000.8.8) ……… 238
11. 最高人民法院关于涉外民商事案件诉讼管辖若干问题的规定(2002.2.25) ……… 239
12. 最高人民法院关于审理证券市场因虚假陈述引发的民事赔偿案件的若干规定(2003.1.9) ……… 240
13. 最高人民法院关于适用《中华人民共和国仲裁法》若干问题的解释(2006.8.23) ……… 244
14. 最高人民法院关于指定湖南省张家界市、永州市中级人民法院管辖一审涉外民商事案件的批复(2005.7.14) ……… 247
15. 最高人民法院关于指定湖南省株洲市、岳阳市、衡阳市中级人民法院受理一审涉外民商事案件的批复(2007.6.28) ……… 247
16. 最高人民法院关于指定湖南省长沙县人民法院管辖一审涉外民商事案件的批复(2008.8.15) ……… 247
17. 最高人民法院关于涉及驰名商标认定的民事纠纷案件管辖问题的通知(2009.1.5) ……… 248
18. 最高人民法院关于对被监禁或被劳动教养的人提起的民事诉讼如何确定案件管辖问题的批复(2010.12.9) ……… 248
19. 最高人民法院关于审理因垄断行为引发的民事纠纷案件应用法律若干问题的规定(2012.5.3) ……… 248
20. 最高人民法院关于军事法院管辖民事案件若干问题的规定(2012.8.28) ……… 250

21. 最高人民法院关于商标法修改决定施行后商标案件管辖和法律适用问题的解释(2014.3.25) ································ 251
22. 最高人民法院关于北京、上海、广州知识产权法院案件管辖的规定(2014.10.31) ····································· 253
23. 最高人民法院关于调整高级人民法院和中级人民法院管辖第一审民商事案件标准的通知(2015.4.30) ······················ 254
24. 最高人民法院关于审理专利纠纷案件适用法律问题的若干规定(2015.1.29修正) ·· 255
25. 最高人民法院关于海事法院受理案件范围的规定(2016.2.24) ··· 259

(三) 审判组织 ·· 263
26. 最高人民法院关于人民法院合议庭工作的若干规定(2002.8.12) ······· 263
27. 最高人民法院印发《最高人民法院关于完善院长、副院长、庭长、副庭长参加合议庭审理案件制度的若干意见》的通知(2007.3.30) ············ 265
28. 最高人民法院关于进一步加强合议庭职责的若干规定(2010.1.11) ······ 266
29. 最高人民法院、司法部关于印发《人民陪审员制度改革试点工作实施办法》的通知(2015.5.20) ··· 267
30. 最高人民法院关于完善人民法院司法责任制的若干意见(2015.9.21) ··· 271

(四) 回避 ·· 278
31. 最高人民法院关于印发《人民法院工作人员处分条例》的通知(2009.12.31) ·· 278
32. 最高人民法院印发《关于对配偶子女从事律师职业的法院领导干部和审判执行岗位法官实行任职回避的规定(试行)》的通知(2011.2.10) ····· 287
33. 最高人民法院印发《关于落实任职回避制度的实施方案》的通知(2011.5.9) ·· 289
34. 最高人民法院关于审判人员在诉讼活动中执行回避制度若干问题的规定(2011.6.10) ·· 290

(五) 诉讼参加人 ·· 292
35. 最高人民法院关于人民法院的审判人员可否担任民事案件当事人的委托代理人的批复(1984.1.11) ··· 292
36. 最高人民法院关于民事诉讼委托代理人在执行程序中的代理权限问题的批复(1997.1.23) ··· 292
37. 最高人民法院关于诉讼代理人查阅民事案件材料的规定(2002.11.5) ··· 293
38. 最高人民法院关于审理人身损害赔偿案件适用法律若干问题的解释(2003.12.26) ·· 294
39. 最高人民法院关于金湖新村业主委员会是否具备民事诉讼主体资格请示一案的复函(2003.8.20) ··· 298

40. 最高人民法院关于春雨花园业主委员会是否具有民事诉讼主体资格的复函(2005.8.15) ………………………………………………………………… 299
41. 最高人民法院关于人民法院受理共同诉讼案件问题的通知(2005.12.30) ………………………………………………………………… 299
42. 最高人民法院关于审理利用信息网络侵害人身权益民事纠纷案件适用法律若干问题的规定(2014.8.21) ………………………………… 300
43. 最高人民法院关于审理融资租赁合同纠纷案件适用法律问题的解释(2014.2.24) ……………………………………………………………… 303
44. 最高人民法院、最高人民检察院、公安部、国家安全部、司法部关于进一步规范司法人员与当事人、律师特殊关系人、中介组织接触交往行为的若干规定(2015.9.6) …………………………………………… 306
45. 最高人民法院、民政部、环境保护部关于贯彻实施环境民事公益诉讼制度的通知(2014.12.26) ……………………………………………… 308
46. 最高人民法院关于审理环境民事公益诉讼案件适用法律若干问题的解释(2015.1.6) …………………………………………………………… 309
47. 人民检察院提起公益诉讼试点工作实施办法(2015.12.24) ……………… 312
48. 最高人民法院关于印发《人民法院审理人民检察院提起公益诉讼案件试点工作实施办法》的通知(2016.2.25) ………………………………… 318
49. 最高人民法院关于适用《中华人民共和国涉外民事关系法律适用法》若干问题的解释(一)(2012.12.28) ……………………………………… 321
50. 最高人民法院关于适用《中华人民共和国公司法》若干问题的规定(二)(2014.2.20 修正) ……………………………………………………… 323
51. 最高人民法院关于审理食品药品纠纷案件适用法律若干问题的规定(2013.12.23) ……………………………………………………………… 326
52. 最高人民检察院关于依法保障律师执业权利的规定(2014.12.23) ……… 328
53. 最高人民法院印发《关于依法切实保障律师诉讼权利的规定》的通知(2015.12.29) ……………………………………………………………… 331
54. 最高人民法院关于审理消费民事公益诉讼案件适用法律若干问题的解释(2016.4.24) …………………………………………………………… 332

(六)证据 ………………………………………………………………………… 334
55. 最高人民法院关于未经对方当事人同意私自录音取得的资料能否作为证据使用问题的批复(1995.3.6) …………………………………………… 334
56. 最高人民法院关于诉前停止侵犯注册商标专用权行为和保全证据适用法律问题的解释(2002.1.9) ……………………………………………… 334
57. 最高人民法院关于债权人在保证期间以特快专递向保证人发出逾期贷款催收通知书但缺乏保证人对邮件签收或拒收的证据能否认定债权人向保证人主张权利的请示的复函(2003.6.12) ……………………………… 336

58. 最高人民法院关于审理劳动争议案件适用法律若干问题的解释
    （2001.4.16） ··· 337
59. 最高人民法院关于审理劳动争议案件适用法律若干问题的解释（三）
    （2010.9.13） ··· 339
60. 最高人民法院关于适用《中华人民共和国合同法》若干问题的解释（二）
    （2009.4.24） ··· 341
61. 最高人民法院关于适用《中华人民共和国婚姻法》若干问题的解释（三）
    （2011.8.9） ··· 344
62. 最高人民法院关于民事诉讼证据的若干规定（2001.12.21） ··············· 346
63. 最高人民法院关于适用《关于民事诉讼证据的若干规定》中有关举证
    时限规定的通知（2008.12.11） ··· 355
64. 人民法院对外委托司法鉴定管理规定（2002.3.27） ·························· 356
65. 最高人民法院对外委托鉴定、评估、拍卖等工作管理规定（2007.8.23） ··· 358
66. 司法鉴定程序通则（2016.3.2） ··· 364
67. 最高人民法院关于进一步规范人民法院涉港澳台调查取证工作的通知
    （2011.8.7） ··· 368
68. 最高人民法院关于适用《中华人民共和国保险法》若干问题的解释（二）
    （2013.5.31） ··· 369
69. 最高人民法院关于适用《中华人民共和国保险法》若干问题的解释（三）
    （2015.11.25） ··· 372
70. 最高人民法院关于审理涉及公证活动相关民事案件的若干规定
    （2014.5.16） ··· 375
71. 最高人民法院关于审理环境侵权责任纠纷案件适用法律若干问题的解释
    （2015.6.1） ··· 376
72. 最高人民法院关于审理民间借贷案件适用法律若干问题的规定
    （2015.8.6） ··· 378

（七）期间、送达 ··· 382
73. 最高人民法院关于委托送达问题的通知（1988.8.25） ······················· 382
74. 最高人民法院关于依据原告起诉时提供的被告住址无法送达应如何处理
    问题的批复（2004.11.25） ·· 382
75. 最高人民法院关于以法院专递方式邮寄送达民事诉讼文书的若干规定
    （2004.9.17） ··· 383
76. 最高人民法院关于委托高级人民法院向当事人送达预交上诉案件
    受理费等有关事项的通知（2004.10.25） ··· 384
77. 最高人民法院关于彼得·舒德申请承认及执行美国仲裁委员会裁决
    一案的请示的复函（2007.1.22） ··· 385

78. 最高人民检察院关于以检察专递方式邮寄送达有关检察法律文书的若干规定(2015.2.13) ……………………………………………… 387
(八) 调解 ……………………………………………………………… 388
79. 最高人民法院关于人民法院进一步深化多元化纠纷解决机制改革的意见(2016.6.28) …………………………………………………… 388
80. 最高人民法院关于人民法院特邀调解的规定(2016.6.28) ………… 394
(九) 保全和先予执行 ……………………………………………………… 397
81. 最高人民法院关于黎川县人民法院对江苏省宜兴市埝头工业联合公司采取诉前财产保全措施执行情况报告的有关问题的复函(1992.12.4) … 397
82. 最高人民法院关于对粮棉油政策性收购资金是否可以采取财产保全措施问题的复函(1997.8.14) ……………………………………… 398
83. 最高人民法院关于对案外人的财产能否进行保全问题的批复(1998.5.19) ………………………………………………………… 398
84. 最高人民法院关于人民法院发现本院作出的诉前保全裁定和在执行程序中作出的裁定确有错误以及人民检察院对人民法院作出的诉前保全裁定提出抗诉人民法院应当如何处理的批复(1998.7.30) ……… 399
85. 最高人民法院关于诉前财产保全几个问题的批复(1998.11.27) …… 399
86. 最高人民法院关于对粮棉油政策性收购资金形成的粮棉油不宜采取财产保全措施和执行措施的通知(2000.11.16) ……………………… 399
87. 最高人民法院对国家知识产权局《关于征求对协助执行专利申请权财产保全裁定的意见的函》的答复意见(2001.10.25) ……………… 400
88. 最高人民法院关于对大连证券有限责任公司自有资金专用存款账户资金采取诉讼保全措施或者执行措施有关问题的通知(2003.1.27) … 400
89. 最高人民法院关于当事人申请财产保全错误造成案外人损失应否承担赔偿责任问题的解释(2005.8.15) …………………………………… 401
90. 最高人民法院、司法部关于印发《关于民事诉讼法律援助工作的规定》的通知(2005.9.22) ………………………………………………… 401
91. 人民检察院国家司法救助工作细则(试行)(2016.8.16) ………… 403
92. 最高人民法院关于加强和规范人民法院国家司法救助工作的意见(2016.7.1) ………………………………………………………… 407
93. 最高人民法院关于人身安全保护令案件相关程序问题的批复(2016.7.11) ………………………………………………………… 411
(十) 对妨害民事诉讼的强制措施 ………………………………………… 411
94. 最高人民法院关于对因妨害民事诉讼被罚款拘留的人不服决定申请复议的期间如何确定问题的批复(1993.2.23) ……………………… 411
95. 最高人民法院对国家知识产权局《关于如何协助执行法院财产保全裁定的函》的答复意见(2000.1.28) …………………………………… 412

96. 最高人民法院关于人民法院对注册商标权进行财产保全的解释
　　（2001.1.2） ·· 412
97. 最高人民法院印发《关于依法制裁规避执行行为的若干意见》的通知
　　（2011.5.27） ··· 413
98. 最高人民法院关于防范和制裁虚假诉讼的指导意见（2016.6.20） ······ 416
99. 中华人民共和国人民法院法庭规则（2016.4.13 修正） ·················· 417
（十一）诉讼费用 ··· 420
100. 最高人民法院关于对经济确有困难的当事人提供司法救助的规定
　　（2005.4.5 修订） ··· 420
101. 诉讼费用交纳办法（2006.12.19） ··· 421
102. 最高人民法院关于适用《诉讼费用交纳办法》的通知（2007.4.20） ··· 428

二、审判程序 ··· 429
（十二）第一审普通程序 ·· 429
1. 最高人民法院经济审判庭关于已裁定撤诉的案件当事人再起诉时人民
　法院能否受理问题的电话答复（1988.12.15） ······························· 429
2. 最高人民法院关于民事诉讼当事人撤诉后再次起诉人民法院能否受理
　问题的批复（1990.3.10） ··· 429
3. 最高人民法院知识产权庭关于苍南县天马活塞工业有限公司与河北
　天马活塞工业有限公司不正当竞争纠纷管辖权异议案的函
　（1999.7.2） ··· 430
4. 最高人民法院关于适用《中华人民共和国合同法》若干问题的解释（一）
　（1999.12.19） ·· 430
5. 最高人民法院关于胡辛诉叶辛、上海大元文化传播有限公司侵犯著作权
　管辖权异议案的答复（2000.9.9） ··· 433
6. 最高人民法院关于当事人对人民法院生效法律文书所确定的给付事项
　超过申请执行期限后又重新就其中的部分给付内容达成新的协议的应否
　立案的批复（2002.1.30） ··· 433
7. 最高人民法院关于当事人持台湾地区法院公证处认证的离婚协议书
　向人民法院申请认可人民法院应否受理的答复（2002.8.23） ············ 434
8. 最高人民法院关于益轩（泉州）轻工有限公司与台湾人瞿安勤买卖合同
　纠纷一案管辖权异议的请示的复函（2003.6.6） ··························· 434
9. 最高人民法院关于皇朝工程有限公司与西班牙奥安达电梯有限公司、
　广东奥安达电梯有限公司侵权纠纷管辖权异议一案的请示的复函
　（2004.4.5） ··· 435
10. 最高人民法院关于对原告百事达（美国）企业有限公司与被告安徽饭店、
　　何宗奎、章富成以及第三人安徽金辰酒店管理有限公司、中美合资安徽

饭店有限公司清算委员会民事侵权赔偿纠纷一案管辖权异议的请示的复函(2005.6.16) ·· 436
11. 最高人民法院关于当事人达不成拆迁补偿安置协议就补偿安置争议提起民事诉讼人民法院应否受理问题的批复(2005.8.1) ············ 436
12. 最高人民法院关于中电通信科技有限公司与韩国移动通信有限公司、上海奥盛投资有限公司联营合同纠纷管辖权异议一案有关仲裁条款效力问题的请示的复函(2006.7.20) ·············· 437
13. 最高人民法院关于上诉人利比里亚·利比里力量船务公司与被上诉人中国·重庆新涪食品有限公司海上货物运输合同纠纷管辖权异议一案的请示的复函(2006.12.21) ·············· 437
14. 最高人民法院关于原告中国·北京埃力生进出口有限公司诉被告日本·太阳航行贸易有限公司、新加坡·松加船务有限公司海上运输合同管辖权异议上诉一案的请示的复函(2007.9.29) ·········· 438
15. 最高人民法院关于订有仲裁条款的合同一方当事人不出庭应诉应如何处理的复函(2008.3.26) ·· 438
16. 最高人民法院关于广州市迪泰通讯有限公司、海南经济特区产权交易中心、海南证华非上市公司股权登记服务有限公司、翟希亚与因特模式信息技术(深圳)有限公司、INTERMOST CORP-ORATION 股权转让合同纠纷管辖权异议案中仲裁条款效力问题的请示的答复(2008.11.18) ············ 439
17. 最高人民法院关于原告太平洋财产保险股份有限公司上海分公司诉被告太阳海运有限公司、远洋货船有限公司、联合王国保赔协会海上货物运输合同纠纷管辖权异议案请示的复函(2009.2.24) ·········· 440
18. 最高人民法院《关于上诉人武钢集团国际经济贸易总公司与被上诉人福州天恒船务有限公司、被上诉人财富国际船务有限公司海上货物运输合同纠纷管辖权异议一案的请示》的复函(2009.11.4) ·········· 440
19. 最高人民法院关于审理民事级别管辖异议案件若干问题的规定(2009.11.12) ·· 441
20. 法官行为规范(2010.12.6) ·· 442
21. 最高人民法院关于连云港祥顺矿产资源有限公司与尤格兰航运有限公司海上货物运输合同管辖权异议一案的请示的复函(2013.2.4) ······ 453
22. 最高人民法院印发《关于大力推广巡回审判方便人民群众诉讼的意见》的通知(2010.12.22) ·· 453
23. 最高人民法院关于巡回法庭审理案件若干问题的规定(2015.1.28) ···· 455
24. 最高人民法院关于规范人民法院裁判文书相关表述及依法收转当事人诉讼材料的通知(2015.3.6) ·· 457
25. 最高人民法院关于人民法院登记立案若干问题的规定(2015.4.15) ···· 458
26. 人民法院民事裁判文书制作规范(2016.6.28) ·············· 460

27. 最高人民法院关于人民法院在互联网公布裁判文书的规定
（2016.8.29） ··· 469
28. 最高人民法院关于适用《中华人民共和国婚姻法》若干问题的解释（二）
（2017.2.28 修正） ·· 471
29. 最高人民法院关于人民法院庭审录音录像的若干规定（2017.2.22） ····· 475

（十三）简易程序 ··· 476
30. 最高人民法院关于适用简易程序审理民事案件的若干规定
（2003.9.10） ··· 476

（十四）第二审程序 ··· 480
31. 最高人民法院经济审判庭关于不服第一审判决上诉的案件第二审人民
法院可作出裁定驳回起诉处理问题的电话答复(1987.11.2) ··········· 480
32. 最高人民法院关于原审法院确认合同效力有错误而上诉人未对合同效力
提出异议的案件第二审法院可否变更问题的复函(1991.8.14) ········· 481
33. 最高人民法院关于原告诉讼请求的根据在第二审期间被人民政府撤销的
案件第二审法院如何处理问题的复函(1991.10.24) ·················· 481
34. 最高人民法院关于第二审人民法院发现原审人民法院已生效的民事制
裁决定确有错误应如何纠正的复函(1994.11.21) ····················· 481
35. 最高人民法院关于人民法院在再审程序中应当如何处理当事人撤回
原抗诉申请问题的复函(2004.4.20) ································ 482

（十五）特别程序 ··· 482
36. 最高人民法院关于审理涉及人民调解协议的民事案件的若干规定
（2002.9.16） ··· 482
37. 最高人民法院研究室关于四川汶川特大地震发生后受理宣告失踪、死亡
案件应如何适用法律问题的答复(2008.6.5) ························· 483
38. 人力资源和社会保障部关于因失踪被人民法院宣告死亡的离退休人员
养老待遇问题的函(2010.4.12) ···································· 484
39. 最高人民法院关于人民调解协议司法确认程序的若干规定
（2011.3.23） ··· 484

（十六）审判监督程序 ··· 486
40. 最高人民法院关于李丽云与丁克义离婚一案可否进行再审的复函
（1992.6.8） ·· 486
41. 最高人民法院关于人民检察院提出抗诉按照审判监督程序再审维持
原裁判的民事、经济、行政案件，人民检察院再次提出抗诉应否受理的
批复(1995.10.6) ··· 486
42. 最高人民法院关于当事人因对不予执行仲裁裁决的裁定不服而申请
再审人民法院不予受理的批复(1996.6.26) ·························· 486

43. 最高人民法院关于第二审法院裁定按自动撤回上诉处理的案件第一审法院能否再审问题的批复(1998.8.10) ………… 487
44. 最高人民法院关于当事人对人民法院撤销仲裁裁决的裁定不服申请再审人民法院是否受理问题的批复(1999.2.11) ………… 487
45. 最高人民法院审判监督庭廉政自律若干规定(2001.3.27) ………… 487
46. 最高人民法院关于审判监督庭庭长、副庭长、审判长签发法律文书权限的暂行规定(2001.5.17) ………… 489
47. 最高人民法院关于民事损害赔偿案件当事人的再审申请超出原审诉讼请求人民法院是否应当再审问题的批复(2002.7.18) ………… 490
48. 最高人民法院关于当事人对驳回其申请撤销仲裁裁决的裁定不服而申请再审,人民法院不予受理问题的批复(2004.7.26) ………… 491
49. 最高人民法院关于对驳回申请撤销仲裁裁决的裁定能否申请再审问题的复函(2004.7.27) ………… 491
50. 最高人民法院关于当事人对按自动撤回上诉处理的裁定不服申请再审人民法院应如何处理问题的批复(2002.7.19) ………… 491
51. 最高人民法院关于规范人民法院再审立案的若干意见(试行)(2002.9.10) ………… 491
52. 最高人民法院关于正确适用《关于人民法院对民事案件发回重审和指令再审有关问题的规定》的通知(2003.11.13) ………… 494
53. 最高人民法院关于开展审判监督工作若干问题的通知(2004.5.18) ……… 494
54. 最高人民法院关于下级法院撤销仲裁裁决后又以院长监督程序提起再审应如何处理问题的复函(2004.8.27) ………… 495
55. 最高人民法院关于印发《关于受理审查民事申请再审案件的若干意见》的通知(2009.4.27) ………… 496
56. 最高人民法院关于判决生效后当事人将判决确认的债权转让债权受让人对该判决不服提出再审申请人民法院是否受理问题的批复(2011.1.7) ………… 499
57. 最高人民法院印发《关于建立最高人民法院发回重审、指令再审案件信息反馈机制的工作意见》的通知(2011.11.30) ………… 500
58. 最高人民法院办公厅关于印发修改后的《民事申请再审案件诉讼文书样式》的通知(2012.12.24) ………… 501
59. 最高人民检察院关于贯彻执行《中华人民共和国民事诉讼法》若干问题的通知(2013.1.9) ………… 504
60. 最高人民法院关于民事审判监督程序严格依法适用指令再审和发回重审若干问题的规定(2015.2.16) ………… 505

(十七) 督促程序 ·········· 507
    61. 最高人民法院关于支付令生效后发现确有错误应当如何处理给山东省高级人民法院的复函(1992.7.13) ·········· 507
    62. 最高人民法院关于中级人民法院能否适用督促程序的复函(1993.11.9) ·········· 507
    63. 最高人民法院关于适用督促程序若干问题的规定(2001.1.8) ·········· 507
  (十八) 公示催告程序 ·········· 508
    64. 最高人民法院关于对遗失金融债券可否按"公示催告"程序办理的复函(1992.5.8) ·········· 508

三、执行程序 ·········· 509
  (十九) 一般规定 ·········· 509
    1. 最高人民法院执行工作办公室关于石油工业出版社申请执行回转一案的复函(2002.9.12) ·········· 509
    2. 最高人民法院印发《关于正确适用暂缓执行措施若干问题的规定》的通知(2002.9.28) ·········· 509
    3. 最高人民法院关于当事人对迟延履行和解协议的争议应当另诉解决的复函(2005.6.24) ·········· 511
    4. 最高人民法院关于人民法院执行设定抵押的房屋的规定(2005.12.14) ·· 511
    5. 人民法院执行文书立卷归档办法(试行)(2006.5.18) ·········· 512
    6. 最高人民法院关于执行案件督办工作的规定(试行)(2006.5.18) ·········· 516
    7. 最高人民法院关于人民法院执行公开的若干规定(2006.12.23) ·········· 517
    8. 最高人民法院关于适用《中华人民共和国民事诉讼法》执行程序若干问题的解释(2008.11.3) ·········· 518
    9. 最高人民法院关于执行工作中正确适用修改后民事诉讼法第202条、第204条规定的通知(2008.11.28) ·········· 522
    10. 最高人民法院关于委托执行若干问题的规定(2011.5.3) ·········· 522
    11. 最高人民法院关于人民法院委托评估、拍卖和变卖工作的若干规定(2009.11.12) ·········· 524
    12. 最高人民法院印发《关于执行权合理配置和科学运行的若干意见》的通知(2011.10.19) ·········· 526
    13. 最高人民法院关于转发住房和城乡建设部《关于无证房产依据协助执行文书办理产权登记有关问题的函》的通知(2012.6.15) ·········· 528
    14. 最高人民法院办公厅关于切实保障执行当事人及案外人异议权的通知(2014.5.9) ·········· 529
    15. 最高人民法院关于人民法院在审判执行活动中主动接受案件当事人监督的若干规定(2014.7.15) ·········· 530

16. 最高人民法院、最高人民检察院印发《关于民事执行活动法律监督若干问题的规定》的通知(2016.11.2) ········· 532
17. 最高人民法院印发《关于人民法院执行流程公开的若干意见》的通知(2014.9.3) ········· 535
18. 最高人民法院关于刑事裁判涉财产部分执行的若干规定(2014.10.30) ········· 539
19. 最高人民法院关于执行款物管理工作的规定(2017.2.27) ········· 541
20. 最高人民法院关于人民法院办理执行异议和复议案件若干问题的规定(2015.5.5) ········· 544

(二十) 执行的申请和移送 ········· 549

21. 最高人民法院关于捷成洋行申请执行中国国际经济贸易仲裁委员会(97)贸仲裁字第 0256 号裁决一案的复函(2001.1.6) ········· 549
22. 最高人民法院关于仲裁协议无效是否可以裁定不予执行的处理意见(2002.6.20) ········· 550
23. 最高人民法院执行工作办公室关于广东省高级人民法院请示的交通银行汕头分行与汕头经济特区龙湖乐园发展有限公司申请不予执行仲裁裁决案的复函(2003.7.30) ········· 550
24. 最高人民法院关于裁定不予承认和执行英国伦敦仲裁庭作出的塞浦路斯瓦赛斯航运有限公司与中国粮油饲料有限公司、中国人民财产保险股份有限公司河北省分公司、中国人保控股公司仲裁裁决一案的请示的复函(2004.9.30) ········· 551
25. 最高人民法院关于当事人对具有强制执行效力的公证债权文书的内容有争议提起诉讼人民法院是否受理问题的批复(2008.12.22) ········· 551
26. 最高人民法院印发《关于执行案件立案、结案若干问题的意见》的通知(2014.12.17) ········· 552

(二十一) 执行措施 ········· 558

27. 最高人民法院关于可否执行当事人邮政储蓄存款的复函(1993.3.19) ··· 558
28. 最高人民法院执行办公室关于判决交付的特定物灭失后如何折价问题的复函(2000.12.25) ········· 559
29. 最高人民法院关于冻结、拍卖上市公司国有股和社会法人股若干问题的规定(2001.9.21) ········· 559
30. 最高人民法院、国土资源部、建设部关于依法规范人民法院执行和国土资源房地产管理部门协助执行若干问题的通知(2004.2.10) ········· 561
31. 最高人民法院关于冻结、扣划证券交易结算资金有关问题的通知(2004.11.9) ········· 564
32. 最高人民法院关于人民法院民事执行中查封、扣押、冻结财产的规定(2004.11.4) ········· 566

33. 最高人民法院关于人民法院民事执行中拍卖、变卖财产的规定（2004.11.15） …… 570
34. 最高人民法院关于民事执行中查封、扣押、冻结财产有关期限问题的答复（2006.7.11） …… 574
35. 最高人民法院关于在民事判决书中增加向当事人告知民事诉讼法第二百三十二条规定内容的通知（2007.2.7） …… 574
36. 最高人民法院、最高人民检察院、公安部、中国证券监督管理委员会关于查询、冻结、扣划证券和证券交易结算资金有关问题的通知（2008.1.10） …… 575
37. 最高人民法院关于部分人民法院冻结、扣划被风险处置证券公司客户证券交易结算资金有关问题的通知（2010.6.22） …… 577
38. 最高人民法院关于在执行工作中如何计算迟延履行期间的债务利息等问题的批复（2009.5.11） …… 578
39. 最高人民法院关于执行程序中计算迟延履行期间的债务利息适用法律若干问题的解释（2014.7.7） …… 578
40. 最高人民法院、中国人民银行关于人民法院查询和人民银行协助查询被执行人人民币银行结算账户开户银行名称的联合通知（2010.7.14） …… 579
41. 最高人民法院、国家工商总局关于加强信息合作规范执行与协助执行的通知（2014.10.10） …… 581
42. 最高人民法院关于网络查询、冻结被执行人存款的规定（2013.8.29） …… 584
43. 最高人民法院关于扣押与拍卖船舶适用法律若干问题的规定（2015.2.28） …… 585
44. 最高人民法院关于限制被执行人高消费及有关消费的若干规定（2015.7.20 修正） …… 587
45. 最高人民法院、中国银行业监督管理委员会关于联合下发《人民法院、银行业金融机构网络执行查控工作规范》的通知（2015.11.13） …… 588
46. 最高人民法院关于首先查封法院与优先债权执行法院处分查封财产有关问题的批复（2016.4.12） …… 593
47. 最高人民法院印发《关于建立和管理网络服务提供者名单库的办法》的通知（2016.9.19） …… 593
48. 最高人民法院关于人民法院网络司法拍卖若干问题的规定（2016.8.2） …… 595
49. 最高人民法院关于公布失信被执行人名单信息的若干规定（2017.2.28 修正） …… 600
50. 最高人民法院关于民事执行中财产调查若干问题的规定（2017.2.28） … 603

(二十二) 执行中止和终结 ·· 606
  51. 最高人民法院关于对破产案件的债务人未被执行的财产均应中止执行
     问题的批复(1993.9.17) ·· 606
  52. 最高人民法院关于中银信托投资公司作为被执行人的案件应中止执行
     的通知(1996.9.28) ·· 606
  53. 最高人民法院关于人民法院办理执行案件若干期限的规定
     (2006.12.23) ·· 607
  54. 最高人民法院关于对人民法院终结执行行为提出执行异议期限问题
     的批复(2016.2.14) ·· 608

四、涉外民事诉讼程序的特别规定 ·· 608
  1. 最高人民法院、外交部、司法部关于我国法院和外国法院通过外交途径
    相互委托送达法律文书若干问题的通知(1986.8.14) ···················· 608
  2. 最高人民法院、外交部、司法部关于执行《关于向国外送达民事或商事
    司法文书和司法外文书公约》有关程序的通知(1992.3.4) ················ 610
  3. 最高人民法院办公厅关于"送达公约"适用于香港的通知
    (1992.7.15) ··· 611
  4. 最高人民法院关于向居住在外国的我国公民送达司法文书问题的复函
    (1993.11.19) ··· 611
  5. 最高人民法院关于涉外商事海事案件中法律文书外交送达费用人民币
    1 000元以上的性质应如何认定的请示的复函(2005.6.6) ················ 612
  6. 最高人民法院关于涉外民事或商事案件司法文书送达问题若干规定
    (2006.8.10) ··· 612
  7. 最高人民法院关于涉台民事诉讼文书送达的若干规定(2008.4.17) ······ 614
  8. 最高人民法院关于涉港澳民商事案件司法文书送达问题若干规定
    (2009.3.9) ·· 615
  9. 最高人民法院关于香港特别行政区企业在国内开办全资独资企业法律
    文书送达问题的请示的复函(2011.10.27) ······························ 617
  10. 最高人民法院办公厅关于墨西哥对其加入《海牙送达公约》时作出的
     声明进行修改并指定中央机关的通知(2012.1.19) ····················· 617
  11. 最高人民法院关于深圳市广夏文化实业总公司、宁夏伊斯兰国际信托
     投资公司、深圳兴庆电子公司与密苏尔有限公司仲裁裁决不予执行案
     的复函(2002.4.20) ··· 618
  12. 最高人民法院关于不予执行中国国际经济贸易仲裁委员会作出的广州
     总统大酒店有限公司与杨光大仲裁一案请示的复函(2002.7.22) ········ 619
  13. 最高人民法院关于中国国际经济贸易仲裁委员会深圳分会作出的[2001]
     深国仲结字第31号裁决是否应予执行的复函(2003.5.27) ············· 620

14. 最高人民法院执行工作办公室关于澳门大明集团有限公司与广州市东建实业总公司合作开发房地产纠纷仲裁裁决执行案的复函(2003.8.5) ………………………………………………………… 621
15. 最高人民法院关于对中国国际经济贸易仲裁委员会[2002]贸仲裁字第0112号仲裁裁决不予执行的请示的复函(2004.2.24) ……… 621
16. 最高人民法院关于不予执行佛山仲裁委[1998]佛仲字第04号仲裁裁决报请审查的请示的复函(2004.8.30) ………………………… 622
17. 最高人民法院关于廊坊市中级人民法院对中国国际经济贸易仲裁委员会[2003]贸仲裁字第0060号裁决书裁定不予执行问题的请示的复函(2004.9.9) ……………………………………………… 622
18. 最高人民法院关于不予执行中国国际经济贸易仲裁委员会[2004]中国贸仲京字第0105号裁决的请示的复函(2004.11.30) ………… 623
19. 最高人民法院关于是否裁定不予执行中国国际经济贸易仲裁委员会仲裁裁决的复函(2006.1.23) ……………………………………… 624
20. 最高人民法院关于西安嘉侨电力有限公司与百营物业(中国)有限公司、百营物业(武汉)有限公司、施展望股权转让纠纷执行一案的请示的复函(2006.5.25) …………………………………………… 625
21. 最高人民法院关于玉林市中级人民法院报请对东迅投资有限公司涉外仲裁一案不予执行的请示的复函(2006.9.13) ……………… 626
22. 最高人民法院关于朱裕华与上海海船厨房设备金属制品厂申请撤销仲裁裁决再审一案的请示报告的复函(2007.9.18) ……………… 626
23. 最高人民法院关于香港永开利企业公司申请执行中国国际经济贸易仲裁委员会[1996]贸仲裁字第0109号仲裁裁决一案请示的复函(2007.10.23) ……………………………………………………… 627
24. 最高人民法院关于润和发展有限公司申请不予执行仲裁裁决一案的审查报告的复函(2008.5.8) ……………………………………… 627
25. 最高人民法院关于是否应不予执行[2007]中国贸仲沪裁字第224号仲裁裁决请示的答复(2008.9.12) ……………………………… 629
26. 最高人民法院关于是否不予执行中国国际经济贸易仲裁委员会[2008]中国贸仲京裁字第0379号仲裁裁决的请示报告的复函(2010.5.27) …… 629
27. 最高人民法院关于Ecom Agroindustrial Corp. Ltd.(瑞士伊卡姆农工商有限公司)申请执行涉外仲裁裁决一案的请示的复函(2013.2.6) ……… 630
28. 最高人民法院关于Ecom USA. Inc.(伊卡姆美国公司)申请执行涉外仲裁裁决一案的请示的复函(2013.2.6) …………………………… 630
29. 最高人民法院关于对诗董橡胶股份有限公司与三角轮胎股份有限公司涉外仲裁一案不予执行的请示的复函(2013.3.22) ………… 631

30. 最高人民法院关于对上海市高级人民法院等就涉及中国国际经济贸易仲裁委员会及其原分会等仲裁机构所作仲裁裁决司法审查案件请示问题的批复(2015.7.15) ·· 631
31. 最高人民法院关于执行我国加入的《承认及执行外国仲裁裁决公约》的通知(1987.4.10) ·· 633
32. 最高人民法院关于英国嘉能可有限公司申请承认和执行英国伦敦金属交易所仲裁裁决一案请示的复函(2001.4.19) ·········· 635
33. 最高人民法院关于麦考·奈浦敦有限公司申请承认和执行仲裁裁决一案请示的复函(2001.4.23) ·· 636
34. 最高人民法院关于不承认及执行伦敦最终仲裁裁决案的请示的复函(2001.9.11) ·· 637
35. 最高人民法院关于 ED&F 曼氏(香港)有限公司申请承认和执行伦敦糖业协会仲裁裁决案的复函(2003.7.1) ·········· 637
36. 最高人民法院关于香港享进粮油食品有限公司申请执行香港国际仲裁中心仲裁裁决案的复函(2003.11.14) ·········· 638
37. 最高人民法院关于不予执行国际商会仲裁院 10334/AMW/BWD/TE 最终裁决一案的请示的复函(2004.7.5) ·········· 638
38. 最高人民法院关于是否承认和执行大韩商事仲裁院仲裁裁决的请示的复函(2006.3.3) ·· 639
39. 最高人民法院关于是否裁定不予承认和执行英国伦敦"ABRA 轮 2004 年 12 月 28 日租约"仲裁裁决的请示的复函(2007.1.10) ·········· 640
40. 最高人民法院关于邦基农贸新加坡私人有限公司申请承认和执行英国仲裁裁决一案的请示的复函(2007.6.25) ·········· 640
41. 最高人民法院关于申请人瑞士邦基有限公司申请承认和执行英国仲裁裁决一案的请示的复函(2007.5.9) ·········· 641
42. 最高人民法院关于马绍尔群岛第一投资公司申请承认和执行英国伦敦临时仲裁庭仲裁裁决案的复函(2008.2.27) ·········· 641
43. 最高人民法院关于不予承认和执行国际商会仲裁院仲裁裁决的请示的复函(2008.6.2) ·· 642
44. 最高人民法院关于裁定不予承认和执行社团法人日本商事仲裁协会东京 05-03 号仲裁裁决的报告的答复(2008.9.10) ·········· 642
45. 最高人民法院关于中基宁波对外贸易股份有限公司申请不予执行香港国际仲裁中心仲裁裁决一案的审核报告的复函(2009.12.9) ·········· 644
46. 最高人民法院关于香港仲裁裁决在内地执行的有关问题的通知(2009.12.30) ·· 644
47. 最高人民法院关于路易达孚商品亚洲有限公司申请承认和执行国际油、种子和脂肪协会作出的第 3980 号仲裁裁决请示一案的复函(2010.10.10) ·· 645

48. 最高人民法院关于认真学习贯彻《全国人民代表大会常务委员会关于修改〈中华人民共和国民事诉讼法〉的决定》的通知(2012.11.28) ……… 646
49. 最高人民法院关于在知识产权审判中贯彻落实《全国人民代表大会常务委员会关于修改〈中华人民共和国民事诉讼法〉的决定》有关问题的通知(2012.12.24) ……………………………………………… 648
50. 最高人民法院关于修改后的民事诉讼法施行时未结案件适用法律若干问题的规定(2012.12.28) ………………………………………… 649
51. 最高人民法院关于依据国际公约和双边司法协助条约办理民商事案件司法文书送达和调查取证司法协助请求的规定(2013.4.7) ……… 650
52. 最高人民法院印发《关于依据国际公约和双边司法协助条约办理民商事案件司法文书送达和调查取证司法协助请求的规定实施细则(试行)》的通知(2013.4.7) ………………………………………………… 651

第六部分　指导性案例、典型案例、公报案例与会议纪要 ……… 660

一、指导性案例 …………………………………………………… 660

(一) 最高人民法院关于发布第一批指导性案例的通知(2011.12.20) …… 660
　1. 指导案例 2 号　吴梅诉四川省眉山西城纸业有限公司买卖合同纠纷案 … 661
(二) 最高人民法院关于发布第二批指导性案例的通知(2012.4.9) …… 662
　2. 指导案例 7 号　牡丹江市宏阁建筑安装有限责任公司诉牡丹江市华隆房地产开发有限责任公司、张继增建设工程施工合同纠纷案 ……… 662
(三) 最高人民法院关于发布第八批指导性案例的通知(2014.12.18) …… 663
　3. 指导案例 34 号　李晓玲、李鹏裕申请执行厦门海洋实业(集团)股份有限公司、厦门海洋实业总公司执行复议案 ……………………… 664
　4. 指导案例 36 号　中投信用担保有限公司与海通证券股份有限公司等证券权益纠纷执行复议案 ……………………………………… 666
　5. 指导案例 37 号　上海金纬机械制造有限公司与瑞士瑞泰克公司仲裁裁决执行复议案 …………………………………………………… 667
(四) 最高人民法院关于发布第十批指导性案例的通知(2015.4.5) …… 669
　6. 指导案例 49 号　石鸿林诉泰州华仁电子资讯有限公司侵害计算机软件著作权纠纷案 …………………………………………………… 670
(五) 最高人民法院关于发布第十一批指导性案例的通知(2015.11.19) …… 673
　7. 指导案例 54 号　中国农业发展银行安徽省分行诉张大标、安徽长江融资担保集团有限公司执行异议之诉纠纷案 ……………………… 673
　8. 指导案例 56 号　韩凤彬诉内蒙古九郡药业有限责任公司等产品责任纠纷管辖权异议案 …………………………………………………… 676

(六) 最高人民法院关于发布第十四批指导性案例的通知(2016.9.19) ………… 677
 9. 指导案例 68 号 上海欧宝生物科技有限公司诉辽宁特莱维置业发展
  有限公司企业借贷纠纷案 ……………………………………………… 677
(七) 最高人民法院关于发布第十五批指导性案例的通知(2016.12.28) ……… 685
 10. 指导案例 75 号 中国生物多样性保护与绿色发展基金会诉宁夏瑞泰
  科技股份有限公司环境污染公益诉讼案 ………………………………… 685
(八) 最高人民检察院关于印发最高人民检察院第八批指导性案例的通知
 (2016.12.29) ……………………………………………………………… 688
 11. 检例第 28 号 江苏省常州市人民检察院诉许建惠、许玉仙民事公益
  诉讼案 ……………………………………………………………………… 688
 12. 检例第 29 号 吉林省白山市人民检察院诉白山市江源区卫生和
  计划生育局及江源区中医院行政附带民事公益诉讼案 ……………… 690

二、典型案例 ……………………………………………………………………… 693
(一) 最高人民法院发布的四起典型案例(2014.7.25) …………………………… 693
 1. 案例 1 陈某某人身损害赔偿案 ……………………………………… 693
 2. 案例 2 吴俊东、吴秀芝与胡启明、戴聪球交通事故人身损害赔偿
  纠纷案 ……………………………………………………………………… 694
 3. 案例 3 许云鹤与王秀芝道路交通事故人身损害赔偿纠纷案 ………… 695
 4. 案例 4 曾明清诉彭友洪、中国平安财产保险股份有限公司成都市
  蜀都支公司机动车交通事故责任纠纷案 ………………………………… 696
(二) 最高人民法院发布的四起典型案例(2015.4.1) …………………………… 697
 5. 案例 1 沙港公司诉开天公司执行分配方案异议案 …………………… 697
 6. 案例 2 张丰春与泰安市中心医院医疗服务合同纠纷案 ……………… 699
 7. 案例 3 赵春连申请执行张宇昊机动车交通事故案 …………………… 700
 8. 案例 4 潘文才申请执行债权转让合同纠纷案 ………………………… 701
(三) 最高人民法院发布十起环境侵权典型案例(2015.12.29) ………………… 702
 9. 案例 1 北京市朝阳区自然之友环境研究所、福建省绿家园环境友好
  中心诉谢知锦等四人破坏林地民事公益诉讼案 ………………………… 702
 10. 案例 2 中华环保联合会诉德州晶华集团振华有限公司大气污染民事
  公益诉讼案 ………………………………………………………………… 702
 11. 案例 3 常州市环境公益协会诉储卫清、常州博世尔物资再生利用有限
  公司等土壤污染民事公益诉讼案 ………………………………………… 703
 12. 案例 4 曲忠全诉山东富海实业股份有限公司大气污染责任纠纷案 …… 704
 13. 案例 5 沈海俊诉机械工业第一设计研究院噪声污染责任纠纷案 ……… 705
 14. 案例 6 袁科威诉广州嘉富房地产发展有限公司噪声污染责任纠纷案 … 706
 15. 案例 7 梁兆南诉华润水泥(上思)有限公司水污染责任纠纷案 ……… 706

16. 案例8　周航诉荆门市明祥物流有限公司、重庆铁发遂渝高速公路
有限公司水污染责任纠纷案 707
17. 案例9　吴国金诉中铁五局(集团)有限公司、中铁五局集团路桥工程
有限责任公司噪声污染责任纠纷案 708
18. 案例10　李才能诉海南海石实业有限公司粉尘污染责任纠纷案 709
(四) 最高人民法院公布保障民生第二批典型案例(2014.3.19) 710
19. 案例3　丹麦供油有限公司与"星耀"(XING YAO)轮船舶所有人
诉前海事请求保全扣押船舶案 710
20. 案例10　中华环保联合会诉无锡市鑫湖惠山景区管理委员会生态
环境侵权案 711
(五) 最高人民法院发布十九起合同纠纷典型案例(2015.12.4) 711
21. 案例6　王风明诉孙元丽、孙子明买卖合同纠纷案 711
22. 案例9　郑某诉冉某民间借贷纠纷案 713
23. 案例18　黄某楼诉李某民间借贷纠纷案 713
(六) 最高人民法院关于反规避执行的九起典型案例(2011.8.24) 714
24. 案例1　首都师范大学与中建物业管理公司供用热力合同纠纷执行案 714
25. 案例2　张曲与陈适、吴洋英民间借贷纠纷执行案 715
26. 案例3　上海金地石化有限公司与上海立宇贸易有限公司侵权损害
赔偿纠纷执行案 716
27. 案例4　湖北宏鑫建设工程有限公司、团风县方高坪建筑公司与
亿源科大磁性材料有限公司及黄冈中机汽车销售有限公司
工程款担保纠纷执行案 716
28. 案例5　广东省惠东县建筑工程总公司与万事达商贸城(惠东)
有限公司工程款纠纷执行案 717
29. 案例6　周明利拒不执行判决、裁定案 718
30. 案例7　李永辉拒不执行判决、裁定案 719
31. 案例8　陈少欢、洪桂成拒不执行判决、裁定案 719
32. 案例9　李勇明与被执行人丁浙良虚假诉讼案 720
(七) 最高人民法院公布五起"失信被执行人"典型案例(2013.7.20) 721
33. 案例1　张海峰等三人与郑州龙腾混凝土有限公司劳务合同纠纷
执行案 721
34. 案例2　郑州一建商品混凝土有限公司申请执行河南国建设工程
有限公司买卖合同纠纷执行案 722
35. 案例3　青州市农村信用合作联社与青州市汇丰建筑安装有限公司
金融借款合同纠纷执行案 723
36. 案例4　李某与上海松东百味佳餐饮经营管理有限公司买卖合同
纠纷执行案 723
37. 案例5　浙江某建设公司所涉40余起合同纠纷执行案 724

（八）最高人民法院发布失信被执行人名单制度典型案例(2013.11.6) ……… 725
  38. 案例1　张某与河南某食品工业有限公司买卖合同纠纷执行案 ……… 725
  39. 案例2　郭红某与郭淑某人身损害赔偿纠纷执行案 …………… 726
  40. 案例3　北京某汽车装饰中心等50余人与北京某汽车制造有限公司系列执行案 …………………………………………………… 726
  41. 案例4　郑彦某与郑庆某买卖合同纠纷执行案 ………………… 727
  42. 案例5　李某与杨某借款合同纠纷执行案 ……………………… 728
（九）最高人民法院发布五起典型案例(2014.4.30) ……………………… 728
  43. 案例3　雅培贸易(上海)有限公司与台州市黄岩亿隆塑业有限公司、北京溢炀杰商贸有限公司诉前停止侵害专利权及专利侵权纠纷案 … 728
  44. 案例4　唐兰与程永莉房屋买卖合同纠纷案 …………………… 729
  45. 案例5　魏卓夫申请执行张宝峰、张泽政、李玉明公证债权文书纠纷执行案 ………………………………………………………… 730
（十）最高人民法院公布五起打击拒不执行涉民生案件典型案例
    (2015.2.15) …………………………………………………………… 731
  46. 案例1　陈联会拒不支付劳动报酬案 …………………………… 731
  47. 案例2　黄起滨拒不执行判决、裁定案 ………………………… 732
  48. 案例3　许军燕非法处置查封、扣押、冻结财产案 …………… 733
  49. 案例4　曾木生涉嫌拒不执行判决、裁定案 …………………… 734
  50. 案例5　王以军涉嫌拒不执行判决、裁定案 …………………… 734
（十一）最高人民法院公布五起拒不执行生效判决、裁定典型案例
    (2015.12.4) …………………………………………………………… 735
  51. 案例1　庄新建申请强制执行民权小乔酒店有限公司案 ………… 735
  52. 案例2　王翼军拒不执行判决、裁定案 ………………………… 736
  53. 案例3　杨宏余拒不执行判决、裁定案 ………………………… 737
  54. 案例4　朱兴福拒不执行判决、裁定案 ………………………… 738
  55. 案例5　庞国发拒不执行判决、裁定案 ………………………… 738
（十二）最高人民法院公布十二起涉民生执行典型案例(2016.1.24) …… 739
  56. 案例1　被执行人广州振君服饰有限公司拖欠劳动报酬系列纠纷案 … 739
  57. 案例2　杜伯东申请执行广州罗邑贸易有限公司工资支付案 … 740
  58. 案例3　许春财与杨顺局抚养费纠纷案 ………………………… 740
  59. 案例4　三鹿乳业有限公司拖欠职工工资执行案 ……………… 741
  60. 案例5　吴庆模等19 244名蔗农追索蔗款纠纷案 ……………… 742
  61. 案例6　安徽现在彩色印务有限公司拒不执行仲裁法律文书案 … 742
  62. 案例7　渠敬枝与刘亮机动车交通事故赔偿案 ………………… 743
（十三）最高人民法院发布六起涉民生执行典型案例(2017.1.24) ……… 744
  63. 案例1　姜海龙拒不执行判决、裁定案 ………………………… 744

64. 案例 2　杨玉道拒不执行判决、裁定案 745
65. 案例 3　陈建跃拒不执行判决、裁定案 746
66. 案例 4　广西桂飘香有限公司拖欠劳动报酬案 746
67. 案例 5　张可嘉追索医疗费用等人身损害赔偿案 747
68. 案例 6　杜开均申请执行四川科茂建筑劳务有限公司工伤赔偿纠纷案 ... 748

(十四) 最高人民法院发布十起环境公益诉讼典型案例(2017.3.7) 749
69. 案例 1　江苏省泰州市环保联合会诉泰兴锦汇化工有限公司等
　　水污染民事公益诉讼案 749
70. 案例 2　中国生物多样性保护与绿色发展基金会诉宁夏瑞泰
　　科技股份有限公司等腾格里沙漠污染系列民事公益诉讼案 750
71. 案例 3　中华环保联合会诉山东德州晶华集团振华有限公司大气
　　污染民事公益诉讼案 753
72. 案例 4　重庆市绿色志愿者联合会诉湖北恩施州建始磺厂坪矿业
　　有限责任公司水库污染民事公益诉讼案 754
73. 案例 5　中华环保联合会诉江苏江阴长泾梁平生猪专业合作社等
　　养殖污染民事公益诉讼案 756
74. 案例 6　北京市朝阳区自然之友环境研究所诉山东金岭化工股份
　　有限公司大气污染民事公益诉讼案 757
75. 案例 7　江苏省镇江市生态环境公益保护协会诉江苏优立光学眼镜
　　公司固体废物污染民事公益诉讼案 759
76. 案例 8　江苏省徐州市人民检察院诉徐州市鸿顺造纸有限公司水污染
　　民事公益诉讼案 760

(十五) 最高人民法院发布十起环境资源刑事、民事、行政典型案例
　　(2017.6.22) 762
77. 案例 2　江苏省连云港市连云区人民检察院诉尹宝山等人非法捕捞
　　水产品刑事附带民事诉讼案 762
78. 案例 3　湖南省岳阳楼区人民检察院诉何建强等非法杀害珍贵、濒危
　　野生动物罪、非法狩猎罪刑事附带民事诉讼案 763
79. 案例 7　中华环保联合会诉谭耀洪、方运双环境污染民事公益诉讼案 ... 765

三、公报案例 766
(一) 任务、适用范围和基本原则 766
1. 重庆雨田房地产开发有限公司与中国农业银行股份有限公司重庆市
　　分行房屋联建纠纷案 766
2. 天津市滨海商贸大世界有限公司与天津市天益工贸有限公司、王锡锋
　　财产权属纠纷案 767

(二) 管辖 ……………………………………………………………………… 767
 3. 赵子文与潘日阳财产侵权纠纷案 …………………………………… 767
 4. 北京智扬伟博科技发展有限公司与创思生物技术工程(东莞)有限公司、
  河南省开封市城市管理局居间合同纠纷案 ………………………… 767
 5. 准格尔旗鼎峰商贸有限责任公司与中铁十局集团有限公司铁路修建
  合同纠纷管辖权异议案 ……………………………………………… 768
 6. 中国技术进出口总公司诉瑞士工业资源公司侵权损害赔偿纠纷上诉案 … 768
 7. 世纪证券有限责任公司与天津市住房公积金管理中心、世纪证券有限
  责任公司天津世纪大道营业部、中国旅游国际信托投资有限公司天津
  证券交易营业部、中国旅游国际信托投资有限公司侵权纠纷案 …… 768
 8. 四维实业(深圳)有限公司、四维企业股份有限公司与艾利丹尼森公司、
  艾利(广州)有限公司、艾利(昆山)有限公司、艾利(中国)有限公司、
  南海市里水意利印刷厂、佛山市环市镇东升汾江印刷厂经营部侵犯
  商业秘密纠纷管辖权异议案 ………………………………………… 769
 9. 香港百粤金融财务有限公司诉香港红荔美食有限公司贷款纠纷案 …… 769
 10. 阿拉山口公司诉宁夏秦毅公司买卖合同纠纷管辖权异议案 ………… 769
 11. 中国昊华化工(集团)总公司与中企国际投资有限公司借款合同
  纠纷案 ………………………………………………………………… 770
 12. 德国亚欧交流有限责任公司与绥芬河市青云经贸有限公司合作协议
  纠纷案 ………………………………………………………………… 770
 13. 山东聚丰网络有限公司诉韩国 MGAME 公司、第三人天津风云网络技术
  有限公司网络游戏代理及许可合同纠纷管辖权异议上诉案 ………… 770
 14. 天同证券公司与健康元公司、天同证券深圳营业部证券合同纠纷
  管辖权异议案 ………………………………………………………… 770
 15. 何荣兰诉海科公司等清偿债务纠纷案 ……………………………… 771
 16. 吉庆公司、华鼎公司与农行西藏分行营业部抵押借款合同纠纷案 …… 771
 17. 瑞华投资控股公司与山东鲁祥铜业集团有限公司、山东省嘉祥景韦铜业
  有限公司、陈中荣、高学敏等借款担保合同纠纷案 ………………… 771
(三) 诉讼参加人 ………………………………………………………………… 772
 18. 朱正茂、中华环保联合会与江阴港集装箱公司环境污染责任纠纷案 …… 772
 19. 中国生物多样性保护与绿色发展基金会不服宁夏回族自治区
  高级人民法院不予受理裁定案 ……………………………………… 772
 20. 黄光娜与海口栋梁实业有限公司、广东省阳江市建安集团有限公司
  海南分公司商品房销售合同纠纷案 ………………………………… 772
(四) 证据 ………………………………………………………………………… 773
 21. 华镇名与孙海涛、吉林市轩宇房地产开发有限责任公司申请执行人
  执行异议纠纷案 ……………………………………………………… 773

22. 王高武诉云集路证券营业部股票纠纷案 ·················· 773
23. 西能科技公司诉国泰君安证券公司委托管理资产合同纠纷案 ·········· 773
24. 包头市方通物资有限责任公司诉包钢建筑安装工程公司拖欠
    建筑安装工程款纠纷案 ······························· 773
25. 福建三木集团股份有限公司与福建省泉州市煌星房地产发展
    有限公司商品房预售合同纠纷案 ······················· 774
26. 宁夏瀛海建材集团有限公司与宁夏瀛海银川建材有限公司、第三人
    中国石油宁夏化工厂债权纠纷案 ····················· 774
27. 赵俊诉项会敏、何雪琴民间借贷纠纷案 ················· 774
28. 陈明、徐炎芳、陈洁诉上海携程国际旅行社有限公司旅游合同纠纷案 ··· 775
29. 北京新中实经济发展有限责任公司、海南中实(集团)有限公司与
    华润置地(北京)股份有限公司房地产项目权益纠纷案 ··········· 775
30. 江西圳业房地产开发有限公司与江西省国利建筑工程有限公司
    建设工程施工合同纠纷案 ······························ 775
31. 金坛市建筑安装工程公司与大庆市庆龙房地产开发有限公司
    建设工程结算纠纷案 ·································· 775
32. 自贡市自流井区国有资产经营投资有限责任公司诉四川廉正工程
    咨询有限公司服务合同纠纷案 ·························· 776
33. 孙卫与南通百川面粉有限公司不当得利纠纷案 ············ 776
34. 洪秀凤与昆明安钡佳房地产开发有限公司房屋买卖合同纠纷案 ······ 776
35. 陈汝国与泰州市天源化工有限公司水污染责任纠纷案 ············ 777
36. 厦门特区锦江贸易公司申请诉前证据保全案 ·············· 777
(五) 期间、送达 ··· 777
37. 中国长城资产管理公司昆明办事处与昆明新人人海鲜酒楼有限责任公司、
    昆明新人人金实酒楼有限责任公司借款合同纠纷案 ············ 777
(六) 调解 ··· 777
38. 武汉中联证券劳动服务公司与港澳祥庆实业返还财产纠纷案 ······· 777
39. 伊宁市华强新型建材有限责任公司不服新疆维吾尔自治区高级人民法院
    执行裁定案 ··· 778
(七) 保全和先予执行 ··· 778
40. 李正辉诉柴国生财产损害赔偿纠纷案 ················· 778
41. 中国太平洋保险公司与大连扬帆船务有限公司发还担保纠纷再审案 ··· 779
42. 杨季康(笔名杨绛)与中贸圣佳国际拍卖有限公司、李强诉前禁令案 ··· 779
43. 中华环保联合会、贵阳公众环境教育中心与贵阳市乌当区定扒造纸厂
    水污染责任纠纷案 ·································· 779

（八）第一审普通程序 …… 779

44. 高淳县民政局诉王昌胜、吕芳、天安保险江苏分公司交通事故人身损害赔偿纠纷案 …… 779
45. 马文良与马德云房屋确权纠纷抗诉案 …… 780
46. 香港绿谷投资公司诉加拿大绿谷（国际）投资公司等股权纠纷案 …… 780
47. 威海鲲鹏投资有限公司与威海西港房地产开发有限公司、山东省重点建设实业有限公司土地使用权纠纷管辖权异议案 …… 780
48. 峰峰集团有限公司与中国节能投资公司借款合同纠纷案 …… 781
49. 河源市劳动服务建筑工程公司与龙川县人民政府建设工程施工合同纠纷案 …… 781
50. 王贺春、张福才等六人与卢继先、华宸建设集团股份有限公司债权转让合同纠纷案 …… 781
51. 鸿润锦源（厦门）房地产开发有限公司与彭雄浑、鸿润集团房地产投资有限公司商品房预售合同纠纷案 …… 782
52. 吴国军诉陈晓富、王克祥及德清县中建房地产开发有限公司民间借贷、担保合同纠纷案 …… 782
53. 内蒙古九郡药业有限责任公司、上海云洲商厦有限公司与韩凤彬、上海广播电视台、大连鸿雁大药房有限公司产品质量损害赔偿纠纷管辖权异议申请再审案 …… 782
54. 东方公司广州办事处诉中山市工业原材料公司等借款担保合同纠纷案 …… 783
55. 徐州市路保交通设施制造有限公司与徐州市华建房地产开发有限公司、第三人尤安庆房屋买卖合同纠纷案 …… 783

（九）特别程序 …… 783

56. 吴少晖不服选民资格处理决定案 …… 783
57. 张月英申请宣告陈炎死亡案 …… 784
58. 陈益锡申请认定财产无主案 …… 784

（十）审判监督程序 …… 784

59. 中国有色金属工业长沙勘察设计研究院与海南省汇富房地产开发公司长沙公司、海南省汇富房地产开发公司合作建房合同纠纷案 …… 784
60. 安徽省福利彩票发行中心与北京德法利科技发展有限责任公司营销协议纠纷案 …… 785
61. 杨培康与无锡活力保健品有限公司侵犯发明专利权纠纷案 …… 785
62. 湖北金华实业有限公司与苏金水等商品房买卖合同纠纷案 …… 785

（十一）公示催告程序 …… 786

63. 黎传雄股票灭失申请公示催告案 …… 786

(十二) 执行程序的一般规定 786
64. 香港信诺投资有限公司申请执行复议案 786
65. 兰州正林农垦食品有限公司与林柏君、郑州正林食品有限公司债务纠纷再审案 787
66. 西部信托有限公司申请执行复议案 787
67. 孙昌明与江苏威特集团有限公司、盐城经济开发区祥欣农村小额贷款有限公司案外人执行异议纠纷案 787
68. 桂林同德房地产开发有限公司申请执行重庆金山酒店有限公司等经营权案 788
69. 吉林中城建中大房地产开发有限公司申诉案 788
70. 李杰与辽宁金鹏房屋开发有限公司金融不良债权追偿纠纷案 788
(十三) 执行的申请和开始 789
71. 王爱英与李保生宅基纠纷强制执行案 789
72. 林锦璋拒不履行法院判决被强制变卖房产执行案 789
73. 李文通拒不执行法院判决并隐匿财产被搜查案 789
74. 中国银行等五家银行与奥林匹克饭店有限公司仲裁裁决执行案 790
75. 重庆德艺房地产开发有限公司不服执行裁定复议案 790
76. 光大银行北京营业部与仟村百货购物中心、仟村科工贸开发公司公证债权文书执行案 790
(十四) 执行措施 790
77. 交通银行南昌分行诉赛格信托公司江西证券交易部存款支付纠纷案 790
(十五) 管辖 791
78. 中国银行珠江分行诉香港传统投资有限公司等担保合同纠纷案 791
79. 郭叶律师行诉厦门华洋彩印公司代理合同纠纷管辖权异议案 791
(十六) 仲裁 791
80. 锦宫公司与广发公司商品房买卖合同纠纷管辖权异议案 791
81. 苏州东宝置业有限公司、苏州市金城担保有限责任公司、苏州市东宝金属材料有限公司、苏州市东宝有黑色金属材料有限公司、徐阿大与苏州百货总公司、江苏少女之春集团公司资产转让合同纠纷案 792
82. 华建电子有限责任公司、华建机器翻译有限公司与广州科技风险投资有限公司、谢雄平、张贺平、仇绍明、黄若浩合作协议纠纷案 792
(十七) 司法协助 792
83. 日本公民五味晃申请中国法院承认和执行日本法院判决案 792

四、会议纪要 793
第八次全国法院民事商事审判工作会议(民事部分)纪要(2016.11.21) 793

附录 ··· 799

一、立改文件 ··· 799
1. 中华人民共和国民事诉讼法(1991.4.9) ······································· 799
2. 中华人民共和国民事诉讼法修正案(草案)(2007.6.24) ······················· 825
3. 关于《中华人民共和国民事诉讼法修正案(草案)》的说明(2007.6.24) ··· 827
4. 全国人民代表大会常务委员会关于修改《中华人民共和国民事诉讼法》
   的决定(2007.10.28) ··· 831
5. 中华人民共和国民事诉讼法修正案(草案)(2011.10.29) ····················· 834
6. 关于《中华人民共和国民事诉讼法修正案(草案)》的说明
   (2011.10.24) ·· 841
7. 全国人民代表大会常务委员会关于修改《中华人民共和国民事诉讼法》
   的决定(2012.8.31) ··· 845
8. 关于《中华人民共和国行政诉讼法修正案(草案)》和《中华人民共和国
   民事诉讼法修正案(草案)》的说明(2017.6.22) ···························· 853
9. 全国人民代表大会常务委员会关于修改《中华人民共和国民事诉讼法》和
   《中华人民共和国行政诉讼法》的决定(2017.6.27) ························ 856
二、废止文件目录 ·· 856
(一) 民事诉讼 ··· 856
(二) 民事执行 ··· 866
三、《中华人民共和国民事诉讼法》条文修改对照表
   ——以2007年《民事诉讼法》和2012年《民事诉讼法》条文对照为主 ······ 868

第一部分 中华人民共和国民事诉讼法

[1991年4月9日第七届全国人民代表大会第四次会议通过,根据2007年10月28日第十届全国人民代表大会常务委员会第三十次会议《关于修改〈中华人民共和国民事诉讼法〉的决定》第一次修正,根据2012年8月31日第十一届全国人民代表大会常务委员会第二十八次会议《关于修改〈中华人民共和国民事诉讼法〉的决定》第二次修正,根据2017年6月27日第十二届全国人民代表大会常务委员会第二十八次会议《关于修改〈中华人民共和国民事诉讼法〉和〈中华人民共和国行政诉讼法〉的决定》第三次修正]

目　录

第一编　总则
　第一章　任务、适用范围和基本原则
　第二章　管辖
　　第一节　级别管辖
　　第二节　地域管辖
　　第三节　移送管辖和指定管辖
　第三章　审判组织
　第四章　回避
　第五章　诉讼参加人
　　第一节　当事人
　　第二节　诉讼代理人
　第六章　证据
　第七章　期间、送达
　　第一节　期间
　　第二节　送达
　第八章　调解
　第九章　保全和先予执行
　第十章　对妨害民事诉讼的强制措施
　第十一章　诉讼费用

第二编 审判程序

第十二章 第一审普通程序
- 第一节 起诉和受理
- 第二节 审理前的准备
- 第三节 开庭审理
- 第四节 诉讼中止和终结
- 第五节 判决和裁定

第十三章 简易程序
第十四章 第二审程序
第十五章 特别程序
- 第一节 一般规定
- 第二节 选民资格案件
- 第三节 宣告失踪、宣告死亡案件
- 第四节 认定公民无民事行为能力、限制民事行为能力案件
- 第五节 认定财产无主案件
- 第六节 确认调解协议案件
- 第七节 实现担保物权案件

第十六章 审判监督程序
第十七章 督促程序
第十八章 公示催告程序

第三编 执行程序

第十九章 一般规定
第二十章 执行的申请和移送
第二十一章 执行措施
第二十二章 执行中止和终结

第四编 涉外民事诉讼程序的特别规定

第二十三章 一般原则
第二十四章 管辖
第二十五章 送达、期间
第二十六章 仲裁
第二十七章 司法协助

第一编 总 则

第一章 任务、适用范围和基本原则

第一条 【立法依据】 中华人民共和国民事诉讼法以宪法为根据,结合我国民

事审判工作的经验和实际情况制定。

第二条　【立法目的】　中华人民共和国民事诉讼法的任务,是保护当事人行使诉讼权利,保证人民法院查明事实,分清是非,正确适用法律,及时审理民事案件,确认民事权利义务关系,制裁民事违法行为,保护当事人的合法权益,教育公民自觉遵守法律,维护社会秩序、经济秩序,保障社会主义建设事业顺利进行。

第三条　【适用范围】①　人民法院受理公民之间、法人之间、其他组织之间以及他们相互之间因财产关系和人身关系提起的民事诉讼,适用本法的规定。

第四条　【空间效力】　凡在中华人民共和国领域内进行民事诉讼,必须遵守本法。

第五条　【外国人的诉讼地位】　外国人、无国籍人、外国企业和组织在人民法院起诉、应诉,同中华人民共和国公民、法人和其他组织有同等的诉讼权利义务。

外国法院对中华人民共和国公民、法人和其他组织的民事诉讼权利加以限制的,中华人民共和国人民法院对该国公民、企业和组织的民事诉讼权利,实行对等原则。

第六条　【法院独立审判】②　民事案件的审判权由人民法院行使。

人民法院依照法律规定对民事案件独立进行审判,不受行政机关、社会团体和个人的干涉。

第七条　【审理原则】　人民法院审理民事案件,必须以事实为根据,以法律为准绳。

第八条　【诉讼权利平等原则】③　民事诉讼当事人有平等的诉讼权利。人民法院审理民事案件,应当保障和便利当事人行使诉讼权利,对当事人在适用法律上一律平等。

---

①　a. 2001 年 4 月 28 日修正的《中华人民共和国婚姻法》第十一条,见第 143 页。
　b. 2015 年 4 月 24 日修正的《中华人民共和国就业促进法》第六十二条,见第 176 页。
　c. 2008 年 12 月 27 日修正的《中华人民共和国专利法》第六十条,见第 150 页。
　d. 2013 年 8 月 30 日修正的《中华人民共和国商标法》第六十条,见第 174 页。
　e. 2007 年 12 月 29 日通过的《中华人民共和国劳动争议调解仲裁法》第五十条,见第 149 页。
　f. 2009 年 6 月 27 日通过的《中华人民共和国农村土地承包经营纠纷调解仲裁法》第四十八条,见第 165 页。
　g. 2017 年 9 月 1 日修正的《中华人民共和国公证法》第四十条,见第 182 页。
　h. 2001 年 12 月 25 日最高人民法院《关于适用〈中华人民共和国婚姻法〉若干问题的解释(一)》第三条,见第 188 页。
　i. 2011 年 2 月 18 日修改的最高人民法院《民事案件案由规定》(自 2011 年 4 月 1 日起施行),见第 201 页。
　j. 2014 年 3 月 25 日最高人民法院《关于商标法修改决定施行后商标案件管辖和法律适用问题的解释》(自 2014 年 5 月 1 日起施行),见第 251 页。
　k. 2015 年 1 月 29 日修改的最高人民法院《关于审理专利纠纷案件适用法律问题的若干规定》(自 2015 年 2 月 1 日起施行)第一条、第三条、第四条、第二十五条,见第 255 页、第 256 页、第 258 页。
②　a. 2006 年 10 月 31 日修正的《中华人民共和国人民法院组织法》第四条,见第 143 页。
　b. 2015 年 8 月 19 日最高人民法院《人民法院落实〈司法机关内部人员过问案件的记录和责任追究规定〉的实施办法》(自 2015 年 8 月 20 日起施行),见第 233 页。
　c. 2015 年 8 月 19 日最高人民法院《人民法院落实〈领导干部干预司法活动、插手具体案件处理的记录、通报和责任追究规定〉的实施办法》(自 2015 年 8 月 20 日起施行),见第 236 页。
③　a. 2006 年 10 月 31 日修正的《中华人民共和国人民法院组织法》第五条,见第 143 页。
　b. 2006 年 7 月 14 日最高人民法院《关于村民小组诉讼权利如何行使的复函》,见第 191 页。

第九条 【法院调解】 人民法院审理民事案件,应当根据自愿和合法的原则进行调解;调解不成的,应当及时判决。

第十条 【审判制度】① 人民法院审理民事案件,依照法律规定实行合议、回避、公开审判和两审终审制度。

第十一条 【语言文字】 各民族公民都有用本民族语言、文字进行民事诉讼的权利。

在少数民族聚居或者多民族共同居住的地区,人民法院应当用当地民族通用的语言、文字进行审理和发布法律文书。

人民法院应当对不通晓当地民族通用的语言、文字的诉讼参与人提供翻译。

第十二条 【辩论原则】 人民法院审理民事案件时,当事人有权进行辩论。

第十三条 【诚实信用原则和处分权原则】② 民事诉讼应当遵循诚实信用原则。

当事人有权在法律规定的范围内处分自己的民事权利和诉讼权利。

第十四条 【法律监督】③ 人民检察院有权对民事诉讼实行法律监督。

第十五条 【支持起诉】 机关、社会团体、企业事业单位对损害国家、集体或者个人民事权益的行为,可以支持受损害的单位或者个人向人民法院起诉。

第十六条 【变通规定】 民族自治地方的人民代表大会根据宪法和本法的原则,结合当地民族的具体情况,可以制定变通或者补充的规定。自治区的规定,报全国人民代表大会常务委员会批准。自治州、自治县的规定,报省或者自治区的人民代表大会常务委员会批准,并报全国人民代表大会常务委员会备案。

第二章 管　辖

第一节 级别管辖

第十七条 【基层法院管辖】 基层人民法院管辖第一审民事案件,但本法另有规定的除外。

---

① a. 2009年12月8日最高人民法院《关于司法公开的六项规定》(自2009年12月8日起施行),见第192页。
　b. 2009年12月8日最高人民法院《关于人民法院接受新闻媒体舆论监督的若干规定》(自2009年12月8日起施行),见第193页。
　c. 2013年11月21日最高人民法院《关于推进司法公开三大平台建设的若干意见》(自2013年11月21日起施行),见第195页。

② 公报案例:最高人民法院[2011]民抗字第48号民事判决书,见第766页;最高人民法院[2012]民再申字第310号民事裁定书,见第767页。

③ a. 2014年12月18日最高人民法院、最高人民检察院、公安部、民政部《关于依法处理监护人侵害未成年人权益行为若干问题的意见》(自2015年1月1日起施行)第三条第5款,见第214页。
　b. 2013年11月18日最高人民检察院《人民检察院民事诉讼监督规则(试行)》(自2011年11月18日起施行),见第220页。

第十八条 【中级法院管辖】① 中级人民法院管辖下列第一审民事案件：

（一）重大涉外案件；

（二）在本辖区有重大影响的案件；

（三）最高人民法院确定由中级人民法院管辖的案件。

第十九条 【高级法院管辖】② 高级人民法院管辖在本辖区有重大影响的第一审民事案件。

第二十条 【最高法院管辖】 最高人民法院管辖下列第一审民事案件：

（一）在全国有重大影响的案件；

（二）认为应当由本院审理的案件。

第二节 地 域 管 辖

第二十一条 【一般地域管辖】③ 对公民提起的民事诉讼，由被告住所地人民法院管辖；被告住所地与经常居住地不一致的，由经常居住地人民法院管辖。

---

① a. 2000年8月8日最高人民法院《关于当事人对仲裁协议的效力提出异议由哪一级人民法院管辖问题的批复》（自2000年8月12日起施行），见第238页。

b. 2002年2月25日最高人民法院《关于涉外民商事案件诉讼管辖若干问题的规定》（自2002年3月1日起施行），见第239页。

c. 2003年1月9日最高人民法院《关于审理证券市场因虚假陈述引发的民事赔偿案件的若干规定》（自2003年2月1日起施行）第八条、第九条，见第241页。

d. 2006年8月23日最高人民法院《关于适用〈中华人民共和国仲裁法〉若干问题的解释》（自2006年9月8日起施行）第十二条，见第245页。

e. 2005年7月14日最高人民法院《关于指定湖南省张家界市、永州市中级人民法院管辖一审涉外民商事案件的批复》，2007年6月28日最高人民法院《关于指定湖南省株洲市、岳阳市、衡阳市中级人民法院受理一审涉外民商事案件的批复》，2008年8月15日最高人民法院《关于指定湖南省长沙县人民法院管辖一审涉外民商事案件的批复》，见第247页。

f. 2009年1月5日最高人民法院《关于涉及驰名商标认定的民事纠纷案件管辖问题的通知》，见第248页。

g. 2012年5月3日最高人民法院《关于审理因垄断行为引发的民事纠纷案件应用法律若干问题的规定》（自2012年6月1日起施行）第三条，见第249页。

h. 2012年8月28日最高人民法院《关于军事法院管辖民事案件若干问题的规定》（自2012年9月17日起施行），见第250页。

i. 2014年3月25日最高人民法院《关于商标法修改决定施行后商标案件管辖和法律适用问题的解释》（自2014年5月1日起施行）第三条，见第252页。

j. 2014年10月31日最高人民法院《关于北京、上海、广州知识产权法院案件管辖的规定》（自2014年10月27日起施行）第一条至第八条，见第253—254页。

k. 2015年1月30日最高人民法院《关于适用〈中华人民共和国民事诉讼法〉的解释》（自2015年2月4日起施行）第一条、第二条，见第62页。

l. 2016年2月24日最高人民法院《关于海事法院受理案件范围的规定》（自2016年3月1日起施行），见第259页。

② a. 2015年1月30日最高人民法院《关于适用〈中华人民共和国民事诉讼法〉的解释》（自2015年2月4日起施行）第三条至第五条，见第62页。

b. 2015年4月30日最高人民法院《关于调整高级人民法院和中级人民法院管辖第一审民商事案件标准的通知》（自2015年5月1日起施行），见第254页。

c. 公报案例：最高人民法院〔2010〕民一终字第17号民事裁定书，见第767页。

③ a. 2015年1月30日最高人民法院《关于适用〈中华人民共和国民事诉讼法〉的解释》（自2015年2月4日起施行）第十条至第二十三条，见第62—63页。

b. 公报案例：最高人民法院〔2008〕民申字第1364号民事裁定书，见第767页。

对法人或者其他组织提起的民事诉讼,由被告住所地人民法院管辖。

同一诉讼的几个被告住所地、经常居住地在两个以上人民法院辖区的,各该人民法院都有管辖权。

第二十二条 【特别规定】① 下列民事诉讼,由原告住所地人民法院管辖;原告住所地与经常居住地不一致的,由原告经常居住地人民法院管辖:

(一)对不在中华人民共和国领域内居住的人提起的有关身份关系的诉讼;

(二)对下落不明或者宣告失踪的人提起的有关身份关系的诉讼;

(三)对被采取强制性教育措施的人提起的诉讼;

(四)对被监禁的人提起的诉讼。

第二十三条 【合同纠纷管辖】② 因合同纠纷提起的诉讼,由被告住所地或者合同履行地人民法院管辖。

第二十四条 【保险纠纷管辖】③ 因保险合同纠纷提起的诉讼,由被告住所地或者保险标的物所在地人民法院管辖。

第二十五条 【票据纠纷管辖】 因票据纠纷提起的诉讼,由票据支付地或者被告住所地人民法院管辖。

第二十六条 【公司纠纷管辖】④ 因公司设立、确认股东资格、分配利润、解散等纠纷提起的诉讼,由公司住所地人民法院管辖。

第二十七条 【运输纠纷管辖】 因铁路、公路、水上、航空运输和联合运输合同纠纷提起的诉讼,由运输始发地、目的地或者被告住所地人民法院管辖。

第二十八条 【侵权纠纷管辖】⑤ 因侵权行为提起的诉讼,由侵权行为地或者被告住所地人民法院管辖。

第二十九条 【交通事故管辖】 因铁路、公路、水上和航空事故请求损害赔偿提起的诉讼,由事故发生地或者车辆、船舶最先到达地、航空器最先降落地或者被告住所地人民法院管辖。

---

① a. 2010 年 12 月 9 日最高人民法院《关于对被监禁或被劳动教养的人提起的民事诉讼如何确定案件管辖问题的批复》,见第 248 页。
b. 2015 年 1 月 30 日最高人民法院《关于适用〈中华人民共和国民事诉讼法〉的解释》(自 2015 年 2 月 4 日起施行)第六条至第九条,见第 62 页。
② a. 2015 年 1 月 30 日最高人民法院《关于适用〈中华人民共和国民事诉讼法〉的解释》(自 2015 年 2 月 4 日起施行)第十八条至第二十条,见第 63 页。
b. 公报案例:最高人民法院〔2013〕民提字第 231 号民事裁定书,见第 768 页。
③ 2015 年 1 月 30 日最高人民法院《关于适用〈中华人民共和国民事诉讼法〉的解释》(自 2015 年 2 月 4 日起施行)第二十一条,见第 63 页。
④ 2015 年 1 月 30 日最高人民法院《关于适用〈中华人民共和国民事诉讼法〉的解释》(自 2015 年 2 月 4 日起施行)第二十二条,见第 63 页。
⑤ a. 2015 年 1 月 29 日修改的最高人民法院《关于审理专利纠纷案件适用法律问题的若干规定》(自 2015 年 2 月 1 日起施行)第五条、第六条,见第 256 页。
b. 2015 年 1 月 30 日最高人民法院《关于适用〈中华人民共和国民事诉讼法〉的解释》(自 2015 年 2 月 4 日起施行)第二十四条至第二十六条,见第 63—64 页。
c. 公报案例:上海市高级人民法院 1988 年 10 月 11 日民事判决书,见第 768 页;最高人民法院〔2005〕民二终字第 207 号民事裁定书,见第 768 页;最高人民法院〔2007〕民三终字第 10 号民事裁定书,见第 769 页。

第三十条 【海损事故管辖】 因船舶碰撞或者其他海事损害事故请求损害赔偿提起的诉讼,由碰撞发生地、碰撞船舶最先到达地、加害船舶被扣留地或者被告住所地人民法院管辖。

第三十一条 【海难救助管辖】 因海难救助费用提起的诉讼,由救助地或者被救助船舶最先到达地人民法院管辖。

第三十二条 【共同海损管辖】 因共同海损提起的诉讼,由船舶最先到达地、共同海损理算地或者航程终止地的人民法院管辖。

第三十三条 【专属管辖】① 下列案件,由本条规定的人民法院专属管辖:

(一)因不动产纠纷提起的诉讼,由不动产所在地人民法院管辖;

(二)因港口作业中发生纠纷提起的诉讼,由港口所在地人民法院管辖;

(三)因继承遗产纠纷提起的诉讼,由被继承人死亡时住所地或者主要遗产所在地人民法院管辖。

第三十四条 【协议管辖】② 合同或者其他财产权益纠纷的当事人可以书面协议选择被告住所地、合同履行地、合同签订地、原告住所地、标的物所在地等与争议有实际联系的地点的人民法院管辖,但不得违反本法对级别管辖和专属管辖的规定。

第三十五条 【共同管辖与选择管辖】 两个以上人民法院都有管辖权的诉讼,原告可以向其中一个人民法院起诉;原告向两个以上有管辖权的人民法院起诉的,由最先立案的人民法院管辖。

第三节 移送管辖和指定管辖

第三十六条 【移送管辖】③ 人民法院发现受理的案件不属于本院管辖的,应当移送有管辖权的人民法院,受移送的人民法院应当受理。受移送的人民法院认为受移送的案件依照规定不属于本院管辖的,应当报请上级人民法院指定管辖,不得再自行移送。

第三十七条 【指定管辖】④ 有管辖权的人民法院由于特殊原因,不能行使管

---

① 2015年1月30日最高人民法院《关于适用〈中华人民共和国民事诉讼法〉的解释》(自2015年2月4日起施行)第二十八条,见第64页。

② a. 1999年3月15日通过的《中华人民共和国合同法》第五十七条,见第131页。

b. 1999年12月25日通过的《中华人民共和国海事诉讼特别程序法》第八条,见第132页。

c. 2015年1月30日最高人民法院《关于适用〈中华人民共和国民事诉讼法〉的解释》(自2015年2月4日起施行)第二十九条至第三十四条,见第64页。

d. 公报案例:广东省广州市中级人民法院1991年5月31日民事判决书,见第769页;最高人民法院〔2005〕民二终字第94号民事裁定书,见第769页;最高人民法院〔2006〕民二终字第186号民事裁定书,见第770页;最高人民法院〔2006〕民四终字第8号民事裁定书,见第770页;最高人民法院〔2009〕民三终字第4号民事裁定书,见第770页。

③ 2015年1月30日最高人民法院《关于适用〈中华人民共和国民事诉讼法〉的解释》(自2015年2月4日起施行)第三十五条至第三十九条,见第64—65页。

④ 2015年1月30日最高人民法院《关于适用〈中华人民共和国民事诉讼法〉的解释》(自2015年2月4日起施行)第四十条、第四十一条,见第65页。

辖权的,由上级人民法院指定管辖。

人民法院之间因管辖权发生争议,由争议双方协商解决;协商解决不了的,报请它们的共同上级人民法院指定管辖。

第三十八条 【管辖转移】① 上级人民法院有权审理下级人民法院管辖的第一审民事案件;确有必要将本院管辖的第一审民事案件交下级人民法院审理的,应当报请其上级人民法院批准。

下级人民法院对它所管辖的第一审民事案件,认为需要由上级人民法院审理的,可以报请上级人民法院审理。

第三章 审 判 组 织

第三十九条 【一审审判组织】② 人民法院审理第一审民事案件,由审判员、陪审员共同组成合议庭或者由审判员组成合议庭。合议庭的成员人数,必须是单数。

适用简易程序审理的民事案件,由审判员一人独任审理。

陪审员在执行陪审职务时,与审判员有同等的权利义务。

第四十条 【二审审判组织】 人民法院审理第二审民事案件,由审判员组成合议庭。合议庭的成员人数,必须是单数。

发回重审的案件,原审人民法院应当按照第一审程序另行组成合议庭。

审理再审案件,原来是第一审的,按照第一审程序另行组成合议庭;原来是第二审的或者是上级人民法院提审的,按照第二审程序另行组成合议庭。

第四十一条 【审判长】③ 合议庭的审判长由院长或者庭长指定审判员一人担任;院长或者庭长参加审判的,由院长或者庭长担任。

第四十二条 【合议庭评议】④ 合议庭评议案件,实行少数服从多数的原则。评议应当制作笔录,由合议庭成员签名。评议中的不同意见,必须如实记入笔录。

---

① 2015年1月30日最高人民法院《关于适用〈中华人民共和国民事诉讼法〉的解释》(自2015年2月4日起施行)第四十二条,见第65页。
② a. 2002年8月12日最高人民法院《关于人民法院合议庭工作的若干规定》(自2002年8月17日起施行)第一条,见第263页。
b. 2010年1月11日最高人民法院《关于进一步加强合议庭职责的若干规定》(自2010年2月1日起施行)第一条、第二条,见第266页。
c. 2015年5月20日最高人民法院、司法部《人民陪审员制度改革试点工作实施办法》(自2015年5月20日起施行),见第267页。
③ a. 2002年8月12日最高人民法院《关于人民法院合议庭工作的若干规定》(自2002年8月17日起施行)第二条至第四条,见第263页。
b. 2007年3月30日最高人民法院《关于完善院长、副院长、庭长、副庭长参加合议庭审理案件制度的若干意见》,见第265页。
④ 2002年8月12日最高人民法院《关于人民法院合议庭工作的若干规定》(自2002年8月17日起施行)第九条至第十八条,见第264—265页。

第四十三条 【依法审判义务】① 审判人员应当依法秉公办案。

审判人员不得接受当事人及其诉讼代理人请客送礼。

审判人员有贪污受贿,徇私舞弊,枉法裁判行为的,应当追究法律责任;构成犯罪的,依法追究刑事责任。

第四章 回 避

第四十四条 【适用对象与事由】② 审判人员有下列情形之一的,应当自行回避,当事人有权用口头或者书面方式申请他们回避:

(一) 是本案当事人或者当事人、诉讼代理人近亲属的;

(二) 与本案有利害关系的;

(三) 与本案当事人、诉讼代理人有其他关系,可能影响对案件公正审理的。

审判人员接受当事人、诉讼代理人请客送礼,或者违反规定会见当事人、诉讼代理人的,当事人有权要求他们回避。

审判人员有前款规定的行为的,应当依法追究法律责任。

前三款规定,适用于书记员、翻译人员、鉴定人、勘验人。

第四十五条 【回避申请】 当事人提出回避申请,应当说明理由,在案件开始审理时提出;回避事由在案件开始审理后知道的,也可以在法庭辩论终结前提出。

被申请回避的人员在人民法院作出是否回避的决定前,应当暂停参与本案的工作,但案件需要采取紧急措施的除外。

第四十六条 【回避决定】 院长担任审判长时的回避,由审判委员会决定;审判人员的回避,由院长决定;其他人员的回避,由审判长决定。

第四十七条 【回避处理及救济】 人民法院对当事人提出的回避申请,应当在申请提出的三日内,以口头或者书面形式作出决定。申请人对决定不服的,可以在接到决定时申请复议一次。复议期间,被申请回避的人员,不停止参与本案的工作。人民法院对复议申请,应当在三日内作出复议决定,并通知复议申请人。

---

① a. 2002 年 8 月 12 日最高人民法院《关于人民法院合议庭工作的若干规定》(自 2002 年 8 月 17 日起施行)第五条至第八条,见第 263—264 页。
b. 2010 年 1 月 11 日最高人民法院《关于进一步加强合议庭职责的若干规定》(自 2010 年 2 月 1 日起施行)第三条至第十条,见第 266—267 页。
c. 2015 年 9 月 21 日最高人民法院《关于完善人民法院司法责任制的若干意见》之二、三、四、五、六,见第 272—278 页。
② a. 2009 年 12 月 31 日最高人民法院《人民法院工作人员处分条例》(自 2009 年 12 月 31 日起施行)第三十条,见第 281 页。
b. 2011 年 2 月 10 日最高人民法院《关于对配偶子女从事律师职业的法院领导干部和审判执行岗位法官实行任职回避的规定(试行)》,见第 287 页。
c. 2011 年 5 月 9 日最高人民法院《关于落实任职回避制度的实施方案》,见第 289 页。
d. 2011 年 6 月 10 日最高人民法院《关于审判人员在诉讼活动中执行回避制度若干问题的规定》(自 2011 年 6 月 13 日起施行),见第 290 页。

第五章　诉讼参加人

第一节　当　事　人

第四十八条　【当事人范围】①　公民、法人和其他组织可以作为民事诉讼的当事人。

法人由其法定代表人进行诉讼。其他组织由其主要负责人进行诉讼。

第四十九条　【诉讼权利义务】②　当事人有权委托代理人，提出回避申请，收集、提供证据，进行辩论，请求调解，提起上诉，申请执行。

当事人可以查阅本案有关材料，并可以复制本案有关材料和法律文书。查阅、复制本案有关材料的范围和办法由最高人民法院规定。

当事人必须依法行使诉讼权利，遵守诉讼秩序，履行发生法律效力的判决书、裁定书和调解书。

第五十条　【自行和解】　双方当事人可以自行和解。

第五十一条　【诉请处分和反诉】③　原告可以放弃或者变更诉讼请求。被告可以承认或者反驳诉讼请求，有权提起反诉。

---

① a. 2006 年 8 月 27 日通过的《中华人民共和国企业破产法》第二十五条第一款（七），见第 143 页。
b. 2010 年 2 月 26 日修正的《中华人民共和国著作权法》第八条第一款，见第 165 页。
c. 2012 年 12 月 28 日修正的《中华人民共和国劳动合同法》第五十六条，见第 173 页。
d. 2013 年 12 月 28 日修正的《中华人民共和国公司法》第一百五十一条，见第 174 页。
e. 2015 年 12 月 27 日通过的《中华人民共和国反家庭暴力法》第二十三条第二款，见第 179 页。
f. 2001 年 12 月 25 日最高人民法院《关于适用〈中华人民共和国婚姻法〉若干问题的解释（一）》（自 2001 年 12 月 27 日起施行）第七条，见第 189 页。
g. 2003 年 12 月 25 日最高人民法院《关于适用〈中华人民共和国婚姻法〉若干问题的解释（二）》（自 2004 年 4 月 1 日起施行）第五条、第六条，见第 344 页。
h. 2003 年 8 月 20 日最高人民法院《关于金湖新村业主委员会是否具备民事诉讼主体资格请示一案的复函》，见第 298 页。
i. 2005 年 8 月 15 日最高人民法院《关于春雨花园业主委员会是否具备民事诉讼主体资格的复函》，见第 299 页。
j. 2015 年 1 月 30 日最高人民法院《关于适用〈中华人民共和国民事诉讼法〉的解释》（自 2015 年 2 月 4 日起施行）第五十条至第七十二条，见第 66—68 页。
k. 公报案例：最高人民法院〔2005〕民二终字第 160 号民事裁定书，见第 771 页。
② 2015 年 1 月 30 日最高人民法院《关于适用〈中华人民共和国民事诉讼法〉的解释》（自 2015 年 2 月 4 日起施行）第八十四条，见第 69 页。
③ a. 2015 年 1 月 6 日最高人民法院《关于审理环境民事公益诉讼案件适用法律若干问题的解释》（自 2015 年 1 月 7 日起施行）第十七条，见第 310 页。
b. 2015 年 1 月 30 日最高人民法院《关于适用〈中华人民共和国民事诉讼法〉的解释》（自 2015 年 2 月 4 日起施行）第二百三十二条、第二百三十三条、第二百五十一条、第二百五十二条、第三百二十八条，见第 83 页、第 84 页、第 93 页。
c. 2016 年 2 月 25 日最高人民法院《人民法院审理人民检察院提起公益诉讼案件试点工作实施办法》（自 2016 年 3 月 1 日起施行）第六条，见第 319 页。
d. 2016 年 4 月 24 日最高人民法院《关于审理消费民事公益诉讼案件适用法律若干问题的解释》（自 2016 年 5 月 1 日起施行）第十一条，见第 333 页。

第五十二条 【共同诉讼】① 当事人一方或者双方为二人以上,其诉讼标的是共同的,或者诉讼标的是同一种类、人民法院认为可以合并审理并经当事人同意的,为共同诉讼。

共同诉讼的一方当事人对诉讼标的有共同权利义务的,其中一人的诉讼行为经其他共同诉讼人承认,对其他共同诉讼人发生效力;对诉讼标的没有共同权利义务的,其中一人的诉讼行为对其他共同诉讼人不发生效力。

第五十三条 【代表人诉讼一】② 当事人一方人数众多的共同诉讼,可以由当事人推选代表人进行诉讼。代表人的诉讼行为对其所代表的当事人发生效力,但代表人变更、放弃诉讼请求或者承认对方当事人的诉讼请求,进行和解,必须经被代表的当事人同意。

第五十四条 【代表人诉讼二】③ 诉讼标的是同一种类、当事人一方人数众多在起诉时人数尚未确定的,人民法院可以发出公告,说明案件情况和诉讼请求,通知权利人在一定期间向人民法院登记。

向人民法院登记的权利人可以推选代表人进行诉讼;推选不出代表人的,人民法院可以与参加登记的权利人商定代表人。

代表人的诉讼行为对其所代表的当事人发生效力,但代表人变更、放弃诉讼请求或者承认对方当事人的诉讼请求,进行和解,必须经被代表的当事人同意。

人民法院作出的判决、裁定,对参加登记的全体权利人发生效力。未参加登记的权利人在诉讼时效期间提起诉讼的,适用该判决、裁定。

第五十五条 【公益诉讼】④ 对污染环境、侵害众多消费者合法权益等损害社

---

① a. 2014年2月24日最高人民法院《关于审理融资租赁合同纠纷案件适用法律问题的解释》(自2014年3月1日起施行)第五条,见第303页。
 b. 2013年12月23日最高人民法院《关于审理食品药品纠纷案件适用法律若干问题的规定》(自2014年3月15日起施行)第二条,见第327页。
 c. 2014年8月21日最高人民法院《关于审理利用信息网络侵害人身权益民事纠纷案件适用法律若干问题的规定》(自2014年10月10日起施行)第三条,见第300页。
 d. 公报案例:最高人民法院〔2003〕民一终字第46号民事判决书,见第771页;最高人民法院〔2005〕民二终字第186号民事判决书,见第771页;最高人民法院〔2007〕民四终字第28号民事裁定书,见第772页;
② a. 2005年12月30日最高人民法院《关于人民法院受理共同诉讼案件问题的通知》(自2006年1月1日起施行),见第299页。
 b. 2015年1月30日最高人民法院《关于适用〈中华人民共和国民事诉讼法〉的解释》(自2015年2月4日起施行)第七十五条、第七十六条,见第68页。
③ 2015年1月30日最高人民法院《关于适用〈中华人民共和国民事诉讼法〉的解释》(自2015年2月4日起施行)第七十七条至第八十条,见第68页。
④ a. 2013年10月25日修正的《中华人民共和国消费者权益保护法》第四十七条,见第175页。
 b. 2014年4月24日修订的《中华人民共和国环境保护法》第五十八条,见第175页。
 c. 2012年12月28日最高人民法院《关于适用〈中华人民共和国涉外民事关系法律适用法〉若干问题的解释(一)》(自2013年1月7日起施行)第十条,见第322页。
 d. 2014年12月26日最高人民法院、民政部、环境保护部《关于贯彻实施环境民事公益诉讼制度的通知》,见第308页。
 e. 2015年1月6日最高人民法院《关于审理环境民事公益诉讼案件适用法律若干问题的解释》(自2015年1月7日起施行),见第309页。
 f. 2015年1月30日最高人民法院《关于适用〈中华人民共和国民事诉讼法〉的解释》(自2015年2月4日起施行)第二百八十四条至第二百九十一条,见第89页。(转下页)

会公共利益的行为,法律规定的机关和有关组织可以向人民法院提起诉讼。

人民检察院在履行职责中发现破坏生态环境和资源保护、食品药品安全领域侵害众多消费者合法权益等损害社会公共利益的行为,在没有前款规定的机关和组织或者前款规定的机关和组织不提起诉讼的情况下,可以向人民法院提起诉讼。前款规定的机关或者组织提起诉讼的,人民检察院可以支持起诉。

第五十六条 【诉讼第三人和第三人撤销之诉】① 对当事人双方的诉讼标的,第三人认为有独立请求权的,有权提起诉讼。

对当事人双方的诉讼标的,第三人虽然没有独立请求权,但案件处理结果同他有法律上的利害关系的,可以申请参加诉讼,或者由人民法院通知他参加诉讼。人民法院判决承担民事责任的第三人,有当事人的诉讼权利义务。

前两款规定的第三人,因不能归责于本人的事由未参加诉讼,但有证据证明发生法律效力的判决、裁定、调解书的部分或者全部内容错误,损害其民事权益的,可以自知道或者应当知道其民事权益受到损害之日起六个月内,向作出该判决、裁定、调解书的人民法院提起诉讼。人民法院经审理,诉讼请求成立的,应当改变或者撤销原判决、裁定、调解书;诉讼请求不成立的,驳回诉讼请求。

第二节 诉讼代理人

第五十七条 【法定代理人】② 无诉讼行为能力人由他的监护人作为法定代理人代为诉讼。法定代理人之间互相推诿代理责任的,由人民法院指定其中一人代为诉讼。

(接上页)

g. 2015年6月1日最高人民法院《关于审理环境侵权责任纠纷案件适用法律若干问题的解释》(自2015年6月3日起施行),见第376页。

h. 2015年12月24日最高人民检察院《人民检察院提起公益诉讼试点工作实施办法》(自2015年12月24日起施行),见第312页。

i. 2016年2月25日最高人民法院《人民法院审理人民检察院提起公益诉讼案件试点工作实施办法》(自2016年3月1日起施行),见第318页。

j. 2016年4月24日最高人民法院《关于审理消费民事公益诉讼案件适用法律若干问题的解释》(自2016年5月1日起施行),见第332页。

k. 2014年3月19日《最高人民法院公布保障民生第二批典型案例》之案例10,见第711页;2015年12月29日《最高人民法院发布10起环境侵权典型案例》之案例1至案例3,见第702—704页;参见公报案例:江苏省无锡市中级人民法院民事调解书,见第772页。

① 2001年12月25日最高人民法院《关于适用〈中华人民共和国婚姻法〉若干问题的解释(一)》(自2001年12月27日起施行)第十六条,见第189页。

b. 2008年5月12日最高人民法院《关于适用〈中华人民共和国公司法〉若干问题的规定(二)》(自2008年5月19日起施行,2014年2月20日修正)第四条,见第323页。

c. 2014年2月24日最高人民法院《关于审理融资租赁合同纠纷案件适用法律问题的解释》(自2014年3月1日起施行)第二十四条,见第306页。

d. 2015年1月30日最高人民法院《关于适用〈中华人民共和国民事诉讼法〉的解释》(自2015年2月4日起施行)第八十一条、第八十二条、第一百二十七条、第二百九十二条至第三百零三条,见第68页、第69页、第74页、第89—91页。

② 2015年1月30日最高人民法院《关于适用〈中华人民共和国民事诉讼法〉的解释》(自2015年2月4日起施行)第八十三条,见第69页。

第五十八条 【委托代理人】① 当事人、法定代理人可以委托一至二人作为诉讼代理人。

下列人员可以被委托为诉讼代理人:
(一) 律师、基层法律服务工作者;
(二) 当事人的近亲属或者工作人员;
(三) 当事人所在社区、单位以及有关社会团体推荐的公民。

第五十九条 【授权委托书】② 委托他人代为诉讼,必须向人民法院提交由委托人签名或者盖章的授权委托书。

授权委托书必须记明委托事项和权限。诉讼代理人代为承认、放弃、变更诉讼请求,进行和解,提起反诉或者上诉,必须有委托人的特别授权。

侨居在国外的中华人民共和国公民从国外寄交或者托交的授权委托书,必须经中华人民共和国驻该国的使领馆证明;没有使领馆的,由与中华人民共和国有外交关系的第三国驻该国的使领馆证明,再转由中华人民共和国驻该第三国使领馆证明,或者由当地的爱国华侨团体证明。

第六十条 【代理权变更】 诉讼代理人的权限如果变更或者解除,当事人应当书面告知人民法院,并由人民法院通知对方当事人。

第六十一条 【代理人权利】③ 代理诉讼的律师和其他诉讼代理人有权调查收集证据,可以查阅本案有关材料。查阅本案有关材料的范围和办法由最高人民法院规定。

第六十二条 【离婚诉讼代理】 离婚案件有诉讼代理人的,本人除不能表达意思的以外,仍应出庭;确因特殊情况无法出庭的,必须向人民法院提交书面意见。

---

① a. 1984 年 1 月 11 日最高人民法院《关于人民法院的审判人员可否担任民事案件当事人的委托代理人的批复》,见第 294 页。
　b. 2015 年 1 月 30 日最高人民法院《关于适用〈中华人民共和国民事诉讼法〉的解释》(自 2015 年 2 月 4 日起施行)第八十五条至第八十七条,见第 69 页。
② a. 1997 年 1 月 23 日最高人民法院《关于民事诉讼委托代理人在执行程序中的代理权限问题的批复》,见第 292 页。
　b. 2015 年 1 月 30 日最高人民法院《关于适用〈中华人民共和国民事诉讼法〉的解释》(自 2015 年 2 月 4 日起施行)第八十八条、第八十九条,见第 69—70 页。
③ a. 2002 年 11 月 5 日最高人民法院《关于诉讼代理人查阅民事案件材料的规定》(自 2002 年 12 月 7 日起施行),见第 293 页。
　b. 2017 年 9 月 1 日修正的《中华人民共和国律师法》第三十二条、第三十五条至第四十二条,见第 169—170 页。
　c. 2014 年 12 月 23 日最高人民检察院《关于依法保障律师执业权利的规定》(自 2014 年 12 月 23 日起施行),见第 328 页。
　d. 2015 年 9 月 6 日最高人民法院、最高人民检察院、公安部、国家安全部、司法部《关于进一步规范司法人员与当事人、律师特殊关系人、中介组织接触交往行为的若干规定》(自 2015 年 9 月 6 日起施行),见第 306 页。
　e. 2015 年 12 月 29 日最高人民法院《关于依法切实保障律师诉讼权利的规定》,见第 331 页。

第六章 证 据

第六十三条 【证据种类】① 证据包括:

(一) 当事人的陈述;

(二) 书证;

(三) 物证;

(四) 视听资料;

(五) 电子数据;

(六) 证人证言;

(七) 鉴定意见;

(八) 勘验笔录。

证据必须查证属实,才能作为认定事实的根据。

第六十四条 【举证责任和法院调查收集与审查核实证据】② 当事人对自己提

---

① a. 2015年4月24日修正的《中华人民共和国电子签名法》第五条,见第178页。
b. 2001年12月21日最高人民法院《关于民事诉讼证据的若干规定》(自2002年4月1日起施行)第六十三条至第七十九条,见第353—354页。
c. 2013年5月31日最高人民法院《关于适用〈中华人民共和国保险法〉若干问题的解释(二)》(自2013年6月8日起施行)第十八条,见第371页。
d. 2015年1月30日最高人民法院《关于适用〈中华人民共和国民事诉讼法〉的解释》(自2015年2月4日起施行)第一百一十六条,见第373页。
e. 2003年6月12日最高人民法院《关于债权人在保证期间以特快专递向保证人发出逾期贷款催收通知书但缺乏保证人对邮件签收或拒收的证据能否认定债权人向保证人主张权利的请示的复函》,见第336页。
f. 2014年7月25日《最高人民法院发布的四起典型案例》之案例1,见第693页。
g. 公报案例:最高人民法院[2013]民申字第675号民事裁定书,见第773页;最高人民法院[2015]民一终字第78号民事判决书,见第776页。

② a. 2007年12月29日通过的《中华人民共和国劳动争议调解仲裁法》第六条,见第144页。
b. 2008年12月27日修正的《中华人民共和国专利法》第六十五条第二款,见第150页。
c. 2009年12月26日通过的《中华人民共和国侵权责任法》第二十条、第五十八条、第六十六条、第八十五条、第八十八条,见第150—151页。
d. 2013年8月30日修正的《中华人民共和国商标法》第六十三条、第六十四条,见第174—175页。
e. 2015年4月24日修正的《中华人民共和国保险法》第四十二条第二款,见第181页。
f. 2001年4月16日最高人民法院《关于审理劳动争议案件适用法律若干问题的解释》(自2002年4月30日起施行)第十三条,见第338页。
g. 2001年12月21日最高人民法院《关于民事诉讼证据的若干规定》(自2002年4月1日起施行)第七条、第八条,见第347页。
h. 2009年4月24日最高人民法院《关于适用〈中华人民共和国合同法〉若干问题的解释(二)》(自2009年5月13日起施行)第六条、第七条,见第342页。
i. 2010年9月13日最高人民法院《关于审理劳动争议案件适用法律若干问题的解释(三)》(自2010年9月14日起施行)第九条,见第340页。
j. 2015年11月25日最高人民法院《关于适用〈中华人民共和国保险法〉若干问题的解释(三)》(自2015年12月1日起施行)第二条,见第372页。
k. 2014年5月16日最高人民法院《关于审理涉及公证活动相关民事案件的若干规定》(自2014年6月6日起施行)第四条,见第375页。
l. 2015年1月30日最高人民法院《关于适用〈中华人民共和国民事诉讼法〉的解释》(自2015年2月4日起施行)第九十条至第九十六条,见第70—71页。(转下页)

出的主张,有责任提供证据。

当事人及其诉讼代理人因客观原因不能自行收集的证据,或者人民法院认为审理案件需要的证据,人民法院应当调查收集。

人民法院应当按照法定程序,全面地、客观地审查核实证据。

第六十五条　【举证时限】①　当事人对自己提出的主张应当及时提供证据。

人民法院根据当事人的主张和案件审理情况,确定当事人应当提供的证据及其期限。当事人在该期限内提供证据确有困难的,可以向人民法院申请延长期限,人民法院根据当事人的申请适当延长。当事人逾期提供证据的,人民法院应当责令其说明理由;拒不说明理由或者理由不成立的,人民法院根据不同情形可以不予采纳该证据,或者采纳该证据但予以训诫、罚款。

第六十六条　【证据收集】②　人民法院收到当事人提交的证据材料,应当出具收据,写明证据名称、页数、份数、原件或者复印件以及收到时间等,并由经办人员签名或者盖章。

第六十七条　【法院调取证据】③　人民法院有权向有关单位和个人调查取证,有关单位和个人不得拒绝。

人民法院对有关单位和个人提出的证明文书,应当辨别真伪,审查确定其效力。

第六十八条　【当事人质证】④　证据应当在法庭上出示,并由当事人互相质证。

(接上页)

　　m. 2015年8月6日最高人民法院《关于审理民间借贷案件适用法律若干问题的规定》(自2015年9月1日起施行)第十七条至第十八条,见第380页。

　　n. 2014年4月30日《最高人民法院发布五起典型案例》之案例4,见第729页;2015年12月4日《最高人民法院发布19起合同纠纷典型案例》之案例18,见第713页。

　　o. 公报案例:湖北省宜昌市中级人民法院2000年10月9日民事判决书,见第773页;最高人民法院〔2003〕民二终字第182号民事判决书,见第773页;内蒙古自治区高级人民法院〔2003〕内法民再字第104号民事判决书,见第774页;最高人民法院〔2004〕民一终字第104号民事判决书,见第774页;最高人民法院〔2010〕民二终字第19号民事判决书,见第774页;上海市长宁区人民法院2013年4月19日民事判决书,见第774页;上海市第一中级人民法院2014年12月19日民事判决书,见第775页。

　　①　a. 2001年12月21日最高人民法院《关于民事诉讼证据的若干规定》(自2002年4月1日起施行)第三十二条至第四十条,见第350—351页。

　　b. 2008年12月11日最高人民法院《关于适用〈关于民事诉讼证据的若干规定〉中有关举证时限规定的通知》,见第355页。

　　c. 2015年1月30日最高人民法院《关于适用〈中华人民共和国民事诉讼法〉的解释》(自2015年2月4日起施行)第九十九条至第一百零二条,见第71页。

　　d. 2015年12月4日《最高人民法院发布19起合同纠纷典型案例》之案例9,见第713页。

　　e. 公报案例:最高人民法院〔2004〕民一终字第107号民事裁定书,见第775页;最高人民法院〔2006〕民一终字第52号民事判决书,见第775页。

　　②　2001年12月21日最高人民法院《关于民事诉讼证据的若干规定》(自2002年4月1日起施行)第十四条,见第348页。

　　③　a. 2001年12月21日最高人民法院《关于民事诉讼证据的若干规定》(自2002年4月1日起施行)第三十一条,见第350页。

　　b. 2011年8月7日最高人民法院《关于进一步规范人民法院涉港澳台调查取证工作的通知》,见第368页。

　　c. 2015年1月30日最高人民法院《关于适用〈中华人民共和国民事诉讼法〉的解释》(自2015年2月4日起施行)第九十七条,见第71页。

　　④　a. 2001年12月21日最高人民法院《关于民事诉讼证据的若干规定》(自2002年4月1日起施行)第四十七条至第五十二条,见第351—352页。

　　b. 2015年1月30日最高人民法院《关于适用〈中华人民共和国民事诉讼法〉的解释》(自2015年2月4日起施行)第一零三条至第一百一十条、第二百二十条,见第71—72页、第83—84页。

对涉及国家秘密、商业秘密和个人隐私的证据应当保密,需要在法庭出示的,不得在公开开庭时出示。

第六十九条 【公证证据】 经过法定程序公证证明的法律事实和文书,人民法院应当作为认定事实的根据,但有相反证据足以推翻公证证明的除外。

第七十条 【书证物证】① 书证应当提交原件。物证应当提交原物。提交原件或者原物确有困难的,可以提交复制品、照片、副本、节录本。

提交外文书证,必须附有中文译本。

第七十一条 【视听资料】② 人民法院对视听资料,应当辨别真伪,并结合本案的其他证据,审查确定能否作为认定事实的根据。

第七十二条 【证人条件和义务】③ 凡是知道案件情况的单位和个人,都有义务出庭作证。有关单位的负责人应当支持证人作证。

不能正确表达意思的人,不能作证。

第七十三条 【证人出庭作证】④ 经人民法院通知,证人应当出庭作证。有下列情形之一的,经人民法院许可,可以通过书面证言、视听传输技术或者视听资料等方式作证:

(一)因健康原因不能出庭的;

(二)因路途遥远,交通不便不能出庭的;

(三)因自然灾害等不可抗力不能出庭的;

(四)其他有正当理由不能出庭的。

第七十四条 【证人费用负担】⑤ 证人因履行出庭作证义务而支出的交通、住宿、就餐等必要费用以及误工损失,由败诉一方当事人负担。当事人申请证人作证的,由该当事人先行垫付;当事人没有申请,人民法院通知证人作证的,由人民法院先行垫付。

第七十五条 【当事人陈述】⑥ 人民法院对当事人的陈述,应当结合本案的其

---

① a. 2001 年 12 月 21 日最高人民法院《关于民事诉讼证据的若干规定》(自 2002 年 4 月 1 日起施行)第十条至第十三条、第四十九条,见第 348 页、第 352 页。

b. 2015 年 1 月 30 日最高人民法院《关于适用〈中华人民共和国民事诉讼法〉的解释》(自 2015 年 2 月 4 日起施行)第一百一十条至第一百一十五条,见第 72—73 页。

② a. 1995 年 3 月 6 日最高人民法院《关于未经对方当事人同意私自录音取得的资料能否作为证据使用问题的批复》,见第 334 页。

b. 2015 年 1 月 30 日最高人民法院《关于适用〈中华人民共和国民事诉讼法〉的解释》(自 2015 年 2 月 4 日起施行)第一百一十六条,见第 73 页。

③ a. 2001 年 12 月 21 日最高人民法院《关于民事诉讼证据的若干规定》(自 2002 年 4 月 1 日起施行)第五十三条至第五十八条,见第 352 页。

b. 2015 年 1 月 30 日最高人民法院《关于适用〈中华人民共和国民事诉讼法〉的解释》(自 2015 年 2 月 4 日起施行)第一百一十七条,见第 73 页。

④ 2015 年 1 月 30 日最高人民法院《关于适用〈中华人民共和国民事诉讼法〉的解释》(自 2015 年 2 月 4 日起施行)第一百一十九条、第一百二十条,见第 73 页。

⑤ 2015 年 1 月 30 日最高人民法院《关于适用〈中华人民共和国民事诉讼法〉的解释》(自 2015 年 2 月 4 日起施行)第一百一十八条,见第 73 页。

⑥ 2015 年 1 月 30 日最高人民法院《关于适用〈中华人民共和国民事诉讼法〉的解释》(自 2015 年 2 月 4 日起施行)第一百一十条、第一百二十二条第二款、第三百九十七条,见第 72 页、第 73 页、第 100 页。

他证据,审查确定能否作为认定事实的根据。

当事人拒绝陈述的,不影响人民法院根据证据认定案件事实。

第七十六条 【鉴定程序的启动】① 当事人可以就查明事实的专门性问题向人民法院申请鉴定。当事人申请鉴定的,由双方当事人协商确定具备资格的鉴定人;协商不成的,由人民法院指定。

当事人未申请鉴定,人民法院对专门性问题认为需要鉴定的,应当委托具备资格的鉴定人进行鉴定。

第七十七条 【鉴定人权利和鉴定意见形式】② 鉴定人有权了解进行鉴定所需要的案件材料,必要时可以询问当事人、证人。

鉴定人应当提出书面鉴定意见,在鉴定书上签名或者盖章。

第七十八条 【鉴定人出庭作证】③ 当事人对鉴定意见有异议或者人民法院认为鉴定人有必要出庭的,鉴定人应当出庭作证。经人民法院通知,鉴定人拒不出庭作证的,鉴定意见不得作为认定事实的根据;支付鉴定费用的当事人可以要求返还鉴定费用。

第七十九条 【申请有专门知识的人出庭】④ 当事人可以申请人民法院通知有专门知识的人出庭,就鉴定人作出的鉴定意见或者专业问题提出意见。

---

① a. 2001年12月21日最高人民法院《关于民事诉讼证据的若干规定》(自2002年4月1日起施行)第二十五条至第二十九条、第五十九条,见第348—350页、第353页。
b. 2002年3月27日最高人民法院《人民法院对外委托司法鉴定管理规定》(自2002年4月1日起施行),见第356页。
c. 2007年8月23日最高人民法院《对外委托鉴定、评估、拍卖等工作管理规定》(自2007年9月1日起施行),见第358页。
d. 2015年1月30日最高人民法院《关于适用〈中华人民共和国民事诉讼法〉的解释》(自2015年2月4日起施行)第一百二十一条,见第73页。
e. 2015年4月24日全国人大常委会修正的《关于司法鉴定管理问题的决定》(自2015年10月1日起施行),见第176页。
f. 2016年3月2日司法部《司法鉴定程序通则》(自2016年5月1日起施行),见第364页。
② 公报案例:最高人民法院[2004]民一终字第118号民事判决书,见第776页;四川省成都市金牛区人民法院2011年5月16日民事裁定书,见第776页。
③ a. 2001年12月21日最高人民法院《关于民事诉讼证据的若干规定》(自2002年4月1日起施行)第二十五条至第二十九条、第五十九条,见第348—350页、第353页。
b. 2002年3月27日最高人民法院《人民法院对外委托司法鉴定管理规定》(自2002年4月1日起施行),见第356页。
c. 2007年8月23日最高人民法院《对外委托鉴定、评估、拍卖等工作管理规定》(自2007年9月1日起施行),见第358页。
d. 2015年1月30日最高人民法院《关于适用〈中华人民共和国民事诉讼法〉的解释》(自2015年2月4日起施行)第一百二十一条,见第73页。
e. 2015年4月24日全国人大常委会修正的《关于司法鉴定管理问题的决定》(自2015年10月1日起施行),见第176页。
f. 2016年3月2日司法部《司法鉴定程序通则》(自2016年5月1日起施行),见第364页。
④ a. 2001年12月21日最高人民法院《关于民事诉讼证据的若干规定》(自2002年4月1日起施行)第二十五条至第二十九条、第五十九条,见第348—350页、第353页。
b. 2015年1月30日最高人民法院《关于适用〈中华人民共和国民事诉讼法〉的解释》(自2015年2月4日起施行)第一百二十一条,见第73页。
c. 2015年6月1日最高人民法院《关于审理环境侵权责任纠纷案件适用法律若干问题的解释》(自2015年6月3日起施行)第九条,见第377页。

第八十条 【勘验程序】① 勘验物证或者现场，勘验人必须出示人民法院的证件，并邀请当地基层组织或者当事人所在单位派人参加。当事人或者当事人的成年家属应当到场，拒不到场的，不影响勘验的进行。

有关单位和个人根据人民法院的通知，有义务保护现场，协助勘验工作。

勘验人应当将勘验情况和结果制作笔录，由勘验人、当事人和被邀参加人签名或者盖章。

第八十一条 【证据保全】② 在证据可能灭失或者以后难以取得的情况下，当事人可以在诉讼过程中向人民法院申请保全证据，人民法院也可以主动采取保全措施。

因情况紧急，在证据可能灭失或者以后难以取得的情况下，利害关系人可以在提起诉讼或者申请仲裁前向证据所在地、被申请人住所地或者对案件有管辖权的人民法院申请保全证据。

证据保全的其他程序，参照适用本法第九章保全的有关规定。

第七章 期间、送达

第一节 期　　间

第八十二条 【期间的种类和计算】③ 期间包括法定期间和人民法院指定的期间。

期间以时、日、月、年计算。期间开始的时和日，不计算在期间内。

期间届满的最后一日是节假日的，以节假日后的第一日为期间届满的日期。

期间不包括在途时间，诉讼文书在期满前交邮的，不算过期。

第八十三条 【期间的耽误和顺延】④ 当事人因不可抗拒的事由或者其他正当理由耽误期限的，在障碍消除后的十日内，可以申请顺延期限，是否准许，由人民法院决定。

---

① a. 2001年12月21日最高人民法院《关于民事诉讼证据的若干规定》（自2002年4月1日起施行）第三十条，见第350页。
　b. 2015年1月30日最高人民法院《关于适用〈中华人民共和国民事诉讼法〉的解释》（自2015年2月4日起施行）第一百二十四条，见第374页。

② a. 1994年8月31日通过的《中华人民共和国仲裁法》第四十六条，见第158页。
　b. 2017年9月1日修正的《中华人民共和国公证法》第十一条，见第182页。
　c. 2001年12月21日最高人民法院《关于民事诉讼证据的若干规定》（自2002年4月1日起施行）第二十三条、第二十四条，见第349页。
　d. 2002年1月9日最高人民法院《关于诉前停止侵犯注册商标专用权行为和保全证据适用法律问题的解释》（自2002年1月22日起施行），见第334页。
　e. 2015年1月30日最高人民法院《关于适用〈中华人民共和国民事诉讼法〉的解释》（自2015年2月4日起施行）第九十八条，见第371页。
　f. 公报案例：厦门海事法院1992年12月2日民事裁定书，见第777页。

③ 2015年1月30日最高人民法院《关于适用〈中华人民共和国民事诉讼法〉的解释》（自2015年2月4日起施行）第一百二十五条，见第374页。

④ 2007年1月22日最高人民法院《关于彼得·舒德申请承认及执行美国仲裁委员会裁决一案的请示的复函》，见第365页。

第二节 送 达

第八十四条 【送达回证】① 送达诉讼文书必须有送达回证,由受送达人在送达回证上记明收到日期,签名或者盖章。

受送达人在送达回证上的签收日期为送达日期。

第八十五条 【直接送达】② 送达诉讼文书,应当直接送交受送达人。受送达人是公民的,本人不在交他的同住成年家属签收;受送达人是法人或者其他组织的,应当由法人的法定代表人、其他组织的主要负责人或者该法人、组织负责收件的人签收;受送达人有诉讼代理人的,可以送交其代理人签收;受送达人已向人民法院指定代收人的,送交代收人签收。

受送达人的同住成年家属,法人或者其他组织的负责收件的人,诉讼代理人或者代收人在送达回证上签收的日期为送达日期。

第八十六条 【留置送达】③ 受送达人或者他的同住成年家属拒绝接收诉讼文书的,送达人可以邀请有关基层组织或者所在单位的代表到场,说明情况,在送达回证上记明拒收事由和日期,由送达人、见证人签名或者盖章,把诉讼文书留在受送达人的住所;也可以把诉讼文书留在受送达人的住所,并采用拍照、录像等方式记录送达过程,即视为送达。

第八十七条 【电子送达】④ 经受送达人同意,人民法院可以采用传真、电子邮件等能够确认其收悉的方式送达诉讼文书,但判决书、裁定书、调解书除外。

采用前款方式送达的,以传真、电子邮件等到达受送达人特定系统的日期为送达日期。

第八十八条 【委托送达和邮寄送达】⑤ 直接送达诉讼文书有困难的,可以委托其他人民法院代为送达,或者邮寄送达。邮寄送达的,以回执上注明的收件日期为

---

① 2015年1月30日最高人民法院《关于适用〈中华人民共和国民事诉讼法〉的解释》(自2015年2月4日起施行)第一百三十七条、第一百四十一条,见第75页。

② a. 2015年1月30日最高人民法院《关于适用〈中华人民共和国民事诉讼法〉的解释》(自2015年2月4日起施行)第一百三十条至第一百三十三条,见第74—75页。
b. 公报案例:最高人民法院〔2007〕民二终字第210号民事判决书,见第774页。

③ 2015年1月30日最高人民法院《关于适用〈中华人民共和国民事诉讼法〉的解释》(自2015年2月4日起施行)第一百三十条第二款,见第74页。

④ 2015年1月30日最高人民法院《关于适用〈中华人民共和国民事诉讼法〉的解释》(自2015年2月4日起施行)第一百三十五条、第一百三十六条,见第75页。

⑤ a. 1988年8月25日最高人民法院《关于委托送达问题的通知》,见第382页。
b. 2004年9月17日最高人民法院《关于以法院专递方式邮寄送达民事诉讼文书的若干规定》(自2005年1月1日起施行),见第383页。
c. 2004年10月25日最高人民法院《关于委托高级人民法院向当事人送达预交上诉案件受理费等有关事项的通知》(自2005年1月1日起施行),见第384页。
d. 2015年1月30日最高人民法院《关于适用〈中华人民共和国民事诉讼法〉的解释》(自2015年2月4日起施行)第一百三十四条,见第75页。
e. 2015年2月13日最高人民检察院《关于以检察专递方式邮寄送达有关检察法律文书的若干规定》(自2015年2月13日起施行),见第387页。

送达日期。

第八十九条 【军队转交送达】 受送达人是军人的,通过其所在部队团以上单位的政治机关转交。

第九十条 【监所转交送达】 受送达人被监禁的,通过其所在监所转交。

受送达人被采取强制性教育措施的,通过其所在强制性教育机构转交。

第九十一条 【转交送达期间】 代为转交的机关、单位收到诉讼文书后,必须立即交受送达人签收,以在送达回证上的签收日期,为送达日期。

第九十二条 【公告送达】① 受送达人下落不明,或者用本节规定的其他方式无法送达的,公告送达。自发出公告之日起,经过六十日,即视为送达。

公告送达,应当在案卷中记明原因和经过。

第八章 调　　解

第九十三条 【调解原则】② 人民法院审理民事案件,根据当事人自愿的原则,在事实清楚的基础上,分清是非,进行调解。

第九十四条 【调解组织形式】 人民法院进行调解,可以由审判员一人主持,也可以由合议庭主持,并尽可能就地进行。

人民法院进行调解,可以用简便方式通知当事人、证人到庭。

第九十五条 【协助调解】 人民法院进行调解,可以邀请有关单位和个人协助。被邀请的单位和个人,应当协助人民法院进行调解。

第九十六条 【调解协议】③ 调解达成协议,必须双方自愿,不得强迫。调解协议的内容不得违反法律规定。

第九十七条 【调解书】④ 调解达成协议,人民法院应当制作调解书。调解书应当写明诉讼请求、案件的事实和调解结果。

调解书由审判人员、书记员署名,加盖人民法院印章,送达双方当事人。

调解书经双方当事人签收后,即具有法律效力。

---

① a. 2004年11月25日最高人民法院《关于依照原告起诉时提供的被告住址无法送达应如何处理问题的批复》,见第382页。
b. 2015年1月30日最高人民法院《关于适用〈中华人民共和国民事诉讼法〉的解释》(自2015年2月4日起施行)第一百三十八条至第一百四十条,见第75页。
② a. 2015年1月30日最高人民法院《关于适用〈中华人民共和国民事诉讼法〉的解释》(自2015年2月4日起施行)第一百四十二条、第一百四十三条,见第75页。
b. 公报案例:最高人民法院[2005]民四提字第1号民事判决书,见第778页。
③ 2015年1月30日最高人民法院《关于适用〈中华人民共和国民事诉讼法〉的解释》(自2015年2月4日起施行)第一百四十五条、第一百四十六条,见第75—76页。
④ a. 2015年1月30日最高人民法院《关于适用〈中华人民共和国民事诉讼法〉的解释》(自2015年2月4日起施行)第一百四十七条、第一百四十八条,见第76页。
b. 公报案例:最高人民法院[2014]执监字第80号执行裁定书,见第778页。

第九十八条 【不制作调解书的情形】① 下列案件调解达成协议，人民法院可以不制作调解书：

（一）调解和好的离婚案件；
（二）调解维持收养关系的案件；
（三）能够即时履行的案件；
（四）其他不需要制作调解书的案件。

对不需要制作调解书的协议，应当记入笔录，由双方当事人、审判人员、书记员签名或者盖章后，即具有法律效力。

第九十九条 【调解失败】② 调解未达成协议或者调解书送达前一方反悔的，人民法院应当及时判决。

第九章 保全和先予执行

第一百条 【适用条件和程序】③ 人民法院对于可能因当事人一方的行为或者其他原因，使判决难以执行或者造成当事人其他损害的案件，根据对方当事人的申请，可以裁定对其财产进行保全、责令其作出一定行为或者禁止其作出一定行为；当事人没有提出申请的，人民法院在必要时也可以裁定采取保全措施。

人民法院采取保全措施，可以责令申请人提供担保，申请人不提供担保的，裁定驳回申请。

人民法院接受申请后，对情况紧急的，必须在四十八小时内作出裁定；裁定采取保全措施的，应当立即开始执行。

---

① 2015年1月30日最高人民法院《关于适用〈中华人民共和国民事诉讼法〉的解释》（自2015年2月4日起施行）第一百五十一条，见第76页。

② a. 2015年1月30日最高人民法院《关于适用〈中华人民共和国民事诉讼法〉的解释》（自2015年2月4日起施行）第一百五十条，见第76页。
b. 2016年6月28日最高人民法院《关于人民法院进一步深化多元化纠纷解决机制改革的意见》，见第388页。
c. 2016年6月28日最高人民法院《关于人民法院特邀调解的规定》（自2016年7月1日起施行），见第394页。

③ a. 1997年8月14日最高人民法院《关于对粮棉油政策性收购资金是否可以采取财产保全措施问题的复函》，见第398页。
b. 1998年5月19日最高人民法院《关于对案外人的财产能否进行保全问题的批复》，见第398页。
c. 2000年11月16日最高人民法院《关于对粮棉油政策性收购资金形成的粮棉油不宜采取财产保全措施和执行措施的通知》，见第399页。
d. 2001年10月25日最高人民法院《对国家知识产权局〈关于征求对协助执行专利申请权财产保全裁定的意见的函〉的答复意见》，见第400页。
e. 2015年1月29日修改的最高人民法院《关于审理专利纠纷案件适用法律问题的若干规定》（自2015年2月1日起施行）第十二条、第十三条，见第257页。
f. 2015年1月30日最高人民法院《关于适用〈中华人民共和国民事诉讼法〉的解释》（自2015年2月4日起施行）第一百五十二条至第一百六十三条，见第76—77页。
g. 2016年7月11日最高人民法院《关于人身安全保护令案件相关程序问题的批复》（自2016年7月13日起施行），见第411页。

第一百零一条 【诉前财产保全】① 利害关系人因情况紧急,不立即申请保全将会使其合法权益受到难以弥补的损害的,可以在提起诉讼或者申请仲裁前向被保全财产所在地、被申请人住所地或者对案件有管辖权的人民法院申请采取保全措施。申请人应当提供担保,不提供担保的,裁定驳回申请。

人民法院接受申请后,必须在四十八小时内作出裁定;裁定采取保全措施的,应当立即开始执行。

申请人在人民法院采取保全措施后三十日内不依法提起诉讼或者申请仲裁的,人民法院应当解除保全。

第一百零二条 【保全范围】② 保全限于请求的范围,或者与本案有关的财物。

第一百零三条 【保全方式】③ 财产保全采取查封、扣押、冻结或者法律规定的其他方法。人民法院保全财产后,应当立即通知被保全财产的人。

财产已被查封、冻结的,不得重复查封、冻结。

第一百零四条 【保全解除】④ 财产纠纷案件,被申请人提供担保的,人民法院应当裁定解除保全。

第一百零五条 【保全错误救济】⑤ 申请有错误的,申请人应当赔偿被申请人因保全所遭受的损失。

第一百零六条 【先予执行范围】⑥ 人民法院对下列案件,根据当事人的申请,

---

① a. 1992年12月4日最高人民法院《关于黎川县人民法院对江苏宜兴市堰头工业联合公司采取诉前财产保全措施执行情况报告的有关问题的复函》,见第397页。
b. 1998年7月30日最高人民法院《关于人民法院发现本院作出的诉前保全裁定和在执行程序中作出的裁定确有错误以及人民检察院对人民法院作出的诉前保全裁定提出抗诉人民法院应当如何处理的批复》,见第399页。
c. 1998年11月27日最高人民法院《关于诉前财产保全几个问题的批复》,见第399页。
d. 2002年1月9日最高人民法院《关于诉前停止侵犯注册商标专用权行为和保全证据适用法律问题的解释》(自2002年1月22日起施行),见第334页。
e. 2015年1月30日最高人民法院《关于适用〈中华人民共和国民事诉讼法〉的解释》(自2015年2月4日起施行)第一百六十四条,见第77页。
f. 2014年4月30日《最高人民法院发布五起典型案例》之案例3,见第728页。
g. 公报案例:最高人民法院1998年11月16日民事裁定书,见第779页;北京市第二中级人民法院民事裁定书,见第779页。
② 2003年1月27日最高人民法院《关于对大连证券有限责任公司自有资金专用存款账户资金采取诉讼保全措施或者执行措施有关问题的通知》,见第400页。
③ 2015年1月30日最高人民法院《关于适用〈中华人民共和国民事诉讼法〉的解释》(自2015年2月4日起施行)第一百六十四条,见第77页。
④ 2015年1月30日最高人民法院《关于适用〈中华人民共和国民事诉讼法〉的解释》(自2015年2月4日起施行)第一百六十五条至第一百六十八条,见第77—78页。
⑤ a. 2015年12月27日通过的《中华人民共和国反家庭暴力法》第二十三至三十二条,见第179—180页。
b. 2005年8月15日最高人民法院《关于当事人申请财产保全错误造成案外人损失应否承担赔偿责任问题的解释》,见第401页。
c. 2014年12月18日最高人民法院、最高人民检察院、公安部、民政部《关于依法处理监护侵害未成年人权益行为若干问题的意见》(自2015年1月1日起施行),第二十二条至第二十六条,见第217页。
d. 2015年1月30日最高人民法院《关于适用〈中华人民共和国民事诉讼法〉的解释》(自2015年2月4日起施行)第一百六十九条,见第78页。
⑥ a. 2015年1月30日最高人民法院《关于适用〈中华人民共和国民事诉讼法〉的解释》(自2015年2月4日起施行)第一百七十条,见第78页。
b. 公报案例:贵州省清镇市人民法院民事判决书,见第779页。

可以裁定先予执行:
（一）追索赡养费、扶养费、抚育费、抚恤金、医疗费用的;
（二）追索劳动报酬的;
（三）因情况紧急需要先予执行的。

第一百零七条 【先予执行条件】① 人民法院裁定先予执行的,应当符合下列条件:
（一）当事人之间权利义务关系明确,不先予执行将严重影响申请人的生活或者生产经营的;
（二）被申请人有履行能力。
人民法院可以责令申请人提供担保,申请人不提供担保的,驳回申请。申请人败诉的,应当赔偿被申请人因先予执行遭受的财产损失。

第一百零八条 【不服保全或先予执行裁定的复议】② 当事人对保全或者先予执行的裁定不服的,可以申请复议一次。复议期间不停止裁定的执行。

第十章 对妨害民事诉讼的强制措施

第一百零九条 【拘传】③ 人民法院对必须到庭的被告,经两次传票传唤,无正当理由拒不到庭的,可以拘传。

第一百一十条 【违反法庭规则】④ 诉讼参与人和其他人应当遵守法庭规则。
人民法院对违反法庭规则的人,可以予以训诫,责令退出法庭或者予以罚款、拘留。
人民法院对哄闹、冲击法庭,侮辱、诽谤、威胁、殴打审判人员,严重扰乱法庭秩序的人,依法追究刑事责任;情节较轻的,予以罚款、拘留。

---

① 2005年9月22日最高人民法院、司法部《关于印发〈关于民事诉讼法律援助工作的规定〉的通知》第十一条,见第402页。
② a. 2015年1月30日最高人民法院《关于适用〈中华人民共和国民事诉讼法〉的解释》(自2015年2月4日起施行)第一百七十一条、第一百七十二条,见第78页。
b. 2016年7月1日最高人民法院《关于加强和规范人民法院国家司法救助工作的意见》(自2016年7月1日起施行),见第407页。
c. 2016年8月16日最高人民检察院《人民检察院国家司法救助工作细则(试行)》(自2016年8月16日起施行),见第403页。
③ 2015年1月30日最高人民法院《关于适用〈中华人民共和国民事诉讼法〉的解释》(自2015年2月4日起施行)第一百七十四条、第一百七十五条、第四百八十条,见第78页、第109页。
④ a. 2015年1月30日最高人民法院《关于适用〈中华人民共和国民事诉讼法〉的解释》(自2015年2月4日起施行)第一百七十六条至第一百七十七条,见第78—79页。
b. 2017年11月4日修正的《中华人民共和国刑法》第三百零七条、第三百零七条之一、第三百一十三条,见第181页。
c. 2016年4月13日修正的《中华人民共和国人民法院法庭规则》(自2016年5月1日起施行),见第417页。

第一百一十一条 【妨害司法行为】① 诉讼参与人或者其他人有下列行为之一的,人民法院可以根据情节轻重予以罚款、拘留;构成犯罪的,依法追究刑事责任:

(一) 伪造、毁灭重要证据,妨碍人民法院审理案件的;

(二) 以暴力、威胁、贿买方法阻止证人作证或者指使、贿买、胁迫他人作伪证的;

(三) 隐藏、转移、变卖、毁损已被查封、扣押的财产,或者已被清点并责令其保管的财产,转移已被冻结的财产的;

(四) 对司法工作人员、诉讼参加人、证人、翻译人员、鉴定人、勘验人、协助执行的人,进行侮辱、诽谤、诬陷、殴打或者打击报复的;

(五) 以暴力、威胁或者其他方法阻碍司法工作人员执行职务的;

(六) 拒不履行人民法院已经发生法律效力的判决、裁定的。

人民法院对有前款规定的行为之一的单位,可以对其主要负责人或者直接责任人员予以罚款、拘留;构成犯罪的,依法追究刑事责任。

第一百一十二条 【恶意诉讼和调解】② 当事人之间恶意串通,企图通过诉讼、调解等方式侵害他人合法权益的,人民法院应当驳回其请求,并根据情节轻重予以罚款、拘留;构成犯罪的,依法追究刑事责任。

第一百一十三条 【恶意串通逃避执行】 被执行人与他人恶意串通,通过诉讼、仲裁、调解等方式逃避履行法律文书确定的义务的,人民法院应当根据情节轻重予以罚款、拘留;构成犯罪的,依法追究刑事责任。

第一百一十四条 【不履行协助调查、执行的责任】③ 有义务协助调查、执行的

---

① a. 2001年12月21日最高人民法院《关于民事诉讼证据的若干规定》(自2002年4月1日起施行)第八十条,见第354页。
b. 2011年5月27日最高人民法院《关于依法制裁规避执行行为的若干意见》,见第413页。
c. 2015年1月30日最高人民法院《关于适用〈中华人民共和国民事诉讼法〉的解释》(自2015年2月4日起施行)第一百一十三条、第一百八十七条至第一百八十九条、第五百零五条,见第72页、第79—80页、第111页。
d. 2011年8月24日最高人民法院《关于反规避执行的九起典型案例》,见第714页;2015年2月15日《最高人民法院公布五起打击拒不执行涉民生案件典型案例》,见第731页;2015年4月1日《最高人民法院发布的四起典型案例》之案例3,见第700页;2015年12月4日《最高人民法院公布5起拒不执行生效判决、裁定典型案例》,见第735页。

② a. 2015年1月30日最高人民法院《关于适用〈中华人民共和国民事诉讼法〉的解释》(自2015年2月4日起施行)第一百四十四条、第一百九十条、第一百九十一条,见第75页、第80页。
b. 2016年6月20日最高人民法院《关于防范和制裁虚假诉讼的指导意见》(自2016年6月20日起施行),见第416页。

③ a. 2000年1月28日最高人民法院《对国家知识产权局〈关于如何协助执行法院财产保全裁定的函〉的答复意见》,见第412页。
b. 2001年1月2日最高人民法院《关于人民法院对注册商标权进行财产保全的解释》(自2001年1月21日起施行),见第412页。
c. 2001年10月25日最高人民法院《对国家知识产权局〈关于征求对协助执行专利申请权财产保全裁定的意见的函〉的答复意见》,见第400页。
d. 2001年12月25日最高人民法院《关于适用〈中华人民共和国婚姻法〉若干问题的解释(一)》(自2001年12月27日起施行)第三十二条,见第191页。
e. 2014年8月21日最高人民法院《关于审理利用信息网络侵害人身权益民事纠纷案件适用法律若干问题的规定》(自2014年10月10日起施行)第四条,见第300页。
f. 2015年1月30日最高人民法院《关于适用〈中华人民共和国民事诉讼法〉的解释》(自2015年2月4日起施行)第一百九十二条,见第80页。

单位有下列行为之一的,人民法院除责令其履行协助义务外,并可以予以罚款:

(一)有关单位拒绝或者妨碍人民法院调查取证的;

(二)有关单位接到人民法院协助执行通知书后,拒不协助查询、扣押、冻结、划拨、变价财产的;

(三)有关单位接到人民法院协助执行通知书后,拒不协助扣留被执行人的收入、办理有关财产权证照转移手续、转交有关票证、证照或者其他财产的;

(四)其他拒绝协助执行的。

人民法院对有前款规定的行为之一的单位,可以对其主要负责人或者直接责任人员予以罚款;对仍不履行协助义务的,可以予以拘留;并可以向监察机关或者有关机关提出予以纪律处分的司法建议。

第一百一十五条 【罚款与拘留】① 对个人的罚款金额,为人民币十万元以下。对单位的罚款金额,为人民币五万元以上一百万元以下。

拘留的期限,为十五日以下。

被拘留的人,由人民法院交公安机关看管。在拘留期间,被拘留人承认并改正错误的,人民法院可以决定提前解除拘留。

第一百一十六条 【强制措施程序】② 拘传、罚款、拘留必须经院长批准。

拘传应当发拘传票。

罚款、拘留应当用决定书。对决定不服的,可以向上一级人民法院申请复议一次。复议期间不停止执行。

第一百一十七条 【强制措施的决定】 采取对妨害民事诉讼的强制措施必须由人民法院决定。任何单位和个人采取非法拘禁他人或者非法私自扣押他人财产追索债务的,应当依法追究刑事责任,或者予以拘留、罚款。

第十一章 诉讼费用

第一百一十八条 【诉讼费用】③ 当事人进行民事诉讼,应当按照规定交纳案

---

① 2015年1月30日最高人民法院《关于适用〈中华人民共和国民事诉讼法〉的解释》(自2015年2月4日起施行)第一百九十三条,见第80页。

② a. 1993年2月23日最高人民法院《关于因妨害民事诉讼被罚款拘留的人不服决定申请复议的期间如何确定问题的批复》,见第411页。

b. 2015年1月30日最高人民法院《关于适用〈中华人民共和国民事诉讼法〉的解释》(自2015年2月4日起施行)第一百七十八条至第一百八十六条,见第79页。

③ a. 2004年10月25日最高人民法院《关于委托高级人民法院向当事人送达预交上诉案件受理费等有关事项的通知》(自2005年1月1日起施行),见第384页。

b. 2005年4月5日修正的最高人民法院《关于对经济确有困难的当事人提供司法救助的规定》,见第420页。

c. 2006年12月19日国务院《诉讼费用交纳办法》(自2007年4月1日起施行),见第421页。

d. 2007年4月20日最高人民法院《关于适用〈诉讼费用交纳办法〉的通知》,见第428页。

e. 2015年1月30日最高人民法院《关于适用〈中华人民共和国民事诉讼法〉的解释》(自2015年2月4日起施行)第一百九十四条至第二百零七条,见第80—81页。

件受理费。财产案件除交纳案件受理费外,并按照规定交纳其他诉讼费用。

当事人交纳诉讼费用确有困难的,可以按照规定向人民法院申请缓交、减交或者免交。

收取诉讼费用的办法另行制定。

第二编　审　判　程　序

第十二章　第一审普通程序

第一节　起诉和受理

第一百一十九条　【起诉条件】① 起诉必须符合下列条件:
(一)原告是与本案有直接利害关系的公民、法人和其他组织;
(二)有明确的被告;
(三)有具体的诉讼请求和事实、理由;
(四)属于人民法院受理民事诉讼的范围和受诉人民法院管辖。

第一百二十条　【起诉形式】② 起诉应当向人民法院递交起诉状,并按照被告人数提出副本。

书写起诉状确有困难的,可以口头起诉,由人民法院记入笔录,并告知对方当事人。

第一百二十一条　【起诉状】③ 起诉状应当记明下列事项:
(一)原告的姓名、性别、年龄、民族、职业、工作单位、住所、联系方式,法人或者其他组织的名称、住所和法定代表人或者主要负责人的姓名、职务、联系方式;
(二)被告的姓名、性别、工作单位、住所等信息,法人或者其他组织的名称、住所等信息;
(三)诉讼请求和所根据的事实与理由;
(四)证据和证据来源,证人姓名和住所。

第一百二十二条　【先行调解】 当事人起诉到人民法院的民事纠纷,适宜调解的,先行调解,但当事人拒绝调解的除外。

---

① a. 2015年1月30日最高人民法院《关于适用〈中华人民共和国民事诉讼法〉的解释》(自2015年2月4日起施行)第二百零八条,见第81—82页。
　b. 公报案例:江苏省南京市中级人民法院2007年3月27日民事裁定书,见第780页。
② 2015年4月15日最高人民法院《关于人民法院登记立案若干问题的规定》(自2015年5月1日起施行)第三条,见第458页。
③ a. 2015年1月30日最高人民法院《关于适用〈中华人民共和国民事诉讼法〉的解释》(自2015年2月4日起施行)第二百零九条至第二百一十一条,见第82页。
　b. 2015年4月15日最高人民法院《关于人民法院登记立案若干问题的规定》(自2015年5月1日起施行)第四条,见第458页。

第一百二十三条 【立案和受理】① 人民法院应当保障当事人依照法律规定享有的起诉权利。对符合本法第一百一十九条的起诉，必须受理。符合起诉条件的，应当在七日内立案，并通知当事人；不符合起诉条件的，应当在七日内作出裁定书，不予受理；原告对裁定不服的，可以提起上诉。

第一百二十四条 【起诉审查】② 人民法院对下列起诉，分别情形，予以处理：

（一）依照行政诉讼法的规定，属于行政诉讼受案范围的，告知原告提起行政诉讼；

（二）依照法律规定，双方当事人达成书面仲裁协议申请仲裁、不得向人民法院起诉的，告知原告向仲裁机构申请仲裁；

（三）依照法律规定，应当由其他机关处理的争议，告知原告向有关机关申请解决；

（四）对不属于本院管辖的案件，告知原告向有管辖权的人民法院起诉；

（五）对判决、裁定、调解书已经发生法律效力的案件，当事人又起诉的，告知原告申请再审，但人民法院准许撤诉的裁定除外；

（六）依照法律规定，在一定期限内不得起诉的案件，在不得起诉的期限内起诉的，不予受理；

（七）判决不准离婚和调解和好的离婚案件，判决、调解维持收养关系的案件，没有新情况、新理由，原告在六个月内又起诉的，不予受理。

---

① a. 2002年1月30日最高人民法院《关于当事人对人民法院生效法律文书所确定的给付事项超过申请执行期限后又重新就其中的部分给付内容达成新的协议的应否立案的批复》，见第433页。
b. 2015年1月30日最高人民法院《关于适用〈中华人民共和国民事诉讼法〉的解释》（自2015年2月4日起施行）第一百二十六条、第二百零八条，见第74页、第81—82页。
c. 2015年4月15日最高人民法院《关于人民法院登记立案若干问题的规定》（自2015年5月1日起施行），见第458页。
② a. 1988年12月15日最高人民法院经济审判庭《关于已裁定撤诉的案件当事人再起诉时人民法院能否受理问题的电话答复》，见第429页。
b. 1990年3月10日最高人民法院《关于民事诉讼当事人撤诉后再次起诉人民法院能否受理问题的批复》，见第429页。
c. 2002年8月23日最高人民法院《关于当事人持台湾地区法院公证处认证的离婚协议书向人民法院申请认可人民法院应否受理的答复》，见第434页。
d. 2005年8月1日最高人民法院《关于当事人达不成拆迁补偿安置协议就补偿安置争议提起民事诉讼人民法院应否受理问题的批复》，见第436页。
e. 2008年3月26日最高人民法院《关于订有仲裁条款的合同一方当事人不出庭应诉应如何处理的复函》，见第438页。
f. 2015年1月30日最高人民法院《关于适用〈中华人民共和国民事诉讼法〉的解释》（自2015年2月4日起施行）第二百一十二条至第二百一十九条、第二百四十七条至第二百五十条，见第82页、第85页。
g. 公报案例：青海省高级人民法院1998年10月12日民事判决书，见第780页；最高人民法院〔2002〕民四终字第14号民事裁定书，见第780页；最高人民法院〔2005〕民一终字第86号民事裁定书，见第781页；最高人民法院〔2007〕民二终字第19号民事判决书，见第781页；最高人民法院〔2011〕民再申字第68号民事裁定书，见第781页；最高人民法院〔2012〕民提字第44号民事裁定书，见第782页。

第二节 审理前的准备

第一百二十五条 【诉讼文书送达】 人民法院应当在立案之日起五日内将起诉状副本发送被告,被告应当在收到之日起十五日内提出答辩状。答辩状应当记明被告的姓名、性别、年龄、民族、职业、工作单位、住所、联系方式;法人或者其他组织的名称、住所和法定代表人或者主要负责人的姓名、职务、联系方式。人民法院应当在收到答辩状之日起五日内将答辩状副本发送原告。

被告不提出答辩状的,不影响人民法院审理。

第一百二十六条 【权利义务告知】 人民法院对决定受理的案件,应当在受理案件通知书和应诉通知书中向当事人告知有关的诉讼权利义务,或者口头告知。

第一百二十七条 【管辖权异议和应诉管辖】① 人民法院受理案件后,当事人对管辖权有异议的,应当在提交答辩状期间提出。人民法院对当事人提出的异议,应

---

① a. 1999 年 7 月 2 日最高人民法院知识产权庭《关于苍南县天马活塞工业有限公司与河北天马活塞工业有限公司不正当竞争纠纷管辖权异议案的函》,见第 430 页。
b. 2000 年 9 月 9 日最高人民法院《关于胡辛诉叶辛、上海大元文化传播有限公司侵犯著作权管辖权异议案的答复》,见第 433 页。
c. 2003 年 6 月 6 日最高人民法院《关于益轩(泉州)轻工有限公司与台湾人瞿安勤买卖合同纠纷一案管辖权异议的请示的复函》,见第 434 页。
d. 2004 年 4 月 5 日最高人民法院《关于皇朗工程有限公司与西班牙奥安达电梯有限公司、广东奥安达电梯有限公司侵权纠纷管辖权异议一案的请示的复函》,见第 435 页。
e. 2005 年 6 月 16 日最高人民法院《关于对原告百事达(美国)企业有限公司与被告安徽饭店、何宗奎、章富浩以及第三人安徽金辰酒店管理有限公司、中美合资安徽饭店有限公司清算委员会民事侵权赔偿纠纷一案管辖权异议的请示的复函》,见第 436 页。
f. 2006 年 7 月 20 日最高人民法院《关于中电通信科技有限公司与韩国移动通信有限公司、上海奥盛投资有限公司联营合同纠纷管辖权异议一案有关仲裁条款效力问题的请示的复函》,见第 437 页。
g. 2006 年 12 月 21 日最高人民法院《关于上诉人利比里亚·利比里亚力量船务公司与被上诉人中国·重庆新涪食品有限公司海上货物运输合同纠纷管辖权异议一案的请示的复函》,见第 437 页。
h. 2007 年 9 月 29 日最高人民法院《关于原告中国·北京埃力生进出口有限公司诉被告日本·太阳航行贸易有限公司、新加坡·松加务有限公司海上运输合同管辖权异议上诉一案的请示的复函》,见第 438 页。
i. 2008 年 11 月 18 日最高人民法院《关于广州市迪泰通讯有限公司、海南经济特区产权交易中心、海南证华非上市公司股权登记服务有限公司、翟希亚与因特模式信息技术(深圳)有限公司、INTERMOST CORPORATION 股权转让合同纠纷管辖权异议案中仲裁条款效力问题的答复》,见第 439 页。
j. 2009 年 2 月 24 日最高人民法院《关于原告太平洋财产保险股份有限公司上海分公司诉被告太阳海运有限公司、远洋货船有限公司、联合王国保赔协会海上货物运输合同纠纷管辖权异议案请示的复函》,见第 440 页。
k. 2009 年 11 月 4 日最高人民法院《〈关于上诉人武钢集团国际经济贸易总公司与被上诉人福州天恒船务有限公司、被上诉人财富国际船务有限公司海上货物运输合同纠纷管辖权异议一案的请示〉的复函》,见第 440 页。
l. 2009 年 11 月 12 日最高人民法院《关于审理民事级别管辖异议案件若干问题的规定》(自 2010 年 1 月 1 日起施行),见第 441 页。
m. 2013 年 2 月 4 日最高人民法院《关于连云港祥顺矿产资源有限公司与尤格兰航运有限公司海上货物运输合同纠纷管辖权异议一案的请示的复函》,见第 453 页。
n. 2015 年 1 月 30 日最高人民法院《关于适用〈中华人民共和国民事诉讼法〉的解释》(自 2015 年 2 月 4 日施行)第二百二十三条,见第 83 页。
o. 2015 年 11 月 19 日最高人民法院《关于发布第 11 批指导性案例的通知》之指导案例 56 号,见第 676 页。
p. 公报案例:最高人民法院〔2006〕民一终字第 34 号民事裁定书,见第 782 页;最高人民法院〔2013〕民再申字第 27 号民事裁定书,见第 783 页。

当审查。异议成立的,裁定将案件移送有管辖权的人民法院;异议不成立的,裁定驳回。

当事人未提出管辖异议,并应诉答辩的,视为受诉人民法院有管辖权,但违反级别管辖和专属管辖规定的除外。

第一百二十八条 【合议庭组成人员告知】 合议庭组成人员确定后,应当在三日内告知当事人。

第一百二十九条 【审核取证】 审判人员必须认真审核诉讼材料,调查收集必要的证据。

第一百三十条 【调查程序】 人民法院派出人员进行调查时,应当向被调查人出示证件。

调查笔录经被调查人校阅后,由被调查人、调查人签名或者盖章。

第一百三十一条 【委托调查】 人民法院在必要时可以委托外地人民法院调查。

委托调查,必须提出明确的项目和要求。受委托人民法院可以主动补充调查。

受委托人民法院收到委托书后,应当在三十日内完成调查。因故不能完成的,应当在上述期限内函告委托人民法院。

第一百三十二条 【当事人追加】① 必须共同进行诉讼的当事人没有参加诉讼的,人民法院应当通知其参加诉讼。

第一百三十三条 【受理案件处理程序】② 人民法院对受理的案件,分别情形,予以处理:

(一)当事人没有争议,符合督促程序规定条件的,可以转入督促程序;
(二)开庭前可以调解的,采取调解方式及时解决纠纷;
(三)根据案件情况,确定适用简易程序或者普通程序;
(四)需要开庭审理的,通过要求当事人交换证据等方式,明确争议焦点。

第三节 开庭审理

第一百三十四条 【审理方式】③ 人民法院审理民事案件,除涉及国家秘密、个人隐私或者法律另有规定的以外,应当公开进行。

离婚案件,涉及商业秘密的案件,当事人申请不公开审理的,可以不公开审理。

---

① 2015年1月30日最高人民法院《关于适用〈中华人民共和国民事诉讼法〉的解释》(自2015年2月4日起施行)第七十三条、第七十四条,见第68页。
② a. 2015年3月15日通过的《中华人民共和国合同法》第一百二十二条,见第131页。
b. 1999年12月19日最高人民法院《关于适用〈中华人民共和国合同法〉若干问题的解释(一)》(自1999年12月29日起施行)第三十条,见第430页。
c. 2015年1月30日最高人民法院《关于适用〈中华人民共和国民事诉讼法〉的解释》(自2015年2月4日起施行)第二百二十四条至第二百二十六条,见第83页。
③ 2015年1月30日最高人民法院《关于适用〈中华人民共和国民事诉讼法〉的解释》(自2015年2月4日起施行)第二百二十条,见第82—83页。

第一百三十五条 【巡回审理】① 人民法院审理民事案件,根据需要进行巡回审理,就地办案。

第一百三十六条 【开庭通知及公告】② 人民法院审理民事案件,应当在开庭三日前通知当事人和其他诉讼参与人。公开审理的,应当公告当事人姓名、案由和开庭的时间、地点。

第一百三十七条 【庭前准备】 开庭审理前,书记员应当查明当事人和其他诉讼参与人是否到庭,宣布法庭纪律。

开庭审理时,由审判长核对当事人,宣布案由,宣布审判人员、书记员名单,告知当事人有关的诉讼权利义务,询问当事人是否提出回避申请。

第一百三十八条 【法庭调查顺序】③ 法庭调查按照下列顺序进行:
(一) 当事人陈述;
(二) 告知证人的权利义务,证人作证,宣读未到庭的证人证言;
(三) 出示书证、物证、视听资料和电子数据;
(四) 宣读鉴定意见;
(五) 宣读勘验笔录。

第一百三十九条 【当事人的庭审权利】④ 当事人在法庭上可以提出新的证据。

当事人经法庭许可,可以向证人、鉴定人、勘验人发问。

当事人要求重新进行调查、鉴定或者勘验的,是否准许,由人民法院决定。

第一百四十条 【诉的合并】⑤ 原告增加诉讼请求,被告提出反诉,第三人提出与本案有关的诉讼请求,可以合并审理。

第一百四十一条 【法庭辩论】 法庭辩论按照下列顺序进行:
(一) 原告及其诉讼代理人发言;
(二) 被告及其诉讼代理人答辩;
(三) 第三人及其诉讼代理人发言或者答辩;

---

① a. 2010 年 12 月 22 日最高人民法院《关于大力推广巡回审判方便人民群众诉讼的意见》,见第 453 页。
   b. 2015 年 1 月 28 日最高人民法院《关于巡回法庭审理案件若干问题的规定》(自 2015 年 2 月 1 日起施行),见第 455 页。
② 2015 年 1 月 30 日最高人民法院《关于适用〈中华人民共和国民事诉讼法〉的解释》(自 2015 年 2 月 4 日起施行)第二百二十七条,见第 83 页。
③ 2015 年 1 月 30 日最高人民法院《关于适用〈中华人民共和国民事诉讼法〉的解释》(自 2015 年 2 月 4 日起施行)第二百二十八条至第二百三十条,见第 83 页。
④ a. 2001 年 12 月 21 日最高人民法院《关于民事诉讼证据的若干规定》(自 2002 年 4 月 1 日起施行)第四十一条至第四十三条、第六十条,见第 351 页、第 353 页。
   b. 2008 年 12 月 11 日最高人民法院《关于适用〈关于民事诉讼证据的若干规定〉中有关举证时限规定的通知》第十条,见第 356 页。
   c. 2015 年 1 月 30 日最高人民法院《关于适用〈中华人民共和国民事诉讼法〉的解释》(自 2015 年 2 月 4 日起施行)第二百三十一条,见第 83 页。
   d. 公报案例:最高人民法院〔2004〕民二终字第 207 号民事判决书,见第 783 页。
⑤ 2015 年 1 月 30 日最高人民法院《关于适用〈中华人民共和国民事诉讼法〉的解释》(自 2015 年 2 月 4 日起施行)第二百三十二条至第二百三十三条、第二百五十一条至第二百五十二条,见第 83—84 页、第 85 页。

(四) 互相辩论。

法庭辩论终结,由审判长按照原告、被告、第三人的先后顺序征询各方最后意见。

第一百四十二条 【庭审调解】 法庭辩论终结,应当依法作出判决。判决前能够调解的,还可以进行调解,调解不成的,应当及时判决。

第一百四十三条 【按撤诉处理】① 原告经传票传唤,无正当理由拒不到庭的,或者未经法庭许可中途退庭的,可以按撤诉处理;被告反诉的,可以缺席判决。

第一百四十四条 【缺席判决】 被告经传票传唤,无正当理由拒不到庭的,或者未经法庭许可中途退庭的,可以缺席判决。

第一百四十五条 【申请撤诉】② 宣判前,原告申请撤诉的,是否准许,由人民法院裁定。

人民法院裁定不准许撤诉的,原告经传票传唤,无正当理由拒不到庭的,可以缺席判决。

第一百四十六条 【延期审理】 有下列情形之一的,可以延期开庭审理:

(一) 必须到庭的当事人和其他诉讼参与人有正当理由没有到庭的;

(二) 当事人临时提出回避申请的;

(三) 需要通知新的证人到庭,调取新的证据,重新鉴定、勘验,或者需要补充调查的;

(四) 其他应当延期的情形。

第一百四十七条 【法庭笔录】③ 书记员应当将法庭审理的全部活动记入笔录,由审判人员和书记员签名。

法庭笔录应当当庭宣读,也可以告知当事人和其他诉讼参与人当庭或者在五日内阅读。当事人和其他诉讼参与人认为对自己的陈述记录有遗漏或者差错的,有权申请补正。如果不予补正,应当将申请记录在案。

---

① 2015年1月30日最高人民法院《关于适用〈中华人民共和国民事诉讼法〉的解释》(自2015年2月4日起施行)第二百三十四条至第二百四十一条,见第84页。

② a. 1990年3月10日最高人民法院《关于民事诉讼当事人撤诉后再次起诉人民法院能否受理问题的批复》,见第429页。

b. 2015年1月6日最高人民法院《关于审理环境民事公益诉讼案件适用法律若干问题的解释》(自2015年1月7日起施行)第二十六条、第二十七条,见第311页。

c. 2015年1月30日最高人民法院《关于适用〈中华人民共和国民事诉讼法〉的解释》(自2015年2月4日起施行)第二百三十八条、第二百三十九条、第二百九十条、第三百三十七条、第三百三十八条、第四百一十条,见第84页、第89页、第94页、第102页。

d. 2016年2月25日最高人民法院《人民法院审理人民检察院提起公益诉讼案件试点工作实施办法》(自2016年3月1日起施行)第九条,见第319页。

e. 2016年6月20日最高人民法院《关于防范和制裁虚假诉讼的指导意见》(自2016年6月20日起施行)第十一条,见第417页。

f. 2017年2月28日修正的最高人民法院《关于适用〈中华人民共和国婚姻法〉若干问题的解释(二)》(自2004年4月1日起施行)第二条,见第472页。

③ a. 2001年12月21日最高人民法院《关于民事诉讼证据的若干规定》(自2002年4月1日起施行)第六十二条,见第353页。

b. 2017年2月22日最高人民法院《关于人民法院庭审录音录像的若干规定》(自2017年3月1日起施行),见第475页。

法庭笔录由当事人和其他诉讼参与人签名或者盖章。拒绝签名盖章的,记明情况附卷。

第一百四十八条 【宣判】① 人民法院对公开审理或者不公开审理的案件,一律公开宣告判决。

当庭宣判的,应当在十日内发送判决书;定期宣判的,宣判后立即发给判决书。

宣告判决时,必须告知当事人上诉权利、上诉期限和上诉的法院。

宣告离婚判决,必须告知当事人在判决发生法律效力前不得另行结婚。

第一百四十九条 【审理期限】② 人民法院适用普通程序审理的案件,应当在立案之日起六个月内审结。有特殊情况需要延长的,由本院院长批准,可以延长六个月;还需要延长的,报请上级人民法院批准。

第四节 诉讼中止和终结

第一百五十条 【诉讼中止】③ 有下列情形之一的,中止诉讼:

(一) 一方当事人死亡,需要等待继承人表明是否参加诉讼的;

(二) 一方当事人丧失诉讼行为能力,尚未确定法定代理人的;

(三) 作为一方当事人的法人或者其他组织终止,尚未确定权利义务承受人的;

(四) 一方当事人因不可抗拒的事由,不能参加诉讼的;

(五) 本案必须以另一案的审理结果为依据,而另一案尚未审结的;

(六) 其他应当中止诉讼的情形。

中止诉讼的原因消除后,恢复诉讼。

第一百五十一条 【诉讼终结】 有下列情形之一的,终结诉讼:

(一) 原告死亡,没有继承人,或者继承人放弃诉讼权利的;

(二) 被告死亡,没有遗产,也没有应当承担义务的人的;

(三) 离婚案件一方当事人死亡的;

(四) 追索赡养费、扶养费、抚育费以及解除收养关系案件的一方当事人死亡的。

---

① a. 2015 年 1 月 30 日最高人民法院《关于适用〈中华人民共和国民事诉讼法〉的解释》(自 2015 年 2 月 4 日起施行)第二百四十二条至第二百五十三条,见第 84—85 页。
  b. 2016 年 8 月 29 日最高人民法院《关于人民法院在互联网公布裁判文书的规定》(自 2016 年 10 月 1 日起施行),见第 469 页。
② 2015 年 1 月 30 日最高人民法院《关于适用〈中华人民共和国民事诉讼法〉的解释》(自 2015 年 2 月 4 日起施行)第一百二十八条、第二百四十三条,见第 74 页、第 84 页。
③ a. 2015 年 1 月 29 日修正的最高人民法院《关于审理专利纠纷案件适用法律问题的若干规定》(自 2015 年 2 月 1 日起施行)第九条至第十一条,见第 257 页。
  b. 2015 年 1 月 30 日最高人民法院《关于适用〈中华人民共和国民事诉讼法〉的解释》(自 2015 年 2 月 4 日起施行)第二百四十六条,见第 84—85 页。

第五节 判决和裁定

第一百五十二条 【判决书】① 判决书应当写明判决结果和作出该判决的理由。判决书内容包括:
(一) 案由、诉讼请求、争议的事实和理由;
(二) 判决认定的事实和理由,适用的法律和理由;
(三) 判决结果和诉讼费用的负担;
(四) 上诉期间和上诉的法院。
判决书由审判人员、书记员署名,加盖人民法院印章。

第一百五十三条 【先行判决】 人民法院审理案件,其中一部分事实已经清楚,可以就该部分先行判决。

第一百五十四条 【裁定范围】② 裁定适用于下列范围:
(一) 不予受理;
(二) 对管辖权有异议的;
(三) 驳回起诉;
(四) 保全和先予执行;
(五) 准许或者不准许撤诉;
(六) 中止或者终结诉讼;
(七) 补正判决书中的笔误;
(八) 中止或者终结执行;
(九) 撤销或者不予执行仲裁裁决;
(十) 不予执行公证机关赋予强制执行效力的债权文书;
(十一) 其他需要裁定解决的事项。
对前款第一项至第三项裁定,可以上诉。
裁定书应当写明裁定结果和作出该裁定的理由。裁定书由审判人员、书记员署名,加盖人民法院印章。口头裁定的,记入笔录。

第一百五十五条 【生效裁判】③ 最高人民法院的判决、裁定,以及依法不准上诉或者超过上诉期没有上诉的判决、裁定,是发生法律效力的判决、裁定。

---

① a. 2015年3月6日最高人民法院《关于规范人民法院裁判文书相关表述及依法收转当事人诉讼材料的通知》(自2015年3月6日起施行),见第457页。
b. 2016年6月28日最高人民法院《人民法院民事裁判文书制作规范》(自2016年8月1日),见第460页。
② a. 2010年12月6日最高人民法院修订的《法官行为规范》(自2010年12月6日起施行)第五十四条,见第442页。
b. 2015年1月30日最高人民法院《关于适用〈中华人民共和国民事诉讼法〉的解释》(自2015年2月4日起施行)第二百四十五条,见第84页。
c. 2012年4月9日最高人民法院《关于发布第二批指导性案例的通知》之指导案例7号,见第682页。
③ 公报案例:最高人民法院〔2005〕民一终字第65号民事裁定书,见第783页。

第一百五十六条 【裁判文书公开】① 公众可以查阅发生法律效力的判决书、裁定书,但涉及国家秘密、商业秘密和个人隐私的内容除外。

第十三章 简 易 程 序

第一百五十七条 【适用范围】② 基层人民法院和它派出的法庭审理事实清楚、权利义务关系明确、争议不大的简单的民事案件,适用本章规定。

基层人民法院和它派出的法庭审理前款规定以外的民事案件,当事人双方也可以约定适用简易程序。

第一百五十八条 【起诉方式】③ 对简单的民事案件,原告可以口头起诉。

当事人双方可以同时到基层人民法院或者它派出的法庭,请求解决纠纷。基层人民法院或者它派出的法庭可以当即审理,也可以另定日期审理。

第一百五十九条 【传唤方式】 基层人民法院和它派出的法庭审理简单的民事案件,可以用简便方式传唤当事人和证人、送达诉讼文书、审理案件,但应当保障当事人陈述意见的权利。

第一百六十条 【审判组织】 简单的民事案件由审判员一人独任审理,并不受本法第一百三十六条、第一百三十八条、第一百四十一条规定的限制。

第一百六十一条 【审理期限】 人民法院适用简易程序审理案件,应当在立案之日起三个月内审结。

第一百六十二条 【小额诉讼案件】④ 基层人民法院和它派出的法庭审理符合本法第一百五十七条第一款规定的简单的民事案件,标的额为各省、自治区、直辖市上年度就业人员年平均工资百分之三十以下的,实行一审终审。

第一百六十三条 【简易程序转化】⑤ 人民法院在审理过程中,发现案件不宜适用简易程序的,裁定转为普通程序。

---

① 2015年1月30日最高人民法院《关于适用〈中华人民共和国民事诉讼法〉的解释》(自2015年2月4日起施行)第二百二十条、第二百五十四条、第二百五十五条,见第82—83页、第85—86页。
② a. 2003年9月10日最高人民法院《关于适用简易程序审理民事案件的若干规定》(自2003年12月1日起施行),见第476页。
b. 2015年1月30日最高人民法院《关于适用〈中华人民共和国民事诉讼法〉的解释》(自2015年2月4日起施行)第二百五十六条至第二百七十条,见第86—87页。
③ 2015年1月30日最高人民法院《关于适用〈中华人民共和国民事诉讼法〉的解释》(自2015年2月4日起施行)第二百六十五条,见第87页。
④ 2015年1月30日最高人民法院《关于适用〈中华人民共和国民事诉讼法〉的解释》(自2015年2月4日起施行)第二百七十一条至第二百八十三条,见第87—89页。
⑤ 2015年1月30日最高人民法院《关于适用〈中华人民共和国民事诉讼法〉的解释》(自2015年2月4日起施行)第二百六十九条,见第87页。

第十四章　第二审程序

第一百六十四条　【上诉权】①　当事人不服地方人民法院第一审判决的,有权在判决书送达之日起十五日内向上一级人民法院提起上诉。

当事人不服地方人民法院第一审裁定的,有权在裁定书送达之日起十日内向上一级人民法院提起上诉。

第一百六十五条　【上诉状】　上诉应当递交上诉状。上诉状的内容,应当包括当事人的姓名,法人的名称及其法定代表人的姓名或者其他组织的名称及其主要负责人的姓名;原审人民法院名称、案件的编号和案由;上诉的请求和理由。

第一百六十六条　【上诉方式】②　上诉状应当通过原审人民法院提出,并按照对方当事人或者代表人的人数提出副本。

当事人直接向第二审人民法院上诉的,第二审人民法院应当在五日内将上诉状移交原审人民法院。

第一百六十七条　【原审法院的工作】　原审人民法院收到上诉状,应当在五日内将上诉状副本送达对方当事人,对方当事人在收到之日起十五日内提出答辩状。人民法院应当在收到答辩状之日起五日内将副本送达上诉人。对方当事人不提出答辩状的,不影响人民法院审理。

原审人民法院收到上诉状、答辩状,应当在五日内连同全部案卷和证据,报送第二审人民法院。

第一百六十八条　【审理范围】③　第二审人民法院应当对上诉请求的有关事实和适用法律进行审查。

第一百六十九条　【审理方式】④　第二审人民法院对上诉案件,应当组成合议庭,开庭审理。经过阅卷、调查和询问当事人,对没有提出新的事实、证据或者理由,合议庭认为不需要开庭审理的,可以不开庭审理。

第二审人民法院审理上诉案件,可以在本院进行,也可以到案件发生地或者原审人民法院所在地进行。

---

①　2015年1月30日最高人民法院《关于适用〈中华人民共和国民事诉讼法〉的解释》(自2015年2月4日起施行)第二百四十四条、第三百一十七条、第三百一十九条至第三百二十二条,见第84页、第92页、第92—93页。

②　2015年1月30日最高人民法院《关于适用〈中华人民共和国民事诉讼法〉的解释》(自2015年2月4日起施行)第三百一十八条,见第92页。

③　a. 1991年8月14日最高人民法院《关于原审法院确认合同效力有错误而上诉人未对合同效力提出异议的案件第二审法院可否变更问题的复函》,见第481页。

b. 2015年1月30日最高人民法院《关于适用〈中华人民共和国民事诉讼法〉的解释》(自2015年2月4日起施行)第三百二十三条,见第93页。

④　2015年1月30日最高人民法院《关于适用〈中华人民共和国民事诉讼法〉的解释》(自2015年2月4日起施行)第三百二十四条、第三百三十三条,见第93页、第94页。

第一百七十条 【二审裁判】① 第二审人民法院对上诉案件,经过审理,按照下列情形,分别处理:
(一)原判决、裁定认定事实清楚,适用法律正确的,以判决、裁定方式驳回上诉,维持原判决、裁定;
(二)原判决、裁定认定事实错误或者适用法律错误的,以判决、裁定方式依法改判、撤销或者变更;
(三)原判决认定基本事实不清的,裁定撤销原判决,发回原审人民法院重审,或者查清事实后改判;
(四)原判决遗漏当事人或者违法缺席判决等严重违反法定程序的,裁定撤销原判决,发回原审人民法院重审。
原审人民法院对发回重审的案件作出判决后,当事人提起上诉的,第二审人民法院不得再次发回重审。

第一百七十一条 【裁定上诉处理】 第二审人民法院对不服第一审人民法院裁定的上诉案件的处理,一律使用裁定。

第一百七十二条 【二审调解】 第二审人民法院审理上诉案件,可以进行调解。调解达成协议,应当制作调解书,由审判人员、书记员署名,加盖人民法院印章。调解书送达后,原审人民法院的判决即视为撤销。

第一百七十三条 【撤回上诉】② 第二审人民法院判决宣告前,上诉人申请撤回上诉的,是否准许,由第二审人民法院裁定。

第一百七十四条 【二审适用程序】 第二审人民法院审理上诉案件,除依照本章规定外,适用第一审普通程序。

第一百七十五条 【二审裁判效力】③ 第二审人民法院的判决、裁定,是终审的判决、裁定。

第一百七十六条 【二审审限】④ 人民法院审理对判决的上诉案件,应当在第二审立案之日起三个月内审结。有特殊情况需要延长的,由本院院长批准。

---

① a. 1987年11月2日最高人民法院经济审判庭《关于不服第一审判决上诉的案件第二审人民法院可否作出裁定驳回上诉处理问题的电话答复》,见第480页。
b. 1991年10月24日最高人民法院《关于原告诉讼请求的根据在第二审期间被人民政府撤销的案件第二审法院如何处理问题的复函》,见第481页。
c. 1994年11月21日最高人民法院《关于第二审人民法院发现原审人民法院已生效的民事制裁决定确有错误应如何纠正的复函》,见第481页。
d. 2004年4月20日最高人民法院《关于人民法院在再审程序中应当如何处理当事人撤回原抗诉申请问题的复函》,见第482页。
e. 2015年1月30日最高人民法院《关于适用〈中华人民共和国民事诉讼法〉的解释》(自2015年2月4日起施行)第三百二十五条至第三百三十六条,见第93—94页。
② 2015年1月30日最高人民法院《关于适用〈中华人民共和国民事诉讼法〉的解释》(自2015年2月4日起施行)第三百三十七条至第三百三十九条,见第94页。
③ 2015年1月30日最高人民法院《关于适用〈中华人民共和国民事诉讼法〉的解释》(自2015年2月4日起施行)第三百四十条,见第94页。
④ 2015年1月30日最高人民法院《关于适用〈中华人民共和国民事诉讼法〉的解释》(自2015年2月4日起施行)第一百二十八条、第三百四十一条、第三百四十二条,见第74页、第94页。

人民法院审理对裁定的上诉案件,应当在第二审立案之日起三十日内作出终审裁定。

第十五章 特别程序

第一节 一般规定

第一百七十七条 【适用范围】 人民法院审理选民资格案件、宣告失踪或者宣告死亡案件、认定公民无民事行为能力或者限制民事行为能力案件、认定财产无主案件、确认调解协议案件和实现担保物权案件,适用本章规定。本章没有规定的,适用本法和其他法律的有关规定。

第一百七十八条 【审判组织】 依照本章程序审理的案件,实行一审终审。选民资格案件或者重大、疑难的案件,由审判员组成合议庭审理;其他案件由审判员一人独任审理。

第一百七十九条 【特别程序的转化】 人民法院在依照本章程序审理案件的过程中,发现本案属于民事权益争议的,应当裁定终结特别程序,并告知利害关系人可以另行起诉。

第一百八十条 【审理期限】 人民法院适用特别程序审理的案件,应当在立案之日起三十日内或者公告期满后三十日内审结。有特殊情况需要延长的,由本院院长批准。但审理选民资格的案件除外。

第二节 选民资格案件

第一百八十一条 【起诉与管辖】[①] 公民不服选举委员会对选民资格的申诉所作的处理决定,可以在选举日的五日以前向选区所在地基层人民法院起诉。

第一百八十二条 【审限与判决】[②] 人民法院受理选民资格案件后,必须在选举日前审结。

审理时,起诉人、选举委员会的代表和有关公民必须参加。

人民法院的判决书,应当在选举日前送达选举委员会和起诉人,并通知有关公民。

---

① 公报案例:福建省屏南县人民法院2003年7月8日民事判决书,见第783页。
② 2015年8月29日修正的《中华人民共和国全国人民代表大会和地方各级人民代表大会选举法》第二十八条,见第180页。

第三节　宣告失踪、宣告死亡案件

第一百八十三条　【宣告失踪】①　公民下落不明满二年,利害关系人申请宣告其失踪的,向下落不明人住所地基层人民法院提出。

申请书应当写明失踪的事实、时间和请求,并附有公安机关或者其他有关机关关于该公民下落不明的书面证明。

第一百八十四条　【宣告死亡】②　公民下落不明满四年,或者因意外事故下落不明满二年,或者因意外事故下落不明,经有关机关证明该公民不可能生存,利害关系人申请宣告其死亡的,向下落不明人住所地基层人民法院提出。

申请书应当写明下落不明的事实、时间和请求,并附有公安机关或者其他有关机关关于该公民下落不明的书面证明。

第一百八十五条　【公告与判决】③　人民法院受理宣告失踪、宣告死亡案件后,应当发出寻找下落不明人的公告。宣告失踪的公告期间为三个月,宣告死亡的公告期间为一年。因意外事故下落不明,经有关机关证明该公民不可能生存的,宣告死亡的公告期间为三个月。

公告期间届满,人民法院应当根据被宣告失踪、宣告死亡的事实是否得到确认,作出宣告失踪、宣告死亡的判决或者驳回申请的判决。

第一百八十六条　【撤销判决】　被宣告失踪、宣告死亡的公民重新出现,经本人或者利害关系人申请,人民法院应当作出新判决,撤销原判决。

第四节　认定公民无民事行为能力、限制民事行为能力案件

第一百八十七条　【管辖与申请书】④　申请认定公民无民事行为能力或者限制民事行为能力,由其近亲属或者其他利害关系人向该公民住所地基层人民法院提出。

申请书应当写明该公民无民事行为能力或者限制民事行为能力的事实和根据。

---

①　a. 2008年6月5日最高人民法院研究室《关于四川汶川特大地震发生后受理宣告失踪、死亡案件应如何适用法律问题的答复》第一条,见第483页。
　　b. 2015年1月31日最高人民法院《关于适用〈中华人民共和国民事诉讼法〉的解释》(自2015年2月4日起施行)第三百四十三条至第三百四十四条,见95页。
②　2015年1月31日最高人民法院《关于适用〈中华人民共和国民事诉讼法〉的解释》(自2015年2月4日起施行)第三百四十五条至第三百四十六条,见95页。
③　a. 2008年6月5日最高人民法院研究室《关于四川汶川特大地震发生后受理宣告失踪、死亡案件应如何适用法律问题的答复》第二条、第三条,见第484页。
　　b. 2010年4月12日人力资源和社会保障部《关于因失踪被人民法院宣告死亡的离退休人员养老待遇问题的函》,见第484页。
　　c. 2015年1月30日最高人民法院《关于适用〈中华人民共和国民事诉讼法〉的解释》(自2015年2月4日起施行)第三百四十七条至第三百四十八条,见95页。
　　d. 公报案例:江苏省淮安市淮阴区(县)人民法院1996年5月15日民事判决书,见第784页。
④　2015年1月30日最高人民法院《关于适用〈中华人民共和国民事诉讼法〉的解释》(自2015年2月4日起施行)第三百四十九条,见第95页。

第一百八十八条 【行为能力鉴定】 人民法院受理申请后,必要时应当对被请求认定为无民事行为能力或者限制民事行为能力的公民进行鉴定。申请人已提供鉴定意见的,应当对鉴定意见进行审查。

第一百八十九条 【代理与判决】① 人民法院审理认定公民无民事行为能力或者限制民事行为能力的案件,应当由该公民的近亲属为代理人,但申请人除外。近亲属互相推诿的,由人民法院指定其中一人为代理人。该公民健康情况许可的,还应当询问本人的意见。

人民法院经审理认定申请有事实根据的,判决该公民为无民事行为能力或者限制民事行为能力人;认定申请没有事实根据的,应当判决予以驳回。

第一百九十条 【撤销判决】 人民法院根据被认定为无民事行为能力人、限制民事行为能力人或者他的监护人的申请,证实该公民无民事行为能力或者限制民事行为能力的原因已经消除的,应当作出新判决,撤销原判决。

第五节 认定财产无主案件

第一百九十一条 【管辖与申请书】 申请认定财产无主,由公民、法人或者其他组织向财产所在地基层人民法院提出。

申请书应当写明财产的种类、数量以及要求认定财产无主的根据。

第一百九十二条 【公告与判决】② 人民法院受理申请后,经审查核实,应当发出财产认领公告。公告满一年无人认领的,判决认定财产无主,收归国家或者集体所有。

第一百九十三条 【撤销判决】③ 判决认定财产无主后,原财产所有人或者继承人出现,在民法通则规定的诉讼时效期间可以对财产提出请求,人民法院审查属实后,应当作出新判决,撤销原判决。

第六节 确认调解协议案件

第一百九十四条 【申请与管辖】④ 申请司法确认调解协议,由双方当事人依

---

① a. 2014年12月18日最高人民法院、最高人民检察院、公安部、民政部《关于依法处理监护人侵害未成年人权益行为若干问题的意见》(自2015年1月1日起施行),见第214页。
　b. 2015年1月30日最高人民法院《关于适用〈中华人民共和国民事诉讼法〉的解释》(自2015年2月4日起施行)第三百五十一条至第三百五十二条,见第95页。
② 2015年1月30日最高人民法院《关于适用〈中华人民共和国民事诉讼法〉的解释》(自2015年2月4日起施行)第三百五十条,见第95页。
③ 公报案例:上海市杨浦区人民法院1995年8月4日民事判决书,见第784页。
④ a. 2010年8月28日通过的《中华人民共和国人民调解法》(自2011年1月1日起施行)第三十三条,见第153—154页。
　b. 2011年3月23日最高人民法院《关于人民调解协议司法确认程序的若干规定》(自2011年3月30日起施行),见第484页。
　c. 2015年1月30日最高人民法院《关于适用〈中华人民共和国民事诉讼法〉的解释》(自2015年2月4日起施行)第三百五十三条至第三百五十六条,见第96页。

照人民调解法等法律,自调解协议生效之日起三十日内,共同向调解组织所在地基层人民法院提出。

第一百九十五条 【审查与裁定】① 人民法院受理申请后,经审查,符合法律规定的,裁定调解协议有效,一方当事人拒绝履行或者未全部履行的,对方当事人可以向人民法院申请执行;不符合法律规定的,裁定驳回申请,当事人可以通过调解方式变更原调解协议或者达成新的调解协议,也可以向人民法院提起诉讼。

第七节 实现担保物权案件

第一百九十六条 【申请与管辖】② 申请实现担保物权,由担保物权人以及其他有权请求实现担保物权的人依照物权法等法律,向担保财产所在地或者担保物权登记地基层人民法院提出。

第一百九十七条 【审查与裁定】③ 人民法院受理申请后,经审查,符合法律规定的,裁定拍卖、变卖担保财产,当事人依据该裁定可以向人民法院申请执行;不符合法律规定的,裁定驳回申请,当事人可以向人民法院提起诉讼。

第十六章 审判监督程序

第一百九十八条 【法院决定再审】④ 各级人民法院院长对本院已经发生法律效力的判决、裁定、调解书,发现确有错误,认为需要再审的,应当提交审判委员会讨论决定。

最高人民法院对地方各级人民法院已经发生法律效力的判决、裁定、调解书,上

---

① a. 2002年9月16日最高人民法院《关于审理涉及人民调解协议的民事案件的若干规定》(自2002年11月1日起施行),见第482页。
b. 2015年1月30日最高人民法院《关于适用〈中华人民共和国民事诉讼法〉的解释》(自2015年2月4日起施行)第三百五十七条至第三百六十条,见第96页。
② 2015年1月30日最高人民法院《关于适用〈中华人民共和国民事诉讼法〉的解释》(自2015年2月4日起施行)第三百六十一条至第三百六十七条,见第96—97页。
③ 2015年1月30日最高人民法院《关于适用〈中华人民共和国民事诉讼法〉的解释》(自2015年2月4日起施行)第三百六十八条至第三百七十四条,见第98—99页。
④ a. 2002年9月10日最高人民法院《关于规范人民法院再审立案的若干意见(试行)》(自2002年11月1日起试行),见第491页。
b. 2003年11月13日最高人民法院《关于正确适用〈关于人民法院对民事案件发回重审和指令再审有关问题的规定〉的通知》,见第494页。
c. 2004年5月18日最高人民法院《关于开展审判监督工作若干问题的通知》,见第494页。
d. 2004年8月27日最高人民法院《关于下级法院撤销仲裁裁决后又以院长监督程序提起再审应如何处理问题的复函》,见第495页。
e. 2011年11月30日最高人民法院《关于建立最高人民法院发回重审、指令再审案件信息反馈机制的工作意见》,见第500页。
f. 2012年12月24日最高人民法院办公厅《关于印发修改后的〈民事申请再审案件诉讼文书样式〉的通知》,见第501页。
g. 2015年2月16日最高人民法院《关于民事审判监督程序严格依法适用指令再审和发回重审若干问题的规定》(自2015年3月15日起施行),见第505页。

级人民法院对下级人民法院已经发生法律效力的判决、裁定、调解书,发现确有错误的,有权提审或者指令下级人民法院再审。

第一百九十九条 【当事人申请再审】① 当事人对已经发生法律效力的判决、裁定,认为有错误的,可以向上一级人民法院申请再审;当事人一方人数众多或者当事人双方为公民的案件,也可以向原审人民法院申请再审。当事人申请再审的,不停止判决、裁定的执行。

第二百条 【再审法定事由】② 当事人的申请符合下列情形之一的,人民法院应当再审:

(一) 有新的证据,足以推翻原判决、裁定的;
(二) 原判决、裁定认定的基本事实缺乏证据证明的;
(三) 原判决、裁定认定事实的主要证据是伪造的;
(四) 原判决、裁定认定事实的主要证据未经质证的;
(五) 对审理案件需要的主要证据,当事人因客观原因不能自行收集,书面申请人民法院调查收集,人民法院未调查收集的;
(六) 原判决、裁定适用法律确有错误的;
(七) 审判组织的组成不合法或者依法应当回避的审判人员没有回避的;
(八) 无诉讼行为能力人未经法定代理人代为诉讼或者应当参加诉讼的当事人,因不能归责于本人或者其诉讼代理人的事由,未参加诉讼的;
(九) 违反法律规定,剥夺当事人辩论权利的;
(十) 未经传票传唤,缺席判决的;

---

① a. 2015年1月30日最高人民法院《关于适用〈中华人民共和国民事诉讼法〉的解释》(自2015年2月4日起施行)第三百七十五条至第三百八十一条,见第98页。
b. 公报案例:最高人民法院[2006]民一终字第28号民事判决书,见第785页。
② a. 1996年6月26日最高人民法院《关于当事人因对不予执行仲裁裁决的裁定不服而申请再审人民法院不予受理的批复》,见第486页。
b. 1998年8月10日最高人民法院《关于对第二审法院裁定按自动撤回上诉处理的案件第一审法院能否再审问题的批复》,见第487页。
c. 1999年2月11日最高人民法院《关于当事人对人民法院撤销仲裁裁决的裁定不服申请再审人民法院是否受理问题的批复》,见第487页。
d. 2001年1月21日最高人民法院《关于民事诉讼证据的若干规定》(自2002年4月1日起施行)第四十四条至第四十六条,见第351页。
e. 2002年7月18日最高人民法院《关于民事损害赔偿案件当事人的再审申请超出原审诉讼请求人民法院是否应当再审问题的批复》,见第490页。
f. 2002年7月19日最高人民法院《关于当事人对按自动撤回上诉处理的裁定不服申请再审人民法院应如何处理问题的批复》,见第491页。
g. 2004年7月26日最高人民法院《关于当事人对驳回其申请撤销仲裁裁决的裁定不服而申请再审,人民法院不予受理问题的批复》,见第491页。
h. 2004年7月27日最高人民法院《关于对驳回申请撤销仲裁裁决的裁定能否申请再审问题的复函》,见第491页。
i. 2011年1月7日最高人民法院《关于判决生效后当事人将判决确认的债权转让债权受让人对该判决不服提出再审申请人民法院是否受理问题的批复》,见第499页。
j. 2015年1月30日最高人民法院《关于适用〈中华人民共和国民事诉讼法〉的解释》(自2015年2月4日起施行)第三百八十二条至第三百九十五条、第四百二十二条、第四百二十六条,见第98—100页、第103页、第104页。
k. 公报案例:最高人民法院[2008]民提字第61号民事判决书,见第785页。

(十一) 原判决、裁定遗漏或者超出诉讼请求的;
(十二) 据以作出原判决、裁定的法律文书被撤销或者变更的;
(十三) 审判人员审理该案件时有贪污受贿,徇私舞弊,枉法裁判行为的。

第二百零一条 【调解书再审】① 当事人对已经发生法律效力的调解书,提出证据证明调解违反自愿原则或者调解协议的内容违反法律的,可以申请再审。经人民法院审查属实的,应当再审。

第二百零二条 【离婚判决、调解书不得再审】② 当事人对已经发生法律效力的解除婚姻关系的判决、调解书,不得申请再审。

第二百零三条 【申请再审材料】③ 当事人申请再审的,应当提交再审申请书等材料。人民法院应当自收到再审申请书之日起五日内将再审申请书副本发送对方当事人。对方当事人应当自收到再审申请书副本之日起十五日内提交书面意见;不提交书面意见的,不影响人民法院审查。人民法院可以要求申请人和对方当事人补充有关材料,询问有关事项。

第二百零四条 【再审审查与审级】④ 人民法院应当自收到再审申请书之日起三个月内审查,符合本法规定的,裁定再审;不符合本法规定的,裁定驳回申请。有特殊情况需要延长的,由本院院长批准。

因当事人申请裁定再审的案件由中级人民法院以上的人民法院审理,但当事人依照本法第一百九十九条的规定选择向基层人民法院申请再审的除外。最高人民法院、高级人民法院裁定再审的案件,由本院再审或者交其他人民法院再审,也可以交原审人民法院再审。

第二百零五条 【申请再审期限】⑤ 当事人申请再审,应当在判决、裁定发生法律效力后六个月内提出;有本法第二百条第一项、第三项、第十二项、第十三项规定情形的,自知道或者应当知道之日起六个月内提出。

第二百零六条 【原裁判和调解书执行中止】⑥ 按照审判监督程序决定再审的案件,裁定中止原判决、裁定、调解书的执行,但追索赡养费、扶养费、抚育费、抚恤金、

---

① 2015年1月30日最高人民法院《关于适用〈中华人民共和国民事诉讼法〉的解释》(自2015年2月4日起施行)第三百八十四条,见第99页。
② 1992年6月8日最高人民法院《关于李丽云与丁克义离婚一案可否进行再审的复函》,见第486页。
③ a. 2002年9月10日最高人民法院《关于规范人民法院再审立案的若干意见(试行)》(自2002年11月1日起施行)第五条,见第492页。
b. 2015年1月30日最高人民法院《关于适用〈中华人民共和国民事诉讼法〉的解释》(自2015年2月4日起施行)第三百七十七条至第三百九十七条,见第98—100页。
④ a. 2002年9月10日最高人民法院《关于规范人民法院再审立案的若干意见(试行)》(自2002年11月1日起施行)第六条至第十六条,见第492—494页。
b. 2009年4月27日最高人民法院《关于受理审查民事申请再审案件的若干意见》,见第496页。
c. 2015年1月30日最高人民法院《关于适用〈中华人民共和国民事诉讼法〉的解释》(自2015年2月4日起施行)第三百七十七条至第三百九十七条,见第98—100页。
⑤ 2015年1月30日最高人民法院《关于适用〈中华人民共和国民事诉讼法〉的解释》(自2015年2月4日起施行)第一百二十七条,见第74页。
⑥ 2015年1月30日最高人民法院《关于适用〈中华人民共和国民事诉讼法〉的解释》(自2015年2月4日起施行)第三百九十六条,见第100页。

医疗费用、劳动报酬等案件,可以不中止执行。

第二百零七条 【再审审理】① 人民法院按照审判监督程序再审的案件,发生法律效力的判决、裁定是由第一审法院作出的,按照第一审程序审理,所作的判决、裁定,当事人可以上诉;发生法律效力的判决、裁定是由第二审法院作出的,按照第二审程序审理,所作的判决、裁定,是发生法律效力的判决、裁定;上级人民法院按照审判监督程序提审的,按照第二审程序审理,所作的判决、裁定是发生法律效力的判决、裁定。

人民法院审理再审案件,应当另行组成合议庭。

第二百零八条 【检察院抗诉】② 最高人民检察院对各级人民法院已经发生法律效力的判决、裁定,上级人民检察院对下级人民法院已经发生法律效力的判决、裁定,发现有本法第二百条规定情形之一的,或者发现调解书损害国家利益、社会公共利益的,应当提出抗诉。

地方各级人民检察院对同级人民法院已经发生法律效力的判决、裁定,发现有本法第二百条规定情形之一的,或者发现调解书损害国家利益、社会公共利益的,可以向同级人民法院提出检察建议,并报上级人民检察院备案;也可以提请上级人民检察院向同级人民法院提出抗诉。

各级人民检察院对审判监督程序以外的其他审判程序中审判人员的违法行为,有权向同级人民法院提出检察建议。

第二百零九条 【申请检察建议或抗诉】③ 有下列情形之一的,当事人可以向人民检察院申请检察建议或者抗诉:

(一)人民法院驳回再审申请的;
(二)人民法院逾期未对再审申请作出裁定的;
(三)再审判决、裁定有明显错误的。

人民检察院对当事人的申请应当在三个月内进行审查,作出提出或者不予提出检察建议或者抗诉的决定。当事人不得再次向人民检察院申请检察建议或者抗诉。

第二百一十条 【调查核实权】 人民检察院因履行法律监督职责提出检察建议或者抗诉的需要,可以向当事人或者案外人调查核实有关情况。

---

① a. 2001年3月27日最高人民法院《审判监督庭廉政自律若干规定》(自2001年3月27日起施行),见第487页。
b. 2001年5月17日最高人民法院《关于审判监督庭庭长、副庭长、审判长签发法律文书权限的暂行规定》,见第489页。
c. 2015年1月30日最高人民法院《关于适用〈中华人民共和国民事诉讼法〉的解释》(自2015年2月4日起施行)第三百九十八条至第四百一十二条,见第100—102页。
d. 公报案例:最高人民法院〔2012〕民抗字第24号民事判决书,见第785页。
② 2015年1月30日最高人民法院《关于适用〈中华人民共和国民事诉讼法〉的解释》(自2015年2月4日起施行)第四百一十三条至第四百二十一条,见第102—103页。
③ a. 1995年10月6日最高人民法院《关于人民检察院提出抗诉按照审判监督程序再审维持原裁判的民事、经济、行政案件,人民检察院再次提出抗诉应否受理的批复》,见第486页。
b. 2013年1月9日最高人民检察院《关于执行〈中华人民共和国民事诉讼法〉若干问题的通知》,见第504页。

第二百一十一条 【抗诉的后果】① 人民检察院提出抗诉的案件,接受抗诉的人民法院应当自收到抗诉书之日起三十日内作出再审的裁定;有本法第二百条第一项至第五项规定情形之一的,可以交下一级人民法院再审,但经该下一级人民法院再审的除外。

第二百一十二条 【抗诉书】 人民检察院决定对人民法院的判决、裁定、调解书提出抗诉的,应当制作抗诉书。

第二百一十三条 【检察官出庭】 人民检察院提出抗诉的案件,人民法院再审时,应当通知人民检察院派员出席法庭。

第十七章 督促程序

第二百一十四条 【支付令申请】② 债权人请求债务人给付金钱、有价证券,符合下列条件的,可以向有管辖权的基层人民法院申请支付令:
(一)债权人与债务人没有其他债务纠纷的;
(二)支付令能够送达债务人的。
申请书应当写明请求给付金钱或者有价证券的数量和所根据的事实、证据。

第二百一十五条 【受理审查】③ 债权人提出申请后,人民法院应当在五日内通知债权人是否受理。

第二百一十六条 【支付令】④ 人民法院受理申请后,经审查债权人提供的事实、证据,对债权债务关系明确、合法的,应当在受理之日起十五日内向债务人发出支付令;申请不成立的,裁定予以驳回。

债务人应当自收到支付令之日起十五日内清偿债务,或者向人民法院提出书面异议。

债务人在前款规定的期间不提出异议又不履行支付令的,债权人可以向人民法

---

① a. 2004年4月20日最高人民法院《关于人民法院在再审程序中应当如何处理当事人撤回原抗诉申请问题的复函》,见第482页。
   b. 2015年1月30日最高人民法院《关于适用〈中华人民共和国民事诉讼法〉的解释》(自2015年2月4日起施行)第四百一十八条,见第103页。
② a. 1993年11月9日最高人民法院《关于中级人民法院能否适用督促程序的复函》,见第507页。
   b. 2001年1月8日最高人民法院《关于适用督促程序若干问题的规定》(自2001年1月21日起施行)第一条、第二条,见第507页。
   c. 2012年12月28日修正的《中华人民共和国劳动合同法》第三十条,见第173页。
   d. 2015年1月30日最高人民法院《关于适用〈中华人民共和国民事诉讼法〉的解释》(自2015年2月4日起施行)第四百二十七条,见第104页。
③ a. 2001年1月8日最高人民法院《关于适用督促程序若干问题的规定》(自2001年1月21日起施行)第三条,见第507页。
   b. 2015年1月30日最高人民法院《关于适用〈中华人民共和国民事诉讼法〉的解释》(自2015年2月4日起施行)第四百二十八条至第四百二十九条,见第104页。
④ a. 2001年1月8日最高人民法院《关于适用督促程序若干问题的规定》(自2001年1月21日起施行)第五条,见第508页。
   b. 2015年1月30日最高人民法院《关于适用〈中华人民共和国民事诉讼法〉的解释》(自2015年2月4日起施行)第四百三十条至第四百四十三条,见第104—105页。

院申请执行。

第二百一十七条 【债务人异议】① 人民法院收到债务人提出的书面异议后,经审查,异议成立的,应当裁定终结督促程序,支付令自行失效。

支付令失效的,转入诉讼程序,但申请支付令的一方当事人不同意提起诉讼的除外。

第十八章 公示催告程序

第二百一十八条 【适用范围】② 按照规定可以背书转让的票据持有人,因票据被盗、遗失或者灭失,可以向票据支付地的基层人民法院申请公示催告。依照法律规定可以申请公示催告的其他事项,适用本章规定。

申请人应当向人民法院递交申请书,写明票面金额、发票人、持票人、背书人等票据主要内容和申请的理由、事实。

第二百一十九条 【公告及期限】③ 人民法院决定受理申请,应当同时通知支付人停止支付,并在三日内发出公告,催促利害关系人申报权利。公示催告的期间,由人民法院根据情况决定,但不得少于六十日。

第二百二十条 【止付通知及效力】④ 支付人收到人民法院停止支付的通知,应当停止支付,至公示催告程序终结。

公示催告期间,转让票据权利的行为无效。

第二百二十一条 【权利申报】⑤ 利害关系人应当在公示催告期间向人民法院申报。

人民法院收到利害关系人的申报后,应当裁定终结公示催告程序,并通知申请人和支付人。

---

① a. 1992年7月13日最高人民法院《关于支付令生效后发现确有错误应当如何处理给山东省高级人民法院的复函》,见第507页。
  b. 2001年1月8日修改的最高人民法院《关于适用督促程序若干问题的规定》(自2001年1月21日起施行)第四条至第十二条,见第507—508页。
  c. 2015年1月30日最高人民法院《关于适用〈中华人民共和国民事诉讼法〉的解释》(自2015年2月4日起施行)第四百三十七条至第四百四十一条,见第105页。
② a. 1992年5月8日最高人民法院《关于遗失金融债券可否按"公示催告"程序办理的复函》,见第508页。
  b. 1999年12月25日通过的《中华人民共和国海事诉讼特别程序法》第一百条,见第140页。
  c. 2013年12月28日修正的《中华人民共和国公司法》第一百四十三条,见第173页。
  d. 2015年1月30日最高人民法院《关于适用〈中华人民共和国民事诉讼法〉的解释》(自2015年2月4日起施行)第四百四十四条至第四百四十六条,见第106页。
  e. 公报案例:上海市静安区人民法院1993年9月22日民事判决书,见第786页。
③ 2015年1月30日最高人民法院《关于适用〈中华人民共和国民事诉讼法〉的解释》(自2015年2月4日起施行)第四百四十七条至第四百五十五条,见第106页。
④ 2015年1月30日最高人民法院《关于适用〈中华人民共和国民事诉讼法〉的解释》(自2015年2月4日起施行)第四百五十六条,见第106—107页。
⑤ 2015年1月30日最高人民法院《关于适用〈中华人民共和国民事诉讼法〉的解释》(自2015年2月4日起施行)第四百五十七条至第四百五十八条,见第106—107页。

申请人或者申报人可以向人民法院起诉。

第二百二十二条 【除权判决】① 没有人申报的,人民法院应当根据申请人的申请,作出判决,宣告票据无效。判决应当公告,并通知支付人。自判决公告之日起,申请人有权向支付人请求支付。

第二百二十三条 【撤销除权判决】② 利害关系人因正当理由不能在判决前向人民法院申报的,自知道或者应当知道判决公告之日起一年内,可以向作出判决的人民法院起诉。

第三编 执 行 程 序

第十九章 一 般 规 定

第二百二十四条 【执行依据及管辖】③ 发生法律效力的民事判决、裁定,以及刑事判决、裁定中的财产部分,由第一审人民法院或者与第一审人民法院同级的被执行的财产所在地人民法院执行。

法律规定由人民法院执行的其他法律文书,由被执行人住所地或者被执行的财产所在地人民法院执行。

第二百二十五条 【当事人对执行的异议】④ 当事人、利害关系人认为执行行为违反法律规定的,可以向负责执行的人民法院提出书面异议。当事人、利害关系人提出书面异议的,人民法院应当自收到书面异议之日起十五日内审查,理由成立的,裁定撤销或者改正;理由不成立的,裁定驳回。当事人、利害关系人对裁定不服的,可以自裁定送达之日起十日内向上一级人民法院申请复议。

---

① 2015年1月30日最高人民法院《关于适用〈中华人民共和国民事诉讼法〉的解释》(自2015年2月4日起施行)第四百五十二条至第四百五十三条,见第106页。
② 2015年1月30日最高人民法院《关于适用〈中华人民共和国民事诉讼法〉的解释》(自2015年2月4日起施行)第四百五十九条至第四百六十一条,见第107页。
③ a. 2006年8月23日最高人民法院《关于适用〈中华人民共和国仲裁法〉若干问题的解释》(自2006年9月8日起施行)第二十九条,见第246页。
　b. 2008年11月3日最高人民法院《关于适用〈中华人民共和国民事诉讼法〉执行程序若干问题的解释》(自2009年1月1日起施行)第一条至第四条,见第518—519页。
　c. 2014年10月30日最高人民法院《关于刑事裁判涉财产部分执行的若干规定》(自2014年11月6日起施行)第二条,见第539页。
　d. 2015年1月30日最高人民法院《关于适用〈中华人民共和国民事诉讼法〉的解释》(自2015年2月4日起施行)第四百四十四条至第四百四十六条,见第106页。
　e. 2015年4月24日修正的《中华人民共和国公证法》第三十七条,见第186页。
　f. 2014年12月18日最高人民法院《关于发布第八批指导性案例的通知》之指导案例36号,见第666页。
④ a. 2008年11月28日最高人民法院《关于执行工作中正确适用修改后民事诉讼法第202条、第204条规定的通知》,见第522页。
　b. 2008年11月3日最高人民法院《关于适用〈中华人民共和国民事诉讼法〉执行程序若干问题的解释》(自2009年1月1日起施行)第五条至第十条,见第519页。
　c. 2014年5月9日最高人民法院办公厅《关于切实保障执行当事人及案外人异议权的通知》,见第529页。
　d. 2015年5月5日最高人民法院《关于人民法院办理执行异议和复议案件若干问题的规定》(自2015年5月5日起施行),见第544页。
　e. 公报案例:最高人民法院[2013]执复字第13号民事裁定书,见第786页。

第二百二十六条 【向上级法院申请执行】① 人民法院自收到申请执行书之日起超过六个月未执行的,申请执行人可以向上一级人民法院申请执行。上一级人民法院经审查,可以责令原人民法院在一定期限内执行,也可以决定由本院执行或者指令其他人民法院执行。

第二百二十七条 【案外人对执行的异议】② 执行过程中,案外人对执行标的提出书面异议的,人民法院应当自收到书面异议之日起十五日内审查,理由成立的,裁定中止对该标的的执行;理由不成立的,裁定驳回。案外人、当事人对裁定不服,认为原判决、裁定错误的,依照审判监督程序办理;与原判决、裁定无关的,可以自裁定送达之日起十五日内向人民法院提起诉讼。

第二百二十八条 【执行主体】③ 执行工作由执行员进行。

采取强制执行措施时,执行员应当出示证件。执行完毕后,应当将执行情况制作笔录,由在场的有关人员签名或者盖章。

人民法院根据需要可以设立执行机构。

第二百二十九条 【委托执行】④ 被执行人或者被执行的财产在外地的,可以委托当地人民法院代为执行。受委托人民法院收到委托函件后,必须在十五日内开始执行,不得拒绝。执行完毕后,应当将执行结果及时函复委托人民法院;在三十日内如果还未执行完毕,也应当将执行情况函告委托人民法院。

受委托人民法院自收到委托函件之日起十五日内不执行的,委托人民法院可以请求受委托人民法院的上级人民法院指令受委托人民法院执行。

---

① 2008年11月3日最高人民法院《关于适用〈中华人民共和国民事诉讼法〉执行程序若干问题的解释》(自2009年1月1日起施行)第十一条至第十四条,见第519—520页。

② a. 2008年11月3日最高人民法院《关于适用〈中华人民共和国民事诉讼法〉执行程序若干问题的解释》(自2009年1月1日起施行)第十五条至第二十六条,见第520—521页。
b. 2015年1月30日最高人民法院《关于适用〈中华人民共和国民事诉讼法〉的解释》(自2015年2月4日起施行)第三百零四条至第三百一十六条、第四百二十三条、第四百二十四条、第四百六十四条、第四百六十五条、第五百零一条,见第91—92页、第103页、第107页、第107—108页、第111页。
c. 公报案例:最高人民法院〔2010〕民申字第1276号民事裁定书,见第787页;最高人民法院〔2013〕执复字第11号民事裁定书,见第787页;最高人民法院〔2013〕民提字第207号民事裁定书,见第787页。

③ a. 2006年5月18日最高人民法院《关于执行案件督办工作的规定(试行)》(自2006年5月18日起施行),见第516页。
b. 2006年5月18日最高人民法院《人民法院执行文书立卷归档办法(试行)》(自2006年5月18日起施行),见第512页。
c. 2017年2月27日最高人民法院《关于执行款物管理工作的规定》(自2006年5月18日起试行),见第541页。
d. 2006年12月23日最高人民法院《关于人民法院执行公开的若干规定》(自2007年1月1日起施行),见第517页。
e. 2011年10月19日最高人民法院《关于执行权合理配置和科学运行的若干意见》(自2011年10月19日起施行),见第526页。
f. 2014年9月3日最高人民法院《关于人民法院执行流程公开的若干意见》(自2014年9月3日起施行),见第535页。

④ 2011年5月3日最高人民法院《关于委托执行若干问题的规定》(自2011年5月16日起施行),见第522页。

第二百三十条　【执行和解】①　在执行中,双方当事人自行和解达成协议的,执行员应当将协议内容记入笔录,由双方当事人签名或者盖章。

申请执行人因受欺诈、胁迫与被执行人达成和解协议,或者当事人不履行和解协议的,人民法院可以根据当事人的申请,恢复对原生效法律文书的执行。

第二百三十一条　【执行担保】②　在执行中,被执行人向人民法院提供担保,并经申请执行人同意的,人民法院可以决定暂缓执行及暂缓执行的期限。被执行人逾期仍不履行的,人民法院有权执行被执行人的担保财产或者担保人的财产。

第二百三十二条　【执行当事人变更】③　作为被执行人的公民死亡的,以其遗产偿还债务。作为被执行人的法人或者其他组织终止的,由其权利义务承受人履行义务。

第二百三十三条　【执行回转】④　执行完毕后,据以执行的判决、裁定和其他法律文书确有错误,被人民法院撤销的,对已被执行的财产,人民法院应当作出裁定,责令取得财产的人返还;拒不返还的,强制执行。

第二百三十四条　【调解书执行】　人民法院制作的调解书的执行,适用本编的规定。

第二百三十五条　【执行检察监督】⑤　人民检察院有权对民事执行活动实行法律监督。

---

①　a. 2005 年 6 月 24 日最高人民法院《关于当事人对迟延履行和解协议的争议应当另诉解决的复函》,见第 511 页。
　　b. 2015 年 1 月 30 日最高人民法院《关于适用〈中华人民共和国民事诉讼法〉的解释》(自 2015 年 2 月 4 日起施行)第四百六十六条至第四百六十八条,见第 108 页。
　　c. 2011 年 12 月 20 日最高人民法院《关于发布第一批指导性案例的通知》之指导案例 2 号,见第 660 页。
　　d. 公报案例:重庆市高级人民法院 1998 年 2 月 17 日民事调解书,见第 788 页。
②　a. 2002 年 9 月 28 日最高人民法院《关于正确适用暂缓执行措施若干问题的规定》(自 2002 年 9 月 28 日起施行),见第 509 页。
　　b. 2015 年 1 月 30 日最高人民法院《关于适用〈中华人民共和国民事诉讼法〉的解释》(自 2015 年 2 月 4 日起施行)第四百六十九条至第四百七十一条,见第 108 页。
③　2015 年 1 月 30 日最高人民法院《关于适用〈中华人民共和国民事诉讼法〉的解释》(自 2015 年 2 月 4 日起施行)第四百七十二条至第四百七十五条,见第 108 页。
④　a. 2002 年 9 月 12 日最高人民法院执行工作办公室《关于石油工业出版社申请执行回转一案的复函》,见第 509 页。
　　b. 2015 年 1 月 30 日最高人民法院《关于适用〈中华人民共和国民事诉讼法〉的解释》(自 2015 年 2 月 4 日起施行)第一百七十三条、第四百七十六条,见第 78 页、第 108 页。
　　c. 公报案例:最高人民法院[2011]执监字第 15 号驳回申诉通知书,见第 788 页。
⑤　a. 2013 年 11 月 18 日最高人民检察院《人民检察院民事诉讼监督规则(试行)》(自 2013 年 11 月 18 日起施行)第一百零二条至第一百零四条,见第 231 页。
　　b. 2014 年 7 月 15 日最高人民法院《关于人民法院在审判执行活动中主动接受案件当事人监督的若干规定》(自 2014 年 7 月 15 日起施行),见第 530 页。
　　c. 2016 年 11 月 2 日最高人民法院、最高人民检察院《关于民事执行活动法律监督若干问题的规定》(自 2017 年 1 月 1 日起施行),见第 532 页。

第二十章　执行的申请和移送

第二百三十六条　【执行开始方式】①　发生法律效力的民事判决、裁定,当事人必须履行。一方拒绝履行的,对方当事人可以向人民法院申请执行,也可以由审判员移送执行员执行。

调解书和其他应当由人民法院执行的法律文书,当事人必须履行。一方拒绝履行的,对方当事人可以向人民法院申请执行。

第二百三十七条　【仲裁裁决执行】②　对依法设立的仲裁机构的裁决,一方当事人不履行的,对方当事人可以向有管辖权的人民法院申请执行。受申请的人民法院应当执行。

被申请人提出证据证明仲裁裁决有下列情形之一的,经人民法院组成合议庭审查核实,裁定不予执行:

(一) 当事人在合同中没有订有仲裁条款或者事后没有达成书面仲裁协议的;

(二) 裁决的事项不属于仲裁协议的范围或者仲裁机构无权仲裁的;

(三) 仲裁庭的组成或者仲裁的程序违反法定程序的;

(四) 裁决所根据的证据是伪造的;

(五) 对方当事人向仲裁机构隐瞒了足以影响公正裁决的证据的;

(六) 仲裁员在仲裁该案时有贪污受贿,徇私舞弊,枉法裁决行为的。

人民法院认定执行该裁决违背社会公共利益的,裁定不予执行。

裁定书应当送达双方当事人和仲裁机构。

仲裁裁决被人民法院裁定不予执行的,当事人可以根据双方达成的书面仲裁协议重新申请仲裁,也可以向人民法院起诉。

---

①　a. 2014 年 12 月 17 日最高人民法院《关于执行案件立案、结案若干问题的意见》(自 2015 年 1 月 1 日起施行),见第 552 页。

b. 2015 年 1 月 6 日最高人民法院《关于审理环境民事公益诉讼案件适用法律若干问题的解释》(自 2015 年 1 月 7 日起施行)第三十二条,见第 312 页。

c. 2014 年 12 月 18 日最高人民法院《关于发布第八批指导性案例的通知》之指导案例 34 号,见第 664 页。

d. 公报案例:最高人民法院 1983 年 3 月 28 日民事执行书,见第 789 页;福建省武夷山市人民法院 1990 年 12 月 22 日民事执行书,见第 789 页;天津市蓟县人民法院 1991 年 4 月 26 日民事搜查令,见第 789 页。

②　a. 2001 年 1 月 6 日最高人民法院《关于捷成洋行申请执行中国国际贸易仲裁委员会(97)贸仲裁字第 0256 号裁决一案的复函》,见第 549 页。

b. 2002 年 6 月 20 日最高人民法院《关于仲裁协议无效是否可以裁定不予执行的处理意见》,见第 550 页。

c. 2003 年 7 月 30 日最高人民法院执行工作办公室《关于广东省高级人民法院请示的交通银行汕头分行与汕头经济特区龙湖乐园发展有限公司申请不予执行仲裁裁决的复函》,见第 550 页。

d. 2015 年 1 月 30 日最高人民法院《关于适用〈中华人民共和国民事诉讼法〉的解释》(自 2015 年 2 月 4 日起施行)第四百七十七条至第四百七十九条,见第 108—109 页。

e. 公报案例:北京市第一中级人民法院 1998 年 11 月 18 日民事裁定书,见第 790 页。

第二百三十八条 【公证债权文书执行】① 对公证机关依法赋予强制执行效力的债权文书,一方当事人不履行的,对方当事人可以向有管辖权的人民法院申请执行,受申请的人民法院应当执行。

公证债权文书确有错误的,人民法院裁定不予执行,并将裁定书送达双方当事人和公证机关。

第二百三十九条 【申请执行期限】② 申请执行的期间为二年。申请执行时效的中止、中断,适用法律有关诉讼时效中止、中断的规定。

前款规定的期间,从法律文书规定履行期间的最后一日起计算;法律文书规定分期履行的,从规定的每次履行期间的最后一日起计算;法律文书未规定履行期间的,从法律文书生效之日起计算。

第二百四十条 【执行通知与强制执行】③ 执行员接到申请执行书或者移交执行书,应当向被执行人发出执行通知,并可以立即采取强制执行措施。

第二十一章 执 行 措 施

第二百四十一条 【被执行人的告知义务】④ 被执行人未按执行通知履行法律

---

① a. 2008年12月22日最高人民法院《关于当事人对具有强制执行效力的公证债权文书的内容有争议提起诉讼人民法院是否受理问题的批复》,见第551页。
b. 2015年1月30日最高人民法院《关于适用〈中华人民共和国民事诉讼法〉的解释》(自2015年2月4日起施行)第四百七十条至第四百七十一条,见第109页。
c. 公报案例:最高人民法院〔2011〕执复字第2号民事裁定书,见第790页。
② a. 2002年1月30日最高人民法院《关于当事人对人民法院生效法律文书所确定的给付事项超过申请执行期限后又重新就其中的部分给付内容达成新的协议的应否立案的批复》,见第433页。
b. 2004年9月30日最高人民法院《关于裁定不予承认和执行英国伦敦仲裁庭作出的塞浦路斯瓦赛斯航运有限公司与中国粮油饲料有限公司、中国人民财产保险股份有限公司河北省分公司、中国人保控股公司仲裁裁决一案的请示的复函》,见第551页。
c. 2008年11月3日最高人民法院《关于适用〈中华人民共和国民事诉讼法〉执行程序若干问题的解释》(自2009年1月1日起施行)第二十七条至第二十九条,见第521页。
d. 2015年1月30日最高人民法院《关于适用〈中华人民共和国民事诉讼法〉的解释》(自2015年2月4日起施行)第四百四十二条、第四百八十三条,见第105页、第109页。
e. 2014年12月18日最高人民法院《关于发布第八批指导性案例的通知》之指导案例37号,见第667页。
③ a. 2006年12月23日最高人民法院《关于人民法院办理执行案件若干期限的规定》(自2007年1月1日起施行),见第607页。
b. 2008年11月3日最高人民法院《关于适用〈中华人民共和国民事诉讼法〉执行程序若干问题的解释》(自2009年1月1日起施行)第三十条,见第521页。
c. 2015年1月30日最高人民法院《关于适用〈中华人民共和国民事诉讼法〉的解释》(自2015年2月4日起施行)第四百八十二条,见第109页。
d. 公报案例:北京市第二中级人民法院1998年10月31日民事裁定书,见第790页。
④ a. 2004年2月10日最高人民法院、国土资源部、建设部《关于依法规范人民法院执行和国土资源房地产管理部门协助执行若干问题的通知》第五条第一款,见第561页。
b. 2004年11月4日最高人民法院《关于人民法院民事执行中查封、扣押、冻结财产的规定》(自2005年1月1日起施行)第二条,见第566页。
c. 2008年11月3日最高人民法院《关于适用〈中华人民共和国民事诉讼法〉执行程序若干问题的解释》(自2009年1月1日起施行)第三十一条,见第521页。
d. 2015年1月30日最高人民法院《关于适用〈中华人民共和国民事诉讼法〉的解释》(自2015年2月4日起施行)第四百八十四条,见第109页。
e. 2017年2月28日最高人民法院《关于民事执行中财产调查若干问题的规定》(自2017年5月1日起施行),见第603页。

文书确定的义务,应当报告当前以及收到执行通知之日前一年的财产情况。被执行人拒绝报告或者虚假报告的,人民法院可以根据情节轻重对被执行人或者其法定代理人、有关单位的主要负责人或者直接责任人员予以罚款、拘留。

第二百四十二条 【查询、扣押、冻结、划拨、变价财产措施】① 被执行人未按执行通知履行法律文书确定的义务,人民法院有权向有关单位查询被执行人的存款、债券、股票、基金份额等财产情况。人民法院有权根据不同情形扣押、冻结、划拨、变价被执行人的财产。人民法院查询、扣押、冻结、划拨、变价的财产不得超出被执行人应当履行义务的范围。

人民法院决定扣押、冻结、划拨、变价财产,应当作出裁定,并发出协助执行通知书,有关单位必须办理。

第二百四十三条 【扣留提取收入】② 被执行人未按执行通知履行法律文书确定的义务,人民法院有权扣留、提取被执行人应当履行义务部分的收入。但应当保留被执行人及其所扶养家属的生活必需费用。

人民法院扣留、提取收入时,应当作出裁定,并发出协助执行通知书,被执行人所在单位、银行、信用合作社和其他有储蓄业务的单位必须办理。

第二百四十四条 【查扣、冻结、拍卖、变卖】③ 被执行人未按执行通知履行法

---

① a. 2001年9月21日最高人民法院《关于冻结、拍卖上市公司国有股和社会法人股若干问题的规定》(自2001年9月30日起施行),见第559页。
 b. 2004年11月4日最高人民法院《关于人民法院民事执行中查封、扣押、冻结财产的规定》(自2005年1月1日起施行),见第566页。
 c. 2004年11月9日最高人民法院《关于冻结、扣划证券交易结算资金有关问题的通知》(自2004年11月9日起施行),见第564页。
 d. 2008年1月10日最高人民法院、最高人民检察院、公安部、中国证券监督管理委员会《关于查询、冻结、扣划证券和证券交易结算资金有关问题的通知》(自2008年3月1日起施行),见第575页。
 e. 2010年6月22日最高人民法院《关于部分人民法院冻结、扣划被风险处置证券公司客户证券交易结算资金有关问题的通知》,见第577页。
 f. 2010年7月14日最高人民法院、中国人民银行《关于人民法院查询和人民银行协助查询被执行人人民币银行结算账户开户银行名称的联合通知》,见第579页。
 g. 2010年10月10日最高人民法院、国家工商总局《关于加强信息合作规范执行与协助执行的通知》,见第581页。
 h. 2013年8月29日最高人民法院《关于网络查询、冻结被执行人存款的规定》(自2013年9月2日起施行),见第584页。
 i. 2015年1月30日最高人民法院《关于适用〈中华人民共和国民事诉讼法〉的解释》(自2015年2月4日起施行)第四百八十五条、第四百八十七条,见第109—110页。
 j. 2015年11月13日最高人民法院、中国银行业监督管理委员会《关于联合下发〈人民法院、银行业金融机构网络执行查控工作规范〉的通知》,见第588页。
 k. 公报案例:最高人民法院[2001]民二提字第7号民事判决书,见第790页。
② 1993年3月19日最高人民法院《关于可否执行当事人邮政储蓄存款的复函》,见第558页。
③ a. 2006年7月11日最高人民法院《关于民事执行中查封、扣押、冻结财产有关期限问题的答复》,见第574页。
 b. 2015年2月28日最高人民法院《关于扣押与拍卖船舶适用法律若干问题的规定》(自2015年3月1日起施行),见第585页。
 c. 2017年11月4日修正的《中华人民共和国刑法》(自1980年1月1日起施行)第三百一十四条,见第181页。
 d. 2016年4月12日最高人民法院《关于首先查封法院与优先债权执行法院处分查封财产有关问题的批复》(自2016年4月14日起施行),见第593页。

律文书确定的义务,人民法院有权查封、扣押、冻结、拍卖、变卖被执行人应当履行义务部分的财产。但应当保留被执行人及其所扶养家属的生活必需品。

采取前款措施,人民法院应当作出裁定。

第二百四十五条　【查扣程序】　人民法院查封、扣押财产时,被执行人是公民的,应当通知被执行人或者他的成年家属到场;被执行人是法人或者其他组织的,应当通知其法定代表人或者主要负责人到场。拒不到场的,不影响执行。被执行人是公民的,其工作单位或者财产所在地的基层组织应当派人参加。

对被查封、扣押的财产,执行员必须造具清单,由在场人签名或者盖章后,交被执行人一份。被执行人是公民的,也可以交他的成年家属一份。

第二百四十六条　【查封财产保管】　被查封的财产,执行员可以指定被执行人负责保管。因被执行人的过错造成的损失,由被执行人承担。

第二百四十七条　【拍卖和变卖措施】①　财产被查封、扣押后,执行员应当责令被执行人在指定期间履行法律文书确定的义务。被执行人逾期不履行的,人民法院应当拍卖被查封、扣押的财产;不适于拍卖或者当事人双方同意不进行拍卖的,人民法院可以委托有关单位变卖或者自行变卖。国家禁止自由买卖的物品,交有关单位按照国家规定的价格收购。

第二百四十八条　【搜查措施】②　被执行人不履行法律文书确定的义务,并隐匿财产的,人民法院有权发出搜查令,对被执行人及其住所或者财产隐匿地进行搜查。

采取前款措施,由院长签发搜查令。

第二百四十九条　【交付财物或者票证】③　法律文书指定交付的财物或者票证,由执行员传唤双方当事人当面交付,或者由执行员转交,并由被交付人签收。

有关单位持有该项财物或者票证的,应当根据人民法院的协助执行通知书转交,并由被交付人签收。

---

① a. 2004年11月15日最高人民法院《关于人民法院民事执行中拍卖、变卖财产的规定》(自2005年1月1日起施行),见第570页。
b. 2009年11月12日最高人民法院《关于人民法院委托评估、拍卖和变卖工作的若干规定》(自2009年11月20日起施行),见第524页。
c. 2015年1月30日最高人民法院《关于适用〈中华人民共和国民事诉讼法〉的解释》(自2015年2月4日起施行)第四百八十八条至第四百九十四条,见第110页。
d. 2016年8月2日最高人民法院《关于人民法院网络司法拍卖若干问题的规定》(自2017年1月1日起施行),见第595页。
e. 2016年9月19日最高人民法院《关于建立和管理网络服务提供者名单库的办法》(自2016年9月20日起施行),见第593页。
② a. 2015年1月30日最高人民法院《关于适用〈中华人民共和国民事诉讼法〉的解释》(自2015年2月4日起施行)第四百九十六条至第五百条,见第110—111页。
b. 2016年4月12日最高人民法院《关于首先查封法院与优先债权执行法院处分查封财产有关问题的批复》(自2016年4月14日起施行),见第593页。
③ a. 2000年12月25日最高人民法院执行办公室《关于判决交付的特定物灭失后如何折价问题的复函》,见第559页。
b. 2015年1月30日最高人民法院《关于适用〈中华人民共和国民事诉讼法〉的解释》(自2015年2月4日起施行)第四百九十五条,见第110页。

有关公民持有该项财物或者票证的,人民法院通知其交出。拒不交出的,强制执行。

第二百五十条 【对不动产的执行】① 强制迁出房屋或者强制退出土地,由院长签发公告,责令被执行人在指定期间履行。被执行人逾期不履行的,由执行员强制执行。

强制执行时,被执行人是公民的,应当通知被执行人或者他的成年家属到场;被执行人是法人或者其他组织的,应当通知其法定代表人或者主要负责人到场。拒不到场的,不影响执行。被执行人是公民的,其工作单位或者房屋、土地所在地的基层组织应当派人参加。执行员应当将强制执行情况记入笔录,由在场人签名或者盖章。

强制迁出房屋被搬出的财物,由人民法院派人运至指定处所,交给被执行人。被执行人是公民的,也可以交给他的成年家属。因拒绝接收而造成的损失,由被执行人承担。

第二百五十一条 【证照移转】② 在执行中,需要办理有关财产权证照转移手续的,人民法院可以向有关单位发出协助执行通知书,有关单位必须办理。

第二百五十二条 【对行为执行】③ 对判决、裁定和其他法律文书指定的行为,被执行人未按执行通知履行的,人民法院可以强制执行或者委托有关单位或者其他人完成,费用由被执行人承担。

第二百五十三条 【迟延履行】④ 被执行人未按判决、裁定和其他法律文书指定的期间履行给付金钱义务的,应当加倍支付迟延履行期间的债务利息。被执行人未按判决、裁定和其他法律文书指定的期间履行其他义务的,应当支付迟延履行金。

---

① 2005 年 12 月 14 日最高人民法院《关于人民法院执行设定抵押的房屋的规定》(自 2005 年 12 月 21 日起施行),见第 511 页。
② a. 2004 年 2 月 10 日最高人民法院、国土资源部、建设部《关于依法规范人民法院执行和国土资源房地产管理部门协助执行若干问题的通知》(自 2004 年 3 月 1 日起施行),见第 561 页。
b. 2012 年 5 月 30 日住房和城乡建设部《关于无证房产依据协助执行文书办理产权登记有关问题的函》,见第 529 页。
c. 2012 年 6 月 15 日最高人民法院《关于转发住房和城乡建设部〈关于无证房产依据协助执行文书办理产权登记有关问题的函〉的通知》,见第 528 页。
d. 2015 年 1 月 30 日最高人民法院《关于适用〈中华人民共和国民事诉讼法〉的解释》(自 2015 年 2 月 4 日起施行)第五百零二条,见第 111 页。
③ 2015 年 1 月 30 日最高人民法院《关于适用〈中华人民共和国民事诉讼法〉的解释》(自 2015 年 2 月 4 日起施行)第五百零三条、第五百零四条,见第 111 页。
④ a. 2007 年 2 月 7 日最高人民法院《关于在民事判决书中增加向当事人告知民事诉讼法第二百三十二条规定内容的通知》,见第 574 页。
b. 2009 年 5 月 11 日最高人民法院《关于在执行工作中如何计算迟延履行期间的债务利息等问题的批复》,见第 578 页。
c. 2014 年 7 月 7 日最高人民法院《关于执行程序中计算迟延履行期间的债务利息适用法律若干问题的解释》(自 2014 年 8 月 1 日起施行),见第 578 页。
d. 2015 年 1 月 30 日最高人民法院《关于适用〈中华人民共和国民事诉讼法〉的解释》(自 2015 年 2 月 4 日起施行)第五百零六条、第五百零七条,见第 111 页。
e. 2015 年 7 月 20 日修正的最高人民法院《关于限制被执行人高消费及有关消费的若干规定》(自 2015 年 7 月 22 日起施行),见第 587 页。

第二百五十四条 【继续执行】① 人民法院采取本法第二百四十二条、第二百四十三条、第二百四十四条规定的执行措施后,被执行人仍不能偿还债务的,应当继续履行义务。债权人发现被执行人有其他财产的,可以随时请求人民法院执行。

第二百五十五条 【执行威慑制度】② 被执行人不履行法律文书确定的义务的,人民法院可以对其采取或者通知有关单位协助采取限制出境,在征信系统记录、通过媒体公布不履行义务信息以及法律规定的其他措施。

第二十二章 执行中止和终结

第二百五十六条 【执行中止】③ 有下列情形之一的,人民法院应当裁定中止执行:

(一)申请人表示可以延期执行的;
(二)案外人对执行标的提出确有理由的异议的;
(三)作为一方当事人的公民死亡,需要等待继承人继承权利或者承担义务的;
(四)作为一方当事人的法人或者其他组织终止,尚未确定权利义务承受人的;
(五)人民法院认为应当中止执行的其他情形。

中止的情形消失后,恢复执行。

第二百五十七条 【执行终结】④ 有下列情形之一的,人民法院裁定终结执行:

(一)申请人撤销申请的;
(二)据以执行的法律文书被撤销的;
(三)作为被执行人的公民死亡,无遗产可供执行,又无义务承担人的;
(四)追索赡养费、扶养费、抚育费案件的权利人死亡的;
(五)作为被执行人的公民因生活困难无力偿还借款,无收入来源,又丧失劳动

---

① 2015年1月30日最高人民法院《关于适用〈中华人民共和国民事诉讼法〉的解释》(自2015年2月4日起施行)第五百零八条至第五百一十七条,见第111—112页。
② a. 2008年11月3日最高人民法院《关于〈中华人民共和国民事诉讼法〉执行程序若干问题的解释》(自2009年1月1日起施行)第三十六条至第三十九条,见第521—522页。
b. 2015年1月30日最高人民法院《关于适用〈中华人民共和国民事诉讼法〉的解释》(自2015年2月4日起施行)第五百一十八条,见第112—113页。
c. 2015年7月20日修正的最高人民法院《关于限制被执行人高消费及有关消费的若干规定》(自2015年7月22日起施行),见第587页。
d. 2017年2月28日最高人民法院《关于公布失信被执行人名单信息的若干规定》(自2017年5月1日起施行),见第600页。
e. 2013年7月20日《最高人民法院公布五起"失信被执行人"典型案例》,见第721页;2013年11月6日《最高人民法院发布失信被执行人名单制度典型案例》,见第725页;2014年4月30日《最高人民法院发布五起典型案例》之案例5,见第730页;2015年4月1日《最高人民法院发布的四起典型案例》之案例4,见第701页;2016年1月24日《最高人民法院公布12起涉民生执行典型案例》,见第739页。
③ a. 1993年9月17日最高人民法院《关于对破产案件的债务人未被执行的财产均应中止执行问题的批复》,见第606页。
b. 1995年12月21日最高人民法院《关于中银信托投资公司作为被执行人的案件应中止执行的通知》,见第606页。
④ 2015年1月30日最高人民法院《关于适用〈中华人民共和国民事诉讼法〉的解释》(自2015年2月4日起施行)第五百一十九条至第五百二十一条,见第113页。

能力的；

（六）人民法院认为应当终结执行的其他情形。

第二百五十八条 【中止、终结裁定】① 中止和终结执行的裁定,送达当事人后立即生效。

第四编 涉外民事诉讼程序的特别规定

第二十三章 一般原则

第二百五十九条 【适用本法】② 在中华人民共和国领域内进行涉外民事诉讼,适用本编规定。本编没有规定的,适用本法其他有关规定。

第二百六十条 【国际条约优先】 中华人民共和国缔结或者参加的国际条约同本法有不同规定的,适用该国际条约的规定,但中华人民共和国声明保留的条款除外。

第二百六十一条 【外交特权与豁免】 对享有外交特权与豁免的外国人、外国组织或者国际组织提起的民事诉讼,应当依照中华人民共和国有关法律和中华人民共和国缔结或者参加的国际条约的规定办理。

第二百六十二条 【语言文字】③ 人民法院审理涉外民事案件,应当使用中华人民共和国通用的语言、文字。当事人要求提供翻译的,可以提供,费用由当事人承担。

第二百六十三条 【中国律师代理】④ 外国人、无国籍人、外国企业和组织在人民法院起诉、应诉,需要委托律师代理诉讼的,必须委托中华人民共和国的律师。

第二百六十四条 【公证和认证】⑤ 在中华人民共和国领域内没有住所的外国人、无国籍人、外国企业和组织委托中华人民共和国律师或者其他人代理诉讼,从中华人民共和国领域外寄交或者托交的授权委托书,应当经所在国公证机关证明,并经中华人民共和国驻该国使领馆认证,或者履行中华人民共和国与该所在国订立的有关条约中规定的证明手续后,才具有效力。

---

① a. 2006年12月23日最高人民法院《关于人民法院办理执行案件若干期限的规定》(自2007年1月1日起施行),见第607页。
b. 2016年2月14日最高人民法院《关于对人民法院终结执行行为提出执行异议期限问题的批复》,见第608页。
② 2015年1月30日最高人民法院《关于适用〈中华人民共和国民事诉讼法〉的解释》(自2015年2月4日起施行)第五百二十二条至第五百五十一条,见第113—116页。
③ 2015年1月30日最高人民法院《关于适用〈中华人民共和国民事诉讼法〉的解释》(自2015年2月4日起施行)第五百二十七条,见第114页。
④ 2015年1月30日最高人民法院《关于适用〈中华人民共和国民事诉讼法〉的解释》(自2015年2月4日起施行)第五百二十三条至第五百三十条,见第113—114页。
⑤ 2015年1月30日最高人民法院《关于适用〈中华人民共和国民事诉讼法〉的解释》(自2015年2月4日起施行)第五百二十四条至第五百二十六条,见第113—114页。

第二十四章 管 辖

第二百六十五条 【特殊地域管辖】① 因合同纠纷或者其他财产权益纠纷,对在中华人民共和国领域内没有住所的被告提起的诉讼,如果合同在中华人民共和国领域内签订或者履行,或者诉讼标的物在中华人民共和国领域内,或者被告在中华人民共和国领域内有可供扣押的财产,或者被告在中华人民共和国领域内设有代表机构,可以由合同签订地、合同履行地、诉讼标的物所在地、可供扣押财产所在地、侵权行为地或者代表机构住所地人民法院管辖。

第二百六十六条 【专属管辖】 因在中华人民共和国履行中外合资经营企业合同、中外合作经营企业合同、中外合作勘探开发自然资源合同发生纠纷提起的诉讼,由中华人民共和国人民法院管辖。

第二十五章 送达、期间

第二百六十七条 【送达方式】② 人民法院对在中华人民共和国领域内没有住所的当事人送达诉讼文书,可以采用下列方式:

---

① a. 2015年1月30日最高人民法院《关于适用〈中华人民共和国民事诉讼法〉的解释》(自2015年2月4日起施行)第五百三十一条至第五百三十三条,见第114页。
b. 公报案例:广东省广州市中级人民法院1992年5月11日民事判决书,见第791页;福建省厦门市中级人民法院2003年8月13日民事裁定书,见第791页。
② a.《关于向国外送达民事或商事司法文书和司法外文书公约》(自1965年11月15日订于海牙),见第120页。
b. 1986年8月14日最高人民法院、外交部、司法部《关于我国法院和外国法院通过外交途径相互委托送达法律文书若干问题的通知》(自1986年8月14日起施行),见第608页。
c. 1991年3月2日全国人大常委会《关于批准加入〈关于向国外送达民事或商事司法文书和司法外文书公约〉的决定》(自1991年3月2日起施行),见第130页。
d. 1992年3月4日最高人民法院、外交部、司法部《关于执行〈关于向外国送达民事或商事司法外文书公约〉有关程序的通知》,见第610页。
e. 1992年7月15日最高人民法院办公厅《关于"送达公约"适用于香港的通知》,见第611页。
f. 1993年11月19日最高人民法院《关于向居住在外国的我国公民送达司法文书问题的复函》,见第611页。
g. 2005年6月6日最高人民法院《关于涉外商事海事案件中法律文书外交送达费用人民币1000元以上的性质应如何认定的请示的复函》,见第612页。
h. 2006年8月10日最高人民法院《关于涉外民事或商事案件司法文书送达问题若干规定》(自2006年8月22日起施行),见第612页。
i. 2008年4月17日最高人民法院《关于涉外民事诉讼文书送达的若干规定》(自2008年4月23日起施行),见第614页。
j. 2009年3月9日最高人民法院《关于涉港澳民商事案件司法文书送达问题若干规定》(自2009年3月16日起施行),见第615页。
k. 2011年10月27日最高人民法院《关于香港特别行政区企业在国内开办全资独资企业法律文书送达问题的请示的复函》,见第617页。
l. 2012年1月19日最高人民法院办公厅《关于墨西哥对其加入〈海牙送达公约〉时作出的声明进行修改并指定中央机关的通知》,见第617页。
m. 2015年1月30日最高人民法院《关于适用〈中华人民共和国民事诉讼法〉的解释》(自2015年2月4日起施行)第五百三十四条至第五百三十七条,见第114—115页。

（一）依照受送达人所在国与中华人民共和国缔结或者共同参加的国际条约中规定的方式送达；

（二）通过外交途径送达；

（三）对具有中华人民共和国国籍的受送达人，可以委托中华人民共和国驻受送达人所在国的使领馆代为送达；

（四）向受送达人委托的有权代其接受送达的诉讼代理人送达；

（五）向受送达人在中华人民共和国领域内设立的代表机构或者有权接受送达的分支机构、业务代办人送达；

（六）受送达人所在国的法律允许邮寄送达的，可以邮寄送达，自邮寄之日起满三个月，送达回证没有退回，但根据各种情况足以认定已经送达的，期间届满之日视为送达；

（七）采用传真、电子邮件等能够确认受送达人收悉的方式送达；

（八）不能用上述方式送达的，公告送达，自公告之日起满三个月，即视为送达。

第二百六十八条　【答辩期间】　被告在中华人民共和国领域内没有住所的，人民法院应当将起诉状副本送达被告，并通知被告在收到起诉状副本后三十日内提出答辩状。被告申请延期的，是否准许，由人民法院决定。

第二百六十九条　【上诉期间】①　在中华人民共和国领域内没有住所的当事人，不服第一审人民法院判决、裁定的，有权在判决书、裁定书送达之日起三十日内提起上诉。被上诉人在收到上诉状副本后，应当在三十日内提出答辩状。当事人不能在法定期间提起上诉或者提出答辩状，申请延期的，是否准许，由人民法院决定。

第二百七十条　【特别规定】　人民法院审理涉外民事案件的期间，不受本法第一百四十九条、第一百七十六条规定的限制。

第二十六章　仲　　裁

第二百七十一条　【仲裁协议】②　涉外经济贸易、运输和海事中发生的纠纷，当事人在合同中订有仲裁条款或者事后达成书面仲裁协议，提交中华人民共和国涉外仲裁机构或者其他仲裁机构仲裁的，当事人不得向人民法院起诉。

当事人在合同中没有订有仲裁条款或者事后没有达成书面仲裁协议的，可以向人民法院起诉。

---

①　2015年1月30日最高人民法院《关于适用〈中华人民共和国民事诉讼法〉的解释》（自2015年2月4日起施行）第五百三十八条，见第115页。

②　a. 2015年7月15日最高人民法院《关于对上海市高级人民法院等就涉及中国国际经济贸易仲裁委员会及其原分会等仲裁机构所作仲裁裁决司法审查案件请示问题的批复》，见第631页。

b. 公报案例：最高人民法院〔2006〕民一终字第11号民事裁定书，见第791页；最高人民法院〔2006〕民二终字第2号民事裁定书，见第792页；最高人民法院〔2010〕民提字第10号民事判决书，见第792页。

第二百七十二条 【财产保全】① 当事人申请采取保全的,中华人民共和国的涉外仲裁机构应当将当事人的申请,提交被申请人住所地或者财产所在地的中级人民法院裁定。

第二百七十三条 【仲裁裁决执行】② 经中华人民共和国涉外仲裁机构裁决的,当事人不得向人民法院起诉。一方当事人不履行仲裁裁决的,对方当事人可以向被申请人住所地或者财产所在地的中级人民法院申请执行。

第二百七十四条 【不予执行情形】③ 对中华人民共和国涉外仲裁机构作出的

---

① 2015年1月30日最高人民法院《关于适用〈中华人民共和国民事诉讼法〉的解释》(自2015年2月4日起施行)第五百二十四条,见第113页。

② a. 2006年5月25日最高人民法院《关于西安嘉侨电力有限公司与百营物业(中国)有限公司、百营物业(武汉)有限公司、施展塑胶权转让纠纷执行一案的请示的复函》,见第625页。
b. 2008年9月12日最高人民法院《关于是否应不予执行[2007]中国贸仲沪裁字第224号仲裁裁决请示的答复》,见第629页。
c. 2013年2月6日最高人民法院《关于Ecom Agroindustrial Corp. Ltd.(瑞士伊卡姆农工商有限公司)申请执行涉外仲裁裁决一案的请示的复函》,见第630页。
d. 2013年2月6日最高人民法院《关于Ecom USA. Inc.(伊卡姆美国公司)申请执行涉外仲裁裁决一案的请示的复函》,见第630页。
e. 2015年1月30日最高人民法院《关于适用〈中华人民共和国民事诉讼法〉的解释》(自2015年2月4日起施行)第五百四十条,见第115页。

③ a. 2002年4月20日最高人民法院《关于深圳市广夏文化实业总公司、宁夏伊斯兰国际信托投资公司、深圳兴庆电子公司与密苏尔有限公司仲裁裁决不予执行案的复函》,见第618页。
b. 2002年7月22日最高人民法院《关于不予执行中国国际经济贸易仲裁委员会作出的广州总统大酒店有限公司与杨光大仲裁一案请示的复函》,见第619页。
c. 2003年5月27日最高人民法院《关于中国国际经济贸易仲裁委员会深圳分会作出的[2001]深国仲结字第31号裁决是否应予执行的复函》,见第620页。
d. 2003年8月5日最高人民法院执行工作办公室《关于澳门大明集团有限公司与广州市东建实业总公司合作开发房地产纠纷仲裁裁决执行案的复函》,见第621页。
e. 2004年2月24日最高人民法院《关于对中国国际经济贸易仲裁委员会[2002]贸仲裁字第0112号仲裁裁决不予执行的请示的复函》,见第621页。
f. 2004年8月30日最高人民法院《关于不予执行佛山仲裁委[1998]佛仲字第04号仲裁裁决报请审查的请示的复函》,见第622页。
g. 2004年9月9日最高人民法院《关于廊坊市中级人民法院对中国国际经济贸易仲裁委员会[2003]贸仲裁字第0060号裁决书裁定不予执行问题的请示的复函》,见第622页。
h. 2004年11月30日最高人民法院《关于不予执行中国国际经济贸易仲裁委员会[2004]中国贸仲京字第0105号裁决的请示的复函》,见第623页。
i. 2006年1月23日最高人民法院《关于是否裁定不予执行中国国际经济贸易仲裁委员会仲裁裁决的复函》,见第624页。
j. 2006年9月13日最高人民法院《关于玉林市中级人民法院报请审对东迅投资有限公司涉外仲裁一案不予执行的复函》,见第626页。
k. 2007年9月18日最高人民法院《关于朱裕华与上海海船厨房设备金属制品厂申请撤销仲裁裁决再审一案的请示报告的复函》,见第626页。
l. 2007年10月23日最高人民法院《关于香港永开利企业公司申请执行中国国际经济贸易仲裁委员会[1996]贸仲裁字第0109号仲裁裁决一案请示的复函》,见第627页。
m. 2008年5月8日最高人民法院《关于润和发展有限公司申请不予执行仲裁裁决一案的审查报告的复函》,见第627页。
n. 2010年5月27日最高人民法院《关于是否不予执行中国国际经济贸易仲裁委员会[2008]中国贸仲京裁字第0379号仲裁裁决的请示报告的复函》,见第629页。
o. 2013年3月22日最高人民法院《关于对诗董橡胶股份有限公司与三角轮胎股份有限公司涉外仲裁一案不予执行的请示的复函》,见第631页。
p. 2015年7月15日最高人民法院《关于对上海市高级人民法院等就涉及中国国际经济贸易仲裁委员会及其原分会等仲裁机构所作仲裁裁决司法审查案件请示问题的批复》,见第631页。
q. 2015年1月30日最高人民法院《关于适用〈中华人民共和国民事诉讼法〉的解释》(自2015年2月4日起施行)第五百四十一条,见第115页。

裁决,被申请人提出证据证明仲裁裁决有下列情形之一的,经人民法院组成合议庭审查核实,裁定不予执行:

（一）当事人在合同中没有订有仲裁条款或者事后没有达成书面仲裁协议的;

（二）被申请人没有得到指定仲裁员或者进行仲裁程序的通知,或者由于其他不属于被申请人负责的原因未能陈述意见的;

（三）仲裁庭的组成或者仲裁的程序与仲裁规则不符的;

（四）裁决的事项不属于仲裁协议的范围或者仲裁机构无权仲裁的。

人民法院认定执行该裁决违背社会公共利益的,裁定不予执行。

第二百七十五条 【不予执行后果】 仲裁裁决被人民法院裁定不予执行的,当事人可以根据双方达成的书面仲裁协议重新申请仲裁,也可以向人民法院起诉。

第二十七章 司法协助

第二百七十六条 【协助原则】① 根据中华人民共和国缔结或者参加的国际条约,或者按照互惠原则,人民法院和外国法院可以相互请求,代为送达文书、调查取证以及进行其他诉讼行为。

外国法院请求协助的事项有损于中华人民共和国的主权、安全或者社会公共利益的,人民法院不予执行。

第二百七十七条 【协助途径】② 请求和提供司法协助,应当依照中华人民共和国缔结或者参加的国际条约所规定的途径进行;没有条约关系的,通过外交途径进行。

外国驻中华人民共和国的使领馆可以向该国公民送达文书和调查取证,但不得违反中华人民共和国的法律,并不得采取强制措施。

除前款规定的情况外,未经中华人民共和国主管机关准许,任何外国机关或者个人不得在中华人民共和国领域内送达文书、调查取证。

第二百七十八条 【文字要求】 外国法院请求人民法院提供司法协助的请求书及其所附文件,应当附有中文译本或者国际条约规定的其他文字文本。

人民法院请求外国法院提供司法协助的请求书及其所附文件,应当附有该国文字译本或者国际条约规定的其他文字文本。

第二百七十九条 【协助程序】 人民法院提供司法协助,依照中华人民共和国法律规定的程序进行。外国法院请求采用特殊方式的,也可以按照其请求的特殊方

---

① a.《关于从国外调取民事或商事证据的公约》(1970年3月18日订于海牙),见第124页。
　b. 2013年4月7日最高人民法院《关于依据国际公约和双边司法协助条约办理民商事案件司法文书送达和调查取证司法协助请求的规定》(自2013年5月2日起施行),见第650页。
　c. 2013年4月7日最高人民法院《印发〈关于依据国际公约和双边司法协助条约办理民商事案件司法文书送达和调查取证司法协助请求的规定实施细则(试行)〉的通知》(自2013年5月2日起施行),见第651页。

② 2015年1月30日最高人民法院《关于适用〈中华人民共和国民事诉讼法〉的解释》(自2015年2月4日起施行)第五百四十九条,见第116页。

式进行，但请求采用的特殊方式不得违反中华人民共和国法律。

第二百八十条 【申请外国承认和执行】① 人民法院作出的发生法律效力的判决、裁定，如果被执行人或者其财产不在中华人民共和国领域内，当事人请求执行的，可以由当事人直接向有管辖权的外国法院申请承认和执行，也可以由人民法院依照中华人民共和国缔结或者参加的国际条约的规定，或者按照互惠原则，请求外国法院承认和执行。

中华人民共和国涉外仲裁机构作出的发生法律效力的仲裁裁决，当事人请求执行的，如果被执行人或者其财产不在中华人民共和国领域内，应当由当事人直接向有管辖权的外国法院申请承认和执行。

第二百八十一条 【外国申请承认执行】② 外国法院作出的发生法律效力的判决、裁定，需要中华人民共和国人民法院承认和执行的，可以由当事人直接向中华人民共和国有管辖权的中级人民法院申请承认和执行，也可以由外国法院依照该国与中华人民共和国缔结或者参加的国际条约的规定，或者按照互惠原则，请求人民法院承认和执行。

第二百八十二条 【外国裁判的承认和执行】③ 人民法院对申请或者请求承认

---

① 2015年1月30日最高人民法院《关于适用〈中华人民共和国民事诉讼法〉的解释》（自2015年2月4日起施行）第五百五十条，见第116页。
② 2015年1月30日最高人民法院《关于适用〈中华人民共和国民事诉讼法〉的解释》（自2015年2月4日起施行）第五百四十三条至第五百四十八条，见第115—116页。
③ a.《承认及执行外国仲裁裁决公约》（1958年6月10日订立于纽约），见第117页。
  b. 1986年12月2日全国人民代表大会常务委员会《关于我国加入〈承认及执行外国仲裁裁决公约〉的决定》（自1986年12月2日起施行），见第130页。
  c. 1987年4月10日最高人民法院《关于执行我国加入的〈承认及执行外国仲裁裁决公约〉的通知》（自1987年4月10日起施行），见第633页。
  d. 2001年4月19日最高人民法院《关于英国嘉能可有限公司申请承认和执行英国伦敦金属交易所仲裁裁决一案请示的复函》，见第635页。
  e. 2001年4月23日最高人民法院《关于麦考·奈浦敦有限公司申请承认和执行仲裁裁决一案请示的复函》，见第636页。
  f. 2001年9月11日最高人民法院《关于不承认及执行伦敦最终仲裁裁决案的请示的复函》，见第637页。
  g. 2003年7月1日最高人民法院《关于ED&F曼氏（香港）有限公司申请承认和执行伦敦糖业协会仲裁裁决案的复函》，见第637页。
  h. 2003年11月14日最高人民法院《关于香港享进粮油食品有限公司申请执行香港国际仲裁中心仲裁裁决案的复函》，见第638页。
  i. 2004年7月5日最高人民法院《关于不予执行国际商会仲裁院10334/AMW/BWD/TE最终裁决一案的请示的复函》，见第638页。
  j. 2006年3月3日最高人民法院《关于是否承认和执行大韩商事仲裁院仲裁裁决的请示的复函》，见第639页。
  k. 2007年1月10日最高人民法院《关于是否裁定不予承认和执行英国伦敦"ABRA轮2004年12月28日租约"仲裁裁决的请示的复函》，见第640页。
  l. 2007年5月9日最高人民法院《关于申请人瑞士邦基有限公司申请承认和执行英国仲裁裁决一案的请示的复函》，见第641页。
  m. 2007年6月25日最高人民法院《关于邦基农贸新加坡私人有限公司申请承认和执行英国仲裁裁决一案的请示的复函》，见第640页。
  n. 2008年2月27日最高人民法院《关于马绍尔群岛第一投资公司申请承认和执行英国伦敦临时仲裁庭仲裁裁决案的复函》，见第641页。
  o. 2008年6月2日最高人民法院《关于不予承认和执行国际商会仲裁院仲裁裁决的请示的复函》，见第642页。（转下页）

和执行的外国法院作出的发生法律效力的判决、裁定,依照中华人民共和国缔结或者参加的国际条约,或者按照互惠原则进行审查后,认为不违反中华人民共和国法律的基本原则或者国家主权、安全、社会公共利益的,裁定承认其效力,需要执行的,发出执行令,依照本法的有关规定执行。违反中华人民共和国法律的基本原则或者国家主权、安全、社会公共利益的,不予承认和执行。

第二百八十三条 【外国仲裁裁决的承认和执行】 国外仲裁机构的裁决,需要中华人民共和国人民法院承认和执行的,应当由当事人直接向被执行人住所地或者其财产所在地的中级人民法院申请,人民法院应当依照中华人民共和国缔结或者参加的国际条约,或者按照互惠原则办理。

第二百八十四条 【生效日期】① 本法自公布之日起施行,《中华人民共和国民事诉讼法(试行)》同时废止。

(接上页)

p. 2008年9月10日最高人民法院《关于裁定不予承认和执行社团法人日本商事仲裁协会东京05—03号仲裁裁决的报告的答复》,见第642页。

q. 2009年12月9日最高人民法院《关于中基宁波对外贸易股份有限公司申请不予执行香港国际仲裁中心仲裁裁决一案的审核报告的复函》,见第644页。

r. 2009年12月30日最高人民法院《关于香港仲裁裁决在内地执行的有关问题的通知》,见第644页。

s. 2010年10月10日最高人民法院《关于路易达孚商品亚洲有限公司申请承认和执行国际油、种子和脂肪协会作出的第3980号仲裁裁决请示一案的复函》,见第645页。

t. 2015年1月30日最高人民法院《关于适用〈中华人民共和国民事诉讼法〉的解释》(自2015年2月4日起施行)第五百四十五条,见第116页。

① a. 2012年11月28日最高人民法院《关于认真学习贯彻〈全国人民代表大会常务委员会关于修改〈中华人民共和国民事诉讼法〉的决定〉的通知》,见第646页。

b. 2012年12月24日最高人民法院《关于在知识产权审判中贯彻落实〈全国人民代表大会常务委员会关于修改〈中华人民共和国民事诉讼法〉的决定〉有关问题的通知》,见第648页。

c. 2012年12月28日最高人民法院《关于修改后的民事诉讼法施行时未结案件适用法律若干问题的规定》,见第649页。

第二部分 最高人民法院关于适用《中华人民共和国民事诉讼法》的解释

[2014年12月18日最高人民法院审判委员会第1636次会议通过,2015年1月30日公布,自2015年2月4日起施行,法释〔2015〕5号]

2012年8月31日,第十一届全国人民代表大会常务委员会第二十八次会议审议通过了《关于修改〈中华人民共和国民事诉讼法〉的决定》。根据修改后的民事诉讼法,结合人民法院民事审判和执行工作实际,制定本解释。

一、管　辖

第一条　民事诉讼法第十八条第一项规定的重大涉外案件,包括争议标的额大的案件、案情复杂的案件,或者一方当事人人数众多等具有重大影响的案件。

第二条　专利纠纷案件由知识产权法院、最高人民法院确定的中级人民法院和基层人民法院管辖。

海事、海商案件由海事法院管辖。

第三条　公民的住所地是指公民的户籍所在地,法人或者其他组织的住所地是指法人或者其他组织的主要办事机构所在地。

法人或者其他组织的主要办事机构所在地不能确定的,法人或者其他组织的注册地或者登记地为住所地。

第四条　公民的经常居住地是指公民离开住所地至起诉时已连续居住一年以上的地方,但公民住院就医的地方除外。

第五条　对没有办事机构的个人合伙、合伙型联营体提起的诉讼,由被告注册登记地人民法院管辖。没有注册登记,几个被告又不在同一辖区的,被告住所地的人民法院都有管辖权。

第六条　被告被注销户籍的,依照民事诉讼法第二十二条规定确定管辖;原告、被告均被注销户籍的,由被告居住地人民法院管辖。

第七条　当事人的户籍迁出后尚未落户,有经常居住地的,由该地人民法院管辖;没有经常居住地的,由其原户籍所在地人民法院管辖。

第八条　双方当事人都被监禁或者被采取强制性教育措施的,由被告原住所地人民法院管辖。被告被监禁或者被采取强制性教育措施一年以上的,由被告被监禁地或者被采取强制性教育措施地人民法院管辖。

第九条　追索赡养费、抚育费、扶养费案件的几个被告住所地不在同一辖区的,可以由原告住所地人民法院管辖。

第十条　不服指定监护或者变更监

护关系的案件,可以由被监护人住所地人民法院管辖。

第十一条 双方当事人均为军人或者军队单位的民事案件由军事法院管辖。

第十二条 夫妻一方离开住所地超过一年,另一方起诉离婚的案件,可以由原告住所地人民法院管辖。

夫妻双方离开住所地超过一年,一方起诉离婚的案件,由被告经常居住地人民法院管辖;没有经常居住地的,由原告起诉时被告住所地人民法院管辖。

第十三条 在国内结婚并定居国外的华侨,如定居国法院以离婚诉讼须由婚姻缔结地法院管辖为由不予受理,当事人向人民法院提出离婚诉讼的,由婚姻缔结地或者一方在国内的最后居住地人民法院管辖。

第十四条 在国外结婚并定居国外的华侨,如定居国法院以离婚诉讼须由国籍所属国法院管辖为由不予受理,当事人向人民法院提出离婚诉讼的,由一方原住所地或者在国内的最后居住地人民法院管辖。

第十五条 中国公民一方居住在国外,一方居住在国内,不论哪一方向人民法院提起离婚诉讼,国内一方住所地人民法院都有权管辖。国外一方在居住国法院起诉,国内一方向人民法院起诉的,受诉人民法院有权管辖。

第十六条 中国公民双方在国外但未定居,一方向人民法院起诉离婚的,应由原告或者被告原住所地人民法院管辖。

第十七条 已经离婚的中国公民,双方均定居国外,仅就国内财产分割提起诉讼的,由主要财产所在地人民法院管辖。

第十八条 合同约定履行地点的,以约定的履行地点为合同履行地。

合同对履行地点没有约定或者约定不明确,争议标的为给付货币的,接收货币一方所在地为合同履行地;交付不动产的,不动产所在地为合同履行地;其他标的,履行义务一方所在地为合同履行地。即时结清的合同,交易行为地为合同履行地。

合同没有实际履行,当事人双方住所地都不在合同约定的履行地的,由被告住所地人民法院管辖。

第十九条 财产租赁合同、融资租赁合同以租赁物使用地为合同履行地。合同对履行地有约定的,从其约定。

第二十条 以信息网络方式订立的买卖合同,通过信息网络交付标的的,以买受人住所地为合同履行地;通过其他方式交付标的的,收货地为合同履行地。合同对履行地有约定的,从其约定。

第二十一条 因财产保险合同纠纷提起的诉讼,如果保险标的物是运输工具或者运输中的货物,可以由运输工具登记注册地、运输目的地、保险事故发生地人民法院管辖。

因人身保险合同纠纷提起的诉讼,可以由被保险人住所地人民法院管辖。

第二十二条 因股东名册记载、请求变更公司登记、股东知情权、公司决议、公司合并、公司分立、公司减资、公司增资等纠纷提起的诉讼,依照民事诉讼法第二十六条规定确定管辖。

第二十三条 债权人申请支付令,适用民事诉讼法第二十一条规定,由债务人住所地基层人民法院管辖。

第二十四条 民事诉讼法第二十八条规定的侵权行为地,包括侵权行为实施地、侵权结果发生地。

第二十五条 信息网络侵权行为实

施地包括实施被诉侵权行为的计算机等信息设备所在地,侵权结果发生地包括被侵权人住所地。

第二十六条　因产品、服务质量不合格造成他人财产、人身损害提起的诉讼,产品制造地、产品销售地、服务提供地、侵权行为地和被告住所地人民法院都有管辖权。

第二十七条　当事人申请诉前保全后没有在法定期间起诉或者申请仲裁,给被申请人、利害关系人造成损失引起的诉讼,由采取保全措施的人民法院管辖。

当事人申请诉前保全后在法定期间内起诉或者申请仲裁,被申请人、利害关系人因保全受到损失提起的诉讼,由受理起诉的人民法院或者采取保全措施的人民法院管辖。

第二十八条　民事诉讼法第三十三条第一项规定的不动产纠纷是指因不动产的权利确认、分割、相邻关系等引起的物权纠纷。

农村土地承包经营合同纠纷、房屋租赁合同纠纷、建设工程施工合同纠纷、政策性房屋买卖合同纠纷,按照不动产纠纷确定管辖。

不动产已登记的,以不动产登记簿记载的所在地为不动产所在地;不动产未登记的,以不动产实际所在地为不动产所在地。

第二十九条　民事诉讼法第三十四条规定的书面协议,包括书面合同中的协议管辖条款或者诉讼前以书面形式达成的选择管辖的协议。

第三十条　根据管辖协议,起诉时能够确定管辖法院的,从其约定;不能确定的,依照民事诉讼法的相关规定确定管辖。

管辖协议约定两个以上与争议有实际联系的地点的人民法院管辖,原告可以向其中一个人民法院起诉。

第三十一条　经营者使用格式条款与消费者订立管辖协议,未采取合理方式提请消费者注意,消费者主张管辖协议无效的,人民法院应予支持。

第三十二条　管辖协议约定由一方当事人住所地人民法院管辖,协议签订后当事人住所地变更的,由签订管辖协议时的住所地人民法院管辖,但当事人另有约定的除外。

第三十三条　合同转让的,合同的管辖协议对合同受让人有效,但转让时受让人不知道有管辖协议,或者转让协议另有约定且原合同相对人同意的除外。

第三十四条　当事人因同居或者在解除婚姻、收养关系后发生财产争议,约定管辖的,可以适用民事诉讼法第三十四条规定确定管辖。

第三十五条　当事人在答辩期间届满后未应诉答辩,人民法院在一审开庭前,发现案件不属于本院管辖的,应当裁定移送有管辖权的人民法院。

第三十六条　两个以上人民法院都有管辖权的诉讼,先立案的人民法院不得将案件移送给另一个有管辖权的人民法院。人民法院在立案前发现其他有管辖权的人民法院已先立案的,不得重复立案;立案后发现其他有管辖权的人民法院已先立案的,裁定将案件移送给先立案的人民法院。

第三十七条　案件受理后,受诉人民法院的管辖权不受当事人住所地、经常居住地变更的影响。

第三十八条　有管辖权的人民法院受理案件后,不得以行政区域变更为由,将案件移送给变更后有管辖权的人民法院。判决后的上诉案件和依审判监督程序提审的案件,由原审人民法院的上级人民法院进行审判;上级人民法院指令再审、发回重审的案件,由原审人民法院再审或者重审。

第三十九条 人民法院对管辖异议审查后确定有管辖权的,不因当事人提起反诉、增加或者变更诉讼请求等改变管辖,但违反级别管辖、专属管辖规定的除外。

人民法院发回重审或者按第一审程序再审的案件,当事人提出管辖异议的,人民法院不予审查。

第四十条 依照民事诉讼法第三十七条第二款规定,发生管辖权争议的两个人民法院因协商不成报请它们的共同上级人民法院指定管辖时,双方为同属一个地、市辖区的基层人民法院的,由该地、市的中级人民法院及时指定管辖;同属一个省、自治区、直辖市的两个人民法院的,由该省、自治区、直辖市的高级人民法院及时指定管辖;双方为跨省、自治区、直辖市的人民法院,高级人民法院协商不成的,由最高人民法院及时指定管辖。

依照前款规定报请上级人民法院指定管辖时,应当逐级进行。

第四十一条 人民法院依照民事诉讼法第三十七条第二款规定指定管辖的,应当作出裁定。

对报请上级人民法院指定管辖的案件,下级人民法院应当中止审理。指定管辖裁定作出前,下级人民法院对案件作出判决、裁定的,上级人民法院应当在裁定指定管辖的同时,一并撤销下级人民法院的判决、裁定。

第四十二条 下列第一审民事案件,人民法院依照民事诉讼法第三十八条第一款规定,可以在开庭前交下级人民法院审理:

(一)破产程序中有关债务人的诉讼案件;

(二)当事人人数众多且不方便诉讼的案件;

(三)最高人民法院确定的其他类型案件。

人民法院交下级人民法院审理前,应当报请其上级人民法院批准。上级人民法院批准后,人民法院应当裁定将案件交下级人民法院审理。

二、回　　避

第四十三条 审判人员有下列情形之一的,应当自行回避,当事人有权申请其回避:

(一)是本案当事人或者当事人近亲属的;

(二)本人或者其近亲属与本案有利害关系的;

(三)担任过本案的证人、鉴定人、辩护人、诉讼代理人、翻译人员的;

(四)是本案诉讼代理人近亲属的;

(五)本人或者其近亲属持有本案非上市公司当事人的股份或者股权的;

(六)与本案当事人或者诉讼代理人有其他利害关系,可能影响公正审理的。

第四十四条 审判人员有下列情形之一的,当事人有权申请其回避:

(一)接受本案当事人及其受托人宴请,或者参加由其支付费用的活动的;

(二)索取、接受本案当事人及其受托人财物或者其他利益的;

（三）违反规定会见本案当事人、诉讼代理人的；

（四）为本案当事人推荐、介绍诉讼代理人，或者为律师、其他人员介绍代理本案的；

（五）向本案当事人及其受托人借用款物的；

（六）有其他不正当行为，可能影响公正审理的。

第四十五条 在一个审判程序中参与过本案审判工作的审判人员，不得再参与该案其他程序的审判。

发回重审的案件，在一审法院作出裁判后又进入第二审程序的，原第二审程序中合议庭组成人员不受前款规定的限制。

第四十六条 审判人员有应当回避的情形，没有自行回避，当事人也没有申请其回避的，由院长或者审判委员会决定其回避。

第四十七条 人民法院应当依法告知当事人对合议庭组成人员、独任审判员和书记员等人员有申请回避的权利。

第四十八条 民事诉讼法第四十四条所称的审判人员，包括参与本案审理的人民法院院长、副院长、审判委员会委员、庭长、副庭长、审判员、助理审判员和人民陪审员。

第四十九条 书记员和执行员适用审判人员回避的有关规定。

三、诉讼参加人

第五十条 法人的法定代表人以依法登记的为准，但法律另有规定的除外。

依法不需要办理登记的法人，以其正职负责人为法定代表人；没有正职负责人的，以其主持工作的副职负责人为法定代表人。

法定代表人已经变更，但未完成登记，变更后的法定代表人要求代表法人参加诉讼的，人民法院可以准许。

其他组织，以其主要负责人为代表人。

第五十一条 在诉讼中，法人的法定代表人变更的，由新的法定代表人继续进行诉讼，并应向人民法院提交新的法定代表人身份证明书。原法定代表人进行的诉讼行为有效。

前款规定，适用于其他组织参加的诉讼。

第五十二条 民事诉讼法第四十八条规定的其他组织是指合法成立、有一定的组织机构和财产，但又不具备法人资格的组织，包括：

（一）依法登记领取营业执照的个人独资企业；

（二）依法登记领取营业执照的合伙企业；

（三）依法登记领取我国营业执照的中外合作经营企业、外资企业；

（四）依法成立的社会团体的分支机构、代表机构；

（五）依法设立并领取营业执照的法人的分支机构；

（六）依法设立并领取营业执照的商业银行、政策性银行和非银行金融机构的分支机构；

（七）经依法登记领取营业执照的乡镇企业、街道企业；

（八）其他符合本条规定条件的组织。

第五十三条 法人非依法设立的分支机构，或者虽依法设立，但没有领取营业执照的分支机构,以设立该分支机构的法人为当事人。

第五十四条 以挂靠形式从事民事活动,当事人请求由挂靠人和被挂靠人依法承担民事责任的,该挂靠人和被挂靠人为共同诉讼人。

第五十五条 在诉讼中,一方当事人死亡,需要等待继承人表明是否参加诉讼的,裁定中止诉讼。人民法院应当及时通知继承人作为当事人承担诉讼,被继承人已经进行的诉讼行为对承担诉讼的继承人有效。

第五十六条 法人或者其他组织的工作人员执行工作任务造成他人损害的,该法人或者其他组织为当事人。

第五十七条 提供劳务一方因劳务造成他人损害,受害人提起诉讼的,以接受劳务一方为被告。

第五十八条 在劳务派遣期间,被派遣的工作人员因执行工作任务造成他人损害的,以接受劳务派遣的用工单位为当事人。当事人主张劳务派遣单位承担责任的,该劳务派遣单位为共同被告。

第五十九条 在诉讼中,个体工商户以营业执照上登记的经营者为当事人。有字号的,以营业执照上登记的字号为当事人,但应同时注明该字号经营者的基本信息。

营业执照上登记的经营者与实际经营者不一致的,以登记的经营者和实际经营者为共同诉讼人。

第六十条 在诉讼中,未依法登记领取营业执照的个人合伙的全体合伙人为共同诉讼人。个人合伙有依法核准登记的字号的,应在法律文书中注明登记的字号。全体合伙人可以推选代表人;被推选的代表人,应由全体合伙人出具推选书。

第六十一条 当事人之间的纠纷经人民调解委员会调解达成协议后,一方当事人不履行调解协议,另一方当事人向人民法院提起诉讼的,应以对方当事人为被告。

第六十二条 下列情形,以行为人为当事人:

(一)法人或者其他组织应登记而未登记,行为人即以该法人或者其他组织名义进行民事活动的;

(二)行为人没有代理权、超越代理权或者代理权终止后以被代理人名义进行民事活动的,但相对人有理由相信行为人有代理权的除外;

(三)法人或者其他组织依法终止后,行为人仍以其名义进行民事活动的。

第六十三条 企业法人合并的,因合并前的民事活动发生的纠纷,以合并后的企业为当事人;企业法人分立的,因分立前的民事活动发生的纠纷,以分立后的企业为共同诉讼人。

第六十四条 企业法人解散的,依法清算并注销前,以该企业法人为当事人;未依法清算即被注销的,以该企业法人的股东、发起人或者出资人为当事人。

第六十五条 借用业务介绍信、合同专用章、盖章的空白合同书或者银行账户的,出借单位和借用人为共同诉讼人。

第六十六条 因保证合同纠纷提起的诉讼,债权人向保证人和被保证人一并主张权利的,人民法院应当将保证人和被保证人列为共同被告。保证合同约定为一般保证,债权人仅起诉保证人的,人民法院应当通知被保证人作为共同被告参加诉讼;债权人仅起诉被保证人的,可以只列被保证人为被告。

第六十七条 无民事行为能力人、限制民事行为能力人造成他人损害的,无民事行为能力人、限制民事行为能力人和其监护人为共同被告。

第六十八条　村民委员会或者村民小组与他人发生民事纠纷的,村民委员会或者有独立财产的村民小组为当事人。

第六十九条　对侵害死者遗体、遗骨以及姓名、肖像、名誉、荣誉、隐私等行为提起诉讼的,死者的近亲属为当事人。

第七十条　在继承遗产的诉讼中,部分继承人起诉的,人民法院应通知其他继承人作为共同原告参加诉讼;被通知的继承人不愿意参加诉讼又未明确表示放弃实体权利的,人民法院仍应将其列为共同原告。

第七十一条　原告起诉被代理人和代理人,要求承担连带责任的,被代理人和代理人为共同被告。

第七十二条　共有财产权受到他人侵害,部分共有权人起诉的,其他共有权人为共同诉讼人。

第七十三条　必须共同进行诉讼的当事人没有参加诉讼的,人民法院应当依照民事诉讼法第一百三十二条的规定,通知其参加;当事人也可以向人民法院申请追加。人民法院对当事人提出的申请,应当进行审查,申请理由不成立的,裁定驳回;申请理由成立的,书面通知被追加的当事人参加诉讼。

第七十四条　人民法院追加共同诉讼的当事人时,应当通知其他当事人。应当追加的原告,已明确表示放弃实体权利的,可不予追加;既不愿意参加诉讼,又不放弃实体权利的,仍应追加为共同原告,其不参加诉讼,不影响人民法院对案件的审理和依法作出判决。

第七十五条　民事诉讼法第五十三条、第五十四条和第一百九十九条规定的人数众多,一般指十人以上。

第七十六条　依照民事诉讼法第五十三条规定,当事人一方人数众多在起诉时确定的,可以由全体当事人推选共同的代表人,也可以由部分当事人推选自己的代表人;推选不出代表人的当事人,在必要的共同诉讼中可以自己参加诉讼,在普通的共同诉讼中可以另行起诉。

第七十七条　根据民事诉讼法第五十四条规定,当事人一方人数众多在起诉时不确定的,由当事人推选代表人。当事人推选不出的,可以由人民法院提出人选与当事人协商;协商不成的,也可以由人民法院在起诉的当事人中指定代表人。

第七十八条　民事诉讼法第五十三条和第五十四条规定的代表人为二至五人,每位代表人可以委托一至二人作为诉讼代理人。

第七十九条　依照民事诉讼法第五十四条规定受理的案件,人民法院可以发出公告,通知权利人向人民法院登记。公告期间根据案件的具体情况确定,但不得少于三十日。

第八十条　根据民事诉讼法第五十四条规定向人民法院登记的权利人,应当证明其与对方当事人的法律关系和所受到的损害。证明不了的,不予登记,权利人可以另行起诉。人民法院的裁判在登记的范围内执行。未参加登记的权利人提起诉讼,人民法院认定其请求成立的,裁定适用人民法院已作出的判决、裁定。

第八十一条　根据民事诉讼法第五十六条的规定,有独立请求权的第三人有权向人民法院提出诉讼请求和事实、理由,成为当事人;无独立请求权的第三人,可以申请或者由人民法院通知参加诉讼。

第一审程序中未参加诉讼的第三人，申请参加第二审程序的，人民法院可以准许。

第八十二条 在一审诉讼中，无独立请求权的第三人无权提出管辖异议，无权放弃、变更诉讼请求或者申请撤诉，被判决承担民事责任的，有权提起上诉。

第八十三条 在诉讼中，无民事行为能力人、限制民事行为能力人的监护人是他的法定代理人。事先没有确定监护人的，可以由有监护资格的人协商确定；协商不成的，由人民法院在他们之中指定诉讼中的法定代理人。当事人没有民法通则第十六条第一款、第二款或者第十七条第一款规定的监护人的，可以指定该法第十六条第四款或者第十七条第三款规定的有关组织担任诉讼中的法定代理人。

第八十四条 无民事行为能力人、限制民事行为能力人以及其他依法不能作为诉讼代理人的，当事人不得委托其作为诉讼代理人。

第八十五条 根据民事诉讼法第五十八条第二款第二项规定，与当事人有夫妻、直系血亲、三代以内旁系血亲、近姻亲关系以及其他有抚养、赡养关系的亲属，可以当事人近亲属的名义作为诉讼代理人。

第八十六条 根据民事诉讼法第五十八条第二款第二项规定，与当事人有合法劳动人事关系的职工，可以当事人工作人员的名义作为诉讼代理人。

第八十七条 根据民事诉讼法第五十八条第二款第三项规定，有关社会团体推荐公民担任诉讼代理人的，应当符合下列条件：

（一）社会团体属于依法登记设立或者依法免予登记设立的非营利性法人组织；

（二）被代理人属于该社会团体的成员，或者当事人一方住所地位于该社会团体的活动地域；

（三）代理事务属于该社会团体章程载明的业务范围；

（四）被推荐的公民是该社会团体的负责人或者与该社会团体有合法劳动人事关系的工作人员。

专利代理人经中华全国专利代理人协会推荐，可以在专利纠纷案件中担任诉讼代理人。

第八十八条 诉讼代理人除根据民事诉讼法第五十九条规定提交授权委托书外，还应当按照下列规定向人民法院提交相关材料：

（一）律师应当提交律师执业证、律师事务所证明材料；

（二）基层法律服务工作者应当提交法律服务工作者执业证、基层法律服务所出具的介绍信以及当事人一方位于本辖区内的证明材料；

（三）当事人的近亲属应当提交身份证件和与委托人有近亲属关系的证明材料；

（四）当事人的工作人员应当提交身份证件和与当事人有合法劳动人事关系的证明材料；

（五）当事人所在社区、单位推荐的公民应当提交身份证件、推荐材料和当事人属于该社区、单位的证明材料；

（六）有关社会团体推荐的公民应当提交身份证件和符合本解释第八十七条规定条件的证明材料。

第八十九条 当事人向人民法院提交的授权委托书，应当在开庭审理前送交人民法院。授权委托书仅写"全权代理"

而无具体授权的,诉讼代理人无权代为承认、放弃、变更诉讼请求,进行和解,提出反诉或者提起上诉。

适用简易程序审理的案件,双方当事人同时到庭并径行开庭审理的,可以当场口头委托诉讼代理人,由人民法院记入笔录。

四、证 据

第九十条 当事人对自己提出的诉讼请求所依据的事实或者反驳对方诉讼请求所依据的事实,应当提供证据加以证明,但法律另有规定的除外。

在作出判决前,当事人未能提供证据或者证据不足以证明其事实主张的,由负有举证证明责任的当事人承担不利的后果。

第九十一条 人民法院应当依照下列原则确定举证证明责任的承担,但法律另有规定的除外:

(一)主张法律关系存在的当事人,应当对产生该法律关系的基本事实承担举证证明责任;

(二)主张法律关系变更、消灭或者权利受到妨害的当事人,应当对该法律关系变更、消灭或者权利受到妨害的基本事实承担举证证明责任。

第九十二条 一方当事人在法庭审理中,或者在起诉状、答辩状、代理词等书面材料中,对于己不利的事实明确表示承认的,另一方当事人无需举证证明。

对于涉及身份关系、国家利益、社会公共利益等应当由人民法院依职权调查的事实,不适用前款自认的规定。

自认的事实与查明的事实不符的,人民法院不予确认。

第九十三条 下列事实,当事人无须举证证明:

(一)自然规律以及定理、定律;

(二)众所周知的事实;

(三)根据法律规定推定的事实;

(四)根据已知的事实和日常生活经验法则推定出的另一事实;

(五)已为人民法院发生法律效力的裁判所确认的事实;

(六)已为仲裁机构生效裁决所确认的事实;

(七)已为有效公证文书所证明的事实。

前款第二项至第四项规定的事实,当事人有相反证据足以反驳的除外;第五项至第七项规定的事实,当事人有相反证据足以推翻的除外。

第九十四条 民事诉讼法第六十四条第二款规定的当事人及其诉讼代理人因客观原因不能自行收集的证据包括:

(一)证据由国家有关部门保存,当事人及其诉讼代理人无权查阅调取的;

(二)涉及国家秘密、商业秘密或者个人隐私的;

(三)当事人及其诉讼代理人因客观原因不能自行收集的其他证据。

当事人及其诉讼代理人因客观原因不能自行收集的证据,可以在举证期限届满前书面申请人民法院调查收集。

第九十五条 当事人申请调查收集的证据,与待证事实无关联、对证明待证事实无意义或者其他无调查收集必要的,人民法院不予准许。

第九十六条 民事诉讼法第六十四条第二款规定的人民法院认为审理案件需要的证据包括:

（一）涉及可能损害国家利益、社会公共利益的；

（二）涉及身份关系的；

（三）涉及民事诉讼法第五十五条规定诉讼的；

（四）当事人有恶意串通损害他人合法权益可能的；

（五）涉及依职权追加当事人、中止诉讼、终结诉讼、回避等程序性事项的。

除前款规定外，人民法院调查收集证据，应当依照当事人的申请进行。

第九十七条 人民法院调查收集证据，应当由两人以上共同进行。调查材料要由调查人、被调查人、记录人签名、捺印或者盖章。

第九十八条 当事人根据民事诉讼法第八十一条第一款规定申请证据保全的，可以在举证期限届满前书面提出。

证据保全可能对他人造成损失的，人民法院应当责令申请人提供相应的担保。

第九十九条 人民法院应当在审理前的准备阶段确定当事人的举证期限。举证期限可以由当事人协商，并经人民法院准许。

人民法院确定举证期限，第一审普通程序案件不得少于十五日，当事人提供新的证据的第二审案件不得少于十日。

举证期限届满后，当事人对已经提供的证据，申请提供反驳证据或者对证据来源、形式等方面的瑕疵进行补正的，人民法院可以酌情再次确定举证期限，该期限不受前款规定的限制。

第一百条 当事人申请延长举证期限的，应当在举证期限届满前向人民法院提出书面申请。

申请理由成立的，人民法院应当准许，适当延长举证期限，并通知其他当事人。延长的举证期限适用于其他当事人。

申请理由不成立的，人民法院不予准许，并通知申请人。

第一百零一条 当事人逾期提供证据的，人民法院应当责令其说明理由，必要时可以要求其提供相应的证据。

当事人因客观原因逾期提供证据，或者对方当事人对逾期提供证据未提出异议的，视为未逾期。

第一百零二条 当事人因故意或者重大过失逾期提供的证据，人民法院不予采纳。但该证据与案件基本事实有关的，人民法院应当采纳，并依照民事诉讼法第六十五条、第一百一十五条第一款的规定予以训诫、罚款。

当事人非因故意或者重大过失逾期提供的证据，人民法院应当采纳，并对当事人予以训诫。

当事人一方要求另一方赔偿因逾期提供证据致使其增加的交通、住宿、就餐、误工、证人出庭作证等必要费用的，人民法院可予支持。

第一百零三条 证据应当在法庭上出示，由当事人互相质证。未经当事人质证的证据，不得作为认定案件事实的根据。

当事人在审理前的准备阶段认可的证据，经审判人员在庭审中说明后，视为质证过的证据。

涉及国家秘密、商业秘密、个人隐私或者法律规定应当保密的证据，不得公开质证。

第一百零四条 人民法院应当组织当事人围绕证据的真实性、合法性以及与待证事实的关联性进行质证，并针对证据有无证明力和证明力大小进行说明和辩论。

能够反映案件真实情况、与待证事实相关联、来源和形式符合法律规定的证据,应当作为认定案件事实的根据。

第一百零五条 人民法院应当按照法定程序,全面、客观地审核证据,依照法律规定,运用逻辑推理和日常生活经验法则,对证据有无证明力和证明力大小进行判断,并公开判断的理由和结果。

第一百零六条 对以严重侵害他人合法权益、违反法律禁止性规定或者严重违背公序良俗的方法形成或者获取的证据,不得作为认定案件事实的根据。

第一百零七条 在诉讼中,当事人为达成调解协议或者和解协议作出妥协而认可的事实,不得在后续的诉讼中作为对其不利的根据,但法律另有规定或者当事人均同意的除外。

第一百零八条 对负有举证证明责任的当事人提供的证据,人民法院经审查并结合相关事实,确信待证事实的存在具有高度可能性的,应当认定该事实存在。

对一方当事人为反驳负有举证证明责任的当事人所主张事实而提供的证据,人民法院经审查并结合相关事实,认为待证事实真伪不明的,应当认定该事实不存在。

法律对于待证事实所应达到的证明标准另有规定的,从其规定。

第一百零九条 当事人对欺诈、胁迫、恶意串通事实的证明,以及对口头遗嘱或者赠与事实的证明,人民法院确信该待证事实存在的可能性能够排除合理怀疑的,应当认定该事实存在。

第一百一十条 人民法院认为有必要的,可以要求当事人本人到庭,就案件有关事实接受询问。在询问当事人之前,可以要求其签署保证书。

保证书应当载明据实陈述、如有虚假陈述愿意接受处罚等内容。当事人应当在保证书上签名或者捺印。

负有举证证明责任的当事人拒绝到庭、拒绝接受询问或者拒绝签署保证书,待证事实又欠缺其他证据证明的,人民法院对其主张的事实不予认定。

第一百一十一条 民事诉讼法第七十条规定的提交书证原件确有困难,包括下列情形:

(一) 书证原件遗失、灭失或者毁损的;

(二) 原件在对方当事人控制之下,经合法通知提交而拒不提交的;

(三) 原件在他人控制之下,而其有权不提交的;

(四) 原件因篇幅或者体积过大而不便提交的;

(五) 承担举证证明责任的当事人通过申请人民法院调查收集或者其他方式无法获得书证原件的。

前款规定情形,人民法院应当结合其他证据和案件具体情况,审查判断书证复制品等能否作为认定案件事实的根据。

第一百一十二条 书证在对方当事人控制之下的,承担举证证明责任的当事人可以在举证期限届满前书面申请人民法院责令对方当事人提交。

申请理由成立的,人民法院应当责令对方当事人提交,因提交书证所产生的费用,由申请人负担。对方当事人无正当理由拒不提交的,人民法院可以认定申请人所主张的书证内容为真实。

第一百一十三条 持有书证的当事人以妨碍对方当事人使用为目的,毁灭有关书证或者实施其他致使书证不能使用行为的,人民法院可以依照民事诉讼法第一百一十一条规定,对其处以罚款、拘留。

第一百一十四条 国家机关或者其他依法具有社会管理职能的组织,在其职权范围内制作的文书所记载的事项推定为真实,但有相反证据足以推翻的除外。必要时,人民法院可以要求制作文书的机关或者组织对文书的真实性予以说明。

第一百一十五条 单位向人民法院提出的证明材料,应当由单位负责人及制作证明材料的人员签名或者盖章,并加盖单位印章。人民法院就单位出具的证明材料,可以向单位及制作证明材料的人员进行调查核实。必要时,可以要求制作证明材料的人员出庭作证。

单位及制作证明材料的人员拒绝人民法院调查核实,或者制作证明材料的人员无正当理由拒绝出庭作证的,该证明材料不得作为认定案件事实的根据。

第一百一十六条 视听资料包括录音资料和影像资料。

电子数据是指通过电子邮件、电子数据交换、网上聊天记录、博客、微博客、手机短信、电子签名、域名等形成或者存储在电子介质中的信息。

存储在电子介质中的录音资料和影像资料,适用电子数据的规定。

第一百一十七条 当事人申请证人出庭作证的,应当在举证期限届满前提出。

符合本解释第九十六条第一款规定情形的,人民法院可以依职权通知证人出庭作证。

未经人民法院通知,证人不得出庭作证,但双方当事人同意并经人民法院准许的除外。

第一百一十八条 民事诉讼法第七十四条规定的证人因履行出庭作证义务而支出的交通、住宿、就餐等必要费用,按照机关事业单位工作人员差旅费用和补贴标准计算;误工损失按照国家上年度职工日平均工资标准计算。

人民法院准许证人出庭作证申请的,应当通知申请人预缴证人出庭作证费用。

第一百一十九条 人民法院在证人出庭作证前应当告知其如实作证的义务以及作伪证的法律后果,并责令其签署保证书,但无民事行为能力人和限制民事行为能力人除外。

证人签署保证书适用本解释关于当事人签署保证书的规定。

第一百二十条 证人拒绝签署保证书的,不得作证,并自行承担相关费用。

第一百二十一条 当事人申请鉴定,可以在举证期限届满前提出。申请鉴定的事项与待证事实无关联,或者对证明待证事实无意义的,人民法院不予准许。

人民法院准许当事人鉴定申请的,应当组织双方当事人协商确定具备相应资格的鉴定人。当事人协商不成的,由人民法院指定。

符合依职权调查收集证据条件的,人民法院应当依职权委托鉴定,在询问当事人的意见后,指定具备相应资格的鉴定人。

第一百二十二条 当事人可以依照民事诉讼法第七十九条的规定,在举证期限届满前申请一至二名具有专门知识的人出庭,代表当事人对鉴定意见进行质证,或者对案件事实所涉及的专业问题提出意见。

具有专门知识的人在法庭上就专业问题提出的意见,视为当事人的陈述。

人民法院准许当事人申请的,相关费用由提出申请的当事人负担。

第一百二十三条　人民法院可以对出庭的具有专门知识的人进行询问。经法庭准许，当事人可以对出庭的具有专门知识的人进行询问，当事人各自申请的具有专门知识的人可以就案件中的有关问题进行对质。

具有专门知识的人不得参与专业问题之外的法庭审理活动。

第一百二十四条　人民法院认为有必要的，可以根据当事人的申请或者依职权对物证或者现场进行勘验。勘验时应当保护他人的隐私和尊严。

人民法院可以要求鉴定人参与勘验。必要时，可以要求鉴定人在勘验中进行鉴定。

五、期间和送达

第一百二十五条　依照民事诉讼法第八十二条第二款规定，民事诉讼中以时起算的期间从次时起算；以日、月、年计算的期间从次日起算。

第一百二十六条　民事诉讼法第一百二十三条规定的立案期限，因起诉状内容欠缺通知原告补正的，从补正后交人民法院的次日起算。由上级人民法院转交下级人民法院立案的案件，从受诉人民法院收到起诉状的次日起算。

第一百二十七条　民事诉讼法第五十六条第三款、第二百零五条以及本解释第三百七十四条、第三百八十四条、第四百零一条、第四百二十二条、第四百二十三条规定的六个月，民事诉讼法第二百十三条规定的一年，为不变期间，不适用诉讼时效中止、中断、延长的规定。

第一百二十八条　再审案件按照第一审程序或者第二审程序审理的，适用民事诉讼法第一百四十九条、第一百七十六条规定的审限。审限自再审立案的次日起算。

第一百二十九条　对申请再审案件，人民法院应当自受理之日起三个月内审查完毕，但公告期间、当事人和解期间等不计入审查期限。有特殊情况需要延长的，由本院院长批准。

第一百三十条　向法人或者其他组织送达诉讼文书，应当由法人的法定代表人、该组织的主要负责人或者办公室、收发室、值班室等负责收件的人签收或者盖章，拒绝签收或者盖章的，适用留置送达。

民事诉讼法第八十六条规定的有关基层组织和所在单位的代表，可以是受送达人住所地的居民委员会、村民委员会的工作人员以及受送达人所在单位的工作人员。

第一百三十一条　人民法院直接送达诉讼文书的，可以通知当事人到人民法院领取。当事人到达人民法院，拒绝签署送达回证的，视为送达。审判人员、书记员应当在送达回证上注明送达情况并签名。

人民法院可以在当事人住所地以外向当事人直接送达诉讼文书。当事人拒绝签署送达回证的，采用拍照、录像等方式记录送达过程即视为送达。审判人员、书记员应当在送达回证上注明送达情况并签名。

第一百三十二条　受送达人有诉讼代理人的，人民法院既可以向受送达人送达，也可以向其诉讼代理人送达。受送达人指定诉讼代理人为代收人的，向诉讼代理人送达时，适用留置送达。

第一百三十三条　调解书应当直接

送达当事人本人,不适用留置送达。当事人本人因故不能签收的,可由其指定的代收人签收。

第一百三十四条 依照民事诉讼法第八十八条规定,委托其他人民法院代为送达的,委托法院应当出具委托函,并附需要送达的诉讼文书和送达回证,以受送达人在送达回证上签收的日期为送达日期。

委托送达的,受委托人民法院应当自收到委托函及相关诉讼文书之日起十日内代为送达。

第一百三十五条 电子送达可以采用传真、电子邮件、移动通信等即时收悉的特定系统作为送达媒介。

民事诉讼法第八十七条第二款规定的到达受送达人特定系统的日期,为人民法院对应系统显示发送成功的日期,但受送达人证明到达其特定系统的日期与人民法院对应系统显示发送成功的日期不一致的,以受送达人证明到达其特定系统的日期为准。

第一百三十六条 受送达人同意采用电子方式送达的,应当在送达地址确认书中予以确认。

第一百三十七条 当事人在提起上诉、申请再审、申请执行时未书面变更送达地址的,其在第一审程序中确认的送达地址可以作为第二审程序、审判监督程序、执行程序的送达地址。

第一百三十八条 公告送达可以在法院的公告栏和受送达人住所地张贴公告,也可以在报纸、信息网络等媒体上刊登公告,发出公告日期以最后张贴或者刊登的日期为准。对公告送达方式有特殊要求的,应当按要求的方式进行。公告期满,即视为送达。

人民法院在受送达人住所地张贴公告的,应当采取拍照、录像等方式记录张贴过程。

第一百三十九条 公告送达应当说明公告送达的原因;公告送达起诉状或者上诉状副本的,应当说明起诉或者上诉要点,受送达人答辩期限及逾期不答辩的法律后果;公告送达传票,应当说明出庭的时间和地点及逾期不出庭的法律后果;公告送达判决书、裁定书的,应当说明裁判主要内容,当事人有权上诉的,还应当说明上诉权利、上诉期限和上诉的人民法院。

第一百四十条 适用简易程序的案件,不适用公告送达。

第一百四十一条 人民法院在定期宣判时,当事人拒不签收判决书、裁定书的,应视为送达,并在宣判笔录中记明。

六、调 解

第一百四十二条 人民法院受理案件后,经审查,认为法律关系明确、事实清楚,在征得当事人双方同意后,可以径行调解。

第一百四十三条 适用特别程序、督促程序、公示催告程序的案件,婚姻等身份关系确认案件以及其他根据案件性质不能进行调解的案件,不得调解。

第一百四十四条 人民法院审理民事案件,发现当事人之间恶意串通,企图通过和解、调解方式侵害他人合法权益的,应当依照民事诉讼法第一百一十二条的规定处理。

第一百四十五条 人民法院审理民事案件,应当根据自愿、合法的原则进行调解。当事人一方或者双方坚持不愿调解的,应当及时裁判。

人民法院审理离婚案件,应当进行调解,但不应久调不决。

第一百四十六条 人民法院审理民事案件,调解过程不公开,但当事人同意公开的除外。

调解协议内容不公开,但为保护国家利益、社会公共利益、他人合法权益,人民法院认为确有必要公开的除外。

主持调解以及参与调解的人员,对调解过程以及调解过程中获悉的国家秘密、商业秘密、个人隐私和其他不宜公开的信息,应当保守秘密,但为保护国家利益、社会公共利益、他人合法权益的除外。

第一百四十七条 人民法院调解案件时,当事人不能出庭的,经其特别授权,可由其委托代理人参加调解,达成的调解协议,可由委托代理人签名。

离婚案件当事人确因特殊情况无法出庭参加调解的,除本人不能表达意志的以外,应当出具书面意见。

第一百四十八条 当事人自行和解或者调解达成协议后,请求人民法院按照和解协议或者调解协议的内容制作判决书的,人民法院不予准许。

无民事行为能力人的离婚案件,由其法定代理人进行诉讼。法定代理人与对方达成协议要求发给判决书的,可根据协议内容制作判决书。

第一百四十九条 调解书需经当事人签收后才发生法律效力的,应当以最后收到调解书的当事人签收的日期为调解书生效日期。

第一百五十条 人民法院调解民事案件,需由无独立请求权的第三人承担责任的,应当经其同意。该第三人在调解书送达前反悔的,人民法院应当及时裁判。

第一百五十一条 根据民事诉讼法第九十八条第一款第四项规定,当事人各方同意在调解协议上签名或者盖章后即发生法律效力的,经人民法院审查确认后,应当记入笔录或者将调解协议附卷,并由当事人、审判人员、书记员签名或者盖章后即具有法律效力。

前款规定情形,当事人请求制作调解书的,人民法院审查确认后可以制作调解书送交当事人。当事人拒收调解书的,不影响调解协议的效力。

七、保全和先予执行

第一百五十二条 人民法院依照民事诉讼法第一百条、第一百零一条规定,在采取诉前保全、诉讼保全措施时,责令利害关系人或者当事人提供担保的,应当书面通知。

利害关系人申请诉前保全的,应当提供担保。申请诉前财产保全的,应当提供相当于请求保全数额的担保;情况特殊的,人民法院可以酌情处理。申请诉前行为保全的,担保的数额由人民法院根据案件的具体情况决定。

在诉讼中,人民法院依申请或者依职权采取保全措施的,应当根据案件的具体情况,决定当事人是否应当提供担保以及担保的数额。

第一百五十三条 人民法院对季节性商品、鲜活、易腐烂变质以及其他不宜长期保存的物品采取保全措施时,可以责令当事人及时处理,由人民法院保存价款;必要时,人民法院可予以变卖,保存价款。

第一百五十四条 人民法院在财产保全中采取查封、扣押、冻结财产措施时，应当妥善保管被查封、扣押、冻结的财产。不宜由人民法院保管的，人民法院可以指定被保全人负责保管；不宜由被保全人保管的，可以委托他人或者申请保全人保管。

查封、扣押、冻结担保物权人占有的担保财产，一般由担保物权人保管；由人民法院保管的，质权、留置权不因采取保全措施而消灭。

第一百五十五条 由人民法院指定被保全人保管的财产，如果继续使用对该财产的价值无重大影响，可以允许被保全人继续使用；由人民法院保管或者委托他人、申请保全人保管的财产，人民法院和其他保管人不得使用。

第一百五十六条 人民法院采取财产保全的方法和措施，依照执行程序相关规定办理。

第一百五十七条 人民法院对抵押物、质押物、留置物可以采取财产保全措施，但不影响抵押权人、质权人、留置权人的优先受偿权。

第一百五十八条 人民法院对债务人到期应得的收益，可以采取财产保全措施，限制其支取，通知有关单位协助执行。

第一百五十九条 债务人的财产不能满足保全请求，但他人有到期债务的，人民法院可以依债权人的申请裁定该他人不得对本案债务人清偿。该他人要求偿付的，由人民法院提存财物或者价款。

第一百六十条 当事人向采取诉前保全措施以外的其他有管辖权的人民法院起诉的，采取诉前保全措施的人民法院应当将保全手续移送受理案件的人民法院。诉前保全的裁定视为受移送人民法院作出的裁定。

第一百六十一条 对当事人不服一审判决提起上诉的案件，在第二审人民法院接到报送的案件之前，当事人有转移、隐匿、出卖或者毁损财产等行为，必须采取保全措施的，由第一审人民法院依当事人申请或者依职权采取。第一审人民法院的保全裁定，应当及时报送第二审人民法院。

第一百六十二条 第二审人民法院裁定对第一审人民法院采取的保全措施予以续保或者采取新的保全措施的，可以自行实施，也可以委托第一审人民法院实施。

再审人民法院裁定对原保全措施予以续保或者采取新的保全措施的，可以自行实施，也可以委托原审人民法院或者执行法院实施。

第一百六十三条 法律文书生效后，进入执行程序前，债权人因对方当事人转移财产等紧急情况，不申请保全将可能导致生效法律文书不能执行或者难以执行的，可以向执行法院申请采取保全措施。债权人在法律文书指定的履行期间届满后五日内不申请执行的，人民法院应当解除保全。

第一百六十四条 对申请保全人或者他人提供的担保财产，人民法院应当依法办理查封、扣押、冻结等手续。

第一百六十五条 人民法院裁定采取保全措施后，除作出保全裁定的人民法院自行解除或者其上级人民法院决定解除外，在保全期限内，任何单位不得解除保全措施。

第一百六十六条 裁定采取保全措施后，有下列情形之一的，人民法院应当作出解除保全裁定：

（一）保全错误的；

（二）申请人撤回保全申请的；

（三）申请人的起诉或者诉讼请求被生效裁判驳回的；

（四）人民法院认为应当解除保全的其他情形。

解除以登记方式实施的保全措施的，应当向登记机关发出协助执行通知书。

第一百六十七条　财产保全的被保全人提供其他等值担保财产且有利于执行的，人民法院可以裁定变更保全标的物为被保全人提供的担保财产。

第一百六十八条　保全裁定未经人民法院依法撤销或者解除，进入执行程序后，自动转为执行中的查封、扣押、冻结措施，期限连续计算，执行法院无需重新制作裁定书，但查封、扣押、冻结期限届满的除外。

第一百六十九条　民事诉讼法规定的先予执行，人民法院应当在受理案件后终审判决作出前采取。先予执行应当限于当事人诉讼请求的范围，并以当事人的生活、生产经营的急需为限。

第一百七十条　民事诉讼法第一百零六条第三项规定的情况紧急，包括：

（一）需要立即停止侵害、排除妨碍的；

（二）需要立即制止某项行为的；

（三）追索恢复生产、经营急需的保险理赔费的；

（四）需要立即返还社会保险金、社会救助资金的；

（五）不立即返还款项，将严重影响权利人生活和生产经营的。

第一百七十一条　当事人对保全或者先予执行裁定不服的，可以自收到裁定书之日起五日内向作出裁定的人民法院申请复议。人民法院应当在收到复议申请后十日内审查。裁定正确的，驳回当事人的申请；裁定不当的，变更或者撤销原裁定。

第一百七十二条　利害关系人对保全或者先予执行的裁定不服申请复议的，由作出裁定的人民法院依照民事诉讼法第一百零八条规定处理。

第一百七十三条　人民法院先予执行后，根据发生法律效力的判决，申请人应当返还因先予执行所取得的利益的，适用民事诉讼法第二百三十三条的规定。

八、对妨害民事诉讼的强制措施

第一百七十四条　民事诉讼法第一百零九条规定的必须到庭的被告，是指负有赡养、抚育、扶养义务和不到庭就无法查清案情的被告。

人民法院对必须到庭才能查清案件基本事实的原告，经两次传票传唤，无正当理由拒不到庭的，可以拘传。

第一百七十五条　拘传必须用拘传票，并直接送达被拘传人；在拘传前，应当向被拘传人说明拒不到庭的后果，经批评教育仍拒不到庭的，可以拘传其到庭。

第一百七十六条　诉讼参与人或者其他人有下列行为之一的，人民法院可以适用民事诉讼法第一百一十条规定处理：

（一）未经准许进行录音、录像、摄影的；

（二）未经准许以移动通信等方式现场传播审判活动的；

（三）其他扰乱法庭秩序，妨害审判活动进行的。

有前款规定情形的,人民法院可以暂扣诉讼参与人或者其他人进行录音、录像、摄影、传播审判活动的器材,并责令其删除有关内容;拒不删除的,人民法院可以采取必要手段强制删除。

第一百七十七条 训诫、责令退出法庭由合议庭或者独任审判员决定。训诫的内容、被责令退出法庭者的违法事实应当记入庭审笔录。

第一百七十八条 人民法院依照民事诉讼法第一百一十条至第一百一十四条的规定采取拘留措施的,应经院长批准,作出拘留决定书,由司法警察将被拘留人送交当地公安机关看管。

第一百七十九条 被拘留人不在本辖区的,作出拘留决定的人民法院应当派员到被拘留人所在地的人民法院,请该院协助执行,受委托的人民法院应当及时派员协助执行。被拘留人申请复议或者在拘留期间承认并改正错误,需要提前解除拘留的,受委托人民法院应当向委托人民法院转达或者提出建议,由委托人民法院审查决定。

第一百八十条 人民法院对被拘留人采取拘留措施后,应当在二十四小时内通知其家属;确实无法按时通知或者通知不到的,应当记录在案。

第一百八十一条 因哄闹、冲击法庭,用暴力、威胁等方法抗拒执行公务等紧急情况,必须立即采取拘留措施的,可在拘留后,立即报告院长补办批准手续。院长认为拘留不当的,应当解除拘留。

第一百八十二条 被拘留人在拘留期间认错悔改的,可以责令其具结悔过,提前解除拘留。提前解除拘留,应报经院长批准,并作出提前解除拘留决定书,交负责看管的公安机关执行。

第一百八十三条 民事诉讼法第一百一十条至第一百一十三条规定的罚款、拘留可以单独适用,也可以合并适用。

第一百八十四条 对同一妨害民事诉讼行为的罚款、拘留不得连续适用。发生新的妨害民事诉讼行为的,人民法院可以重新予以罚款、拘留。

第一百八十五条 被罚款、拘留的人不服罚款、拘留决定申请复议的,应当自收到决定书之日起三日内提出。上级人民法院应当在收到复议申请后五日内作出决定,并将复议结果通知下级人民法院和当事人。

第一百八十六条 上级人民法院复议时认为强制措施不当的,应当制作决定书,撤销或者变更下级人民法院作出的拘留、罚款决定。情况紧急的,可以在口头通知后三日内发出决定书。

第一百八十七条 民事诉讼法第一百一十一条第一款第五项规定的以暴力、威胁或者其他方法阻碍司法工作人员执行职务的行为,包括:

(一)在人民法院哄闹、滞留,不听从司法工作人员劝阻的;

(二)故意毁损、抢夺人民法院法律文书、查封标志的;

(三)哄闹、冲击执行公务现场,围困、扣押执行或者协助执行公务人员的;

(四)毁损、抢夺、扣留案件材料、执行公务车辆、其他执行公务器械、执行人员服装和执行公务证件的;

(五)以暴力、威胁或者其他方法阻碍司法工作人员查询、查封、扣押、冻结、划拨、拍卖、变卖财产的;

(六)以暴力、威胁或者其他方法阻碍司法工作人员执行职务的其他行为。

第一百八十八条 民事诉讼法第一

百一十一条第一款第六项规定的拒不履行人民法院已经发生法律效力的判决、裁定的行为，包括：

（一）在法律文书发生法律效力后隐藏、转移、变卖、毁损财产或者无偿转让财产，以明显不合理的价格交易财产、放弃到期债权、无偿为他人提供担保等，致使人民法院无法执行的；

（二）隐藏、转移、毁损或者未经人民法院允许处分已向人民法院提供担保的财产的；

（三）违反人民法院限制高消费令进行消费的；

（四）有履行能力而拒不按照人民法院执行通知履行生效法律文书确定的义务的；

（五）有义务协助执行的个人接到人民法院协助执行通知书后，拒不协助执行的。

第一百八十九条　诉讼参与人或者其他人有下列行为之一的，人民法院可以适用民事诉讼法第一百一十一条的规定处理：

（一）冒充他人提起诉讼或者参加诉讼的；

（二）证人签署保证书后作虚假证言，妨碍人民法院审理案件的；

（三）伪造、隐藏、毁灭或者拒绝交出有关被执行人履行能力的重要证据，妨碍人民法院查明被执行人财产状况的；

（四）擅自解冻已被人民法院冻结的财产的；

（五）接到人民法院协助执行通知书后，给当事人通风报信，协助其转移、隐匿财产的。

第一百九十条　民事诉讼法第一百一十二条规定的他人合法权益，包括案外人的合法权益、国家利益、社会公共利益。

第三人根据民事诉讼法第五十六条第三款规定提起撤销之诉，经审查，原案当事人之间恶意串通进行虚假诉讼的，适用民事诉讼法第一百一十二条规定处理。

第一百九十一条　单位有民事诉讼法第一百一十二条或者第一百一十三条规定行为的，人民法院应当对该单位进行罚款，并可以对其主要负责人或者直接责任人员予以罚款、拘留；构成犯罪的，依法追究刑事责任。

第一百九十二条　有关单位接到人民法院协助执行通知书后，有下列行为之一的，人民法院可以适用民事诉讼法第一百一十四条规定处理：

（一）允许被执行人高消费的；

（二）允许被执行人出境的；

（三）拒不停止办理有关财产权证照转移手续、权属变更登记、规划审批等手续的；

（四）以需要内部请示、内部审批，有内部规定等为由拖延办理的。

第一百九十三条　人民法院对个人或者单位采取罚款措施时，应当根据其实施妨害民事诉讼行为的性质、情节、后果，当地的经济发展水平，以及诉讼标的额等因素，在民事诉讼法第一百一十五条第一款规定的限额内确定相应的罚款金额。

九、诉讼费用

第一百九十四条　依照民事诉讼法第五十四条审理的案件不预交案件受理费，结案后按照诉讼标的额由败诉方交纳。

第一百九十五条　支付令失效后转

入诉讼程序的,债权人应当按照《诉讼费用交纳办法》补交案件受理费。

支付令被撤销后,债权人另行起诉的,按照《诉讼费用交纳办法》交纳诉讼费用。

第一百九十六条　人民法院改变原判决、裁定、调解结果的,应当在裁判文书中对原审诉讼费用的负担一并作出处理。

第一百九十七条　诉讼标的物是证券的,按照证券交易规则并根据当事人起诉之日前最后一个交易日的收盘价、当日的市场价或者其载明的金额计算诉讼标的金额。

第一百九十八条　诉讼标的物是房屋、土地、林木、车辆、船舶、文物等特定物或者知识产权,起诉时价值难以确定的,人民法院应当向原告释明主张过高或者过低的诉讼风险,以原告主张的价值确定诉讼标的金额。

第一百九十九条　适用简易程序审理的案件转为普通程序的,原告自接到人民法院交纳诉讼费用通知之日起七日内补交案件受理费。

原告无正当理由未按期足额补交的,按撤诉处理,已经收取的诉讼费用退还一半。

第二百条　破产程序中有关债务人的民事诉讼案件,按照财产案件标准交纳诉讼费,但劳动争议案件除外。

第二百零一条　既有财产性诉讼请求,又有非财产性诉讼请求的,按照财产性诉讼请求的标准交纳诉讼费。

有多个财产性诉讼请求的,合并计算交纳诉讼费;诉讼请求中有多个非财产性诉讼请求的,按一件交纳诉讼费。

第二百零二条　原告、被告、第三人分别上诉的,按照上诉请求分别预交二审案件受理费。

同一方多人共同上诉的,只预交一份二审案件受理费;分别上诉的,按照上诉请求分别预交二审案件受理费。

第二百零三条　承担连带责任的当事人败诉的,应当共同负担诉讼费用。

第二百零四条　实现担保物权案件,人民法院裁定拍卖、变卖担保财产的,申请费由债务人、担保人负担;人民法院裁定驳回申请的,申请费由申请人负担。

申请人另行起诉的,其已经交纳的申请费可以从案件受理费中扣除。

第二百零五条　拍卖、变卖担保财产的裁定作出后,人民法院强制执行的,按照执行金额收取执行申请费。

第二百零六条　人民法院决定减半收取案件受理费的,只能减半一次。

第二百零七条　判决生效后,胜诉方预交但不应负担的诉讼费用,人民法院应当退还,由败诉方向人民法院交纳,但胜诉方自愿承担或者同意败诉方直接向其支付的除外。

当事人拒不交纳诉讼费用的,人民法院可以强制执行。

十、第一审普通程序

第二百零八条　人民法院接到当事人提交的民事起诉状时,对符合民事诉讼法第一百一十九条的规定,且不属于第一百二十四条规定情形的,应当登记立案;对当场不能判定是否符合起诉条件的,应当接收起诉材料,并出具注明收到日期的书面凭证。

需要补充必要相关材料的,人民法院应当及时告知当事人。在补齐相关材料后，应当在七日内决定是否立案。

立案后发现不符合起诉条件或者属于民事诉讼法第一百二十四条规定情形的，裁定驳回起诉。

第二百零九条 原告提供被告的姓名或者名称、住所等信息具体明确，足以使被告与他人相区别的，可以认定为有明确的被告。

起诉状列写被告信息不足以认定明确的被告的，人民法院可以告知原告补正。原告补正后仍不能确定明确的被告的，人民法院裁定不予受理。

第二百一十条 原告在起诉状中有谩骂和人身攻击之辞的，人民法院应当告知其修改后提起诉讼。

第二百一十一条 对本院没有管辖权的案件，告知原告向有管辖权的人民法院起诉；原告坚持起诉的，裁定不予受理；立案后发现本院没有管辖权的，应当将案件移送有管辖权的人民法院。

第二百一十二条 裁定不予受理、驳回起诉的案件，原告再次起诉，符合起诉条件且不属于民事诉讼法第一百二十四条规定情形的，人民法院应予受理。

第二百一十三条 原告应当预交而未预交案件受理费，人民法院应当通知其预交，通知后仍不预交或者申请减、缓、免未获批准而仍不预交的，裁定按撤诉处理。

第二百一十四条 原告撤诉或者人民法院按撤诉处理后，原告以同一诉讼请求再次起诉的，人民法院应予受理。

原告撤诉或者按撤诉处理的离婚案件，没有新情况、新理由，六个月内又起诉的，比照民事诉讼法第一百二十四条第七项的规定不予受理。

第二百一十五条 依照民事诉讼法第一百二十四条第二项的规定，当事人在书面合同中订有仲裁条款，或者在发生纠纷后达成书面仲裁协议，一方向人民法院起诉的，人民法院应当告知原告向仲裁机构申请仲裁，其坚持起诉的，裁定不予受理，但仲裁条款或者仲裁协议不成立、无效、失效、内容不明确无法执行的除外。

第二百一十六条 在人民法院首次开庭前，被告以有书面仲裁协议为由对受理民事案件提出异议的，人民法院应当进行审查。

经审查符合下列情形之一的，人民法院应当裁定驳回起诉：

（一）仲裁机构或者人民法院已经确认仲裁协议有效的；

（二）当事人没有在仲裁庭首次开庭前对仲裁协议的效力提出异议的；

（三）仲裁协议符合仲裁法第十六条规定且不具有仲裁法第十七条规定情形的。

第二百一十七条 夫妻一方下落不明，另一方诉至人民法院，只要求离婚，不申请宣告下落不明人失踪或者死亡的案件，人民法院应当受理，对下落不明人公告送达诉讼文书。

第二百一十八条 赡养费、扶养费、抚育费案件，裁判发生法律效力后，因新情况、新理由，一方当事人再行起诉要求增加或者减少费用的，人民法院应作为新案受理。

第二百一十九条 当事人超过诉讼时效期间起诉的，人民法院应予受理。受理后对方当事人提出诉讼时效抗辩，人民法院经审理认为抗辩事由成立的，判决驳回原告的诉讼请求。

第二百二十条 民事诉讼法第六十八条、第一百三十四条、第一百五十六条规定的商业秘密,是指生产工艺、配方、贸易联系、购销渠道等当事人不愿公开的技术秘密、商业情报及信息。

第二百二十一条 基于同一事实发生的纠纷,当事人分别向同一人民法院起诉的,人民法院可以合并审理。

第二百二十二条 原告在起诉状中直接列写第三人的,视为其申请人民法院追加该第三人参加诉讼。是否通知第三人参加诉讼,由人民法院审查决定。

第二百二十三条 当事人在提交答辩状期间提出管辖异议,又针对起诉状的内容进行答辩的,人民法院应当依照民事诉讼法第一百二十七条第一款的规定,对管辖异议进行审查。

当事人未提出管辖异议,就案件实体内容进行答辩、陈述或者反诉的,可以认定为民事诉讼法第一百二十七条第二款规定的应诉答辩。

第二百二十四条 依照民事诉讼法第一百三十三条第四项规定,人民法院可以在答辩期届满后,通过组织证据交换、召集庭前会议等方式,作好审理前的准备。

第二百二十五条 根据案件具体情况,庭前会议可以包括下列内容:

(一)明确原告的诉讼请求和被告的答辩意见;

(二)审查处理当事人增加、变更诉讼请求的申请和提出的反诉,以及第三人提出的与本案有关的诉讼请求;

(三)根据当事人的申请决定调查收集证据,委托鉴定,要求当事人提供证据,进行勘验,进行证据保全;

(四)组织交换证据;

(五)归纳争议焦点;

(六)进行调解。

第二百二十六条 人民法院应当根据当事人的诉讼请求、答辩意见以及证据交换的情况,归纳争议焦点,并就归纳的争议焦点征求当事人的意见。

第二百二十七条 人民法院适用普通程序审理案件,应当在开庭三日前用传票传唤当事人。对诉讼代理人、证人、鉴定人、勘验人、翻译人员应当用通知书通知其到庭。当事人或者其他诉讼参与人在外地的,应当留有必要的在途时间。

第二百二十八条 法庭审理应当围绕当事人争议的事实、证据和法律适用等焦点问题进行。

第二百二十九条 当事人在庭审中对其在审理前的准备阶段认可的事实和证据提出不同意见的,人民法院应当责令其说明理由。必要时,可以责令其提供相应证据。人民法院应当结合当事人的诉讼能力、证据和案件的具体情况进行审查。理由成立的,可以列入争议焦点进行审理。

第二百三十条 人民法院根据案件具体情况并征得当事人同意,可以将法庭调查和法庭辩论合并进行。

第二百三十一条 当事人在法庭上提出新的证据的,人民法院应当依照民事诉讼法第六十五条第二款规定和本解释相关规定处理。

第二百三十二条 在案件受理后,法庭辩论结束前,原告增加诉讼请求,被告提出反诉,第三人提出与本案有关的诉讼请求,可以合并审理的,人民法院应当合并审理。

第二百三十三条 反诉的当事人应当限于本诉的当事人的范围。

反诉与本诉的诉讼请求基于相同法律关系、诉讼请求之间具有因果关系,或者反诉与本诉的诉讼请求基于相同事实的,人民法院应当合并审理。

反诉应由其他人民法院专属管辖,或者与本诉的诉讼标的及诉讼请求所依据的事实、理由无关联的,裁定不予受理,告知另行起诉。

第二百三十四条 无民事行为能力人的离婚诉讼,当事人的法定代理人应当到庭;法定代理人不能到庭的,人民法院应当在查清事实的基础上,依法作出判决。

第二百三十五条 无民事行为能力的当事人的法定代理人,经传票传唤无正当理由拒不到庭,属于原告方的,比照民事诉讼法第一百四十三条的规定,按撤诉处理;属于被告方的,比照民事诉讼法第一百四十四条的规定,缺席判决。必要时,人民法院可以拘传其到庭。

第二百三十六条 有独立请求权的第三人经人民法院传票传唤,无正当理由拒不到庭的,或者未经法庭许可中途退庭的,比照民事诉讼法第一百四十三条的规定,按撤诉处理。

第二百三十七条 有独立请求权的第三人参加诉讼后,原告申请撤诉,人民法院在准许原告撤诉后,有独立请求权的第三人作为另案原告,原案原告、被告作为另案被告,诉讼继续进行。

第二百三十八条 当事人申请撤诉或者依法可以按撤诉处理的案件,如果当事人有违反法律的行为需要依法处理的,人民法院可以不准许撤诉或者不按撤诉处理。

法庭辩论终结后原告申请撤诉,被告不同意的,人民法院可以不予准许。

第二百三十九条 人民法院准许本诉原告撤诉的,应当对反诉继续审理;被告申请撤回反诉的,人民法院应予准许。

第二百四十条 无独立请求权的第三人经人民法院传票传唤,无正当理由拒不到庭,或者未经法庭许可中途退庭的,不影响案件的审理。

第二百四十一条 被告经传票传唤无正当理由拒不到庭,或者未经法庭许可中途退庭的,人民法院应当按期开庭或者继续开庭审理,对到庭的当事人诉讼请求、双方的诉辩理由以及已经提交的证据及其他诉讼材料进行审理后,可以依法缺席判决。

第二百四十二条 一审宣判后,原审人民法院发现判决有错误,当事人在上诉期内提出上诉的,原审人民法院可以提出原判决有错误的意见,报送第二审人民法院,由第二审人民法院按照第二审程序进行审理;当事人不上诉的,按照审判监督程序处理。

第二百四十三条 民事诉讼法第一百四十九条规定的审限,是指从立案之日起至裁判宣告、调解书送达之日止的期间,但公告期间、鉴定期间、双方当事人和解期间、审理当事人提出的管辖异议以及处理人民法院之间的管辖争议期间不应计算在内。

第二百四十四条 可以上诉的判决书、裁定书不能同时送达双方当事人的,上诉期从各自收到判决书、裁定书之日计算。

第二百四十五条 民事诉讼法第一百五十四条第一款第七项规定的笔误是指法律文书误写、误算,诉讼费用漏写、误算和其他笔误。

第二百四十六条 裁定中止诉讼的原因消除,恢复诉讼程序时,不必撤销原裁定,从人民法院通知或者准许当事人双方继续进行诉讼时起,中止诉讼的裁定即失去效力。

第二百四十七条 当事人就已经提起诉讼的事项在诉讼过程中或者裁判生效后再次起诉,同时符合下列条件的,构成重复起诉:

(一)后诉与前诉的当事人相同;

(二)后诉与前诉的诉讼标的相同;

(三)后诉与前诉的诉讼请求相同,或者后诉的诉讼请求实质上否定前诉裁判结果。

当事人重复起诉的,裁定不予受理;已经受理的,裁定驳回起诉,但法律、司法解释另有规定的除外。

第二百四十八条 裁判发生法律效力后,发生新的事实,当事人再次提起诉讼的,人民法院应当依法受理。

第二百四十九条 在诉讼中,争议的民事权利义务转移的,不影响当事人的诉讼主体资格和诉讼地位。人民法院作出的发生法律效力的判决、裁定对受让人具有拘束力。

受让人申请以无独立请求权的第三人身份参加诉讼的,人民法院可予准许。受让人申请替代当事人承担诉讼的,人民法院可以根据案件的具体情况决定是否准许;不予准许的,可以追加其为无独立请求权的第三人。

第二百五十条 依照本解释第二百四十九条规定,人民法院准许受让人替代当事人承担诉讼的,裁定变更当事人。

变更当事人后,诉讼程序以受让人为当事人继续进行,原当事人应当退出诉讼。原当事人已经完成的诉讼行为对受让人具有拘束力。

第二百五十一条 二审裁定撤销一审判决发回重审的案件,当事人申请变更、增加诉讼请求或者提出反诉,第三人提出与本案有关的诉讼请求的,依照民事诉讼法第一百四十条规定处理。

第二百五十二条 再审裁定撤销原判决、裁定发回重审的案件,当事人申请变更、增加诉讼请求或者提出反诉,符合下列情形之一的,人民法院应当准许:

(一)原审未合法传唤缺席判决,影响当事人行使诉讼权利的;

(二)追加新的诉讼当事人的;

(三)诉讼标的物灭失或者发生变化致使原诉讼请求无法实现的;

(四)当事人申请变更、增加的诉讼请求或者提出的反诉,无法通过另诉解决的。

第二百五十三条 当庭宣判的案件,除当事人当庭要求邮寄发送裁判文书的外,人民法院应当告知当事人或者诉讼代理人领取裁判文书的时间和地点以及逾期不领取的法律后果。上述情况,应当记入笔录。

第二百五十四条 公民、法人或者其他组织申请查阅发生法律效力的判决书、裁定书的,应当向作出该生效裁判的人民法院提出。申请应当以书面形式提出,并提供具体的案号或者当事人姓名、名称。

第二百五十五条 对于查阅判决书、裁定书的申请,人民法院根据下列情形分别处理:

(一)判决书、裁定书已经通过信息网络向社会公开的,应当引导申请人自行查阅;

(二)判决书、裁定书未通过信息网络向社会公开,且申请符合要求的,应当及时提供便捷的查阅服务;

(三)判决书、裁定书尚未发生法律效力,或者已失去法律效力的,不提供查阅并告知申请人；

（四）发生法律效力的判决书、裁定书不是本院作出的，应当告知申请人向作出生效裁判的人民法院申请查阅；

（五）申请查阅的内容涉及国家秘密、商业秘密、个人隐私的，不予准许并告知申请人。

十一、简 易 程 序

第二百五十六条　民事诉讼法第一百五十七条规定的简单民事案件中的事实清楚，是指当事人对争议的事实陈述基本一致，并能提供相应的证据，无须人民法院调查收集证据即可查明事实；权利义务关系明确是指能明确区分谁是责任的承担者，谁是权利的享有者；争议不大是指当事人对案件的是非、责任承担以及诉讼标的争执无原则分歧。

第二百五十七条　下列案件，不适用简易程序：

（一）起诉时被告下落不明的；

（二）发回重审的；

（三）当事人一方人数众多的；

（四）适用审判监督程序的；

（五）涉及国家利益、社会公共利益的；

（六）第三人起诉请求改变或者撤销生效判决、裁定、调解书的；

（七）其他不宜适用简易程序的案件。

第二百五十八条　适用简易程序审理的案件，审理期限到期后，双方当事人同意继续适用简易程序的，由本院院长批准，可以延长审理期限。延长后的审理期限累计不得超过六个月。

人民法院发现案情复杂，需要转为普通程序审理的，应当在审理期限届满前作出裁定并将合议庭组成人员及相关事项书面通知双方当事人。

案件转为普通程序审理的，审理期限自人民法院立案之日计算。

第二百五十九条　当事人双方可就开庭方式向人民法院提出申请，由人民法院决定是否准许。经当事人双方同意，可以采用视听传输技术等方式开庭。

第二百六十条　已经按照普通程序审理的案件，在开庭后不得转为简易程序审理。

第二百六十一条　适用简易程序审理案件，人民法院可以采取捎口信、电话、短信、传真、电子邮件等简便方式传唤双方当事人、通知证人和送达裁判文书以外的诉讼文书。

以简便方式送达的开庭通知，未经当事人确认或者没有其他证据证明当事人已经收到的，人民法院不得缺席判决。

适用简易程序审理案件，由审判员独任审判，书记员担任记录。

第二百六十二条　人民法庭制作的判决书、裁定书、调解书，必须加盖基层人民法院印章，不得用人民法庭的印章代替基层人民法院的印章。

第二百六十三条　适用简易程序审理案件，卷宗中应当具备以下材料：

（一）起诉状或者口头起诉笔录；

（二）答辩状或者口头答辩笔录；

（三）当事人身份证明材料；

（四）委托他人代理诉讼的授权委托书或者口头委托笔录；

（五）证据；

（六）询问当事人笔录；

（七）审理(包括调解)笔录；

（八）判决书、裁定书、调解书或者调解协议；

（九）送达和宣判笔录；

（十）执行情况；

（十一）诉讼费收据；

（十二）适用民事诉讼法第一百六十二条规定审理的，有关程序适用的书面告知。

第二百六十四条 当事人双方根据民事诉讼法第一百五十七条第二款规定约定适用简易程序的，应当在开庭前提出。口头提出的，记入笔录，由双方当事人签名或者捺印确认。

本解释第二百五十七条规定的案件，当事人约定适用简易程序的，人民法院不予准许。

第二百六十五条 原告口头起诉的，人民法院应当将当事人的姓名、性别、工作单位、住所、联系方式等基本信息，诉讼请求，事实及理由等准确记入笔录，由原告核对无误后签名或者捺印。对当事人提交的证据材料，应当出具收据。

第二百六十六条 适用简易程序案件的举证期限由人民法院确定，也可以由当事人协商一致并经人民法院准许，但不得超过十五日。被告要求书面答辩的，人民法院可在征得其同意的基础上，合理确定答辩期间。

人民法院应当将举证期限和开庭日期告知双方当事人，并向当事人说明逾期举证以及拒不到庭的法律后果，由双方当事人在笔录和开庭传票的送达回证上签名或者捺印。

当事人双方均表示不需要举证期限、答辩期间的，人民法院可以立即开庭审理或者确定开庭日期。

第二百六十七条 适用简易程序审理案件，可以简便方式进行审理前的准备。

第二百六十八条 对没有委托律师、基层法律服务工作者代理诉讼的当事人，人民法院在庭审过程中可以对回避、自认、举证证明责任等相关内容向其作必要的解释或者说明，并在庭审过程中适当提示当事人正确行使诉讼权利、履行诉讼义务。

第二百六十九条 当事人就案件适用简易程序提出异议，人民法院经审查，异议成立的，裁定转为普通程序；异议不成立的，口头告知当事人，并记入笔录。

转为普通程序的，人民法院应当将合议庭组成人员及相关事项以书面形式通知双方当事人。

转为普通程序前，双方当事人已确认的事实，可以不再进行举证、质证。

第二百七十条 适用简易程序审理的案件，有下列情形之一的，人民法院在制作判决书、裁定书、调解书时，对认定事实或者裁判理由部分可以适当简化：

（一）当事人达成调解协议并需要制作民事调解书的；

（二）一方当事人明确表示承认对方全部或者部分诉讼请求的；

（三）涉及商业秘密、个人隐私的案件，当事人一方要求简化裁判文书中的相关内容，人民法院认为理由正当的；

（四）当事人双方同意简化的。

十二、简易程序中的小额诉讼

第二百七十一条 人民法院审理小额诉讼案件，适用民事诉讼法第一百六十二条的规定，实行一审终审。

第二百七十二条 民事诉讼法第一百六十二条规定的各省、自治区、直辖市上年度就业人员年平均工资,是指已经公布的各省、自治区、直辖市上一年度就业人员年平均工资。在上一年度就业人员年平均工资公布前,以已经公布的最近年度就业人员年平均工资为准。

第二百七十三条 海事法院可以审理海事、海商小额诉讼案件。案件标的额应当以实际受理案件的海事法院或者其派出法庭所在的省、自治区、直辖市上年度就业人员年平均工资百分之三十为限。

第二百七十四条 下列金钱给付的案件,适用小额诉讼程序审理:

(一)买卖合同、借款合同、租赁合同纠纷;

(二)身份关系清楚,仅在给付的数额、时间、方式上存在争议的赡养费、抚育费、扶养费纠纷;

(三)责任明确,仅在给付的数额、时间、方式上存在争议的交通事故损害赔偿和其他人身损害赔偿纠纷;

(四)供用水、电、气、热力合同纠纷;

(五)银行卡纠纷;

(六)劳动关系清楚,仅在劳动报酬、工伤医疗费、经济补偿金或者赔偿金给付数额、时间、方式上存在争议的劳动合同纠纷;

(七)劳务关系清楚,仅在劳务报酬给付数额、时间、方式上存在争议的劳务合同纠纷;

(八)物业、电信等服务合同纠纷;

(九)其他金钱给付纠纷。

第二百七十五条 下列案件,不适用小额诉讼程序审理:

(一)人身关系、财产确权纠纷;

(二)涉外民事纠纷;

(三)知识产权纠纷;

(四)需要评估、鉴定或者对诉前评估、鉴定结果有异议的纠纷;

(五)其他不宜适用一审终审的纠纷。

第二百七十六条 人民法院受理小额诉讼案件,应当向当事人告知该类案件的审判组织、一审终审、审理期限、诉讼费用交纳标准等相关事项。

第二百七十七条 小额诉讼案件的举证期限由人民法院确定,也可以由当事人协商一致并经人民法院准许,但一般不超过七日。

被告要求书面答辩的,人民法院可以在征得其同意的基础上合理确定答辩期间,但最长不得超过十五日。

当事人到庭后表示不需要举证期限和答辩期间的,人民法院可立即开庭审理。

第二百七十八条 当事人对小额诉讼案件提出管辖异议的,人民法院应当作出裁定。裁定一经作出即生效。

第二百七十九条 人民法院受理小额诉讼案件后,发现起诉不符合民事诉讼法第一百一十九条规定的起诉条件的,裁定驳回起诉。裁定一经作出即生效。

第二百八十条 因当事人申请增加或者变更诉讼请求、提出反诉、追加当事人等,致使案件不符合小额诉讼案件条件的,应当适用简易程序的其他规定审理。

前款规定案件,应当适用普通程序审理的,裁定转为普通程序。

适用简易程序的其他规定或者普通程序审理前,双方当事人已确认的事实,可以不再进行举证、质证。

第二百八十一条 当事人对按照小额诉讼案件审理有异议的,应当在开庭前提出。人民法院经审查,异议成立的,适用简易程序的其他规定审理;异议不成立的,告知当事人,并记入笔录。

第二百八十二条 小额诉讼案件的裁判文书可以简化,主要记载当事人基本信息、诉讼请求、裁判主文等内容。

第二百八十三条 人民法院审理小额诉讼案件,本解释没有规定的,适用简易程序的其他规定。

十三、公益诉讼

第二百八十四条 环境保护法、消费者权益保护法等法律规定的机关和有关组织对污染环境、侵害众多消费者合法权益等损害社会公共利益的行为,根据民事诉讼法第五十五条规定提起公益诉讼,符合下列条件的,人民法院应当受理:

(一)有明确的被告;

(二)有具体的诉讼请求;

(三)有社会公共利益受到损害的初步证据;

(四)属于人民法院受理民事诉讼的范围和受诉人民法院管辖。

第二百八十五条 公益诉讼案件由侵权行为地或者被告住所地中级人民法院管辖,但法律、司法解释另有规定的除外。

因污染海洋环境提起的公益诉讼,由污染发生地、损害结果地或者采取预防污染措施地海事法院管辖。

对同一侵权行为分别向两个以上人民法院提起公益诉讼的,由最先立案的人民法院管辖,必要时由它们的共同上级人民法院指定管辖。

第二百八十六条 人民法院受理公益诉讼案件后,应当在十日内书面告知相关行政主管部门。

第二百八十七条 人民法院受理公益诉讼案件后,依法可以提起诉讼的其他机关和有关组织,可以在开庭前向人民法院申请参加诉讼。人民法院准许参加诉讼的,列为共同原告。

第二百八十八条 人民法院受理公益诉讼案件,不影响同一侵权行为的受害人根据民事诉讼法第一百一十九条规定提起诉讼。

第二百八十九条 对公益诉讼案件,当事人可以和解,人民法院可以调解。

当事人达成和解或者调解协议后,人民法院应当将和解或者调解协议进行公告。公告期间不得少于三十日。

公告期满后,人民法院经审查,和解或者调解协议不违反社会公共利益的,应当出具调解书;和解或者调解协议违反社会公共利益的,不予出具调解书,继续对案件进行审理并依法作出裁判。

第二百九十条 公益诉讼案件的原告在法庭辩论终结后申请撤诉的,人民法院不予准许。

第二百九十一条 公益诉讼案件的裁判发生法律效力后,其他依法具有原告资格的机关和有关组织就同一侵权行为另行提起公益诉讼的,人民法院裁定不予受理,但法律、司法解释另有规定的除外。

十四、第三人撤销之诉

第二百九十二条 第三人对已经发生法律效力的判决、裁定、调解书提起撤销之诉的,应当自知道或者应当知道其民事权益受到损害之日起六个月内，向作出生效判决、裁定、调解书的人民法院提出，并应当提供存在下列情形的证据材料：

（一）因不能归责于本人的事由未参加诉讼；

（二）发生法律效力的判决、裁定、调解书的全部或者部分内容错误；

（三）发生法律效力的判决、裁定、调解书内容错误损害其民事权益。

第二百九十三条 人民法院应当在收到起诉状和证据材料之日起五日内送交对方当事人，对方当事人可以自收到起诉状之日起十日内提出书面意见。

人民法院应当对第三人提交的起诉状、证据材料以及对方当事人的书面意见进行审查。必要时，可以询问双方当事人。

经审查，符合起诉条件的，人民法院应当在收到起诉状之日起三十日内立案。不符合起诉条件的，应当在收到起诉状之日起三十日内裁定不予受理。

第二百九十四条 人民法院对第三人撤销之诉案件，应当组成合议庭开庭审理。

第二百九十五条 民事诉讼法第五十六条第三款规定的因不能归责于本人的事由未参加诉讼，是指没有被列为生效判决、裁定、调解书当事人，且无过错或者无明显过错的情形。包括：

（一）不知道诉讼而未参加的；

（二）申请参加未获准许的；

（三）知道诉讼，但因客观原因无法参加的；

（四）因其他不能归责于本人的事由未参加诉讼的。

第二百九十六条 民事诉讼法第五十六条第三款规定的判决、裁定、调解书的部分或者全部内容，是指判决、裁定的主文，调解书中处理当事人民事权利义务的结果。

第二百九十七条 对下列情形提起第三人撤销之诉的，人民法院不予受理：

（一）适用特别程序、督促程序、公示催告程序、破产程序等非讼程序处理的案件；

（二）婚姻无效、撤销或者解除婚姻关系等判决、裁定、调解书中涉及身份关系的内容；

（三）民事诉讼法第五十四条规定的未参加登记的权利人对代表人诉讼案件的生效裁判；

（四）民事诉讼法第五十五条规定的损害社会公共利益行为的受害人对公益诉讼案件的生效裁判。

第二百九十八条 第三人提起撤销之诉，人民法院应当将该第三人列为原告，生效判决、裁定、调解书的当事人列为被告，但生效判决、裁定、调解书中没有承担责任的无独立请求权的第三人列为第三人。

第二百九十九条 受理第三人撤销之诉案件后，原告提供相应担保，请求中止执行的，人民法院可以准许。

第三百条 对第三人撤销或者部分撤销发生法律效力的判决、裁定、调解书内容的请求，人民法院经审理，按下列情形分别处理：

（一）请求成立且确认其民事权利的主张全部或部分成立的，改变原判决、裁定、调解书内容的错误部分；

（二）请求成立，但确认其全部或部分民事权利的主张不成立，或者未提出确认其民事权利请求的，撤销原判决、裁定、调解书内容的错误部分；

（三）请求不成立的，驳回诉讼请求。

对前款规定裁判不服的，当事人可以上诉。

原判决、裁定、调解书的内容未改变或者未撤销的部分继续有效。

第三百零一条 第三人撤销之诉案件审理期间，人民法院对生效判决、裁定、调解书裁定再审的，受理第三人撤销之诉的人民法院应当裁定将第三人的诉讼请求并入再审程序。但有证据证明原审当事人之间恶意串通损害第三人合法权益的，人民法院应当先行审理第三人撤销之诉案件，裁定中止再审诉讼。

第三百零二条 第三人诉讼请求并入再审程序审理的，按照下列情形分别处理：

（一）按照第一审程序审理的，人民法院应当对第三人的诉讼请求一并审理，所作的判决可以上诉；

（二）按照第二审程序审理的，人民法院可以调解，调解达不成协议的，应当裁定撤销原判决、裁定、调解书，发回一审法院重审，重审时应当列明第三人。

第三百零三条 第三人提起撤销之诉后，未中止生效判决、裁定、调解书执行的，执行法院对第三人依照民事诉讼法第二百二十七条规定提出的执行异议，应予审查。第三人不服驳回执行异议裁定，申请对原判决、裁定、调解书再审的，人民法院不予受理。

案外人对人民法院驳回其执行异议裁定不服，认为原判决、裁定、调解书内容错误损害其合法权益的，应当根据民事诉讼法第二百二十七条规定申请再审，提起第三人撤销之诉的，人民法院不予受理。

十五、执行异议之诉

第三百零四条 根据民事诉讼法第二百二十七条规定，案外人、当事人对执行异议裁定不服，自裁定送达之日起十五日内向人民法院提起执行异议之诉的，由执行法院管辖。

第三百零五条 案外人提起执行异议之诉，除符合民事诉讼法第一百一十九条规定外，还应当具备下列条件：

（一）案外人的执行异议申请已经被人民法院裁定驳回；

（二）有明确的排除对执行标的执行的诉讼请求，且诉讼请求与原判决、裁定无关；

（三）自执行异议裁定送达之日起十五日内提起。

人民法院应当在收到起诉状之日起十五日内决定是否立案。

第三百零六条 申请执行人提起执行异议之诉，除符合民事诉讼法第一百一十九条规定外，还应当具备下列条件：

（一）依案外人执行异议申请，人民法院裁定中止执行；

（二）有明确的对执行标的继续执行的诉讼请求，且诉讼请求与原判决、裁定无关；

（三）自执行异议裁定送达之日起十五日内提起。

人民法院应当在收到起诉状之日起十五日内决定是否立案。

第三百零七条 案外人提起执行异议之诉的，以申请执行人为被告。被执行人反对案外人异议的，被执行人为共同被告；被执行人不反对案外人异议的，可以列被执行人为第三人。

第三百零八条　申请执行人提起执行异议之诉的,以案外人为被告。被执行人反对申请执行人主张的,以案外人和被执行人为共同被告;被执行人不反对申请执行人主张的,可以列被执行人为第三人。

第三百零九条　申请执行人对中止执行裁定未提起执行异议之诉,被执行人提起执行异议之诉的,人民法院告知其另行起诉。

第三百一十条　人民法院审理执行异议之诉案件,适用普通程序。

第三百一十一条　案外人或者申请执行人提起执行异议之诉的,案外人应当就其对执行标的享有足以排除强制执行的民事权益承担举证证明责任。

第三百一十二条　对案外人提起的执行异议之诉,人民法院经审理,按照下列情形分别处理:

(一)案外人就执行标的享有足以排除强制执行的民事权益的,判决不得执行该执行标的;

(二)案外人就执行标的不享有足以排除强制执行的民事权益的,判决驳回诉讼请求。

案外人同时提出确认其权利的诉讼请求的,人民法院可以在判决中一并作出裁判。

第三百一十三条　对申请执行人提起的执行异议之诉,人民法院经审理,按照下列情形分别处理:

(一)案外人就执行标的不享有足以排除强制执行的民事权益的,判决准许执行该执行标的;

(二)案外人就执行标的享有足以排除强制执行的民事权益的,判决驳回诉讼请求。

第三百一十四条　对案外人执行异议之诉,人民法院判决不得对执行标的执行的,执行异议裁定失效。

对申请执行人执行异议之诉,人民法院判决准许对该执行标的执行的,执行异议裁定失效,执行法院可以根据申请执行人的申请或者依职权恢复执行。

第三百一十五条　案外人执行异议之诉审理期间,人民法院不得对执行标的进行处分。申请执行人请求人民法院继续执行并提供相应担保的,人民法院可以准许。

被执行人与案外人恶意串通,通过执行异议、执行异议之诉妨害执行的,人民法院应当依照民事诉讼法第一百一十三条规定处理。申请执行人因此受到损害的,可以提起诉讼要求被执行人、案外人赔偿。

第三百一十六条　人民法院对执行标的裁定中止执行后,申请执行人在法律规定的期间内未提起执行异议之诉的,人民法院应当自起诉期限届满之日起七日内解除对该执行标的采取的执行措施。

十六、第二审程序

第三百一十七条　双方当事人和第三人都提起上诉的,均列为上诉人。人民法院可以依职权确定第二审程序中当事人的诉讼地位。

第三百一十八条　民事诉讼法第一百六十六条、第一百六十七条规定的对方当事人包括被上诉人和原审其他当事人。

第三百一十九条　必要共同诉讼人的一人或者部分人提起上诉的,按下列情形分别处理:

（一）上诉仅对与对方当事人之间权利义务分担有意见，不涉及其他共同诉讼人利益的，对方当事人为被上诉人，未上诉的同一方当事人依原审诉讼地位列明；

（二）上诉仅对共同诉讼人之间权利义务分担有意见，不涉及对方当事人利益的，未上诉的同一方当事人为被上诉人，对方当事人依原审诉讼地位列明；

（三）上诉对双方当事人之间以及共同诉讼人之间权利义务承担有意见的，未提起上诉的其他当事人均为被上诉人。

第三百二十条　一审宣判时或者判决书、裁定书送达时，当事人口头表示上诉的，人民法院应告知其必须在法定上诉期间内递交上诉状。未在法定上诉期间内递交上诉状的，视为未提起上诉。虽递交上诉状，但未在指定的期限内交纳上诉费的，按自动撤回上诉处理。

第三百二十一条　无民事行为能力人、限制民事行为能力人的法定代理人，可以代理当事人提起上诉。

第三百二十二条　上诉案件的当事人死亡或者终止的，人民法院依法通知其权利义务承继者参加诉讼。

需要终结诉讼的，适用民事诉讼法第一百五十一条规定。

第三百二十三条　第二审人民法院应当围绕当事人的上诉请求进行审理。

当事人没有提出请求的，不予审理，但一审判决违反法律禁止性规定，或者损害国家利益、社会公共利益、他人合法权益的除外。

第三百二十四条　开庭审理的上诉案件，第二审人民法院可以依照民事诉讼法第一百三十三条第四项规定进行审理前的准备。

第三百二十五条　下列情形，可以认定为民事诉讼法第一百七十条第一款第四项规定的严重违反法定程序：

（一）审判组织的组成不合法的；

（二）应当回避的审判人员未回避的；

（三）无诉讼行为能力人未经法定代理人代为诉讼的；

（四）违法剥夺当事人辩论权利的。

第三百二十六条　对当事人在第一审程序中已经提出的诉讼请求，原审人民法院未作审理、判决的，第二审人民法院可以根据当事人自愿的原则进行调解；调解不成的，发回重审。

第三百二十七条　必须参加诉讼的当事人或者有独立请求权的第三人，在第一审程序中未参加诉讼，第二审人民法院可以根据当事人自愿的原则予以调解；调解不成的，发回重审。

第三百二十八条　在第二审程序中，原审原告增加独立的诉讼请求或者原审被告提出反诉的，第二审人民法院可以根据当事人自愿的原则就新增加的诉讼请求或者反诉进行调解；调解不成的，告知当事人另行起诉。

双方当事人同意由第二审人民法院一并审理的，第二审人民法院可以一并裁判。

第三百二十九条　一审判决不准离婚的案件，上诉后，第二审人民法院认为应当判决离婚的，可以根据当事人自愿的原则，与子女抚养、财产问题一并调解；调解不成的，发回重审。

双方当事人同意由第二审人民法院一并审理的，第二审人民法院可以一并裁判。

第三百三十条　人民法院依照第二审程序审理案件，认为依法不应由人民法院受理的,可以由第二审人民法院直接裁定撤销原裁判,驳回起诉。

第三百三十一条 人民法院依照第二审程序审理案件,认为第一审人民法院受理案件违反专属管辖规定的,应当裁定撤销原裁判并移送有管辖权的人民法院。

第三百三十二条 第二审人民法院查明第一审人民法院作出的不予受理裁定有错误的,应当在撤销原裁定的同时,指令第一审人民法院立案受理;查明第一审人民法院作出的驳回起诉裁定有错误的,应当在撤销原裁定的同时,指令第一审人民法院审理。

第三百三十三条 第二审人民法院对下列上诉案件,依照民事诉讼法第一百六十九条规定可以不开庭审理:

(一)不服不予受理、管辖权异议和驳回起诉裁定的;

(二)当事人提出的上诉请求明显不能成立的;

(三)原判决、裁定认定事实清楚,但适用法律错误的;

(四)原判决严重违反法定程序,需要发回重审的。

第三百三十四条 原判决、裁定认定事实或者适用法律虽有瑕疵,但裁判结果正确的,第二审人民法院可以在判决、裁定中纠正瑕疵后,依照民事诉讼法第一百七十条第一款第一项规定予以维持。

第三百三十五条 民事诉讼法第一百七十条第一款第三项规定的基本事实,是指用以确定当事人主体资格、案件性质、民事权利义务等对原判决、裁定的结果有实质性影响的事实。

第三百三十六条 在第二审程序中,作为当事人的法人或者其他组织分立的,人民法院可以直接将分立后的法人或者其他组织列为共同诉讼人;合并的,将合并后的法人或者其他组织列为当事人。

第三百三十七条 在第二审程序中,当事人申请撤回上诉,人民法院经审查认为一审判决确有错误,或者当事人之间恶意串通损害国家利益、社会公共利益、他人合法权益的,不应准许。

第三百三十八条 在第二审程序中,原审原告申请撤回起诉,经其他当事人同意,且不损害国家利益、社会公共利益、他人合法权益的,人民法院可以准许。准许撤诉的,应当一并裁定撤销一审裁判。

原审原告在第二审程序中撤回起诉后重复起诉的,人民法院不予受理。

第三百三十九条 当事人在第二审程序中达成和解协议的,人民法院可以根据当事人的请求,对双方达成的和解协议进行审查并制作调解书送达当事人;因和解而申请撤诉,经审查符合撤诉条件的,人民法院应予准许。

第三百四十条 第二审人民法院宣告判决可以自行宣判,也可以委托原审人民法院或者当事人所在地人民法院代行宣判。

第三百四十一条 人民法院审理对裁定的上诉案件,应当在第二审立案之日起三十日内作出终审裁定。有特殊情况需要延长审限的,由本院院长批准。

第三百四十二条 当事人在第一审程序中实施的诉讼行为,在第二审程序中对该当事人仍具有拘束力。

当事人推翻其在第一审程序中实施的诉讼行为时,人民法院应当责令其说明理由。理由不成立的,不予支持。

十七、特别程序

第三百四十三条　宣告失踪或者宣告死亡案件,人民法院可以根据申请人的请求,清理下落不明人的财产,并指定案件审理期间的财产管理人。公告期满后,人民法院判决宣告失踪的,应当同时依照民法通则第二十一条第一款的规定指定失踪人的财产代管人。

第三百四十四条　失踪人的财产代管人经人民法院指定后,代管人申请变更代管的,比照民事诉讼法特别程序的有关规定进行审理。申请理由成立的,裁定撤销申请人的代管人身份,同时另行指定财产代管人;申请理由不成立的,裁定驳回申请。

失踪人的其他利害关系人申请变更代管的,人民法院应当告知其以原指定的代管人为被告起诉,并按普通程序进行审理。

第三百四十五条　人民法院判决宣告公民失踪后,利害关系人向人民法院申请宣告失踪人死亡,自失踪之日起满四年的,人民法院应当受理,宣告失踪的判决即是该公民失踪的证明,审理中仍应依照民事诉讼法第一百八十五条规定进行公告。

第三百四十六条　符合法律规定的多个利害关系人提出宣告失踪、宣告死亡申请的,列为共同申请人。

第三百四十七条　寻找下落不明人的公告应当记载下列内容:

(一)被申请人应当在规定期间内向受理法院申报其具体地址及其联系方式。否则,被申请人将被宣告失踪、宣告死亡;

(二)凡知悉被申请人生存现状的人,应当在公告期间内将其所知道情况向受理法院报告。

第三百四十八条　人民法院受理宣告失踪、宣告死亡案件后,作出判决前,申请人撤回申请的,人民法院应当裁定终结案件,但其他符合法律规定的利害关系人加入程序要求继续审理的除外。

第三百四十九条　在诉讼中,当事人的利害关系人提出该当事人患有精神病,要求宣告该当事人无民事行为能力或者限制民事行为能力的,应由利害关系人向人民法院提出申请,由受诉人民法院按照特别程序立案审理,原诉讼中止。

第三百五十条　认定财产无主案件,公告期间有人对财产提出请求的,人民法院应当裁定终结特别程序,告知申请人另行起诉,适用普通程序审理。

第三百五十一条　被指定的监护人不服指定,应当直接到通知之日起三十日内向人民法院提出异议。经审理,认为指定并无不当的,裁定驳回异议;指定不当的,判决撤销指定,同时另行指定监护人。判决书应当送达异议人、原指定单位及判决指定的监护人。

第三百五十二条　申请认定公民无民事行为能力或者限制民事行为能力的案件,被申请人没有近亲属的,人民法院可以指定其他亲属为代理人。被申请人没有亲属的,人民法院可以指定经被申请人所在单位或者住所地的居民委员会、村民委员会同意,且愿意担任代理人的关系密切的朋友为代理人。

没有前款规定的代理人的,由被申请人所在单位或者住所地的居民委员会、村民委员会或者民政部门担任代理人。

代理人可以是一人,也可以是同一顺序中的两人。

第三百五十三条 申请司法确认调解协议的，双方当事人应当本人或者由符合民事诉讼法第五十八条规定的代理人向调解组织所在地基层人民法院或者人民法庭提出申请。

第三百五十四条 两个以上调解组织参与调解的，各调解组织所在地基层人民法院均有管辖权。

双方当事人可以共同向其中一个调解组织所在地基层人民法院提出申请；双方当事人共同向两个以上调解组织所在地基层人民法院提出申请的，由最先立案的人民法院管辖。

第三百五十五条 当事人申请司法确认调解协议，可以采用书面形式或者口头形式。当事人口头申请的，人民法院应当记入笔录，并由当事人签名、捺印或者盖章。

第三百五十六条 当事人申请司法确认调解协议，应当向人民法院提交调解协议、调解组织主持调解的证明，以及与调解协议相关的财产权利证明等材料，并提供双方当事人的身份、住所、联系方式等基本信息。

当事人未提交上述材料的，人民法院应当要求当事人限期补交。

第三百五十七条 当事人申请司法确认调解协议，有下列情形之一的，人民法院裁定不予受理：

（一）不属于人民法院受理范围的；

（二）不属于收到申请的人民法院管辖的；

（三）申请确认婚姻关系、亲子关系、收养关系等身份关系无效、有效或者解除的；

（四）涉及适用其他特别程序、公示催告程序、破产程序审理的；

（五）调解协议内容涉及物权、知识产权确权的。

人民法院受理申请后，发现有上述不予受理情形的，应当裁定驳回当事人的申请。

第三百五十八条 人民法院审查相关情况时，应当通知双方当事人共同到场对案件进行核实。

人民法院经审查，认为当事人的陈述或者提供的证明材料不充分、不完备或者有疑义的，可以要求当事人限期补充陈述或者补充证明材料。必要时，人民法院可以向调解组织核实有关情况。

第三百五十九条 确认调解协议的裁定作出前，当事人撤回申请的，人民法院可以裁定准许。

当事人无正当理由未在限期内补充陈述、补充证明材料或者拒不接受询问的，人民法院可以按撤回申请处理。

第三百六十条 经审查，调解协议有下列情形之一的，人民法院应当裁定驳回申请：

（一）违反法律强制性规定的；

（二）损害国家利益、社会公共利益、他人合法权益的；

（三）违背公序良俗的；

（四）违反自愿原则的；

（五）内容不明确的；

（六）其他不能进行司法确认的情形。

第三百六十一条 民事诉讼法第一百九十六条规定的担保物权人，包括抵押权人、质权人、留置权人；其他有权请求实现担保物权的人，包括抵押人、出质人、财产被留置的债务人或者所有权人等。

第三百六十二条 实现票据、仓单、提单等有权利凭证的权利质权案件，可以由权利凭证持有人住所地人民法院管辖；无权利凭证的权利质权，由出质登记地人民法院管辖。

第三百六十三条 实现担保物权案件属于海事法院等专门人民法院管辖的，由专门人民法院管辖。

第三百六十四条 同一债权的担保物有多个且所在地不同，申请人分别向有管辖权的人民法院申请实现担保物权的，人民法院应当依法受理。

第三百六十五条 依照物权法第一百七十六条的规定，被担保的债权既有物的担保又有人的担保，当事人对实现担保物权的顺序有约定，实现担保物权的申请违反该约定的，人民法院裁定不予受理；没有约定或者约定不明的，人民法院应当受理。

第三百六十六条 同一财产上设立多个担保物权，登记在先的担保物权尚未实现的，不影响后顺位的担保物权人向人民法院申请实现担保物权。

第三百六十七条 申请实现担保物权，应当提交下列材料：

（一）申请书。申请书应当记明申请人、被申请人的姓名或者名称、联系方式等基本信息，具体的请求和事实、理由；

（二）证明担保物权存在的材料，包括主合同、担保合同、抵押登记证明或者他项权利证书，权利质权的权利凭证或者质权出质登记证明等；

（三）证明实现担保物权条件成就的材料；

（四）担保财产现状的说明；

（五）人民法院认为需要提交的其他材料。

第三百六十八条 人民法院受理申请后，应当在五日内向被申请人送达申请书副本、异议权利告知书等文书。

被申请人有异议的，应当在收到人民法院通知后的五日内向人民法院提出，同时说明理由并提供相应的证据材料。

第三百六十九条 实现担保物权案件可以由审判员一人独任审查。担保财产标的额超过基层人民法院管辖范围的，应当组成合议庭进行审查。

第三百七十条 人民法院审查实现担保物权案件，可以询问申请人、被申请人、利害关系人，必要时可以依职权调查相关事实。

第三百七十一条 人民法院应当就主合同的效力、期限、履行情况，担保物权是否有效设立、担保财产的范围、被担保的债权范围、被担保的债权是否已届清偿期等担保物权实现的条件，以及是否损害他人合法权益等内容进行审查。

被申请人或者利害关系人提出异议的，人民法院应当一并审查。

第三百七十二条 人民法院审查后，按下列情形分别处理：

（一）当事人对实现担保物权无实质性争议且实现担保物权条件成就的，裁定准许拍卖、变卖担保财产；

（二）当事人对实现担保物权有部分实质性争议的，可以就无争议部分裁定准许拍卖、变卖担保财产；

（三）当事人对实现担保物权有实质性争议的，裁定驳回申请，并告知申请人向人民法院提起诉讼。

第三百七十三条 人民法院受理申请后，申请人对担保财产提出保全申请的，可以按照民事诉讼法关于诉讼保全的规定办理。

第三百七十四条 适用特别程序作出的判决、裁定，当事人、利害关系人认为有错误的,可以向作出该判决、裁定的人民法院提出异议。人民法院经审查,异议成立或者部分成立的,作出新的判决、裁定撤销或者改变原判决、裁定;异议不成立的,裁定驳回。

对人民法院作出的确认调解协议、准许实现担保物权的裁定,当事人有异议的,应当自收到裁定之日起十五日内提出;利害关系人有异议的,自知道或者应当知道其民事权益受到侵害之日起六个月内提出。

十八、审判监督程序

第三百七十五条 当事人死亡或者终止的,其权利义务承继者可以根据民事诉讼法第一百九十九条、第二百零一条的规定申请再审。

判决、调解书生效后,当事人将判决、调解书确认的债权转让,债权受让人对该判决、调解书不服申请再审的,人民法院不予受理。

第三百七十六条 民事诉讼法第一百九十九条规定的人数众多的一方当事人,包括公民、法人和其他组织。

民事诉讼法第一百九十九条规定的当事人双方为公民的案件,是指原告和被告均为公民的案件。

第三百七十七条 当事人申请再审,应当提交下列材料:

(一)再审申请书,并按照被申请人和原审其他当事人的人数提交副本;

(二)再审申请人是自然人的,应当提交身份证明;再审申请人是法人或者其他组织的,应当提交营业执照、组织机构代码证书、法定代表人或者主要负责人身份证明书。委托他人代为申请的,应当提交授权委托书和代理人身份证明;

(三)原审判决书、裁定书、调解书;

(四)反映案件基本事实的主要证据及其他材料。

前款第二项、第三项、第四项规定的材料可以是与原件核对无异的复印件。

第三百七十八条 再审申请书应当记明下列事项:

(一)再审申请人与被申请人及原审其他当事人的基本信息;

(二)原审人民法院的名称,原审裁判文书案号;

(三)具体的再审请求;

(四)申请再审的法定情形及具体事实、理由。

再审申请书应当明确申请再审的人民法院,并由再审申请人签名、捺印或者盖章。

第三百七十九条 当事人一方人数众多或者当事人双方为公民的案件,当事人分别向原审人民法院和上一级人民法院申请再审且不能协商一致的,由原审人民法院受理。

第三百八十条 适用特别程序、督促程序、公示催告程序、破产程序等非讼程序审理的案件,当事人不得申请再审。

第三百八十一条 当事人认为发生法律效力的不予受理、驳回起诉的裁定错误的,可以申请再审。

第三百八十二条 当事人就离婚案件中的财产分割问题申请再审,如涉及判决中已分割的财产,人民法院应当依照民事诉讼法第二百条的规定进行审查,符合再审条件的,应当裁定再审;如涉及判决中未作处理的夫妻共同财产,应当告知当事人另行起诉。

第三百八十三条 当事人申请再审,有下列情形之一的,人民法院不予受理:

(一)再审申请被驳回后再次提出申请的;

(二)对再审判决、裁定提出申请的;

(三)在人民检察院对当事人的申请作出不予提出再审检察建议或者抗诉决定后又提出申请的。

前款第一项、第二项规定情形,人民法院应当告知当事人可以向人民检察院申请再审检察建议或者抗诉,但因人民检察院提出再审检察建议或者抗诉而再审作出的判决、裁定除外。

第三百八十四条 当事人对已经发生法律效力的调解书申请再审,应当在调解书发生法律效力后六个月内提出。

第三百八十五条 人民法院应当自收到符合条件的再审申请书等材料之日起五日内向再审申请人发送受理通知书,并向被申请人及原审其他当事人发送应诉通知书、再审申请书副本等材料。

第三百八十六条 人民法院受理申请再审案件后,应当依照民事诉讼法第二百条、第二百零一条、第二百零四条等规定,对当事人主张的再审事由进行审查。

第三百八十七条 再审申请人提供的新的证据,能够证明原判决、裁定认定基本事实或者裁判结果错误的,应当认定为民事诉讼法第二百条第一项规定的情形。

对于符合前款规定的证据,人民法院应当责令再审申请人说明其逾期提供该证据的理由;拒不说明理由或者理由不成立的,依照民事诉讼法第六十五条第二款和本解释第一百零二条的规定处理。

第三百八十八条 再审申请人证明其提交的新的证据符合下列情形之一的,可以认定逾期提供证据的理由成立:

(一)在原审庭审结束前已经存在,因客观原因于庭审结束后才发现的;

(二)在原审庭审结束前已经发现,但因客观原因无法取得或者在规定的期限内不能提供的;

(三)在原审庭审结束后形成,无法据此另行提起诉讼的。

再审申请人提交的证据在原审中已经提供,原审人民法院未组织质证且未作为裁判根据的,视为逾期提供证据的理由成立,但原审人民法院依照民事诉讼法第六十五条规定不予采纳的除外。

第三百八十九条 当事人对原判决、裁定认定事实的主要证据在原审中拒绝发表质证意见或者质证中未对证据发表质证意见的,不属于民事诉讼法第二百条第四项规定的未经质证的情形。

第三百九十条 有下列情形之一,导致判决、裁定结果错误的,应当认定为民事诉讼法第二百条第六项规定的原判决、裁定适用法律确有错误:

(一)适用的法律与案件性质明显不符的;

(二)确定民事责任明显违背当事人约定或者法律规定的;

(三)适用已经失效或者尚未施行的法律的;

(四)违反法律溯及力规定的;

(五)违反法律适用规则的;

(六)明显违背立法原意的。

第三百九十一条 原审开庭过程中有下列情形之一的,应当认定为民事诉讼法第二百条第九项规定的剥夺当事人辩论权利:

(一)不允许当事人发表辩论意见的;

（二）应当开庭审理而未开庭审理的；

（三）违反法律规定送达起诉状副本或者上诉状副本，致使当事人无法行使辩论权利的；

（四）违法剥夺当事人辩论权利的其他情形。

第三百九十二条 民事诉讼法第二百条第十一项规定的诉讼请求，包括一审诉讼请求、二审上诉请求，但当事人未对一审判决、裁定遗漏或者超出诉讼请求提起上诉的除外。

第三百九十三条 民事诉讼法第二百条第十二项规定的法律文书包括：

（一）发生法律效力的判决书、裁定书、调解书；

（二）发生法律效力的仲裁裁决书；

（三）具有强制执行效力的公证债权文书。

第三百九十四条 民事诉讼法第二百条第十三项规定的审判人员审理该案件时有贪污受贿、徇私舞弊、枉法裁判行为，是指已经由生效刑事法律文书或者纪律处分决定所确认的行为。

第三百九十五条 当事人主张的再审事由成立，且符合民事诉讼法和本解释规定的申请再审条件的，人民法院应当裁定再审。

当事人主张的再审事由不成立，或者当事人申请再审超过法定申请再审期限、超出法定再审事由范围等不符合民事诉讼法和本解释规定的申请再审条件的，人民法院应当裁定驳回再审申请。

第三百九十六条 人民法院对已经发生法律效力的判决、裁定、调解书依法决定再审，依照民事诉讼法第二百零六条规定，需要中止执行的，应当在再审裁定中同时写明中止原判决、裁定、调解书的执行；情况紧急的，可以将中止执行裁定口头通知负责执行的人民法院，并在通知后十日内发出裁定书。

第三百九十七条 人民法院根据审查案件的需要决定是否询问当事人。新的证据可能推翻原判决、裁定的，人民法院应当询问当事人。

第三百九十八条 审查再审申请期间，被申请人及原审其他当事人依法提出再审申请的，人民法院应当将其列为再审申请人，对其再审事由一并审查，审查期限重新计算。经审查，其中一方再审申请人主张的再审事由成立的，应当裁定再审。各方再审申请人主张的再审事由均不成立的，一并裁定驳回再审申请。

第三百九十九条 审查再审申请期间，再审申请人申请人民法院委托鉴定、勘验的，人民法院不予准许。

第四百条 审查再审申请期间，再审申请人撤回再审申请的，是否准许，由人民法院裁定。

再审申请人经传票传唤，无正当理由拒不接受询问的，可以按撤回再审申请处理。

第四百零一条 人民法院准许撤回再审申请或者按撤回再审申请处理后，再审申请人再次申请再审的，不予受理，但有民事诉讼法第二百条第一项、第三项、第十二项、第十三项规定情形，自知道或者应当知道之日起六个月内提出的除外。

第四百零二条 再审申请审查期间，有下列情形之一的，裁定终结审查：

（一）再审申请人死亡或者终止，无权利义务承继者或者权利义务承继者声明放弃再审申请的；

（二）在给付之诉中，负有给付义务

的被申请人死亡或者终止,无可供执行的财产,也没有应当承担义务的人的;

(三)当事人达成和解协议且已履行完毕的,但当事人在和解协议中声明不放弃申请再审权利的除外;

(四)他人未经授权以当事人名义申请再审的;

(五)原审或者上一级人民法院已经裁定再审的;

(六)有本解释第三百八十三条第一款规定情形的。

第四百零三条 人民法院审理再审案件应当组成合议庭开庭审理,但按照第二审程序审理,有特殊情况或者双方当事人已经通过其他方式充分表达意见,且书面同意不开庭审理的除外。

符合缺席判决条件的,可以缺席判决。

第四百零四条 人民法院开庭审理再审案件,应当按照下列情形分别进行:

(一)因当事人申请再审的,先由再审申请人陈述再审请求及理由,后由被申请人答辩,其他原审当事人发表意见;

(二)因抗诉再审的,先由抗诉机关宣读抗诉书,再由申请抗诉的当事人陈述,后由被申请人答辩,其他原审当事人发表意见;

(三)人民法院依职权再审,有申诉人的,先由申诉人陈述再审请求及理由,后由被申诉人答辩,其他原审当事人发表意见;

(四)人民法院依职权再审,没有申诉人的,先由原审原告或者原审上诉人陈述,后由原审其他当事人发表意见。

对前款第一项至第三项规定的情形,人民法院应当要求当事人明确其再审请求。

第四百零五条 人民法院审理再审案件应当围绕再审请求进行。当事人的再审请求超出原审诉讼请求的,不予审理;符合另案诉讼条件的,告知当事人可以另行起诉。

被申请人及原审其他当事人在庭审辩论结束前提出的再审请求,符合民事诉讼法第二百零五条规定的,人民法院应当一并审理。

人民法院经再审,发现已经发生法律效力的判决、裁定损害国家利益、社会公共利益、他人合法权益的,应当一并审理。

第四百零六条 再审审理期间,有下列情形之一的,可以裁定终结再审程序:

(一)再审申请人在再审期间撤回再审请求,人民法院准许的;

(二)再审申请人经传票传唤,无正当理由拒不到庭的,或者未经法庭许可中途退庭,按撤回再审请求处理的;

(三)人民检察院撤回抗诉的;

(四)有本解释第四百零二条第一项至第四项规定情形的。

因人民检察院提出抗诉裁定再审的案件,申请再审的当事人有前款规定的情形,且不损害国家利益、社会公共利益或者他人合法权益的,人民法院应当裁定终结再审程序。

再审程序终结后,人民法院裁定中止执行的原生效判决自动恢复执行。

第四百零七条 人民法院经再审审理认为,原判决、裁定认定事实清楚、适用法律正确的,应予维持;原判决、裁定认定事实、适用法律虽有瑕疵,但裁判结果正确的,应当在再审判决、裁定中纠正瑕疵后予以维持。

原判决、裁定认定事实、适用法律错误,导致裁判结果错误的,应当依法改判、撤销或者变更。

第四百零八条 按照第二审程序再审的案件，人民法院经审理认为不符合民事诉讼法规定的起诉条件或者符合民事诉讼法第一百二十四条规定不予受理情形的，应当裁定撤销一、二审判决，驳回起诉。

第四百零九条 人民法院对调解书裁定再审后，按照下列情形分别处理：

（一）当事人提出的调解违反自愿原则的事由不成立，且调解书的内容不违反法律强制性规定的，裁定驳回再审申请；

（二）人民检察院抗诉或者再审检察建议所主张的损害国家利益、社会公共利益的理由不成立的，裁定终结再审程序。

前款规定情形，人民法院裁定中止执行的调解书需要继续执行的，自动恢复执行。

第四百一十条 一审原告在再审审理程序中申请撤回起诉，经其他当事人同意，且不损害国家利益、社会公共利益、他人合法权益的，人民法院可以准许。裁定准许撤诉的，应当一并撤销原判决。

一审原告在再审审理程序中撤回起诉后重复起诉的，人民法院不予受理。

第四百一十一条 当事人提交新的证据致使再审改判，因再审申请人或者申请检察监督当事人的过错未能在原审程序中及时举证，被申请人等当事人请求补偿其增加的交通、住宿、就餐、误工等必要费用的，人民法院应予支持。

第四百一十二条 部分当事人到庭并达成调解协议，其他当事人未作出书面表示的，人民法院应当在判决中对该事实作出表述；调解协议内容不违反法律规定，且不损害其他当事人合法权益的，可以在判决主文中予以确认。

第四百一十三条 人民检察院依法对损害国家利益、社会公共利益的发生法律效力的判决、裁定、调解书提出抗诉，或者经人民检察院检察委员会讨论决定提出再审检察建议的，人民法院应予受理。

第四百一十四条 人民检察院对已经发生法律效力的判决以及不予受理、驳回起诉的裁定依法提出抗诉的，人民法院应予受理，但适用特别程序、督促程序、公示催告程序、破产程序以及解除婚姻关系的判决、裁定等不适用审判监督程序的判决、裁定除外。

第四百一十五条 人民检察院依照民事诉讼法第二百零九条第一款第三项规定对有明显错误的再审判决、裁定提出抗诉或者再审检察建议的，人民法院应予受理。

第四百一十六条 地方各级人民检察院依当事人的申请对生效判决、裁定向同级人民法院提出再审检察建议，符合下列条件的，应予受理：

（一）再审检察建议书和原审当事人申请书及相关证据材料已经提交；

（二）建议再审的对象为依照民事诉讼法和本解释规定可以进行再审的判决、裁定；

（三）再审检察建议书列明该判决、裁定有民事诉讼法第二百零八条第二款规定情形；

（四）符合民事诉讼法第二百零九条第一款第一项、第二项规定情形；

（五）再审检察建议经该人民检察院检察委员会讨论决定。

不符合前款规定的，人民法院可以建议人民检察院予以补正或者撤回；不予补正或者撤回的，应当函告人民检察院不予受理。

第四百一十七条 人民检察院依当事人的申请对生效判决、裁定提出抗诉,符合下列条件的,人民法院应当在三十日内裁定再审:

(一)抗诉书和原审当事人申请书及相关证据材料已经提交;

(二)抗诉对象为依照民事诉讼法和本解释规定可以进行再审的判决、裁定;

(三)抗诉书列明该判决、裁定有民事诉讼法第二百零八条第一款规定情形;

(四)符合民事诉讼法第二百零九条第一款第一项、第二项规定情形。

不符合前款规定的,人民法院可以建议人民检察院予以补正或者撤回;不予补正或者撤回的,人民法院可以裁定不予受理。

第四百一十八条 当事人的再审申请被上级人民法院裁定驳回后,人民检察院对原判决、裁定、调解书提出抗诉,抗诉事由符合民事诉讼法第二百条第一项至第五项规定情形之一的,受理抗诉的人民法院可以交由下一级人民法院再审。

第四百一十九条 人民法院收到再审检察建议后,应当组成合议庭,在三个月内进行审查,发现原判决、裁定、调解书确有错误,需要再审的,依照民事诉讼法第一百九十八条规定裁定再审,并通知当事人;经审查,决定不予再审的,应当书面回复人民检察院。

第四百二十条 人民法院审理因人民检察院抗诉或者检察建议裁定再审的案件,不受此前已经作出的驳回当事人再审申请裁定的影响。

第四百二十一条 人民法院开庭审理抗诉案件,应当在开庭三日前通知人民检察院、当事人和其他诉讼参与人。同级人民检察院或者提出抗诉的人民检察院应当派员出庭。

人民检察院因履行法律监督职责向当事人或者案外人调查核实的情况,应当向法庭提交并予以说明,由双方当事人进行质证。

第四百二十二条 必须共同进行诉讼的当事人因不能归责于本人或者其诉讼代理人的事由未参加诉讼的,可以根据民事诉讼法第二百条第八项规定,自知道或者应当知道之日起六个月内申请再审,但符合本解释第四百二十三条规定情形的除外。

人民法院因前款规定的当事人申请而裁定再审,按照第一审程序再审的,应当追加其为当事人,作出新的判决、裁定;按照第二审程序再审,经调解不能达成协议的,应当撤销原判决、裁定,发回重审,重审时应追加其为当事人。

第四百二十三条 根据民事诉讼法第二百二十七条规定,案外人对驳回其执行异议的裁定不服,认为原判决、裁定、调解书内容错误损害其民事权益的,可以自执行异议裁定送达之日起六个月内,向作出原判决、裁定、调解书的人民法院申请再审。

第四百二十四条 根据民事诉讼法第二百二十七条规定,人民法院裁定再审后,案外人属于必要的共同诉讼当事人的,依照本解释第四百二十二条第二款规定处理。

案外人不是必要的共同诉讼当事人的,人民法院仅审理原判决、裁定、调解书对其民事权益造成损害的内容。经审理,再审请求成立的,撤销或者改变原判决、裁定、调解书;再审请求不成立的,维持原判决、裁定、调解书。

第四百二十五条 本解释第三百四

十条规定适用于审判监督程序。

第四百二十六条 对小额诉讼案件的判决、裁定,当事人以民事诉讼法第二百条规定的事由向原审人民法院申请再审的,人民法院应当受理。申请再审事由成立的,应当裁定再审,组成合议庭进行审理。作出的再审判决、裁定,当事人不得上诉。

当事人以不应按小额诉讼案件审理为由向原审人民法院申请再审的,人民法院应当受理。理由成立的,应当裁定再审,组成合议庭审理。作出的再审判决、裁定,当事人可以上诉。

十九、督促程序

第四百二十七条 两个以上人民法院都有管辖权的,债权人可以向其中一个基层人民法院申请支付令。

债权人向两个以上有管辖权的基层人民法院申请支付令的,由最先立案的人民法院管辖。

第四百二十八条 人民法院收到债权人的支付令申请书后,认为申请书不符合要求的,可以通知债权人限期补正。人民法院应当自收到补正材料之日起五日内通知债权人是否受理。

第四百二十九条 债权人申请支付令,符合下列条件的,基层人民法院应当受理,并在收到支付令申请书后五日内通知债权人:

(一)请求给付金钱或者汇票、本票、支票、股票、债券、国库券、可转让的存款单等有价证券;

(二)请求给付的金钱或者有价证券已到期且数额确定,并写明了请求所根据的事实、证据;

(三)债权人没有对待给付义务;

(四)债务人在我国境内且未下落不明;

(五)支付令能够送达债务人;

(六)收到申请书的人民法院有管辖权;

(七)债权人未向人民法院申请诉前保全。

不符合前款规定的,人民法院应当在收到支付令申请书后五日内通知债权人不予受理。

基层人民法院受理申请支付令案件,不受债权金额的限制。

第四百三十条 人民法院受理申请后,由审判员一人进行审查。经审查,有下列情形之一的,裁定驳回申请:

(一)申请人不具备当事人资格的;

(二)给付金钱或者有价证券的证明文件没有约定逾期给付利息或者违约金、赔偿金,债权人坚持要求给付利息或者违约金、赔偿金的;

(三)要求给付的金钱或者有价证券属于违法所得的;

(四)要求给付的金钱或者有价证券尚未到期或者数额不确定的。

人民法院受理支付令申请后,发现不符合本解释规定的受理条件的,应当在受理之日起十五日内裁定驳回申请。

第四百三十一条 向债务人本人送达支付令,债务人拒绝接收的,人民法院可以留置送达。

第四百三十二条 有下列情形之一的,人民法院应当裁定终结督促程序,已发出支付令的,支付令自行失效:

(一)人民法院受理支付令申请后,债权人就同一债权债务关系又提起诉讼的；

（二）人民法院发出支付令之日起三十日内无法送达债务人的；

（三）债务人收到支付令前，债权人撤回申请的。

第四百三十三条 债务人在收到支付令后，未在法定期间提出书面异议，而向其他人民法院起诉的，不影响支付令的效力。

债务人超过法定期间提出异议的，视为未提出异议。

第四百三十四条 债权人基于同一债权债务关系，在同一支付令申请中向债务人提出多项支付请求，债务人仅就其中一项或者几项请求提出异议的，不影响其他各项请求的效力。

第四百三十五条 债权人基于同一债权债务关系，就可分之债向多个债务人提出支付请求，多个债务人中的一人或者几人提出异议的，不影响其他请求的效力。

第四百三十六条 对设有担保的债务的主债务人发出的支付令，对担保人没有拘束力。

债权人就担保关系单独提起诉讼的，支付令自人民法院受理案件之日起失效。

第四百三十七条 经形式审查，债务人提出的书面异议有下列情形之一的，应当认定异议成立，裁定终结督促程序，支付令自行失效：

（一）本解释规定的不予受理申请情形的；

（二）本解释规定的裁定驳回申请情形的；

（三）本解释规定的应当裁定终结督促程序情形的；

（四）人民法院对是否符合发出支付令条件产生合理怀疑的。

第四百三十八条 债务人对债务本身没有异议，只是提出缺乏清偿能力、延缓债务清偿期限、变更债务清偿方式等异议的，不影响支付令的效力。

人民法院经审查认为异议不成立的，裁定驳回。

债务人的口头异议无效。

第四百三十九条 人民法院作出终结督促程序或者驳回异议裁定前，债务人请求撤回异议的，应当裁定准许。

债务人对撤回异议反悔的，人民法院不予支持。

第四百四十条 支付令失效后，申请支付令的一方当事人不同意提起诉讼的，应当自收到终结督促程序裁定之日起七日内向受理申请的人民法院提出。

申请支付令的一方当事人不同意提起诉讼的，不影响其向其他有管辖权的人民法院提起诉讼。

第四百四十一条 支付令失效后，申请支付令的一方当事人自收到终结督促程序裁定之日起七日内未向受理申请的人民法院表明不同意提起诉讼的，视为向受理申请的人民法院起诉。

债权人提出支付令申请的时间，即为向人民法院起诉的时间。

第四百四十二条 债权人向人民法院申请执行支付令的期间，适用民事诉讼法第二百三十九条的规定。

第四百四十三条 人民法院院长发现本院已经发生法律效力的支付令确有错误，认为需要撤销的，应当提交本院审判委员会讨论决定后，裁定撤销支付令，驳回债权人的申请。

二十、公示催告程序

第四百四十四条 民事诉讼法第二百一十八条规定的票据持有人,是指票据被盗、遗失或者灭失前的最后持有人。

第四百四十五条 人民法院收到公示催告的申请后,应当立即审查,并决定是否受理。经审查认为符合受理条件的,通知予以受理,并同时通知支付人停止支付;认为不符合受理条件的,七日内裁定驳回申请。

第四百四十六条 因票据丧失,申请公示催告的,人民法院应结合票据存根、丧失票据的复印件、出票人关于签发票据的证明、申请人合法取得票据的证明、银行挂失止付通知书、报案证明等证据,决定是否受理。

第四百四十七条 人民法院依照民事诉讼法第二百一十九条规定发出的受理申请的公告,应当写明下列内容:

（一）公示催告申请人的姓名或者名称；

（二）票据的种类、号码、票面金额、出票人、背书人、持票人、付款期限等事项以及其他可以申请公示催告的权利凭证的种类、号码、权利范围、权利人、义务人、行权日期等事项；

（三）申报权利的期间；

（四）在公示催告期间转让票据等权利凭证,利害关系人不申报的法律后果。

第四百四十八条 公告应当在有关报纸或者其他媒体上刊登,并于同日公布于人民法院公告栏内。人民法院所在地有证券交易所的,还应当同日在该交易所公布。

第四百四十九条 公告期间不得少于六十日,且公示催告期间届满日不得早于票据付款日后十五日。

第四百五十条 在申报期届满后、判决作出之前,利害关系人申报权利的,应当适用民事诉讼法第二百二十一条第二款、第三款规定处理。

第四百五十一条 利害关系人申报权利,人民法院应当通知其向法院出示票据,并通知公示催告申请人在指定的期间查看该票据。公示催告申请人申请公示催告的票据与利害关系人出示的票据不一致的,应当裁定驳回利害关系人的申报。

第四百五十二条 在申报权利的期间无人申报权利,或者申报被驳回的,申请人应当自公示催告期间届满之日起一个月内申请作出判决。逾期不申请判决的,终结公示催告程序。

裁定终结公示催告程序的,应当通知申请人和支付人。

第四百五十三条 判决公告之日起,公示催告申请人有权依据判决向付款人请求付款。

付款人拒绝付款,申请人向人民法院起诉,符合民事诉讼法第一百一十九条规定的起诉条件的,人民法院应予受理。

第四百五十四条 适用公示催告程序审理案件,可由审判员一人独任审理;判决宣告票据无效的,应当组成合议庭审理。

第四百五十五条 公示催告申请人撤回申请,应在公示催告前提出;公示催告期间申请撤回的,人民法院可以径行裁定终结公示催告程序。

第四百五十六条 人民法院依照民事诉讼法第二百二十条规定通知支付人停止支付,应当符合有关财产保全的规定。支付人收到停止支付通知后拒不止付的,除可依照民事诉讼法第一百一十一条、第一百一十四条规定采取强制措施外,在判决后,支付人仍应承担付款义务。

第四百五十七条 人民法院依照民事诉讼法第二百二十一条规定终结公示催告程序后,公示催告申请人或者申报人向人民法院提起诉讼,因票据权利纠纷提起的,由票据支付地或者被告住所地人民法院管辖;因非票据权利纠纷提起的,由被告住所地人民法院管辖。

第四百五十八条 依照民事诉讼法第二百二十一条规定制作的终结公示催告程序的裁定书,由审判员、书记员署名,加盖人民法院印章。

第四百五十九条 依照民事诉讼法第二百二十三条的规定,利害关系人向人民法院起诉的,人民法院可按票据纠纷适用普通程序审理。

第四百六十条 民事诉讼法第二百二十三条规定的正当理由,包括:

(一)因发生意外事件或者不可抗力致使利害关系人无法知道公告事实的;

(二)利害关系人因被限制人身自由而无法知道公告事实,或者虽然知道公告事实,但无法自己或者委托他人代为申报权利的;

(三)不属于法定申请公示催告情形的;

(四)未予公告或者未按法定方式公告的;

(五)其他导致利害关系人在判决作出前未能向人民法院申报权利的客观事由。

第四百六十一条 根据民事诉讼法第二百二十三条的规定,利害关系人请求人民法院撤销除权判决的,应当将申请人列为被告。

利害关系人仅诉请确认其为合法持票人的,人民法院应当在裁判文书中写明,确认利害关系人为票据权利人的判决作出后,除权判决即被撤销。

二十一、执 行 程 序

第四百六十二条 发生法律效力的实现担保物权裁定、确认调解协议裁定、支付令,由作出裁定、支付令的人民法院或者与其同级的被执行财产所在地的人民法院执行。

认定财产无主的判决,由作出判决的人民法院将无主财产收归国家或者集体所有。

第四百六十三条 当事人申请人民法院执行的生效法律文书应当具备下列条件:

(一)权利义务主体明确;

(二)给付内容明确。

法律文书确定继续履行合同的,应当明确继续履行的具体内容。

第四百六十四条 根据民事诉讼法第二百二十七条规定,案外人对执行标的提出异议的,应当在该执行标的执行程序终结前提出。

第四百六十五条 案外人对执行标的提出的异议,经审查,按照下列情形分别处理:

(一)案外人对执行标的不享有足以排除强制执行的权益的,裁定驳回其异议;

(二)案外人对执行标的享有足以排除强制执行的权益的,裁定中止执行。

驳回案外人执行异议裁定送达案外

人之日起十五日内,人民法院不得对执行标的进行处分。

第四百六十六条　申请执行人与被执行人达成和解协议后请求中止执行或者撤回执行申请的,人民法院可以裁定中止执行或者终结执行。

第四百六十七条　一方当事人不履行或者不完全履行在执行中双方自愿达成的和解协议,对方当事人申请执行原生效法律文书的,人民法院应当恢复执行,但和解协议已履行的部分应当扣除。和解协议已经履行完毕的,人民法院不予恢复执行。

第四百六十八条　申请恢复执行原生效法律文书,适用民事诉讼法第二百三十九条申请执行期间的规定。申请执行期间因达成执行中的和解协议而中断,其期间自和解协议约定履行期限的最后一日起重新计算。

第四百六十九条　人民法院依照民事诉讼法第二百三十一条规定决定暂缓执行的,如果担保是有期限的,暂缓执行的期限应当与担保期限一致,但最长不得超过一年。被执行人或者担保人对担保的财产在暂缓执行期间有转移、隐藏、变卖、毁损等行为的,人民法院可以恢复强制执行。

第四百七十条　根据民事诉讼法第二百三十一条规定向人民法院提供执行担保的,可以由被执行人或者他人提供财产担保,也可以由他人提供保证。担保人应当具有代为履行或者代为承担赔偿责任的能力。

他人提供执行保证的,应当向执行法院出具保证书,并将保证书副本送交申请执行人。被执行人或者他人提供财产担保的,应当参照物权法、担保法的有关规定办理相应手续。

第四百七十一条　被执行人在人民法院决定暂缓执行的期限届满后仍不履行义务的,人民法院可以直接执行担保财产,或者裁定执行担保人的财产,但执行担保人的财产以担保人应当履行义务部分的财产为限。

第四百七十二条　依照民事诉讼法第二百三十二条规定,执行中作为被执行人的法人或者其他组织分立、合并的,人民法院可以裁定变更后的法人或者其他组织为被执行人;被注销的,如果依照有关实体法的规定有权利义务承受人的,可以裁定该权利义务承受人为被执行人。

第四百七十三条　其他组织在执行中不能履行法律文书确定的义务的,人民法院可以裁定执行对该其他组织依法承担义务的法人或者公民个人的财产。

第四百七十四条　在执行中,作为被执行人的法人或者其他组织名称变更的,人民法院可以裁定变更后的法人或者其他组织为被执行人。

第四百七十五条　作为被执行人的公民死亡,其遗产继承人没有放弃继承的,人民法院可以裁定变更被执行人,由该继承人在遗产的范围内偿还债务。继承人放弃继承的,人民法院可以直接执行被执行人的遗产。

第四百七十六条　法律规定由人民法院执行的其他法律文书执行完毕后,该法律文书被有关机关或者组织依法撤销的,经当事人申请,适用民事诉讼法第二百三十三条规定。

第四百七十七条　仲裁机构裁决的事项,部分有民事诉讼法第二百三十七条第二款、第三款规定情形的,人民法院应当裁定对该部分不予执行。

应当不予执行部分与其他部分不可分的,人民法院应当裁定不予执行仲裁裁决。

第四百七十八条 依照民事诉讼法第二百三十七条第二款、第三款规定,人民法院裁定不予执行仲裁裁决后,当事人对该裁定提出执行异议或者复议的,人民法院不予受理。当事人可以就该民事纠纷重新达成书面仲裁协议申请仲裁,也可以向人民法院起诉。

第四百七十九条 在执行中,被执行人通过仲裁程序将人民法院查封、扣押、冻结的财产确权或者分割给案外人的,不影响人民法院执行程序的进行。

案外人不服的,可以根据民事诉讼法第二百二十七条规定提出异议。

第四百八十条 有下列情形之一的,可以认定为民事诉讼法第二百三十八条第二款规定的公证债权文书确有错误:

(一)公证债权文书属于不得赋予强制执行效力的债权文书的;

(二)被执行人一方未亲自或者未委托代理人到场公证等严重违反法律规定的公证程序的;

(三)公证债权文书的内容与事实不符或者违反法律强制性规定的;

(四)公证债权文书未载明被执行人不履行义务或者不完全履行义务时同意接受强制执行的。

人民法院认定执行该公证债权文书违背社会公共利益的,裁定不予执行。

公证债权文书被裁定不予执行后,当事人、公证事项的利害关系人可以就债权争议提起诉讼。

第四百八十一条 当事人请求不予执行仲裁裁决或者公证债权文书的,应当在执行终结前向执行法院提出。

第四百八十二条 人民法院应当在收到申请执行书或者移交执行书后十日内发出执行通知。

执行通知中除应责令被执行人履行法律文书确定的义务外,还应通知其承担民事诉讼法第二百五十三条规定的迟延履行利息或者迟延履行金。

第四百八十三条 申请执行人超过申请执行时效期间向人民法院申请强制执行的,人民法院应予受理。被执行人对申请执行时效期间提出异议,人民法院经审查异议成立的,裁定不予执行。

被执行人履行全部或者部分义务后,又以不知道申请执行时效期间届满为由请求执行回转的,人民法院不予支持。

第四百八十四条 对必须接受调查询问的被执行人、被执行人的法定代表人、负责人或者实际控制人,经依法传唤无正当理由拒不到场的,人民法院可以拘传其到场。

人民法院应当及时对被拘传人进行调查询问,调查询问的时间不得超过八小时;情况复杂,依法可能采取拘留措施的,调查询问的时间不得超过二十四小时。

人民法院在本辖区以外采取拘传措施时,可以将被拘传人拘传到当地人民法院,当地人民法院应予协助。

第四百八十五条 人民法院有权查询被执行人的身份信息与财产信息,掌握相关信息的单位和个人必须按照协助执行通知书办理。

第四百八十六条 对被执行的财产,人民法院非经查封、扣押、冻结不得处分。对银行存款等各类可以直接扣划的财产,人民法院的扣划裁定同时具有冻结的法律效力。

第四百八十七条 人民法院冻结被

执行人的银行存款的期限不得超过一年，查封、扣押动产的期限不得超过两年，查封不动产、冻结其他财产权的期限不得超过三年。

申请执行人申请延长期限的，人民法院应当在查封、扣押、冻结期限届满前办理续行查封、扣押、冻结手续，续行期限不得超过前款规定的期限。

人民法院也可以依职权办理续行查封、扣押、冻结手续。

第四百八十八条 依照民事诉讼法第二百四十七条规定，人民法院在执行中需要拍卖被执行人财产的，可以由人民法院自行组织拍卖，也可以交由具备相应资质的拍卖机构拍卖。

交拍卖机构拍卖的，人民法院应当对拍卖活动进行监督。

第四百八十九条 拍卖评估需要对现场进行检查、勘验的，人民法院应当责令被执行人、协助义务人予以配合。被执行人、协助义务人不予配合的，人民法院可以强制进行。

第四百九十条 人民法院在执行中需要变卖被执行人财产的，可以交有关单位变卖，也可以由人民法院直接变卖。

对变卖的财产，人民法院或者其工作人员不得买受。

第四百九十一条 经申请执行人和被执行人同意，且不损害其他债权人合法权益和社会公共利益的，人民法院可以不经拍卖、变卖，直接将被执行人的财产作价交申请执行人抵偿债务。对剩余债务，被执行人应当继续清偿。

第四百九十二条 被执行人的财产无法拍卖或者变卖的，经申请执行人同意，且不损害其他债权人合法权益和社会公共利益的，人民法院可以将该项财产作价后交付申请执行人抵偿债务，或者交付申请执行人管理；申请执行人拒绝接收或者管理的，退回被执行人。

第四百九十三条 拍卖成交或者依法定程序裁定以物抵债的，标的物所有权自拍卖成交裁定或者抵债裁定送达买受人或者接受抵债物的债权人时转移。

第四百九十四条 执行标的物为特定物的，应当执行原物。原物确已毁损或者灭失的，经双方当事人同意，可以折价赔偿。

双方当事人对折价赔偿不能协商一致的，人民法院应当终结执行程序。申请执行人可以另行起诉。

第四百九十五条 他人持有法律文书指定交付的财物或者票证，人民法院依照民事诉讼法第二百四十九条第二款、第三款规定发出协助执行通知后，拒不转交的，可以强制执行，并可依照民事诉讼法第一百一十四条、第一百一十五条规定处理。

他人持有期间财物或者票证毁损、灭失的，参照本解释第四百九十四条规定处理。

他人主张合法持有财物或者票证的，可以根据民事诉讼法第二百二十七条规定提出执行异议。

第四百九十六条 在执行中，被执行人隐匿财产、会计账簿等资料的，人民法院除可依照民事诉讼法第一百一十一条第一款第六项规定对其处理外，还应责令被执行人交出隐匿的财产、会计账簿等资料。被执行人拒不交出的，人民法院可以采取搜查措施。

第四百九十七条 搜查人员应当按规定着装并出示搜查令和工作证件。

第四百九十八条 人民法院搜查时

禁止无关人员进入搜查现场;搜查对象是公民的,应当通知被执行人或者他的成年家属以及基层组织派员到场;搜查对象是法人或者其他组织的,应当通知法定代表人或者主要负责人到场。拒不到场的,不影响搜查。

搜查妇女身体,应当由女执行人员进行。

第四百九十九条 搜查中发现应当依法采取查封、扣押措施的财产,依照民事诉讼法第二百四十五条第二款和第二百四十七条规定办理。

第五百条 搜查应当制作搜查笔录,由搜查人员、被搜查人及其他在场人签名、捺印或者盖章。拒绝签名、捺印或者盖章的,应当记入搜查笔录。

第五百零一条 人民法院执行被执行人对他人的到期债权,可以作出冻结债权的裁定,并通知该他人向申请执行人履行。

该他人对到期债权有异议,申请执行人请求对异议部分强制执行的,人民法院不予支持。利害关系人对到期债权有异议,人民法院应当按照民事诉讼法第二百二十七条规定处理。

对生效法律文书确定的到期债权,该他人予以否认的,人民法院不予支持。

第五百零二条 人民法院在执行中需要办理房产证、土地证、林权证、专利证书、商标证书、车船执照等有关财产权证照转移手续的,可以依照民事诉讼法第二百五十一条规定办理。

第五百零三条 被执行人不履行生效法律文书确定的行为义务,该义务可由他人完成的,人民法院可以选定代履行人;法律、行政法规对履行该行为义务有资格限制的,应当从有资格的人中选定。

必要时,可以通过招标的方式确定代履行人。

申请执行人可以在符合条件的人中推荐代履行人,也可以申请自己代为履行,是否准许,由人民法院决定。

第五百零四条 代履行费用的数额由人民法院根据案件具体情况确定,并由被执行人在指定期限内预先支付。被执行人未预付的,人民法院可以对该费用强制执行。

代履行结束后,被执行人可以查阅、复制费用清单以及主要凭证。

第五百零五条 被执行人不履行法律文书指定的行为,且该项行为只能由被执行人完成的,人民法院可以依照民事诉讼法第一百一十一条第一款第六项规定处理。

被执行人在人民法院确定的履行期间内仍不履行的,人民法院可以依照民事诉讼法第一百一十一条第一款第六项规定再次处理。

第五百零六条 被执行人迟延履行的,迟延履行期间的利息或者迟延履行金自判决、裁定和其他法律文书指定的履行期间届满之日起计算。

第五百零七条 被执行人未按判决、裁定和其他法律文书指定的期间履行非金钱给付义务的,无论是否已给申请执行人造成损失,都应当支付迟延履行金。已经造成损失的,双倍补偿申请执行人已经受到的损失;没有造成损失的,迟延履行金可以由人民法院根据具体案件情况决定。

第五百零八条 被执行人为公民或者其他组织,在执行程序开始后,被执行人的其他已经取得执行依据的债权人发现被执行人的财产不能清偿所有债权的,可以向人民法院申请参与分配。

对人民法院查封、扣押、冻结的财产有优先权、担保物权的债权人，可以直接申请参与分配，主张优先受偿权。

第五百零九条 申请参与分配，申请人应当提交申请书。申请书应当写明参与分配和被执行人不能清偿所有债权的事实、理由，并附有执行依据。

参与分配申请应当在执行程序开始后，被执行人的财产执行终结前提出。

第五百一十条 参与分配执行中，执行所得价款扣除执行费用，并清偿应当优先受偿的债权后，对于普通债权，原则上按照其占全部申请参与分配债权数额的比例受偿。清偿后的剩余债务，被执行人应当继续清偿。债权人发现被执行人有其他财产的，可以随时请求人民法院执行。

第五百一十一条 多个债权人对执行财产申请参与分配的，执行法院应当制作财产分配方案，并送达各债权人和被执行人。债权人或者被执行人对分配方案有异议的，应当自收到分配方案之日起十五日内向执行法院提出书面异议。

第五百一十二条 债权人或者被执行人对分配方案提出书面异议的，执行法院应当通知未提出异议的债权人、被执行人。

未提出异议的债权人、被执行人自收到通知之日起十五日内未提出反对意见的，执行法院依异议人的意见对分配方案审查修正后进行分配；提出反对意见的，应当通知异议人。异议人可以自收到通知之日起十五日内，以提出反对意见的债权人、被执行人为被告，向执行法院提起诉讼；异议人逾期未提起诉讼的，执行法院按照原分配方案进行分配。

诉讼期间进行分配的，执行法院应当提存与争议债权数额相应的款项。

第五百一十三条 在执行中，作为被执行人的企业法人符合企业破产法第二条第一款规定情形的，执行法院经申请执行人之一或者被执行人同意，应当裁定中止对该被执行人的执行，将执行案件相关材料移送被执行人住所地人民法院。

第五百一十四条 被执行人住所地人民法院应当自收到执行案件相关材料之日起三十日内，将是否受理破产案件的裁定告知执行法院。不予受理的，应当将相关案件材料退回执行法院。

第五百一十五条 被执行人住所地人民法院裁定受理破产案件的，执行法院应当解除对被执行人财产的保全措施。被执行人住所地人民法院裁定宣告被执行人破产的，执行法院应当裁定终结对该被执行人的执行。

被执行人住所地人民法院不受理破产案件的，执行法院应当恢复执行。

第五百一十六条 当事人不同意移送破产或者被执行人住所地人民法院不受理破产案件的，执行法院就执行变价所得财产，在扣除执行费用及清偿优先受偿的债权后，对于普通债权，按照财产保全和执行中查封、扣押、冻结财产的先后顺序清偿。

第五百一十七条 债权人根据民事诉讼法第二百五十四条规定请求人民法院继续执行的，不受民事诉讼法第二百三十九条规定申请执行时效期间的限制。

第五百一十八条 被执行人不履行法律文书确定的义务的，人民法院除对执行人予以处罚外，还可以根据情节将其纳入失信被执行人名单，将被执行人不履行或者不完全履行义务的信息向其所在单位、征信机构以及其他相关机构通报。

第五百一十九条 经过财产调查未发现可供执行的财产,在申请执行人签字确认或者执行法院组成合议庭审查核实并经院长批准后,可以裁定终结本次执行程序。

依照前款规定终结执行后,申请执行人发现被执行人有可供执行财产的,可以再次申请执行。再次申请不受申请执行时效期间的限制。

第五百二十条 因撤销申请而终结执行后,当事人在民事诉讼法第二百三十九条规定的申请执行时效期间内再次申请执行的,人民法院应当受理。

第五百二十一条 在执行终结六个月内,被执行人或者其他人对已执行的标的有妨害行为的,人民法院可以依申请排除妨害,并可以依照民事诉讼法第一百一十一条规定进行处罚。因妨害行为给执行债权人或者其他人造成损失的,受害人可以另行起诉。

二十二、涉外民事诉讼程序的特别规定

第五百二十二条 有下列情形之一,人民法院可以认定为涉外民事案件:

(一)当事人一方或者双方是外国人、无国籍人、外国企业或者组织的;

(二)当事人一方或者双方的经常居所地在中华人民共和国领域外的;

(三)标的物在中华人民共和国领域外的;

(四)产生、变更或者消灭民事关系的法律事实发生在中华人民共和国领域外的;

(五)可以认定为涉外民事案件的其他情形。

第五百二十三条 外国人参加诉讼,应当向人民法院提交护照等用以证明自己身份的证件。

外国企业或者组织参加诉讼,向人民法院提交的身份证明文件,应当经所在国公证机关公证,并经中华人民共和国驻该国使领馆认证,或者履行中华人民共和国与该所在国订立的有关条约中规定的证明手续。

代表外国企业或者组织参加诉讼的人,应当向人民法院提交其有权作为代表人参加诉讼的证明,该证明应当经所在国公证机关公证,并经中华人民共和国驻该国使领馆认证,或者履行中华人民共和国与该所在国订立的有关条约中规定的证明手续。

本条所称的"所在国",是指外国企业或者组织的设立登记地国,也可以是办理了营业登记手续的第三国。

第五百二十四条 依照民事诉讼法第二百六十四条以及本解释第五百二十三条规定,需要办理公证、认证手续,而外国当事人所在国与中华人民共和国没有建立外交关系的,可以经该国公证机关公证,经与中华人民共和国有外交关系的第三国驻该国使领馆认证,再转由中华人民共和国驻该第三国使领馆认证。

第五百二十五条 外国人、外国企业或者组织的代表人在人民法院法官的见证下签署授权委托书,委托代理人进行民事诉讼的,人民法院应予认可。

第五百二十六条 外国人、外国企业或者组织的代表人在中华人民共和国境内签署授权委托书,委托代理人进行民事诉讼,经中华人民共和国公证机构公证

的,人民法院应予认可。

第五百二十七条 当事人向人民法院提交的书面材料是外文的,应当同时向人民法院提交中文翻译件。

当事人对中文翻译件有异议的,应当共同委托翻译机构提供翻译文本;当事人对翻译机构的选择不能达成一致的,由人民法院确定。

第五百二十八条 涉外民事诉讼中的外籍当事人,可以委托本国人为诉讼代理人,也可以委托本国律师以非律师身份担任诉讼代理人;外国驻华使领馆官员,受本国公民的委托,可以个人名义担任诉讼代理人,但在诉讼中不享有外交或者领事特权和豁免。

第五百二十九条 涉外民事诉讼中,外国驻华使领馆授权其本馆官员,在作为当事人的本国国民不在中华人民共和国领域内的情况下,可以以外交代表身份为其本国国民在中华人民共和国聘请中华人民共和国律师或者中华人民共和国公民代理民事诉讼。

第五百三十条 涉外民事诉讼中,经调解双方达成协议,应当制发调解书。当事人要求发给判决书的,可以依协议的内容制作判决书送达当事人。

第五百三十一条 涉外合同或者其他财产权益纠纷的当事人,可以书面协议选择被告住所地、合同履行地、合同签订地、原告住所地、标的物所在地、侵权行为地等与争议有实际联系地点的外国法院管辖。

根据民事诉讼法第三十三条和第二百六十六条规定,属于中华人民共和国法院专属管辖的案件,当事人不得协议选择外国法院管辖,但协议选择仲裁的除外。

第五百三十二条 涉外民事案件同时符合下列情形的,人民法院可以裁定驳回原告的起诉,告知其向更方便的外国法院提起诉讼:

(一)被告提出案件应由更方便外国法院管辖的请求,或者提出管辖异议;

(二)当事人之间不存在选择中华人民共和国法院管辖的协议;

(三)案件不属于中华人民共和国法院专属管辖;

(四)案件不涉及中华人民共和国国家、公民、法人或者其他组织的利益;

(五)案件争议的主要事实不是发生在中华人民共和国境内,且案件不适用中华人民共和国法律,人民法院审理案件在认定事实和适用法律方面存在重大困难;

(六)外国法院对案件享有管辖权,且审理该案件更加方便。

第五百三十三条 中华人民共和国法院和外国法院都有管辖权的案件,一方当事人向外国法院起诉,而另一方当事人向中华人民共和国法院起诉的,人民法院可予受理。判决后,外国法院申请或者当事人请求人民法院承认和执行外国法院对本案作出的判决、裁定的,不予准许;但双方共同缔结或者参加的国际条约另有规定的除外。

外国法院判决、裁定已经被人民法院承认,当事人就同一争议向人民法院起诉的,人民法院不予受理。

第五百三十四条 对在中华人民共和国领域内没有住所的当事人,经用公告方式送达诉讼文书,公告期满不应诉,人民法院缺席判决后,仍应当将裁判文书依照民事诉讼法第二百六十七条第八项规定公告送达。自公告送达裁判文书满三个月之日起,经过三十日的上诉期当事人没有上诉的,一审判决即发生法律效力。

第五百三十五条 外国人或者外国企业、组织的代表人、主要负责人在中华人民共和国领域内的,人民法院可以向该自然人或者外国企业、组织的代表人、主要负责人送达。

外国企业、组织的主要负责人包括该企业、组织的董事、监事、高级管理人员等。

第五百三十六条 受送达人所在国允许邮寄送达的,人民法院可以邮寄送达。

邮寄送达时应当附有送达回证。受送达人未在送达回证上签收但在邮件回执上签收的,视为送达,签收日期为送达日期。

自邮寄之日起满三个月,如果未收到送达的证明文件,且根据各种情况不足以认定已经送达的,视为不能用邮寄方式送达。

第五百三十七条 人民法院一审时采取公告方式向当事人送达诉讼文书的,二审时可径行采取公告方式向其送达诉讼文书,但人民法院能够采取公告方式之外的其他方式送达的除外。

第五百三十八条 不服第一审人民法院判决、裁定的上诉期,对在中华人民共和国领域内有住所的当事人,适用民事诉讼法第一百六十四条规定的期限;对在中华人民共和国领域内没有住所的当事人,适用民事诉讼法第二百六十九条规定的期限。当事人的上诉期均已届满没有上诉的,第一审人民法院的判决、裁定即发生法律效力。

第五百三十九条 人民法院对涉外民事案件的当事人申请再审进行审查的期间,不受民事诉讼法第二百零四条规定的限制。

第五百四十条 申请人向人民法院申请执行中华人民共和国涉外仲裁机构的裁决,应当提出书面申请,并附裁决书正本。如申请人为外国当事人,其申请书应当用中文文本提出。

第五百四十一条 人民法院强制执行涉外仲裁机构的仲裁裁决时,被执行人以有民事诉讼法第二百七十四条第一款规定的情形为由提出抗辩的,人民法院应当对被执行人的抗辩进行审查,并根据审查结果裁定执行或者不予执行。

第五百四十二条 依照民事诉讼法第二百七十二条规定,中华人民共和国涉外仲裁机构将当事人的保全申请提交人民法院裁定的,人民法院可以进行审查,裁定是否进行保全。裁定保全的,应当责令申请人提供担保,申请人不提供担保的,裁定驳回申请。

当事人申请证据保全,人民法院经审查认为无需提供担保的,申请人可以不提供担保。

第五百四十三条 申请人向人民法院申请承认和执行外国法院作出的发生法律效力的判决、裁定,应当提交申请书,并附外国法院作出的发生法律效力的判决、裁定正本或者经证明无误的副本以及中文译本。外国法院判决、裁定为缺席判决、裁定的,申请人应当同时提交该外国法院已经合法传唤的证明文件,但判决、裁定已经对此予以明确说明的除外。

中华人民共和国缔结或者参加的国际条约对提交文件有规定的,按照规定办理。

第五百四十四条 当事人向中华人民共和国有管辖权的中级人民法院申请承认和执行外国法院作出的发生法律效力的判决、裁定的,如果该法院所在国与中华人民共和国没有缔结或者共同参加国际条约，也没有互惠关系的，裁定驳回申请，但当事人向人民法院申请承认外国法院作出的发生法律效力的离婚判决的除外。

承认和执行申请被裁定驳回的，当事人可以向人民法院起诉。

第五百四十五条 对临时仲裁庭在中华人民共和国领域外作出的仲裁裁决，一方当事人向人民法院申请承认和执行的，人民法院应当依照民事诉讼法第二百八十三条规定处理。

第五百四十六条 对外国法院作出的发生法律效力的判决、裁定或者外国仲裁裁决，需要中华人民共和国法院执行的，当事人应当先向人民法院申请承认。人民法院经审查，裁定承认后，再根据民事诉讼法第三编的规定予以执行。

当事人仅申请承认而未同时申请执行的，人民法院仅对应否承认进行审查并作出裁定。

第五百四十七条 当事人申请承认和执行外国法院作出的发生法律效力的判决、裁定或者外国仲裁裁决的期间，适用民事诉讼法第二百三十九条的规定。

当事人仅申请承认而未同时申请执行的，申请执行的期间自人民法院对承认申请作出的裁定生效之日起重新计算。

第五百四十八条 承认和执行外国法院作出的发生法律效力的判决、裁定或者外国仲裁裁决的案件，人民法院应当组成合议庭进行审查。

人民法院应当将申请书送达被申请人。被申请人可以陈述意见。

人民法院经审查作出的裁定，一经送达即发生法律效力。

第五百四十九条 与中华人民共和国没有司法协助条约又无互惠关系的国家的法院，未通过外交途径，直接请求人民法院提供司法协助的，人民法院应予退回，并说明理由。

第五百五十条 当事人在中华人民共和国领域外使用中华人民共和国法院的判决书、裁定书，要求中华人民共和国法院证明其法律效力的，或者外国法院要求中华人民共和国法院证明判决书、裁定书的法律效力的，作出判决、裁定的中华人民共和国法院，可以本法院的名义出具证明。

第五百五十一条 人民法院审理涉及香港、澳门特别行政区和台湾地区的民事诉讼案件，可以参照适用涉外民事诉讼程序的特别规定。

二十三、附　　则

第五百五十二条 本解释公布施行后，最高人民法院于1992年7月14日发布的《关于适用〈中华人民共和国民事诉讼法〉若干问题的意见》同时废止；最高人民法院以前发布的司法解释与本解释不一致的，不再适用。

第三部分 国际条约

承认及执行外国仲裁裁决公约

[该公约于1958年6月10日订于纽约,1959年6月7日生效。1986年12月2日第六届全国人民代表大会常务委员会第十八次会议决定我国加入;中华人民共和国政府于1987年1月22日交存加入书,该公约于1987年4月22日对我生效]

第一条 (1)由于自然人或法人间的争执而引起的仲裁裁决,在一个国家的领土内作成,而在另一个国家请求承认和执行时,适用本公约。在一个国家请求承认和执行这个国家不认为是本国裁决的仲裁裁决时,也适用本公约。

(2)"仲裁裁决"不仅包括由为每一案件选定的仲裁员所作出的裁决,而且也包括由常设仲裁机构经当事人的提请而作出的裁决。

(3)任何缔约国在签署、批准或者加入本公约或者根据第10条通知扩延的时候,可以在互惠的基础上声明,本国只对另一缔约国领土内所作成的仲裁裁决的承认和执行,适用本公约。它也可以声明,本国只对根据本国法律属于商事的法律关系,不论是不是合同关系,所引起的争执适用本公约。

第二条 (1)如果双方当事人书面协议把由于同某个可以通过仲裁方式解决的事项有关的特定的法律关系,不论是不是合同关系,所已产生或可能产生的全部或任何争执提交仲裁,每一个缔约国应该承认这种协议。

(2)"书面协议"包括当事人所签署的或者来往书信、电报中所包含的合同中的仲裁条款和仲裁协议。

(3)如果缔约国的法院受理一个案件,而就这案件所涉及的事项,当事人已经达成本条意义内的协议时,除非该法院查明该项协议是无效的、未生效的或不可能实行的,应该依一方当事人的请求,令当事人把案件提交仲裁。

第三条 在以下各条所规定的条件下,每一个缔约国应该承认仲裁裁决有约束力,并且依照裁决需其承认或执行的地方程序规则予以执行。对承认或执行本公约所适用的仲裁裁决,不应该比对承认或执行本国的仲裁裁决规定实质上较烦的条件或较高的费用。

第四条 (1)为了获得前条所提到的承认和执行,申请承认和执行裁决的当事人应该在申请的时候提供:

(一)经正式认证的裁决正本或经正式证明的副本。

(二)第二条所提到的协议正本或经正式证明的副本。

(三)如果上述裁决或协议不是用裁

决需其承认或执行的国家的正式语言作成，申请承认和执行裁决的当事人应该提出这些文件的此种译文。译文应该由一官方的或宣过誓的译员或一外交或领事代理人证明。

第五条 （1）被请求承认或执行裁决的管辖当局只有在作为裁决执行对象的当事人提出有关下列情况的证明的时候，才可以根据该当事人的要求，拒绝承认和执行该裁决：

（一）第二条所述的协议的双方当事人，根据对他们适用的法律，当时是处于某种无行为能力的情况之下；或者根据双方当事人选定适用的法律，或在没有这种选定的时候，根据作出裁决的国家的法律，下述协议是无效的；或者

（二）作为裁决执行对象的当事人，没有被给予指定仲裁员或者进行仲裁程序的适当通知，或者由于其他情况而不能对案件提出意见，或者

（三）裁决涉及仲裁协议所没有提到的，或者不包括仲裁协议规定之内的争执；或者裁决内含有对仲裁协议范围以外事项的决定；但是，对于仲裁协议范围以内的事项的决定，如果可以和对于仲裁协议范围以外的事项的决定分开，那么，这一部分的决定仍然可予以承认和执行；或者

（四）仲裁庭的组成或仲裁程序同当事人间的协议不符，或当事人间没有这种协议时，同进行仲裁的国家的法律不符；或者

（五）裁决对当事人还没有约束力，或者裁决已经由作出裁决的国家或据其法律作出裁决的国家的管辖当局撤销或停止执行。

（2）被请求承认和执行仲裁裁决的国家的管辖当局如果查明有下列情况，也可以拒绝承认和执行：

（一）争执的事项，依照这个国家的法律，不可以用仲裁方式解决；或者

（二）承认或执行该项裁决将和这个国家的公共秩序相抵触。

第六条 如果已经向第五条（1）（五）所提到的管辖当局提出了撤销或停止执行仲裁裁决的申请，被请求承认或执行该项裁决的当局如果认为适当，可以延期作出关于执行裁决的决定，也可以依请求执行裁决的当事人的申请，命令对方当事人提供适当的担保。

第七条 （1）本公约的规定不影响缔约国参加的有关承认和执行仲裁裁决的多边或双边协定的效力，也不剥夺有关当事人在被请求承认或执行某一裁决的国家的法律或条约所许可的方式和范围内，可能具有的利用该仲裁裁决的任何权利。

（2）1923年关于仲裁条款的日内瓦议定书和1927年关于执行外国仲裁裁决的日内瓦公约，对本公约的缔约国，在它们开始受本公约约束的时候以及在它们受本公约约束的范围以内失效。

第八条 （1）本公约在1958年12月31日以前开放供联合国任何会员国，现在或今后是联合国专门机构成员的任何其他国家，现在或今后是国际法院规章缔约国的任何其他国家，或者经联合国大会邀请的任何其他国家的代表签署。

（2）本公约须经批准，批准书应当交存联合国秘书长。

第九条 （1）第八条所提到的一切国家都可以加入本公约。

（2）加入本公约应当将加入书交存联合国秘书长处。

第十条 （1）任何国家在签署、批准或加入本公约的时候，都可以声明：本公约将扩延到国际关系由该国负责一切或任何地区。这种声明在本公约对该国生效的时候生效。

（2）在签署、批准或加入本公约之后，要作这种扩延，应该通知联合国秘书长，并从联合国秘书长接到通知之后九十日起，或从本公约对该国生效之日起，取其在后者生效。

（3）关于在签署、批准或加入本公约的时候，本公约所没有扩延到的地区，各有关国家应当考虑采取必要步骤的可能性，以便使本公约的适用范围能够扩延到这些地区；但是，在有宪法上的必要时，须取得这些地区的政府的同意。

第十一条 （1）对于联邦制或者非单一制国家应当适用下列规定：

（一）关于属于联邦当局立法权限内的本公约条款，联邦政府的义务同非联邦制缔约国政府的义务一样。

（二）关于属于联邦成员或省立法权限内的本公约条款，如果联邦成员或省根据联邦宪法制度没有采取立法行动的义务，联邦政府应当尽早地把这些条款附以积极的建议以唤起联邦成员或省的相应机关的注意。

（三）本公约的联邦国家缔约国，根据任何其他缔约国通过联合国秘书长而提出的请求，应当提供关于该联邦及其构成单位有关本公约任何具体规定的法律和习惯，以表明已经在什么范围内采取立法或其他行动使该项规定生效。

第十二条 （1）本公约从第三个国家交存批准书或加入书之日后九十日起生效。

（2）在第三个国家交存批准书或加入书以后，本公约从每个国家交存批准书或加入书后九十日起对该国生效。

第十三条 （1）任何缔约国可以用书面通知联合国秘书长退出本公约。退约从秘书长接到通知之日后一年起生效。

（2）依照第十条规定提出声明或者通知的任何国家，随时都可以通知秘书长，声明从秘书长接到通知之日后一年起，本公约停止扩延到有关地区。

（3）对于在退约生效以前已经进入承认或执行程序的仲裁裁决，本公约应继续适用。

第十四条 缔约国除了自己有义务适用本公约的情况外，无权利用本公约对抗其他缔约国。

第十五条 联合国秘书长应当将下列事项通知第八条中所提到的国家：

（一）依照第八条的规定签署和批准本公约；

（二）依照第九条的规定加入本公约；

（三）依照第一、十和十一条的规定的声明和通知；

（四）依照第十二条所规定的本公约的生效日期；

（五）依照第十三条所规定的退约和通知。

第十六条 （1）本公约的中、英、法、俄和西班牙各文本同等有效，由联合国档案处保存。

（2）联合国秘书长应当把经过证明的本公约副本送达第八条所提到的国家。

关于向国外送达民事或商事司法文书和司法外文书公约

[1965年11月15日订于海牙。中华人民共和国政府于1991年5月3日交存加入书。1992年1月1日该公约对我国生效]

本公约签字国，

希望为保证诉讼和非诉讼文件及时送达国外收件人创造适当条件，

愿意在司法上相互协助、简化并加快诉讼程序，

决定为此目的制定一项公约，并议定条款如下：

第一条 本公约适用于民商事件向外国送达诉讼或非诉讼文件的所有场合。本公约不适用于送达文件的收件人地址不明的情况。

第一章 诉讼文件

第二条 每个缔约国应指定一个中央机关负责依照第三条至第六条规定，接受来自另一个缔约国送达或通知的请求，并负责送交。

该中央机关应按照其本国法律组成。

第三条 根据请求国法律主管机关或司法官员应向被请求国的中央机关递交一份符合本公约附件格式的请求书。此项请求书无需认证或其他类似手续。

请求书必须附同须送达的诉讼文件或其副本各一式二份。

第四条 如中央机关认为请求不符合本公约规定时，应立即通知请求人，并指出对该请求所持异议的理由。

第五条 被请求国中央机关得自行或由其适当代理机构代行送达文件或通知；或者

（一）根据被请求国法律规定的向在其境内的人送达或通知该国制作的文件的方式；或者

（二）根据请求人要求的特殊方式，但此种方式不得与被请求国的法律相抵触。

除第一款第二项的情况外，文件当然可送达自愿接受的收件人。

如果文件需要按第一款方式送达或通知，中央机关可以要求该文件用被请求国官方文字中的一种文字写成或译成。

按照本公约附件格式而提出的请求书中的摘要部分应交给收件人。

第六条 被请求国中央机关或由被请求国为此目的而指定的任何机关应依照本公约附件格式拟制证明书。

证明书应详述执行请求的情况；指明执行的方式、地点和日期以及接受文件的人。如果请求未经执行，证明书应说明执行受阻的事实。

如证明书并非由中央机关或司法机关作出时，请求人可以要求此类机关之一在证书中签署。

证明书应直接寄给请求人。

第七条 本公约附件格式中所记载的内容必须用法文或英文撰写，也可用请求国的官方文字或其中的一种文字撰写。

此类记载项目的空白应用被请求国文字填写，或者用法文或英文填写。

第八条 每个缔约国都有权不受约束地通过其外交人员或领事将文件送达或通知在国外的人员。

每个国家都可以宣布反对在其境内行使上款规定的权利，除非该文件是向制

作文件的国家的本国公民送达或通知。

第九条 此外,每个缔约国有权使用领事途径为送达或通知的目的将文件转交给另一个缔约国指定的机关。

如有特殊情况,每个缔约国有权为同样的目的而使用外交途径。

第十条 除非目的地国提出异议,本公约不妨碍:

(一)有权通过邮局直接将诉讼文件寄给在国外的人;

(二)发文件国的主管司法人员、官员或其他人员有权直接通过目的地国的主管司法人员、官员或其他人员送达和通知诉讼文件;

(三)诉讼上有利害关系的人有权直接通过目的地国的主管司法人员、官员或其他人员直接送达或通知诉讼文件。

第十一条 本公约不妨碍缔约国为送达或通知诉讼文件的目的采取与上述条文规定不同的传递途径,特别是在其各自机关之间的直接传递。

第十二条 对于缔约国的诉讼文件的送达或通知,不必支付或偿还手续费或被请求国的服务费用。

请求国应负责支付或偿还如下情况引起的费用:

(一)司法人员或依照目的地国法律有关主管人员的参与;

(二)特殊送达方式的使用。

第十三条 按照本公约规定送达或通知请求,只有在被请求国认为此项请求的执行将侵犯其主权或影响其安全时,才得被拒绝同意。

被请求国不得仅以根据其国内法对诉讼案件有专属管辖权,或者以其国内法不承认该请求所依据的诉讼方法为理由拒绝送达或通知。

在拒绝时,中央机关应立即通知请求人并说明其理由。

第十四条 为送达或通知诉讼文件的目的在传递过程中出现的困难,应通过外交途径解决。

第十五条 根据本公约规定传票或类似文件已送达或通知国外,而被告尚未到庭时,法院应延缓判决,直到下列情况被确定时为止:

(一)文件根据被请求国关于文件送达或通知在其境内的人的法律规定的方式已被送达或通知,或者

(二)文件根据本公约规定的另一个方式已有效地给被告或送至其居所,而且在上述任何一种情况下,送达、通知或转交是在使被告提出辩护有充分的时间里完成。

每一缔约国有权宣布该国法院可以不顾上款规定,尽管没有收到送达或通知或递交的证明书,如具备下列条件仍得作出判决:

(一)文件已根据本公约的一种方式递交;

(二)文件发出后已超过法院对该案允许的、至少六个月以上的限期;

(三)虽然尽了一切有用的努力,仍得不到被请求国主管机关的证明书时。

本条不妨碍法院在紧急情况下采取一切临时措施或保全措施。

第十六条 当传票或类似文件已根据公约规定递交国外送达或通知,而且对没有出庭的被告作出判决时,如具备下列条件。法院有权恢复被告因上诉期满而丧失的上诉权:

(一)被告本身没有过错而未能及时知悉上述文件得以辩护,或未能及时知悉判决得以上诉;

（二）被告的主张在表面上并不是毫无根据。

被告只有在知悉判决后合理期限内得提出恢复上诉权的申请。

每一缔约国有权声明，如恢复上诉权的申请是在其声明书上表明的日期期满后提出的，将不予受理。但此项期限应自判决宣布之日起不少于一年。

第二章　非诉讼文件

第十七条　一缔约国当局和司法官员作出的非诉讼文件可根据本公约规定的方式和条件在另一个缔约国送达或通知。

第三章　一般规定

第十八条　除中央机关外，每一缔约国还可以指定其他有权处理的机关并确定其权限的范围。

但请求人始终有权直接向中央机关提出请求。

联邦国家有权指定几个中央机关。

第十九条　本公约不影响缔约国国内法允许采用上述条文规定之外的其他方式在其境内送达或通知来自国外的文件。

第二十条　本公约不阻碍缔约国之间相互协议以免除下列条款的效力：

（一）第三条第二款关于传递的文件需一式两份的规定；

（二）第五条第三款和第七条关于使用文字的规定；

（三）第五条第四款的规定；

（四）第十二条第二款的规定。

第二十一条　每个缔约国应在提交批准或加入书同时或之后通知荷兰外交部：

（一）依照第二条和第十八条规定指定的机关；

（二）依照第六条指定负责作出证明书的主管机关；

（三）根据第九条指定有权接收由领事途径递交的文件的主管机关。

如发生下述情况，缔约国应同样告知荷兰外交部：

（一）对使用第八条和第十条规定的传递途径的异议；

（二）第十五条第二款和第十六条第三款规定的声明；

（三）对上述指定、异议和声明的所有更改。

第二十二条　本公约在批准公约的国家之间取代分别于 1905 年 7 月 17 日和 1954 年 3 月 1 日在海牙签订的关于民事诉讼程序公约的第一条至第七条，如果上述国家也是这些公约之一的缔约国。

第二十三条　本公约不影响 1905 年 7 月 17 日在海牙签订的《关于民事诉讼程序的公约》第二十三条的实施，亦不影响 1954 年 3 月 1 日在海牙签订的这一公约第二十四条的实施。

但是，只有在使用上述公约规定的同样的传递方式时，这些条文才可适用。

第二十四条　1905 年和 1954 年公约当事国间的各个补充协定应认为同样适用于本公约，除非有关国家对此另有相反协议。

第二十五条　本公约在不影响第二十二条和第二十四条的规定的同时，不减损缔约国已签署或将签署的、含有本公约所调整的有关事项规定的其他公约的效力。

第二十六条　本公约对出席海牙国际私法会议第十次会议的国家开放签字。

本公约须经批准;批准书应交存荷兰外交部。

第二十七条　本公约自第三份批准书按照第二十六条第二款的规定交存后第六十天起生效。

对于后来批准的每一签字国,本公约应自该国交存批准书后第六十天起生效。

第二十八条　未出席海牙国际私法会议第十次会议的所有国家均可在本公约依照第二十七条第一款生效以后加入本公约,加入书应交存荷兰外交部。

在荷兰外交部收到加入书并通知这一加入之后六个月内,在此之前已批准本公约的国家没有提出异议时,本公约对该国方能生效。

如果没有任何这样的异议,上款提到的期限届满后下一个月的第一天起,本公约加入国生效。

第二十九条　任何国家得在签署、批准或加入时声明本公约适用于在国际关系上由其负责的整个领土或其中的一处或数处领土,这一声明在本公约对该国生效之日起有效。

随后,此种性质的任何扩展均应通知荷兰外交部。

本公约对于扩展到的领土,自上款规定通知提出后第六十天起生效。

第三十条　本公约依照第二十七条第一款的规定自生效之日起有效期为五年,即使对后来批准或加入的国家也同。

如果未经废止声明,本公约每五年自动更新有效一次。

废止公约的声明至少在五年期满六个月前通知荷兰外交部。

废止公约的声明可限于实施公约的某些领土。

声明只对提出废止公约的国家有效,本公约对其他缔约国仍应存续有效。

第三十一条　荷兰外交部应将下列事项通知第二十六条述及的国家以及依照第二十八条规定加入的国家:

(一) 第二十六条述及的签字和批准;

(二) 依照第二十七条第一款规定本公约的生效日期;

(三) 第二十八条述及的加入及其生效日期;

(四) 第二十九条述及的扩展及其生效日期;

(五) 第二十一条述及的指定、异议和声明;

(六) 第三十条第三款述及的废止公约的声明。

下列经正式授权的代表在本公约上签署,以资证明。

本公约于 1965 年 11 月 15 日在海牙签订,用法文和英文写成,两种文本具有同等效力。正本仅此一份,将存放在荷兰政府档案库,与原文核证无误的副本通过外交途径送交每一个参加海牙国际私法会议第十次会议的国家一份。

附件:批准、加入或签署公约的国家名单

一、批准、加入名单

美国、英国、埃及、丹麦、挪威、瑞典、芬兰、日本、比利时、土耳其、法国、加拿大、以色列、葡萄牙、卢森堡、荷兰、联邦德国、意大利、希腊、西班牙、博茨瓦纳、巴巴多斯、巴基斯坦、马拉维、塞舌尔、捷克斯洛伐克、塞浦路斯、安提瓜与巴布达

二、签署名单

瑞士、爱尔兰

关于从国外调取民事或商事证据的公约[†]

［1970年3月18日于海牙国际私法会议签订,1972年10月7日生效］

本公约签字国,

希望便利请求书的转递和执行,并促进他们为此目的而采取的不同方法的协调,

希望增进相互间在民事或商事方面的司法合作,

为此目的,兹决定缔结一项公约,并议定下列各条:

第一章 请 求 书

第一条 在民事或商事案件中,每一缔约国的司法机关可以根据该国的法律规定,通过请求书的方式,请求另一缔约国主管机关调取证据或履行某些其他司法行为。

请求书不得用来调取不打算用于已经开始或即将开始的司法程序的证据。

"其他司法行为"一词不包括司法文书的送达或颁发执行判决或裁定的任何决定,或采取临时措施或保全措施的命令。

第二条 每一缔约国应指定一个中央机关负责接收来自另一缔约国司法机关的请求书,并将其转交给执行请求的主管机关。各缔约国应依其本国法律组建该中央机关。

请求书应直接送交执行国中央机关,无需通过该国任何其他机关转交。

第三条 请求书应载明:

(一) 请求执行的机关,以及如果请求机关知道,被请求执行的机关;

(二) 诉讼当事人的姓名和地址,以及如有的话,他们的代理人的姓名和地址;

(三) 需要证据的诉讼的性质,及有关的一切必要资料;

(四) 需要调取的证据或需履行的其他司法行为。

必要时,请求书还应特别载明:

(五) 需询问的人的姓名和地址;

(六) 需向被询问人提出的问题或对需询问的事项的说明;

(七) 需检查的文书或其他财产,包括不动产或动产;

(八) 证据需经宣誓或确认的任何要求,以及应使用的任何特殊格式;

(九) 依公约第九条需采用的任何特殊方式或程序。

请求书还可以载明为适用第十一条所需的任何资料。

不得要求认证或其他类似手续。

第四条 请求书应以被请求执行机关的文字作成或附该种文字的译文。

但是,除非缔约国已根据第三十三条提出保留,缔约国应该接受以英文或法文作成或附其中任何一种文字译文的请求书。

具有多种官方文字并且因国内法原因不能在其全部领土内接受由其中一种文字作成的请求书的缔约国,应通过声明方式指明请求书在其领土的特定部分内执行时应使用的文字或译文。如无正当理由而未能遵守这一声明,译成所需文字的费用由请求国负担。

每一缔约国可用声明方式指明除上述各款规定的文字以外,送交其中央机关的请求书可以使用的其他文字。

请求书所附的任何译文应经外交官员、领事代表或经宣誓的译员或经两国中的一国授权的任何其他人员证明无误。

第五条 如果中央机关认为请求书

不符合本公约的规定,应立即通知向其送交请注书的请求国机关,指明对该请求书的异议。

第六条 如被送交请求书的机关无权执行请求,应将请求书及时转交根据其国内法律规定有权执行的本国其他机关。

第七条 如请求机关提出请求,应将进行司法程序的时间和地点通知该机关,以便有关当事人和他们已有的代理人能够出席。如果请求机关提出请求,上述通知应直接送交当事人或他们的代理人。

第八条 缔约国可以声明,在执行请求时,允许另一缔约国请求机关的司法人员出席。对此,声明国可要求事先取得其指定的主管机关的授权。

第九条 执行请求书的司法机关应适用其本国法规定的方式和程序。

但是,该机关应采纳请求机关提出的采用特殊方式或程序的请求,除非其与执行国国内法相抵触或因其国内惯例和程序或存在实际困难而不可能执行。

请求书应迅速执行。

第十条 在执行请求时,被请求机关应在其国内法为执行本国机关的决定或本国诉讼中当事人的请求而规定的相同的情况和范围内,采取适当的强制措施。

第十一条 在请求书的执行过程中,在下列情况下有拒绝作证的特权或义务的有关人员,可以拒绝提供证据:

(一)根据执行国法律,或

(二)根据请求国法律,并且该项特权或义务已在请求书中列明,或应被请求机关的要求,已经请求机关另行确认。

此外,缔约国可以声明在声明指定的范围内,尊重请求国和执行国以外的其他国家法律规定的特权或义务。

第十二条 只有在下列情况下,才能拒绝执行请求书:

(一)在执行国,该请求书的执行不属于司法机关的职权范围;或

(二)被请求国认为,请求书的执行将会损害其主权和安全。

执行国不能仅因其国内法已对该项诉讼标的规定专属管辖权或不承认对该事项提起诉讼的权利为理由,拒绝执行请求。

第十三条 证明执行请求书的文书应由被请求机关采用与请求机关所采用的相同途径送交请求机关。

在请求书全部或部分未能执行的情况下,应通过相同途径及时通知请求机关,并说明原因。

第十四条 请求书的执行不产生任何性质的税费补偿。

但是,执行国有权要求请求国偿付支付给鉴定人和译员的费用和因采用请求国根据第九条第二款要求采用的特殊程序而产生的费用。

如果被请求国法律规定当事人有义务收集证据,并且被请求机关不能亲自执行请求书,在征得请求机关的同意后,被请求机关可以指定一位适当的人员执行。在征求此种同意时,被请求机关应说明采用这一程序所产生的大致费用。如果请求机关表示同意,则应偿付由此产生的任何费用;否则请求机关对该费用不承担责任。

第二章 外交官员、领事代表和特派员取证

第十五条 在民事或商事案件中,每一缔约国的外交官员或领事代表在另一缔约国境内其执行职务的区域内,可以向他所代表的国家的国民在不采取强制措

施的情况下调取证据,以协助在其代表的国家的法院中进行的诉讼。

缔约国可以声明,外交官员或领事代表只有在自己或其代表向声明国指定的适当机关递交了申请并获得允许后才能调取证据。

第十六条　在符合下列条件的情况下,每一缔约国的外交官员或领事代表在另一缔约国境内其执行职务的区域内,亦可以向他执行职务地所在国或第三国国民在不采取强制措施的情况下调取证据,以协助在其代表的国家的法院中进行的诉讼:

(一)他执行职务地所在国指定的主管机关已给予一般性或对特定案件的许可,并且

(二)他遵守主管机关在许可中设定的条件。

缔约国可以声明,无须取得事先许可即可依本条进行取证。

第十七条　在符合下列条件的情况下,在民事或商事案件中,被正式指派的特派员可以在不采取强制措施的情况下在一缔约国境内调取证据,以协助在另一缔约国法院中正在进行的诉讼:

(一)取证地国指定的主管机关已给予一般性或对特定案件的许可;并且

(二)他遵守主管机关在许可中设定的条件。

缔约国可以声明在无事先许可的情况下依本条进行取证。

第十八条　缔约国可以声明,根据第十五条、第十六条、第十七条被授权调取证据的外交官员、领事代表或特派员可以申请声明国指定的主管机关采取强制措施,对取证予以适当协助。声明中可包含声明国认为合适的条件。

如果主管机关同意该项申请,则应采取其国内法规定的适用于国内诉讼程序的一切合适的强制措施。

第十九条　主管机关在给予第十五条、第十六条或第十七条所指的许可或同意第十八条所指的申请时,可规定其认为合适的条件,特别是调取证据的时间和地点。同时,它可以要求得到有关取证的时间、日期和地点的合理的事先通知。在这种情况下,该机关的代表有权在取证时出席。

第二十条　根据本章各条取证时,有关人员可以得到合法代理。

第二十一条　如果外交官员、领事代表或特派员根据第十五条、第十六条或第十七条有权调取证据:

(一)他可以调取与取证地国法律不相抵触并不违背根据上述各条给予的任何许可的各种证据,并有权在上述限度内主持宣誓或接受确认;

(二)要求某人出席或提供证据的请求应用取证地国文字作成或附有取证地国文字的译文,除非该人为诉讼进行地国国民;

(三)请求中应通知该人,他可得到合法代理;在未根据第十八条提出声明的国家,还应通知该人他的出庭或提供证据不受强制;

(四)如果取证地国法律未禁止,可以依受理诉讼的法院所适用的法律中规定的方式调取证据;

(五)被请求提供证据的人员可以引用第十一条规定的特权和义务拒绝提供证据。

第二十二条　因为某人拒绝提供证据而未能依本章规定的程序取证的事实不妨碍随后根据第一章提出取证申请。

第三章 一般条款

第二十三条 缔约国可在签署、批准或加入时声明,不执行普通法国家的旨在进行审判前文件调查的请求书。

第二十四条 缔约国可以指定除中央机关以外的其他机关,并应决定它们的职权范围。但是在任何情况下,都可以向中央机关送交请求书。

联邦国家有权指定一个以上的中央机关。

第二十五条 有多种法律制度的缔约国可以指定其中一种制度内的机关具有执行根据本公约提出的请求书的专属权利。

第二十六条 如果因为宪法的限制,缔约国可以要求请求国偿付与执行请求书有关的送达强制某人出庭提供证据的传票的费用,该人出庭的费用,以及制作询问笔录的费用。

如果一国根据前款提出请求,任何其他缔约国可要求该国偿付同类费用。

第二十七条 本公约的规定不妨碍缔约国:

(一)声明可以通过第二条规定的途径以外的途径将请求书送交其司法机关;

(二)根据其国内法律或惯例,允许在更少限制的情况下实行本公约所规定的行为;

(三)根据其国内法律或惯例,允许以本公约规定以外的方式调取证据。

第二十八条 本公约不妨碍任何两个或两个以上的缔约国缔结协定排除下列条款的适用:

(一)第二条有关送交请求书方式的规定;

(二)第四条有关使用文字的规定;

(三)第八条有关在执行请求书时司法机关人员出席的规定;

(四)第十一条有关证人拒绝作证的特权和义务的规定;

(五)第十三条有关将执行请求书的文书送回请求机关的方式的规定;

(六)第十四条有关费用的规定;

(七)第二章的规定。

第二十九条 在同为1905年7月17日或1954年3月1日在海牙签订的两个《民事诉讼程序公约》或其中之一的当事国的本公约当事国之间,本公约取代上述两公约第八条至第十六条的规定。

第三十条 本公约不影响1905年公约第二十三条或1954年公约第二十四条规定的适用。

第三十一条 1905年和1954年公约当事国之间的补充协定应被认为同样适用于本公约,除非当事国之间另有约定。

第三十二条 在不影响本公约第二十九条和第三十一条规定的前提下,本公约不影响缔约国已经或即将成为当事国的包含本公约事项的其他公约的适用。

第三十三条 一国可在签署、批准或加入公约时,部分或全部排除第四条第二款和第二章的规定的适用。不允许作其他保留。

缔约国可随时撤回其保留;保留自撤回通知后第六十日起失去效力。

如果一国作出保留,受其影响的任何其他国家可以对保留国适用相同的规则。

第三十四条 缔约国可随时撤销或更改其声明。

第三十五条 缔约国应在交存批准书或加入书时或其后,将根据第二条、第八条、第二十四条和第二十五条指定的机关通知荷兰外交部。

缔约国还应在适当时通知荷兰外交部：

（一）根据第十五条、第十六条和第十八条的相关规定外交官员或领事代表调取证据时应向其递交通知、获取许可、请求协助的机关的指定；

（二）根据第十七条特派员取证时应获其许可和根据第十八条提供协助的机关的指定；

（三）根据第四条、第八条、第十一条、第十五条、第十六条、第十七条、第十八条、第二十三条和第二十五条所作的声明；

（四）任何对上述指定或声明的撤销或更改；

（五）保留的撤回。

第三十六条 缔约国之间因实施本公约产生的任何困难应通过外交途径解决。

第三十七条 本公约应对出席海牙国际私法会议第十一届会议的国家开放签署。

本公约需经批准。批准书应交存荷兰外交部。

第三十八条 本公约自第三十七条第二款所指的第三份批准书交存后第60日起生效。

对于此后批准公约的签署国，公约自该国交存批准书后第60日起生效。

第三十九条 任何未出席第十一届海牙国际私法会议的海牙国际私法会议的成员国、联合国或该组织专门机构的成员国、或国际法院规约当事国可在公约根据第三十八条第一款生效后加入本公约。

加入书应交存荷兰外交部。

自交存加入书后第60日起公约对该加入国生效。

加入行为只在加入国和已声明接受该国加入的公约缔约国之间的关系方面发生效力。上述声明应交存荷兰外交部；荷兰外交部应将经证明的副本通过外交途径转送各缔约国。

本公约自加入国和接受该国加入的国家之间自交存接受声明后第60日起生效。

第四十条 任何国家可在签署、批准或加入公约时声明，本公约扩展适用于该国负责其国际关系的全部领域或其中一个或几个部分。此项声明自本公约对有关国家生效之日起生效。

此后任一时间的上述扩展适用均应通知荷兰外交部。

本公约自前款所指的通知后第60日起对声明所提及的领域生效。

第四十一条 本公约自根据公约第三十八条第一款生效后5年内有效，对后来批准或加入本公约的国家同样如此。

如未经退出，本公约每5年自动延续一次。

退出应最迟于5年期满前6个月通知荷兰外交部。

退出可仅限于公约适用的特定区域。

退出仅对通知退出的国家有效。公约对其他缔约国仍然有效。

第四十二条 荷兰外交部应将下列事项通知第三十七条所指的国家和根据第三十九条加入的国家：

（一）第三十七条所指的签署和批准；

（二）公约根据第三十八条第一款生效的日期；

（三）第三十九条所指的加入及其生效日期；

（四）第四十条所指的扩展及其生效日期；

（五）根据第三十三条和第三十五条所作的指定、保留和声明；

（六）第四十一条第三款所指的退出。

下列经正式授权的签署人签署本公约，以昭信守。

1970年3月18日订于海牙，用英文和法文写成，两种文本同等作准。正本一份，存放于荷兰政府档案库，其经证明无误的副本应通过外交途径送交出席海牙国际私法会议第十一届会议的国家。

† 本公约于1972年10月7日生效。中华人民共和国于1997年12月8日交存加入书，同时声明：1. 根据公约第二条，指定中华人民共和国司法部为中央机关，负责接收来自另一缔约国司法机关的请求书，并将其转交给执行请求的主管机关；2. 根据公约第二十三条声明，对于普通法国家旨在进行审判前文件调查的请求书，仅执行已在请求书中列明并与案件有直接密切联系的文件的调查请求；3. 根据公约第三十三条声明，除第十五条以外，不适用公约第二章的规定。

本公约于1998年2月6日对我生效，并适用于香港、澳门。

中央政府为香港特区作了如下声明：一、关于公约第十六条，不允许其他国家外交官员或领事代表在香港特别行政区向中华人民共和国或第三国国民取证。二、根据公约第二十三条声明，香港特别行政区不执行普通法国家旨在进行审判前文件调查的请求书。就本声明而言，旨在进行审判前文件调查的请求书包括要求某人进行下列行为的请求书：（一）说明哪些与请求书所涉及的诉讼有关的文件正在或已在其持有、保管或权限的范围内；（二）提供有被请求法院看来处于或可能处于该人持有、保管或权限范围内，且非请求书中所列明的特定文件的其他任何文件。三、根据公约第二十四条的规定，指定香港特别行政区高等法院司法常务官为在香港特别行政区接收执行请求书的其他机关；根据公约第十七条的规定，指定香港特别行政区政府政务司长为香港特别行政区的主管机关。四、根据公约第四条和第三十三条，香港特别行政区将不接受以法文写成的请求书。

中央政府于1999年12月16日为澳门特区作了如下声明：一、根据公约第二条规定，指定澳门特别行政区检察院为澳门特别行政区的中心当局；二、根据公约第二十三条声明，澳门特别行政区不执行普通法国家旨在进行审判前文件调查的请求书；三、根据公约第二十三条声明，除第十五条外，澳门特别行政区不适用公约第二章的规定；澳门特别行政区不适用公约第四条第二款的规定。

2000年11月1日中央政府对澳门特区所适用的上述声明内容做以下修正：一、将照会（指1999年12月16日中国政府向荷兰递交上述声明的照会——编者注）中提及的"根据公约第二条规定，指定澳门特别行政区检察院为澳门特别行政区的中心当局"改为："根据公约第二十四条的规定，指定澳门特别行政区检察院为澳门特别行政区的其他机关，负责接受来自另一缔约国司法机关的请求书，并将其转交执行请求的主管机关。澳门特别行政区检察院的地址为：澳门新口岸宋玉生广场行政长官办公大楼"。二、中华人民共和国政府补充声明如下："根据公约第四条第三款声明，澳门特别行政区只接收以中文或葡文写成，或附有中文或葡文译文的请求书。"

第四部分 单行法律、法规

全国人民代表大会常务委员会关于我国加入《承认及执行外国仲裁裁决公约》的决定

[1986年12月2日]

第六届全国人民代表大会常务委员会第十八次会议决定：

中华人民共和国加入《承认及执行外国仲裁裁决公约》，并同时声明：

（一）中华人民共和国只在互惠的基础上对在另一缔约国领土内作出的仲裁裁决的承认和执行适用该公约；

（二）中华人民共和国只对根据中华人民共和国法律认定为属于契约性和非契约性商事法律关系所引起的争议适用该公约。

附：承认及执行外国仲裁裁决公约（略）

全国人大常委会关于批准加入《关于向国外送达民事或商事司法文书和司法外文书公约》的决定

[1991年3月2日]

第七届全国人民代表大会常务委员会第十八次会议决定：批准加入1965年11月15日订于海牙的《关于向国外送达民事或商事司法文书和司法外文书公约》，同时：

一、根据公约第二条和第九条规定，指定中华人民共和国司法部为中央机关和有权接收外国通过领事途径转递的文书的机关。

二、根据公约第八条第二款声明，只在文书须送达给文书发出国国民时，才能采用该条第一款所规定的方式在中华人民共和国境内进行送达。

三、反对采用公约第十条所规定的方式在中华人民共和国境内进行送达。

四、根据公约第十五条第二款声明，在符合该款规定的各项条件的情况下，即使未收到任何送达或交付的证明书，法官仍可不顾该条第一款的规定，作出判决。

五、根据第十六条第三款声明，被告要求免除丧失上诉权效果的申请只能在自判决之日起的一年内提出，否则不予受理。

全国人民代表大会常务委员会关于我国加入《关于从国外调取民事或商事证据的公约》的决定

[1997年7月3日]

第八届全国人民代表大会常务委员会第二十六次会议决定,中华人民共和国加入1970年3月18日订于海牙的《关于从国外调取民事或商事证据的公约》,同时:

一、根据公约第二条,指定中华人民共和国司法部为负责接收来自另一缔约国司法机关的请求书,并将其转交给执行请求的主管机关的中央机关;

二、根据公约第二十三条声明,对于普通法国家旨在进行审判前文件调查的请求书,仅执行已在请求书中列明并与案件有直接密切联系的文件的调查请求;

三、根据公约第三十三条声明,除第十五条以外,不适用公约第二章的规定。

中华人民共和国合同法
（节录）

[1999年3月15日第九届全国人民代表大会第二次会议通过并公布,自1999年10月1日起施行,中华人民共和国主席令第15号]

第五十七条 合同无效、被撤销或者终止的,不影响合同中独立存在的有关解决争议方法的条款的效力。

第一百二十二条 【责任竞合】因当事人一方的违约行为,侵害对方人身、财产权益的,受损害方有权选择依照本法要求其承担违约责任或者依照其他法律要求其承担侵权责任。

中华人民共和国海事诉讼特别程序法

[1999年12月25日第九届全国人民代表大会常务委员会第十三次会议修订通过并公布,自2000年7月1日起施行,中华人民共和国主席令第28号]

第一章 总　则

第一条 为维护海事诉讼当事人的诉讼权利,保证人民法院查明事实,分清责任,正确适用法律,及时审理海事案件,制定本法。

第二条 在中华人民共和国领域内进行海事诉讼,适用《中华人民共和国民事诉讼法》和本法。本法有规定的,依照其规定。

第三条 中华人民共和国缔结或者参加的国际条约与《中华人民共和国民事诉讼法》和本法对涉外海事诉讼有不同规定的,适用该国际条约的规定,但中华人民共和国声明保留的条款除外。

第四条 海事法院受理当事人因海事侵权纠纷、海商合同纠纷以及法律规定的其他海事纠纷提起的诉讼。

第五条 海事法院及其所在地的高级人民法院和最高人民法院审理海事案件的,适用本法。

第二章 管　辖

第六条 海事诉讼的地域管辖,依照

《中华人民共和国民事诉讼法》的有关规定。

下列海事诉讼的地域管辖，依照以下规定：

（一）因海事侵权行为提起的诉讼，除依照《中华人民共和国民事诉讼法》第二十九条至第三十一条的规定以外，还可以由船籍港所在地海事法院管辖；

（二）因海上运输合同纠纷提起的诉讼，除依照《中华人民共和国民事诉讼法》第二十八条的规定以外，还可以由转运港所在地海事法院管辖；

（三）因海船租用合同纠纷提起的诉讼，由交船港、还船港、船籍港所在地、被告住所地海事法院管辖；

（四）因海上保赔合同纠纷提起的诉讼，由保赔标的物所在地、事故发生地、被告住所地海事法院管辖；

（五）因海船的船员劳务合同纠纷提起的诉讼，由原告住所地、合同签订地、船员登船港或者离船港所在地、被告住所地海事法院管辖；

（六）因海事担保纠纷提起的诉讼，由担保物所在地、被告住所地海事法院管辖；因船舶抵押纠纷提起的诉讼，还可以由船籍港所在地海事法院管辖；

（七）因海船的船舶所有权、占有权、使用权、优先权纠纷提起的诉讼，由船舶所在地、船籍港所在地、被告住所地海事法院管辖。

第七条　下列海事诉讼，由本条规定的海事法院专属管辖：

（一）因沿海港口作业纠纷提起的诉讼，由港口所在地海事法院管辖；

（二）因船舶排放、泄漏、倾倒油类或者其他有害物质，海上生产、作业或者拆船、修船作业造成海域污染损害提起的诉讼，由污染发生地、损害结果地或者采取预防污染措施地海事法院管辖；

（三）因在中华人民共和国领域和有管辖权的海域履行的海洋勘探开发合同纠纷提起的诉讼，由合同履行地海事法院管辖。

第八条　海事纠纷的当事人都是外国人、无国籍人、外国企业或者组织，当事人书面协议选择中华人民共和国海事法院管辖的，即使与纠纷有实际联系的地点不在中华人民共和国领域内，中华人民共和国海事法院对该纠纷也具有管辖权。

第九条　当事人申请认定海上财产无主的，向财产所在地海事法院提出；申请因海上事故宣告死亡的，向处理海事事故主管机关所在地或者受理相关海事案件的海事法院提出。

第十条　海事法院与地方人民法院之间因管辖权发生争议，由争议双方协商解决；协商解决不了的，报请他们的共同上级人民法院指定管辖。

第十一条　当事人申请执行海事仲裁裁决，申请承认和执行外国法院判决、裁定以及国外海事仲裁裁决的，向被执行的财产所在地或者被执行人住所地海事法院提出。被执行的财产所在地或者被执行人住所地没有海事法院的，向被执行的财产所在地或者被执行人住所地的中级人民法院提出。

第三章　海事请求保全

第一节　一般规定

第十二条　海事请求保全是指海事法院根据海事请求人的申请，为保障其海事请求的实现，对被请求人的财产所采取的强制措施。

第十三条　当事人在起诉前申请海事请求保全,应当向被保全的财产所在地海事法院提出。

第十四条　海事请求保全不受当事人之间关于该海事请求的诉讼管辖协议或者仲裁协议的约束。

第十五条　海事请求人申请海事请求保全,应当向海事法院提交书面申请。申请书应当载明海事请求事项、申请理由、保全的标的物以及要求提供担保的数额,并附有关证据。

第十六条　海事法院受理海事请求保全申请,可以责令海事请求人提供担保,海事请求人不提供的,驳回其申请。

第十七条　海事法院接受申请后,应当在四十八小时内作出裁定。裁定采取海事请求保全措施的,应当立即执行;对不符合海事请求保全条件的,裁定驳回其申请。

当事人对裁定不服的,可以在收到裁定书之日起五日内申请复议一次。海事法院应当在收到复议申请之日起五日内作出复议决定。复议期间不停止裁定的执行。

利害关系人对海事请求保全提出异议,海事法院经审查,认为理由成立的,应当解除对其财产的保全。

第十八条　被请求人提供担保,或者当事人有正当理由申请解除海事请求保全的,海事法院应当及时解除保全。

海事请求人在本法规定的期间内,未提起诉讼或者未按照仲裁协议申请仲裁的,海事法院应当及时解除保全或者返还担保。

第十九条　海事请求保全执行后,有关海事纠纷未进入诉讼或者仲裁程序的,当事人就该海事请求,可以向采取海事请求保全的海事法院或者其他有管辖权的海事法院提起诉讼,但当事人之间订有诉讼管辖协议或者仲裁协议的除外。

第二十条　海事请求人申请海事请求保全错误的,应当赔偿被请求人或者利害关系人因此所遭受的损失。

第二节　船舶的扣押与拍卖

第二十一条　下列海事请求,可以申请扣押船舶:

(一)船舶营运造成的财产灭失或者损坏;

(二)与船舶营运直接有关的人身伤亡;

(三)海难救助;

(四)船舶对环境、海岸或者有关利益方造成的损害或者损害威胁;为预防、减少或者消除此种损害而采取的措施;为此种损害而支付的赔偿;为恢复环境而实际采取或者准备采取的合理措施的费用;第三方因此种损害而蒙受或者可能蒙受的损失;以及与本项所指的性质类似的损害、费用或者损失;

(五)与起浮、清除、回收或者摧毁沉船、残骸、搁浅船、被弃船或者使其无害有关的费用,包括与起浮、清除、回收或者摧毁仍在或者曾在该船上的物件或者使其无害的费用,以及与维护放弃的船舶和维持其船员有关的费用;

(六)船舶的使用或者租用的协议;

(七)货物运输或者旅客运输的协议;

(八)船载货物(包括行李)或者与其有关的灭失或者损坏;

(九)共同海损;

(十)拖航;

(十一)引航;

（十二）为船舶营运、管理、维护、维修提供物资或者服务；

（十三）船舶的建造、改建、修理、改装或者装备；

（十四）港口、运河、码头、港湾以及其他水道规费和费用；

（十五）船员的工资和其他款项，包括应当为船员支付的遣返费和社会保险费；

（十六）为船舶或者船舶所有人支付的费用；

（十七）船舶所有人或者光船承租人应当支付或者他人为其支付的船舶保险费（包括互保会费）；

（十八）船舶所有人或者光船承租人应当支付的或者他人为其支付的与船舶有关的佣金、经纪费或者代理费；

（十九）有关船舶所有权或者占有的纠纷；

（二十）船舶共有人之间有关船舶的使用或者收益的纠纷；

（二十一）船舶抵押权或者同样性质的权利；

（二十二）因船舶买卖合同产生的纠纷。

第二十二条　非因本法第二十一条规定的海事请求不得申请扣押船舶，但为执行判决、仲裁裁决以及其他法律文书的除外。

第二十三条　有下列情形之一的，海事法院可以扣押当事船舶：

（一）船舶所有人对海事请求负有责任，并且在实施扣押时是该船的所有人；

（二）船舶的光船承租人对海事请求负有责任，并且在实施扣押时是该船的光船承租人或者所有人；

（三）具有船舶抵押权或者同样性质的权利的海事请求；

（四）有关船舶所有权或者占有的海事请求；

（五）具有船舶优先权的海事请求。

海事法院可以扣押对海事请求负有责任的船舶所有人、光船承租人、定期租船人或者航次租船人在实施扣押时所有的其他船舶，但与船舶所有权或者占有有关的请求除外。

从事军事、政府公务的船舶不得被扣押。

第二十四条　海事请求人不得因同一海事请求申请扣押已被扣押过的船舶，但有下列情形之一的除外：

（一）被请求人未提供充分的担保；

（二）担保人有可能不能全部或者部分履行担保义务；

（三）海事请求人因合理的原因同意释放被扣押的船舶或者返还已提供的担保；或者不能通过合理措施阻止释放被扣押的船舶或者返还已提供的担保。

第二十五条　海事请求人申请扣押当事船舶，不能立即查明被请求人名称的，不影响申请的提出。

第二十六条　海事法院在发布或者解除扣押船舶命令的同时，可以向有关部门发出协助执行通知书，通知书应当载明协助执行的范围和内容，有关部门有义务协助执行。海事法院认为必要，可以直接派员登轮监护。

第二十七条　海事法院裁定对船舶实施保全后，经海事请求人同意，可以采取限制船舶处分或者抵押等方式允许该船舶继续营运。

第二十八条　海事请求保全扣押船舶的期限为三十日。

海事请求人在三十日内提起诉讼或

者申请仲裁以及在诉讼或者仲裁过程中申请扣押船舶的,扣押船舶不受前款规定期限的限制。

第二十九条 船舶扣押期间届满,被请求人不提供担保,而且船舶不宜继续扣押的,海事请求人可以在提起诉讼或者申请仲裁后,向扣押船舶的海事法院申请拍卖船舶。

第三十条 海事法院收到拍卖船舶的申请后,应当进行审查,作出准予或者不准予拍卖船舶的裁定。

当事人对裁定不服的,可以在收到裁定书之日起五日内申请复议一次。海事法院应当在收到复议申请之日起五日内作出复议决定。复议期间停止裁定的执行。

第三十一条 海事请求人提交拍卖船舶申请后,又申请终止拍卖的,是否准许由海事法院裁定。海事法院裁定终止拍卖船舶的,为准备拍卖船舶所发生的费用由海事请求人承担。

第三十二条 海事法院裁定拍卖船舶,应当通过报纸或者其他新闻媒体发布公告。拍卖外籍船舶的,应当通过对外发行的报纸或者其他新闻媒体发布公告。

公告包括以下内容:

(一)被拍卖船舶的名称和国籍;

(二)拍卖船舶的理由和依据;

(三)拍卖船舶委员会的组成;

(四)拍卖船舶的时间和地点;

(五)被拍卖船舶的展示时间和地点;

(六)参加竞买应当办理的手续;

(七)办理债权登记事项;

(八)需要公告的其他事项。

拍卖船舶的公告期间不少于三十日。

第三十三条 海事法院应当在拍卖船舶三十日前,向被拍卖船舶登记国的登记机关和已知的船舶优先权人、抵押权人和船舶所有人发出通知。

通知内容包括被拍卖船舶的名称、拍卖船舶的时间和地点、拍卖船舶的理由和依据以及债权登记等。

通知方式包括书面方式和能够确认收悉的其他适当方式。

第三十四条 拍卖船舶由拍卖船舶委员会实施。拍卖船舶委员会由海事法院指定的本院执行人员和聘请的拍卖师、验船师三人或者五人组成。

拍卖船舶委员会组织对船舶鉴定、估价;组织和主持拍卖;与竞买人签订拍卖成交确认书;办理船舶移交手续。

拍卖船舶委员会对海事法院负责,受海事法院监督。

第三十五条 竞买人应当在规定的期限内向拍卖船舶委员会登记。登记时应当交验本人、企业法定代表人或者其他组织负责人身份证明和委托代理人的授权委托书,并交纳一定数额的买船保证金。

第三十六条 拍卖船舶委员会应当在拍卖船舶前,展示被拍卖船舶,并提供察看被拍卖船舶的条件和有关资料。

第三十七条 买受人在签署拍卖成交确认书后,应当立即交付不低于百分之二十的船舶价款,其余价款在成交之日起七日内付清,但拍卖船舶委员会与买受人另有约定的除外。

第三十八条 买受人付清全部价款后,原船舶所有人应当在指定的期限内于船舶停泊地以船舶现状向买受人移交船舶。拍卖船舶委员会组织和监督船舶的移交,并在船舶移交后与买受人签署船舶移交完毕确认书。

移交船舶完毕,海事法院发布解除扣押船舶命令。

第三十九条　船舶移交后,海事法院应当通过报纸或其他新闻媒体发布公告,公布船舶已经公开拍卖并移交给买受人。

第四十条　买受人接收船舶后,应当持拍卖成交确认书和有关材料,向船舶登记机关办理船舶所有权登记手续。原船舶所有人应当向原船舶登记机关办理船舶所有权注销登记。原船舶所有人不办理船舶所有权注销登记的,不影响船舶所有权的转让。

第四十一条　竞买人之间恶意串通的,拍卖无效。参与恶意串通的竞买人应当承担拍卖船舶费用并赔偿有关损失。海事法院可以对参与恶意串通的竞买人处最高应价百分之十以上百分之三十以下的罚款。

第四十二条　除本节规定的以外,拍卖适用《中华人民共和国拍卖法》的有关规定。

第四十三条　执行程序中拍卖被扣押船舶清偿债务的,可以参照本节有关规定。

第三节　船载货物的扣押与拍卖

第四十四条　海事请求人为保障其海事请求的实现,可以申请扣押船载货物。

申请扣押的船载货物,应当属于被请求人所有。

第四十五条　海事请求人申请扣押船载货物的价值,应当与其债权数额相当。

第四十六条　海事请求保全扣押船载货物的期限为十五日。海事请求人在十五日内提起诉讼或者申请仲裁以及在诉讼或者仲裁过程中申请扣押船载货物的,扣押船载货物不受前款规定期限的限制。

第四十七条　船载货物扣押期间届满,被请求人不提供担保,而且货物不宜继续扣押的,海事请求人可以在提起诉讼或者申请仲裁后,向扣押船载货物的海事法院申请拍卖货物。

对无法保管、不易保管或者保管费用可能超过其价值的物品,海事请求人可以申请提前拍卖。

第四十八条　海事法院收到拍卖船载货物的申请后,应当进行审查,在七日内作出准予或者不准予拍卖船载货物的裁定。

当事人对裁定不服的,可以在收到裁定书之日起五日内申请复议一次。海事法院应当在收到复议申请之日起五日内作出复议决定。复议期间停止裁定的执行。

第四十九条　拍卖船载货物由海事法院指定的本院执行人员和聘请的拍卖师组成的拍卖组织实施,或者由海事法院委托的机构实施。

拍卖船载货物,本节没有规定的,参照本章第二节拍卖船舶的有关规定。

第五十条　海事请求人对与海事请求有关的船用燃油、船用物料申请海事请求保全,适用本节规定。

第四章　海事强制令

第五十一条　海事强制令是指海事法院根据海事请求人的申请,为使其合法权益免受侵害,责令被请求人作为或者不作为的强制措施。

第五十二条　当事人在起诉前申请

海事强制令,应当向海事纠纷发生地海事法院提出。

第五十三条 海事强制令不受当事人之间关于该海事请求的诉讼管辖协议或者仲裁协议的约束。

第五十四条 海事请求人申请海事强制令,应当向海事法院提交书面申请。申请书应当载明申请理由,并附有关证据。

第五十五条 海事法院受理海事强制令申请,可以责令海事请求人提供担保。海事请求人不提供的,驳回其申请。

第五十六条 作出海事强制令,应当具备下列条件:

(一)请求人有具体的海事请求;

(二)需要纠正被请求人违反法律规定或者合同约定的行为;

(三)情况紧急,不立即作出海事强制令将造成损害或者使损害扩大。

第五十七条 海事法院接受申请后,应当在四十八小时内作出裁定。裁定作出海事强制令的,应当立即执行;对不符合海事强制令条件的,裁定驳回其申请。

第五十八条 当事人对裁定不服的,可以在收到裁定书之日起五日内申请复议一次。海事法院应当在收到复议申请之日起五日内作出复议决定。复议期间不停止裁定的执行。

利害关系人对海事强制令提出异议,海事法院经审查,认为理由成立的,应当裁定撤销海事强制令。

第五十九条 被请求人拒不执行海事强制令的,海事法院可以根据情节轻重处以罚款、拘留;构成犯罪的,依法追究刑事责任。

对个人的罚款金额,为一千元以上三万元以下。对单位的罚款金额,为三万元以上十万元以下。

拘留的期限,为十五日以下。

第六十条 海事请求人申请海事强制令错误的,应当赔偿被请求人或者利害关系人因此所遭受的损失。

第六十一条 海事强制令执行后,有关海事纠纷未进入诉讼或者仲裁程序的,当事人就该海事请求,可以向作出海事强制令的海事法院或者其他有管辖权的海事法院提起诉讼,但当事人之间订有诉讼管辖协议或者仲裁协议的除外。

第五章 海事证据保全

第六十二条 海事证据保全是指海事法院根据海事请求人的申请,对有关海事请求的证据予以提取、保存或者封存的强制措施。

第六十三条 当事人在起诉前申请海事证据保全,应当向被保全的证据所在地海事法院提出。

第六十四条 海事证据保全不受当事人之间关于该海事请求的诉讼管辖协议或者仲裁协议的约束。

第六十五条 海事请求人申请海事证据保全,应当向海事法院提交书面申请。申请书应当载明请求保全的证据、该证据与海事请求的联系、申请理由。

第六十六条 海事法院受理海事证据保全申请,可以责令海事请求人提供担保。海事请求人不提供的,驳回其申请。

第六十七条 采取海事证据保全,应当具备下列条件:

(一)请求人是海事请求的当事人;

(二)请求保全的证据对该海事请求具有证明作用;

(三)被请求人是与请求保全的证据有关的人;

（四）情况紧急，不立即采取证据保全就会使该海事请求的证据灭失或者难以取得。

第六十八条　海事法院接受申请后，应当在四十八小时内作出裁定。裁定采取海事证据保全措施的，应当立即执行；对不符合海事证据保全条件的，裁定驳回其申请。

第六十九条　当事人对裁定不服的，可以在收到裁定书之日起五日内申请复议一次。海事法院应当在收到复议申请之日起五日内作出复议决定。复议期间不停止裁定的执行。被请求人申请复议的理由成立的，应当将保全的证据返还被请求人。

利害关系人对海事证据保全提出异议，海事法院经审查，认为理由成立的，应当裁定撤销海事证据保全；已经执行的，应当将与利害关系人有关的证据返还利害关系人。

第七十条　海事法院进行海事证据保全，根据具体情况，可以对证据予以封存，也可以提取复制件、副本，或者进行拍照、录相、制作节录本、调查笔录等。确有必要的，也可以提取证据原件。

第七十一条　海事请求人申请海事证据保全错误的，应当赔偿被请求人或者利害关系人因此所遭受的损失。

第七十二条　海事证据保全后，有关海事纠纷未进入诉讼或者仲裁程序的，当事人就该海事请求，可以向采取证据保全的海事法院或者其他有管辖权的海事法院提起诉讼，但当事人之间订有诉讼管辖协议或者仲裁协议的除外。

第六章　海事担保

第七十三条　海事担保包括本法规定的海事请求保全、海事强制令、海事证据保全等程序中所涉及的担保。

担保的方式为提供现金或者保证、设置抵押或者质押。

第七十四条　海事请求人的担保应当提交给海事法院；被请求人的担保可以提交给海事法院，也可以提供给海事请求人。

第七十五条　海事请求人提供的担保，其方式、数额由海事法院决定。被请求人提供的担保，其方式、数额由海事请求人和被请求人协商；协商不成的，由海事法院决定。

第七十六条　海事请求人要求被请求人就海事请求保全提供担保的数额，应当与其债权数额相当，但不得超过被保全的财产价值。

海事请求人提供担保的数额，应当相当于因其申请可能给被请求人造成的损失。具体数额由海事法院决定。

第七十七条　担保提供后，提供担保的人有正当理由的，可以向海事法院申请减少、变更或者取消该担保。

第七十八条　海事请求人请求担保的数额过高，造成被请求人损失的，应当承担赔偿责任。

第七十九条　设立海事赔偿责任限制基金和先予执行等程序所涉及的担保，可以参照本章规定。

第七章　送　达

第八十条　海事诉讼法律文书的送达，适用《中华人民共和国民事诉讼法》的有关规定，还可以采用下列方式：

（一）向受送达人委托的诉讼代理人送达；

（二）向受送达人在中华人民共和国

领域内设立的代表机构、分支机构或者业务代办人送达;

(三) 通过能够确认收悉的其他适当方式送达。

有关扣押船舶的法律文书也可以向当事船舶的船长送达。

第八十一条 有义务接受法律文书的人拒绝签收,送达人在送达回证上记明情况,经送达人、见证人签名或者盖章,将法律文书留在其住所或者办公处所的,视为送达。

第八章 审判程序

第一节 审理船舶碰撞案件的规定

第八十二条 原告在起诉时、被告在答辩时,应当如实填写《海事事故调查表》。

第八十三条 海事法院向当事人送达起诉状或者答辩状时,不附送有关证据材料。

第八十四条 当事人应当在开庭审理前完成举证。当事人完成举证并向海事法院出具完成举证说明书后,可以申请查阅有关船舶碰撞的事实证据材料。

第八十五条 当事人不能推翻其在《海事事故调查表》中的陈述和已经完成的举证,但有新的证据,并有充分的理由说明该证据不能在举证期间内提交的除外。

第八十六条 船舶检验、估价应当由国家授权或者其他具有专业资格的机构或者个人承担。非经国家授权或者未取得专业资格的机构或者个人所作的检验或者估价结论,海事法院不予采纳。

第八十七条 海事法院审理船舶碰撞案件,应当在立案后一年内审结。有特殊情况需要延长的,由本院院长批准。

第二节 审理共同海损案件的规定

第八十八条 当事人就共同海损的纠纷,可以协议委托理算机构理算,也可以直接向海事法院提起诉讼。海事法院受理未经理算的共同海损纠纷,可以委托理算机构理算。

第八十九条 理算机构作出的共同海损理算报告,当事人没有提出异议的,可以作为分摊责任的依据;当事人提出异议的,由海事法院决定是否采纳。

第九十条 当事人可以不受因同一海损事故提起的共同海损诉讼程序的影响,就非共同海损损失向责任人提起诉讼。

第九十一条 当事人就同一海损事故向受理共同海损案件的海事法院提起非共同海损的诉讼,以及对共同海损分摊向责任人提起追偿诉讼的,海事法院可以合并审理。

第九十二条 海事法院审理共同海损案件,应当在立案后一年内审结。有特殊情况需要延长的,由本院院长批准。

第三节 海上保险人行使代位请求赔偿权利的规定

第九十三条 因第三人造成保险事故,保险人向被保险人支付保险赔偿后,在保险赔偿范围内可以代位行使被保险人对第三人请求赔偿的权利。

第九十四条 保险人行使代位请求赔偿权利时,被保险人未向造成保险事故的第三人提起诉讼的,保险人应当以自己的名义向该第三人提起诉讼。

第九十五条 保险人行使代位请求赔偿权利时,被保险人已经向造成保险事故的第三人提起诉讼的,保险人可以向受理该案的法院提出变更当事人的请求,代位行使被保险人对第三人请求赔偿的权利。

被保险人取得的保险赔偿不能弥补第三人造成的全部损失的,保险人和被保险人可以作为共同原告向第三人请求赔偿。

第九十六条 保险人依照本法第九十四条、第九十五条的规定提起诉讼或者申请参加诉讼的,应当向受理该案的海事法院提交保险人支付保险赔偿的凭证,以及参加诉讼应当提交的其他文件。

第九十七条 对船舶造成油污损害的赔偿请求,受损害人可以向造成油污损害的船舶所有人提出,也可以直接向承担船舶所有人油污损害责任的保险人或者提供财务保证的其他人提出。

油污损害责任的保险人或者提供财务保证的其他人被起诉的,有权要求造成油污损害的船舶所有人参加诉讼。

第四节 简易程序、督促程序和公示催告程序

第九十八条 海事法院审理事实清楚、权利义务关系明确、争议不大的简单的海事案件,可以适用《中华人民共和国民事诉讼法》简易程序的规定。

第九十九条 债权人基于海事事由请求债务人给付金钱或者有价证券,符合《中华人民共和国民事诉讼法》有关规定的,可以向有管辖权的海事法院申请支付令。

债务人是外国人、无国籍人、外国企业或者组织,但在中华人民共和国领域内有住所、代表机构或者分支机构并能够送达支付令的,债权人可以向有管辖权的海事法院申请支付令。

第一百条 提单等提货凭证持有人,因提货凭证失控或者灭失,可以向货物所在地海事法院申请公示催告。

第九章 设立海事赔偿责任限制基金程序

第一百零一条 船舶所有人、承租人、经营人、救助人、保险人在发生海事事故后,依法申请责任限制的,可以向海事法院申请设立海事赔偿责任限制基金。

船舶造成油污损害的,船舶所有人及其责任保险人或者提供财务保证的其他人为取得法律规定的责任限制的权利,应当向海事法院设立油污损害的海事赔偿责任限制基金。

设立责任限制基金的申请可以在起诉前或者诉讼中提出,但最迟应当在一审判决作出前提出。

第一百零二条 当事人在起诉前申请设立海事赔偿责任限制基金的,应当向事故发生地、合同履行地或者船舶扣押地海事法院提出。

第一百零三条 设立海事赔偿责任限制基金,不受当事人之间关于诉讼管辖协议或者仲裁协议的约束。

第一百零四条 申请人向海事法院申请设立海事赔偿责任限制基金,应当提交书面申请。申请书应当载明申请设立海事赔偿责任限制基金的数额、理由,以及已知的利害关系人的名称、地址和通讯方法,并附有关证据。

第一百零五条 海事法院受理设立海事赔偿责任限制基金申请后,应当在七日内向已知的利害关系人发出通知,同时通过报纸或者其他新闻媒体发布公告。

通知和公告包括下列内容:

（一）申请人的名称；
（二）申请的事实和理由；
（三）设立海事赔偿责任限制基金事项；
（四）办理债权登记事项；
（五）需要告知的其他事项。

第一百零六条 利害关系人对申请人申请设立海事赔偿责任限制基金有异议的，应当在收到通知之日起七日内或者未收到通知的在公告之日起三十日内，以书面形式向海事法院提出。

海事法院收到利害关系人提出的书面异议后，应当进行审查，在十五日内作出裁定。异议成立的，裁定驳回申请人的申请；异议不成立的，裁定准予申请人设立海事赔偿责任限制基金。

当事人对裁定不服的，可以在收到裁定书之日起七日内提起上诉。第二审人民法院应当在收到上诉状之日起十五日内作出裁定。

第一百零七条 利害关系人在规定的期间内没有提出异议的，海事法院裁定准予申请人设立海事赔偿责任限制基金。

第一百零八条 准予申请人设立海事赔偿责任限制基金的裁定生效后，申请人应当在海事法院设立海事赔偿责任限制基金。

设立海事赔偿责任限制基金可以提供现金，也可以提供经海事法院认可的担保。

海事赔偿责任限制基金的数额，为海事赔偿责任限额和自事故发生之日起至基金设立之日止的利息。以担保方式设立基金的，担保数额为基金数额及其在基金设立期间的利息。

以现金设立基金的，基金到达海事法院指定账户之日为基金设立之日。以担保设立基金的，海事法院接受担保之日为基金设立之日。

第一百零九条 设立海事赔偿责任限制基金以后，当事人就有关海事纠纷应当向设立海事赔偿责任限制基金的海事法院提起诉讼，但当事人之间订有诉讼管辖协议或者仲裁协议的除外。

第一百一十条 申请人申请设立海事赔偿责任限制基金错误的，应当赔偿利害关系人因此所遭受的损失。

第十章 债权登记与受偿程序

第一百一十一条 海事法院裁定强制拍卖船舶的公告发布后，债权人应当在公告期间，就与被拍卖船舶有关的债权申请登记。公告期间届满不登记的，视为放弃在本次拍卖船舶价款中受偿的权利。

第一百一十二条 海事法院受理设立海事赔偿责任限制基金的公告发布后，债权人应当在公告期间就与特定场合发生的海事事故有关的债权申请登记。公告期间届满不登记的，视为放弃债权。

第一百一十三条 债权人向海事法院申请登记债权的，应当提交书面申请，并提供有关债权证据。

债权证据，包括证明债权的具有法律效力的判决书、裁定书、调解书、仲裁裁决书和公证债权文书，以及其他证明具有海事请求的证据材料。

第一百一十四条 海事法院应当对债权人的申请进行审查，对提供债权证据的，裁定准予登记；对不提供债权证据的，裁定驳回申请。

第一百一十五条 债权人提供证明债权的判决书、裁定书、调解书、仲裁裁决书或者公证债权文书的，海事法院经审查认定上述文书真实合法的,裁定予以确认。

第一百一十六条 债权人提供其他海事请求证据的,应当在办理债权登记以后,在受理债权登记的海事法院提起确权诉讼。当事人之间有仲裁协议的,应当及时申请仲裁。

海事法院对确权诉讼作出的判决、裁定具有法律效力,当事人不得提起上诉。

第一百一十七条 海事法院审理并确认债权后,应当向债权人发出债权人会议通知书,组织召开债权人会议。

第一百一十八条 债权人会议可以协商提出船舶价款或者海事赔偿责任限制基金的分配方案,签订受偿协议。

受偿协议经海事法院裁定认可,具有法律效力。

债权人会议协商不成的,由海事法院依照《中华人民共和国海商法》以及其他有关法律规定的受偿顺序,裁定船舶价款或者海事赔偿责任限制基金的分配方案。

第一百一十九条 拍卖船舶所得价款及其利息,或者海事赔偿责任限制基金及其利息,应当一并予以分配。

分配船舶价款时,应当由责任人承担的诉讼费用,为保存、拍卖船舶和分配船舶价款产生的费用,以及为债权人的共同利益支付的其他费用,应当从船舶价款中先行拨付。

清偿债务后的余款,应当退还船舶原所有人或者海事赔偿责任限制基金设立人。

第十一章 船舶优先权催告程序

第一百二十条 船舶转让时,受让人可以向海事法院申请船舶优先权催告,催促船舶优先权人及时主张权利,消灭该船舶附有的船舶优先权。

第一百二十一条 受让人申请船舶优先权催告的,应当向转让船舶交付地或者受让人住所地海事法院提出。

第一百二十二条 申请船舶优先权催告,应当向海事法院提交申请书、船舶转让合同、船舶技术资料等文件。申请书应当载明船舶的名称、申请船舶优先权催告的事实和理由。

第一百二十三条 海事法院在收到申请书以及有关文件后,应当进行审查,在七日内作出准予或者不准予申请的裁定。

受让人对裁定不服的,可以申请复议一次。

第一百二十四条 海事法院在准予申请的裁定生效后,应当通过报纸或者其他新闻媒体发布公告,催促船舶优先权人在催告期间主张船舶优先权。

船舶优先权催告期间为六十日。

第一百二十五条 船舶优先权催告期间,船舶优先权人主张权利的,应当在海事法院办理登记;不主张权利的,视为放弃船舶优先权。

第一百二十六条 船舶优先权催告期间届满,无人主张船舶优先权的,海事法院应当根据当事人的申请作出判决,宣告该转让船舶不附有船舶优先权。判决内容应当公告。

第十二章 附　则

第一百二十七条 本法自2000年7月1日起施行。

中华人民共和国婚姻法
（节录）

[1980年9月10日第五届全国人民代表大会第三次会议通过，根据2001年4月28日第九届全国人民代表大会常务委员会第二十一次会议《关于修改〈中华人民共和国婚姻法〉的决定》修正，该修正于2001年4月28日公布并施行，中华人民共和国主席令第51号]

第十一条 因胁迫结婚的，受胁迫的一方可以向婚姻登记机关或人民法院请求撤销该婚姻。受胁迫的一方撤销婚姻的请求，应当自结婚登记之日起一年内提出。被非法限制人身自由的当事人请求撤销婚姻的，应当自恢复人身自由之日起一年内提出。

中华人民共和国人民法院组织法
（节录）

[1979年7月1日第五届全国人民代表大会第二次会议通过，1979年7月5日公布，自1980年1月1日起施行，全国人民代表大会常务委员会委员长令第3号，根据1983年9月2日第六届全国人民代表大会常务委员会第二次会议《关于修改〈中华人民共和国人民法院组织法〉的决定》第一次修正，根据1986年12月2日第六届全国人民代表大会常务委员会第十八次会议《关于修改〈中华人民共和国地方各级人民代表大会和地方各级人民政府组织法〉的决定》第二次修正，根据2006年10月31日第十届全国人民代表大会常务委员会第二十四次会议《关于修改〈中华人民共和国人民法院组织法〉的决定》第三次修正]

第四条 人民法院依照法律规定独立行使审判权，不受行政机关、社会团体和个人的干涉。

第五条 人民法院审判案件，对于一切公民，不分民族、种族、性别、职业、社会出身、宗教信仰、教育程度、财产状况、居住期限，在适用法律上一律平等，不允许有任何特权。

中华人民共和国企业破产法
（节录）

[2006年8月27日第十届全国人民代表大会常务委员会第二十三次会议通过并公布，自2007年6月1日起施行，中华人民共和国主席令第54号]

第二十五条 管理人履行下列职责：
（一）接管债务人的财产、印章和账簿、文书等资料；
（二）调查债务人财产状况，制作财产状况报告；
（三）决定债务人的内部管理事务；
（四）决定债务人的日常开支和其他必要开支；
（五）在第一次债权人会议召开之前，决定继续或者停止债务人的营业；
（六）管理和处分债务人的财产；
（七）代表债务人参加诉讼、仲裁或者其他法律程序；
（八）提议召开债权人会议；
（九）人民法院认为管理人应当履行

的其他职责。

本法对管理人的职责另有规定的,适用其规定。

中华人民共和国劳动争议调解仲裁法

[2007年12月29日第十届全国人民代表大会常务委员会第三十一次会议通过,2007年12月29日公布,自2008年5月1日起施行,中华人民共和国主席令第80号]

第一章 总 则

第一条 为了公正及时解决劳动争议,保护当事人合法权益,促进劳动关系和谐稳定,制定本法。

第二条 中华人民共和国境内的用人单位与劳动者发生的下列劳动争议,适用本法:

(一)因确认劳动关系发生的争议;

(二)因订立、履行、变更、解除和终止劳动合同发生的争议;

(三)因除名、辞退和辞职、离职发生的争议;

(四)因工作时间、休息休假、社会保险、福利、培训以及劳动保护发生的争议;

(五)因劳动报酬、工伤医疗费、经济补偿或者赔偿金等发生的争议;

(六)法律、法规规定的其他劳动争议。

第三条 解决劳动争议,应当根据事实,遵循合法、公正、及时、着重调解的原则,依法保护当事人的合法权益。

第四条 发生劳动争议,劳动者可以与用人单位协商,也可以请工会或者第三方共同与用人单位协商,达成和解协议。

第五条 发生劳动争议,当事人不愿协商、协商不成或者达成和解协议后不履行的,可以向调解组织申请调解;不愿调解、调解不成或者达成调解协议后不履行的,可以向劳动争议仲裁委员会申请仲裁;对仲裁裁决不服的,除本法另有规定的外,可以向人民法院提起诉讼。

第六条 发生劳动争议,当事人对自己提出的主张,有责任提供证据。与争议事项有关的证据属于用人单位掌握管理的,用人单位应当提供;用人单位不提供的,应当承担不利后果。

第七条 发生劳动争议的劳动者一方在十人以上,并有共同请求的,可以推举代表参加调解、仲裁或者诉讼活动。

第八条 县级以上人民政府劳动行政部门会同工会和企业方面代表建立协调劳动关系三方机制,共同研究解决劳动争议的重大问题。

第九条 用人单位违反国家规定,拖欠或者未足额支付劳动报酬,或者拖欠工伤医疗费、经济补偿或者赔偿金的,劳动者可以向劳动行政部门投诉,劳动行政部门应当依法处理。

第二章 调 解

第十条 发生劳动争议,当事人可以到下列调解组织申请调解:

(一)企业劳动争议调解委员会;

(二)依法设立的基层人民调解组织;

(三)在乡镇、街道设立的具有劳动争议调解职能的组织。

企业劳动争议调解委员会由职工代

表和企业代表组成。职工代表由工会成员担任或者由全体职工推举产生,企业代表由企业负责人指定。企业劳动争议调解委员会主任由工会成员或者双方推举的人员担任。

第十一条 劳动争议调解组织的调解员应当由公道正派、联系群众、热心调解工作,并具有一定法律知识、政策水平和文化水平的成年公民担任。

第十二条 当事人申请劳动争议调解可以书面申请,也可以口头申请。口头申请的,调解组织应当当场记录申请人基本情况、申请调解的争议事项、理由和时间。

第十三条 调解劳动争议,应当充分听取双方当事人对事实和理由的陈述,耐心疏导,帮助其达成协议。

第十四条 经调解达成协议的,应当制作调解协议书。

调解协议书由双方当事人签名或者盖章,经调解员签名并加盖调解组织印章后生效,对双方当事人具有约束力,当事人应当履行。

自劳动争议调解组织收到调解申请之日起十五日内未达成调解协议的,当事人可以依法申请仲裁。

第十五条 达成调解协议后,一方当事人在协议约定期限内不履行调解协议的,另一方当事人可以依法申请仲裁。

第十六条 因支付拖欠劳动报酬、工伤医疗费、经济补偿或者赔偿金事项达成调解协议,用人单位在协议约定期限内不履行的,劳动者可以持调解协议书依法向人民法院申请支付令。人民法院应当依法发出支付令。

第三章 仲 裁

第一节 一般规定

第十七条 劳动争议仲裁委员会按照统筹规划、合理布局和适应实际需要的原则设立。省、自治区人民政府可以决定在市、县设立;直辖市人民政府可以决定在区、县设立。直辖市、设区的市也可以设立一个或者若干个劳动争议仲裁委员会。劳动争议仲裁委员会不按行政区划层层设立。

第十八条 国务院劳动行政部门依照本法有关规定制定仲裁规则。省、自治区、直辖市人民政府劳动行政部门对本行政区域的劳动争议仲裁工作进行指导。

第十九条 劳动争议仲裁委员会由劳动行政部门代表、工会代表和企业方面代表组成。劳动争议仲裁委员会组成人员应当是单数。

劳动争议仲裁委员会依法履行下列职责:

(一) 聘任、解聘专职或者兼职仲裁员;

(二) 受理劳动争议案件;

(三) 讨论重大或者疑难的劳动争议案件;

(四) 对仲裁活动进行监督。

劳动争议仲裁委员会下设办事机构,负责办理劳动争议仲裁委员会的日常工作。

第二十条 劳动争议仲裁委员会应当设仲裁员名册。

仲裁员应当公道正派并符合下列条件之一:

(一) 曾任审判员的;

(二) 从事法律研究、教学工作并具

有中级以上职称的;

（三）具有法律知识、从事人力资源管理或者工会等专业工作满五年的;

（四）律师执业满三年的。

第二十一条 劳动争议仲裁委员会负责管辖本区域内发生的劳动争议。

劳动争议由劳动合同履行地或者用人单位所在地的劳动争议仲裁委员会管辖。双方当事人分别向劳动合同履行地和用人单位所在地的劳动争议仲裁委员会申请仲裁的,由劳动合同履行地的劳动争议仲裁委员会管辖。

第二十二条 发生劳动争议的劳动者和用人单位为劳动争议仲裁案件的双方当事人。

劳务派遣单位或者用工单位与劳动者发生劳动争议的,劳务派遣单位和用工单位为共同当事人。

第二十三条 与劳动争议案件的处理结果有利害关系的第三人,可以申请参加仲裁活动或者由劳动争议仲裁委员会通知其参加仲裁活动。

第二十四条 当事人可以委托代理人参加仲裁活动。委托他人参加仲裁活动,应当向劳动争议仲裁委员会提交有委托人签名或者盖章的委托书,委托书应当载明委托事项和权限。

第二十五条 丧失或者部分丧失民事行为能力的劳动者,由其法定代理人代为参加仲裁活动;无法定代理人的,由劳动争议仲裁委员会为其指定代理人。劳动者死亡的,由其近亲属或者代理人参加仲裁活动。

第二十六条 劳动争议仲裁公开进行,但当事人协议不公开进行或者涉及国家秘密、商业秘密和个人隐私的除外。

第二节　申请和受理

第二十七条 劳动争议申请仲裁的时效期间为一年。仲裁时效期间从当事人知道或者应当知道其权利被侵害之日起计算。

前款规定的仲裁时效,因当事人一方向对方当事人主张权利,或者向有关部门请求权利救济,或者对方当事人同意履行义务而中断。从中断时起,仲裁时效期间重新计算。

因不可抗力或者有其他正当理由,当事人不能在本条第一款规定的仲裁时效期间申请仲裁的,仲裁时效中止。从中止时效的原因消除之日起,仲裁时效期间继续计算。

劳动关系存续期间因拖欠劳动报酬发生争议的,劳动者申请仲裁不受本条第一款规定的仲裁时效期间的限制;但是,劳动关系终止的,应当自劳动关系终止之日起一年内提出。

第二十八条 申请人申请仲裁应当提交书面仲裁申请,并按照被申请人人数提交副本。

仲裁申请书应当载明下列事项:

（一）劳动者的姓名、性别、年龄、职业、工作单位和住所,用人单位的名称、住所和法定代表人或者主要负责人的姓名、职务;

（二）仲裁请求和所根据的事实、理由;

（三）证据和证据来源、证人姓名和住所。

书写仲裁申请确有困难的,可以口头申请,由劳动争议仲裁委员会记入笔录,并告知对方当事人。

第二十九条 劳动争议仲裁委员会收到仲裁申请之日起五日内,认为符合受理条件的,应当受理,并通知申请人;认为不符合受理条件的,应当书面通知申请人不予受理,并说明理由。对劳动争议仲裁委员会不予受理或者逾期未作出决定的,申请人可以就该劳动争议事项向人民法院提起诉讼。

第三十条 劳动争议仲裁委员会受理仲裁申请后,应当在五日内将仲裁申请书副本送达被申请人。

被申请人收到仲裁申请书副本后,应当在十日内向劳动争议仲裁委员会提交答辩书。劳动争议仲裁委员会收到答辩书后,应当在五日内将答辩书副本送达申请人。被申请人未提交答辩书的,不影响仲裁程序的进行。

第三节 开庭和裁决

第三十一条 劳动争议仲裁委员会裁决劳动争议案件实行仲裁庭制。仲裁庭由三名仲裁员组成,设首席仲裁员。简单劳动争议案件可以由一名仲裁员独任仲裁。

第三十二条 劳动争议仲裁委员会应当在受理仲裁申请之日起五日内将仲裁庭的组成情况书面通知当事人。

第三十三条 仲裁员有下列情形之一,应当回避,当事人也有权以口头或者书面方式提出回避申请:

(一)是本案当事人或者当事人、代理人的近亲属的;

(二)与本案有利害关系的;

(三)与本案当事人、代理人有其他关系,可能影响公正裁决的;

(四)私自会见当事人、代理人,或者接受当事人、代理人的请客送礼的。

劳动争议仲裁委员会对回避申请应当及时作出决定,并以口头或者书面方式通知当事人。

第三十四条 仲裁员有本法第三十三条第四项规定情形,或者有索贿受贿、徇私舞弊、枉法裁决行为的,应当依法承担法律责任。劳动争议仲裁委员会应当将其解聘。

第三十五条 仲裁庭应当在开庭五日前,将开庭日期、地点书面通知双方当事人。当事人有正当理由的,可以在开庭三日前请求延期开庭。是否延期,由劳动争议仲裁委员会决定。

第三十六条 申请人收到书面通知,无正当理由拒不到庭或者未经仲裁庭同意中途退庭的,可以视为撤回仲裁申请。

被申请人收到书面通知,无正当理由拒不到庭或者未经仲裁庭同意中途退庭的,可以缺席裁决。

第三十七条 仲裁庭对专门性问题认为需要鉴定的,可以交由当事人约定的鉴定机构鉴定;当事人没有约定或者无法达成约定的,由仲裁庭指定的鉴定机构鉴定。

根据当事人的请求或者仲裁庭的要求,鉴定机构应当派鉴定人参加开庭。当事人经仲裁庭许可,可以向鉴定人提问。

第三十八条 当事人在仲裁过程中有权进行质证和辩论。质证和辩论终结时,首席仲裁员或者独任仲裁员应当征询当事人的最后意见。

第三十九条 当事人提供的证据经查证属实的,仲裁庭应当将其作为认定事实的根据。

劳动者无法提供由用人单位掌握管

理的与仲裁请求有关的证据,仲裁庭可以要求用人单位在指定期限内提供。用人单位在指定期限内不提供的,应当承担不利后果。

第四十条　仲裁庭应当将开庭情况记入笔录。当事人和其他仲裁参加人认为对自己陈述的记录有遗漏或者差错的,有权申请补正。如果不予补正,应当记录该申请。

笔录由仲裁员、记录人员、当事人和其他仲裁参加人签名或者盖章。

第四十一条　当事人申请劳动争议仲裁后,可以自行和解。达成和解协议的,可以撤回仲裁申请。

第四十二条　仲裁庭在作出裁决前,应当先行调解。

调解达成协议的,仲裁庭应当制作调解书。

调解书应当写明仲裁请求和当事人协议的结果。调解书由仲裁员签名,加盖劳动争议仲裁委员会印章,送达双方当事人。调解书经双方当事人签收后,发生法律效力。

调解不成或者调解书送达前,一方当事人反悔的,仲裁庭应当及时作出裁决。

第四十三条　仲裁庭裁决劳动争议案件,应当自劳动争议仲裁委员会受理仲裁申请之日起四十五日内结束。案情复杂需要延期的,经劳动争议仲裁委员会主任批准,可以延期并书面通知当事人,但是延长期限不得超过十五日。逾期未作出仲裁裁决的,当事人可以就该劳动争议事项向人民法院提起诉讼。

仲裁庭裁决劳动争议案件时,其中一部分事实已经清楚,可以就该部分先行裁决。

第四十四条　仲裁庭对追索劳动报酬、工伤医疗费、经济补偿或者赔偿金的案件,根据当事人的申请,可以裁决先予执行,移送人民法院执行。

仲裁庭裁决先予执行的,应当符合下列条件:

(一)当事人之间权利义务关系明确;

(二)不先予执行将严重影响申请人的生活。

劳动者申请先予执行的,可以不提供担保。

第四十五条　裁决应当按照多数仲裁员的意见作出,少数仲裁员的不同意见应当记入笔录。仲裁庭不能形成多数意见时,裁决应当按照首席仲裁员的意见作出。

第四十六条　裁决书应当载明仲裁请求、争议事实、裁决理由、裁决结果和裁决日期。裁决书由仲裁员签名,加盖劳动争议仲裁委员会印章。对裁决持不同意见的仲裁员,可以签名,也可以不签名。

第四十七条　下列劳动争议,除本法另有规定的外,仲裁裁决为终局裁决,裁决书自作出之日起发生法律效力:

(一)追索劳动报酬、工伤医疗费、经济补偿或者赔偿金,不超过当地月最低工资标准十二个月金额的争议;

(二)因执行国家的劳动标准在工作时间、休息休假、社会保险等方面发生的争议。

第四十八条　劳动者对本法第四十七条规定的仲裁裁决不服的,可以自收到仲裁裁决书之日起十五日内向人民法院提起诉讼。

第四十九条　用人单位有证据证明

本法第四十七条规定的仲裁裁决有下列情形之一,可以自收到仲裁裁决书之日起三十日内向劳动争议仲裁委员会所在地的中级人民法院申请撤销裁决:

(一)适用法律、法规确有错误的;

(二)劳动争议仲裁委员会无管辖权的;

(三)违反法定程序的;

(四)裁决所根据的证据是伪造的;

(五)对方当事人隐瞒了足以影响公正裁决的证据的;

(六)仲裁员在仲裁该案时有索贿受贿、徇私舞弊、枉法裁决行为的。

人民法院经组成合议庭审查核实裁决有前款规定情形之一的,应当裁定撤销。

仲裁裁决被人民法院裁定撤销的,当事人可以自收到裁定书之日起十五日内就该劳动争议事项向人民法院提起诉讼。

第五十条 当事人对本法第四十七条规定以外的其他劳动争议案件的仲裁裁决不服的,可以自收到仲裁裁决书之日起十五日内向人民法院提起诉讼;期满不起诉的,裁决书发生法律效力。

第五十一条 当事人对发生法律效力的调解书、裁决书,应当依照规定的期限履行。一方当事人逾期不履行的,另一方当事人可以依照民事诉讼法的有关规定向人民法院申请执行。受理申请的人民法院应当依法执行。

第四章 附 则

第五十二条 事业单位实行聘用制的工作人员与本单位发生劳动争议的,依照本法执行;法律、行政法规或者国务院另有规定的,依照其规定。

第五十三条 劳动争议仲裁不收费。劳动争议仲裁委员会的经费由财政予以保障。

第五十四条 本法自2008年5月1日起施行。

中华人民共和国专利法
(节录)

[1984年3月12日第六届全国人民代表大会常务委员会第四次会议通过并公布,自1985年4月1日起施行,中华人民共和国主席令第11号,根据1992年9月4日第七届全国人民代表大会常务委员会第二十七次会议《关于修改〈中华人民共和国专利法〉的决定》第一次修正,根据2000年8月25日第九届全国人民代表大会常务委员会第十七次会议《关于修改〈中华人民共和国专利法〉的决定》第二次修正,根据2008年12月27日第十一届全国人民代表大会常务委员会第六次会议《关于修改〈中华人民共和国专利法〉的决定》第三次修正]

第六十条 未经专利权人许可,实施其专利,即侵犯其专利权,引起纠纷的,由当事人协商解决;不愿协商或者协商不成的,专利权人或者利害关系人可以向人民法院起诉,也可以请求管理专利工作的部门处理。管理专利工作的部门处理时,认定侵权行为成立的,可以责令侵权人立即停止侵权行为,当事人不服的,可以自收到处理通知之日起十五日内依照《中华人民共和国行政诉讼法》向人民法院起诉;侵权人期满不起诉又不停止侵权行为的,管理专利工作的部门可以申请人民法院强制执行。进行处理的管理专利工作的部门应当事人的请求,可以就侵犯专利权的赔偿数额进行调解;调解不成的,当事人可以依照《中华人民共和国民事诉讼法》向人民法院起诉。

第六十五条 侵犯专利权的赔偿数额按照权利人因被侵权所受到的实际损失确定;实际损失难以确定的,可以按照侵权人因侵权所获得的利益确定。权利人的损失或者侵权人获得的利益难以确定的,参照该专利许可使用费的倍数合理确定。赔偿数额还应当包括权利人为制止侵权行为所支付的合理开支。

权利人的损失、侵权人获得的利益和专利许可使用费均难以确定的,人民法院可以根据专利权的类型、侵权行为的性质和情节等因素,确定给予一万元以上一百万元以下的赔偿。

中华人民共和国侵权责任法
(节录)

[2009年12月26日第十一届全国人民代表大会常务委员会第十二次会议通过并公布,自2010年7月1日起施行,中华人民共和国主席令第21号]

第二十条 侵害他人人身权益造成财产损失的,按照被侵权人因此受到的损失赔偿;被侵权人的损失难以确定,侵权人因此获得利益的,按照其获得的利益赔偿;侵权人因此获得的利益难以确定,被侵权人和侵权人就赔偿数额协商不一致,向人民法院提起诉讼的,由人民法院根据实际情况确定赔偿数额。

第五十八条 患者有损害,因下列情形之一的,推定医疗机构有过错:
(一)违反法律、行政法规、规章以及其他有关诊疗规范的规定;
(二)隐匿或者拒绝提供与纠纷有关的病历资料;
(三)伪造、篡改或者销毁病历资料。

第六十六条 因污染环境发生纠纷,污染者应当就法律规定的不承担责任或者减轻责任的情形及其行为与损害之间不存在因果关系承担举证责任。

第八十五条 建筑物、构筑物或者其他设施及其搁置物、悬挂物发生脱落、坠落造成他人损害,所有人、管理人或者使用人不能证明自己没有过错的,应当承担侵权责任。所有人、管理人或者使用人赔偿后,有其他责任人的,有权向其他责任人追偿。

第八十八条 堆放物倒塌造成他人损害,堆放人不能证明自己没有过错的,应当承担侵权责任。

第九十条 因林木折断造成他人损害,林木的所有人或者管理人不能证明自己没有过错的,应当承担侵权责任。

第九十一条 在公共场所或者道路上挖坑、修缮安装地下设施等,没有设置明显标志和采取安全措施造成他人损害的,施工人应当承担侵权责任。

窨井等地下设施造成他人损害,管理人不能证明尽到管理职责的,应当承担侵权责任。

中华人民共和国人民调解法

[2010年8月28日第十一届全国人

民代表大会常务委员会第十六次会议通过,自 2011 年 1 月 1 日起施行,中华人民共和国主席令第 34 号]

第一章 总 则

第一条 为了完善人民调解制度,规范人民调解活动,及时解决民间纠纷,维护社会和谐稳定,根据宪法,制定本法。

第二条 本法所称人民调解,是指人民调解委员会通过说服、疏导等方法,促使当事人在平等协商基础上自愿达成调解协议,解决民间纠纷的活动。

第三条 人民调解委员会调解民间纠纷,应当遵循下列原则:

(一)在当事人自愿、平等的基础上进行调解;

(二)不违背法律、法规和国家政策;

(三)尊重当事人的权利,不得因调解而阻止当事人依法通过仲裁、行政、司法等途径维护自己的权利。

第四条 人民调解委员会调解民间纠纷,不收取任何费用。

第五条 国务院司法行政部门负责指导全国的人民调解工作,县级以上地方人民政府司法行政部门负责指导本行政区域的人民调解工作。

基层人民法院对人民调解委员会调解民间纠纷进行业务指导。

第六条 国家鼓励和支持人民调解工作。县级以上地方人民政府对人民调解工作所需经费应当给予必要的支持和保障,对有突出贡献的人民调解委员会和人民调解员按照国家规定给予表彰奖励。

第二章 人民调解委员会

第七条 人民调解委员会是依法设立的调解民间纠纷的群众性组织。

第八条 村民委员会、居民委员会设立人民调解委员会。企业事业单位根据需要设立人民调解委员会。

人民调解委员会由委员三至九人组成,设主任一人,必要时,可以设副主任若干人。

人民调解委员会应当有妇女成员,多民族居住的地区应当有人数较少民族的成员。

第九条 村民委员会、居民委员会的人民调解委员会委员由村民会议或者村民代表会议、居民会议推选产生;企业事业单位设立的人民调解委员会委员由职工大会、职工代表大会或者工会组织推选产生。

人民调解委员会委员每届任期三年,可以连选连任。

第十条 县级人民政府司法行政部门应当对本行政区域内人民调解委员会的设立情况进行统计,并且将人民调解委员会以及人员组成和调整情况及时通报所在地基层人民法院。

第十一条 人民调解委员会应当建立健全各项调解工作制度,听取群众意见,接受群众监督。

第十二条 村民委员会、居民委员会和企业事业单位应当为人民调解委员会开展工作提供办公条件和必要的工作经费。

第三章 人民调解员

第十三条 人民调解员由人民调解委员会委员和人民调解委员会聘任的人员担任。

第十四条 人民调解员应当由公道

正派、热心人民调解工作,并具有一定文化水平、政策水平和法律知识的成年公民担任。

县级人民政府司法行政部门应当定期对人民调解员进行业务培训。

第十五条 人民调解员在调解工作中有下列行为之一的,由其所在的人民调解委员会给予批评教育、责令改正,情节严重的,由推选或者聘任单位予以罢免或者解聘:

(一)偏袒一方当事人的;

(二)侮辱当事人的;

(三)索取、收受财物或者牟取其他不正当利益的;

(四)泄露当事人的个人隐私、商业秘密的。

第十六条 人民调解员从事调解工作,应当给予适当的误工补贴;因从事调解工作致伤致残,生活发生困难的,当地人民政府应当提供必要的医疗、生活救助;在人民调解工作岗位上牺牲的人民调解员,其配偶、子女按照国家规定享受抚恤和优待。

第四章 调解程序

第十七条 当事人可以向人民调解委员会申请调解;人民调解委员会也可以主动调解。当事人一方明确拒绝调解的,不得调解。

第十八条 基层人民法院、公安机关对适宜通过人民调解方式解决的纠纷,可以在受理前告知当事人向人民调解委员会申请调解。

第十九条 人民调解委员会根据调解纠纷的需要,可以指定一名或者数名人民调解员进行调解,也可以由当事人选择一名或者数名人民调解员进行调解。

第二十条 人民调解员根据调解纠纷的需要,在征得当事人的同意后,可以邀请当事人的亲属、邻里、同事等参与调解,也可以邀请具有专门知识、特定经验的人员或者有关社会组织的人员参与调解。

人民调解委员会支持当地公道正派、热心调解、群众认可的社会人士参与调解。

第二十一条 人民调解员调解民间纠纷,应当坚持原则,明法析理,主持公道。

调解民间纠纷,应当及时、就地进行,防止矛盾激化。

第二十二条 人民调解员根据纠纷的不同情况,可以采取多种方式调解民间纠纷,充分听取当事人的陈述,讲解有关法律、法规和国家政策,耐心疏导,在当事人平等协商、互谅互让的基础上提出纠纷解决方案,帮助当事人自愿达成调解协议。

第二十三条 当事人在人民调解活动中享有下列权利:

(一)选择或者接受人民调解员;

(二)接受调解、拒绝调解或者要求终止调解;

(三)要求调解公开进行或者不公开进行;

(四)自主表达意愿、自愿达成调解协议。

第二十四条 当事人在人民调解活动中履行下列义务:

(一)如实陈述纠纷事实;

(二)遵守调解现场秩序,尊重人民调解员;

（三）尊重对方当事人行使权利。

第二十五条　人民调解员在调解纠纷过程中，发现纠纷有可能激化的，应当采取有针对性的预防措施；对有可能引起治安案件、刑事案件的纠纷，应当及时向当地公安机关或者其他有关部门报告。

第二十六条　人民调解员调解纠纷，调解不成的，应当终止调解，并依据有关法律、法规的规定，告知当事人可以依法通过仲裁、行政、司法等途径维护自己的权利。

第二十七条　人民调解员应当记录调解情况。人民调解委员会应当建立调解工作档案，将调解登记、调解工作记录、调解协议书等材料立卷归档。

第五章　调解协议

第二十八条　经人民调解委员会调解达成调解协议的，可以制作调解协议书。当事人认为无需制作调解协议书的，可以采取口头协议方式，人民调解员应当记录协议内容。

第二十九条　调解协议书可以载明下列事项：

（一）当事人的基本情况；

（二）纠纷的主要事实、争议事项以及各方当事人的责任；

（三）当事人达成调解协议的内容，履行的方式、期限。

调解协议书自各方当事人签名、盖章或者按指印，人民调解员签名并加盖人民调解委员会印章之日起生效。调解协议书由当事人各执一份，人民调解委员会留存一份。

第三十条　口头调解协议自各方当事人达成协议之日起生效。

第三十一条　经人民调解委员会调解达成的调解协议，具有法律约束力，当事人应当按照约定履行。

人民调解委员会应当对调解协议的履行情况进行监督，督促当事人履行约定的义务。

第三十二条　经人民调解委员会调解达成调解协议后，当事人之间就调解协议的履行或者调解协议的内容发生争议的，一方当事人可以向人民法院提起诉讼。

第三十三条　经人民调解委员会调解达成调解协议后，双方当事人认为有必要的，可以自调解协议生效之日起三十日内共同向人民法院申请司法确认，人民法院应当及时对调解协议进行审查，依法确认调解协议的效力。

人民法院依法确认调解协议有效，一方当事人拒绝履行或者未全部履行的，对方当事人可以向人民法院申请强制执行。

人民法院依法确认调解协议无效的，当事人可以通过人民调解方式变更原调解协议或者达成新的调解协议，也可以向人民法院提起诉讼。

第六章　附　　则

第三十四条　乡镇、街道以及社会团体或者其他组织根据需要可以参照本法有关规定设立人民调解委员会，调解民间纠纷。

第三十五条　本法自 2011 年 1 月 1 日起施行。

中华人民共和国仲裁法

［1994 年 8 月 31 日第八届全国人民

代表大会常务委员会第九次会议通过并公布,自1995年9月1日起施行,中华人民共和国主席令第31号,根据2009年8月27日第十一届全国人民代表大会常务委员会第十次会议《关于修改部分法律的决定》第一次修正,根据2017年9月1日第十二届全国人民代表大会常务委员会第二十九次会议《关于修改〈中华人民共和国法官法〉等八部法律的决定》第二次修正]

第一章 总 则

第一条 为保证公正、及时地仲裁经济纠纷,保护当事人的合法权益,保障社会主义市场经济健康发展,制定本法。

第二条 平等主体的公民、法人和其他组织之间发生的合同纠纷和其他财产权益纠纷,可以仲裁。

第三条 下列纠纷不能仲裁:
(一)婚姻、收养、监护、扶养、继承纠纷;
(二)依法应当由行政机关处理的行政争议。

第四条 当事人采用仲裁方式解决纠纷,应当双方自愿,达成仲裁协议。没有仲裁协议,一方申请仲裁的,仲裁委员会不予受理。

第五条 当事人达成仲裁协议,一方向人民法院起诉的,人民法院不予受理,但仲裁协议无效的除外。

第六条 仲裁委员会应当由当事人协议选定。
仲裁不实行级别管辖和地域管辖。

第七条 仲裁应当根据事实,符合法律规定,公平合理地解决纠纷。

第八条 仲裁依法独立进行,不受行政机关、社会团体和个人的干涉。

第九条 仲裁实行一裁终局的制度。裁决作出后,当事人就同一纠纷再申请仲裁或者向人民法院起诉的,仲裁委员会或者人民法院不予受理。
裁决被人民法院依法裁定撤销或者不予执行的,当事人就该纠纷可以根据双方重新达成的仲裁协议申请仲裁,也可以向人民法院起诉。

第二章 仲裁委员会和仲裁协会

第十条 仲裁委员会可以在直辖市和省、自治区人民政府所在地的市设立,也可以根据需要在其他设区的市设立,不按行政区划层层设立。
仲裁委员会由前款规定的市的人民政府组织有关部门和商会统一组建。
设立仲裁委员会,应当经省、自治区、直辖市的司法行政部门登记。

第十一条 仲裁委员会应当具备下列条件:
(一)有自己的名称、住所和章程;
(二)有必要的财产;
(三)有该委员会的组成人员;
(四)有聘任的仲裁员。
仲裁委员会的章程应当依照本法制定。

第十二条 仲裁委员会由主任一人、副主任二至四人和委员七至十一人组成。
仲裁委员会的主任、副主任和委员由法律、经济贸易专家和有实际工作经验的人员担任。仲裁委员会的组成人员中,法律、经济贸易专家不得少于三分之二。

第十三条 仲裁委员会应当从公道正派的人员中聘任仲裁员。
仲裁员应当符合下列条件之一:
(一)通过国家统一法律职业资格考

试取得法律职业资格,从事仲裁工作满八年的;

(二)从事律师工作满八年的;

(三)曾任法官满八年的;

(四)从事法律研究、教学工作并具有高级职称的;

(五)具有法律知识,从事经济贸易等专业工作并具有高级职称或者具有同等专业水平的。

仲裁委员会按照不同专业设仲裁员名册。

第十四条 仲裁委员会独立于行政机关,与行政机关没有隶属关系。仲裁委员会之间也没有隶属关系。

第十五条 中国仲裁协会是社会团体法人。仲裁委员会是中国仲裁协会的会员。中国仲裁协会的章程由全国会员大会制定。

中国仲裁协会是仲裁委员会的自律性组织,根据章程对仲裁委员会及其组成人员、仲裁员的违纪行为进行监督。

中国仲裁协会依照本法和民事诉讼法的有关规定制定仲裁规则。

第三章 仲 裁 协 议

第十六条 仲裁协议包括合同中订立的仲裁条款和以其他书面方式在纠纷发生前或者纠纷发生后达成的请求仲裁的协议。

仲裁协议应当具有下列内容:

(一)请求仲裁的意思表示;

(二)仲裁事项;

(三)选定的仲裁委员会。

第十七条 有下列情形之一的,仲裁协议无效:

(一)约定的仲裁事项超出法律规定的仲裁范围的;

(二)无民事行为能力人或者限制民事行为能力人订立的仲裁协议;

(三)一方采取胁迫手段,迫使对方订立仲裁协议的。

第十八条 仲裁协议对仲裁事项或者仲裁委员会没有约定或者约定不明确的,当事人可以补充协议;达不成补充协议的,仲裁协议无效。

第十九条 仲裁协议独立存在,合同的变更、解除、终止或者无效,不影响仲裁协议的效力。

仲裁庭有权确认合同的效力。

第二十条 当事人对仲裁协议的效力有异议的,可以请求仲裁委员会作出决定或者请求人民法院作出裁定。一方请求仲裁委员会作出决定,另一方请求人民法院作出裁定的,由人民法院裁定。

当事人对仲裁协议的效力有异议,应当在仲裁庭首次开庭前提出。

第四章 仲 裁 程 序

第一节 申请和受理

第二十一条 当事人申请仲裁应当符合下列条件:

(一)有仲裁协议;

(二)有具体的仲裁请求和事实、理由;

(三)属于仲裁委员会的受理范围。

第二十二条 当事人申请仲裁,应当向仲裁委员会递交仲裁协议、仲裁申请书及副本。

第二十三条 仲裁申请书应当载明下列事项:

(一)当事人的姓名、性别、年龄、职业、工作单位和住所,法人或者其他组织的名称、住所和法定代表人或者主要负责人的姓名、职务；

（二）仲裁请求和所根据的事实、理由；

（三）证据和证据来源、证人姓名和住所。

第二十四条 仲裁委员会收到仲裁申请书之日起五日内，认为符合受理条件的，应当受理，并通知当事人；认为不符合受理条件的，应当书面通知当事人不予受理，并说明理由。

第二十五条 仲裁委员会受理仲裁申请后，应当在仲裁规则规定的期限内将仲裁规则和仲裁员名册送达申请人，并将仲裁申请书副本和仲裁规则、仲裁员名册送达被申请人。

被申请人收到仲裁申请书副本后，应当在仲裁规则规定的期限内向仲裁委员会提交答辩书。仲裁委员会收到答辩书后，应当在仲裁规则规定的期限内将答辩书副本送达申请人。被申请人未提交答辩书的，不影响仲裁程序的进行。

第二十六条 当事人达成仲裁协议，一方向人民法院起诉未声明有仲裁协议，人民法院受理后，另一方在首次开庭前提交仲裁协议的，人民法院应当驳回起诉，但仲裁协议无效的除外；另一方在首次开庭前未对人民法院受理该案提出异议的，视为放弃仲裁协议，人民法院应当继续审理。

第二十七条 申请人可以放弃或者变更仲裁请求。被申请人可以承认或者反驳仲裁请求，有权提出反请求。

第二十八条 一方当事人因另一方当事人的行为或者其他原因，可能使裁决不能执行或者难以执行的，可以申请财产保全。

当事人申请财产保全的，仲裁委员会应当将当事人的申请依照民事诉讼法的有关规定提交人民法院。

申请有错误的，申请人应当赔偿被申请人因财产保全所遭受的损失。

第二十九条 当事人、法定代理人可以委托律师和其他代理人进行仲裁活动。委托律师和其他代理人进行仲裁活动的，应当向仲裁委员会提交授权委托书。

第二节 仲裁庭的组成

第三十条 仲裁庭可以由三名仲裁员或者一名仲裁员组成。由三名仲裁员组成的，设首席仲裁员。

第三十一条 当事人约定由三名仲裁员组成仲裁庭的，应当各自选定或者各自委托仲裁委员会主任指定一名仲裁员，第三名仲裁员由当事人共同选定或者共同委托仲裁委员会主任指定。第三名仲裁员是首席仲裁员。

当事人约定由一名仲裁员成立仲裁庭的，应当由当事人共同选定或者共同委托仲裁委员会主任指定仲裁员。

第三十二条 当事人没有在仲裁规则规定的期限内约定仲裁庭的组成方式或者选定仲裁员的，由仲裁委员会主任指定。

第三十三条 仲裁庭组成后，仲裁委员会应当将仲裁庭的组成情况书面通知当事人。

第三十四条 仲裁员有下列情形之一的，必须回避，当事人也有权提出回避申请：

（一）是本案当事人或者当事人、代理人的近亲属；

（二）与本案有利害关系；

（三）与本案当事人、代理人有其他关系，可能影响公正仲裁的；

（四）私自会见当事人、代理人，或者接受当事人、代理人的请客送礼的。

第三十五条　当事人提出回避申请，应当说明理由，在首次开庭前提出。回避事由在首次开庭后知道的，可以在最后一次开庭终结前提出。

第三十六条　仲裁员是否回避，由仲裁委员会主任决定；仲裁委员会主任担任仲裁员时，由仲裁委员会集体决定。

第三十七条　仲裁员因回避或者其他原因不能履行职责的，应当依照本法规定重新选定或者指定仲裁员。

因回避而重新选定或者指定仲裁员后，当事人可以请求已进行的仲裁程序重新进行，是否准许，由仲裁庭决定；仲裁庭也可以自行决定已进行的仲裁程序是否重新进行。

第三十八条　仲裁员有本法第三十四条第四项规定的情形，情节严重的，或者有本法第五十八条第六项规定的情形的，应当依法承担法律责任，仲裁委员会应当将其除名。

第三节　开庭和裁决

第三十九条　仲裁应当开庭进行。当事人协议不开庭的，仲裁庭可以根据仲裁申请书、答辩书以及其他材料作出裁决。

第四十条　仲裁不公开进行。当事人协议公开的，可以公开进行，但涉及国家秘密的除外。

第四十一条　仲裁委员会应当在仲裁规则规定的期限内将开庭日期通知双方当事人。当事人有正当理由的，可以在仲裁规则规定的期限内请求延期开庭。是否延期，由仲裁庭决定。

第四十二条　申请人经书面通知，无正当理由不到庭或者未经仲裁庭许可中途退庭的，可以视为撤回仲裁申请。

被申请人经书面通知，无正当理由不到庭或者未经仲裁庭许可中途退庭的，可以缺席裁决。

第四十三条　当事人应当对自己的主张提供证据。

仲裁庭认为有必要收集的证据，可以自行收集。

第四十四条　仲裁庭对专门性问题认为需要鉴定的，可以交由当事人约定的鉴定部门鉴定，也可以由仲裁庭指定的鉴定部门鉴定。

根据当事人的请求或者仲裁庭的要求，鉴定部门应当派鉴定人参加开庭。当事人经仲裁庭许可，可以向鉴定人提问。

第四十五条　证据应当在开庭时出示，当事人可以质证。

第四十六条　在证据可能灭失或者以后难以取得的情况下，当事人可以申请证据保全。当事人申请证据保全的，仲裁委员会应当将当事人的申请提交证据所在地的基层人民法院。

第四十七条　当事人在仲裁过程中有权进行辩论。辩论终结时，首席仲裁员或者独任仲裁员应当征询当事人的最后意见。

第四十八条　仲裁庭应当将开庭情况记入笔录。当事人和其他仲裁参与人认为对自己陈述的记录有遗漏或者差错的，有权申请补正。如果不予补正，应当记录该申请。

笔录由仲裁员、记录人员、当事人和其他仲裁参与人签名或者盖章。

第四十九条　当事人申请仲裁后，可以自行和解。达成和解协议的，可以请求仲裁庭根据和解协议作出裁决书，也可以撤回仲裁申请。

第五十条 当事人达成和解协议,撤回仲裁申请后反悔的,可以根据仲裁协议申请仲裁。

第五十一条 仲裁庭在作出裁决前,可以先行调解。当事人自愿调解的,仲裁庭应当调解。调解不成的,应当及时作出裁决。

调解达成协议的,仲裁庭应当制作调解书或者根据协议的结果制作裁决书。调解书与裁决书具有同等法律效力。

第五十二条 调解书应当写明仲裁请求和当事人协议的结果。调解书由仲裁员签名,加盖仲裁委员会印章,送达双方当事人。

调解书经双方当事人签收后,即发生法律效力。

在调解书签收前当事人反悔的,仲裁庭应当及时作出裁决。

第五十三条 裁决应当按照多数仲裁员的意见作出,少数仲裁员的不同意见可以记入笔录。仲裁庭不能形成多数意见时,裁决应当按照首席仲裁员的意见作出。

第五十四条 裁决书应当写明仲裁请求、争议事实、裁决理由、裁决结果、仲裁费用的负担和裁决日期。当事人协议不愿写明争议事实和裁决理由的,可以不写。裁决书由仲裁员签名,加盖仲裁委员会印章。对裁决持不同意见的仲裁员,可以签名,也可以不签名。

第五十五条 仲裁庭仲裁纠纷时,其中一部分事实已经清楚,可以就该部分先行裁决。

第五十六条 对裁决书中的文字、计算错误或者仲裁庭已经裁决但在裁决书中遗漏的事项,仲裁庭应当补正;当事人自收到裁决书之日起三十日内,可以请求仲裁庭补正。

第五十七条 裁决书自作出之日起发生法律效力。

第五章 申请撤销裁决

第五十八条 当事人提出证据证明裁决有下列情形之一的,可以向仲裁委员会所在地的中级人民法院申请撤销裁决:

(一)没有仲裁协议的;

(二)裁决的事项不属于仲裁协议的范围或者仲裁委员会无权仲裁的;

(三)仲裁庭的组成或者仲裁的程序违反法定程序的;

(四)裁决所根据的证据是伪造的;

(五)对方当事人隐瞒了足以影响公正裁决的证据的;

(六)仲裁员在仲裁该案时有索贿受贿,徇私舞弊,枉法裁决行为的。

人民法院经组成合议庭审查核实裁决有前款规定情形之一的,应当裁定撤销。

人民法院认定该裁决违背社会公共利益的,应当裁定撤销。

第五十九条 当事人申请撤销裁决的,应当自收到裁决书之日起六个月内提出。

第六十条 人民法院应当在受理撤销裁决申请之日起两个月内作出撤销裁决或者驳回申请的裁定。

第六十一条 人民法院受理撤销裁决的申请后,认为可以由仲裁庭重新仲裁的,通知仲裁庭在一定期限内重新仲裁,并裁定中止撤销程序。仲裁庭拒绝重新仲裁的,人民法院应当裁定恢复撤销程序。

第六章 执 行

第六十二条 当事人应当履行裁决。一方当事人不履行的,另一方当事人可以依照民事诉讼法的有关规定向人民法院申请执行。受申请的人民法院应当执行。

第六十三条 被申请人提出证据证明裁决有民事诉讼法第二百一十三条第二款规定的情形之一的,经人民法院组成合议庭审查核实,裁定不予执行

第六十四条 一方当事人申请执行裁决,另一方当事人申请撤销裁决的,人民法院应当裁定中止执行。

人民法院裁定撤销裁决的,应当裁定终结执行。撤销裁决的申请被裁定驳回的,人民法院应当裁定恢复执行。

第七章 涉外仲裁的特别规定

第六十五条 涉外经济贸易、运输和海事中发生的纠纷的仲裁,适用本章规定。本章没有规定的,适用本法其他有关规定。

第六十六条 涉外仲裁委员会可以由中国国际商会组织设立。

涉外仲裁委员会由主任一人、副主任若干人和委员若干人组成。

涉外仲裁委员会的主任、副主任和委员可以由中国国际商会聘任。

第六十七条 涉外仲裁委员会可以从具有法律、经济贸易、科学技术等专门知识的外籍人士中聘任仲裁员。

第六十八条 涉外仲裁的当事人申请证据保全的,涉外仲裁委员会应当将当事人的申请提交证据所在地的中级人民法院。

第六十九条 涉外仲裁的仲裁庭可以将开庭情况记入笔录,或者作出笔录要点,笔录要点可以由当事人和其他仲裁参与人签字或者盖章。

第七十条 当事人提出证据证明涉外仲裁裁决有民事诉讼法第二百五十八条第一款规定的情形之一的,经人民法院组成合议庭审查核实,裁定撤销。

第七十一条 被申请人提出证据证明涉外仲裁裁决有民事诉讼法第二百五十八条第一款规定的情形之一的,经人民法院组成合议庭审查核实,裁定不予执行

第七十二条 涉外仲裁委员会作出的发生法律效力的仲裁裁决,当事人请求执行的,如果被执行人或者其财产不在中华人民共和国领域内,应当由当事人直接向有管辖权的外国法院申请承认和执行。

第七十三条 涉外仲裁规则可以由中国国际商会依照本法和民事诉讼法的有关规定制定。

第八章 附 则

第七十四条 法律对仲裁时效有规定的,适用该规定。法律对仲裁时效没有规定的,适用诉讼时效的规定。

第七十五条 中国仲裁协会制定仲裁规则前,仲裁委员会依照本法和民事诉讼法的有关规定可以制定仲裁暂行规则。

第七十六条 当事人应当按照规定交纳仲裁费用。

收取仲裁费用的办法,应当报物价管理部门核准。

第七十七条 劳动争议和农业集体经济组织内部的农业承包合同纠纷的仲裁,另行规定。

第七十八条　本法施行前制定的有关仲裁的规定与本法的规定相抵触的,以本法为准。

第七十九条　本法施行前在直辖市、省、自治区人民政府所在地的市和其他设区的市设立的仲裁机构,应当依照本法的有关规定重新组建;未重新组建的,自本法施行之日起届满一年时终止。

本法施行前设立的不符合本法规定的其他仲裁机构,自本法施行之日起终止。

第八十条　本法自1995年9月1日起施行。

中华人民共和国农村土地承包经营纠纷调解仲裁法

[2009年6月27日第十一届全国人民代表大会常务委员会第九次会议通过并公布,自2010年1月1日起施行,中华人民共和国主席令第14号]

第一章　总　则

第一条　为了公正、及时解决农村土地承包经营纠纷,维护当事人的合法权益,促进农村经济发展和社会稳定,制定本法。

第二条　农村土地承包经营纠纷调解和仲裁,适用本法。

农村土地承包经营纠纷包括:

(一)因订立、履行、变更、解除和终止农村土地承包合同发生的纠纷;

(二)因农村土地承包经营权转包、出租、互换、转让、入股等流转发生的纠纷;

(三)因收回、调整承包地发生的纠纷;

(四)因确认农村土地承包经营权发生的纠纷;

(五)因侵害农村土地承包经营权发生的纠纷;

(六)法律、法规规定的其他农村土地承包经营纠纷。

因征收集体所有的土地及其补偿发生的纠纷,不属于农村土地承包仲裁委员会的受理范围,可以通过行政复议或者诉讼等方式解决。

第三条　发生农村土地承包经营纠纷的,当事人可以自行和解,也可以请求村民委员会、乡(镇)人民政府等调解。

第四条　当事人和解、调解不成或者不愿和解、调解的,可以向农村土地承包仲裁委员会申请仲裁,也可以直接向人民法院起诉。

第五条　农村土地承包经营纠纷调解和仲裁,应当公开、公平、公正、便民高效,根据事实,符合法律,尊重社会公德。

第六条　县级以上人民政府应当加强对农村土地承包经营纠纷调解和仲裁工作的指导。

县级以上人民政府农村土地承包管理部门及其他有关部门应当依照职责分工,支持有关调解组织和农村土地承包仲裁委员会依法开展工作。

第二章　调　解

第七条　村民委员会、乡(镇)人民政府应当加强农村土地承包经营纠纷的调解工作,帮助当事人达成协议解决纠纷。

第八条　当事人申请农村土地承包经营纠纷调解可以书面申请,也可以口头申请。口头申请的,由村民委员会或者乡(镇)人民政府当场记录申请人的基本情况、申请调解的纠纷事项、理由和时间。

第九条 调解农村土地承包经营纠纷,村民委员会或者乡(镇)人民政府应当充分听取当事人对事实和理由的陈述,讲解有关法律以及国家政策,耐心疏导,帮助当事人达成协议。

第十条 经调解达成协议的,村民委员会或者乡(镇)人民政府应当制作调解协议书。

调解协议书由双方当事人签名、盖章或者按指印,经调解人员签名并加盖调解组织印章后生效。

第十一条 仲裁庭对农村土地承包经营纠纷应当进行调解。调解达成协议的,仲裁庭应当制作调解书;调解不成的,应当及时作出裁决。

调解书应当写明仲裁请求和当事人协议的结果。调解书由仲裁员签名,加盖农村土地承包仲裁委员会印章,送达双方当事人。

调解书经双方当事人签收后,即发生法律效力。在调解书签收前当事人反悔的,仲裁庭应当及时作出裁决。

第三章 仲 裁

第一节 仲裁委员会和仲裁员

第十二条 农村土地承包仲裁委员会,根据解决农村土地承包经营纠纷的实际需要设立。农村土地承包仲裁委员会可以在县和不设区的市设立,也可以在设区的市或者其市辖区设立。

农村土地承包仲裁委员会在当地人民政府指导下设立。设立农村土地承包仲裁委员会的,其日常工作由当地农村土地承包管理部门承担。

第十三条 农村土地承包仲裁委员会由当地人民政府及其有关部门代表、有关人民团体代表、农村集体经济组织代表、农民代表和法律、经济等相关专业人员兼任组成,其中农民代表和法律、经济等相关专业人员不得少于组成人员的二分之一。

农村土地承包仲裁委员会设主任一人、副主任一至二人和委员若干人。主任、副主任由全体组成人员选举产生。

第十四条 农村土地承包仲裁委员会依法履行下列职责:

(一)聘任、解聘仲裁员;

(二)受理仲裁申请;

(三)监督仲裁活动。

农村土地承包仲裁委员会应当依照本法制定章程,对其组成人员的产生方式及任期、议事规则等作出规定。

第十五条 农村土地承包仲裁委员会应当从公道正派的人员中聘任仲裁员。

仲裁员应当符合下列条件之一:

(一)从事农村土地承包管理工作满五年;

(二)从事法律工作或者人民调解工作满五年;

(三)在当地威信较高,并熟悉农村土地承包法律以及国家政策的居民。

第十六条 农村土地承包仲裁委员会应当对仲裁员进行农村土地承包法律以及国家政策的培训。

省、自治区、直辖市人民政府农村土地承包管理部门应当制定仲裁员培训计划,加强对仲裁员培训工作的组织和指导。

第十七条 农村土地承包仲裁委员会组成人员、仲裁员应当依法履行职责,遵守农村土地承包仲裁委员会章程和仲裁规则,不得索贿受贿、徇私舞弊,不得侵害当事人的合法权益。

仲裁员有索贿受贿、徇私舞弊、枉法裁决以及接受当事人请客送礼等违法违纪行为的,农村土地承包仲裁委员会应当将其除名;构成犯罪的,依法追究刑事责任。

县级以上地方人民政府及有关部门应当受理对农村土地承包仲裁委员会组成人员、仲裁员违法违纪行为的投诉和举报,并依法组织查处。

第二节 申请和受理

第十八条 农村土地承包经营纠纷申请仲裁的时效期间为二年,自当事人知道或者应当知道其权利被侵害之日起计算。

第十九条 农村土地承包经营纠纷仲裁的申请人、被申请人为当事人。家庭承包的,可以由农户代表人参加仲裁。当事人一方人数众多的,可以推选代表人参加仲裁。

与案件处理结果有利害关系的,可以申请作为第三人参加仲裁,或者由农村土地承包仲裁委员会通知其参加仲裁。

当事人、第三人可以委托代理人参加仲裁。

第二十条 申请农村土地承包经营纠纷仲裁应当符合下列条件:

(一)申请人与纠纷有直接的利害关系;

(二)有明确的被申请人;

(三)有具体的仲裁请求和事实、理由;

(四)属于农村土地承包仲裁委员会的受理范围。

第二十一条 当事人申请仲裁,应当向纠纷涉及的土地所在地的农村土地承包仲裁委员会递交仲裁申请书。仲裁申请书可以邮寄或者委托他人代交。仲裁申请书应当载明申请人和被申请人的基本情况,仲裁请求和所根据的事实、理由,并提供相应的证据和证据来源。

书面申请确有困难的,可以口头申请,由农村土地承包仲裁委员会记入笔录,经申请人核实后由其签名、盖章或者按指印。

第二十二条 农村土地承包仲裁委员会应当对仲裁申请予以审查,认为符合本法第二十条规定的,应当受理。有下列情形之一的,不予受理;已受理的,终止仲裁程序:

(一)不符合申请条件;

(二)人民法院已受理该纠纷;

(三)法律规定该纠纷应当由其他机构处理;

(四)对该纠纷已有生效的判决、裁定、仲裁裁决、行政处理决定等。

第二十三条 农村土地承包仲裁委员会决定受理的,应当自收到仲裁申请之日起五个工作日内,将受理通知书、仲裁规则和仲裁员名册送达申请人;决定不予受理或者终止仲裁程序的,应当自收到仲裁申请或者发现终止仲裁程序情形之日起五个工作日内书面通知申请人,并说明理由。

第二十四条 农村土地承包仲裁委员会应当自受理仲裁申请之日起五个工作日内,将受理通知书、仲裁申请书副本、仲裁规则和仲裁员名册送达被申请人。

第二十五条 被申请人应当自收到仲裁申请书副本之日起十日内向农村土地承包仲裁委员会提交答辩书;书面答辩

确有困难的,可以口头答辩,由农村土地承包仲裁委员会记入笔录,经被申请人核实后由其签名、盖章或者按指印。农村土地承包仲裁委员会应当自收到答辩书之日起五个工作日内将答辩书副本送达申请人。被申请人未答辩的,不影响仲裁程序的进行。

第二十六条 一方当事人因另一方当事人的行为或者其他原因,可能使裁决不能执行或者难以执行的,可以申请财产保全。

当事人申请财产保全的,农村土地承包仲裁委员会应当将当事人的申请提交被申请人住所地或者财产所在地的基层人民法院。

申请有错误的,申请人应当赔偿被申请人因财产保全所遭受的损失。

第三节 仲裁庭的组成

第二十七条 仲裁庭由三名仲裁员组成,首席仲裁员由当事人共同选定,其他二名仲裁员由当事人各自选定;当事人不能选定的,由农村土地承包仲裁委员会主任指定。

事实清楚、权利义务关系明确、争议不大的农村土地承包经营纠纷,经双方当事人同意,可以由一名仲裁员仲裁。仲裁员由当事人共同选定或者由农村土地承包仲裁委员会主任指定。

农村土地承包仲裁委员会应当自仲裁庭组成之日起二个工作日内将仲裁庭组成情况通知当事人。

第二十八条 仲裁员有下列情形之一的,必须回避,当事人也有权以口头或者书面方式申请其回避:

(一)是本案当事人或者当事人、代理人的近亲属;

(二)与本案有利害关系;

(三)与本案当事人、代理人有其他关系,可能影响公正仲裁;

(四)私自会见当事人、代理人,或者接受当事人、代理人的请客送礼。

当事人提出回避申请,应当说明理由,在首次开庭前提出。回避事由在首次开庭后知道的,可以在最后一次开庭终结前提出。

第二十九条 农村土地承包仲裁委员会对回避申请应当及时作出决定,以口头或者书面方式通知当事人,并说明理由。

仲裁员是否回避,由农村土地承包仲裁委员会主任决定;农村土地承包仲裁委员会主任担任仲裁员时,由农村土地承包仲裁委员会集体决定。

仲裁员因回避或者其他原因不能履行职责的,应当依照本法规定重新选定或者指定仲裁员。

第四节 开庭和裁决

第三十条 农村土地承包经营纠纷仲裁应当开庭进行。

开庭可以在纠纷涉及的土地所在地的乡(镇)或者村进行,也可以在农村土地承包仲裁委员会所在地进行。当事人双方要求在乡(镇)或者村开庭的,应当在该乡(镇)或者村开庭。

开庭应当公开,但涉及国家秘密、商业秘密和个人隐私以及当事人约定不公开的除外。

第三十一条 仲裁庭应当在开庭五个工作日前将开庭的时间、地点通知当事人和其他仲裁参与人。

当事人有正当理由的,可以向仲裁庭请求变更开庭的时间、地点。是否变更,由仲裁庭决定。

第三十二条　当事人申请仲裁后,可以自行和解。达成和解协议的,可以请求仲裁庭根据和解协议作出裁决书,也可以撤回仲裁申请。

第三十三条　申请人可以放弃或者变更仲裁请求。被申请人可以承认或者反驳仲裁请求,有权提出反请求。

第三十四条　仲裁庭作出裁决前,申请人撤回仲裁申请的,除被申请人提出反请求的外,仲裁庭应当终止仲裁。

第三十五条　申请人经书面通知,无正当理由不到庭或者未经仲裁庭许可中途退庭的,可以视为撤回仲裁申请。

被申请人经书面通知,无正当理由不到庭或者未经仲裁庭许可中途退庭的,可以缺席裁决。

第三十六条　当事人在开庭过程中有权发表意见、陈述事实和理由、提供证据、进行质证和辩论。对不通晓当地通用语言文字的当事人,农村土地承包仲裁委员会应当为其提供翻译。

第三十七条　当事人应当对自己的主张提供证据。与纠纷有关的证据由作为当事人一方的发包方等掌握管理的,该当事人应当在仲裁庭指定的期限内提供,逾期不提供的,应当承担不利后果。

第三十八条　仲裁庭认为有必要收集的证据,可以自行收集。

第三十九条　仲裁庭对专门性问题认为需要鉴定的,可以交由当事人约定的鉴定机构鉴定;当事人没有约定的,由仲裁庭指定的鉴定机构鉴定。

根据当事人的请求或者仲裁庭的要求,鉴定机构应当派鉴定人参加开庭。当事人经仲裁庭许可,可以向鉴定人提问。

第四十条　证据应当在开庭时出示,但涉及国家秘密、商业秘密和个人隐私的证据不得在公开开庭时出示。

仲裁庭应当依照仲裁规则的规定开庭,给予双方当事人平等陈述、辩论的机会,并组织当事人进行质证。

经仲裁庭查证属实的证据,应当作为认定事实的根据。

第四十一条　在证据可能灭失或者以后难以取得的情况下,当事人可以申请证据保全。当事人申请证据保全的,农村土地承包仲裁委员会应当将当事人的申请提交证据所在地的基层人民法院。

第四十二条　对权利义务关系明确的纠纷,经当事人申请,仲裁庭可以先行裁定维持现状、恢复农业生产以及停止取土、占地等行为。

一方当事人不履行先行裁定的,另一方当事人可以向人民法院申请执行,但应当提供相应的担保。

第四十三条　仲裁庭应当将开庭情况记入笔录,由仲裁员、记录人员、当事人和其他仲裁参与人签名、盖章或者按指印。

当事人和其他仲裁参与人认为对自己陈述的记录有遗漏或者差错的,有权申请补正。如果不予补正,应当记录该申请。

第四十四条　仲裁庭应当根据认定的事实和法律以及国家政策作出裁决并制作裁决书。

裁决应当按照多数仲裁员的意见作出,少数仲裁员的不同意见可以记入笔录。仲裁庭不能形成多数意见时,裁决应当按照首席仲裁员的意见作出。

第四十五条　裁决书应当写明仲裁请求、争议事实、裁决理由、裁决结果、裁决日期以及当事人不服仲裁裁决的起诉权利、期限,由仲裁员签名,加盖农村土地承包仲裁委员会印章。

农村土地承包仲裁委员会应当在裁

决作出之日起三个工作日内将裁决书送达当事人,并告知当事人不服仲裁裁决的起诉权利、期限。

第四十六条 仲裁庭依法独立履行职责,不受行政机关、社会团体和个人的干涉。

第四十七条 仲裁农村土地承包经营纠纷,应当自受理仲裁申请之日起六十日内结束;案情复杂需要延长的,经农村土地承包仲裁委员会主任批准可以延长,并书面通知当事人,但延长期限不得超过三十日。

第四十八条 当事人不服仲裁裁决的,可以自收到裁决书之日起三十日内向人民法院起诉。逾期不起诉的,裁决书即发生法律效力。

第四十九条 当事人对发生法律效力的调解书、裁决书,应当依照规定的期限履行。一方当事人逾期不履行的,另一方当事人可以向被申请人住所地或者财产所在地的基层人民法院申请执行。受理申请的人民法院应当依法执行。

第四章 附 则

第五十条 本法所称农村土地,是指农民集体所有和国家所有依法由农民集体使用的耕地、林地、草地,以及其他依法用于农业的土地。

第五十一条 农村土地承包经营纠纷仲裁规则和农村土地承包仲裁委员会示范章程,由国务院农业、林业行政主管部门依照本法规定共同制定。

第五十二条 农村土地承包经营纠纷仲裁不得向当事人收取费用,仲裁工作经费纳入财政预算予以保障。

第五十三条 本法自2010年1月1日起施行。

中华人民共和国著作权法
(节录)

[1990年9月7日第七届全国人民代表大会常务委员会第十五次会议通过并公布,自1991年6月1日起施行,中华人民共和国主席令第31号,根据2001年10月27日第九届全国人民代表大会常务委员会第二十四次会议《关于修改〈中华人民共和国著作权法〉的决定》第一次修正,根据2010年2月26日第十一届全国人民代表大会常务委员会第十三次会议《关于修改〈中华人民共和国著作权法〉的决定》第二次修正]

第八条 著作权人和与著作权有关的权利人可以授权著作权集体管理组织行使著作权或者与著作权有关的权利。著作权集体管理组织被授权后,可以以自己的名义为著作权人和与著作权有关的权利人主张权利,并可以作为当事人进行涉及著作权或者与著作权有关的权利的诉讼、仲裁活动。

著作权集体管理组织是非营利性组织,其设立方式、权利义务、著作权许可使用费的收取和分配,以及对其监督和管理等由国务院另行规定。

中华人民共和国律师法

[1996年5月15日第八届全国人民代表大会常务委员会第十九次会议通过并公布,自1997年1月1日起施行,中华人民共和国主席令第67号,根据2001年12月29日第九届全国人民代表大会常务委员会第二十五次会议《关于修改〈中

华人民共和国律师法〉的决定》第一次修正,2007年10月28日第十届全国人民代表大会常务委员会第三十次会议修订,根据2012年10月26日第十一届全国人民代表大会常务委员会第二十九次会议《关于修改〈中华人民共和国律师法〉的决定》第二次修正,根据2017年9月1日第十二届全国人民代表大会常务委员会第二十九次会议《关于修改〈中华人民共和国法官法〉等八部法律的决定》第三次修正]

第一章 总 则

第一条 为了完善律师制度,规范律师执业行为,保障律师依法执业,发挥律师在社会主义法制建设中的作用,制定本法。

第二条 本法所称律师,是指依法取得律师执业证书,接受委托或者指定,为当事人提供法律服务的执业人员。

律师应当维护当事人合法权益,维护法律正确实施,维护社会公平和正义。

第三条 律师执业必须遵守宪法和法律,恪守律师职业道德和执业纪律。

律师执业必须以事实为根据,以法律为准绳。

律师执业应当接受国家、社会和当事人的监督。

律师依法执业受法律保护,任何组织和个人不得侵害律师的合法权益。

第四条 司法行政部门依照本法对律师、律师事务所和律师协会进行监督、指导。

第二章 律师执业许可

第五条 申请律师执业,应当具备下列条件:

(一)拥护中华人民共和国宪法;

(二)通过国家统一法律职业资格考试取得法律职业资格;

(三)在律师事务所实习满一年;

(四)品行良好。

实行国家统一法律职业资格考试前取得的国家统一司法考试合格证书、律师资格凭证,与国家统一法律职业资格证书具有同等效力。

第六条 申请律师执业,应当向设区的市级或者直辖市的区人民政府司法行政部门提出申请,并提交下列材料:

(一)国家统一法律职业资格证书;

(二)律师协会出具的申请人实习考核合格的材料;

(三)申请人的身份证明;

(四)律师事务所出具的同意接收申请人的证明。

申请兼职律师执业的,还应当提交所在单位同意申请人兼职从事律师职业的证明。

受理申请的部门应当自受理之日起二十日内予以审查,并将审查意见和全部申请材料报送省、自治区、直辖市人民政府司法行政部门。省、自治区、直辖市人民政府司法行政部门应当自收到报送材料之日起十日内予以审核,作出是否准予执业的决定。准予执业的,向申请人颁发律师执业证书;不准予执业的,向申请人书面说明理由。

第七条 申请人有下列情形之一的,不予颁发律师执业证书:

(一)无民事行为能力或者限制民事行为能力的;

(二)受过刑事处罚的,但过失犯罪的除外;

(三)被开除公职或者被吊销律师、公证员执业证书的。

第八条 具有高等院校本科以上学历,在法律服务人员紧缺领域从事专业工作满十五年,具有高级职称或者同等专业水平并具有相应的专业法律知识的人员,申请专职律师执业的,经国务院司法行政部门考核合格,准予执业。具体办法由国务院规定。

第九条 有下列情形之一的,由省、自治区、直辖市人民政府司法行政部门撤销准予执业的决定,并注销被准予执业人员的律师执业证书:

(一)申请人以欺诈、贿赂等不正当手段取得律师执业证书的;

(二)对不符合本法规定条件的申请人准予执业的。

第十条 律师只能在一个律师事务所执业。律师变更执业机构的,应当申请换发律师执业证书。

律师执业不受地域限制。

第十一条 公务员不得兼任执业律师。

律师担任各级人民代表大会常务委员会组成人员的,任职期间不得从事诉讼代理或者辩护业务。

第十二条 高等院校、科研机构中从事法学教育、研究工作的人员,符合本法第五条规定条件的,经所在单位同意,依照本法第六条规定的程序,可以申请兼职律师执业。

第十三条 没有取得律师执业证书的人员,不得以律师名义从事法律服务业务;除法律另有规定外,不得从事诉讼代理或者辩护业务。

第三章 律师事务所

第十四条 律师事务所是律师的执业机构。设立律师事务所应当具备下列条件:

(一)有自己的名称、住所和章程;

(二)有符合本法规定的律师;

(三)设立人应当是具有一定的执业经历,且三年内未受过停止执业处罚的律师;

(四)有符合国务院司法行政部门规定数额的资产。

第十五条 设立合伙律师事务所,除应当符合本法第十四条规定的条件外,还应当有三名以上合伙人,设立人应当是具有三年以上执业经历的律师。

合伙律师事务所可以采用普通合伙或者特殊的普通合伙形式设立。合伙律师事务所的合伙人按照合伙形式对该律师事务所的债务依法承担责任。

第十六条 设立个人律师事务所,除应当符合本法第十四条规定的条件外,设立人还应当是具有五年以上执业经历的律师。设立人对律师事务所的债务承担无限责任。

第十七条 申请设立律师事务所,应当提交下列材料:

(一)申请书;

(二)律师事务所的名称、章程;

(三)律师的名单、简历、身份证明、律师执业证书;

(四)住所证明;

(五)资产证明。

设立合伙律师事务所,还应当提交合伙协议。

第十八条 设立律师事务所,应当向设区的市级或者直辖市的区人民政府司法行政部门提出申请,受理申请的部门应当自受理之日起二十日内予以审查,并将审查意见和全部申请材料报送省、自治区、直辖市人民政府司法行政部门。省、自治区、直辖市人民政府司法行政部门应当自收到报送材料之日起十日内予以审核,作出是否准予设立的决定。准予设立的,向申请人颁发律师事务所执业证书;不准予设立的,向申请人书面说明理由。

第十九条 成立三年以上并具有二十名以上执业律师的合伙律师事务所,可以设立分所。设立分所,须经拟设立分所所在地的省、自治区、直辖市人民政府司法行政部门审核。申请设立分所的,依照本法第十八条规定的程序办理。

合伙律师事务所对其分所的债务承担责任。

第二十条 国家出资设立的律师事务所,依法自主开展律师业务,以该律师事务所的全部资产对其债务承担责任。

第二十一条 律师事务所变更名称、负责人、章程、合伙协议的,应当报原审核部门批准。

律师事务所变更住所、合伙人的,应当自变更之日起十五日内报原审核部门备案。

第二十二条 律师事务所有下列情形之一的,应当终止:

(一)不能保持法定设立条件,经限期整改仍不符合条件的;

(二)律师事务所执业证书被依法吊销的;

(三)自行决定解散的;

(四)法律、行政法规规定应当终止的其他情形。

律师事务所终止的,由颁发执业证书的部门注销该律师事务所的执业证书。

第二十三条 律师事务所应当建立健全执业管理、利益冲突审查、收费与财务管理、投诉查处、年度考核、档案管理等制度,对律师在执业活动中遵守职业道德、执业纪律的情况进行监督。

第二十四条 律师事务所应当于每年的年度考核后,向设区的市级或者直辖市的区人民政府司法行政部门提交本所的年度执业情况报告和律师执业考核结果。

第二十五条 律师承办业务,由律师事务所统一接受委托,与委托人签订书面委托合同,按照国家规定统一收取费用并如实入账。

律师事务所和律师应当依法纳税。

第二十六条 律师事务所和律师不得以诋毁其他律师事务所、律师或者支付介绍费等不正当手段承揽业务。

第二十七条 律师事务所不得从事法律服务以外的经营活动。

第四章 律师的业务和权利、义务

第二十八条 律师可以从事下列业务:

(一)接受自然人、法人或者其他组织的委托,担任法律顾问;

(二)接受民事案件、行政案件当事人的委托,担任代理人,参加诉讼;

(三)接受刑事案件犯罪嫌疑人、被告人的委托或者依法接受法律援助机构的指派,担任辩护人,接受自诉案件自诉人、公诉案件被害人或者其近亲属的委托,担任代理人,参加诉讼;

(四)接受委托,代理各类诉讼案件的申诉;

(五)接受委托,参加调解、仲裁活动;

(六)接受委托,提供非诉讼法律服务;

(七)解答有关法律的询问、代写诉讼文书和有关法律事务的其他文书。

第二十九条 律师担任法律顾问的,应当按照约定为委托人就有关法律问题提供意见,草拟、审查法律文书,代理参加诉讼、调解或者仲裁活动,办理委托的其他法律事务,维护委托人的合法权益。

第三十条 律师担任诉讼法律事务代理人或者非诉讼法律事务代理人的,应当在受委托的权限内,维护委托人的合法权益。

第三十一条 律师担任辩护人的,应当根据事实和法律,提出犯罪嫌疑人、被告人无罪、罪轻或者减轻、免除其刑事责任的材料和意见,维护犯罪嫌疑人、被告人的诉讼权利和其他合法权益。

第三十二条 委托人可以拒绝已委托的律师为其继续辩护或者代理,同时可以另行委托律师担任辩护人或者代理人。

律师接受委托后,无正当理由的,不得拒绝辩护或者代理。但是,委托事项违法、委托人利用律师提供的服务从事违法活动或者委托人故意隐瞒与案件有关的重要事实的,律师有权拒绝辩护或者代理。

第三十三条 律师担任辩护人的,有权持律师执业证书、律师事务所证明和委托书或者法律援助公函,依照刑事诉讼法的规定会见在押或者被监视居住的犯罪嫌疑人、被告人。辩护律师会见犯罪嫌疑人、被告人时不被监听。

第三十四条 律师担任辩护人的,自人民检察院对案件审查起诉之日起,有权查阅、摘抄、复制本案的案卷材料。

第三十五条 受委托的律师根据案情的需要,可以申请人民检察院、人民法院收集、调取证据或者申请人民法院通知证人出庭作证。

律师自行调查取证的,凭律师执业证书和律师事务所证明,可以向有关单位或者个人调查与承办法律事务有关的情况。

第三十六条 律师担任诉讼代理人或者辩护人的,其辩论或者辩护的权利依法受到保障。

第三十七条 律师在执业活动中的人身权利不受侵犯。

律师在法庭上发表的代理、辩护意见不受法律追究。但是,发表危害国家安全、恶意诽谤他人、严重扰乱法庭秩序的言论除外。

律师在参与诉讼活动中涉嫌犯罪的,侦查机关应当及时通知其所在的律师事务所或者所属的律师协会;被依法拘留、逮捕的,侦查机关应当依照刑事诉讼法的规定通知该律师的家属。

第三十八条 律师应当保守在执业活动中知悉的国家秘密、商业秘密,不得泄露当事人的隐私。

律师对在执业活动中知悉的委托人和其他人不愿泄露的有关情况和信息,应当予以保密。但是,委托人或者其他人准备或者正在实施危害国家安全、公共安全以及严重危害他人人身安全的犯罪事实和信息除外。

第三十九条 律师不得在同一案件中为双方当事人担任代理人,不得代理与本人或者其近亲属有利益冲突的法律事务。

第四十条 律师在执业活动中不得有下列行为:

(一)私自接受委托、收取费用,接受委托人的财物或者其他利益;

（二）利用提供法律服务的便利牟取当事人争议的权益；

（三）接受对方当事人的财物或者其他利益，与对方当事人或者第三人恶意串通，侵害委托人的权益；

（四）违反规定会见法官、检察官、仲裁员以及其他有关工作人员；

（五）向法官、检察官、仲裁员以及其他有关工作人员行贿，介绍贿赂或者指使、诱导当事人行贿，或者以其他不正当方式影响法官、检察官、仲裁员以及其他有关工作人员依法办理案件；

（六）故意提供虚假证据或者威胁、利诱他人提供虚假证据，妨碍对方当事人合法取得证据；

（七）煽动、教唆当事人采取扰乱公共秩序、危害公共安全等非法手段解决争议；

（八）扰乱法庭、仲裁庭秩序，干扰诉讼、仲裁活动的正常进行。

第四十一条 曾经担任法官、检察官的律师，从人民法院、人民检察院离任后二年内，不得担任诉讼代理人或者辩护人。

第四十二条 律师、律师事务所应当按照国家规定履行法律援助义务，为受援人提供符合标准的法律服务，维护受援人的合法权益。

第五章 律师协会

第四十三条 律师协会是社会团体法人，是律师的自律性组织。

全国设立中华全国律师协会，省、自治区、直辖市设立地方律师协会，设区的市根据需要可以设立地方律师协会。

第四十四条 全国律师协会章程由全国会员代表大会制定，报国务院司法行政部门备案。

地方律师协会章程由地方会员代表大会制定，报同级司法行政部门备案。地方律师协会章程不得与全国律师协会章程相抵触。

第四十五条 律师、律师事务所应当加入所在地的地方律师协会。加入地方律师协会的律师、律师事务所，同时是全国律师协会的会员。

律师协会会员享有律师协会章程规定的权利，履行律师协会章程规定的义务。

第四十六条 律师协会应当履行下列职责：

（一）保障律师依法执业，维护律师的合法权益；

（二）总结、交流律师工作经验；

（三）制定行业规范和惩戒规则；

（四）组织律师业务培训和职业道德、执业纪律教育，对律师的执业活动进行考核；

（五）组织管理申请律师执业人员的实习活动，对实习人员进行考核；

（六）对律师、律师事务所实施奖励和惩戒；

（七）受理对律师的投诉或者举报，调解律师执业活动中发生的纠纷，受理律师的申诉；

（八）法律、行政法规、规章以及律师协会章程规定的其他职责。

律师协会制定的行业规范和惩戒规则，不得与有关法律、行政法规、规章相抵触。

第六章 法律责任

第四十七条 律师有下列行为之一的，由设区的市级或者直辖市的区人民政

府司法行政部门给予警告,可以处五千元以下的罚款;有违法所得的,没收违法所得;情节严重的,给予停止执业三个月以下的处罚:

(一) 同时在两个以上律师事务所执业的;

(二) 以不正当手段承揽业务的;

(三) 在同一案件中为双方当事人担任代理人,或者代理与本人及其近亲属有利益冲突的法律事务的;

(四) 从人民法院、人民检察院离任后二年内担任诉讼代理人或者辩护人的;

(五) 拒绝履行法律援助义务的。

第四十八条 律师有下列行为之一的,由设区的市级或者直辖市的区人民政府司法行政部门给予警告,可以处一万元以下的罚款;有违法所得的,没收违法所得;情节严重的,给予停止执业三个月以上六个月以下的处罚:

(一) 私自接受委托、收取费用,接受委托人财物或者其他利益的;

(二) 接受委托后,无正当理由,拒绝辩护或者代理,不按时出庭参加诉讼或者仲裁的;

(三) 利用提供法律服务的便利牟取当事人争议的权益的;

(四) 泄露商业秘密或者个人隐私的。

第四十九条 律师有下列行为之一的,由设区的市级或者直辖市的区人民政府司法行政部门给予停止执业六个月以上一年以下的处罚,可以处五万元以下的罚款;有违法所得的,没收违法所得;情节严重的,由省、自治区、直辖市人民政府司法行政部门吊销其律师执业证书;构成犯罪的,依法追究刑事责任:

(一) 违反规定会见法官、检察官、仲裁员以及其他有关工作人员,或者以其他不正当方式影响依法办理案件的;

(二) 向法官、检察官、仲裁员以及其他有关工作人员行贿,介绍贿赂或者指使、诱导当事人行贿的;

(三) 向司法行政部门提供虚假材料或者有其他弄虚作假行为的;

(四) 故意提供虚假证据或者威胁、利诱他人提供虚假证据,妨碍对方当事人合法取得证据的;

(五) 接受对方当事人财物或者其他利益,与对方当事人或者第三人恶意串通,侵害委托人权益的;

(六) 扰乱法庭、仲裁庭秩序,干扰诉讼、仲裁活动的正常进行的;

(七) 煽动、教唆当事人采取扰乱公共秩序、危害公共安全等非法手段解决争议的;

(八) 发表危害国家安全、恶意诽谤他人、严重扰乱法庭秩序的言论的;

(九) 泄露国家秘密的。

律师因故意犯罪受到刑事处罚的,由省、自治区、直辖市人民政府司法行政部门吊销其律师执业证书。

第五十条 律师事务所有下列行为之一的,由设区的市级或者直辖市的区人民政府司法行政部门视其情节给予警告、停业整顿一个月以上六个月以下的处罚,可以处十万元以下的罚款;有违法所得的,没收违法所得;情节特别严重的,由省、自治区、直辖市人民政府司法行政部门吊销律师事务所执业证书:

(一) 违反规定接受委托、收取费用的;

(二) 违反法定程序办理变更名称、负责人、章程、合伙协议、住所、合伙人等重大事项的;

（三）从事法律服务以外的经营活动的；

（四）以诋毁其他律师事务所、律师或者支付介绍费等不正当手段承揽业务的；

（五）违反规定接受有利益冲突的案件的；

（六）拒绝履行法律援助义务的；

（七）向司法行政部门提供虚假材料或者有其他弄虚作假行为的；

（八）对本所律师疏于管理，造成严重后果的。

律师事务所因前款违法行为受到处罚的，对其负责人视情节轻重，给予警告或者处二万元以下的罚款。

第五十一条　律师因违反本法规定，在受到警告处罚后一年内又发生应当给予警告处罚情形的，由设区的市级或者直辖市的区人民政府司法行政部门给予停止执业三个月以上一年以下的处罚；在受到停止执业处罚期满后二年内又发生应当给予停止执业处罚情形的，由省、自治区、直辖市人民政府司法行政部门吊销其律师执业证书。

律师事务所因违反本法规定，在受到停业整顿处罚期满后二年内又发生应给予停业整顿处罚情形的，由省、自治区、直辖市人民政府司法行政部门吊销律师事务所执业证书。

第五十二条　县级人民政府司法行政部门对律师和律师事务所的执业活动实施日常监督管理，对检查发现的问题，责令改正；对当事人的投诉，应当及时进行调查。县级人民政府司法行政部门认为律师和律师事务所的违法行为应当给予行政处罚的，应当向上级司法行政部门提出处罚建议。

第五十三条　受到六个月以上停止执业处罚的律师，处罚期满未逾三年的，不得担任合伙人。

被吊销律师执业证书的，不得担任辩护人、诉讼代理人，但系刑事诉讼、民事诉讼、行政诉讼当事人的监护人、近亲属的除外。

第五十四条　律师违法执业或者因过错给当事人造成损失的，由其所在的律师事务所承担赔偿责任。律师事务所赔偿后，可以向有故意或者重大过失行为的律师追偿。

第五十五条　没有取得律师执业证书的人员以律师名义从事法律服务业务的，由所在地的县级以上地方人民政府司法行政部门责令停止非法执业，没收违法所得，处违法所得一倍以上五倍以下的罚款。

第五十六条　司法行政部门工作人员违反本法规定，滥用职权、玩忽职守，构成犯罪的，依法追究刑事责任；尚不构成犯罪的，依法给予处分。

第七章　附　　则

第五十七条　为军队提供法律服务的军队律师，其律师资格的取得和权利、义务及行为准则，适用本法规定。军队律师的具体管理办法，由国务院和中央军事委员会制定。

第五十八条　外国律师事务所在中华人民共和国境内设立机构从事法律服务活动的管理办法，由国务院制定。

第五十九条　律师收费办法，由国务院价格主管部门会同国务院司法行政部门制定。

第六十条　本法自 2008 年 6 月 1 日起施行。

中华人民共和国劳动合同法
（节录）

[2007年6月29日第十届全国人民代表大会常务委员会第二十八次会议通过并公布，自2008年1月1日起施行，中华人民共和国主席令第65号，根据2012年12月28日第十一届全国人民代表大会常务委员会第三十次会议《关于修改〈中华人民共和国劳动合同法〉的决定》修正]

第三十条 用人单位应当按照劳动合同约定和国家规定，向劳动者及时足额支付劳动报酬。

用人单位拖欠或者未足额支付劳动报酬的，劳动者可以依法向当地人民法院申请支付令，人民法院应当依法发出支付令。

第五十六条 用人单位违反集体合同，侵犯职工劳动权益的，工会可以依法要求用人单位承担责任；因履行集体合同发生争议，经协商解决不成的，工会可以依法申请仲裁、提起诉讼。

中华人民共和国公司法
（节录）

[1993年12月29日第八届全国人民代表大会常务委员会第五次会议通过并公布，自1994年7月1日起施行，中华人民共和国主席令第16号，根据1999年12月25日第九届全国人民代表大会常务委员会第十三次会议《关于修改〈中华人民共和国公司法〉的决定》第一次修正，根据2004年8月28日第十届全国人民代表大会常务委员会第十一次会议《关于修改〈中华人民共和国公司法〉的决定》第二次修正，2005年10月27日第十届全国人民代表大会常务委员会第十八次会议修订，根据2013年12月28日第十二届全国人民代表大会常务委员会第六次会议《关于修改〈中华人民共和国海洋环境保护法〉等七部法律的决定》第三次修正]

第一百四十三条 记名股票被盗、遗失或者灭失，股东可以依照《中华人民共和国民事诉讼法》规定的公示催告程序，请求人民法院宣告该股票失效。人民法院宣告该股票失效后，股东可以向公司申请补发股票。

第一百五十一条 董事、高级管理人员有本法第一百四十九条规定的情形的，有限责任公司的股东、股份有限公司连续一百八十日以上单独或者合计持有公司百分之一以上股份的股东，可以书面请求监事会或者不设监事会的有限责任公司的监事向人民法院提起诉讼；监事有本法第一百四十九条规定的情形的，前述股东可以书面请求董事会或者不设董事会的有限责任公司的执行董事向人民法院提起诉讼。

监事会、不设监事会的有限责任公司的监事，或者董事会、执行董事收到前款规定的股东书面请求后拒绝提起诉讼，或者自收到请求之日起三十日内未提起诉讼，或者情况紧急、不立即提起诉讼将会使公司利益受到难以弥补的损害的，前款规定的股东有权为了公司的利益以自己的名义直接向人民法院提起诉讼。

他人侵犯公司合法权益，给公司造成

损失的，本条第一款规定的股东可以依照前两款的规定向人民法院提起诉讼。

中华人民共和国商标法
（节录）

[1982年8月23日第五届全国人民代表大会常务委员会第二十四次会议通过并公布，自1983年3月1日起施行，全国人大常委会令第10号，根据1993年2月22日第七届全国人民代表大会常务委员会第三十次会议《关于修改〈中华人民共和国商标法〉的决定》第一次修正，根据2001年10月27日第九届全国人民代表大会常务委员会第二十四次会议《关于修改〈中华人民共和国商标法〉的决定》第二次修正，根据2013年8月30日第十二届全国人民代表大会常务委员会第四次会议《关于修改〈中华人民共和国商标法〉的决定》第三次修正]

第六十条 有本法第五十七条所列侵犯注册商标专用权行为之一，引起纠纷的，由当事人协商解决；不愿协商或者协商不成的，商标注册人或者利害关系人可以向人民法院起诉，也可以请求工商行政管理部门处理。

工商行政管理部门处理时，认定侵权行为成立的，责令立即停止侵权行为，没收、销毁侵权商品和主要用于制造侵权商品、伪造注册商标标识的工具，违法经营额五万元以上的，可以处违法经营额五倍以下的罚款，没有违法经营额或者违法经营额不足五万元的，可以处二十五万元以下的罚款。对五年内实施两次以上商标侵权行为或者有其他严重情节的，应当从重处罚。销售不知道是侵犯注册商标专用权的商品，能证明该商品是自己合法取得并说明提供者的，由工商行政管理部门责令停止销售。

对侵犯商标专用权的赔偿数额的争议，当事人可以请求进行处理的工商行政管理部门调解，也可以依照《中华人民共和国民事诉讼法》向人民法院起诉。经工商行政管理部门调解，当事人未达成协议或者调解书生效后不履行的，当事人可以依照《中华人民共和国民事诉讼法》向人民法院起诉。

第六十三条 侵犯商标专用权的赔偿数额，按照权利人因被侵权所受到的实际损失确定；实际损失难以确定的，可以按照侵权人因侵权所获得的利益确定；权利人的损失或者侵权人获得的利益难以确定的，参照该商标许可使用费的倍数合理确定。对恶意侵犯商标专用权，情节严重的，可以在按照上述方法确定数额的一倍以上三倍以下确定赔偿数额。赔偿数额应当包括权利人为制止侵权行为所支付的合理开支。

人民法院为确定赔偿数额，在权利人已经尽力举证，而与侵权行为相关的账簿、资料主要由侵权人掌握的情况下，可以责令侵权人提供与侵权行为相关的账簿、资料；侵权人不提供或者提供虚假的账簿、资料的，人民法院可以参考权利人的主张和提供的证据判定赔偿数额。

权利人因被侵权所受到的实际损失、侵权人因侵权所获得的利益、注册商标许可使用费难以确定的，由人民法院根据侵权行为的情节判决给予三百万元以下的赔偿。

第六十四条 注册商标专用权人请求赔偿，被控侵权人以注册商标专用权人未使用注册商标提出抗辩的,人民法院可以要求注册商标专用权人提供此前三年内实际使用该注册商标的证据。注册商标专用权人不能证明此前三年内实际使用过该注册商标,也不能证明因侵权行为受到其他损失的,被控侵权人不承担赔偿责任。

销售不知道是侵犯注册商标专用权的商品,能证明该商品是自己合法取得并说明提供者的,不承担赔偿责任。

中华人民共和国消费者权益保护法
（节录）

[1993年10月31日第八届全国人民代表大会常务委员会第四次会议通过并公布,自1994年1月1日起施行,中华人民共和国主席令第11号,根据2009年8月27日第十一届全国人民代表大会常务委员会第十次会议《关于修改部分法律的决定》第一次修正,根据2013年10月25日第十二届全国人民代表大会常务委员会第五次会议《关于修改〈中华人民共和国消费者权益保护法〉的决定》第二次修正]

第四十七条 对侵害众多消费者合法权益的行为,中国消费者协会以及在省、自治区、直辖市设立的消费者协会,可以向人民法院提起诉讼。

中华人民共和国环境保护法
（节录）

[1989年12月26日第七届全国人民代表大会常务委员会第十一次会议通过并公布,自公布之日施行,中华人民共和国主席令第22号,2014年4月24日第十二届全国人民代表大会常务委员会第八次会议修订通过]

第五十八条 对污染环境、破坏生态,损害社会公共利益的行为,符合下列条件的社会组织可以向人民法院提起诉讼：

（一）依法在设区的市级以上人民政府民政部门登记；

（二）专门从事环境保护公益活动连续五年以上且无违法记录。

符合前款规定的社会组织向人民法院提起诉讼,人民法院应当依法受理。

提起诉讼的社会组织不得通过诉讼牟取经济利益。

中华人民共和国就业促进法
（节录）

[2007年8月30日第十届全国人民代表大会常务委员会第二十九次会议通过并公布,自2008年1月1日起施行,中华人民共和国主席令第70号,根据2015年4月24日第十二届全国人民代表大会常务委员会第十四次会议《关于修改〈中华人民共和国电力法〉等六部法律的决定》修正]

第六十二条 违反本法规定,实施就业歧视的,劳动者可以向人民法院提起诉讼。

全国人民代表大会常务委员会关于司法鉴定管理问题的决定

[2005年2月28日第十届全国人民代表大会常务委员会第十四次会议通过并公布,自2005年10月1日起施行,根据2015年4月24日第十二届全国人民代表大会常务委员会第十四次会议《关于修改〈中华人民共和国义务教育法〉等五部法律的决定》修正]

为了加强对鉴定人和鉴定机构的管理,适应司法机关和公民、组织进行诉讼的需要,保障诉讼活动的顺利进行,特作如下决定:

一、司法鉴定是指在诉讼活动中鉴定人运用科学技术或者专门知识对诉讼涉及的专门性问题进行鉴别和判断并提供鉴定意见的活动。

二、国家对从事下列司法鉴定业务的鉴定人和鉴定机构实行登记管理制度:

(一)法医类鉴定;

(二)物证类鉴定;

(三)声像资料鉴定;

(四)根据诉讼需要由国务院司法行政部门商最高人民法院、最高人民检察院确定的其他应当对鉴定人和鉴定机构实行登记管理的鉴定事项。

法律对前款规定事项的鉴定人和鉴定机构的管理另有规定的,从其规定。

三、国务院司法行政部门主管全国鉴定人和鉴定机构的登记管理工作。省级人民政府司法行政部门依照本决定的规定,负责对鉴定人和鉴定机构的登记、名册编制和公告。

四、具备下列条件之一的人员,可以申请登记从事司法鉴定业务:

(一)具有与所申请从事的司法鉴定业务相关的高级专业技术职称;

(二)具有与所申请从事的司法鉴定业务相关的专业执业资格或者高等院校相关专业本科以上学历,从事相关工作五年以上;

(三)具有与所申请从事的司法鉴定业务相关工作十年以上经历,具有较强的专业技能。

因故意犯罪或者职务过失犯罪受过刑事处罚的,受过开除公职处分的,以及被撤销鉴定人登记的人员,不得从事司法鉴定业务。

五、法人或者其他组织申请从事司法鉴定业务的,应当具备下列条件:

(一)有明确的业务范围;

(二)有在业务范围内进行司法鉴定所必需的仪器、设备;

(三)有在业务范围内进行司法鉴定所必需的依法通过计量认证或者实验室认可的检测实验室;

(四)每项司法鉴定业务有三名以上鉴定人。

六、申请从事司法鉴定业务的个人、法人或者其他组织,由省级人民政府司法行政部门审核,对符合条件的予以登记,编入鉴定人和鉴定机构名册并公告。

省级人民政府司法行政部门应当根据鉴定人或者鉴定机构的增加和撤销登记情况,定期更新所编制的鉴定人和鉴定机构名册并公告。

七、侦查机关根据侦查工作的需要设立的鉴定机构,不得面向社会接受委托从事司法鉴定业务。

人民法院和司法行政部门不得设立

鉴定机构。

八、各鉴定机构之间没有隶属关系;鉴定机构接受委托从事司法鉴定业务,不受地域范围的限制。

鉴定人应当在一个鉴定机构中从事司法鉴定业务。

九、在诉讼中,对本决定第二条所规定的鉴定事项发生争议,需要鉴定的,应当委托列入鉴定人名册的鉴定人进行鉴定。鉴定人从事司法鉴定业务,由所在的鉴定机构统一接受委托。

鉴定人和鉴定机构应当在鉴定人和鉴定机构名册注明的业务范围内从事司法鉴定业务。

鉴定人应当依照诉讼法律规定实行回避。

十、司法鉴定实行鉴定人负责制度。鉴定人应当独立进行鉴定,对鉴定意见负责并在鉴定书上签名或者盖章。多人参加的鉴定,对鉴定意见有不同意见的,应当注明。

十一、在诉讼中,当事人对鉴定意见有异议的,经人民法院依法通知,鉴定人应当出庭作证。

十二、鉴定人和鉴定机构从事司法鉴定业务,应当遵守法律、法规,遵守职业道德和职业纪律,尊重科学,遵守技术操作规范。

十三、鉴定人或者鉴定机构有违反本决定规定行为的,由省级人民政府司法行政部门予以警告,责令改正。

鉴定人或者鉴定机构有下列情形之一的,由省级人民政府司法行政部门给予停止从事司法鉴定业务三个月以上一年以下的处罚;情节严重的,撤销登记:

(一)因严重不负责任给当事人合法权益造成重大损失的;

(二)提供虚假证明文件或者采取其他欺诈手段,骗取登记的;

(三)经人民法院依法通知,拒绝出庭作证的;

(四)法律、行政法规规定的其他情形。

鉴定人故意作虚假鉴定,构成犯罪的,依法追究刑事责任;尚不构成犯罪的,依照前款规定处罚。

十四、司法行政部门在鉴定人和鉴定机构的登记管理工作中,应当严格依法办事,积极推进司法鉴定的规范化、法制化。对于滥用职权、玩忽职守,造成严重后果的直接责任人员,应当追究相应的法律责任。

十五、司法鉴定的收费标准由省、自治区、直辖市人民政府价格主管部门会同同级司法行政部门制定。

十六、对鉴定人和鉴定机构进行登记、名册编制和公告的具体办法,由国务院司法行政部门制定,报国务院批准。

十七、本决定下列用语的含义是:

(一)法医类鉴定,包括法医病理鉴定、法医临床鉴定、法医精神病鉴定、法医物证鉴定和法医毒物鉴定。

(二)物证类鉴定,包括文书鉴定、痕迹鉴定和微量鉴定。

(三)声像资料鉴定,包括对录音带、录像带、磁盘、光盘、图片等载体上记录的声音、图像信息的真实性、完整性及其所反映的情况过程进行的鉴定和对记录的声音、图像中的语言、人体、物体作出种类或者同一认定。

十八、本决定自2005年10月1日起施行。

中华人民共和国电子签名法
（节录）

[2004年8月28日第十届全国人民代表大会常务委员会第十一次会议通过并公布，自2005年4月1日起施行，中华人民共和国主席令第18号，根据2015年4月24日第十二届全国人民代表大会常务委员会第十四次会议《关于修改〈中华人民共和国电力法〉等六部法律的决定》修正]

第二章 数据电文

第四条 能够有形地表现所载内容，并可以随时调取查用的数据电文，视为符合法律、法规要求的书面形式。

第五条 符合下列条件的数据电文，视为满足法律、法规规定的原件形式要求：

（一）能够有效地表现所载内容并可供随时调取查用；

（二）能够可靠地保证自最终形成时起，内容保持完整、未被更改。但是，在数据电文上增加背书以及数据交换、储存和显示过程中发生的形式变化不影响数据电文的完整性。

第六条 符合下列条件的数据电文，视为满足法律、法规规定的文件保存要求：

（一）能够有效地表现所载内容并可供随时调取查用；

（二）数据电文的格式与其生成、发送或者接收时的格式相同，或者格式不相同但是能够准确表现原来生成、发送或者接收的内容；

（三）能够识别数据电文的发件人、收件人以及发送、接收的时间。

第七条 数据电文不得仅因为其是以电子、光学、磁或者类似手段生成、发送、接收或者储存的而被拒绝作为证据使用。

第八条 审查数据电文作为证据的真实性，应当考虑以下因素：

（一）生成、储存或者传递数据电文方法的可靠性；

（二）保持内容完整性方法的可靠性；

（三）用以鉴别发件人方法的可靠性；

（四）其他相关因素。

第九条 数据电文有下列情形之一的，视为发件人发送：

（一）经发件人授权发送的；

（二）发件人的信息系统自动发送的；

（三）收件人按照发件人认可的方法对数据电文进行验证后结果相符的。

当事人对前款规定的事项另有约定的，从其约定。

第十条 法律、行政法规规定或者当事人约定数据电文需要确认收讫的，应当确认收讫。发件人收到收件人的收讫确认时，数据电文视为已经收到。

第十一条 数据电文进入发件人控制之外的某个信息系统的时间，视为该数据电文的发送时间。

收件人指定特定系统接收数据电文的，数据电文进入该特定系统的时间，视为该数据电文的接收时间；未指定特定系统的，数据电文进入收件人的任何系统的首次时间，视为该数据电文的接收时间。

当事人对数据电文的发送时间、接收

时间另有约定的,从其约定。

第十二条　发件人的主营业地为数据电文的发送地点,收件人的主营业地为数据电文的接收地点。没有主营业地的,其经常居住地为发送或者接收地点。

当事人对数据电文的发送地点、接收地点另有约定的,从其约定。

中华人民共和国反家庭暴力法
（节录）

[2015年12月27日第十二届全国人民代表大会常务委员会第十八次会议通过并公布,自2016年3月1日起施行,中华人民共和国主席令第37号]

第四章　人身安全保护令

第二十三条　当事人因遭受家庭暴力或者面临家庭暴力的现实危险,向人民法院申请人身安全保护令的,人民法院应当受理。

当事人是无民事行为能力人、限制民事行为能力人,或者因受到强制、威吓等原因无法申请人身安全保护令的,其近亲属、公安机关、妇女联合会、居民委员会、村民委员会、救助管理机构可以代为申请。

第二十四条　申请人身安全保护令应当以书面方式提出;书面申请确有困难的,可以口头申请,由人民法院记入笔录。

第二十五条　人身安全保护令案件由申请人或者被申请人居住地、家庭暴力发生地的基层人民法院管辖。

第二十六条　人身安全保护令由人民法院以裁定形式作出。

第二十七条　作出人身安全保护令,应当具备下列条件:

（一）有明确的被申请人;

（二）有具体的请求;

（三）有遭受家庭暴力或者面临家庭暴力现实危险的情形。

第二十八条　人民法院受理申请后,应当在七十二小时内作出人身安全保护令或者驳回申请;情况紧急的,应当在二十四小时内作出。

第二十九条　人身安全保护令可以包括下列措施:

（一）禁止被申请人实施家庭暴力;

（二）禁止被申请人骚扰、跟踪、接触申请人及其相关近亲属;

（三）责令被申请人迁出申请人住所;

（四）保护申请人人身安全的其他措施。

第三十条　人身安全保护令的有效期不超过六个月,自作出之日起生效。人身安全保护令失效前,人民法院可以根据申请人的申请撤销、变更或者延长。

第三十一条　申请人对驳回申请不服或者被申请人对人身安全保护令不服的,可以自裁定生效之日起五日内向作出裁定的人民法院申请复议一次。人民法院依法作出人身安全保护令的,复议期间不停止人身安全保护令的执行。

第三十二条　人民法院作出人身安全保护令后,应当送达申请人、被申请人、公安机关以及居民委员会、村民委员会等有关组织。人身安全保护令由人民法院执行,公安机关以及居民委员会、村民委员会等应当协助执行。

中华人民共和国
全国人民代表大会和地方各级
人民代表大会选举法
（节录）

［1979年7月1日第五届全国人民代表大会第二次会议通过,1979年7月4日公布,自1980年1月1日起实施,全国人民代表大会常务委员会委员长令第2号,根据1982年12月10日第五届全国人民代表大会第五次会议《关于修改〈中华人民共和国全国人民代表大会和地方各级人民代表大会选举法〉的若干规定的决议》第一次修正,根据1986年12月2日第六届全国人民代表大会常务委员会第十八次会议《关于修改〈中华人民共和国全国人民代表大会和地方各级人民代表大会选举法〉的决定》第二次修正,根据1995年2月28日第八届全国人民代表大会常务委员会第十二次会议《关于修改〈中华人民共和国全国人民代表大会和地方各级人民代表大会选举法〉的决定》第三次修正,根据2004年10月27日第十届全国人民代表大会常务委员会第十二次会议《关于修改〈中华人民共和国全国人民代表大会和地方各级人民代表大会选举法〉的决定》第四次修正,根据2010年3月14日第十一届全国人民代表大会第三次会议《关于修改〈中华人民共和国全国人民代表大会和地方各级人民代表大会选举法〉的决定》第五次修正,根据2015年8月29日第十二届全国人民代表大会常务委员会第十六次会议《关于修改〈中华人民共和国地方各级人民代表大会和地方各级人民政府组织法〉、〈中华人民共和国全国人民代表大会和地方各级人民代表大会选举法〉、《中华人民共和国全国人民代表大会和地方各级人民代表大会代表法〉的决定》第六次修正］

第二十八条 县级以上的各级人民代表大会代表根据本级人民代表大会或者本级人民代表大会常务委员会的决定,参加关于特定问题的调查委员会。

中华人民共和国刑法
（节录）

［1979年7月1日第五届全国人民代表大会第二次会议通过,1979年7月6日公布,自1980年1月1日起施行,全国人民代表大会常务委员会委员长令第5号,1997年3月14日第八届全国人民代表大会第五次会议修订,根据1999年12月25日《中华人民共和国刑法修正案》、2001年8月31日《中华人民共和国刑法修正案（二）》、2001年12月29日《中华人民共和国刑法修正案（三）》、2002年12月28日《中华人民共和国刑法修正案（四）》、2005年2月28日《中华人民共和国刑法修正案（五）》、2006年6月29日《中华人民共和国刑法修正案（六）》、2009年2月28日《中华人民共和国刑法修正案（七）》、2011年2月25日《中华人民共和国刑法修正案（八）》、2015年8月29日《中华人民共和国刑法修正案（九）》、2017年11月4日《中华人民共和国刑法修正案（十）》修正］

第三百零七条 以暴力、威胁、贿买等方法阻止证人作证或者指使他人作伪证的,处三年以下有期徒刑或者拘役;情节严重的,处三年以上七年以下有期徒刑。

帮助当事人毁灭、伪造证据,情节严重的,处三年以下有期徒刑或者拘役。

司法工作人员犯前两款罪的,从重处罚。

第三百零七条之一 以捏造的事实提起民事诉讼,妨害司法秩序或者严重侵害他人合法权益的,处三年以下有期徒刑、拘役或者管制,并处或者单处罚金;情节严重的,处三年以上七年以下有期徒刑,并处罚金。

单位犯前款罪的,对单位判处罚金,并对其直接负责的主管人员和其他直接责任人员,依照前款的规定处罚。

有第一款行为,非法占有他人财产或者逃避合法债务,又构成其他犯罪的,依照处罚较重的规定定罪从重处罚。

司法工作人员利用职权,与他人共同实施前三款行为的,从重处罚;同时构成其他犯罪的,依照处罚较重的规定定罪从重处罚。

第三百一十三条 对人民法院的判决、裁定有能力执行而拒不执行,情节严重的,处三年以下有期徒刑、拘役或者罚金;情节特别严重的,处三年以上七年以下有期徒刑,并处罚金。

单位犯前款罪的,对单位判处罚金,并对其直接负责的主管人员和其他直接责任人员,依照前款的规定处罚。

第三百一十四条 隐藏、转移、变卖、故意毁损已被司法机关查封、扣押、冻结的财产,情节严重的,处三年以下有期徒刑、拘役或者罚金。

中华人民共和国保险法
(节录)

[1995年6月30日第八届全国人民代表大会常务委员会第十四次会议通过并公布,自1995年10月1日起施行,中华人民共和国主席令第51号,根据2002年10月28日第九届全国人民代表大会常务委员会第三十次会议《关于修改〈中华人民共和国保险法〉的决定》第一次修正,2009年2月28日第十一届全国人民代表大会常务委员会第七次会议修订,根据2014年8月31日第十二届全国人民代表大会常务委员会第十次会议《关于修改〈中华人民共和国保险法〉等五部法律的决定》第二次修正,根据2015年4月24日第十二届全国人民代表大会常务委员会第十四次会议《关于修改〈中华人民共和国计量法〉等五部法律的决定》第三次修正]

第四十二条 被保险人死亡后,有下列情形之一的,保险金作为被保险人的遗产,由保险人依照《中华人民共和国继承法》的规定履行给付保险金的义务:

(一)没有指定受益人,或者受益人指定不明无法确定的;

(二)受益人先于被保险人死亡,没有其他受益人的;

(三)受益人依法丧失受益权或者放弃受益权,没有其他受益人的。

受益人与被保险人在同一事件中死亡,且不能确定死亡先后顺序的,推定受益人死亡在先。

中华人民共和国公证法

[2005年8月28日第十届全国人民代表大会常务委员会第十七次会议通过并公布,自2006年3月1日起施行,中华人民共和国主席令第39号,根据2015年4月24日第十二届全国人民代表大会常务委员会第十四次会议《关于修改〈中华人民共和国义务教育法〉等五部法律的决定》第一次修正,根据2017年9月1日第十二届全国人民代表大会常务委员会第二十九次会议《关于修改〈中华人民共和国法官法〉等八部法律的决定》第二次修正]

第一章 总 则

第一条 为规范公证活动,保障公证机构和公证员依法履行职责,预防纠纷,保障自然人、法人或者其他组织的合法权益,制定本法。

第二条 公证是公证机构根据自然人、法人或者其他组织的申请,依照法定程序对民事法律行为、有法律意义的事实和文书的真实性、合法性予以证明的活动。

第三条 公证机构办理公证,应当遵守法律,坚持客观、公正的原则。

第四条 全国设立中国公证协会,省、自治区、直辖市设立地方公证协会。中国公证协会和地方公证协会是社会团体法人。中国公证协会章程由会员代表大会制定,报国务院司法行政部门备案。

公证协会是公证业的自律性组织,依据章程开展活动,对公证机构、公证员的执业活动进行监督。

第五条 司法行政部门依照本法规定对公证机构、公证员和公证协会进行监督、指导。

第二章 公证机构

第六条 公证机构是依法设立,不以营利为目的,依法独立行使公证职能、承担民事责任的证明机构。

第七条 公证机构按照统筹规划、合理布局的原则,可以在县、不设区的市、设区的市、直辖市或者市辖区设立;在设区的市、直辖市可以设立一个或者若干个公证机构。公证机构不按行政区划层层设立。

第八条 设立公证机构,应当具备下列条件:

(一)有自己的名称;

(二)有固定的场所;

(三)有二名以上公证员;

(四)有开展公证业务所必需的资金。

第九条 设立公证机构,由所在地的司法行政部门报省、自治区、直辖市人民政府司法行政部门按照规定程序批准后,颁发公证机构执业证书。

第十条 公证机构的负责人应当在有三年以上执业经历的公证员中推选产生,由所在地的司法行政部门核准,报省、自治区、直辖市人民政府司法行政部门备案。

第十一条 根据自然人、法人或者其他组织的申请,公证机构办理下列公证事项:

(一)合同;

(二)继承;

(三)委托、声明、赠与、遗嘱;

(四)财产分割;

(五)招标投标、拍卖;

（六）婚姻状况、亲属关系、收养关系；

（七）出生、生存、死亡、身份、经历、学历、学位、职务、职称、有无违法犯罪记录；

（八）公司章程；

（九）保全证据；

（十）文书上的签名、印鉴、日期，文书的副本、影印本与原本相符；

（十一）自然人、法人或者其他组织自愿申请办理的其他公证事项。

法律、行政法规规定应当公证的事项，有关自然人、法人或者其他组织应当向公证机构申请办理公证。

第十二条 根据自然人、法人或其他组织的申请，公证机构可以办理下列事务：

（一）法律、行政法规规定由公证机构登记的事务；

（二）提存；

（三）保管遗嘱、遗产或者其他与公证事项有关的财产、物品、文书；

（四）代写与公证事项有关的法律事务文书；

（五）提供公证法律咨询。

第十三条 公证机构不得有下列行为：

（一）为不真实、不合法的事项出具公证书；

（二）毁损、篡改公证文书或者公证档案；

（三）以诋毁其他公证机构、公证员或者支付回扣、佣金等不正当手段争揽公证业务；

（四）泄露在执业活动中知悉的国家秘密、商业秘密或者个人隐私；

（五）违反规定的收费标准收取公证费；

（六）法律、法规、国务院司法行政部门规定禁止的其他行为。

第十四条 公证机构应当建立业务、财务、资产等管理制度，对公证员的执业行为进行监督，建立执业过错责任追究制度。

第十五条 公证机构应当参加公证执业责任保险。

第三章 公 证 员

第十六条 公证员是符合本法规定的条件，在公证机构从事公证业务的执业人员。

第十七条 公证员的数量根据公证业务需要确定。省、自治区、直辖市人民政府司法行政部门应当根据公证机构的设置情况和公证业务的需要核定公证员配备方案，报国务院司法行政部门备案。

第十八条 担任公证员，应当具备下列条件：

（一）具有中华人民共和国国籍；

（二）年龄二十五周岁以上六十五周岁以下；

（三）公道正派，遵纪守法，品行良好；

（四）通过国家统一法律职业资格考试取得法律职业资格；

（五）在公证机构实习二年以上或者具有三年以上其他法律职业经历并在公证机构实习一年以上，经考核合格。

第十九条 从事法学教学、研究工作，具有高级职称的人员，或者具有本科以上学历，从事审判、检察、法制工作、法律服务满十年的公务员、律师，已经离开原工作岗位，经考核合格的，可以担任公证员。

第二十条　有下列情形之一的,不得担任公证员:

(一) 无民事行为能力或者限制民事行为能力的;

(二) 因故意犯罪或者职务过失犯罪受过刑事处罚的;

(三) 被开除公职的;

(四) 被吊销公证员、律师执业证书的。

第二十一条　担任公证员,应当由符合公证员条件的人员提出申请,经公证机构推荐,由所在地的司法行政部门报省、自治区、直辖市人民政府司法行政部门审核同意后,报请国务院司法行政部门任命,并由省、自治区、直辖市人民政府司法行政部门颁发公证员执业证书。

第二十二条　公证员应当遵纪守法,恪守职业道德,依法履行公证职责,保守执业秘密。

公证员有权获得劳动报酬,享受保险和福利待遇;有权提出辞职、申诉或者控告;非因法定事由和非经法定程序,不被免职或者处罚。

第二十三条　公证员不得有下列行为:

(一) 同时在二个以上公证机构执业;

(二) 从事有报酬的其他职业;

(三) 为本人及近亲属办理公证或者办理与本人及近亲属有利害关系的公证;

(四) 私自出具公证书;

(五) 为不真实、不合法的事项出具公证书;

(六) 侵占、挪用公证费或者侵占、盗窃公证专用物品;

(七) 毁损、篡改公证文书或者公证档案;

(八) 泄露在执业活动中知悉的国家秘密、商业秘密或者个人隐私;

(九) 法律、法规、国务院司法行政部门规定禁止的其他行为。

第二十四条　公证员有下列情形之一的,由所在地的司法行政部门报省、自治区、直辖市人民政府司法行政部门提请国务院司法行政部门予以免职:

(一) 丧失中华人民共和国国籍的;

(二) 年满六十五周岁或者因健康原因不能继续履行职务的;

(三) 自愿辞去公证员职务的;

(四) 被吊销公证员执业证书的。

第四章　公证程序

第二十五条　自然人、法人或者其他组织申请办理公证,可以向住所地、经常居住地、行为地或者事实发生地的公证机构提出。

申请办理涉及不动产的公证,应当向不动产所在地的公证机构提出;申请办理涉及不动产的委托、声明、赠与、遗嘱的公证,可以适用前款规定。

第二十六条　自然人、法人或者其他组织可以委托他人办理公证,但遗嘱、生存、收养关系等应当由本人办理公证的除外。

第二十七条　申请办理公证的当事人应当向公证机构如实说明申请公证的事项的有关情况,提供真实、合法、充分的证明材料;提供的证明材料不充分的,公证机构可以要求补充。

公证机构受理公证申请后,应当告知当事人申请公证事项的法律意义和可能产生的法律后果,并将告知内容记录存档。

第二十八条　公证机构办理公证,应

当根据不同公证事项的办证规则,分别审查下列事项:

(一)当事人的身份、申请办理该项公证的资格以及相应的权利;

(二)提供的文书内容是否完备,含义是否清晰,签名、印鉴是否齐全;

(三)提供的证明材料是否真实、合法、充分;

(四)申请公证的事项是否真实、合法。

第二十九条 公证机构对申请公证的事项以及当事人提供的证明材料,按照有关办证规则需要核实或者对其有疑义的,应当进行核实,或者委托异地公证机构代为核实,有关单位或者个人应当依法予以协助。

第三十条 公证机构经审查,认为申请提供的证明材料真实、合法、充分,申请公证的事项真实、合法的,应当自受理公证申请之日起十五个工作日内向当事人出具公证书。但是,因不可抗力、补充证明材料或者需要核实有关情况的,所需时间不计算在期限内。

第三十一条 有下列情形之一的,公证机构不予办理公证:

(一)无民事行为能力人或者限制民事行为能力人没有监护人代理申请办理公证的;

(二)当事人与申请公证的事项没有利害关系的;

(三)申请公证的事项属专业技术鉴定、评估事项的;

(四)当事人之间对申请公证的事项有争议的;

(五)当事人虚构、隐瞒事实,或者提供虚假证明材料的;

(六)当事人提供的证明材料不充分或者拒绝补充证明材料的;

(七)申请公证的事项不真实、不合法的;

(八)申请公证的事项违背社会公德的;

(九)当事人拒绝按照规定支付公证费的。

第三十二条 公证书应当按照国务院司法行政部门规定的格式制作,由公证员签名或者加盖签名章并加盖公证机构印章。公证书自出具之日起生效。

公证书应当使用全国通用的文字;在民族自治地方,根据当事人的要求,可以制作当地通用的民族文字文本。

第三十三条 公证书需要在国外使用,使用国要求先认证的,应当经中华人民共和国外交部或者外交部授权的机构和有关国家驻中华人民共和国使(领)馆认证。

第三十四条 当事人应当按照规定支付公证费。

对符合法律援助条件的当事人,公证机构应当按照规定减免公证费。

第三十五条 公证机构应当将公证文书分类立卷,归档保存。法律、行政法规规定应当公证的事项等重要的公证档案在公证机构保存期满,应当按照规定移交地方档案馆保管。

第五章 公 证 效 力

第三十六条 经公证的民事法律行为、有法律意义的事实和文书,应当作为认定事实的根据,但有相反证据足以推翻该项公证的除外。

第三十七条 对经公证的以给付为内容并载明债务人愿意接受强制执行承诺的债权文书,债务人不履行或者履行不适当的,债权人可以依法向有管辖权的人民法院申请执行。

前款规定的债权文书确有错误的,人民法院裁定不予执行,并将裁定书送达双方当事人和公证机构。

第三十八条　法律、行政法规规定未经公证的事项不具有法律效力的,依照其规定。

第三十九条　当事人、公证事项的利害关系人认为公证书有错误的,可以向出具该公证书的公证机构提出复查。公证书的内容违法或者与事实不符的,公证机构应当撤销该公证书并予以公告,该公证书自始无效;公证书有其他错误的,公证机构应当予以更正。

第四十条　当事人、公证事项的利害关系人对公证书的内容有争议的,可以就该争议向人民法院提起民事诉讼。

第六章　法律责任

第四十一条　公证机构及其公证员有下列行为之一的,由省、自治区、直辖市或者设区的市人民政府司法行政部门给予警告;情节严重的,对公证机构处一万元以上五万元以下罚款,对公证员处一千元以上五千元以下罚款,并可以给予三个月以上六个月以下停止执业的处罚;有违法所得的,没收违法所得:

(一) 以诋毁其他公证机构、公证员或者支付回扣、佣金等不正当手段争揽公证业务的;

(二) 违反规定的收费标准收取公证费的;

(三) 同时在二个以上公证机构执业的;

(四) 从事有报酬的其他职业的;

(五) 为本人及近亲属办理公证或者办理与本人及近亲属有利害关系的公证的;

(六) 依照法律、行政法规的规定,应当给予处罚的其他行为。

第四十二条　公证机构及其公证员有下列行为之一的,由省、自治区、直辖市或者设区的市人民政府司法行政部门对公证机构给予警告,并处二万元以上十万元以下罚款,并可以给予一个月以上三个月以下停业整顿的处罚;对公证员给予警告,并处二千元以上一万元以下罚款,并可以给予三个月以上十二个月以下停止执业的处罚;有违法所得的,没收违法所得;情节严重的,由省、自治区、直辖市人民政府司法行政部门吊销公证员执业证书;构成犯罪的,依法追究刑事责任:

(一) 私自出具公证书的;

(二) 为不真实、不合法的事项出具公证书的;

(三) 侵占、挪用公证费或者侵占、盗窃公证专用物品的;

(四) 毁损、篡改公证文书或者公证档案的;

(五) 泄露在执业活动中知悉的国家秘密、商业秘密或者个人隐私的;

(六) 依照法律、行政法规的规定,应当给予处罚的其他行为。

因故意犯罪或者职务过失犯罪受刑事处罚的,应当吊销公证员执业证书。

被吊销公证员执业证书的,不得担任辩护人、诉讼代理人,但系刑事诉讼、民事诉讼、行政诉讼当事人的监护人、近亲属的除外。

第四十三条　公证机构及其公证员因过错给当事人、公证事项的利害关系人造成损失的,由公证机构承担相应的赔偿责任;公证机构赔偿后,可以向有故意或者重大过失的公证员追偿。

当事人、公证事项的利害关系人与公证机构因赔偿发生争议的,可以向人民法院提起民事诉讼。

第四十四条 当事人以及其他个人或者组织有下列行为之一,给他人造成损失的,依法承担民事责任;违反治安管理的,依法给予治安管理处罚;构成犯罪的,依法追究刑事责任:

(一)提供虚假证明材料,骗取公证书的;

(二)利用虚假公证书从事欺诈活动的;

(三)伪造、变造或者买卖伪造、变造的公证书、公证机构印章的。

第七章 附 则

第四十五条 中华人民共和国驻外使(领)馆可以依照本法的规定或者中华人民共和国缔结或者参加的国际条约的规定,办理公证。

第四十六条 公证费的收费标准由省、自治区、直辖市人民政府价格主管部门会同同级司法行政部门制定。

第四十七条 本法自 2006 年 3 月 1 日起施行。

第五部分 其他司法解释及规范性文件

一、总 则

（一）任务、适用范围和基本原则

最高人民法院关于适用《中华人民共和国婚姻法》若干问题的解释（一）

[2001年12月24日最高人民法院审判委员会第1202次会议通过，2001年12月25日发布，自2001年12月27日起施行，法释〔2001〕30号]

为了正确审理婚姻家庭纠纷案件，根据《中华人民共和国婚姻法》（以下简称婚姻法）、《中华人民共和国民事诉讼法》等法律的规定，对人民法院适用婚姻法的有关问题作出如下解释：

第一条 婚姻法第三条、第三十二条、第四十三条、第四十五条、第四十六条所称的"家庭暴力"，是指行为人以殴打、捆绑、残害、强行限制人身自由或者其他手段，给其家庭成员的身体、精神等方面造成一定伤害后果的行为。持续性、经常性的家庭暴力，构成虐待。

第二条 婚姻法第三条、第三十二条、第四十六条规定的"有配偶者与他人同居"的情形，是指有配偶者与婚外异性，不以夫妻名义，持续、稳定地共同居住。

第三条 当事人仅以婚姻法第四条为依据提起诉讼的，人民法院不予受理；已经受理的，裁定驳回起诉。

第四条 男女双方根据婚姻法第八条规定补办结婚登记的，婚姻关系的效力从双方均符合婚姻法所规定的结婚的实质要件时起算。

第五条 未按婚姻法第八条规定办理结婚登记而以夫妻名义共同生活的男女，起诉到人民法院要求离婚的，应当区别对待：

（一）1994年2月1日民政部《婚姻登记管理条例》公布实施以前，男女双方已经符合结婚实质要件的，按事实婚姻处理；

（二）1994年2月1日民政部《婚姻登记管理条例》公布实施以后，男女双方符合结婚实质要件的，人民法院应当告知其在案件受理前补办结婚登记；未补办结婚登记的，按解除同居关系处理。

第六条 未按婚姻法第八条规定办理结婚登记而以夫妻名义共同生活的男女，一方死亡，另一方以配偶身份主张享有继承权的，按照本解释第五条的原则处理。

第七条 有权依据婚姻法第十条规定向人民法院就已办理结婚登记的婚姻申请宣告婚姻无效的主体,包括婚姻当事人及利害关系人。利害关系人包括:

(一)以重婚为由申请宣告婚姻无效的,为当事人的近亲属及基层组织。

(二)以未到法定婚龄为由申请宣告婚姻无效的,为未达法定婚龄者的近亲属。

(三)以有禁止结婚的亲属关系为由申请宣告婚姻无效的,为当事人的近亲属。

(四)以婚前患有医学上认为不应当结婚的疾病,婚后尚未治愈为由申请宣告婚姻无效的,为与患病者共同生活的近亲属。

第八条 当事人依据婚姻法第十条规定向人民法院申请宣告婚姻无效的,申请时,法定的无效婚姻情形已经消失的,人民法院不予支持。

第九条 人民法院审理宣告婚姻无效案件,对婚姻效力的审理不适用调解,应当依法作出判决;有关婚姻效力的判决一经作出,即发生法律效力。

涉及财产分割和子女抚养的,可以调解。调解达成协议的,另行制作调解书。对财产分割和子女抚养问题的判决不服的,当事人可以上诉。

第十条 婚姻法第十一条所称的"胁迫",是指行为人以给另一方当事人或者其近亲属的生命、身体健康、名誉、财产等方面造成损害为要挟,迫使另一方当事人违背真实意愿结婚的情况。

因受胁迫而请求撤销婚姻的,只能是受胁迫一方的婚姻关系当事人本人。

第十一条 人民法院审理婚姻当事人因受胁迫而请求撤销婚姻的案件,应当适用简易程序或者普通程序。

第十二条 婚姻法第十一条规定的"一年",不适用诉讼时效中止、中断或者延长的规定。

第十三条 婚姻法第十二条所规定的自始无效,是指无效或者可撤销婚姻在依法被宣告无效或被撤销时,才确定该婚姻自始不受法律保护。

第十四条 人民法院根据当事人的申请,依法宣告婚姻无效或者撤销婚姻的,应当收缴双方的结婚证书并将生效的判决书寄送当地婚姻登记管理机关。

第十五条 被宣告无效或被撤销的婚姻,当事人同居期间所得的财产,按共同共有处理。但有证据证明为当事人一方所有的除外。

第十六条 人民法院审理重婚导致的无效婚姻案件时,涉及财产处理的,应当准许合法婚姻当事人作为有独立请求权的第三人参加诉讼。

第十七条 婚姻法第十七条关于"夫或妻对夫妻共同所有的财产,有平等的处理权"的规定,应当理解为:

(一)夫或妻在处理夫妻共同财产上的权利是平等的。因日常生活需要而处理夫妻共同财产的,任何一方均有权决定。

(二)夫或妻非因日常生活需要对夫妻共同财产做重要处理决定,夫妻双方应当平等协商,取得一致意见。他人有理由相信其为夫妻双方共同意思表示的,另一方不得以不同意或不知道为由对抗善意第三人。

第十八条 婚姻法第十九条所称"第三人知道该约定的",夫妻一方对此负有举证责任。

第十九条 婚姻法第十八条规定为

夫妻一方所有的财产,不因婚姻关系的延续而转化为夫妻共同财产。但当事人另有约定的除外。

第二十条 婚姻法第二十一条规定的"不能独立生活的子女",是指尚在校接受高中及其以下学历教育,或者丧失或未完全丧失劳动能力等非因主观原因而无法维持正常生活的成年子女。

第二十一条 婚姻法第二十一条所称"抚养费",包括子女生活费、教育费、医疗费等费用。

第二十二条 人民法院审理离婚案件,符合第三十二条第二款规定"应准予离婚"情形的,不应当因当事人有过错而判决不准离婚。

第二十三条 婚姻法第三十三条所称的"军人一方有重大过错",可以依据婚姻法第三十二条第二款前三项规定及军人有其他重大过错导致夫妻感情破裂的情形予以判断。

第二十四条 人民法院作出的生效的离婚判决中未涉及探望权,当事人就探望权问题单独提起诉讼的,人民法院应予受理。

第二十五条 当事人在履行生效判决、裁定或者调解书的过程中,请求中止行使探望权的,人民法院在征询双方当事人意见后,认为需要中止行使探望权的,依法作出裁定。中止探望的情形消失后,人民法院应当根据当事人的申请通知其恢复探望权的行使。

第二十六条 未成年子女、直接抚养子女的父或母及其他对未成年子女负担抚养、教育义务的法定监护人,有权向人民法院提出中止探望权的请求。

第二十七条 婚姻法第四十二条所称"一方生活困难",是指依靠个人财产和离婚时分得的财产无法维持当地基本生活水平。

一方离婚后没有住处的,属于生活困难。

离婚时,一方以个人财产中的住房对生活困难者进行帮助的形式,可以是房屋的居住权或者房屋的所有权。

第二十八条 婚姻法第四十六条规定的"损害赔偿",包括物质损害赔偿和精神损害赔偿。涉及精神损害赔偿的,适用最高人民法院《关于确定民事侵权精神损害赔偿责任若干问题的解释》的有关规定。

第二十九条 承担婚姻法第四十六条规定的损害赔偿责任的主体,为离婚诉讼当事人中无过错方的配偶。

人民法院判决不准离婚的案件,对于当事人基于婚姻法第四十六条提出的损害赔偿请求,不予支持。

在婚姻关系存续期间,当事人不起诉离婚而单独依据该条规定提起损害赔偿请求的,人民法院不予受理。

第三十条 人民法院受理离婚案件时,应当将婚姻法第四十六条等规定中当事人的有关权利义务,书面告知当事人。在适用婚姻法第四十六条时,应当区分以下不同情况:

(一)符合婚姻法第四十六条规定的无过错方作为原告基于该条规定向人民法院提起损害赔偿请求的,必须在离婚诉讼的同时提出。

(二)符合婚姻法第四十六条规定的无过错方作为被告的离婚诉讼案件,如果被告不同意离婚也不基于该条规定提起损害赔偿请求的,可以在离婚后一年内就此单独提起诉讼。

(三)无过错方作为被告的离婚诉讼

案件，一审时被告未基于婚姻法第四十六条规定提出损害赔偿请求，二审期间提出的，人民法院应当进行调解，调解不成的，告知当事人在离婚后一年内另行起诉。

第三十一条 当事人依据婚姻法第四十七条的规定向人民法院提起诉讼，请求再次分割夫妻共同财产的诉讼时效为两年，从当事人发现之次日起计算。

第三十二条 婚姻法第四十八条关于对拒不执行有关探望子女等判决和裁定的，由人民法院依法强制执行的规定，是指对拒不履行协助另一方行使探望权的有关个人和单位采取拘留、罚款等强制措施，不能对子女的人身、探望行为进行强制执行。

第三十三条 婚姻法修改后正在审理的一、二审婚姻家庭纠纷案件，一律适用修改后的婚姻法。此前最高人民法院作出的相关司法解释如与本解释相抵触，以本解释为准。

第三十四条 本解释自公布之日起施行。

附：更正

现对最高人民法院法释〔2001〕30号、31号司法解释中有关问题，更正如下：

一、法释〔2001〕30号《最高人民法院关于适用〈中华人民共和国婚姻法〉若干问题的解释（一）》中，"第二十三条：可以依据婚姻法第三十二条第二款……"中的"第二款"，应为"第三款"；

二、（略）

特此更正。

最高人民法院
二〇〇二年一月十日

最高人民法院关于村民小组诉讼权利如何行使的复函

[2006年7月14日，〔2006〕民立他字第23号]

河北省高级人民法院：

你院〔2005〕冀民一请字第一号《关于村民小组诉讼权利如何行使的几个问题的请示报告》收悉。经研究，答复如下：

遵化市小厂乡头道城村第三村民小组（以下简称第三村民小组）可以作为民事诉讼当事人。以第三村民小组为当事人的诉讼应以小组长作为主要负责人提起。小组长以村民小组的名义起诉和行使诉讼权利应当参照《中华人民共和国村民委员会组织法》第十七条履行民主议定程序。参照《河北省村民委员会选举办法》第三十条，小组长被依法追究刑事责任的，自人民法院判决书生效之日起，其小组长职务相应终止，应由村民小组另行推选小组长进行诉讼。

最高人民法院印发《关于司法公开的六项规定》和《关于人民法院接受新闻媒体舆论监督的若干规定》的通知

[2009年12月8日，法发〔2009〕58号]

全国地方各级人民法院、各级军事法院、各铁路运输中级法院和基层法院、各海事法院，新疆生产建设兵团各级法院：

最高人民法院《关于司法公开的六项规定》和最高人民法院《关于人民法院

接受新闻媒体舆论监督的若干规定》已经中央批准,现印发给你们,请认真贯彻执行。贯彻执行中的重大事项,请及时报告我院。

附1:最高人民法院关于司法公开的六项规定

为进一步落实公开审判的宪法原则,扩大司法公开范围,拓宽司法公开渠道,保障人民群众对人民法院工作的知情权、参与权、表达权和监督权,维护当事人的合法权益,提高司法民主水平,规范司法行为,促进司法公正,根据有关诉讼法的规定和人民法院的工作实际,按照依法公开、及时公开、全面公开的原则,制定本规定。

一、立案公开

立案阶段的相关信息应当通过便捷、有效的方式向当事人公开。各类案件的立案条件、立案流程、法律文书样式、诉讼费用标准、缓减免交诉讼费用程序、当事人重要权利义务、诉讼和执行风险提示以及可选择的诉讼外纠纷解决方式等内容,应当通过适当的形式向社会和当事人公开。人民法院应当及时将案件受理情况通知当事人。对于不予受理的,应当将不予受理裁定书、不予受理再审申请通知书、驳回再审申请裁定书等相关法律文件依法及时送达当事人,并说明理由,告知当事人诉讼权利。

二、庭审公开

建立健全有序开放、有效管理的旁听和报道庭审的规则,消除公众和媒体知情监督的障碍。依法公开审理的案件,旁听人员应当经过安全检查进入法庭旁听。因审判场所等客观因素所限,人民法院可以发放旁听证或者通过庭审视频、直播录播等方式满足公众和媒体了解庭审实况的需要。所有证据应当在法庭上公开,能够当庭认证的,应当当庭认证。除法律、司法解释规定可以不出庭的情形外,人民法院应当通知证人、鉴定人出庭作证。独任审判员、合议庭成员、审判委员会委员的基本情况应当公开,当事人依法有权申请回避。案件延长审限的情况应当告知当事人。人民法院对公开审理或者不公开审理的案件,一律在法庭内或者通过其他公开的方式公开宣告判决。

三、执行公开

执行的依据、标准、规范、程序以及执行全过程应当向社会和当事人公开,但涉及国家秘密、商业秘密、个人隐私等法律禁止公开的信息除外。进一步健全和完善执行信息查询系统,扩大查询范围,为当事人查询执行案件信息提供方便。人民法院采取查封、扣押、冻结、划拨等执行措施后应及时告知双方当事人。人民法院选择鉴定、评估、拍卖等机构的过程和结果向当事人公开。执行款项的收取发放、执行标的物的保管、评估、拍卖、变卖的程序和结果等重点环节和重点事项应当及时告知当事人。执行中的重大进展应当通知当事人和利害关系人。

四、听证公开

人民法院对开庭审理程序之外的涉及当事人或者案外人重大权益的案件实行听证的,应当公开进行。人民法院对申请再审案件、涉法涉诉信访疑难案件、司法赔偿案件、执行异议案件以及对职务犯罪案件和有重大影响案件被告人的减刑、假释案件等,按照有关规定实行公开听证的,应当向社会发布听证公告。听证公开的范围、方式、程序等参照庭审公开的有关规定。

五、文书公开

裁判文书应当充分表述当事人的诉辩意见、证据的采信理由、事实的认定、适用法律的推理与解释过程,做到说理公开。人民法院可以根据法制宣传、法学研究、案例指导、统一裁判标准的需要,集中编印、刊登各类裁判文书。除涉及国家秘密、未成年人犯罪、个人隐私以及其他不适宜公开的案件和调解结案的案件外,人民法院的裁判文书可以在互联网上公开发布。当事人对于在互联网上公开裁判文书提出异议并有正当理由的,人民法院可以决定不在互联网上发布。为保护裁判文书所涉及到的公民、法人和其他组织的正当权利,可以对拟公开发布的裁判文书中的相关信息进行必要的技术处理。人民法院应当注意收集社会各界对裁判文书的意见和建议,作为改进工作的参考。

六、审务公开

人民法院的审判管理工作以及与审判工作有关的其他管理活动应当向社会公开。各级人民法院应当逐步建立和完善互联网站和其他信息公开平台。探索建立各类案件运转流程的网络查询系统,方便当事人及时查询案件进展情况。通过便捷、有效的方式及时向社会公开关于法院工作的方针政策、各种规范性文件和审判指导意见以及非涉密司法统计数据及分析报告,公开重大案件的审判情况、重要研究成果、活动部署等。建立健全过问案件登记、说情干扰警示、监督情况通报等制度,向社会和当事人公开违反规定程序过问案件的情况和人民法院接受监督的情况,切实保护公众的知情监督权和当事人的诉讼权利。

全国各级人民法院要切实解放思想,更新观念,大胆创新,把积极主动地采取公开透明的措施与不折不扣地实现当事人的诉讼权利结合起来,把司法公开的实现程度当作衡量司法民主水平、评价法院工作的重要指标。最高人民法院将进一步研究制定司法公开制度落实情况的考评标准,并将其纳入人民法院工作考评体系,完善司法公开的考核评价机制。上级人民法院要加强对下级人民法院司法公开工作的指导,定期组织专项检查,通报检查结果,完善司法公开的督促检查机制。各级人民法院要加大对司法公开工作在资金、设施、人力、技术方面的投入,建立司法公开的物质保障机制。要疏通渠道,设立平台,认真收集、听取和处理群众关于司法公开制度落实情况的举报投诉或意见建议,建立健全司法公开的情况反馈机制。要细化和分解落实司法公开的职责,明确责任,对于在诉讼过程中违反审判公开原则或者在法院其他工作中违反司法公开相关规定的,要追究相应责任,同时要注意树立先进典型,表彰先进个人和单位,推广先进经验,建立健全司法公开的问责表彰机制。

本规定自公布之日起实施。本院以前发布的相关规定与本规定不一致的,以本规定为准。

附2:最高人民法院关于人民法院接受新闻媒体舆论监督的若干规定

为进一步落实公开审判的宪法原则,规范人民法院接受新闻媒体舆论监督工作,妥善处理法院与媒体的关系,保障公众的知情权、参与权、表达权和监督权,提高司法公信,制定本规定。

第一条 人民法院应当主动接受新闻媒体的舆论监督。对新闻媒体旁听案件庭审、采访报道法院工作、要求提供相关材料的,人民法院应当根据具体情况提供便利。

第二条 对于社会关注的案件和法院工作的重大举措以及按照有关规定应当向社会公开的其他信息,人民法院应当通过新闻发布会、记者招待会、新闻通稿、法院公报、互联网站等形式向新闻媒体及时发布相关信息。

第三条 对于公开审判的案件,新闻媒体记者和公众可以旁听。审判场所座席不足的,应当优先保证媒体和当事人近亲属的需要。有条件的审判法庭根据需要可以在旁听席中设立媒体席。记者旁听庭审应当遵守法庭纪律,未经批准不得录音、录像和摄影。

第四条 对于正在审理的案件,人民法院的审判人员及其他工作人员不得擅自接受新闻媒体的采访。对于已经审结的案件,人民法院可以通过新闻宣传部门协调决定由有关人员接受采访。对于不适宜接受采访的,人民法院可以决定不接受采访并说明理由。

第五条 新闻媒体因报道案件审理情况或者法院其他工作需要申请人民法院提供相关资料的,人民法院可以提供裁判文书复印件、庭审笔录、庭审录音录像、规范性文件、指导意见等。如有必要,也可以为媒体提供其他可以公开的背景资料和情况说明。

第六条 人民法院接受新闻媒体舆论监督的协调工作由各级人民法院的新闻宣传主管部门统一归口管理。新闻宣传主管部门应当为新闻媒体提供新闻报道素材,保证新闻媒体真实、客观地报道人民法院的工作。对于新闻媒体报道人民法院的工作失实时,新闻宣传主管部门负责及时澄清事实,进行回应。

第七条 人民法院应当建立与新闻媒体及其主管部门固定的沟通联络机制,定期或不定期地举办座谈会或研讨会,交流意见,沟通信息。人民法院与新闻媒体可以研究制定共同遵守的行为自律准则。对于新闻媒体反映的人民法院接受舆论监督方面的意见和建议,有关法院应当及时研究处理,改进工作。

第八条 对于新闻媒体报道中反映的人民法院审判工作和其他各项工作中存在的问题,以及反映审判人员和其他工作人员违法违纪行为,人民法院应当及时调查、核实。查证属实的,应当依法采取有效措施进行处理,并及时反馈处理结果。

第九条 人民法院发现新闻媒体在采访报道法院工作时有下列情形之一的,可以向新闻主管部门、新闻记者自律组织或者新闻单位等通报情况并提出建议。违反法律规定的,依法追究相应责任。

(一)损害国家安全和社会公共利益的,泄露国家秘密、商业秘密的;

(二)对正在审理的案件报道严重失实或者恶意进行倾向性报道,损害司法权威、影响公正审判的;

(三)以侮辱、诽谤等方式损害法官名誉,或者损害当事人名誉权等人格权,侵犯诉讼参与人的隐私和安全的;

(四)接受一方当事人请托,歪曲事实,恶意炒作,干扰人民法院审判、执行活动,造成严重不良影响的;

(五)其他严重损害司法权威、影响司法公正的。

第十条 本规定自公布之日起实施。

最高人民法院印发《关于推进司法公开三大平台建设的若干意见》的通知

[2013年11月21日,法发〔2013〕13号]

全国地方各级人民法院,各级军事法院,新疆生产建设兵团各级法院:

现将《最高人民法院关于推进司法公开三大平台建设的若干意见》予以印发,请认真贯彻执行。

附:最高人民法院关于推进司法公开三大平台建设的若干意见

为贯彻党的十八届三中全会精神,进一步深化司法公开,依托现代信息技术,打造阳光司法工程,全面推进审判流程公开、裁判文书公开、执行信息公开三大平台建设,增进公众对司法的了解、信赖和监督,现结合人民法院工作实际,提出如下意见。

一、推进司法公开三大平台建设的意义、目标和要求

1. 充分认识推进司法公开三大平台建设的重大意义。建设司法公开三大平台,是人民法院适应信息化时代新要求,满足人民群众对司法公开新期待的重要战略举措。人民法院应当以促进社会公平正义、增加人民福祉为出发点和落脚点,全面推进司法公开三大平台建设。

2. 努力实现推进司法公开三大平台建设的基本目标。人民法院应当通过建设与公众相互沟通、彼此互动的信息化平台,全面实现审判流程、裁判文书、执行信息的公开透明,使司法公开三大平台成为展示现代法治文明的重要窗口、保障当事人诉讼权利的重要手段、履行人民法院社会责任的重要途径。通过全面推进司法公开三大平台建设,切实让人民群众在每一个司法案件中感受到公平正义。

3. 准确把握推进司法公开三大平台建设的总体要求。人民法院应当提高认识,转变观念,严格按照以下要求推进司法公开三大平台建设:

(1) 统一规划,有序推进。人民法院应当在最高人民法院的统一指导下,在各级人民法院的统筹规划下,立足实际,循序渐进,有计划、分批次地推进司法公开三大平台建设。司法公开示范法院和信息化建设有一定基础的法院,应当率先完成建设任务。

(2) 科技助推,便捷高效。人民法院应当依托现代信息技术,不断创新公开方式,拓宽公开渠道,通过建立网上办案系统与司法公开平台的安全输送、有效对接机制,实现各类信息一次录入、多种用途、资源共享,既方便公众和当事人查询,又避免重复劳动,最大限度地减少审判人员的工作负担。

(3) 立足服务,逐步拓展。人民法院应当充分发挥司法公开三大平台在资讯提供、意见搜集和信息反馈方面的作用,逐步开发其在远程预约立案、公告、送达、庭审、听证、查控方面的辅助功能,提升互动服务效能。公众通过平台提出的意见和建议,应当成为人民法院审判管理、审判监督、纪检监察和改进工作的重要依据。

二、推进审判流程公开平台建设

4. 人民法院应当加强诉讼服务中心(立案大厅)的科技化与规范化建设,利用政务网站、12368电话语音系统、手机

短信平台、电子公告屏和触摸屏等现代信息技术,为公众提供全方位、多元化、高效率的审判流程公开服务。

5. 人民法院应当通过审判流程公开平台,向公众公开以下信息:(1) 法院地址、交通图示、联系方式、管辖范围、下辖法院、内设部门及其职能、投诉渠道等机构信息;(2) 审判委员会组成人员、审判人员的姓名、职务、法官等级等人员信息;(3) 审判流程、裁判文书和执行信息的公开范围和查询方法等司法公开指南信息;(4) 立案条件、申请再审、申诉条件及要求、诉讼流程、诉讼文书样式、诉讼费用标准、缓减免交诉讼费用的程序和条件、诉讼风险提示、可供选择的非诉纠纷解决方式等诉讼指南信息;(5) 审判业务文件、指导性案例、参考性案例等审判指导文件信息;(6) 开庭公告、听证公告等庭审信息;(7) 人民陪审员名册、特邀调解组织和特邀调解员名册、评估、拍卖及其他社会中介入选机构名册等名册信息。

6. 人民法院应当整合各类审判流程信息,方便当事人自案件受理之日起,凭密码从审判流程公开平台获取以下信息:(1) 案件名称、案号、案由、立案日期等立案信息;(2) 合议庭组成人员的姓名、承办法官与书记员的姓名、办公电话;(3) 送达、管辖权处理、财产保全和先予执行情况;(4) 庭审时间、审理期限、审限变更、诉讼程序变更等审判流程节点信息。

7. 人民法院应当积极推进诉讼档案电子化工程,完善转化流程、传送机制和备份方式,充分发挥电子卷宗在提高效率、节约成本、便民利民方面的功能。

8. 人民法院应当积极创新庭审公开的方式,以视频、音频、图文、微博等方式适时公开庭审过程。人民法院的开庭公告、听证公告,至迟应当于开庭、听证三日前在审判流程公开平台公布。

9. 人民法院应当加强科技法庭建设,对庭审活动全程进行同步录音录像,做到"每庭必录",并以数据形式集中存储、定期备份、长期保存。当事人申请查阅庭审音像记录的,人民法院可以提供查阅场所。

三、推进裁判文书公开平台建设

10. 最高人民法院建立中国裁判文书网,作为全国法院统一的裁判文书公开平台。地方各级人民法院应当在政务网站的醒目位置设置中国裁判文书网的网址链接,并严格按照《最高人民法院关于人民法院在互联网公布裁判文书的规定》,在裁判文书生效后七日内将其传送至中国裁判文书网公布。人民法院可以通过政务微博,以提供链接或长微博等形式,发布社会关注度高、具有法制教育、示范和指导意义的案件的裁判文书。

11. 在互联网公布裁判文书应当以公开为原则,不公开为例外,不得在法律和司法解释规定之外对这项工作设置任何障碍。各级人民法院对其上传至中国裁判文书网的裁判文书的质量负责。

12. 人民法院应当严格把握保障公众知情权与维护公民隐私权和个人信息安全之间的关系,结合案件类别,对不宜公开的个人信息进行技术处理。对于因网络传输故障或技术处理失误导致当事人信息被不当公开的,人民法院应当依照程序及时修改或者更换。

13. 中国裁判文书网应当提供便捷有效的查询检索系统,方便公众按照关键词对在该网公布的裁判文书进行检索,确保裁判文书的有效获取。

14. 最高人民法院率先推动本院裁

判文书在互联网公布,并监督指导地方各级人民法院在互联网公布裁判文书的工作。各高级人民法院监督指导辖区内法院在互联网公布裁判文书的工作。各级人民法院应当指定专门机构,负责在互联网公布裁判文书的组织、管理、指导和监督工作,并完善工作流程,明确工作职责。

四、推进执行信息公开平台建设

15. 人民法院应当规范执行信息的收集、交换和使用行为,在确保信息安全的前提下,实现上下级法院之间、异地法院之间、同一法院的立案、审判与执行部门之间的执行信息共享。

16. 人民法院应当整合各类执行信息,方便当事人凭密码从执行信息公开平台获取以下信息:(1)执行立案信息;(2)执行人员信息;(3)执行程序变更信息;(4)执行措施信息;(5)执行财产处置信息;(6)执行裁决信息;(7)执行结案信息;(8)执行款项分配信息;(9)暂缓执行、中止执行、终结执行信息等。

17. 人民法院应当通过执行信息公开平台,向公众公开以下信息:(1)执行案件的立案标准、启动程序、执行收费标准和根据、执行费缓减免的条件和程序;(2)执行风险提示;(3)悬赏公告、拍卖公告等。

18. 人民法院应当对重大执行案件的听证、实施过程进行同步录音录像,并允许当事人依申请查阅。有条件的人民法院应当为执行工作人员配备与执行指挥中心系统对接的信息系统,将执行现场的视频、音频通过无线网络实时传输回执行指挥中心,并及时存档,实现执行案件的全程公开。

19. 人民法院应当充分发挥执行信息公开平台对失信被执行人的信用惩戒功能,向公众公开以下信息,并方便公众根据被执行人的姓名或名称、身份证号或组织机构代码进行查询:(1)未结执行实施案件的被执行人信息;(2)失信被执行人名单信息;(3)限制出境被执行人名单信息;(4)限制招投标被执行人名单信息;(5)限制高消费被执行人名单信息等。

20. 人民法院应当为各类征信系统提供科学、准确、全面的信息,实现执行信息公开平台与各类征信平台的有效对接。

五、工作机制

21. 加强组织领导,强化工作保障。最高人民法院统一指导全国法院的司法公开三大平台建设工作,制定推进规划,开发配套软件,确定评估标准,定期督促检查。各高级人民法院具体统筹辖区内法院的司法公开三大平台建设工作,完善实施细则,协调解决问题,总结推广经验。各级人民法院主要领导要把司法公开三大平台建设作为"一把手"工程,列入重要议事日程,积极主动争取党委、人大和政府的支持。要切实采取有效措施,不断完善硬件设施和技术条件,为司法公开三大平台建设提供强有力的物质保障。

22. 做好统筹协调,完善配套机制。各级人民法院要明确管理机构,专门负责推进司法公开三大平台建设工作。要建立有效的协调机制,加强司法公开管理部门与业务部门的沟通配合,提升一线人员在司法公开工作上的责任心、积极性。要加强上级法院对下级法院深化司法公开工作的指导责任,及时总结经验、纠正偏差。

23. 加强督促检查,狠抓工作落实。对司法公开三大平台建设工作的检查评估,要采取督查、抽查和自查相结合的方式,注重三大平台运行的系统性、顺畅性和有效性,不能只追求排名和指标,更不能搞形式主义。要扎实做好司法公开三大平台的宣传工作,确保人民法院深化司法公开的举措为公众知悉,受公众检验,被公众认可。

最高人民法院关于印发修改后的《民事案件案由规定》的通知

[2011年2月18日,法〔2011〕42号]

各省、自治区、直辖市高级人民法院,解放军军事法院,新疆维吾尔自治区高级人民法院生产建设兵团分院:

根据工作需要,对2008年2月4日制发的《民事案件案由规定》(以下简称2008年《民事案件案由规定》)进行了修改,自2011年4月1日起施行。现将修改后的《民事案件案由规定》印发给你们,请认真贯彻执行。

2008年《民事案件案由规定》发布施行以来,在方便当事人进行民事诉讼、规范人民法院民事立案、审判和司法统计工作等方面,发挥了重要作用。近三年来,随着农村土地承包经营纠纷调解仲裁法、人民调解法、保险法、专利法等法律的制定或修订,审判实践中出现了许多新类型民事案件,需要对2008年《民事案件案由规定》进行补充和完善。特别是侵权责任法已于2010年7月1日起施行,迫切需要增补侵权责任纠纷案由。经深入调查研究,广泛征求意见,最高人民法院对2008年《民事案件案由规定》进行了修改。现就各级人民法院适用修改后的《民事案件案由规定》的有关问题通知如下:

一、要认真学习掌握修改后的《民事案件案由规定》,高度重视民事案件案由在民事审判规范化建设中的重要作用

民事案件案由是民事案件名称的重要组成部分,反映案件所涉及的民事法律关系的性质,是将诉讼争议所包含的法律关系进行的概括,是人民法院进行民事案件管理的重要手段。建立科学、完善的民事案件案由体系,有利于方便当事人进行民事诉讼,有利于对受理案件进行分类管理,有利于确定各民事审判业务庭的管辖分工,有利于提高民事案件司法统计的准确性和科学性,从而更好地为创新和加强民事审判管理、为人民法院司法决策服务。

二、关于民事案件案由编排体系的几个问题

1. 关于案由的确定标准。民事案件案由应当依据当事人主张的民事法律关系的性质来确定。鉴于具体案件中当事人的诉讼请求、争议的焦点可能有多个,争议的标的也可能是多个,为保证案由的高度概括和简洁明了,修改后的《民事案件案由规定》仍沿用2008年《民事案件案由规定》关于案由的确定标准,即对民事案件案由的表述方式原则上确定为"法律关系性质"加"纠纷",一般不再包含争议焦点、标的物、侵权方式等要素。但是,考虑到当事人诉争的民事法律关系的性质具有复杂性,为了更准确地体现诉争的民事法律关系和便于司法统计,修改后的《民事案件案由规定》在坚持以法律关系性质作为案由的确定标准的同时,对少部分案由也依据请求权、形成权或者确认之诉、形成之诉的标准进行确定,对少部分案由也包含争议焦点、标的物、侵权方式

等要素。

对包括民事诉讼法规定的适用特别程序案件案由在内的特殊程序民事案件案由,根据当事人的诉讼请求直接表述。

2. 关于案由的体系编排。修改后的《民事案件案由规定》以民法理论对民事法律关系的分类为基础,以法律关系的内容即民事权利类型来编排体系,结合现行立法及审判实践,在2008年《民事案件案由规定》关于案由的编排体系划分的基础上,将侵权责任纠纷案由提升为第一级案由,将案由的编排体系重新划分为人格权纠纷,婚姻家庭继承纠纷,物权纠纷,合同、无因管理、不当得利纠纷,劳动争议与人事争议,知识产权与竞争纠纷,海事海商纠纷,与公司、证券、保险、票据等有关的民事纠纷,侵权责任纠纷,适用特殊程序案件案由,共十大部分,作为第一级案由。

在第一级案由项下,细分为四十三类案由,作为第二级案由(以大写数字表示);在第二级案由项下列出了424种案由,作为第三级案由(以阿拉伯数字表示),第三级案由是司法实践中最常见和广泛使用的案由。基于审判工作指导、调研和司法统计的需要,在部分第三级案由项下又列出了一些第四级案由(以阿拉伯数字加( )表示)。基于民事法律关系的复杂性,不可能穷尽所有第四级案由,目前所列只是一些典型的、常见的,或者为了司法统计需要而设立的案由。

3. 关于侵权责任纠纷案由的编排。此次修改将侵权责任纠纷案由提升为第一级案由。按照侵权责任法的相关规定,在其项下增补相关的侵权责任纠纷案由。首先,按照侵权责任法相关规定,列出了该法规定的各种具体侵权责任纠纷案由。

其次,协调好侵权责任纠纷案由与其他第一级案由之间的关系。根据侵权责任法相关规定,侵权责任法的保护对象为民事权益,包括生命权、健康权、姓名权、名誉权、荣誉权、肖像权、隐私权、婚姻自主权、监护权、所有权、用益物权、担保物权、著作权、专利权、商标专用权、发现权、股权、继承权等人身、财产权益。这些民事权益,分别包含在人格权、婚姻家庭继承权、物权、知识产权等民商事权益之中,而这些民事权益纠纷往往既包括权属确认纠纷也包括侵权责任纠纷,这就为科学合理编排民事案件案由增加了难度。为了保持整个案由体系的完整性和稳定性,尽可能避免重复交叉,此次修改将这些民事权益侵权责任纠纷案由仍旧保留在各第一级案由之中,只是将侵权责任法新规定的有关案由列在第一级案由"侵权责任纠纷"案由项下,并将一些实践中常见的、其他第一级案由不便列出的侵权责任纠纷案由也列在第一级案由"侵权责任纠纷"项下,并从"兜底"考虑,列在其他八个民事权益纠纷类型之后,作为第九部分。

4. 关于物权纠纷案由与合同纠纷案由编排与适用的问题。修改后的《民事案件案由规定》仍然沿用2008年《民事案件案由规定》关于物权纠纷案由与合同纠纷案由的编排体系。具体适用时,按照物权变动原因与结果相区分的原则,对于因物权变动的原因关系,即债权性质的合同关系产生的纠纷,应适用债权纠纷部分的案由,如物权设立原因关系方面的担保合同纠纷,物权转让原因关系方面的买卖合同纠纷。对于因物权设立、权属、效力、使用、收益等物权关系产生的纠纷,则应适用物权纠纷部分的案由,如担保物权纠纷。人民法院应根据当事人诉争的法律关系的性质,查明该法律关系涉及的是物权变动的原因关系还是物权变动的结果关系,以正确确定案由。

5. 关于第三部分"物权纠纷"项下"物权保护纠纷"案由与"所有权纠纷"、"用益物权纠纷"、"担保物权纠纷"案由的协调问题。"所有权纠纷"、"用益物权纠纷"、"担保物权纠纷"案由既包括以上三种类型的物权确认纠纷案由,也包括以上三种类型的侵害物权纠纷案由。物权法第三章"物的保护"所规定的物权请求权或者债权请求权保护方法,即"物权保护纠纷",在修改后的《民事案件案由规定》规定的每个物权类型(第三级案由)项下可能部分或者全部适用,多数可以作为第四级案由规定,但为避免使整个案由体系冗长繁杂,在各第三级案由下并未一一列出。在涉及侵害物权纠纷案由确定时,如果当事人的诉讼请求只涉及"物权保护纠纷"项下的一种物权请求权或者债权请求权,则可以适用"物权保护纠纷"项下的六种第四级案由;如果当事人的诉讼请求涉及"物权保护纠纷"项下的两种或者两种以上物权请求权或者债权请求权,则应按照所保护的权利种类,分别适用所有权、用益物权、担保物权项下的第三级案由(各种物权类型纠纷)。

6. 关于第九部分"侵权责任纠纷"项下案由与"人格权纠纷"、"物权纠纷"、"知识产权与竞争纠纷"等其他部分项下案由的协调问题。在确定侵权责任纠纷具体案由时,应当先适用第九部分"侵权责任纠纷"项下根据侵权责任法相关规定列出的具体案由。没有相应案由的,再适用"人格权纠纷"、"物权纠纷"、"知识产权与竞争纠纷"等其他部分项下的案由。如机动车交通事故可能造成人身损害和财产损害,确定案由时,应当适用第九部分"侵权责任纠纷"项下"机动车交通事故责任纠纷"案由,而不应适用第一部分"人格权纠纷"项下的"生命权、健康权、身体权纠纷"案由,也不应适用第三部分"物权纠纷"项下的"财产损害赔偿纠纷"案由。

三、适用修改后的《民事案件案由规定》时应注意的几个问题

1. 第一审法院立案时应当根据当事人诉争法律关系的性质,首先应适用修改后的《民事案件案由规定》列出的第四级案由;第四级案由没有规定的,适用相应的第三级案由;第三级案由中没有规定的,适用相应的第二级案由;第二级案由没有规定的,适用相应的第一级案由。地方各级人民法院对审判实践中出现的可以作为新的第三级民事案由或者应当规定为第四级民事案由的纠纷类型,可以及时报告最高人民法院。最高人民法院将定期收集、整理、筛选,及时细化、补充相关案由。

2. 各级人民法院要正确认识民事案件案由的性质与功能,不得将修改后的《民事案件案由规定》等同于《中华人民共和国民事诉讼法》第一百零八条规定的受理条件,不得以当事人的诉请在修改后的《民事案件案由规定》中没有相应案由可以适用为由,裁定不予受理或者驳回起诉,影响当事人行使诉权。

3. 同一诉讼中涉及两个以上的法律关系的,应当依当事人诉争的法律关系的性质确定案由,均为诉争法律关系的,则按诉争的两个以上法律关系确定并列的两个案由。

4. 在请求权竞合的情形下,人民法院应当按照当事人自主选择行使的请求

权,根据当事人诉争的法律关系的性质,确定相应的案由。

5. 当事人起诉的法律关系与实际诉争的法律关系不一致的,人民法院结案时应当根据法庭查明的当事人之间实际存在的法律关系的性质,相应变更案件的案由。

6. 当事人在诉讼过程中增加或者变更诉讼请求导致当事人诉争的法律关系发生变更的,人民法院应当相应变更案件案由。

7. 对于案由名称中出现顿号(即"、")的部分案由,应当根据具体案情,确定相应的案由,不应直接将该案由全部引用。如"生命权、健康权、身体权纠纷"案由,应根据侵害的具体人格权益来确定相应的案由;如"海上、通海水域货物运输合同纠纷"案由,应当根据纠纷发生的具体水域来确定相应的案由;如"擅自使用知名商品特有名称、包装、装潢纠纷"案由,应当根据具体侵害对象来确定相应的案由。

修改后的《民事案件案由规定》适用过程中有何情况和问题,应当及时报告最高人民法院。

附:民事案件案由规定

[2007年10月29日最高人民法院审判委员会第1438次会议通过,2008年2月4日公布,自2008年4月1日起施行,法发〔2008〕11号,根据2011年2月18日《最高人民法院关于修改〈民事案件案由规定〉的决定》第一次修正,该修正于2011年2月18日公布,自2011年4月1日起施行,法〔2011〕41号]

为了正确适用法律,统一确定案由,根据《中华人民共和国民法通则》、《中华人民共和国物权法》、《中华人民共和国合同法》、《中华人民共和国侵权责任法》和《中华人民共和国民事诉讼法》等法律规定,结合人民法院民事审判工作实际情况,对民事案件案由规定如下:

第一部分　人格权纠纷

一、人格权纠纷
1. 生命权、健康权、身体权纠纷
2. 姓名权纠纷
3. 肖像权纠纷
4. 名誉权纠纷
5. 荣誉权纠纷
6. 隐私权纠纷
7. 婚姻自主权纠纷
8. 人身自由权纠纷
9. 一般人格权纠纷

第二部分　婚姻家庭、继承纠纷

二、婚姻家庭纠纷
10. 婚约财产纠纷
11. 离婚纠纷
12. 离婚后财产纠纷
13. 离婚后损害责任纠纷
14. 婚姻无效纠纷
15. 撤销婚姻纠纷
16. 夫妻财产约定纠纷
17. 同居关系纠纷
(1) 同居关系析产纠纷
(2) 同居关系子女抚养纠纷
18. 抚养纠纷
(1) 抚养费纠纷
(2) 变更抚养关系纠纷
19. 扶养纠纷
(1) 扶养费纠纷
(2) 变更扶养关系纠纷

20. 赡养纠纷
(1) 赡养费纠纷
(2) 变更赡养关系纠纷
21. 收养关系纠纷
(1) 确认收养关系纠纷
(2) 解除收养关系纠纷
22. 监护权纠纷
23. 探望权纠纷
24. 分家析产纠纷
三、继承纠纷
25. 法定继承纠纷
(1) 转继承纠纷
(2) 代位继承纠纷
26. 遗嘱继承纠纷
27. 被继承人债务清偿纠纷
28. 遗赠纠纷
29. 遗赠扶养协议纠纷

第三部分 物 权 纠 纷

四、不动产登记纠纷
30. 异议登记不当损害责任纠纷
31. 虚假登记损害责任纠纷
五、物权保护纠纷
32. 物权确认纠纷
(1) 所有权确认纠纷
(2) 用益物权确认纠纷
(3) 担保物权确认纠纷
33. 返还原物纠纷
34. 排除妨害纠纷
35. 消除危险纠纷
36. 修理、重作、更换纠纷
37. 恢复原状纠纷
38. 财产损害赔偿纠纷
六、所有权纠纷
39. 侵害集体经济组织成员权益纠纷

40. 建筑物区分所有权纠纷
(1) 业主专有权纠纷
(2) 业主共有权纠纷
(3) 车位纠纷
(4) 车库纠纷
41. 业主撤销权纠纷
42. 业主知情权纠纷
43. 遗失物返还纠纷
44. 漂流物返还纠纷
45. 埋藏物返还纠纷
46. 隐藏物返还纠纷
47. 相邻关系纠纷
(1) 相邻用水、排水纠纷
(2) 相邻通行纠纷
(3) 相邻土地、建筑物利用关系纠纷
(4) 相邻通风纠纷
(5) 相邻采光、日照纠纷
(6) 相邻污染侵害纠纷
(7) 相邻损害防免关系纠纷
48. 共有纠纷
(1) 共有权确认纠纷
(2) 共有物分割纠纷
(3) 共有人优先购买权纠纷
七、用益物权纠纷
49. 海域使用权纠纷
50. 探矿权纠纷
51. 采矿权纠纷
52. 取水权纠纷
53. 养殖权纠纷
54. 捕捞权纠纷
55. 土地承包经营权纠纷
(1) 土地承包经营权确认纠纷
(2) 承包地征收补偿费用分配纠纷
(3) 土地承包经营权继承纠纷
56. 建设用地使用权纠纷
57. 宅基地使用权纠纷
58. 地役权纠纷

八、担保物权纠纷
59. 抵押权纠纷
（1）建筑物和其他土地附着物抵押权纠纷
（2）在建建筑物抵押权纠纷
（3）建设用地使用权抵押权纠纷
（4）土地承包经营权抵押权纠纷
（5）动产抵押权纠纷
（6）在建船舶、航空器抵押权纠纷
（7）动产浮动抵押权纠纷
（8）最高额抵押权纠纷
60. 质权纠纷
（1）动产质权纠纷
（2）转质权纠纷
（3）最高额质权纠纷
（4）票据质权纠纷
（5）债券质权纠纷
（6）存单质权纠纷
（7）仓单质权纠纷
（8）提单质权纠纷
（9）股权质权纠纷
（10）基金份额质权纠纷
（11）知识产权质权纠纷
（12）应收账款质权纠纷
61. 留置权纠纷
九、占有保护纠纷
62. 占有物返还纠纷
63. 占有排除妨害纠纷
64. 占有消除危险纠纷
65. 占有物损害赔偿纠纷

第四部分　合同、无因管理、不当得利纠纷

十、合同纠纷
66. 缔约过失责任纠纷
67. 确认合同效力纠纷
（1）确认合同有效纠纷
（2）确认合同无效纠纷
68. 债权人代位权纠纷
69. 债权人撤销权纠纷
70. 债权转让合同纠纷
71. 债务转移合同纠纷
72. 债权债务概括转移合同纠纷
73. 悬赏广告纠纷
74. 买卖合同纠纷
（1）分期付款买卖合同纠纷
（2）凭样品买卖合同纠纷
（3）试用买卖合同纠纷
（4）互易纠纷
（5）国际货物买卖合同纠纷
（6）网络购物合同纠纷
（7）电视购物合同纠纷
75. 招标投标买卖合同纠纷
76. 拍卖合同纠纷
77. 建设用地使用权合同纠纷
（1）建设用地使用权出让合同纠纷
（2）建设用地使用权转让合同纠纷
78. 临时用地合同纠纷
79. 探矿权转让合同纠纷
80. 采矿权转让合同纠纷
81. 房地产开发经营合同纠纷
（1）委托代建合同纠纷
（2）合资、合作开发房地产合同纠纷
（3）项目转让合同纠纷
82. 房屋买卖合同纠纷
（1）商品房预约合同纠纷
（2）商品房预售合同纠纷
（3）商品房销售合同纠纷
（4）商品房委托代理销售合同纠纷
（5）经济适用房转让合同纠纷
（6）农村房屋买卖合同纠纷
83. 房屋拆迁安置补偿合同纠纷
84. 供用电合同纠纷
85. 供用水合同纠纷

86. 供用气合同纠纷
87. 供用热力合同纠纷
88. 赠与合同纠纷
（1）公益事业捐赠合同纠纷
（2）附义务赠与合同纠纷
89. 借款合同纠纷
（1）金融借款合同纠纷
（2）同业拆借纠纷
（3）企业借贷纠纷
（4）民间借贷纠纷
（5）小额借款合同纠纷
（6）金融不良债权转让合同纠纷
（7）金融不良债权追偿纠纷
90. 保证合同纠纷
91. 抵押合同纠纷
92. 质押合同纠纷
93. 定金合同纠纷
94. 进出口押汇纠纷
95. 储蓄存款合同纠纷
96. 银行卡纠纷
（1）借记卡纠纷
（2）信用卡纠纷
97. 租赁合同纠纷
（1）土地租赁合同纠纷
（2）房屋租赁合同纠纷
（3）车辆租赁合同纠纷
（4）建筑设备租赁合同纠纷
98. 融资租赁合同纠纷
99. 承揽合同纠纷
（1）加工合同纠纷
（2）定作合同纠纷
（3）修理合同纠纷
（4）复制合同纠纷
（5）测试合同纠纷
（6）检验合同纠纷
（7）铁路机车、车辆建造合同纠纷

100. 建设工程合同纠纷
（1）建设工程勘察合同纠纷
（2）建设工程设计合同纠纷
（3）建设工程施工合同纠纷
（4）建设工程价款优先受偿权纠纷
（5）建设工程分包合同纠纷
（6）建设工程监理合同纠纷
（7）装饰装修合同纠纷
（8）铁路修建合同纠纷
（9）农村建房施工合同纠纷
101. 运输合同纠纷
（1）公路旅客运输合同纠纷
（2）公路货物运输合同纠纷
（3）水路旅客运输合同纠纷
（4）水路货物运输合同纠纷
（5）航空旅客运输合同纠纷
（6）航空货物运输合同纠纷
（7）出租汽车运输合同纠纷
（8）管道运输合同纠纷
（9）城市公交运输合同纠纷
（10）联合运输合同纠纷
（11）多式联运合同纠纷
（12）铁路货物运输合同纠纷
（13）铁路旅客运输合同纠纷
（14）铁路行李运输合同纠纷
（15）铁路包裹运输合同纠纷
（16）国际铁路联运合同纠纷
102. 保管合同纠纷
103. 仓储合同纠纷
104. 委托合同纠纷
（1）进出口代理合同纠纷
（2）货运代理合同纠纷
（3）民用航空运输销售代理合同纠纷
（4）诉讼、仲裁、人民调解代理合同纠纷

105. 委托理财合同纠纷
（1）金融委托理财合同纠纷
（2）民间委托理财合同纠纷
106. 行纪合同纠纷
107. 居间合同纠纷
108. 补偿贸易纠纷
109. 借用合同纠纷
110. 典当纠纷
111. 合伙协议纠纷
112. 种植、养殖回收合同纠纷
113. 彩票、奖券纠纷
114. 中外合作勘探开发自然资源合同纠纷
115. 农业承包合同纠纷
116. 林业承包合同纠纷
117. 渔业承包合同纠纷
118. 牧业承包合同纠纷
119. 农村土地承包合同纠纷
（1）土地承包经营权转包合同纠纷
（2）土地承包经营权转让合同纠纷
（3）土地承包经营权互换合同纠纷
（4）土地承包经营权入股合同纠纷
（5）土地承包经营权抵押合同纠纷
（6）土地承包经营权出租合同纠纷
120. 服务合同纠纷
（1）电信服务合同纠纷
（2）邮寄服务合同纠纷
（3）医疗服务合同纠纷
（4）法律服务合同纠纷
（5）旅游合同纠纷
（6）房地产咨询合同纠纷
（7）房地产价格评估合同纠纷
（8）旅店服务合同纠纷
（9）财会服务合同纠纷
（10）餐饮服务合同纠纷
（11）娱乐服务合同纠纷
（12）有线电视服务合同纠纷
（13）网络服务合同纠纷
（14）教育培训合同纠纷
（15）物业服务合同纠纷
（16）家政服务合同纠纷
（17）庆典服务合同纠纷
（18）殡葬服务合同纠纷
（19）农业技术服务合同纠纷
（20）农机作业服务合同纠纷
（21）保安服务合同纠纷
（22）银行结算合同纠纷
121. 演出合同纠纷
122. 劳务合同纠纷
123. 离退休人员返聘合同纠纷
124. 广告合同纠纷
125. 展览合同纠纷
126. 追偿权纠纷
127. 请求确认人民调解协议效力
十一、不当得利纠纷
128. 不当得利纠纷
十二、无因管理纠纷
129. 无因管理纠纷

第五部分　知识产权与竞争纠纷

十三、知识产权合同纠纷
130. 著作权合同纠纷
（1）委托创作合同纠纷
（2）合作创作合同纠纷
（3）著作权转让合同纠纷
（4）著作权许可使用合同纠纷
（5）出版合同纠纷
（6）表演合同纠纷
（7）音像制品制作合同纠纷
（8）广播电视播放合同纠纷
（9）邻接权转让合同纠纷
（10）邻接权许可使用合同纠纷
（11）计算机软件开发合同纠纷
（12）计算机软件著作权转让合同

纠纷

（13）计算机软件著作权许可使用合同纠纷

131. 商标合同纠纷

（1）商标权转让合同纠纷

（2）商标使用许可合同纠纷

（3）商标代理合同纠纷

132. 专利合同纠纷

（1）专利申请权转让合同纠纷

（2）专利权转让合同纠纷

（3）发明专利实施许可合同纠纷

（4）实用新型专利实施许可合同纠纷

（5）外观设计专利实施许可合同纠纷

（6）专利代理合同纠纷

133. 植物新品种合同纠纷

（1）植物新品种育种合同纠纷

（2）植物新品种申请权转让合同纠纷

（3）植物新品种权转让合同纠纷

（4）植物新品种实施许可合同纠纷

134. 集成电路布图设计合同纠纷

（1）集成电路布图设计创作合同纠纷

（2）集成电路布图设计专有权转让合同纠纷

（3）集成电路布图设计许可使用合同纠纷

135. 商业秘密合同纠纷

（1）技术秘密让与合同纠纷

（2）技术秘密许可使用合同纠纷

（3）经营秘密让与合同纠纷

（4）经营秘密许可使用合同纠纷

136. 技术合同纠纷

（1）技术委托开发合同纠纷

（2）技术合作开发合同纠纷

（3）技术转化合同纠纷

（4）技术转让合同纠纷

（5）技术咨询合同纠纷

（6）技术服务合同纠纷

（7）技术培训合同纠纷

（8）技术中介合同纠纷

（9）技术进口合同纠纷

（10）技术出口合同纠纷

（11）职务技术成果完成人奖励、报酬纠纷

（12）技术成果完成人署名权、荣誉权、奖励权纠纷

137. 特许经营合同纠纷

138. 企业名称（商号）合同纠纷

（1）企业名称（商号）转让合同纠纷

（2）企业名称（商号）使用合同纠纷

139. 特殊标志合同纠纷

140. 网络域名合同纠纷

（1）网络域名注册合同纠纷

（2）网络域名转让合同纠纷

（3）网络域名许可使用合同纠纷

141. 知识产权质押合同纠纷

十四、知识产权权属、侵权纠纷

142. 著作权权属、侵权纠纷

（1）著作权权属纠纷

（2）侵害作品发表权纠纷

（3）侵害作品署名权纠纷

（4）侵害作品修改权纠纷

（5）侵害保护作品完整权纠纷

（6）侵害作品复制权纠纷

（7）侵害作品发行权纠纷

（8）侵害作品出租权纠纷

（9）侵害作品展览权纠纷

（10）侵害作品表演权纠纷

（11）侵害作品放映权纠纷

（12）侵害作品广播权纠纷

（13）侵害作品信息网络传播权纠纷

（14）侵害作品摄制权纠纷
（15）侵害作品改编权纠纷
（16）侵害作品翻译权纠纷
（17）侵害作品汇编权纠纷
（18）侵害其他著作财产权纠纷
（19）出版者权权属纠纷
（20）表演者权权属纠纷
（21）录音录像制作者权权属纠纷
（22）广播组织权权属纠纷
（23）侵害出版者权纠纷
（24）侵害表演者权纠纷
（25）侵害录音录像制作者权纠纷
（26）侵害广播组织权纠纷
（27）计算机软件著作权权属纠纷
（28）侵害计算机软件著作权纠纷
143. 商标权权属、侵权纠纷
（1）商标权权属纠纷
（2）侵害商标权纠纷
144. 专利权权属、侵权纠纷
（1）专利申请权权属纠纷
（2）专利权权属纠纷
（3）侵害发明专利权纠纷
（4）侵害实用新型专利权纠纷
（5）侵害外观设计专利权纠纷
（6）假冒他人专利纠纷
（7）发明专利临时保护期使用费纠纷
（8）职务发明创造发明人、设计人奖励、报酬纠纷
（9）发明创造发明人、设计人署名纠纷
145. 植物新品种权权属、侵权纠纷
（1）植物新品种申请权权属纠纷
（2）植物新品种权权属纠纷
（3）侵害植物新品种权纠纷
146. 集成电路布图设计专有权权属、侵权纠纷

（1）集成电路布图设计专有权权属纠纷
（2）侵害集成电路布图设计专有权纠纷
147. 侵害企业名称（商号）权纠纷
148. 侵害特殊标志专有权纠纷
149. 网络域名权属、侵权纠纷
（1）网络域名权属纠纷
（2）侵害网络域名纠纷
150. 发现权纠纷
151. 发明权纠纷
152. 其他科技成果权纠纷
153. 确认不侵害知识产权纠纷
（1）确认不侵害专利权纠纷
（2）确认不侵害商标权纠纷
（3）确认不侵害著作权纠纷
154. 因申请知识产权临时措施损害责任纠纷
（1）因申请诉前停止侵害专利权损害责任纠纷
（2）因申请诉前停止侵害注册商标专用权损害责任纠纷
（3）因申请诉前停止侵害著作权损害责任纠纷
（4）因申请诉前停止侵害植物新品种权损害责任纠纷
（5）因申请海关知识产权保护措施损害责任纠纷
155. 因恶意提起知识产权诉讼损害责任纠纷
156. 专利权宣告无效后返还费用纠纷
十五、不正当竞争纠纷
157. 仿冒纠纷
（1）擅自使用知名商品特有名称、包装、装潢纠纷
（2）擅自使用他人企业名称、姓名

纠纷

(3) 伪造、冒用产品质量标志纠纷

(4) 伪造产地纠纷

158. 商业贿赂不正当竞争纠纷

159. 虚假宣传纠纷

160. 侵害商业秘密纠纷

(1) 侵害技术秘密纠纷

(2) 侵害经营秘密纠纷

161. 低价倾销不正当竞争纠纷

162. 捆绑销售不正当竞争纠纷

163. 有奖销售纠纷

164. 商业诋毁纠纷

165. 串通投标不正当竞争纠纷

十六、垄断纠纷

166. 垄断协议纠纷

(1) 横向垄断协议纠纷

(2) 纵向垄断协议纠纷

167. 滥用市场支配地位纠纷

(1) 垄断定价纠纷

(2) 掠夺定价纠纷

(3) 拒绝交易纠纷

(4) 限定交易纠纷

(5) 捆绑交易纠纷

(6) 差别待遇纠纷

168. 经营者集中纠纷

第六部分 劳动争议、人事争议

十七、劳动争议

169. 劳动合同纠纷

(1) 确认劳动关系纠纷

(2) 集体合同纠纷

(3) 劳务派遣合同纠纷

(4) 非全日制用工纠纷

(5) 追索劳动报酬纠纷

(6) 经济补偿金纠纷

(7) 竞业限制纠纷

170. 社会保险纠纷

(1) 养老保险待遇纠纷

(2) 工伤保险待遇纠纷

(3) 医疗保险待遇纠纷

(4) 生育保险待遇纠纷

(5) 失业保险待遇纠纷

171. 福利待遇纠纷

十八、人事争议

172. 人事争议

(1) 辞职争议

(2) 辞退争议

(3) 聘用合同争议

第七部分 海事海商纠纷

十九、海事海商纠纷

173. 船舶碰撞损害责任纠纷

174. 船舶触碰损害责任纠纷

175. 船舶损坏空中设施、水下设施损害责任纠纷

176. 船舶污染损害责任纠纷

177. 海上、通海水域污染损害责任纠纷

178. 海上、通海水域养殖损害责任纠纷

179. 海上、通海水域财产损害责任纠纷

180. 海上、通海水域人身损害责任纠纷

181. 非法留置船舶、船载货物、船用燃油、船用物料损害责任纠纷

182. 海上、通海水域货物运输合同纠纷

183. 海上、通海水域旅客运输合同纠纷

184. 海上、通海水域行李运输合同纠纷

185. 船舶经营管理合同纠纷

186. 船舶买卖合同纠纷
187. 船舶建造合同纠纷
188. 船舶修理合同纠纷
189. 船舶改建合同纠纷
190. 船舶拆解合同纠纷
191. 船舶抵押合同纠纷
192. 航次租船合同纠纷
193. 船舶租用合同纠纷
（1）定期租船合同纠纷
（2）光船租赁合同纠纷
194. 船舶融资租赁合同纠纷
195. 海上、通海水域运输船舶承包合同纠纷
196. 渔船承包合同纠纷
197. 船舶属具租赁合同纠纷
198. 船舶属具保管合同纠纷
199. 海运集装箱租赁合同纠纷
200. 海运集装箱保管合同纠纷
201. 港口货物保管合同纠纷
202. 船舶代理合同纠纷
203. 海上、通海水域货运代理合同纠纷
204. 理货合同纠纷
205. 船舶物料和备品供应合同纠纷
206. 船员劳务合同纠纷
207. 海难救助合同纠纷
208. 海上、通海水域打捞合同纠纷
209. 海上、通海水域拖航合同纠纷
210. 海上、通海水域保险合同纠纷
211. 海上、通海水域保赔合同纠纷
212. 海上、通海水域运输联营合同纠纷
213. 船舶营运借款合同纠纷
214. 海事担保合同纠纷
215. 航道、港口疏浚合同纠纷
216. 船坞、码头建造合同纠纷
217. 船舶检验合同纠纷
218. 海事请求担保纠纷
219. 海上、通海水域运输重大责任事故责任纠纷
220. 港口作业重大责任事故责任纠纷
221. 港口作业纠纷
222. 共同海损纠纷
223. 海洋开发利用纠纷
224. 船舶共有纠纷
225. 船舶权属纠纷
226. 海运欺诈纠纷
227. 海事债权确权纠纷

第八部分　与公司、证券、保险、票据等有关的民事纠纷

二十、与企业有关的纠纷

228. 企业出资人权益确认纠纷
229. 侵害企业出资人权益纠纷
230. 企业公司制改造合同纠纷
231. 企业股份合作制改造合同纠纷
232. 企业债权转股权合同纠纷
233. 企业分立合同纠纷
234. 企业租赁经营合同纠纷
235. 企业出售合同纠纷
236. 挂靠经营合同纠纷
237. 企业兼并合同纠纷
238. 联营合同纠纷
239. 企业承包经营合同纠纷
（1）中外合资经营企业承包经营合同纠纷
（2）中外合作经营企业承包经营合同纠纷
（3）外商独资企业承包经营合同纠纷
（4）乡镇企业承包经营合同纠纷
240. 中外合资经营企业合同纠纷
241. 中外合作经营企业合同纠纷

二十一、与公司有关的纠纷
242. 股东资格确认纠纷
243. 股东名册记载纠纷
244. 请求变更公司登记纠纷
245. 股东出资纠纷
246. 新增资本认购纠纷
247. 股东知情权纠纷
248. 请求公司收购股份纠纷
249. 股权转让纠纷
250. 公司决议纠纷
（1）公司决议效力确认纠纷
（2）公司决议撤销纠纷
251. 公司设立纠纷
252. 公司证照返还纠纷
253. 发起人责任纠纷
254. 公司盈余分配纠纷
255. 损害股东利益责任纠纷
256. 损害公司利益责任纠纷
257. 股东损害公司债权人利益责任纠纷
258. 公司关联交易损害责任纠纷
259. 公司合并纠纷
260. 公司分立纠纷
261. 公司减资纠纷
262. 公司增资纠纷
263. 公司解散纠纷
264. 申请公司清算
265. 清算责任纠纷
266. 上市公司收购纠纷
二十二、合伙企业纠纷
267. 入伙纠纷
268. 退伙纠纷
269. 合伙企业财产份额转让纠纷
二十三、与破产有关的纠纷
270. 申请破产清算
271. 申请破产重整
272. 申请破产和解

273. 请求撤销个别清偿行为纠纷
274. 请求确认债务人行为无效纠纷
275. 对外追收债权纠纷
276. 追收未缴出资纠纷
277. 追收抽逃出资纠纷
278. 追收非正常收入纠纷
279. 破产债权确认纠纷
（1）职工破产债权确认纠纷
（2）普通破产债权确认纠纷
280. 取回权纠纷
（1）一般取回权纠纷
（2）出卖人取回权纠纷
281. 破产抵销权纠纷
282. 别除权纠纷
283. 破产撤销权纠纷
284. 损害债务人利益赔偿纠纷
285. 管理人责任纠纷
二十四、证券纠纷
286. 证券权利确认纠纷
（1）股票权利确认纠纷
（2）公司债券权利确认纠纷
（3）国债权利确认纠纷
（4）证券投资基金权利确认纠纷
287. 证券交易合同纠纷
（1）股票交易纠纷
（2）公司债券交易纠纷
（3）国债交易纠纷
（4）证券投资基金交易纠纷
288. 金融衍生品种交易纠纷
289. 证券承销合同纠纷
（1）证券代销合同纠纷
（2）证券包销合同纠纷
290. 证券投资咨询纠纷
291. 证券资信评级服务合同纠纷
292. 证券回购合同纠纷
（1）股票回购合同纠纷
（2）国债回购合同纠纷

（3）公司债券回购合同纠纷
（4）证券投资基金回购合同纠纷
（5）质押式证券回购纠纷
293. 证券上市合同纠纷
294. 证券交易代理合同纠纷
295. 证券上市保荐合同纠纷
296. 证券发行纠纷
（1）证券认购纠纷
（2）证券发行失败纠纷
297. 证券返还纠纷
298. 证券欺诈责任纠纷
（1）证券内幕交易责任纠纷
（2）操纵证券交易市场责任纠纷
（3）证券虚假陈述责任纠纷
（4）欺诈客户责任纠纷
299. 证券托管纠纷
300. 证券登记、存管、结算纠纷
301. 融资融券交易纠纷
302. 客户交易结算资金纠纷
二十五、期货交易纠纷
303. 期货经纪合同纠纷
304. 期货透支交易纠纷
305. 期货强行平仓纠纷
306. 期货实物交割纠纷
307. 期货保证合约纠纷
308. 期货交易代理合同纠纷
309. 侵占期货交易保证金纠纷
310. 期货欺诈责任纠纷
311. 操纵期货交易市场责任纠纷
312. 期货内幕交易责任纠纷
313. 期货虚假信息责任纠纷
二十六、信托纠纷
314. 民事信托纠纷
315. 营业信托纠纷
316. 公益信托纠纷
二十七、保险纠纷
317. 财产保险合同纠纷

（1）财产损失保险合同纠纷
（2）责任保险合同纠纷
（3）信用保险合同纠纷
（4）保证保险合同纠纷
（5）保险人代位求偿权纠纷
318. 人身保险合同纠纷
（1）人寿保险合同纠纷
（2）意外伤害保险合同纠纷
（3）健康保险合同纠纷
319. 再保险合同纠纷
320. 保险经纪合同纠纷
321. 保险代理合同纠纷
322. 进出口信用保险合同纠纷
323. 保险费纠纷
二十八、票据纠纷
324. 票据付款请求权纠纷
325. 票据追索权纠纷
326. 票据交付请求权纠纷
327. 票据返还请求权纠纷
328. 票据损害责任纠纷
329. 票据利益返还请求权纠纷
330. 汇票回单签发请求权纠纷
331. 票据保证纠纷
332. 确认票据无效纠纷
333. 票据代理纠纷
334. 票据回购纠纷
二十九、信用证纠纷
335. 委托开立信用证纠纷
336. 信用证开证纠纷
337. 信用证议付纠纷
338. 信用证欺诈纠纷
339. 信用证融资纠纷
340. 信用证转让纠纷

第九部分　侵权责任纠纷

三十、侵权责任纠纷
341. 监护人责任纠纷

342. 用人单位责任纠纷
343. 劳务派遣工作人员侵权责任纠纷
344. 提供劳务者致害责任纠纷
345. 提供劳务者受害责任纠纷
346. 网络侵权责任纠纷
347. 违反安全保障义务责任纠纷
（1）公共场所管理人责任纠纷
（2）群众性活动组织者责任纠纷
348. 教育机构责任纠纷
349. 产品责任纠纷
（1）产品生产者责任纠纷
（2）产品销售者责任纠纷
（3）产品运输者责任纠纷
（4）产品仓储者责任纠纷
350. 机动车交通事故责任纠纷
351. 医疗损害责任纠纷
（1）侵害患者知情同意权责任纠纷
（2）医疗产品责任纠纷
352. 环境污染责任纠纷
（1）大气污染责任纠纷
（2）水污染责任纠纷
（3）噪声污染责任纠纷
（4）放射性污染责任纠纷
（5）土壤污染责任纠纷
（6）电子废物污染责任纠纷
（7）固体废物污染责任纠纷
353. 高度危险责任纠纷
（1）民用核设施损害责任纠纷
（2）民用航空器损害责任纠纷
（3）占有、使用高度危险物损害责任纠纷
（4）高度危险活动损害责任纠纷
（5）遗失、抛弃高度危险物损害责任纠纷
（6）非法占有高度危险物损害责任纠纷

354. 饲养动物损害责任纠纷
355. 物件损害责任纠纷
（1）物件脱落、坠落损害责任纠纷
（2）建筑物、构筑物倒塌损害责任纠纷
（3）不明抛掷物、坠落物损害责任纠纷
（4）堆放物倒塌致害责任纠纷
（5）公共道路妨碍通行损害责任纠纷
（6）林木折断损害责任纠纷
（7）地面施工、地下设施损害责任纠纷
356. 触电人身损害责任纠纷
357. 义务帮工人受害责任纠纷
358. 见义勇为人受害责任纠纷
359. 公证损害责任纠纷
360. 防卫过当损害责任纠纷
361. 紧急避险损害责任纠纷
362. 驻香港、澳门特别行政区军人执行职务侵权责任纠纷
363. 铁路运输损害责任纠纷
（1）铁路运输人身损害责任纠纷
（2）铁路运输财产损害责任纠纷
364. 水上运输损害责任纠纷
（1）水上运输人身损害责任纠纷
（2）水上运输财产损害责任纠纷
365. 航空运输损害责任纠纷
（1）航空运输人身损害责任纠纷
（2）航空运输财产损害责任纠纷
366. 因申请诉前财产保全损害责任纠纷
367. 因申请诉前证据保全损害责任纠纷
368. 因申请诉中财产保全损害责任纠纷
369. 因申请诉中证据保全损害责任

纠纷

370. 因申请先予执行损害责任纠纷

第十部分　适用特殊程序案件案由

三十一、选民资格案件

371. 申请确定选民资格

三十二、宣告失踪、宣告死亡案件

372. 申请宣告公民失踪

373. 申请撤销宣告失踪

374. 申请为失踪人财产指定、变更代管人

375. 失踪人债务支付纠纷

376. 申请宣告公民死亡

377. 申请撤销宣告公民死亡

378. 被撤销死亡宣告人请求返还财产纠纷

三十三、认定公民无民事行为能力、限制民事行为能力案件

379. 申请宣告公民无民事行为能力

380. 申请宣告公民限制民事行为能力

381. 申请宣告公民恢复限制民事行为能力

382. 申请宣告公民恢复完全民事行为能力

三十四、认定财产无主案件

383. 申请认定财产无主

384. 申请撤销认定财产无主

三十五、监护权特别程序案件

385. 申请确定监护人

386. 申请变更监护人

387. 申请撤销监护人资格

三十六、督促程序案件

388. 申请支付令

三十七、公示催告程序案件

389. 申请公示催告

三十八、申请诉前停止侵害知识产权案件

390. 申请诉前停止侵害专利权

391. 申请诉前停止侵害注册商标专用权

392. 申请诉前停止侵害著作权

393. 申请诉前停止侵害植物新品种权

三十九、申请保全案件

394. 申请诉前财产保全

395. 申请诉中财产保全

396. 申请诉前证据保全

397. 申请诉中证据保全

398. 仲裁程序中的财产保全

399. 仲裁程序中的证据保全

400. 申请中止支付信用证项下款项

401. 申请中止支付保函项下款项

四十、仲裁程序案件

402. 申请确认仲裁协议效力

403. 申请撤销仲裁裁决

四十一、海事诉讼特别程序案件

404. 申请海事请求保全

（1）申请扣押船舶

（2）申请拍卖扣押船舶

（3）申请扣押船载货物

（4）申请拍卖扣押船载货物

（5）申请扣押船用燃油及船用物料

（6）申请拍卖扣押船用燃油及船用物料

405. 申请海事支付令

406. 申请海事强制令

407. 申请海事证据保全

408. 申请设立海事赔偿责任限制基金

409. 申请船舶优先权催告

410. 申请海事债权登记与受偿

四十二、申请承认与执行法院判决、仲裁裁决案件
　　411. 申请执行海事仲裁裁决
　　412. 申请执行知识产权仲裁裁决
　　413. 申请执行涉外仲裁裁决
　　414. 申请认可和执行香港特别行政区法院民事判决
　　415. 申请认可和执行香港特别行政区仲裁裁决
　　416. 申请认可和执行澳门特别行政区法院民事判决
　　417. 申请认可和执行澳门特别行政区仲裁裁决
　　418. 申请认可和执行台湾地区法院民事判决
　　419. 申请认可和执行台湾地区仲裁裁决
　　420. 申请承认和执行外国法院民事判决、裁定
　　421. 申请承认和执行外国仲裁裁决
四十三、执行异议之诉
　　422. 案外人执行异议之诉
　　423. 申请执行人执行异议之诉
　　424. 执行分配方案异议之诉

最高人民法院、最高人民检察院、公安部、民政部关于依法处理监护人侵害未成年人权益行为若干问题的意见

[2014年12月18日,法发〔2014〕24号]

各省、自治区、直辖市高级人民法院、人民检察院、公安厅（局）、民政厅（局），解放军军事法院、军事检察院、总政治部保卫部，新疆维吾尔自治区高级人民法院生产建设兵团分院、新疆生产建设兵团人民检察院、公安局、民政局：

现将《关于依法处理监护人侵害未成年人权益行为若干问题的意见》印发给你们,自2015年1月1日起实施,请认真遵照执行。执行情况及遇到的问题,请分别及时报告最高人民法院、最高人民检察院、公安部、民政部。

附：关于依法处理监护人侵害未成年人权益行为若干问题的意见

为切实维护未成年人合法权益,加强未成年人行政保护和司法保护工作,确保未成年人得到妥善监护照料,根据民法通则、民事诉讼法、未成年人保护法等法律规定,现就处理监护人侵害未成年人权益行为（以下简称监护侵害行为）的有关工作制定本意见。

一、一般规定

1. 本意见所称监护侵害行为,是指父母或者其他监护人（以下简称监护人）性侵害、出卖、遗弃、虐待、暴力伤害未成年人,教唆、利用未成年人实施违法犯罪行为,胁迫、诱骗、利用未成年人乞讨,以及不履行监护职责严重危害未成年人身心健康等行为。

2. 处理监护侵害行为,应当遵循未成年人最大利益原则,充分考虑未成年人身心特点和人格尊严,给予未成年人特殊、优先保护。

3. 对于监护侵害行为,任何组织和个人都有权劝阻、制止或者举报。

公安机关应当采取措施,及时制止在工作中发现以及单位、个人举报的监护侵害行为,情况紧急时将未成年人带离监护人。

民政部门应当设立未成年人救助保护机构(包括救助管理站、未成年人救助保护中心),对因受到监护侵害进入机构的未成年人承担临时监护责任,必要时向人民法院申请撤销监护人资格。

人民法院应当依法受理人身安全保护裁定申请和撤销监护人资格案件并作出裁判。

人民检察院对公安机关、人民法院处理监护侵害行为的工作依法实行法律监督。

人民法院、人民检察院、公安机关设有办理未成年人案件专门工作机构的,应当优先由专门工作机构办理监护侵害案件。

4. 人民法院、人民检察院、公安机关、民政部门应当充分履行职责,加强指导和培训,提高保护未成年人的能力和水平;加强沟通协作,建立信息共享机制,实现未成年人行政保护和司法保护的有效衔接。

5. 人民法院、人民检察院、公安机关、民政部门应当加强与妇儿工委、教育部门、卫生部门、共青团、妇联、关工委、未成年人住所地村(居)民委员会等的联系和协作,积极引导、鼓励、支持法律服务机构、社会工作服务机构、公益慈善组织和志愿者等社会力量,共同做好受监护侵害的未成年人的保护工作。

二、报告和处置

6. 学校、医院、村(居)民委员会、社会工作服务机构等单位及其工作人员,发现未成年人受到监护侵害的,应当及时向公安机关报案或者举报。

其他单位及其工作人员、个人发现未成年人受到监护侵害的,也应当及时向公安机关报案或者举报。

7. 公安机关接到涉及监护侵害行为的报案、举报后,应当立即出警处置,制止正在发生的侵害行为并迅速进行调查。符合刑事立案条件的,应当立即立案侦查。

8. 公安机关在办理监护侵害案件时,应当依照法定程序,及时、全面收集固定证据,保证办案质量。

询问未成年人,应当考虑未成年人的身心特点,采取和缓的方式进行,防止造成进一步伤害。

未成年人有其他监护人的,应当通知其他监护人到场。其他监护人无法通知或者未能到场的,可以通知未成年人的其他成年亲属、所在学校、村(居)民委员会、未成年人保护组织的代表以及专业社会工作者等到场。

9. 监护人的监护侵害行为构成违反治安管理行为的,公安机关应当依法给予治安管理处罚,但情节特别轻微不予治安管理处罚的,应当给予批评教育并通报当地村(居)民委员会;构成犯罪的,依法追究刑事责任。

10. 对于疑似患有精神障碍的监护人,已实施危害未成年人安全的行为或者有危害未成年人安全危险的,其近亲属、所在单位、当地公安机关应当立即采取措施予以制止,并将其送往医疗机构进行精神障碍诊断。

11. 公安机关在出警过程中,发现未成年人身体受到严重伤害、面临严重人身安全威胁或者处于无人照料等危险状态的,应当将其带离实施监护侵害行为的监护人,就近护送至其他监护人、亲属、村(居)民委员会或者未成年人救助保护机构,并办理书面交接手续。未成年人有表达能力的,应当就护送地点征求未成年人意见。

负责接收未成年人的单位和人员（以下简称临时照料人）应当对未成年人予以临时紧急庇护和短期生活照料，保护未成年人的人身安全，不得侵害未成年人合法权益。

公安机关应当书面告知临时照料人有权依法向人民法院申请人身安全保护裁定和撤销监护人资格。

12. 对身体受到严重伤害需要医疗的未成年人，公安机关应当先行送医救治，同时通知其他有监护资格的亲属照料，或者通知当地未成年人救助保护机构开展后续救助工作。

监护人应当依法承担医疗救治费用。其他亲属和未成年人救助保护机构等垫付医疗救治费用的，有权向监护人追偿。

13. 公安机关将受监护侵害的未成年人护送至未成年人救助保护机构的，应当在五个工作日内提供案件侦办查处情况说明。

14. 监护侵害行为可能构成虐待罪的，公安机关应当告知未成年人及其近亲属有权告诉或者代为告诉，并通报所在地同级人民检察院。

未成年人及其近亲属没有告诉的，由人民检察院起诉。

三、临时安置和人身安全保护裁定

15. 未成年人救助保护机构应当接收公安机关护送来的受监护侵害的未成年人，履行临时监护责任。

未成年人救助保护机构履行临时监护责任一般不超过一年。

16. 未成年人救助保护机构可以采取家庭寄养、自愿助养、机构代养或者委托政府指定的寄宿学校安置等方式，对未成年人进行临时照料，并为未成年人提供

心理疏导、情感抚慰等服务。

未成年人因临时监护需要转学、异地入学接受义务教育的，教育行政部门应当予以保障。

17. 未成年人的其他监护人、近亲属要求照料未成年人的，经公安机关或者村（居）民委员会确认其身份后，未成年人救助保护机构可以将未成年人交由其照料，终止临时监护。

关系密切的其他亲属、朋友要求照料未成年人的，经未成年人父、母所在单位或者村（居）民委员会同意，未成年人救助保护机构可以将未成年人交由其照料，终止临时监护。

未成年人救助保护机构将未成年人送交亲友临时照料的，应当办理书面交接手续，并书面告知临时照料人有权依法向人民法院申请人身安全保护裁定和撤销监护人资格。

18. 未成年人救助保护机构可以组织社会工作服务机构等社会力量，对监护人开展监护指导、心理疏导等教育辅导工作，并对未成年人的家庭基本情况、监护情况、监护人悔过情况、未成年人身心健康状况以及未成年人意愿等进行调查评估。监护人接受教育辅导及后续表现情况应当作为调查评估报告的重要内容。

有关单位和个人应当配合调查评估工作的开展。

19. 未成年人救助保护机构应当与公安机关、村（居）民委员会、学校以及未成年亲属等进行会商，根据案件侦办查处情况说明、调查评估报告和监护人接受教育辅导等情况，并征求有表达能力的未成年人意见，形成会商结论。

经会商认为本意见第 11 条第 1 款规定的危险状态已消除，监护人能够正确履

行监护职责的,未成年人救助保护机构应当及时通知监护人领回未成年人。监护人应当在三日内领回未成年人并办理书面交接手续。会商形成结论前,未成年人救助保护机构不得将未成年人交由监护人领回。

经会商认为监护侵害行为属于本意见第35条规定情形的,未成年人救助保护机构应当向人民法院申请撤销监护人资格。

20. 未成年人救助保护机构通知监护人领回未成年人的,应当将相关情况通报未成年人所在学校、辖区公安派出所、村(居)民委员会,并告知其对通报内容负有保密义务。

21. 监护人领回未成年人的,未成年人救助保护机构应当指导村(居)民委员会对监护人的监护情况进行随访,开展教育辅导工作。

未成年人救助保护机构也可以组织社会工作服务机构等社会力量,开展前款工作。

22. 未成年人救助保护机构或者其他临时照料人可以根据需要,在诉讼前向未成年人住所地、监护人住所地或者侵害行为地人民法院申请人身安全保护裁定。

未成年人救助保护机构或者其他临时照料人也可以在诉讼中向人民法院申请人身安全保护裁定。

23. 人民法院接受人身安全保护裁定申请后,应当按照民事诉讼法第一百条、第一百零一条、第一百零二条的规定作出裁定。经审查认为存在侵害未成年人人身安全危险的,应当作出人身安全保护裁定。

人民法院接受诉讼前人身安全保护裁定申请后,应当在四十八小时内作出裁定。接受诉讼中人身安全保护裁定申请,情况紧急的,也应当在四十八小时内作出裁定。人身安全保护裁定应当立即执行。

24. 人身安全保护裁定可以包括下列内容中的一项或者多项:

(一)禁止被申请人暴力伤害、威胁未成年人及其临时照料人;

(二)禁止被申请人跟踪、骚扰、接触未成年人及其临时照料人;

(三)责令被申请人迁出未成年人住所;

(四)保护未成年人及其临时照料人人身安全的其他措施。

25. 被申请人拒不履行人身安全保护裁定,危及未成年人及其临时照料人人身安全或者扰乱未成年人救助保护机构工作秩序的,未成年人、未成年人救助保护机构或者其他临时照料人有权向公安机关报告,由公安机关依法处理。

被申请人有其他拒不履行人身安全保护裁定行为的,未成年人、未成年人救助保护机构或者其他临时照料人有权向人民法院报告,人民法院根据民事诉讼法第一百一十一条、第一百一十五条、第一百一十六条的规定,视情节轻重处以罚款、拘留;构成犯罪的,依法追究刑事责任。

26. 当事人对人身安全保护裁定不服的,可以申请复议一次。复议期间不停止裁定的执行。

四、申请撤销监护人资格诉讼

27. 下列单位和人员(以下简称有关单位和人员)有权向人民法院申请撤销监护人资格:

(一)未成年人的其他监护人、祖父母、外祖父母、兄、姐、关系密切的其他亲属、朋友;

（二）未成年人住所地的村（居）民委员会，未成年人父、母所在单位；

（三）民政部门及其设立的未成年人救助保护机构；

（四）共青团、妇联、关工委、学校等团体和单位。

申请撤销监护人资格，一般由前款中负责临时照料未成年人的单位和人员提出，也可以由前款中其他单位和人员提出。

28. 有关单位和人员向人民法院申请撤销监护人资格的，应当提交相关证据。

有包含未成年人基本情况、监护存在问题、监护人悔过情况、监护人接受教育辅导情况、未成年人身心健康状况以及未成年人意愿等内容的调查评估报告的，应当一并提交。

29. 有关单位和人员向公安机关、人民检察院申请出具相关案件证明材料的，公安机关、人民检察院应当提供证明案件事实的基本材料或者书面说明。

30. 监护人因监护侵害行为被提起公诉的案件，人民检察院应当书面告知未成年人及其临时照料人有权依法申请撤销监护人资格。

对于监护侵害行为符合本意见第35条规定情形而相关单位和人员没有提起诉讼的，人民检察院应当书面建议当地民政部门或者未成年人救助保护机构向人民法院申请撤销监护人资格。

31. 申请撤销监护人资格案件，由未成年人住所地、监护人住所地或者侵害行为地基层人民法院管辖。

人民法院受理撤销监护人资格案件，不收取诉讼费用。

五、撤销监护人资格案件审理和判后安置

32. 人民法院审理撤销监护人资格案件，比照民事诉讼法规定的特别程序进行，在一个月内审理结案。有特殊情况需要延长的，由本院院长批准。

33. 人民法院应当全面审查调查评估报告等证据材料，听取被申请人、有表达能力的未成年人以及村（居）民委员会、学校、邻居等的意见。

34. 人民法院根据案件需要可以聘请适当的社会人士对未成年人进行社会观护，并可以引入心理疏导和测评机制，组织专业社会工作者、儿童心理问题专家等专业人员参与诉讼，为未成年人和被申请人提供心理辅导和测评服务。

35. 被申请人有下列情形之一的，人民法院可以判决撤销其监护人资格：

（一）性侵害、出卖、遗弃、虐待、暴力伤害未成年人，严重损害未成年人身心健康的；

（二）将未成年人置于无人监管和照看的状态，导致未成年人面临死亡或者严重伤害危险，经教育不改的；

（三）拒不履行监护职责长达六个月以上，导致未成年人流离失所或者生活无着的；

（四）有吸毒、赌博、长期酗酒等恶习无法正确履行监护职责或者因服刑等原因无法履行监护职责，且拒绝将监护职责部分或者全部委托给他人，致使未成年人处于困境或者危险状态的；

（五）胁迫、诱骗、利用未成年人乞讨，经公安机关和未成年人救助保护机构等部门三次以上批评教育拒不改正，严重影响未成年人正常生活和学习的；

（六）教唆、利用未成年人实施违法犯罪行为，情节恶劣的；

（七）有其他严重侵害未成年人合法权益行为的。

36. 判决撤销监护人资格，未成年人有其他监护人的，应当由其他监护人承担监护职责。其他监护人应采取措施避免未成年人继续受到侵害。

没有其他监护人的，人民法院根据最有利于未成年人的原则，在民法通则第十六条第二款、第四款规定的人员和单位中指定监护人。指定个人担任监护人的，应当综合考虑其意愿、品行、身体状况、经济条件、与未成年人的生活情感联系以及有表达能力的未成年人的意愿等。

没有合适人员和其他单位担任监护人的，人民法院应当指定民政部门担任监护人，由其所属儿童福利机构收留抚养。

37. 判决不撤销监护人资格的，人民法院可以根据需要走访未成年人及其家庭，也可以向当地民政部门、辖区公安派出所、村（居）民委员会、共青团、妇联、未成年人所在学校、监护人所在单位等发出司法建议，加强对未成年人的保护和对监护人的监督指导。

38. 被撤销监护人资格的侵害人，自监护人资格被撤销之日起三个月至一年内，可以书面向人民法院申请恢复监护人资格，并应当提交相关证据。

人民法院应当将前款内容书面告知侵害人和其他监护人、指定监护人。

39. 人民法院审理申请恢复监护人资格案件，按照变更监护关系的案件审理程序进行。

人民法院应当征求未成年人现任监护人和有表达能力的未成年人的意见，并可以委托申请人住所地的未成年人救助保护机构或者其他未成年人保护组织，对申请人监护意愿、悔改表现、监护能力、身心状况、工作生活情况等进行调查，形成调查评估报告。

申请人正在服刑或者接受社区矫正的，人民法院应当征求刑罚执行机关或者社区矫正机构的意见。

40. 人民法院经审理认为申请人确有悔改表现并且适宜担任监护人的，可以判决恢复其监护人资格，原指定监护人的监护人资格终止。

申请人具有下列情形之一的，一般不得判决恢复其监护人资格：

（一）性侵害、出卖未成年人的；

（二）虐待、遗弃未成年人六个月以上、多次遗弃未成年人，并且造成重伤以上严重后果的；

（三）因监护侵害行为被判处五年有期徒刑以上刑罚的。

41. 撤销监护人资格诉讼终结后六个月内，未成年人及其现任监护人可以向人民法院申请人身安全保护裁定。

42. 被撤销监护人资格的父、母应当继续负担未成年人的抚养费用和因监护侵害行为产生的各项费用。相关单位和人员起诉的，人民法院应予支持。

43. 民政部门应当根据有关规定，将符合条件的受监护侵害的未成年人纳入社会救助和相关保障范围。

44. 民政部门担任监护人的，承担抚养职责的儿童福利机构可以送养未成年人。

送养未成年人应当在人民法院作出撤销监护人资格判决一年后进行。侵害人有本意见第40条第2款规定情形的，不受一年后送养的限制。

人民检察院民事诉讼监督规则
（试行）

[2013年9月23日最高人民检察院第十二届检察委员会第十次会议通过，2013年11月18日公布并施行，高检发释字〔2013〕3号]

第一章 总 则

第一条 为了保障和规范人民检察院依法履行民事检察职责，根据《中华人民共和国民事诉讼法》、《中华人民共和国人民检察院组织法》和其他有关规定，结合人民检察院工作实际，制定本规则。

第二条 人民检察院依法独立行使检察权，通过办理民事诉讼监督案件，维护司法公正和司法权威，维护国家利益和社会公共利益，维护公民、法人和其他组织的合法权益，保障国家法律的统一正确实施。

第三条 人民检察院通过抗诉、检察建议等方式，对民事诉讼活动实行法律监督。

第四条 人民检察院办理民事诉讼监督案件，应当以事实为根据，以法律为准绳，坚持公开、公平、公正和诚实信用原则，尊重和保障当事人的诉讼权利，监督和支持人民法院依法行使审判权和执行权。

第五条 民事诉讼监督案件的受理、办理、管理工作分别由控告检察部门、民事检察部门、案件管理部门负责，各部门互相配合，互相制约。

第六条 人民检察院办理民事诉讼监督案件，实行检察官办案责任制。

第七条 最高人民检察院领导地方各级人民检察院和专门人民检察院的民事诉讼监督工作，上级人民检察院领导下级人民检察院的民事诉讼监督工作。

上级人民检察院对下级人民检察院作出的决定，有权予以撤销或者变更，发现下级人民检察院工作中有错误的，有权指令下级人民检察院纠正。上级人民检察院的决定，下级人民检察院应当执行。下级人民检察院对上级人民检察院的决定有不同意见的，可以在执行的同时向上级人民检察院报告。

第八条 人民检察院检察长在同级人民法院审判委员会讨论民事抗诉案件或者其他与民事诉讼监督工作有关的议题时，可以依照有关规定列席会议。

第九条 人民检察院办理民事诉讼监督案件，实行回避制度。

第十条 检察人员办理民事诉讼监督案件，应当依法秉公办案，自觉接受监督。

检察人员不得接受当事人及其诉讼代理人请客送礼，不得违反规定会见当事人及其诉讼代理人。

检察人员有收受贿赂、徇私枉法等行为的，应当追究法律责任。

第二章 管 辖

第十一条 对已经发生法律效力的民事判决、裁定、调解书的监督案件，最高人民检察院、作出该生效法律文书的人民法院所在地同级人民检察院和上级人民检察院均有管辖权。

第十二条 对民事审判程序中审判人员违法行为的监督案件，由审理案件的人民法院所在地同级人民检察院管辖。

第十三条 对民事执行活动的监督案件，由执行法院所在地同级人民检察院管辖。

第十四条　人民检察院发现受理的民事诉讼监督案件不属于本院管辖的,应当移送有管辖权的人民检察院,受移送的人民检察院应当受理。受移送的人民检察院认为不属于本院管辖的,应当报请上级人民检察院指定管辖,不得再自行移送。

第十五条　有管辖权的人民检察院由于特殊原因,不能行使管辖权的,由上级人民检察院指定管辖。

人民检察院之间因管辖权发生争议,由争议双方协商解决;协商不能解决的,报请其共同上级人民检察院指定管辖。

第十六条　上级人民检察院认为确有必要的,可以办理下级人民检察院管辖的民事诉讼监督案件。

下级人民检察院对有管辖权的民事诉讼监督案件,认为需要由上级人民检察院办理的,可以报请上级人民检察院办理。

第十七条　军事检察院等专门人民检察院对民事诉讼监督案件的管辖,依照有关规定执行。

第三章　回　避

第十八条　检察人员有《中华人民共和国民事诉讼法》第四十四条规定情形之一的,应当自行回避,当事人有权申请他们回避。

前款规定,适用于书记员、翻译人员、鉴定人、勘验人等。

第十九条　检察人员自行回避的,可以口头或者书面方式提出,并说明理由。口头提出申请的,应当记录在卷。

第二十条　当事人申请回避,应当在人民检察院作出提出抗诉或者检察建议等决定前以口头或者书面方式提出,并说明理由。口头提出申请的,应当记录在卷。根据《中华人民共和国民事诉讼法》第四十四条第二款规定提出回避申请的,应当提供相关证据。

被申请回避的人员在人民检察院作出是否回避的决定前,应当暂停参与本案工作,但案件需要采取紧急措施的除外。

第二十一条　检察长的回避,由检察委员会讨论决定;检察人员和其他人员的回避,由检察长决定。检察委员会讨论检察长回避问题时,由副检察长主持,检察长不得参加。

第二十二条　人民检察院对当事人提出的回避申请,应当在三日内作出决定,并通知申请人。申请人对决定不服的,可以在接到决定时向原决定机关申请复议一次。人民检察院应当在三日内作出复议决定,并通知复议申请人。复议期间,被申请回避的人员不停止参与本案工作。

第四章　受　理

第二十三条　民事诉讼监督案件的来源包括:

(一)当事人向人民检察院申请监督;

(二)当事人以外的公民、法人和其他组织向人民检察院控告、举报;

(三)人民检察院依职权发现。

第二十四条　有下列情形之一的,当事人可以向人民检察院申请监督:

(一)已经发生法律效力的民事判决、裁定、调解书符合《中华人民共和国民事诉讼法》第二百零九条第一款规定的;

(二)认为民事审判程序中审判人员

存在违法行为的；

（三）认为民事执行活动存在违法情形的。

第二十五条 当事人向人民检察院申请监督，应当提交监督申请书、身份证明、相关法律文书及证据材料。提交证据材料的，应当附证据清单。

申请监督材料不齐备的，人民检察院应当要求申请人限期补齐，并明确告知应补齐的全部材料。申请人逾期未补齐的，视为撤回监督申请。

第二十六条 本规则第二十五条规定的监督申请书应当记明下列事项：

（一）申请人的姓名、性别、年龄、民族、职业、工作单位、住所、有效联系方式，法人或者其他组织的名称、住所和法定代表人或者主要负责人的姓名、职务、有效联系方式；

（二）其他当事人的姓名、性别、工作单位、住所、有效联系方式等信息，法人或者其他组织的名称、住所、负责人、有效联系方式等信息；

（三）申请监督请求和所依据的事实与理由。

申请人应当按照其他当事人的人数提交监督申请书副本。

第二十七条 本规则第二十五条规定的身份证明包括：

（一）自然人的居民身份证、军官证、士兵证、护照等能够证明本人身份的有效证件；

（二）法人或者其他组织的营业执照副本、组织机构代码证和法定代表人或者主要负责人的身份证明等有效证照。

对当事人提交的身份证明，人民检察院经核对无误留有复印件。

第二十八条 本规则第二十五条规定的相关法律文书是指人民法院在该案件诉讼过程中作出的全部判决书、裁定书、决定书、调解书等法律文书。

第二十九条 当事人申请监督，可以依照《中华人民共和国民事诉讼法》的规定委托代理人。

第三十条 当事人申请监督符合下列条件的，人民检察院应当受理：

（一）符合本规则第二十四条的规定；

（二）申请人提供的材料符合本规则第二十五条至第二十八条的规定；

（三）本院具有管辖权；

（四）不具有本规则规定的不予受理情形。

第三十一条 当事人根据《中华人民共和国民事诉讼法》第二百零九条第一款的规定向人民检察院申请监督，有下列情形之一的，人民检察院不予受理：

（一）当事人未向人民法院申请再审或者申请再审超过法律规定的期限的；

（二）人民法院正在对民事再审申请进行审查的，但超过三个月未对再审申请作出裁定的除外；

（三）人民法院已经裁定再审且尚未审结的；

（四）判决、调解解除婚姻关系的，但对财产分割部分不服的除外；

（五）人民检察院已经审查终结作出决定的；

（六）民事判决、裁定、调解书是人民法院根据人民检察院的抗诉或者再审检察建议再审后作出的；

（七）其他不应受理的情形。

第三十二条 对人民法院作出的一审民事判决、裁定，当事人依法可以上诉但未提出上诉，而依照《中华人民共和国

民事诉讼法》第二百零九条第一款第一项、第二项的规定向人民检察院申请监督的,人民检察院不予受理,但有下列情形之一的除外:

(一)据以作出原判决、裁定的法律文书被撤销或者变更的;

(二)审判人员有贪污受贿、徇私舞弊、枉法裁判等严重违法行为的;

(三)人民法院送达法律文书违反法律规定,影响当事人行使上诉权的;

(四)当事人因自然灾害等不可抗力无法行使上诉权的;

(五)当事人因人身自由被剥夺、限制,或者因严重疾病等客观原因不能行使上诉权的;

(六)有证据证明他人以暴力、胁迫、欺诈等方式阻止当事人行使上诉权的;

(七)因其他不可归责于当事人的原因没有提出上诉的。

第三十三条 当事人认为民事审判程序中审判人员存在违法行为或者民事执行活动存在违法情形,向人民检察院申请监督,有下列情形之一的,人民检察院不予受理:

(一)法律规定可以提出异议、申请复议或者提起诉讼,当事人没有提出异议、申请复议或者提起诉讼的,但有正当理由的除外;

(二)当事人提出异议或者申请复议后,人民法院已经受理并正在审查处理的,但超过法定期间未作出处理的除外;

(三)其他不应受理的情形。

第三十四条 当事人根据《中华人民共和国民事诉讼法》第二百零九条第一款的规定向人民检察院申请检察建议或者抗诉,由作出生效民事判决、裁定、调解书的人民法院所在地同级人民检察院控告检察部门受理。

当事人认为民事审判程序中审判人员存在违法行为或者民事执行活动存在违法情形,向人民检察院申请监督的,由审理、执行案件的人民法院所在地同级人民检察院控告检察部门受理。

第三十五条 人民法院裁定驳回再审申请或者逾期未对再审申请作出裁定,当事人向人民检察院申请监督的,由作出原生效民事判决、裁定、调解书的人民法院所在地同级人民检察院控告检察部门受理。

第三十六条 人民检察院控告检察部门对监督申请,应当根据以下情形作出处理:

(一)符合受理条件的,应当依照本规则规定作出受理决定;

(二)属于人民检察院受理案件范围但不属于本院管辖的,应当告知申请人向有管辖权的人民检察院申请监督;

(三)不属于人民检察院受理案件范围的,应当告知申请人向有关机关反映;

(四)不符合受理条件,且申请人不撤回监督申请的,可以决定不予受理。

应当由下级人民检察院受理的,上级人民检察院应当在七日内将监督申请书及相关材料移交下级人民检察院。

第三十七条 控告检察部门应当在决定受理之日起三日内制作《受理通知书》,发送申请人,并告知其权利义务。

需要通知其他当事人的,应当将《受理通知书》和监督申请书副本发送其他当事人,并告知其权利义务。其他当事人可以在收到监督申请书副本之日起十五日内提出书面意见,不提出意见的不影响人民检察院对案件的审查。

第三十八条 控告检察部门应当在

决定受理之日起三日内将案件材料移送本院民事检察部门，同时将《受理通知书》抄送本院案件管理部门。

第三十九条　当事人以外的公民、法人和其他组织认为人民法院民事审判程序中审判人员存在违法行为或者民事执行活动存在违法情形的，可以向同级人民检察院控告、举报。控告、举报由人民检察院控告检察部门受理。

控告检察部门对收到的控告、举报，应当依据《人民检察院信访工作规定》、《人民检察院举报工作规定》等办理。

第四十条　控告检察部门可以依据《人民检察院信访工作规定》，向下级人民检察院交办涉及民事诉讼监督的信访案件。

第四十一条　具有下列情形之一的民事案件，人民检察院应当依职权进行监督：

（一）损害国家利益或者社会公共利益的；

（二）审判、执行人员有贪污受贿、徇私舞弊、枉法裁判等行为的；

（三）依照有关规定需要人民检察院跟进监督的。

第四十二条　下级人民检察院提请抗诉、提请其他监督等案件，由上一级人民检察院案件管理部门受理。

依职权发现的民事诉讼监督案件，民事检察部门应当到案件管理部门登记受理。

第四十三条　案件管理部门接收案件材料后，应当在三日内登记并将案件材料和案件登记表移送民事检察部门；案件材料不符合规定的，应当要求补齐。

案件管理部门登记受理后，需要通知当事人的，民事检察部门应当制作《受理通知书》，并在三日内发送当事人。

第五章　审　　查

第一节　一般规定

第四十四条　民事检察部门负责对受理后的民事诉讼监督案件进行审查。

第四十五条　上级人民检察院可以将受理的民事诉讼监督案件交由有管辖权的下级人民检察院办理。交办的案件应当制作《交办通知书》，并将有关材料移送下级人民检察院。下级人民检察院应当依法办理，不得将案件再行交办，作出决定前应当报上级人民检察院审核同意。

交办案件需要通知当事人的，应当制作《通知书》，并发送当事人。

第四十六条　上级人民检察院可以将案件转有管辖权的下级人民检察院办理。转办案件应当制作《转办通知书》，并将有关材料移送下级人民检察院。

转办案件需要通知当事人的，应当制作《通知书》，并发送当事人。

第四十七条　人民检察院审查民事诉讼监督案件，应当围绕申请人的申请监督请求以及发现的其他情形，对人民法院民事诉讼活动是否合法进行审查。其他当事人也申请监督的，应当将其列为申请人，对其申请监督请求一并审查。

第四十八条　申请人或者其他当事人对提出的主张，应当提供证据材料。人民检察院收到当事人提交的证据材料，应当出具收据。

第四十九条　人民检察院应当告知当事人有申请回避的权利，并告知办理案件的检察人员、书记员等的姓名、法律职务。

第五十条 人民检察院审查案件，应当听取当事人意见，必要时可以听证或者调查核实有关情况。

第五十一条 人民检察院审查案件，可以依照有关规定调阅人民法院的诉讼卷宗。

通过拷贝电子卷、查阅、复制、摘录等方式能够满足办案需要的，可以不调阅诉讼卷宗。

第五十二条 承办人审查终结后，应当制作审查终结报告。审查终结报告应当全面、客观、公正地叙述案件事实，依据法律提出处理建议。

承办人通过审查监督申请书等材料即可以认定案件事实的，可以直接制作审查终结报告，提出处理建议。

第五十三条 案件应当经集体讨论，参加集体讨论的人员应当对案件事实、适用法律、处理建议等发表明确意见并说明理由。集体讨论意见应当在全面、客观地归纳讨论意见的基础上形成。

集体讨论形成的处理意见，由民事检察部门负责人提出审核意见后报检察长批准。

检察长认为必要的，可以提请检察委员会讨论决定。

第五十四条 人民检察院对审查终结的案件，应当区分情况作出下列决定：

（一）提出再审检察建议；

（二）提请抗诉；

（三）提出抗诉；

（四）提出检察建议；

（五）终结审查；

（六）不支持监督申请。

控告检察部门受理的案件，民事检察部门应当将案件办理结果书面告知控告检察部门。

第五十五条 人民检察院在办理民事诉讼监督案件过程中，当事人有和解意愿的，可以建议当事人自行和解。

第五十六条 人民检察院受理当事人申请对人民法院已经发生法律效力的民事判决、裁定、调解书监督的案件，应当在三个月内审查终结并作出决定。

对民事审判程序中审判人员违法行为监督案件和对民事执行活动监督案件的审查期限，依照前款规定执行。

第二节 听　证

第五十七条 人民检察院审查民事诉讼监督案件，认为确有必要的，可以组织有关当事人听证。

根据案件具体情况，可以邀请与案件没有利害关系的人大代表、政协委员、人民监督员、特约检察员、专家咨询委员、人民调解员或者当事人所在单位、居住地的居民委员会委员以及专家、学者等其他社会人士参加听证。

第五十八条 人民检察院组织听证，由承办该案件的检察人员主持，书记员负责记录。

听证应当在人民检察院专门听证场所内进行。

第五十九条 人民检察院组织听证，应当在听证三日前通知参加听证的当事人，并告知听证的时间、地点。

第六十条 参加听证的当事人和其他相关人员应当按时参加听证，当事人无正当理由缺席或者未经许可中途退席的，不影响听证程序的进行。

第六十一条 听证应当围绕民事诉讼监督案件中的事实认定和法律适用等问题进行。

对当事人提交的证据材料和人民检

察院调查取得的证据,应当充分听取各方当事人的意见。

第六十二条　听证应当按照下列顺序进行:

(一)申请人陈述申请监督请求、事实和理由;

(二)其他当事人发表意见;

(三)申请人和其他当事人提交新证据的,应当出示并予以说明;

(四)出示人民检察院调查取得的证据;

(五)案件各方当事人陈述对听证中所出示证据的意见;

(六)申请人和其他当事人发表最后意见。

第六十三条　听证应当制作笔录,经当事人校阅后,由当事人签名或者盖章。拒绝签名盖章的,应当记明情况。

第六十四条　参加听证的人员应当服从听证主持人指挥。

对违反听证秩序的,人民检察院可以予以训诫,责令退出听证场所;对哄闹、冲击听证场所,侮辱、诽谤、威胁、殴打检察人员等严重扰乱听证秩序的,依法追究责任。

第三节　调查核实

第六十五条　人民检察院因履行法律监督职责提出检察建议或者抗诉的需要,有下列情形之一的,可以向当事人或者案外人调查核实有关情况:

(一)民事判决、裁定、调解书可能存在法律规定需要监督的情形,仅通过阅卷及审查现有材料难以认定的;

(二)民事审判程序中审判人员可能存在违法行为的;

(三)民事执行活动可能存在违法情形的;

(四)其他需要调查核实的情形。

第六十六条　人民检察院可以采取以下调查核实措施:

(一)查询、调取、复制相关证据材料;

(二)询问当事人或者案外人;

(三)咨询专业人员、相关部门或者行业协会等对专门问题的意见;

(四)委托鉴定、评估、审计;

(五)勘验物证、现场;

(六)查明案件事实所需要采取的其他措施。

人民检察院调查核实,不得采取限制人身自由和查封、扣押、冻结财产等强制性措施。

第六十七条　人民检察院可以就专门性问题书面或者口头咨询有关专业人员、相关部门或者行业协会的意见。口头咨询的,应当制作笔录,由接受咨询的专业人员签名或者盖章。拒绝签名盖章的,应当记明情况。

第六十八条　人民检察院对专门性问题认为需要鉴定、评估、审计的,可以委托具备资格的机构进行鉴定、评估、审计。

在诉讼过程中已经进行过鉴定、评估、审计的,一般不再委托鉴定、评估、审计。

第六十九条　人民检察院认为确有必要的,可以勘验物证或者现场。勘验人应当出示人民检察院的证件,并邀请当地基层组织或者当事人所在单位派人参加。当事人或者当事人的成年家属应当到场,拒不到场的,不影响勘验的进行。

勘验人应当将勘验情况和结果制作笔录,由勘验人、当事人和被邀参加人签名或者盖章。

第七十条 需要调查核实的,由承办人提出,部门负责人或者检察长批准。

第七十一条 人民检察院调查核实,应当由二人以上共同进行。

调查笔录经被调查人校阅后,由调查人、被调查人签名或者盖章。被调查人拒绝签名盖章的,应当记明情况。

第七十二条 人民检察院可以指令下级人民检察院或者委托外地人民检察院调查核实。

人民检察院指令调查或者委托调查的,应当发送《指令调查通知书》或者《委托调查函》,载明调查核实事项、证据线索及要求。受指令或者受委托人民检察院收到《指令调查通知书》或者《委托调查函》后,应当在十五日内完成调查核实工作并书面回复。因客观原因不能完成调查的,应当在上述期限内书面回复指令或者委托的人民检察院。

人民检察院到外地调查的,当地人民检察院应当配合。

第七十三条 人民检察院调查核实,有关单位和个人应当配合。拒绝或者妨碍人民检察院调查核实的,人民检察院可以向有关单位或者其上级主管部门提出检察建议,责令纠正;涉嫌犯罪的,依照规定移送有关机关处理。

第四节 中止审查和终结审查

第七十四条 有下列情形之一的,人民检察院可以中止审查:

(一) 申请监督的自然人死亡,需要等待继承人表明是否继续申请监督的;

(二) 申请监督的法人或者其他组织终止,尚未确定权利义务承受人的;

(三) 本案必须以另一案的处理结果为依据,而另一案尚未审结的;

(四) 其他可以中止审查的情形。

中止审查的,应当制作《中止审查决定书》,并发送当事人。中止审查的原因消除后,应当恢复审查。

第七十五条 有下列情形之一的,人民检察院应当终结审查:

(一) 人民法院已经裁定再审或者已经纠正违法行为的;

(二) 申请人撤回监督申请或者当事人达成和解协议,且不损害国家利益、社会公共利益或者他人合法权益的;

(三) 申请监督的自然人死亡,没有继承人或者继承人放弃申请,且没有发现其他应当监督的违法情形的;

(四) 申请监督的法人或者其他组织终止,没有权利义务承受人或者权利义务承受人放弃申请,且没有发现其他应当监督的违法情形的;

(五) 发现已经受理的案件不符合受理条件的;

(六) 人民检察院依职权发现的案件,经审查不需要采取监督措施的;

(七) 其他应当终结审查的情形。

终结审查的,应当制作《终结审查决定书》,需要通知当事人的,发送当事人。

第六章 对生效判决、裁定、调解书的监督

第一节 一般规定

第七十六条 人民检察院发现人民法院已经发生法律效力的民事判决、裁定有《中华人民共和国民事诉讼法》第二百条规定情形之一的,依法向人民法院提出再审检察建议或者抗诉。

第七十七条 人民检察院发现民事调解书损害国家利益、社会公共利益的,

依法向人民法院提出再审检察建议或者抗诉。

第七十八条 下列证据,应当认定为《中华人民共和国民事诉讼法》第二百条第一项规定的"新的证据":

(一)原审庭审结束前已客观存在但庭审结束后新发现的证据;

(二)原审庭审结束前已经发现,但因客观原因无法取得或者在规定的期限内不能提供的证据;

(三)原审庭审结束后原作出鉴定意见、勘验笔录者重新鉴定、勘验,推翻原意见的证据;

(四)当事人在原审中提供的,原审未予质证、认证,但足以推翻原判决、裁定的主要证据。

第七十九条 有下列情形之一的,应当认定为《中华人民共和国民事诉讼法》第二百条第二项规定的"认定的基本事实缺乏证据证明":

(一)认定的基本事实没有证据支持,或者认定的基本事实所依据的证据虚假、缺乏证明力的;

(二)认定的基本事实所依据的证据不合法的;

(三)对基本事实的认定违反逻辑推理或者日常生活法则的;

(四)认定的基本事实缺乏证据证明的其他情形。

第八十条 有下列情形之一的,应当认定为《中华人民共和国民事诉讼法》第二百条第六项规定的"适用法律确有错误":

(一)适用的法律与案件性质明显不符的;

(二)认定法律关系主体、性质或者法律行为效力错误的;

(三)确定民事责任明显违背当事人有效约定或者法律规定的;

(四)适用的法律已经失效或者尚未施行的;

(五)违反法律溯及力规定的;

(六)违反法律适用规则的;

(七)适用法律明显违背立法本意的;

(八)适用诉讼时效规定错误的;

(九)适用法律错误的其他情形。

第八十一条 有下列情形之一的,应当认定为《中华人民共和国民事诉讼法》第二百条第七项规定的"审判组织的组成不合法":

(一)应当组成合议庭审理的案件独任审判的;

(二)人民陪审员参与第二审案件审理的;

(三)再审、发回重审的案件没有另行组成合议庭的;

(四)审理案件的人员不具有审判资格的;

(五)审判组织或者人员不合法的其他情形。

第八十二条 有下列情形之一的,应当认定为《中华人民共和国民事诉讼法》第二百条第九项规定的"违反法律规定,剥夺当事人辩论权利":

(一)不允许或者严重限制当事人行使辩论权利的;

(二)应当开庭审理而未开庭审理的;

(三)违反法律规定送达起诉状副本或者上诉状副本,致使当事人无法行使辩论权利的;

(四)违法剥夺当事人辩论权利的其他情形。

第二节　再审检察建议和提请抗诉

第八十三条　地方各级人民检察院发现同级人民法院已经发生法律效力的民事判决、裁定有下列情形之一的，可以向同级人民法院提出再审检察建议：

（一）有新的证据，足以推翻原判决、裁定的；

（二）原判决、裁定认定的基本事实缺乏证据证明的；

（三）原判决、裁定认定事实的主要证据是伪造的；

（四）原判决、裁定认定事实的主要证据未经质证的；

（五）对审理案件需要的主要证据，当事人因客观原因不能自行收集，书面申请人民法院调查收集，人民法院未调查收集的；

（六）审判组织的组成不合法或者依法应当回避的审判人员没有回避的；

（七）无诉讼行为能力人未经法定代理人代为诉讼或者应当参加诉讼的当事人，因不能归责于本人或者其诉讼代理人的事由，未参加诉讼的；

（八）违反法律规定，剥夺当事人辩论权利的；

（九）未经传票传唤，缺席判决的；

（十）原判决、裁定遗漏或者超出诉讼请求的；

（十一）据以作出原判决、裁定的法律文书被撤销或者变更的。

第八十四条　符合本规则第八十三条规定的案件有下列情形之一的，地方各级人民检察院应当提请上一级人民检察院抗诉：

（一）判决、裁定是经同级人民法院再审后作出的；

（二）判决、裁定是经同级人民法院审判委员会讨论作出的；

（三）其他不适宜由同级人民法院再审纠正的。

第八十五条　地方各级人民检察院发现同级人民法院已经发生法律效力的民事判决、裁定具有下列情形之一的，应当提请上一级人民检察院抗诉：

（一）原判决、裁定适用法律确有错误的；

（二）审判人员在审理该案件时有贪污受贿、徇私舞弊、枉法裁判行为的。

第八十六条　地方各级人民检察院发现民事调解书损害国家利益、社会公共利益的，可以向同级人民法院提出再审检察建议，也可以提请上一级人民检察院抗诉。

第八十七条　对人民法院已经采纳再审检察建议进行再审的案件，提出再审检察建议的人民检察院一般不得再向上级人民检察院提请抗诉。

第八十八条　人民检察院提出再审检察建议，应当制作《再审检察建议书》，在决定提出再审检察建议之日起十五日内将《再审检察建议书》连同案件卷宗移送同级人民法院，并制作决定提出再审检察建议的《通知书》，发送当事人。

人民检察院提出再审检察建议，应当经本院检察委员会决定，并将《再审检察建议书》报上一级人民检察院备案。

第八十九条　人民检察院提请抗诉，应当制作《提请抗诉报告书》，在决定提请抗诉之日起十五日内将《提请抗诉报告书》连同案件卷宗报送上一级人民检察院，并制作决定提请抗诉的《通知书》，发送当事人。

第九十条　人民检察院认为当事人

的监督申请不符合提出再审检察建议或者提请抗诉条件的,应当作出不支持监督申请的决定,并在决定之日起十五日内制作《不支持监督申请决定书》,发送当事人。

第三节 抗 诉

第九十一条 最高人民检察院对各级人民法院已经发生法律效力的民事判决、裁定、调解书,上级人民检察院对下级人民法院已经发生法律效力的民事判决、裁定、调解书,发现有《中华人民共和国民事诉讼法》第二百条、第二百零八条规定情形的,应当向同级人民法院提出抗诉。

第九十二条 人民检察院提出抗诉,应当制作《抗诉书》,在决定抗诉之日起十五日内将《抗诉书》连同案件卷宗移送同级人民法院,并制作决定抗诉的《通知书》,发送当事人。

第九十三条 人民检察院认为当事人的监督申请不符合抗诉条件的,应当作出不支持监督申请的决定,并在决定之日起十五日内制作《不支持监督申请决定书》,发送当事人。下级人民检察院提请抗诉的案件,上级人民检察院可以委托提请抗诉的人民检察院将《不支持监督申请决定书》发送当事人。

第四节 出 庭

第九十四条 人民检察院提出抗诉的案件,人民法院再审时,人民检察院应当派员出席法庭。

第九十五条 受理抗诉的人民法院将抗诉案件交下级人民法院再审的,提出抗诉的人民检察院可以指令再审人民法院的同级人民检察院派员出庭。

第九十六条 检察人员出席再审法庭的任务是:

(一)宣读抗诉书;

(二)对依职权调查的证据予以出示和说明。

检察人员发现庭审活动违法的,应当待休庭或者庭审结束之后,以人民检察院的名义提出检察建议。

第七章 对审判程序中审判人员违法行为的监督

第九十七条 《中华人民共和国民事诉讼法》第二百零八条第三款规定的审判程序包括:

(一)第一审普通程序;

(二)简易程序;

(三)第二审程序;

(四)特别程序;

(五)审判监督程序;

(六)督促程序;

(七)公示催告程序;

(八)海事诉讼特别程序;

(九)破产程序。

第九十八条 《中华人民共和国民事诉讼法》第二百零八条第三款的规定适用于法官、人民陪审员、书记员。

第九十九条 人民检察院发现同级人民法院民事审判程序中有下列情形之一的,应当向同级人民法院提出检察建议:

(一)判决、裁定确有错误,但不适用再审程序纠正的;

(二)调解违反自愿原则或者调解协议的内容违反法律的;

(三)符合法律规定的起诉和受理条件,应当立案而不立案的;

(四)审理案件适用审判程序错

误的；

（五）保全和先予执行违反法律规定的；

（六）支付令违反法律规定的；

（七）诉讼中止或者诉讼终结违反法律规定的；

（八）违反法定审理期限的；

（九）对当事人采取罚款、拘留等妨害民事诉讼的强制措施违反法律规定的；

（十）违反法律规定送达的；

（十一）审判人员接受当事人及其委托代理人请客送礼或者违反规定会见当事人及其委托代理人的；

（十二）审判人员实施或者指使、支持、授意他人实施妨害民事诉讼行为，尚未构成犯罪的；

（十三）其他违反法律规定的情形。

第一百条　人民检察院依照本规则第九十九条提出检察建议的，应当制作《检察建议书》，在决定提出检察建议之日起十五日内将《检察建议书》连同案件卷宗移送同级人民法院，并制作决定提出检察建议的《通知书》，发送申请人。

第一百零一条　人民检察院认为当事人申请监督的审判程序中审判人员违法行为不存在或者不构成的，应当作出不支持监督申请的决定，并在决定之日起十五日内制作《不支持监督申请决定书》，发送申请人。

第八章　对执行活动的监督

第一百零二条　人民检察院对人民法院在民事执行活动中违反法律规定的情形实行法律监督。

第一百零三条　人民检察院对民事执行活动提出检察建议的，应当经检察委员会决定，制作《检察建议书》，在决定之日起十五日内将《检察建议书》连同案件卷宗移送同级人民法院，并制作决定提出检察建议的《通知书》，发送当事人。

第一百零四条　人民检察院认为当事人申请监督的人民法院执行活动不存在违法情形的，应当作出不支持监督申请的决定，并在决定之日起十五日内制作《不支持监督申请决定书》，发送申请人。

第九章　案件管理

第一百零五条　人民检察院案件管理部门对民事诉讼监督案件实行流程监控、案后评查、统计分析、信息查询、综合考评等，对办案期限、办案程序、办案质量等进行管理、监督、预警。

第一百零六条　民事检察部门在办理案件过程中有下列情形之一的，应当在作出决定之日起三日内到本院案件管理部门登记：

（一）决定中止和恢复审查的；

（二）决定终结审查的。

第一百零七条　案件管理部门发现本院办案部门或者办案人员在办理民事诉讼监督案件中有下列情形之一的，应当及时提出纠正意见：

（一）法律文书使用不当或存在明显错漏的；

（二）无正当理由超过法定的办案期限未办结案件的；

（三）侵害当事人、诉讼代理人诉讼权利的；

（四）未依法对民事审判活动以及执行活动中的违法行为履行法律监督职责的；

（五）其他违反规定办理案件的情形。

具有前款规定的情形但情节轻微的，

可以向办案部门或者办案人员进行口头提示;情节较重的,应当向办案部门发送《案件流程监控通知书》,提示办案部门及时查明情况并予以纠正;情节严重的,应当向办案部门发送《案件流程监控通知书》,并向检察长报告。

办案部门收到《案件流程监控通知书》后,应当在五日内将核查情况书面回复案件管理部门。

第一百零八条　案件管理部门对以本院名义制发的民事诉讼监督法律文书实施监督管理。

第一百零九条　人民检察院办理的民事诉讼监督案件,办结后需要向其他单位移送案卷材料的,统一由案件管理部门审核移送材料是否规范、齐备。案件管理部门认为材料规范、齐备,符合移送条件的,应当立即由有关部门按照相关规定移送;认为材料不符合要求的,应当及时通知办案部门补送、更正。

第一百一十条　人民法院向人民检察院送达的民事判决书、裁定书或者调解书等法律文书,由案件管理部门负责接收,并即时登记移送民事检察部门。

第一百一十一条　人民检察院在办理民事诉讼监督案件过程中,当事人及其诉讼代理人提出有关申请、要求或者提交有关书面材料的,由案件管理部门负责接收,需要出具相关手续的,案件管理部门应当出具。案件管理部门接收材料后应当及时移送民事检察部门。

第十章　其他规定

第一百一十二条　有下列情形之一的,人民检察院可以提出改进工作的检察建议:

(一)人民法院对民事诉讼中同类问题适用法律不一致的;

(二)人民法院在多起案件中适用法律存在同类错误的;

(三)人民法院在多起案件中有相同违法行为的;

(四)有关单位的工作制度、管理方法、工作程序违法或者不当,需要改正、改进的。

第一百一十三条　民事检察部门在履行职责过程中,发现涉嫌犯罪的行为,应当及时将犯罪线索及相关材料移送本院相关职能部门。

人民检察院相关职能部门在办案工作中,发现人民法院审判人员、执行人员有贪污受贿、徇私舞弊、枉法裁判等违法行为,可能导致原判决、裁定错误的,应当及时向民事检察部门通报。

第一百一十四条　人民检察院向人民法院或者有关机关提出监督意见后,发现监督意见确有错误或者有其他情形确需撤回的,应当经检察长批准或者检察委员会决定予以撤回。

上级人民检察院发现下级人民检察院监督错误或者不当的,应当指令下级人民检察院撤回,下级人民检察院应当执行。

第一百一十五条　人民法院对人民检察院监督行为提出建议的,人民检察院应当在一个月内将处理结果书面回复人民法院。人民法院对回复意见有异议,并通过上一级人民法院向上一级人民检察院提出的,上一级人民检察院认为人民法院建议正确,应当要求下级人民检察院及时纠正。

第一百一十六条　人民法院对民事诉讼监督案件作出再审判决、裁定或者其他处理决定后,提出监督意见的人民检察院应当对处理结果进行审查,并填写《民事诉讼监督案件处理结果审查登记表》。

第一百一十七条 有下列情形之一的,人民检察院应当按照有关规定跟进监督或者提请上级人民检察院监督:

(一)人民法院审理民事抗诉案件作出的判决、裁定、调解书仍符合抗诉条件的;

(二)人民法院对人民检察院提出的检察建议未在规定的期限内作出处理并书面回复的;

(三)人民法院对检察建议的处理结果错误的。

第一百一十八条 地方各级人民检察院对适用法律确属疑难、复杂,本院难以决断的重大民事诉讼监督案件,可以向上一级人民检察院请示。

请示案件依照最高人民检察院关于办理下级人民检察院请示件、下级人民检察院向最高人民检察院报送公文的相关规定办理。

第一百一十九条 制作民事诉讼监督法律文书,应当符合规定的格式。

民事诉讼监督法律文书的格式另行制定。

第一百二十条 人民检察院可以参照《中华人民共和国民事诉讼法》有关规定发送法律文书。

第一百二十一条 人民检察院发现制作的法律文书存在笔误的,应当作出《补正决定书》予以补正。

第一百二十二条 人民检察院办理民事诉讼监督案件,应当按照规定建立民事诉讼监督案卷。

第一百二十三条 人民检察院办理民事诉讼监督案件,不收取案件受理费。申请复印、鉴定、审计、勘验等产生的费用由申请人直接支付给有关机构或者单位,人民检察院不得代收代付。

第十一章 附 则

第一百二十四条 本规则自发布之日起施行。本院之前公布的其他规定与本规则内容不一致的,以本规则为准。

最高人民法院关于印发《人民法院落实〈司法机关内部人员过问案件的记录和责任追究规定〉的实施办法》的通知

〔2015年8月19日,法发〔2015〕11号〕

各省、自治区、直辖市高级人民法院,解放军军事法院,新疆维吾尔自治区高级人民法院生产建设兵团分院:

现将《人民法院落实〈司法机关内部人员过问案件的记录和责任追究规定〉的实施办法》予以印发,自2015年8月20日起施行。请认真贯彻执行,并做好实施细则备案和执行情况定期报送工作,执行中发现的问题请及时报告最高人民法院。

附:人民法院落实《司法机关内部人员过问案件的记录和责任追究规定》的实施办法

第一条 为落实中央政法委印发的《司法机关内部人员过问案件的记录和责任追究规定》,确保公正廉洁司法,结合人民法院工作实际,制定本办法。

第二条 人民法院工作人员遇有案件当事人及其关系人请托过问案件、说情打招呼或者打探案情的,应当予以拒绝。

第三条 人民法院工作人员遇有案件当事人及其关系人当面请托不按正当渠道转递涉案材料等要求的,应当告知其直接递交办案单位和办案人员,或者通过人民法院诉讼服务大厅等正当渠道递交。

对于案件当事人及其关系人通过非正当渠道邮寄的涉案材料,收件的人民法院工作人员应当视情退回或者销毁,不得转交办案单位或者办案人员。

第四条 人民法院工作人员遇有案件当事人及其关系人请托打听案件办理进展情况的,应当告知其直接向办案单位和办案人员询问,或者通过人民法院司法信息公开平台或者诉讼服务平台等正当渠道进行查询。案件当事人及其关系人反映询问、查询无结果的,可以建议案件当事人及其关系人向人民法院监察部门投诉。

第五条 人民法院工作人员因履行法定职责需要过问案件或者批转、转递涉案材料的,应当依照法定程序或相关工作程序进行,并且做到全程留痕,永久保存。

人民法院工作人员非因履行法定职责或者非经法定程序或相关工作程序,不得向办案单位和办案人员过问正在办理的案件,不得向办案单位和办案人员批转、转递涉案材料。

第六条 人民法院领导干部和上级人民法院工作人员因履行法定职责,需要对正在办理的案件提出监督、指导意见的,应当依照法定程序或相关工作程序以书面形式提出,口头提出的,应当由办案人员如实记录在案。

第七条 人民法院办案人员应当将人民法院领导干部和上级人民法院工作人员因履行法定职责提出监督、指导意见的批示、函文、记录等资料存入案卷备查。

第八条 其他司法机关工作人员因履行法定职责,需要了解人民法院正在办理的案件有关情况的,人民法院办案人员应当要求对方出具法律文书或者公函等证明文件,将接洽情况记录在案,并存入案卷备查。对方未出具法律文书或者公函等证明文件的,可以拒绝提供情况。

第九条 人民法院应当在案件信息管理系统中设立司法机关内部人员过问案件信息专库,明确录入、存储、报送、查看和处理相关信息的责任权限和工作流程。人民法院监察部门负责专库的维护和管理工作。

第十条 人民法院办案人员在办案工作中遇有司法机关内部人员在法定程序或相关工作程序之外过问案件情况的,应当及时将过问人的姓名、单位、职务以及过问案件的情况全面、如实地录入司法机关内部人员过问案件信息专库,并留存相关资料,做到有据可查。

第十一条 人民法院监察部门应当每季度对司法机关内部人员过问案件信息专库中录入的内容进行汇总分析。若发现司法机关内部人员违反规定过问案件的问题线索,应当按照以下方式进行处置:

(一)涉及本院监察部门管辖对象的问题线索,由本院监察部门直接调查处理;

(二)涉及上级人民法院监察部门管辖对象的问题线索,直接呈报有管辖权的上级人民法院监察部门调查处理;

(三)涉及下级人民法院监察部门管辖对象的问题线索,可以逐级移交有管辖权的人民法院监察部门调查处理,也可以直接进行调查处理;

（四）涉及其他司法机关人员的问题线索，直接移送涉及人员所在司法机关纪检监察部门调查处理。

人民法院纪检监察部门接到其他人民法院或者其他司法机关纪检监察部门移送的问题线索后，应当及时调查处理，并将调查处理结果通报移送问题线索的纪检监察部门。

第十二条　人民法院工作人员具有下列情形之一的，属于违反规定过问案件的行为，应当依照《人民法院工作人员处分条例》第三十三条规定给予纪律处分；涉嫌犯罪的，移送司法机关处理：

（一）为案件当事人及其关系人请托说情、打探案情、通风报信的；

（二）邀请办案人员私下会见案件当事人及其关系人的；

（三）不依照正当程序为案件当事人及其关系人批转、转递涉案材料的；

（四）非因履行职责或者非经正当程序过问他人正在办理的案件的；

（五）其他违反规定过问案件的行为。

第十三条　人民法院监察部门在报经本院主要领导批准后，可以将本院和辖区人民法院查处人民法院工作人员违反规定过问案件行为的情况在人民法院内部进行通报，必要时也可以向社会公开。

第十四条　人民法院办案人员具有下列情形之一的，属于违反办案纪律的行为，初次发生的，应当予以警告、通报批评；发生两次以上的，应当依照《人民法院工作人员处分条例》第五十四条规定给予纪律处分：

（一）对人民法院领导干部和上级人民法院工作人员口头提出的监督、指导意见不记录或不如实记录的；

（二）对人民法院领导干部和上级人民法院工作人员提出监督、指导意见的批示、函文、记录等资料不装入案卷备查的；

（三）对其他司法机关工作人员了解案件情况的接洽情况不记录、不如实记录或者不将记录及法律文书、联系公函等证明文件存入案卷的；

（四）对司法机关内部人员在法定程序或者相关工作程序之外过问案件的情况不录入，或者不如实录入司法机关内部人员过问案件信息专库的。

第十五条　人民法院监察部门对司法机关内部人员过问案件的问题线索不按规定及时处置或者调查处理的，应当由上级人民法院监察部门依照《人民法院工作人员处分条例》第六十九条规定给予纪律处分；涉嫌犯罪的，移送司法机关处理。

第十六条　人民法院领导干部授意人民法院监察部门对司法机关内部人员违反规定过问案件的问题线索不移送、不查处，或者授意下属不按规定对司法机关内部人员违规过问案件情况进行记录、存卷、入库的，应当分别依照《人民法院工作人员处分条例》第六十九条、第七十六条规定给予纪律处分。

第十七条　人民法院办案人员如实记录司法机关内部人员过问案件情况的行为，受法律和组织保护。

非因法定事由，非经法定程序，人民法院办案人员不得被免职、调离、辞退或者给予降级、撤职、开除等处分。

第十八条　人民法院工作人员对如实记录司法机关内部人员过问案件情况的办案人员进行打击报复或者具有辱骂、殴打、诬告等行为的，应当分别依照《人民法院工作人员处分条例》第七十条、第九十八条规定给予纪律处分；涉嫌犯罪的，移送司法机关处理。

第十九条　人民法院工作人员执行本办法的情况，应当纳入考核评价体系，作为评价其是否遵守法律、依法办事、廉洁自律以及评先评优、晋职晋级的重要依据。

第二十条　因监管、惩治不力，导致职责范围内多次发生人民法院工作人员违反规定过问案件问题的，应当追究单位负责人的党风廉政建设主体责任和纪检监察部门的监督责任。

第二十一条　人民法院的党员干部违反本办法并同时违反《中国共产党纪律处分条例》的，应当在给予政纪处分的同时，给予相应的党纪处分。

第二十二条　本办法所称案件当事人及其关系人是指案件当事人或其辩护人、诉讼代理人、近亲属以及其他与案件或案件当事人有利害关系的人员；本办法所称人民法院领导干部是指各级人民法院及其直属单位内设机构副职以上领导干部；本办法所称人民法院工作人员，是指人民法院在编人员；本办法所称人民法院办案人员是指参与案件办理、评议、审核、审议的人民法院的院长、副院长、审委会委员、庭长、副庭长、合议庭成员、独任法官、审判辅助人员等人员。

人民法院退休离职人员、人民陪审员、聘用人员违反本办法的，参照本办法进行处理。

第二十三条　本办法由最高人民法院负责解释。

第二十四条　本办法自2015年8月20日起施行。最高人民法院此前颁布的《关于在审判工作中防止法院内部人员干扰办案的若干规定》同时废止。

最高人民法院关于印发《人民法院落实〈领导干部干预司法活动、插手具体案件处理的记录、通报和责任追究规定〉的实施办法》的通知

［2015年8月19日，法发〔2015〕10号］

各省、自治区、直辖市高级人民法院，解放军军事法院，新疆维吾尔自治区高级人民法院生产建设兵团分院：

现将《人民法院落实〈领导干部干预司法活动、插手具体案件处理的记录、通报和责任追究规定〉的实施办法》予以印发，自2015年8月20日起施行。请认真贯彻执行，并做好实施细则备案和执行情况定期报送工作，执行中发现的问题请及时报告最高人民法院。

附：人民法院落实《领导干部干预司法活动、插手具体案件处理的记录、通报和责任追究规定》的实施办法

为落实中共中央办公厅、国务院办公厅《领导干部干预司法活动、插手具体案件处理的记录、通报和责任追究规定》（中办发〔2015〕23号，以下简称《规定》），保障人民法院依法独立公正行使审判权，结合法院工作实际，制定本办法。

第一条　人民法院依照宪法和法律规定独立公正行使审判权，不受行政机关、社会团体和个人的干涉，不得执行任何组织、个人违反法定职责或者法定程序、有碍司法公正的要求。

第二条　人民法院以外的组织、个人

在诉讼程序之外递转的涉及具体案件的函文、信件或者口头意见，人民法院工作人员均应当全面、如实、及时地予以记录，并留存相关材料，做到全程留痕、永久存储、有据可查。

领导干部以个人或者组织名义向人民法院提出案件处理要求的，或者领导干部身边工作人员、亲属干预司法活动、插手具体案件处理的，人民法院均应当记录，并留存相关材料。

第三条　人民法院应当依托信息技术，在案件信息管理系统中设立外部人员过问信息专库，明确录入、存储、报送、查看和处理相关信息的流程和权限。外部人员过问信息录入案件信息管理系统时，应当同步录入外部人员过问信息专库。人民法院专门审判管理机构负责专库的维护和管理工作。

第四条　人民法院工作人员根据本办法第二条履行记录义务时，应当如实记录相关人员的姓名、所在单位与职务、来文来函的时间、内容和形式等情况；对于利用手机短信、微博客、微信、电子邮件等网络信息方式过问具体案件的，还应当记录信息存储介质情况；对于以口头方式过问具体案件的，还应当记录发生场所、在场人员等情况，其他在场的人民法院工作人员应当签字确认。

上述记录及相关函文、信件、视听资料、电子数据等，应当一并录入、分类存储。书面材料一律附随案件卷宗归档备查，其他材料归档时应当注明去向。

第五条　党政机关、行业协会商会、社会公益组织和依法承担行政职能的事业单位，受人民法院委托或者许可，依照工作程序就涉及国家利益、社会公共利益的案件提出的参考意见，可以不录入外部人员过问信息专库，但相关材料应当存入案件正卷备查。

第六条　人民法院应当每季度对外部人员过问信息专库中涉及领导干部过问的内容进行汇总分析，报送同级党委政法委和上一级人民法院；记录内容涉及同级党委或者党委政法委主要领导干部的，应当报送上一级党委政法委和上一级人民法院。人民法院认为领导干部干预司法活动、插手具体案件处理情节严重，可能造成冤假错案或者其他严重后果的，应当立即报告，并层报最高人民法院。

各高级人民法院应当加强辖区内法院贯彻实施《规定》情况的督促检查工作，将《规定》和本办法执行情况及时报告最高人民法院，并每半年向各省、自治区、直辖市党委政法委报送一次。

第七条　人民法院报送外部过问案件情况时，应当将领导干部的下述行为列为特别报告事项：

（一）在审判、执行等环节为案件当事人请托说情的；

（二）要求人民法院工作人员私下会见、联系案件当事人或者其辩护人、诉讼代理人、近亲属以及其他与案件有利害关系的人的；

（三）授意、纵容身边工作人员或者亲属为案件当事人请托说情的；

（四）以听取汇报、开协调会、发文件、打电话等形式，超越职权对案件处理提出倾向性意见或者具体要求的；

（五）要求人民法院立案、不予立案、拖延立案或者人为控制立案的；

（六）要求人民法院采取中止审理、延长审限、不计入审限等措施拖延结案或者压缩办案时间结案的；

（七）要求人民法院对保全标的物、

执行标的物采取、暂缓或者解除扣押、查封和冻结措施的；

（八）要求人民法院选择特定鉴定机构、资产评估机构、拍卖机构或者破产企业资产管理人的；

（九）要求人民法院将执行案款优先发放给特定申请执行人的；

（十）要求人民法院对案件拖延执行或者作中止执行、终结执行处理的；

（十一）要求人民法院将刑事涉案财物发还特定被害人或者移交特定机关的；

（十二）要求人民法院对当事人采取强制措施，或者要求对被依法采取强制措施的当事人解除、变更强制措施的；

（十三）要求人民法院在减刑、假释案件审理过程中对罪犯从严或者从宽处理的；

（十四）批转案件当事人或者其辩护人、诉讼代理人、近亲属以及其他与案件有利害关系的人单方提交的涉案材料或者专家意见书的；

（十五）其他有必要作为特别报告事项的行为。

第八条 人民法院工作人员不记录或者不如实记录领导干部干预司法活动、插手具体案件处理情况的，应当予以警告、通报批评；有两次以上不记录或者不如实记录情形的，应当依照《人民法院工作人员处分条例》第五十四条规定给予纪律处分。主管领导授意不记录或者不如实记录的，应当依照《人民法院工作人员处分条例》第七十六条规定给予纪律处分。

第九条 人民法院工作人员因严格执行《规定》和本办法，而在考评、晋升、履职等方面遭遇特定组织、个人的刁难、打击和报复时，可以向上一级人民法院提出控告。相关人民法院应当及时向同级党委政法委报告，必要时可以层报最高人民法院。

第十条 本办法所称领导干部，是指在各级党的机关、人大机关、行政机关、政协机关、检察机关、军事机关以及公司、企业、事业单位、社会团体中具有国家工作人员身份的领导干部，也包括离退休领导干部。

本办法所称人民法院工作人员，是指各级人民法院中依法履行审判、审判辅助、司法行政职能，在编在职的除工勤人员以外的人员。人民法院聘用人员参照适用。

人民法院领导干部过问案件、打探案情、请托说情的，适用《司法机关内部人员过问案件的记录和责任追究规定》及其实施办法。

第十一条 本办法由最高人民法院负责解释。各高级人民法院可以依照本办法制定实施细则，并报最高人民法院备案。

第十二条 本办法自2015年8月20日起施行。

（二）管　　辖

最高人民法院关于当事人对仲裁协议的效力提出异议由哪一级人民法院管辖问题的批复

［2000年7月20日最高人民法院审判委员会第1126次会议通过，2000年8月8日公布，自2000年8月12日起施行，法释〔2000〕25号〕

山东省高级人民法院：

你院鲁高法〔1998〕144号《关于当事

人对仲裁协议的效力有异议应该向何人民法院请求作出裁定以及人民法院如何作出裁定的请示》收悉。经研究，答复如下：

关于请示的第一个问题，当事人协议选择国内仲裁机构仲裁后，一方对仲裁协议的效力有异议请求人民法院作出裁定的，由该仲裁委员会所在地的中级人民法院管辖。当事人对仲裁委员会没有约定或者约定不明的，由被告所在地的中级人民法院管辖。

关于请示的第二个问题，我院法释〔1998〕27 号批复已有明确规定，在此不再答复。

此复。

最高人民法院 关于涉外民商事案件诉讼 管辖若干问题的规定

[2001 年 12 月 25 日最高人民法院审判委员会第 1203 次会议通过，2002 年 2 月 25 日公布，自 2002 年 3 月 1 日起施行，法释〔2002〕5 号]

为正确审理涉外民商事案件，依法保护中外当事人的合法权益，根据《中华人民共和国民事诉讼法》第十九条的规定，现将有关涉外民商事案件诉讼管辖的问题规定如下：

第一条　第一审涉外民商事案件由下列人民法院管辖：

（一）国务院批准设立的经济技术开发区人民法院；

（二）省会、自治区首府、直辖市所在地的中级人民法院；

（三）经济特区、计划单列市中级人民法院；

（四）最高人民法院指定的其他中级人民法院；

（五）高级人民法院。

上述中级人民法院的区域管辖范围由所在地的高级人民法院确定。

第二条　对国务院批准设立的经济技术开发区人民法院所作的第一审判决、裁定不服的，其第二审由所在地中级人民法院管辖。

第三条　本规定适用于下列案件：

（一）涉外合同和侵权纠纷案件；

（二）信用证纠纷案件；

（三）申请撤销、承认与强制执行国际仲裁裁决的案件；

（四）审查有关涉外民商事仲裁条款效力的案件；

（五）申请承认和强制执行外国法院民商事判决、裁定的案件。

第四条　发生在与外国接壤的边境省份的边境贸易纠纷案件，涉外房地产案件和涉外知识产权案件，不适用本规定。

第五条　涉及香港、澳门特别行政区和台湾地区当事人的民商事纠纷案件的管辖，参照本规定处理。

第六条　高级人民法院应当对涉外民商事案件的管辖实施监督，凡越权受理涉外民商事案件的，应当通知或者裁定将案件移送有管辖权的人民法院审理。

第七条　本规定于 2002 年 3 月 1 日起施行。本规定施行前已经受理的案件由原受理人民法院继续审理。

本规定人发布前的有关司法解释、规定与本规定不一致的，以本规定为准。

最高人民法院关于审理证券市场因虚假陈述引发的民事赔偿案件的若干规定

[2002年12月26日最高人民法院审判委员会第1261次会议通过,2003年1月9日公布,自2003年2月1日起施行,法释[2003]2号]

为正确审理证券市场因虚假陈述引发的民事赔偿案件,规范证券市场民事行为,保护投资人合法权益,根据《中华人民共和国民法通则》《中华人民共和国证券法》《中华人民共和国公司法》以及《中华人民共和国民事诉讼法》等法律、法规的规定,结合证券市场实际情况和审判实践,制定本规定。

一、一般规定

第一条 本规定所称证券市场因虚假陈述引发的民事赔偿案件(以下简称虚假陈述证券民事赔偿案件),是指证券市场投资人以信息披露义务人违反法律规定,进行虚假陈述并致使其遭受损失为由,而向人民法院提起诉讼的民事赔偿案件。

第二条 本规定所称投资人,是指在证券市场上从事证券认购和交易的自然人、法人或者他组织。

本规定所称证券市场,是指发行人向社会公开募集股份的发行市场,通过证券交易所报价系统进行证券交易的市场,证券公司代办股份转让市场以及国家批准设立的其他证券市场。

第三条 因下列交易发生的民事诉讼,不适用本规定:

(一)在国家批准设立的证券市场以外进行的交易;

(二)在国家批准设立的证券市场上通过协议转让方式进行的交易。

第四条 人民法院审理虚假陈述证券民事赔偿案件,应当着重调解,鼓励当事人和解。

第五条 投资人对虚假陈述行为人提起民事赔偿的诉讼时效期间,适用民法通则第一百三十五条的规定,根据下列不同情况分别起算:

(一)中国证券监督管理委员会或其派出机构公布对虚假陈述行为人作出处罚决定之日;

(二)中华人民共和国财政部、其他行政机关以及有权作出行政处罚的机构公布对虚假陈述行为人作出处罚决定之日;

(三)虚假陈述行为人未受行政处罚,但已被人民法院认定有罪的,作出刑事判决生效之日。

因同一虚假陈述行为,对不同虚假陈述行为人作出两个以上行政处罚;或者既有行政处罚,又有刑事处罚的,以最先作出的行政处罚决定公告之日或者作出的刑事判决生效之日,为诉讼时效起算之日。

二、受理与管辖

第六条 投资人以自己受到虚假陈述侵害为由,依据有关机关的行政处罚决定或者人民法院的刑事裁判文书,对虚假陈述行为人提起的民事赔偿诉讼,符合民事诉讼法第一百零八条规定的,人民法院应当受理。

投资人提起虚假陈述证券民事赔偿诉讼,除提交行政处罚决定或者公告,或者人民法院的刑事裁判文书以外，还须提交以下证据：

（一）自然人、法人或者其他组织的身份证明文件，不能提供原件的，应当提交经公证证明的复印件；

（二）进行交易的凭证等投资损失证据材料。

第七条 虚假陈述证券民事赔偿案件的被告，应当是虚假陈述行为人，包括：

（一）发起人、控股股东等实际控制人；

（二）发行人或者上市公司；

（三）证券承销商；

（四）证券上市推荐人；

（五）会计师事务所、律师事务所、资产评估机构等专业中介服务机构；

（六）上述（二）、（三）、（四）项所涉单位中负有责任的董事、监事和经理等高级管理人员以及（五）项中直接责任人；

（七）其他作出虚假陈述的机构或者自然人。

第八条 虚假陈述证券民事赔偿案件，由省、直辖市、自治区人民政府所在地的市、计划单列市和经济特区中级人民法院管辖。

第九条 投资人对多个被告提起证券民事赔偿诉讼的，按下列原则确定管辖：

（一）由发行人或者上市公司所在地有管辖权的中级人民法院管辖。但有本规定第十条第二款规定的情形除外。

（二）对发行人或者上市公司以外的虚假陈述行为人提起的诉讼，由被告所在地有管辖权的中级人民法院管辖。

（三）仅以自然人为被告提起的诉讼，由被告所在地有管辖权的中级人民法院管辖。

第十条 人民法院受理以发行人或者上市公司以外的虚假陈述行为人为被告提起的诉讼后，经当事人申请或者征得所有原告同意后，可以追加发行人或者上市公司为共同被告。人民法院追加后，应当将案件移送发行人或者上市公司所在地有管辖权的中级人民法院管辖。

当事人不申请或者原告不同意追加，人民法院认为确有必要追加的，应当通知发行人或者上市公司作为共同被告参加诉讼，但不得移送案件。

第十一条 人民法院受理虚假陈述证券民事赔偿案件后，受行政处罚当事人对行政处罚不服申请行政复议或者提起行政诉讼的，可以裁定中止审理。

人民法院受理虚假陈述证券民事赔偿案件后，有关行政处罚被撤销的，应当裁定终结诉讼。

三、诉讼方式

第十二条 本规定所涉证券民事赔偿案件的原告可以选择单独诉讼或者共同诉讼方式提起诉讼。

第十三条 多个原告因同一虚假陈述事实对相同被告提起的诉讼，既有单独诉讼也有共同诉讼的，人民法院可以通知提起单独诉讼的原告参加共同诉讼。

多个原告因同一虚假陈述事实对相同被告同时提起两个以上共同诉讼的，人民法院可以将其合并为一个共同诉讼。

第十四条 共同诉讼的原告人数应当在开庭审理前确定。原告人数众多的可以推选二至五名诉讼代表人，每名诉讼代表人可以委托一至二名诉讼代理人。

第十五条 诉讼代表人应当经过其所代表的原告特别授权，代表原告参加开庭审理，变更或者放弃诉讼请求、与被告进行和解或者达成调解协议。

第十六条 人民法院判决被告对人数众多的原告承担民事赔偿责任时,可以在判决主文中对赔偿总额作出判决,并将每个原告的姓名、应获得赔偿金额等列表附于民事判决书后。

四、虚假陈述的认定

第十七条 证券市场虚假陈述,是指信息披露义务人违反证券法律规定,在证券发行或者交易过程中,对重大事件作出违背事实真相的虚假记载、误导性陈述,或者在披露信息时发生重大遗漏、不正当披露信息的行为。

对于重大事件,应当结合证券法第五十九条、第六十条、第六十一条、第六十二条、第七十二条及相关规定的内容认定。

虚假记载,是指信息披露义务人在披露信息时,将不存在的事实在信息披露文件中予以记载的行为。

误导性陈述,是指虚假陈述行为人在信息披露文件中或者通过媒体,作出使投资人对其投资行为发生错误判断并产生重大影响的陈述。

重大遗漏,是指信息披露义务人在信息披露文件中,未将应当记载的事项完全或者部分予以记载。

不正当披露,是指信息披露义务人未在适当期限内或者未以法定方式公开披露应当披露的信息。

第十八条 投资人具有以下情形的,人民法院应当认定虚假陈述与损害结果之间存在因果关系:

(一)投资人所投资的是与虚假陈述直接关联的证券;

(二)投资人在虚假陈述实施日以后,至揭露日或者更正日之前买入该证券;

(三)投资人在虚假陈述揭露日或者更正日及以后,因卖出该证券发生亏损,或者因持续持有该证券而产生亏损。

第十九条 被告举证证明原告具有以下情形的,人民法院应当认定虚假陈述与损害结果之间不存在因果关系:

(一)在虚假陈述揭露日或者更正日之前已经卖出证券;

(二)在虚假陈述揭露日或者更正日及以后进行的投资;

(三)明知虚假陈述存在而进行的投资;

(四)损失或者部分损失是由证券市场系统风险等其他因素所导致;

(五)属于恶意投资、操纵证券价格的。

第二十条 本规定所指的虚假陈述实施日,是指作出虚假陈述或者发生虚假陈述之日。

虚假陈述揭露日,是指虚假陈述在全国范围发行或者播放的报刊、电台、电视台等媒体上,首次被公开揭露之日。

虚假陈述更正日,是指虚假陈述行为人在中国证券监督管理委员会指定披露证券市场信息的媒体上,自行公告更正虚假陈述并按规定履行停牌手续之日。

五、归责与免责事由

第二十一条 发起人、发行人或者上市公司对其虚假陈述给投资人造成的损失承担民事赔偿责任。

发行人、上市公司负有责任的董事、监事和经理等高级管理人员对前款的损失承担连带赔偿责任。但有证据证明无过错的,应予免责。

第二十二条 实际控制人操纵发行

人或者上市公司违反证券法律规定,以发行人或者上市公司名义虚假陈述并给投资人造成损失的,可以由发行人或者上市公司承担赔偿责任。发行人或者上市公司承担赔偿责任后,可以向实际控制人追偿。

实际控制人违反证券法第四条、第五条以及第一百八十八条规定虚假陈述,给投资人造成损失的,由实际控制人承担赔偿责任。

第二十三条　证券承销商、证券上市推荐人对虚假陈述给投资人造成的损失承担赔偿责任。但有证据证明无过错的,应予免责。

负有责任的董事、监事和经理等高级管理人员对证券承销商、证券上市推荐人承担的赔偿责任负连带责任。其免责事由同前款规定。

第二十四条　专业中介服务机构及其直接责任人违反证券法第一百六十一条和第二百零二条的规定虚假陈述,给投资人造成损失的,就其负有责任的部分承担赔偿责任。但有证据证明无过错的,应予免责。

第二十五条　本规定第七条第(七)项规定的其他作出虚假陈述行为的机构或者自然人,违反证券法第五条、第七十二条、第一百八十八条和第一百八十九条规定,给投资人造成损失的,应当承担赔偿责任。

六、共同侵权责任

第二十六条　发起人对发行人信息披露提供担保的,发起人与发行人对投资人的损失承担连带责任。

第二十七条　证券承销商、证券上市推荐人或者专业中介服务机构,知道或者应当知道发行人或者上市公司虚假陈述,而不予纠正或者不出具保留意见的,构成共同侵权,对投资人的损失承担连带责任。

第二十八条　发行人、上市公司、证券承销商、证券上市推荐人负有责任的董事、监事和经理等高级管理人员有下列情形之一的,应当认定为共同虚假陈述,分别与发行人、上市公司、证券承销商、证券上市推荐人对投资人的损失承担连带责任:

(一)参与虚假陈述的;

(二)知道或者应当知道虚假陈述而未明确表示反对的;

(三)其他应当负有责任的情形。

七、损失认定

第二十九条　虚假陈述行为人在证券发行市场虚假陈述,导致投资人损失的,投资人有权要求虚假陈述行为人按本规定第三十条赔偿损失;导致证券被停止发行的,投资人有权要求返还和赔偿所缴股款及银行同期活期存款利率的利息。

第三十条　虚假陈述行为人在证券交易市场承担民事赔偿责任的范围,以投资人因虚假陈述而实际发生的损失为限。投资人实际损失包括:

(一)投资差额损失;

(二)投资差额损失部分的佣金和印花税。

前款所涉资金利息,自买入至卖出证券日或者基准日,按银行同期活期存款利率计算。

第三十一条　投资人在基准日及以前卖出证券的,其投资差额损失,以买入证券平均价格与实际卖出证券平均价格之差,乘以投资人所持证券数量计算。

第三十二条　投资人在基准日之后卖出或者仍持有证券的，其投资差额损失，以买入证券平均价格与虚假陈述揭露日或者更正日起至基准日期间，每个交易日收盘价的平均价格之差，乘以投资人所持证券数量计算。

第三十三条　投资差额损失计算的基准日，是指虚假陈述揭露或者更正后，为将投资人应获赔偿限定在虚假陈述所造成的损失范围内，确定损失计算的合理期间而规定的截止日期。基准日分别按下列情况确定：

（一）揭露日或者更正日起，至被虚假陈述影响的证券累计成交量达到其可流通部分100％之日。但通过大宗交易协议转让的证券成交量不予计算。

（二）按前项规定在开庭审理前尚不能确定的，则以揭露日或者更正日后第30个交易日为基准日。

（三）已经退出证券交易市场的，以摘牌日前一交易日为基准日。

（四）已经停止证券交易的，可以停牌日前一交易日为基准日；恢复交易的，可以本条第（一）项规定确定基准日。

第三十四条　投资人持股期间基于股东身份取得的收益，包括红利、红股、公积金转增所得的股份以及投资人持股期间出资购买的配股、增发股和转配股，不得冲抵虚假陈述行为人的赔偿金额。

第三十五条　已经除权的证券，计算投资差额损失时，证券价格和证券数量应当复权计算。

八、附　则

第三十六条　本规定自2003年2月1日起施行。

第三十七条　本院2002年1月15日发布的《关于受理证券市场因虚假陈述引发的民事侵权纠纷案件有关问题的通知》中与本规定不一致的，以本规定为准。

最高人民法院关于适用《中华人民共和国仲裁法》若干问题的解释

［2005年12月26日最高人民法院审判委员会第1375次会议通过，2006年8月23日公布，自2006年9月8日起施行，法释〔2006〕7号，根据2008年12月16日《最高人民法院关于调整司法解释等文件中引用〈中华人民共和国民事诉讼法〉条文序号的决定》修正］

根据《中华人民共和国仲裁法》和《中华人民共和国民事诉讼法》等法律规定，对人民法院审理涉及仲裁案件适用法律的若干问题作如下解释：

第一条　仲裁法第十六条规定的"其他书面形式"的仲裁协议，包括以合同书、信件和数据电文（包括电报、电传、传真、电子数据交换和电子邮件）等形式达成的请求仲裁的协议。

第二条　当事人概括约定仲裁事项为合同争议的，基于合同成立、效力、变更、转让、履行、违约责任、解释、解除等产生的纠纷都可以认定为仲裁事项。

第三条　仲裁协议约定的仲裁机构名称不准确，但能够确定具体的仲裁机构的，应当认定选定了仲裁机构。

第四条　仲裁协议仅约定纠纷适用的仲裁规则的，视为未约定仲裁机构，但当事人达成补充协议或者按照约定的仲裁规则能够确定仲裁机构的除外。

第五条 仲裁协议约定两个以上仲裁机构的,当事人可以协议选择其中的一个仲裁机构申请仲裁;当事人不能就仲裁机构选择达成一致的,仲裁协议无效。

第六条 仲裁协议约定由某地的仲裁机构仲裁且该地仅有一个仲裁机构的,该仲裁机构视为约定的仲裁机构。该地有两个以上仲裁机构的,当事人可以协议选择其中的一个仲裁机构申请仲裁;当事人不能就仲裁机构选择达成一致的,仲裁协议无效。

第七条 当事人约定争议可以向仲裁机构申请仲裁也可以向人民法院起诉的,仲裁协议无效。但一方向仲裁机构申请仲裁,另一方未在仲裁法第二十条第二款规定期间内提出异议的除外。

第八条 当事人订立仲裁协议后合并、分立的,仲裁协议对其权利义务的继受人有效。

当事人订立仲裁协议后死亡的,仲裁协议对承继其仲裁事项中的权利义务的继承人有效。

前两款规定情形,当事人订立仲裁协议时另有约定的除外。

第九条 债权债务全部或者部分转让的,仲裁协议对受让人有效,但当事人另有约定、在受让债权债务时受让人明确反对或者不知有单独仲裁协议的除外。

第十条 合同成立后未生效或者被撤销的,仲裁协议效力的认定适用仲裁法第十九条第一款的规定。

当事人在订立合同时就争议达成仲裁协议的,合同未成立不影响仲裁协议的效力。

第十一条 合同约定解决争议适用其他合同、文件中的有效仲裁条款的,发生合同争议时,当事人应当按照该仲裁条款提请仲裁。

涉外合同应当适用的有关国际条约中有仲裁规定的,发生合同争议时,当事人应当按照国际条约中的仲裁规定提请仲裁。

第十二条 当事人向人民法院申请确认仲裁协议效力的案件,由仲裁协议约定的仲裁机构所在地的中级人民法院管辖;仲裁协议约定的仲裁机构不明确的,由仲裁协议签订地或者被申请人住所地的中级人民法院管辖。

申请确认涉外仲裁协议效力的案件,由仲裁协议约定的仲裁机构所在地、仲裁协议签订地、申请人或者被申请人住所地的中级人民法院管辖。

涉及海事海商纠纷仲裁协议效力的案件,由仲裁协议约定的仲裁机构所在地、仲裁协议签订地、申请人或者被申请人住所地的海事法院管辖;上述地点没有海事法院的,由就近的海事法院管辖。

第十三条 依照仲裁法第二十条第二款的规定,当事人在仲裁庭首次开庭前没有对仲裁协议的效力提出异议,而后向人民法院申请确认仲裁协议无效的,人民法院不予受理。

仲裁机构对仲裁协议的效力作出决定后,当事人向人民法院申请确认仲裁协议效力或者申请撤销仲裁机构的决定的,人民法院不予受理。

第十四条 仲裁法第二十六条规定的"首次开庭"是指答辩期满后人民法院组织的第一次开庭审理,不包括审前程序中的各项活动。

第十五条 人民法院审理仲裁协议效力确认案件,应当组成合议庭进行审查,并询问当事人。

第十六条 对涉外仲裁协议的效力审查,适用当事人约定的法律;当事人没有约定适用的法律但约定了仲裁地的,适用仲裁地法律;没有约定适用的法律也没有约定仲裁地或者仲裁地约定不明的,适用法院地法律。

第十七条 当事人以不属于仲裁法第五十八条或者民事诉讼法第二百六十条规定的事由申请撤销仲裁裁决的,人民法院不予支持。

第十八条 仲裁法第五十八条第一款第一项规定的"没有仲裁协议"是指当事人没有达成仲裁协议。仲裁协议被认定无效或者被撤销的,视为没有仲裁协议。

第十九条 当事人以仲裁裁决事项超出仲裁协议范围为由申请撤销仲裁裁决,经审查属实的,人民法院应当撤销仲裁裁决中的超裁部分。但超裁部分与其他裁决事项不可分的,人民法院应当撤销仲裁裁决。

第二十条 仲裁法第五十八条规定的"违反法定程序",是指违反仲裁法规定的仲裁程序和当事人选择的仲裁规则可能影响案件正确裁决的情形。

第二十一条 当事人申请撤销国内仲裁裁决的案件属于下列情形之一的,人民法院可以依照仲裁法第六十一条的规定通知仲裁庭在一定期限内重新仲裁:

(一)仲裁裁决所根据的证据是伪造的;

(二)对方当事人隐瞒了足以影响公正裁决的证据的。

人民法院应当在通知中说明要求重新仲裁的具体理由。

第二十二条 仲裁庭在人民法院指定的期限内开始重新仲裁的,人民法院应当裁定终结撤销程序;未开始重新仲裁的,人民法院应当裁定恢复撤销程序。

第二十三条 当事人对重新仲裁裁决不服的,可以在重新仲裁裁决书送达之日起六个月内依据仲裁法第五十八条规定向人民法院申请撤销。

第二十四条 当事人申请撤销仲裁裁决的案件,人民法院应当组成合议庭审理,并询问当事人。

第二十五条 人民法院受理当事人撤销仲裁裁决的申请后,另一方当事人申请执行同一仲裁裁决的,受理执行申请的人民法院应当在受理后裁定中止执行。

第二十六条 当事人向人民法院申请撤销仲裁裁决被驳回后,又在执行程序中以相同理由提出不予执行抗辩的,人民法院不予支持。

第二十七条 当事人在仲裁程序中未对仲裁协议的效力提出异议,在仲裁裁决作出后以仲裁协议无效为由主张撤销仲裁裁决或者提出不予执行抗辩的,人民法院不予支持。

当事人在仲裁程序中对仲裁协议的效力提出异议,在仲裁裁决作出后又以此为由主张撤销仲裁裁决或者提出不予执行抗辩,经审查符合仲裁法第五十八条或者民事诉讼法第二百一十三条、第二百五十八条规定的,人民法院应予支持。

第二十八条 当事人请求不予执行仲裁调解书或者根据当事人之间的和解协议作出的仲裁裁决书的,人民法院不予支持。

第二十九条 当事人申请执行仲裁裁决案件,由被执行人住所地或者被执行的财产所在地的中级人民法院管辖。

第三十条 根据审理撤销、执行仲裁

裁决案件的实际需要,人民法院可以要求仲裁机构作出说明或者向相关仲裁机构调阅仲裁案卷。

人民法院在办理涉及仲裁的案件过程中作出的裁定,可以送相关的仲裁机构。

第三十一条 本解释自公布之日起实施。

本院以前发布的司法解释与本解释不一致的,以本解释为准。

最高人民法院关于指定湖南省张家界市、永州市中级人民法院管辖一审涉外民商事案件的批复

[2005年7月14日,〔2005〕民四他字第25号]

湖南省高级人民法院:

你院湘高法民三〔2005〕1号《关于请求指定涉外案件审判中院的报告》收悉。根据《最高人民法院关于涉外民商事案件诉讼管辖若干问题的规定》第一条和《最高人民法院关于加强涉外商事案件诉讼管辖工作的通知》第一条,经研究,批复如下:

指定张家界市、永州市中级人民法院管辖一审涉外、涉港澳台民商事案件。

上述中级人民法院对一审涉外、涉港澳台民商事案件的区域管辖范围由你院确定。

此复。

最高人民法院关于指定湖南省株洲市、岳阳市、衡阳市中级人民法院受理一审涉外民商事案件的批复

[2007年6月28日,〔2007〕民四他字第18号]

湖南省高级人民法院:

你院湘高法〔2007〕80号《关于申请指定湖南省株洲市、岳阳市、衡阳市中级人民法院受理一审涉外民商事案件问题的请示》收悉。根据《最高人民法院关于涉外民商事案件诉讼管辖若干问题的规定》第一条和《最高人民法院关于加强涉外商事案件诉讼管辖工作的通知》第一条的规定精神,经研究,批复如下:

指定湖南省株洲市、岳阳市、衡阳市中级人民法院受理一审涉外民商事案件。

湖南省株洲市、岳阳市、衡阳市中级人民法院对一审涉外民商事案件的区域管辖范围由你院确定。

此复。

最高人民法院关于指定湖南省长沙县人民法院管辖一审涉外民商事案件的批复

[2008年8月15日,民四他字〔2007〕第29号]

湖南省高级人民法院:

你院湘高法〔2007〕103号《湖南省高级人民法院关于申请指定长沙县人民法院受理一审涉外民商事案件问题的请

示》收悉。根据《最高人民法院关于涉外民商事案件诉讼管辖若干问题的规定》第一条和《最高人民法院关于加强涉外商事案件诉讼管辖工作的通知》第一条的规定精神，经研究，批复如下：

授权你院指定长沙县人民法院管辖长沙经济技术开发区一审涉外、涉港澳台民商事案件。

长沙县人民法院一审涉外、涉港澳台民商事上诉案件由长沙市中级人民法院管辖。

此复。

最高人民法院关于涉及驰名商标认定的民事纠纷案件管辖问题的通知

[2009年1月5日，法[2009]1号]

各省、自治区、直辖市高级人民法院，解放军军事法院，新疆维吾尔自治区高级人民法院生产建设兵团分院：

为进一步加强人民法院对驰名商标的司法保护，完善司法保护制度，规范司法保护行为，增强司法保护的权威性和公信力，维护公平竞争的市场经济秩序，为国家经济发展大局服务，从本通知下发之日起，涉及驰名商标认定的民事纠纷案件，由省、自治区人民政府所在地的市、计划单列市中级人民法院，以及直辖市辖区内的中级人民法院管辖。其他中级人民法院管辖此类民事纠纷案件，需报经最高人民法院批准；未经批准的中级人民法院不再受理此类案件。

以上通知，请遵照执行。

最高人民法院关于对被监禁或被劳动教养的人提起的民事诉讼如何确定案件管辖问题的批复

[2010年11月29日最高人民法院审判委员会第1503次会议通过，2010年12月9日公布，自2010年12月15日起施行，法释[2010]16号]

山东省高级人民法院：

你院《关于对被监禁的人提起的诉讼如何确定案件管辖问题的请示》（[2010]鲁立函字第10号）收悉。经研究，答复如下：根据《中华人民共和国民事诉讼法》第二十三条、最高人民法院《关于适用〈中华人民共和国民事诉讼法〉若干问题的意见》第8条规定，对被监禁或被劳动教养的人提起的诉讼，原告没有被监禁或被劳动教养的，由原告住所地人民法院管辖。原告也被监禁或被劳动教养的，由被告原住所地人民法院管辖；被告被监禁或被劳动教养一年以上的，由被告被监禁地或被劳动教养地人民法院管辖。

此复。

最高人民法院关于审理因垄断行为引发的民事纠纷案件应用法律若干问题的规定

[2012年1月30日最高人民法院审判委员会第1539次会议通过，2012年5月3日公布，自2012年6月1日起施行，法释[2012]5号]

为正确审理因垄断行为引发的民事

纠纷案件,制止垄断行为,保护和促进市场公平竞争,维护消费者利益和社会公共利益,根据《中华人民共和国反垄断法》、《中华人民共和国侵权责任法》、《中华人民共和国合同法》和《中华人民共和国民事诉讼法》等法律的相关规定,制定本规定。

第一条 本规定所称因垄断行为引发的民事纠纷案件(以下简称垄断民事纠纷案件),是指因垄断行为受到损失以及因合同内容、行业协会的章程等违反垄断法而发生争议的自然人、法人或者其他组织,向人民法院提起的民事诉讼案件。

第二条 原告直接向人民法院提起民事诉讼,或者在反垄断执法机构认定构成垄断行为的处理决定发生法律效力后向人民法院提起民事诉讼,并符合法律规定的其他受理条件的,人民法院应当受理。

第三条 第一审垄断民事纠纷案件,由省、自治区、直辖市人民政府所在地的市、计划单列市中级人民法院以及最高人民法院指定的中级人民法院管辖。

经最高人民法院批准,基层人民法院可以管辖第一审垄断民事纠纷案件。

第四条 垄断民事纠纷案件的地域管辖,根据案件具体情况,依照民事诉讼法及相关司法解释有关侵权纠纷、合同纠纷等的管辖规定确定。

第五条 民事纠纷案件立案时的案由并非垄断纠纷,被告以原告实施了垄断行为为由提出抗辩或者反诉且有证据支持,或者案件需要依据反垄断法作出裁判,但受诉人民法院没有垄断民事纠纷案件管辖权的,应当将案件移送有管辖权的人民法院。

第六条 两个或者两个以上原告因同一垄断行为向有管辖权的同一法院分别提起诉讼的,人民法院可以合并审理。

两个或者两个以上原告因同一垄断行为向有管辖权的不同法院分别提起诉讼的,后立案的法院在得知有关法院先立案的情况后,应当在七日内裁定将案件移送先立案的法院;受移送的法院可以合并审理。被告应当在答辩阶段主动向受诉人民法院提供其因同一行为在其他法院涉诉的相关信息。

第七条 被诉垄断行为属于反垄断法第十三条第一款第(一)项至第(五)项规定的垄断协议的,被告应对该协议不具有排除、限制竞争的效果承担举证责任。

第八条 被诉垄断行为属于反垄断法第十七条第一款规定的滥用市场支配地位的,原告应当对被告在相关市场内具有支配地位和其滥用市场支配地位承担举证责任。

被告以其行为具有正当性为由进行抗辩的,应当承担举证责任。

第九条 被诉垄断行为属于公用企业或者其他依法具有独占地位的经营者滥用市场支配地位的,人民法院可以根据市场结构和竞争状况的具体情况,认定被告在相关市场内具有支配地位,但有相反证据足以推翻的除外。

第十条 原告可以以被告对外发布的信息作为证明其具有市场支配地位的证据。被告对外发布的信息能够证明其在相关市场内具有支配地位的,人民法院可以据此作出认定,但有相反证据足以推翻的除外。

第十一条 证据涉及国家秘密、商业秘密、个人隐私或者其他依法应当保密的内容的,人民法院可以依职权或者当事人的申请采取不公开开庭、限制或者禁止复制、仅对代理律师展示、责令签署保密承诺书等保护措施。

第十二条 当事人可以向人民法院申请一至二名具有相应专门知识的人员出庭，就案件的专门性问题进行说明。

第十三条 当事人可以向人民法院申请委托专业机构或者专业人员就案件的专门性问题作出市场调查或者经济分析报告。经人民法院同意，双方当事人可以协商确定专业机构或者专业人员；协商不成的，由人民法院指定。

人民法院可以参照民事诉讼法及相关司法解释有关鉴定结论的规定，对前款规定的市场调查或者经济分析报告进行审查判断。

第十四条 被告实施垄断行为，给原告造成损失的，根据原告的诉讼请求和查明的事实，人民法院可以依法判令被告承担停止侵害、赔偿损失等民事责任。

根据原告的请求，人民法院可以将原告因调查、制止垄断行为所支付的合理开支计入损失赔偿范围。

第十五条 被诉合同内容、行业协会的章程等违反反垄断法或者其他法律、行政法规的强制性规定的，人民法院应当依法认定其无效。

第十六条 因垄断行为产生的损害赔偿请求权诉讼时效期间，从原告知道或者应当知道权益受侵害之日起计算。

原告向反垄断执法机构举报被诉垄断行为的，诉讼时效从其举报之日起中断。反垄断执法机构决定不立案、撤销案件或者决定终止调查的，诉讼时效期间从原告知道或者应当知道不立案、撤销案件或者终止调查之日起重新计算。反垄断执法机构调查后认定构成垄断行为的，诉讼时效期间从原告知道或者应当知道反垄断执法机构认定构成垄断行为的处理决定发生法律效力之日起重新计算。

原告起诉时被诉垄断行为已经持续超过二年，被告提出诉讼时效抗辩的，损害赔偿应当自原告向人民法院起诉之日起向前推算二年计算。

最高人民法院关于军事法院管辖民事案件若干问题的规定

〔2002年8月20日最高人民法院审判委员会第1553次会议通过，2012年8月28日公布，自2012年9月17日起施行，法释〔2012〕11号〕

根据《中华人民共和国人民法院组织法》、《中华人民共和国民事诉讼法》等法律规定，结合人民法院民事审判工作实际，对军事法院管辖民事案件有关问题作如下规定：

第一条 下列民事案件，由军事法院管辖：

（一）双方当事人均为军人或者军队单位的案件，但法律另有规定的除外；

（二）涉及机密级以上军事秘密的案件；

（三）军队设立选举委员会的选民资格案件；

（四）认定营区内无主财产案件。

第二条 下列民事案件，地方当事人向军事法院提起诉讼或者提出申请的，军事法院应当受理：

（一）军人或者军队单位执行职务过程中造成他人损害的侵权责任纠纷案件；

（二）当事人一方为军人或者军队单

位,侵权行为发生在营区内的侵权责任纠纷案件;

(三)当事人一方为军人的婚姻家庭纠纷案件;

(四)民事诉讼法第三十四条规定的不动产所在地、港口所在地、被继承人死亡时住所地或者主要遗产所在地在营区内,且当事人一方为军人或者军队单位的案件;

(五)申请宣告军人失踪或者死亡的案件;

(六)申请认定军人无民事行为能力或者限制民事行为能力的案件。

第三条 当事人一方是军人或者军队单位,且合同履行地或者标的物所在地在营区内的合同纠纷,当事人书面约定由军事法院管辖,不违反法律关于级别管辖、专属管辖和专门管辖规定的,可以由军事法院管辖。

第四条 军事法院受理第一审民事案件,应当参照民事诉讼法关于地域管辖、级别管辖的规定确定。

当事人住所地省级行政区划内没有可以受理案件的第一审军事法院,或者处于交通十分不便的边远地区,双方当事人同意由地方人民法院管辖的,地方人民法院可以管辖,但本规定第一条第(二)项规定的案件除外。

第五条 军事法院发现受理的民事案件属于地方人民法院管辖的,应当移送有管辖权的地方人民法院,受移送的地方人民法院应当受理。地方人民法院认为受移送的案件不属于本院管辖的,应当报请上级地方人民法院处理,不得再自行移送。

地方人民法院发现受理的民事案件属于军事法院管辖的,参照前款规定办理。

第六条 军事法院与地方人民法院之间因管辖权发生争议,由争议双方协商解决;协商不成的,报请各自的上级法院协商解决;仍然协商不成的,报请最高人民法院指定管辖。

第七条 军事法院受理案件后,当事人对管辖权有异议的,应当在提交答辩状期间提出。军事法院对当事人提出的异议,应当审查。异议成立的,裁定将案件移送有管辖权的军事法院或者地方人民法院;异议不成立的,裁定驳回。

第八条 本规定所称军人是指中国人民解放军的现役军官、文职干部、士兵及具有军籍的学员,中国人民武装警察部队的现役警官、文职干部、士兵及具有军籍的学员。军队中的文职人员、非现役公勤人员、正式职工,由军队管理的离退休人员,参照军人确定管辖。

军队单位是指中国人民解放军现役部队和预备役部队、中国人民武装警察部队及其编制内的企业事业单位。

营区是指由军队管理使用的区域,包括军事禁区、军事管理区。

第九条 本解释施行前本院公布的司法解释以及司法解释性文件与本解释不一致的,以本解释为准。

最高人民法院关于商标法修改决定施行后商标案件管辖和法律适用问题的解释

[2014年2月10日最高人民法院审判委员会第1606次会议通过,2014年3月25日公布,自2014年5月1日起施行,法释〔2014〕4号]

为正确审理商标案件,根据2013年8

月 30 日第十二届全国人民代表大会常务委员会第四次会议《关于修改〈中华人民共和国商标法〉的决定》和重新公布的《中华人民共和国商标法》《中华人民共和国民事诉讼法》和《中华人民共和国行政诉讼法》等法律的规定，就人民法院审理商标案件有关管辖和法律适用等问题，制定本解释。

第一条 人民法院受理以下商标案件：

1. 不服国务院工商行政管理部门商标评审委员会（以下简称商标评审委员会）作出的复审决定或者裁定的行政案件；

2. 不服工商行政管理部门作出的有关商标的其他具体行政行为的案件；

3. 商标权权属纠纷案件；

4. 侵害商标专用权纠纷案件；

5. 确认不侵害商标专用权纠纷案件；

6. 商标权转让合同纠纷案件；

7. 商标使用许可合同纠纷案件；

8. 商标代理合同纠纷案件；

9. 申请诉前停止侵害商标专用权案件；

10. 因申请停止侵害商标专用权损害责任案件；

11. 因商标纠纷申请诉前财产保全案件；

12. 因商标纠纷申请诉前证据保全案件；

13. 其他商标案件。

第二条 不服商标评审委员会作出的复审决定或者裁定的行政案件及国家工商行政管理总局商标局（以下简称商标局）作出的有关商标的具体行政行为案件，由北京市有关中级人民法院管辖。

第三条 第一审商标民事案件，由中级以上人民法院及最高人民法院指定的基层人民法院管辖。

涉及对驰名商标保护的民事、行政案件，由省、自治区人民政府所在地市、计划单列市、直辖市辖区中级人民法院及最高人民法院指定的其他中级人民法院管辖。

第四条 在工商行政管理部门查处侵害商标权行为过程中，当事人就相关商标提起商标权权属或者侵害商标专用权民事诉讼的，人民法院应当受理。

第五条 对于在商标法修改决定施行前提出的商标注册及续展申请，商标局于决定施行后作出对该商标申请不予受理或者不予续展的决定，当事人提起行政诉讼的，人民法院审查时适用修改后的商标法。

对于在商标法修改决定施行前提出的商标异议申请，商标局于决定施行后作出对该异议不予受理的决定，当事人提起行政诉讼的，人民法院审查时适用修改前的商标法。

第六条 对于在商标法修改决定施行前当事人就尚未核准注册的商标申请复审，商标评审委员会于决定施行后作出复审决定或者裁定，当事人提起行政诉讼的，人民法院审查时适用修改后的商标法。

对于在商标法修改决定施行前受理的商标复审申请，商标评审委员会于决定施行后作出核准注册决定，当事人提起行政诉讼的，人民法院不予受理；商标评审委员会于决定施行后作出不予核准注册决定，当事人提起行政诉讼的，人民法院审查相关诉权和主体资格问题时，适用修改前的商标法。

第七条　对于在商标法修改决定施行前已经核准注册的商标,商标评审委员会于决定施行前受理、在决定施行后作出复审决定或者裁定,当事人提起行政诉讼的,人民法院审查相关程序问题适用修改后的商标法,审查实体问题适用修改前的商标法。

第八条　对于在商标法修改决定施行前受理的相关商标案件,商标局、商标评审委员会于决定施行后作出决定或者裁定,当事人提起行政诉讼的,人民法院认定该决定或者裁定是否符合商标法有关审查时限规定时,应当从修改决定施行之日起计算该审查时限。

第九条　除本解释另行规定外,商标法修改决定施行后人民法院受理的商标民事案件,涉及该决定施行前发生的行为的,适用修改前商标法的规定;涉及该决定施行前发生,持续到该决定施行后的行为的,适用修改后商标法的规定。

最高人民法院关于北京、上海、广州知识产权法院案件管辖的规定

[2014年10月27日最高人民法院审判委员会第1628次会议通过,2014年10月31日公布,自2014年10月27日起施行,法释〔2014〕12号]

为进一步明确北京、上海、广州知识产权法院的案件管辖,根据《中华人民共和国民事诉讼法》《中华人民共和国行政诉讼法》《全国人民代表大会常务委员会关于在北京、上海、广州设立知识产权法院的决定》等规定,制定本规定。

第一条　知识产权法院管辖所在市辖区内的下列第一审案件:

(一)专利、植物新品种、集成电路布图设计、技术秘密、计算机软件民事和行政案件;

(二)对国务院部门或者县级以上地方人民政府所作的涉及著作权、商标、不正当竞争等行政行为提起诉讼的行政案件;

(三)涉及驰名商标认定的民事案件。

第二条　广州知识产权法院对广东省内本规定第一条第(一)项和第(三)项规定的案件实行跨区域管辖。

第三条　北京市、上海市各中级人民法院和广州市中级人民法院不再受理知识产权民事和行政案件。

广东省其他中级人民法院不再受理本规定第一条第(一)项和第(三)项规定的案件。

北京市、上海市、广东省各基层人民法院不再受理本规定第一条第(一)项和第(三)项规定的案件。

第四条　案件标的既包含本规定第一条第(一)项和第(三)项规定的内容,又包含其他内容的,按本规定第一条和第二条的规定确定管辖。

第五条　下列第一审行政案件由北京知识产权法院管辖:

(一)不服国务院部门作出的有关专利、商标、植物新品种、集成电路布图设计等知识产权的授权确权裁定或者决定的;

(二)不服国务院部门作出的有关专利、植物新品种、集成电路布图设计的强制许可决定以及强制许可使用费或者报

（三）不服国务院部门作出的涉及知识产权授权确权的其他行政行为的。

第六条 当事人对知识产权法院所在市的基层人民法院作出的第一审著作权、商标、技术合同、不正当竞争等知识产权民事和行政判决、裁定提起的上诉案件，由知识产权法院审理。

第七条 当事人对知识产权法院作出的第一审判决、裁定提起的上诉案件和依法申请上一级法院复议的案件，由知识产权法院所在地的高级人民法院知识产权审判庭审理。

第八条 知识产权法院所在省（直辖市）的基层人民法院在知识产权法院成立前已经受理但尚未审结的本规定第一条第（一）项和第（三）项规定的案件，由该基层人民法院继续审理。

除广州市中级人民法院以外，广东省其他中级人民法院在广州知识产权法院成立前已经受理但尚未审结的本规定第一条第（一）项和第（三）项规定的案件，由该中级人民法院继续审理。

最高人民法院关于调整高级人民法院和中级人民法院管辖第一审民商事案件标准的通知

［2015年4月30日，法发［2015］7号］

各省、自治区、直辖市高级人民法院，解放军军事法院，新疆维吾尔自治区高级人民法院生产建设兵团分院：

为适应经济社会发展和民事诉讼需要，准确适用修改后的民事诉讼法关于级别管辖的相关规定，合理定位四级法院民商事审判职能，现就调整高级人民法院和中级人民法院管辖第一审民商事案件标准问题，通知如下：

一、当事人住所地均在受理法院所处省级行政辖区的第一审民商事案件

北京、上海、江苏、浙江、广东高级人民法院，管辖诉讼标的额5亿元以上一审民商事案件，所辖中级人民法院管辖诉讼标的额1亿元以上一审民商事案件。

天津、河北、山西、内蒙古、辽宁、安徽、福建、山东、河南、湖北、湖南、广西、海南、四川、重庆高级人民法院，管辖诉讼标的额3亿元以上一审民商事案件，所辖中级人民法院管辖诉讼标的额3000万元以上一审民商事案件。

吉林、黑龙江、江西、云南、陕西、新疆高级人民法院和新疆生产建设兵团分院，管辖诉讼标的额2亿元以上一审民商事案件，所辖中级人民法院管辖诉讼标的额1000万元以上一审民商事案件。

贵州、西藏、甘肃、青海、宁夏高级人民法院，管辖诉讼标的额1亿元以上一审民商事案件，所辖中级人民法院管辖诉讼标的额500万元以上一审民商事案件。

二、当事人一方住所地不在受理法院所处省级行政辖区的第一审民商事案件

北京、上海、江苏、浙江、广东高级人民法院，管辖诉讼标的额3亿元以上一审民商事案件，所辖中级人民法院管辖诉讼标的额5000万元以上一审民商事案件。

天津、河北、山西、内蒙古、辽宁、安徽、福建、山东、河南、湖北、湖南、广西、海南、四川、重庆高级人民法院，管辖诉讼标的额1亿元以上一审民商事案件，所辖中

级人民法院管辖诉讼标的额 2000 万元以上一审民商事案件。

吉林、黑龙江、江西、云南、陕西、新疆高级人民法院和新疆生产建设兵团分院，管辖诉讼标的额 5000 万元以上一审民商事案件，所辖中级人民法院管辖诉讼标的额 1000 万元以上一审民商事案件。

贵州、西藏、甘肃、青海、宁夏高级人民法院，管辖诉讼标的额 2000 万元以上一审民商事案件，所辖中级人民法院管辖诉讼标的额 500 万元以上一审民商事案件。

三、解放军军事法院管辖诉讼标的额 1 亿元以上一审民商事案件，大单位军事法院管辖诉讼标的额 2000 万元以上一审民商事案件。

四、婚姻、继承、家庭、物业服务、人身损害赔偿、名誉权、交通事故、劳动争议等案件，以及群体性纠纷案件，一般由基层人民法院管辖。

五、对重大疑难、新类型和在适用法律上有普遍意义的案件，可以依照民事诉讼法第三十八条的规定，由上级人民法院自行决定由其审理，或者根据下级人民法院报请决定由其审理。

六、本通知调整的级别管辖标准不涉及知识产权案件、海事海商案件和涉外涉港澳台民商事案件。

七、本通知规定的第一审民商事案件标准，包含本数。

本通知自 2015 年 5 月 1 日起实施，执行过程中遇到的问题，请及时报告我院。

最高人民法院关于审理专利纠纷案件适用法律问题的若干规定

[2001 年 6 月 19 日最高人民法院审判委员会第 1180 次会议通过,2001 年 6 月 22 日公布,自 2001 年 7 月 1 日起施行,法释〔2001〕21 号,根据 2013 年 2 月 25 日最高人民法院审判委员会第 1570 次会议《最高人民法院关于修改〈最高人民法院关于审理专利纠纷案件适用法律问题的若干规定〉的决定》第一次修正,根据 2015 年 1 月 19 日最高人民法院审判委员会第 1641 次会议《最高人民法院关于修改〈最高人民法院关于审理专利纠纷案件适用法律问题的若干规定〉的决定》第二次修正,该修正 2015 年 1 月 29 日公布,自 2015 年 2 月 1 日起施行,法释〔2015〕4 号〕

为了正确审理专利纠纷案件，根据《中华人民共和国民法通则》（以下简称民法通则）、《中华人民共和国专利法》（以下简称专利法）、《中华人民共和国民事诉讼法》和《中华人民共和国行政诉讼法》等法律的规定，作如下规定：

第一条 人民法院受理下列专利纠纷案件：

1. 专利申请权纠纷案件；
2. 专利权权属纠纷案件；
3. 专利权、专利申请权转让合同纠纷案件；
4. 侵犯专利权纠纷案件；
5. 假冒他人专利纠纷案件；
6. 发明专利申请公布后、专利权授予前使用费纠纷案件；
7. 职务发明创造发明人、设计人奖

励、报酬纠纷案件；

8. 诉前申请停止侵权、财产保全案件；

9. 发明人、设计人资格纠纷案件；

10. 不服专利复审委员会维持驳回申请复审决定案件；

11. 不服专利复审委员会专利权无效宣告请求决定案件；

12. 不服国务院专利行政部门实施强制许可决定案件；

13. 不服国务院专利行政部门实施强制许可使用费裁决案件；

14. 不服国务院专利行政部门行政复议决定案件；

15. 不服管理专利工作的部门行政决定案件；

16. 其他专利纠纷案件。

第二条 专利纠纷第一审案件，由各省、自治区、直辖市人民政府所在地的中级人民法院和最高人民法院指定的中级人民法院管辖。

最高人民法院根据实际情况，可以指定基层人民法院管辖第一审专利纠纷案件。

第三条 当事人对专利复审委员会于2001年7月1日以后作出的关于实用新型、外观设计专利权撤销请求复审决定不服向人民法院起诉的，人民法院不予受理。

第四条 当事人对专利复审委员会于2001年7月1日以后作出的关于维持驳回实用新型、外观设计专利申请的复审决定，或者关于实用新型、外观设计专利权无效宣告请求的决定不服向人民法院起诉的，人民法院应当受理。

第五条 因侵犯专利权行为提起的诉讼，由侵权行为地或者被告住所地人民法院管辖。

侵权行为地包括：被诉侵犯发明、实用新型专利权的产品的制造、使用、许诺销售、销售、进口等行为的实施地；专利方法使用行为的实施地，依照该专利方法直接获得的产品的使用、许诺销售、销售、进口等行为的实施地；外观设计专利产品的制造、许诺销售、销售、进口等行为的实施地；假冒他人专利的行为实施地。上述侵权行为的侵权结果发生地。

第六条 原告仅对侵权产品制造者提起诉讼，未起诉销售者，侵权产品制造地与销售地不一致的，制造地人民法院有管辖权；以制造者与销售者为共同被告起诉的，销售地人民法院有管辖权。

销售者是制造者分支机构，原告在销售地起诉侵权产品制造者制造、销售行为的，销售地人民法院有管辖权。

第七条 原告根据1993年1月1日以前提出的专利申请和根据该申请授予的方法发明专利权提起的侵权诉讼，参照本规定第五条、第六条的规定确定管辖。

人民法院在上述案件实体审理中依法适用方法发明专利权不延及产品的规定。

第八条 对申请日在2009年10月1日前（不含该日）的实用新型专利提起侵犯专利权诉讼，原告可以出具由国务院专利行政部门作出的检索报告；对申请日在2009年10月1日以后的实用新型或者外观设计专利提起侵犯专利权诉讼，原告可以出具由国务院专利行政部门作出的专利权评价报告。根据案件审理需要，人民法院可以要求原告提交检索报告或者专利权评价报告。原告无正当理由不提交的，人民法院可以裁定中止诉讼或者判令原告承担可能的不利后果。

侵犯实用新型、外观设计专利权纠纷案件的被告请求中止诉讼的,应当在答辩期内对原告的专利权提出宣告无效的请求。

第九条　人民法院受理的侵犯实用新型、外观设计专利权纠纷案件,被告在答辩期间内请求宣告该专利权无效的,人民法院应当中止诉讼,但具备下列情形之一的,可以不中止诉讼:

（一）原告出具的检索报告或者专利权评价报告未发现导致实用新型或者外观设计专利权无效的事由的;

（二）被告提供的证据足以证明其使用的技术已经公知的;

（三）被告请求宣告该项专利权无效所提供的证据或者依据的理由明显不充分的;

（四）人民法院认为不应当中止诉讼的其他情形。

第十条　人民法院受理的侵犯实用新型、外观设计专利权纠纷案件,被告在答辩期间届满后请求宣告该项专利权无效的,人民法院不应当中止诉讼,但经审查认为有必要中止诉讼的除外。

第十一条　人民法院受理的侵犯发明专利权纠纷案件或者经专利复审委员会审查维持专利权的侵犯实用新型、外观设计专利权纠纷案件,被告在答辩期间内请求宣告该项专利权无效的,人民法院可以不中止诉讼。

第十二条　人民法院决定中止诉讼,专利权人或者利害关系人请求责令被告停止有关行为或者采取其他制止侵权损害继续扩大的措施,并提供了担保,人民法院经审查符合有关法律规定的,可以在裁定中止诉讼的同时一并作出有关裁定。

第十三条　人民法院对专利权进行财产保全,应当向国务院专利行政部门发出协助执行通知书,载明要求协助执行的事项,以及对专利权保全的期限,并附人民法院作出的裁定书。

对专利权保全的期限一次不得超过六个月,自国务院专利行政部门收到协助执行通知书之日起计算。如果仍然需要对该专利权继续采取保全措施的,人民法院应当在保全期限届满前向国务院专利行政部门另行送达继续保全的协助执行通知书。保全期限届满前未送达的,视为自动解除对该专利权的财产保全。

人民法院对出质的专利权可以采取财产保全措施,质权人的优先受偿权不受保全措施的影响;专利权人与被许可人已经签订的独占实施许可合同,不影响人民法院对该专利权进行财产保全。

人民法院对已经进行保全的专利权,不得重复进行保全。

第十四条　2001年7月1日以前利用本单位的物质技术条件所完成的发明创造,单位与发明人或者设计人订有合同,对申请专利的权利和专利权的归属作出约定的,从其约定。

第十五条　人民法院受理的侵犯专利权纠纷案件,涉及权利冲突的,应当保护在先依法享有权利的当事人的合法权益。

第十六条　专利法第二十三条所称的在先取得的合法权利包括:商标权、著作权、企业名称权、肖像权、知名商品特有包装或者装潢使用权等。

第十七条　专利法第五十九条第一款所称的"发明或者实用新型专利权的保护范围以其权利要求的内容为准,说明书及附图可以用于解释权利要求的内容",是指专利权的保护范围应当以权利要求记载的全部技术特征所确定的范围为准,也包括与该技术特征相等同的特征所确定的范围。

等同特征,是指与所记载的技术特征以基本相同的手段,实现基本相同的功能,达到基本相同的效果,并且本领域普通技术人员在被诉侵权行为发生时无需经过创造性劳动就能够联想到的特征。

第十八条　侵犯专利权行为发生在2001年7月1日以前的,适用修改前专利法的规定确定民事责任;发生在2001年7月1日以后的,适用修改后专利法的规定确定民事责任。

第十九条　假冒他人专利的,人民法院可以依照专利法第六十三条的规定确定其民事责任。管理专利工作的部门未给予行政处罚的,人民法院可以依照民法通则第一百三十四条第三款的规定给予民事制裁,适用民事罚款数额可以参照专利法第六十三条的规定确定。

第二十条　专利法第六十五条规定的权利人因被侵权所受到的实际损失可以根据专利权人的专利产品因侵权所造成销售量减少的总数乘以每件专利产品的合理利润所得之积计算。权利人销售量减少的总数难以确定的,侵权产品在市场上销售的总数乘以每件专利产品的合理利润所得之积可以视为权利人因被侵权所受到的实际损失。

专利法第六十五条规定的侵权人因侵权所获得的利益可以根据该侵权产品在市场上销售的总数乘以每件侵权产品的合理利润所得之积计算。侵权人因侵权所获得的利益一般按照侵权人的营业利润计算,对于完全以侵权为业的侵权人,可以按照销售利润计算。

第二十一条　权利人的损失或者侵权人获得的利益难以确定,有专利许可使用费可以参照的,人民法院可以根据专利权的类型、侵权行为的性质和情节、专利许可的性质、范围、时间等因素,参照该专利许可使用费的倍数合理确定赔偿数额;没有专利许可使用费可以参照或者专利许可使用费明显不合理的,人民法院可以根据专利权的类型、侵权行为的性质和情节等因素,依照专利法第六十五条第二款的规定确定赔偿数额。

第二十二条　权利人主张其为制止侵权行为所支付合理开支的,人民法院可以在专利法第六十五条确定的赔偿数额之外另行计算。

第二十三条　侵犯专利权的诉讼时效为二年,自专利权人或者利害关系人知道或者应当知道侵权行为之日起计算。权利人超过二年起诉的,如果侵权行为在起诉时仍在继续,在该项专利权有效期内,人民法院应当判决被告停止侵权行为,侵权损害赔偿数额应当自权利人向人民法院起诉之日向前推算二年计算。

第二十四条　专利法第十一条、第六十九条所称的许诺销售,是指以做广告、在商店橱窗中陈列或者在展销会上展出等方式作出销售商品的意思表示。

第二十五条　人民法院受理的侵犯专利权纠纷案件,已经管理专利工作的部门作出侵权或者不侵权认定的,人民法院仍应当就当事人的诉讼请求进行全面审查。

第二十六条　以前的有关司法解释与本规定不一致的,以本规定为准。

最高人民法院关于海事法院受理案件范围的规定

[2015年12月28日最高人民法院审判委员会第1674次会议通过,2016年2月24日公布,自2016年3月1日起施行,法释〔2016〕4号]

根据《中华人民共和国民事诉讼法》《中华人民共和国海事诉讼特别程序法》《中华人民共和国行政诉讼法》以及我国缔结或者参加的有关国际条约,结合我国海事审判实际,现将海事法院受理案件的范围规定如下:

一、海事侵权纠纷案件

1. 船舶碰撞损害责任纠纷案件,包括浪损等间接碰撞的损害责任纠纷案件;

2. 船舶触碰海上、通海可航水域、港口及其岸上的设施或者其他财产的损害责任纠纷案件,包括船舶触碰码头、防波堤、栈桥、船闸、桥梁、航标、钻井平台等设施的损害责任纠纷案件;

3. 船舶损坏在空中架设或者在海底、通海可航水域敷设的设施或者其他财产的损害责任纠纷案件;

4. 船舶排放、泄漏、倾倒油类、污水或者其他有害物质,造成水域污染或者他船、货物及其他财产损失的损害责任纠纷案件;

5. 船舶的航行或者作业损害捕捞、养殖设施及水产养殖物的责任纠纷案件;

6. 航道中的沉船沉物及其残骸、废弃物,海上或者通海可航水域的临时或者永久性设施、装置,影响船舶航行,造成船舶、货物及其他财产损失和人身损害的责任纠纷案件;

7. 船舶航行、营运、作业等活动侵害他人人身权益的责任纠纷案件;

8. 非法留置或者扣留船舶、船载货物和船舶物料、燃油、备品的责任纠纷案件;

9. 为船舶工程提供的船舶关键部件和专用物品存在缺陷而引起的产品质量责任纠纷案件;

10. 其他海事侵权纠纷案件。

二、海商合同纠纷案件

11. 船舶买卖合同纠纷案件;

12. 船舶工程合同纠纷案件;

13. 船舶关键部件和专用物品的分包施工、委托建造、订制、买卖等合同纠纷案件;

14. 船舶工程经营合同(含挂靠、合伙、承包等形式)纠纷案件;

15. 船舶检验合同纠纷案件;

16. 船舶工程场地租用合同纠纷案件;

17. 船舶经营管理合同(含挂靠、合伙、承包等形式)、航线合作经营合同纠纷案件;

18. 与特定船舶营运相关的物料、燃油、备品供应合同纠纷案件;

19. 船舶代理合同纠纷案件;

20. 船舶引航合同纠纷案件;

21. 船舶抵押合同纠纷案件;

22. 船舶租用合同(含定期租船合同、光船租赁合同等)纠纷案件;

23. 船舶融资租赁合同纠纷案件;

24. 船员劳动合同、劳务合同(含船员劳务派遣协议)项下与船员登船、在船服务、离船遣返相关的报酬给付及人身伤亡赔偿纠纷案件;

25. 海上、通海可航水域货物运输合同纠纷案件,包括含有海运区段的国际多式联运、水陆联运等货物运输合同纠纷案件；

26. 海上、通海可航水域旅客和行李运输合同纠纷案件；

27. 海上、通海可航水域货运代理合同纠纷案件；

28. 海上、通海可航水域运输集装箱租用合同纠纷案件；

29. 海上、通海可航水域运输理货合同纠纷案件；

30. 海上、通海可航水域拖航合同纠纷案件；

31. 轮渡运输合同纠纷案件；

32. 港口货物堆存、保管、仓储合同纠纷案件；

33. 港口货物抵押、质押等担保合同纠纷案件；

34. 港口货物质押监管合同纠纷案件；

35. 海运集装箱仓储、堆存、保管合同纠纷案件；

36. 海运集装箱抵押、质押等担保合同纠纷案件；

37. 海运集装箱融资租赁合同纠纷案件；

38. 港口或者码头租赁合同纠纷案件；

39. 港口或者码头经营管理合同纠纷案件；

40. 海上保险、保赔合同纠纷案件；

41. 以通海可航水域运输船舶及其营运收入、货物及其预期利润、船员工资和其他报酬、对第三人责任等为保险标的的保险合同、保赔合同纠纷案件；

42. 以船舶工程的设备设施以及预期收益、对第三人责任为保险标的的保险合同纠纷案件；

43. 以港口生产经营的设备设施以及预期收益、对第三人责任为保险标的的保险合同纠纷案件；

44. 以海洋渔业、海洋开发利用、海洋工程建设等活动所用的设备设施以及预期收益、对第三人的责任为保险标的的保险合同纠纷案件；

45. 以通海可航水域工程建设所用的设备设施以及预期收益、对第三人的责任为保险标的的保险合同纠纷案件；

46. 港航设备设施融资租赁合同纠纷案件；

47. 港航设备设施抵押、质押等担保合同纠纷案件；

48. 以船舶、海运集装箱、港航设备设施设定担保的借款合同纠纷案件，但当事人仅就借款合同纠纷起诉的案件除外；

49. 为购买、建造、经营特定船舶而发生的借款合同纠纷案件；

50. 为担保海上运输、船舶买卖、船舶工程、港口生产经营相关债权实现而发生的担保、独立保函、信用证等纠纷案件；

51. 与上述第 11 项至第 50 项规定的合同或者行为相关的居间、委托合同纠纷案件；

52. 其他海商合同纠纷案件。

三、海洋及通海可航水域开发利用与环境保护相关纠纷案件

53. 海洋、通海可航水域能源和矿产资源勘探、开发、输送纠纷案件；

54. 海水淡化和综合利用纠纷案件；

55. 海洋、通海可航水域工程建设（含水下疏浚、围海造地、电缆或者管道敷设以及码头、船坞、钻井平台、人工岛、隧道、大桥等建设）纠纷案件；

56. 海岸带开发利用相关纠纷案件；

57. 海洋科学考察相关纠纷案件；

58. 海洋、通海可航水域渔业经营（含捕捞、养殖等）合同纠纷案件；

59. 海洋开发利用设备设施融资租赁合同纠纷案件；

60. 海洋开发利用设备设施抵押、质押等担保合同纠纷案件；

61. 以海洋开发利用设备设施设定担保的借款合同纠纷案件，但当事人仅就借款合同纠纷起诉的案件除外；

62. 为担保海洋及通海可航水域工程建设、海洋开发利用等海上生产经营相关债权实现而发生的担保、独立保函、信用证等纠纷案件；

63. 海域使用权纠纷（含承包、转让、抵押等合同纠纷及相关侵权纠纷）案件，但因申请海域使用权引起的确权纠纷案件除外；

64. 与上述第53项至63项规定的合同或者行为相关的居间、委托合同纠纷案件；

65. 污染海洋环境、破坏海洋生态责任纠纷案件；

66. 污染通海可航水域环境、破坏通海可航水域生态责任纠纷案件；

67. 海洋或者通海可航水域开发利用、工程建设引起的其他侵权责任纠纷及相邻关系纠纷案件。

四、其他海事海商纠纷案件

68. 船舶所有权、船舶优先权、船舶留置权、船舶抵押权等船舶物权纠纷案件；

69. 港口货物、海运集装箱及港航设备设施的所有权、留置权、抵押权等物权纠纷案件；

70. 海洋、通海可航水域开发利用设备设施等财产的所有权、留置权、抵押权等物权纠纷案件；

71. 提单转让、质押所引起的纠纷案件；

72. 海难救助纠纷案件；

73. 海上、通海可航水域打捞清除纠纷案件；

74. 共同海损纠纷案件；

75. 港口作业纠纷案件；

76. 海上、通海可航水域财产无因管理纠纷案件；

77. 海运欺诈纠纷案件；

78. 与航运经纪及航运衍生品交易相关的纠纷案件。

五、海事行政案件

79. 因不服海事行政机关作出的涉及海上、通海可航水域或者港口内的船舶、货物、设备设施、海运集装箱等财产的行政行为而提起的行政诉讼案件；

80. 因不服海事行政机关作出的涉及海上、通海可航水域运输经营及相关辅助性经营、货运代理、船员适任与上船服务等方面资质资格与合法性事项的行政行为而提起的行政诉讼案件；

81. 因不服海事行政机关作出的涉及海洋、通海可航水域开发利用、渔业、环境与生态资源保护等活动的行政行为而提起的行政诉讼案件；

82. 以有关海事行政机关拒绝履行上述第79项至第81项所涉行政管理职责或者不予答复而提起的行政诉讼案件；

83. 以有关海事行政机关及其工作人员作出上述第79项至第81项行政行为或者行使相关行政管理职权损害合法权益为由，请求有关行政机关承担国家赔偿责任的案件；

84. 以有关海事行政机关及其工作人员作出上述第79项至第81项行政行为或者行使相关行政管理职权影响合法

权益为由，请求有关行政机关承担国家补偿责任的案件；

85. 有关海事行政机关作出上述第79项至第81项行政行为而依法申请强制执行的案件。

六、海事特别程序案件

86. 申请认定海事仲裁协议效力的案件；

87. 申请承认、执行外国海事仲裁裁决，申请认可、执行香港特别行政区、澳门特别行政区、台湾地区海事仲裁裁决，申请执行或者撤销国内海事仲裁裁决的案件；

88. 申请承认、执行外国法院海事裁判文书，申请认可、执行香港特别行政区、澳门特别行政区、台湾地区法院海事裁判文书的案件；

89. 申请认定海上、通海可航水域财产无主的案件；

90. 申请无因管理海上、通海可航水域财产的案件；

91. 因海上、通海可航水域活动或者事故申请宣告失踪、宣告死亡的案件；

92. 起诉前就海事纠纷申请扣押船舶、船载货物、船用物料、船用燃油或者申请保全其他财产的案件；

93. 海事请求人申请财产保全错误或者请求担保数额过高引起的责任纠纷案件；

94. 申请海事强制令案件；

95. 申请海事证据保全案件；

96. 因错误申请海事强制令、海事证据保全引起的责任纠纷案件；

97. 就海事纠纷申请支付令案件；

98. 就海事纠纷申请公示催告案件；

99. 申请设立海事赔偿责任限制基金(含油污损害赔偿责任限制基金)案件；

100. 与拍卖船舶或者设立海事赔偿责任限制基金(含油污损害赔偿责任限制基金)相关的债权登记与受偿案件；

101. 与拍卖船舶或者设立海事赔偿责任限制基金(含油污损害赔偿责任限制基金)相关的确权诉讼案件；

102. 申请从油污损害赔偿责任限制基金中代位受偿案件；

103. 船舶优先权催告案件；

104. 就海事纠纷申请司法确认调解协议案件；

105. 申请实现以船舶、船载货物、船用物料、海运集装箱、港航设备设施、海洋开发利用设备设施等财产为担保物的担保物权案件；

106. 地方人民法院为执行生效法律文书委托扣押、拍卖船舶案件；

107. 申请执行海事法院及其上诉审高级人民法院和最高人民法院就海事纠纷作出的生效法律文书案件；

108. 申请执行与海事纠纷有关的公证债权文书案件。

七、其他规定

109. 本规定中的船舶工程系指船舶的建造、修理、改建、拆解等工程及相关的工程监理；本规定中的船舶关键部件和专用物品，系指舱盖板、船壳、龙骨、甲板、救生艇、船用主机、船用辅机、船用钢板、船用油漆等船舶主体结构、重要标志性部件以及专供船舶或者船舶工程使用的设备和材料。

110. 当事人提起的民商事诉讼、行政诉讼包含本规定所涉海事纠纷的，由海事法院受理。

111. 当事人就本规定中有关合同所涉事由引起的纠纷，以侵权等非合同诉由提起诉讼的,由海事法院受理。

112. 法律、司法解释规定或者上级人民法院指定海事法院管辖其他案件的,从其规定或者指定。

113. 本规定自2016年3月1日起施行。最高人民法院于2001年9月11日公布的《关于海事法院受理案件范围的若干规定》(法释〔2001〕27号)同时废止。

114. 最高人民法院以前作出的有关规定与本规定不一致的,以本规定为准。

(三)审判组织

最高人民法院关于人民法院合议庭工作的若干规定

[2002年7月30日最高人民法院审判委员会第1234次会议通过,2002年8月12日公布,自2002年8月17日起施行,法释〔2002〕25号]

为了进一步规范合议庭的工作程序,充分发挥合议庭的职能作用,根据《中华人民共和国人民法院组织法》、《中华人民共和国刑事诉讼法》、《中华人民共和国民事诉讼法》、《中华人民共和国行政诉讼法》等法律的有关规定,结合人民法院审判工作实际,制定本规定。

第一条 人民法院实行合议制审判第一审案件,由法官或者由法官和人民陪审员组成合议庭进行;人民法院实行合议制审判第二审案件和其他应当组成合议庭审判的案件,由法官组成合议庭进行。

人民陪审员在人民法院执行职务期间,除不能担任审判长外,同法官有同等的权利义务。

第二条 合议庭的审判长由符合审判长任职条件的法官担任。

院长或者庭长参加合议庭审判案件的时候,自己担任审判长。

第三条 合议庭组成人员确定后,除因回避或者其他特殊情况,不能继续参加案件审理的之外,不得在案件审理过程中更换。更换合议庭成员,应当报请院长或者庭长决定。合议庭成员的更换情况应当及时通知诉讼当事人。

第四条 合议庭的审判活动由审判长主持,全体成员平等参与案件的审理、评议、裁判,共同对案件认定事实和适用法律负责。

第五条 合议庭承担下列职责:

(一)根据当事人的申请或者案件的具体情况,可以作出财产保全、证据保全、先予执行等裁定;

(二)确定案件委托评估、委托鉴定等事项;

(三)依法开庭审理第一审、第二审和再审案件;

(四)评议案件;

(五)提请院长决定将案件提交审判委员会讨论决定;

(六)按照权限对案件及其有关程序性事项作出裁判或者提出裁判意见;

(七)制作裁判文书;

(八)执行审判委员会决定;

(九)办理有关审判的其他事项。

第六条 审判长履行下列职责:

(一)指导和安排审判辅助人员做好庭前调解、庭前准备及其他审判业务辅助性工作;

(二)确定案件审理方案、庭审提纲、

协调合议庭成员的庭审分工以及做好其他必要的庭审准备工作；

（三）主持庭审活动；

（四）主持合议庭对案件进行评议；

（五）依照有关规定，提请院长决定将案件提交审判委员会讨论决定；

（六）制作裁判文书，审核合议庭其他成员制作的裁判文书；

（七）依照规定权限签发法律文书；

（八）根据院长或者庭长的建议主持合议庭对案件复议；

（九）对合议庭遵守案件审理期限制度的情况负责；

（十）办理有关审判的其他事项。

第七条　合议庭接受案件后，应当根据有关规定确定案件承办法官，或者由审判长指定案件承办法官。

第八条　在案件开庭审理过程中，合议庭成员必须认真履行法定职责，遵守《中华人民共和国法官职业道德基本准则》中有关司法礼仪的要求。

第九条　合议庭评议案件应当在庭审结束后五个工作日内进行。

第十条　合议庭评议案件时，先由承办法官对认定案件事实、证据是否确实、充分以及适用法律等发表意见，审判长最后发表意见；审判长作为承办法官的，由审判长最后发表意见。对案件的裁判结果进行评议时，由审判长最后发表意见。审判长应当根据评议情况总结合议庭评议的结论性意见。

合议庭成员进行评议的时候，应当认真负责，充分陈述意见，独立行使表决权，不得拒绝陈述意见或者仅作同意与否的简单表态。同意他人意见的，也应当提出事实根据和法律依据，进行分析论证。

合议庭成员对评议结果的表决，以口头表决的形式进行。

第十一条　合议庭进行评议的时候，如果意见分歧，应当按多数人的意见作出决定，但是少数人的意见应当写入笔录。

评议笔录由书记员制作，由合议庭的组成人员签名。

第十二条　合议庭应当依照规定的权限，及时对评议意见一致或者形成多数意见的案件直接作出判决或者裁定。但是对于下列案件，合议庭应当提请院长决定提交审判委员会讨论决定：

（一）拟判处死刑的；

（二）疑难、复杂、重大或者新类型的案件，合议庭认为有必要提交审判委员会讨论决定的；

（三）合议庭在适用法律方面有重大意见分歧的；

（四）合议庭认为需要提请审判委员会讨论决定的其他案件，或者本院审判委员会确定的应当由审判委员会讨论决定的案件。

第十三条　合议庭对审判委员会的决定有异议，可以提请院长决定提交审判委员会复议一次。

第十四条　合议庭一般应当在作出评议结论或者审判委员会作出决定后的五个工作日内制作出裁判文书。

第十五条　裁判文书一般由审判长或者承办法官制作。但是审判长或者承办法官的评议意见与合议庭评议结论或者审判委员会的决定有明显分歧的，也可以由其他合议庭成员制作裁判文书。

对制作的裁判文书，合议庭成员应当共同审核，确认无误后签名。

第十六条　院长、庭长可以对合议庭的评议意见和制作的裁判文书进行审核，但是不得改变合议庭的评议结论。

第十七条 院长、庭长在审核合议庭的评议意见和裁判文书过程中,对评议结论有异议的,可以建议合议庭复议,同时应当对要求复议的问题及理由提出书面意见。

合议庭复议后,庭长仍有异议的,可以将案件提请院长审核,院长可以提交审判委员会讨论决定。

第十八条 合议庭应当严格执行案件审理期限的有关规定。遇有特殊情况需要延长审理期限的,应当在审限届满前按规定的时限报请审批。

最高人民法院印发《最高人民法院关于完善院长、副院长、庭长、副庭长参加合议庭审理案件制度的若干意见》的通知

[2007年3月30日,法发〔2007〕14号]

各省、自治区、直辖市高级人民法院,解放军军事法院,新疆维吾尔自治区高级人民法院生产建设兵团分院:

《最高人民法院关于完善院长、副院长、庭长、副庭长参加合议庭审理案件制度的若干意见》已经最高人民法院审判委员会第1416次会议通过,现印发给你们,请结合审判工作实际,遵照执行。

附:最高人民法院关于完善院长、副院长、庭长、副庭长参加合议庭审理案件制度的若干意见

为了使人民法院的院长、副院长、庭长、副庭长更好地履行审判职责,结合审判工作实际,特制定本意见。

第一条 各级人民法院院长、副院长、庭长、副庭长除参加审判委员会审理案件以外,每年都应当参加合议庭或者担任独任法官审理案件。

第二条 院长、副院长、庭长、副庭长参加合议庭审理下列案件:

(一)疑难、复杂、重大案件;

(二)新类型案件;

(三)在法律适用方面具有普遍意义的案件;

(四)认为应当由自己参加合议庭审理的案件。

第三条 最高人民法院的院长、副院长、庭长、副庭长办理案件的数量标准,由最高人民法院规定。

地方各级人民法院的院长、副院长、庭长、副庭长办理案件的数量标准,由本级人民法院根据本地实际情况规定。中级人民法院、基层人民法院规定的办案数量应当报高级人民法院备案。

院长、副院长、庭长、副庭长应当选择一定数量的案件,亲自担任承办人办理。

第四条 院长、副院长、庭长、副庭长办理案件,应当起到示范作用。同时注意总结审判工作经验,规范指导审判工作。

第五条 院长、副院长、庭长、副庭长参加合议庭审理案件,依法担任审判长,与其他合议庭成员享有平等的表决权。

院长、副院长参加合议庭评议时,多数人的意见与院长、副院长的意见不一致的,院长、副院长可以决定将案件提交审判委员会讨论。合议庭成员中的非审判委员会委员应当列席审判委员会。

第六条 院长、副院长、庭长、副庭长办理案件,开庭时间一经确定,不得随意变动。

第七条　院长、副院长、庭长、副庭长参加合议庭审理案件，应当作为履行审判职责的一项重要工作，纳入对其工作的考评和监督范围。

第八条　本意见自印发之日起施行。

最高人民法院关于进一步加强合议庭职责的若干规定

［2009年12月14日最高人民法院审判委员会第1479次会议通过，2010年1月11日公布，自2010年2月1日起施行，法释〔2010〕1号］

为了进一步加强合议庭的审判职责，充分发挥合议庭的职能作用，根据《中华人民共和国人民法院组织法》和有关法律规定，结合人民法院工作实际，制定本规定。

第一条　合议庭是人民法院的基本审判组织。合议庭全体成员平等参与案件的审理、评议和裁判，依法履行审判职责。

第二条　合议庭由审判员、助理审判员或者人民陪审员随机组成。合议庭成员相对固定的，应当定期交流。人民陪审员参加合议庭的，应当从人民陪审员名单中随机抽取确定。

第三条　承办法官履行下列职责：

（一）主持或者指导审判辅助人员进行庭前调解、证据交换等庭前准备工作；

（二）拟定庭审提纲，制作阅卷笔录；

（三）协助审判长组织法庭审理活动；

（四）在规定期限内及时制作审理报告；

（五）案件需要提交审判委员会讨论的，受审判长指派向审判委员会汇报案件；

（六）制作裁判文书提交合议庭审核；

（七）办理有关审判的其他事项。

第四条　依法不开庭审理的案件，合议庭全体成员均应当阅卷，必要时提交书面阅卷意见。

第五条　开庭审理时，合议庭全体成员应当共同参加，不得缺席、中途退庭或者从事与该庭审无关的活动。合议庭成员未参加庭审、中途退庭或者从事与该庭审无关的活动，当事人提出异议的，应当纠正。合议庭仍不纠正的，当事人可以要求休庭，并将有关情况记入庭审笔录。

第六条　合议庭全体成员均应当参加案件评议。评议案件时，合议庭成员应当针对案件的证据采信、事实认定、法律适用、裁判结果以及诉讼程序等问题充分发表意见。必要时，合议庭成员还可提交书面评议意见。

合议庭成员评议时发表意见不受追究。

第七条　除提交审判委员会讨论的案件外，合议庭对评议意见一致或者形成多数意见的案件，依法作出判决或者裁定。下列案件可以由审判长提请院长或者庭长决定组织相关审判人员共同讨论，合议庭成员应当参加：

（一）重大、疑难、复杂或者新类型的案件；

（二）合议庭在事实认定或法律适用上有重大分歧的案件；

（三）合议庭意见与本院或上级法院以往同类型案件的裁判有可能不一致的案件；

（四）当事人反映强烈的群体性纠纷案件；

（五）经审判长提请且院长或者庭长认为确有必要讨论的其他案件。

上述案件的讨论意见供合议庭参考，不影响合议庭依法作出裁判。

第八条 各级人民法院的院长、副院长、庭长、副庭长应当参加合议庭审理案件，并逐步增加审理案件的数量。

第九条 各级人民法院应当建立合议制落实情况的考评机制，并将考评结果纳入岗位绩效考评体系。考评可采取抽查卷宗、案件评查、检查庭审情况、回访当事人等方式。考评包括以下内容：

（一）合议庭全体成员参加庭审的情况；

（二）院长、庭长参加合议庭庭审的情况；

（三）审判委员会委员参加合议庭庭审的情况；

（四）承办法官制作阅卷笔录、审理报告以及裁判文书的情况；

（五）合议庭其他成员提交阅卷意见、发表评议意见的情况；

（六）其他应当考核的事项。

第十条 合议庭组成人员存在违法审判行为的，应当按照《人民法院审判人员违法审判责任追究办法（试行）》等规定追究相应责任。合议庭审理案件有下列情形之一的，合议庭成员不承担责任：

（一）因对法律理解和认识上的偏差而导致案件被改判或者发回重审的；

（二）因对案件事实和证据认识上的偏差而导致案件被改判或者发回重审的；

（三）因新的证据而导致案件被改判或者发回重审的；

（四）因法律修订或者政策调整而导致案件被改判或者发回重审的；

（五）因裁判所依据的其他法律文书被撤销或变更而导致案件被改判或发回重审的；

（六）其他依法履行审判职责不应当承担责任的情形。

第十一条 执行工作中依法需要组成合议庭的，参照本规定执行。

第十二条 本院以前发布的司法解释与本规定不一致的，以本规定为准。

最高人民法院、司法部关于印发《人民陪审员制度改革试点工作实施办法》的通知

[2015年5月20日，法〔2015〕132号]

北京、河北、黑龙江、江苏、福建、山东、河南、广西、重庆、陕西高级人民法院、司法厅（局）：

为贯彻落实党的十八届三中、四中全会关于人民陪审员制度改革的部署，确保人民陪审员制度改革试点工作稳妥有序推进，根据最高人民法院与司法部联合印发的《人民陪审员制度改革试点方案》（法〔2015〕100号），结合工作实际，制定《人民陪审员制度改革试点工作实施办法》。现将文件印发给你们，请认真组织实施。实施过程中遇到的问题请及时报告最高人民法院和司法部。

附：人民陪审员制度改革试点工作实施办法

为推进司法民主，促进司法公正，保

障人民群众有序参与司法,提升人民陪审员制度公信度和司法公信力,根据中央全面深化改革领导小组第十一次全体会议审议通过的《人民陪审员制度改革试点方案》和第十二届全国人民代表大会常务委员会第十四次会议审议通过的《关于授权在部分地区开展人民陪审员制度改革试点工作的决定》,结合审判工作实际,制定本办法。

第一条 公民担任人民陪审员,应当具备下列条件:

(一)拥护中华人民共和国宪法;

(二)具有选举权和被选举权;

(三)年满二十八周岁;

(四)品行良好、公道正派;

(五)身体健康。

担任人民陪审员,一般应当具有高中以上文化学历,但农村地区和贫困偏远地区德高望重者不受此限。

第二条 人民陪审员依法享有参加审判活动、独立发表意见、获得履职保障等权利。

人民陪审员应当忠实履行陪审义务,保守国家秘密和审判工作秘密,秉公判断,不得徇私枉法。

第三条 下列人员不能担任人民陪审员:

(一)人民代表大会常务委员会组成人员,人民法院、人民检察院、公安机关、国家安全机关、司法行政机关的工作人员;

(二)执业律师、基层法律服务工作者等从事法律服务工作的人员;

(三)因其他原因不适宜担任人民陪审员的人员。

第四条 下列人员不得担任人民陪审员:

(一)因犯罪受过刑事处罚的;

(二)被开除公职的;

(三)被人民法院纳入失信被执行人名单的;

(四)因受惩戒被免除人民陪审员职务的。

第五条 基层人民法院根据本辖区案件数量和陪审工作实际,确定不低于本院法官员额数3倍的人民陪审员名额,陪审案件数量较多的法院也可以将人民陪审员名额设定为本院法官员额数的5倍以上。中级人民法院根据陪审案件数量等实际情况,合理确定本院人民陪审员名额。

试点期间,尚未开展法官员额制改革的,法官员额数暂按中央政法专项编制的39%计算。

试点工作开始前已经选任的人民陪审员,应当计入人民陪审员名额。

第六条 人民法院每五年从符合条件的选民或者常住居民名单中,随机抽选本院法官员额数5倍以上的人员作为人民陪审员候选人,建立人民陪审员候选人信息库。

当地选民名单是指人民法院辖区同级人大常委会选举时确认的选民名单。当地常住居民名单是指人民法院辖区同级户口登记机关登记的常住人口名单。直辖市中级人民法院可以参考案件管辖范围确定相对应的当地选民和常住人口范围。

第七条 人民法院会同同级司法行政机关对人民陪审员候选人进行资格审查,征求候选人意见。必要时,人民法院可以会同同级司法行政机关以适当方式听取公民所在单位、户籍所在地或者经常居住地的基层组织的意见。

第八条　人民法院会同同级司法行政机关,从通过资格审查的候选人名单中以随机抽选的方式确定人民陪审员人选,由院长提请人民代表大会常务委员会任命。人民法院应当将任命决定通知人民陪审员本人,将任命名单抄送同级司法行政机关,并逐级报高级人民法院备案,同时向社会公告。相关司法行政机关应当将任命名单逐级报省级司法行政机关备案。

第九条　人民法院应当建立人民陪审员信息库,制作人民陪审员名册,并抄送同级司法行政机关。

人民法院可以根据人民陪审员专业背景情况,结合本院审理案件的主要类型,建立专业人民陪审员信息库。

第十条　人民陪审员选任工作每五年进行一次。因人民陪审员退出等原因导致人民陪审员人数低于人民法院法官员额数3倍的,或者因审判工作实际需要的,可以适当增补人民陪审员。增补程序参照选任程序进行。

第十一条　经选任为人民陪审员的应当进行集中公开宣誓。

第十二条　人民法院受理的第一审案件,除法律规定由法官独任审理或者由法官组成合议庭审理的以外,均可以适用人民陪审制审理。

有下列情形之一的第一审案件,原则上应当由人民陪审员和法官共同组成合议庭审理:

(一)涉及群体利益、社会公共利益、人民群众广泛关注或者其他社会影响较大的刑事、行政、民事案件;

(二)可能判处十年以上有期徒刑、无期徒刑的刑事案件;

(三)涉及征地拆迁、环境保护、食品药品安全的重大案件。

前款所列案件中,因涉及个人隐私、商业秘密或者其他原因,当事人申请不适用人民陪审制审理的,人民法院可以决定不适用人民陪审制审理。

第十三条　第一审刑事案件被告人、民事案件当事人和行政案件原告有权申请人民陪审员参加合议庭审判。人民法院接到申请后,经审查决定适用人民陪审制审理案件的,应当组成有人民陪审员参加的合议庭进行审判。

第十四条　人民法院应当结合本辖区实际情况,合理确定人民陪审员每人每年参与审理案件的数量上限,并向社会公告。

第十五条　适用人民陪审制审理第一审重大刑事、行政、民事案件的,人民陪审员在合议庭中的人数原则上应当在2人以上。

第十六条　参与合议庭审理案件的人民陪审员,应当在开庭前通过随机抽选的方式确定。

人民法院可以根据案件审理需要,从人民陪审员名册中随机抽选一定数量的候补人民陪审员,并确定递补顺序。

第十七条　当事人有权申请人民陪审员回避。人民陪审员的回避,参照有关法官回避的规定执行。

人民陪审员回避事由经审查成立的,人民法院应当及时从候补人员中确定递补人选。

第十八条　人民法院应当在开庭前,将相关权利和义务告知人民陪审员,并为其阅卷提供便利条件。

第十九条　在庭审过程中,人民陪审员有权依法参加案件调查和案件调解工作。经审判长同意,人民陪审员可以在休庭时组织双方当事人进行调解。

第二十条 适用人民陪审制审理案件的，庭审完毕后，审判长应当及时组织合议庭评议案件。当即评议确有困难的，应当将推迟评议的理由记录在卷。

第二十一条 合议庭评议时，审判长应当提请人民陪审员围绕案件事实认定问题发表意见，并对与事实认定有关的证据资格、证据规则、诉讼程序等问题及注意事项进行必要的说明，但不得妨碍人民陪审员对案件事实的独立判断。

第二十二条 人民陪审员应当全程参与合议庭评议，并就案件事实认定问题独立发表意见并进行表决。人民陪审员可以对案件的法律适用问题发表意见，但不参与表决。

第二十三条 合议庭评议案件前，审判长应当归纳并介绍需要通过评议讨论决定的案件事实问题，必要时可以以书面形式列出案件事实问题清单。

合议庭评议案件时，一般先由人民陪审员发表意见。

人民陪审员和法官共同对案件事实认定负责，如果意见分歧，应当按多数人意见对案件事实作出认定，但是少数人意见应当写入笔录。如果法官与人民陪审员多数意见存在重大分歧，且认为人民陪审员多数意见对事实的认定违反了证据规则，可能导致适用法律错误或者造成错案的，可以将案件提交院长决定是否由审判委员会讨论。提交审判委员会讨论决定的案件，审判委员会的决定理由应当在裁判文书中写明。

第二十四条 人民陪审员应当认真阅读评议笔录，确认无误后签名。人民陪审员应当审核裁判文书文稿中的事实认定结论部分并签名。

第二十五条 人民陪审员参与合议庭审理案件的，应当作为合议庭成员在裁判文书上署名。

第二十六条 人民陪审员有下列情形之一，经所在法院会同同级司法行政机关查证属实的，应当由法院院长提请同级人民代表大会常务委员会免除其人民陪审员职务：

（一）因年龄、疾病、职业、生活等原因难以履行陪审职责，向人民法院申请辞去人民陪审员职务的；

（二）被依法剥夺选举权和被选举权的；

（三）因犯罪受到刑事处罚、被开除公职或者被纳入失信被执行人名单的；

（四）担任本办法第三条所列职务的；

（五）其他不宜担任人民陪审员的情形。

人民陪审员被免除职务的，人民法院应当将免职决定通知被免职者本人，将免职名单抄送同级司法行政机关，并逐级报高级人民法院备案，同时向社会公告。相关司法行政机关应当将免职名单逐级报省级司法行政机关备案。

第二十七条 人民陪审员有下列情形之一，经所在法院会同同级司法行政机关查证属实的，除按程序免除其人民陪审员职务外，可以采取在辖区范围内公开通报、纳入个人诚信系统不良记录等措施进行惩戒；构成犯罪的，依法移送有关部门追究刑事责任：

（一）在人民陪审员资格审查中提供虚假材料的；

（二）一年内拒绝履行陪审职责达三次的；

（三）泄露国家秘密和审判工作秘

密的；

（四）利用陪审职务便利索取或者收受贿赂的；

（五）充当诉讼掮客，为当事人介绍律师和评估、鉴定等中介机构的；

（六）滥用职权、徇私舞弊的；

（七）有其他损害陪审公信或司法公正行为的。

第二十八条　人民陪审员的选任、培训、考核和奖惩等日常管理工作，由人民法院会同同级司法行政机关负责。

人民法院和同级司法行政机关应当根据试点期间的履职要求，改进人民陪审员培训形式和重点内容。具体培训制度由相关高级人民法院会同省级司法行政机关另行制定。

人民法院应当会同同级司法行政机关完善配套机制，搭建技术平台，为完善人民陪审员的信息管理、随机抽选、均衡参审和意见反馈系统提供技术支持。

第二十九条　人民陪审员制度实施所需经费列入人民法院、司法行政机关业务费预算予以保障。

人民陪审员因参加培训或者审判活动，被其所在单位解雇、减少工资或薪酬待遇的，由人民法院会同司法行政机关向其所在单位或者其所在单位的上级主管部门提出纠正意见。

人民法院和司法行政机关不得向社会公开人民陪审员的住所及其他个人信息。人民陪审员人身、财产安全受到威胁时，可以请求人民法院或者司法行政机关采取适当保护措施。

对破坏人民陪审员制度的行为，构成犯罪的，依法移送有关部门追究刑事责任。

第三十条　港澳台居民担任人民陪审员的选任条件和程序另行规定。

第三十一条　试点法院会同同级司法行政机关，根据《人民陪审员制度改革试点方案》和本办法，结合工作实际，制定具体工作方案和相关制度规定。具体工作方案由相关高级人民法院、省级司法行政机关统一汇总后于2015年5月30日前报最高人民法院、司法部备案。

试点法院会同同级司法行政机关，在制定实施方案、修订现有规范、做好机制衔接的前提下，从2015年5月全面开始试点，试点时间两年。2016年4月前，试点法院、司法行政机关应当将中期报告逐级层报最高人民法院、司法部。

第三十二条　本办法仅适用于北京、河北、黑龙江、江苏、福建、山东、河南、广西、重庆、陕西等10个省（自治区、直辖市）的试点法院（具体名单附后）。

第三十三条　本办法由最高人民法院、司法部负责解释。

第三十四条　本办法应当报全国人民代表大会常务委员会备案，自发布之日起实施；之前有关人民陪审员制度的规定与本办法不一致的，按照本办法执行。

最高人民法院关于完善人民法院司法责任制的若干意见

［2015年9月21日，法发［2015］13号］

为贯彻中央关于深化司法体制改革的总体部署，优化审判资源配置，明确审判组织权限，完善人民法院的司法责任制，建立健全符合司法规律的审判权力运行机制，增强法官审理案件的亲历性，确保法官依法独立公正履行审判职责，根据有关法律和人民法院工作实际,制定本意见。

一、目标原则

1. 完善人民法院的司法责任制,必须以严格的审判责任制为核心,以科学的审判权力运行机制为前提,以明晰的审判组织权限和审判人员职责为基础,以有效的审判管理和监督制度为保障,让审理者裁判、由裁判者负责,确保人民法院依法独立公正行使审判权。

2. 推进审判责任制改革,人民法院应当坚持以下基本原则:

(1) 坚持党的领导,坚持走中国特色社会主义法治道路;

(2) 依照宪法和法律独立行使审判权;

(3) 遵循司法权运行规律,体现审判权的判断权和裁决权属性,突出法官办案主体地位;

(4) 以审判权为核心,以审判监督权和审判管理权为保障;

(5) 权责明晰、权责统一、监督有序、制约有效;

(6) 主观过错与客观行为相结合,责任与保障相结合。

3. 法官依法履行审判职责受法律保护。法官有权对案件事实认定和法律适用独立发表意见。非因法定事由、非经法定程序,法官依法履职行为不受追究。

二、改革审判权力运行机制

(一) 独任制与合议庭运行机制

4. 基层、中级人民法院可以组建由一名法官与法官助理、书记员以及其他必要的辅助人员组成的审判团队,依法独任审理适用简易程序的案件和法律规定的其他案件。

人民法院可以按照受理案件的类别、通过随机产生的方式,组建由法官或者法官与人民陪审员组成的合议庭,审理适用普通程序和依法由合议庭审理的简易程序的案件。案件数量较多的基层人民法院,可以组建相对固定的审判团队,实行扁平化的管理模式。

人民法院应当结合职能定位和审级情况,为法官合理配置一定数量的法官助理、书记员和其他审判辅助人员。

5. 在加强审判专业化建设基础上,实行随机分案为主、指定分案为辅的案件分配制度。按照审判领域类别,随机确定案件的承办法官。因特殊情况需要对随机分案结果进行调整的,应当将调整理由及结果在法院工作平台上公示。

6. 独任法官审理案件形成的裁判文书,由独任法官直接签署。合议庭审理案件形成的裁判文书,由承办法官、合议庭其他成员、审判长依次签署;审判长作为承办法官的,由审判长最后签署。审判组织的法官依次签署完毕后,裁判文书即可印发。除审判委员会讨论决定的案件以外,院长、副院长、庭长对其未直接参加审理案件的裁判文书不再进行审核签发。

合议庭评议和表决规则,适用人民法院组织法、诉讼法以及《最高人民法院关于人民法院合议庭工作的若干规定》《最高人民法院关于进一步加强合议庭职责的若干规定》。

7. 进入法官员额的院长、副院长、审判委员会专职委员、庭长、副庭长应当办理案件。院长、副院长、审判委员会专职委员每年办案数量应当参照全院法官人均办案数量,根据其承担的审判管理监督事务和行政事务工作量合理确定。庭长每年办案数量参照本庭法官人均办案数量确定。对于重大、疑难、复杂的案件,可以直接由院长、副院长、审判委员会委员组成合议庭进行审理。

按照审判权与行政管理权相分离的原则,试点法院可以探索实行人事、经费、政务等行政事务集中管理制度,必要时可以指定一名副院长专门协助院长管理行政事务。

8. 人民法院可以分别建立由民事、刑事、行政等审判领域法官组成的专业法官会议,为合议庭正确理解和适用法律提供咨询意见。合议庭认为所审理的案件因重大、疑难、复杂而存在法律适用标准不统一的,可以将法律适用问题提交专业法官会议研究讨论。专业法官会议的讨论意见供合议庭复议时参考,采纳与否由合议庭决定,讨论记录应当入卷备查。

建立审判业务法律研讨机制,通过类案参考、案例评析等方式统一裁判尺度。

(二)审判委员会运行机制

9. 明确审判委员会统一本院裁判标准的职能,依法合理确定审判委员会讨论案件的范围。审判委员会只讨论涉及国家外交、安全和社会稳定的重大复杂案件,以及重大、疑难、复杂案件的法律适用问题。强化审判委员会总结审判经验、讨论决定审判工作重大事项的宏观指导职能。

10. 合议庭认为案件需要提交审判委员会讨论决定的,应当提出并列明需要审判委员会讨论决定的法律适用问题,并归纳不同的意见和理由。

合议庭提交审判委员会讨论案件的条件和程序,适用人民法院组织法、诉讼法以及《最高人民法院关于人民法院合议庭工作的若干规定》《最高人民法院关于改革和完善人民法院审判委员会制度的实施意见》。

11. 案件需要提交审判委员会讨论决定的,审判委员会委员应当事先审阅合议庭提请讨论的材料,了解合议庭对法律适用问题的不同意见和理由,根据需要调阅庭审音频视频或者查阅案卷。

审判委员会委员讨论案件时应当充分发表意见,按照法官等级由低到高确定表决顺序,主持人最后表决。审判委员会评议实行全程留痕,录音、录像,作出会议记录。审判委员会的决定,合议庭应当执行。所有参加讨论和表决的委员应当在审判委员会会议记录上签名。

建立审判委员会委员履职考评和内部公示机制。建立审判委员会决议事项的督办、回复和公示制度。

(三)审判管理和监督

12. 建立符合司法规律的案件质量评估体系和评价机制。审判管理和审判监督机构应当定期分析审判质量运行态势,通过常规抽查、重点评查、专项评查等方式对案件质量进行专业评价。

13. 各级人民法院应当成立法官考评委员会,建立法官业绩评价体系和业绩档案。业绩档案应当以法官个人日常履职情况、办案数量、审判质量、司法技能、廉洁自律、外部评价等为主要内容。法官业绩评价应当作为法官任职、评先评优和晋职晋级的重要依据。

14. 各级人民法院应当依托信息技术,构建开放动态透明便民的阳光司法机制,建立健全审判流程公开、裁判文书公开和执行信息公开三大平台,广泛接受社会监督。探索建立法院以外的第三方评价机制,强化对审判权力运行机制的法律监督、社会监督和舆论监督。

三、明确司法人员职责和权限

(一)独任庭和合议庭司法人员职责

15. 法官独任审理案件时,应当履行

以下审判职责：

（1）主持或者指导法官助理做好庭前会议、庭前调解、证据交换等庭前准备工作及其他审判辅助工作；

（2）主持案件开庭、调解，依法作出裁判，制作裁判文书或者指导法官助理起草裁判文书，并直接签发裁判文书；

（3）依法决定案件审理中的程序性事项；

（4）依法行使其他审判权力。

16. 合议庭审理案件时，承办法官应当履行以下审判职责：

（1）主持或者指导法官助理做好庭前会议、庭前调解、证据交换等庭前准备工作及其他审判辅助工作；

（2）就当事人提出的管辖权异议及保全、司法鉴定、非法证据排除申请等提请合议庭评议；

（3）对当事人提交的证据进行全面审核，提出审查意见；

（4）拟定庭审提纲，制作阅卷笔录；

（5）自己担任审判长时，主持、指挥庭审活动；不担任审判长时，协助审判长开展庭审活动；

（6）参与案件评议，并先行提出处理意见；

（7）根据合议庭评议意见制作裁判文书或者指导法官助理起草裁判文书；

（8）依法行使其他审判权力。

17. 合议庭审理案件时，合议庭其他法官应当认真履行审判职责，共同参与阅卷、庭审、评议等审判活动，独立发表意见，复核并在裁判文书上签名。

18. 合议庭审理案件时，审判长除承担由合议庭成员共同承担的审判职责外，还应当履行以下审判职责：

（1）确定案件审理方案、庭审提纲、协调合议庭成员庭审分工以及指导做好其他必要的庭审准备工作；

（2）主持、指挥庭审活动；

（3）主持合议庭评议；

（4）依照有关规定和程序将合议庭处理意见分歧较大的案件提交专业法官会议讨论，或者按程序建议将案件提交审判委员会讨论决定；

（5）依法行使其他审判权力。

审判长自己承办案件时，应当同时履行承办法官的职责。

19. 法官助理在法官的指导下履行以下职责：

（1）审查诉讼材料，协助法官组织庭前证据交换；

（2）协助法官组织庭前调解，草拟调解文书；

（3）受法官委托或者协助法官依法办理财产保全和证据保全措施等；

（4）受法官指派，办理委托鉴定、评估等工作；

（5）根据法官的要求，准备与案件审理相关的参考资料，研究案件涉及的相关法律问题；

（6）在法官的指导下草拟裁判文书；

（7）完成法官交办的其他审判辅助性工作。

20. 书记员在法官的指导下，按照有关规定履行以下职责：

（1）负责庭前准备的事务性工作；

（2）检查开庭时诉讼参与人的出庭情况，宣布法庭纪律；

（3）负责案件审理中的记录工作；

（4）整理、装订、归档案卷材料；

（5）完成法官交办的其他事务性工作。

(二) 院长庭长管理监督职责

21. 院长除依照法律规定履行相关审判职责外，还应当从宏观上指导法院各项审判工作，组织研究相关重大问题和制定相关管理制度，综合负责审判管理工作，主持审判委员会讨论审判工作中的重大事项，依法主持法官考评委员会对法官进行评鉴，以及履行其他必要的审判管理和监督职责。

副院长、审判委员会专职委员受院长委托，可以依照前款规定履行部分审判管理和监督职责。

22. 庭长除依照法律规定履行相关审判职责外，还应当从宏观上指导本庭审判工作，研究制定各合议庭和审判团队之间、内部成员之间的职责分工，负责随机分案后因特殊情况需要调整分案的事宜，定期对本庭审判质量情况进行监督，以及履行其他必要的审判管理和监督职责。

23. 院长、副院长、庭长的审判管理和监督活动应当严格控制在职责和权限的范围内，并在工作平台上公开进行。院长、副院长、庭长除参加审判委员会、专业法官会议外不得对其没有参加审理的案件发表倾向性意见。

24. 对于有下列情形之一的案件，院长、副院长、庭长有权要求独任法官或者合议庭报告案件进展和评议结果：

（1）涉及群体性纠纷，可能影响社会稳定的；

（2）疑难、复杂且在社会上有重大影响的；

（3）与本院或者上级法院的类案判决可能发生冲突的；

（4）有关单位或者个人反映法官有违法审判行为的。

院长、副院长、庭长对上述案件的审理过程或者评议结果有异议的，不得直接改变合议庭的意见，但可以决定将案件提交专业法官会议、审判委员会进行讨论。院长、副院长、庭长针对上述案件监督建议的时间、内容、处理结果等应当在案卷和办公平台上全程留痕。

四、审判责任的认定和追究

(一) 审判责任范围

25. 法官应当对其履行审判职责的行为承担责任，在职责范围内对办案质量终身负责。

法官在审判工作中，故意违反法律法规的，或者因重大过失导致裁判错误并造成严重后果的，依法应当承担违法审判责任。

法官有违反职业道德准则和纪律规定，接受案件当事人及相关人员的请客送礼、与律师进行不正当交往等违纪违法行为，依照法律及有关纪律规定另行处理。

26. 有下列情形之一的，应当依纪依法追究相关人员的违法审判责任：

（1）审理案件时有贪污受贿、徇私舞弊、枉法裁判行为的；

（2）违反规定私自办案或者制造虚假案件的；

（3）涂改、隐匿、伪造、偷换和故意损毁证据材料的，或者因重大过失丢失、损毁证据材料并造成严重后果的；

（4）向合议庭、审判委员会汇报案情时隐瞒主要证据、重要情节和故意提供虚假材料的，或者因重大过失遗漏主要证据、重要情节导致裁判错误并造成严重后果的；

（5）制作诉讼文书时，故意违背合议庭评议结果、审判委员会决定的，或者因重大过失导致裁判文书主文错误并造成严重后果的；

（6）违反法律规定，对不符合减刑、假释条件的罪犯裁定减刑、假释的，或者因重大过失对不符合减刑、假释条件的罪犯裁定减刑、假释并造成严重后果的；

（7）其他故意违背法定程序、证据规则和法律明确规定违法审判的，或者因重大过失导致裁判结果错误并造成严重后果的。

27. 负有监督管理职责的人员等因故意或者重大过失，怠于行使或者不当行使审判监督权和审判管理权导致裁判错误并造成严重后果的，依照有关规定应当承担监督管理责任。追究其监督管理责任的，依照干部管理有关规定和程序办理。

28. 因下列情形之一，导致案件按照审判监督程序提起再审后被改判的，不得作为错案进行责任追究：

（1）对法律、法规、规章、司法解释具体条文的理解和认识不一致，在专业认知范围内能够予以合理说明的；

（2）对案件基本事实的判断存在争议或者疑问，根据证据规则能够予以合理说明的；

（3）当事人放弃或者部分放弃权利主张的；

（4）因当事人过错或者客观原因致使案件事实认定发生变化的；

（5）因出现新证据而改变裁判的；

（6）法律修订或者政策调整的；

（7）裁判所依据的其他法律文书被撤销或者变更的；

（8）其他依法履行审判职责不应当承担责任的情形。

（二）审判责任承担

29. 独任制审理的案件，由独任法官对案件的事实认定和法律适用承担全部责任。

30. 合议庭审理的案件，合议庭成员对案件的事实认定和法律适用共同承担责任。

进行违法审判责任追究时，根据合议庭成员是否存在违法审判行为、情节、合议庭成员发表意见的情况和过错程度合理确定各自责任。

31. 审判委员会讨论案件时，合议庭对其汇报的事实负责，审判委员会委员对其本人发表的意见及最终表决负责。

案件经审判委员会讨论的，构成违法审判责任追究情形时，根据审判委员会委员是否故意曲解法律发表意见的情况，合理确定委员责任。审判委员会改变合议庭意见导致裁判错误的，由持多数意见的委员共同承担责任，合议庭不承担责任。审判委员会维持合议庭意见导致裁判错误的，由合议庭和持多数意见的委员共同承担责任。

合议庭汇报案件时，故意隐瞒主要证据或者重要情节，或者故意提供虚假情况，导致审判委员会作出错误决定的，由合议庭成员承担责任，审判委员会委员根据具体情况承担部分责任或者不承担责任。

审判委员会讨论案件违反民主集中制原则，导致审判委员会决定错误的，主持人应当承担主要责任。

32. 审判辅助人员根据职责权限和分工承担与其职责相对应的责任。法官负有审核把关职责的，法官也应当承担相应责任。

33. 法官受领导干部干预导致裁判错误的，且法官不记录或者不如实记录，应当排除干预而没有排除的，承担违法审判责任。

（三）违法审判责任追究程序

34. 需要追究违法审判责任的，一般由院长、审判监督部门或者审判管理部门提出初步意见，由院长委托审判监督部门审查或者提请审判委员会进行讨论，经审查初步认定有关人员具有本意见所列违法审判责任追究情形的，人民法院监察部门应当启动违法审判责任追究程序。

各级人民法院应当依法自觉接受人大、政协、媒体和社会监督，依法受理对法官违法审判行为的举报、投诉，并认真进行调查核实。

35. 人民法院监察部门应当对法官是否存在违法审判行为进行调查，并采取必要、合理的保护措施。在调查过程中，当事法官享有知情、辩解和举证的权利，监察部门应当对当事法官的意见、辩解和举证如实记录，并在调查报告中对是否采纳作出说明。

36. 人民法院监察部门经调查后，认为应当追究法官违法审判责任的，应当报请院长决定，并报送省（区、市）法官惩戒委员会审议。

高级人民法院监察部门应当派员向法官惩戒委员会通报当事法官的违法审判事实及拟处理建议、依据，并就其违法审判行为和主观过错进行举证。当事法官有权进行陈述、举证、辩解、申请复议和申诉。

法官惩戒委员会根据查明的事实和法律规定作出无责、免责或者给予惩戒处分的建议。

法官惩戒委员会工作章程和惩戒程序另行制定。

37. 对应当追究违法审判责任的相关责任人，根据其应负责任依照《中华人民共和国法官法》等有关规定处理：

（1）应当给予停职、延期晋升、退出法官员额或者免职、责令辞职、辞退等处理的，由组织人事部门按照干部管理权限和程序依法办理；

（2）应当给予纪律处分的，由纪检监察部门依照有关规定和程序依法办理；

（3）涉嫌犯罪的，由纪检监察部门将违法线索移送有关司法机关依法处理。

免除法官职务，必须按法定程序由人民代表大会罢免或者提请人大常委会作出决定。

五、加强法官的履职保障

38. 在案件审理的各个阶段，除非确有证据证明法官存在贪污受贿、徇私舞弊、枉法裁判等严重违法审判行为外，法官依法履职的行为不得暂停或者终止。

39. 法官依法审判不受行政机关、社会团体和个人的干涉。任何组织和个人违法干预司法活动、过问和插手具体案件处理的，应当依照规定予以记录、通报和追究责任。

领导干部干预司法活动、插手具体案件和司法机关内部人员过问案件的，分别按照《领导干部干预司法活动、插手具体案件处理的记录、通报和责任追究规定》和《司法机关内部人员过问案件的记录和责任追究规定》及其实施办法处理。

40. 法官因依法履职遭受不实举报、诬告陷害，致使名誉受到损害的，或者经法官惩戒委员会等组织认定不应追究法律和纪律责任的，人民法院监察部门、新闻宣传部门应当在适当范围以适当形式及时澄清事实，消除不良影响，维护法官良好声誉。

41. 人民法院或者相关部门对法官作出错误处理的，应当赔礼道歉、恢复职务和名誉、消除影响，对造成经济损失的依法给予赔偿。

42. 法官因接受调查暂缓等级晋升的，后经有关部门认定不构成违法审判责任，或者法官惩戒委员会作出无责或者免责建议的，其等级晋升时间从暂缓之日起连续计算。

43. 依法及时惩治当庭损毁证据材料、庭审记录、法律文书和法庭设施等妨碍诉讼活动或者严重亵渎法庭权威的行为。依法保护法官及其近亲属的人身和财产安全，依法及时惩治在法庭内外恐吓、威胁、侮辱、跟踪、骚扰、伤害法官及其近亲属等违法犯罪行为。

侵犯法官人格尊严，或者泄露依法不能公开的法官及其亲属隐私，干扰法官依法履职的，依法追究有关人员责任。

44. 加大对妨碍法官依法行使审判权、诬告陷害法官、蔑视法庭权威、严重扰乱审判秩序等违法犯罪行为的惩罚力度，研究完善配套制度，推动相关法律的修改完善。

六、附则

45. 本意见所称法官是指经法官遴选委员会遴选后进入法官员额的法官。

46. 本意见关于审判责任的认定和追究适用于人民法院的法官、副庭长、庭长、审判委员会专职委员、副院长和院长。

执行员、法官助理、书记员、司法警察等审判辅助人员的责任认定和追究参照执行。

技术调查官等其他审判辅助人员的职责另行规定。

人民陪审员制度改革试点地区法院人民陪审案件中的审判责任根据《人民陪审员制度改革试点方案》另行规定。

47. 本意见由最高人民法院负责解释。

48. 本意见适用于中央确定的司法体制改革试点法院和最高人民法院确定的审判权力运行机制改革试点法院。

（四）回　　避

最高人民法院关于印发《人民法院工作人员处分条例》的通知

［2009年12月31日，法发〔2009〕61号］

全国地方各级人民法院、各级军事法院、各铁路运输中级法院和基层法院、各海事法院、新疆生产建设兵团各级法院：

现将《人民法院工作人员处分条例》印发给你们，请认真贯彻执行。执行中有何问题请及时向我院报告。

附：人民法院工作人员处分条例

第一章　总　　则

第一节　目的、依据、原则和适用范围

第一条　为了规范人民法院工作人员行为，促进人民法院工作人员依法履行职责，确保公正、高效、廉洁司法，根据《中华人民共和国公务员法》和《中华人民共和国法官法》，制定本条例。

第二条　人民法院工作人员因违反法律、法规或者本条例规定，应当承担纪律责任的，依照本条例给予处分。

第三条　人民法院工作人员依法履行职务的行为受法律保护。非因法定事由、非经法定程序，不受处分。

第四条　给予人民法院工作人员处

分,应当坚持以下原则:

(一) 实事求是,客观公正;

(二) 纪律面前人人平等;

(三) 处分与违纪行为相适应;

(四) 惩处与教育相结合。

第五条 人民法院工作人员违纪违法涉嫌犯罪的,应当移送司法机关处理。

第二节 处分的种类和适用

第六条 处分的种类为:警告、记过、记大过、降级、撤职、开除。

第七条 受处分的期间为:

(一) 警告,六个月;

(二) 记过,十二个月;

(三) 记大过,十八个月;

(四) 降级、撤职,二十四个月。

第八条 受处分期间不得晋升职务、级别,其中,受记过、记大过、降级、撤职处分的,不得晋升工资档次;受撤职处分的,应当按照规定降低级别。

第九条 受开除处分的,自处分决定生效之日起,解除与人民法院的人事关系,不得再担任公务员职务。

第十条 同时有两种以上需要给予处分的行为的,应当分别确定其处分种类。应当给予的处分种类不同的,执行其中最重的处分;应当给予撤职以下多个相同种类处分的,执行该处分,并在一个处分期以上、多个处分期之和以下,决定应当执行的处分期。

在受处分期间受到新的处分的,其处分期为原处分期尚未执行的期限与新处分期限之和。

处分期最长不超过四十八个月。

第十一条 二人以上共同违纪违法,需要给予处分的,根据各自应当承担的纪律责任分别给予处分。

人民法院领导班子、有关机构或者审判组织集体作出违纪违法决定或者实施违纪违法行为,依照前款规定处理。

第十二条 有下列情形之一的,应当在本条例分则规定的处分幅度以内从重处分:

(一) 在共同违纪违法行为中起主要作用的;

(二) 隐匿、伪造、销毁证据的;

(三) 串供或者阻止他人揭发检举、提供证据材料的;

(四) 包庇同案人员的;

(五) 法律、法规和本条例分则中规定的其他从重情节。

第十三条 有下列情形之一的,应当在本条例分则规定的处分幅度以内从轻处分:

(一) 主动交待违纪违法行为的;

(二) 主动采取措施,有效避免或者挽回损失的;

(三) 检举他人重大违纪违法行为,情况属实的;

(四) 法律、法规和本条例分则中规定的其他从轻情节。

第十四条 主动交待违纪违法行为,并主动采取措施有效避免或者挽回损失的,应当在本条例分则规定的处分幅度以外降低一个档次给予减轻处分。

应当给予警告处分,又有减轻处分情形的,免予处分。

第十五条 违纪违法行为情节轻微,经过批评教育后改正的,可以免予处分。

第十六条 在人民法院作出处分决定前,已经被依法判处刑罚、罢免、免职或者已经辞去领导职务,依照本条例需要给予处分的,应当根据其违纪违法事实给予处分。

被依法判处刑罚的,一律给予开除处分。

第十七条　人民法院工作人员退休之后违纪违法,或者在任职期间违纪违法、在处分决定作出前已经退休的,不再给予纪律处分;但是,应当给予降级、撤职、开除处分的,应当按照规定相应降低或者取消其享受的待遇。

第十八条　对违纪违法取得的财物和用于违纪违法的财物,应当没收、追缴或者责令退赔。没收、追缴的财物,一律上缴国库。

对违纪违法获得的职务、职称、学历、学位、奖励、资格等,应当建议有关单位、部门按规定予以纠正或者撤销。

第三节　处分的解除、变更和撤销

第十九条　受开除以外处分的,在受处分期间有悔改表现,并且没有再发生违纪违法行为的,处分期满后应当解除处分。

解除处分后,晋升工资档次、级别、职务不再受原处分的影响。但是,解除降级、撤职处分的,不视为恢复原级别、原职务。

第二十条　有下列情形之一的,应当变更或者撤销处分决定:

(一)适用法律、法规或者本条例规定错误的;

(二)对违纪违法行为的事实、情节认定有误的;

(三)处分所依据的违纪违法事实证据不足的;

(四)调查处理违反法定程序,影响案件公正处理的;

(五)作出处分决定超越职权或者滥用职权的;

(六)有其他处分不当情形的。

第二十一条　处分决定被变更,需要调整被处分人员的职务、级别或者工资档次的,应当按照规定予以调整;处分决定被撤销的,应当恢复其级别、工资档次,按照原职务安排相应的职务,并在适当范围内为其恢复名誉。因变更而减轻处分或者被撤销处分人员的工资福利受到损失的,应当予以补偿。

第二章　分　　则

第一节　违反政治纪律的行为

第二十二条　散布有损国家声誉的言论,参加旨在反对国家的集会、游行、示威等活动的,给予记大过处分;情节较重的,给予降级或者撤职处分;情节严重的,给予开除处分。

因不明真相被裹挟参加上述活动,经批评教育后确有悔改表现的,可以减轻或者免予处分。

第二十三条　参加非法组织或者参加罢工的,给予记大过处分;情节较重的,给予降级或者撤职处分;情节严重的,给予开除处分。

因不明真相被裹挟参加上述活动,经批评教育后确有悔改表现的,可以减轻或者免予处分。

第二十四条　违反国家的民族宗教政策,造成不良后果的,给予记大过处分;情节较重的,给予降级或者撤职处分;情节严重的,给予开除处分。

因不明真相被裹挟参加上述活动,经批评教育后确有悔改表现的,可以减轻或者免予处分。

第二十五条　在对外交往中损害国家荣誉和利益的,给予记大过处分;情节较重的,给予降级或者撤职处分;情节严重的,给予开除处分。

第二十六条 非法出境,或者违反规定滞留境外不归的,给予记大过处分;情节较重的,给予降级或者撤职处分;情节严重的,给予开除处分。

第二十七条 未经批准获取境外永久居留资格,或者取得外国国籍的,给予记大过处分;情节较重的,给予降级或者撤职处分;情节严重的,给予开除处分。

第二十八条 有其他违反政治纪律行为的,给予警告、记过或者记大过处分;情节较重的,给予降级或者撤职处分;情节严重的,给予开除处分。

第二节 违反办案纪律的行为

第二十九条 违反规定,擅自对应当受理的案件不予受理,或者对不应当受理的案件违法受理的,给予警告、记过或者记大过处分;情节较重的,给予降级或者撤职处分;情节严重的,给予开除处分。

第三十条 违反规定应当回避而不回避,造成不良后果的,给予警告、记过或者记大过处分;情节较重的,给予降级或者撤职处分;情节严重的,给予开除处分。

明知诉讼代理人、辩护人不符合担任代理人、辩护人的规定,仍准许其担任代理人、辩护人,造成不良后果的,给予警告、记过或者记大过处分;情节较重的,给予降级处分;情节严重的,给予撤职处分。

第三十一条 违反规定会见案件当事人及其辩护人、代理人、请托人的,给予警告处分;造成不良后果的,给予记过或者记大过处分。

第三十二条 违反规定为案件当事人推荐、介绍律师或者代理人,或者为律师或者其他人员介绍案件的,给予警告处分;造成不良后果的,给予记过或者记大过处分。

第三十三条 违反规定插手、干预、过问案件,或者为案件当事人通风报信、说情打招呼的,给予警告、记过或者记大过处分;情节较重的,给予降级或者撤职处分;情节严重的,给予开除处分。

第三十四条 依照规定应当调查收集相关证据而故意不予收集,造成不良后果的,给予警告、记过或者记大过处分;情节较重的,给予降级或者撤职处分;情节严重的,给予开除处分。

第三十五条 依照规定应当采取鉴定、勘验、证据保全等措施而故意不采取,造成不良后果的,给予警告、记过或者记大过处分;情节较重的,给予降级或者撤职处分;情节严重的,给予开除处分。

第三十六条 依照规定应当采取财产保全措施或者执行措施而故意不采取,或者依法应当委托有关机构审计、鉴定、评估、拍卖而故意不委托,造成不良后果的,给予警告、记过或者记大过处分;情节较重的,给予降级或者撤职处分;情节严重的,给予开除处分。

第三十七条 违反规定采取或者解除财产保全措施,造成不良后果的,给予警告、记过或者记大过处分;情节较重的,给予降级或者撤职处分;情节严重的,给予开除处分。

第三十八条 故意违反规定选定审计、鉴定、评估、拍卖等中介机构,或者串通、指使相关中介机构在审计、鉴定、评估、拍卖等活动中徇私舞弊、弄虚作假的,给予警告、记过或者记大过处分;情节较重的,给予降级或者撤职处分;情节严重的,给予开除处分。

第三十九条 故意违反规定采取强

制措施的,给予警告、记过或者记大过处分;情节较重的,给予降级或者撤职处分;情节严重的,给予开除处分。

第四十条　故意毁弃、篡改、隐匿、伪造、偷换证据或者其他诉讼材料的,给予记大过处分;情节较重的,给予降级或者撤职处分;情节严重的,给予开除处分。

指使、帮助他人作伪证或者阻止他人作证的,给予降级或者撤职处分;情节严重的,给予开除处分。

第四十一条　故意向合议庭、审判委员会隐瞒主要证据、重要情节或者提供虚假情况的,给予警告、记过或者记大过处分;情节较重的,给予降级或者撤职处分;情节严重的,给予开除处分。

第四十二条　故意泄露合议庭、审判委员会评议、讨论案件的具体情况或者其他审判执行工作秘密的,给予记过或者记大过处分;情节较重的,给予降级或者撤职处分;情节严重的,给予开除处分。

第四十三条　故意违背事实和法律枉法裁判的,给予降级或者撤职处分;情节严重的,给予开除处分。

第四十四条　因徇私而违反规定迫使当事人违背真实意愿撤诉、接受调解、达成执行和解协议并损害其利益的,给予警告、记过或者记大过处分;情节较重的,给予降级或者撤职处分;情节严重的,给予开除处分。

第四十五条　故意违反规定采取执行措施,造成案件当事人、案外人或者第三人财产损失的,给予记大过处分;情节较重的,给予降级或者撤职处分;情节严重的,给予开除处分。

第四十六条　故意违反规定对具备执行条件的案件暂缓执行、中止执行、终结执行或者不依法恢复执行,造成不良后果的,给予记大过处分;情节较重的,给予降级或者撤职处分;情节严重的,给予开除处分。

第四十七条　故意违反规定拖延办案的,给予警告、记过或者记大过处分;情节较重的,给予降级或者撤职处分;情节严重的,给予开除处分。

第四十八条　故意拖延或者拒不执行合议庭决议、审判委员会决定以及上级人民法院判决、裁定、决定、命令的,给予警告、记过或者记大过处分;情节较重的,给予降级或者撤职处分;情节严重的,给予开除处分。

第四十九条　私放被羁押人员的,给予记大过处分;情节较重的,给予降级或者撤职处分;情节严重的,给予开除处分。

第五十条　违反规定私自办理案件的,给予警告、记过或者记大过处分;情节较重的,给予降级或者撤职处分;情节严重的,给予开除处分。

内外勾结制造假案的,给予降级、撤职或者开除处分。

第五十一条　伪造诉讼、执行文书,或者故意违背合议庭决议、审判委员会决定制作诉讼、执行文书的,给予记大过处分;情节较重的,给予降级或者撤职处分;情节严重的,给予开除处分。

送达诉讼、执行文书故意不依照规定,造成不良后果的,给予警告、记过或者记大过处分。

第五十二条　违反规定将案卷或者其他诉讼材料借给他人的,给予警告处分;造成不良后果的,给予记过或者记大过处分。

第五十三条　对外地人民法院依法委托的事项拒不办理或者故意拖延办理,造成不良后果的,给予警告、记过或者记大过处分;情节严重的,给予降级或者撤职处分。

阻挠、干扰外地人民法院依法在本地调查取证或者采取相关财产保全措施、执行措施、强制措施的,给予警告、记过或者记大过处分;情节较重的,给予降级或者撤职处分;情节严重的,给予开除处分。

第五十四条 有其他违反办案纪律行为的,给予警告、记过或者记大过处分;情节较重的,给予降级或者撤职处分;情节严重的,给予开除处分。

第三节 违反廉政纪律的行为

第五十五条 利用职务便利,采取侵吞、窃取、骗取等手段非法占有诉讼费、执行款物、罚没款物、案件暂存款、赃款赃物及其孳息等涉案财物或者其他公共财物的,给予记大过处分;情节较重的,给予降级或者撤职处分;情节严重的,给予开除处分。

第五十六条 利用司法职权或者其他职务便利,索取他人财物及其他财产性利益的,或者非法收受他人财物及其他财产性利益,为他人谋取利益的,给予记大过处分;情节较重的,给予降级或者撤职处分;情节严重的,给予开除处分。

利用司法职权或者其他职务便利为他人谋取利益,以低价购买、高价出售、收受干股、合作投资、委托理财、赌博等形式非法收受他人财物,或者以特定关系人"挂名"领取薪酬或者收受财物等形式,非法收受他人财物,或者违反规定收受各种名义的回扣、手续费归个人所有的,依照前款规定处分。

第五十七条 行贿或者介绍贿赂的,给予记过或者记大过处分;情节较重的,给予降级或者撤职处分;情节严重的,给予开除处分。

向审判、执行人员行贿或者介绍贿赂的,依照前款规定从重处分。

第五十八条 挪用诉讼费、执行款物、罚没款物、案件暂存款、赃款赃物及其孳息等涉案财物或者其他公共财物的,给予记过或者记大过处分;情节较重的,给予降级或者撤职处分;情节严重的,给予开除处分。

第五十九条 接受案件当事人、相关中介机构及其委托人的财物、宴请或者其他利益的,给予警告、记过或者记大过处分;情节较重的,给予降级或者撤职处分;情节严重的,给予开除处分。

违反规定向案件当事人、相关中介机构及其委托人借钱、借物的,给予警告、记过或者记大过处分。

第六十条 以单位名义集体截留、使用、私分诉讼费、执行款物、罚没款物、案件暂存款、赃款赃物及其孳息等涉案财物或者其他公共财物的,给予警告、记过或者记大过处分;情节较重的,给予降级或者撤职处分;情节严重的,给予开除处分。

第六十一条 利用司法职权,以单位名义向公民、法人或者其他组织索要赞助或者摊派、收取财物的,给予记过或者记大过处分;情节较重的,给予降级或者撤职处分;情节严重的,给予开除处分。

第六十二条 故意违反规定设置收费项目、扩大收费范围、提高收费标准的,给予警告、记过或者记大过处分;情节较重的,给予降级或者撤职处分;情节严重的,给予开除处分。

第六十三条 违反规定从事或者参与营利性活动,在企业或者其他营利性组织中兼职的,给予记过或者记大过处分;情节较重的,给予降级或者撤职处分;情节严重的,给予开除处分。

第六十四条 利用司法职权或者其他职务便利,为特定关系人谋取不正当利益,或者放任其特定关系人、身边工作人员利用本人职权谋取不正当利益的,给予记过或者记大过处分;情节较重的,给予降级或者撤职处分;情节严重的,给予开除处分。

第六十五条 有其他违反廉政纪律行为的,给予警告、记过或者记大过处分;情节较重的,给予降级或者撤职处分;情节严重的,给予开除处分。

第四节 违反组织人事纪律的行为

第六十六条 违反议事规则,个人或者少数人决定重大事项,或者改变集体作出的重大决定,造成决策错误的,给予警告、记过或者记大过处分;情节较重的,给予降级或者撤职处分;情节严重的,给予开除处分。

第六十七条 故意拖延或者拒不执行上级依法作出的决定、决议的,给予警告、记过或者记大过处分;情节较重的,给予降级或者撤职处分;情节严重的,给予开除处分。

第六十八条 对职责范围内发生的重大事故、事件不按规定报告、处理的,给予记过或者记大过处分;情节较重的,给予降级或者撤职处分;情节严重的,给予开除处分。

第六十九条 对职责范围内发生的违纪违法问题隐瞒不报、压案不查、包庇袒护的,或者对上级交办的违纪违法案件故意拖延或者拒不办理的,给予记大过处分;情节较重的,给予降级或者撤职处分;情节严重的,给予开除处分。

第七十条 压制批评、打击报复,扣压、销毁举报信件,或者向被举报人透露举报情况的,给予记过或者记大过处分;情节较重的,给予降级或者撤职处分;情节严重的,给予开除处分。

第七十一条 在人员录用、招聘、考核、晋升职务、晋升级别、职称评定以及岗位调整等工作中徇私舞弊、弄虚作假的,给予警告、记过或者记大过处分;情节较重的,给予降级或者撤职处分;情节严重的,给予开除处分。

第七十二条 弄虚作假,骗取荣誉,或者谎报学历、学位、职称的,给予警告、记过或者记大过处分;情节较重的,给予降级或者撤职处分;情节严重的,给予开除处分。

第七十三条 拒不执行机关的交流决定,或者在离任、辞职、被辞退时,拒不办理公务交接手续或者拒不接受审计的,给予警告、记过或者记大过处分;情节较重的,给予降级或者撤职处分;情节严重的,给予开除处分。

第七十四条 旷工或者因公外出、请假期满无正当理由逾期不归,造成不良后果的,给予警告、记过或者记大过处分;情节较重的,给予降级或者撤职处分;情节严重的,给予开除处分。

第七十五条 以不正当方式谋求本人或者特定关系人用公款出国,或者擅自延长在国外、境外期限,或者擅自变更路线,造成不良后果的,给予警告、记过或者记大过处分;情节较重的,给予降级或者撤职处分;情节严重的,给予开除处分。

第七十六条 有其他违反组织人事纪律行为的,给予警告、记过或者记大过处分;情节较重的,给予降级或者撤职处分;情节严重的,给予开除处分。

第五节 违反财经纪律的行为

第七十七条 违反规定进行物资采购或者工程项目招投标,造成不良后果的,给予警告、记过或者记大过处分;情节较重的,给予降级或者撤职处分;情节严重的,给予开除处分。

第七十八条 违反规定擅自开设银行账户或者私设"小金库"的,给予警告处分;情节较重的,给予记过或者记大过处分;情节严重的,给予降级或者撤职处分。

第七十九条 伪造、变造、隐匿、毁弃财务账册、会计凭证、财务会计报告的,给予警告、记过或者记大过处分;情节较重的,给予降级或者撤职处分;情节严重的,给予开除处分。

第八十条 违反规定挥霍浪费国家资财的,给予警告处分;情节较重的,给予记过或者记大过处分;情节严重的,给予降级或者撤职处分。

第八十一条 有其他违反财经纪律行为的,给予警告、记过或者记大过处分;情节较重的,给予降级或者撤职处分;情节严重的,给予开除处分。

第六节 失职行为

第八十二条 因过失导致依法应当受理的案件未予受理,或者不应当受理的案件被违法受理,造成不良后果的,给予警告、记过或者记大过处分。

第八十三条 因过失导致错误裁判、错误采取财产保全措施、强制措施、执行措施,或者应当采取财产保全措施、强制措施、执行措施而未采取,造成不良后果的,给予警告、记过或者记大过处分;造成严重后果的,给予降级、撤职或者开除处分。

第八十四条 因过失导致所办案件严重超出规定办理期限,造成严重后果的,给予警告、记过或者记大过处分。

第八十五条 因过失导致被羁押人员脱逃、自伤、自杀或者行凶伤人的,给予记过或者记大过处分;造成严重后果的,给予降级、撤职或者开除处分。

第八十六条 因过失导致诉讼、执行文书内容错误,造成严重后果的,给予警告、记过或者记大过处分。

第八十七条 因过失导致国家秘密、审判执行工作秘密及其他工作秘密、履行职务掌握的商业秘密或者个人隐私被泄露,造成不良后果的,给予警告、记过或者记大过处分;情节较重的,给予降级或者撤职处分;情节严重的,给予开除处分。

第八十八条 因过失导致案卷或者证据材料损毁、丢失的,给予警告、记过或者记大过处分;造成严重后果的,给予降级或者撤职处分。

第八十九条 因过失导致职责范围内发生刑事案件、重大治安案件、重大社会群体性事件或者重大人员伤亡事故的,使公共财产、国家和人民利益遭受重大损失的,给予记过或者记大过处分;情节较重的,给予降级或者撤职处分;情节严重的,给予开除处分。

第九十条 有其他失职行为造成不良后果的,给予警告、记过或者记大过处分;情节较重的,给予降级或者撤职处分;情节严重的,给予开除处分。

第七节 违反管理秩序和社会道德的行为

第九十一条 因工作作风懈怠、工作态度恶劣,造成不良后果的,给予警告、记过或者记大过处分。

第九十二条 故意泄露国家秘密、工作秘密，或者故意泄露因履行职责掌握的商业秘密、个人隐私的，给予记过或者记大过处分；情节较重的，给予降级或者撤职处分；情节严重的，给予开除处分。

第九十三条 弄虚作假，误导、欺骗领导和公众，造成不良后果的，给予警告、记过或者记大过处分；情节较重的，给予降级或者撤职处分；情节严重的，给予开除处分。

第九十四条 因酗酒影响正常工作或者造成其他不良后果的，给予警告、过或者记大过处分；情节较重的，给予降级、撤职处分；情节严重的，给予开除处分。

第九十五条 违反规定保管、使用枪支、弹药、警械等特殊物品，造成不良后果的，给予警告、记过或者记大过处分；情节较重的，给予降级或者撤职处分；情节严重的，给予开除处分。

第九十六条 违反公务车管理使用规定，发生严重交通事故或者造成其他不良后果的，给予警告、记过或者记大过处分；情节较重的，给予降级或者撤职处分；情节严重的，给予开除处分。

第九十七条 妨碍执行公务或者违反规定干预执行公务的，给予记过或者记大过处分；情节较重的，给予降级或者撤职处分；情节严重的，给予开除处分。

第九十八条 以殴打、辱骂、体罚、非法拘禁或者诽谤、诬告等方式侵犯他人人身权利的，给予记过或者记大过处分；情节较重的，给予降级或者撤职处分；情节严重的，给予开除处分。

体罚、虐待被羁押人员，或者殴打、辱骂诉讼参与人、涉诉上访人的，依照前款规定从重处分。

第九十九条 与他人通奸，造成不良影响的，给予警告、记过或者记大过处分；情节较重的，给予降级或者撤职处分；情节严重的，给予开除处分。

与所承办案件的当事人或者当事人亲属发生不正当两性关系的，依照前款规定从重处分。

第一百条 重婚或者包养情人的，给予撤职或者开除处分。

第一百零一条 拒不承担赡养、抚养、扶养义务，或者虐待、遗弃家庭成员的，给予警告、记过或者记大过处分；情节较重的，给予降级或者撤职处分；情节严重的，给予开除处分。

第一百零二条 吸食、注射毒品或者参与嫖娼、卖淫、色情淫乱活动的，给予撤职或者开除处分。

第一百零三条 参与赌博的，给予警告或者记过处分；情节较重的，给予记大过或者降级处分；情节严重的，给予撤职或者开除处分。

为赌博活动提供场所或者其他便利条件的，给予警告、记过或者记大过处分；情节较重的，给予降级、撤职处分；情节严重的，给予开除处分。

在工作时间赌博的，给予记过、记大过或者降级处分；屡教不改的，给予撤职或者开除处分。

挪用公款赌博的，给予撤职或者开除处分。

第一百零四条 参与迷信活动，造成不良影响的，给予警告、记过或者记大过处分。

组织迷信活动的，给予降级处分；情节较重的，给予撤职处分；情节严重的，给予开除处分。

第一百零五条 违反规定超计划生育的,给予降级处分;情节较重的,给予撤职处分;情节严重的,给予开除处分。

第一百零六条 有其他违反管理秩序和社会道德行为的,给予警告、记过或者记大过处分;情节较重的,给予降级或者撤职处分;情节严重的,给予开除处分。

第三章 附 则

第一百零七条 本条例所称"人民法院工作人员"是指人民法院行政编制内的工作人员。

人民法院事业编制工作人员参照本条例执行。

人民法院聘用人员不适用本条例。

第一百零八条 本条例所称"特定关系人",是指与人民法院工作人员具有近亲属、情人以及其他密切关系的人。

第一百零九条 本条例所称"以上"、"以下",包含本数。

第一百一十条 本条例由最高人民法院负责解释。

第一百一十一条 本条例自发布之日起施行。最高人民法院此前颁布的《关于人民法院工作人员纪律处分的若干规定(试行)》、《人民法院审判纪律处分办法(试行)》、《人民法院执行工作纪律处分办法(试行)》、最高人民法院《关于严格执行〈中华人民共和国法官法〉有关惩戒制度若干规定》同时废止。

最高人民法院印发《关于对配偶子女从事律师职业的法院领导干部和审判执行岗位法官实行任职回避的规定(试行)》的通知

[2011年2月10日,法发〔2011〕5号]

各省、自治区、直辖市高级人民法院,解放军军事法院,新疆维吾尔自治区高级人民法院生产建设兵团分院:

现将最高人民法院《关于对配偶子女从事律师职业的法院领导干部和审判执行岗位法官实行任职回避的规定(试行)》印发给你们,请认真执行。

附:关于对配偶子女从事律师职业的法院领导干部和审判执行岗位法官实行任职回避的规定(试行)

为维护司法公正和司法廉洁,防止法院领导干部及法官私人利益与公共利益发生冲突,依照《中华人民共和国公务员法》、《中华人民共和国法官法》和《中国共产党党员领导干部廉洁从政若干准则》,制定本规定。

第一条 人民法院领导干部和审判、执行岗位法官,其配偶、子女在其任职法院辖区内从事律师职业的,应当实行任职回避。

本规定所称法院领导干部,是指各级人民法院的领导班子成员及审判委员会专职委员。

本规定所称审判、执行岗位法官,是指各级人民法院未担任院级领导职务的审判委员会委员以及在立案、审判、执行、审判监督、国家赔偿等部门从事审判、执行工作的法官和执行员。

本规定所称从事律师职业,是指开办律师事务所、以律师身份为案件当事人提供诉讼代理或者其他有偿法律服务。

第二条 人民法院在选拔任用干部时,不得将具备任职回避条件的人员作为法院领导干部和审判、执行岗位法官的拟任人选。

第三条 人民法院在补充审判、执行岗位工作人员时,不得补充具备任职回避条件的人员。

人民法院在补充非审判、执行岗位工作人员时,应当向拟补充的人员释明本规定的相关内容。

第四条 在本规定施行前具备任职回避条件的法院领导干部和审判、执行岗位法官,应当自本规定施行之日起六个月内主动提出任职回避申请;相关人民法院应当自本规定施行之日起十二个月内,按照有关程序为其办理职务变动或者岗位调整的手续。

第五条 在本规定施行前不具备任职回避条件,但在本规定施行后具备任职回避条件的法院领导干部和审判、执行岗位法官,应当自任职回避条件具备之日起一个月内主动提出任职回避申请;相关人民法院应当自申请期限届满之日起六个月内,按照有关程序为其办理职务变动或者岗位调整的手续。

第六条 具备任职回避条件的法院领导干部和审判、执行岗位法官在前述规定期限内没有主动提出任职回避申请的,相关人民法院应当自申请期限届满之日起六个月内,按照有关程序免去其所任领导职务或者将其调离审判执行岗位。

第七条 应当实行任职回避的法院领导干部和审判、执行岗位法官的任免权限不在人民法院的,相关人民法院可向具有干部任免权的机关提出为其办理职务调动或者免职手续的建议。

第八条 因配偶、子女从事律师职业而辞去现任职务或者退出审判、执行岗位的法院领导干部和法官,应当尽可能按原职级待遇重新安排工作岗位,但在重新安排工作时,不得违反本规定第二条、第三条的要求。

第九条 具备任职回避条件的法院领导干部及审判、执行岗位法官具有下列情形之一的,应当酌情给予批评教育、组织处理或者纪律处分:

(一)隐瞒配偶、子女从事律师职业情况的;

(二)采取弄虚作假手段规避任职回避的;

(三)拒不服从组织调整或者拒不办理公务交接的;

(四)具有其他违反任职回避规定行为的。

第十条 法院领导干部和审判、执行岗位法官的配偶、子女不在本规定所限地域范围内从事律师职业的,该法院领导干部和审判、执行岗位法官不实行任职回避,但其配偶、子女采取暗中代理等方式在本规定所限地域范围内从事律师职业的,应当责令其辞去领导职务或者将其调离审判、执行岗位;其本人知情的,还应当同时给予其相应的纪律处分。

第十一条 本规定由最高人民法院负责解释。

第十二条 本规定自发布之日起施行。

最高人民法院印发《关于落实任职回避制度的实施方案》的通知

[2011年5月9日,法[2011]166号]

各省、自治区、直辖市高级人民法院,解放军军事法院,新疆维吾尔自治区高级人民法院生产建设兵团分院:

现将最高人民法院《关于落实任职回避制度的实施方案》印发给你们,请尽快转发所辖中级、基层人民法院,并组织辖区各级人民法院认真贯彻执行。

附:关于落实任职回避制度的实施方案

为了确保最高人民法院《关于对配偶子女从事律师职业的法院领导干部和审判执行岗位法官实行任职回避的规定(试行)》(简称任职回避制度)落实到位,特制定实施方案如下:

一、落实任职回避制度的目的意义

认真落实任职回避制度,不仅有利于促进司法廉洁,防止法院领导干部及法官私人利益与公共利益的冲突,消除人民群众对司法公正的疑虑,从源头上减少人情案、关系案、金钱案的发生,而且有利于推动人民法院反腐倡廉制度的执行力建设,彰显人民法院防治司法腐败、维护司法公正的决心和信心,提高人民法院司法公信力。

二、落实任职回避制度的方法步骤

(一)宣传动员。各级人民法院要通过开会动员、座谈讨论以及个别谈心等形式,组织动员广大干警认真学习有关回避制度的相关文件及指导手册,充分认识颁布施行任职回避制度的重要意义,把广大干警的思想统一到最高人民法院的决策部署上来,从而不断增强严格执行任职回避制度的自觉性和主动性。

(二)个人申报。凡配偶子女从事律师业务的法院在编工作人员(包括在非审判执行岗位工作的工作人员),均应于2011年5月31日前主动填写《法院工作人员配偶子女从事律师业务情况申报表》(附件1),并报所在法院组织人事部门。

(三)审核公示。各级人民法院组织人事部门要指定专人对个人申报情况进行汇总登记、初步审核,并在本院公示(公示时间不得少于五个工作日)。对初步审核发现的问题和公示期间收到的举报,组织人事部门要进行核查,必要时还可会同纪检监察部门共同核查。

(四)汇总上报。各级人民法院组织人事部门应结合个人申报和组织核查情况,列出《本院及辖区法院拟实行任职回避的人员名册》(附件2),于2011年6月30日前逐级层报至最高人民法院政治部。

(五)提出申请。凡配偶子女从事律师职业的法院领导干部和审判执行岗位法官应于2011年8月10日前,主动向所在法院组织人事部门填报《任职回避申请书》(附件3)或者《关于无需任职回避的情况说明》(附件4)。

(六)岗位调整。各级人民法院应当按照先易后难的原则,分期分批地为任职回避人员办理职务变动或岗位调整手续。从2011年8月开始,各高级人民法院组织人事部门每月应向最高人民法院政治部报送《本院及辖区法院落实任职回避制度工作月报表》(附件5),直到本院及辖区法院应回避人员全部实现了任职回避为止。

三、落实任职回避制度的工作要求

（一）加强组织领导。各级人民法院应当成立由本院党组书记或者副书记任组长的任职回避落实工作领导小组和由本院分管组织人事工作的院领导任主任的领导小组办公室（没有任职回避人员或任职回避人员极少的基层法院除外），切实加强对本院及辖区法院落实任职回避工作的组织领导。要将任职回避制度的落实工作纳入党风廉政建设责任制的责任范围，形成一级抓一级、层层有人抓的工作局面。对于工作中遇到的相关政策性问题，要及时向上级法院请示汇报。

（二）做好思想工作。各级人民法院领导干部要认真做好任职回避人员及其亲属的思想工作，帮助他们不断加深对实行任职回避制度必要性的认识，争取他们对实行任职回避制度的理解和认同。符合任职回避条件的法院领导干部要率先垂范，带头执行任职回避制度的相关规定，为其他任职回避人员做出表率。

（三）妥善安排岗位。各级人民法院的主要领导同志及组织人事部门要主动与地方党委、人大及有关部门进行联系沟通，尽力为任职回避人员重新上岗作出妥善安排。在为任职回避人员重新安排工作岗位时，要尊重任职回避人员的个人意愿，并在客观条件允许的情况下尽量做到组织安排和个人意愿相统一。

（四）确保工作进度。各级人民法院在落实任职回避制度的工作中要注意把握工作节奏和工作进度，各阶段的工作都要尽可能在规定时限内提前完成，以争取工作的主动权。为了确保符合任职回避条件的人员在2012年2月10日前全部实现任职回避，各级人民法院在今年年底前至少应将本院80%以上的任职回避人员调整安排到位。

（五）严肃组织纪律。各级人民法院要将任职回避制度的落实工作纳入年度工作的总体部署，作为年终考核的重要内容和评先评优的重要依据。上级法院要切实加强对下级法院落实任职回避制度的工作的指导和检查。对于工作不力、敷衍塞责、无故拖延的单位要通报批评；对具有隐瞒不报、弄虚作假、规避任职回避等行为的人员要及时查处；对于符合任职回避条件而拒不执行这一制度的人员应当按照有关程序免去其所任领导职务或者将其调离审判执行岗位。

最高人民法院关于审判人员在诉讼活动中执行回避制度若干问题的规定

〔2011年4月11日最高人民法院审判委员会第1517次会议通过，2011年6月10日公布，自2011年6月13日起施行，法释〔2011〕12号〕

为进一步规范审判人员的诉讼回避行为，维护司法公正，根据《中华人民共和国人民法院组织法》《中华人民共和国法官法》《中华人民共和国民事诉讼法》《中华人民共和国刑事诉讼法》《中华人民共和国行政诉讼法》等法律规定，结合人民法院审判工作实际，制定本规定。

第一条 审判人员具有下列情形之一的，应当自行回避，当事人及其法定代理人有权以口头或者书面形式申请其回避：

（一）是本案的当事人或者与当事人有近亲属关系的；

（二）本人或者其近亲属与本案有利害关系的；

（三）担任过本案的证人、翻译人员、鉴定人、勘验人、诉讼代理人、辩护人的；

（四）与本案的诉讼代理人、辩护人有夫妻、父母、子女或者兄弟姐妹关系的；

（五）与本案当事人之间存在其他利害关系，可能影响案件公正审理的。

本规定所称近亲属，包括与审判人员有夫妻、直系血亲、三代以内旁系血亲及近姻亲关系的亲属。

第二条 当事人及其法定代理人发现审判人员违反规定，具有下列情形之一的，有权申请其回避：

（一）私下会见本案一方当事人及其诉讼代理人、辩护人的；

（二）为本案当事人推荐、介绍诉讼代理人、辩护人，或者为律师、其他人员介绍办理该案件的；

（三）索取、接受本案当事人及其受托人的财物、其他利益，或者要求当事人及其受托人报销费用的；

（四）接受本案当事人及其受托人的宴请，或者参加由其支付费用的各项活动的；

（五）向本案当事人及其受托人借款，借用交通工具、通讯工具或者其他物品，或者索取、接受当事人及其受托人在购买商品、装修住房以及其他方面给予的好处的；

（六）有其他不正当行为，可能影响案件公正审理的。

第三条 凡在一个审判程序中参与过本案审判工作的审判人员，不得再参与该案其他程序的审判。但是，经过第二审程序发回重审的案件，在一审法院作出裁判后又进入第二审程序的，原第二审程序中合议庭组成人员不受本条规定的限制。

第四条 审判人员应当回避，本人没有自行回避，当事人及其法定代理人也没有申请其回避的，院长或者审判委员会应当决定其回避。

第五条 人民法院应当依法告知当事人及其法定代理人有申请回避的权利，以及合议庭组成人员、书记员的姓名、职务等相关信息。

第六条 人民法院依法调解案件，应当告知当事人及其法定代理人有申请回避的权利，以及主持调解工作的审判人员及其他参与调解工作的人员的姓名、职务等相关信息。

第七条 第二审人民法院认为第一审人民法院的审理有违反本规定第一条至第三条规定的，应当裁定撤销原判，发回原审人民法院重新审判。

第八条 审判人员及法院其他工作人员从人民法院离任后二年内，不得以律师身份担任诉讼代理人或者辩护人。

审判人员及法院其他工作人员从人民法院离任后，不得担任原任职法院所审理案件的诉讼代理人或者辩护人，但是作为当事人的监护人或者近亲属代理诉讼或者进行辩护的除外。

本条所规定的离任，包括退休、调离、解聘、辞职、辞退、开除等离开法院工作岗位的情形。

本条所规定的原任职法院，包括审判人员及法院其他工作人员曾任职的所有法院。

第九条 审判人员及法院其他工作人员的配偶、子女或者父母不得担任其所任职法院审理案件的诉讼代理人或者辩护人。

第十条 人民法院发现诉讼代理人或者辩护人违反本规定第八条、第九条的规定的,应当责令其停止相关诉讼代理或者辩护行为。

第十一条 当事人及其法定代理人、诉讼代理人、辩护人认为审判人员有违反本规定行为的,可以向法院纪检、监察部门或者其他有关部门举报。受理举报的人民法院应当及时处理,并将相关意见反馈给举报人。

第十二条 对明知具有本规定第一条至第三条规定情形不依法自行回避的审判人员,依照《人民法院工作人员处分条例》的规定予以处分。

对明知诉讼代理人、辩护人具有本规定第八条、第九条规定情形之一,未责令其停止相关诉讼代理或者辩护行为的审判人员,依照《人民法院工作人员处分条例》的规定予以处分。

第十三条 本规定所称审判人员,包括各级人民法院院长、副院长、审判委员会委员、庭长、副庭长、审判员和助理审判员。

本规定所称法院其他工作人员,是指审判人员以外的在编工作人员。

第十四条 人民陪审员、书记员和执行员适用审判人员回避的有关规定,但不属于本规定第十三条所规定人员的,不适用本规定第八条、第九条的规定。

第十五条 自本规定施行之日起,最高人民法院《关于审判人员严格执行回避制度的若干规定》(法发〔2000〕5号)即行废止;本规定施行前本院发布的司法解释与本规定不一致的,以本规定为准。

(五) 诉讼参加人

最高人民法院关于人民法院的审判人员可否担任民事案件当事人的委托代理人的批复

〔1984年1月11日,〔1983〕民他字第37号〕

河北省高级人民法院:

你院一九八三年十二月二十六日关于审判人员可否担任民事案件当事人的委托代理人的请示收悉。经我们研究认为:人民法院的审判人员以不担任委托代理人为宜,如受委托的审判人员是委托人的近亲属或监护人,且不在受理该案的人民法院工作的,可作为特殊情况准许。

此复。

最高人民法院关于民事诉讼委托代理人在执行程序中的代理权限问题的批复

〔1997年1月23日,法复〔1997〕1号〕

陕西省高级人民法院:

你院陕高法〔1996〕78号《关于诉讼委托代理人的代理权限是否包括执行程序的请示》收悉。经研究,答复如下:

根据民事诉讼法的规定,当事人在民事诉讼中有权委托代理人。当事人委托代理人时,应当依法向人民法院提交记明委托事项和代理人具体代理权限的授权委托书。如果当事人在授权委托书中没有写明代理人在执行程序中有代理权及具体的代理事项,代理人在执行程序中没有代理权,不能代理当事人直接领取或者处分标的物。

此复。

最高人民法院关于诉讼代理人查阅民事案件材料的规定

[2002年11月4日最高人民法院审判委员会第1254次会议通过,2002年11月5日公布,自2002年12月7日起施行,法释〔2002〕39号]

为保障代理民事诉讼的律师和其他诉讼代理人依法行使查阅所代理案件有关材料的权利,保证诉讼活动的顺利进行,根据《中华人民共和国民事诉讼法》第六十一条的规定,现对诉讼代理人查阅代理案件有关材料的范围和办法作如下规定:

第一条 代理民事诉讼的律师和其他诉讼代理人有权查阅所代理案件的有关材料。但是,诉讼代理人查阅案件材料不得影响案件的审理。诉讼代理人为申请再审的需要,可以查阅已经审理终结的所代理案件有关材料。

第二条 人民法院应当为诉讼代理人阅卷提供便利条件,安排阅卷场所。必要时,该案件的书记员或者法院其他工作人员应当在场。

第三条 诉讼代理人在诉讼过程中需要查阅案件有关材料的,应当提前与该案件的书记员或者审判人员联系;查阅已经审理终结的案件有关材料的,应当与人民法院有关部门工作人员联系。

第四条 诉讼代理人查阅案件有关材料应当出示律师证或者身份证等有效证件。查阅案件有关材料应当填写查阅案件有关材料阅卷单。

第五条 诉讼代理人在诉讼中查阅案件材料限于案件审判卷和执行卷的正卷,包括起诉书、答辩书、庭审笔录及各种证据材料等。案件审理终结后,可以查阅案件审判卷的正卷。

第六条 诉讼代理人查阅案件有关材料后,应当及时将查阅的全部案件材料交回书记员或者其他负责保管案卷的工作人员。书记员或者法院其他工作人员对诉讼代理人交回的案件材料应当当面清查,认为无误后在阅卷单上签注。阅卷单应当附卷。诉讼代理人不得将查阅的案件材料携出法院指定的阅卷场所。

第七条 诉讼代理人查阅案件材料可以摘抄或者复印。涉及国家秘密的案件材料,依照国家有关规定办理。复印案件材料应当经卷宗保管人员的同意。复印已经审理终结的案件有关材料,诉讼代理人可以要求案卷管理部门在复印材料上盖章确认。复印案件材料可以收取必要的费用。

第八条 查阅案件材料中涉及国家秘密、商业秘密和个人隐私的,诉讼代理人应当保密。

第九条 诉讼代理人查阅案件材料时不得涂改、损毁、抽取案件材料。人民法院对修改、损毁、抽取案卷材料的诉讼代理人,可以参照民事诉讼法第一百零二条第一款第(一)项的规定处理。

第十条 民事案件的当事人查阅案件有关材料的,参照本规定执行。

第十一条 本规定自公布之日起施行。

最高人民法院关于审理人身损害赔偿案件适用法律若干问题的解释

[2003年12月4日最高人民法院审判委员会第1299次会议通过,2003年12月26日公布,2004年5月1日起施行,法释〔2003〕20号]

为正确审理人身损害赔偿案件,依法保护当事人的合法权益,根据《中华人民共和国民法通则》(以下简称民法通则)、《中华人民共和国民事诉讼法》(以下简称民事诉讼法)等有关法律规定,结合审判实践,就有关适用法律的问题作如下解释:

第一条 因生命、健康、身体遭受侵害,赔偿权利人起诉请求赔偿义务人赔偿财产损失和精神损害的,人民法院应予受理。

本条所称"赔偿权利人",是指因侵权行为或者其他致害原因直接遭受人身损害的受害人、依法由受害人承担扶养义务的被扶养人以及死亡受害人的近亲属。

本条所称"赔偿义务人",是指因自己或者他人的侵权行为以及其他致害原因依法应当承担民事责任的自然人、法人或者其他组织。

第二条 受害人对同一损害的发生或者扩大有故意、过失的,依照民法通则第一百三十一条的规定,可以减轻或者免除赔偿义务人的赔偿责任。但侵权人因故意或者重大过失致人损害,受害人只有一般过失的,不减轻赔偿义务人的赔偿责任。

适用民法通则第一百零六条第三款规定确定赔偿义务人的赔偿责任时,受害人有重大过失的,可以减轻赔偿义务人的赔偿责任。

第三条 二人以上共同故意或者共同过失致人损害,或者虽无共同故意、共同过失,但其侵害行为直接结合发生同一损害后果的,构成共同侵权,应当依照民法通则第一百三十条规定承担连带责任。

二人以上没有共同故意或者共同过失,但其分别实施的数个行为间接结合发生同一损害后果的,应当根据过失大小或者原因力比例各自承担相应的赔偿责任。

第四条 二人以上共同实施危及他人人身安全的行为并造成损害后果,不能确定实际侵害行为人的,应当依照民法通则第一百三十条规定承担连带责任。共同危险行为人能够证明损害后果不是由其行为造成的,不承担赔偿责任。

第五条 赔偿权利人起诉部分共同侵权人的,人民法院应当追加其他共同侵权人作为共同被告。赔偿权利人在诉讼中放弃对部分共同侵权人的诉讼请求的,其他共同侵权人对被放弃诉讼请求的被告应当承担的赔偿份额不承担连带责任。责任范围难以确定的,推定各共同侵权人承担同等责任。

人民法院应当将放弃诉讼请求的法律后果告知赔偿权利人,并将放弃诉讼请求的情况在法律文书中叙明。

第六条 从事住宿、餐饮、娱乐等经营活动或者其他社会活动的自然人、法人、其他组织,未尽合理限度范围内的安全保障义务致使他人遭受人身损害,赔偿权利人请求其承担相应赔偿责任的,人民法院应予支持。

因第三人侵权导致损害结果发生的,由实施侵权行为的第三人承担赔偿责任。

安全保障义务人有过错的,应当在其能够防止或者制止损害的范围内承担相应的补充赔偿责任。安全保障义务人承担责任后,可以向第三人追偿。赔偿权利人起诉安全保障义务人的,应当将第三人作为共同被告,但第三人不能确定的除外。

第七条 对未成年人依法负有教育、管理、保护义务的学校、幼儿园或者其他教育机构,未尽职责范围内的相关义务致使未成年人遭受人身损害,或者未成年人致他人人身损害的,应当承担与其过错相应的赔偿责任。

第三人侵权致未成年人遭受人身损害的,应当承担赔偿责任。学校、幼儿园等教育机构有过错的,应当承担相应的补充赔偿责任。

第八条 法人或者其他组织的法定代表人、负责人以及工作人员,在执行职务中致人损害的,依照民法通则第一百二十一条的规定,由该法人或者其他组织承担民事责任。上述人员实施与职务无关的行为致人损害的,应当由行为人承担赔偿责任。

属于《国家赔偿法》赔偿事由的,依照《国家赔偿法》的规定处理。

第九条 雇员在从事雇佣活动中致人损害的,雇主应当承担赔偿责任;雇员因故意或者重大过失致人损害的,应当与雇主承担连带赔偿责任。雇主承担连带赔偿责任的,可以向雇员追偿。

前款所称"从事雇佣活动",是指从事雇主授权或者指示范围内的生产经营活动或者其他劳务活动。雇员的行为超出授权范围,但其表现形式是履行职务或者与履行职务有内在联系的,应当认定为"从事雇佣活动"。

第十条 承揽人在完成工作过程中对第三人造成损害或者造成自身损害的,定作人不承担赔偿责任。但定作人对定作、指示或者选任有过失的,应当承担相应的赔偿责任。

第十一条 雇员在从事雇佣活动中遭受人身损害,雇主应当承担赔偿责任。雇佣关系以外的第三人造成雇员人身损害的,赔偿权利人可以请求第三人承担赔偿责任,也可以请求雇主承担赔偿责任。雇主承担赔偿责任后,可以向第三人追偿。

雇员在从事雇佣活动中因安全生产事故遭受人身损害,发包人、分包人知道或者应当知道接受发包或者分包业务的雇主没有相应资质或者安全生产条件的,应当与雇主承担连带赔偿责任。

属于《工伤保险条例》调整的劳动关系和工伤保险范围的,不适用本条规定。

第十二条 依法应当参加工伤保险统筹的用人单位的劳动者,因工伤事故遭受人身损害,劳动者或者其近亲属向人民法院起诉请求用人单位承担民事赔偿责任的,告知其按《工伤保险条例》的规定处理。

因用人单位以外的第三人侵权造成劳动者人身损害,赔偿权利人请求第三人承担民事赔偿责任的,人民法院应予支持。

第十三条 为他人无偿提供劳务的帮工人,在从事帮工活动中致人损害的,被帮工人应当承担赔偿责任。被帮工人明确拒绝帮工的,不承担赔偿责任。帮工人存在故意或者重大过失,赔偿权利人请求帮工人和被帮工人承担连带责任的,人民法院应予支持。

第十四条 帮工人因帮工活动遭受人身损害的,被帮工人应当承担赔偿责任。被帮工人明确拒绝帮工的,不承担赔偿责任;但可以在受益范围内予以适当补偿。

帮工人因第三人侵权遭受人身损害的,由第三人承担赔偿责任。第三人不能确定或者没有赔偿能力的,可以由被帮工人予以适当补偿。

第十五条 为维护国家、集体或者他人的合法权益而使自己受到人身损害,因没有侵权人、不能确定侵权人或者侵权人没有赔偿能力,赔偿权利人请求受益人在受益范围内予以适当补偿的,人民法院应予支持。

第十六条 下列情形,适用民法通则第一百二十六条的规定,由所有人或者管理人承担赔偿责任,但能够证明自己没有过错的除外:

(一)道路、桥梁、隧道等人工建造的构筑物因维护、管理瑕疵致人损害的;

(二)堆放物品滚落、滑落或者堆放物倒塌致人损害的;

(三)树木倾倒、折断或者果实坠落致人损害的。

前款第(一)项情形,因设计、施工缺陷造成损害的,由所有人、管理人与设计、施工者承担连带责任。

第十七条 受害人遭受人身损害,因就医治疗支出的各项费用以及因误工减少的收入,包括医疗费、误工费、护理费、交通费、住宿费、住院伙食补助费、必要的营养费,赔偿义务人应当予以赔偿。

受害人因伤致残的,其因增加生活上需要所支出的必要费用以及因丧失劳动能力导致的收入损失,包括残疾赔偿金、残疾辅助器具费、被扶养人生活费,以及因康复护理、继续治疗实际发生的必要的康复费、护理费、后续治疗费,赔偿义务人也应当予以赔偿。

受害人死亡的,赔偿义务人除应当根据抢救治疗情况赔偿本条第一款规定的相关费用外,还应当赔偿丧葬费、被扶养人生活费、死亡补偿费以及受害人亲属办理丧葬事宜支出的交通费、住宿费和误工损失等其他合理费用。

第十八条 受害人或者死者近亲属遭受精神损害,赔偿权利人向人民法院请求赔偿精神损害抚慰金的,适用《最高人民法院关于确定民事侵权精神损害赔偿责任若干问题的解释》予以确定。

精神损害抚慰金的请求权,不得让与或者继承。但赔偿义务人已经以书面方式承诺给予金钱赔偿,或者赔偿权利人已经向人民法院起诉的除外。

第十九条 医疗费根据医疗机构出具的医药费、住院费等收款凭证,结合病历和诊断证明等相关证据确定。赔偿义务人对治疗的必要性和合理性有异议的,应当承担相应的举证责任。

医疗费的赔偿数额,按照一审法庭辩论终结前实际发生的数额确定。器官功能恢复训练所必要的康复费、适当的整容费以及其他后续治疗费,赔偿权利人可以待实际发生后另行起诉。但根据医疗证明或者鉴定结论确定必然发生的费用,可以与已经发生的医疗费一并予以赔偿。

第二十条 误工费根据受害人的误工时间和收入状况确定。

误工时间根据受害人接受治疗的医疗机构出具的证明确定。受害人因伤致残持续误工的,误工时间可以计算至定残日前一天。

受害人有固定收入的,误工费按照实际减少的收入计算。受害人无固定收入的,按照其最近三年的平均收入计算;受害人不能举证证明其最近三年的平均收入状况的,可以参照受诉法院所在地相同或者相近行业上一年度职工的平均工资计算。

第二十一条　护理费根据护理人员的收入状况和护理人数、护理期限确定。

护理人员有收入的,参照误工费的规定计算;护理人员没有收入或者雇佣护工的,参照当地护工从事同等级别护理的劳务报酬标准计算。护理人员原则上为一人,但医疗机构或者鉴定机构有明确意见的,可以参照确定护理人员人数。

护理期限应计算至受害人恢复生活自理能力时止。受害人因残疾不能恢复生活自理能力的,可以根据其年龄、健康状况等因素确定合理的护理期限,但最长不超过二十年。

受害人定残后的护理,应当根据其护理依赖程度并结合配制残疾辅助器具的情况确定护理级别。

第二十二条　交通费根据受害人及其必要的陪护人员因就医或者转院治疗实际发生的费用计算。交通费应当以正式票据为凭;有关凭据应当与就医地点、时间、人数、次数相符合。

第二十三条　住院伙食补助费可以参照当地国家机关一般工作人员的出差伙食补助标准予以确定。

受害人确有必要到外地治疗,因客观原因不能住院,受害人本人及其陪护人员实际发生的住宿费和伙食费,其合理部分应予赔偿。

第二十四条　营养费根据受害人伤残情况参照医疗机构的意见确定。

第二十五条　残疾赔偿金根据受害人丧失劳动能力程度或者伤残等级,按照受诉法院所在地上一年度城镇居民人均可支配收入或者农村居民人均纯收入标准,自定残之日起按二十年计算。但六十周岁以上的,年龄每增加一岁减少一年;七十五周岁以上的,按五年计算。

受害人因伤致残但实际收入没有减少,或者伤残等级较轻但造成职业妨害严重影响其劳动就业的,可以对残疾赔偿金作相应调整。

第二十六条　残疾辅助器具费按照普通适用器具的合理费用标准计算。伤情有特殊需要的,可以参照辅助器具配制机构的意见确定相应的合理费用标准。

辅助器具的更换周期和赔偿期限参照配制机构的意见确定。

第二十七条　丧葬费按照受诉法院所在地上一年度职工月平均工资标准,以六个月总额计算。

第二十八条　被扶养人生活费根据扶养人丧失劳动能力程度,按照受诉法院所在地上一年度城镇居民人均消费性支出和农村居民人均年生活消费支出标准计算。被扶养人为未成年人的,计算至十八周岁;被扶养人无劳动能力又无其他生活来源的,计算二十年。但六十周岁以上的,年龄每增加一岁减少一年;七十五周岁以上的,按五年计算。

被扶养人是指受害人依法应当承担扶养义务的未成年人或者丧失劳动能力又无其他生活来源的成年近亲属。被扶养人还有其他扶养人的,赔偿义务人只赔偿受害人依法应当负担的部分。被扶养人有数人的,年赔偿总额累计不超过上一年度城镇居民人均消费性支出额或者农村居民人均年生活消费支出额。

第二十九条　死亡赔偿金按照受诉法院所在地上一年度城镇居民人均可支配收入或者农村居民人均纯收入标准,按二十年计算。但六十周岁以上的,年龄每增加一岁减少一年;七十五周岁以上的,按五年计算。

第三十条　赔偿权利人举证证明其住所地或者经常居住地城镇居民人均可支配收入或者农村居民人均纯收入高于受诉法院所在地标准的,残疾赔偿金或者死亡赔偿金可以按照其住所地或者经常居住地的相关标准计算。

被扶养人生活费的相关计算标准,依照前款原则确定。

第三十一条　人民法院应当按照民法通则第一百三十一条以及本解释第二条的规定,确定第十九条至第二十九条各项财产损失的实际赔偿金额。

前款确定的物质损害赔偿金与按照第十八条第一款规定确定的精神损害抚慰金,原则上应当一次性给付。

第三十二条　超过确定的护理期限、辅助器具费给付年限或者残疾赔偿金给付年限,赔偿权利人向人民法院起诉请求继续给付护理费、辅助器具费或者残疾赔偿金的,人民法院应予受理。赔偿权利人确需继续护理、配制辅助器具,或者没有劳动能力和生活来源的,人民法院应当判令赔偿义务人继续给付相关费用五至十年。

第三十三条　赔偿义务人请求以定期金方式给付残疾赔偿金、被扶养人生活费、残疾辅助器具费的,应当提供相应的担保。人民法院可以根据赔偿义务人的给付能力和提供担保的情况,确定以定期金方式给付相关费用。但一审法庭辩论终结前已经发生的费用、死亡赔偿金以及精神损害抚慰金,应当一次性给付。

第三十四条　人民法院应当在法律文书中明确定期金的给付时间、方式以及每期给付标准。执行期间有关统计数据发生变化的,给付金额应当适时进行相应调整。

定期金按照赔偿权利人的实际生存年限给付,不受本解释有关赔偿期限的限制。

第三十五条　本解释所称"城镇居民人均可支配收入"、"农村居民人均纯收入"、"城镇居民人均消费性支出"、"农村居民人均年生活消费支出"、"职工平均工资",按照政府统计部门公布的各省、自治区、直辖市以及经济特区和计划单列市上一年度相关统计数据确定。

"上一年度",是指一审法庭辩论终结时的上一统计年度。

第三十六条　本解释自 2004 年 5 月 1 日起施行。2004 年 5 月 1 日后新受理的一审人身损害赔偿案件,适用本解释的规定。已经作出生效裁判的人身损害赔偿案件依法再审的,不适用本解释的规定。

在本解释公布施行之前已经生效施行的司法解释,其内容与本解释不一致的,以本解释为准。

最高人民法院关于金湖新村业主委员会是否具备民事诉讼主体资格请示一案的复函

[2003 年 8 月 20 日,〔2002〕民立他字第 46 号]

安徽省高级人民法院:

你院〔2002〕皖民一终字第 112 号《关于金湖新村业主委员会是否具备民事诉讼主体资格的请示报告》收悉。经

研究,答复如下:

根据《中华人民共和国民事诉讼法》第四十九条、最高人民法院《关于适用〈中华人民共和国民事诉讼法〉若干问题的意见》第四十条的规定,金湖新村业主委员会符合"其他组织"条件,对房地产开发单位未向业主委员会移交住宅区规划图等资料、未提供配套公用设施、公用设施专项费、公共部位维护费及物业管理用房、商业用房的,可以自己名义提起诉讼。

最高人民法院关于春雨花园业主委员会是否具有民事诉讼主体资格的复函

[2005年8月15日,〔2005〕民立他字第8号]

安徽省高级人民法院:

你院〔2004〕皖民一他字第34号《关于春雨花园业主委员会是否具有民事诉讼主体资格的请示》收悉。经研究,答复如下:

根据《物业管理条例》规定,业主委员会是业主大会的执行机构,根据业主大会的授权对外代表业主进行民事活动,所产生的法律后果由全体业主承担。业主委员会与他人发生民事争议的,可以作为被告参加诉讼。

最高人民法院关于人民法院受理共同诉讼案件问题的通知

[2005年12月30日,法〔2005〕270号]

各省、自治区、直辖市高级人民法院,新疆维吾尔自治区高级人民法院生产建设兵团分院:

为方便当事人诉讼和人民法院就地进行案件调解工作,提高审判效率,节省诉讼资源,进一步加强最高人民法院对下级人民法院民事审判工作的监督和指导,根据民事诉讼法的有关规定,现就人民法院受理共同诉讼案件问题通知如下:

一、当事人一方或双方人数众多的共同诉讼,依法由基层人民法院受理。受理法院认为不宜作为共同诉讼受理的,可分别受理。

在高级人民法院辖区内有重大影响的上述案件,由中级人民法院受理。如情况特殊,确需高级人民法院作为一审民事案件受理的,应当在受理前报最高人民法院批准。

法律、司法解释对知识产权、海事、海商、涉外等民事纠纷案件的级别管辖另有规定的,从其规定。

二、各级人民法院应当加强对共同诉讼案件涉及问题的调查研究,上级人民法院应当加强对下级人民法院审理此类案件的指导工作。

本通知执行过程中有何问题及建议,请及时报告我院。

本通知自2006年1月1日起施行。

最高人民法院关于审理利用信息网络侵害人身权益民事纠纷案件适用法律若干问题的规定

[2014年6月23日最高人民法院审判委员会第1621次会议通过,2014年8月21日公布,自2014年10月10日起施行,法释〔2014〕11号]

为正确审理利用信息网络侵害人身权益民事纠纷案件,根据《中华人民共和国民法通则》《中华人民共和国侵权责任法》《全国人民代表大会常务委员会关于加强网络信息保护的决定》《中华人民共和国民事诉讼法》等法律的规定,结合审判实践,制定本规定。

第一条 本规定所称的利用信息网络侵害人身权益民事纠纷案件,是指利用信息网络侵害他人姓名权、名称权、名誉权、荣誉权、肖像权、隐私权等人身权益引起的纠纷案件。

第二条 利用信息网络侵害人身权益提起的诉讼,由侵权行为地或者被告住所地人民法院管辖。

侵权行为实施地包括实施被诉侵权行为的计算机等终端设备所在地,侵权结果发生地包括被侵权人住所地。

第三条 原告依据侵权责任法第三十六条第二款、第三款的规定起诉网络用户或者网络服务提供者的,人民法院应予受理。

原告仅起诉网络用户,网络用户请求追加涉嫌侵权的网络服务提供者为共同被告或者第三人的,人民法院应予准许。

原告仅起诉网络服务提供者,网络服务提供者请求追加可以确定的网络用户为共同被告或者第三人的,人民法院应予准许。

第四条 原告起诉网络服务提供者,网络服务提供者以涉嫌侵权的信息系网络用户发布为由抗辩的,人民法院可以根据原告的请求及案件的具体情况,责令网络服务提供者向人民法院提供能够确定涉嫌侵权的网络用户的姓名(名称)、联系方式、网络地址等信息。

网络服务提供者无正当理由拒不提供的,人民法院可以依民事诉讼法第一百一十四条的规定对网络服务提供者采取处罚等措施。

原告根据网络服务提供者提供的信息请求追加网络用户为被告的,人民法院应予准许。

第五条 依据侵权责任法第三十六条第二款的规定,被侵权人以书面形式或者网络服务提供者公示的方式向网络服务提供者发出的通知,包含下列内容的,人民法院应当认定有效:

(一)通知人的姓名(名称)和联系方式;

(二)要求采取必要措施的网络地址或者足以准确定位侵权内容的相关信息;

(三)通知人要求删除相关信息的理由。

被侵权人发送的通知未满足上述条件,网络服务提供者主张免除责任的,人民法院应予支持。

第六条 人民法院适用侵权责任法第三十六条第二款的规定,认定网络服务提供者采取的删除、屏蔽、断开链接等必要措施是否及时,应当根据网络服务的性质、有效通知的形式和准确程度,网络信息侵害权益的类型和程度等因素综合判断。

第七条 其发布的信息被采取删除、屏蔽、断开链接等措施的网络用户,主张网络服务提供者承担违约责任或者侵权责任,网络服务提供者以收到通知为由抗辩的,人民法院应予支持。

被采取删除、屏蔽、断开链接等措施的网络用户,请求网络服务提供者提供通知内容的,人民法院应予支持。

第八条 因通知人的通知导致网络服务提供者错误采取删除、屏蔽、断开链接等措施,被采取措施的网络用户请求通知人承担侵权责任的,人民法院应予支持。

被错误采取措施的网络用户请求网络服务提供者采取相应恢复措施的,人民法院应予支持,但受技术条件限制无法恢复的除外。

第九条 人民法院依据侵权责任法第三十六条第三款认定网络服务提供者是否"知道",应当综合考虑下列因素:

(一)网络服务提供者是否以人工或者自动方式对侵权网络信息以推荐、排名、选择、编辑、整理、修改等方式作出处理;

(二)网络服务提供者应当具备的管理信息的能力,以及所提供服务的性质、方式及其引发侵权的可能性大小;

(三)该网络信息侵害人身权益的类型及明显程度;

(四)该网络信息的社会影响程度或者一定时间内的浏览量;

(五)网络服务提供者采取预防侵权措施的技术可能性及其是否采取了相应的合理措施;

(六)网络服务提供者是否针对同一网络用户的重复侵权行为或者同一侵权信息采取了相应的合理措施;

(七)与本案相关的其他因素。

第十条 人民法院认定网络用户或者网络服务提供者转载网络信息行为的过错及其程度,应当综合以下因素:

(一)转载主体所承担的与其性质、影响范围相适应的注意义务;

(二)所转载信息侵害他人人身权益的明显程度;

(三)对所转载信息是否作出实质性修改,是否添加或者修改文章标题,导致其与内容严重不符以及误导公众的可能性。

第十一条 网络用户或者网络服务提供者采取诽谤、诋毁等手段,损害公众对经营主体的信赖,降低其产品或者服务的社会评价,经营主体请求网络用户或者网络服务提供者承担侵权责任的,人民法院应依法予以支持。

第十二条 网络用户或者网络服务提供者利用网络公开自然人基因信息、病历资料、健康检查资料、犯罪记录、家庭住址、私人活动等个人隐私和其他个人信息,造成他人损害,被侵权人请求其承担侵权责任的,人民法院应予支持。但下列情形除外:

(一)经自然人书面同意且在约定范围内公开;

(二)为促进社会公共利益且在必要范围内;

(三)学校、科研机构等基于公共利益为学术研究或者统计的目的,经自然人书面同意,且公开的方式不足以识别特定自然人;

(四)自然人自行在网络上公开的信息或者其他已合法公开的个人信息;

(五)以合法渠道获取的个人信息;

(六)法律或者行政法规另有规定。

网络用户或者网络服务提供者以违反社会公共利益、社会公德的方式公开前款第四项、第五项规定的个人信息,或者公开该信息侵害权利人值得保护的重大利益,权利人请求网络用户或者网络服务提供者承担侵权责任的,人民法院应予支持。

国家机关行使职权公开个人信息的,不适用本条规定。

第十三条　网络用户或者网络服务提供者,根据国家机关依职权制作的文书和公开实施的职权行为等信息来源所发布的信息,有下列情形之一,侵害他人人身权益,被侵权人请求侵权人承担侵权责任的,人民法院应予支持:

(一)网络用户或者网络服务提供者发布的信息与前述信息来源内容不符;

(二)网络用户或者网络服务提供者以添加侮辱性内容、诽谤性信息、不当标题或者通过增删信息、调整结构、改变顺序等方式致人误解;

(三)前述信息来源已被公开更正,但网络用户拒绝更正或者网络服务提供者不予更正;

(四)前述信息来源已被公开更正,网络用户或者网络服务提供者仍然发布更正之前的信息。

第十四条　被侵权人与构成侵权的网络用户或者网络服务提供者达成一方支付报酬,另一方提供删除、屏蔽、断开链接等服务的协议,人民法院应认定为无效。

擅自篡改、删除、屏蔽特定网络信息或者以断开链接的方式阻止他人获取网络信息,发布该信息的网络用户或者网络服务提供者请求侵权人承担侵权责任的,人民法院应予支持。接受他人委托实施该行为的,委托人与受托人承担连带责任。

第十五条　雇佣、组织、教唆或者帮助他人发布、转发网络信息侵害他人人身权益的,被侵权人请求行为人承担连带责任的,人民法院应予支持。

第十六条　人民法院判决侵权人承担赔礼道歉、消除影响或者恢复名誉等责任形式的,应当与侵权的具体方式和所造成的影响范围相当。侵权人拒不履行的,人民法院可以采取在网络上发布公告或者公布裁判文书等合理的方式执行,由此产生的费用由侵权人承担。

第十七条　网络用户或者网络服务提供者侵害他人人身权益,造成财产损失或者严重精神损害,被侵权人依据侵权责任法第二十条和第二十二条的规定请求其承担赔偿责任的,人民法院应予支持。

第十八条　被侵权人为制止侵权行为所支付的合理开支,可以认定为侵权责任法第二十条规定的财产损失。合理开支包括被侵权人或者委托代理人对侵权行为进行调查、取证的合理费用。人民法院根据当事人的请求和具体案情,可以将符合国家有关部门规定的律师费用计算在赔偿范围内。

被侵权人因人身权益受侵害造成的财产损失或者侵权人因此获得的利益无法确定的,人民法院可以根据具体案情在50万元以下的范围内确定赔偿数额。

精神损害的赔偿数额,依据《最高人民法院关于确定民事侵权精神损害赔偿责任若干问题的解释》第十条的规定予以确定。

第十九条　本规定施行后人民法院正在审理的一审、二审案件适用本规定。

本规定施行前已经终审,本规定施行

后当事人申请再审或者按照审判监督程序决定再审的案件,不适用本规定。

最高人民法院关于审理融资租赁合同纠纷案件适用法律问题的解释

[2013年11月25日最高人民法院审判委员会第1597次会议通过,2014年2月24日公布,自2014年3月1日起施行,法释〔2014〕3号]

为正确审理融资租赁合同纠纷案件,根据《中华人民共和国合同法》《中华人民共和国物权法》《中华人民共和国民事诉讼法》等法律的规定,结合审判实践,制定本解释。

一、融资租赁合同的认定及效力

第一条 人民法院应当根据合同法第二百三十七条的规定,结合标的物的性质、价值、租金的构成以及当事人的合同权利和义务,对是否构成融资租赁法律关系作出认定。

对名为融资租赁合同,但实际不构成融资租赁法律关系的,人民法院应按照其实际构成的法律关系处理。

第二条 承租人将其自有物出卖给出租人,再通过融资租赁合同将租赁物从出租人处租回的,人民法院不应仅以承租人和出卖人系同一人为由认定不构成融资租赁法律关系。

第三条 根据法律、行政法规规定,承租人对于租赁物的经营使用应当取得行政许可的,人民法院不应仅以出租人未取得行政许可为由认定融资租赁合同无效。

第四条 融资租赁合同被认定无效,当事人就合同无效情形下租赁物归属有约定的,从其约定;未约定或者约定不明,且当事人协商不成的,租赁物应当返还出租人。但因承租人原因导致合同无效,出租人不要求返还租赁物,或者租赁物正在使用,返还出租人后会显著降低租赁物价值和效用的,人民法院可以判决租赁物所有权归承租人,并根据合同履行情况和租金支付情况,由承租人就租赁物进行折价补偿。

二、合同的履行和租赁物的公示

第五条 出卖人违反合同约定的向承租人交付标的物的义务,承租人因下列情形之一拒绝受领租赁物的,人民法院应予支持:

(一)租赁物严重不符合约定的;

(二)出卖人未在约定的交付期间或者合理期间内交付租赁物,经承租人或者出租人催告,在催告期满后仍未交付的。

承租人拒绝受领租赁物,未及时通知出租人,或者无正当理由拒绝受领租赁物,造成出租人损失,出租人向承租人主张损害赔偿的,人民法院应予支持。

第六条 承租人对出卖人行使索赔权,不影响其履行融资租赁合同项下支付租金的义务,但承租人以依赖出租人的技能确定租赁物或者出租人干预选择租赁物为由,主张减轻或者免除相应租金支付义务的除外。

第七条 承租人占有租赁物期间,租赁物毁损、灭失的风险由承租人承担,出租人要求承租人继续支付租金的,人民法院应予支持。但当事人另有约定或者法律另有规定的除外。

第八条　出租人转让其在融资租赁合同项下的部分或者全部权利,受让方以此为由请求解除或者变更融资租赁合同的,人民法院不予支持。

第九条　承租人或者租赁物的实际使用人,未经出租人同意转让租赁物或者在租赁物上设立其他物权,第三人依据物权法第一百零六条的规定取得租赁物的所有权或者其他物权,出租人主张第三人物权权利不成立的,人民法院不予支持,但有下列情形之一的除外:

(一)出租人已在租赁物的显著位置作出标识,第三人在与承租人交易时知道或者应当知道该物为租赁物的;

(二)出租人授权承租人将租赁物抵押给出租人并在登记机关依法办理抵押权登记的;

(三)第三人与承租人交易时,未按照法律、行政法规、行业或者地区主管部门的规定在相应机构进行融资租赁交易查询的;

(四)出租人有证据证明第三人知道或者应当知道交易标的物为租赁物的其他情形。

第十条　当事人约定租赁期间届满后租赁物归出租人的,因租赁物毁损、灭失或者附合、混同于他物导致承租人不能返还,出租人要求其给予合理补偿的,人民法院应予支持。

三、合同的解除

第十一条　有下列情形之一,出租人或者承租人请求解除融资租赁合同的,人民法院应予支持:

(一)出租人与出卖人订立的买卖合同解除、被确认无效或者被撤销,且双方未能重新订立买卖合同的;

(二)租赁物因不可归责于双方的原因意外毁损、灭失,且不能修复或者确定替代物的;

(三)因出卖人的原因致使融资租赁合同的目的不能实现的。

第十二条　有下列情形之一,出租人请求解除融资租赁合同的,人民法院应予支持:

(一)承租人未经出租人同意,将租赁物转让、转租、抵押、质押、投资入股或者以其他方式处分租赁物的;

(二)承租人未按照合同约定的期限和数额支付租金,符合合同约定的解除条件,经出租人催告后在合理期限内仍不支付的;

(三)合同对于欠付租金解除合同的情形没有明确约定,但承租人欠付租金达到两期以上,或者数额达到全部租金百分之十五以上,经出租人催告后在合理期限内仍不支付的;

(四)承租人违反合同约定,致使合同目的不能实现的其他情形。

第十三条　因出租人的原因致使承租人无法占有、使用租赁物,承租人请求解除融资租赁合同的,人民法院应予支持。

第十四条　当事人在一审诉讼中仅请求解除融资租赁合同,未对租赁物的归属及损失赔偿提出主张的,人民法院可以向当事人进行释明。

第十五条　融资租赁合同因租赁物交付承租人后意外毁损、灭失等不可归责于当事人的原因而解除,出租人要求承租人按照租赁物折旧情况给予补偿的,人民法院应予支持。

第十六条　融资租赁合同因买卖合同被解除、被确认无效或者被撤销而解除,出租人根据融资租赁合同约定,或者以融资租赁合同虽未约定或约定不明,但出卖人及租赁物系由承租人选择为由,主张承租人赔偿相应损失的,人民法院应予支持。

出租人的损失已经在买卖合同被解除、被确认无效或者被撤销时获得赔偿的,应当免除承租人相应的赔偿责任。

四、违约责任

第十七条 出租人有下列情形之一,影响承租人对租赁物的占有和使用,承租人依照合同法第二百四十五条的规定,要求出租人赔偿相应损失的,人民法院应予支持:

(一)无正当理由收回租赁物;

(二)无正当理由妨碍、干扰承租人对租赁物的占有和使用;

(三)因出租人的原因导致第三人对租赁物主张权利;

(四)不当影响承租人对租赁物占有、使用的其他情形。

第十八条 出租人有下列情形之一,导致承租人对出卖人索赔逾期或者索赔失败,承租人要求出租人承担相应责任的,人民法院应予支持:

(一)明知租赁物有质量瑕疵而不告知承租人的;

(二)承租人行使索赔权时,未及时提供必要协助的;

(三)怠于行使融资租赁合同中约定的只能由出租人行使对出卖人的索赔权的;

(四)怠于行使买卖合同中约定的只能由出租人行使的对出卖人的索赔权的。

第十九条 租赁物不符合融资租赁合同的约定且出租人实施了下列行为之一,承租人依照合同法第二百四十一条、第二百四十四条的规定,要求出租人承担相应责任的,人民法院应予支持:

(一)出租人在承租人选择出卖人、租赁物时,对租赁物的选定起决定作用的;

(二)出租人干预或者要求承租人按照出租人意愿选择出卖人或者租赁物的;

(三)出租人擅自变更承租人已经选定的出卖人或者租赁物的。

承租人主张其系依赖出租人的技能确定租赁物或者出租人干预选择租赁物的,对上述事实承担举证责任。

第二十条 承租人逾期履行支付租金义务或者迟延履行其他付款义务,出租人按照融资租赁合同的约定要求承租人支付逾期利息、相应违约金的,人民法院应予支持。

第二十一条 出租人既请求承租人支付合同约定的全部未付租金又请求解除融资租赁合同的,人民法院应告知其依照合同法第二百四十八条的规定作出选择。

出租人请求承租人支付合同约定的全部未付租金,人民法院判决后承租人未予履行,出租人再行起诉请求解除融资租赁合同、收回租赁物的,人民法院应予受理。

第二十二条 出租人依照本解释第十二条的规定请求解除融资租赁合同,同时请求收回租赁物并赔偿损失的,人民法院应予支持。

前款规定的损失赔偿范围为承租人全部未付租金及其他费用与收回租赁物价值的差额。合同约定租赁期间届满后租赁物归出租人所有的,损失赔偿范围还应包括融资租赁合同到期后租赁物的残值。

第二十三条　诉讼期间承租人与出租人对租赁物的价值有争议的,人民法院可以按照融资租赁合同的约定确定租赁物价值;融资租赁合同未约定或者约定不明的,可以参照融资租赁合同约定的租赁物折旧以及合同到期后租赁物的残值确定租赁物价值。

承租人或者出租人认为依前款确定的价值严重偏离租赁物实际价值的,可以请求人民法院委托有资质的机构评估或者拍卖确定。

五、其他规定

第二十四条　出卖人与买受人因买卖合同发生纠纷,或者出租人与承租人因融资租赁合同发生纠纷,当事人仅对其中一个合同关系提起诉讼,人民法院经审查后认为另一合同关系的当事人与案件处理结果有法律上的利害关系的,可以通知其作为第三人参加诉讼。

承租人与租赁物的实际使用人不一致,融资租赁合同当事人未对租赁物的实际使用人提起诉讼,人民法院经审查后认为租赁物的实际使用人与案件处理结果有法律上的利害关系的,可以通知其作为第三人参加诉讼。

承租人基于买卖合同和融资租赁合同直接向出卖人主张受领租赁物、索赔等买卖合同权利的,人民法院应通知出租人作为第三人参加诉讼。

第二十五条　当事人因融资租赁合同租金欠付争议向人民法院请求保护其权利的诉讼时效期间为两年,自租赁期限届满之日起计算。

第二十六条　本解释自2014年3月1日起施行。《最高人民法院关于审理融资租赁合同纠纷案件若干问题的规定》(法发〔1996〕19号)同时废止。

本解释施行后尚未终审的融资租赁合同纠纷案件,适用本解释;本解释施行前已经终审,当事人申请再审或者按照审判监督程序决定再审的,不适用本解释。

最高人民法院、最高人民检察院、公安部、国家安全部、司法部关于进一步规范司法人员与当事人、律师特殊关系人、中介组织接触交往行为的若干规定

[2015年9月6日]

第一条　为规范司法人员与当事人、律师、特殊关系人、中介组织的接触、交往行为,保证公正司法,根据有关法律和纪律规定,结合司法工作实际,制定本规定。

第二条　司法人员与当事人、律师、特殊关系人、中介组织接触、交往,应当符合法律纪律规定,防止当事人、律师、特殊关系人、中介组织以不正当方式对案件办理进行干涉或者施加影响。

第三条　各级司法机关应当建立公正、高效、廉洁的办案机制,确保司法人员与当事人、律师、特殊关系人、中介组织无不当接触、交往行为,切实防止利益输送,保障案件当事人的合法权益,维护国家法律统一正确实施,维护社会公平正义。

第四条　审判人员、检察人员、侦查人员在诉讼活动中,有法律规定的回避情形的,应当自行回避,当事人及其法定代理人也有权要求他们回避。

审判人员、检察人员、侦查人员的回避，应当依法按程序批准后执行。

第五条 严禁司法人员与当事人、律师、特殊关系人、中介组织有下列接触交往行为：

（一）泄露司法机关办案工作秘密或者其他依法依规不得泄露的情况；

（二）为当事人推荐、介绍诉讼代理人、辩护人，或者为律师、中介组织介绍案件，要求、建议或者暗示当事人更换符合代理条件的律师；

（三）接受当事人、律师、特殊关系人、中介组织请客送礼或者其他利益；

（四）向当事人、律师、特殊关系人、中介组织借款、租借房屋、借用交通工具、通讯工具或者其他物品；

（五）在委托评估、拍卖等活动中徇私舞弊，与相关中介组织和人员恶意串通、弄虚作假、违规操作等行为；

（六）司法人员与当事人、律师、特殊关系人、中介组织的其他不正当接触交往行为。

第六条 司法人员在案件办理过程中，应当在工作场所、工作时间接待当事人、律师、特殊关系人、中介组织。因办案需要，确需与当事人、律师、特殊关系人、中介组织在非工作场所、非工作时间接触的，应依照相关规定办理审批手续并获批准。

第七条 司法人员在案件办理过程中因不明情况或者其他原因在非工作时间或非工作场所接触当事人、律师、特殊关系人、中介组织的，应当在三日内向本单位纪检监察部门报告有关情况。

第八条 司法人员从司法机关离任后，不得担任原任职单位办理案件的诉讼代理人或者辩护人，但是作为当事人的监护人或者近亲属代理诉讼或者进行辩护的除外。

第九条 司法人员有违反本规定行为的，当事人、律师、特殊关系人、中介组织和其他任何组织和个人可以向有关司法机关反映情况或者举报。

第十条 对反映或者举报司法人员违反本规定的线索，司法机关纪检监察部门应当及时受理，全面、如实记录，认真进行核查。对实名举报的，自受理之日起一个月内进行核查并将查核结果向举报人反馈。

不属于本单位纪检监察部门管辖的司法人员违反本规定的，将有关线索移送有管辖权的纪检监察部门处理。

第十一条 司法人员违反本规定，依照《中国共产党纪律处分条例》、《行政机关公务员处分条例》、《人民法院工作人员处分条例》、《检察人员纪律处分条例（试行）》、《公安机关人民警察纪律条令》等规定给予纪律处分，并按程序报经批准后予以通报，必要时可以向社会公开；造成冤假错案或者其他严重后果，构成犯罪的，依法追究刑事责任。

第十二条 司法机关应当将司法人员执行本规定的情况记入个人廉政档案。单位组织人事部门将执行本规定情况作为司法人员年度考核和晋职晋级的重要依据。

第十三条 司法机关应当每季度对司法人员与当事人、律师、特殊关系人、中介组织的不正当接触、交往情况进行汇总分析，报告同级党委政法委和上级司法机关。

第十四条 本规定所称"司法人员"，是指在法院、检察院、公安机关、国家安全机关、司法行政机关依法履行审判、执行、检察、侦查、监管职责的人员。

本规定所称"特殊关系人",是指当事人的父母、配偶、子女、同胞兄弟姊妹和与案件有利害关系或可能影响案件公正处理的其他人。

本规定所称"中介组织",是指依法通过专业知识和技术服务,向委托人提供代理性、信息技术服务性等中介服务的机构,主要包括受案件当事人委托从事审计、评估、拍卖、变卖、检验或者破产管理等服务的中介机构。公证机构、司法鉴定机构参照"中介组织"适用本规定。

第十五条 本规定自印发之日起施行。

最高人民法院、民政部、环境保护部关于贯彻实施环境民事公益诉讼制度的通知

[2014年12月26日,法〔2014〕352号]

各省、自治区、直辖市高级人民法院、民政厅(局)、环境保护厅(局)、新疆维吾尔自治区高级人民法院生产建设兵团分院、民政局、环境保护局:

为正确实施《中华人民共和国民事诉讼法》《中华人民共和国环境保护法》《最高人民法院关于审理环境民事公益诉讼案件适用法律若干问题的解释》,现就贯彻实施环境民事公益诉讼制度有关事项通知如下:

一、人民法院受理和审理社会组织提起的环境民事公益诉讼,可根据案件需要向社会组织的登记管理机关查询或者核实社会组织的基本信息,包括名称、住所、成立时间、宗旨、业务范围、法定代表人或者负责人、存续状态、年检信息、从事业务活动的情况以及登记管理机关掌握的违法记录等,有关登记管理机关应及时将相关信息向人民法院反馈。

二、社会组织存在通过诉讼牟取经济利益情形的,人民法院应向其登记管理机关发送司法建议,由登记管理机关依法对其进行查处,查处结果应向社会公布并通报人民法院。

三、人民法院受理环境民事公益诉讼后,应当在十日内通报对被告行为负有监督管理职责的环境保护主管部门。环境保护主管部门收到人民法院受理环境民事公益诉讼案件线索后,可以根据案件线索开展核查;发现被告行为构成环境行政违法的,应当依法予以处理,并将处理结果通报人民法院。

四、人民法院因审理案件需要,向负有监督管理职责的环境保护主管部门调取涉及被告的环境影响评价文件及其批复、环境许可和监管、污染物排放情况、行政处罚及处罚依据等证据材料的,相关部门应及时向人民法院提交,法律法规规定不得对外提供的材料除外。

五、环境民事公益诉讼当事人达成调解协议或者自行达成和解协议的,人民法院应当将协议内容告知负有监督管理职责的环境保护主管部门。相关部门对协议约定的修复费用、修复方式等内容有意见和建议的,应及时向人民法院提出。

六、人民法院可以判决被告自行组织修复生态环境,可以委托第三方修复生态环境,必要时也可以商请负有监督管理职责的环境保护主管部门共同组织修复生态环境。对生态环境损害修复结果,人民法院可以委托具有环境损害评估等相关资质的鉴定机构进行鉴定,必要时可以

商请负有监督管理职责的环境保护主管部门协助审查。

七、人民法院判决被告承担的生态环境修复费用、生态环境受到损害至恢复原状期间服务功能损失等款项，应当用于修复被损害的生态环境。提起环境民事公益诉讼的原告在诉讼中所需的调查取证、专家咨询、检验、鉴定等必要费用，可以酌情从上述款项中支付。

八、人民法院应将判决执行情况及时告知提起环境民事公益诉讼的社会组织。

各级人民法院、民政部门、环境保护部门应认真遵照执行。对于实施工作中存在的问题和建议，请分别及时报告最高人民法院、民政部、环境保护部。

最高人民法院关于审理环境民事公益诉讼案件适用法律若干问题的解释

[2014年12月8日最高人民法院审判委员会第1631次会议通过，2015年1月6日公布，自2015年1月7日起施行，法释〔2015〕1号]

为正确审理环境民事公益诉讼案件，根据《中华人民共和国民事诉讼法》《中华人民共和国侵权责任法》《中华人民共和国环境保护法》等法律的规定，结合审判实践，制定本解释。

第一条 法律规定的机关和有关组织依据民事诉讼法第五十五条、环境保护法第五十八条等法律的规定，对已经损害社会公共利益或者具有损害社会公共利益重大风险的污染环境、破坏生态的行为提起诉讼，符合民事诉讼法第一百一十九条第二项、第三项、第四项规定的，人民法院应予受理。

第二条 依照法律、法规的规定，在设区的市级以上人民政府民政部门登记的社会团体、民办非企业单位以及基金会等，可以认定为环境保护法第五十八条规定的社会组织。

第三条 设区的市、自治州、盟、地区、不设区的地级市，直辖市的区以上人民政府民政部门，可以认定为环境保护法第五十八条规定的"设区的市级以上人民政府民政部门"。

第四条 社会组织章程确定的宗旨和主要业务范围是维护社会公共利益，且从事环境保护公益活动的，可以认定为环境保护法第五十八条规定的"专门从事环境保护公益活动"

社会组织提起的诉讼所涉及的社会公共利益，应与其宗旨和业务范围具有关联性。

第五条 社会组织在提起诉讼前五年内未因从事业务活动违反法律、法规的规定受过行政、刑事处罚的，可以认定为环境保护法第五十八条规定的"无违法记录"。

第六条 第一审环境民事公益诉讼案件由污染环境、破坏生态行为发生地、损害结果地或者被告住所地的中级以上人民法院管辖。

中级人民法院认为确有必要的，可以在报请高级人民法院批准后，裁定将本院管辖的第一审环境民事公益诉讼案件交由基层人民法院审理。

同一原告或者不同原告对同一污染环境、破坏生态行为分别向两个以上有管辖权的人民法院提起环境民事公益诉讼的,由最先立案的人民法院管辖,必要时由共同上级人民法院指定管辖。

第七条 经最高人民法院批准,高级人民法院可以根据本辖区环境和生态保护的实际情况,在辖区内确定部分中级人民法院受理第一审环境民事公益诉讼案件。

中级人民法院管辖环境民事公益诉讼案件的区域由高级人民法院确定。

第八条 提起环境民事公益诉讼应当提交下列材料:

(一)符合民事诉讼法第一百二十一条规定的起诉状,并按照被告人数提出副本;

(二)被告的行为已经损害社会公共利益或者具有损害社会公共利益重大风险的初步证明材料;

(三)社会组织提起诉讼的,应当提交社会组织登记证书、章程、起诉前连续五年的年度工作报告书或者年检报告书,以及由其法定代表人或者负责人签字并加盖公章的无违法记录的声明。

第九条 人民法院认为原告提出的诉讼请求不足以保护社会公共利益的,可以向其释明变更或者增加停止侵害、恢复原状等诉讼请求。

第十条 人民法院受理环境民事公益诉讼后,应当在立案之日起五日内将起诉状副本发送被告,并公告案件受理情况。

有权提起诉讼的其他机关和社会组织在公告之日起三十日内申请参加诉讼,经审查符合法定条件的,人民法院应当将其列为共同原告;逾期申请的,不予准许。

公民、法人和其他组织以人身、财产受到损害为由申请参加诉讼的,告知其另行起诉。

第十一条 检察机关、负有环境保护监督管理职责的部门及其他机关、社会组织、企业事业单位依据民事诉讼法第十五条的规定,可以通过提供法律咨询、提交书面意见、协助调查取证等方式支持社会组织依法提起环境民事公益诉讼。

第十二条 人民法院受理环境民事公益诉讼后,应当在十日内告知对被告行为负有环境保护监督管理职责的部门。

第十三条 原告请求被告提供其排放的主要污染物名称、排放方式、排放浓度和总量、超标排放情况以及防治污染设施的建设和运行情况等环境信息,法律、法规、规章规定被告应当持有或者有证据证明被告持有而拒不提供,如果原告主张相关事实不利于被告的,人民法院可以推定该主张成立。

第十四条 对于审理环境民事公益诉讼案件需要的证据,人民法院认为必要的,应当调查收集。

对于应当由原告承担举证责任且为维护社会公共利益所必要的专门性问题,人民法院可以委托具备资格的鉴定人进行鉴定。

第十五条 当事人申请通知有专门知识的人出庭,就鉴定人作出的鉴定意见或者就因果关系、生态环境修复方式、生态环境修复费用以及生态环境受到损害至恢复原状期间服务功能的损失等专门性问题提出意见的,人民法院可以准许。

前款规定的专家意见经质证,可以作为认定事实的根据。

第十六条 原告在诉讼过程中承认的对己方不利的事实和认可的证据,人民法院认为损害社会公共利益的,应当不予确认。

第十七条 环境民事公益诉讼案件

审理过程中,被告以反诉方式提出诉讼请求的,人民法院不予受理。

第十八条 对污染环境、破坏生态,已经损害社会公共利益或者具有损害社会公共利益重大风险的行为,原告可以请求被告承担停止侵害、排除妨碍、消除危险、恢复原状、赔偿损失、赔礼道歉等民事责任。

第十九条 原告为防止生态环境损害的发生和扩大,请求被告停止侵害、排除妨碍、消除危险的,人民法院可以依法予以支持。

原告为停止侵害、排除妨碍、消除危险采取合理预防、处置措施而发生的费用,请求被告承担的,人民法院可以依法予以支持。

第二十条 原告请求恢复原状的,人民法院可以依法判决被告将生态环境修复到损害发生之前的状态和功能。无法完全修复的,可以准许采用替代性修复方式。

人民法院可以在判决被告修复生态环境的同时,确定被告不履行修复义务时应承担的生态环境修复费用;也可以直接判决被告承担生态环境修复费用。

生态环境修复费用包括制定、实施修复方案的费用和监测、监管等费用。

第二十一条 原告请求被告赔偿生态环境受到损害至恢复原状期间服务功能损失的,人民法院可以依法予以支持。

第二十二条 原告请求被告承担检验、鉴定费用,合理的律师费以及为诉讼支出的其他合理费用的,人民法院可以依法予以支持。

第二十三条 生态环境修复费用难以确定或者确定具体数额所需鉴定费用明显过高的,人民法院可以结合污染环境、破坏生态的范围和程度、生态环境的稀缺性、生态环境恢复的难易程度、防治污染设备的运行成本、被告因侵害行为所获得的利益以及过错程度等因素,并可以参考负有环境保护监督管理职责的部门的意见、专家意见等,予以合理确定。

第二十四条 人民法院判决被告承担的生态环境修复费用、生态环境受到损害至恢复原状期间服务功能损失等款项,应当用于修复被损害的生态环境。

其他环境民事公益诉讼中败诉原告所需承担的调查取证、专家咨询、检验、鉴定等必要费用,可以酌情从上述款项中支付。

第二十五条 环境民事公益诉讼当事人达成调解协议或者自行达成和解协议后,人民法院应当将协议内容公告,公告期间不少于三十日。

公告期满后,人民法院审查认为调解协议或者和解协议的内容不损害社会公共利益的,应当出具调解书。当事人以达成和解协议为由申请撤诉的,不予准许。

调解书应当写明诉讼请求、案件的基本事实和协议内容,并应当公开。

第二十六条 负有环境保护监督管理职责的部门依法履行监管职责而使原告诉讼请求全部实现,原告申请撤诉的,人民法院应予准许。

第二十七条 法庭辩论终结后,原告申请撤诉的,人民法院不予准许,但本解释第二十六条规定的情形除外。

第二十八条 环境民事公益诉讼案件的裁判生效后,有权提起诉讼的其他机关和社会组织就同一污染环境、破坏生态行为另行起诉,有下列情形之一的,人民法院应予受理:

(一) 前案原告的起诉被裁定驳

回的;

（二）前案原告申请撤诉被裁定准许的,但本解释第二十六条规定的情形除外。

环境民事公益诉讼案件的裁判生效后,有证据证明存在前案审理时未发现的损害,有权提起诉讼的机关和社会组织另行起诉的,人民法院应予受理。

第二十九条　法律规定的机关和社会组织提起环境民事公益诉讼的,不影响因同一污染环境、破坏生态行为受到人身、财产损害的公民、法人和其他组织依据民事诉讼法第一百一十九条的规定提起诉讼。

第三十条　已为环境民事公益诉讼生效裁判认定的事实,因同一污染环境、破坏生态行为依据民事诉讼法第一百一十九条规定提起诉讼的原告、被告均无需举证证明,但原告对该事实有异议并有相反证据足以推翻的除外。

对于环境民事公益诉讼生效裁判就被告是否存在法律规定的不承担责任或者减轻责任的情形、行为与损害之间是否存在因果关系、被告承担责任的大小等所作的认定,因同一污染环境、破坏生态行为依据民事诉讼法第一百一十九条规定提起诉讼的原告主张适用的,人民法院应予支持,但被告有相反证据足以推翻的除外。被告主张直接适用对其有利的认定的,人民法院不予支持,被告仍应举证证明。

第三十一条　被告因污染环境、破坏生态在环境民事公益诉讼和其他民事诉讼中均承担责任,其财产不足以履行全部义务的,应当先履行其他民事诉讼生效裁判所确定的义务,但法律另有规定的除外。

第三十二条　发生法律效力的环境民事公益诉讼案件的裁判,需要采取强制执行措施的,应当移送执行。

第三十三条　原告交纳诉讼费用确有困难,依法申请缓交的,人民法院应予准许。

败诉或者部分败诉的原告申请减交或者免交诉讼费用的,人民法院应当依照《诉讼费用交纳办法》的规定,视原告的经济状况和案件的审理情况决定是否准许。

第三十四条　社会组织有通过诉讼违法收受财物等牟取经济利益行为的,人民法院可以根据情节轻重依法收缴其非法所得、予以罚款;涉嫌犯罪的,依法移送有关机关处理。

社会组织通过诉讼牟取经济利益的,人民法院应当向登记管理机关或者有关机关发送司法建议,由其依法处理。

第三十五条　本解释施行前最高人民法院发布的司法解释和规范性文件,与本解释不一致的,以本解释为准。

人民检察院提起公益诉讼试点工作实施办法

[2015年12月16日最高人民检察院第十二届检察委员会第45次会议通过,2015年12月24日公布,高检发释字〔2015〕6号]

为了加强对国家和社会公共利益的保护,促进行政机关依法行政、严格执法,根据《全国人民代表大会常务委员会关于授权最高人民检察院在部分地区开展公益诉讼试点工作的决定》和《检察机关提起公益诉讼试点方案》,结合检察工作实际,制定本办法。

第一章 提起民事公益诉讼

第一条 人民检察院履行职责中发现污染环境、食品药品安全领域侵害众多消费者合法权益等损害社会公共利益的行为,在没有适格主体或者适格主体不提起诉讼的情况下,可以向人民法院提起民事公益诉讼。

人民检察院履行职责包括履行职务犯罪侦查、批准或者决定逮捕、审查起诉、控告检察、诉讼监督等职责。

第二条 人民检察院提起民事公益诉讼的案件,一般由侵权行为地、损害结果地或者被告住所地的市(分、州)人民检察院管辖。

有管辖权的人民检察院由于特殊原因,不能行使管辖权的,应当由上级人民检察院指定本区域其他试点地区人民检察院管辖。

上级人民检察院认为确有必要,可以办理下级人民检察院管辖的案件。下级人民检察院认为需要由上级人民检察院办理的,可以报请上级人民检察院办理。

有管辖权的人民检察院认为有必要将本院管辖的民事公益诉讼案件交下级人民检察院办理的,应当报请其上一级人民检察院批准。

第三条 人民检察院提起民事公益诉讼案件的办理,由民事行政检察部门负责。

第四条 人民检察院各业务部门在履行职责中,发现可能属于民事公益诉讼案件范围的案件线索,应当将有关材料移送民事行政检察部门。

第五条 经审查认为污染环境、食品药品安全领域侵害众多消费者合法权益等行为可能损害社会公共利益的,应当报请检察长批准决定立案,并到案件管理部门登记。

人民检察院决定立案的民事公益诉讼案件,应当制作《立案决定书》。

第六条 人民检察院可以采取以下方式调查核实污染环境、侵害众多消费者合法权益等违法行为、损害后果涉及的相关证据及有关情况:

(一)调阅、复制有关行政执法卷宗材料;

(二)询问违法行为人、证人等;

(三)收集书证、物证、视听资料等证据;

(四)咨询专业人员、相关部门或者行业协会等对专门问题的意见;

(五)委托鉴定、评估、审计;

(六)勘验物证、现场;

(七)其他必要的调查方式。

调查核实不得采取限制人身自由以及查封、扣押、冻结财产等强制性措施。

人民检察院调查核实有关情况,行政机关及其他有关单位和个人应当配合。

第七条 民事行政检察部门在办理民事公益诉讼案件过程中,发现国家工作人员涉嫌贪污贿赂、渎职侵权等职务犯罪线索的,应当及时移送职务犯罪侦查部门;发现其他刑事犯罪线索的,应当及时移送侦查监督部门。

第八条 人民检察院提起民事公益诉讼案件审查终结,承办人应当制作审查终结报告。审查终结报告应当全面、客观、公正地叙述案件事实,依据法律规定提出处理建议。

第九条 办理民事公益诉讼案件应当经集体讨论。参加集体讨论的人员应当对案件事实、适用法律、处理建议等发表明确的意见并说明理由。集体讨论意见应当在全面、客观地归纳讨论意见的基础上形成。

集体讨论形成的处理意见，由民事行政检察部门负责人提出审核意见后报检察长批准。检察长认为必要的，可以提请检察委员会讨论决定。

第十条　人民检察院对审查终结的民事公益诉讼案件，应当区分情况作出下列决定：

（一）终结审查；

（二）依法督促或者支持法律规定的机关和有关组织提起民事公益诉讼；

（三）提起民事公益诉讼。

第十一条　人民检察院办理民事公益诉讼案件，拟作出第十条第一项、第二项决定的，应当自决定立案之日起三个月内办理终结；拟作出第十条第三项决定的，应当自决定立案之日起六个月内办理终结。有特殊情况需要延长的，报经检察长批准。

第十二条　有下列情形之一的，人民检察院应当终结审查：

（一）经审查不存在损害社会公共利益需要追究民事法律责任情形的；

（二）损害社会公共利益的情形在依法督促或者支持法律规定的机关和有关组织提起民事公益诉讼之前已经消除且社会公共利益已经获得有效救济的；

（三）其他应当终结审查的情形。

终结审查的，应当制作《终结审查决定书》。

第十三条　人民检察院在提起民事公益诉讼之前，应当履行以下诉前程序：

（一）依法督促法律规定的机关提起民事公益诉讼；

（二）建议辖区内符合法律规定条件的有关组织提起民事公益诉讼。有关组织提出需要人民检察院支持起诉的，可以依照相关法律规定支持其提起民事公益诉讼。

法律规定的机关和有关组织应当在收到督促起诉意见书或者检察建议书后一个月内依法办理，并将办理情况及时书面回复人民检察院。

第十四条　经过诉前程序，法律规定的机关和有关组织没有提起民事公益诉讼，或者没有适格主体提起诉讼，社会公共利益仍处于受侵害状态的，人民检察院可以提起民事公益诉讼。

第十五条　人民检察院以公益诉讼人身份提起民事公益诉讼。民事公益诉讼的被告是实施损害社会公共利益行为的公民、法人或者其他组织。

第十六条　人民检察院可以向人民法院提出要求被告停止侵害、排除妨碍、消除危险、恢复原状、赔偿损失、赔礼道歉等诉讼请求。

第十七条　人民检察院提起民事公益诉讼应当提交下列材料：

（一）民事公益诉讼起诉书；

（二）被告的行为已经损害社会公共利益的初步证明材料。

第十八条　人民检察院提起民事公益诉讼，被告没有反诉权。

第十九条　人民检察院提起民事公益诉讼，对提出的诉讼请求所依据的事实或者反驳对方意见所依据的事实，以及履行诉前程序的事实，应当提供证据加以证明，法律另有规定的除外。

第二十条　对于可能因被告一方的行为或者其他原因，使判决难以执行或者造成与社会公共利益相关的其他损害情形,人民检察院可以向人民法院建议对被告财产进行保全、责令其作出一定行为或者禁止其作出一定行为。

根据人民检察院建议,人民法院采取保全措施的,人民检察院无需提供担保。

第二十一条 人民法院开庭审理人民检察院提起的民事公益诉讼案件,人民检察院应当派员出席法庭。

第二十二条 检察人员出席法庭的任务是:

(一)宣读民事公益诉讼起诉书;

(二)对人民检察院调查核实的证据予以出示和说明,对相关证据进行质证;

(三)参加法庭调查,进行辩论并发表出庭意见;

(四)依法从事其他诉讼活动。

检察人员发现庭审活动违法的,应当待休庭或者庭审结束之后,以人民检察院的名义提出检察建议。

第二十三条 民事公益诉讼案件,人民检察院可以与被告和解,人民法院可以调解。和解协议、调解协议不得损害社会公共利益。

第二十四条 在民事公益诉讼审理过程中,人民检察院诉讼请求全部实现的,可以撤回起诉。

第二十五条 地方各级人民检察院认为同级人民法院未生效的第一审判决、裁定确有错误,应当向上一级人民法院提出抗诉。

第二十六条 地方各级人民检察院对同级人民法院未生效的第一审判决、裁定的抗诉,应当通过原审人民法院提出抗诉书,并且将抗诉书抄送上一级人民检察院。

上级人民检察院认为抗诉不当的,可以向同级人民法院撤回抗诉,并且通知下级人民检察院。

第二十七条 对人民检察院提出抗诉的二审案件或者人民法院决定开庭审理的上诉案件,同级人民检察院应当派员出席第二审法庭。

第二章 提起行政公益诉讼

第二十八条 人民检察院履行职责中发现生态环境和资源保护、国有资产保护、国有土地使用权出让等领域负有监督管理职责的行政机关违法行使职权或者不作为,造成国家和社会公共利益受到侵害,公民、法人和其他社会组织由于没有直接利害关系,没有也无法提起诉讼的,可以向人民法院提起行政公益诉讼。

人民检察院履行职责包括履行职务犯罪侦查、批准或者决定逮捕、审查起诉、控告检察、诉讼监督等职责。

第二十九条 人民检察院提起行政公益诉讼的案件,一般由违法行使职权或者不作为的行政机关所在地的基层人民检察院管辖。

违法行使职权或者不作为的行政机关是县级以上人民政府的案件,由市(分、州)人民检察院管辖。

有管辖权的人民检察院由于特殊原因,不能行使管辖权的,应当由上级人民检察院指定本区域其他试点地区人民检察院管辖。

上级人民检察院认为确有必要,可以办理下级人民检察院管辖的案件。下级人民检察院认为需要由上级人民检察院办理的,可以报请上级人民检察院办理。

第三十条 人民检察院提起行政公益诉讼案件的办理,由民事行政检察部门负责。

第三十一条 人民检察院各业务部

门在履行职责中,发现可能属于行政公益诉讼案件范围的案件线索,应当将有关材料移送民事行政检察部门。

第三十二条 经审查认为生态环境和资源保护、国有资产保护、国有土地使用权出让等领域负有监督管理职责的行政机关违法行使职权或者不作为可能损害国家和社会公共利益的,应报请检察长批准决定立案,并到案件管理部门登记。

人民检察院决定立案的行政公益诉讼案件,应当制作《立案决定书》。

第三十三条 人民检察院可以采取以下方式调查核实有关行政机关违法行使职权或者不作为的相关证据及有关情况:

(一)调阅、复制行政执法卷宗材料;

(二)询问行政机关相关人员以及行政相对人、利害关系人、证人等;

(三)收集书证、物证、视听资料等证据;

(四)咨询专业人员、相关部门或者行业协会等对专门问题的意见;

(五)委托鉴定、评估、审计;

(六)勘验物证、现场;

(七)其他必要的调查方式。

调查核实不得采取限制人身自由以及查封、扣押、冻结财产等强制性措施。

人民检察院调查核实有关情况,行政机关及其他有关单位和个人应当配合。

第三十四条 民事行政检察部门在办理行政公益诉讼案件过程中,发现国家工作人员涉嫌贪污贿赂、渎职侵权等职务犯罪线索的,应当及时移送职务犯罪侦查部门;发现其他刑事犯罪线索的,应当及时移送侦查监督部门。

第三十五条 人民检察院提起行政公益诉讼案件审查终结,承办人应当制作审查终结报告。审查终结报告应当全面、客观、公正地叙述案件事实,依据法律规定提出处理建议。

第三十六条 办理行政公益诉讼案件应当经集体讨论。参加集体讨论的人员应当对案件事实、适用法律、处理建议等发表明确的意见并说明理由。集体讨论意见应当在全面、客观地归纳讨论意见的基础上形成。

集体讨论形成的处理意见,由民事行政检察部门负责人提出审核意见后报检察长批准。检察长认为必要的,可以提请检察委员会讨论决定。

第三十七条 人民检察院对审查终结的行政公益诉讼案件,应当区分情况作出下列决定:

(一)终结审查;

(二)提出检察建议;

(三)提起行政公益诉讼。

第三十八条 人民检察院办理行政公益诉讼案件,拟作出第三十七条第一项、第二项决定的,应当自决定立案之日起三个月内办理终结;拟作出第三十七条第三项决定的,应当自决定立案之日起六个月内办理终结。有特殊情况需要延长的,报经检察长批准。

第三十九条 有下列情形之一的,人民检察院应当终结审查:

(一)经审查不存在行政机关违法行使职权或者不作为,造成国家和社会公共利益受到侵害情形的;

(二)行政机关在人民检察院向其提出检察建议前已纠正行政违法行为或依法履行职责的;

(三)其他应当终结审查的情形。

终结审查的,应当制作《终结审查决定书》。

第四十条 在提起行政公益诉讼之前,人民检察院应当先行向相关行政机关提出检察建议,督促其纠正违法行为或者依法履行职责。行政机关应当在收到检察建议书后一个月内依法办理,并将办理情况及时书面回复人民检察院。

第四十一条 经过诉前程序,行政机关拒不纠正违法行为或者不履行法定职责,国家和社会公共利益仍处于受侵害状态的,人民检察院可以提起行政公益诉讼。

第四十二条 人民检察院以公益诉讼人身份提起行政公益诉讼。行政公益诉讼的被告是生态环境和资源保护、国有资产保护、国有土地使用权出让等领域违法行使职权或者不作为的行政机关,以及法律、法规、规章授权的组织。

第四十三条 人民检察院可以向人民法院提出撤销或者部分撤销违法行政行为、在一定期限内履行法定职责、确认行政行为违法或无效等诉讼请求。

第四十四条 人民检察院提起行政公益诉讼应当提交下列材料:

(一)行政公益诉讼起诉书;

(二)国家和社会公共利益受到侵害的初步证明材料。

第四十五条 人民检察院提起行政公益诉讼,对下列事项承担举证责任:

(一)证明起诉符合法定条件;

(二)人民检察院履行诉前程序提出检察建议且行政机关拒不纠正违法行为或者不履行法定职责的事实;

(三)其他应当由人民检察院承担举证责任的事项。

第四十六条 人民法院开庭审理人民检察院提起的行政公益诉讼案件,人民检察院应当派员出席法庭。

第四十七条 检察人员出席法庭的任务是:

(一)宣读行政公益诉讼起诉书;

(二)对人民检察院调查核实的证据予以出示和说明,对相关证据进行质证;

(三)参加法庭调查,进行辩论并发表出庭意见;

(四)依法从事其他诉讼活动。

检察人员发现庭审活动违法的,应当待休庭或者庭审结束之后,以人民检察院的名义提出检察建议。

第四十八条 行政公益诉讼案件不适用调解。

第四十九条 在行政公益诉讼审理过程中,被告纠正违法行为或者依法履行职责而使人民检察院的诉讼请求全部实现的,人民检察院可以变更诉讼请求,请求判决确认行政行为违法,或者撤回起诉。

第五十条 地方各级人民检察院认为同级人民法院未生效的第一审判决、裁定确有错误,应当向上一级人民法院提出抗诉。

第五十一条 地方各级人民检察院对同级人民法院未生效的第一审判决、裁定的抗诉,应当通过原审人民法院提出抗诉书,并且将抗诉书抄送上一级人民检察院。

上级人民检察院认为抗诉不当的,可以向同级人民法院撤回抗诉,并且通知下级人民检察院。

第五十二条 对人民检察院提出抗诉的二审案件或者人民法院决定开庭审理的上诉案件,同级人民检察院应当派员出席第二审法庭。

第三章 其他规定

第五十三条 地方各级人民检察院拟决定向人民法院提起公益诉讼的,应当层报最高人民检察院审查批准。

人民检察院审查批准公益诉讼案件,应当自收到案件请示之日起一个月内办理终结。有特殊情况需要延长的,报经检察长批准。

第五十四条 省级人民检察院向最高人民检察院报送审批的材料包括:

(一)公益诉讼案件层报审批表;
(二)省级人民检察院请示;
(三)省级人民检察院民事行政检察部门案件审查终结报告和集体讨论记录;
(四)公益诉讼起诉书;
(五)案件证据目录和主要证据材料。

第五十五条 提起公益诉讼,人民检察院免缴诉讼费。

第五十六条 本办法未规定的,分别适用民事诉讼法、行政诉讼法以及相关司法解释的规定。

第四章 附则

第五十七条 本办法仅适用于北京、内蒙古、吉林、江苏、安徽、福建、山东、湖北、广东、贵州、云南、陕西、甘肃等省、自治区、直辖市。

第五十八条 本办法自发布之日起施行。本院之前发布的司法解释和规范性文件,与本办法规定不一致的,适用本办法。

最高人民法院关于印发《人民法院审理人民检察院提起公益诉讼案件试点工作实施办法》的通知

[2016年2月25日,法发〔2016〕6号]

各省、自治区、直辖市高级人民法院,解放军军事法院,新疆维吾尔自治区高级人民法院生产建设兵团分院:

为全面贯彻落实党的十八届四中全会精神,完成中央部署的探索检察机关提起公益诉讼的司法改革任务,保障人民检察院提起公益诉讼案件的正确审理,根据《全国人民代表大会常务委员会关于授权最高人民检察院在部分地区开展公益诉讼试点工作的决定》,我院制定了《人民法院审理人民检察院提起公益诉讼案件试点工作实施办法》。该实施办法已于2016年2月22日由最高人民法院审判委员会第1679次会议通过,现予印发,自2016年3月1日起施行,请各试点地区人民法院认真贯彻执行。对于执行中遇到的重要情况和问题,请及时报告最高人民法院。

附:人民法院审理人民检察院提起公益诉讼案件试点工作实施办法

为贯彻实施《全国人民代表大会常务委员会关于授权最高人民检察院在部分地区开展公益诉讼试点工作的决定》,依法审理人民检察院提起的公益诉讼案件,依据《中华人民共和国民事诉讼法》《中华人民共和国行政诉讼法》等法律的规定,结合审判工作实际,制定本办法。

一、民事公益诉讼

第一条 人民检察院认为被告有污染环境、破坏生态、在食品药品安全领域侵害众多消费者合法权益等损害社会公共利益的行为,在没有适格主体提起诉讼或者适格主体不提起诉讼的情况下,向人民法院提起民事公益诉讼,符合民事诉讼法第一百一十九条第二项、第三项、第四项规定的,人民法院应当登记立案。

第二条 人民检察院提起民事公益诉讼应当提交下列材料:

(一)符合民事诉讼法第一百二十一条规定的起诉状,并按照被告人数提出副本;

(二)污染环境、破坏生态、在食品药品安全领域侵害众多消费者合法权益等损害社会公共利益行为的初步证明材料;

(三)人民检察院已经履行督促或者支持法律规定的机关或有关组织提起民事公益诉讼的诉前程序的证明材料。

第三条 人民检察院提起民事公益诉讼,可以提出要求被告停止侵害、排除妨碍、消除危险、恢复原状、赔偿损失、赔礼道歉等诉讼请求。

第四条 人民检察院以公益诉讼人身份提起民事公益诉讼,诉讼权利义务参照民事诉讼法关于原告诉讼权利义务的规定。民事公益诉讼的被告是被诉实施损害社会公共利益行为的公民、法人或者其他组织。

第五条 人民检察院提起的第一审民事公益诉讼案件由侵害行为发生地、损害结果地或者被告住所地的中级人民法院管辖,但法律、司法解释另有规定的除外。

第六条 人民法院审理人民检察院提起的民事公益诉讼案件,被告提出反诉请求的,不予受理。

第七条 人民法院审理人民检察院提起的第一审民事公益诉讼案件,原则上适用人民陪审制。

当事人申请不适用人民陪审制审理的,人民法院经查可以决定不适用人民陪审制审理。

第八条 人民检察院与被告达成和解协议或者调解协议后,人民法院应当将协议内容公告,公告期间不少于三十日。

公告期满后,人民法院审查认为和解协议或者调解协议内容不损害社会公共利益的,应当出具调解书。

第九条 人民检察院在法庭辩论终结前申请撤诉,或者在法庭辩论终结后,人民检察院的诉讼请求全部实现,申请撤诉的,应予准许。

第十条 对于人民法院作出的民事公益诉讼判决、裁定,当事人依法提起上诉、人民检察院依法提起抗诉或者其他当事人依法申请再审且符合民事诉讼法第二百条规定的,分别按照民事诉讼法规定的第二审程序、审判监督程序审理。

二、行政公益诉讼

第十一条 人民检察院认为在生态环境和资源保护、国有资产保护、国有土地使用权出让等领域负有监督管理职责的行政机关或者法律、法规、规章授权的组织违法行使职权或不履行法定职责,造成国家和社会公共利益受到侵害,向人民法院提起行政公益诉讼,符合行政诉讼法第四十九条第二项、第三项、第四项规定的,人民法院应当登记立案。

第十二条 人民检察院提起行政公益诉讼应当提交下列材料:

（一）行政公益诉讼起诉状，并按照被告人数提出副本；

（二）被告的行为造成国家和社会公共利益受到侵害的初步证明材料；

（三）人民检察院已经履行向相关行政机关提出检察建议、督促其纠正违法行政行为或者依法履行职责的诉前程序的证明材料。

第十三条　人民检察院提起行政公益诉讼，可以向人民法院提出撤销或者部分撤销违法行政行为、在一定期限内履行法定职责、确认行政行为违法或者无效等诉讼请求。

第十四条　人民检察院以公益诉讼人身份提起行政公益诉讼，诉讼权利义务参照行政诉讼法关于原告诉讼权利义务的规定。行政公益诉讼的被告是生态环境和资源保护、国有资产保护、国有土地使用权出让等领域行使职权或者负有行政职责的行政机关，以及法律、法规、规章授权的组织。

第十五条　人民检察院提起的第一审行政公益诉讼案件由最初作出行政行为的行政机关所在地基层人民法院管辖。经复议的案件，也可以由复议机关所在地基层人民法院管辖。

人民检察院对国务院部门或者县级以上地方人民政府所作的行政行为提起公益诉讼的案件以及本辖区内重大、复杂的公益诉讼案件由中级人民法院管辖。

第十六条　人民法院审理人民检察院提起的第一审行政公益诉讼案件，原则上适用人民陪审制。

第十七条　人民法院审理人民检察院提起的行政公益诉讼案件，不适用调解。

第十八条　人民法院对行政公益诉讼案件宣告判决或者裁定前，人民检察院申请撤诉的，是否准许，由人民法院裁定。

第十九条　对于人民法院作出的行政公益诉讼判决、裁定，当事人依法提起上诉、人民检察院依法提起抗诉或者其他当事人申请再审且符合行政诉讼法第九十一条规定的，分别按照行政诉讼法规定的第二审程序、审判监督程序审理。

三、其他规定

第二十条　人民法院审理人民检察院提起的公益诉讼案件，应当依法公开进行。人民法院可以邀请人大代表、政协委员等旁听庭审，并可以通过庭审直播录播等方式满足公众和媒体了解庭审实况的需要。裁判文书应当按照有关规定在互联网上公开发布。

第二十一条　人民法院审理人民检察院提起的公益诉讼案件，认为应当提出司法建议的，按照《最高人民法院关于加强司法建议工作的意见》办理。

第二十二条　人民法院审理人民检察院提起的公益诉讼案件，人民检察院免交《诉讼费用交纳办法》第六条规定的诉讼费用。

第二十三条　人民法院审理人民检察院提起的公益诉讼案件，本办法没有规定的，适用《中华人民共和国民事诉讼法》《中华人民共和国行政诉讼法》及相关司法解释的规定。

四、附　　则

第二十四条　本办法适用于北京、内蒙古、吉林、江苏、安徽、福建、山东、湖北、广东、贵州、云南、陕西、甘肃等十三个省、自治区、直辖市。

第二十五条　本办法自2016年3月

1日起施行。

最高人民法院关于适用《中华人民共和国涉外民事关系法律适用法》若干问题的解释（一）

[2012年12月10日最高人民法院审判委员会第1563次会议通过，2012年12月28日公布，自2013年1月7日起施行，法释〔2012〕24号]

为正确审理涉外民事案件，根据《中华人民共和国涉外民事关系法律适用法》的规定，对人民法院适用该法的有关问题解释如下：

第一条 民事关系具有下列情形之一的，人民法院可以认定为涉外民事关系：

（一）当事人一方或双方是外国公民、外国法人或者其他组织、无国籍人；

（二）当事人一方或双方的经常居所地在中华人民共和国领域外；

（三）标的物在中华人民共和国领域外；

（四）产生、变更或者消灭民事关系的法律事实发生在中华人民共和国领域外；

（五）可以认定为涉外民事关系的其他情形。

第二条 涉外民事关系法律适用法实施以前发生的涉外民事关系，人民法院应当根据该涉外民事关系发生时的有关法律规定确定应当适用的法律；当时法律没有规定的，可以参照涉外民事关系法律适用法的规定确定。

第三条 涉外民事关系法律适用法与其他法律对同一涉外民事关系法律适用规定不一致的，适用涉外民事关系法律适用法的规定，但《中华人民共和国票据法》《中华人民共和国海商法》《中华人民共和国民用航空法》等商事领域法律的特别规定以及知识产权领域法律的特别规定除外。

涉外民事关系法律适用法对涉外民事关系的法律适用没有规定而其他法律有规定的，适用其他法律的规定。

第四条 涉外民事关系的法律适用涉及适用国际条约的，人民法院应当根据《中华人民共和国民法通则》第一百四十二条第二款以及《中华人民共和国票据法》第九十五条第一款、《中华人民共和国海商法》第二百六十八条第一款、《中华人民共和国民用航空法》第一百八十四条第一款等法律规定予以适用，但知识产权领域的国际条约已经转化或者需要转化为国内法律的除外。

第五条 涉外民事关系的法律适用涉及适用国际惯例的，人民法院应当根据《中华人民共和国民法通则》第一百四十二条第三款以及《中华人民共和国票据法》第九十五条第二款、《中华人民共和国海商法》第二百六十八条第二款、《中华人民共和国民用航空法》第一百八十四条第二款等法律规定予以适用。

第六条 中华人民共和国法律没有明确规定当事人可以选择涉外民事关系适用的法律，当事人选择适用法律的，人民法院应认定该选择无效。

第七条 一方当事人以双方协议选择的法律与系争的涉外民事关系没有实际联系为由主张选择无效的，人民法院不予支持。

第八条 当事人在一审法庭辩论终

结前协议选择或者变更选择适用的法律的,人民法院应予准许。

各方当事人援引相同国家的法律且未提出法律适用异议的,人民法院可以认定当事人已经就涉外民事关系适用的法律做出了选择。

第九条　当事人在合同中援引尚未对中华人民共和国生效的国际条约的,人民法院可以根据该国际条约的内容确定当事人之间的权利义务,但违反中华人民共和国社会公共利益或中华人民共和国法律、行政法规强制性规定的除外。

第十条　有下列情形之一,涉及中华人民共和国社会公共利益、当事人不能通过约定排除适用、无需通过冲突规范指引而直接适用于涉外民事关系的法律、行政法规的规定,人民法院应当认定为涉外民事关系法律适用法第四条规定的强制性规定:

（一）涉及劳动者权益保护的;

（二）涉及食品或公共卫生安全的;

（三）涉及环境安全的;

（四）涉及外汇管制等金融安全的;

（五）涉及反垄断、反倾销的;

（六）应当认定为强制性规定的其他情形。

第十一条　一方当事人故意制造涉外民事关系的连结点,规避中华人民共和国法律、行政法规的强制性规定的,人民法院应认定为不发生适用外国法律的效力。

第十二条　涉外民事争议的解决须以另一涉外民事关系的确认为前提时,人民法院应当根据该先决问题自身的性质确定其应当适用的法律。

第十三条　案件涉及两个或者两个以上的涉外民事关系时,人民法院应分别确定应当适用的法律。

第十四条　当事人没有选择涉外仲裁协议适用的法律,也没有约定仲裁机构或者仲裁地,或者约定不明的,人民法院可以适用中华人民共和国法律认定该仲裁协议的效力。

第十五条　自然人在涉外民事关系产生或者变更、终止时已经连续居住一年以上且作为其生活中心的地方,人民法院可以认定为涉外民事关系法律适用法规定的自然人的经常居所地,但就医、劳务派遣、公务等情形除外。

第十六条　人民法院应当将法人的设立登记地认定为涉外民事关系法律适用法规定的法人的登记地。

第十七条　人民法院通过由当事人提供、已对中华人民共和国生效的国际条约规定的途径、中外法律专家提供等合理途径仍不能获得外国法律的,可以认定为不能查明外国法律。

根据涉外民事关系法律适用法第十条第一款的规定,当事人应当提供外国法律,其在人民法院指定的合理期限内无正当理由未提供该外国法律的,可以认定为不能查明外国法律。

第十八条　人民法院应当听取各方当事人对应当适用的外国法律的内容及其理解与适用的意见,当事人对该外国法律的内容及其理解与适用均无异议的,人民法院可以予以确认;当事人有异议的,由人民法院审查认定。

第十九条　涉及香港特别行政区、澳门特别行政区的民事关系的法律适用问题,参照适用本规定。

第二十条　涉外民事关系法律适用法施行后发生的涉外民事纠纷案件,本解释施行后尚未终审的,适用本解释;本解释施行前已经终审,当事人申请再审或者按照审判监督程序决定再审的,不适用本解释。

第二十一条　本院以前发布的司法解释与本解释不一致的,以本解释为准。

最高人民法院关于适用《中华人民共和国公司法》若干问题的规定(二)

〔2008年5月5日最高人民法院审判委员会第1447次会议通过,2008年5月12日公布,自2008年5月19日起施行,法释〔2008〕6号,根据2014年2月17日最高人民法院审判委员会第1607次会议《关于修改关于适用〈中华人民共和国公司法〉若干问题的规定的决定》修正,该修正于2014年2月20日公布,自2014年2月20日起施行,法释〔2014〕2号〕

为正确适用《中华人民共和国公司法》,结合审判实践,就人民法院审理公司解散和清算案件适用法律问题作出如下规定:

第一条　单独或者合计持有公司全部股东表决权百分之十以上的股东,以下列事由之一提起解散公司诉讼,并符合公司法第一百八十二条规定的,人民法院应予受理:

(一)公司持续两年以上无法召开股东会或者股东大会,公司经营管理发生严重困难的;

(二)股东表决时无法达到法定或者公司章程规定的比例,持续两年以上不能做出有效的股东会或者股东大会决议,公司经营管理发生严重困难的;

(三)公司董事长期冲突,且无法通过股东会或者股东大会解决,公司经营管理发生严重困难的;

(四)经营管理发生其他严重困难,公司继续存续会使股东利益受到重大损失的情形。

股东以知情权、利润分配请求权等权益受到损害,或者公司亏损、财产不足以偿还全部债务,以及公司被吊销企业法人营业执照未进行清算等为由,提起解散公司诉讼的,人民法院不予受理。

第二条　股东提起解散公司诉讼,同时又申请人民法院对公司进行清算的,人民法院对其提出的清算申请不予受理。人民法院可以告知原告,在人民法院判决解散公司后,依据公司法第一百八十三条和本规定第七条的规定,自行组织清算或者另行申请人民法院对公司进行清算。

第三条　股东提起解散公司诉讼时,向人民法院申请财产保全或者证据保全的,在股东提供担保且不影响公司正常经营的情形下,人民法院可予以保全。

第四条　股东提起解散公司诉讼应当以公司为被告。

原告以其他股东为被告一并提起诉讼的,人民法院应当告知原告将其他股东变更为第三人;原告坚持不予变更的,人民法院应当驳回原告对其他股东的起诉。

原告提起解散公司诉讼应当告知其他股东,或者由人民法院通知其参加诉讼。其他股东或者有关利害关系人申请以共同原告或者第三人身份参加诉讼的,人民法院应予准许。

第五条　人民法院审理解散公司诉讼案件,应当注重调解。当事人协商同意由公司或者股东收购股份,或者以减资等方式使公司存续,且不违反法律、行政法规强制性规定的,人民法院应予支持。当事人不能协商一致使公司存续的,人民法院应当及时判决。

经人民法院调解公司收购原告股份的,公司应当自调解书生效之日起六个月内将股份转让或者注销。股份转让或者注销之前,原告不得以公司收购其股份为由对抗公司债权人。

第六条 人民法院关于解散公司诉讼作出的判决,对公司全体股东具有法律约束力。

人民法院判决驳回解散公司诉讼请求后,提起该诉讼的股东或者其他股东又以同一事实和理由提起解散公司诉讼的,人民法院不予受理。

第七条 公司应当依照公司法第一百八十三条的规定,在解散事由出现之日起十五日内成立清算组,开始自行清算。

有下列情形之一,债权人申请人民法院指定清算组进行清算的,人民法院应予受理:

(一)公司解散逾期不成立清算组进行清算的;

(二)虽然成立清算组但故意拖延清算的;

(三)违法清算可能严重损害债权人或者股东利益的。

具有本条第二款所列情形,而债权人未提起清算申请,公司股东申请人民法院指定清算组对公司进行清算的,人民法院应予受理。

第八条 人民法院受理公司清算案件,应当及时指定有关人员组成清算组。

清算组成员可以从下列人员或者机构中产生:

(一)公司股东、董事、监事、高级管理人员;

(二)依法设立的律师事务所、会计师事务所、破产清算事务所等社会中介机构;

(三)依法设立的律师事务所、会计师事务所、破产清算事务所等社会中介机构中具备相关专业知识并取得执业资格的人员。

第九条 人民法院指定的清算组成员有下列情形之一的,人民法院可以根据债权人、股东的申请,或者依职权更换清算组成员:

(一)有违反法律或者行政法规的行为;

(二)丧失执业能力或者民事行为能力;

(三)有严重损害公司或者债权人利益的行为。

第十条 公司依法清算结束并办理注销登记前,有关公司的民事诉讼,应当以公司的名义进行。

公司成立清算组的,由清算组负责人代表公司参加诉讼;尚未成立清算组的,由原法定代表人代表公司参加诉讼。

第十一条 公司清算时,清算组应当按照公司法第一百八十五条的规定,将公司解散清算事宜书面通知全体已知债权人,并根据公司规模和营业地域范围在全国或者公司注册登记地省级有影响的报纸上进行公告。

清算组未按照前款规定履行通知和公告义务,导致债权人未及时申报债权而未获清偿,债权人主张清算组成员对因此造成的损失承担赔偿责任的,人民法院应依法予以支持。

第十二条 公司清算时,债权人对清算组核定的债权有异议的,可以要求清算组重新核定。清算组不予重新核定,或者债权人对重新核定的债权仍有异议,债权人以公司为被告向人民法院提起诉讼请求确认的,人民法院应予受理。

第十三条 债权人在规定的期限内未申报债权,在公司清算程序终结前补充申报的,清算组应予登记。

公司清算程序终结,是指清算报告经股东会、股东大会或者人民法院确认完毕。

第十四条 债权人补充申报的债权,可以在公司尚未分配财产中依法清偿。公司尚未分配财产不能全额清偿,债权人主张股东以其在剩余财产分配中已经取得的财产予以清偿的,人民法院应予支持;但债权人因重大过错未在规定期限内申报债权的除外。

债权人或者清算组,以公司尚未分配财产和股东在剩余财产分配中已经取得的财产,不能全额清偿补充申报的债权为由,向人民法院提出破产清算申请的,人民法院不予受理。

第十五条 公司自行清算的,清算方案应当报股东会或者股东大会决议确认;人民法院组织清算的,清算方案应当报人民法院确认。未经确认的清算方案,清算组不得执行。

执行未经确认的清算方案给公司或者债权人造成损失,公司、股东或者债权人主张清算组成员承担赔偿责任的,人民法院应依法予以支持。

第十六条 人民法院组织清算的,清算组应当自成立之日起六个月内清算完毕。

因特殊情况无法在六个月内完成清算的,清算组应当向人民法院申请延长。

第十七条 人民法院指定的清算组在清理公司财产、编制资产负债表和财产清单时,发现公司财产不足清偿债务的,可以与债权人协商制作有关债务清偿方案。

债务清偿方案经全体债权人确认且不损害其他利害关系人利益的,人民法院可依清算组的申请裁定予以认可。清算组依据该清偿方案清偿债务后,应当向人民法院申请裁定终结清算程序。

债权人对债务清偿方案不予确认或者人民法院不予认可的,清算组应当依法向人民法院申请宣告破产。

第十八条 有限责任公司的股东、股份有限公司的董事和控股股东未在法定期限内成立清算组开始清算,导致公司财产贬值、流失、毁损或者灭失,债权人主张其在造成损失范围内对公司债务承担赔偿责任的,人民法院应依法予以支持。

有限责任公司的股东、股份有限公司的董事和控股股东因怠于履行义务,导致公司主要财产、账册、重要文件等灭失,无法进行清算,债权人主张其对公司债务承担连带清偿责任的,人民法院应依法予以支持。

上述情形系实际控制人原因造成,债权人主张实际控制人对公司债务承担相应民事责任的,人民法院应依法予以支持。

第十九条 有限责任公司的股东、股份有限公司的董事和控股股东,以及公司的实际控制人在公司解散后,恶意处置公司财产给债权人造成损失,或者未经依法清算,以虚假的清算报告骗取公司登记机关办理法人注销登记,债权人主张其对公司债务承担相应赔偿责任的,人民法院应依法予以支持。

第二十条 公司解散应当在依法清算完毕后,申请办理注销登记。公司未经清算即办理注销登记,导致公司无法进行清算,债权人主张有限责任公司的股东、股份有限公司的董事和控股股东,以及公司的实际控制人对公司债务承担清偿责任的,人民法院应依法予以支持。

公司未经依法清算即办理注销登记,股东或者第三人在公司登记机关办理注销登记时承诺对公司债务承担责任,债权人主张其对公司债务承担相应民事责任的,人民法院应依法予以支持。

第二十一条 有限责任公司的股东、股份有限公司的董事和控股股东,以及公司的实际控制人为二人以上的,其中一人或者数人按照本规定第十八条和第二十条第一款的规定承担民事责任后,主张其他人员按照过错大小分担责任的,人民法院应依法予以支持。

第二十二条 公司解散时,股东尚未缴纳的出资均应作为清算财产。股东尚未缴纳的出资,包括到期应缴未缴的出资,以及依照公司法第二十六条和第八十条的规定分期缴纳尚未届满缴纳期限的出资。

公司财产不足以清偿债务时,债权人主张未缴出资股东,以及公司设立时的其他股东或者发起人在未缴出资范围内对公司债务承担连带清偿责任的,人民法院应依法予以支持。

第二十三条 清算组成员从事清算事务时,违反法律、行政法规或者公司章程给公司或者债权人造成损失,公司或者债权人主张其承担赔偿责任的,人民法院应依法予以支持。

有限责任公司的股东、股份有限公司连续一百八十日以上单独或者合计持有公司百分之一以上股份的股东,依据公司法第一百五十一条第三款的规定,以清算组成员有前款所述行为为由向人民法院提起诉讼的,人民法院应予受理。

公司已经清算完毕注销,上述股东参照公司法第一百五十一条第三款的规定,直接以清算组成员为被告、其他股东为第三人向人民法院提起诉讼的,人民法院应予受理。

第二十四条 解散公司诉讼案件和公司清算案件由公司住所地人民法院管辖。公司住所地是指公司主要办事机构所在地。公司办事机构所在地不明确的,由其注册地人民法院管辖。

基层人民法院管辖县、县级市或者区的公司登记机关核准登记公司的解散诉讼案件和公司清算案件;中级人民法院管辖地区、地级市以上的公司登记机关核准登记公司的解散诉讼案件和公司清算案件。

最高人民法院关于审理食品药品纠纷案件适用法律若干问题的规定

[2013年12月9日最高人民法院审判委员会第1599次会议通过,2013年12月23日公布,自2014年3月15日起施行,法释〔2013〕28号]

为正确审理食品药品纠纷案件,根据《中华人民共和国侵权责任法》《中华人民共和国合同法》《中华人民共和国消费者权益保护法》《中华人民共和国食品安全法》《中华人民共和国民事诉讼法》等法律的规定,结合审判实践,制定本规定。

第一条 消费者因食品、药品纠纷提起民事诉讼,符合民事诉讼法规定受理条件的,人民法院应予受理。

第二条 因食品、药品存在质量问题造成消费者损害,消费者可以分别起诉或者同时起诉销售者和生产者。

消费者仅起诉销售者或者生产者的,必要时人民法院可以追加相关当事人参加诉讼。

第三条 因食品、药品质量问题发生纠纷,购买者向生产者、销售者主张权利,生产者、销售者以购买者明知食品、药品存在质量问题而仍然购买为由进行抗辩的,人民法院不予支持。

第四条 食品、药品生产者、销售者提供给消费者的食品或者药品的赠品发生质量安全问题,造成消费者损害,消费者主张权利,生产者、销售者以消费者未对赠品支付对价为由进行免责抗辩的,人民法院不予支持。

第五条 消费者举证证明所购买食品、药品的事实以及所购食品、药品不符合合同的约定,主张食品、药品的生产者、销售者承担违约责任的,人民法院应予支持。

消费者举证证明因食用食品或者使用药品受到损害,初步证明损害与食用食品或者使用药品存在因果关系,并请求食品、药品的生产者、销售者承担侵权责任的,人民法院应予支持,但食品、药品的生产者、销售者能证明损害不是因产品不符合质量标准造成的除外。

第六条 食品的生产者与销售者应当对于食品符合质量标准承担举证责任。认定食品是否合格,应当以国家标准为依据;没有国家标准的,应当以地方标准为依据;没有国家标准、地方标准的,应当以企业标准为依据。食品的生产者采用的标准高于国家标准、地方标准的,应当以企业标准为依据。没有前述标准的,应当以食品安全法的相关规定为依据。

第七条 食品、药品虽在销售前取得检验合格证明,且食用或者使用时尚在保质期内,但经检验确认产品不合格,生产者或者销售者以该食品、药品具有检验合格证明为由进行抗辩的,人民法院不予支持。

第八条 集中交易市场的开办者、柜台出租者、展销会举办者未履行食品安全法规定的审查、检查、管理等义务,发生食品安全事故,致使消费者遭受人身损害,消费者请求集中交易市场的开办者、柜台出租者、展销会举办者承担连带责任的,人民法院应予支持。

第九条 消费者通过网络交易平台购买食品、药品遭受损害,网络交易平台提供者不能提供食品、药品的生产者或者销售者的真实名称、地址与有效联系方式,消费者请求网络交易平台提供者承担责任的,人民法院应予支持。

网络交易平台提供者承担赔偿责任后,向生产者或者销售者行使追偿权的,人民法院应予支持。

网络交易平台提供者知道或者应当知道食品、药品的生产者、销售者利用其平台侵害消费者合法权益,未采取必要措施,给消费者造成损害,消费者要求其与生产者、销售者承担连带责任的,人民法院应予支持。

第十条 未取得食品生产资质与销售资质的个人、企业或者其他组织,挂靠具有相应资质的生产者与销售者,生产、销售食品,造成消费者损害,消费者请求挂靠者与被挂靠者承担连带责任的,人民法院应予支持。

消费者仅起诉挂靠者或者被挂靠者

的,必要时人民法院可以追加相关当事人参加诉讼。

第十一条 消费者因虚假广告推荐的食品、药品存在质量问题遭受损害,依据消费者权益保护法等法律相关规定请求广告经营者、广告发布者承担连带责任的,人民法院应予支持。

社会团体或者其他组织、个人,在虚假广告中向消费者推荐食品、药品,使消费者遭受损害,消费者依据消费者权益保护法等法律相关规定请求其与食品、药品的生产者、销售者承担连带责任的,人民法院应予支持。

第十二条 食品、药品检验机构故意出具虚假检验报告,造成消费者损害,消费者请求其承担连带责任的,人民法院应予支持。

食品、药品检验机构因过失出具不实检验报告,造成消费者损害,消费者请求其承担相应责任的,人民法院应予支持。

第十三条 食品认证机构故意出具虚假认证,造成消费者损害,消费者请求其承担连带责任的,人民法院应予支持。

食品认证机构因过失出具不实认证,造成消费者损害,消费者请求其承担相应责任的,人民法院应予支持。

第十四条 生产、销售的食品、药品存在质量问题,生产者与销售者需同时承担民事责任、行政责任和刑事责任,其财产不足以支付,当事人依照侵权责任法等有关法律规定,请求食品、药品的生产者、销售者首先承担民事责任的,人民法院应予支持。

第十五条 生产不符合安全标准的食品或者销售明知是不符合安全标准的食品,消费者除要求赔偿损失外,向生产者、销售者主张支付价款十倍赔偿金或者依照法律规定的其他赔偿标准要求赔偿的,人民法院应予支持。

第十六条 食品、药品的生产者与销售者以格式合同、通知、声明、告示等方式作出排除或者限制消费者权利、减轻或者免除经营者责任、加重消费者责任等对消费者不公平、不合理的规定,消费者依法请求认定该内容无效的,人民法院应予支持。

第十七条 消费者与化妆品、保健品等产品的生产者、销售者、广告经营者、广告发布者、推荐者、检验机构等主体之间的纠纷,参照适用本规定。

消费者协会依法提起公益诉讼的,参照适用本规定。

第十八条 本规定施行后人民法院正在审理的一审、二审案件适用本规定。

本规定施行前已经终审,本规定施行后当事人申请再审或者按照审判监督程序决定再审的案件,不适用本规定。

最高人民检察院关于依法保障律师执业权利的规定

[2014年12月16日最高人民检察院第十二届检察委员会第三十二次会议通过,2014年12月23日公布,高检发〔2014〕21号]

第一条 为了切实保障律师依法行使执业权利,严肃检察人员违法行使职权行为的责任追究,促进人民检察院规范司法,维护司法公正,根据《中华人民共和国刑事诉讼法》、《中华人民共和国民事诉讼法》、《中华人民共和国行政诉讼法》和《中华人民共和国律师法》等有关法律规定,结合工作实际,制定本规定。

第二条　各级人民检察院和全体检察人员应当充分认识律师在法治建设中的重要作用,认真贯彻落实各项法律规定,尊重和支持律师依法履行职责,依法为当事人委托律师和律师履职提供相关协助和便利,切实保障律师依法行使执业权利,共同维护国家法律统一、正确实施,维护社会公平正义。

第三条　人民检察院应当依法保障当事人委托权的行使。人民检察院在办理案件中应当依法告知当事人有权委托辩护人、诉讼代理人。对于在押或者被指定居所监视居住的犯罪嫌疑人提出委托辩护人要求的,人民检察院应当及时转达其要求。犯罪嫌疑人的监护人、近亲属代为委托辩护律师的,应当由犯罪嫌疑人确认委托关系。

人民检察院应当及时查验接受委托的律师是否具有辩护资格,发现有不得担任辩护人情形的,应当及时告知当事人、律师或者律师事务所解除委托关系。

第四条　人民检察院应当依法保障当事人获得法律援助的权利。对于符合法律援助情形而没有委托辩护人或者诉讼代理人的,人民检察院应当及时告知当事人有权申请法律援助,并依照相关规定向法律援助机构转交申请材料。人民检察院发现犯罪嫌疑人属于法定通知辩护情形的,应当及时通知法律援助机构指派律师为其提供辩护,对于犯罪嫌疑人拒绝法律援助的,应当查明原因,依照相关规定处理。

第五条　人民检察院应当依法保障律师在刑事诉讼中的会见权。人民检察院办理直接受理立案侦查案件,除特别重大贿赂犯罪案件外,其他案件依法不需要经许可会见。律师在侦查阶段提出会见特别重大贿赂案件犯罪嫌疑人的,人民检察院应当严格按照法律和相关规定及时审查决定是否许可,并在三日以内答复;有碍侦查的情形消失后,应当通知律师,可以不经许可会见犯罪嫌疑人;侦查终结前,应当许可律师会见犯罪嫌疑人。人民检察院在会见时不得派员在场,不得通过任何方式监听律师会见的谈话内容。

第六条　人民检察院应当依法保障律师的阅卷权。自案件移送审查起诉之日起,人民检察院应当允许辩护律师查阅、摘抄、复制本案的案卷材料;经人民检察院许可,诉讼代理人也可以查阅、摘抄、复制本案的案卷材料。人民检察院应当及时受理并安排律师阅卷,无法及时安排的,应当向律师说明并安排其在三个工作日以内阅卷。人民检察院应当依照检务公开的相关规定,完善互联网等律师服务平台,并配备必要的速拍、复印、刻录等设施,为律师阅卷提供尽可能的便利。律师查阅、摘抄、复制案卷材料应当在人民检察院设置的专门场所进行。必要时,人民检察院可以派员在场协助。

第七条　人民检察院应当依法保障律师在刑事诉讼中的申请收集、调取证据权。律师收集到有关犯罪嫌疑人不在犯罪现场、未达到刑事责任年龄、属于依法不负刑事责任的精神病人的证据,告知人民检察院的,人民检察院相关办案部门应当及时进行审查。

案件移送审查逮捕或者审查起诉后,律师依据刑事诉讼法第三十九条申请人民检察院调取侦查部门收集但未提交的证明犯罪嫌疑人无罪或者罪轻的证据材料的,人民检察院应当及时进行审查,决定是否调取。经审查,认为律师申请调取的证据未收集或者与案件事实没有联系决定不予调取的,人民检察院应当向律师说明理由。人民检察院决定调取后,侦查机关移送相关证据材料的,人民检察院应当在三日以内告知律师。

案件移送审查起诉后,律师依据刑事诉讼法第四十一条第一款的规定申请人民检察院收集、调取证据,人民检察院认为需要收集、调取证据的,应当决定收集、调取并制作笔录附卷;决定不予收集、调取的,应当书面说明理由。人民检察院根据律师的申请收集、调取证据时,律师可以在场。

律师向被害人或者其近亲属、被害人提供的证人收集与本案有关的材料,向人民检察院提出申请的,人民检察院应当在七日以内作出是否许可的决定。人民检察院没有许可的,应当书面说明理由。

第八条 人民检察院应当依法保障律师在诉讼中提出意见的权利。人民检察院应当主动听取并高度重视律师意见。法律未作规定但律师要求听取意见的,也应当及时安排听取。听取律师意见应当制作笔录,律师提出的书面意见应当附卷。对于律师提出不构成犯罪,罪轻或者减轻、免除刑事责任,无社会危险性,不适宜羁押,侦查活动有违法情形等书面意见的,办案人员必须进行审查,在相关工作文书中叙明律师提出的意见并说明是否采纳的情况和理由。

第九条 人民检察院应当依法保障律师在刑事诉讼中的知情权。律师在侦查期间向人民检察院了解犯罪嫌疑人涉嫌的罪名以及当时已查明的涉嫌犯罪的主要事实,犯罪嫌疑人被采取、变更、解除强制措施等情况的,人民检察院应当依法及时告知。办理直接受理立案侦查案件报请上一级人民检察院审查逮捕时,人民检察院应当将报请情况告知律师。案件侦查终结移送审查起诉时,人民检察院应当将案件移送情况告知律师。

第十条 人民检察院应当依法保障律师在民事、行政诉讼中的代理权。在民事行政检察工作中,当事人委托律师代理的,人民检察院应当尊重律师的权利,依法听取律师意见,认真审查律师提交的证据材料。律师根据当事人的委托要求参加人民检察院案件听证的,人民检察院应当允许。

第十一条 人民检察院应当切实履行对妨碍律师依法执业的法律监督职责。律师根据刑事诉讼法第四十七条的规定,认为公安机关、人民检察院、人民法院及其工作人员阻碍其依法行使诉讼权利,向同级或者上一级人民检察院申诉或者控告的,接受申诉或者控告的人民检察院控告检察部门应当在受理后十日以内进行审查,情况属实的,通知有关机关或者本院有关部门、下级人民检察院予以纠正,并将处理情况书面答复律师;情况不属实的,应当将办理情况书面答复律师,并做好说明解释工作。人民检察院在办案过程中发现有阻碍律师依法行使诉讼权利行为的,应当依法提出纠正意见。

第十二条 建立完善检察机关办案部门和检察人员违法行使职权行为记录、通报和责任追究制度。对检察机关办案部门或者检察人员在诉讼活动中阻碍律师依法行使会见权、阅卷权等诉讼权利的申诉或者控告,接受申诉或者控告的人民检察院控告检察部门应当立即进行调查核实,情节较轻的,应当提出纠正意见;具有违反规定扩大经许可会见案件的范围、不按规定时间答复是否许可会见等严重情节的,应当发出纠正通知书。通知后仍不纠正或者屡纠屡犯的,应当向纪检监察部门通报并报告检察长,由纪检监察部门依照有关规定调查处理,相关责任人构成违纪的给予纪律处分,并记入执法档案,予以通报。

第十三条 人民检察院应当主动加强与司法行政机关、律师协会和广大律师的工作联系,通过业务研讨、情况通报、交流会商、定期听取意见等形式,分析律师依法行使执业权利中存在的问题,共同研究解决办法,共同提高业务素质。

第十四条 本规定自发布之日起施行。2004年2月10日最高人民检察院发布的《关于人民检察院保障律师在刑事诉讼中依法执业的规定》、2006年2月23日最高人民检察院发布的《关于进一步加强律师执业权利保障工作的通知》同时废止。最高人民检察院以前发布的有关规定与本规定不一致的,以本规定为准。

最高人民法院印发《关于依法切实保障律师诉讼权利的规定》的通知

[2015年12月29日,法发〔2015〕16号]

各省、自治区、直辖市高级人民法院,解放军军事法院,新疆维吾尔自治区高级人民法院生产建设兵团分院:

现将《最高人民法院关于依法切实保障律师诉讼权利的规定》予以印发,请认真贯彻执行。

附:最高人民法院关于依法切实保障律师诉讼权利的规定

为深入贯彻落实全面推进依法治国战略,充分发挥律师维护当事人合法权益、促进司法公正的积极作用,切实保障律师诉讼权利,根据中华人民共和国刑事诉讼法、民事诉讼法、行政诉讼法、律师法和《最高人民法院、最高人民检察院、公安部、国家安全部、司法部关于依法保障律师执业权利的规定》,作出如下规定:

一、依法保障律师知情权。人民法院要不断完善审判流程公开、裁判文书公开、执行信息公开"三大平台"建设,方便律师及时获取诉讼信息。对诉讼程序、诉权保障、调解和解、裁判文书等重要事项及相关进展情况,应当依法及时告知律师。

二、依法保障律师阅卷权。对律师申请阅卷的,应当在合理时间内安排。案卷材料被其他诉讼主体查阅的,应当协调安排各方阅卷时间。律师依法查阅、摘抄、复制有关卷宗材料或者查看庭审录音录像的,应当提供场所和设施。有条件的法院,可提供网上卷宗查阅服务。

三、依法保障律师出庭权。确定开庭日期时,应当为律师预留必要的出庭准备时间。因特殊情况更改开庭日期的,应当提前三日告知律师。律师因正当理由请求变更开庭日期的,法官可在征询其他当事人意见后准许。律师带助理出庭的,应当准许。

四、依法保障律师辩论、辩护权。法官在庭审过程中应合理分配诉讼各方发问、质证、陈述和辩论、辩护的时间,充分听取律师意见。除律师发言过于重复、与案件无关或者相关问题已在庭前达成一致等情况外,不应打断律师发言。

五、依法保障律师申请排除非法证据的权利。律师申请排除非法证据并提供相关线索或者材料,法官经审查对证据收集合法性有疑问的,应当召开庭前会议或者进行法庭调查。经审查确认存在法律规定的以非法方法收集证据情形的,对有关证据应当予以排除。

六、依法保障律师申请调取证据的权利。律师因客观原因无法自行收集证据的,可以依法向人民法院书面申请调取证据。律师申请调取证据符合法定条件的,法官应当准许。

七、依法保障律师的人身安全。案件审理过程中出现当事人矛盾激化,可能危及律师人身安全情形的,应当及时采取必要措施。对在法庭上发生的殴打、威胁、侮辱、诽谤律师等行为,法官应当及时制止,依法处置。

八、依法保障律师代理申诉的权利。对律师代理当事人对案件提出申诉的,要依照法律规定的程序认真处理。认为原案件处理正确的,要支持律师向申诉人做好释法析理、息诉息访工作。

九、为律师依法履职提供便利。要进一步完善网上立案、缴费、查询、阅卷、申请保全、提交代理词、开庭排期、文书送达等功能。有条件的法院要为参加庭审的律师提供休息场所,配备桌椅、饮水及其他必要设施。

十、完善保障律师诉讼权利的救济机制。要指定专门机构负责处理律师投诉,公开联系方式,畅通投诉渠道。对投诉要及时调查,依法处理,并将结果及时告知律师。对司法行政机关、律师协会就维护律师执业权利提出的建议,要及时予以答复。

最高人民法院关于审理消费民事公益诉讼案件适用法律若干问题的解释

[2016年2月1日最高人民法院审判委员会第1677次会议通过,2016年4月24日公布,自2016年5月1日起施行,法释〔2016〕10号]

为正确审理消费民事公益诉讼案件,根据《中华人民共和国民事诉讼法》《中华人民共和国侵权责任法》《中华人民共和国消费者权益保护法》等法律规定,结合审判实践,制定本解释。

第一条 中国消费者协会以及在省、自治区、直辖市设立的消费者协会,对经营者侵害众多不特定消费者合法权益或者具有危及消费者人身、财产安全危险等损害社会公共利益的行为提起消费民事公益诉讼的,适用本解释。

法律规定或者全国人大及其常委会授权的机关和社会组织提起的消费民事公益诉讼,适用本解释。

第二条 经营者提供的商品或者服务具有下列情形之一的,适用消费者权益保护法第四十七条规定:

(一)提供的商品或者服务存在缺陷,侵害众多不特定消费者合法权益的;

(二)提供的商品或者服务可能危及消费者人身、财产安全,未作出真实的说明和明确的警示,未标明正确使用商品或者接受服务的方法以及防止危害发生方法的;对提供的商品或者服务质量、性能、用途、有效期限等信息作虚假或引人误解宣传的;

(三)宾馆、商场、餐馆、银行、机场、

车站、港口、影剧院、景区、娱乐场所等经营场所存在危及消费者人身、财产安全危险的;

(四)以格式条款、通知、声明、店堂告示等方式,作出排除或者限制消费者权利、减轻或者免除经营者责任、加重消费者责任等对消费者不公平、不合理规定的;

(五)其他侵害众多不特定消费者合法权益或者具有危及消费者人身、财产安全危险等损害社会公共利益的行为。

第三条 消费民事公益诉讼案件管辖适用《最高人民法院关于适用〈中华人民共和国民事诉讼法〉的解释》第二百八十五条的有关规定。

经最高人民法院批准,高级人民法院可以根据本辖区实际情况,在辖区内确定部分中级人民法院受理第一审消费民事公益诉讼案件。

第四条 提起消费民事公益诉讼应当提交下列材料:

(一)符合民事诉讼法第一百二十一条规定的起诉状,并按照被告人数提交副本;

(二)被告的行为侵害众多不特定消费者合法权益或者具有危及消费者人身、财产安全危险等损害社会公共利益的初步证据;

(三)消费者组织就涉诉事项已按照消费者权益保护法第三十七条第四项或者第五项的规定履行公益性职责的证明材料。

第五条 人民法院认为原告提出的诉讼请求不足以保护社会公共利益的,可以向其释明变更或者增加停止侵害等诉讼请求。

第六条 人民法院受理消费民事公益诉讼案件后,应当公告案件受理情况,并在立案之日起十日内书面告知相关行政主管部门。

第七条 人民法院受理消费民事公益诉讼案件后,依法可以提起诉讼的其他机关或者社会组织,可以在一审开庭前向人民法院申请参加诉讼。

人民法院准许参加诉讼的,列为共同原告;逾期申请的,不予准许。

第八条 有权提起消费民事公益诉讼的机关或者社会组织,可以依据民事诉讼法第八十一条规定申请保全证据。

第九条 人民法院受理消费民事公益诉讼案件后,因同一侵权行为受到损害的消费者申请参加诉讼的,人民法院应当告知其根据民事诉讼法第一百一十九条规定主张权利。

第十条 消费民事公益诉讼案件受理后,因同一侵权行为受到损害的消费者请求对其根据民事诉讼法第一百一十九条规定提起的诉讼予以中止,人民法院可以准许。

第十一条 消费民事公益诉讼案件审理过程中,被告提出反诉的,人民法院不予受理。

第十二条 原告在诉讼中承认对己方不利的事实,人民法院认为损害社会公共利益的,不予确认。

第十三条 原告在消费民事公益诉讼案件中,请求被告承担停止侵害、排除妨碍、消除危险、赔礼道歉等民事责任的,人民法院可予支持。

经营者利用格式条款或者通知、声明、店堂告示等,排除或者限制消费者权利、减轻或者免除经营者责任、加重消费者责任,原告认为对消费者不公平、不合理主张无效的,人民法院可予支持。

第十四条　消费民事公益诉讼案件裁判生效后，人民法院应当在十日内书面告知相关行政主管部门，并可发出司法建议。

第十五条　消费民事公益诉讼案件的裁判发生法律效力后，其他依法具有原告资格的机关或者社会组织就同一侵权行为另行提起消费民事公益诉讼的，人民法院不予受理。

第十六条　已为消费民事公益诉讼生效裁判认定的事实，因同一侵权行为受到损害的消费者根据民事诉讼法第一百一十九条规定提起的诉讼，原告、被告均无需举证证明，但当事人对该事实有异议并有相反证据足以推翻的除外。

消费民事公益诉讼生效裁判认定经营者存在不法行为，因同一侵权行为受到损害的消费者根据民事诉讼法第一百一十九条规定提起的诉讼，原告主张适用的，人民法院可予支持，但被告有相反证据足以推翻的除外。被告主张直接适用对其有利认定的，人民法院不予支持，被告仍应承担相应举证证明责任。

第十七条　原告为停止侵害、排除妨碍、消除危险采取合理预防、处置措施而发生的费用，请求被告承担的，人民法院可予支持。

第十八条　原告及其诉讼代理人对侵权行为进行调查、取证的合理费用、鉴定费用、合理的律师代理费用，人民法院可根据实际情况予以相应支持。

第十九条　本解释自2016年5月1日起施行。

本解释施行后人民法院新受理的一审案件，适用本解释。

本解释施行前人民法院已经受理、施行后尚未审结的一审、二审案件，以及本解释施行前已经终审、施行后当事人申请再审或者按照审判监督程序决定再审的案件，不适用本解释。

（六）证　　据

最高人民法院关于未经对方当事人同意私自录音取得的资料能否作为证据使用问题的批复

〔1995年3月6日，法复〔1995〕2号〕

河北省高级人民法院：

你院冀高法〔1994〕39号请示收悉。经研究，答复如下：

证据的取得首先要合法，只有经过合法途径取得的证据才能作为定案的根据。未经对方当事人同意私自录制其谈话，系不合法行为，以这种手段取得的录音资料，不能作为证据使用。

此复。

最高人民法院关于诉前停止侵犯注册商标专用权行为和保全证据适用法律问题的解释

〔2001年12月25日最高人民法院审判委员会第1203次会议通过，2002年1月9日公布，自2002年1月22日起施行，法释〔2002〕2号〕

为切实保护商标注册人和利害关系人的合法权益，根据《中华人民共和国民法通则》、《中华人民共和国商标法》（以下简称商标法)、《中华人民共和国民事诉讼法》(以下简称民事诉讼法)的有关规定,现就有关诉前停止侵犯注册商标专用权行为和保全证据适用法律问题解释如下:

第一条 根据商标法第五十七条、第五十八条的规定,商标注册人或者利害关系人可以向人民法院提出诉前责令停止侵犯注册商标专用权行为或者保全证据的申请。

提出申请的利害关系人,包括商标使用许可合同的被许可人、注册商标财产权利的合法继承人。注册商标使用许可合同被许可人中,独占使用许可合同的被许可人可以单独向人民法院提出申请;排他使用许可合同的被许可人在商标注册人不申请的情况下,可以提出申请。

第二条 诉前责令停止侵犯注册商标专用权行为或者保全证据的申请,应当向侵权行为地或者被申请人住所地对商标案件有管辖权的人民法院提出。

第三条 商标注册人或者利害关系人向人民法院提出诉前停止侵犯注册商标专用权行为的申请,应当递交书面申请状。申请状应当载明:(一)当事人及其基本情况;(二)申请的具体内容、范围;(三)申请的理由,包括有关行为如不及时制止,将会使商标注册人或者利害关系人的合法权益受到难以弥补的损害的具体说明。

商标注册人或者利害关系人向人民法院提出诉前保全证据的申请,应当递交书面申请状。申请状应当载明:(一)当事人及其基本情况;(二)申请保全证据的具体内容、范围、所在地点;(三)请求保全的证据能够证明的对象;(四)申请的理由,包括证据可能灭失或者以后难以

取得,且当事人及其诉讼代理人因客观原因不能自行收集的具体说明。

第四条 申请人提出诉前停止侵犯注册商标专用权行为的申请时,应当提交下列证据:

(一)商标注册人应当提交商标注册证,利害关系人应当提交商标使用许可合同、在商标局备案的材料及商标注册证复印件;排他使用许可合同的被许可人单独提出申请的,应当提交商标注册人放弃申请的证据材料;注册商标财产权利的继承人应当提交已经继承或者正在继承的证据材料。

(二)证明被申请人正在实施或者即将实施侵犯注册商标专用权的行为的证据,包括被控侵权商品。

第五条 人民法院作出诉前停止侵犯注册商标专用权行为或者保全证据的裁定事项,应当限于商标注册人或者利害关系人申请的范围。

第六条 申请人提出诉前停止侵犯注册商标专用权行为的申请时应当提供担保。

申请人申请诉前保全证据可能涉及被申请人财产损失的,人民法院可以责令申请人提供相应的担保。

申请人提供保证、抵押等形式的担保合理、有效的,人民法院应当准许。

申请人不提供担保的,驳回申请。

人民法院确定担保的范围时,应当考虑责令停止有关行为所涉及的商品销售收益,以及合理的仓储、保管等费用,停止有关行为可能造成的合理损失等。

第七条 在执行停止有关行为裁定过程中,被申请人可能因采取该项措施造成更大损失的,人民法院可以责令申请人追加相应的担保。申请人不追加担保的,

可以解除有关停止措施。

第八条 停止侵犯注册商标专用权行为裁定所采取的措施，不因被申请人提供担保而解除，但申请人同意的除外。

第九条 人民法院接受商标注册人或者利害关系人提出责令停止侵犯注册商标专用权行为的申请后，经审查符合本规定第四条的，应当在四十八小时内作出书面裁定；裁定责令被申请人停止侵犯注册商标专用权行为的，应当立即开始执行。

人民法院作出诉前责令停止有关行为的裁定，应当及时通知被申请人，至迟不得超过五日。

第十条 当事人对诉前责令停止侵犯注册商标专用权行为裁定不服的，可以在收到裁定之日起十日内申请复议一次。复议期间不停止裁定的执行。

第十一条 人民法院对当事人提出的复议申请应当从以下方面进行审查：

（一）被申请人正在实施或者即将实施的行为是否侵犯注册商标专用权；

（二）不采取有关措施，是否会给申请人合法权益造成难以弥补的损害；

（三）申请人提供担保的情况；

（四）责令被申请人停止有关行为是否损害社会公共利益。

第十二条 商标注册人或者利害关系人在人民法院采取停止有关行为或者保全证据的措施后十五日内不起诉的，人民法院应当解除裁定采取的措施。

第十三条 申请人不起诉或者申请错误造成被申请人损失的，被申请人可以向有管辖权的人民法院起诉请求申请人赔偿，也可以在商标注册人或者利害关系人提起的侵犯注册商标专用权的诉讼中提出损害赔偿请求，人民法院可以一并处理。

第十四条 停止侵犯注册商标专用权行为裁定的效力，一般应维持到终审法律文书生效时止。

人民法院也可以根据案情，确定停止有关行为的具体期限；期限届满后，根据当事人的请求及追加担保的情况，可以作出继续停止有关行为的裁定。

第十五条 被申请人违反人民法院责令停止侵犯注册商标专用权行为或者保全证据裁定的，依照民事诉讼法第一百零二条规定处理。

第十六条 商标注册人或者利害关系人向人民法院提起商标侵权诉讼时或者诉讼中，提出先行停止侵犯注册商标专用权请求的，人民法院可以先行作出裁定。前款规定涉及的有关申请、证据提交、担保的确定、裁定的执行和复议等事项，参照本司法解释有关规定办理。

第十七条 诉前停止侵犯注册商标专用权行为和保全证据的案件，申请人应当按照《人民法院诉讼收费办法》及其补充规定缴纳费用。

最高人民法院关于债权人在保证期间以特快专递向保证人发出逾期贷款催收通知书但缺乏保证人对邮件签收或拒收的证据能否认定债权人向保证人主张权利的请示的复函

〔2003 年 6 月 12 日，〔2003〕民二他字第 6 号〕

河北省高级人民法院：

你院〔2003〕冀民二请字第 1 号请示

收悉。经研究，答复如下：

债权人通过邮局以特快专递的方式向保证人发出逾期贷款催收通知书，在债权人能够提供特快专递邮件存根及内容的情况下，除非保证人有相反证据推翻债权人所提供的证据，应当认定债权人向保证人主张了权利。

此复。

最高人民法院关于审理劳动争议案件适用法律若干问题的解释

[2001年3月22日最高人民法院审判委员会第1165次会议通过，2001年4月16日公布，自2001年4月30日起施行，法释〔2001〕14号，根据2008年12月16日《最高人民法院关于调整司法解释等文件中引用〈中华人民共和国民事诉讼法〉条文序号的决定》修正]

为正确审理劳动争议案件，根据《中华人民共和国劳动法》（以下简称《劳动法》）和《中华人民共和国民事诉讼法》（以下简称《民事诉讼法》）等相关法律之规定，就适用法律的若干问题，作如下解释。

第一条 劳动者与用人单位之间发生的下列纠纷，属于《劳动法》第二条规定的劳动争议，当事人不服劳动争议仲裁委员会作出的裁决，依法向人民法院起诉的，人民法院应当受理：

（一）劳动者与用人单位在履行劳动合同过程中发生的纠纷；

（二）劳动者与用人单位之间没有订立书面劳动合同，但已形成劳动关系后发生的纠纷；

（三）劳动者退休后，与尚未参加社会保险统筹的原用人单位因追索养老金、医疗费、工伤保险待遇和其他社会保险费而发生的纠纷。

第二条 劳动争议仲裁委员会以当事人申请仲裁的事项不属于劳动争议为由，作出不予受理的书面裁决、决定或者通知，当事人不服，依法向人民法院起诉的，人民法院应当分别情况予以处理：

（一）属于劳动争议案件的，应当受理；

（二）虽不属于劳动争议案件，但属于人民法院主管的其他案件，应当依法受理。

第三条 劳动争议仲裁委员会根据《劳动法》第八十二条之规定，以当事人的仲裁申请超过六十日期限为由，作出不予受理的书面裁决、决定或者通知，当事人不服，依法向人民法院起诉的，人民法院应当受理；对确已超过仲裁申请期限，又无不可抗力或者其他正当理由的，依法驳回其诉讼请求。

第四条 劳动争议仲裁委员会以申请仲裁的主体不适格为由，作出不予受理的书面裁决、决定或者通知，当事人不服，依法向人民法院起诉的，经审查，确属主体不适格的，裁定不予受理或者驳回起诉。

第五条 劳动争议仲裁委员会为纠正原仲裁裁决错误重新作出裁决，当事人不服，依法向人民法院起诉的，人民法院应当受理。

第六条 人民法院受理劳动争议案件后，当事人增加诉讼请求的，如该诉讼请求与讼争的劳动争议具有不可分性，应当合并审理；如属独立的劳动争议，应当告知当事人向劳动争议仲裁委员会申请仲裁。

第七条 劳动争议仲裁委员会仲裁的事项不属于人民法院受理的案件范围，当事人不服，依法向人民法院起诉的，裁定不予受理或者驳回起诉。

第八条 劳动争议案件由用人单位所在地或者劳动合同履行地的基层人民法院管辖。

劳动合同履行地不明确的，由用人单位所在地的基层人民法院管辖。

第九条 当事人双方不服劳动争议仲裁委员会作出的同一仲裁裁决，均向同一人民法院起诉的，先起诉的一方当事人为原告，但对双方的诉讼请求，人民法院应当一并作出裁决。

当事人双方就同一仲裁裁决分别向有管辖权的人民法院起诉的，后受理的人民法院应当将案件移送给先受理的人民法院。

第十条 用人单位与其他单位合并的，合并前发生的劳动争议，由合并后的单位为当事人；用人单位分立为若干单位的，其分立前发生的劳动争议，由分立后的实际用人单位为当事人。

用人单位分立为若干单位后，对承受劳动权利义务的单位不明确的，分立后的单位均为当事人。

第十一条 用人单位招用尚未解除劳动合同的劳动者，原用人单位与劳动者发生的劳动争议，可以列新的用人单位为第三人。

原用人单位以新的用人单位侵权为由向人民法院起诉的，可以列劳动者为第三人。

原用人单位以新的用人单位和劳动者共同侵权为由向人民法院起诉的，新的用人单位和劳动者列为共同被告。

第十二条 劳动者在用人单位与其他平等主体之间的承包经营期间，与发包方和承包方双方或者一方发生劳动争议，依法向人民法院起诉的，应当将承包方和发包方作为当事人。

第十三条 因用人单位作出的开除、除名、辞退、解除劳动合同、减少劳动报酬、计算劳动者工作年限等决定而发生的劳动争议，用人单位负举证责任。

第十四条 劳动合同被确认为无效后，用人单位对劳动者付出的劳动，一般可参照本单位同期、同工种、同岗位的工资标准支付劳动报酬。

根据《劳动法》第九十七条之规定，由于用人单位的原因订立的无效合同，给劳动者造成损害的，应当比照违反和解除劳动合同经济补偿金的支付标准，赔偿劳动者因合同无效所造成的经济损失。

第十五条 用人单位有下列情形之一，迫使劳动者提出解除劳动合同的，用人单位应当支付劳动者的劳动报酬和经济补偿，并可支付赔偿金：

（一）以暴力、威胁或者非法限制人身自由的手段强迫劳动的；

（二）未按照劳动合同约定支付劳动报酬或者提供劳动条件的；

（三）克扣或者无故拖欠劳动者工资的；

（四）拒不支付劳动者延长工作时间工资报酬的；

（五）低于当地最低工资标准支付劳动者工资的。

第十六条 劳动合同期满后，劳动者仍在原用人单位工作，原用人单位未表示异议的，视为双方同意以原条件继续履行劳动合同。一方提出终止劳动关系的，人民法院应当支持。

根据《劳动法》第二十条之规定，用人单位应当与劳动者签订无固定期限劳动合同而未签订的，人民法院可以视为双方之间存在无固定期限劳动合同关系，并以原劳动合同确定双方的权利义务关系。

第十七条　劳动争议仲裁委员会作出仲裁裁决后，当事人对裁决中的部分事项不服，依法向人民法院起诉的，劳动争议仲裁裁决不发生法律效力。

第十八条　劳动争议仲裁委员会对多个劳动者的劳动争议作出仲裁裁决后，部分劳动者对仲裁裁决不服，依法向人民法院起诉的，仲裁裁决对提出起诉的劳动者不发生法律效力；对未提出起诉的部分劳动者，发生法律效力，如其申请执行的，人民法院应当受理。

第十九条　用人单位根据《劳动法》第四条之规定，通过民主程序制定的规章制度，不违反国家法律、行政法规及政策规定，并已向劳动者公示的，可以作为人民法院审理劳动争议案件的依据。

第二十条　用人单位对劳动者作出的开除、除名、辞退等处理，或者因其他原因解除劳动合同确有错误的，人民法院可以依法判决予以撤销。

对于追索劳动报酬、养老金、医疗费以及工伤保险待遇、经济补偿金、培训费及其他相关费用等案件，给付数额不当的，人民法院可以予以变更。

第二十一条　当事人申请人民法院执行劳动争议仲裁机构作出的发生法律效力的裁决书、调解书，被申请人提出证据证明劳动争议仲裁裁决书、调解书有下列情形之一，并经审查核实的，人民法院可以根据《民事诉讼法》第二百一十三条之规定，裁定不予执行：

（一）裁决的事项不属于劳动争议仲裁范围，或者劳动争议仲裁机构无权仲裁的；

（二）适用法律确有错误的；

（三）仲裁员仲裁该案时，有徇私舞弊、枉法裁决行为的；

（四）人民法院认定执行该劳动争议仲裁裁决违背社会公共利益的。

人民法院在不予执行的裁定书中，应当告知当事人在收到裁定书之次日起三十日内，可以就该劳动争议事项向人民法院起诉。

最高人民法院关于审理劳动争议案件适用法律若干问题的解释（三）

［2010年7月12日最高人民法院审判委员会第1489次会议通过，2010年9月13日公布，自2010年9月14日起施行，法释〔2010〕12号］

为正确审理劳动争议案件，根据《中华人民共和国劳动法》、《中华人民共和国劳动合同法》、《中华人民共和国劳动争议调解仲裁法》、《中华人民共和国民事诉讼法》等相关法律规定，结合民事审判实践，特作如下解释。

第一条　劳动者以用人单位未为其办理社会保险手续，且社会保险经办机构不能补办导致其无法享受社会保险待遇为由，要求用人单位赔偿损失而发生争议的，人民法院应予受理。

第二条　因企业自主进行改制引发的争议，人民法院应予受理。

第三条　劳动者依据劳动合同法第八十五条规定，向人民法院提起诉讼，要求用人单位支付加付赔偿金的,人民法院应予受理。

第四条 劳动者与未办理营业执照、营业执照被吊销或者营业期限届满仍继续经营的用人单位发生争议的,应当将用人单位或者其出资人列为当事人。

第五条 未办理营业执照、营业执照被吊销或营业期限届满仍继续经营的用人单位,以挂靠等方式借用他人营业执照经营的,应当将用人单位和营业执照出借方列为当事人。

第六条 当事人不服劳动人事争议仲裁委员会作出的仲裁裁决,依法向人民法院提起诉讼,人民法院审查认为仲裁裁决遗漏了必须共同参加仲裁的当事人的,应当依法追加遗漏的人为诉讼当事人。

被追加的当事人应当承担责任的,人民法院应当一并处理。

第七条 用人单位与其招用的已经依法享受养老保险待遇或领取退休金的人员发生用工争议,向人民法院提起诉讼的,人民法院应当按劳务关系处理。

第八条 企业停薪留职人员、未达到法定退休年龄的内退人员、下岗待岗人员以及企业经营性停产放长假人员,因与新的用人单位发生用工争议,依法向人民法院提起诉讼的,人民法院应当按劳动关系处理。

第九条 劳动者主张加班费的,应当就加班事实的存在承担举证责任。但劳动者有证据证明用人单位掌握加班事实存在的证据,用人单位不提供的,由用人单位承担不利后果。

第十条 劳动者与用人单位就解除或者终止劳动合同办理相关手续、支付工资报酬、加班费、经济补偿或者赔偿金等达成的协议,不违反法律、行政法规的强制性规定,且不存在欺诈、胁迫或者乘人之危情形的,应当认定有效。

前款协议存在重大误解或者显失公平情形,当事人请求撤销的,人民法院应予支持。

第十一条 劳动人事争议仲裁委员会作出的调解书已经发生法律效力,一方当事人反悔提起诉讼的,人民法院不予受理;已经受理的,裁定驳回起诉。

第十二条 劳动人事争议仲裁委员会逾期未作出受理决定或仲裁裁决,当事人直接提起诉讼的,人民法院应予受理,但申请仲裁的案件存在下列事由的除外:

(一)移送管辖的;

(二)正在送达或送达延误的;

(三)等待另案诉讼结果、评残结论的;

(四)正在等待劳动人事争议仲裁委员会开庭的;

(五)启动鉴定程序或者委托其他部门调查取证的;

(六)其他正当事由。

当事人以劳动人事争议仲裁委员会逾期未作出仲裁裁决为由提起诉讼的,应当提交劳动人事争议仲裁委员会出具的受理通知书或者其他已接受仲裁申请的凭证或证明。

第十三条 劳动者依据调解仲裁法第四十七条第(一)项规定,追索劳动报酬、工伤医疗费、经济补偿或者赔偿金,如果仲裁裁决涉及数项,每项确定的数额均不超过当地月最低工资标准十二个月金额的,应当按照终局裁决处理。

第十四条 劳动人事争议仲裁委员会作出的同一仲裁裁决同时包含终局裁决事项和非终局裁决事项,当事人不服该仲裁裁决向人民法院提起诉讼的,应当按照非终局裁决处理。

第十五条 劳动者依据调解仲裁法第四十八条规定向基层人民法院提起诉讼，用人单位依据调解仲裁法第四十九条规定向劳动人事争议仲裁委员会所在地的中级人民法院申请撤销仲裁裁决的，中级人民法院应不予受理；已经受理的，应当裁定驳回申请。

被人民法院驳回起诉或者劳动者撤诉的，用人单位可以自收到裁定书之日起三十日内，向劳动人事争议仲裁委员会所在地的中级人民法院申请撤销仲裁裁决。

第十六条 用人单位依照调解仲裁法第四十九条规定向中级人民法院申请撤销仲裁裁决，中级人民法院作出的驳回申请或者撤销仲裁裁决的裁定为终审裁定。

第十七条 劳动者依据劳动合同法第三十条第二款和调解仲裁法第十六条规定向人民法院申请支付令，符合民事诉讼法第十七章督促程序规定的，人民法院应予受理。

依据劳动合同法第三十条第二款规定申请支付令被人民法院裁定终结督促程序后，劳动者就劳动争议事项直接向人民法院起诉的，人民法院应当告知其先向劳动人事争议仲裁委员会申请仲裁。

依据调解仲裁法第十六条规定申请支付令被人民法院裁定终结督促程序后，劳动者依据调解协议直接向人民法院提起诉讼的，人民法院应予受理。

第十八条 劳动人事争议仲裁委员会作出终局裁决，劳动者向人民法院申请执行，用人单位向劳动人事争议仲裁委员会所在地的中级人民法院申请撤销的，人民法院应当裁定中止执行。

用人单位撤回撤销终局裁决申请或者其申请被驳回的，人民法院应当裁定恢复执行。仲裁裁决被撤销的，人民法院应当裁定终结执行。

用人单位向人民法院申请撤销仲裁裁决被驳回后，又在执行程序中以相同理由提出不予执行抗辩的，人民法院不予支持。

最高人民法院关于适用《中华人民共和国合同法》若干问题的解释（二）

［2009 年 2 月 9 日最高人民法院审判委员会第 1462 次会议通过，2009 年 4 月 24 日公布，自 2009 年 5 月 13 日起施行，法释〔2009〕5 号〕

为了正确审理合同纠纷案件，根据《中华人民共和国合同法》的规定，对人民法院适用合同法的有关问题作出如下解释：

一、合同的订立

第一条 当事人对合同是否成立存在争议，人民法院能够确定当事人名称或者姓名、标的和数量的，一般应当认定合同成立。但法律另有规定或者当事人另有约定的除外。

对合同欠缺的前款规定以外的其他内容，当事人达不成协议的，人民法院依照合同法第六十一条、第六十二条、第一百二十五条等有关规定予以确定。

第二条 当事人未以书面形式或者口头形式订立合同，但从双方从事的民事行为能够推定双方有订立合同意愿的，人民法院可以认定是以合同法第十条第一款中的"其他形式"订立的合同。但法律另有规定的除外。

第三条 悬赏人以公开方式声明对完成一定行为的人支付报酬,完成特定行为的人请求悬赏人支付报酬的,人民法院依法予以支持。但悬赏有合同法第五十二条规定情形的除外。

第四条 采用书面形式订立合同,合同约定的签订地与实际签字或者盖章地点不符的,人民法院应当认定约定的签订地为合同签订地;合同没有约定签订地,双方当事人签字或者盖章不在同一地点的,人民法院应当认定最后签字或者盖章的地点为合同签订地。

第五条 当事人采用合同书形式订立合同的,应当签字或者盖章。当事人在合同书上摁手印的,人民法院应当认定其具有与签字或者盖章同等的法律效力。

第六条 提供格式条款的一方对格式条款中免除或者限制其责任的内容,在合同订立时采用足以引起对方注意的文字、符号、字体等特别标识,并按照对方的要求对该格式条款予以说明的,人民法院应当认定符合合同法第三十九条所称"采取合理的方式"。

提供格式条款一方对已尽合理提示及说明义务承担举证责任。

第七条 下列情形,不违反法律、行政法规强制性规定的,人民法院可以认定为合同法所称"交易习惯":

(一)在交易行为当地或者某一领域、某一行业通常采用并为交易对方订立合同时所知道或者应当知道的做法;

(二)当事人双方经常使用的习惯做法。

对于交易习惯,由提出主张的一方当事人承担举证责任。

第八条 依照法律、行政法规的规定经批准或者登记才能生效的合同成立后,有义务办理申请批准或者申请登记等手续的一方当事人未按照法律规定或者合同约定办理申请批准或者未申请登记的,属于合同法第四十二条第(三)项规定的"其他违背诚实信用原则的行为",人民法院可以根据案件的具体情况和相对人的请求,判决相对人自己办理有关手续;对方当事人对由此产生的费用和给相对人造成的实际损失,应当承担损害赔偿责任。

二、合同的效力

第九条 提供格式条款的一方当事人违反合同法第三十九条第一款关于提示和说明义务的规定,导致对方没有注意免除或者限制其责任的条款,对方当事人申请撤销该格式条款的,人民法院应当支持。

第十条 提供格式条款的一方当事人违反合同法第三十九条第一款的规定,并具有合同法第四十条规定的情形之一的,人民法院应当认定该格式条款无效。

第十一条 根据合同法第四十七条、第四十八条的规定,追认的意思表示自到达相对人时生效,合同自订立时起生效。

第十二条 无权代理人以被代理人的名义订立合同,被代理人已经开始履行合同义务的,视为对合同的追认。

第十三条 被代理人依照合同法第四十九条的规定承担有效代理行为所产生的责任后,可以向无权代理人追偿因代理行为而遭受的损失。

第十四条 合同法第五十二条第(五)项规定的"强制性规定",是指效力性强制性规定。

第十五条　出卖人就同一标的物订立多重买卖合同,合同均不具有合同法第五十二条规定的无效情形,买受人因不能按照合同约定取得标的物所有权,请求追究出卖人违约责任的,人民法院应予支持。

三、合同的履行

第十六条　人民法院根据具体案情可以将合同法第六十四条、第六十五条规定的第三人列为无独立请求权的第三人,但不得依职权将其列为该合同诉讼案件的被告或者有独立请求权的第三人。

第十七条　债权人以境外当事人为被告提起的代位权诉讼,人民法院根据《中华人民共和国民事诉讼法》第二百四十一条的规定确定管辖。

第十八条　债务人放弃其未到期的债权或者放弃债权担保,或者恶意延长到期债权的履行期,对债权人造成损害,债权人依照合同法第七十四条的规定提起撤销权诉讼的,人民法院应当支持。

第十九条　对于合同法第七十四条规定的"明显不合理的低价",人民法院应当以交易当地一般经营者的判断,并参考交易当时交易地的物价部门指导价或者市场交易价,结合其他相关因素综合考虑予以确认。

转让价格达不到交易时交易地的指导价或者市场交易价百分之七十的,一般可以视为明显不合理的低价;对转让价格高于当地指导价或者市场交易价百分之三十的,一般可以视为明显不合理的高价。

债务人以明显不合理的高价收购他人财产,人民法院可以根据债权人的申请,参照合同法第七十四条的规定予以撤销。

第二十条　债务人的给付不足以清偿其对同一债权人所负的数笔相同种类的全部债务,应当优先抵充已到期的债务;几项债务均到期的,优先抵充对债权人缺乏担保或者担保数额最少的债务;担保数额相同的,优先抵充债务负担较重的债务;负担相同的,按照债务到期的先后顺序抵充;到期时间相同的,按比例抵充。但是,债权人与债务人对清偿的债务或者清偿抵充顺序有约定的除外。

第二十一条　债务人除主债务之外还应当支付利息和费用,当其给付不足以清偿全部债务时,并且当事人没有约定的,人民法院应当按照下列顺序抵充:

(一)实现债权的有关费用;

(二)利息;

(三)主债务。

四、合同的权利义务终止

第二十二条　当事人一方违反合同法第九十二条规定的义务,给对方当事人造成损失,对方当事人请求赔偿实际损失的,人民法院应当支持。

第二十三条　对于依照合同法第九十九条的规定可以抵销的到期债权,当事人约定不得抵销的,人民法院可以认定该约定有效。

第二十四条　当事人对合同法第九十六条、第九十九条规定的合同解除或者债务抵销虽有异议,但在约定的异议期限届满后才提出异议并向人民法院起诉的,人民法院不予支持;当事人没有约定异议期间,在解除合同或者债务抵销通知到达之日起三个月以后才向人民法院起诉的,人民法院不予支持。

第二十五条　依照合同法第一百零

一条的规定，债务人将合同标的物或者标的物拍卖、变卖所得价款交付提存部门时，人民法院应当认定提存成立。

提存成立的，视为债务人在其提存范围内已经履行债务。

第二十六条 合同成立以后客观情况发生了当事人在订立合同时无法预见的、非不可抗力造成的不属于商业风险的重大变化，继续履行合同对于一方当事人明显不公平或者不能实现合同目的，当事人请求人民法院变更或者解除合同的，人民法院应当根据公平原则，并结合案件的实际情况确定是否变更或者解除。

五、违约责任

第二十七条 当事人通过反诉或者抗辩的方式，请求人民法院依照合同法第一百一十四条第二款的规定调整违约金的，人民法院应予支持。

第二十八条 当事人依照合同法第一百一十四条第二款的规定，请求人民法院增加违约金的，增加后的违约金数额以不超过实际损失额为限。增加违约金以后，当事人又请求对方赔偿损失的，人民法院不予支持。

第二十九条 当事人主张约定的违约金过高请求予以适当减少的，人民法院应当以实际损失为基础，兼顾合同的履行情况、当事人的过错程度以及预期利益等综合因素，根据公平原则和诚实信用原则予以衡量，并作出裁决。

当事人约定的违约金超过造成损失的百分之三十的，一般可以认定为合同法第一百一十四条第二款规定的"过分高于造成的损失"。

六、附　　则

第三十条 合同法施行后成立的合同发生纠纷的案件，本解释施行后尚未终审的，适用本解释；本解释施行前已经终审，当事人申请再审或者按照审判监督程序决定再审的，不适用本解释。

最高人民法院关于适用《中华人民共和国婚姻法》若干问题的解释（三）

〔2011年7月4日最高人民法院审判委员会第1525次会议通过，2011年8月9日公布，自2011年8月13日起施行，法释〔2011〕18号〕

为正确审理婚姻家庭纠纷案件，根据《中华人民共和国婚姻法》、《中华人民共和国民事诉讼法》等相关法律规定，对人民法院适用婚姻法的有关问题作出如下解释：

第一条 当事人以婚姻法第十条规定以外的情形申请宣告婚姻无效的，人民法院应当判决驳回当事人的申请。

当事人以结婚登记程序存在瑕疵为由提起民事诉讼，主张撤销结婚登记的，告知其可以依法申请行政复议或者提起行政诉讼。

第二条 夫妻一方向人民法院起诉请求确认亲子关系不存在，并已提供必要证据予以证明，另一方没有相反证据又拒绝做亲子鉴定的，人民法院可以推定请求确认亲子关系不存在一方的主张成立。

当事人一方起诉请求确认亲子关系，并提供必要证据予以证明，另一方没有相反证据又拒绝做亲子鉴定的,人民法院可以推定请求确认亲子关系一方的主张成立。

第三条 婚姻关系存续期间,父母双方或者一方拒不履行抚养子女义务,未成年或者不能独立生活的子女请求支付抚养费的,人民法院应予支持。

第四条 婚姻关系存续期间,夫妻一方请求分割共同财产的,人民法院不予支持,但有下列重大理由且不损害债权人利益的除外:

(一)一方有隐藏、转移、变卖、毁损、挥霍夫妻共同财产或者伪造夫妻共同债务等严重损害夫妻共同财产利益行为的;

(二)一方负有法定扶养义务的人患重大疾病需要医治,另一方不同意支付相关医疗费用的。

第五条 夫妻一方个人财产在婚后产生的收益,除孳息和自然增值外,应认定为夫妻共同财产。

第六条 婚前或者婚姻关系存续期间,当事人约定将一方所有的房产赠与另一方,赠与方在赠与房产变更登记之前撤销赠与,另一方请求判令继续履行的,人民法院可以按照合同法第一百八十六条的规定处理。

第七条 婚后由一方父母出资为子女购买的不动产,产权登记在出资人子女名下的,可按照婚姻法第十八条第(三)项的规定,视为只对自己子女一方的赠与,该不动产应认定为夫妻一方的个人财产。

由双方父母出资购买的不动产,产权登记在一方子女名下的,该不动产可认定为双方按照各自父母的出资份额按份共有,但当事人另有约定的除外。

第八条 无民事行为能力人的配偶有虐待、遗弃等严重损害无民事行为能力一方的人身权利或者财产权益行为,其他有监护资格的人可以依照特别程序要求变更监护关系;变更后的监护人代理无民事行为能力一方提起离婚诉讼的,人民法院应予受理。

第九条 夫以妻擅自中止妊娠侵犯其生育权为由请求损害赔偿的,人民法院不予支持;夫妻双方因是否生育发生纠纷,致使感情确已破裂,一方请求离婚的,人民法院经调解无效,应依照婚姻法第三十二条第三款第(五)项的规定处理。

第十条 夫妻一方婚前签订不动产买卖合同,以个人财产支付首付款并在银行贷款,婚后用夫妻共同财产还贷,不动产登记于首付款支付方名下的,离婚时该不动产由双方协议处理。

依前款规定不能达成协议的,人民法院可以判决该不动产归产权登记一方,尚未归还的贷款为产权登记一方的个人债务。双方婚后共同还贷支付的款项及其相对应财产增值部分,离婚时应根据婚姻法第三十九条第一款规定的原则,由产权登记一方对另一方进行补偿。

第十一条 一方未经另一方同意出售夫妻共同共有的房屋,第三人善意购买、支付合理对价并办理产权登记手续,另一方主张追回该房屋的,人民法院不予支持。

夫妻一方擅自处分共同共有的房屋造成另一方损失,离婚时另一方请求赔偿损失的,人民法院应予支持。

第十二条 婚姻关系存续期间,双方用夫妻共同财产出资购买以一方父母名义参加房改的房屋,产权登记在一方父母名下,离婚时另一方主张按照夫妻共同财产对该房屋进行分割的,人民法院不予支持。购买该房屋时的出资,可以作为债权处理。

第十三条 离婚时夫妻一方尚未退休、不符合领取养老保险金条件,另一方请求按照夫妻共同财产分割养老保险金的,人民法院不予支持;婚后以夫妻共同财产缴付养老保险费,离婚时一方主张将养老金账户中婚姻关系存续期间个人实际缴付部分作为夫妻共同财产分割的,人民法院应予支持。

第十四条 当事人达成的以登记离婚或者到人民法院协议离婚为条件的财产分割协议,如果双方协议离婚未成,一方在离婚诉讼中反悔的,人民法院应当认定该财产分割协议没有生效,并根据实际情况依法对夫妻共同财产进行分割。

第十五条 婚姻关系存续期间,夫妻一方作为继承人依法可以继承的遗产,在继承人之间尚未实际分割,起诉离婚时另一方请求分割的,人民法院应当告知当事人在继承人之间实际分割遗产后另行起诉。

第十六条 夫妻之间订立借款协议,以夫妻共同财产出借给一方从事个人经营活动或用于其他个人事务的,应视为双方约定处分夫妻共同财产的行为,离婚时可按照借款协议的约定处理。

第十七条 夫妻双方均有婚姻法第四十六条规定的过错情形,一方或者双方向对方提出离婚损害赔偿请求的,人民法院不予支持。

第十八条 离婚后,一方以尚有夫妻共同财产未处理为由向人民法院起诉请求分割,经审查该财产确属离婚时未涉及的夫妻共同财产,人民法院应当依法予以分割。

第十九条 本解释施行后,最高人民法院此前作出的相关司法解释与本解释相抵触的,以本解释为准。

最高人民法院关于民事诉讼证据的若干规定

[2001年12月6日最高人民法院审判委员会第1201次会议通过,2001年12月21日公布,自2002年4月1日起施行,法释[2001]33号,根据2008年12月16日《最高人民法院关于调整司法解释等文件引用〈中华人民共和国民事诉讼法〉条文序号的决定》修正]

为保证人民法院正确认定案件事实,公正、及时审理民事案件,保障和便利当事人依法行使诉讼权利,根据《中华人民共和国民事诉讼法》(以下简称《民事诉讼法》)等有关法律的规定,结合民事审判经验和实际情况,制定本规定。

一、当事人举证

第一条 原告向人民法院起诉或者被告提出反诉,应当附有符合起诉条件的相应的证据材料。

第二条 当事人对自己提出的诉讼请求所依据的事实或者反驳对方诉讼请求所依据的事实有责任提供证据加以证明。

没有证据或者证据不足以证明当事人的事实主张的,由负有举证责任的当事人承担不利后果。

第三条 人民法院应当向当事人说明举证的要求及法律后果,促使当事人在合理期限内积极、全面、正确、诚实地完成举证。

当事人因客观原因不能自行收集的证据,可申请人民法院调查收集。

第四条 下列侵权诉讼,按照以下规定承担举证责任:

(一)因新产品制造方法发明专利引起的专利侵权诉讼,由制造同样产品的单位或者个人对其产品制造方法不同于专利方法承担举证责任;

(二)高度危险作业致人损害的侵权诉讼,由加害人就受害人故意造成损害的事实承担举证责任;

(三)因环境污染引起的损害赔偿诉讼,由加害人就法律规定的免责事由及其行为与损害结果之间不存在因果关系承担举证责任;

(四)建筑物或者其他设施以及建筑物上的搁置物、悬挂物发生倒塌、脱落、坠落致人损害的侵权诉讼,由所有人或者管理人对其无过错承担举证责任;

(五)饲养动物致人损害的侵权诉讼,由动物饲养人或者管理人就受害人有过错或者第三人有过错承担举证责任;

(六)因缺陷产品致人损害的侵权诉讼,由产品的生产者就法律规定的免责事由承担举证责任;

(七)因共同危险行为致人损害的侵权诉讼,由实施危险行为的人就其行为与损害结果之间不存在因果关系承担举证责任;

(八)因医疗行为引起的侵权诉讼,由医疗机构就医疗行为与损害结果之间不存在因果关系及不存在医疗过错承担举证责任。

有关法律对侵权诉讼的举证责任有特殊规定的,从其规定。

第五条 在合同纠纷案件中,主张合同关系成立并生效的一方当事人对合同订立和生效的事实承担举证责任;主张合同关系变更、解除、终止、撤销的一方当事人对引起合同关系变动的事实承担举证责任。

对合同是否履行发生争议的,由负有履行义务的当事人承担举证责任。

对代理权发生争议的,由主张有代理权一方当事人承担举证责任。

第六条 在劳动争议纠纷案件中,因用人单位作出开除、除名、辞退、解除劳动合同、减少劳动报酬、计算劳动者工作年限等决定而发生劳动争议的,由用人单位负举证责任。

第七条 在法律没有具体规定,依本规定及其他司法解释无法确定举证责任承担时,人民法院可以根据公平原则和诚实信用原则,综合当事人举证能力等因素确定举证责任的承担。

第八条 诉讼过程中,一方当事人对另一方当事人陈述的案件事实明确表示承认的,另一方当事人无需举证。但涉及身分关系的案件除外。

对一方当事人陈述的事实,另一方当事人既未表示承认也未否认,经审判人员充分说明并询问后,其仍不明确表示肯定或者否定的,视为对该项事实的承认。

当事人委托代理人参加诉讼的,代理人的承认视为当事人的承认。但未经特别授权的代理人对事实的承认直接导致承认对方诉讼请求的除外;当事人在场但对其代理人的承认不作否认表示的,视为当事人的承认。

当事人在法庭辩论终结前撤回承认并经对方当事人同意,或者有充分证据证明其承认行为是在受胁迫或者重大误解情况下作出且与事实不符的,不能免除对方当事人的举证责任。

第九条　下列事实,当事人无需举证证明:

(一)众所周知的事实;

(二)自然规律及定理;

(三)根据法律规定或者已知事实和日常生活经验法则,能推定出的另一事实;

(四)已为人民法院发生法律效力的裁判所确认的事实;

(五)已为仲裁机构的生效裁决所确认的事实;

(六)已为有效公证文书所证明的事实。

前款(一)、(三)、(四)、(五)、(六)项,当事人有相反证据足以推翻的除外。

第十条　当事人向人民法院提供证据,应当提供原件或者原物。如需自己保存证据原件、原物或者提供原件、原物确有困难的,可以提供经人民法院核对无异的复制件或者复制品。

第十一条　当事人向人民法院提供的证据系在中华人民共和国领域外形成的,该证据应当经所在国公证机关予以证明,并经中华人民共和国驻该国使领馆予以认证,或者履行中华人民共和国与该所在国订立的有关条约中规定的证明手续。

当事人向人民法院提供的证据是在香港、澳门、台湾地区形成的,应当履行相关的证明手续。

第十二条　当事人向人民法院提供外文书证或者外文说明资料,应当附有中文译本。

第十三条　对双方当事人无争议但涉及国家利益、社会公共利益或者他人合法权益的事实,人民法院可以责令当事人提供有关证据。

第十四条　当事人应当对其提交的证据材料逐一分类编号,对证据材料的来源、证明对象和内容作简要说明,签名盖章,注明提交日期,并依照对方当事人人数提出副本。

人民法院收到当事人提交的证据材料,应当出具收据,注明证据的名称、份数和页数以及收到的时间,由经办人员签名或者盖章。

二、人民法院调查收集证据

第十五条　《民事诉讼法》第六十四条规定的"人民法院认为审理案件需要的证据",是指以下情形:

(一)涉及可能有损国家利益、社会公共利益或者他人合法权益的事实;

(二)涉及依职权追加当事人、中止诉讼、终结诉讼、回避等与实体争议无关的程序事项。

第十六条　除本规定第十五条规定的情形外,人民法院调查收集证据,应当依当事人的申请进行。

第十七条　符合下列条件之一的,当事人及其诉讼代理人可以申请人民法院调查收集证据:

(一)申请调查收集的证据属于国家有关部门保存并须人民法院依职权调取的档案材料;

(二)涉及国家秘密、商业秘密、个人隐私的材料;

(三)当事人及其诉讼代理人确因客观原因不能自行收集的其他材料。

第十八条　当事人及其诉讼代理人申请人民法院调查收集证据,应当提交书面申请。申请书应当载明被调查人的姓名或者单位名称、住所地等基本情况、所要调查收集的证据的内容、需要由人民法院调查收集证据的原因及其要证明的事实。

第十九条　当事人及其诉讼代理人申请人民法院调查收集证据,不得迟于举证期限届满前七日。

人民法院对当事人及其诉讼代理人的申请不予准许的,应当向当事人或其诉讼代理人送达通知书。当事人及其诉讼代理人可以在收到通知书的次日起三日内向受理申请的人民法院书面申请复议一次。人民法院应当在收到复议申请之日起五日内作出答复。

第二十条　调查人员调查收集的书证,可以是原件,也可以是经核对无误的副本或者复制件。是副本或者复制件的,应当在调查笔录中说明来源和取证情况。

第二十一条　调查人员调查收集的物证应当是原物。被调查人提供原物确有困难的,可以提供复制品或者照片。提供复制品或者照片的,应当在调查笔录中说明取证情况。

第二十二条　调查人员调查收集计算机数据或者录音、录像等视听资料的,应当要求被调查人提供有关资料的原始载体。提供原始载体确有困难的,可以提供复制件。提供复制件的,调查人员应当在调查笔录中说明其来源和制作经过。

第二十三条　当事人依据《民事诉讼法》第七十四条的规定向人民法院申请保全证据,不得迟于举证期限届满前七日。

当事人申请保全证据的,人民法院可以要求其提供相应的担保。

法律、司法解释规定诉前保全证据的,依照其规定办理。

第二十四条　人民法院进行证据保全,可以根据具体情况,采取查封、扣押、拍照、录音、录像、复制、鉴定、勘验、制作笔录等方法。

人民法院进行证据保全,可以要求当事人或者诉讼代理人到场。

第二十五条　当事人申请鉴定,应当在举证期限内提出。符合本规定第二十七条规定的情形,当事人申请重新鉴定的除外。

对需要鉴定的事项负有举证责任的当事人,在人民法院指定的期限内无正当理由不提出鉴定申请或者不预交鉴定费用或者拒不提供相关材料,致使对案件争议的事实无法通过鉴定结论予以认定的,应当对该事实承担举证不能的法律后果。

第二十六条　当事人申请鉴定经人民法院同意后,由双方当事人协商确定有鉴定资格的鉴定机构、鉴定人员,协商不成的,由人民法院指定。

第二十七条　当事人对人民法院委托的鉴定部门作出的鉴定结论有异议申请重新鉴定,提出证据证明存在下列情形之一的,人民法院应予准许:

(一)鉴定机构或者鉴定人员不具备相关的鉴定资格的;

(二)鉴定程序严重违法的;

(三)鉴定结论明显依据不足的;

(四)经过质证认定不能作为证据使用的其他情形。

对有缺陷的鉴定结论,可以通过补充鉴定、重新质证或者补充质证等方法解决的,不予重新鉴定。

第二十八条　一方当事人自行委托有关部门作出的鉴定结论,另一方当事人有证据足以反驳并申请重新鉴定的,人民法院应予准许。

第二十九条　审判人员对鉴定人出具的鉴定书,应当审查是否具有下列内容:

（一）委托人姓名或者名称、委托鉴定的内容；
（二）委托鉴定的材料；
（三）鉴定的依据及使用的科学技术手段；
（四）对鉴定过程的说明；
（五）明确的鉴定结论；
（六）对鉴定人鉴定资格的说明；
（七）鉴定人员及鉴定机构签名盖章。

第三十条　人民法院勘验物证或者现场，应当制作笔录，记录勘验的时间、地点、勘验人、在场人、勘验的经过、结果，由勘验人、在场人签名或者盖章。对于绘制的现场图应当注明绘制的时间、方位、测绘人姓名、身份等内容。

第三十一条　摘录有关单位制作的与案件事实相关的文件、材料，应当注明出处，并加盖制作单位或者保管单位的印章，摘录人和其他调查人员应当在摘录件上签名或者盖章。

摘录文件、材料应当保持内容相应的完整性，不得断章取义。

三、举证时限与证据交换

第三十二条　被告应当在答辩期届满前提出书面答辩，阐明其对原告诉讼请求及所依据的事实和理由的意见。

第三十三条　人民法院应当在送达案件受理通知书和应诉通知书的同时向当事人送达举证通知书。举证通知书应当载明举证责任的分配原则与要求，可以向人民法院申请调查取证的情形，人民法院根据案件情况指定的举证期限以及逾期提供证据的法律后果。

举证期限可以由当事人协商一致，并经人民法院认可。

由人民法院指定举证期限的，指定的期限不得少于三十日，自当事人收到案件受理通知书和应诉通知书的次日起计算。

第三十四条　当事人应当在举证期限内向人民法院提交证据材料，当事人在举证期限内不提交的，视为放弃举证权利。

对于当事人逾期提交的证据材料，人民法院审理时不组织质证。但对方当事人同意质证的除外。

当事人增加、变更诉讼请求或者提起反诉的，应当在举证期限届满前提出。

第三十五条　诉讼过程中，当事人主张的法律关系的性质或者民事行为的效力与人民法院根据案件事实作出的认定不一致的，不受本规定第三十四条规定的限制，人民法院应当告知当事人可以变更诉讼请求。

当事人变更诉讼请求的，人民法院应当重新指定举证期限。

第三十六条　当事人在举证期限内提交证据材料确有困难的，应当在举证期限内向人民法院申请延期举证，经人民法院准许，可以适当延长举证期限。当事人在延长的举证期限内提交证据材料仍有困难的，可以再次提出延期申请，是否准许由人民法院决定。

第三十七条　经当事人申请，人民法院可以组织当事人在开庭审理前交换证据。

人民法院对于证据较多或者复杂疑难的案件，应当组织当事人在答辩期届满后、开庭审理前交换证据。

第三十八条　交换证据的时间可以由当事人协商一致并经人民法院认可，也可以由人民法院指定。

人民法院组织当事人交换证据的，交

换证据之日举证期限届满。当事人申请延期举证经人民法院准许的,证据交换日相应顺延。

第三十九条 证据交换应当在审判人员的主持下进行。

在证据交换的过程中,审判人员对当事人无异议的事实、证据应当记录在卷;对有异议的证据,按照需要证明的事实分类记录在卷,并记载异议的理由。通过证据交换,确定双方当事人争议的主要问题。

第四十条 当事人收到对方交换的证据后提出反驳并提出新证据的,人民法院应当通知当事人在指定的时间进行交换。

证据交换一般不超过两次。但重大、疑难和案情特别复杂的案件,人民法院认为确有必要再次进行证据交换的除外。

第四十一条 《民事诉讼法》第一百二十五条第一款规定的"新的证据",是指以下情形:

(一)一审程序中的新证据包括:当事人在一审举证期限届满后新发现的证据;当事人确因客观原因无法在举证期限内提供,经人民法院准许,在延长的期限内仍无法提供的证据;

(二)二审程序中的新的证据包括:一审庭审结束后新发现的证据;当事人在一审举证期限届满前申请人民法院调查取证未获准许,二审法院经审查认为应当准许并依当事人申请调取的证据。

第四十二条 当事人在一审程序中提供新的证据的,应当在一审开庭前或者开庭审理时提出。

当事人在二审程序中提供新的证据的,应当在二审开庭前或者开庭审理时提出;二审不需要开庭审理的,应当在人民法院指定的期限内提出。

第四十三条 当事人举证期限届满后提供的证据不是新的证据的,人民法院不予采纳。

当事人经人民法院准许延期举证,但因客观原因未能在准许的期限内提供,且不审理该证据可能导致裁判明显不公的,其提供的证据可视为新的证据。

第四十四条 《民事诉讼法》第一百七十九条第一款第(一)项规定的"新的证据",是指原审庭审结束后新发现的证据。

当事人在再审程序中提供新的证据的,应当在申请再审时提出。

第四十五条 一方当事人提出新的证据的,人民法院应当通知对方当事人在合理期限内提出意见或者举证。

第四十六条 由于当事人的原因未能在指定期限内举证,致使案件在二审或者再审期间因提出新的证据被人民法院发回重审或者改判的,原审裁判不属于错误裁判案件。一方当事人请求提出新的证据的另一方当事人负担由此增加的差旅、误工、证人出庭作证、诉讼等合理费用以及由此扩大的直接损失,人民法院应予支持。

四、质 证

第四十七条 证据应当在法庭上出示,由当事人质证。未经质证的证据,不能作为认定案件事实的依据。

当事人在证据交换过程中认可并记录在卷的证据,经审判人员在庭审中说明后,可以作为认定案件事实的依据。

第四十八条 涉及国家秘密、商业秘密和个人隐私或者法律规定的其他应当保密的证据,不得在开庭时公开质证。

第四十九条 对书证、物证、视听资料进行质证时,当事人有权要求出示证据的原件或者原物。但有下列情况之一的除外:

(一) 出示原件或者原物确有困难并经人民法院准许出示复制件或者复制品的;

(二) 原件或者原物已不存在,但有证据证明复制件、复制品与原件或原物一致的。

第五十条 质证时,当事人应当围绕证据的真实性、关联性、合法性,针对证据证明有无以及证明力大小,进行质疑、说明与辩驳。

第五十一条 质证按下列顺序进行:

(一) 原告出示证据,被告、第三人与原告进行质证;

(二) 被告出示证据,原告、第三人与被告进行质证;

(三) 第三人出示证据,原告、被告与第三人进行质证。

人民法院依照当事人申请调查收集的证据,作为提出申请的一方当事人提供的证据。

人民法院依照职权调查收集的证据应当在庭审时出示,听取当事人意见,并可就调查收集该证据的情况予以说明。

第五十二条 案件有两个以上独立的诉讼请求的,当事人可以逐个出示证据进行质证。

第五十三条 不能正确表达意志的人,不能作为证人。

待证事实与其年龄、智力状况或者精神健康状况相适应的无民事行为能力人和限制民事行为能力人,可以作为证人。

第五十四条 当事人申请证人出庭作证,应当在举证期限届满十日前提出,并经人民法院许可。

人民法院对当事人的申请予以准许的,应当在开庭审理前通知证人出庭作证,并告知其应当如实作证及作伪证的法律后果。

证人因出庭作证而支出的合理费用,由提供证人的一方当事人先行支付,由败诉一方当事人承担。

第五十五条 证人应当出庭作证,接受当事人的质询。

证人在人民法院组织双方当事人交换证据时出席陈述证言的,可视为出庭作证。

第五十六条 《民事诉讼法》第七十条规定的"证人确有困难不能出庭",是指有下列情形:

(一) 年迈体弱或者行动不便无法出庭的;

(二) 特殊岗位确实无法离开的;

(三) 路途特别遥远,交通不便难以出庭的;

(四) 因自然灾害等不可抗力的原因无法出庭的;

(五) 其他无法出庭的特殊情况。

前款情形,经人民法院许可,证人可以提交书面证言或者视听资料或者通过双向视听传输技术手段作证。

第五十七条 出庭作证的证人应当客观陈述其亲身感知的事实。证人为聋哑人的,可以其他表达方式作证。

证人作证时,不得使用猜测、推断或者评论性的语言。

第五十八条 审判人员和当事人可以对证人进行询问。证人不得旁听法庭审理;询问证人时,其他证人不得在场。人民法院认为有必要的,可以让证人进行对质。

第五十九条　鉴定人应当出庭接受当事人质询。

鉴定人确因特殊原因无法出庭的,经人民法院准许,可以书面答复当事人的质询。

第六十条　经法庭许可,当事人可以向证人、鉴定人、勘验人发问。

询问证人、鉴定人、勘验人不得使用威胁、侮辱及不适当引导证人的言语和方式。

第六十一条　当事人可以向人民法院申请由一至二名具有专门知识的人员出庭就案件的专门性问题进行说明。人民法院准许其申请的,有关费用由提出申请的当事人负担。

审判人员和当事人可以对出庭的具有专门知识的人员进行询问。

经人民法院准许,可以由当事人各自申请的具有专门知识的人员就有案件中的问题进行对质。

具有专门知识的人员可以对鉴定人进行询问。

第六十二条　法庭应当将当事人的质证情况记入笔录,并由当事人核对后签名或者盖章。

五、证据的审核认定

第六十三条　人民法院应当以证据能够证明的案件事实为依据依法作出裁判。

第六十四条　审判人员应当依照法定程序,全面、客观地审核证据,依据法律的规定,遵循法官职业道德,运用逻辑推理和日常生活经验,对证据有无证明力和证明力大小独立进行判断,并公开判断的理由和结果。

第六十五条　审判人员对单一证据可以从下列方面进行审核认定:

(一) 证据是否原件、原物,复印件、复制品与原件、原物是否相符;

(二) 证据与本案事实是否相关;

(三) 证据的形式、来源是否符合法律规定;

(四) 证据的内容是否真实;

(五) 证人或者提供证据的人,与当事人有无利害关系。

第六十六条　审判人员对案件的全部证据,应当从各证据与案件事实的关联程度、各证据之间的联系等方面进行综合审查判断。

第六十七条　在诉讼中,当事人为达成调解协议或者和解的目的作出妥协所涉及的对案件事实的认可,不得在其后的诉讼中作为对其不利的证据。

第六十八条　以侵害他人合法权益或者违反法律禁止性规定的方法取得的证据,不能作为认定案件事实的依据。

第六十九条　下列证据不能单独作为认定案件事实的依据:

(一) 未成年人所作的与其年龄和智力状况不相当的证言;

(二) 与一方当事人或者其代理人有利害关系的证人出具的证言;

(三) 存有疑点的视听资料;

(四) 无法与原件、原物核对的复印件、复制品;

(五) 无正当理由未出庭作证的证人证言。

第七十条　一方当事人提出的下列证据,对方当事人提出异议但没有足以反驳的相反证据的,人民法院应当确认其证明力:

(一) 书证原件或者与书证原件核对无误的复印件、照片、副本、节录本;

（二）物证原物或者与物证原物核对无误的复制件、照片、录像资料等；

（三）有其他证据佐证并以合法手段取得的、无疑点的视听资料或者与视听资料核对无误的复制件；

（四）一方当事人申请人民法院依照法定程序制作的对物证或者现场的勘验笔录。

第七十一条　人民法院委托鉴定部门作出的鉴定结论，当事人没有足以反驳的相反证据和理由的，可以认定其证明力。

第七十二条　一方当事人提出的证据，另一方当事人认可或者提出的相反证据不足以反驳的，人民法院可以确认其证明力。

一方当事人提出的证据，另一方当事人有异议并提出反驳证据，对方当事人对反驳证据认可的，可以确认反驳证据的证明力。

第七十三条　双方当事人对同一事实分别举出相反的证据，但都没有足够的依据否定对方证据的，人民法院应当结合案件情况，判断一方提供证据的证明力是否明显大于另一方提供证据的证明力，并对证明力较大的证据予以确认。

因证据的证明力无法判断导致争议事实难以认定的，人民法院应当依据举证责任分配的规则作出裁判。

第七十四条　诉讼过程中，当事人在起诉状、答辩状、陈述及其委托代理人的代理词中承认的对己方不利的事实和认可的证据，人民法院应当予以确认，但当事人反悔并有相反证据足以推翻的除外。

第七十五条　有证据证明一方当事人持有证据无正当理由拒不提供，如果对方当事人主张该证据的内容不利于证据持有人，可以推定该主张成立。

第七十六条　当事人对自己的主张，只有本人陈述而不能提出其他相关证据的，其主张不予支持。但对方当事人认可的除外。

第七十七条　人民法院就数个证据对同一事实的证明力，可以依照下列原则认定：

（一）国家机关、社会团体依职权制作的公文书证的证明力一般大于其他书证；

（二）物证、档案、鉴定结论、勘验笔录或者经过公证、登记的书证，其证明力一般大于其他书证、视听资料和证人证言；

（三）原始证据的证明力一般大于传来证据；

（四）直接证据的证明力一般大于间接证据；

（五）证人提供的对与其有亲属或者其他密切关系的当事人有利的证言，其证明力一般小于其他证人证言。

第七十八条　人民法院认定证人证言，可以通过对证人的智力状况、品德、知识、经验、法律意识和专业技能等的综合分析作出判断。

第七十九条　人民法院应当在裁判文书中阐明证据是否采纳的理由。

对当事人无争议的证据，是否采纳的理由可以不在裁判文书中表述。

六、其　　他

第八十条　对证人、鉴定人、勘验人的合法权益依法予以保护。

当事人或者其他诉讼参与人伪造、毁灭证据，提供假证据，阻止证人作证，指使、贿买、胁迫他人作伪证，或者对证人、鉴定人、勘验人打击报复的,依照《民事诉讼法》第一百零二条的规定处理。

第八十一条 人民法院适用简易程序审理案件,不受本解释中第三十二条、第三十三条第三款和第七十九条规定的限制。

第八十二条 本院过去的司法解释,与本规定不一致的,以本规定为准。

第八十三条 本规定施行后受理的再审民事案件,人民法院依据《民事诉讼法》第一百八十六条的规定进行审理的,适用本规定。

本规定施行前已经审理终结的民事案件,当事人以违反本规定为由申请再审的,人民法院不予支持。

本规定施行后受理的再审民事案件,人民法院依据《民事诉讼法》第一百八十四条的规定进行审理的,适用本规定。

最高人民法院关于适用《关于民事诉讼证据的若干规定》中有关举证时限规定的通知

[2008年12月11日,法发〔2008〕42号]

全国地方各级人民法院、各级军事法院、各铁路运输中级法院和基层法院、各海事法院,新疆生产建设兵团各级法院:

最高人民法院《关于民事诉讼证据的若干规定》(以下简称《证据规定》)自2002年4月1日施行以来,对于指导和规范人民法院的审判活动,提高诉讼当事人的证据意识,促进民事审判活动公正有序地开展,起到了积极的作用。但随着新情况、新问题的出现,一些地方对《证据规定》中的个别条款,特别是有关举证时限的规定理解不统一。为切实保障当事人诉讼权利的充分行使,保障人民法院公正高效行使审判权,现将适用《证据规定》中举证时限规定等有关问题通知如下:

一、关于第三十三条第三款规定的举证期限问题。《证据规定》第三十三条第三款规定的举证期限是指在适用一审普通程序审理民事案件时,人民法院指定当事人提供证据证明其主张的基础事实的期限,该期限不得少于三十日。但是人民法院在征得双方当事人同意后,指定的举证期限可以少于三十日。前述规定的举证期限届满后,针对某一特定事实或特定证据或者基于特定原因,人民法院可以根据案件的具体情况,酌情指定当事人提供证据或者反证的期限,该期限不受"不得少于三十日"的限制。

二、关于适用简易程序审理案件的举证期限问题。适用简易程序审理的案件,人民法院指定的举证期限不受《证据规定》第三十三条第三款规定的限制,可以少于三十日。简易程序转为普通程序审理,人民法院指定的举证期限少于三十日的,人民法院应当为当事人补足不少于三十日的举证期限。但在征得当事人同意后,人民法院指定的举证期限可以少于三十日。

三、关于当事人提出管辖权异议后的举证期限问题。当事人在一审答辩期内提出管辖权异议的,人民法院应当在驳回当事人管辖权异议的裁定生效后,依照《证据规定》第三十三条第三款的规定,重新指定不少于三十日的举证期限。但在征得当事人同意后,人民法院可以指定少于三十日的举证期限。

四、关于对人民法院依职权调查收集的证据提出相反证据的举证期限问题。

人民法院依照《证据规定》第十五条调查收集的证据在庭审中出示时，当事人要求提供相反证据的，人民法院可以酌情确定相应的举证期限。

五、关于增加当事人时的举证期限问题。人民法院在追加当事人或者有独立请求权的第三人参加诉讼的情况下，应当依照《证据规定》第三十三条第三款的规定，为新参加诉讼的当事人指定举证期限。该举证期限适用于其他当事人。

六、关于当事人申请延长举证期限的问题。当事人申请延长举证期限经人民法院准许的，为平等保护双方当事人的诉讼权利，延长的举证期限适用于其他当事人。

七、关于增加、变更诉讼请求以及提出反诉时的举证期限问题。当事人在一审举证期限内增加、变更诉讼请求或者提出反诉，或者人民法院依照《证据规定》第三十五条的规定告知当事人可以变更诉讼请求后，当事人变更诉讼请求的，人民法院应当根据案件的具体情况重新指定举证期限。当事人对举证期限有约定的，依照《证据规定》第三十三条第二款的规定处理。

八、关于二审新的证据举证期限的问题。在第二审人民法院审理中，当事人申请提供新的证据的，人民法院指定的举证期限，不受"不得少于三十日"的限制。

九、关于发回重审案件举证期限问题。发回重审的案件，第一审人民法院在重新审理时，可以结合案件的具体情况和发回重审的原因等情况，酌情确定举证期限。如果案件是因违反法定程序被发回重审的，人民法院在征求当事人的意见后，可以不再指定举证期限或者酌情指定举证期限。但案件因遗漏当事人被发回重审的，按照本通知第五条处理。如果案件是因认定事实不清、证据不足发回重审的，人民法院可以要求当事人协商确定举证期限，或者酌情指定举证期限。上述举证期限不受"不得少于三十日"的限制。

十、关于新的证据的认定问题。人民法院对于"新的证据"，应当依照《证据规定》第四十一条、第四十二条、第四十三条、第四十四条的规定，结合以下因素综合认定：

（一）证据是否在举证期限或者《证据规定》第四十一条、第四十四条规定的其他期限内已经客观存在；

（二）当事人未在举证期限或者司法解释规定的其他期限内提供证据，是否存在故意或者重大过失的情形。

人民法院对外委托司法鉴定管理规定

[2002年2月22日最高人民法院审判委员会第1214次会议通过，2002年3月27日公布，自2002年4月1日起施行，法释〔2002〕8号]

第一条 为规范人民法院对外委托和组织司法鉴定工作，根据《人民法院司法鉴定工作暂行规定》，制定本办法。

第二条 人民法院司法鉴定机构负责统一对外委托和组织司法鉴定。未设司法鉴定机构的人民法院，可在司法行政管理部门配备专职司法鉴定人员，并由司法行政管理部门代行对外委托司法鉴定的职责。

第三条 人民法院司法鉴定机构建立社会鉴定机构和鉴定人（以下简称鉴

定人)名册,根据鉴定对象对专业技术的要求,随机选择和委托鉴定人进行司法鉴定。

第四条 自愿接受人民法院委托从事司法鉴定,申请进入人民法院司法鉴定人名册的社会鉴定、检测、评估机构,应当向人民法院司法鉴定机构提交申请书和以下材料:

(一)企业或社团法人营业执照副本;

(二)专业资质证书;

(三)专业技术人员名单、执业资格和主要业绩;

(四)年检文书;

(五)其他必要的文件、资料。

第五条 以个人名义自愿接受人民法院委托从事司法鉴定,申请进入人民法院司法鉴定人名册的专业技术人员,应当向人民法院司法鉴定机构提交申请书和以下材料:

(一)单位介绍信;

(二)专业资格证书;

(三)主要业绩证明;

(四)其他必要的文件、资料等。

第六条 人民法院司法鉴定机构应当对提出申请的鉴定人进行全面审查,择优确定对外委托和组织司法鉴定的鉴定人候选名单。

第七条 申请进入地方人民法院鉴定人名册的单位和个人,其入册资格由有关人民法院司法鉴定机构审核,报上一级人民法院司法鉴定机构批准,并报最高人民法院司法鉴定机构备案。

第八条 经批准列入人民法院司法鉴定人名册的鉴定人,在《人民法院报》予以公告。

第九条 已列入名册的鉴定人应当接受有关人民法院司法鉴定机构的年度审核,并提交以下材料:

(一)年度业务工作报告书;

(二)专业技术人员变更情况;

(三)仪器设备更新情况;

(四)其他变更情况和要求提交的材料。

年度审核有变更事项的,有关司法鉴定机构应当逐级报最高人民法院司法鉴定机构备案。

第十条 人民法院司法鉴定机构依据尊重当事人选择和人民法院指定相结合的原则,组织诉讼双方当事人进行司法鉴定的对外委托。

诉讼双方当事人协商不一致的,由人民法院司法鉴定机构在列入名册的、符合鉴定要求的鉴定人中,选择受委托人鉴定。

第十一条 司法鉴定所涉及的专业未纳入名册时,人民法院司法鉴定机构可以从社会相关专业中,择优选定受委托单位或专业人员进行鉴定。如果被选定的单位或专业人员需要进入鉴定人名册的,仍应当呈报上一级人民法院司法鉴定机构批准。

第十二条 遇有鉴定人应当回避等情形时,有关人民法院司法鉴定机构应当重新选择鉴定人。

第十三条 人民法院司法鉴定机构对外委托鉴定的,应当指派专人负责协调,主动了解鉴定的有关情况,及时处理可能影响鉴定的问题。

第十四条 接受委托的鉴定人认为需要补充鉴定材料时,如果由申请鉴定的当事人提供确有困难的,可以向有关人民法院司法鉴定机构提出请求,由人民法院决定依据职权采集鉴定材料。

第十五条　鉴定人应当依法履行出庭接受质询的义务。人民法院司法鉴定机构应当协调鉴定人做好出庭工作。

第十六条　列入名册的鉴定人有不履行义务，违反司法鉴定有关规定的，由有关人民法院视情节取消入册资格，并在《人民法院报》公告。

最高人民法院对外委托鉴定、评估、拍卖等工作管理规定

[2007年8月23日，法办发〔2007〕5号]

第一章　总　　则

第一条　为规范最高人民法院对外委托鉴定、评估、拍卖等工作，保护当事人的合法权益，维护司法公正，根据《中华人民共和国刑事诉讼法》、《中华人民共和国民事诉讼法》、《中华人民共和国行政诉讼法》、《全国人大常委会关于司法鉴定管理问题的决定》和《最高人民法院关于地方各级人民法院设立司法技术辅助工作机构的通知》的规定，结合最高人民法院对外委托鉴定、评估、拍卖等工作实际，制定本规定。

第二条　对外委托鉴定、评估、拍卖等工作是指人民法院审判和执行工作中委托专门机构或专家进行鉴定、检验、评估、审计、拍卖、变卖和指定破产清算管理人等工作，并进行监督协调的司法活动。

第三条　最高人民法院司法辅助工作部门负责统一办理审判、执行工作中需要对外委托鉴定、检验、评估、审计、拍卖、变卖和指定破产清算管理人等工作。

第四条　涉及到举证时效、证据的质证与采信、评估基准日、拍卖保留价的确定、拍卖撤回、暂缓与中止等影响当事人相关权利义务的事项由审判、执行部门决定。

第五条　对外委托鉴定、评估、拍卖等工作按照公开、公平、择优的原则，实行对外委托名册制度。最高人民法院司法辅助工作部门负责《最高人民法院司法技术专业机构、专家名册》（以下简称《名册》）的编制和对入册专业机构、专家的工作情况进行监督和协调。

第二章　收　　案

第六条　最高人民法院的审判、执行部门在工作中对需要进行对外委托鉴定、检验、评估、审计、拍卖、变卖和指定破产清算管理人等工作的，应当制作《对外委托工作交接表》（格式表附后），同相关材料一起移送司法辅助工作部门。

地方各级人民法院和专门人民法院需要委托最高人民法院对外委托鉴定、评估、拍卖等工作的，应当层报最高人民法院。

第七条　对外委托鉴定、检验、评估、审计、变卖和指定破产清算管理人等工作时，应当移交以下材料：

（一）相关的卷宗材料；

（二）经法庭质证确认的当事人举证材料；

（三）法院依职权调查核实的材料；

（四）既往鉴定、检验、评估、审计、变卖和指定破产清算管理人报告文书；

（五）申请方当事人和对方当事人及其辩护人、代理人的通讯地址、联系方式、代理人的代理权限；

（六）与对外委托工作有关的其他材料。

第八条　对外委托拍卖的案件移送时应当移交以下材料：
（一）执行所依据的法律文书；
（二）拍卖财产的评估报告副本和当事人确认价格的书面材料；
（三）拍卖标的物的相关权属证明复印件；
（四）拍卖标的物的来源和瑕疵情况说明；
（五）拍卖财产现状调查表；
（六）当事人授权书复印件；
（七）当事人及其他相关权利人的基本情况及联系方式；
（八）被执行人履行债务的情况说明。

第九条　对外委托的收案工作由司法辅助工作部门的专门人员负责，按以下程序办理：
（一）审查移送手续是否齐全；
（二）审查、核对移送材料是否齐全，是否符合要求；
（三）制作案件移送单并签名，报司法辅助工作部门负责人签字并加盖部门公章。由司法辅助工作部门和审判、执行部门各存一份备查；
（四）进行收案登记。

第十条　司法辅助工作部门负责人指定对外委托案件的监督、协调员。监督、协调员分为主办人和协办人。
主办人负责接收案件，保管对外委托的卷宗等材料，按照委托要求与协办人办理对外委托工作；协办人应积极配合主办人完成工作。

第十一条　主办人接到案件后应在3个工作日内提出初审意见，对不具备委托条件的案件应制作《不予委托意见书》说明理由，报司法辅助工作部门负责人审批后，办理结案手续，并于3个工作日内将案件材料退回审判、执行部门。

第三章　选择专业机构与委托

第十二条　选择鉴定、检验、评估、审计专业机构，指定破产清算管理人实行协商选择与随机选择相结合的方式。选择拍卖专业机构实行随机选择的方式。
凡需要由人民法院依职权指定的案件由最高人民法院司法辅助工作部门按照随机的方式，选择对外委托的专业机构，然后进行指定。

第十三条　司法辅助工作部门专门人员收案后，除第十一条第二款的情况外，应当在3个工作日内采取书面、电传等有效方式，通知当事人按指定的时间、地点选择专业机构或专家。

第十四条　当事人不按时到场，也未在规定期间内以书面形式表达意见的，视为放弃选择专业机构的权利。

第十五条　选择专业机构在司法辅助工作部门专门人员的主持下进行，选择结束后，当事人阅读选择专业机构笔录，并在笔录上签字。

第十六条　协商选择程序如下：
（一）专门人员告知当事人在选择程序中的权利、义务；
（二）专门人员向当事人介绍《名册》中相关专业的所有专业机构或专家的情况。当事人听取介绍后协商选择双方认可的专业机构或专家，并告知专门人员和监督、协调员；
（三）当事人协商一致选择名册以外的专业机构或专家的，司法辅助工作部门应对选择的专业机构进行资质、诚信、能力的程序性审查，并告知双方应承担的委托风险；

（四）审查中发现专业机构或专家没有资质或有违法违规行为的，应当要求双方当事人重新选择；

（五）发现双方当事人选择有可能损害国家利益、集体利益或第三方利益的，应当终止协商选择程序，采用随机选择方式；

（六）有下列情形之一的，采用随机选择方式：

1. 当事人都要求随机选择的；

2. 当事人双方协商不一致的；

3. 一方当事人表示放弃协商选择权利，或一方当事人无故缺席的。

第十七条　随机选择程序主要有两种：

（一）计算机随机法

1. 计算机随机法应当统一使用最高人民法院确定的随机软件；

2. 选择前，专门人员应当向当事人介绍随机软件原理、操作过程等基本情况，并进行操作演示；

3. 专门人员从计算机预先录入的《名册》中选择所有符合条件的专业机构或专家列入候选名单；

4. 启动随机软件，最终选定的候选者当选。

（二）抽签法

1. 专门人员向当事人说明抽签的方法及相关事项；

2. 专门人员根据移送案件的需要，从《名册》中选出全部符合要求的候选名单，并分别赋予序号；

3. 当事人全部到场的，首先确定做签者和抽签者，由专门人员采用抛硬币的方法确定一方的当事人为做签者，另外一方当事人为抽签者。做签者按候选者的序号做签，抽签者抽签后当场交给专门人员验签。专门人员验签后应当将余签向当事人公示；

4. 当事人一方不能到场的，由专门人员做签，到场的当事人抽签。当事人抽签后，专门人员当场验签确定，并将余签向当事人公示。

第十八条　名册中的专业机构仅有一家时，在不违反回避规定的前提下，即为本案的专业机构。

第十九条　专业机构或专家确定后，当事人应当签字确认。对没有到场的当事人应先通过电话、传真送达，再邮寄送达。

第二十条　采用指定方法选择的，司法辅助工作部门负责人到场监督，专门人员应向当事人出示《名册》中所有相关专业机构或专家的名单，由专门人员采用计算机随机法、抽签法中的一种方法选择专业机构或专家。

第二十一条　指定选择时，对委托要求超出《名册》范围的，专门人员应根据委托要求从具有相关专业资质的专业机构或专家中选取，并征求当事人意见。当事人也可以向本院提供相关专业机构或专家的信息，经专门人员审查认为符合委托条件的，应当听取其他当事人意见。

第二十二条　重大、疑难、复杂案件的委托事项，选择专业机构或专家时，应邀请院领导或纪检监察部门和审判、执行部门人员到场监督。

第二十三条　应当事人或合议庭的要求，对重大、疑难、复杂或涉及多学科的专门性问题，司法技术辅助工作部门可委托有资质的专业机构组织相关学科的专家进行鉴定。

组织鉴定由3名以上总数为单数的专家组组成。

第二十四条　专业机构确定后,监督、协调员应在3个工作日内通知专业机构审查材料,专业机构审查材料后同意接受委托的,办理委托手续,并由专业机构出具接受材料清单交监督、协调员存留。审查材料后不接受委托的,通知当事人在3个工作日内重新选择或者由司法辅助工作部门重新指定。

第二十五条　向非拍卖类专业机构出具委托书时,应当明确委托要求、委托期限、送检材料、违约责任,以及标的物的名称、规格、数量等情况。

向拍卖机构出具委托书时,应当明确拍卖标的物的来源、存在的瑕疵、拍卖保留价、保证金及价款的支付方式、期限,写明对标的物瑕疵不承担担保责任,并附有该案的民事判决书、执行裁定书、拍卖标的物清单及评估报告复印件等文书资料。

委托书应当统一加盖最高人民法院司法辅助工作部门对外委托专用章。

第二十六条　司法精神疾病鉴定在正式对外委托前,监督、协调员应当根据委托要求和专业机构鉴定所需的被鉴定人基本情况,做委托前的先期调查工作,将所调查的材料与其他委托材料一并交专业机构。监督、协调员应在调查材料上签名。

第二十七条　监督、协调员向专业机构办理移交手续后,应于3个工作日内通知双方当事人,按指定时间、地点在监督、协调员主持下与专业机构商谈委托费用。委托费用主要由当事人与专业机构协商,委托费用数额应结合案件实际情况,以参照行业标准为主,协商为辅的方式进行,监督、协调员不得干涉。报价悬殊较大时,监督、协调员可以调解。对故意乱要价的要制止。确定委托费用数额后,交费一方当事人于3个工作日内将委托费用交付委托方。

对于当事人无故逾期不缴纳委托费用的,可中止委托,并书面告知专业机构;当事人即时缴纳委托费用的,仍由原专业机构继续进行鉴定。

第二十八条　对于商谈后不能确定委托费用的,监督、协调员应告知双方当事人可重新启动选择专业机构程序,重新选择专业机构。

公诉案件的对外委托费用在人民法院的预算费用中支付。

第四章　监督协调

第二十九条　专业机构接受委托后,监督、协调员应当审查专业机构专家的专业、执业资格,对不具有相关资质的应当要求换人。专业机构坚持指派不具有资质的专家从事委托事项的,经司法辅助工作部门负责人批准后撤回对该机构的委托,重新选择专业机构。

第三十条　对外委托的案件需要勘验现场的,监督、协调员应提前3个工作日通知专业机构和当事人。任何一方当事人无故不到场的,不影响勘验工作的进行。勘验应制作勘验笔录。

第三十一条　需要补充材料的,应由监督、协调员通知审判或执行部门依照法律法规提供。补充的材料须经法庭质证确认或主办法官审核签字。当事人私自向专业机构或专家个人送交的材料不得作为鉴定的依据。

第三十二条　专业机构出具报告初稿,送交监督、协调员。需要听证的,监督、协调员应在3个工作日内通知专业机构及当事人进行听证,并做好记录。对报告初稿有异议的当事人,应在规定期限内提出证据和书面材料，期限由监督、协调员根据案情确定，最长不得超过 10 个工作日。

第三十三条 对当事人提出的异议及证据材料，专业机构应当认真审查，自主决定是否采纳，并说明理由。需要进行调查询问时，由监督、协调员与专业机构共同进行，专业机构不得单独对当事人进行调查询问。

第三十四条 专业机构一般应在接受委托后的 30 个工作日内完成工作，重大、疑难、复杂的案件在 60 个工作日内完成。因委托中止在规定期限内不能完成，需要延长期限的，专业机构应当提交书面申请，并按法院重新确定的时间完成受委托工作。

第三十五条 专业机构在规定时间内没有完成受委托的工作，经二次延长时间后仍不能完成的，应终止委托，收回委托材料及全部委托费用，并通知当事人重新选择专业机构。对不能按时完成委托工作的专业机构，一年内不再向其委托。

第三十六条 对外委托拍卖案件时，监督、协调员应当履行以下职责：

（一）审查拍卖师执业资格；

（二）监督拍卖展示是否符合法律规定；

（三）监督拍卖机构是否按照拍卖期限发布拍卖公告；并对拍卖公告的内容进行审核；

（四）检查拍卖人对竞买人的登记记录；

（五）审查拍卖人是否就拍卖标的物瑕疵向竞买人履行了告知义务；

（六）定向拍卖时审查竞买人的资格或者条件；

（七）审查优先购买权人的权利是否得到保障；

（八）拍卖多项财产时，其中部分财产卖得的价款足以清偿债务和支付相关费用的，审查对剩余财产的拍卖是否符合规定；对不可分或分别拍卖可能严重减损其价值的，监督拍卖机构是否采用了合并拍卖的方式；

（九）审查是否有暂缓、撤回、停止拍卖的情况出现；

（十）拍卖成交后，监督买受人是否在规定期限内交付价款；

（十一）审核拍卖报告的内容及所附材料是否全面妥当；

（十二）监督拍卖机构是否有其他违反法律法规的行为。

第五章 结 案

第三十七条 对外委托案件应当以出具鉴定报告、审计报告、评估报告、清算报告等报告形式结案，或者以拍卖成交、流拍、变卖、终止委托或不予委托的方式结案。

第三十八条 以出具报告形式结案的，监督、协调员应在收到正式报告后 5 个工作日内制作委托工作报告，载明委托部门或单位、委托内容及要求、选择专业机构的方式方法、专业机构的工作过程、对其监督情况等事项，报告书由监督、协调员署名；经司法辅助工作部门负责人签发后加盖司法辅助工作部门印章；填写案件移送清单，与委托材料、委托结论报告、委托工作报告等一并送负责收案的专门人员，由其移送委托方。

第三十九条 具有下列情形之一，影响对外委托工作期限的，应当中止委托：

（一）确因环境因素（如台风、高温）暂时不能进行鉴定工作的；

（二）暂时无法进行现场勘验的；
（三）暂时无法获取必要的资料的；
（四）其他情况导致对外委托工作暂时无法进行的。

第四十条 具有下列情形之一的，应当终结对外委托：
（一）无法获取必要材料的；
（二）申请人不配合的；
（三）当事人撤诉或调解结案的；
（四）其他情况致使委托事项无法进行的。

第四十一条 中止对外委托和终结对外委托的，都应向审判、执行部门出具正式的说明书。

第六章　编制与管理人民法院专业机构、专家名册

第四十二条 法医、物证、声像资料三类鉴定的专业机构名册从司法行政管理部门编制的名册中选录编制。其他类别的专业机构、专家名册由相关行业协会或主管部门推荐，按照公开、公平、择优的原则选录编制。

名册中同专业的专业机构应不少于3个，同专业的专业机构不足3个的除外。

第四十三条 司法辅助工作部门应对名册中的专业机构、专家履行义务的情况进行监督。对不履行法定义务或者违反相关规定的专业机构，司法辅助工作部门应当及时予以指正，视情节轻重，停止其一次至多次候选资格；对乱收鉴定费、故意出具错误鉴定结论、不依法履行出庭义务的，撤销其入册资格，通报给司法行政管理部门和行业协会或行业主管部门；对情节恶劣，造成严重后果的，应报有关部门追究其法律责任。

第七章　回　　避

第四十四条 监督、协调员有下列情形之一的，应当主动申请回避，当事人也有权申请回避：
（一）是本案的当事人或者当事人的近亲属的；
（二）本人或其近亲属和本案有利害关系的；
（三）本人或其近亲属担任过本案的证人、鉴定人、勘验人、辩护人或诉讼代理人的；
（四）本人的近亲属在将要选择的相关类专业机构工作的；
（五）向本案的当事人推荐专业机构的；
（六）与本案当事人有其他关系，可能影响对案件进行公正处理的。

第四十五条 监督、协调员有第四十四条规定的回避情形的，应在1个工作日内主动提出回避申请，报司法辅助工作部门负责人审批。

第四十六条 发现专业机构有需要回避的情形时，监督、协调员应向司法辅助工作部门负责人提出重新选择专业机构的建议，由司法辅助工作部门负责人批准后重新选择专业机构。专业机构的承办人员有回避情形的，监督、协调员应当要求专业机构更换承办人员。

第八章　附　　则

第四十七条 法院工作人员在对外委托司法辅助工作中有以下行为的，按照《人民法院违法审判责任追究办法（试行）》和《人民法院审判纪律处分办法（试行）》追究责任：
（一）泄露审判机密；

(二)要求当事人选择某一专业机构;

(三)与专业机构或当事人恶意串通损害他人合法权益;

(四)接受当事人或专业机构的吃请、钱物等不正当利益;

(五)违反工作程序或故意不作为;

(六)未经司法辅助工作部门擅自对外委托;

(七)其他违法违纪行为。

构成犯罪的,依法追究其刑事责任。

第四十八条 本规定自2007年9月1日施行。

(附表略)

司法鉴定程序通则

[2015年12月24日司法部部务会议修订通过,2016年3月2日公布,自2016年5月1日起施行,司法部第132号令]

第一章 总 则

第一条 为了规范司法鉴定机构和司法鉴定人的司法鉴定活动,保障司法鉴定质量,保障诉讼活动的顺利进行,根据《全国人民代表大会常务委员会关于司法鉴定管理问题的决定》和有关法律、法规的规定,制定本通则。

第二条 司法鉴定是指在诉讼活动中鉴定人运用科学技术或者专门知识对诉讼涉及的专门性问题进行鉴别和判断并提供鉴定意见的活动。司法鉴定程序是指司法鉴定机构和司法鉴定人进行司法鉴定活动的方式、步骤以及相关规则的总称。

第三条 本通则适用于司法鉴定机构和司法鉴定人从事各类司法鉴定业务的活动。

第四条 司法鉴定机构和司法鉴定人进行司法鉴定活动,应当遵守法律、法规、规章,遵守职业道德和执业纪律,尊重科学,遵守技术操作规范。

第五条 司法鉴定实行鉴定人负责制度。司法鉴定人应当依法独立、客观、公正地进行鉴定,并对自己作出的鉴定意见负责。司法鉴定人不得违反规定会见诉讼当事人及其委托的人。

第六条 司法鉴定机构和司法鉴定人应当保守在执业活动中知悉的国家秘密、商业秘密,不得泄露个人隐私。

第七条 司法鉴定人在执业活动中应当依照有关诉讼法律和本通则规定实行回避。

第八条 司法鉴定收费执行国家有关规定。

第九条 司法鉴定机构和司法鉴定人进行司法鉴定活动应当依法接受监督。对于有违反有关法律、法规、规章规定行为的,由司法行政机关依法给予相应的行政处罚;对于有违反司法鉴定行业规范行为的,由司法鉴定协会给予相应的行业处分。

第十条 司法鉴定机构应当加强对司法鉴定人执业活动的管理和监督。司法鉴定人违反本通则规定的,司法鉴定机构应当予以纠正。

第二章 司法鉴定的委托与受理

第十一条 司法鉴定机构应当统一受理办案机关的司法鉴定委托。

第十二条 委托人委托鉴定的,应当向司法鉴定机构提供真实、完整、充分的鉴定材料,并对鉴定材料的真实性、合法性负责。司法鉴定机构应当核对并记录鉴定材料的名称、种类、数量、性状、保存状况、收到时间等。

诉讼当事人对鉴定材料有异议的,应当向委托人提出。

本通则所称鉴定材料包括生物检材和非生物检材、比对样本材料以及其他与鉴定事项有关的鉴定资料。

第十三条 司法鉴定机构应当自收到委托之日起七个工作日内作出是否受理的决定。对于复杂、疑难或者特殊鉴定事项的委托,司法鉴定机构可以与委托人协商决定受理的时间。

第十四条 司法鉴定机构应当对委托鉴定事项、鉴定材料等进行审查。对属于本机构司法鉴定业务范围,鉴定用途合法,提供的鉴定材料能够满足鉴定需要的,应当受理。

对于鉴定材料不完整、不充分,不能满足鉴定需要的,司法鉴定机构可以要求委托人补充;经补充后能够满足鉴定需要的,应当受理。

第十五条 具有下列情形之一的鉴定委托,司法鉴定机构不得受理:

(一)委托鉴定事项超出本机构司法鉴定业务范围的;

(二)发现鉴定材料不真实、不完整、不充分或者取得方式不合法的;

(三)鉴定用途不合法或者违背社会公德的;

(四)鉴定要求不符合司法鉴定执业规则或者相关鉴定技术规范的;

(五)鉴定要求超出本机构技术条件或者鉴定能力的;

(六)委托人就同一鉴定事项同时委托其他司法鉴定机构进行鉴定的;

(七)其他不符合法律、法规、规章规定的情形。

第十六条 司法鉴定机构决定受理鉴定委托的,应当与委托人签订司法鉴定委托书。司法鉴定委托书应当载明委托人名称、司法鉴定机构名称、委托鉴定事项、是否属于重新鉴定、鉴定用途、与鉴定有关的基本案情、鉴定材料的提供和退还、鉴定风险,以及双方商定的鉴定时限、鉴定费用及收取方式、双方权利义务等其他需要载明的事项。

第十七条 司法鉴定机构决定不予受理鉴定委托的,应当向委托人说明理由,退还鉴定材料。

第三章 司法鉴定的实施

第十八条 司法鉴定机构受理鉴定委托后,应当指定本机构具有该鉴定事项执业资格的司法鉴定人进行鉴定。

委托人有特殊要求的,经双方协商一致,也可以从本机构中选择符合条件的司法鉴定人进行鉴定。

委托人不得要求或者暗示司法鉴定机构、司法鉴定人按其意图或者特定目的提供鉴定意见。

第十九条 司法鉴定机构对同一鉴定事项,应当指定或者选择二名司法鉴定人进行鉴定;对复杂、疑难或者特殊鉴定事项,可以指定或者选择多名司法鉴定人进行鉴定。

第二十条 司法鉴定人本人或者其近亲属与诉讼当事人、鉴定事项涉及的案件有利害关系,可能影响其独立、客观、公正进行鉴定的,应当回避。

司法鉴定人曾经参加过同一鉴定事项鉴定的,或者曾经作为专家提供过咨询意见的,或者曾被聘请为有专门知识的人参与过同一鉴定事项法庭质证的,应当回避。

第二十一条 司法鉴定人自行提出回避的,由其所属的司法鉴定机构决定;委托人要求司法鉴定人回避的,应当向该司法鉴定人所属的司法鉴定机构提出,由司法鉴定机构决定。

委托人对司法鉴定机构作出的司法鉴定人是否回避的决定有异议的,可以撤销鉴定委托。

第二十二条 司法鉴定机构应当建立鉴定材料管理制度,严格监控鉴定材料的接收、保管、使用和退还。

司法鉴定机构和司法鉴定人在鉴定过程中应当严格依照技术规范保管和使用鉴定材料,因严重不负责任造成鉴定材料损毁、遗失的,应当依法承担责任。

第二十三条 司法鉴定人进行鉴定,应当依下列顺序遵守和采用该专业领域的技术标准、技术规范和技术方法:

(一)国家标准;

(二)行业标准和技术规范;

(三)该专业领域多数专家认可的技术方法。

第二十四条 司法鉴定人有权了解进行鉴定所需要的案件材料,可以查阅、复制相关资料,必要时可以询问诉讼当事人、证人。

经委托人同意,司法鉴定机构可以派员到现场提取鉴定材料。现场提取鉴定材料应当由不少于二名司法鉴定机构的工作人员进行,其中至少一名应为该鉴定事项的司法鉴定人。现场提取鉴定材料时,应当有委托人指派或者委托的人员在场见证并在提取记录上签名。

第二十五条 鉴定过程中,需要对无民事行为能力人或者限制民事行为能力人进行身体检查的,应当通知其监护人或者近亲属到场见证;必要时,可以通知委托人到场见证。

对被鉴定人进行法医精神病鉴定的,应当通知委托人或者被鉴定人的近亲属或者监护人到场见证。

对需要进行尸体解剖的,应当通知委托人或者死者的近亲属或者监护人到场见证。

到场见证人员应当在鉴定记录上签名。见证人员未到场的,司法鉴定人不得开展相关鉴定活动,延误时间不计入鉴定时限。

第二十六条 鉴定过程中,需要对被鉴定人身体进行法医临床检查的,应采取必要措施保护其隐私。

第二十七条 司法鉴定人应当对鉴定过程进行实时记录并签名。记录可以采取笔记、录音、录像、拍照等方式。记录应当载明主要的鉴定方法和过程,检查、检验、检测结果,以及仪器设备使用情况等。记录的内容应当真实、客观、准确、完整、清晰,记录的文本资料、音像资料等应当存入鉴定档案。

第二十八条 司法鉴定机构应当自司法鉴定委托书生效之日起三十个工作日内完成鉴定。

鉴定事项涉及复杂、疑难、特殊技术问题或者鉴定过程需要较长时间的,经本机构负责人批准,完成鉴定的时限可以延长,延长时限一般不得超过三十个工作日。鉴定时限延长的,应当及时告知委托人。

司法鉴定机构与委托人对鉴定时限另有约定的,从其约定。

在鉴定过程中补充或者重新提取鉴定材料所需的时间,不计入鉴定时限。

第二十九条 司法鉴定机构在鉴定过程中,有下列情形之一的,可以终止鉴定:

(一)发现有本通则第十五条第二项至第七项规定情形的;

(二)鉴定材料发生耗损,委托人不能补充提供的;

(三)委托人拒不履行司法鉴定委托书规定的义务、被鉴定人拒不配合或者鉴定活动受到严重干扰,致使鉴定无法继续进行的;

(四)委托人主动撤销鉴定委托,或者委托人、诉讼当事人拒绝支付鉴定费用的;

(五)因不可抗力致使鉴定无法继续进行的;

(六)其他需要终止鉴定的情形。

终止鉴定的,司法鉴定机构应当书面通知委托人,说明理由并退还鉴定材料。

第三十条 有下列情形之一的,司法鉴定机构可以根据委托人的要求进行补充鉴定:

(一)原委托鉴定事项有遗漏的;

(二)委托人就原委托鉴定事项提供新的鉴定材料的;

(三)其他需要补充鉴定的情形。

补充鉴定是原委托鉴定的组成部分,应当由原司法鉴定人进行。

第三十一条 有下列情形之一的,司法鉴定机构可以接受办案机关委托进行重新鉴定:

(一)原司法鉴定人不具有从事委托鉴定事项执业资格的;

(二)原司法鉴定机构超出登记的业务范围组织鉴定的;

(三)原司法鉴定人应当回避没有回避的;

(四)办案机关认为需要重新鉴定的;

(五)法律规定的其他情形。

第三十二条 重新鉴定应当委托原司法鉴定机构以外的其他司法鉴定机构进行;因特殊原因,委托人也可以委托原司法鉴定机构进行,但原司法鉴定机构应当指定原司法鉴定人以外的其他符合条件的司法鉴定人进行。

接受重新鉴定委托的司法鉴定机构的资质条件应当不低于原司法鉴定机构,进行重新鉴定的司法鉴定人中应当至少有一名具有相关专业高级专业技术职称。

第三十三条 鉴定过程中,涉及复杂、疑难、特殊技术问题的,可以向本机构以外的相关专业领域的专家进行咨询,但最终的鉴定意见应当由本机构的司法鉴定人出具。

专家提供咨询意见应当签名,并存入鉴定档案。

第三十四条 对于涉及重大案件或者特别复杂、疑难、特殊技术问题或者多个鉴定类别的鉴定事项,办案机关可以委托司法鉴定行业协会组织协调多个司法鉴定机构进行鉴定。

第三十五条 司法鉴定人完成鉴定后,司法鉴定机构应当指定具有相应资质的人员对鉴定程序和鉴定意见进行复核;对于涉及复杂、疑难、特殊技术问题或者重新鉴定的鉴定事项,可以组织三名以上的专家进行复核。

复核人员完成复核后,应当提出复核意见并签名,存入鉴定档案。

第四章 司法鉴定意见书的出具

第三十六条 司法鉴定机构和司法鉴定人应当按照统一规定的文本格式制

作司法鉴定意见书。

第三十七条 司法鉴定意见书应当由司法鉴定人签名。多人参加的鉴定,对鉴定意见有不同意见的,应当注明。

第三十八条 司法鉴定意见书应当加盖司法鉴定机构的司法鉴定专用章。

第三十九条 司法鉴定意见书应当一式四份,三份交委托人收执,一份由司法鉴定机构存档。司法鉴定机构应当按照有关规定或者与委托人约定的方式,向委托人发送司法鉴定意见书。

第四十条 委托人对鉴定过程、鉴定意见提出询问的,司法鉴定机构和司法鉴定人应当给予解释或者说明。

第四十一条 司法鉴定意见书出具后,发现有下列情形之一的,司法鉴定机构可以进行补正:

(一)图像、谱图、表格不清晰的;

(二)签名、盖章或者编号不符合制作要求的;

(三)文字表达有瑕疵或者错别字,但不影响司法鉴定意见的。

补正应当在原司法鉴定意见书上进行,由至少一名司法鉴定人在补正处签名。必要时,可以出具补正书。

对司法鉴定意见书进行补正,不得改变司法鉴定意见的原意。

第四十二条 司法鉴定机构应当按照规定将司法鉴定意见书以及有关资料整理立卷、归档保管。

第五章 司法鉴定人出庭作证

第四十三条 经人民法院依法通知,司法鉴定人应当出庭作证,回答与鉴定事项有关的问题。

第四十四条 司法鉴定机构接到出庭通知后,应当及时与人民法院确认司法鉴定人出庭的时间、地点、人数、费用、要求等。

第四十五条 司法鉴定机构应当支持司法鉴定人出庭作证,为司法鉴定人依法出庭提供必要条件。

第四十六条 司法鉴定人出庭作证,应当举止文明,遵守法庭纪律。

第六章 附 则

第四十七条 本通则是司法鉴定机构和司法鉴定人进行司法鉴定活动应当遵守和采用的一般程序规则,不同专业领域对鉴定程序有特殊要求的,可以依据本通则制定鉴定程序细则。

第四十八条 本通则所称办案机关,是指办理诉讼案件的侦查机关、审查起诉机关和审判机关。

第四十九条 在诉讼活动之外,司法鉴定机构和司法鉴定人依法开展相关鉴定业务的,参照本通则规定执行。

第五十条 本通则自2016年5月1日起施行。司法部2007年8月7日发布的《司法鉴定程序通则》(司法部第107号令)同时废止。

最高人民法院关于进一步规范人民法院涉港澳台调查取证工作的通知

[2011年8月7日,法〔2011〕243号]

各省、自治区、直辖市高级人民法院,解放军军事法院,新疆维吾尔自治区高级人民法院生产建设兵团分院:

近年来,内地与香港特别行政区、澳门特别行政区、台湾地区司法协(互)助的范围和领域不断扩展,方式和内容不断深化,案件数量不断增加。与此同时,人民法院在案件审判尤其是涉港澳台案件审判中需要港澳特区、台湾地区协助调查取证的情况日渐增多。根据《关于内地与澳门特别行政区法院就民商事案件相互委托送达司法文书和调取证据的安排》,内地与澳门特区法院之间可就民商事案件相互委托调查取证;根据《海峡两岸共同打击犯罪及司法互助协议》及《最高人民法院关于人民法院办理海峡两岸送达文书和调查取证司法互助案件的规定》,最高人民法院与台湾地区业务主管部门之间可就民商事、刑事、行政案件相互委托调查取证;内地法院与香港特区目前在调查取证方面尚未建立制度性的安排,但在实践中也存在以个案处理的方式相互协助调查取证的情况。为确保人民法院涉港澳台调查取证工作规范有序地开展,现就有关事项通知如下:

一、人民法院在案件审判中,需要从港澳特区或者台湾地区调取证据的,应当按照相关司法解释和规范性文件规定的权限和程序,委托港澳特区或者台湾地区业务主管部门协助调查取证。除有特殊情况层报最高人民法院并经中央有关部门批准外,人民法院不得派员赴港澳特区或者台湾地区调查取证。

二、人民法院不得派员随同公安机关、检察机关团组赴港澳特区或者台湾地区就特定案件进行调查取证。

三、各高级人民法院应切实担负起职责,指导辖区内各级人民法院做好涉港澳台调查取证工作。对有关法院提出的派员赴港澳特区或者台湾地区调查取证的申请,各高级人民法院要严格把关,凡不符合有关规定和本通知精神的应予以退回。

四、对于未经报请最高人民法院并经中央有关部门批准,擅自派员赴港澳特区或者台湾地区调查取证的,除严肃追究有关法院和人员的责任,并予通报批评外,还要视情暂停审批有关法院一定期限内的赴港澳台申请。

请各高级人民法院接此通知后,及时将有关精神传达至辖区内各级人民法院。执行中遇有问题,及时层报最高人民法院港澳台司法事务办公室。

特此通知。

最高人民法院关于适用《中华人民共和国保险法》若干问题的解释(二)

[2013年5月6日最高人民法院审判委员会第1577次会议通过,2013年5月31日公布,自2013年6月8日起施行,法释〔2013〕14号]

为正确审理保险合同纠纷案件,切实维护当事人的合法权益,根据《中华人民共和国保险法》《中华人民共和国合同法》《中华人民共和国民事诉讼法》等法律规定,结合审判实践,就保险法中关于保险合同一般规定部分有关法律适用问题解释如下:

第一条 财产保险中,不同投保人就同一保险标的分别投保,保险事故发生后,被保险人在其保险利益范围内依据保险合同主张保险赔偿的,人民法院应予支持。

第二条 人身保险中,因投保人对被保险人不具有保险利益导致保险合同无效,投保人主张保险人退还扣减相应手续费后的保险费的,人民法院应予支持。

第三条 投保人或者投保人的代理人订立保险合同时没有亲自签字或者盖章,而由保险人或者保险人的代理人代为签字或者盖章的,对投保人不生效。但投保人已经交纳保险费的,视为其对代签字或者盖章行为的追认。

保险人或者保险人的代理人代为填写保险单证后经投保人签字或者盖章确认的,代为填写的内容视为投保人的真实意思表示。但有证据证明保险人或者保险人的代理人存在保险法第一百一十六条、第一百三十一条相关规定情形的除外。

第四条 保险人接受了投保人提交的投保单并收取了保险费,尚未作出是否承保的意思表示,发生保险事故,被保险人或者受益人请求保险人按照保险合同承担赔偿或者给付保险金责任,符合承保条件的,人民法院应予支持;不符合承保条件的,保险人不承担保险责任,但应当退还已经收取的保险费。

保险人主张不符合承保条件的,应承担举证责任。

第五条 保险合同订立时,投保人明知的与保险标的或者被保险人有关的情况,属于保险法第十六条第一款规定的投保人"应当如实告知"的内容。

第六条 投保人的告知义务限于保险人询问的范围和内容。当事人对询问范围及内容有争议的,保险人负举证责任。

保险人以投保人违反了对投保单询问表中所列概括性条款的如实告知义务为由请求解除合同的,人民法院不予支持。但该概括性条款有具体内容的除外。

第七条 保险人在保险合同成立后知道或者应当知道投保人未履行如实告知义务,仍然收取保险费,又依照保险法第十六条第二款的规定主张解除合同的,人民法院不予支持。

第八条 保险人未行使合同解除权,直接以存在保险法第十六条第四款、第五款规定的情形为由拒绝赔偿的,人民法院不予支持。但当事人就拒绝赔偿事宜及保险合同存续另行达成一致的情况除外。

第九条 保险人提供的格式合同文本中的责任免除条款、免赔额、免赔率、比例赔付或者给付等免除或者减轻保险人责任的条款,可以认定为保险法第十七条第二款规定的"免除保险人责任的条款"。

保险人因投保人、被保险人违反法定或者约定义务,享有解除合同权利的条款,不属于保险法第十七条第二款规定的"免除保险人责任的条款"。

第十条 保险人将法律、行政法规中的禁止性规定情形作为保险合同免责条款的免责事由,保险人对该条款作出提示后,投保人、被保险人或者受益人以保险人未履行明确说明义务为由主张该条款不生效的,人民法院不予支持。

第十一条 保险合同订立时,保险人在投保单或者保险单等其他保险凭证上,对保险合同中免除保险人责任的条款,以足以引起投保人注意的文字、字体、符号或者其他明显标志作出提示的,人民法院应当认定其履行了保险法第十七条第二款规定的提示义务。

保险人对保险合同中有关免除保险人责任条款的概念、内容及其法律后果以书面或者口头形式向投保人作出常人能够理解的解释说明的,人民法院应当认定保险人履行了保险法第十七条第二款规定的明确说明义务。

第十二条 通过网络、电话等方式订立的保险合同，保险人以网页、音频、视频等形式对免除保险人责任条款予以提示和明确说明的，人民法院可以认定其履行了提示和明确说明义务。

第十三条 保险人对其履行了明确说明义务负举证责任。

投保人对保险人履行了符合本解释第十一条第二款要求的明确说明义务在相关文书上签字、盖章或者以其他形式予以确认的，应当认定保险人履行了该项义务。但另有证据证明保险人未履行明确说明义务的除外。

第十四条 保险合同中记载的内容不一致的，按照下列规则认定：

（一）投保单与保险单或者其他保险凭证不一致的，以投保单为准。但不一致的情形系经保险人说明并经投保人同意的，以投保人签收的保险单或者其他保险凭证载明的内容为准；

（二）非格式条款与格式条款不一致的，以非格式条款为准；

（三）保险凭证记载的时间不同的，以形成时间在后的为准；

（四）保险凭证存在手写和打印两种方式的，以双方签字、盖章的手写部分的内容为准。

第十五条 保险法第二十三条规定的三十日核定期间，应自保险人初次收到索赔请求及投保人、被保险人或者受益人提供的有关证明和资料之日起算。

保险人主张扣除投保人、被保险人或者受益人补充提供有关证明和资料期间的，人民法院应予支持。扣除期间自保险人根据保险法第二十二条规定作出的通知到达投保人、被保险人或者受益人之日起，至投保人、被保险人或者受益人按照通知要求补充提供的有关证明和资料到达保险人之日止。

第十六条 保险人应以自己的名义行使保险代位求偿权。

根据保险法第六十条第一款的规定，保险人代位求偿权的诉讼时效期间应自其取得代位求偿权之日起算。

第十七条 保险人在其提供的保险合同格式条款中对非保险术语所作的解释符合专业意义，或者虽不符合专业意义，但有利于投保人、被保险人或者受益人的，人民法院应予认可。

第十八条 行政管理部门依据法律规定制作的交通事故认定书、火灾事故认定书等，人民法院应当依法审查并确认其相应的证明力，但有相反证据能够推翻的除外。

第十九条 保险事故发生后，被保险人或者受益人起诉保险人，保险人以被保险人或者受益人未要求第三者承担责任为由抗辩不承担保险责任的，人民法院不予支持。

财产保险事故发生后，被保险人就其所受损失从第三者取得赔偿后的不足部分提起诉讼，请求保险人赔偿的，人民法院应予依法受理。

第二十条 保险公司依法设立并取得营业执照的分支机构属于《中华人民共和国民事诉讼法》第四十八条规定的其他组织，可以作为保险合同纠纷案件的当事人参加诉讼。

第二十一条 本解释施行后尚未终审的保险合同纠纷案件，适用本解释；本解释施行前已经终审，当事人申请再审或者按照审判监督程序决定再审的案件，不适用本解释。

最高人民法院关于适用《中华人民共和国保险法》若干问题的解释(三)

[2015年9月21日最高人民法院审判委员会第1661次会议通过,2015年11月25日公布,自2015年12月1日起施行,法释〔2015〕21号]

为正确审理保险合同纠纷案件,切实维护当事人的合法权益,根据《中华人民共和国保险法》《中华人民共和国合同法》《中华人民共和国民事诉讼法》等法律规定,结合审判实践,就保险法中关于保险合同章人身保险部分有关法律适用问题解释如下:

第一条 当事人订立以死亡为给付保险金条件的合同,根据保险法第三十四条的规定,"被保险人同意并认可保险金额"可以采取书面形式、口头形式或者其他形式;可以在合同订立时作出,也可以在合同订立后追认。

有下列情形之一的,应认定为被保险人同意投保人为其订立保险合同并认可保险金额:

(一)被保险人明知他人代其签名同意而未表示异议的;

(二)被保险人同意投保人指定的受益人的;

(三)有证据足以认定被保险人同意投保人为其投保的其他情形。

第二条 被保险人以书面形式通知保险人和投保人撤销其依据保险法第三十四条第一款规定所作出的同意意思表示的,可认定为保险合同解除。

第三条 人民法院审理人身保险合同纠纷案件时,应主动审查投保人订立保险合同时是否具有保险利益,以及以死亡为给付保险金条件的合同是否经过被保险人同意并认可保险金额。

第四条 保险合同订立后,因投保人丧失对被保险人的保险利益,当事人主张保险合同无效的,人民法院不予支持。

第五条 保险合同订立时,被保险人根据保险人的要求在指定医疗服务机构进行体检,当事人主张投保人如实告知义务免除的,人民法院不予支持。

保险人知道被保险人的体检结果,仍以投保人未就相关情况履行如实告知义务为由要求解除合同的,人民法院不予支持。

第六条 未成年人父母之外的其他履行监护职责的人为未成年人订立以死亡为给付保险金条件的合同,当事人主张参照保险法第三十三条第二款、第三十四条第三款的规定认定该合同有效的,人民法院不予支持,但经未成年人父母同意的除外。

第七条 当事人以被保险人、受益人或者他人已经代为支付保险费为由,主张投保人对应的交费义务已经履行的,人民法院应予支持。

第八条 保险合同效力依照保险法第三十六条规定中止,投保人提出恢复效力申请并同意补交保险费的,除被保险人的危险程度在中止期间显著增加外,保险人拒绝恢复效力的,人民法院不予支持。

保险人在收到恢复效力申请后,三十日内未明确拒绝的,应认定为同意恢复效力。

保险合同自投保人补交保险费之日

恢复效力。保险人要求投保人补交相应利息的,人民法院应予支持。

第九条　投保人指定受益人未经被保险人同意的,人民法院应认定指定行为无效。

当事人对保险合同约定的受益人存在争议,除投保人、被保险人在保险合同之外另有约定外,按以下情形分别处理:

(一)受益人约定为"法定"或者"法定继承人"的,以继承法规定的法定继承人为受益人;

(二)受益人仅约定为身份关系,投保人与被保险人为同一主体的,根据保险事故发生时与被保险人的身份关系确定受益人;投保人与被保险人为不同主体的,根据保险合同成立时与被保险人的身份关系确定受益人;

(三)受益人的约定包括姓名和身份关系,保险事故发生时身份关系发生变化的,认定为未指定受益人。

第十条　投保人或者被保险人变更受益人,当事人主张变更行为自变更意思表示发出时生效的,人民法院应予支持。

投保人或者被保险人变更受益人未通知保险人,保险人主张变更对其不发生效力的,人民法院应予支持。

投保人变更受益人未经被保险人同意,人民法院应认定变更行为无效。

第十一条　投保人或者被保险人在保险事故发生后变更受益人,变更后的受益人请求保险人给付保险金的,人民法院不予支持。

第十二条　投保人或者被保险人指定数人为受益人,部分受益人在保险事故发生前死亡、放弃受益权或者依法丧失受益权的,该受益人应得的受益份额按照保险合同的约定处理;保险合同没有约定或者约定不明的,该受益人应得的受益份额按照以下情形分别处理:

(一)未约定受益顺序及受益份额的,由其他受益人平均享有;

(二)未约定受益顺序但约定受益份额的,由其他受益人按照相应比例享有;

(三)约定受益顺序但未约定受益份额的,由同顺序的其他受益人平均享有;同一顺序没有其他受益人的,由后一顺序的受益人平均享有;

(四)约定受益顺序和受益份额的,由同顺序的其他受益人按照相应比例享有;同一顺序没有其他受益人的,由后一顺序的受益人按照相应比例享有。

第十三条　保险事故发生后,受益人将与本次保险事故相对应的全部或者部分保险金请求权转让给第三人,当事人主张该转让行为有效的,人民法院应予支持,但根据合同性质、当事人约定或者法律规定不得转让的除外。

第十四条　保险金根据保险法第四十二条规定作为被保险人遗产,被保险人的继承人要求保险人给付保险金,保险人以其已向持有保险单的被保险人的其他继承人给付保险金为由抗辩的,人民法院应予支持。

第十五条　受益人与被保险人存在继承关系,在同一事件中死亡且不能确定死亡先后顺序的,人民法院应依据保险法第四十二条第二款的规定推定受益人死亡在先,并按照保险法及本解释的相关规定确定保险金归属。

第十六条　保险合同解除时,投保人与被保险人、受益人为不同主体,被保险人或者受益人要求退还保险单的现金价值的,人民法院不予支持,但保险合同另有约定的除外。

投保人故意造成被保险人死亡、伤残或者疾病,保险人依照保险法第四十三条规定退还保险单的现金价值的,其他权利人按照被保险人、被保险人的继承人的顺序确定。

第十七条　投保人解除保险合同,当事人以其解除合同未经被保险人或者受益人同意为由主张解除行为无效的,人民法院不予支持,但被保险人或者受益人已向投保人支付相当于保险单现金价值的款项并通知保险人的除外。

第十八条　保险人给付费用补偿型的医疗费用保险金时,主张扣减被保险人从公费医疗或者社会医疗保险取得的赔偿金额的,应当证明该保险产品在厘定医疗费用保险费率时已经将公费医疗或者社会医疗保险部分相应扣除,并按照扣减后的标准收取保险费。

第十九条　保险合同约定按照基本医疗保险的标准核定医疗费用,保险人以被保险人的医疗支出超出基本医疗保险范围为由拒绝给付保险金的,人民法院不予支持;保险人有证据证明被保险人支出的费用超过基本医疗保险同类医疗费用标准,要求对超出部分拒绝给付保险金的,人民法院应予支持。

第二十条　保险人以被保险人未在保险合同约定的医疗服务机构接受治疗为由拒绝给付保险金的,人民法院应予支持,但被保险人因情况紧急必须立即就医的除外。

第二十一条　保险人以被保险人自杀为由拒绝给付保险金的,由保险人承担举证责任。

受益人或者被保险人的继承人以被保险人自杀时无民事行为能力为由抗辩的,由其承担举证责任。

第二十二条　保险法第四十五条规定的"被保险人故意犯罪"的认定,应当以刑事侦查机关、检察机关和审判机关的生效法律文书或者其他结论性意见为依据。

第二十三条　保险人主张根据保险法第四十五条的规定不承担给付保险金责任的,应当证明被保险人的死亡、伤残结果与其实施的故意犯罪或者抗拒依法采取的刑事强制措施的行为之间存在因果关系。

被保险人在羁押、服刑期间因意外或者疾病造成伤残或者死亡,保险人主张根据保险法第四十五条的规定不承担给付保险金责任的,人民法院不予支持。

第二十四条　投保人为被保险人订立以死亡为给付保险金条件的保险合同,被保险人被宣告死亡后,当事人要求保险人按照保险合同约定给付保险金的,人民法院应予支持。

被保险人被宣告死亡之日在保险责任期间之外,但有证据证明下落不明之日在保险责任期间之内,当事人要求保险人按照保险合同约定给付保险金的,人民法院应予支持。

第二十五条　被保险人的损失系由承保事故或者非承保事故、免责事由造成难以确定,当事人请求保险人给付保险金的,人民法院可以按照相应比例予以支持。

第二十六条　本解释自2015年12月1日起施行。本解释施行后尚未终审的保险合同纠纷案件,适用本解释;本解释施行前已经终审,当事人申请再审或者按照审判监督程序决定再审的案件,不适用本解释。

最高人民法院关于审理涉及公证活动相关民事案件的若干规定

[2014年4月28日最高人民法院审判委员会第1614次会议通过，2014年5月16日公布，自2014年6月6日起施行，法释〔2014〕6号]

为正确审理涉及公证活动相关民事案件，维护当事人的合法权益，根据《中华人民共和国民法通则》《中华人民共和国公证法》《中华人民共和国侵权责任法》《中华人民共和国民事诉讼法》等法律的规定，结合审判实践，制定本规定。

第一条 当事人、公证事项的利害关系人依照公证法第四十三条规定向人民法院起诉请求民事赔偿的，应当以公证机构为被告，人民法院应作为侵权责任纠纷案件受理。

第二条 当事人、公证事项的利害关系人起诉请求变更、撤销公证书或者确认公证书无效的，人民法院不予受理，告知其依照公证法第三十九条规定可以向出具公证书的公证机构提出复查。

第三条 当事人、公证事项的利害关系人对公证书所公证的民事权利义务有争议的，可以依照公证法第四十条规定就该争议向人民法院提起民事诉讼。

当事人、公证事项的利害关系人对具有强制执行效力的公证债权文书的民事权利义务有争议直接向人民法院提起民事诉讼的，人民法院依法不予受理。但是，公证债权文书被人民法院裁定不予执行的除外。

第四条 当事人、公证事项的利害关系人提供证据证明公证机构及其公证员在公证活动中具有下列情形之一的，人民法院应当认定公证机构有过错：

（一）为不真实、不合法的事项出具公证书的；

（二）毁损、篡改公证书或者公证档案的；

（三）泄露在执业活动中知悉的商业秘密或者个人隐私的；

（四）违反公证程序、办证规则以及国务院司法行政部门制定的行业规范出具公证书的；

（五）公证机构在公证过程中未尽到充分的审查、核实义务，致使公证书错误或者不真实的；

（六）对存在错误的公证书，经当事人、公证事项的利害关系人申请仍不予纠正或者补正的；

（七）其他违反法律、法规、国务院司法行政部门强制性规定的情形。

第五条 当事人提供虚假证明材料申请公证致使公证书错误造成他人损失的，当事人应当承担赔偿责任。公证机构依法尽到审查、核实义务的，不承担赔偿责任；未依法尽到审查、核实义务的，应当承担与其过错相应的补充赔偿责任；明知公证证明的材料虚假或者与当事人恶意串通的，承担连带赔偿责任。

第六条 当事人、公证事项的利害关系人明知公证机构所出具的公证书不真实、不合法而仍然使用造成自己损失，请求公证机构承担赔偿责任的，人民法院不予支持。

第七条 本规定施行后，涉及公证活动的民事案件尚未终审的，适用本规定；本规定施行前已经终审，当事人申请再审或者按照审判监督程序决定再审的，不适用本规定。

最高人民法院关于审理环境侵权责任纠纷案件适用法律若干问题的解释

[2015年2月9日最高人民法院审判委员会第1644次会议通过，2015年6月1日公布，自2015年6月3日起施行，法释〔2015〕12号]

为正确审理环境侵权责任纠纷案件，根据《中华人民共和国侵权责任法》《中华人民共和国环境保护法》《中华人民共和国民事诉讼法》等法律的规定，结合审判实践，制定本解释。

第一条 因污染环境造成损害，不论污染者有无过错，污染者应当承担侵权责任。污染者以排污符合国家或者地方污染物排放标准为由主张不承担责任的，人民法院不予支持。

污染者不承担责任或者减轻责任的情形，适用海洋环境保护法、水污染防治法、大气污染防治法等环境保护单行法的规定；相关环境保护单行法没有规定的，适用侵权责任法的规定。

第二条 两个以上污染者共同实施污染行为造成损害，被侵权人根据侵权责任法第八条规定请求污染者承担连带责任的，人民法院应予支持。

第三条 两个以上污染者分别实施污染行为造成同一损害，每一个污染者的污染行为都足以造成全部损害，被侵权人根据侵权责任法第十一条规定请求污染者承担连带责任的，人民法院应予支持。

两个以上污染者分别实施污染行为造成同一损害，每一个污染者的污染行为都不足以造成全部损害，被侵权人根据侵权责任法第十二条规定请求污染者承担责任的，人民法院应予支持。

两个以上污染者分别实施污染行为造成同一损害，部分污染者的污染行为足以造成全部损害，部分污染者的污染行为只造成部分损害，被侵权人根据侵权责任法第十一条规定请求足以造成全部损害的污染者与其他污染者就共同造成的损害部分承担连带责任，并对全部损害承担责任的，人民法院应予支持。

第四条 两个以上污染者污染环境，对污染者承担责任的大小，人民法院应当根据污染物的种类、排放量、危害性以及有无排污许可证、是否超过污染物排放标准、是否超过重点污染物排放总量控制指标等因素确定。

第五条 被侵权人根据侵权责任法第六十八条规定分别或者同时起诉污染者、第三人的，人民法院应予受理。

被侵权人请求第三人承担赔偿责任的，人民法院应当根据第三人的过错程度确定其相应赔偿责任。

污染者以第三人的过错污染环境造成损害为由主张不承担责任或者减轻责任的，人民法院不予支持。

第六条 被侵权人根据侵权责任法第六十五条规定请求赔偿的，应当提供证明以下事实的证据材料：

（一）污染者排放了污染物；

（二）被侵权人的损害；

（三）污染者排放的污染物或者其次生污染物与损害之间具有关联性。

第七条 污染者举证证明下列情形之一的，人民法院应当认定其污染行为与损害之间不存在因果关系：

（一）排放的污染物没有造成该损害可能的；

（二）排放的可造成该损害的污染物未到达该损害发生地的；

（三）该损害于排放污染物之前已发生的；

（四）其他可以认定污染行为与损害之间不存在因果关系的情形。

第八条 对查明环境污染案件事实的专门性问题，可以委托具备相关资格的司法鉴定机构出具鉴定意见或者由国务院环境保护主管部门推荐的机构出具检验报告、检测报告、评估报告或者监测数据。

第九条 当事人申请通知一至两名具有专门知识的人出庭，就鉴定意见或者污染物认定、损害结果、因果关系等专业问题提出意见的，人民法院可以准许。当事人未申请，人民法院认为有必要的，可以进行释明。

具有专门知识的人在法庭上提出的意见，经当事人质证，可以作为认定案件事实的根据。

第十条 负有环境保护监督管理职责的部门或者其委托的机构出具的环境污染事件调查报告、检验报告、检测报告、评估报告或者监测数据等，经当事人质证，可以作为认定案件事实的根据。

第十一条 对于突发性或者持续时间较短的环境污染行为，在证据可能灭失或者以后难以取得的情况下，当事人或者利害关系人根据民事诉讼法第八十一条规定申请证据保全的，人民法院应当准许。

第十二条 被申请人具有环境保护法第六十三条规定情形之一，当事人或者利害关系人根据民事诉讼法第一百条或者第一百零一条规定申请保全的，人民法院可以裁定责令被申请人立即停止侵害行为或者采取污染防治措施。

第十三条 人民法院应当根据被侵权人的诉讼请求以及具体案情，合理判定污染者承担停止侵害、排除妨碍、消除危险、恢复原状、赔礼道歉、赔偿损失等民事责任。

第十四条 被侵权人请求恢复原状的，人民法院可以依法裁判污染者承担环境修复责任，并同时确定被告不履行环境修复义务时应当承担的环境修复费用。

污染者在生效裁判确定的期限内未履行环境修复义务的，人民法院可以委托其他人进行环境修复，所需费用由污染者承担。

第十五条 被侵权人起诉请求污染者赔偿因污染造成的财产损失、人身损害以及为防止污染扩大、消除污染而采取必要措施所支出的合理费用的，人民法院应予支持。

第十六条 下列情形之一，应当认定为环境保护法第六十五条规定的弄虚作假：

（一）环境影响评价机构明知委托人提供的材料虚假而出具严重失实的评价文件的；

（二）环境监测机构或者从事环境监测设备维护、运营的机构故意隐瞒委托人超过污染物排放标准或者超过重点污染物排放总量控制指标的事实的；

（三）从事防治污染设施维护、运营的机构故意不运行或者不正常运行环境监测设备或者防治污染设施的；

（四）有关机构在环境服务活动中其他弄虚作假的情形。

第十七条 被侵权人提起诉讼，请求污染者停止侵害、排除妨碍、消除危险的，不受环境保护法第六十六条规定的时效期间的限制。

第十八条　本解释适用于审理因污染环境、破坏生态造成损害的民事案件，但法律和司法解释对环境民事公益诉讼案件另有规定的除外。

相邻污染侵害纠纷、劳动者在职业活动中因受污染损害发生的纠纷，不适用本解释。

第十九条　本解释施行后，人民法院尚未审结的一审、二审案件适用本解释规定。本解释施行前已经作出生效裁判的案件，本解释施行后依法再审，不适用本解释。

本解释施行后，最高人民法院以前颁布的司法解释与本解释不一致的，不再适用。

最高人民法院关于审理民间借贷案件适用法律若干问题的规定

[2015年6月23日最高人民法院审判委员会第1655次会议通过，2015年8月6日公布，自2015年9月1日起施行，法释〔2015〕18号]

为正确审理民间借贷纠纷案件，根据《中华人民共和国民法通则》《中华人民共和国物权法》《中华人民共和国担保法》《中华人民共和国合同法》《中华人民共和国民事诉讼法》《中华人民共和国刑事诉讼法》等相关法律之规定，结合审判实践，制定本规定。

第一条　本规定所称的民间借贷，是指自然人、法人、其他组织之间及其相互之间进行资金融通的行为。

经金融监管部门批准设立的从事贷款业务的金融机构及其分支机构，因发放贷款等相关金融业务引发的纠纷，不适用本规定。

第二条　出借人向人民法院起诉时，应当提供借据、收据、欠条等债权凭证以及其他能够证明借贷法律关系存在的证据。

当事人持有的借据、收据、欠条等债权凭证没有载明债权人，持有债权凭证的当事人提起民间借贷诉讼的，人民法院应予受理。被告对原告的债权人资格提出有事实依据的抗辩，人民法院经审理认为原告不具有债权人资格的，裁定驳回起诉。

第三条　借贷双方就合同履行地未约定或者约定不明确，事后未达成补充协议，按照合同有关条款或者交易习惯仍不能确定的，以接受货币一方所在地为合同履行地。

第四条　保证人为借款人提供连带责任保证，出借人仅起诉借款人的，人民法院可以不追加保证人为共同被告；出借人仅起诉保证人的，人民法院可以追加借款人为共同被告。

保证人为借款人提供一般保证，出借人仅起诉保证人的，人民法院应当追加借款人为共同被告；出借人仅起诉借款人的，人民法院可以不追加保证人为共同被告。

第五条　人民法院立案后，发现民间借贷行为本身涉嫌非法集资犯罪的，应当裁定驳回起诉，并将涉嫌非法集资犯罪的线索、材料移送公安或者检察机关。

公安或者检察机关不予立案，或者立案侦查后撤销案件，或者检察机关作出不起诉决定，或者经人民法院生效判决认定不构成非法集资犯罪，当事人又以同一事实向人民法院提起诉讼的,人民法院应予受理。

第六条 人民法院立案后,发现与民间借贷纠纷案件虽有关联但不是同一事实的涉嫌非法集资等犯罪的线索、材料的,人民法院应当继续审理民间借贷纠纷案件,并将涉嫌非法集资等犯罪的线索、材料移送公安或者检察机关。

第七条 民间借贷的基本案件事实必须以刑事案件审理结果为依据,而该刑事案件尚未审结的,人民法院应当裁定中止诉讼。

第八条 借款人涉嫌犯罪或者生效判决认定其有罪,出借人起诉请求担保人承担民事责任的,人民法院应予受理。

第九条 具有下列情形之一,可以视为具备合同法第二百一十条关于自然人之间借款合同的生效要件:

(一)以现金支付的,自借款人收到借款时;

(二)以银行转账、网上电子汇款或者通过网络贷款平台等形式支付的,自资金到达借款人账户时;

(三)以票据交付的,自借款人依法取得票据权利时;

(四)出借人将特定资金账户支配权授权给借款人的,自借款人取得对该账户实际支配权时;

(五)出借人以与借款人约定的其他方式提供借款并实际履行完成时。

第十条 除自然人之间的借款合同外,当事人主张民间借贷合同自合同成立时生效的,人民法院应予支持,但当事人另有约定或者法律、行政法规另有规定的除外。

第十一条 法人之间、其他组织之间以及它们相互之间为生产、经营需要订立的民间借贷合同,除存在合同法第五十二条、本规定第十四条规定的情形外,当事人主张民间借贷合同有效的,人民法院应予支持。

第十二条 法人或者其他组织在本单位内部通过借款形式向职工筹集资金,用于本单位生产、经营,且不存在合同法第五十二条、本规定第十四条规定的情形,当事人主张民间借贷合同有效的,人民法院应予支持。

第十三条 借款人或者出借人的借贷行为涉嫌犯罪,或者已经生效的判决认定构成犯罪,当事人提起民事诉讼的,民间借贷合同并不当然无效。人民法院应当根据合同法第五十二条、本规定第十四条之规定,认定民间借贷合同的效力。

担保人以借款人或者出借人的借贷行为涉嫌犯罪或者已经生效的判决认定构成犯罪为由,主张不承担民事责任的,人民法院应当依据民间借贷合同与担保合同的效力、当事人的过错程度,依法确定担保人的民事责任。

第十四条 具有下列情形之一,人民法院应当认定民间借贷合同无效:

(一)套取金融机构信贷资金又高利转贷给借款人,且借款人事先知道或者应当知道的;

(二)以向其他企业借贷或者向本单位职工集资取得的资金又转贷给借款人牟利,且借款人事先知道或者应当知道的;

(三)出借人事先知道或者应当知道借款人借款用于违法犯罪活动仍然提供借款的;

(四)违背社会公序良俗的;

(五)其他违反法律、行政法规效力性强制性规定的。

第十五条　原告以借据、收据、欠条等债权凭证为依据提起民间借贷诉讼,被告依据基础法律关系提出抗辩或者反诉,并提供证据证明债权纠纷非民间借贷行为引起的,人民法院应当依据查明的案件事实,按照基础法律关系审理。

当事人通过调解、和解或者清算达成的债权债务协议,不适用前款规定。

第十六条　原告仅依据借据、收据、欠条等债权凭证提起民间借贷诉讼,被告抗辩已经偿还借款,被告应当对其主张提供证据证明。被告提供相应证据证明其主张后,原告仍应就借贷关系的成立承担举证证明责任。

被告抗辩借贷行为尚未实际发生并能作出合理说明,人民法院应当结合借贷金额、款项交付、当事人的经济能力、当地或者当事人之间的交易方式、交易习惯、当事人财产变动情况以及证人证言等事实和因素,综合判断查证借贷事实是否发生。

第十七条　原告仅依据金融机构的转账凭证提起民间借贷诉讼,被告抗辩转账系偿还双方之前借款或其他债务,被告应当对其主张提供证据证明。被告提供相应证据证明其主张后,原告仍应就借贷关系的成立承担举证证明责任。

第十八条　根据《关于适用〈中华人民共和国民事诉讼法〉的解释》第一百七十四条第二款之规定,负有举证证明责任的原告无正当理由拒不到庭,经审查现有证据无法确认借贷行为、借贷金额、支付方式等案件主要事实,人民法院对其主张的事实不予认定。

第十九条　人民法院审理民间借贷纠纷案件时发现有下列情形,应当严格审查借贷发生的原因、时间、地点、款项来源、交付方式、款项流向以及借贷双方的关系、经济状况等事实,综合判断是否属于虚假民事诉讼:

(一)出借人明显不具备出借能力;

(二)出借人起诉所依据的事实和理由明显不符合常理;

(三)出借人不能提交债权凭证或者提交的债权凭证存在伪造的可能;

(四)当事人双方在一定期间内多次参加民间借贷诉讼;

(五)当事人一方或者双方无正当理由拒不到庭参加诉讼,委托代理人对借贷事实陈述不清或者陈述前后矛盾;

(六)当事人双方对借贷事实的发生没有任何争议或者诉辩明显不符合常理;

(七)借款人的配偶或合伙人、案外人的其他债权人提出有事实依据的异议;

(八)当事人在其他纠纷中存在低价转让财产的情形;

(九)当事人不正当放弃权利;

(十)其他可能存在虚假民间借贷诉讼的情形。

第二十条　经查明属于虚假民间借贷诉讼,原告申请撤诉的,人民法院不予准许,并应当根据民事诉讼法第一百一十二条之规定,判决驳回其请求。

诉讼参与人或者其他人恶意制造、参与虚假诉讼,人民法院应当依照民事诉讼法第一百一十一条、第一百一十二条和第一百一十三条之规定,依法予以罚款、拘留;构成犯罪的,应当移送有管辖权的司法机关追究刑事责任。

单位恶意制造、参与虚假诉讼的,人民法院应当对该单位进行罚款,并可以对其主要负责人或者直接责任人员予以罚款、拘留;构成犯罪的,应当移送有管辖权的司法机关追究刑事责任。

第二十一条 他人在借据、收据、欠条等债权凭证或者借款合同上签字或者盖章,但未表明其保证人身份或者承担保证责任,或者通过其他事实不能推定其为保证人,出借人请求其承担保证责任的,人民法院不予支持。

第二十二条 借贷双方通过网络贷款平台形成借贷关系,网络贷款平台的提供者仅提供媒介服务,当事人请求其承担担保责任的,人民法院不予支持。

网络贷款平台的提供者通过网页、广告或者其他媒介明示或者有其他证据证明其为借贷提供担保,出借人请求网络贷款平台的提供者承担担保责任的,人民法院应予支持。

第二十三条 企业法定代表人或负责人以企业名义与出借人签订民间借贷合同,出借人、企业或者其股东能够证明所借款项用于企业法定代表人或负责人个人使用,出借人请求将企业法定代表人或负责人列为共同被告或者第三人的,人民法院应予准许。

企业法定代表人或负责人以个人名义与出借人签订民间借贷合同,所借款项用于企业生产经营,出借人请求企业与个人共同承担责任的,人民法院应予支持。

第二十四条 当事人以签订买卖合同作为民间借贷合同的担保,借款到期后借款人不能还款,出借人请求履行买卖合同的,人民法院应当按照民间借贷法律关系审理,并向当事人释明变更诉讼请求。当事人拒绝变更的,人民法院裁定驳回起诉。

按照民间借贷法律关系审理作出的判决生效后,借款人不履行生效判决确定的金钱债务,出借人可以申请拍卖买卖合同标的物,以偿还债务。就拍卖所得的价款与应偿还借款本息之间的差额,借款人或者出借人有权主张返还或补偿。

第二十五条 借贷双方没有约定利息,出借人主张支付借期内利息的,人民法院不予支持。

自然人之间借贷对利息约定不明,出借人主张支付利息的,人民法院不予支持。除自然人之间借贷的外,借贷双方对借贷利息约定不明,出借人主张利息的,人民法院应当结合民间借贷合同的内容,并根据当地或者当事人的交易方式、交易习惯、市场利率等因素确定利息

第二十六条 借贷双方约定的利率未超过年利率24%,出借人请求借款人按照约定的利率支付利息的,人民法院应予支持。

借贷双方约定的利率超过年利率36%,超过部分的利息约定无效。借款人请求出借人返还已支付的超过年利率36%部分的利息的,人民法院应予支持。

第二十七条 借据、收据、欠条等债权凭证载明的借款金额,一般认定为本金。预先在本金中扣除利息的,人民法院应当将实际出借的金额认定为本金。

第二十八条 借贷双方对前期借款本息结算后将利息计入后期借款本金并重新出具债权凭证,如果前期利率没有超过年利率24%,重新出具的债权凭证载明的金额可认定为后期借款本金;超过部分的利息不能计入后期借款本金。约定的利率超过年利率24%,当事人主张超过部分的利息不能计入后期借款本金的,人民法院应予支持。

按前款计算,借款人在借款期间届满后应当支付的本息之和,不能超过最初借款本金与以最初借款本金为基数,以年利率24%计算的整个借款期间的利息之

和。出借人请求借款人支付超过部分的,人民法院不予支持。

第二十九条 借贷双方对逾期利率有约定的,从其约定,但以不超过年利率24%为限。

未约定逾期利率或者约定不明的,人民法院可以区分不同情况处理:

(一)既未约定借期内的利率,也未约定逾期利率,出借人主张借款人自逾期还款之日起按照年利率6%支付资金占用期间利息的,人民法院应予支持;

(二)约定了借期内的利率但未约定逾期利率,出借人主张借款人自逾期还款之日起按照借期内的利率支付资金占用期间利息的,人民法院应予支持。

第三十条 出借人与借款人既约定了逾期利率,又约定了违约金或者其他费用,出借人可以选择主张逾期利息、违约金或者其他费用,也可以一并主张,但总计超过年利率24%的部分,人民法院不予支持。

第三十一条 没有约定利息但借款人自愿支付,或者超过约定的利率自愿支付利息或违约金,且没有损害国家、集体和第三人利益,借款人又以不当得利为由要求出借人返还的,人民法院不予支持,但借款人要求返还超过年利率36%部分的利息除外。

第三十二条 借款人可以提前偿还借款,但当事人另有约定的除外。

借款人提前偿还借款并主张按照实际借款期间计算利息的,人民法院应予支持。

第三十三条 本规定公布施行后,最高人民法院于1991年8月13日发布的《关于人民法院审理借贷案件的若干意见》同时废止;最高人民法院以前发布的

司法解释与本规定不一致的,不再适用。

(七)期间、送达

最高人民法院关于委托送达问题的通知

[1988年8月25日,高法明电〔1988〕62号]

各省、自治区、直辖市高级人民法院:

近来有的地方人民法院未经最高人民法院批准,与香港某个公司签订协议,委托对方办理送达法律文书、调查取证等类似司法协助的法律事务。这种做法是错误的,应予纠正。今后各级人民法院需要与港方签订有关法律事务协议的,必须就协议内容、签约对方的法律地位等问题,事先报经最高人民法院审查批准。

特此通知。

最高人民法院关于依据原告起诉时提供的被告住址无法送达应如何处理问题的批复

[2004年10月9日最高人民法院审判委员会第1328次会议通过,2004年11月25日公布,自2004年12月2日起施行,法释〔2004〕17号]

近来,一些高级人民法院就人民法院依据民事案件的原告起诉时提供的被告住址无法送达应如何处理问题请示我院。为了正确适用法律,保障当事人行使诉讼

权利,根据《中华人民共和国民事诉讼法》的有关规定,批复如下:

人民法院依据原告起诉时所提供的被告住址无法直接送达或者留置送达,应当要求原告补充材料。原告因客观原因不能补充或者依原告补充的材料仍不能确定被告住址的,人民法院应当依法向被告公告送达诉讼文书。人民法院不得仅以原告不能提供真实、准确的被告住址为由裁定驳回起诉或者裁定终结诉讼。

因有关部门不准许当事人自行查询其他当事人的住址信息,原告向人民法院申请查询的,人民法院应当依原告的申请予以查询。

最高人民法院关于以法院专递方式邮寄送达民事诉讼文书的若干规定

[2004年9月7日最高人民法院审判委员会第1324次会议通过,2004年9月17日公布,自2005年1月1日起施行,法释〔2004〕13号]

为保障和方便双方当事人依法行使诉讼权利,根据《中华人民共和国民事诉讼法》的有关规定,结合民事审判经验和各地的实际情况,制定本规定。

第一条 人民法院直接送达诉讼文书有困难的,可以交由国家邮政机构(以下简称邮政机构)以法院专递方式邮寄送达,但有下列情形之一的除外:

(一)受送达人或者其诉讼代理人、受送达人指定的代收人同意在指定的期间内到人民法院接受送达的;

(二)受送达人下落不明的;

(三)法律规定或者我国缔结或者参加的国际条约中约定有特别送达方式的。

第二条 以法院专递方式邮寄送达民事诉讼文书的,其送达与人民法院送达具有同等法律效力。

第三条 当事人起诉或者答辩时应当向人民法院提供或者确认自己准确的送达地址,并填写送达地址确认书。当事人拒绝提供的,人民法院应当告知其拒不提供送达地址的不利后果,并记入笔录。

第四条 送达地址确认书的内容应当包括送达地址的邮政编码、详细地址以及受送达人的联系电话等内容。

当事人要求对送达地址确认书中的内容保密的,人民法院应当为其保密。

当事人在第一审、第二审和执行终结前变更送达地址的,应当及时以书面方式告知人民法院。

第五条 当事人拒绝提供自己的送达地址,经人民法院告知后仍不提供的,自然人以其户籍登记中的住所地或者经常居住地为送达地址;法人或者其他组织以其工商登记或者其他依法登记、备案中的住所地为送达地址。

第六条 邮政机构按照当事人提供或者确认的送达地址送达的,应当在规定的日期内将回执退回人民法院。

邮政机构按照当事人提供或确认的送达地址在五日内投送三次以上未能送达,通过电话或者其他联系方式又无法告知受送达人的,应当将邮件在规定的日期内退回人民法院,并说明退回的理由。

第七条 受送达人指定代收人的,指定代收人的签收视为受送达人本人签收。

邮政机构在受送达人提供或确认的送达地址未能见到受送达人的,可以将邮件交给与受送达人同住的成年家属代收,但代收人是同一案件中另一方当事人的除外。

第八条　受送达人及其代收人应当在邮件回执上签名、盖章或者捺印。

受送达人及其代收人在签收时应当出示其有效身份证件并在回执上填写该证件的号码；受送达人及其代收人拒绝签收的，由邮政机构的投递员记明情况后将邮件退回人民法院。

第九条　有下列情形之一的，即为送达：

（一）受送达人在邮件回执上签名、盖章或者捺印的；

（二）受送达人是无民事行为能力或者限制民事行为能力的自然人，其法定代理人签收的；

（三）受送达人是法人或者其他组织，其法人的法定代表人、该组织的主要负责人或者办公室、收发室、值班室的工作人员签收的；

（四）受送达人的诉讼代理人签收的；

（五）受送达人指定的代收人签收的；

（六）受送达人的同住成年家属签收的。

第十条　签收人是受送达人本人或者是受送达人的法定代表人、主要负责人、法定代理人、诉讼代理人的，签收人应当当场核对邮件内容。签收人发现邮件内容与回执上的文书名称不一致的，应当当场向邮政机构的投递员提出，由投递员在回执上记明情况后将邮件退回人民法院。

签收人是受送达人办公室、收发室和值班室的工作人员或者是与受送达人同住成年家属，受送达人发现邮件内容与回执上的文书名称不一致的，应当在收到邮件后的三日内将该邮件退回人民法院，并以书面方式说明退回的理由。

第十一条　因受送达人自己提供或者确认的送达地址不准确、拒不提供送达地址、送达地址变更未及时告知人民法院、受送达人本人或者受送达人指定的代收人拒绝签收，导致诉讼文书未能被受送达人实际接收的，文书退回之日视为送达之日。

受送达人能够证明自己在诉讼文书送达的过程中没有过错的，不适用前款规定。

第十二条　本规定自 2005 年 1 月 1 日起实施。

我院以前的司法解释与本规定不一致的，以本规定为准。

最高人民法院关于委托高级人民法院向当事人送达预交上诉案件受理费等有关事项的通知

[2004 年 10 月 25 日，法〔2004〕222 号]

各省、自治区、直辖市高级人民法院，解放军军事法院，新疆维吾尔自治区高级人民法院生产建设兵团分院：

为提高最高人民法院第二审民事、行政案件立案工作效率，保障当事人的诉权，方便当事人诉讼，最高人民法院实行委托高级人民法院向当事人送达《当事人提起上诉及预交上诉案件受理费有关事项的通知》制度。具体通知如下：

第一条　高级人民法院在向当事人送达第一审裁判文书的同时送达《当事人提起上诉及预交上诉案件受理费等事

项的通知》。

第二条 当事人收到《当事人提起上诉及预交上诉案件受理费等事项的通知》后,未在规定的交费期间预交上诉案件受理费,也未提出缓交、减交、免交上诉案件受理费申请的,高级人民法院应将上诉状、送达回证、第一审裁判文书等有关材料报送最高人民法院立案庭。

第三条 当事人收到《当事人提起上诉及预交上诉案件受理费等事项的通知》后,在规定的期间内向作出第一审裁判的高级人民法院提出缓交、减交、免交上诉案件受理费申请及相关证明的,该高级人民法院应将申请连同全部案件卷宗报送最高人民法院立案庭。

第四条 高级人民法院报送的上诉案件卷宗材料应当符合《最高人民法院立案工作细则》和最高人民法院立案庭《关于严格执行〈最高人民法院立案工作细则〉的通知》的有关规定。

高级人民法院报送的案件卷宗材料应当附上诉状、上诉状副本送达回证或邮寄回执、第一审裁判文书五份以及各方当事人签收《当事人提起上诉及预交上诉案件受理费等事项的通知》的送达回证或邮寄回执。

第五条 高级人民法院报送的案件卷宗材料不符合本通知第四条规定,最高人民法院立案庭通知该高级人民法院补报的,该高级人民法院接到通知后十日内仍未补报的,最高人民法院立案庭将全部案件卷宗材料退回该高级人民法院。

第六条 当事人直接向最高人民法院递交上诉状的,最高人民法院在上诉状上加盖签收印章,用例稿函将上诉状移交有关高级人民法院审查处理。当事人的上诉日期以最高人民法院签收的日期为准。

第七条 本通知自二〇〇五年一月一日起执行。

附:《关于当事人提起上诉及预交上诉案件诉讼费等事项的通知》、印模、《例稿函》(略)

最高人民法院关于彼得·舒德申请承认及执行美国仲裁委员会裁决一案的请示的复函

[2007年1月22日,〔2006〕民四他字第35号]

北京市高级人民法院:

你院京高法〔2006〕328号《关于彼得·舒德申请承认及执行美国仲裁委员会裁决一案的请示》收悉。经研究,答复如下:

本案系当事人申请承认及执行美国仲裁机构作出的仲裁裁决的案件,根据最高人民法院《关于执行我国加入的〈承认和执行外国仲裁裁决公约〉的通知》第五条规定确立的原则及《中华人民共和国民事诉讼法》(以下简称《民事诉讼法》)的相关规定并结合本案事实,申请人彼得·舒德应在2003年7月5日前向人民法院提出申请,但其向北京市第一中级人民法院提出申请的时间为2003年10月30日,已经超过了法定期限。对此申请人彼得·舒德提出了三点抗辩理由:(1)本案管辖权异议经法院审查后再审查执行期限,不符合相关的法律规定,被申请人爱德华·雷门就管辖权提出异议,视为其接受执行期限问题;(2)根据相关法律规定,领事认证是申请执行的法定条件,中华人民共和国驻纽约总领事馆做出认证的时间是2002年11月5日,应从2002年11月5日起算申请执行期限;(3)2003年3月北京正值非典期间,按照最高人民法院《关于在防治传染非典型肺炎期间依法做好人民法院相关审判、执行工作的通知》第五条第(一)款的规定,当事人因防治"非典"耽误申请执行期限的,人民法院按照《民事诉讼法》第七十六条的规定处理。

本院认为:第一,被申请人爱德华·雷门就管辖权问题提出异议,并不能表明其认可申请人彼得·舒德可以在法定申请期限之外对裁决提出承认和执行的申请,在爱德华·雷门提出的管辖权异议被驳回后,其仍然有权就彼得·舒德申请执行的期限问题向人民法院提出异议,人民法院对其异议应予审查。第二,《民事诉讼法》第二百一十九条明确规定:"申请执行的期限,双方或者一方当事人是公民的为一年,双方是法人或者其他组织的为六个月。前款规定的期限,从法律文书规定履行期间的最后一日起计算;法律文书规定分期履行的,从规定的每次履行期间的最后一日起计算。"依照上述规定,彼得·舒德关于应从领事认证的时间起算申请执行期限的意见是缺乏法律依据的。第三,2003年3月份开始,北京确实爆发了严重的"非典"疫情,客观上对各行各业的正常工作以及人民群众的生活造成了影响。我国虽然并未对"非典"疫情消除的准确时间作出规定,但世界卫生组织2003年6月24日在日内瓦和北京同时宣布:解除对北京的旅行警告,同时将北京从"非典"疫区名单中除名,即所谓的"双解除",据此可以认定从世界卫生组织宣布对北京实行"双解除"之日起,影响申请人彼得·舒德提出承认及执行仲裁裁决申请的障碍已经消除。依照法律规定彼得·舒德提出申请的最终期限为2003年7月5日,而世界卫生组织宣布对北京实行"双解除"之日其申请期限尚未届满,"非典"疫情并未耽误其申请执行期限。退一步讲,如果依照申请人彼得·舒德主张的美国政府疾病控制中心解除对北京旅游警告的日期即2003年7月11日作为影响其申请承认和执行的障碍("非典"疫情)消除的时间,则此时其申请承认和执行裁决的法定期限已过。最高人民法院《关于在防治传染性非典型肺炎期间依法做好人民法院相关审判、执行工作的通知》第五条第(一)款规定:"当事人因防治'非典'耽误申请执行期限的,人民法院按照《民事诉讼法》第七十六条的规定处理。"《民事诉讼法》第七十六条规定:"当事人因不可抗拒的事由或者其他正当理由耽误期限的,在障碍消除后的十日内,可以申请顺延期限,是否准许,由人民法院决定。"依照上述规定,彼得·舒德应该在障碍("非典"疫情)消除后10日内即2003年7月21日前向人民法院申请顺延期限。根据目前查明的事实,彼得·舒德并未向人民法院提出申请顺延期限,而是迟至2003年10月30日才向人民法院提出承认及执行仲裁裁决的申请,因此即使将美国政府疾病控制中心解除对北京旅游警告的日期,即2003年7月11日作为影响申请人彼得·舒德申请承认和执行的障碍("非典"疫情)消除的时间,但由于其并未在法定期限内向人民法院申请顺延期限,故其关于"非典"疫情延误其申请承认及执行期限的理由亦不能成立。

综上,彼得·舒德向人民法院提出的承认及执行仲裁裁决的申请超过了法定期限,其所述三点抗辩理由均不能成立,对于其申请应予驳回,同意你院的请示意见。

此复。

最高人民检察院关于以检察专递方式邮寄送达有关检察法律文书的若干规定

[2014年12月30日最高人民检察院第十二届检察委员会第三十三次会议通过,2015年2月13日公布,高检发释字〔2015〕1号]

为了方便当事人依法行使申请监督和申诉权利,根据《中华人民共和国民事诉讼法》、《中华人民共和国行政诉讼法》、《中华人民共和国邮政法》等规定,结合检察工作实际,制定本规定。

第一条 法律规定可以邮寄送达的检察法律文书,人民检察院可以交由邮政企业以检察专递方式邮寄送达,但下列情形除外:

(一)受送达人或者其诉讼代理人、受送达人指定的代收人同意在指定的期间内到人民检察院接受送达的;

(二)受送达人下落不明的;

(三)法律规定、我国缔结或者参加的国际条约中约定有特别送达方式的。

第二条 以检察专递方式邮寄送达有关检察法律文书的,该送达与人民检察院直接送达具有同等法律效力。

第三条 当事人向人民检察院申请监督、提出申诉或者提交答辩意见时,应当向人民检察院提供或者确认自己准确的送达地址及联系方式,并填写当事人联系方式确认书。

第四条 当事人联系方式确认书的内容应当包括送达地址的邮政编码、详细地址以及受送达人的联系电话等内容。

对当事人联系方式确认书记载的内容,人民检察院和邮政企业应当为其保密。

当事人变更送达地址的,应当及时以书面方式告知人民检察院。

第五条 经人民检察院告知,当事人仍拒绝提供自己送达地址的,自然人以其户籍登记中的住所地或者经常居住地为其送达地址;法人或者其他组织以其工商登记或者其他依法登记、备案中的住所地为其送达地址。

第六条 邮政企业按照当事人提供或者确认的送达地址送达的,应当在规定的日期内将回执退回人民检察院。

邮政企业按照当事人提供或者确认的送达地址在五个工作日内投送三次未能送达,通过电话或者其他联系方式无法通知到受送达人的,应当将邮件退回人民检察院,并说明退回的理由。

第七条 邮寄送达检察法律文书,应当直接送交受送达人。受送达人是公民的,由其本人签收,本人不在其提供或者确认的送达地址的,邮政企业可以将邮件交给与他同住的成年家属代收,但同住的成年家属是同一案件中另一方当事人的除外;受送达人是法人或者其他组织的,应当由法人的法定代表人、其他组织的主要负责人或者该法人、组织负责收件的工作人员签收;受送达人有诉讼代理人的,可以送交其代理人签收;受送达人已向人民检察院指定代收人的,送交代收人签收。

第八条　受送达人或者其代收人应当在邮件回执上签名、盖章或者捺印。

受送达人或者其代收人在签收时,应当出示其有效身份证件并在回执上填写该证件的号码,代收人还应填写其与受送达人的关系;受送达人或者其代收人拒绝签收的,由邮政企业的投递员记明情况,并将邮件退回人民检察院。

第九条　有下列情形之一的,即为送达:

(一)受送达人在邮件回执上签名、盖章或者捺印的;

(二)受送达人是无民事行为能力或者限制民事行为能力的自然人,其法定代理人签收的;

(三)受送达人是法人或者其他组织,其法人的法定代表人、该组织的主要负责人或者办公室、收发室、值班室的工作人员签收的;

(四)受送达人的诉讼代理人签收的;

(五)受送达人指定的代收人签收的;

(六)受送达人的同住成年家属签收的。

第十条　签收人是受送达人本人或者是受送达人的法定代表人、主要负责人、法定代理人、诉讼代理人的,签收人应当当场核对邮件内容。签收人发现邮件内容与回执上的文书名称不一致的,应当当场向邮政企业的投递员提出,由投递员在回执上记明情况,并将邮件退回人民检察院。

签收人是受送达人办公室、收发室、值班室的工作人员或者是与受送达人同住的成年家属,受送达人发现邮件内容与回执上的文书名称不一致的,应当在三日内将该邮件退回人民检察院,并以书面方式说明退回的理由。

第十一条　邮寄送达检察法律文书的费用,从各级人民检察院办案经费中支出。

第十二条　本规定所称检察专递是指邮政企业针对送达检察法律文书所采取的特快专递邮寄形式。

第十三条　本规定由最高人民检察院负责解释,自发布之日起施行。

最高人民检察院以前的有关规定与本规定不一致的,以本规定为准。

(八)调　解

最高人民法院关于人民法院进一步深化多元化纠纷解决机制改革的意见

[2016年6月28日,法发[2016]14号]

深入推进多元化纠纷解决机制改革,是人民法院深化司法改革、实现司法为民公正司法的重要举措,是实现国家治理体系和治理能力现代化的重要内容,是促进社会公平正义、维护社会和谐稳定的必然要求。为贯彻落实《中共中央关于全面推进依法治国若干重大问题的决定》以及中共中央办公厅、国务院办公厅《关于完善矛盾纠纷多元化解机制的意见》,现就人民法院进一步深化多元化纠纷解决机制改革、完善诉讼与非诉讼相衔接的纠纷解决机制提出如下意见。

一、指导思想、主要目标和基本原则

1. 指导思想。全面贯彻党的十八大和十八届三中、四中、五中全会精神,以邓小平理论、"三个代表"重要思想、科学发展观为指导,深入贯彻习近平总书记系列重要讲话精神,紧紧围绕协调推进"四个全面"战略布局和五大发展理念,主动适应经济发展新常态,以体制机制创新为动力,有效化解各类纠纷,不断满足人民群众多元司法需求,实现人民安居乐业、社会安定有序。

2. 主要目标。根据"国家制定发展战略,司法发挥引领作用,推动国家立法进程"的工作思路,建设功能完备、形式多样、运行规范的诉调对接平台,畅通纠纷解决渠道,引导当事人选择适当的纠纷解决方式;合理配置纠纷解决的社会资源,完善和解、调解、仲裁、公证、行政裁决、行政复议与诉讼有机衔接、相互协调的多元化纠纷解决机制;充分发挥司法在多元化纠纷解决机制建设中的引领、推动和保障作用,为促进经济社会持续健康发展、全面建成小康社会提供有力的司法保障。

3. 基本原则。

——坚持党政主导、综治协调、多元共治,构建各方面力量共同参与纠纷解决的工作格局。

——坚持司法引导、诉调对接、社会协同,形成社会多层次多领域齐抓共管的解纷合力。

——坚持优化资源、完善制度、法治保障,提升社会组织解决纠纷的法律效果。

——坚持以人为本、自愿合法、便民利民,建立高效便捷的诉讼服务和纠纷解决机制。

——坚持立足国情、合理借鉴、改革创新,完善具有中国特色的多元化纠纷解决体系。

二、加强平台建设

4. 完善平台设置。各级人民法院要将诉调对接平台建设与诉讼服务中心建设结合起来,建立集诉讼服务、立案登记、诉调对接、涉诉信访等多项功能为一体的综合服务平台。人民法院应当配备专门人员从事诉调对接工作,建立诉调对接长效工作机制,根据辖区受理案件的类型,引入相关调解、仲裁、公证等机构或者组织在诉讼服务中心等部门设立调解工作室、服务窗口,也可以在纠纷多发领域以及基层乡镇(街道)、村(社区)等派驻人员指导诉调对接工作。

5. 明确平台职责。人民法院诉调对接平台负责以下工作:对诉至法院的纠纷进行适当分流,对适宜调解的纠纷引导当事人选择非诉讼方式解决;开展委派调解、委托调解;办理司法确认案件;负责特邀调解组织、特邀调解员名册管理;加强对调解工作的指导,推动诉讼与非诉讼纠纷解决方式在程序安排、效力确认、法律指导等方面的有机衔接,健全人民调解、行政调解、商事调解、行业调解、司法调解等的联动工作体系。

6. 完善与综治组织的对接。人民法院可以依托社会治安综合治理平台,建立矛盾纠纷排查化解对接机制;对群体性纠纷、重大案件及时进行通报反馈和应急处理,建立定期或不定期的联席会议制度,形成信息互通、优势互补、协作配合的纠纷解决互动机制。

7. 加强与行政机关的对接。人民法院要加强与行政机关的沟通协调,促进诉讼与行政调解、行政复议、行政裁决等机制的对接。支持行政机关根据当事人申请或者依职权进行调解、裁决,或者依法作出其他处理。在治安管理、社会保障、交通事故赔偿、医疗卫生、消费者权益保护、物业管理、环境污染、知识产权、证券期货等重点领域,支持行政机关或者行政调解组织依法开展行政和解、行政调解工作。

8. 加强与人民调解组织的对接。不断完善对人民调解工作的指导,推进人民调解组织的制度化、规范化建设,进一步扩大人民调解组织协助人民法院解决纠纷的范围和规模。支持在纠纷易多发领域创新发展行业性、专业性人民调解组织,建立健全覆盖城乡的调解组织网络,发挥人民调解组织及时就地解决民间纠纷、化解基层矛盾、维护基层稳定的基础性作用。

9. 加强与商事调解组织、行业调解组织的对接。积极推动具备条件的商会、行业协会、调解协会、民办非企业单位、商事仲裁机构等设立商事调解组织、行业调解组织,在投资、金融、证券期货、保险、房地产、工程承包、技术转让、环境保护、电子商务、知识产权、国际贸易等领域提供商事调解服务或者行业调解服务。完善调解规则和对接程序,发挥商事调解组织、行业调解组织专业化、职业化优势。

10. 加强与仲裁机构的对接。积极支持仲裁制度改革,加强与商事仲裁机构、劳动人事争议仲裁机构、农村土地承包仲裁机构等的沟通联系。尊重商事仲裁规律和仲裁规则,及时办理仲裁机构的保全申请,依照法律规定处理撤销和不予执行仲裁裁决案件,规范涉外和外国商事仲裁裁决司法审查程序。支持完善劳动人事争议仲裁办案制度,加强劳动争议仲裁与诉讼的有效衔接,探索建立裁审标准统一的新规则、新制度。加强对农村土地承包经营纠纷调解仲裁的支持和保障,实现涉农纠纷仲裁与诉讼的合理衔接,及时审查和执行农村土地承包仲裁机构作出的裁决书或者调解书。

11. 加强与公证机构的对接。支持公证机构对法律行为、事实和文书依法进行核实和证明,支持公证机构对当事人达成的债权债务合同以及具有给付内容的和解协议、调解协议办理债权文书公证,支持公证机构在送达、取证、保全、执行等环节提供公证法律服务,在家事、商事等领域开展公证活动或者调解服务。依法执行公证债权文书。

12. 支持工会、妇联、共青团、法学会等组织参与纠纷解决。支持工会、妇联、共青团参与解决劳动争议、婚姻家庭以及妇女儿童权益等纠纷。支持法学会动员组织广大法学工作者、法律工作者参与矛盾纠纷化解,开展法律咨询服务和调解工作。支持其他社团组织参与解决与其职能相关的纠纷。

13. 发挥其他社会力量的作用。充分发挥人大代表、政协委员、专家学者、律师、专业技术人员、基层组织负责人、社区工作者、网格管理员、"五老人员"(老党员、老干部、老教师、老知识分子、老政法干警)等参与纠纷解决的作用。支持心理咨询师、婚姻家庭指导师、注册会计师、大学生志愿者等为群众提供心理疏导、评估、鉴定、调解等服务。支持完善公益慈善类、城乡社区服务类社会组织建设,鼓励其参与纠纷解决。

14. 加强"一站式"纠纷解决平台建设。在道路交通、劳动争议、医疗卫生、物业管理、消费者权益保护、土地承包、环境保护以及其他纠纷多发领域,人民法院可以与行政机关、人民调解组织、行业调解组织等进行资源整合,推进建立"一站式"纠纷解决服务平台,切实减轻群众负担。

15. 创新在线纠纷解决方式。根据"互联网+"战略要求,推广现代信息技术在多元化纠纷解决机制中的运用。推动建立在线调解、在线立案、在线司法确认、在线审判、电子督促程序、电子送达等为一体的信息平台,实现纠纷解决的案件预判、信息共享、资源整合、数据分析等功能,促进多元化纠纷解决机制的信息化发展。

16. 推动多元化纠纷解决机制的国际化发展。充分尊重中外当事人法律文化的多元性,支持其自愿选择调解、仲裁等非诉讼方式解决纠纷。进一步加强我国与其他国家和地区司法机构、仲裁机构、调解组织的交流和合作,提升我国纠纷解决机制的国际竞争力和公信力。发挥各种纠纷解决方式的优势,不断满足中外当事人纠纷解决的多元需求,为国家"一带一路"等重大战略的实施提供司法服务与保障。

三、健全制度建设

17. 健全特邀调解制度。人民法院可以吸纳人民调解、行政调解、商事调解、行业调解或其他具有调解职能的组织作为特邀调解组织,吸纳人大代表、政协委员、人民陪审员、专家学者、律师、仲裁员、退休法律工作者等具备条件的个人担任特邀调解员。明确特邀调解组织或者特邀调解员的职责范围,制定特邀调解规定,完善特邀调解程序,健全名册管理制度,加强特邀调解队伍建设。

18. 建立法院专职调解员制度。人民法院可以在诉讼服务中心等部门配备专职调解员,由擅长调解的法官或者司法辅助人员担任,从事调解指导工作和登记立案后的委托调解工作。法官主持达成调解协议的,依法出具调解书;司法辅助人员主持达成调解协议的,应当经法官审查后依法出具调解书。

19. 推动律师调解制度建设。人民法院加强与司法行政部门、律师协会、律师事务所以及法律援助中心的沟通联系,吸纳律师加入人民法院特邀调解员名册,探索建立律师调解工作室,鼓励律师参与纠纷解决。支持律师加入各类调解组织担任调解员,或者在律师事务所设置律师调解员,充分发挥律师专业化、职业化优势。建立律师担任调解员的回避制度,担任调解员的律师不得担任同一案件的代理人。推动建立律师接受委托代理时告知当事人选择非诉讼方式解决纠纷的机制。

20. 完善刑事诉讼中的和解、调解制度。对于符合刑事诉讼法规定可以和解或者调解的公诉案件、自诉案件、刑事附带民事案件,人民法院应当与公安机关、检察机关建立刑事和解、刑事诉讼中的调解对接工作机制,可以邀请基层组织、特邀调解组织、特邀调解员,以及当事人所在单位或者同事、亲友等参与调解,促成双方当事人达成和解或者调解协议。

21. 促进完善行政调解、行政和解、行政裁决等制度。支持行政机关对行政赔偿、补偿以及行政机关行使法律法规规定的自由裁量权的案件开展行政调解工作,支持行政机关通过提供事实调查结果、专业鉴定或者法律意见,引导促使当事人协商和解,支持行政机关依法裁决同行政管理活动密切相关的民事纠纷。

22. 探索民商事纠纷中立评估机制。有条件的人民法院在医疗卫生、不动产、建筑工程、知识产权、环境保护等领域探索建立中立评估机制，聘请相关专业领域的专家担任中立评估员。对当事人提起的民商事纠纷，人民法院可以建议当事人选择中立评估员，协助出具评估报告，对判决结果进行预测，供当事人参考。当事人可以根据评估意见自行和解，或者由特邀调解员进行调解。

23. 探索无争议事实记载机制。调解程序终结时，当事人未达成调解协议的，调解员在征得各方当事人同意后，可以用书面形式记载调解过程中双方没有争议的事实，并由当事人签字确认。在诉讼程序中，除涉及国家利益、社会公共利益和他人合法权益的外，当事人无需对调解过程中已确认的无争议事实举证。

24. 探索无异议调解方案认可机制。经调解未能达成调解协议，但是对争议事实没有重大分歧的，调解员在征得各方当事人同意后，可以提出调解方案并书面送达双方当事人。当事人在七日内未提出书面异议的，调解方案即视为双方自愿达成的调解协议；提出书面异议的，视为调解不成立。当事人申请司法确认调解协议的，应当依照有关规定予以确认。

四、完善程序安排

25. 建立纠纷解决告知程序。人民法院应当在登记立案前对诉讼风险进行评估，告知并引导当事人选择适当的非诉讼方式解决纠纷，为当事人提供纠纷解决方法、心理咨询、诉讼常识等方面的释明和辅导。

26. 鼓励当事人先行协商和解。鼓励当事人就纠纷解决先行协商，达成和解协议。当事人双方均有律师代理的，鼓励律师引导当事人先行和解。特邀调解员、相关专家或者其他人员根据当事人的申请或委托参与协商，可以为纠纷解决提供辅助性的协调和帮助。

27. 探索建立调解前置程序。探索适用调解前置程序的纠纷范围和案件类型。有条件的基层人民法院对家事纠纷、相邻关系、小额债务、消费者权益保护、交通事故、医疗纠纷、物业管理等适宜调解的纠纷，在征求当事人意愿的基础上，引导当事人在登记立案前由特邀调解组织或者特邀调解员先行调解。

28. 健全委派、委托调解程序。对当事人起诉到人民法院的适宜调解的案件，登记立案前，人民法院可以委派特邀调解组织、特邀调解员进行调解。委派调解达成协议的，当事人可以依法申请司法确认。当事人明确拒绝调解的，人民法院应当依法登记立案。登记立案后或者在审理过程中，人民法院认为适宜调解的案件，经当事人同意，可以委托给特邀调解组织、特邀调解员或者由人民法院专职调解员进行调解。委托调解达成协议的，经法官审查后依法出具调解书。

29. 完善繁简分流机制。对调解不成的民商事案件实行繁简分流，通过简易程序、小额诉讼程序、督促程序以及速裁机制分流案件，实现简案快审、繁案精审。完善认罪认罚从宽制度，进一步探索刑事案件速裁程序改革，简化工作流程，构建普通程序、简易程序、速裁程序等相配套的多层次诉讼制度体系。按照行政诉讼法规定，完善行政案件繁简分流机制。

30. 推动调解与裁判适当分离。建立案件调解与裁判在人员和程序方面适当分离的机制。立案阶段从事调解的法官原则上不参与同一案件的裁判工作。

在案件审理过程中,双方当事人仍有调解意愿的,从事裁判的法官可以进行调解。

31. 完善司法确认程序。经行政机关、人民调解组织、商事调解组织、行业调解组织或者其他具有调解职能的组织调解达成的具有民事合同性质的协议,当事人可以向调解组织所在地基层人民法院或者人民法庭依法申请确认其效力。登记立案前委派给特邀调解组织或者特邀调解员调解达成的协议,当事人申请司法确认的,由调解组织所在地或者委派调解的基层人民法院管辖。

32. 加强调解与督促程序的衔接。以金钱或者有价证券给付为内容的和解协议、调解协议,债权人依据民事诉讼法及其司法解释的规定,向有管辖权的基层人民法院申请支付令的,人民法院应当依法发出支付令。债务人未在法定期限内提出书面异议且逾期不履行支付令的,人民法院可以强制执行。

五、加强工作保障

33. 加强组织领导。各级人民法院要进一步加强对诉调对接工作的组织领导,建立整体协调、分工明确、各负其责的工作机制。要主动争取党委、人大、政府的支持,推动出台多元化纠纷解决机制建设的地方配套文件,促进构建科学、系统的多元化纠纷解决体系。

34. 加强指导监督。上级人民法院要切实加强对下级人民法院的指导监督,及时总结多元化纠纷解决机制改革可复制可推广的经验。高级人民法院要明确专门机构,制定落实方案,掌握工作情况,积极开展本辖区多元化纠纷解决机制改革示范法院的评选工作。中级人民法院要加强对辖区基层人民法院的指导监督,促进多元化纠纷解决机制改革不断取得实效。

35. 完善管理机制。建立诉调对接案件管理制度,将委派调解、委托调解、专职调解和司法确认等内容纳入案件管理系统和司法统计系统。完善特邀调解组织、特邀调解员、法院专职调解员的管理制度,建立奖惩机制。

36. 加强调解人员培训。完善特邀调解员、专职调解员的培训机制,配合有关部门推动建立专业化、职业化调解员资质认证制度,加强职业道德建设,共同完善调解员职业水平评价体系。

37. 加强经费保障。各级人民法院要主动争取党委和政府的支持,将纠纷解决经费纳入财政专项预算,积极探索以购买服务等方式将纠纷解决委托给社会力量承担。支持商事调解组织、行业调解组织、律师事务所等按照市场化运作,根据当事人的需求提供纠纷解决服务并适当收取费用。

38. 发挥诉讼费用杠杆作用。当事人自行和解而申请撤诉的,免交案件受理费。当事人接受法院委托调解的,人民法院可以适当减免诉讼费用。一方当事人无正当理由不参与调解或者不履行调解协议、故意拖延诉讼的,人民法院可以酌情增加其诉讼费用的负担部分。

39. 加强宣传工作和理论研究。各级人民法院要大力宣传多元化纠纷解决机制的优势,鼓励和引导当事人优先选择成本较低、对抗性较弱、利于修复关系的非诉讼方式解决纠纷。树立"国家主导、司法推动、社会参与、多元并举、法治保障"现代纠纷解决理念,营造诚信友善、理性平和、文明和谐、创新发展的社会氛围。加强与政法院校、科研机构等单位的交流与合作,积极推动研究成果的转化,充分发挥多元化纠纷解决理论对司法实践的指导作用。借鉴域外经验，深入研究人民法院在多元化纠纷解决机制中的职能作用。

40. 推动立法进程。人民法院及时总结各地多元化纠纷解决机制改革的成功经验，积极支持本辖区因地制宜出台相关地方性法规、地方政府规章，从而推动国家层面相关法律的立法进程，将改革实践成果制度化、法律化，促进多元化纠纷解决机制改革在法治轨道上健康发展。

最高人民法院关于人民法院特邀调解的规定

［2016年5月23日最高人民法院审判委员会第1684次会议通过，2016年6月28日公布，自2016年7月1日起施行，法释〔2016〕14号〕

为健全多元化纠纷解决机制，加强诉讼与非诉讼纠纷解决方式的有效衔接，规范人民法院特邀调解工作，维护当事人合法权益，根据《中华人民共和国民事诉讼法》《中华人民共和国人民调解法》等法律及相关司法解释，结合人民法院工作实际，制定本规定。

第一条　特邀调解是指人民法院吸纳符合条件的人民调解、行政调解、商事调解、行业调解等调解组织或者个人成为特邀调解组织或者特邀调解员，接受人民法院立案前委派或者立案后委托依法进行调解，促使当事人在平等协商基础上达成调解协议、解决纠纷的一种调解活动。

第二条　特邀调解应当遵循以下原则：

（一）当事人平等自愿；

（二）尊重当事人诉讼权利；

（三）不违反法律、法规的禁止性规定；

（四）不损害国家利益、社会公共利益和他人合法权益；

（五）调解过程和调解协议内容不公开，但是法律另有规定的除外。

第三条　人民法院在特邀调解工作中，承担以下职责：

（一）对适宜调解的纠纷，指导当事人选择名册中的调解组织或者调解员先行调解；

（二）指导特邀调解组织和特邀调解员开展工作；

（三）管理特邀调解案件流程并统计相关数据；

（四）提供必要场所、办公设施等相关服务；

（五）组织特邀调解员进行业务培训；

（六）组织开展特邀调解业绩评估工作；

（七）承担其他与特邀调解有关的工作。

第四条　人民法院应当指定诉讼服务中心等部门具体负责指导特邀调解工作，并配备熟悉调解业务的工作人员。

人民法庭根据需要开展特邀调解工作。

第五条　人民法院开展特邀调解工作应当建立特邀调解组织和特邀调解员名册。建立名册的法院应当为入册的特邀调解组织或者特邀调解员颁发证书，并对名册进行管理。上级法院建立的名册，下级法院可以使用。

第六条　依法成立的人民调解、行政

调解、商事调解、行业调解及其他具有调解职能的组织,可以申请加入特邀调解组织名册。品行良好、公道正派、热心调解工作并具有一定沟通协调能力的个人可以申请加入特邀调解员名册。

人民法院可以邀请符合条件的调解组织加入特邀调解组织名册,可以邀请人大代表、政协委员、人民陪审员、专家学者、律师、仲裁员、退休法律工作者等符合条件的个人加入特邀调解员名册。

特邀调解组织应当推荐本组织中适合从事特邀调解工作的调解员加入名册,并在名册中列明;在名册中列明的调解员,视为人民法院特邀调解员。

第七条 特邀调解员在入册前和任职期间,应当接受人民法院组织的业务培训。

第八条 人民法院应当在诉讼服务中心等场所提供特邀调解组织和特邀调解员名册,并在法院公示栏、官方网站等平台公开名册信息,方便当事人查询。

第九条 人民法院可以设立家事、交通事故、医疗纠纷等专业调解委员会,并根据特定专业领域的纠纷特点,设定专业调解委员会的入册条件,规范专业领域特邀调解程序。

第十条 人民法院应当建立特邀调解组织和特邀调解员业绩档案,定期组织开展特邀调解评估工作,并及时更新名册信息。

第十一条 对适宜调解的纠纷,登记立案前,人民法院可以经当事人同意委派给特邀调解组织或者特邀调解员进行调解;登记立案后或者在审理过程中,可以委托给特邀调解组织或者特邀调解员进行调解。

当事人申请调解的,应当以口头或者书面方式向人民法院提出;当事人口头提出的,人民法院应当记入笔录。

第十二条 双方当事人应当在名册中协商确定特邀调解员;协商不成的,由特邀调解组织或者人民法院指定。当事人不同意指定的,视为不同意调解。

第十三条 特邀调解一般由一名调解员进行。对于重大、疑难、复杂或者当事人要求由两名以上调解员共同调解的案件,可以由两名以上调解员调解,并由特邀调解组织或者人民法院指定一名调解员主持。当事人有正当理由的,可以申请更换特邀调解员。

第十四条 调解一般应当在人民法院或者调解组织所在地进行,双方当事人也可以在征得人民法院同意的情况下选择其他地点进行调解。

特邀调解组织或者特邀调解员接受委派或者委托调解后,应当将调解时间、地点等相关事项及时通知双方当事人,也可以通知与纠纷有利害关系的案外人参加调解。

调解程序开始之前,特邀调解员应当告知双方当事人权利义务、调解规则、调解程序、调解协议效力、司法确认申请等事项。

第十五条 特邀调解员有下列情形之一的,当事人有权申请回避:

(一)是一方当事人或者其代理人近亲属的;

(二)与纠纷有利害关系的;

(三)与纠纷当事人、代理人有其他关系,可能影响公正调解的。

特邀调解员有上述情形的,应当自行回避;但是双方当事人同意由该调解员调解的除外。

特邀调解员的回避由特邀调解组织

或者人民法院决定。

第十六条 特邀调解员不得在后续的诉讼程序中担任该案的人民陪审员、诉讼代理人、证人、鉴定人以及翻译人员等。

第十七条 特邀调解员应当根据案件具体情况采用适当的方法进行调解，可以提出解决争议的方案建议。特邀调解员为促成当事人达成调解协议，可以邀请对达成调解协议有帮助的人员参与调解。

第十八条 特邀调解员发现双方当事人存在虚假调解可能的，应当中止调解，并向人民法院或者特邀调解组织报告。

人民法院或者特邀调解组织接到报告后，应当及时审查，并依据相关规定作出处理。

第十九条 委派调解达成调解协议，特邀调解员应当将调解协议送达双方当事人，并提交人民法院备案。

委派调解达成的调解协议，当事人可以依照民事诉讼法、人民调解法等法律申请司法确认。当事人申请司法确认的，由调解组织所在地或者委派调解的基层人民法院管辖。

第二十条 委托调解达成调解协议，特邀调解员应当向人民法院提交调解协议，由人民法院审查并制作调解书结案。达成调解协议后，当事人申请撤诉的，人民法院应当依法作出裁定。

第二十一条 委派调解未达成调解协议，特邀调解员应当将当事人的起诉状等材料移送人民法院；当事人坚持诉讼的，人民法院应当依法登记立案。

委托调解未达成调解协议的，转入审判程序审理。

第二十二条 在调解过程中，当事人为达成调解协议作出妥协而认可的事实，不得在诉讼程序中作为对其不利的根据，但是当事人均同意的除外。

第二十三条 经特邀调解组织或者特邀调解员调解达成调解协议的，可以制作调解协议书。当事人认为无需制作调解协议书的，可以采取口头协议方式，特邀调解员应当记录协议内容。

第二十四条 调解协议书应当记载以下内容：

（一）当事人的基本情况；

（二）纠纷的主要事实、争议事项；

（三）调解结果。

双方当事人和特邀调解员应当在调解协议书或者调解笔录上签名、盖章或者捺印；由特邀调解组织主持达成调解协议的，还应当加盖调解组织印章。

委派调解达成调解协议，自双方当事人签名、盖章或者捺印后生效。委托调解达成调解协议，根据相关法律规定确定生效时间。

第二十五条 委派调解达成调解协议后，当事人就调解协议的履行或者调解协议的内容发生争议的，可以向人民法院提起诉讼，人民法院应当受理。一方当事人以原纠纷向人民法院起诉，对方当事人以调解协议提出抗辩的，应当提供调解协议书。

经司法确认的调解协议，一方当事人拒绝履行或者未全部履行的，对方当事人可以向人民法院申请执行。

第二十六条 有下列情形之一的，特邀调解员应当终止调解：

（一）当事人达成调解协议的；

（二）一方当事人撤回调解请求或者明确表示不接受调解的；

（三）特邀调解员认为双方分歧较大且难以达成调解协议的；

（四）其他导致调解难以进行的情形。

特邀调解员终止调解的，应当向委派、委托的人民法院书面报告，并移送相关材料。

第二十七条　人民法院委派调解的案件，调解期限为 30 日。但是双方当事人同意延长调解期限的，不受此限。

人民法院委托调解的案件，适用普通程序的调解期限为 15 日，适用简易程序的调解期限为 7 日。但是双方当事人同意延长调解期限的，不受此限。延长的调解期限不计入审理期限。

委派调解和委托调解的期限自特邀调解组织或者特邀调解员签字接收法院移交材料之日起计算。

第二十八条　特邀调解员不得有下列行为：

（一）强迫调解；

（二）违法调解；

（三）接受当事人请托或收受财物；

（四）泄露调解过程或调解协议内容；

（五）其他违反调解员职业道德的行为。

当事人发现存在上述情形的，可以向人民法院投诉。经审查属实的，人民法院应当予以纠正并作出警告、通报、除名等相应处理。

第二十九条　人民法院应当根据实际情况向特邀调解员发放误工、交通等补贴，对表现突出的特邀调解组织和特邀调解员给予物质或者荣誉奖励。补贴经费应当纳入人民法院专项预算。

人民法院可以根据有关规定向有关部门申请特邀调解专项经费。

第三十条　本规定自 2016 年 7 月 1 日起施行。

（九）保全和先予执行

最高人民法院关于黎川县人民法院对江苏省宜兴市堰头工业联合公司采取诉前财产保全措施执行情况报告的有关问题的复函

［1992 年 12 月 4 日，法函〔1992〕150 号］

江西省高级人民法院：

你院赣法明传〔1992〕95 号《关于黎川县人民法院对江苏省宜兴市堰头工业联合公司采取诉前财产保全措施执行情况的报告》收悉。经审查，提出以下意见：

一、黎川县人民法院在本案的诉前保全中既不是财产所在地法院，也不是被申请人所在地法院，无权受理诉前保全申请。

二、按法律规定，人民法院作出裁定后应当送达被申请人（法人）的主要营业地或主要办事机构所在地，并经签收后在该地具体执行。而黎川县人民法院在没有送达裁定书的情况下，却在"京杭公路至堰头乡的盆路口"拦下车辆开到江西，这种做法也是错误的。

三、黎川县人民法院在扣押车辆时，将车上的宜兴市人大代表、堰头乡乡长陈汉生一起带往江西，这是侵犯公民人身权利的行为。执行人员即使不知道陈的人大代表身份，也不能采取这种做法。

四、本案是一起借款纠纷，双方在合同中没有约定明确的履行地，因此，应当视接受给付一方的所在地为履行地。黎川县人民法院在本案中既不是履行地法院，也不是被告所在地法院，对本案无管辖权，应将本案交有管辖权的法院受理，已扣押的车辆随案一并移送。同时向宜兴市人大代表陈汉生同志正式道歉。

你院应当督促抚州地区中级人民法院、黎川县人民法院尽快落实以上意见并深刻认识错误。处理结果望书面报告我院。

最高人民法院关于对粮棉油政策性收购资金是否可以采取财产保全措施问题的复函

[1997年8月14日，法函[1997]97号]

山东省高级人民法院：

你院鲁法经[1997]33号《关于对粮棉油政策性收购资金专户是否可以采取财产保全措施问题的请示》收悉。经研究，答复如下：

同意你院请示的倾向性意见。粮棉油政策性收购资金是用于国家和地方专项储备的粮食、棉花、油料的收购、储备、调销资金和国家定购粮食、棉花收购资金。包括各级财政开支的直接用于粮棉油收购环节的价格补贴款、银行粮棉油政策性收购贷款和粮棉油政策性收购企业的粮棉油调销回笼款。该资金只能用于粮棉油收购及相关费用支出。人民法院在审理涉及到政策性粮棉油收购业务之外的经济纠纷案件中，不宜对粮棉油政策性收购企业在中国农业发展银行及其代理行或经人民银行当地分行批准的其他金融机构开立账上的这类资金采取财产保全措施，以保证这类资金专款专用，促进农业的发展。

最高人民法院关于对案外人的财产能否进行保全问题的批复

[1998年4月2日最高人民法院审判委员会第970次会议通过，1998年5月19日公布，自1998年5月26日起施行，法释[1998]10号]

湖北省高级人民法院：

你院鄂高法[一九九六]一百九十一号《关于对案外人的财产能否进行诉讼财产保全的请示》收悉。经研究，答复如下：

最高人民法院法发[一九九四]二十九号《关于在经济审判工作中严格执行〈中华人民共和国民事诉讼法〉的若干规定》第十四条的规定与最高人民法院法发[一九九二]二十二号《关于适用〈中华人民共和国民事诉讼法〉若干问题的意见》第一百零五条的规定精神是一致的，均应当严格执行。

对于债务人的财产不能满足保全请求，但对案外人有到期债权的，人民法院可以依债权人的申请裁定该外人不得对债务人清偿。该案外人对其到期债务没有异议并要求偿付的，由人民法院提存财物或价款。但是，人民法院不应对其财产采取保全措施。

最高人民法院关于人民法院发现本院作出的诉前保全裁定和在执行程序中作出的裁定确有错误以及人民检察院对人民法院作出的诉前保全裁定提出抗诉人民法院应当如何处理的批复

[1998年7月21日最高人民法院审判委员会第1005次会议通过,1998年7月30日公布,自1998年8月5日起施行,法释〔1998〕17号]

山东省高级人民法院:

你院鲁高法函〔1998〕57号《关于人民法院在执行程序中作出的裁定如发现确有错误应按何种程序纠正的请示》和鲁高法函〔1998〕58号《关于人民法院发现本院作出的诉前保全裁定确有错误或者人民检察院对人民法院作出的诉前保全提出抗诉人民法院应如何处理的请示》收悉。经研究,答复如下:

一、人民法院院长对本院已经发生法律效力的诉前保全裁定和在执行程序中作出的裁定,发现确有错误,认为需要撤销的,应当提交审判委员会讨论决定后,裁定撤销原裁定。

二、人民检察院对人民法院作出的诉前保全裁定提出抗诉,没有法律依据,人民法院应当通知其不予受理。

此复。

最高人民法院关于诉前财产保全几个问题的批复

[1998年11月19日最高人民法院审判委员会第1030次会议通过,1998年11月27日公布,自1998年12月5日起施行,法释〔1998〕29号]

湖北省高级人民法院:

你院鄂高法[一九九八]六十三号,《关于采取诉前财产保全几个问题的请示》收悉。经研究,答复如下:

一、人民法院受理当事人诉前财产保全申请后,应当按照诉前财产保全标的金额并参照《中华人民共和国民事诉讼法》关于级别管辖和专属管辖的规定,决定采取诉前财产保全措施。

二、采取财产保全措施的人民法院受理申请人的起诉后,发现所受理的案件不属于本院管辖的,应当将案件和财产保全申请费一并移送有管辖权的人民法院。

案件移送后,诉前财产保全裁定继续有效。

因执行诉前财产保全裁定而实际支出的费用,应由受诉人民法院在申请费中返还给作出诉前财产保全的人民法院。

此复。

最高人民法院关于对粮棉油政策性收购资金形成的粮棉油不宜采取财产保全措施和执行措施的通知

[2000年11月16日,法〔2000〕164号]

各省、自治区、直辖市高级人民法院,解放

军军事法院，新疆维吾尔自治区高级人民法院生产建设兵团分院：

根据国务院国发〔1998〕15号《关于进一步深化粮食流通体制改革的决定》和国发〔1998〕42号《关于深化棉花流通体制改革的决定》以及《粮食收购条例》等有关法规和规范性文件的规定，人民法院在保全和执行国有粮棉油购销企业从事粮棉油政策性收购以外业务所形成的案件时，除继续执行我院法函〔1997〕97号《关于对粮棉油政策性收购资金是否可以采取财产保全措施问题的复函》外，对中国农业发展银行提供的粮棉油收购资金及由该项资金形成的库存的粮棉油不宜采取财产保全措施和执行措施。

最高人民法院对国家知识产权局《关于征求对协助执行专利申请权财产保全裁定的意见的函》的答复意见

〔2001年10月25日，〔2000〕民三函字第1号〕

国家知识产权局：

贵局《关于征求对协助执行专利申请权财产保全裁定的意见的函》收悉。经研究，对有关问题答复如下：

一、专利申请权属于专利申请人的一项财产权利，可以作为人民法院财产保全的对象。人民法院根据《民事诉讼法》有关规定采取财产保全措施时，需要对专利申请权进行保全的，应当向国家知识产权局发出协助执行通知书，载明要求保全的专利申请的名称、申请人、申请号、保全期限以及协助执行的内容，包括禁止变更著录事项、中止审批程序等，并附人民法院作出的财产保全民事裁定书。

二、对专利申请权的保全期限一次不得超过6个月，自国家知识产权局收到协助执行通知书之日起计算。如果期限届满仍然需要对该专利申请权继续采取保全措施的，人民法院应当在保全期限届满前向国家知识产权局重新发出协助执行通知书，要求继续保全。否则，视为自动解除对该专利申请权的财产保全。

三、贵局收到人民法院发出的对专利申请权采取财产保全措施的协助执行通知书后，应当确保在财产保全期间专利申请权的法律状态不发生改变。因此，应当中止被保全的专利申请的有关程序。同意贵局提出的比照《专利法实施细则》第八十七条的规定处理的意见。

以上意见供参考。

最高人民法院关于对大连证券有限责任公司自有资金专用存款账户资金采取诉讼保全措施或者执行措施有关问题的通知

〔2003年1月27日，法〔2003〕13号〕

各省、自治区、直辖市高级人民法院，解放军军事法院，新疆维吾尔自治区高级人民法院生产建设兵团分院：

大连证券有限责任公司因严重违法、违规经营，中国证券监督管理委员会（以下简称证监会）决定，自2002年9月7日起，对该公司实施停业整顿。按照证监会《客户交易结算资金管理办法》的规定，各证券公司应在经该会认定的商业银行开立自有资金专用存款账户和客户交易结算资金专用存款账户,分别存放其自有资金和客户交易结算资金;客户交易结算资金专用存款账户内的资金属客户所有,证券公司不得违规动用;客户交易结算资金专用存款账户的账号在报该会后方可使用。为方便涉及大连证券有限责任公司诉讼的人民法院冻结、扣划大连证券有限责任公司自有资金存款账户及其在证券登记结算机构开立的清算备付金账户内属于其自营业务对应部分的清算备付金,现将大连证券有限责任公司报证监会备案的客户交易结算资金专用存款账户提供给你们。各级人民法院应严格按照《关于冻结、划拨证券或期货交易所证券登记结算机构证券经营或期货经纪机构清算账号资金等问题的通知》(法发〔1997〕27号)和《关于贯彻最高人民法院法发〔1997〕27号通知应注意的几个问题的紧急通知》(法明传〔1998〕213号)的规定精神执行。对违反上述规定,将"客户交易结算资金专用存款账户"内的客户交易结算资金进行冻结、扣划的,应当立即依法纠正。

最高人民法院关于当事人申请财产保全错误造成案外人损失应否承担赔偿责任问题的解释

〔2005年7月4日最高人民法院审判委员会第1358次会议通过,2005年8月15日公布,自2005年8月24日起施行,法释〔2005〕11号〕

近来,一些法院就当事人申请财产保全错误造成案外人损失引发的赔偿纠纷案件应如何适用法律问题请示我院。经研究,现解释如下:

根据《中华人民共和国民法通则》第一百零六条、《中华人民共和国民事诉讼法》第九十六条等法律规定,当事人申请财产保全错误造成案外人损失的,应当依法承担赔偿责任。

此复。

最高人民法院、司法部关于印发《关于民事诉讼法律援助工作的规定》的通知

〔2005年9月22日,司发通〔2005〕77号〕

各省、自治区、直辖市高级人民法院、司法厅(局),解放军军事法院,总政司法局,新疆维吾尔自治区高级人民法院生产建设兵团分院,新疆建设兵团司法局:

为了进一步加强和规范民事诉讼法律援助工作,最高人民法院、司法部制定了《关于民事诉讼法律援助工作的规定》,现印发你们,请遵照执行。

附:关于民事诉讼法律援助工作的规定

第一条 为加强和规范民事诉讼法律援助工作,根据《中华人民共和国民事诉讼法》、《中华人民共和国律师法》、《法律援助条例》、《最高人民法院关于对经济确有困难的当事人提供司法救助的规定》(以下简称《司法救助规定》),以及其他相关规定,结合法律援助工作实际,制定本规定。

第二条　公民就《法律援助条例》第十条规定的民事权益事项要求诉讼代理的，可以按照《法律援助条例》第十四条的规定向有关法律援助机构申请法律援助。

第三条　公民经济困难的标准，按案件受理地所在的省、自治区、直辖市人民政府的规定执行。

第四条　法律援助机构受理法律援助申请后，应当依照有关规定及时审查并作出决定。对符合法律援助条件的，决定提供法律援助，并告知该当事人可以向有管辖权的人民法院申请司法救助。对不符合法律援助条件的，作出不予援助的决定。

第五条　申请人对法律援助机构不予援助的决定有异议的，可以向确定该法律援助机构的司法行政部门提出。司法行政部门应当在收到异议之日起5个工作日内进行审查，经审查认为申请人符合法律援助条件的，应当以书面形式责令法律援助机构及时对该申请人提供法律援助，同时通知申请人。认为申请人不符合法律援助条件的，应当维持法律援助机构不予援助的决定，并将维持决定的理由书面告知申请人。

第六条　当事人依据《司法救助规定》的有关规定先行向人民法院申请司法救助获准的，人民法院可以告知其可以按照《法律援助条例》的规定，向法律援助机构申请法律援助。

第七条　当事人以人民法院给予司法救助的决定为依据，向法律援助机构申请法律援助的，法律援助机构对符合《法律援助条例》第十条规定情形的，不再审查其是否符合经济困难标准，应当直接做出给予法律援助的决定。

第八条　当事人以法律援助机构给予法律援助的决定为依据，向人民法院申请司法救助的，人民法院不再审查其是否符合经济困难标准，应当直接做出给予司法救助的决定。

第九条　人民法院依据法律援助机构给予法律援助的决定，准许受援的当事人司法救助的请求的，应当根据《司法救助规定》第五条的规定，先行对当事人作出缓交诉讼费用的决定，待案件审结后再根据案件的具体情况，按照《司法救助规定》第六条的规定决定诉讼费用的负担。

第十条　人民法院应当支持法律援助机构指派或者安排的承办法律援助案件的人员在民事诉讼中实施法律援助，在查阅、摘抄、复制案件材料等方面提供便利条件，对承办法律援助案件的人员复制必要的相关材料的费用应当予以免收或者减收，减收的标准按复制材料所必须的工本费用计算。

第十一条　法律援助案件的受援人依照民事诉讼法的规定申请先予执行，人民法院裁定先予执行的，可以不要求受援人提供相应的担保。

第十二条　实施法律援助的民事诉讼案件出现《法律援助条例》第二十三条规定的终止法律援助或者《司法救助规定》第九条规定的撤销司法救助的情形时，法律援助机构、人民法院均应当在作出终止法律援助决定或者撤销司法救助决定的当日函告对方，对方相应作出撤销决定或者终止决定。

第十三条　承办法律援助案件的人员在办案过程中应当尽职尽责，恪守职业道德和执业纪律。

法律援助机构应当对承办法律援助案件的人员的法律援助活动进行业务指

导和监督,保证法律援助案件质量。

人民法院在办案过程中发现承办法律援助案件的人员违反职业道德和执业纪律,损害受援人利益的,应当及时向作出指派的法律援助机构通报有关情况。

第十四条 人民法院应当在判决书、裁定书中写明做出指派的法律援助机构、承办法律援助案件的人员及其所在的执业机构。

第十五条 本规定自2005年12月1日起施行。最高人民法院、司法部于1999年4月12日下发的《关于民事法律援助工作若干问题的联合通知》与本规定有抵触的,以本规定为准。

人民检察院国家司法救助工作细则(试行)

[2016年7月14日最高人民检察院第十二届检察委员会第五十三次会议通过,2016年8月16日公布,高检发刑申字〔2016〕1号]

第一章 总 则

第一条 为了进一步加强和规范人民检察院国家司法救助工作,根据《关于建立完善国家司法救助制度的意见(试行)》,结合检察工作实际,制定本细则。

第二条 人民检察院国家司法救助工作,是人民检察院在办理案件过程中,对遭受犯罪侵害或者民事侵权,无法通过诉讼获得有效赔偿,生活面临急迫困难的当事人采取的辅助性救济措施。

第三条 人民检察院开展国家司法救助工作,应当遵循以下原则:

(一)辅助性救助。对同一案件的同一当事人只救助一次,其他办案机关已经予以救助的,人民检察院不再救助。对于通过诉讼能够获得赔偿、补偿的,应当通过诉讼途径解决。

(二)公正救助。严格把握救助标准和条件,兼顾当事人实际情况和同类案件救助数额,做到公平、公正、合理救助。

(三)及时救助。对符合救助条件的当事人,应当根据当事人申请或者依据职权及时提供救助。

(四)属地救助。对符合救助条件的当事人,应当由办理案件的人民检察院负责救助。

第四条 人民检察院办案部门承担下列国家司法救助工作职责:

(一)主动了解当事人受不法侵害造成损失的情况及生活困难情况,对符合救助条件的当事人告知其可以提出救助申请;

(二)根据刑事申诉检察部门审查国家司法救助申请的需要,提供案件有关情况及案件材料;

(三)将本院作出的国家司法救助决定书随案卷移送其他办案机关。

第五条 人民检察院刑事申诉检察部门承担下列国家司法救助工作职责:

(一)受理、审查国家司法救助申请;

(二)提出国家司法救助审查意见并报请审批;

(三)发放救助金;

(四)国家司法救助的其他相关工作。

第六条 人民检察院计划财务装备部门承担下列国家司法救助工作职责:

(一)编制和上报本院国家司法救助资金年度预算;

（二）向财政部门申请核拨国家司法救助金；

（三）监督国家司法救助资金的使用；

（四）协同刑事申诉检察部门发放救助金。

第二章　对象和范围

第七条　救助申请人符合下列情形之一的，人民检察院应当予以救助：

（一）刑事案件被害人受到犯罪侵害致重伤或者严重残疾，因加害人死亡或者没有赔偿能力，无法通过诉讼获得赔偿，造成生活困难的；

（二）刑事案件被害人受到犯罪侵害危及生命，急需救治，无力承担医疗救治费用的；

（三）刑事案件被害人受到犯罪侵害致死，依靠其收入为主要生活来源的近亲属或者其赡养、扶养、抚养的其他人，因加害人死亡或者没有赔偿能力，无法通过诉讼获得赔偿，造成生活困难的；

（四）刑事案件被害人受到犯罪侵害，致使财产遭受重大损失，因加害人死亡或者没有赔偿能力，无法通过诉讼获得赔偿，造成生活困难的；

（五）举报人、证人、鉴定人因向检察机关举报、作证或者接受检察机关委托进行司法鉴定而受到打击报复，致使人身受到伤害或者财产受到重大损失，无法通过诉讼获得赔偿，造成生活困难的；

（六）因道路交通事故等民事侵权行为造成人身伤害，无法通过诉讼获得赔偿，造成生活困难的；

（七）人民检察院根据实际情况，认为需要救助的其他情形。

第八条　救助申请人具有下列情形之一的，一般不予救助：

（一）对案件发生有重大过错的；

（二）无正当理由，拒绝配合查明案件事实的；

（三）故意作虚伪陈述或者伪造证据，妨害诉讼的；

（四）在诉讼中主动放弃民事赔偿请求或者拒绝加害责任人及其近亲属赔偿的；

（五）生活困难非案件原因所导致的；

（六）通过社会救助等措施已经得到合理补偿、救助的。

第三章　方式和标准

第九条　国家司法救助以支付救助金为主要方式，并与思想疏导、宣传教育相结合，与法律援助、诉讼救济相配套，与其他社会救助相衔接。

第十条　救助金以办理案件的人民检察院所在省、自治区、直辖市上一年度职工月平均工资为基准确定，一般不超过三十六个月的工资总额。损失特别重大、生活特别困难，需要适当突破救助限额的，应当严格审核控制，依照相关规定报批，总额不得超过人民法院依法应当判决的赔偿数额。

各省、自治区、直辖市上一年度职工月平均工资，根据已经公布的各省、自治区、直辖市上一年度职工年平均工资计算。上一年度职工年平均工资尚未公布的，以公布的最近年度职工年平均工资为准。

第十一条　确定救助金具体数额，应当综合考虑以下因素：

（一）救助申请人实际遭受的损失；

（二）救助申请人本人有无过错以及

过错程度；

（三）救助申请人及其家庭的经济状况；

（四）救助申请人维持基本生活所必需的最低支出；

（五）赔偿义务人实际赔偿情况；

（六）其他应当考虑的因素。

第十二条　救助申请人接受国家司法救助后仍然生活困难的,人民检察院应当建议有关部门依法予以社会救助。

办理案件的人民检察院所在地与救助申请人户籍所在地不一致的,办理案件的人民检察院应当将有关案件情况、给予国家司法救助的情况、予以社会救助的建议等书面材料,移送救助申请人户籍所在地的人民检察院。申请人户籍所在地的人民检察院应当及时建议当地有关部门予以社会救助。

第四章　工作程序

第一节　救助申请的受理

第十三条　救助申请应当由救助申请人向办理案件的人民检察院提出。无行为能力或者限制行为能力的救助申请人,可以由其法定代理人代为申请。

第十四条　人民检察院办案部门在办理案件过程中,对于符合本细则第七条规定的人员,应当告知其可以向本院申请国家司法救助。

刑事案件被害人受到犯罪侵害危及生命,急需救治,无力承担医疗救治费用的,办案部门应当立即告知刑事申诉检察部门。刑事申诉检察部门应当立即审查并报经分管检察长批准,依据救助标准先行救助,救助后应当及时补办相关手续。

第十五条　救助申请一般应当以书面方式提出。救助申请人确有困难不能提供书面申请的,可以口头方式提出。口头申请的,检察人员应当制作笔录。

救助申请人系受犯罪侵害死亡的刑事被害人的近亲属或者其赡养、扶养、抚养的其他人,以及法定代理人代为提出申请的,需要提供与被害人的社会关系证明；委托代理人代为提出申请的,需要提供救助申请人的授权委托书。

第十六条　向人民检察院申请国家司法救助,应当提交下列材料：

（一）国家司法救助申请书；

（二）救助申请人的有效身份证明；

（三）实际损害结果证明,包括被害人伤情鉴定意见、医疗诊断结论及医疗费用单据或者死亡证明,受不法侵害所致财产损失情况；

（四）救助申请人及其家庭成员生活困难情况的证明；

（五）是否获得赔偿、救助等的情况说明或者证明材料；

（六）其他有关证明材料。

第十七条　救助申请人确因特殊困难不能取得相关证明的,可以申请人民检察院调取。

第十八条　救助申请人生活困难证明,应当由救助申请人户籍所在地或者经常居住地村(居)民委员会、所在单位,或者民政部门出具。生活困难证明应当写明有关救助申请人的家庭成员、劳动能力、就业状况、家庭收入等情况。

第十九条　救助申请人或者其代理人当面递交申请书和其他申请材料的,受理的检察人员应当当场出具收取申请材料清单,加盖本院专用印章并注明收讫日期。

检察人员认为救助申请人提交的申

请材料不齐全或者不符合要求,需要补充或者补正的,应当当场或者在五个工作日内,告知救助申请人在三十日内提交补充、补正材料。期满未补充、补正的,视为放弃申请。

第二十条　救助申请人提交的国家司法救助申请书和相关材料齐备后,刑事申诉检察部门应当填写《受理国家司法救助申请登记表》。

第二节　救助申请的审查与决定

第二十一条　人民检察院受理救助申请后,刑事申诉检察部门应当立即指定检察人员办理。承办人员应当及时审查有关材料,必要时进行调查核实,并制作《国家司法救助申请审查报告》,全面反映审查情况,提出是否予以救助的意见及理由。

第二十二条　审查国家司法救助申请的人民检察院需要向外地调查、核实有关情况的,可以委托有关人民检察院代为进行,并将救助申请人情况、简要案情、需要调查核实的内容等材料,一并提供受委托的人民检察院。受委托的人民检察院应当及时办理并反馈情况。

第二十三条　刑事申诉检察部门经审查,认为救助申请符合救助条件的,应当提出给予救助和具体救助金额的审核意见,报分管检察长审批决定。认为不符合救助条件或者具有不予救助的情形的,应当将不予救助的决定告知救助申请人,并做好解释说明工作。

第二十四条　刑事申诉检察部门提出予以救助的审核意见,应当填写《国家司法救助审批表》,并附相关申请材料及调查、核实材料。

经审批同意救助的,应当制作《国家司法救助决定书》,及时送达救助申请人。

第二十五条　人民检察院应当自受理救助申请之日起十个工作日内作出是否予以救助和具体救助金额的决定。

人民检察院要求救助申请人补充、补正申请材料,或者根据救助申请人请求调取相关证明的,审查办理期限自申请材料齐备之日起开始计算。

委托其他人民检察院调查、核实的时间,不计入审批期限。

第三节　救助金的发放

第二十六条　人民检察院决定救助的,刑事申诉检察部门应当将《国家司法救助决定书》送本院计划财务装备部门。计划财务装备部门应当依照预算管理权限,及时向财政部门提出核拨救助金申请。

第二十七条　计划财务装备部门收到财政部门拨付的救助金后,应当及时通知刑事申诉检察部门。刑事申诉检察部门应当在二个工作日内通知救助申请人领取救助金。

第二十八条　救助申请人领取救助金时,刑事申诉检察部门应当填写《国家司法救助金发放登记表》,协助计划财务装备部门,按照有关规定办理领款手续。

第二十九条　救助金一般以银行转账方式发放,刑事申诉检察部门也可以与救助申请人商定发放方式。

第三十条　救助金应当一次性发放,情况特殊的,经分管检察长批准,可以分期发放。分期发放救助金,应当事先一次性确定批次、各批次时间、各批次金额以及承办人员等。

第三十一条　人民检察院办理的案件依照诉讼程序需要移送其他办案机关

的,刑事申诉检察部门应当将国家司法救助的有关材料复印件移送本院办案部门,由办案部门随案卷一并移送。尚未完成的国家司法救助工作应当继续完成。

第五章　救助资金保障和管理

第三十二条　各级人民检察院应当积极协调政府财政部门将国家司法救助资金列入预算,并建立动态调整机制。

第三十三条　各级人民检察院计划财务装备部门应当建立国家司法救助资金财务管理制度,强化监督措施。

第三十四条　国家司法救助资金实行专款专用,不得挪作他用。

第三十五条　刑事申诉检察部门应当在年度届满后一个月内,将本院上一年度国家司法救助工作情况形成书面报告,并附救助资金发放情况明细表,按照规定报送有关部门和上一级人民检察院,接受监督。

第六章　责任追究

第三十六条　检察人员在国家司法救助工作中具有下列情形之一的,应当依法依纪追究责任,并追回已经发放或者非法占有的救助资金:

(一)截留、侵占、私分或者挪用国家司法救助资金的;

(二)利用职务或者工作便利收受他人财物的;

(三)违反规定发放救助资金造成重大损失的;

(四)弄虚作假为不符合救助条件的人员提供救助的。

第三十七条　救助申请人通过提供虚假材料、隐瞒真相等欺骗手段获取国家司法救助金的,应当追回救助金;涉嫌犯罪的,依法追究刑事责任。

第三十八条　救助申请人所在单位或者基层组织出具虚假证明,使不符合救助条件的救助申请人获得救助的,人民检察院应当建议相关单位或者主管机关依法依纪对相关责任人予以处理,并追回救助金。

第七章　附　　则

第三十九条　本细则由最高人民检察院负责解释。

第四十条　本细则自发布之日起试行。

最高人民法院关于加强和规范人民法院国家司法救助工作的意见

[2016年7月1日,法发〔2016〕16号]

为加强和规范审判、执行中困难群众的国家司法救助工作,维护当事人合法权益,促进社会和谐稳定,根据中共中央政法委员会、财政部、最高人民法院、最高人民检察院、公安部、司法部《关于建立完善国家司法救助制度的意见(试行)》,结合人民法院工作实际,提出如下意见。

第一条　人民法院在审判、执行工作中,对权利受到侵害无法获得有效赔偿的当事人,符合本意见规定情形的,可以采取一次性辅助救济措施,以解决其生活面临的急迫困难。

第二条　国家司法救助工作应当遵循公正、公开、及时原则,严格把握救助标准和条件。

对同一案件的同一救助申请人只进

行一次性国家司法救助。对于能够通过诉讼获得赔偿、补偿的,一般应当通过诉讼途径解决。

人民法院对符合救助条件的救助申请人,无论其户籍所在地是否属于受案人民法院辖区范围,均由案件管辖法院负责救助。在管辖地有重大影响且救助金额较大的国家司法救助案件,上下级人民法院可以进行联动救助。

第三条 当事人因生活面临急迫困难提出国家司法救助申请,符合下列情形之一的,应当予以救助:

(一)刑事案件被害人受到犯罪侵害,造成重伤或者严重残疾,因加害人死亡或者没有赔偿能力,无法通过诉讼获得赔偿,陷入生活困难的;

(二)刑事案件被害人受到犯罪侵害危及生命,急需救治,无力承担医疗救治费用的;

(三)刑事案件被害人受到犯罪侵害而死亡,因加害人死亡或者没有赔偿能力,依靠被害人收入为主要生活来源的近亲属无法通过诉讼获得赔偿,陷入生活困难的;

(四)刑事案件被害人受到犯罪侵害,致使其财产遭受重大损失,因加害人死亡或者没有赔偿能力,无法通过诉讼获得赔偿,陷入生活困难的;

(五)举报人、证人、鉴定人因举报、作证、鉴定受到打击报复,致使其人身受到伤害或财产受到重大损失,无法通过诉讼获得赔偿,陷入生活困难的;

(六)追索赡养费、扶养费、抚育费等,因被执行人没有履行能力,申请执行人陷入生活困难的;

(七)因道路交通事故等民事侵权行为造成人身伤害,无法通过诉讼获得赔偿,受害人陷入生活困难的;

(八)人民法院根据实际情况,认为需要救助的其他人员。

涉诉信访人,其诉求具有一定合理性,但通过法律途径难以解决,且生活困难,愿意接受国家司法救助后息诉息访的,可以参照本意见予以救助。

第四条 救助申请人具有以下情形之一的,一般不予救助:

(一)对案件发生有重大过错的;

(二)无正当理由,拒绝配合查明案件事实的;

(三)故意作虚伪陈述或者伪造证据,妨害诉讼的;

(四)在审判、执行中主动放弃民事赔偿请求或者拒绝侵权责任人及其近亲属赔偿的;

(五)生活困难非案件原因所导致的;

(六)已经通过社会救助措施,得到合理补偿、救助的;

(七)法人、其他组织提出的救助申请;

(八)不应给予救助的其他情形。

第五条 国家司法救助以支付救助金为主要方式,并与思想疏导相结合,与法律援助、诉讼救济相配套,与其他社会救助相衔接。

第六条 救助金以案件管辖法院所在省、自治区、直辖市上一年度职工月平均工资为基准确定,一般不超过三十六个月的月平均工资总额。

损失特别重大、生活特别困难,需适当突破救助限额的,应当严格审核控制,救助金额不得超过人民法院依法应当判决给付或者虽已判决但未执行到位的标的数额。

第七条　救助金具体数额,应当综合以下因素确定:

(一)救助申请人实际遭受的损失;

(二)救助申请人本人有无过错以及过错程度;

(三)救助申请人及其家庭的经济状况;

(四)救助申请人维持其住所地基本生活水平所必需的最低支出;

(五)赔偿义务人实际赔偿情况。

第八条　人民法院审判、执行部门认为案件当事人符合救助条件的,应当告知其有权提出国家司法救助申请。当事人提出申请的,审判、执行部门应当将相关材料及时移送立案部门。

当事人直接向人民法院立案部门提出国家司法救助申请,经审查确认符合救助申请条件的,应当予以立案。

第九条　国家司法救助申请应当以书面形式提出;救助申请人书面申请确有困难的,可以口头提出,人民法院应当制作笔录。

救助申请人提出国家司法救助申请,一般应当提交以下材料:

(一)救助申请书,救助申请书应当载明申请救助的数额及理由;

(二)救助申请人的身份证明;

(三)实际损失的证明;

(四)救助申请人及其家庭成员生活困难的证明;

(五)是否获得其他赔偿、救助等相关证明;

(六)其他能够证明救助申请人需要救助的材料。

救助申请人确实不能提供完整材料的,应当说明理由。

第十条　救助申请人生活困难证明,主要是指救助申请人户籍所在地或者经常居住地村(居)民委员会或者所在单位出具的有关救助申请人的家庭人口、劳动能力、就业状况、家庭收入等情况的证明。

第十一条　人民法院成立由立案、刑事审判、民事审判、行政审判、审判监督、执行、国家赔偿及财务等部门组成的司法救助委员会,负责人民法院国家司法救助工作。司法救助委员会下设办公室,由人民法院赔偿委员会办公室行使其职能。

人民法院赔偿委员会办公室作为司法救助委员会的日常工作部门,负责牵头、协调和处理国家司法救助日常事务,执行司法救助委员会决议及办理国家司法救助案件。

基层人民法院由负责国家赔偿工作的职能机构承担司法救助委员会办公室工作职责。

第十二条　救助决定应当自立案之日起十个工作日内作出。案情复杂的救助案件,经院领导批准,可以适当延长。

办理救助案件应当制作国家司法救助决定书,加盖人民法院印章。国家司法救助决定书应当及时送达。

不符合救助条件或者具有不予救助情形的,应当将不予救助的决定及时告知救助申请人,并做好解释说明工作。

第十三条　决定救助的,应当在七个工作日内按照相关财务规定办理手续。在收到财政部门拨付的救助金后,应当在二个工作日内通知救助申请人领取救助金。

对具有急需医疗救治等特殊情况的救助申请人,可以依据救助标准,先行垫付救助金,救助后及时补办审批手续。

第十四条　救助金一般应当一次性发放。情况特殊的,可以分批发放。

发放救助金时,应当向救助申请人释明救助金的性质、准予救助的理由、骗取救助金的法律后果,同时制作笔录并由救助申请人签字。必要时,可以邀请救助申请人户籍所在地或者经常居住地村(居)民委员会或者所在单位的工作人员到场见证救助金发放过程。

人民法院可以根据救助申请人的具体情况,委托民政部门、乡镇人民政府或者街道办事处、村(居)民委员会、救助申请人所在单位等组织发放救助金。

第十五条 各级人民法院应当积极协调财政部门将国家司法救助资金列入预算,并会同财政部门建立国家司法救助资金动态调整机制。

对公民、法人和其他组织捐助的国家司法救助资金,人民法院应当严格、规范使用,及时公布救助的具体对象,并告知捐助人救助情况,确保救助资金使用的透明度和公正性。

第十六条 人民法院司法救助委员会应当在年度终了一个月内就本院上一年度司法救助情况提交书面报告,接受纪检、监察、审计部门和上级人民法院的监督,确保专款专用。

第十七条 人民法院应当加强国家司法救助工作信息化建设,将国家司法救助案件纳入审判管理信息系统,及时录入案件信息,实现四级法院信息共享,并积极探索建立与社会保障机构、其他相关救助机构的救助信息共享机制。

上级法院应当对下级法院的国家司法救助工作予以指导和监督,防止救助失衡和重复救助。

第十八条 人民法院工作人员有下列行为之一的,应当予以批评教育;构成违纪的,应当根据相关规定予以纪律处分;构成犯罪的,应当依法追究刑事责任:

(一)滥用职权,对明显不符合条件的救助申请人决定给予救助的;

(二)虚报、克扣救助申请人救助金的;

(三)贪污、挪用救助资金的;

(四)对符合救助条件的救助申请人不及时办理救助手续,造成严重后果的;

(五)违反本意见的其他行为。

第十九条 救助申请人所在单位或者基层组织等相关单位出具虚假证明,使不符合救助条件的救助申请人获得救助的,人民法院应当建议相关单位或者其上级主管机关依法依纪对相关责任人予以处理。

第二十条 救助申请人获得救助后,人民法院从被执行人处执行到赔偿款或者其他应当给付的执行款的,应当将已发放的救助金从执行款中扣除。

救助申请人通过提供虚假材料等手段骗取救助金的,人民法院应当予以追回;构成犯罪的,应当依法追究刑事责任。

涉诉信访救助申请人领取救助金后,违背息诉息访承诺的,人民法院应当将救助金予以追回。

第二十一条 对未纳入国家司法救助范围或者获得国家司法救助后仍面临生活困难的救助申请人,符合社会救助条件的,人民法院通过国家司法救助与社会救助衔接机制,协调有关部门将其纳入社会救助范围。

最高人民法院关于人身安全保护令案件相关程序问题的批复

[2016年6月6日最高人民法院审判委员会第1686次会议通过,2016年7月11日公布,自2016年7月13日起施行,法释〔2016〕15号]

北京市高级人民法院:

你院《关于人身安全保护令案件相关程序问题的请示》(京高法〔2016〕45号)收悉。经研究,批复如下:

一、关于人身安全保护令案件是否收取诉讼费的问题。同意你院倾向性意见,即向人民法院申请人身安全保护令,不收取诉讼费用。

二、关于申请人身安全保护令是否需要提供担保的问题。同意你院倾向性意见,即根据《中华人民共和国反家庭暴力法》请求人民法院作出人身安全保护令的,申请人不需要提供担保。

三、关于人身安全保护令案件适用程序等问题。人身安全保护令案件适用何种程序,反家庭暴力法中没有作出直接规定。人民法院可以比照特别程序进行审理。家事纠纷案件中的当事人向人民法院申请人身安全保护令的,由审理该案的审判组织作出是否发出人身安全保护令的裁定;如果人身安全保护令的申请人在接受其申请的人民法院并无正在进行的家事案件诉讼,由法官以独任审理的方式审理。至于是否需要就发出人身安全保护令问题听取被申请人的意见,则由承办法官视案件的具体情况决定。

四、关于复议问题。对于人身安全保护令的被申请人提出的复议申请和人身安全保护令的申请人就驳回裁定提出的复议申请,可以由原审判组织进行复议;人民法院认为必要的,也可以另行指定审判组织进行复议。

此复。

(十) 对妨害民事诉讼的强制措施

最高人民法院关于对因妨害民事诉讼被罚款拘留的人不服决定申请复议的期间如何确定问题的批复

[1993年2月23日,〔93〕法民字第7号]

广东省高级人民法院:

你院《关于对因妨害民事诉讼被罚款拘留的人不服决定申请复议的期间如何确定问题的请示》收悉。经研究,同意你院意见,即不服人民法院作出的罚款、拘留决定的人,可在接到决定书之次日起三日内,向作出决定的人民法院提出书面申请,要求上一级人民法院复议,或直接向上一级人民法院申请复议。对提出书面申请有困难的,可以口头申请。当事人的口头申请,应当记入笔录,由当事人签名或者盖章。

最高人民法院对国家知识产权局《关于如何协助执行法院财产保全裁定的函》的答复意见

[2000年1月28日,〔2000〕法知字第3号函]

国家知识产权局:

贵局《关于如何协助执行法院财产保全裁定的函》收悉。经研究,对有关问题的意见如下:

一、专利权作为无形财产,可以作为人民法院财产保全的对象。人民法院对专利权进行财产保全,应当向国家知识产权局送达协助执行通知书,写明要求执行的事项,以及对专利权财产保全的期限,并附人民法院作出的裁定书。根据《中华人民共和国民事诉讼法》第九十三条、第一百零三条的规定,贵局有义务协助执行人民法院对专利权财产保全的裁定。

二、贵局来函中提出的具体意见第二条中拟要求人民法院提交"中止程序请求书"似有不妥。依据人民法院依法作出的财产保全民事裁定书和协助执行通知书,贵局即承担了协助执行的义务,在财产保全期间应当确保专利申请权或者专利权的法律状态不发生变更。在此前提下,贵局可以依据《专利法》和《专利审查指南》规定的程序,并根据法院要求协助执行的具体事项,自行决定中止有关专利程序。

三、根据最高人民法院《关于适用〈民事诉讼法〉若干问题意见》第一百零二条规定,对出质的专利权也可以采取财产保全措施,但质权人有优先受偿权。至于专利权人与被许可人已经签订的独占实施许可合同,则不影响专利权人的权利状态,也可以采取财产保全。

四、贵局协助人民法院对专利权进行财产保全的期限为6个月,到期可以续延。如到期未续延,该财产保全即自动解除。

以上意见供参考。

最高人民法院关于人民法院对注册商标权进行财产保全的解释

[2000年11月22日最高人民法院审判委员会第1144次会议通过,2001年1月2日公布,自2001年1月21日起施行,法释〔2001〕1号]

为了正确实施对注册商标权的财产保全措施,避免重复保全,现就人民法院对注册商标权进行财产保全有关问题解释如下:

第一条 人民法院根据民事诉讼法有关规定采取财产保全措施时,需要对注册商标权进行保全的,应当向国家工商行政管理局商标局(以下简称商标局)发出协助执行通知书,载明要求商标局协助保全的注册商标的名称、注册人、注册证号码、保全期限以及协助执行保全的内容,包括禁止转让、注销注册商标、变更注册事项和办理商标权质押登记等事项。

第二条 对注册商标权保全的期限一次不得超过六个月,自商标局收到协助执行通知书之日起计算。如果仍然需要对该注册商标权继续采取保全措施的,人民法院应当在保全期限届满前向商标局重新发出协助执行通知书,要求继续保全。否则,视为自动解除对该注册商标权的财产保全。

第三条 人民法院对已经进行保全的注册商标权,不得重复进行保全。

最高人民法院印发《关于依法制裁规避执行行为的若干意见》的通知

[2011年5月27日,法〔2011〕195号]

各省、自治区、直辖市高级人民法院,解放军军事法院,新疆维吾尔自治区高级人民法院生产建设兵团分院:

现将《关于依法制裁规避执行行为的若干意见》印发给你们,请认真贯彻执行。

附:关于依法制裁规避执行行为的若干意见

为了最大限度地实现生效法律文书确认的债权,提高执行效率,强化执行效果,维护司法权威,现就依法制裁规避执行行为提出以下意见:

一、强化财产报告和财产调查,多渠道查明被执行人财产

1. 严格落实财产报告制度。对于被执行人未按执行通知履行法律文书确定义务的,执行法院应当要求被执行人限期如实报告财产,并告知拒绝报告或者虚假报告的法律后果。对于被执行人暂时无财产可供执行的,可以要求被执行人定期报告。

2. 强化申请执行人提供财产线索的责任。各地法院可以根据案件的实际情况,要求申请执行人提供被执行人的财产状况或者财产线索,并告知不能提供的风险。各地法院也可根据本地的实际情况,探索尝试以调查令、委托调查函等方式赋予代理律师法律规定范围内的财产调查权。

3. 加强人民法院依职权调查财产的力度。各地法院要充分发挥执行联动机制的作用,完善与金融、房地产管理、国土资源、车辆管理、工商管理等各有关单位的财产查控网络,细化协助配合措施,进一步拓宽财产调查渠道,简化财产调查手续,提高财产调查效率。

4. 适当运用审计方法调查被执行人财产。被执行人未履行法律文书确定的义务,且有转移隐匿处分财产、投资开设分支机构、入股其他企业或者抽逃注册资金等情形的,执行法院可以根据申请执行人的申请委托中介机构对被执行人进行审计。审计费用由申请执行人垫付,被执行人确有转移隐匿处分财产等情形的,实际执行到位后由被执行人承担。

5. 建立财产举报机制。执行法院可以依据申请执行人的悬赏执行申请,向社会发布举报被执行人财产线索的悬赏公告。举报人提供的财产线索经查证属实并实际执行到位的,可按申请执行人承诺的标准或者比例奖励举报人。奖励资金由申请执行人承担。

二、强化财产保全措施,加大对保全财产和担保财产的执行力度

6. 加大对当事人的风险提示。各地法院在立案和审判阶段,要通过法律释明向当事人提示诉讼和执行风险,强化当事人的风险防范意识,引导债权人及时申请财产保全,有效防止债务人在执行程序开

始前转移财产。

7. 加大财产保全力度。各地法院要加强立案、审判和执行环节在财产保全方面的协调配合，加大依法进行财产保全的力度，强化审判与执行在财产保全方面的衔接，降低债务人或者被执行人隐匿、转移财产的风险。

8. 对保全财产和担保财产及时采取执行措施。进入执行程序后，各地法院要加大对保全财产和担保财产的执行力度，对当事人、担保人或者第三人提出的异议要及时进行审查，审查期间应当依法对相应财产采取控制性措施，驳回异议后应当加大对相应财产的执行力度。

三、依法防止恶意诉讼，保障民事审判和执行活动有序进行

9. 严格执行关于案外人异议之诉的管辖规定。在执行阶段，案外人对人民法院已经查封、扣押、冻结的财产提起异议之诉的，应当依照《中华人民共和国民事诉讼法》第二百零四条和《最高人民法院关于适用民事诉讼法执行程序若干问题的解释》第十八条的规定，由执行法院受理。

案外人违反上述管辖规定，向执行法院之外的其他法院起诉，其他法院已经受理尚未作出裁判的，应当中止审理或者撤销案件，并告知案外人向作出查封、扣押、冻结裁定的执行法院起诉。

10. 加强对破产案件的监督。执行法院发现被执行人有虚假破产情形的，应当及时向受理破产案件的人民法院提出。申请执行人认为被执行人利用破产逃债的，可以向受理破产案件的人民法院或者其上级人民法院提出异议，受理异议的法院应当依法进行监督。

11. 对于当事人恶意诉讼取得的生效裁判应当依法再审。案外人违反上述管辖规定，向执行法院之外的其他法院起诉，并取得生效裁判文书将已被执行法院查封、扣押、冻结的财产确权或者分割给案外人，或者第三人与被执行人虚构事实取得人民法院生效裁判文书申请参与分配，执行法院认为该生效裁判文书系恶意串通规避执行损害执行债权人利益的，可以向作出该裁判文书的人民法院或者其上级人民法院提出书面建议，有关法院应当依照《中华人民共和国民事诉讼法》和有关司法解释的规定决定再审。

四、完善对被执行人享有债权的保全和执行措施，运用代位权、撤销权诉讼制裁规避执行行为

12. 依法执行已经生效法律文书确认的被执行人的债权。对于被执行人已经生效法律文书确认的债权，执行法院可以书面通知被执行人在限期内向有管辖权的人民法院申请执行该生效法律文书。限期届满被执行人仍怠于申请执行的，执行法院可以依法强制执行该到期债权。

被执行人已经申请执行的，执行法院可以请求执行该债权的人民法院协助扣留相应的执行款物。

13. 依法保全被执行人的未到期债权。对被执行人的未到期债权，执行法院可以依法冻结，待债权到期后参照到期债权予以执行。第三人仅以该债务未到期为由提出异议的，不影响对该债权的保全。

14. 引导申请执行人依法诉讼。被执行人怠于行使债权对申请执行人造成损害的，执行法院可以告知申请执行人依照《中华人民共和国合同法》第七十三条的规定，向有管辖权的人民法院提起代位权诉讼。

被执行人放弃债权、无偿转让财产或者以明显不合理的低价转让财产,对申请执行人造成损害的,执行法院可以告知申请执行人依照《中华人民共和国合同法》第七十四条的规定向有管辖权的人民法院提起撤销权诉讼。

五、充分运用民事和刑事制裁手段,依法加强对规避执行行为的刑事处罚力度

15. 对规避执行行为加大民事强制措施的适用。被执行人既不履行义务又拒绝报告财产或者进行虚假报告、拒绝交出或者提供虚假财务会计凭证、协助执行义务人拒不协助执行或妨碍执行、到期债务第三人提出异议后又擅自向被执行人清偿等,给申请执行人造成损失的,应当依法对相关责任人予以罚款、拘留。

16. 对构成犯罪的规避执行行为加大刑事制裁力度。被执行人隐匿财产、虚构债务或者以其他方法隐藏、转移、处分可供执行的财产,拒不交出或者隐匿、销毁、制作虚假财务会计凭证或资产负债表等相关资料,以虚假诉讼或者仲裁手段转移财产、虚构优先债权或者申请参与分配,中介机构提供虚假证明文件或者提供的文件有重大失实,被执行人、担保人、协助义务人有能力执行而拒不执行或者拒不协助执行等,损害申请执行人或其他债权人利益,依照刑法的规定构成犯罪的,应当依法追究行为人的刑事责任。

17. 加强与公安、检察机关的沟通协调。各地法院应当加强与公安、检察机关的协调配合,建立快捷、便利、高效的协作机制,细化拒不执行判决裁定罪和妨害公务罪的适用条件。

18. 充分调查取证。各地法院在执行案件过程中,在行为人存在拒不执行判决裁定或者妨害公务行为的情况下,应当注意收集证据。认为构成犯罪的,应当及时将案件及相关证据材料移送犯罪行为发生地的公安机关立案查处。

19. 抓紧依法审理。对检察机关提起公诉的拒不执行判决裁定或者妨害公务案件,人民法院应当抓紧审理,依法审判,快速结案,加大判后宣传力度,充分发挥刑罚手段的威慑力。

六、依法采取多种措施,有效防范规避执行行为

20. 依法变更追加被执行主体或者告知申请执行人另行起诉。有充分证据证明被执行人通过离婚析产、不依法清算、改制重组、关联交易、财产混同等方式恶意转移财产规避执行的,执行法院可以通过依法变更追加被执行人或者告知申请执行人通过诉讼程序追回被转移的财产。

21. 建立健全征信体系。各地法院应当逐步建立健全与相关部门资源共享的信用平台,有条件的地方可以建立个人和企业信用信息数据库,将被执行人不履行债务的相关信息录入信用平台或者信息数据库,充分运用其形成的威慑力制裁规避执行行为。

22. 加大宣传力度。各地法院应当充分运用新闻媒体曝光、公开执行等手段,将被执行人因规避执行被制裁或者处罚的典型案例在新闻媒体上予以公布,以维护法律权威,提升公众自觉履行义务的法律意识。

23. 充分运用限制高消费手段。各地法院应当充分运用限制高消费手段,逐步构建与有关单位的协作平台,明确有关单位的监督责任,细化协作方式,完善协助程序。

24. 加强与公安机关的协作查找被执行人。对于因逃避执行而长期下落不明或者变更经营场所的被执行人,各地法院应当积极与公安机关协调,加大查找被执行人的力度。

最高人民法院关于防范和制裁虚假诉讼的指导意见

[2016年6月20日,法发〔2016〕13号]

当前,民事商事审判领域存在的虚假诉讼现象,不仅严重侵害案外人合法权益,破坏社会诚信,也扰乱了正常的诉讼秩序,损害司法权威和司法公信力,人民群众对此反映强烈。各级人民法院对此要高度重视,努力探索通过多种有效措施防范和制裁虚假诉讼行为。

1. 虚假诉讼一般包含以下要素:(1)以规避法律、法规或国家政策谋取非法利益为目的;(2)双方当事人存在恶意串通;(3)虚构事实;(4)借用合法的民事程序;(5)侵害国家利益、社会公共利益或者案外人的合法权益。

2. 实践中,要特别注意以下情形:(1)当事人为夫妻、朋友等亲近关系或关联企业等共同利益关系;(2)原告诉请司法保护的标的额与其自身经济状况严重不符;(3)原告起诉所依据的事实和理由明显不符合常理;(4)当事人双方无实质性民事权益争议;(5)案件证据不足,但双方仍然主动迅速达成调解协议,并请求人民法院出具调解书。

3. 各级人民法院应当在立案窗口及法庭张贴警示宣传标识,同时在"人民法院民事诉讼风险提示书"中明确告知参与虚假诉讼应当承担的法律责任,引导当事人依法行使诉权,诚信诉讼。

4. 在民间借贷、离婚析产、以物抵债、劳动争议、公司分立(合并)、企业破产等虚假诉讼高发领域的案件审理中,要加大证据审查力度。对可能存在虚假诉讼的,要适当加大依职权调查取证力度。

5. 涉嫌虚假诉讼的,应当传唤当事人本人到庭,就有关案件事实接受询问。除法定事由外,应当要求证人出庭作证。要充分发挥民事诉讼法司法解释有关当事人和证人签署保证书规定的作用,探索当事人和证人宣誓制度。

6. 诉讼中,一方对另一方提出的于己不利的事实明确表示承认,且不符合常理的,要做进一步查明,慎重认定。查明的事实与自认的事实不符的,不予确认。

7. 要加强对调解协议的审查力度。对双方主动达成调解协议并申请人民法院出具调解书的,应当结合案件基础事实,注重审查调解协议是否损害国家利益、社会公共利益或者案外人的合法权益;对人民调解协议司法确认案件,要按照民事诉讼法司法解释要求,注重审查基础法律关系的真实性。

8. 在执行公证债权文书和仲裁裁决书、调解书等法律文书过程中,对可能存在双方恶意串通、虚构事实的,要加大实质审查力度,注重审查相关法律文书是否损害国家利益、社会公共利益或者案外人的合法权益。如果存在上述情形,应当裁定不予执行。必要时,可向仲裁机构或者公证机关发出司法建议。

9. 加大公开审判力度,增加案件审理的透明度。对与案件处理结果可能存在法律上利害关系的,可适当依职权通知其参加诉讼,避免其民事权益受到损害,防范虚假诉讼行为。

10. 在第三人撤销之诉、案外人执行异议之诉、案外人申请再审等案件审理中,发现已经生效的裁判涉及虚假诉讼的,要及时予以纠正,保护案外人诉权和实体权利;同时也要防范有关人员利用上述法律制度,制造虚假诉讼,损害原诉讼中合法权利人利益。

11. 经查明属于虚假诉讼,原告申请撤诉的,不予准许,并应当根据民事诉讼法第一百一十二条的规定,驳回其请求。

12. 对虚假诉讼参与人,要适度加大罚款、拘留等妨碍民事诉讼强制措施的法律适用力度;虚假诉讼侵害他人民事权益的,虚假诉讼参与人应当承担赔偿责任;虚假诉讼违法行为涉嫌虚假诉讼罪、诈骗罪、合同诈骗罪等刑事犯罪的,民事审判部门应当依法将相关线索和有关案件材料移送侦查机关。

13. 探索建立虚假诉讼失信人名单制度。将虚假诉讼参与人列入失信人名单,逐步开展与现有相关信息平台和社会信用体系接轨工作,加大制裁力度。

14. 人民法院工作人员参与虚假诉讼的,要依照法官法、法官职业道德基本准则和法官行为规范等规定,从严处理。

15. 诉讼代理人参与虚假诉讼的,要依法予以制裁,并应当向司法行政部门、律师协会或者行业协会发出司法建议。

16. 鉴定机构、鉴定人参与虚假诉讼的,可以根据情节轻重,给予鉴定机构、鉴定人训诫、责令退还鉴定费用、从法院委托鉴定专业机构备选名单中除名等制裁,并应当向司法行政部门或者行业协会发出司法建议。

17. 要积极主动与有关部门沟通协调,争取支持配合,探索建立多部门协调配合的综合治理机制。要通过向社会公开发布虚假诉讼典型案例等多种形式,震慑虚假诉讼违法行为。

18. 各级人民法院要及时组织干警学习了解中央和地方的各项经济社会政策,充分预判有可能在司法领域反映出来的虚假诉讼案件类型,也可以采取典型案例分析、审判业务交流、庭审观摩等多种形式,提高甄别虚假诉讼的司法能力。

中华人民共和国人民法院法庭规则

[1993年11月26日最高人民法院审判委员会第617次会议通过,1993年12月1日公布,自1994年1月1日起施行,法发〔1993〕40号,根据2015年12月21日最高人民法院审判委员会第1673次会议《关于修改〈中华人民共和国人民法院法庭规则〉的决定》修正,该修正于2016年4月13日公布,自2016年5月1日起施行,法释〔2016〕7号]

第一条 为了维护法庭安全和秩序,保障庭审活动正常进行,保障诉讼参与人依法行使诉讼权利,方便公众旁听,促进司法公正,彰显司法权威,根据《中华人民共和国人民法院组织法》《中华人民共和国刑事诉讼法》《中华人民共和国民事诉讼法》《中华人民共和国行政诉讼法》等有关法律规定,制定本规则。

第二条 法庭是人民法院代表国家依法审判各类案件的专门场所。

法庭正面上方应当悬挂国徽。

第三条 法庭分设审判活动区和旁听区,两区以栏杆等进行隔离。

审理未成年人案件的法庭应当根据未成年人身心发展特点设置区域和席位。

有新闻媒体旁听或报道庭审活动时,旁听区可以设置专门的媒体记者席。

第四条 刑事法庭可以配置同步视频作证室,供依法应当保护或其他确有保护必要的证人、鉴定人、被害人在庭审作证时使用。

第五条 法庭应当设置残疾人无障碍设施;根据需要配备合议庭合议室、检察人员、律师及其他诉讼参与人休息室、被告人羁押室等附属场所。

第六条 进入法庭的人员应当出示有效身份证件,并接受人身及携带物品的安全检查。

持有效工作证件和出庭通知履行职务的检察人员、律师可以通过专门通道进入法庭。需要安全检查的,人民法院对检察人员和律师平等对待。

第七条 除经人民法院许可,需要在法庭上出示的证据外,下列物品不得携带进入法庭:

(一)枪支、弹药、管制刀具以及其他具有杀伤力的器具;

(二)易燃易爆物、疑似爆炸物;

(三)放射性、毒害性、腐蚀性、强气味性物质以及传染病病原体;

(四)液体及胶状、粉末状物品;

(五)标语、条幅、传单;

(六)其他可能危害法庭安全或妨害法庭秩序的物品。

第八条 人民法院应当通过官方网站、电子显示屏、公告栏等向公众公开各法庭的编号、具体位置以及旁听席位数量等信息。

第九条 公开的庭审活动,公民可以旁听。

旁听席位不能满足需要时,人民法院可以根据申请的先后顺序或者通过抽签、摇号等方式发放旁听证,但应当优先安排当事人的近亲属或其他与案件有利害关系的人旁听。

下列人员不得旁听:

(一)证人、鉴定人以及准备出庭提出意见的有专门知识的人;

(二)未获得人民法院批准的未成年人;

(三)拒绝接受安全检查的人;

(四)醉酒的人、精神病人或其他精神状态异常的人;

(五)其他有可能危害法庭安全或妨害法庭秩序的人。

依法有可能封存犯罪记录的公开庭审活动,任何单位或个人不得组织人员旁听。

依法不公开的庭审活动,除法律另有规定外,任何人不得旁听。

第十条 人民法院应当对庭审活动进行全程录像或录音。

第十一条 依法公开进行的庭审活动,具有下列情形之一的,人民法院可以通过电视、互联网或其他公共媒体进行图文、音频、视频直播或录播:

(一)公众关注度较高;

(二)社会影响较大;

(三)法治宣传教育意义较强。

第十二条 出庭履行职务的人员,按照职业着装规定着装。但是,具有下列情形之一的,着正装:

(一)没有职业着装规定;

(二)侦查人员出庭作证;

(三)所在单位系案件当事人。

非履行职务的出庭人员及旁听人员,应当文明着装。

第十三条 刑事在押被告人或上诉人出庭受审时,着正装或便装,不着监管机构的识别服。

人民法院在庭审活动中不得对被告人或上诉人使用戒具,但认为其人身危险性大,可能危害法庭安全的除外。

第十四条 庭审活动开始前,书记员应当宣布本规则第十七条规定的法庭纪律。

第十五条 审判人员进入法庭以及审判长或独任审判员宣告判决、裁定、决定时,全体人员应当起立。

第十六条 人民法院开庭审判案件应当严格按照法律规定的诉讼程序进行。

审判人员在庭审活动中应当平等对待诉讼各方。

第十七条 全体人员在庭审活动中应当服从审判长或独任审判员的指挥,尊重司法礼仪,遵守法庭纪律,不得实施下列行为:

(一)鼓掌、喧哗;

(二)吸烟、进食;

(三)拨打或接听电话;

(四)对庭审活动进行录音、录像、拍照或使用移动通信工具等传播庭审活动;

(五)其他危害法庭安全或妨害法庭秩序的行为。

检察人员、诉讼参与人发言或提问,应当经审判长或独任审判员许可。

旁听人员不得进入审判活动区,不得随意站立、走动,不得发言和提问。

媒体记者经许可实施第一款第四项规定的行为,应当在指定的时间及区域进行,不得影响或干扰庭审活动。

第十八条 审判长或独任审判员主持庭审活动时,依照规定使用法槌。

第十九条 审判长或独任审判员对违反法庭纪律的人员应当予以警告;对不听警告的,予以训诫;对训诫无效的,责令其退出法庭;对拒不退出法庭的,指令司法警察将其强行带出法庭。

行为人违反本规则第十七条第一款第四项规定的,人民法院可以暂扣其使用的设备及存储介质,删除相关内容。

第二十条 行为人实施下列行为之一,危及法庭安全或扰乱法庭秩序的,根据相关法律规定,予以罚款、拘留;构成犯罪的,依法追究其刑事责任:

(一)非法携带枪支、弹药、管制刀具或者爆炸性、易燃性、放射性、毒害性、腐蚀性物品以及传染病病原体进入法庭;

(二)哄闹、冲击法庭;

(三)侮辱、诽谤、威胁、殴打司法工作人员或诉讼参与人;

(四)毁坏法庭设施,抢夺、损毁诉讼文书、证据;

(五)其他危害法庭安全或扰乱法庭秩序的行为。

第二十一条 司法警察依照审判长或独任审判员的指令维持法庭秩序。

出现危及法庭内人员人身安全或者严重扰乱法庭秩序等紧急情况时,司法警察可以直接采取必要的处置措施。

人民法院依法对违反法庭纪律的人采取的扣押物品、强行带出法庭以及罚款、拘留等强制措施,由司法警察执行。

第二十二条 人民检察院认为审判人员违反本规则的,可以在庭审活动结束后向人民法院提出处理建议。

诉讼参与人、旁听人员认为审判人员、书记员、司法警察违反本规则的,可以在庭审活动结束后向人民法院反映。

第二十三条 检察人员违反本规则的,人民法院可以向人民检察院通报情况并提出处理建议。

第二十四条 律师违反本规则的,人民法院可以向司法行政机关及律师协会通报情况并提出处理建议。

第二十五条 人民法院进行案件听证、国家赔偿案件质证、网络视频远程审理以及在法院以外的场所巡回审判等,参照适用本规则。

第二十六条 外国人、无国籍人旁听庭审活动,外国媒体记者报道庭审活动,应当遵守本规则。

第二十七条 本规则自 2016 年 5 月 1 日起施行;最高人民法院此前发布的司法解释及规范性文件与本规则不一致的,以本规则为准。

(十一)诉 讼 费 用

最高人民法院关于对经济确有困难的当事人提供司法救助的规定

[2000 年 7 月 12 日最高人民法院审判委员会第 1124 次会议通过,2000 年 7 月 27 日公布并施行,法发〔2000〕14 号,根据 2005 年 4 月 5 日最高人民法院审判委员会第 1347 次会议修订,该修订于 2005 年 4 月 5 日公布,法发〔2005〕6 号]

第一条 为了使经济确有困难的当事人能够依法行使诉讼权利,维护其合法权益,根据《中华人民共和国民事诉讼法》、《中华人民共和国行政诉讼法》和《人民法院诉讼收费办法》,制定本规定。

第二条 本规定所称司法救助,是指人民法院对于当事人为维护自己的合法权益,向人民法院提起民事、行政诉讼,但经济确有困难的,实行诉讼费用的缓交、减交、免交。

第三条 当事人符合本规定第二条并具有下列情形之一的,可以向人民法院申请司法救助:

(一)追索赡养费、扶养费、抚育费、抚恤金的;

(二)孤寡老人、孤儿和农村"五保户";

(三)没有固定生活来源的残疾人、患有严重疾病的人;

(四)国家规定的优抚、安置对象;

(五)追索社会保险金、劳动报酬和经济补偿金的;

(六)交通事故、医疗事故、工伤事故、产品质量事故或者其他人身伤害事故的受害人,请求赔偿的;

(七)因见义勇为或为保护社会公共利益致使自己合法权益受到损害,本人或者近亲属请求赔偿或经济补偿的;

(八)进城务工人员追索劳动报酬或其他合法权益受到侵害而请求赔偿的;

(九)正在享受城市居民最低生活保障、农村特困户救济或者领取失业保险金,无其他收入的;

(十)因自然灾害等不可抗力造成生活困难,正在接受社会救济,或者家庭生产经营难以为继的;

(十一)起诉行政机关违法要求农民履行义务的;

(十二)正在接受有关部门法律援助的;

(十三)当事人为社会福利机构、敬老院、优抚医院、精神病院、SOS 儿童村、社会救助站、特殊教育机构等社会公共福利单位的；

（十四）其他情形确实需要司法救助的。

第四条 当事人请求人民法院提供司法救助，应在起诉或上诉时提交书面申请和足以证明其确有经济困难的证明材料。其中因生活困难或者追索基本生活费用申请司法救助的，应当提供本人及其家庭经济状况符合当地民政、劳动和社会保障等部门规定的公民经济困难标准的证明。

第五条 人民法院对当事人司法救助的请求，经审查符合本规定第三条所列情形的，立案时应准许当事人缓交诉讼费用。

第六条 人民法院决定对一方当事人司法救助，对方当事人败诉的，诉讼费用由对方当事人交纳；拒不交纳的强制执行。

对方当事人胜诉的，可视申请司法救助当事人的经济状况决定其减交、免交诉讼费用。决定减交诉讼费用的，减交比例不得低于30％。符合本规定第三条第二项、第九项规定情形的，应免交诉讼费用。

第七条 对当事人请求缓交诉讼费用的，由承办案件的审判人员或合议庭提出意见，报庭长审批；对当事人请求减交、免交诉讼费用的，由承办案件的审判人员或合议庭提出意见，经庭长审核同意后，报院长审批。

第八条 人民法院决定对当事人减交、免交诉讼费用的，应在法律文书中列明。

第九条 当事人骗取司法救助的，人民法院应当责令其补交诉讼费用；拒不补交的，以妨害诉讼行为论处。

第十条 本规定自公布之日起施行。

诉讼费用交纳办法

[2006年12月8日国务院第159次常务会议通过，2006年12月19日公布，自2007年4月1日起施行，国务院令第481号]

第一章 总 则

第一条 根据《中华人民共和国民事诉讼法》(以下简称民事诉讼法)和《中华人民共和国行政诉讼法》(以下简称行政诉讼法)的有关规定，制定本办法。

第二条 当事人进行民事诉讼、行政诉讼，应当依照本办法交纳诉讼费用。

本办法规定可以不交纳或者免予交纳诉讼费用的除外。

第三条 在诉讼过程中不得违反本办法规定的范围和标准向当事人收取费用。

第四条 国家对交纳诉讼费用确有困难的当事人提供司法救助，保障其依法行使诉讼权利，维护其合法权益。

第五条 外国人、无国籍人、外国企业或者组织在人民法院进行诉讼，适用本办法。

外国法院对中华人民共和国公民、法人或者其他组织，与其本国公民、法人或者其他组织在诉讼费用交纳上实行差别对待的，按照对等原则处理。

第二章 诉讼费用交纳范围

第六条 当事人应当向人民法院交纳的诉讼费用包括：

（一）案件受理费；

（二）申请费；

（三）证人、鉴定人、翻译人员、理算

人员在人民法院指定日期出庭发生的交通费、住宿费、生活费和误工补贴。

第七条　案件受理费包括：

（一）第一审案件受理费；

（二）第二审案件受理费；

（三）再审案件中，依照本办法规定需要交纳的案件受理费。

第八条　下列案件不交纳案件受理费：

（一）依照民事诉讼法规定的特别程序审理的案件；

（二）裁定不予受理、驳回起诉、驳回上诉的案件；

（三）对不予受理、驳回起诉和管辖权异议裁定不服，提起上诉的案件；

（四）行政赔偿案件。

第九条　根据民事诉讼法和行政诉讼法规定的审判监督程序审理的案件，当事人不交纳案件受理费。但是，下列情形除外：

（一）当事人有新的证据，足以推翻原判决、裁定，向人民法院申请再审，人民法院经审查决定再审的案件；

（二）当事人对人民法院第一审判决或者裁定未提出上诉，第一审判决、裁定或者调解书发生法律效力后又申请再审，人民法院经审查决定再审的案件。

第十条　当事人依法向人民法院申请下列事项，应当交纳申请费：

（一）申请执行人民法院发生法律效力的判决、裁定、调解书，仲裁机构依法作出的裁决和调解书，公证机构依法赋予强制执行效力的债权文书；

（二）申请保全措施；

（三）申请支付令；

（四）申请公示催告；

（五）申请撤销仲裁裁决或者认定仲裁协议效力；

（六）申请破产；

（七）申请海事强制令、共同海损理算、设立海事赔偿责任限制基金、海事债权登记、船舶优先权催告；

（八）申请承认和执行外国法院判决、裁定和国外仲裁机构裁决。

第十一条　证人、鉴定人、翻译人员、理算人员在人民法院指定日期出庭发生的交通费、住宿费、生活费和误工补贴，由人民法院按照国家规定标准代为收取。

当事人复制案件卷宗材料和法律文书应当按实际成本向人民法院交纳工本费。

第十二条　诉讼过程中因鉴定、公告、勘验、翻译、评估、拍卖、变卖、仓储、保管、运输、船舶监管等发生的依法应当由当事人负担的费用，人民法院根据谁主张、谁负担的原则，决定由当事人直接支付给有关机构或者单位，人民法院不得代收代付。

人民法院依照民事诉讼法第十一条第三款规定提供当地民族通用语言、文字翻译的，不收取费用。

第三章　诉讼费用交纳标准

第十三条　案件受理费分别按照下列标准交纳：

（一）财产案件根据诉讼请求的金额或者价额，按照下列比例分段累计交纳：

1. 不超过 1 万元的，每件交纳 50 元；

2. 超过1万元至10万元的部分，按照2.5%交纳；

3. 超过 10 万元至 20 万元的部分，按照 2%交纳；

4. 超过20万元至50万元的部分，按

照1.5%交纳；

5. 超过50万元至100万元的部分,按照1%交纳；

6. 超过100万元至200万元的部分,按照0.9%交纳；

7. 超过200万元至500万元的部分,按照0.8%交纳；

8. 超过500万元至1000万元的部分,按照0.7%交纳；

9. 超过1000万元至2000万元的部分,按照0.6%交纳；

10. 超过2000万元的部分,按照0.5%交纳。

（二）非财产案件按照下列标准交纳：

1. 离婚案件每件交纳50元至300元。涉及财产分割,财产总额不超过20万元的,不另行交纳；超过20万元的部分,按照0.5%交纳。

2. 侵害姓名权、名称权、肖像权、名誉权、荣誉权以及其他人格权的案件,每件交纳100元至500元。涉及损害赔偿,赔偿金额不超过5万元的,不另行交纳；超过5万元至10万元的部分,按照1%交纳；超过10万元的部分,按照0.5%交纳。

3. 其他非财产案件每件交纳50元至100元。

（三）知识产权民事案件,没有争议金额或者价额的,每件交纳500元至1000元；有争议金额或者价额的,按照财产案件的标准交纳。

（四）劳动争议案件每件交纳10元。

（五）行政案件按照下列标准交纳：

1. 商标、专利、海事行政案件每件交纳100元；

2. 其他行政案件每件交纳50元。

（六）当事人提出案件管辖权异议,异议不成立的,每件交纳50元至100元。

省、自治区、直辖市人民政府可以结合本地实际情况在本条第（二）项、第（三）项、第（六）项规定的幅度内制定具体交纳标准。

第十四条 申请费分别按照下列标准交纳：

（一）依法向人民法院申请执行人民法院发生法律效力的判决、裁定、调解书,仲裁机构依法作出的裁决和调解书,公证机关依法赋予强制执行效力的债权文书,申请承认和执行外国法院判决、裁定以及国外仲裁机构裁决的,按照下列标准交纳：

1. 没有执行金额或者价额的,每件交纳50元至500元。

2. 执行金额或者价额不超过1万元的,每件交纳50元；超过1万元至50万元的部分,按照1.5%交纳；超过50万元至500万元的部分,按照1%交纳；超过500万元至1000万元的部分,按照0.5%交纳；超过1000万元的部分,按照0.1%交纳。

3. 符合民事诉讼法第五十五条第四款规定,未参加登记的权利人向人民法院提起诉讼的,按照本项规定的标准交纳申请费,不再交纳案件受理费。

（二）申请保全措施的,根据实际保全的财产数额按照下列标准交纳：

财产数额不超过1000元或者不涉及财产数额的,每件交纳30元；超过1000元至10万元的部分,按照1%交纳；超过10万元的部分,按照0.5%交纳。但是,当事人申请保全措施交纳的费用最多不超过5000元。

（三）依法申请支付令的,比照财产案件受理费标准的1/3交纳。

（四）依法申请公示催告的,每件交纳 100 元。

（五）申请撤销仲裁裁决或者认定仲裁协议效力的,每件交纳 400 元。

（六）破产案件依据破产财产总额计算,按照财产案件受理费标准减半交纳,但是,最高不超过 30 万元。

（七）海事案件的申请费按照下列标准交纳:

1. 申请设立海事赔偿责任限制基金的,每件交纳 1 000 元至 1 万元;

2. 申请海事强制令的,每件交纳 1 000 元至 5 000 元;

3. 申请船舶优先权催告的,每件交纳 1 000 元至 5 000 元;

4. 申请海事债权登记的,每件交纳 1 000 元;

5. 申请共同海损理算的,每件交纳 1 000 元。

第十五条 以调解方式结案或者当事人申请撤诉的,减半交纳案件受理费。

第十六条 适用简易程序审理的案件减半交纳案件受理费。

第十七条 对财产案件提起上诉的,按照不服一审判决部分的上诉请求数额交纳案件受理费。

第十八条 被告提起反诉、有独立请求权的第三人提出与本案有关的诉讼请求,人民法院决定合并审理的,分别减半交纳案件受理费。

第十九条 依照本办法第九条规定需要交纳案件受理费的再审案件,按照不服原判决部分的再审请求数额交纳案件受理费。

第四章 诉讼费用的交纳和退还

第二十条 案件受理费由原告、有独立请求权的第三人、上诉人预交。被告提起反诉,依照本办法规定需要交纳案件受理费的,由被告预交。追索劳动报酬的案件可以不预交案件受理费。

申请费由申请人预交。但是,本办法第十条第（一）项、第（六）项规定的申请费不由申请人预交,执行申请费执行后交纳,破产申请费清算后交纳。

本办法第十一条规定的费用,待实际发生后交纳。

第二十一条 当事人在诉讼中变更诉讼请求数额,案件受理费依照下列规定处理:

（一）当事人增加诉讼请求数额的,按照增加后的诉讼请求数额计算补交;

（二）当事人在法庭调查终结前提出减少诉讼请求数额的,按照减少后的诉讼请求数额计算退还。

第二十二条 原告自接到人民法院交纳诉讼费用通知次日起 7 日内交纳案件受理费;反诉案件由提起反诉的当事人自提起反诉次日起 7 日内交纳案件受理费。

上诉案件的案件受理费由上诉人向人民法院提交上诉状时预交。双方当事人都提起上诉的,分别预交。上诉人在上诉期内未预交诉讼费用的,人民法院应当通知其在 7 日内预交。

申请费由申请人在提出申请时或者在人民法院指定的期限内预交。

当事人逾期不交纳诉讼费用又未提出司法救助申请,或者申请司法救助未获批准,在人民法院指定期限内仍未交纳诉讼费用的,由人民法院依有关规定处理。

第二十三条 依照本办法第九条规定需要交纳案件受理费的再审案件,由申请再审的当事人预交。双方当事人都申请再审的,分别预交。

第二十四条 依照民事诉讼法第三十六条、第三十七条、第三十八条、第三十九条规定移送、移交的案件,原受理人民法院应当将当事人预交的诉讼费用随案移交接收案件的人民法院。

第二十五条 人民法院审理民事案件过程中发现涉嫌刑事犯罪并将案件移送有关部门处理的,当事人交纳的案件受理费予以退还;移送后民事案件需要继续审理的,当事人已交纳的案件受理费不予退还。

第二十六条 中止诉讼、中止执行的案件,已交纳的案件受理费、申请费不予退还。中止诉讼、中止执行的原因消除,恢复诉讼、执行的,不再交纳案件受理费、申请费。

第二十七条 第二审人民法院决定将案件发回重审的,应当退还上诉人已交纳的第二审案件受理费。

第一审人民法院裁定不予受理或者驳回起诉的,应当退还当事人已交纳的案件受理费;当事人对第一审人民法院不予受理、驳回起诉的裁定提起上诉,第二审人民法院维持第一审人民法院作出的裁定的,第一审人民法院应当退还当事人已交纳的案件受理费。

第二十八条 依照民事诉讼法第一百三十七条规定终结诉讼的案件,依照本办法规定已交纳的案件受理费不予退还。

第五章 诉讼费用的负担

第二十九条 诉讼费用由败诉方负担,胜诉方自愿承担的除外。

部分胜诉、部分败诉的,人民法院根据案件的具体情况决定当事人各自负担的诉讼费用数额。

共同诉讼当事人败诉的,人民法院根据其对诉讼标的的利害关系,决定当事人各自负担的诉讼费用数额。

第三十条 第二审人民法院改变第一审人民法院作出的判决、裁定的,应当相应变更第一审人民法院对诉讼费用负担的决定。

第三十一条 经人民法院调解达成协议的案件,诉讼费用的负担由双方当事人协商解决;协商不成的,由人民法院决定。

第三十二条 依照本办法第九条第(一)项、第(二)项的规定应当交纳案件受理费的再审案件,诉讼费用由申请再审的当事人负担;双方当事人都申请再审的,诉讼费用依照本办法第二十九条的规定负担。原审诉讼费用的负担由人民法院根据诉讼费用负担原则重新确定。

第三十三条 离婚案件诉讼费用的负担由双方当事人协商解决;协商不成的,由人民法院决定。

第三十四条 民事案件的原告或者上诉人申请撤诉,人民法院裁定准许的,案件受理费由原告或者上诉人负担。

行政案件的被告改变或者撤销具体行政行为,原告申请撤诉,人民法院裁定准许的,案件受理费由被告负担。

第三十五条 当事人在法庭调查终结后提出减少诉讼请求数额的,减少请求数额部分的案件受理费由变更诉讼请求的当事人负担。

第三十六条 债务人对督促程序未提出异议的,申请费由债务人负担。债务人对督促程序提出异议致使督促程序终结的,申请费由申请人负担;申请人另行起诉的,可以将申请费列入诉讼请求。

第三十七条 公示催告的申请费由申请人负担。

第三十八条 本办法第十条第(一)项、第(八)项规定的申请费由被执行人负担。

执行中当事人达成和解协议的，申请费的负担由双方当事人协商解决；协商不成的，由人民法院决定。

本办法第十条第(二)项规定的申请费由申请人负担，申请人提起诉讼的，可以将该申请费列入诉讼请求。

本办法第十条第(五)项规定的申请费，由人民法院依照本办法第二十九条规定决定申请费的负担。

第三十九条 海事案件中的有关诉讼费用依照下列规定负担：

（一）诉前申请海事请求保全、海事强制令的，申请费由申请人负担；申请人就有关海事请求提起诉讼的，可将上述费用列入诉讼请求；

（二）诉前申请海事证据保全的，申请费由申请人负担；

（三）诉讼中拍卖、变卖被扣押船舶、船载货物、船用燃油、船用物料发生的合理费用，由申请人预付，从拍卖、变卖价款中先行扣除，退还申请人；

（四）申请设立海事赔偿责任限制基金、申请债权登记与受偿、申请船舶优先权催告案件的申请费，由申请人负担；

（五）设立海事赔偿责任限制基金、船舶优先权催告程序中的公告费用由申请人负担。

第四十条 当事人因自身原因未能在举证期限内举证，在二审或者再审期间提出新的证据致使诉讼费用增加的，增加的诉讼费用由该当事人负担。

第四十一条 依照特别程序审理案件的公告费，由起诉人或者申请人负担。

第四十二条 依法向人民法院申请破产的，诉讼费用依照有关法律规定从破产财产中拨付。

第四十三条 当事人不得单独对人民法院关于诉讼费用的决定提起上诉。

当事人单独对人民法院关于诉讼费用的决定有异议的，可以向作出决定的人民法院院长申请复核。复核决定应当自收到当事人申请之日起15日内作出。

当事人对人民法院决定诉讼费用的计算有异议的，可以向作出决定的人民法院请求复核。计算确有错误的，作出决定的人民法院应当予以更正。

第六章 司法救助

第四十四条 当事人交纳诉讼费用确有困难的，可以依照本办法向人民法院申请缓交、减交或者免交诉讼费用的司法救助。

诉讼费用的免交只适用于自然人。

第四十五条 当事人申请司法救助，符合下列情形之一的，人民法院应当准予免交诉讼费用：

（一）残疾人无固定生活来源的；

（二）追索赡养费、扶养费、抚育费、抚恤金的；

（三）最低生活保障对象，农村特困定期救济对象、农村五保供养对象或者领取失业保险金人员，无其他收入的；

（四）因见义勇为或者为保护社会公共利益致使自身合法权益受到损害，本人或者其近亲属请求赔偿或者补偿的；

（五）确实需要免交的其他情形。

第四十六条 当事人申请司法救助，符合下列情形之一的，人民法院应当准予减交诉讼费用：

（一）因自然灾害等不可抗力造成生活困难，正在接受社会救济，或者家庭生产经营难以为继的；

（二）属于国家规定的优抚、安置对象的；

（三）社会福利机构和救助管理站；

（四）确实需要减交的其他情形。

人民法院准予减交诉讼费用的，减交比例不得低于30%。

第四十七条 当事人申请司法救助，符合下列情形之一的，人民法院应当准予缓交诉讼费用：

（一）追索社会保险金、经济补偿金的；

（二）海上事故、交通事故、医疗事故、工伤事故、产品质量事故或者其他人身伤害事故的受害人请求赔偿的；

（三）正在接受有关部门法律援助的；

（四）确实需要缓交的其他情形。

第四十八条 当事人申请司法救助，应当在起诉或者上诉时提交书面申请、足以证明其确有经济困难的证明材料以及其他相关证明材料。

因生活困难或者追索基本生活费用申请免交、减交诉讼费用的，还应当提供本人及其家庭经济状况符合当地民政、劳动保障等部门规定的公民经济困难标准的证明。

人民法院对当事人的司法救助申请不予批准的，应当向当事人书面说明理由。

第四十九条 当事人申请缓交诉讼费用经审查符合本办法第四十七条规定的，人民法院应当在决定立案之前作出准予缓交的决定。

第五十条 人民法院对一方当事人提供司法救助，对方当事人败诉的，诉讼费用由对方当事人负担；对方当事人胜诉的，可以视申请司法救助的当事人的经济状况决定其减交、免交诉讼费用。

第五十一条 人民法院准予当事人减交、免交诉讼费用的，应当在法律文书中载明。

第七章 诉讼费用的管理和监督

第五十二条 诉讼费用的交纳和收取制度应当公示。人民法院收取诉讼费用按照其财务隶属关系使用国务院财政部门或者省级人民政府财政部门印制的财政票据。案件受理费、申请费全额上缴财政，纳入预算，实行收支两条线管理。

人民法院收取诉讼费用应当向当事人开具缴费凭证，当事人持缴费凭证到指定代理银行交费。依法应当向当事人退费的，人民法院应当按照国家有关规定办理。诉讼费用缴库和退费的具体办法由国务院财政部门商最高人民法院另行制定。

在边远、水上、交通不便地区，基层巡回法庭当场审理案件，当事人提出向指定代理银行交纳诉讼费用确有困难的，基层巡回法庭可以当场收取诉讼费用，并向当事人出具省级人民政府财政部门印制的财政票据；不出具省级人民政府财政部门印制的财政票据的，当事人有权拒绝交纳。

第五十三条 案件审结后，人民法院应当将诉讼费用的详细清单和当事人应当负担的数额书面通知当事人，同时在判决书、裁定书或者调解书中写明当事人各方应当负担的数额。

需要向当事人退还诉讼费用的，人民法院应当自法律文书生效之日起15日内退还有关当事人。

第五十四条 价格主管部门、财政部门按照收费管理的职责分工，对诉讼费用进行管理和监督；对违反本办法规定的乱收费行为，依照法律、法规和国务院相关规定予以查处。

第八章 附 则

第五十五条 诉讼费用以人民币为计算单位。以外币为计算单位的，依照人民法院决定受理案件之日国家公布的汇率换算成人民币计算交纳；上诉案件和申请再审案件的诉讼费用，按照第一审人民法院决定受理案件之日国家公布的汇率换算。

第五十六条 本办法自2007年4月1日起施行。

最高人民法院关于适用《诉讼费用交纳办法》的通知

［2007年4月20日，法发［2007］16号］

全国地方各级人民法院、各级军事法院、各铁路运输中级法院和基层法院、各海事法院，新疆生产建设兵团各级法院：

《诉讼费用交纳办法》（以下简称《办法》）自2007年4月1日起施行，最高人民法院颁布的《人民法院诉讼收费办法》和《〈人民法院诉讼收费办法〉补充规定》同时不再适用。为了贯彻落实《办法》，规范诉讼费用的交纳和管理，现就有关事项通知如下：

一、关于《办法》实施后的收费衔接

2007年4月1日以后人民法院受理的诉讼案件和执行案件，适用《办法》的规定。

2007年4月1日以前人民法院受理的诉讼案件和执行案件，不适用《办法》的规定。

对2007年4月1日以前已经作出生效裁判的案件依法再审的，适用《办法》的规定。人民法院对再审案件依法改判的，原审诉讼费用的负担按照原审时诉讼费用负担的原则和标准重新予以确定。

二、关于当事人未按照规定交纳案件受理费或者申请费的后果

当事人逾期不按照《办法》第二十条规定交纳案件受理费或者申请费并且没有提出司法救助申请，或者申请司法救助未获批准，在人民法院指定期限内仍未交纳案件受理费或者申请费的，由人民法院依法按照当事人自动撤诉或者撤回申请处理。

三、关于诉讼费用的负担

《办法》第二十九条规定，诉讼费用由败诉方负担，胜诉方自愿承担的除外。对原告胜诉的案件，诉讼费用由被告负担，人民法院应当将预收的诉讼费用退还原告，再由人民法院直接向被告收取，但原告自愿承担或者同意被告直接向其支付的除外。

当事人拒不交纳诉讼费用的，人民法院应当依法强制执行。

四、关于执行申请费和破产申请费的收取

《办法》第二十条规定，执行申请费和破产申请费不由申请人预交，执行申请费执行后交纳，破产申请费清算后交纳。自2007年4月1日起，执行申请费由人民法院在执行生效法律文书确定的内容之外直接向被执行人收取，破产申请费由人民法院在破产清算后，从破产财产中优

先拨付。

五、关于司法救助的申请和批准程序

《办法》对司法救助的原则、形式、程序等作出了规定，但对司法救助的申请和批准程序未作规定。为规范人民法院司法救助的操作程序，最高人民法院将于近期对《关于对经济确有困难的当事人提供司法救助的规定》进行修订，及时向全国法院颁布施行。

六、关于各省、自治区、直辖市案件受理费和申请费的具体交纳标准

《办法》授权各省、自治区、直辖市人民政府可以结合本地实际情况，在第十三条第(二)、(三)、(六)项和第十四条第(一)项规定的幅度范围内制定各地案件受理费和申请费的具体交纳标准。各高级人民法院要商同人民政府，及时就上述条款制定本省、自治区、直辖市案件受理费和申请费的具体交纳标准，并尽快下发辖区法院执行。

二、审判程序

（十二）第一审普通程序

最高人民法院经济审判庭关于已裁定撤诉的案件当事人再起诉时人民法院能否受理问题的电话答复

[1988年12月15日]

广东省高级人民法院：

你院粤法经行字〔1988〕第202号请示收悉。经研究答复如下：

鉴于来文所述案件的具体情况，同意你院的意见，即对广州市珠江机械厂的再行起诉，有管辖权的人民法院可予受理。

此复。

最高人民法院关于民事诉讼当事人撤诉后再次起诉人民法院能否受理问题的批复

[1990年3月10日，法(民)复〔1990〕3号]

上海市高级人民政府：

你院〔89〕沪高民他字第5号关于张珠英诉彭绍安债务纠纷案件撤诉后能否再立案受理的请示报告收悉。

本案原告张珠英于一九八六年十二月向上海市长宁区人民法院起诉，要求被告彭绍安归还欠款。审理中，原告"暂因证据不足"申请撤诉，该院裁定准予撤诉，一九八七年二月，原告提供证人再次起诉，要求被告还款。

经研究，我们同意你院审判委员会的意见。即原告张珠英以暂因证据不足为由申请撤诉，在第一审人民法院裁定准许其撤诉后，张珠英在诉讼时效期间内又提出新的证据再行起诉，人民法院应予受理。

最高人民法院知识产权庭关于苍南县天马活塞工业有限公司与河北天马活塞工业有限公司不正当竞争纠纷管辖权异议案的函

[1999年7月2日,〔1999〕知监字第21号函]

河北省高级人民法院：

苍南县天马活塞工业有限公司因与河北天马活塞工业有限公司不正当竞争纠纷管辖权异议一案,不服你院〔1998〕冀民终字第84号民事裁定,向本院申请再审。经查申请人提供的一、二审裁定书和再审申请书等材料,我们认为本案存在以下问题：

河北天马活塞工业有限公司是起诉苍南县天马活塞工业有限公司仿冒其商品包装而构成不正当竞争,并未同时指控其他任何第三人包括销售者有共同侵权行为。由于被控侵权物品的制造地并不在沧州,又无证据证明苍南县天马活塞工业有限公司在沧州有直接销售行为,所以,沧州既不是被告所在地,也不是侵权行为地。你院以案外人的销售行为地来确定制造者的侵权结果发生地不当。因为案外人的销售行为与制造者的侵权行为是两个独立的侵权行为,不能以案外人的侵权行为确定本案侵权行为的管辖地,故不能以被控侵权物品的到达地当然地作为侵权结果发生地。

以上问题,请你院依法复查纠正,并在一个月内向本院报告结果,同时直接答复申请再审人。

最高人民法院关于适用《中华人民共和国合同法》若干问题的解释(一)

[1999年12月1日最高人民法院审判委员会第1090次会议通过,1999年12月19日公布,自1999年12月29日起施行,法释〔1999〕19号]

为了正确审理合同纠纷案件,根据《中华人民共和国合同法》(以下简称合同法)的规定,对人民法院适用合同法的有关问题作出如下解释：

一、法律适用范围

第一条 合同法实施以后成立的合同发生纠纷起诉到人民法院的,适用合同法的规定;合同法实施以前成立的合同发生纠纷起诉到人民法院的,除本解释另有规定的以外,适用当时的法律规定,当时没有法律规定的,可以适用合同法的有关规定。

第二条 合同成立于合同法实施之前,但合同约定的履行期限跨越合同法实施之日或者履行期限在合同法实施之后,因履行合同发生的纠纷,适用合同法第四章的有关规定。

第三条 人民法院确认合同效力时,对合同法实施以前成立的合同,适用当时的法律合同无效而适用合同法合同有效的,则适用合同法。

第四条 合同法实施以后,人民法院确认合同无效,应当以全国人大及其常委会制定的法律和国务院制定的行政法规为依据,不得以地方性法规、行政规章为依据。

第五条 人民法院对合同法实施以前已经作出终审裁决的案件进行再审,不适用合同法。

二、诉 讼 时 效

第六条 技术合同争议当事人的权利受到侵害的事实发生在合同法实施之前,自当事人知道或者应当知道其权利受到侵害之日起至合同法实施之日超过一年的,人民法院不予保护;尚未超过一年的,其提起诉讼的时效期间为二年。

第七条 技术进出口合同争议当事人的权利受到侵害的事实发生在合同法实施之前,自当事人知道或者应当知道其权利受到侵害之日起至合同法施行之日超过二年的,人民法院不予保护;尚未超过二年的,其提起诉讼的时效期间为四年。

第八条 合同法第五十五条规定的"一年"、第七十五条和第一百零四条第二款规定的"五年"为不变期间,不适用诉讼时效中止、中断或者延长的规定。

三、合 同 效 力

第九条 依照合同法第四十四条第二款的规定,法律、行政法规规定合同应当办理批准手续,或者办理批准、登记等手续才生效,在一审法庭辩论终结前当事人仍未办理批准手续的,或者仍未办理批准、登记等手续的,人民法院应当认定该合同未生效;法律、行政法规规定合同应当办理登记手续,但未规定登记后生效的,当事人未办理登记手续不影响合同的效力,合同标的物所有权及其他物权不能转移。

合同法第七十七条第二款、第八十七条、第九十六条第二款所列合同变更、转让、解除等情形,依照前款规定处理。

第十条 当事人超越经营范围订立合同,人民法院不因此认定合同无效。但违反国家限制经营、特许经营以及法律、行政法规禁止经营规定的除外。

四、代 位 权

第十一条 债权人依照合同法第七十三条的规定提起代位权诉讼,应当符合下列条件:

(一)债权人对债务人的债权合法;

(二)债务人怠于行使其到期债权,对债权人造成损害;

(三)债务人的债权已到期;

(四)债务人的债权不是专属于债务人自身的债权。

第十二条 合同法第七十三条第一款规定的专属于债务人自身的债权,是指基于扶养关系、抚养关系、赡养关系、继承关系产生的给付请求权和劳动报酬、退休金、养老金、抚恤金、安置费、人寿保险、人身伤害赔偿请求权等权利。

第十三条 合同法第七十三条规定的"债务人怠于行使其到期债权,对债权人造成损害的",是指债务人不履行其对债权人的到期债务,又不以诉讼方式或者仲裁方式向其债务人主张其享有的具有金钱给付内容的到期债权,致使债权人的到期债权未能实现。

次债务人(即债务人的债务人)不认为债务人有怠于行使其到期债权情况的,应当承担举证责任。

第十四条 债权人依照合同法第七十三条的规定提起代位权诉讼的,由被告住所地人民法院管辖。

第十五条 债权人向人民法院起诉债务人以后,又向同一人民法院对次债务人提起代位权诉讼,符合本解释第十四条的规定和《中华人民共和国民事诉讼法》第一百零八条规定的起诉条件的,应当立案受理;不符合本解释第十四条规定的,告知债权人向次债务人住所地人民法院另行起诉。

受理代位权诉讼的人民法院在债权人起诉债务人的诉讼裁决发生法律效力以前,应当依照《中华人民共和国民事诉讼法》第一百三十六条第(五)项的规定中止代位权诉讼。

第十六条 债权人以次债务人为被告向人民法院提起代位权诉讼,未将债务人列为第三人的,人民法院可以追加债务人为第三人。

两个或者两个以上债权人以同一次债务人为被告提起代位权诉讼的,人民法院可以合并审理。

第十七条 在代位权诉讼中,债权人请求人民法院对次债务人的财产采取保全措施的,应当提供相应的财产担保。

第十八条 在代位权诉讼中,次债务人对债务人的抗辩,可以向债权人主张。

债务人在代位权诉讼中对债权人的债权提出异议,经审查异议成立的,人民法院应当裁定驳回债权人的起诉。

第十九条 在代位权诉讼中,债权人胜诉的,诉讼费由次债务人负担,从实现的债权中优先支付。

第二十条 债权人向次债务人提起的代位权诉讼经人民法院审理后认定代位权成立的,由次债务人向债权人履行清偿义务,债权人与债务人、债务人与次债务人之间相应的债权债务关系即予消灭。

第二十一条 在代位权诉讼中,债权人行使代位权的请求数额超过债务人所负债务额或者超过次债务人对债务人所负债务额的,对超出部分人民法院不予支持。

第二十二条 债务人在代位权诉讼中,对超过债权人代位请求数额的债权部分起诉次债务人的,人民法院应当告知其向有管辖权的人民法院另行起诉。

债务人的起诉符合法定条件的,人民法院应当受理;受理债务人起诉的人民法院在代位权诉讼裁决发生法律效力以前,应当依法中止。

五、撤 销 权

第二十三条 债权人依照合同法第七十四条的规定提起撤销权诉讼的,由被告住所地人民法院管辖。

第二十四条 债权人依照合同法第七十四条的规定提起撤销权诉讼时只以债务人为被告,未将受益人或者受让人列为第三人的,人民法院可以追加该受益人或者受让人为第三人。

第二十五条 债权人依照合同法第七十四条的规定提起撤销权诉讼,请求人民法院撤销债务人放弃债权或转让财产的行为,人民法院应当就债权人主张的部分进行审理,依法撤销的,该行为自始无效。

两个或者两个以上债权人以同一债务人为被告,就同一标的提起撤销权诉讼的,人民法院可以合并审理。

第二十六条 债权人行使撤销权所支付的律师代理费、差旅费等必要费用,由债务人负担;第三人有过错的,应当适当分担。

六、合同转让中的第三人

第二十七条 债权人转让合同权利后,债务人与受让人之间因履行合同发生纠纷诉至人民法院,债务人对债权人的权利提出抗辩的,可以将债权人列为第三人。

第二十八条 经债权人同意,债务人转移合同义务后,受让人与债权人之间因履行合同发生纠纷诉至人民法院,受让人就债务人对债权人的权利提出抗辩的,可以将债务人列为第三人。

第二十九条 合同当事人一方经对方同意将其在合同中的权利义务一并转让给受让人,对方与受让人因履行合同发生纠纷诉至人民法院,对方就合同权利义务提出抗辩的,可以将出让方列为第三人。

七、请求权竞合

第三十条 债权人依照合同法第一百二十二条的规定向人民法院起诉时作出选择后,在一审开庭以前又变更诉讼请求的,人民法院应当准许。对方当事人提出管辖权异议,经审查异议成立的,人民法院应当驳回起诉。

最高人民法院关于胡辛诉叶辛、上海大元文化传播有限公司侵犯著作权管辖权异议案的答复

〔2000年9月9日,〔2000〕知他字第4号函〕

江西省高级人民法院:

你院〔2000〕赣高法知终字第5号《关于卫星传送境外电视节目如何确定地域管辖的请示》收悉。经研究,答复如下:

侵权行为地应当根据原告指控的侵权人和具体侵权行为来确定。根据你院随卷送来的起诉状等材料,本案原审原告胡辛以电视连续剧《陈香梅》的编剧叶辛、拍摄单位上海大元文化传播有限公司为被告,指控该两被告在改编、摄制电视作品过程中使用了其创作的《陈香梅传》中的内容。这一指控,涉及被告的改编、摄制行为,而未涉及被告的许可播放行为和香港凤凰卫视中文台的播放行为,其行为实施地和结果发生地均为上海。况且被告许可播放的行为在上海或者香港等地实施,其结果地即播放地为香港。南昌与被控侵权行为的实施与结果均无直接关系,故南昌不是本案的侵权行为地。南昌市中级人民法院应当依照《民事诉讼法》的有关规定将本案移送有管辖权的人民法院审理。

你院第一种意见认为南昌是侵权结果到达地而非法律意义上的侵权结果发生地,未明确"侵权结果"针对的是哪些具体的侵权行为,虽然结论正确但在理由表述上不够充分;你院第二种意见认为,"如原告主张成立,则编剧、制作、播放行为均属侵权行为",未考虑到原告指控的主体和行为,故该意见缺乏事实依据。

此复。

最高人民法院关于当事人对人民法院生效法律文书所确定的给付事项超过申请执行期限后又重新就其中的部分给付内容达成新的协议的应否立案的批复

〔2002年1月30日,〔2001〕民立他字第34号〕

四川省高级人民法院:

你院报送的川高法〔2001〕144号《关

于当事人对人民法院生效法律文书所确定的给付事项超过申请执行期限后又重新就其中的部分给付内容达成新的协议的应否立案的请示》收悉。经研究，同意你院审判委员会多数人意见。当事人就人民法院生效裁判文书所确定的给付事项超过执行期限后又重新达成协议的，应当视为当事人之间形成了新的民事法律关系，当事人就该新协议向人民法院提起诉讼的，只要符合《民事诉讼法》立案受理的有关规定的，人民法院应当受理。

此复。

最高人民法院关于当事人持台湾地区法院公证处认证的离婚协议书向人民法院申请认可人民法院应否受理的答复

[2002年8月23日，〔2002〕民一他字第12号]

广东省高级人民法院：

你院粤高法民他〔2002〕5号《关于当事人持台湾地区法院公证处认证的离婚协议书向人民法院申请认可人民法院是否受理的请示》收悉。经研究，现函复如下：

关于人民法院应否受理当事人申请认可"台湾地区有关机构出具或确认的调解协议书"的问题，我院〔1999〕第10号《关于当事人持台湾地区有关法院民事调解书或者有关机构出具确认的调解协议书向人民法院申请认可人民法院应否受理的批复》已经作出了答复。该答复中的"台湾地区有关机构出具或确认的调解协议书"，是指台湾地区有关法院之外的其他机构（包括设在法院的公证机构及民间调解机构）出具的调解协议书。因为，这些调解协议书不是基于司法行为产生的，不需要人民法院认可。并且，你院请示的张建梅申请认可的离婚协议书上载明，当事人必须到户政机关登记后才发生离婚的法律效力，故该离婚调解协议书尚不具有法律效力。鉴于上述考虑，同意你院对张建梅认可申请不予受理的意见。

此复。

最高人民法院关于益轩（泉州）轻工有限公司与台湾人瞿安勤买卖合同纠纷一案管辖权异议的请示的复函

[2003年6月6日，〔2003〕民四他字第10号]

福建省高级人民法院：

你院〔2003〕闽经终字第76号《关于益轩（泉州）轻工有限公司与台湾人瞿安勤买卖合同纠纷一案管辖权异议的报告》收悉。经研究，答复如下：

本案当事人在合同中约定"凡有关本合同所发生的一切争议，应通过友好协商解决，如协商不成，则可在中国境内仲裁。"由于当事人约定在中国仲裁，因此，判断该仲裁条款的效力，应适用我国的相关法律。《中华人民共和国仲裁法》第十六条规定，仲裁协议中应有选定的仲裁委员会，第十八条明确规定："仲裁协议对仲裁事项或者仲裁委员会没有约定或者约定不明的，当事人可以补充协议；达不成补充协议的，仲裁协议无效。"本案当事人在合同中签订的仲裁条款没有对仲裁委员会作出约定,亦未能达成补充协议,因此,根据上述规定,该仲裁条款应认定无效。同意你院报告中关于仲裁条款无效的请示意见。

此复。

最高人民法院关于皇朝工程有限公司与西班牙奥安达电梯有限公司、广东奥安达电梯有限公司侵权纠纷管辖权异议一案的请示的复函

[2004年4月5日,[2003]民四他字第31号]

广东省高级人民法院:

你院〔2002〕粤高法立民终字第293号《关于皇朝工程有限公司与西班牙奥安达电梯有限公司、广东奥安达电梯有限公司侵权纠纷管辖权异议一案的请示》收悉。经研究,答复如下:

同意你院的倾向性意见。西班牙奥安达电梯有限公司与皇朝工程有限公司于1997年12月31日签订的独家经销协议第六条明确约定:"Disputes arising out in the performance of this Agreement shall be settled amicably. If such settlement is not reached, all disputes arising in connection with this Agreement shall be settled under the laws of Spain, which are the only ones to rule and settle controversies which may arise between Orona and Dynasty in reference to this Agreement. Any disputes in this aspect will be settled without recourse to the courts, by arbitration by law, in accordance with the Rules of Conciliation of the International Chamber of Commerce in Paris, France."(中文译文应为:"因履行本协议产生的争端应通过友好协商的方式解决。如果经协商未能解决,则涉及本协议的所有争端均根据西班牙法律进行裁定。西班牙法律是对奥安达与皇朝之间因本协议而可能产生的争议进行约束和裁定的唯一适用的法律。有关这方面发生的任何争议均不提交法院,而应根据国际商会的调解规则在法国巴黎依法进行仲裁。")根据该条款的约定,双方当事人的仲裁意愿是明确的,也明确排除了法院的管辖。鉴于双方当事人在签订本案独家经销协议时,国际商会的调解规则和仲裁规则载于《国际商会调解与仲裁规则》一个文件之中,应认定当事人协议所指的"国际商会调解规则"就是《国际商会调解与仲裁规则》。本案当事人没有约定仲裁条款效力的准据法,应当按照仲裁地的有关法律确定本案仲裁条款的效力。当事人约定的仲裁地点在法国巴黎,根据仲裁地法律《法国民事诉讼法典》第四编的规定,对于国际仲裁,可以通过援引仲裁规则指定仲裁员或者规定其指定方式。而《国际商会调解与仲裁规则》中对仲裁员的指定有明确规定,当事人可以依照该规则组成仲裁庭,因此,本案仲裁条款是有效且可执行的,人民法院不应受理西班牙奥安达电梯有限公司与皇朝工程有限公司因履行独家经销协议而产生的纠纷。至于西班牙奥安达电梯有限公司与广东奥安达电梯有限公司之间的侵权纠纷,因双方未签订任何仲裁协议,因此,有关人民法院有权管辖。

此复。

最高人民法院关于对原告百事达（美国）企业有限公司与被告安徽饭店、何宗奎、章富成以及第三人安徽金辰酒店管理有限公司、中美合资安徽饭店有限公司清算委员会民事侵权赔偿纠纷一案管辖权异议的请示的复函

〔2005年6月16日，〔2005〕民四他字第9号〕

安徽省高级人民法院：

你院〔2004〕皖民三初字第1号《关于对原告百事达（美国）企业有限公司与被告安徽饭店、何宗奎、章富成以及第三人安徽金辰酒店管理有限公司、中美合资安徽饭店有限公司清算委员会民事侵权赔偿纠纷一案管辖权异议的请示报告》收悉。经研究，答复如下：

百事达（美国）企业有限公司（以下简称"百事达公司"）与安徽饭店于1993年7月30日订立的《中美合资安徽饭店有限公司合同》第51条约定："凡因执行本合同所发生的或与本合同有关的一切争议，双方应通过友好协商解决，如果协商不能解决，应提交北京中国国际贸易促进委员会对外贸易仲裁委员会仲裁。仲裁裁决是终局的，对双方都有约束力。"根据你院请示报告认定的事实，百事达公司现以安徽饭店利用其控股地位、独自侵占合资公司等为由提起诉讼，该纠纷应当理解为属于合资合同第51条约定的"与本合同有关的一切争议"。因此，对该纠纷双方应提请仲裁机关解决，人民法院对此无管辖权，故安徽饭店对本纠纷案的管辖权异议依法应认定成立。至于百事达公司以何宗奎、章富成为被告，以安徽金辰酒店管理有限公司、中美合资安徽饭店有限公司清算委员会为第三人提出的侵权诉讼，因有关被告和第三人不是合资合同的当事人，合资合同中的仲裁条款对其不具有法律约束力，又无证据表明有关各方曾达成了有效仲裁协议，因此，人民法院有权管辖。何宗奎、章富成和第三人提出的管辖异议依法不能成立，应予驳回。

此复。

最高人民法院关于当事人达不成拆迁补偿安置协议就补偿安置争议提起民事诉讼人民法院应否受理问题的批复

〔2005年7月4日最高人民法院审判委员会第1358次会议通过，2005年8月1日公布，自2005年8月11日起施行，法释〔2005〕9号〕

浙江省高级人民法院：

你院浙高法〔2004〕175号《关于双方未达成拆迁补偿安置协议当事人就补偿安置争议向法院起诉，法院能否以民事案件受理的请示》收悉。经研究，答复如下：

拆迁人与被拆迁人或者拆迁人、被拆迁人与房屋承租人达不成拆迁补偿安置协议，就补偿安置争议向人民法院提起民事诉讼的，人民法院不予受理，并告知当事人可以按照《城市房屋拆迁管理条例》第十六条的规定向有关部门申请裁决。

此复。

最高人民法院关于中电通信科技有限公司与韩国移动通信有限公司、上海奥盛投资有限公司联营合同纠纷管辖权异议一案有关仲裁条款效力问题的请示的复函

[2006年7月20日，〔2006〕民四他字第19号]

北京市高级人民法院：

你院京高法〔2006〕120号《关于中电通信科技有限公司与韩国移动通信有限公司、上海奥盛投资有限公司联营合同纠纷管辖权异议一案有关仲裁条款效力问题的请示》收悉。经研究，答复如下：

本案当事人在《合营公司合同》中约定了仲裁条款，即：有关合同的任何争议，如果中电通信科技有限公司（以下简称中电通信公司）、上海奥盛投资有限公司（以下简称上海奥盛公司）提起仲裁，争议应当在韩国首尔仲裁；如果韩国移动通信有限公司（以下简称韩国移动公司）提起仲裁，争议应当在中国北京仲裁……当事人没有约定认定该仲裁条款效力的准据法，但约定了仲裁地点，本案即应当根据仲裁地的法律认定所涉仲裁条款的效力。根据该仲裁条款的约定，如果韩国公司提起仲裁，仲裁地点即在中国北京，现本案争议系由韩国公司首先提请解决，因此，本案应当根据中国法律认定所涉仲裁条款的效力。

本案所涉仲裁条款没有约定仲裁机构，当事人之间亦没有就仲裁机构达成补充协议，根据《中华人民共和国仲裁法》第十六条、第十八条的规定，应当认定本案所涉仲裁条款无效。北京一中院作为被告住所地的人民法院，对本案享有管辖权。

同意你院的处理意见。同时，请你院提醒北京市第一中级人民法院，在其认定有关仲裁条款无效时，应根据报告制度及时逐级报告我院。

此复。

最高人民法院关于上诉人利比里亚·利比里亚力量船务公司与被上诉人中国·重庆新涪食品有限公司海上货物运输合同纠纷管辖权异议一案的请示的复函

[2006年12月21日，〔2006〕民四他字第26号]

湖北省高级人民法院：

你院鄂高法〔2006〕335号《关于上诉人利比里亚·利比里亚力量船务公司与被上诉人中国·重庆新涪食品有限公司海上货物运输合同纠纷管辖权异议一案的请示》收悉。经研究，答复如下：

本案利比里亚力量船务公司主张租约条款包括仲裁条款已经并入到提单中，但该仲裁条款是在提单背面记载，而未明确记载于提单正面，不应视为有效并入本案提单。因此，租约中的仲裁条款对本案提单持有人中国·重庆新涪食品有限公司不具有约束力。本案所涉海上货物运输目的港是南京，属于武汉海事法院管辖范围。中国·重庆新涪食品有限公司在武汉海事法院提起诉讼，武汉海事法院对本案具有管辖权。

本案实质是确认提单仲裁条款效力

的案件,根据最高人民法院《关于人民法院处理与涉外仲裁及外国仲裁事项有关问题的通知》第一款关于"凡起诉到人民法院的涉外、涉港澳和涉台经济、海事海商纠纷案件,如果当事人在合同中订有仲裁条款或者事后达成仲裁协议,人民法院认为仲裁条款或者仲裁协议无效、失效或者内容不明确无法执行的,在决定受理一方当事人起诉之前,必须报请本辖区所属高级人民法院进行审查;如果高级人民法院同意受理,应将其审查意见报最高人民法院"的规定,需报请我院审批。武汉海事法院在尚未报请之前即作出管辖权裁定不当。同意你院的倾向性意见。

此复。

最高人民法院关于原告中国·北京埃力生进出口有限公司诉被告日本·太阳航行贸易有限公司、新加坡·松加船务有限公司海上运输合同管辖权异议上诉一案的请示的复函

[2007 年 9 月 29 日,〔2007〕民四他字第 14 号]

湖北省高级人民法院:

你院鄂高法〔2007〕197 号《关于原告中国·北京埃力生进出口有限公司诉被告日本·太阳航行贸易有限公司、新加坡·松加船务有限公司海上运输合同管辖权异议上诉一案的请示》收悉。经研究,答复如下:

根据松加船务有限公司签发的提单记载,承运人为松加船务有限公司,通知人为北京埃力生进出口有限公司,收货人凭指示。提单正面约定:"船东对货物的运费、空仓费、滞期费、司法扣押费用及代理律师的费用等享有留置权,即使货物已交付给承运人或提单持有人或保管人。如果租约未能足够包含上述条款,则提单项下所产生的任何纠纷应提交伦敦或纽约仲裁,船东/承运人享有选择权,具体按 SHELLVOY84 仲裁条款的规定。"松加船务有限公司认为提单仲裁条款对于提单持有人北京埃力生进出口有限公司具有效力,并以此为由提出管辖权异议。

本院认为,涉案提单是基于租船合同而签发,提单正面记载的仲裁条款不属于租约仲裁条款并入提单,应是提单仲裁条款的约定。根据海商法第九十五条的规定,作为承运人的松加船务有限公司与持有提单的北京埃力生进出口有限公司之间的权利、义务关系应当适用涉案提单的约定。虽然涉案提单正面约定因涉案提单所产生的任何纠纷应提交伦敦或纽约仲裁,但提单仲裁条款的约定属于承运人单方意思表示,对持有提单的北京埃力生进出口有限公司并不具有约束力。同意你院倾向性意见,武汉海事法院对此案具有诉讼管辖权。

此复。

最高人民法院关于订有仲裁条款的合同一方当事人不出庭应诉应如何处理的复函

[2008 年 3 月 26 日,〔2008〕民四他字第 3 号]

山东省高级人民法院:

你院《关于订有仲裁条款的合同一

方当事人不出庭应诉应如何处理的请示》收悉。经研究，答复如下：

根据《中华人民共和国和民事诉讼法》第一百一十一条第(二)项、第二百五十七条第一款关于订有仲裁条款的当事人不得向人民法院起诉的规定，应当告知原告向仲裁机构申请仲裁。你院受理后发现有仲裁条款的，应先审查确定仲裁条款的效力。如仲裁条款有效，被告经合法传唤未答辩应诉，不能据此认为其放弃仲裁并认定人民法院取得管辖权。如果本案所涉及仲裁条款有效、原告仍坚持起诉，你院应驳回原告的起诉。

同意你院的倾向性意见。

最高人民法院关于广州市迪泰通讯有限公司、海南经济特区产权交易中心、海南证华非上市公司股权登记服务有限公司、翟希亚与因特模式信息技术(深圳)有限公司、INTERMOST CORPORATION 股权转让合同纠纷管辖权异议案中仲裁条款效力问题的请示的答复

[2008年11月18日，[2008]民四他字第37号]

海南省高级人民法院：

你院[2008]琼民抗字第2号《关于广州市迪泰通讯有限公司、海南经济特区产权交易中心、海南证华非上市公司股权登记服务有限公司、翟希亚与因特模式信息技术(深圳)有限公司、INTERMOST CORPORATION 股权转让合同纠纷管辖权异议案中仲裁条款效力问题的请示》收悉。经研究，答复如下：

一、本案系广州市迪泰通讯有限公司、海南经济特区产权交易中心、海南证华非上市公司股权登记服务有限公司、翟希亚与因特模式信息技术(深圳)有限公司、INTERMOST CORPORATION 因履行《海南谐合金融创新产品开发有限公司股权转让协议》产生的涉外商事合同纠纷，当事人在该合同书中订有仲裁协议。因 INTERMOST CORPORATION 是在英属维尔京群岛注册成立的公司，故该仲裁协议属于涉外仲裁协议。依据《最高人民法院关于适用〈中华人民共和国仲裁法〉若干问题的解释》第十六条的规定，对涉外仲裁协议效力的审查，适用当事人约定的法律；当事人没有约定适用的法律但约定了仲裁地的，适用仲裁地法律；没有约定适用的法律也没有约定仲裁地或者仲裁地约定不明的，适用法院地法律。

本案当事人在《海南谐合金融创新产品开发有限公司股权转让协议》的仲裁条款中没有约定适用的法律，也没有约定仲裁地，故对合同中涉外仲裁条款效力的审查，应适用法院地法律即我国法律。

二、本案当事人在2004年12月11日签订的《海南谐合金融创新产品开发有限公司股权转让协议》第7.4条中约定："如合作出现分歧，五方协商不能解决，则通过中国国际商事仲裁院深圳分院仲裁裁决"。因该仲裁条款约定的仲裁机构不存在，当事人也未就仲裁机构达成补充协议，故根据《中华人民共和国仲裁法》第十八条的规定，应认定上述仲裁条款无效。没有证据证明当事人的该约定系对"中国国际经济贸易仲裁委员会华南分会"或者"中国国际商会仲裁院华南

分院"的笔误。

同意你院认为仲裁协议对仲裁机构的约定不明确，应属无效条款，人民法院对本案有管辖权，海南省人民检察院的抗诉意见应予支持的处理意见。

三、本案系涉外股权转让纠纷案件审理过程中出现的管辖权异议。根据我院《关于涉外民商事案件诉讼管辖若干问题的规定》，如海口市龙华区人民法院对本案不具有管辖权，则本案应严格按照我院规定移送有管辖权的法院进行审理。

此复。

最高人民法院关于原告太平洋财产保险股份有限公司上海分公司诉被告太阳海运有限公司、远洋货船有限公司、联合王国保赔协会海上货物运输合同纠纷管辖权异议案请示的复函

[2009年2月24日，〔2008〕民四他字第50号]

湖北省高级人民法院：

你院鄂高法〔2008〕393号《关于原告太平洋财产保险股份有限公司上海分公司诉被告太阳海运有限公司、远洋货船有限公司、联合王国保赔协会海上货物运输合同纠纷管辖权异议案的请示》收悉。经研究，答复如下：

本案提单为租船合同项下的格式提单，提单正面虽然载明租船合同仲裁条款并入本提单，但并没有明确记载被并入提单的租船合同当事人名称及订立日期，属于被并入的租船合同不明确，被告主张租船合同中的仲裁条款并入提单没有事实依据，提单正面并入租船合同仲裁条款的记载不产生约束提单持有人及其保险人的合同效力，本案原告有权以保险代位求偿人身份提起诉讼。本案货物运输目的港为南通港，根据最高人民法院颁布的海事法院受理案件范围和管辖区域的有关规定，武汉海事法院对本案具有诉讼管辖权。同意你院审查处理意见，驳回被告管辖权异议，本案由武汉海事法院管辖。

此复。

最高人民法院《关于上诉人武钢集团国际经济贸易总公司与被上诉人福州天恒船务有限公司、被上诉人财富国际船务有限公司海上货物运输合同纠纷管辖权异议一案的请示》的复函

[2009年11月4日，〔2009〕民四他字第36号]

湖北省高级人民法院：

你院〔2009〕鄂民四终字第66号《关于上诉人武钢集团国际经济贸易总公司与被上诉人福州天恒船务有限公司、被上诉人财富国际船务有限公司海上货物运输合同纠纷管辖权异议一案的请示》收悉。经研究，答复如下：

本案所涉提单背面条款第1条规定："正面载明日期的租约中所有条款、条件、特权与免责，包括法律适用及仲裁条款都再次明确并入提单。"武钢集团国际经济贸易总公司作为正本提单持有人，虽未参与租约的签订，但明确承认该并入条

款的效力。据此,应认定涉案租约中的仲裁条款有效并入提单。

涉案租约第20条为:"G/A ARBITRATION IF ANY TO BE SETTLED IN HONG KONG WITH ENGLISH LAW TO APPLY;如果仲裁,在香港国际仲裁中心适用英国法律。"中英文表述虽然不尽一致,但含义均为"如果提起仲裁,在香港适用英国法律"。这一约定是双方当事人对涉案纠纷提起仲裁时的仲裁地点和所适用法律作出的特别约定,不构成双方之间唯一的纠纷解决方式,并未排除诉讼管辖。本案的货物运输目的地为南通港,属武汉海事法院地域管辖范围。天恒船务有限公司和财富国际船务有限公司在武汉海事法院提起诉讼,武汉海事法院对本案具有管辖权。

本案系确认涉外仲裁条款效力的案件。根据最高人民法院《关于人民法院处理与涉外仲裁及外国仲裁事项有关问题的通知》第1款关于"凡起诉到人民法院的涉外、涉港澳和涉台经济、海事海商纠纷案件,如果当事人在合同中订有仲裁条款或者事后达成仲裁协议,人民法院认为仲裁条款或者仲裁协议无效、失效或者内容不明确无法执行的,在决定受理一方当事人起诉之前,必须报请本辖区所属高级人民法院进行审查;如果高级人民法院同意受理,应将其审查意见报最高人民法院"的规定,需报请我院审批。武汉海事法院在尚未报请之前即作出管辖权裁定不当,请你院在今后的审判工作中加强指导。

最高人民法院关于审理民事级别管辖异议案件若干问题的规定

[2009年7月20日最高人民法院审判委员会第1471次会议通过,2009年11月12日公布,自2010年1月1日起施行,法释〔2009〕17号]

为正确审理民事级别管辖异议案件,依法维护诉讼秩序和当事人的合法权益,根据《中华人民共和国民事诉讼法》的规定,结合审判实践,制定本规定。

第一条 被告在提交答辩状期间提出管辖权异议,认为受诉人民法院违反级别管辖规定,案件应当由上级人民法院或者下级人民法院管辖的,受诉人民法院应当审查,并在受理异议之日起十五日内作出裁定:

(一)异议不成立的,裁定驳回;

(二)异议成立的,裁定移送有管辖权的人民法院。

第二条 在管辖权异议裁定作出前,原告申请撤回起诉,受诉人民法院作出准予撤回起诉裁定的,对管辖权异议不再审查,并在裁定书中一并写明。

第三条 提交答辩状期间届满后,原告增加诉讼请求金额致使案件标的额超过受诉人民法院级别管辖标准,被告提出管辖权异议,请求由上级人民法院管辖的,人民法院应当按照本规定第一条审查并作出裁定。

第四条 上级人民法院根据民事诉讼法第三十九条第一款的规定,将其管辖的第一审民事案件交由下级人民法院审理的,应当作出裁定。当事人对裁定不服提起上诉的,第二审人民法院应当依法审理并作出裁定。

第五条　对于应由上级人民法院管辖的第一审民事案件,下级人民法院不得报请上级人民法院交其审理。

第六条　被告以受诉人民法院同时违反级别管辖和地域管辖规定为由提出管辖权异议的,受诉人民法院应当一并作出裁定。

第七条　当事人未依法提出管辖权异议,但受诉人民法院发现其没有级别管辖权的,应当将案件移送有管辖权的人民法院审理。

第八条　对人民法院就级别管辖异议作出的裁定,当事人不服提起上诉的,第二审人民法院应当依法审理并作出裁定。

第九条　对于将案件移送上级人民法院管辖的裁定,当事人未提出上诉,但受移送的上级人民法院认为确有错误的,可以依职权裁定撤销。

第十条　经最高人民法院批准的第一审民事案件级别管辖标准的规定,应当作为审理民事级别管辖异议案件的依据。

第十一条　本规定施行前颁布的有关司法解释与本规定不一致的,以本规定为准。

法官行为规范

［2010年12月6日修订发布并施行,法发〔2010〕54号］

为大力弘扬"公正、廉洁、为民"的司法核心价值观,规范法官基本行为,树立良好的司法职业形象,根据《中华人民共和国法官法》和《中华人民共和国公务员法》等法律,制定本规范。

一、一般规定

第一条　忠诚坚定。坚持党的事业至上、人民利益至上、宪法法律至上,在思想上和行动上与党中央保持一致,不得有违背党和国家基本政策以及社会主义司法制度的言行。

第二条　公正司法。坚持以事实为根据、以法律为准绳,平等对待各方当事人,确保实体公正、程序公正和形象公正,努力实现办案法律效果和社会效果的有机统一,不得滥用职权、枉法裁判。

第三条　高效办案。树立效率意识,科学合理安排工作,在法定期限内及时履行职责,努力提高办案效率,不得无故拖延、贻误工作、浪费司法资源。

第四条　清正廉洁。遵守各项廉政规定,不得利用法官职务和身份谋取不正当利益,不得为当事人介绍代理人、辩护人以及中介机构,不得为律师、其他人员介绍案源或者给予其他不当协助。

第五条　一心为民。落实司法为民的各项规定和要求,做到听民声、察民情、知民意,坚持能动司法,树立服务意识,做好诉讼指导、风险提示、法律释明等便民服务,避免"冷硬横推"等不良作风。

第六条　严守纪律。遵守各项纪律规定,不得泄露在审判工作中获取的国家秘密、商业秘密、个人隐私等,不得过问、干预和影响他人正在审理的案件,不得随意发表有损生效裁判严肃性和权威性的言论。

第七条　敬业奉献。热爱人民司法事业,增强职业使命感和荣誉感,加强业务学习,提高司法能力,恪尽职守,任劳任怨,无私奉献,不得麻痹懈怠、玩忽职守。

第八条　加强修养。坚持学习,不断提高自身素质;遵守司法礼仪,执行着装规定,言语文明,举止得体,不得浓妆艳抹,不得佩带与法官身份不相称的饰物,不得参加有损司法职业形象的活动。

二、立　案

第九条　基本要求

(一)保障当事人依法行使诉权,特别关注妇女、儿童、老年人、残疾人等群体的诉讼需求;

(二)便利人民群众诉讼,减少当事人诉累;

(三)确保立案质量,提高立案效率。

第十条　当事人来法院起诉

(一)加强诉讼引导,提供诉讼指导材料;

(二)符合起诉条件的,在法定时间内及时立案;

(三)不符合起诉条件的,不予受理并告知理由,当事人坚持起诉的,裁定不予受理;

(四)已经立案的,不得强迫当事人撤诉;

(五)当事人自愿放弃起诉的,除法律另有规定外,应当准许。

第十一条　当事人口头起诉

(一)告知应当递交书面诉状;

(二)当事人不能书写诉状且委托他人代写有困难的,要求其明确诉讼请求、如实提供案件情况和联络方式,记入笔录并向其宣读,确认无误后交其签名或者捺印。

第十二条　当事人要求上门立案或者远程立案

(一)当事人因肢体残疾行动不便或者身患重病卧床不起等原因,确实无法到法院起诉且没有能力委托代理人的,可以根据实际情况上门接收起诉材料;

(二)当事人所在地离受案法院距离远且案件事实清楚、法律关系明确、争议不大的,可以通过网络或者邮寄的方式接收起诉材料;

(三)对不符合上述条件的当事人,应当告知其到法院起诉。

第十三条　当事人到人民法庭起诉

人民法庭有权受理的,应当接受起诉材料,不得要求当事人到所在基层人民法院立案庭起诉。

第十四条　案件不属于法院主管或者本院管辖

(一)告知当事人不属于法院主管或者本院没有管辖权的理由;

(二)根据案件实际情况,指明主管机关或者有管辖权的法院;

(三)当事人坚持起诉的,裁定不予受理,不得违反管辖规定受理案件。

第十五条　依法应当公诉的案件提起自诉

(一)应当在接受后移送主管机关处理,并且通知当事人;

(二)情况紧急的,应当先采取紧急措施,然后移送主管机关并告知当事人。

第十六条　诉状内容和形式不符合规定

(一)告知按照有关规定进行更正,做到一次讲清要求;

(二)不得因法定起诉要件以外的瑕疵拒绝立案。

第十七条　起诉材料中证据不足

原则上不能以支持诉讼请求的证据不充分为由拒绝立案。

第十八条　遇到疑难复杂情况,不能当场决定是否立案

（一）收下材料并出具收据，告知等待审查结果；

（二）及时审查并在法定期限内将结果通知当事人。

第十九条 发现涉及群体的、矛盾易激化的纠纷

及时向领导汇报并和有关部门联系，积极做好疏导工作，防止矛盾激化。

第二十条 当事人在立案后询问证据是否有效、能否胜诉等实体问题

（一）不得向其提供倾向性意见；

（二）告知此类问题只有经过审理才能确定，要相信法院会公正裁判。

第二十一条 当事人在立案后询问案件处理流程或时间

告知案件处理流程和法定期限，不得以与立案工作无关为由拒绝回答。

第二十二条 当事人预交诉讼费

（一）严格按规定确定数额，不得额外收取或者随意降低；

（二）需要到指定银行交费的，及时告知账号及地点；

（三）确需人民法庭自行收取的，应当按规定出具收据。

第二十三条 当事人未及时交纳诉讼费

（一）符合司法救助条件的，告知可以申请缓交或者减免诉讼费；

（二）不符合司法救助条件的，可以书面形式通知其在规定期限内交费，并告知无正当理由逾期不交诉讼费，将按撤诉处理。

第二十四条 当事人申请诉前财产保全、证据保全等措施

（一）严格审查申请的条件和理由，及时依法作出裁定；

（二）裁定采取保全等措施的，及时依法执行；不符合申请条件的，耐心解释原因；

（三）不得滥用诉前财产保全、证据保全等措施。

第二十五条 当事人自行委托或者申请法院委托司法鉴定

（一）当事人协商一致自行委托的，应当认真审查鉴定情况，对程序合法、结论公正的鉴定意见应当采信；对不符合要求的鉴定意见可以要求重新鉴定，并说明理由；

（二）当事人申请法院委托的，应当及时做出是否准许的决定，并答复当事人；准许进行司法鉴定的，应当按照规定委托鉴定机构及时进行鉴定。

三、庭　　审

第二十六条 基本要求

（一）规范庭审言行，树立良好形象；

（二）增强庭审驾驭能力，确保审判质量；

（三）严格遵循庭审程序，平等保护当事人诉讼权利；

（四）维护庭审秩序，保障审判活动顺利进行。

第二十七条 开庭前的准备

（一）在法定期限内及时通知诉讼各方开庭时间和地点；

（二）公开审理的，应当在法定期限内及时公告；

（三）当事人申请不公开审理的，应当及时审查，符合法定条件的，应当准许；不符合法定条件的，应当公开审理并解释理由；

（四）需要进行庭前证据交换的，应当及时提醒，并主动告知举证时限；

（五）当事人申请法院调取证据的，

如确属当事人无法收集的证据,应当及时调查收集,不得拖延;证据调取不到的,应当主动告知原因;如属于当事人可以自行收集的证据,应当告知其自行收集;

(六)自觉遵守关于回避的法律规定和相关制度,对当事人提出的申请回避请求不予同意的,应当向当事人说明理由;

(七)审理当事人情绪激烈、矛盾容易激化的案件,应当在庭前做好工作预案,防止发生恶性事件。

第二十八条　原定开庭时间需要更改

(一)不得无故更改开庭时间;

(二)因特殊情况确需延期的,应当立即通知当事人及其他诉讼参加人;

(三)无法通知的,应当安排人员在原定庭审时间和地点向当事人及其他诉讼参加人解释。

第二十九条　出庭时注意事项

(一)准时出庭,不迟到,不早退,不缺席;

(二)在进入法庭前必须更换好法官服或者法袍,并保持整洁和庄重,严禁着便装出庭;合议庭成员出庭的着装应当保持统一;

(三)设立法官通道的,应当走法官通道;

(四)一般在当事人、代理人、辩护人、公诉人等入庭后进入法庭,但前述人员迟到、拒不到庭的除外;

(五不得与诉讼各方随意打招呼,不得与一方有特别亲密的言行;

(六)严禁酒后出庭。

第三十条　庭审中的言行

(一)坐姿端正,杜绝各种不雅动作;

(二)集中精力,专注庭审,不做与庭审活动无关的事;

(三)不得在审判席上吸烟、闲聊或者打瞌睡,不得接打电话,不得随意离开审判席;

(四)平等对待与庭审活动有关的人员,不与诉讼中的任何一方有亲近的表示;

(五)礼貌示意当事人及其他诉讼参加人发言;

(六)不得用带有倾向性的语言进行提问,不得与当事人及其他诉讼参加人争吵;

(七)严格按照规定使用法槌,敲击法槌的轻重应当以旁听区能够听见为宜。

第三十一条　对诉讼各方陈述、辩论时间的分配与控制

(一)根据案情和审理需要,公平、合理地分配诉讼各方在庭审中的陈述及辩论时间;

(二)不得随意打断当事人、代理人、辩护人等的陈述;

(三)当事人、代理人、辩护人发表意见重复或与案件无关的,要适当提醒制止,不得以生硬言辞进行指责。

第三十二条　当事人使用方言或者少数民族语言

(一)诉讼一方只能讲方言的,应当准许;他方表示不通晓的,可以由懂方言的人用普通话进行复述,复述应当准确无误;

(二)使用少数民族语言陈述,他方表示不通晓的,应当为其配备翻译。

第三十三条　当事人情绪激动,在法庭上喊冤或者鸣不平

(一)重申当事人必须遵守法庭纪律,法庭将会依法给其陈述时间;

(二)当事人不听劝阻的,应当及时制止;

（三）制止无效的，依照有关规定作出适当处置。

第三十四条　诉讼各方发生争执或者进行人身攻击

（一）及时制止，并对各方进行批评教育，不得偏袒一方；

（二）告诫各方必须围绕案件依序陈述；

（三）对不听劝阻的，依照有关规定作出适当处置。

第三十五条　当事人在庭审笔录上签字

（一）应当告知当事人庭审笔录的法律效力，将庭审笔录交其阅读；无阅读能力的，应当向其宣读，确认无误后再签字、捺印；

（二）当事人指出记录有遗漏或者差错的，经核实后要当场补正并要求当事人在补正处签字、捺印；无遗漏或者差错不应当补正的，应当将其申请记录在案；

（三）未经当事人阅读核对，不得要求其签字、捺印；

（四）当事人放弃阅读核对的，应当要求其签字、捺印；当事人不阅读又不签字、捺印的，应当将情况记录在案。

第三十六条　宣判时注意事项

（一）宣告判决，一律公开进行；

（二）宣判时，合议庭成员或者独任法官应当起立，宣读裁判文书声音要洪亮、清晰、准确无误；

（三）当庭宣判的，应当宣告裁判事项，简要说明裁判理由并告知裁判文书送达的法定期限；

（四）定期宣判的，应当在宣判后立即送达裁判文书；

（五）宣判后，对诉讼各方不能赞成或者指责，对诉讼各方提出的质疑，应当耐心做好解释工作。

第三十七条　案件不能在审限内结案

（一）需要延长审限的，按照规定履行审批手续；

（二）应当在审限届满或者转换程序前的合理时间内，及时将不能审结的原因告知当事人及其他诉讼参加人。

第三十八条　人民检察院提起抗诉

（一）依法立案并按照有关规定进行审理；

（二）应当为检察人员和辩护人、诉讼代理人查阅案卷、复印卷宗材料等提供必要的条件和方便。

四、诉讼调解

第三十九条　基本要求

（一）树立调解理念，增强调解意识，坚持"调解优先、调判结合"，充分发挥调解在解决纠纷中的作用；

（二）切实遵循合法、自愿原则，防止不当调解、片面追求调解率；

（三）讲究方式方法，提高调解能力，努力实现案结事了。

第四十条　在调解过程中与当事人接触

（一）应当征询各方当事人的调解意愿；

（二）根据案件的具体情况，可以分别与各方当事人做调解工作；

（三）在与一方当事人接触时，应当保持公平，避免他方当事人对法官的中立性产生合理怀疑。

第四十一条　只有当事人的代理人参加调解

（一）认真审查代理人是否有特别授权，有特别授权的，可以由其直接参加调解；

（二）未经特别授权的，可以参与调解，达成调解协议的，应当由当事人签字或者盖章，也可以由当事人补办特别授权追认手续，必要时，可以要求当事人亲自参加调解。

第四十二条 一方当事人表示不愿意调解

（一）有调解可能的，应当采用多种方式，积极引导调解；

（二）当事人坚持不愿调解的，不得强迫调解。

第四十三条 调解协议损害他人利益

（一）告知参与调解的当事人应当对涉及到他人权利、义务的约定进行修正；

（二）发现调解协议有损他人利益的，不得确认该调解协议内容的效力。

第四十四条 调解过程中当事人要求对责任问题表态

应当根据案件事实、法律规定以及调解的实际需要进行表态，注意方式方法，努力促成当事人达成调解协议。

第四十五条 当事人对调解方案有分歧

（一）继续做好协调工作，尽量缩小当事人之间的分歧，以便当事人重新选择，争取调解结案；

（二）分歧较大且确实难以调解的，应当及时依法裁判。

五、文 书 制 作

第四十六条 基本要求

（一）严格遵守格式和规范，提高裁判文书制作能力，确保裁判文书质量，维护裁判文书的严肃性和权威性；

（二）普通程序案件的裁判文书应当内容全面、说理透彻、逻辑严密、用语规范、文字精炼；

（三）简易程序案件的裁判文书应当简练、准确、规范；

（四）组成合议庭审理的案件的裁判文书要反映多数人的意见。

第四十七条 裁判文书质量责任的承担

（一）案件承办法官或者独任法官对裁判文书质量负主要责任，其他合议庭成员对裁判文书负有次要责任；

（二）对裁判文书负责审核、签发的法官，应当做到严格审查、认真把关。

第四十八条 对审判程序及审判全过程的叙述

（一）准确叙述当事人的名称、案由、立案时间、开庭审理时间、诉讼参加人到庭等情况；

（二）简易程序转为普通程序的，应当写明转换程序的时间和理由；

（三）追加、变更当事人的，应当写明追加、变更的时间、理由等情况；

（四）应当如实叙述审理管辖异议、委托司法鉴定、评估、审计、延期审理等环节的流程等一些重要事项。

第四十九条 对诉讼各方诉状、答辩状的归纳

（一）简要、准确归纳诉讼各方的诉、辩主张；

（二）应当公平、合理分配篇幅。

第五十条 对当事人质证过程和争议焦点的叙述

（一）简述开庭前证据交换和庭审质证阶段各方当事人质证过程；

（二）准确概括各方当事人争议的焦点；

（三）案件事实、法律关系较复杂的，

应当在准确归纳争议焦点的基础上分段、分节叙述。

第五十一条 普通程序案件的裁判文书对事实认定部分的叙述

（一）表述客观，逻辑严密，用词准确，避免使用明显的褒贬词汇；

（二）准确分析说明各方当事人提交证据采信与否的理由以及被采信的证据能够证明的事实；

（三）对证明责任、证据的证明力以及证明标准等问题应当进行合理解释。

第五十二条 对普通程序案件定性及审理结果的分析论证

（一）应当进行准确、客观、简练的说理，对答辩意见、辩护意见、代理意见等是否采纳要阐述理由；

（二）审理刑事案件，应当根据法律、司法解释的有关规定并结合案件具体事实做出有罪或者无罪的判决，确定有罪的，对法定、酌定的从重、从轻、减轻、免除处罚情节等进行分析认定；

（三）审理民事案件，应当根据法律、法规、司法解释的有关规定，结合个案具体情况，理清案件法律关系，对当事人之间的权利义务关系、责任承担及责任大小等进行详细的归纳评判；

（四）审理行政案件，应当根据法律、法规、司法解释的有关规定，结合案件事实，就行政机关及其工作人员所作的具体行政行为是否合法、原告的合法权益是否被侵害，与被诉具体行政行为之间是否存在因果关系等进行分析论证。

第五十三条 法律条文的引用

（一）在裁判理由部分应当引用法律条款原文，必须引用到法律的条、款、项；

（二）说理中涉及多个争议问题的，应当一论一引；

（三）在判决主文理由部分最终援引法律依据时，只引用法律条款序号。

第五十四条 裁判文书宣告或者送达后发现文字差错

（一）对一般文字差错或者病句，应当及时向当事人说明情况并收回裁判文书，以校对章补正或者重新制作裁判文书；

（二）对重要文字差错或者病句，能立即收回的，当场及时收回并重新制作；无法立即收回的，应当制作裁定予以补正。

六、执　　行

第五十五条 基本要求

（一）依法及时有效执行，确保生效法律文书的严肃性和权威性，维护当事人的合法权益；

（二）坚持文明执行，严格依法采取执行措施，坚决避免不作为和乱作为；

（三）讲求方式方法，注重执行的法律效果和社会效果。

第五十六条 被执行人以特别授权为由要求执行人员找其代理人协商执行事宜

（一）应当从有利于执行考虑，决定是否与被执行人的代理人联系；

（二）确有必要与被执行人本人联系的，应当告知被执行人有义务配合法院执行工作，不得推托。

第五十七条 申请执行人来电或者来访查询案件执行情况

（一）认真做好记录，及时说明执行进展情况；

（二）申请执行人要求查阅有关案卷材料的，应当准许，但法律规定应予保密的除外。

第五十八条 有关当事人要求退还材料原件

应当在核对当事人提交的副本后将原件退还,并由该当事人签字或者盖章后归档备查。

第五十九条 被执行财产的查找

(一)申请执行人向法院提供被执行财产线索的,应当及时进行调查,依法采取相应的执行措施,并将有关情况告知申请执行人;

(二)应当积极依职权查找被执行人财产,并及时依法采取相应执行措施。

第六十条 执行当事人请求和解

(一)及时将和解请求向对方当事人转达,并以适当方式客观说明执行的难度和风险,促成执行当事人达成和解;

(二)当事人拒绝和解的,应当继续依法执行;

(三)申请执行人和被执行人达成和解的,应当制作书面和解协议并归档,或者将口头达成的和解协议内容记入笔录,并由双方当事人签字或者盖章。

第六十一条 执行中的暂缓、中止、终结

(一)严格依照法定条件和程序采取暂缓、中止、终结执行措施;

(二)告知申请执行人暂缓、中止、终结执行所依据的事实和相关法律规定,并耐心做好解释工作;

(三)告知申请执行人暂缓、中止执行后恢复执行的条件和程序;

(四)暂缓、中止、终结执行确有错误的,应当及时依法纠正。

第六十二条 被执行人对受委托法院执行管辖提出异议

(一)审查案件是否符合委托执行条件,不符合条件的,及时向领导汇报,采取适当方式纠正;

(二)符合委托执行条件的,告知被执行人受委托法院受理执行的依据并依法执行。

第六十三条 案外人对执行提出异议

(一)要求案外人提供有关异议的证据材料,并及时进行审查;

(二)根据具体情况,可以对执行财产采取限制性措施,暂不处分;

(三)异议成立的,采取适当方式纠正;异议不成立的,依法予以驳回。

第六十四条 对被执行人财产采取查封、扣押、冻结、拍卖、变卖等措施

(一)严格依照规定办理手续,不得超标的、超金额查封、扣押、冻结被执行人财产;

(二)对采取措施的财产要认真制作清单,记录好种类、数量,并由当事人签字或者盖章予以确认;

(三)严格按照拍卖、变卖的有关规定,依法委托评估、拍卖机构,不得损害当事人合法利益。

第六十五条 执行款的收取

(一)执行款应当直接划入执行款专用账户;

(二)被执行人即时交付现金或者票据的,应当会同被执行人将现金或者票据交法院财务部门,并及时向被执行人出具收据;

(三)异地执行、搜查扣押、小额标的执行或者因情况紧急确需执行人员直接代收现金或者票据的,应当即时向交款人出具收据,并及时移交法院财务部门;

(四)严禁违规向申请执行人和被执行人收取费用。

第六十六条 执行款的划付

(一)应当在规定期限内办理执行费

用和执行款的结算手续,并及时通知申请执行人办理取款手续;

(二)需要延期划付的,应当在期限届满前书面说明原因,并报有关领导审查批准;

(三)申请执行人委托或者指定他人代为收款的,应当审查其委托手续是否齐全、有效,并要求收款人出具合法有效的收款凭证。

第六十七条 被执行人以生效法律文书在实体或者程序上存在错误而不履行

(一)生效法律文书确有错误的,告知当事人可以依法按照审判监督程序申请再审或者申请有关法院补正,并及时向领导报告;

(二)生效法律文书没有错误的,要及时做好解释工作并继续执行。

第六十八条 有关部门和人员不协助执行

(一)应当告知其相关法律规定,做好说服教育工作;

(二)仍拒不协助的,依法采取有关强制措施。

七、涉诉信访处理

第六十九条 基本要求

(一)高度重视并认真做好涉诉信访工作,切实保护信访人合法权益;

(二)及时处理信访事项,努力做到来访有接待、来信有着落、申诉有回复;

(三)依法文明接待,维护人民法院良好形象。

第七十条 对来信的处理

(一)及时审阅并按规定登记,不得私自扣押或者拖延不办;

(二)需要回复和退回有关材料的,应当及时回复、退回;

(三)需要向有关部门和下级法院转办的,应当及时转办。

第七十一条 对来访的接待

(一)及时接待,耐心听取来访人的意见并做好记录;

(二)能当场解答的,应当立即给予答复,不能当场解答的,收取材料并告知按约定期限等待处理结果。

第七十二条 来访人系老弱病残孕者

(一)优先接待;

(二)来访人申请救助的,可以根据情况帮助联系社会救助站;

(三)在接待时来访人出现意外情况的,应当立即采取适当救护措施。

第七十三条 集体来访

(一)向领导报告,及时安排接待并联系有关部门共同处理;

(二)视情况告知选派1至5名代表说明来访目的和理由;

(三)稳定来访人情绪,并做好劝导工作。

第七十四条 信访事项不属于法院职权范围

告知法院无权处理并解释原因,根据信访事项内容指明有权处理机关。

第七十五条 信访事项涉及国家秘密、商业秘密或者个人隐私

(一)妥善保管涉及秘密和个人隐私的材料;

(二)自觉遵守有关规定,不披露、不使用在信访工作中获得的国家秘密、商业秘密或者个人隐私。

第七十六条 信访人反映辖区法院裁判不公、执行不力、审判作风等问题

(一)认真记录信访人所反映的

情况；

（二）对法院裁判不服的，告知其可以依法上诉、申诉或者申请再审；

（三）反映其他问题的，及时将材料转交法院有关部门处理。

第七十七条 信访人反复来信来访催促办理结果

（一）告知规定的办理期限，劝其耐心等待处理结果；

（二）情况紧急的，及时告知承办人或者承办部门；

（三）超过办理期限的，应当告知超期的理由。

第七十八条 信访人对处理结果不满，要求重新处理

（一）处理确实不当的，及时报告领导，按规定进行纠正；

（二）处理结果正确的，应当做好相关解释工作，详细说明处理程序和依据。

第七十九条 来访人表示不解决问题就要滞留法院或者采取其他极端方式

（一）及时进行规劝和教育，避免使用不当言行刺激来访人；

（二）立即向领导报告，积极采取适当措施，防止意外发生。

八、业外活动

第八十条 基本要求

（一）遵守社会公德，遵纪守法；

（二）加强修养，严格自律；

（三）约束业外言行，杜绝与法官形象不相称的、可能影响公正履行职责的不良嗜好和行为，自觉维护法官形象。

第八十一条 受邀请参加座谈、研讨活动

（一）对与案件有利害关系的机关、企事业单位、律师事务所、中介机构等的邀请应当谢绝；

（二）对与案件无利害关系的党、政、军机关、学术团体、群众组织的邀请，经向单位请示获准后方可参加。

第八十二条 受邀请参加各类社团组织或者联谊活动

（一）确需参加在各级民政部门登记注册的社团组织的，及时报告并由所在法院按照法官管理权限审批；

（二）不参加营利性社团组织；

（三）不接受有违清正廉洁要求的吃请、礼品和礼金。

第八十三条 从事写作、授课等活动

（一）在不影响审判工作的前提下，可以利用业余时间从事写作、授课等活动；

（二）在写作、授课过程中，应当避免对具体案件和有关当事人进行评论，不披露或者使用在工作中获得的国家秘密、商业秘密、个人隐私及其他非公开信息；

（三）对于参加司法职务外活动获得的合法报酬，应当依法纳税。

第八十四条 接受新闻媒体与法院工作有关的采访

（一）接受新闻媒体采访必须经组织安排或者批准；

（二）在接受采访时，不发表有损司法公正的言论，不对正在审理中的案件和有关当事人进行评论，不披露在工作中获得的国家秘密、商业秘密、个人隐私及其他非公开信息。

第八十五条 本人或者亲友与他人发生矛盾

（一）保持冷静、克制，通过正当、合法途径解决；

（二）不得利用法官身份寻求特殊照顾，不得妨碍有关部门对问题的解决。

第八十六条　本人及家庭成员遇到纠纷需通过诉讼方式解决

（一）对本人的案件或者以直系亲属代理人身份参加的案件，应当依照有关法律规定，平等地参与诉讼；

（二）在诉讼过程中不以法官身份获取特殊照顾，不利用职权收集所需证据；

（三）对非直系亲属的其他家庭成员的诉讼案件，一般应当让其自行委托诉讼代理人，法官本人不宜作为诉讼代理人参与诉讼。

第八十七条　出入社交场所注意事项

（一）参加社交活动要自觉维护法官形象；

（二）严禁乘警车、穿制服出入营业性娱乐场所。

第八十八条　家人或者朋友约请参与封建迷信活动

（一）不得参加邪教组织或者参与封建迷信活动；

（二）向家人和朋友宣传科学，引导他们相信科学，反对封建迷信；

（三）对利用封建迷信活动违法犯罪的，应当立即向有关组织和公安部门反映。

第八十九条　因私出国（境）探亲、旅游

（一）如实向组织申报所去的国家、地区及返回的时间，经组织同意后方可出行；

（二）准时返回工作岗位；

（三）遵守当地法律，尊重当地民风民俗和宗教习惯；

（四）注意个人形象，维护国家尊严。

九、监督和惩戒

第九十条　各级人民法院要严格要求并督促本院法官遵守本规范，具体由各级法院的政治部门和纪检监察部门负责。

第九十一条　上级人民法院指导、监督下级人民法院对本规范的贯彻执行，最高人民法院指导和监督地方各级人民法院对本规范的贯彻执行。

第九十二条　地方各级人民法院应当结合本院实际，研究制定具体的实施细则或实施办法，切实加强本规范的培训与考核。

第九十三条　各级人民法院广大法官要自觉遵守和执行本规范，对违反本规范的人员，情节较轻且没有危害后果的，进行诫勉谈话和批评教育；构成违纪的，根据人民法院有关纪律处分的规定进行处理；构成违法的，根据法律规定严肃处理。

十、附　　则

第九十四条　人民陪审员以及人民法院其他工作人员参照本规范执行，法官退休后应当参照本规范有关要求约束言行。

第九十五条　本规范由最高人民法院负责解释。

第九十六条　本规范自发布之日起施行，最高人民法院2005年11月4日发布的《法官行为规范（试行）》同时废止。

最高人民法院关于连云港祥顺矿产资源有限公司与尤格兰航运有限公司海上货物运输合同纠纷管辖权异议一案的请示的复函

[2013年2月4日]

天津市高级人民法院：

你院〔2012〕津高民四他字第5号《关于连云港祥顺矿产资源有限公司与尤格兰航运有限公司海上货物运输合同纠纷管辖权异议一案的请示》收悉。经研究，答复如下：

我院认为，尽管提单背面约定了提单正面所示租船合同中的仲裁条款并入提单，但提单背面并入条款的约定不产生约束提单持有人的效力。该提单正面并未载明租船合同中的仲裁条款并入提单。关于"运费按2010年9月19日1015NICKEL号租船合同支付"的记载，亦不能产生租船合同仲裁条款并入提单、约束提单持有人的法律效果。据此，尤格兰航运有限公司不能举证证明其与连云港祥顺矿产资源有限公司之间存在仲裁协议，尤格兰航运有限公司提出管辖权异议，没有事实依据。

同意你院的处理意见，本案是海上货物运输合同纠纷，应由海事法院专门管辖。涉案运输目的地位于天津海事法院管辖地域范围，天津海事法院对本案具有管辖权。

此复。

最高人民法院印发《关于大力推广巡回审判方便人民群众诉讼的意见》的通知

[2010年12月22日，法发〔2010〕59号]

各省、自治区、直辖市高级人民法院，解放军军事法院，新疆维吾尔自治区高级人民法院生产建设兵团分院：

现将《关于大力推广巡回审判方便人民群众诉讼的意见》印发给你们。请结合实际认真贯彻施行。

附：关于大力推广巡回审判方便人民群众诉讼的意见

巡回审判是人民法院基层基础工作的重要组成部分，是立足现有司法资源充分发挥审判职能作用的重要途径。为全面提高巡回审判工作质效，现就大力推广巡回审判，方便人民群众诉讼有关问题，提出以下意见。

一、充分认识大力推广巡回审判方便人民群众诉讼的重要意义

1. 推广巡回审判是深入推进三项重点工作的重要举措。在大力推广巡回审判方便人民群众诉讼过程中，最大限度快捷有效处理当事人的矛盾纠纷，最大限度发现和解决社会管理中存在的问题，最大限度将人民法院特别是基层人民法院、人民法庭各项工作置于人民群众监督之下，对于深入推进社会矛盾化解、社会管理创新以及公正廉洁执法具有重要意义。

2. 推广巡回审判是坚持为大局服务的具体实践。服务党和国家工作大局，是人民法院的历史责任和实现自身发展的

必然要求。大力推广巡回审判，无论是对于着力提高服务大局的针对性，切实解决经济社会发展过程中的突出问题，还是对于增强审判工作辐射效应，争取人民法院工作取得最佳的法律效果和社会效果，都将产生积极作用。

3. 推广巡回审判是深入开展"人民法官为人民"主题实践活动的重要切入点。以大力推广巡回审判方便人民群众诉讼为抓手，深入开展"人民法官为人民"主题实践活动，强化落实各项便民利民措施，可以最大程度上彰显人民司法的人文关怀，让广大人民群众切实感受到人民法院深入开展"人民法官为人民"主题实践活动的成果，同时也是新时期继承和发扬"马锡五审判方式"所蕴含的深入群众、方便群众和服务群众精神的具体体现。

二、立足本地实际，切实增强大力推广巡回审判方便人民群众诉讼的针对性

4. 西部边远地区、少数民族地区以及其他群众诉讼不便地区的基层人民法院，特别是人民法庭，应当逐步确立以巡回审判为主的工作机制。通过大力推广巡回审判，全面提高巡回审判工作质效，切实解决当前在一定程度上存在的司法权不能切实覆盖、人民群众日益增长的司法需求难以得到有效满足的问题。

5. 经济发达和较为发达地区的基层人民法院和人民法庭，要以着力化解经济社会发展中的矛盾纠纷，着力解决影响社会稳定的突出问题，着力提供更加便捷有效的司法服务为出发点开展巡回审判工作。通过大力推广巡回审判，力争做到审判工作优质高效开展与服务当地经济社会又好又快发展两不误、两促进。

三、明确原则目标，坚持制度化、规范化，努力追求巡回审判的高质量和高效率

6. 巡回审判要遵循"面向农村、面向基层、面向群众"和"方便人民群众诉讼、方便人民法院依法独立、公正、高效行使审判权"原则，弘扬公正、廉洁、为民的司法核心价值观，以最大限度满足人民群众日益增长的司法服务需求和化解矛盾、定纷止争为目的，实现法律效果和社会效果的有机统一。注重发挥以案施教、法制宣传的社会功能，凸显司法为民、司法效益的价值追求。

7. 注意发挥人民法庭在大力推广巡回审判工作中的重要作用，确有必要的，基层人民法院也可根据需要组织专门力量开展巡回审判工作。继续贯彻最高人民法院《关于全面加强人民法庭工作的决定》有关人民法庭可以直接立案的规定精神，切实解决人民群众"告状难"问题。按照有利于消除当事人对抗心理和充分实现巡回审判功能要求选择巡回审判地点，针对可能引发的突发事件，还应做好应急预案，维护巡回审判的顺利进行。

8. 建立基层人民法院特别是人民法庭与人民调解组织、村民自治组织、基层司法所等的联系网络，切实增强巡回审判的针对性，防止有限司法资源的浪费。进一步切实贯彻"调解优先、调判结合"司法原则，最大限度地实现诉讼与非诉讼纠纷解决方式的衔接。

9. 加大巡回审判点的建设力度，切实解决巡回审判场所不足的问题。根据当地具体情况，加强与公安、司法行政部门的沟通和联系，在派出人民法庭覆盖不到的地方，充分利用派出所、司法所等现有资源建立相对固定、规范的巡回审

判点。

10. 科学合理地确定人员编制,争取编制管理部门的支持,利用新增政法专项编制,倾斜、充实基层一线,合理配置人力资源,为大力推广巡回审判新机制提供编制组织保障。在西部边远、少数民族地区,要立足当地,积极培养和录取精通双语的少数民族法官和工作人员,为适应西部边远、少数民族地区巡回审判工作打下坚实基础。

11. 尽快解决人民法庭恢复或新建、物质装备和经费保障问题。做好边远地区、少数民族地区及其他群众诉讼不便地区人民法庭恢复或新建工作,解决巡回半径过大的实际问题。根据辖区或者覆盖区域的人口分布、交通条件等情况,配备能够满足巡回审判工作的特种车辆、活动板房(帐篷)、移动办公设备和通讯工具,构建信息共享的网络系统以及必要的网络终端工具,扩大电子签章的使用等,并将维修、养护、油料、巡回审判补助等费用以及折旧、报废等问题纳入法院预算经费范围,确保巡回审判工作的顺利开展。

四、加强监督指导和调查研究

12. 切实加强对本地区巡回审判工作的指导力度。各地要根据本意见要求尽快制定符合本地实际情况的具体指导意见和专门的庭审程序规范,着力做好有利于大力推广巡回审判工作的制度建设。

13. 尽快完善巡回审判工作量的统计工作,采取科学方法,客观反映大力推广巡回审判方便人民群众诉讼的实际情况。强化监督检查工作,避免脱离实际片面追求巡回审判案件数量的错误做法。

14. 对贯彻落实本意见过程中出现的新情况、新问题,要注意认真研究分析成因和对策。积极主动寻求当地党委领导和人大的支持,加强与政府及相关部门的沟通联系,对本地区难以解决的问题和困难,要及时向上级人民法院报告,必要时应层报我院。

最高人民法院关于巡回法庭审理案件若干问题的规定

[2015年1月5日最高人民法院审判委员会第1640次会议通过,2015年1月28日公布,自2015年2月1日起施行,法释〔2015〕3号,根据2016年12月19日最高人民法院审判委员会第1704次会议《最高人民法院关于修改〈最高人民法院关于巡回法庭审理案件若干问题的规定〉的决定》修正,该修正于2016年12月27日公布,自2016年12月28日起施行]

为依法及时公正审理跨行政区域重大行政和民商事等案件,推动审判工作重心下移,就地解决纠纷、方便当事人诉讼,根据《中华人民共和国人民法院组织法》《中华人民共和国行政诉讼法》《中华人民共和国民事诉讼法》《中华人民共和国刑事诉讼法》等法律以及有关司法解释,结合最高人民法院审判工作实际,就最高人民法院巡回法庭(简称巡回法庭)审理案件等问题规定如下:

第一条 最高人民法院设立巡回法庭,受理巡回区内相关案件。第一巡回法庭设在广东省深圳市,巡回区为广东、广西、海南、湖南四省区。第二巡回法庭设在辽宁省沈阳市,巡回区为辽宁、吉林、黑龙江三省。第三巡回法庭设在江苏省南京市,巡回区为江苏、上海、浙江、福建、江西五省市。第四巡回法庭设在河南省郑州市，巡回区为河南、山西、湖北、安徽四省。第五巡回法庭设在重庆市，巡回区为重庆、四川、贵州、云南、西藏五省区。第六巡回法庭设在陕西省西安市，巡回区为陕西、甘肃、青海、宁夏、新疆五省区。最高人民法院本部直接受理北京、天津、河北、山东、内蒙古五省区市有关案件。

最高人民法院根据有关规定和审判工作需要，可以增设巡回法庭，并调整巡回法庭的巡回区和案件受理范围。

第二条 巡回法庭是最高人民法院派出的常设审判机构。巡回法庭作出的判决、裁定和决定，是最高人民法院的判决、裁定和决定。

第三条 巡回法庭审理或者办理巡回区内应当由最高人民法院受理的以下案件：

（一）全国范围内重大、复杂的第一审行政案件；

（二）在全国有重大影响的第一审民商事案件；

（三）不服高级人民法院作出的第一审行政或者民商事判决、裁定提起上诉的案件；

（四）对高级人民法院作出的已经发生法律效力的行政或者民商事判决、裁定、调解书申请再审的案件；

（五）刑事申诉案件；

（六）依法定职权提起再审的案件；

（七）不服高级人民法院作出的罚款、拘留决定申请复议的案件；

（八）高级人民法院因管辖权问题报请最高人民法院裁定或者决定的案件；

（九）高级人民法院报请批准延长审限的案件；

（十）涉港澳台民商事案件和司法协助案件；

（十一）最高人民法院认为应当由巡回法庭审理或者办理的其他案件。

巡回法庭依法办理巡回区内向最高人民法院提出的来信来访事项。

第四条 知识产权、涉外商事、海事海商、死刑复核、国家赔偿、执行案件和最高人民检察院抗诉的案件暂由最高人民法院本部审理或者办理。

第五条 巡回法庭设立诉讼服务中心，接受并登记属于巡回法庭受案范围的案件材料，为当事人提供诉讼服务。对于依照本规定应当由最高人民法院本部受理案件的材料，当事人要求巡回法庭转交的，巡回法庭应当转交。

巡回法庭对于符合立案条件的案件，应当在最高人民法院办案信息平台统一编号立案。

第六条 当事人不服巡回区内高级人民法院作出的第一审行政或者民商事判决、裁定提起上诉的，上诉状应当通过原审人民法院向巡回法庭提出。当事人直接向巡回法庭上诉的，巡回法庭应当在五日内将上诉状移交原审人民法院。原审人民法院收到上诉状、答辩状，应当在五日内连同全部案卷和证据，报送巡回法庭。

第七条 当事人对巡回区内高级人民法院作出的已经发生法律效力的判决、裁定申请再审或者申诉的，应当向巡回法庭提交再审申请书、申诉书等材料。

第八条 最高人民法院认为巡回法庭受理的案件对统一法律适用有重大指导意义的，可以决定由本部审理。

巡回法庭对于已经受理的案件，认为对统一法律适用有重大指导意义的，可以报请最高人民法院本部审理。

第九条 巡回法庭根据审判工作需

要,可以在巡回区内巡回审理案件、接待来访。

第十条 巡回法庭按照让审理者裁判、由裁判者负责原则,实行主审法官、合议庭办案责任制。巡回法庭主审法官由最高人民法院从办案能力突出、审判经验丰富的审判人员中选派。巡回法庭的合议庭由主审法官组成。

第十一条 巡回法庭庭长、副庭长应当参加合议庭审理案件。合议庭审理案件时,由承办案件的主审法官担任审判长。庭长或者副庭长参加合议庭审理案件时,自己担任审判长。巡回法庭作出的判决、裁定,经合议庭成员签署后,由审判长签发。

第十二条 巡回法庭受理的案件,统一纳入最高人民法院审判信息综合管理平台进行管理,立案信息、审判流程、裁判文书面向当事人和社会依法公开。

第十三条 巡回法庭设廉政监察员,负责巡回法庭的日常廉政监督工作。

最高人民法院监察局通过受理举报投诉、查处违纪案件、开展司法巡查和审务督察等方式,对巡回法庭及其工作人员进行廉政监督。

最高人民法院关于规范人民法院裁判文书相关表述及依法收转当事人诉讼材料的通知

[2015年3月6日,法〔2015〕57号]

各省、自治区、直辖市高级人民法院,解放军军事法院,新疆维吾尔自治区高级人民法院生产建设兵团分院:

为方便人民群众行使诉讼权利,确保当事人的诉求得到及时妥善处理,现对人民法院民事、行政和国家赔偿裁判文书中"上诉、复议、国家赔偿申请"内容的表述、及时收转当事人诉讼材料工作予以统一规范,通知如下:

一、人民法院审理一审民事、行政案件,做出的可以上诉的判决书、裁定书中涉及"上诉期间和上诉法院"的内容统一表述为:"如不服本判决(裁定),可以在判决书(裁定书)送达之日起十五日(十日)内,向本院递交上诉状,并按对方当事人的人数或者代表人的人数提出副本,上诉于××××人民法院"。

二、人民法院做出的可以向上一级法院申请复议的决定书、裁定书中涉及"申请复议"的内容统一表述为:"如不服本决定(裁定),可以在收到决定书(裁定书)之日起××日内(依据法律、司法解释规定的期限),通过本院向××××人民法院申请复议,也可以直接向××××人民法院申请复议"。

三、人民法院做出的不予受理案件决定书、国家赔偿决定书以及因程序性驳回国家赔偿申请的决定书涉及"申请上一级人民法院赔偿委员会作出赔偿决定"的内容统一表述为:"如不服本决定,可以在决定书送达之日起三十日内通过本院向××××人民法院赔偿委员会申请做出赔偿决定,也可以直接向××××人民法院赔偿委员会申请做出赔偿决定"。

四、当事人直接向第二审人民法院递交上诉状的,第二审人民法院应当办理接收登记,出具接收单据,并自接收之日起五日内将上诉状移交原审人民法院。

做出赔偿义务机关的人民法院做出的赔偿申请书,应当在五日内连同全部案卷和证据,报送上一级人民法院;上一级人民法院的立案期限从收到赔偿申请材料之日起计算。

五、做出判决、裁定或决定的人民法院及其上一级人民法院对当事人提出的上诉、复议申请、国家赔偿申请不得相互推诿。当事人提出的上诉、复议申请、国家赔偿申请的人民法院既不是作出判决、裁定或决定的人民法院,也不是作出判决、裁定或决定的人民法院上一级人民法院的,应当告知其向作出判决、裁定或决定的人民法院递交上诉状、复议申请书、赔偿申请书。

以上通知,请即遵照执行。

最高人民法院关于人民法院登记立案若干问题的规定

[2015年4月13日最高人民法院审判委员会第1647次会议通过,2015年4月15日公布,自2015年5月1日起施行,法释〔2015〕8号]

为保护公民、法人和其他组织依法行使诉权,实现人民法院依法、及时受理案件,根据《中华人民共和国民事诉讼法》《中华人民共和国行政诉讼法》《中华人民共和国刑事诉讼法》等法律规定,制定本规定。

第一条 人民法院对依法应该受理的一审民事起诉、行政起诉和刑事自诉,实行立案登记制。

第二条 对起诉、自诉,人民法院应当一律接收诉状,出具书面凭证并注明收到日期。

对符合法律规定的起诉、自诉,人民法院应当当场予以登记立案。

对不符合法律规定的起诉、自诉,人民法院应当予以释明。

第三条 人民法院应当提供诉状样本,为当事人书写诉状提供示范和指引。

当事人书写诉状确有困难的,可以口头提出,由人民法院记入笔录。符合法律规定的,予以登记立案。

第四条 民事起诉状应当记明以下事项:

(一)原告的姓名、性别、年龄、民族、职业、工作单位、住所、联系方式,法人或者其他组织的名称、住所和法定代表人或者主要负责人的姓名、职务、联系方式;

(二)被告的姓名、性别、工作单位、住所等信息,法人或者其他组织的名称、住所等信息;

(三)诉讼请求和所根据的事实与理由;

(四)证据和证据来源;

(五)有证人的,载明证人姓名和住所。

行政起诉状参照民事起诉状书写。

第五条 刑事自诉状应当记明以下事项:

(一)自诉人或者代为告诉人、被告人的姓名、性别、年龄、民族、文化程度、职业、工作单位、住址、联系方式;

(二)被告人实施犯罪的时间、地点、手段、情节和危害后果等;

(三)具体的诉讼请求;

(四)致送的人民法院和具状时间;

(五)证据的名称、来源等;

(六)有证人的,载明证人的姓名、住所、联系方式等。

第六条 当事人提出起诉、自诉的,应当提交以下材料:

（一）起诉人、自诉人是自然人的，提交身份证明复印件；起诉人、自诉人是法人或者其他组织的，提交营业执照或者组织机构代码证复印件、法定代表人或者主要负责人身份证明书；法人或者其他组织不能提供组织机构代码的，应当提供组织机构被注销的情况说明；

（二）委托起诉或者代为告诉的，应当提交授权委托书、代理人身份证明、代为告诉人身份证明等相关材料；

（三）具体明确的足以使被告或者被告人与他人相区别的姓名或者名称、住所等信息；

（四）起诉状原本和与被告或者被告人及其他当事人人数相符的副本；

（五）与诉请相关的证据或者证明材料。

第七条 当事人提交的诉状和材料不符合要求的，人民法院应当一次性书面告知在指定期限内补正。

当事人在指定期限内补正的，人民法院决定是否立案的期间，自收到补正材料之日起计算。

当事人在指定期限内没有补正的，退回诉状并记录在册；坚持起诉、自诉的，裁定或者决定不予受理、不予立案。

经补正仍不符合要求的，裁定或者决定不予受理、不予立案。

第八条 对当事人提出的起诉、自诉，人民法院当场不能判定是否符合法律规定的，应当作出以下处理：

（一）对民事、行政起诉，应当在收到起诉状之日起七日内决定是否立案；

（二）对刑事自诉，应当在收到自诉状次日起十五日内决定是否立案；

（三）对第三人撤销之诉，应当在收到起诉状之日起三十日内决定是否立案；

（四）对执行异议之诉，应当在收到起诉状之日起十五日内决定是否立案。

人民法院在法定期间内不能判定起诉、自诉是否符合法律规定的，应当先行立案。

第九条 人民法院对起诉、自诉不予受理或者不予立案的，应当出具书面裁定或者决定，并载明理由。

第十条 人民法院对下列起诉、自诉不予登记立案：

（一）违法起诉或者不符合法律规定的；

（二）涉及危害国家主权和领土完整的；

（三）危害国家安全的；

（四）破坏国家统一和民族团结的；

（五）破坏国家宗教政策的；

（六）所诉事项不属于人民法院主管的。

第十一条 登记立案后，当事人未在法定期限内交纳诉讼费的，按撤诉处理，但符合法律规定的缓、减、免交诉讼费条件的除外。

第十二条 登记立案后，人民法院立案庭应当及时将案件移送审判庭审理。

第十三条 对立案工作中存在的不接收诉状，接收诉状后不出具书面凭证，不一次性告知当事人补正诉状内容，以及有案不立、拖延立案、干扰立案、既不立案又不作出裁定或者决定等违法违纪情形，当事人可以向受诉人民法院或者上级人民法院投诉。

人民法院应当在受理投诉之日起十五日内，查明事实，并将情况反馈当事人。发现违法违纪行为的，依法依纪追究相关人员责任；构成犯罪的，依法追究刑事责任。

第十四条　为方便当事人行使诉权，人民法院提供网上立案、预约立案、巡回立案等诉讼服务。

第十五条　人民法院推动多元化纠纷解决机制建设，尊重当事人选择人民调解、行政调解、行业调解、仲裁等多种方式维护权益，化解纠纷。

第十六条　人民法院依法维护登记立案秩序，推进诉讼诚信建设。对干扰立案秩序、虚假诉讼的，根据民事诉讼法、行政诉讼法有关规定予以罚款、拘留；构成犯罪的，依法追究刑事责任。

第十七条　本规定的"起诉"，是指当事人提起民事、行政诉讼；"自诉"，是指当事人提起刑事自诉。

第十八条　强制执行和国家赔偿申请登记立案工作，按照本规定执行。

上诉、申请再审、刑事申诉、执行复议和国家赔偿申诉案件立案工作，不适用本规定。

第十九条　人民法庭登记立案工作，按照本规定执行。

第二十条　本规定自2015年5月1日起施行。以前有关立案的规定与本规定不一致的，按照本规定执行。

人民法院民事裁判文书制作规范

[2016年2月22日最高人民法院审判委员会第1679次会议通过，2016年6月28日公布，自2016年8月1日起施行，法〔2016〕221号]

为指导全国法院民事裁判文书的制作，确保文书撰写做到格式统一、要素齐全、结构完整、繁简得当、逻辑严密、用语准确，提高文书质量，制定本规范。

一、基本要素

文书由标题、正文、落款三部分组成。

标题包括法院名称、文书名称和案号。

正文包括首部、事实、理由、裁判依据、裁判主文、尾部。首部包括诉讼参加人及其基本情况、案件由来和审理经过等；事实包括当事人的诉讼请求、事实和理由，人民法院认定的证据及事实；理由是根据认定的案件事实和法律依据，对当事人的诉讼请求是否成立进行分析评述，阐明理由；裁判依据是人民法院作出裁判所依据的实体法和程序法条文；裁判主文是人民法院对案件实体、程序问题作出的明确、具体、完整的处理决定；尾部包括诉讼费用负担和告知事项。

落款包括署名和日期。

二、标题

标题由法院名称、文书名称和案号构成，例如："××××人民法院民事判决书（民事调解书、民事裁定书）+案号"。

（一）法院名称

法院名称一般应与院印的文字一致。基层人民法院、中级人民法院名称前应冠以省、自治区、直辖市的名称，但军事法院、海事法院、铁路运输法院、知识产权法院等专门人民法院除外。

涉外裁判文书，法院名称前一般应冠以"中华人民共和国"国名；案件当事人中如果没有外国人、无国籍人、外国企业或组织的，地方人民法院、专门人民法院制作的裁判文书标题中的法院名称无需冠以"中华人民共和国"。

（二）案号

案号由收案年度、法院代字、类型代字、案件编号组成。

案号 = "（" + 收案年度 + "）" + 法院代字 + 类型代字 + 案件编号 + "号"。

案号的编制、使用应根据《最高人民法院关于人民法院案件案号的若干规定》等执行。

三、正文

（一）当事人的基本情况

1. 当事人的基本情况包括：诉讼地位和基本信息。

2. 当事人是自然人的，应当写明其姓名、性别、出生年月日、民族、职业或者工作单位和职务、住所。姓名、性别等身份事项以居民身份证、户籍证明为准。

当事人职业或者工作单位和职务不明确的，可以不表述。

当事人住所以其户籍所在地为准；离开户籍所在地有经常居住地的，经常居住地为住所。连续两个当事人的住所相同的，应当分别表述，不用"住所同上"的表述。

3. 有法定代理人或指定代理人的，应当在当事人之后另起一行写明其姓名、性别、职业或工作单位和职务、住所，并在姓名后用括号注明其与当事人的关系。代理人为单位的，写明其名称及其参加诉讼人员的基本信息。

4. 当事人是法人的，写明名称和住所，并另起一行写明法定代表人的姓名和职务。当事人是其他组织的，写明名称和住所，并另起一行写明负责人的姓名和职务。

当事人是个体工商户的，写明经营者的姓名、性别、出生年月日、民族、住所；起有字号的，以营业执照上登记的字号为当事人，并写明该字号经营者的基本信息。

当事人是起字号的个人合伙的，在其姓名之后用括号注明"系……（写明字号）合伙人"。

5. 法人、其他组织、个体工商户、个人合伙的名称应写全称，以其注册登记文件记载的内容为准。

6. 法人或者其他组织的住所是指法人或者其他组织的主要办事机构所在地；主要办事机构所在地不明确的，法人或者其他组织的注册地或者登记地为住所。

7. 当事人为外国人的，应当写明其经过翻译的中文姓名或者名称和住所，并用括号注明其外文姓名或者名称和住所。

外国自然人应当注明其国籍。国籍应当用全称。无国籍人，应当注明无国籍。

港澳台地区的居民在姓名后写明"香港特别行政区居民""澳门特别行政区居民"或"台湾地区居民"。

外国自然人的姓名、性别等基本信息以其护照等身份证明文件记载的内容为准；外国法人或者其他组织的名称、住所等基本信息以其注册登记文件记载的内容为准。

8. 港澳地区当事人的住所，应当冠以"香港特别行政区""澳门特别行政区"。

台湾地区当事人的住所，应当冠以"台湾地区"。

9. 当事人有曾用名，且该曾用名与本案有关联的，裁判文书在当事人现用名之后用括号注明曾用名。

诉讼过程中当事人姓名或名称变更的，裁判文书应当列明变更后的姓名或名称，变更前姓名或名称无需在此处列明。对于姓名或者名称变更的事实，在查明事实部分写明。

10. 诉讼过程中，当事人权利义务继受人参加诉讼的，诉讼地位从其承继的诉讼地位。裁判文书中,继受人为当事人;被继受人在当事人部分不写,在案件由来中写明继受事实。

11. 在代表人诉讼中,被代表或者登记权利的当事人人数众多的,可以采取名单附后的方式表述,"原告×××等×人(名单附后)"。

当事人自行参加诉讼的,要写明其诉讼地位及基本信息。

12. 当事人诉讼地位在前,其后写当事人姓名或者名称,两者之间用冒号。当事人姓名或者名称之后,用逗号。

(二) 委托诉讼代理人的基本情况

1. 当事人有委托诉讼代理人的,应当在当事人之后另起一行写明为"委托诉讼代理人",并写明委托诉讼代理人的姓名和其他基本情况。有两个委托诉讼代理人的,分行分别写明。

2. 当事人委托近亲属或者本单位工作人员担任委托诉讼代理人的,应当列在第一位,委托外单位的人员或者律师等担任委托诉讼代理人的列在第二位。

3. 当事人委托本单位人员作为委托诉讼代理人的,写明姓名、性别及其工作人员身份。其身份信息可表述为"该单位(如公司、机构、委员会、厂等)工作人员"。

4. 律师、基层法律服务工作者担任委托诉讼代理人的,写明律师、基层法院法律服务工作者的姓名,所在律师事务所的名称、法律服务所的名称及执业身份。其身份信息表述为"××律师事务所律师""××法律服务所法律工作者"。属于提供法律援助的,应当写明法律援助情况。

5. 委托诉讼代理人是当事人近亲属的,应当在姓名后用括号注明其与当事人的关系,写明住所。代理人是当事人所在社区、单位以及有关社会团体推荐的公民的,写明姓名、性别、住所,并在住所之后注明具体由何社区、单位、社会团体推荐。

6. 委托诉讼代理人变更的,裁判文书首部只列写变更后的委托诉讼代理人。对于变更的事实可根据需要写明。

7. 委托诉讼代理人后用冒号,再写委托诉讼代理人姓名。委托诉讼代理人姓名后用逗号。

(三) 当事人的诉讼地位

1. 一审民事案件当事人的诉讼地位表述为"原告""被告"和"第三人"。先写原告,后写被告,再写第三人。有多个原告、被告、第三人的,按照起诉状列明的顺序写。起诉状中未列明的当事人,按照参加诉讼的时间顺序写。

提出反诉的,需在本诉称谓后用括号注明反诉原告、反诉被告。反诉情况在案件由来和事实部分写明。

2. 二审民事案件当事人的诉讼地位表述为"上诉人""被上诉人""第三人""原审原告""原审被告""原审第三人"。先写上诉人,再写被上诉人,后写其他当事人。其他当事人按照原审诉讼地位和顺序写明。被上诉人也提出上诉的,列为"上诉人"。

上诉人和被上诉人之后,用括号注明原审诉讼地位。

3. 再审民事案件当事人的诉讼地位表述为"再审申请人""被申请人"。其他当事人按照原审诉讼地位表述,例如,一审终审的,列为"原审原告""原审被告""原审第三人";二审终审的,列为"二审上诉人""二审被上诉人"等。

再审申请人、被申请人和其他当事人诉讼地位之后,用括号注明一审、二审诉讼地位。

抗诉再审案件（再审检察建议案件），应当写明抗诉机关（再审检察建议机关）及申诉人与被申请人的诉讼地位。案件由来部分写明检察机关出庭人员的基本情况。对于检察机关因国家利益、社会公共利益受损而依职权启动程序的案件，应列明当事人的原审诉讼地位。

4. 第三人撤销之诉案件，当事人的诉讼地位表述为"原告""被告""第三人"。"被告"之后用括号注明原审诉讼地位。

5. 执行异议之诉案件，当事人的诉讼地位表述为"原告""被告""第三人"，并用括号注明当事人在执行异议程序中的诉讼地位。

6. 特别程序案件，当事人的诉讼地位表述为"申请人"。有被申请人的，应当写明被申请人。

选民资格案件，当事人的诉讼地位表述为"起诉人"。

7. 督促程序案件，当事人的诉讼地位表述为"申请人""被申请人"。

公示催告程序案件，当事人的诉讼地位表述为"申请人"；有权利申报人的，表述为"申报人"。申请撤销除权判决的案件，当事人表述为"原告""被告"。

8. 保全案件，当事人的诉讼地位表述为"申请人""被申请人"。

9. 复议案件，当事人的诉讼地位表述为"复议申请人""被申请人"。

10. 执行案件、执行实施案件，当事人的诉讼地位表述为"申请执行人""被执行人"。

执行异议案件，提出异议的当事人或者利害关系人的诉讼地位表述为"异议人"，异议人之后用括号注明案件当事人

或利害关系人，其他未提出异议的当事人亦应分别列明。

案外人异议案件，当事人的诉讼地位表述为"案外人""申请执行人""被执行人"。

（四）案件由来和审理经过

1. 案件由来部分简要写明案件名称与来源。

2. 案件名称是当事人与案由的概括。民事一审案件名称表述为"原告×××与被告×××……（写明案由）一案"。

诉讼参加人名称过长的，可以在案件由来部分第一次出现时用括号注明其简称，表述为"（以下简称×××）"。裁判文书中其他单位或组织名称过长的，也可在首次表述时用括号注明其简称。

诉讼参加人的简称应当规范，需能够准确反映其名称的特点。

3. 案由应当准确反映案件所涉及的民事法律关系的性质，符合最高人民法院有关民事案件案由的规定。

经审理认为立案案由不当的，以经审理确定的案由为准，但应在本院认为部分予以说明。

4. 民事一审案件来源包括：

（1）新收；

（2）有新的事实、证据重新起诉；

（3）上级人民法院发回重审；

（4）上级人民法院指令立案受理；

（5）上级人民法院指定审理；

（6）上级人民法院指定管辖；

（7）其他人民法院移送管辖；

（8）提级管辖。

5. 书写一审案件来源的总体要求是：

（1）新收、重新起诉的，应当写明起

诉人；

（2）上级法院指定管辖、本院提级管辖的，除应当写明起诉人外，还应写明报请上级人民法院指定管辖（报请移送上级人民法院）日期或者下级法院报请指定管辖（下级法院报请移送）日期，以及上级法院或者本院作出管辖裁定日期；

（3）上级法院发回重审、上级法院指令受理、上级法院指定审理、移送管辖的，应当写明原审法院作出裁判的案号及日期，上诉人，上级法院作出裁判的案号及日期、裁判结果，说明引起本案的起因。

6. 一审案件来源为上级人民法院发回重审的，发回重审的案件应当写明"原告×××与被告×××……（写明案由）一案，本院于×××年×月××日作出……（写明案号）民事判决。×××不服该判决，向×××法院提起上诉。×××法院于×××年×月××日作出……（写明案号）裁定，发回重审。本院依法另行组成合议庭……"。

7. 审理经过部分应写明立案日期及庭审情况。

8. 立案日期表述为："本院于×××年×月××日立案后"。

9. 庭审情况包括适用程序、程序转换、审理方式、参加庭审人员等。

10. 适用程序包括普通程序、简易程序、小额诉讼程序和非讼程序。

非讼程序包括特别程序、督促程序、公示催告程序等。

11. 民事一审案件由简易程序（小额诉讼程序）转为普通程序的，审理经过表述为："于×××年××月××日公开/因涉及……不公开（写明不公开开庭的理由）开庭审理了本案，经审理发现有不宜适用简易程序（小额诉讼程序）的情形，裁定转为普通程序，于×××年××月××日再次公开/不公开开庭审理了本案"。

12. 审理方式包括开庭审理和不开庭审理。开庭审理包括公开开庭和不公开开庭。

不公开开庭的情形包括：

（1）因涉及国家秘密不公开开庭；

（2）因涉及个人隐私不公开开庭；

（3）因涉及商业秘密，经当事人申请，决定不公开开庭；

（4）因离婚，经当事人申请，决定不公开开庭；

（5）法律另有规定的。

13. 开庭审理的应写明当事人出庭参加诉讼情况（包括未出庭或者中途退庭情况）；不开庭的，不写。不开庭审理的，应写明不开庭的原因。

14. 当事人未到庭应诉或者中途退庭的，写明经传票传唤，无正当理由拒不到庭或者未经法庭许可中途退庭的情况。

15. 一审庭审情况表述为："本院于×××年××月××日公开/因涉及……（写明不公开开庭的理由）不公开开庭审理了本案，原告×××及其诉讼代理人×××，被告×××及其诉讼代理人×××等到庭参加诉讼。"

16. 对于审理中其他程序性事项，如中止诉讼情况应当写明。对中止诉讼情形，表述为："因……（写明中止诉讼事由），于×××年××月××日裁定中止诉讼，×××年××月××日恢复诉讼。"

（五）事实

1. 裁判文书的事实主要包括：原告起诉的诉讼请求、事实和理由，被告答辩的事实和理由，法院认定的事实和据以定案的证据。

2. 事实首先写明当事人的诉辩意见。按照原告、被告、第三人的顺序依次表述当事人的起诉意见、答辩意见、陈述意见。诉辩意见应当先写明诉讼请求,再写事实和理由。

二审案件先写明当事人的上诉请求等诉辩意见。然后再概述一审当事人的诉讼请求,人民法院认定的事实、裁判理由、裁判结果。

再审案件应当先写明当事人的再审请求等诉辩意见,然后再简要写明原审基本情况。生效判决为一审判决的,原审基本情况应概述一审诉讼请求、法院认定的事实、裁判理由和裁判结果;生效判决为二审判决的,原审基本情况先概述一审诉讼请求、法院认定的事实和裁判结果,再写明二审上诉请求、认定的事实、裁判理由和裁判结果。

3. 诉辩意见不需原文照抄当事人的起诉状或答辩状、代理词内容或起诉、答辩时提供的证据,应当全案考虑当事人在法庭上的诉辩意见和提供的证据综合表述。

4. 当事人在法庭辩论终结前变更诉讼请求或者提出新的请求的,应当在诉称部分中写明。

5. 被告承认原告主张的全部事实的,写明"×××承认×××主张的事实"。被告承认原告主张的部分事实的,写明"×××承认×××主张的……事实"。

被告承认全部诉讼请求的,写明:"×××承认×××的全部诉讼请求"。被告承认部分诉讼请求的,写明被告承认原告的部分诉讼请求的具体内容。

6. 在诉辩意见之后,另起一段简要写明当事人举证、质证的一般情况,表述为:"本案当事人围绕诉讼请求依法提交了证据,本院组织当事人进行了证据交换和质证。"

7. 当事人举证质证一般情况后直接写明人民法院对证据和事实的认定情况。对当事人所提交的证据原则上不一一列明,可以附录全案证据或者证据目录。

对当事人无争议的证据,写明"对当事人无异议的证据,本院予以确认并在卷佐证"。对有争议的证据,应当写明争议的证据名称及人民法院对争议证据认定的意见和理由;对有争议的事实,应当写明事实认定意见和理由。

8. 对于人民法院调取的证据、鉴定意见,经庭审质证后,按照当事人是否有争议分别写明。对逾期提交的证据、非法证据等不予采纳的,应当说明理由。

9. 争议证据认定和事实认定,可以合并写,也可以分开写。分开写的,在证据的审查认定之后,另起一段概括写明法院认定的基本事实,表述为:"根据当事人陈述和经审查确认的证据,本院认定事实如下:……"。

10. 认定的事实,应当重点围绕当事人争议的事实展开。按照民事举证责任分配和证明标准,根据审查认定的证据有无证明力、证明力大小,对待证事实存在与否进行认定。要说明事实认定的结果、认定的理由以及审查判断证据的过程。

11. 认定事实的书写方式应根据案件的具体情况,层次清楚,重点突出,繁简得当,避免遗漏与当事人争议有关的事实。一般按时间先后顺序叙述,或者对法律关系或请求权认定相关的事实着重叙述,对其他事实则可归纳、概括叙述。

综述事实时,可以划分段落层次,亦

可根据情况以"另查明"为引语叙述其他相关事实。

12. 召开庭前会议时或者在庭审归纳争议焦点的,应当写明争议焦点。争议焦点的摆放位置,可以根据争议的内容处理。争议焦点中有证据和事实内容的,可以在当事人诉辩意见之后在当事人争议的证据和事实中写明。争议焦点主要是法律适用问题的,可以在本院认为部分,先写明争议焦点。

13. 适用外国法的,应当叙述查明外国法的事实。

（六）理由

1. 理由部分的核心内容是针对当事人的诉讼请求,根据认定的案件事实,依照法律规定,明确当事人争议的法律关系,阐述原告请求权是否成立,依法应当如何处理。裁判文书说理要做到论理透彻,逻辑严密,精炼易懂,用语准确。

2. 理由部分以"本院认为"作为开头,其后直接写明具体意见。

3. 理由部分应当明确纠纷的性质、案由。原审确定案由错误,二审或者再审予以改正的,应在此部分首先进行叙述并阐明理由。

4. 说理应当围绕争议焦点展开,逐一进行分析论证,层次明确。对争议的法律适用问题,应当根据案件的性质、争议的法律关系、认定的事实,依照法律、司法解释规定的法律适用规则进行分析,作出认定,阐明支持或不予支持的理由。

5. 争议焦点之外,涉及当事人诉讼请求能否成立或者与本案裁判结果有关的问题,也应在说理部分一并进行分析论证。

6. 理由部分需要援引法律、法规、司法解释时,应当准确、完整地写明规范性法律文件的名称、条款项序号和条文内容,不得只引用法律条款项序号,在裁判文书后附相关条文。引用法律条款中的项的,一律使用汉字不加括号,例如:"第一项"。

7. 正在审理的案件在基本案情和法律适用方面与最高人民法院颁布的指导性案例相类似的,应当将指导性案例作为裁判理由引述,并写明指导性案例的编号和裁判要点。

8. 司法指导性文件体现的原则和精神,可在理由部分予以阐述或者援引。

9. 在说理最后,可以另起一段,以"综上所述"引出,对当事人的诉讼请求是否支持进行评述。

（七）裁判依据

1. 引用法律、法规、司法解释时,应当严格适用《最高人民法院关于裁判文书引用法律、法规等规范性法律文件的规定》。

2. 引用多个法律文件的,顺序如下:法律及法律解释、行政法规、地方性法规、自治条例或者单行条例、司法解释;同时引用两部以上法律的,应当先引用基本法律,后引用其他法律;同时引用实体法和程序法的,先引用实体法,后引用程序法。

3. 确需引用的规范性文件之间存在冲突,根据《中华人民共和国立法法》等有关法律规定无法选择适用的,应依法提请有决定权的机关作出裁决,不得自行在裁判文书中认定相关规范性法律文件的效力。

4. 裁判文书不得引用宪法和各级人民法院关于审判工作的指导性文件、会议纪要、各审判业务庭的答复意见以及人民法院与有关部门联合下发的文件作为裁判依据,但其体现的原则和精神可以在说理部分予以阐述。

5. 引用最高人民法院的司法解释时,应当按照公告公布的格式书写。

6. 指导性案例不作为裁判依据引用。

(八)裁判主文

1. 裁判主文中当事人名称应当使用全称。

2. 裁判主文内容必须明确、具体、便于执行。

3. 多名当事人承担责任的,应当写明各当事人承担责任的形式、范围。

4. 有多项给付内容的,应当先写明各项目的名称、金额,再写明累计金额。如:"交通费……元、误工费……元、……,合计……元"。

5. 当事人互负给付义务且内容相同的,应当另起一段写明抵付情况。

6. 对于金钱给付的利息,应当明确利息计算的起止点、计息本金及利率。

7. 一审判决未明确履行期限的,二审判决应当予以纠正。

判决承担利息,当事人提出具体请求数额的,二审法院可以根据当事人请求的数额作出相应判决;当事人没有提出具体请求数额的,可以表述为"按×××利率,自×××年××月××日起计算至×××年××月××日止"。

(九)尾部

1. 尾部应当写明诉讼费用的负担和告知事项。

2. 诉讼费用包括案件受理费和其他诉讼费用。收取诉讼费用的,写明诉讼费用的负担情况。如:"案件受理费……元,由……负担;申请费……元,由……负担"。

3. 诉讼费不属于诉讼争议的事项,不列入裁判主文,在判决主文后另起一段写明。

4. 一审判决中具有金钱给付义务的,应当在所有判项之后另起一行写明:"如果未按本判决指定的期间履行给付金钱义务,应当依照《中华人民共和国民事诉讼法》第二百五十三条的规定,加倍支付迟延履行期间的债务利息。"二审判决具有金钱给付义务的,属于二审改判的,无论一审判决是否写入了上述告知内容,均应在所有判项之后另起一行写明上述告知内容。二审维持原判的判决,如果一审判决已经写明上述告知内容,可不再重复告知。

5. 对依法可以上诉的一审判决,在尾部表述为:"如不服本判决,可以在判决书送达之日起十五日内,向本院递交上诉状,并按对方当事人的人数或者代表人的人数提出副本,上诉于×××人民法院。"

6. 对一审不予受理、驳回起诉、管辖权异议的裁定,尾部表述为:"如不服本裁定,可以在裁定书送达之日起十日内,向本院递交上诉状,并按对方当事人的人数或者代表人的人数提出副本,上诉于×××人民法院。"

四、落款

(一)署名

诉讼文书应当由参加审判案件的合议庭组成人员或者独任审判员署名。

合议庭的审判长,不论审判职务,均署名为"审判长";合议庭成员有审判员的,署名为"审判员";有助理审判员的,署名为"代理审判员";有陪审员的,署名为"人民陪审员"。独任审理的,署名为"审判员"或者"代理审判员"。书记员,署名为"书记员"。

（二）日期

裁判文书落款日期为作出裁判的日期，即裁判文书的签发日期。当庭宣判的，应当写宣判的日期。

（三）核对戳

本部分加盖"本件与原本核对无异"字样的印戳。

五、数字用法

（一）裁判主文的序号使用汉字数字，例："一""二"；

（二）裁判尾部落款时间使用汉字数字，例："二〇一六年八月二十九日"；

（三）案号使用阿拉伯数字，例："（2016）京0101民初1号"；

（四）其他数字用法按照《中华人民共和国国家标准GB/T15835-2011出版物上数字用法》执行。

六、标点符号用法

（一）"被告辩称""本院认为"等词语之后用逗号。

（二）"×××向本院提出诉讼请求""本院认定如下""判决如下""裁定如下"等词语之后用冒号。

（三）裁判项序号后用顿号。

（四）除本规范有明确要求外，其他标点符号用法按照《中华人民共和国国家标准GB/T15834-2011标点符号用法》执行。

七、引用规范

（一）引用法律、法规、司法解释应书写全称并加书名号。

（二）法律全称太长的，也可以简称，简称不使用书名号。可以在第一次出现全称后使用简称，例："《中华人民共和国民事诉讼法》（以下简称民事诉讼法）"。

（三）引用法律、法规和司法解释条文有序号的，书写序号应与法律、法规、司法解释正式文本中的写法一致。

（四）引用公文应先用书名号引标题，后用圆括号引发文字号；引用外文应注明中文译文。

八、印刷标准

（一）纸张标准，A4型纸，成品幅面尺寸为：210 mm×297 mm。

（二）版心尺寸为：156 mm×225 mm，一般每面排22行，每行排28个字。

（三）采用双面印刷；单页页码居右，双页页码居左；印品要字迹清楚、均匀。

（四）标题位于版心下空两行，居中排布。标题中的法院名称和文书名称一般用二号小标宋体字；标题中的法院名称与文书名称分两行排列。

（五）案号之后空二个汉字空格至行末端。

（六）案号、主文等用三号仿宋体字。

（七）落款与正文同处一面。排版后所剩空白处不能容下印章时，可以适当调整行距、字距，不用"此页无正文"的方法解决。审判长、审判员每个字之间空二个汉字空格。审判长、审判员与姓名之间空三个汉字空格，姓名之后空二个汉字空格至行末端。

（八）院印加盖在日期居中位置。院印上不压审判员，下不压书记员，下弧骑年压月在成文时间上。印章国徽底边缘及上下弧以不覆盖文字为限。公章不应歪斜、模糊。

（九）凡裁判文书中出现误写、误算、诉讼费用漏写、误算和其他笔误的，未送达的应重新制作，已送达的应以裁定补正，避免使用校对章。

（十）确需加装封面的应印制封面。封面可参照以下规格制作：

1. 国徽图案高55 mm，宽50 mm。

2. 上页边距为 65 mm,国徽下沿与标题文字上沿之间距离为 75 mm。

3. 标题文字为"××××人民法院××判决书(或裁定书等)",位于国徽图案下方,字体为小标宋体字;标题分两行或三行排列,法院名称字体大小为 30 磅,裁判文书名称字体大小为 36 磅。

4. 封面应庄重、美观,页边距、字体大小及行距可适当进行调整。

九、其他

(一)本规范可以适用于人民法院制作的其他诉讼文书,根据具体文书性质和内容作相应调整。

(二)本规范关于裁判文书的要素和文书格式、标点符号、数字使用、印刷规范等技术化标准,各级人民法院应当认真执行。对于裁判文书正文内容、事实认定和说理部分,可以根据案件的情况合理确定。

(三)逐步推行裁判文书增加二维条形码,增加裁判文书的可识别性。

最高人民法院关于人民法院在互联网公布裁判文书的规定

[2016 年 7 月 25 日最高人民法院审判委员会第 1689 次会议通过,2016 年 8 月 29 日公布,自 2016 年 10 月 1 日起施行,法释〔2016〕19 号]

为贯彻落实审判公开原则,规范人民法院在互联网公布裁判文书工作,促进司法公正,提升司法公信力,根据《中华人民共和国刑事诉讼法》《中华人民共和国民事诉讼法》《中华人民共和国行政诉讼法》等相关规定,结合人民法院工作实际,制定本规定。

第一条 人民法院在互联网公布裁判文书,应当依法、全面、及时、规范。

第二条 中国裁判文书网是全国法院公布裁判文书的统一平台。各级人民法院在本院政务网站及司法公开平台设置中国裁判文书网的链接。

第三条 人民法院作出的下列裁判文书应当在互联网公布:

(一)刑事、民事、行政判决书;

(二)刑事、民事、行政、执行裁定书;

(三)支付令;

(四)刑事、民事、行政、执行驳回申诉通知书;

(五)国家赔偿决定书;

(六)强制医疗决定书或者驳回强制医疗申请的决定书;

(七)刑罚执行与变更决定书;

(八)对妨害诉讼行为、执行行为作出的拘留、罚款决定书,提前解除拘留决定书,因对不服拘留、罚款等制裁决定申请复议而作出的复议决定书;

(九)行政调解书、民事公益诉讼调解书;

(十)其他有中止、终结诉讼程序作用或者对当事人实体权益有影响、对当事人程序权益有重大影响的裁判文书。

第四条 人民法院作出的裁判文书有下列情形之一的,不在互联网公布:

(一)涉及国家秘密的;

(二)未成年人犯罪的;

(三)以调解方式结案或者确认人民调解协议效力的,但为保护国家利益、社会公共利益、他人合法权益确有必要公开的除外;

(四)离婚诉讼或者涉及未成年子女抚养、监护的;

（五）人民法院认为不宜在互联网公布的其他情形。

第五条 人民法院应当在受理案件通知书、应诉通知书中告知当事人在互联网公布裁判文书的范围，并通过政务网站、电子触摸屏、诉讼指南等多种方式，向公众告知人民法院在互联网公布裁判文书的相关规定。

第六条 不在互联网公布的裁判文书，应当公布案号、审理法院、裁判日期及不公开理由，但公布上述信息可能泄露国家秘密的除外。

第七条 发生法律效力的裁判文书，应当在裁判文书生效之日起七个工作日内在互联网公布。依法提起抗诉或者上诉的一审判决书、裁定书，应当在二审裁判生效后七个工作日内在互联网公布。

第八条 人民法院在互联网公布裁判文书时，应当对下列人员的姓名进行隐名处理：

（一）婚姻家庭、继承纠纷案件中的当事人及其法定代理人；

（二）刑事案件被害人及其法定代理人、附带民事诉讼原告人及其法定代理人、证人、鉴定人；

（三）未成年人及其法定代理人。

第九条 根据本规定第八条进行隐名处理时，应当按以下情形处理：

（一）保留姓氏，名字以"某"替代；

（二）对于少数民族姓名，保留第一个字，其余内容以"某"替代；

（三）对于外国人、无国籍人姓名的中文译文，保留第一个字，其余内容以"某"替代；对于外国人、无国籍人的英文姓名，保留第一个英文字母，删除其他内容。

对不同姓名隐名处理后发生重复的，通过在姓名后增加阿拉伯数字进行区分。

第十条 人民法院在互联网公布裁判文书时，应当删除下列信息：

（一）自然人的家庭住址、通讯方式、身份证号码、银行账号、健康状况、车牌号码、动产或不动产权属证书编号等个人信息；

（二）法人以及其他组织的银行账号、车牌号码、动产或不动产权属证书编号等信息；

（三）涉及商业秘密的信息；

（四）家事、人格权益等纠纷中涉及个人隐私的信息；

（五）涉及技术侦查措施的信息；

（六）人民法院认为不宜公开的其他信息。

按照本条第一款删除信息影响对裁判文书正确理解的，用符号"×"作部分替代。

第十一条 人民法院在互联网公布裁判文书，应当保留当事人、法定代理人、委托代理人、辩护人的下列信息：

（一）除根据本规定第八条进行隐名处理的以外，当事人及其法定代理人是自然人的，保留姓名、出生日期、性别、住所地所属县、区；当事人及其法定代理人是法人或其他组织的，保留名称、住所地、组织机构代码，以及法定代表人或主要负责人的姓名、职务；

（二）委托代理人、辩护人是律师或者基层法律服务工作者的，保留姓名、执业证号和律师事务所、基层法律服务机构名称；委托代理人、辩护人是其他人员的，保留姓名、出生日期、性别、住所地所属县、区，以及与当事人的关系。

第十二条 办案法官认为裁判文书具有本规定第四条第五项不宜在互联网

公布情形的,应当提出书面意见及理由,由部门负责人审查后报主管副院长审定。

第十三条　最高人民法院监督指导全国法院在互联网公布裁判文书的工作。高级、中级人民法院监督指导辖区法院在互联网公布裁判文书的工作。

各级人民法院审判管理办公室或者承担审判管理职能的其他机构负责本院在互联网公布裁判文书的管理工作,履行以下职责:

(一)组织、指导在互联网公布裁判文书;

(二)监督、考核在互联网公布裁判文书的工作;

(三)协调处理社会公众对裁判文书公开的投诉和意见;

(四)协调技术部门做好技术支持和保障;

(五)其他相关管理工作。

第十四条　各级人民法院应当依托信息技术将裁判文书公开纳入审判流程管理,减轻裁判文书公开的工作量,实现裁判文书及时、全面、便捷公布。

第十五条　在互联网公布的裁判文书,除依照本规定要求进行技术处理的以外,应当与裁判文书的原本一致。

人民法院对裁判文书中的笔误进行补正的,应当及时在互联网公布补正笔误的裁定书。

办案法官对在互联网公布的裁判文书与裁判文书原本的一致性,以及技术处理的规范性负责。

第十六条　在互联网公布的裁判文书与裁判文书原本不一致或者技术处理不当的,应当及时撤回并在纠正后重新公布。

在互联网公布的裁判文书,经审查存在本规定第四条列明情形的,应当及时撤回,并按照本规定第六条处理。

第十七条　人民法院信息技术服务中心负责中国裁判文书网的运行维护和升级完善,为社会各界合法利用在该网站公开的裁判文书提供便利。

中国裁判文书网根据案件适用不同审判程序的案号,实现裁判文书的相互关联。

第十八条　本规定自2016年10月1日起施行。最高人民法院以前发布的司法解释和规范性文件与本规定不一致的,以本规定为准。

最高人民法院关于适用《中华人民共和国婚姻法》若干问题的解释(二)

[2003年12月4日最高人民法院审判委员会第1299次会议通过,2003年12月25日公布,自2004年4月1日起施行,法释〔2003〕19号,根据2017年2月20日最高人民法院审判委员会第1710次会议《最高人民法院关于适用〈中华人民共和国婚姻法〉若干问题的解释(二)的补充规定》修正,该修正于2017年2月28日公布,自2017年3月1日起施行,法释〔2017〕6号]

为正确审理婚姻家庭纠纷案件,根据《中华人民共和国婚姻法》(以下简称婚姻法)、《中华人民共和国民事诉讼法》等相关法律规定,对人民法院适用婚姻法的有关问题作出如下解释:

第一条　当事人起诉请求解除同居关系的,人民法院不予受理。但当事人请求解除的同居关系,属于婚姻法第三条、第三十二条、第四十六条规定的"有配偶者与他人同居"的,人民法院应当受理并依法予以解除。

当事人因同居期间财产分割或者子女抚养纠纷提起诉讼的,人民法院应当受理。

第二条 人民法院受理申请宣告婚姻无效案件后,经审查确属无效婚姻的,应当依法作出宣告婚姻无效的判决。原告申请撤诉的,不予准许。

第三条 人民法院受理离婚案件后,经审查确属无效婚姻的,应当将婚姻无效的情形告知当事人,并依法作出宣告婚姻无效的判决。

第四条 人民法院审理无效婚姻案件,涉及财产分割和子女抚养的,应当对婚姻效力的认定和其他纠纷的处理分别制作裁判文书。

第五条 夫妻一方或者双方死亡后一年内,生存一方或者利害关系人依据婚姻法第十条的规定申请宣告婚姻无效的,人民法院应当受理。

第六条 利害关系人依据婚姻法第十条的规定,申请人民法院宣告婚姻无效的,利害关系人为申请人,婚姻关系当事人双方为被申请人。

夫妻一方死亡的,生存一方为被申请人。

夫妻双方均已死亡的,不列被申请人。

第七条 人民法院就同一婚姻关系分别受理了离婚和申请宣告婚姻无效案件的,对于离婚案件的审理,应当待申请宣告婚姻无效案件作出判决后进行。

前款所指的婚姻关系被宣告无效后,涉及财产分割和子女抚养的,应当继续审理。

第八条 离婚协议中关于财产分割的条款或者当事人因离婚就财产分割达成的协议,对男女双方具有法律约束力。

当事人因履行上述财产分割协议发生纠纷提起诉讼的,人民法院应当受理。

第九条 男女双方协议离婚后一年内就财产分割问题反悔,请求变更或者撤销财产分割协议的,人民法院应当受理。

人民法院审理后,未发现订立财产分割协议时存在欺诈、胁迫等情形的,应当依法驳回当事人的诉讼请求。

第十条 当事人请求返还按照习俗给付的彩礼的,如果查明属于下列情形,人民法院应当予以支持:

(一)双方未办理结婚登记手续的;

(二)双方办理结婚登记手续但确未共同生活的;

(三)婚前给付并导致给付人生活困难的。

适用前款第(二)、(三)项的规定,应当以双方离婚为条件。

第十一条 婚姻关系存续期间,下列财产属于婚姻法第十七条规定的"其他应当归共同所有的财产":

(一)一方以个人财产投资取得的收益;

(二)男女双方实际取得或者应当取得的住房补贴、住房公积金;

(三)男女双方实际取得或者应当取得的养老保险金、破产安置补偿费。

第十二条 婚姻法第十七条第三项规定的"知识产权的收益",是指婚姻关系存续期间,实际取得或者已经明确可以取得的财产性收益。

第十三条 军人的伤亡保险金、伤残补助金、医药生活补助费属于个人财产。

第十四条　人民法院审理离婚案件，涉及分割发放到军人名下的复员费、自主择业费等一次性费用的，以夫妻婚姻关系存续年限乘以年平均值，所得数额为夫妻共同财产。

前款所称年平均值，是指将发放到军人名下的上述费用总额按具体年限均分得出的数额。其具体年限为人均寿命七十岁与军人入伍时实际年龄的差额。

第十五条　夫妻双方分割共同财产中的股票、债券、投资基金份额等有价证券以及未上市股份有限公司股份时，协商不成或者按市价分配有困难的，人民法院可以根据数量按比例分配。

第十六条　人民法院审理离婚案件，涉及分割夫妻共同财产中以一方名义在有限责任公司的出资额，另一方不是该公司股东的，按以下情形分别处理：

（一）夫妻双方协商一致将出资额部分或者全部转让给该股东的配偶，过半数股东同意、其他股东明确表示放弃优先购买权的，该股东的配偶可以成为该公司股东；

（二）夫妻双方就出资额转让份额和转让价格等事项协商一致后，过半数股东不同意转让，但愿意以同等价格购买该出资额的，人民法院可以对转让出资所得财产进行分割。过半数股东不同意转让，也不愿意以同等价格购买该出资额的，视为其同意转让，该股东的配偶可以成为该公司股东。

用于证明前款规定的过半数股东同意的证据，可以是股东会决议，也可以是当事人通过其他合法途径取得的股东的书面声明材料。

第十七条　人民法院审理离婚案件，涉及分割夫妻共同财产中以一方名义在合伙企业中的出资，另一方不是该企业合伙人的，当夫妻双方协商一致，将其合伙企业中的财产份额全部或者部分转让给对方时，按以下情形分别处理：

（一）其他合伙人一致同意的，该配偶依法取得合伙人地位；

（二）其他合伙人不同意转让，在同等条件下行使优先受让权的，可以对转让所得的财产进行分割；

（三）其他合伙人不同意转让，也不行使优先受让权，但同意该合伙人退伙或者退还部分财产份额的，可以对退还的财产进行分割；

（四）其他合伙人既不同意转让，也不行使优先受让权，又不同意该合伙人退伙或者退还部分财产份额的，视为全体合伙人同意转让，该配偶依法取得合伙人地位。

第十八条　夫妻以一方名义投资设立独资企业的，人民法院分割夫妻在该独资企业中的共同财产时，应当按照以下情形分别处理：

（一）一方主张经营该企业的，对企业资产进行评估后，由取得企业一方给予另一方相应的补偿；

（二）双方均主张经营该企业的，在双方竞价基础上，由取得企业的一方给予另一方相应的补偿；

（三）双方均不愿意经营该企业的，按照《中华人民共和国个人独资企业法》等有关规定办理。

第十九条　由一方婚前承租、婚后用共同财产购买的房屋，房屋权属证书登记在一方名下的，应当认定为夫妻共同财产。

第二十条　双方对夫妻共同财产中的房屋价值及归属无法达成协议时，人民法院按以下情形分别处理：

（一）双方均主张房屋所有权并且同意竞价取得的，应当准许；

（二）一方主张房屋所有权的，由评估机构按市场价格对房屋作出评估，取得房屋所有权的一方应当给予另一方相应的补偿；

（三）双方均不主张房屋所有权的，根据当事人的申请拍卖房屋，就所得价款进行分割。

第二十一条　离婚时双方对尚未取得所有权或者尚未取得完全所有权的房屋有争议且协商不成的，人民法院不宜判决房屋所有权的归属，应当根据实际情况判决由当事人使用。

当事人就前款规定的房屋取得完全所有权后，有争议的，可以另行向人民法院提起诉讼。

第二十二条　当事人结婚前，父母为双方购置房屋出资的，该出资应当认定为对自己子女的个人赠与，但父母明确表示赠与双方的除外。

当事人结婚后，父母为双方购置房屋出资的，该出资应当认定为对夫妻双方的赠与，但父母明确表示赠与一方的除外。

第二十三条　债权人就一方婚前所负个人债务向债务人的配偶主张权利的，人民法院不予支持。但债权人能够证明所负债务用于婚后家庭共同生活的除外。

第二十四条　债权人就婚姻关系存续期间夫妻一方以个人名义所负债务主张权利的，应当按夫妻共同债务处理。但夫妻一方能够证明债权人与债务人明确约定为个人债务，或者能够证明属于婚姻法第十九条第三款规定情形的除外。

夫妻一方与第三人串通，虚构债务，第三人主张权利的，人民法院不予支持。

夫妻一方在从事赌博、吸毒等违法犯罪活动中所负债务，第三人主张权利的，人民法院不予支持。

第二十五条　当事人的离婚协议或者人民法院的判决书、裁定书、调解书已经对夫妻财产分割问题作出处理的，债权人仍有权就夫妻共同债务向男女双方主张权利。

一方就共同债务承担连带清偿责任后，基于离婚协议或者人民法院的法律文书向另一方主张追偿的，人民法院应当支持。

第二十六条　夫或妻一方死亡的，生存一方应当对婚姻关系存续期间的共同债务承担连带清偿责任。

第二十七条　当事人在婚姻登记机关办理离婚登记手续后，以婚姻法第四十六条规定为由向人民法院提出损害赔偿请求的，人民法院应当受理。但当事人在协议离婚时已经明确表示放弃该项请求，或者在办理离婚登记手续一年后提出的，不予支持。

第二十八条　夫妻一方申请对配偶的个人财产或者夫妻共同财产采取保全措施的，人民法院可以在采取保全措施可能造成损失的范围内，根据实际情况，确定合理的财产担保数额。

第二十九条　本解释自2004年4月1日起施行。

本解释施行后，人民法院新受理的一审婚姻家庭纠纷案件，适用本解释。

本解释施行后，此前最高人民法院作出的相关司法解释与本解释相抵触的，以本解释为准。

最高人民法院关于人民法院庭审录音录像的若干规定

[2017年1月25日最高人民法院审判委员会第1708次会议通过,2017年2月22日公布,自2017年3月1日起施行,法释〔2017〕5号]

为保障诉讼参与人诉讼权利,规范庭审活动,提高庭审效率,深化司法公开,促进司法公正,根据《中华人民共和国刑事诉讼法》《中华人民共和国民事诉讼法》《中华人民共和国行政诉讼法》等法律规定,结合审判工作实际,制定本规定。

第一条 人民法院开庭审判案件,应当对庭审活动进行全程录音录像。

第二条 人民法院应当在法庭内配备固定或者移动的录音录像设备。有条件的人民法院可以在法庭安装使用智能语音识别同步转换文字系统。

第三条 庭审录音录像应当自宣布开庭时开始,至闭庭时结束。除下列情形外,庭审录音录像不得人为中断:

(一)休庭;

(二)公开庭审中的不公开举证、质证活动;

(三)不宜录制的调解活动。

负责录音录像的人员应当对录音录像的起止时间、有无中断等情况进行记录并附卷。

第四条 人民法院应当采取叠加同步录制时间或者其他措施保证庭审录音录像的真实和完整。

因设备故障或技术原因导致录音录像不真实、不完整的,负责录音录像的人员应当作出书面说明,经审判长或独任审判员审核签字后附卷。

第五条 人民法院应当使用专门设备在线或离线存储、备份庭审录音录像。因设备故障等原因导致不符合技术标准的录音录像,应当一并存储。

庭审录音录像的归档,按照人民法院电子诉讼档案管理规定执行。

第六条 人民法院通过使用智能语音识别系统同步转换生成的庭审文字记录,经审判人员、书记员、诉讼参与人核对签字后,作为法庭笔录管理和使用。

第七条 诉讼参与人对法庭笔录有异议并申请补正的,书记员可以播放庭审录音录像进行核对、补正;不予补正的,应当将申请记录在案。

第八条 适用简易程序审理民事案件的庭审录音录像,经当事人同意的,可以替代法庭笔录。

第九条 人民法院应当将替代法庭笔录的庭审录音录像同步保存在服务器或者刻录成光盘,并由当事人和其他诉讼参与人对其完整性校验值签字或者采取其他方法进行确认。

第十条 人民法院应当通过审判流程信息公开平台、诉讼服务平台以及其他便民诉讼服务平台,为当事人、辩护律师、诉讼代理人等依法查阅庭审录音录像提供便利。

对提供查阅的录音录像,人民法院应当设置必要的安全防范措施。

第十一条 当事人、辩护律师、诉讼代理人等可以依照规定复制录音或者誊录庭审录音录像,必要时人民法院应当配备相应设施。

第十二条 人民法院可以播放依法

公开审理案件的庭审录音录像。

第十三条　诉讼参与人、旁听人员违反法庭纪律或者有关法律规定，危害法庭安全、扰乱法庭秩序的，人民法院可以通过庭审录音录像进行调查核实，并将其作为追究法律责任的证据。

第十四条　人民检察院、诉讼参与人认为庭审活动不规范或者违反法律规定的，人民法院应当结合庭审录音录像进行调查核实。

第十五条　未经人民法院许可，任何人不得对庭审活动进行录音录像，不得对庭审录音录像进行拍录、复制、删除和迁移。

行为人实施前款行为的，依照规定追究其相应责任。

第十六条　涉及国家秘密、商业秘密、个人隐私等庭审活动的录制，以及对庭审录音录像的存储、查阅、复制、誊录等，应当符合保密管理等相关规定。

第十七条　庭审录音录像涉及的相关技术保障、技术标准和技术规范，由最高人民法院另行制定。

第十八条　人民法院从事其他审判活动或者进行执行、听证、接访等活动需要进行录音录像的，参照本规定执行。

第十九条　本规定自2017年3月1日起施行。最高人民法院此前发布的司法解释及规范性文件与本规定不一致的，以本规定为准。

（十三）简易程序

最高人民法院关于适用简易程序审理民事案件的若干规定

[2003年7月4日最高人民法院审判委员会第1280次会议通过，2003年9月10日公布，自2003年12月1日起施行，法释〔2003〕15号]

为保障和方便当事人依法行使诉讼权利，保证人民法院公正、及时审理民事案件，根据《中华人民共和国民事诉讼法》的有关规定，结合民事审判经验和实际情况，制定本规定。

一、适 用 范 围

第一条　基层人民法院根据《中华人民共和国民事诉讼法》第一百四十二条规定审理简单的民事案件，适用本规定，但有下列情形之一的案件除外：

（一）起诉时被告下落不明的；

（二）发回重审的；

（三）共同诉讼中一方或者双方当事人人数众多的；

（四）法律规定应当适用特别程序、审判监督程序、督促程序、公示催告程序和企业法人破产还债程序的；

（五）人民法院认为不宜适用简易程序进行审理的。

第二条　基层人民法院适用第一审普通程序审理的民事案件，当事人各方自愿选择适用简易程序，经人民法院审查同意，可以适用简易程序进行审理。

人民法院不得违反当事人自愿原则，将普通程序转为简易程序。

第三条 当事人就适用简易程序提出异议,人民法院认为异议成立的,或者人民法院在审理过程中发现不宜适用简易程序的,应当将案件转入普通程序审理。

二、起诉与答辩

第四条 原告本人不能书写起诉状,委托他人代写起诉状确有困难的,可以口头起诉。

原告口头起诉的,人民法院应当将当事人的基本情况、联系方式、诉讼请求、事实及理由予以准确记录,将相关证据予以登记。人民法院应当将上述记录和登记的内容向原告当面宣读,原告认为无误后应当签名或者捺印。

第五条 当事人应当在起诉或者答辩时向人民法院提供自己准确的送达地址、收件人、电话号码等其他联系方式,并签名或者捺印确认。

送达地址应当写明受送达人住所地的邮政编码和详细地址;受送达人是有固定职业的自然人的,其从业的场所可以视为送达地址。

第六条 原告起诉后,人民法院可以采取捎口信、电话、传真、电子邮件等简便方式随时传唤双方当事人、证人。

第七条 双方当事人到庭后,被告同意口头答辩的,人民法院可以当即开庭审理;被告要求书面答辩的,人民法院应当将提交答辩状的期限和开庭的具体日期告知各方当事人,并向当事人说明逾期举证以及拒不到庭的法律后果,由各方当事人在笔录和开庭传票的送达回证上签名或者捺印。

第八条 人民法院按照原告提供的被告的送达地址或者其他联系方式无法通知被告应诉的,应当按以下情况分别处理:

(一)原告提供了被告准确的送达地址,但人民法院无法向被告直接送达或者留置送达应诉通知书的,应当将案件转入普通程序审理;

(二)原告不能提供被告准确的送达地址,人民法院经查证后仍不能确定被告送达地址的,可以被告不明确为由裁定驳回原告起诉。

第九条 被告到庭后拒绝提供自己的送达地址和联系方式的,人民法院应当告知其拒不提供送达地址的后果;经人民法院告知后被告仍然拒不提供的,按下列方式处理:

(一)被告是自然人的,以其户籍登记中的住所地或者经常居住地为送达地址;

(二)被告是法人或者其他组织的,应当以其工商登记或者其他依法登记、备案中的住所地为送达地址。

人民法院应当将上述告知的内容记入笔录。

第十条 因当事人自己提供的送达地址不准确、送达地址变更未及时告知人民法院,或者当事人拒不提供自己的送达地址而导致诉讼文书未能被当事人实际接收的,按下列方式处理:

(一)邮寄送达的,以邮件回执上注明的退回之日视为送达之日;

(二)直接送达的,送达人当场在送达回证上证明情况之日视为送达之日。

上述内容,人民法院应当在原告起诉和被告答辩时以书面或者口头方式告知当事人。

第十一条 受送达的自然人以及他的同住成年家属拒绝签收诉讼文书的,或者法人、其他组织负责收件的人拒绝签收诉讼文书，送达人应当依据《中华人民共和国民事诉讼法》第七十九条的规定邀请有关基层组织或者所在单位的代表到场见证，被邀请的人不愿到场见证的，送达人应当在送达回证上记明拒收事由、时间和地点以及被邀请人不愿到场见证的情形，将诉讼文书留在受送达人的住所或者从业场所，即视为送达。

受送达人的同住成年家属或者法人、其他组织负责收件的人是同一案件中另一方当事人的，不适用前款规定。

三、审理前的准备

第十二条 适用简易程序审理的民事案件，当事人及其诉讼代理人申请人民法院调查收集证据和申请证人出庭作证，应当在举证期限届满前提出，但其提出申请的期限不受《最高人民法院关于民事诉讼证据的若干规定》第十九条第一款、第五十四条第一款的限制。

第十三条 当事人一方或者双方就适用简易程序提出异议后，人民法院应当进行审查，并按下列情形分别处理：

（一）异议成立的，应当将案件转入普通程序审理，并将合议庭的组成人员及相关事项以书面形式通知双方当事人；

（二）异议不成立的，口头告知双方当事人，并将上述内容记入笔录。

转入普通程序审理的民事案件的审理期限自人民法院立案的次日起开始计算。

第十四条 下列民事案件，人民法院在开庭审理时应当先行调解：

（一）婚姻家庭纠纷和继承纠纷；

（二）劳务合同纠纷；

（三）交通事故和工伤事故引起的权利义务关系较为明确的损害赔偿纠纷；

（四）宅基地和相邻关系纠纷；

（五）合伙协议纠纷；

（六）诉讼标的额较小的纠纷。

但是根据案件的性质和当事人的实际情况不能调解或者显然没有调解必要的除外。

第十五条 调解达成协议并经审判人员审核后，双方当事人同意该调解协议经双方签名或者捺印生效的，该调解协议自双方签名或者捺印之日起发生法律效力。当事人要求摘录或者复制该调解协议的，应予准许。

调解协议符合前款规定的，人民法院应当另行制作民事调解书。调解协议生效后一方拒不履行的，另一方可以持民事调解书申请强制执行。

第十六条 人民法院可以当庭告知当事人到人民法院领取民事调解书的具体日期，也可以在当事人达成调解协议的次日起十日内将民事调解书发送给当事人。

第十七条 当事人以民事调解书与调解协议的原意不一致为由提出异议，人民法院审查后认为异议成立的，应当根据调解协议裁定补正民事调解书的相关内容。

四、开庭审理

第十八条 以捎口信、电话、传真、电子邮件等形式发送的开庭通知，未经当事人确认或者没有其他证据足以证明当事人已经收到的，人民法院不得将其作为按撤诉处理和缺席判决的根据。

第十九条 开庭前已经书面或者口头告知当事人诉讼权利义务，或者当事人各方均委托律师代理诉讼的，审判人员除告知当事人申请回避的权利外,可以不再告知当事人其他的诉讼权利义务。

第二十条 对没有委托律师代理诉讼的当事人,审判人员应当对回避、自认、举证责任等相关内容向其作必要的解释或者说明,并在庭审过程中适当提示当事人正确行使诉讼权利、履行诉讼义务,指导当事人进行正常的诉讼活动。

第二十一条 开庭时,审判人员可以根据当事人的诉讼请求和答辩意见归纳出争议焦点,经当事人确认后,由当事人围绕争议焦点举证、质证和辩论。

当事人对案件事实无争议的,审判人员可以在听取当事人就适用法律方面的辩论意见后迳行判决、裁定。

第二十二条 当事人双方同时到基层人民法院请求解决简单的民事纠纷,但未协商举证期限,或者被告一方经简便方式传唤到庭的,当事人在开庭审理时要求当庭举证的,应予准许;当事人当庭举证有困难的,举证的期限由当事人协商决定,但最长不得超过十五日;协商不成的,由人民法院决定。

第二十三条 适用简易程序审理的民事案件,应当一次开庭审结,但人民法院认为确有必要再次开庭的除外。

第二十四条 书记员应当将适用简易程序审理民事案件的全部活动记入笔录。对于下列事项,应当详细记载:

(一)审判人员关于当事人诉讼权利义务的告知、争议焦点的概括、证据的认定和裁判的宣告等重大事项;

(二)当事人申请回避、自认、撤诉、和解等重大事项;

(三)当事人当庭陈述的与其诉讼权利直接相关的其他事项。

第二十五条 庭审结束时,审判人员可以根据案件的审理情况对争议焦点和当事人各方举证、质证和辩论的情况进行简要总结,并就是否同意调解征询当事人的意见。

第二十六条 审判人员在审理过程中发现案情复杂需要转为普通程序的,应当在审限届满前及时作出决定,并书面通知当事人。

五、宣判与送达

第二十七条 适用简易程序审理的民事案件,除人民法院认为不宜当庭宣判的以外,应当当庭宣判。

第二十八条 当庭宣判的案件,除当事人当庭要求邮寄送达的以外,人民法院应当告知当事人或者诉讼代理人领取裁判文书的期间和地点以及逾期不领取的法律后果。上述情况,应当记入笔录。

人民法院已经告知当事人领取裁判文书的期间和地点的,当事人在指定期间内领取裁判文书之日即为送达之日;当事人在指定期间内未领取的,指定领取裁判文书期间届满之日即为送达之日,当事人的上诉期从人民法院指定领取裁判文书期间届满之日的次日起开始计算。

第二十九条 当事人因交通不便或者其他原因要求邮寄送达裁判文书的,人民法院可以按照当事人自己提供的送达地址邮寄送达。

人民法院根据当事人自己提供的送达地址邮寄送达的,邮件回执上注明收到或者退回之日即为送达之日,当事人的上诉期从邮件回执上注明收到或者退回之日的次日起开始计算。

第三十条 原告经传票传唤,无正当理由拒不到庭或者未经法庭许可中途退庭的,可以按撤诉处理;被告经传票传唤,无正当理由拒不到庭或者未经法庭许可中途退庭的，人民法院可以根据原告的诉讼请求及双方已经提交给法庭的证据材料缺席判决。

按撤诉处理或者缺席判决的，人民法院可以按照当事人自己提供的送达地址将裁判文书送达给未到庭的当事人。

第三十一条 定期宣判的案件，定期宣判之日即为送达之日，当事人的上诉期自定期宣判的次日起开始计算。当事人在定期宣判的日期无正当理由未到庭的，不影响该裁判上诉期间的计算。

当事人确有正当理由不能到庭，并在定期宣判前已经告知人民法院的，人民法院可以按照当事人自己提供的送达地址将裁判文书送达给未到庭的当事人。

第三十二条 适用简易程序审理的民事案件，有下列情形之一的，人民法院在制作裁判文书时对认定事实或者判决理由部分可以适当简化：

（一）当事人达成调解协议并需要制作民事调解书的；

（二）一方当事人在诉讼过程中明确表示承认对方全部诉讼请求或者部分诉讼请求的；

（三）当事人对案件事实没有争议或者争议不大的；

（四）涉及个人隐私或者商业秘密的案件，当事人一方要求简化裁判文书中的相关内容，人民法院认为理由正当的；

（五）当事人双方一致同意简化裁判文书的。

六、其　　他

第三十三条 本院已经公布的司法解释与本规定不一致的，以本规定为准。

第三十四条 本规定自 2003 年 12 月 1 日起施行。2003 年 12 月 1 日以后受理的民事案件，适用本规定。

（十四）第二审程序

最高人民法院经济审判庭关于不服第一审判决上诉的案件第二审人民法院可否作出裁定驳回起诉处理问题的电话答复

[1987 年 11 月 2 日]

云南省高级人民法院：

你院 1987 年 9 月 19 日云法字〔1987〕第 37 号"关于不服一审判决上诉的案件，二审人民法院可否作出裁定驳回起诉处理的请示"收悉。经研究答复如下：

同意你院二审法院对当事人不服判决的上诉案件，不能采取直接驳回起诉的意见。二审人民法院如查明一审原告起诉不符合立案受理条件的，应依据民事诉讼法（试行）第一百五十一条第一款第（三）项规定，裁定撤销原判，发回原审人民法院。需要驳回的，由一审法院裁定驳回。

最高人民法院关于原审法院确认合同效力有错误而上诉人未对合同效力提出异议的案件第二审法院可否变更问题的复函

[1991年8月14日,法(经)函〔1991〕85号]

四川省高级人民法院：

你院川法研〔1991〕34号《关于原审法院确认合同效力有错误而上诉人未对合同效力提出异议的案件第二审法院可否变更的请示》收悉。经研究,答复如下：

《中华人民共和国民事诉讼法》第一百五十一条规定："第二审人民法院应当对上诉请求的有关事实和适用法律进行审查。"这一规定并不排斥人民法院在审理上诉案件时,对上诉人在上诉请求中未提出的问题进行审查。如果第二审人民法院发现原判对上诉请求未涉及的问题的处理确有错误,应当在二审中予以纠正。

此复。

最高人民法院关于原告诉讼请求的根据在第二审期间被人民政府撤销的案件第二审法院如何处理问题的复函

[1991年10月24日,〔1991〕民他字第48号]

海南省高级人民法院：

你院琼高法(民)函〔1991〕1号《关于原告诉讼请求的根据在第二审期间被人民政府撤销的案件,第二审程序上如何处理的请示报告》收悉。经我们研究认为,该案原告邓冠英、王文国持琼海县人民政府的决定,要求被告琼海县无线电厂腾退房屋,属于落实侨房政策问题,不属人民法院主管。据此,依照民事诉讼法第一百零八条第一款第四项、第一百五十三条第一款第二项和第一百五十八条的规定,第二审人民法院可以裁定撤销原判,驳回原告起诉。

最高人民法院关于第二审人民法院发现原审人民法院已生效的民事制裁决定确有错误应如何纠正的复函

[1994年11月21日,法经〔1994〕308号]

西藏自治区高级人民法院：

你院藏高法〔1994〕49号请示收悉。经研究,答复如下：

同意你院审判委员会的意见。第二审人民法院纠正一审人民法院已生效的民事制裁决定,可比照我院1986年4月2日法(研)复〔1986〕14号批复的精神处理。即：上级人民法院发现下级人民法院已生效的民事制裁决定确有错误时,应及时予以纠正。纠正的方法,可以口头或者书面通知下级人民法院纠正,也可以使用决定书,撤销下级人民法院的决定。

最高人民法院关于人民法院在再审程序中应当如何处理当事人撤回原抗诉申请问题的复函

[2004年4月20日，法函〔2004〕25号]

云南省高级人民法院：

你院《关于人民检察院因审查当事人申诉而提起抗诉的民事再审案件，申诉人在人民法院审理过程中申请撤诉、是否应当准许的请示》（云高法〔2003〕9号）收悉。经研究，答复如下：

人民法院对于人民检察院提起抗诉的民事案件作出再审裁定后，当事人正式提出撤回原抗诉申请，人民检察院没有撤回抗诉的，人民法院应当裁定终止审理，但原判决、裁定可能违反社会公共利益的除外。

（十五）特别程序

最高人民法院关于审理涉及人民调解协议的民事案件的若干规定

[2002年9月5日最高人民法院审判委员会第1240次会议通过，2002年9月16日公布，自2002年11月1日起施行，法释〔2002〕29号]

为了公正审理涉及人民调解协议的民事案件，根据《中华人民共和国民法通则》、《中华人民共和国合同法》、《中华人民共和国民事诉讼法》，参照《人民调解委员会组织条例》，结合民事审判经验和实际情况，对审理涉及人民调解协议的民事案件的有关问题作如下规定：

第一条　经人民调解委员会调解达成的、有民事权利义务内容，并由双方当事人签字或者盖章的调解协议，具有民事合同性质。当事人应当按照约定履行自己的义务，不得擅自变更或者解除调解协议。

第二条　当事人一方向人民法院起诉，请求对方当事人履行调解协议的，人民法院应当受理。

当事人一方向人民法院起诉，请求变更或者撤销调解协议，或者请求确认调解协议无效的，人民法院应当受理。

第三条　当事人一方起诉请求履行调解协议，对方当事人反驳的，有责任对反驳诉讼请求所依据的事实提供证据予以证明。

当事人一方起诉请求变更或者撤销调解协议，或者请求确认调解协议无效的，有责任对自己的诉讼请求所依据的事实提供证据予以证明。

当事人一方以原纠纷向人民法院起诉，对方当事人以调解协议抗辩的，应当提供调解协议书。

第四条　具备下列条件的，调解协议有效：

（一）当事人具有完全民事行为能力；

（二）意思表示真实；

（三）不违反法律、行政法规的强制性规定或者社会公共利益。

第五条　有下列情形之一的，调解协议无效：

（一）损害国家、集体或者第三人利益；

（二）以合法形式掩盖非法目的；

（三）损害社会公共利益；

（四）违反法律、行政法规的强制性规定。

人民调解委员会强迫调解的，调解协议无效。

第六条　下列调解协议，当事人一方有权请求人民法院变更或者撤销：

（一）因重大误解订立的；

（二）在订立调解协议时显失公平的；

一方以欺诈、胁迫的手段或者乘人之危，使对方在违背真实意思的情况下订立的调解协议，受损害方有权请求人民法院变更或者撤销。

当事人请求变更的，人民法院不得撤销。

第七条　有下列情形之一的，撤销权消灭：

（一）具有撤销权的当事人自知道或者应当知道撤销事由之日起一年内没有行使撤销权；

（二）具有撤销权的当事人知道撤销事由后明确表示或者以自己的行为放弃撤销权。

第八条　无效的调解协议或者被撤销的调解协议自始没有法律约束力。调解协议部分无效，不影响其他部分效力的，其他部分仍然有效。

第九条　调解协议的诉讼时效，适用民法通则第一百三十五条的规定。

原纠纷的诉讼时效因人民调解委员会调解而中断。

调解协议被撤销或者被认定无效后，当事人以原纠纷起诉的，诉讼时效自调解协议被撤销或者被认定无效的判决生效之日起重新计算。

第十条　具有债权内容的调解协议，公证机关依法赋予强制执行效力的，债权人可以向被执行人住所地或者被执行人的财产所在地人民法院申请执行。

第十一条　基层人民法院及其派出的人民法庭审理涉及人民调解协议的民事案件，一般应当适用简易程序。

第十二条　人民法院审理涉及人民调解协议的民事案件，调解协议被人民法院已经发生法律效力的判决变更、撤销，或者被确认无效的，可以适当的方式告知当地的司法行政机关或者人民调解委员会。

第十三条　本规定自2002年11月1日起施行。

人民法院审理民事案件涉及2002年11月1日以后达成的人民调解协议的，适用本规定。

最高人民法院研究室关于四川汶川特大地震发生后受理宣告失踪、死亡案件应如何适用法律问题的答复

[2008年6月5日，法研〔2008〕73号]

四川省高级人民法院：

你院《关于震后受理有关宣告失踪、死亡案件如何适用法律问题的紧急请示》（川高法〔2008〕212号）收悉。经研究，答复如下：

一、根据民事诉讼法第一百六十六条第一款、第一百六十七条的规定。申请宣告失踪、宣告死亡的，应当由利害关系人向下落不明人住所地基层人民法院提出。由于特大地震灾害后，"下落不明人住所地基层人民法院"受到严重破坏，难

以开展审判工作，对申请宣告失踪、宣告死亡的案件不能行使管辖权的，上级人民法院可以依照民事诉讼法第三十七条第二款的规定，指定其他基层人民法院管辖。

二、民事诉讼法第一百六十八条"因意外事故下落不明，经有关机关证明该公民不可能生存的，宣告死亡的公告期间为三个月"中的"有关机关"，主要是指公安机关，也可以包括当地县级以上人民政府，但不包括村民委员会、居民委员会或者下落不明公民的工作单位。

三、民事诉讼法第一百六十八条关于"宣告死亡的公告期间为三个月"的规定明确具体，对公告期间应当严格依照法律规定掌握。

此复。

人力资源和社会保障部关于因失踪被人民法院宣告死亡的离退休人员养老待遇问题的函

［2010年4月12日，人社厅函〔2010〕159号］

安徽省人力资源社会保障厅：

你厅《关于因失踪被人民法院宣告死亡的退休人员养老保险待遇的请示》（皖人社〔2010〕16号）收悉。经研究，函复如下：

基本养老金是离退休人员基本生活的保障。离退休人员因失踪等原因被暂停发放基本养老金的，之后被人民法院宣告死亡，期间被暂停发放的基本养老金不再予以补发；离退休人员被人民法院宣告死亡后，其家属应按规定领取丧葬补助费和一次性抚恤金。当离退休人员再次出现或家属能够提供其仍具有领取养老金资格证明的，经社会保险经办机构核准后，应补发其被暂停发放的基本养老金，在被暂停发放基本养老金期间国家统一部署调整基本养老金的，也应予以补调。

最高人民法院关于人民调解协议司法确认程序的若干规定

［2011年3月21日最高人民法院审判委员会第1515次会议通过，2011年3月23日公布，自2011年3月30日起施行，法释〔2011〕5号］

为了规范经人民调解委员会调解达成的民事调解协议的司法确认程序，进一步建立健全诉讼与非诉讼相衔接的矛盾纠纷解决机制，依照《中华人民共和国民事诉讼法》和《中华人民共和国人民调解法》的规定，结合审判实际，制定本规定。

第一条 当事人根据《中华人民共和国人民调解法》第三十三条的规定共同向人民法院申请确认调解协议的，人民法院应当依法受理。

第二条 当事人申请确认调解协议的，由主持调解的人民调解委员会所在地基层人民法院或者它派出的法庭管辖。

人民法院在立案前委派人民调解委员会调解并达成调解协议，当事人申请司法确认的，由委派的人民法院管辖。

第三条 当事人申请确认调解协议，应当向人民法院提交司法确认申请书、调解协议和身份证明、资格证明，以及与调解协议相关的财产权利证明等证明材料，并提供双方当事人的送达地址、电话号码等联系方式。委托他人代为申请的，必须向人民法院提交由委托人签名或者盖章的授权委托书。

第四条 人民法院收到当事人司法确认申请,应当在三日内决定是否受理。人民法院决定受理的,应当编立"调确字"案号,并及时向当事人送达受理通知书。双方当事人同时到法院申请司法确认的,人民法院可以当即受理并作出是否确认的决定。

有下列情形之一的,人民法院不予受理:

(一)不属于人民法院受理民事案件的范围或者不属于接受申请的人民法院管辖的;

(二)确认身份关系的;

(三)确认收养关系的;

(四)确认婚姻关系的。

第五条 人民法院应当自受理司法确认申请之日起十五日内作出是否确认的决定。因特殊情况需要延长的,经本院院长批准,可以延长十日。

在人民法院作出是否确认的决定前,一方或者双方当事人撤回司法确认申请的,人民法院应当准许。

第六条 人民法院受理司法确认申请后,应当指定一名审判人员对调解协议进行审查。人民法院在必要时可以通知双方当事人同时到场,当面询问当事人。当事人应当向人民法院如实陈述申请确认的调解协议的有关情况,保证提交的证明材料真实、合法。人民法院在审查中,认为当事人的陈述或者提供的证明材料不充分、不完备或者有疑义的,可以要求当事人补充陈述或者补充证明材料。当事人无正当理由未按时补充或者拒不接受询问的,可以按撤回司法确认申请处理。

第七条 具有下列情形之一的,人民法院不予确认调解协议效力:

(一)违反法律、行政法规强制性规定的;

(二)侵害国家利益、社会公共利益的;

(三)侵害案外人合法权益的;

(四)损害社会公序良俗的;

(五)内容不明确,无法确认的;

(六)其他不能进行司法确认的情形。

第八条 人民法院经审查认为调解协议符合确认条件的,应当作出确认决定书;决定不予确认调解协议效力的,应当作出不予确认决定书。

第九条 人民法院依法作出确认决定后,一方当事人拒绝履行或者未全部履行的,对方当事人可以向作出确认决定的人民法院申请强制执行。

第十条 案外人认为经人民法院确认的调解协议侵害其合法权益的,可以自知道或者应当知道权益被侵害之日起一年内,向作出确认决定的人民法院申请撤销确认决定。

第十一条 人民法院办理人民调解协议司法确认案件,不收取费用。

第十二条 人民法院可以将调解协议不予确认的情况定期或者不定期通报同级司法行政机关和相关人民调解委员会。

第十三条 经人民法院建立的调解员名册中的调解员调解达成协议后,当事人申请司法确认的,参照本规定办理。人民法院立案后委托他人调解达成的协议的司法确认,按照《最高人民法院关于人民法院民事调解工作若干问题的规定》(法释〔2004〕12号)的有关规定办理。

（十六）审判监督程序

最高人民法院关于李丽云与丁克义离婚一案可否进行再审的复函

[1992年6月8日，[91]民他字第52号]

河北省高级人民法院：

你院[91]民监字第456号关于李丽云与丁克义离婚一案，可否再审的请示报告收悉。经研究，答复如下：

李丽云与丁克义离婚一案，经第一、二审人民法院审理，在调解和好无效，夫妻感情确已破裂的情况下，按照婚姻法的有关规定判决离婚。根据民事诉讼法第一百八十一条的规定，对已经发生法律效力的解除婚姻关系的判决，当事人不得申请再审。本案判决离婚并无不当，人民法院不宜按照审判监督程序进行再审。请向当事人李丽云讲明不予再审的道理，以及判决离婚的有关法律规定，做好其思想工作。

最高人民法院关于人民检察院提出抗诉按照审判监督程序再审维持原裁判的民事、经济、行政案件，人民检察院再次提出抗诉应否受理的批复

[1995年10月6日，法复[1995]7号]

四川省高级人民法院：

你院关于人民检察院提出抗诉，人民法院按照审判监督程序再审维持原裁判的民事、经济、行政案件，人民检察院再次提出抗诉，人民法院应否受理的请示收悉。经研究，同意你院第一种意见，即上级人民检察院对下级人民法院已经发生法律效力的民事、经济、行政案件提出抗诉的，无论是同级人民法院再审还是指令下级人民法院再审，凡作出维持原裁判的判决、裁定后，原提出抗诉的人民检察院再次提出抗诉的，人民法院不予受理；原提出抗诉的人民检察院的上级人民检察院提出抗诉的，人民法院应当受理。

最高人民法院关于当事人因对不予执行仲裁裁决的裁定不服而申请再审人民法院不予受理的批复

[1996年6月26日，法复[1996]8号]

四川省高级人民法院：

你院川高法[1995]198号《关于当事人认为人民法院对仲裁裁决作出的不予执行的裁定有错误而申请再审，人民法院应否受理的请示》收悉。经研究，答复如下：

依照《中华人民共和国民事诉讼法》第二百一十七条的规定，人民法院对仲裁裁决依法裁定不予执行，当事人不服而申请再审的，没有法律依据，人民法院不予受理。

此复。

最高人民法院关于第二审法院裁定按自动撤回上诉处理的案件第一审法院能否再审问题的批复

[1998年7月31日最高人民法院审判委员会第1009次会议通过,1998年8月10日公布,自1998年8月13日起施行,法释〔1998〕19号]

河南省高级人民法院：

你院豫高法〔1997〕129号《关于再审案件中若干问题的请示》收悉。经研究,答复如下：

在民事诉讼中,上诉人不依法预交上诉案件受理费,或者经传唤无正当理由拒不到庭,由第二人民法院裁定按自动撤回上诉处理后,第一审判决自第二审裁定确定之日起生效。当事人对生效的第一审判决不服,申请再审的,第一人民法院及其上一级人民法院可以依法决定再审,上一级人民法院的同级人民检察院也可以依法提出抗诉。对第二审裁定不服申请再审的,由第二人民法院或其上一级人民法院依法决定是否再审。

此复。

最高人民法院关于当事人对人民法院撤销仲裁裁决的裁定不服申请再审人民法院是否受理问题的批复

[1999年1月29日最高人民法院审判委员会第1042次会议通过,1999年2月11日公布,自1999年2月16日起施行,法释〔1999〕6号]

陕西省高级人民法院：

你院陕高法〔1998〕78号《关于当事人对人民法院撤销仲裁裁决的裁定不服申请再审是否应当受理的请示》收悉。经研究,答复如下：

根据《中华人民共和国仲裁法》第九条规定的精神,当事人对人民法院撤销仲裁裁决的裁定不服申请再审的,人民法院不予受理。

此复。

最高人民法院审判监督庭廉政自律若干规定

[2000年11月8日审判长联席会议通过,2001年3月27日公布并施行]

为更好地履行审判监督职能,根据我院关于党风廉政建设的有关规定,结合审判监督庭的工作实际制定本规定。

第一条 审监庭全体成员要廉洁奉公,秉公执法,依法办案。禁止利用手中的权力谋取不正当利益,不准参与影响或可能影响案件公正审理的活动。

（一）严禁给当事人和其他涉案人员及其亲友通风报信、出谋献策,泄露承办人、合议庭、审判长会议、审判委员会意见及法院内部函件的具体内容；

（二）严禁私自会见案件当事人及其亲友、代理人、辩护人；

（三）严禁私自打电话或用其他方式干预下级法院的审判活动；

通知下级法院暂缓执行的,必须报主管院长批准；中止执行的,必须制作裁定书；

（四）严禁私下要求立案庭立再审案件,形成变相的"自立自审"；

（五）严禁在办理再审案件过程中,

与原审判人员私下沟通,进行"暗箱操作";

（六）严禁向当事人及其亲友、委托的人索取财、物;

（七）严禁接受当事人及其亲友或委托的人的吃请、送礼;

（八）严禁接受案件当事人及其亲友或委托的人在购房和装修住房方面提供的优惠和便利;

（九）严禁接受下级法院可能影响案件公正审理的宴请和礼品;

（十）严禁私自向下级法院、单位或非近亲属索要、借用机动交通工具、通讯工具、办公设备;

（十一）严禁让下级法院、涉案单位或个人报销应当由本人支付的费用,接受其提供的免费旅游、度假、探亲等利益。

第二条　全庭成员必须遵照《最高人民法院审判人员严格执行回避制度的若干规定》执行,要教育并管好自己的配偶、子女和近亲属,不在自己管辖的业务范围内从事可能影响司法公正的活动;不利用职权和职务影响过问配偶、子女和近亲属代理的案件;不得向配偶、子女、近亲属和律师介绍案件。

第三条　审监庭庭长、副庭长在工作中除负责对全庭进行审判纪律管理和自觉履行与院、庭签订的《党风廉政建设责任书》的规定外,还应做到以下几点:

（一）不得利用职权和职务的影响,以了解案件进展、有领导批示或其他事由为名,明示或暗示案件的处理结果,干涉承办人、合议庭审判案件;

（二）庭长、副庭长主持讨论案件时,应按照少数服从多数的原则,并应在最后发表意见;主持讨论其他重大事项时,要充分发扬民主,不搞"一言堂"。

第四条　审判长应对合议庭其他成员进行审判纪律管理,但不得以任何理由、任何方式干涉承办人独立办案,也不得影响其他合议庭对案件的审理。

（一）审判长不是案件承办人,主持合议庭讨论案件时,不得抢先对案件发表结论性意见,以避免导向错误,影响案件的公正审判;

（二）审判长作为案件承办人,必须将全部案卷、阅卷笔录、审查报告等材料交其他合议庭成员审阅,并要保证其他合议庭成员的阅卷时间;

（三）对需要报批的案件,必须及时呈报。

第五条　审判员、助理审判员承办案件,要对所办案件的事实、证据负责,准确适用法律。制作函件、法律文书,必须充分体现合议庭、审判委员会的意见,对领导在函件、法律文书上所做的修改,审判人员不得擅自更改。

第六条　书记员要正确履行职责,积极配合审判人员做好各项工作。

（一）准确记录合议庭、审判长会议成员对案件发表的意见,讨论结束后及时将记录交有关人员审阅签字,不得将记录交给他人阅读;

（二）准确记录对案件当事人、证人询问和讯问的主要内容,在当事人、证人审阅签字之后不得擅自更改;

（三）对法律文书和重要函件的校对要与承办人共同进行,对已经校对无误的稿件不得更改;对涉密稿件的打印要采取保密措施;

（四）案件处理过程中,如有需要呈报的,应订卷后及时呈报。

第七条　庭内勤应当妥善管理好文件和印章,对需要盖章的文书、函件,应核对后盖章并逐一登记。严禁私自使用印章牟取利益。

第八条 审监庭成员如违反上述规定,应按照《人民法院审判员违反审判责任追究办法(试行)》、《人民法院审判纪律处分办法(试行)》给予相应的处理。

本规定自公布之日起施行。

最高人民法院关于审判监督庭庭长、副庭长、审判长签发法律文书权限的暂行规定

[2001年5月17日,法〔2001〕68号]

为积极推进审判方式改革,提高工作效率,根据《人民法院审判长选任办法(试行)》的规定,结合审监庭职责范围,确定审监庭庭长、副庭长、审判长签发法律文书盖院印权限如下:

一、对本院生效裁判进行复查、再审的法律文书签发权限

1. 合议庭一致意见维持原判的,由审判长签发驳回通知书。

2. 合议庭多数意见维持原判,审判长无异议的,由审判长签发驳回通知书;审判长有异议的,由主管副庭长签发驳回通知书。

3. 合议庭决定进行再审,报审判委员会讨论决定维持原判的由庭长签发驳回通知书;决定再审的,报院签发民事再审裁定书、刑事再审决定书。

4. 根据最高人民法院《关于适用〈中华人民共和国民事诉讼法〉若干问题的意见》第210条、211条的规定,决定发回高级人民法院重审的,由主管副庭长签发裁定书;决定驳回起诉的,报院签发裁定书。

5. 民事案件调解结案的,由审判长签发民事再审调解书。

6. 再审判决书、裁定书报院签发。

二、对下级法院生效裁判进行复查、再审的法律文书签发权限

7. 合议庭一致意见维持原判的,由审判长签发驳回通知书;合议庭多数意见维持原判的,民事案件由主管副庭长签发驳回通知书。

8. 合议庭一致意见指令下级人民法院再审的,由审判长签发民事裁定书、刑事决定书;合议庭多数意见指令再审的,由主管副庭长签发民事裁定书、刑事决定书。

9. 合议庭决定由本院提审,审判长会议多数同意的,由主管副庭长签发民事裁定书、刑事决定书。

10. 刑事案件提审后,合议庭一致意见驳回申诉的,由审判长签发裁定书;合议庭多数意见驳回申诉的,由主管副庭长签发裁定书;合议庭决定发回原审人民法院重审的,由主管副庭长签发裁定书。改判原裁判的,报院签发判决书。

11. 民事案件提审后,根据最高人民法院《关于适用〈中华人民共和国民事诉讼法〉若干问题的意见》第210条、211条的规定,决定发回原审人民法院重审的,由主管副庭长签发裁定书;决定驳回起诉的,报院签发裁定书。

调解结案的,由审判长签发民事调解书。

维持原裁判的,由主管副庭长签发民事判决书,改判的,报院签发判决书。

三、最高人民检察院抗诉案件法律文书的签发权限

12. 最高人民检察院对本院或下级

法院生效裁判提出抗诉的案件,经立案庭立案,决定由本院进行再审或提审的,报院签发民事再审裁定书。审理后,报院签发判决书、裁定书或刑事指令再审决定书。

四、死刑复核案件法律文书的签发权限

13. 高级人民法院再审改判被告人死刑,报请本院核准的案件,报审判委员会讨论并报院签发裁判文书、死刑执行令。

14. 依法核准因被告人在死缓考验期内故意犯罪,应当执行死刑的案件,报审判委员会讨论并报院签发裁判文书、死刑执行令。

五、请示案件答复意见的签发权限

15. 对高级人民法院在申诉、申请再审案件复查期间,及按照审判监督程序审理案件中,向本院请示适用法律问题的,一般问题由庭长签发复函;重大疑难问题报院签发批复或复函。

六、其他有关规定

16. 对院领导、领导机关交办的并明确要报结果的申诉、申请再审案件,如果转请下级法院进行复查并要求报告结果的函件,由审判长签发。

17. 调卷函由主管副庭长签发。

18. 紧急情况通知暂缓执行生效民事裁决的函件报院签发;需继续暂缓执行的,由庭长签发。签发后移送执行办通知下级法院。

19. 民事案件的听证通知书、受理(应诉)通知书、传票、送达证等程序性法律文书,由审判长签发。委托鉴定的委托函,由主管副庭长签发。

20. 发回重审的裁定书、指令再审民事裁定书、刑事决定书所附函件的签发权限与裁定书、刑事决定书相同。

21. 根据民事诉讼法第156条的规定,准许或不准许撤诉的裁定书,由审判长签发。

22. 根据民事诉讼法第136条、137条的规定,中止或终结诉讼的裁定书,报院签发。

根据刑事诉讼法第15条的规定,终止审理的裁定书,由审判长签发。

23. 补正裁判文书笔误的裁定书,由审判长签发。

24. 高级人民法院报请延长审限的,由庭长签发批准函。

七、本规定自发布之日起施行。

最高人民法院关于民事损害赔偿案件当事人的再审申请超出原审诉讼请求人民法院是否应当再审问题的批复

[2002年7月15日最高人民法院审判委员会第1231次会议通过,2002年7月18日公布,自2002年7月20日起施行,法释〔2002〕19号]

云南省高级人民法院:

你院云高法〔2001〕8号《关于再审民事案件能否超原判诉讼请求判决的请示》收悉。经研究,答复如下:

根据《中华人民共和国民事诉讼法》第一百七十九条的规定,民事损害赔偿案件当事人的再审申请超出原审诉讼请求,或者当事人在原审判决、裁定执行终结前,以物价变动等为由向人民法院申请再审的,人民法院应当依法予以驳回。

此复。

最高人民法院关于当事人对驳回其申请撤销仲裁裁决的裁定不服而申请再审，人民法院不予受理问题的批复

〔2004年7月20日最高人民法院审判委员会第1320次会议通过，2004年7月26日公布，自2004年7月29日起施行，法释〔2004〕9号〕

陕西省高级人民法院：

你院陕高法〔2004〕225号《关于当事人不服人民法院驳回其申请撤销仲裁裁决的裁定申请再审，人民法院是否受理的请示》收悉。经研究，答复如下：

根据《中华人民共和国仲裁法》第九条规定的精神，当事人对人民法院驳回其申请撤销仲裁裁决的裁定不服而申请再审的，人民法院不予受理。

此复。

最高人民法院关于对驳回申请撤销仲裁裁决的裁定能否申请再审问题的复函

〔2004年7月27日，〔2003〕民立他字第71号〕

北京市高级人民法院：

你院2003年9月19日京高法〔2003〕286号《北京市高级人民法院关于对申请撤销仲裁裁决的裁定能否申请再审问题的请示》收悉。经研究，答复如下：

同意你院的第一种意见。当事人对人民法院驳回申请撤销仲裁裁决不服申请再审的，不属于申请再审案件受理范围，人民法院不予受理。

最高人民法院关于当事人对按自动撤回上诉处理的裁定不服申请再审人民法院应如何处理问题的批复

〔2002年7月15日最高人民法院审判委员会第1231次会议通过，2002年7月19日公布，自2002年7月24日起施行，法释〔2002〕20号〕

吉林省高级人民法院：

你院吉高法〔2001〕20号《关于当事人对按撤回上诉处理的裁定不服申请再审，人民法院经审查认为该裁定确有错误应如何进行再审问题的请示》收悉。经研究，答复如下：

当事人对按自动撤回上诉处理的裁定不服申请再审，人民法院认为符合《中华人民共和国民事诉讼法》第一百七十九条规定的情形之一的，应当再审。经再审，裁定确有错误的，应当予以撤销，恢复第二审程序。

此复。

最高人民法院关于规范人民法院再审立案的若干意见(试行)

〔最高人民法院审判委员会第1230次会议通过，2002年9月10日公布，自2002年11月1日起施行，法发〔2002〕13号〕

为加强审判监督，规范再审立案工

作,根据《中华人民共和国刑事诉讼法》、《中华人民共和国民事诉讼法》和《中华人民共和国行政诉讼法》的有关规定,结合审判实际,制定本规定。

第一条 各级人民法院、专门人民法院对本院或者上级人民法院对下级人民法院作出的终审裁判,经复查认为符合再审立案条件的,应当决定或裁定再审。

人民检察院依照法律规定对人民法院作出的终审裁判提出抗诉的,应当再审立案。

第二条 地方各级人民法院、专门人民法院负责下列案件的再审立案:

(一)本院作出的终审裁判,符合再审立案条件的;

(二)下一级人民法院复查驳回或者再审改判,符合再审立案条件的;

(三)上级人民法院指令再审的;

(四)人民检察院依法提出抗诉的。

第三条 最高人民法院负责下列案件的再审立案:

(一)本院作出的终审裁判,符合再审立案条件的;

(二)高级人民法院复查驳回或者再审改判,符合再审立案条件的;

(三)最高人民检察院依法提出抗诉的;

(四)最高人民法院认为应由自己再审的。

第四条 上级人民法院对下级人民法院作出的终审裁判,认为确有必要的,可以直接立案复查,经复查认为符合再审立案条件的,可以决定或裁定再审。

第五条 再审申请人或申诉人向人民法院申请再审或申诉,应当提交以下材料:

(一)再审申请书或申诉状,应当载明当事人的基本情况、申请再审或申诉的事实与理由;

(二)原一、二审判决书、裁定书等法律文书,经过人民法院复查或再审的,应当附有驳回通知书、再审判决书或裁定书;

(三)以有新的证据证明原裁判认定的事实确有错误为由申请再审或申诉的,应当同时附有证据目录、证人名单和主要证据复印件或者照片;需要人民法院调查取证的,应当附有证据线索。

申请再审或申诉不符合前款规定的,人民法院不予审查。

第六条 申请再审或申诉一般由终审人民法院审查处理。

上一级人民法院对未经终审人民法院审查处理的申请再审或申诉,一般交终审人民法院审查;对经终审人民法院审查处理后仍坚持申请再审或申诉的,应当受理。

对未经终审人民法院及其上一级人民法院审查处理,直接向上级人民法院申请再审或申诉的,上级人民法院应当交下一级人民法院处理。

第七条 对终审刑事裁判的申诉,具备下列情形之一的,人民法院应当决定再审:

(一)有审判时未收集到的或者未被采信的证据,可能推翻原定罪量刑的;

(二)主要证据不充分或者不具有证明力的;

(三)原裁判的主要事实依据被依法变更或撤销的;

(四)据以定罪量刑的主要证据自相矛盾的;

(五)引用法律条文错误或者违反刑法第十二条的规定适用失效法律的;

（六）违反法律关于溯及力规定的；

（七）量刑明显不当的；

（八）审判程序不合法，影响案件公正裁判的；

（九）审判人员在审理案件时索贿受贿、徇私舞弊并导致枉法裁判的。

第八条 对终审民事裁判、调解的再审申请，具备下列情形之一的，人民法院应当裁定再审：

（一）有再审申请人以前不知道或举证不能的证据，可能推翻原裁判的；

（二）主要证据不充分或者不具有证明力的；

（三）原裁判的主要事实依据被依法变更或撤销的；

（四）就同一法律事实或同一法律关系，存在两个相互矛盾的生效法律文书，再审申请人对后一生效法律文书提出再审申请的；

（五）引用法律条文错误或者适用失效、尚未生效法律的；

（六）违反法律关于溯及力规定的；

（七）调解协议明显违反自愿原则，内容违反法律或者损害国家利益、公共利益和他人利益的；

（八）审判程序不合法，影响案件公正裁判的；

（九）审判人员在审理案件时索贿受贿、徇私舞弊并导致枉法裁判的。

第九条 对终审行政裁判的申诉，具备下列情形之一的，人民法院应当裁定再审：

（一）依法应当受理而不予受理或驳回起诉的；

（二）有新的证据可能改变原裁判的；

（三）主要证据不充分或不具有证明力的；

（四）原裁判的主要事实依据被依法变更或撤销的；

（五）引用法律条文错误或者适用失效、尚未生效法律的；

（六）违反法律关于溯及力规定的；

（七）行政赔偿调解协议违反自愿原则，内容违反法律或损害国家利益、公共利益和他人利益的；

（八）审判程序不合法，影响案件公正裁判的；

（九）审判人员在审理案件时索贿受贿、徇私舞弊并导致枉法裁判的。

第十条 人民法院对刑事案件的申诉人在刑罚执行完毕后两年内提出的申诉，应当受理；超过两年提出申诉，具有下列情形之一的，应当受理：

（一）可能对原审被告人宣告无罪的；

（二）原审被告人在本条规定的期限内向人民法院提出申诉，人民法院未受理的；

（三）属于疑难、复杂、重大案件的。

不符合前款规定的，人民法院不予受理。

第十一条 人民法院对刑事附带民事案件中仅就民事部分提出申诉的，一般不予再审立案。但有证据证明民事部分明显失当且原审被告人有赔偿能力的除外。

第十二条 人民法院对民事、行政案件的再审申请人或申诉人超过两年提出再审申请或申诉的，不予受理。

第十三条 人民法院对不符合法定主体资格的再审申请或申诉，不予受理。

第十四条 人民法院对下列民事案件的再审申请不予受理：

（一）人民法院依照督促程序、公示催告程序和破产还债程序审理的案件；

（二）人民法院裁定撤销仲裁裁决和裁定不予执行仲裁裁决的案件；

（三）人民法院判决、调解解除婚姻关系的案件，但当事人就财产分割问题申请再审的除外。

第十五条 上级人民法院对经终审法院的上一级人民法院依照审判监督程序审理后维持原判或者经两级人民法院依照审判监督程序复查均驳回的申请再审或申诉案件，一般不予受理。

但再审申请人或申诉人提出新的理由，且符合《中华人民共和国刑事诉讼法》第二百零四条、《中华人民共和国民事诉讼法》第一百七十九条、《中华人民共和国行政诉讼法》第六十二条及本规定第七、八、九条规定条件的，以及刑事案件的原审被告人可能被宣告无罪的除外。

第十六条 最高人民法院再审裁判或者复查驳回的案件，再审申请人或申诉人仍不服提出再审申请或申诉的，不予受理。

第十七条 本意见自2002年11月1日起施行。以前有关再审立案的规定与本意见不一致的，按本意见执行。

最高人民法院关于正确适用《关于人民法院对民事案件发回重审和指令再审有关问题的规定》的通知

［2003年11月13日，法〔2003〕169号］

各省、自治区、直辖市高级人民法院，解放军军事法院，新疆维吾尔自治区高级人民法院生产建设兵团分院：

我院2002年7月31日公布《关于人民法院对民事案件发回重审和指令再审有关问题的规定》后，部分高级人民法院就如何理解和适用陆续向我院请示。为正确适用该规定，经我院审判委员会第1285次会议讨论决定，现就有关问题通知如下：

1. 各级人民法院对本院已经发生法律效力的民事判决、裁定，不论以何种方式启动审判监督程序的，一般只能再审一次。

2. 对于下级人民法院已经再审过的民事案件，上一级人民法院认为需要再审的，应当依法提审。提审的人民法院对该案件只能再审一次。

3. 人民检察院按照审判监督程序提起抗诉的民事案件，一般应当由作出生效裁判的人民法院再审；作出生效裁判的人民法院已经再审过的，由上一级人民法院提审，或者指令该法院的其他同级人民法院再审。

4. 各级人民法院院长发现本院发生法律效力的再审裁判确有错误依法必须改判的，应当提出书面意见请示上一级人民法院，并附全部案卷。上一级人民法院一般应当提审，也可以指令该法院的其他同级人民法院再审。

人民法院对行政案件进行再审的，参照上述原则执行。

最高人民法院关于开展审判监督工作若干问题的通知

［2004年5月18日，法〔2004〕103号］

各省、自治区、直辖市高级人民法院，新疆

维吾尔自治区高级人民法院生产建设兵团分院：

按照《最高人民法院机关机构改革方案》和最高人民法院有关司法解释关于内设机构及其职能的有关规定，本院立案庭、审判监督庭、民事审判第三庭、民事审判第四庭、行政审判庭分别承担相应案件的审判监督职能。在开展审判监督工作中，除与对口业务庭发生工作联系外，还需与各高级人民法院立案庭、审判监督庭及其他业务庭发生工作联系。由于上下级法院内设机构的职能分工不尽一致，当前在工作协调上遇到一些困难，影响了审判监督工作的顺利开展。为认真贯彻司法为民要求，确保"公正与效率"的实现，加强审判监督工作，特通知如下：

一、本院有关业务庭审查后要求高级人民法院复查并报送复查结果的申诉或者申请再审案件，高级人民法院应当在限定的期限内进行复查并依法处理，对申诉人或者再审申请人作出书面答复，同时将复查结果报本院相关业务庭。

二、本院有关业务庭调卷的案件，相关高级人民法院应当在限定的期限内将案件全部卷宗寄出。

本院有关业务庭根据审判监督工作实际需要提出的其他要求，高级人民法院应当在限定期限内完成。

如有特殊情况，高级人民法院无法按期完成上述案件复查、调卷或其他事宜的，应当在期限届满前向本院有关业务庭说明情况，并提出预期完成的时间。

三、本院指令高级人民法院再审并发函指出问题的案件，高级人民法院在作出裁判后应当将裁判文书及时报送最高人民法院。

四、本院各有关业务庭按照职责分工开展审判监督工作，均系代表本院行使审判监督职权。各高级人民法院承担审判监督任务的有关业务庭应当以高度负责的态度，各司其职，积极协助和配合本院有关业务庭搞好申诉和申请再审案件的相关工作和审判监督工作，不得因上下级法院业务部门不对口而推诿拖延。

五、违反上述要求的，本院有关业务庭应当积极督办；经督办仍无改进的，本院将依照有关规定予以处理。

最高人民法院关于下级法院撤销仲裁裁决后又以院长监督程序提起再审应如何处理问题的复函

［2004年8月27日，〔2003〕民立他字第45号］

黑龙江省高级人民法院：

你院2003年8月18日〔2003〕黑立民他字第1号《关于下级法院撤销仲裁裁决后又以院长监督程序进行再审应如何处理的请示》收悉。经研究，答复如下：

黑龙江国祥房地产开发有限公司与黑龙江省九利建筑工程公司欠款纠纷一案，经哈尔滨市中级人民法院裁定撤销仲裁裁决后，当事人可以依据《中华人民共和国仲裁法》第九条的规定重新达成仲裁协议申请仲裁，也可以向人民法院提起诉讼。哈尔滨市中级人民法院不应以院长发现撤销仲裁裁决的裁定确有错误为由提起再审。已经再审的，你院应当通知该院予以纠正。

最高人民法院关于印发《关于受理审查民事申请再审案件的若干意见》的通知

［2009年4月27日，法发〔2009〕26号］

各省、自治区、直辖市高级人民法院，解放军军事法院，新疆维吾尔自治区高级人民法院生产建设兵团分院：

为依法保障当事人申请再审权利，规范人民法院受理审查民事申请再审案件工作，最高人民法院制定了《关于受理审查民事申请再审案件的若干意见》，现印发给你们，请结合审判实际，认真贯彻执行。

附：关于受理审查民事申请再审案件的若干意见

为依法保障当事人申请再审权利，规范人民法院受理审查民事申请再审案件工作，根据《中华人民共和国民事诉讼法》和《最高人民法院关于适用〈中华人民共和国民事诉讼法〉审判监督程序若干问题的解释》的有关规定，结合审判工作实际，现就受理审查民事申请再审案件工作提出以下意见：

一、民事申请再审案件的受理

第一条 当事人或案外人申请再审，应当提交再审申请书等材料，并按照被申请人及原审其他当事人人数提交再审申请书副本。

第二条 人民法院应当审查再审申请书是否载明下列事项：

（一）申请再审人、被申请人及原审其他当事人的基本情况。当事人是自然人的，应列明姓名、性别、年龄、民族、职业、工作单位、住所及有效联系电话、邮寄地址；当事人是法人或者其他组织的，应列明名称、住所和法定代表人或者主要负责人的姓名、职务及有效联系电话、邮寄地址；

（二）原审法院名称，原判决、裁定、调解文书案号；

（三）具体的再审请求；

（四）申请再审的法定事由及具体事实、理由；

（五）受理再审申请的法院名称；

（六）申请再审人的签名或者盖章。

第三条 申请再审人申请再审，除应提交符合前条规定的再审申请书外，还应当提交以下材料：

（一）申请再审人是自然人的，应提交身份证明复印件；申请再审人是法人或其他组织的，应提交营业执照复印件、法定代表人或主要负责人身份证明书。委托他人代为申请的，应提交授权委托书和代理人身份证明；

（二）申请再审的生效裁判文书原件，或者经核对无误的复印件；生效裁判系二审、再审裁判的，应同时提交一审、二审裁判文书原件，或者经核对无误的复印件；

（三）在原审诉讼过程中提交的主要证据复印件；

（四）支持申请再审事由和再审诉讼请求的证据材料。

第四条 申请再审人提交再审申请书等材料的同时，应提交材料清单一式两份，并可附申请再审材料的电子文本，同时填写送达地址确认书。

第五条 申请再审人提交的再审申

请书等材料不符合上述要求,或者有人身攻击等内容,可能引起矛盾激化的,人民法院应将材料退回申请再审人并告知其补充或改正。

再审申请书等材料符合上述要求的,人民法院应在申请再审人提交的材料清单上注明收到日期,加盖收件章,并将其中一份清单返还申请再审人。

第六条 申请再审人提出的再审申请符合以下条件的,人民法院应当在 5 日内受理并向申请再审人发送受理通知书,同时向被申请人及原审其他当事人发送受理通知书、再审申请书副本及送达地址确认书:

(一)申请再审人是生效裁判文书列明的当事人,或者符合法律和司法解释规定的案外人;

(二)受理再审申请的法院是作出生效裁判法院的上一级法院;

(三)申请再审的裁判属于法律和司法解释允许申请再审的生效裁判;

(四)申请再审的事由属于民事诉讼法第一百七十九条规定的情形。

再审申请不符合上述条件的,应当及时告知申请再审人。

第七条 申请再审人向原审法院申请再审的,原审法院应针对申请再审事由并结合原裁判理由作好释明工作。申请再审人坚持申请再审的,告知其可以向上一级法院提出。

第八条 申请再审人越级申请再审的,有关上级法院应告知其向原审法院的上一级法院提出。

第九条 人民法院认为再审申请不符合民事诉讼法第一百八十四条规定的期间要求的,应告知申请再审人。申请再审人认为未超过法定期间的,人民法院可以限期要求其提交生效裁判文书的送达回证复印件或其他能够证明裁判文书实际生效日期的相应证据材料。

二、民事申请再审案件的审查

第十条 人民法院受理申请再审案件后,应当组成合议庭进行审查。

第十一条 人民法院审查申请再审案件,应当围绕申请再审事由是否成立进行,申请再审人未主张的事由不予审查。

第十二条 人民法院审查申请再审案件,应当审查当事人诉讼主体资格的变化情况。

第十三条 人民法院审查申请再审案件,采取以下方式:

(一)审查当事人提交的再审申请书、书面意见等材料;

(二)审阅原审卷宗;

(三)询问当事人;

(四)组织当事人听证。

第十四条 人民法院经审查申请再审人提交的再审申请书、对方当事人提交的书面意见、原审裁判文书和证据等材料,足以确定申请再审事由不能成立的,可以径行裁定驳回再审申请。

第十五条 对于以下列事由申请再审,且根据当事人提交的申请材料足以确定再审事由成立的案件,人民法院可以径行裁定再审:

(一)违反法律规定,管辖错误的;

(二)审判组织的组成不合法或者依法应当回避的审判人员没有回避的;

(三)无诉讼行为能力人未经法定代理人代为诉讼,或者应当参加诉讼的当事人因不能归责于本人或者其诉讼代理人的事由未参加诉讼的;

(四)据以作出原判决、裁定的法律

文书被撤销或者变更的;

（五）审判人员在审理该案件时有贪污受贿、徇私舞弊、枉法裁判行为,并经相关刑事法律文书或者纪律处分决定确认的。

第十六条　人民法院决定调卷审查的,原审法院应当在收到调卷函后15日内按要求报送卷宗。

调取原审卷宗的范围可根据审查工作需要决定。必要时,在保证真实的前提下,可要求原审法院以传真件、复印件、电子文档等方式及时报送相关卷宗材料。

第十七条　人民法院可根据审查工作需要询问一方或者双方当事人。

第十八条　人民法院对以下列事由申请再审的案件,可以组织当事人进行听证:

（一）有新的证据,足以推翻原判决、裁定的;

（二）原判决、裁定认定的基本事实缺乏证据证明的;

（三）原判决、裁定认定事实的主要证据是伪造的;

（四）原判决、裁定适用法律确有错误的。

第十九条　合议庭决定听证的案件,应在听证5日前通知当事人。

第二十条　听证由审判长主持,围绕申请再审事由是否成立进行。

第二十一条　申请再审人经传票传唤,无正当理由拒不参加询问、听证或未经许可中途退出的,裁定按撤回再审申请处理。被申请人及原审其他当事人不参加询问、听证或未经许可中途退出的,视为放弃在询问、听证过程中陈述意见的权利。

第二十二条　人民法院在审查申请再审案件过程中,被申请人或者原审其他当事人提出符合条件的再审申请的,应当将其列为申请再审人,对于其申请再审事由一并审查,审查期限重新计算。经审查,其中一方申请再审人主张的再审事由成立的,人民法院即应裁定再审。各方申请再审人主张的再审事由均不成立的,一并裁定驳回。

第二十三条　申请再审人在审查过程中撤回再审申请的,是否准许,由人民法院裁定。

第二十四条　审查过程中,申请再审人、被申请人及原审其他当事人自愿达成和解协议,当事人申请人民法院出具调解书且能够确定申请再审事由成立的,人民法院应当裁定再审并制作调解书。

第二十五条　审查过程中,申请再审人或者被申请人死亡或者终止的,按下列情形分别处理:

（一）申请再审人有权利义务继受人且该权利义务继受人申请参加审查程序的,变更其为申请再审人;

（二）被申请人有权利义务继受人的,变更其权利义务继受人为被申请人;

（三）申请再审人无权利义务继受人或其权利义务继受人未申请参加审查程序的,裁定终结审查程序;

（四）被申请人无权利义务继受人且无可供执行财产的,裁定终结审查程序。

第二十六条　人民法院经审查认为再审申请超过民事诉讼法第一百八十四条规定期间的,裁定驳回申请。

第二十七条　人民法院经审查认为申请再审事由成立的,一般应由本院提审。

第二十八条　最高人民法院、高级人民法院审查的下列案件,可以指令原审法院再审：

（一）依据民事诉讼法第一百七十九条第一款第(八)至第(十三)项事由提起再审的；

（二）因违反法定程序可能影响案件正确判决、裁定提起再审的；

（三）上一级法院认为其他应当指令原审法院再审的。

第二十九条 提审和指令再审的裁定书应当包括以下内容：

（一）申请再审人、被申请人及原审其他当事人基本情况；

（二）原审法院名称、申请再审的生效裁判文书名称、案号；

（三）裁定再审的法律依据；

（四）裁定结果。

裁定书由院长署名，加盖人民法院印章。

第三十条 驳回再审申请的裁定书，应当包括以下内容：

（一）申请再审人、被申请人及原审其他当事人基本情况；

（二）原审法院名称、申请再审的生效裁判文书名称、案号；

（三）申请再审人主张的再审事由、被申请人的意见；

（四）驳回再审申请的理由、法律依据；

（五）裁定结果。

裁定书由审判人员、书记员署名，加盖人民法院印章。

第三十一条 再审申请被裁定驳回后，申请再审人以相同理由再次申请再审的，不作为申请再审案件审查处理。

申请再审人不服驳回其再审申请的裁定，向作出驳回裁定法院的上一级法院申请再审的，不作为申请再审案件审查处理。

第三十二条 人民法院应当自受理再审申请之日起3个月内审查完毕，但鉴定期间等不计入审查期限。有特殊情况需要延长的，报经本院院长批准。

第三十三条 2008年4月1日之前受理，尚未审结的案件，符合申请再审条件的，由受理再审申请的人民法院继续审查处理并作出裁定。

最高人民法院关于判决生效后当事人将判决确认的债权转让债权受让人对该判决不服提出再审申请人民法院是否受理问题的批复

［2010年12月16日最高人民法院审判委员会第1506次会议通过，2011年1月7日公布，自2011年2月1日起施行，法释〔2011〕2号］

海南省高级人民法院：

你院《关于海南长江旅业有限公司、海南凯立中部开发建设股份有限公司与交通银行海南分行借款合同纠纷一案的请示报告》〔(2009)琼民再终字第16号〕收悉。经研究，答复如下：

判决生效后当事人将判决确认的债权转让，债权受让人对该判决不服提出再审申请的，因其不具有申请再审人主体资格，人民法院应依法不予受理。

最高人民法院印发《关于建立最高人民法院发回重审、指令再审案件信息反馈机制的工作意见》的通知

[2011年11月30日，法〔2011〕335号]

各省、自治区、直辖市高级人民法院，解放军军事法院，新疆维吾尔自治区高级人民法院生产建设兵团分院：

现将最高人民法院《关于建立最高人民法院发回重审、指令再审案件信息反馈机制的工作意见》印发给你们，请结合工作实际，认真贯彻执行。

附：关于建立最高人民法院发回重审、指令再审案件信息反馈机制的工作意见

为加强对最高人民法院发回重审、指令再审案件的监督与管理，提高审判工作质量和效率，促进司法公正，结合审判工作实际，制定本工作意见。

一、发回重审、指令再审案件信息反馈机制是指，人民法院专门审判管理机构利用案件信息管理平台，对审判业务部门发回重审、指令再审的案件，进行信息汇总、分析、跟踪、反馈的工作机制。

二、本意见适用于最高人民法院各审判业务部门发回重审、指令再审以及以其他形式要求报送处理结果的案件（不包括死刑案件）。

三、最高人民法院执法办案协调督办工作领导小组负责发回重审、指令再审案件信息反馈工作。最高人民法院审判管理办公室负责具体事务，向执法办案协调督办工作领导小组负责。

各高级人民法院审判管理办公室负责发回重审、指令再审案件信息反馈机制的相关工作。

四、最高人民法院审判管理办公室建立发回重审、指令再审案件台账，各审判业务部门于每季度末将案件相关信息送交审判管理办公室。

五、最高人民法院审判管理办公室每季度将各审判业务部门提供的案件信息汇总分析，分发各高级人民法院审判管理办公室，相关案件纳入各高级人民法院跟踪督办和重点案件评查范围。各高级人民法院审判管理办公室将相关案件办理信息每半年向最高人民法院审判管理办公室报送一次。

六、最高人民法院审判管理办公室将各高级人民法院审判管理办公室报送的相关案件办理信息汇总分析，每半年向本院各审判业务部门反馈一次。本院各审判业务部门根据下级法院相关案件办理情况有针对性地进行指导和监督，并将情况向审判管理办公室反馈。

七、最高人民法院审判管理办公室适时根据各高级人民法院报送的材料和最高人民法院审判业务部门反馈的情况，就最高人民法院发回重审、指令再审案件办理情况及存在问题书面报告院执法办案协调督办工作领导小组，并依程序以通报形式反馈各高级人民法院。

八、本意见由最高人民法院执法办案协调督办工作领导小组负责解释。

最高人民法院办公厅关于印发修改后的《民事申请再审案件诉讼文书样式》的通知

[2012年12月24日,法办发〔2012〕17号]

各省、自治区、直辖市高级人民法院,解放军军事法院,新疆维吾尔自治区高级人民法院生产建设兵团分院:

2011年4月最高人民法院印发了《民事申请再审案件诉讼文书样式》(法〔2011〕160号),有效规范和统一了民事申请再审案件诉讼文书的制作。2012年8月31日,第十一届全国人民代表大会常务委员会第二十八次会议通过了《关于修改〈中华人民共和国民事诉讼法〉的决定》。为了全面贯彻修改后的民事诉讼法,进一步规范和完善民事申请再审案件诉讼文书的制作,结合民事再审审查工作实际,特对《民事申请再审案件诉讼文书样式》作出修改,现印发给你们。本文书样式自2013年1月1日起施行。在适用本文书样式过程中有何问题,请及时报告最高人民法院。

特此通知。

附1:关于民事申请再审案件诉讼文书写作的基本要求

一、关于当事人基本情况部分

(一)当事人申请再审的,列为"再审申请人";各方当事人均申请再审的,均列为"再审申请人";再审申请书载明的被申请人列为"被申请人";未提出再审申请或者未被列为被申请人的原审其他当事人按照其一审、二审中的地位依次列明,如"一审原告、二审被上诉人";对不予受理裁定申请再审的案件,只列再审申请人。

(二)"再审申请人"、"被申请人"后的括号中按照"一审原告、反诉被告(或一审被告、反诉原告),二审上诉人(或二审被上诉人)"列明当事人在一审、二审中的诉讼地位。

(三)当事人名称变化的,在名称后加括号注明原名称。

(四)当事人是自然人的,列明姓名、性别、民族、出生日期、职业、住址;自然人职业不明确的,可以不表述;外国籍或港澳台地区的自然人,应注明其国籍及所处地区。当事人是法人或者其他组织的,列明名称、住所和法定代表人或者主要负责人的姓名、职务。

(五)当事人是自然人的,住址写为"住(具体地址)";再审申请书上载明的地址与生效裁判或身份证上载明的住址不一致的,住址写为"住(身份证上载明的住址),现住(再审申请书上载明的地址)"。当事人是法人或者其他组织的,住所写为"住所地:(营业执照上载明的住所)"。

当事人住址或住所在市辖区的,写为"××省(直辖市、自治区)××市××区(具体地址)";当事人住址或住所在市辖县、市辖县级市的,写为"××省(直辖市、自治区)××县(市)(具体地址)",不写所在地级市(地区);如有两个以上当事人住址相同,应当分别写明,不能用"住址同上"代替。

(六)法人或者其他组织的法定代表人或主要负责人写为"法定代表人(或负责人):×××,该公司(或厂、村委会等)

董事长(或厂长、主任等职务)"。

(七)委托代理人是律师的,写为"委托代理人:×××,×××律师事务所律师";委托代理人是同一律师事务所律师的,应当分别写明所在律师事务所;同一律师事务所的实习律师与律师共同担任委托代理人的,实习律师写为"委托代理人:×××,×××律师事务所实习律师";委托代理人是基层法律服务工作者的,写为"委托代理人:×××,×××法律服务所法律工作者"。

法人或者其他组织的工作人员受所在单位委托代为诉讼的,写为"委托代理人:×××,该公司(或厂、村委会等)工作人员(可写明职务)"。

委托代理人是当事人的近亲属或者当事人所在社区、单位以及有关社会团体推荐的公民的,写为"委托代理人:×××,性别,民族,出生日期,职业,住址";委托代理人是当事人近亲属的,还应当在住址之后注明其与当事人的关系。

(八)诉讼地位与当事人姓名或名称、代理人姓名之间用冒号隔开。

(九)一方当事人死亡,其继承人明确表示参加诉讼的,列其继承人为当事人,但应在其后加括号注明其与原当事人的关系。

示例:

再审申请人(一审被告、二审被上诉人):××生物技术工程有限公司(原××生物技术研究所)。住所地:××省××市××区××街××号。

法定代表人:×××,该公司董事长。

委托代理人:×××,该公司工作人员。

委托代理人:×××,×××律师事务所律师。

被申请人(一审原告、二审上诉人):李××,女,汉族,××年××月××日出生,个体工商户,住北京市××区××路××号(李×之女,李×于××年××月××日死亡)。

委托代理人:×××,×××法律服务所法律工作者。

委托代理人:王××,男,汉族,××年××月××日出生,个体工商户,住北京市××区××路××号,系李××之夫。

一审被告、二审上诉人:×××市城市管理局。住所地:××省××市××路××号。

法定代表人:×××,该局局长。

二、关于案件来源部分

(一)本部分在当事人全称后加括号注明简称。

(二)当事人简称应当保持一致,做到简明规范,体现当事人的特点。

(三)未提出再审申请或者未被列为被申请人的原审其他当事人应当在被申请人之后,按照其在一审、二审中的诉讼地位依次列明。

(四)申请再审的裁判文书表述为"不服××人民法院(××××)××字第××号民事判决(裁定、调解书)"。

示例:

再审申请人天成生物技术工程有限公司(以下简称天成公司)因与被申请人中阳科技发展有限公司(以下简称中阳公司)及一审被告、二审上诉人××市城市管理局(以下简称××城管局)居间合同纠纷一案,不服××省××人民法院(或本院)(××××)××字第××号民事判决,向本院申请再审。本院依法组成合议庭(如不服本院生效裁判,应表述为依法另行组成合议庭)对本案进行了审查,现已审查终结。

三、关于申请再审的事实与理由部分

(一)本部分首句表述为"×××(再审申请人的简称)申请再审称",中间与具体事实和理由以冒号隔开。

(二)对于申请再审的事实与理由应当进行总体概括,做到简洁、准确、全面,避免按照再审申请书罗列的具体事实和理由照抄。

(三)申请再审的事实与理由有多个,且分为多级层次的,结构层次序数依次按照"(一)"、"1."和"(1)"写明,应注意"(一)"和"(1)"之后不加顿号,结构层次序数中的阿拉伯数字右下用圆点,不用逗号或顿号;只有一级层次的,结构层次序数写为"(一)"、"(二)"、"(三)";有两级层次的,写为"(一)"、"1.";有三级层次的,写为"(一)"、"1."、"(1)"。

(四)本部分应在结尾处写明申请再审的法律依据,表述为"×××依据《中华人民共和国民事诉讼法》第二百条第×项的规定申请再审"。条、项的序号应用汉字注明,项的序号不加括号。

示例:

××公司申请再审称:(一)本案二审判决认定的基本事实缺乏证据证明……(概括理由)。(二)本案二审判决适用法律错误……(概括理由)。××公司依据《中华人民共和国民事诉讼法》第二百条第二项、第六项的规定申请再审。

四、关于被申请人意见部分

(一)被申请人以书面或口头形式发表意见的,表述为"×××提交意见称:×××的再审申请缺乏事实与法律依据,请求予以驳回";也可以根据案件情况对被申请人的意见进行归纳。

(二)被申请人未提交书面或口头意见的,不作表述。

五、关于本院审查查明部分

驳回再审申请的案件,如在审查过程中查明了与申请再审事由相关的新的事实,可以在本部分写明,对于原审查明的事实不予表态。当事人诉讼主体资格变化的,应当在本部分写明。

六、关于本院经审查认为部分

本部分应针对申请再审所依据的事由和理由逐一进行分析评判,避免漏审。

七、几点技术性要求

(一)为避免引起歧义,裁定书中不使用"原审"的表述,应当指出具体审级,如"一审法院"、"二审判决"。

(二)在裁定书中指代本院时,应当使用"本院",不应使用"我院"的表述。在内部函中指代发函法院时,应当使用"我院",不应使用"本院"的表述。

(三)当事人有简称的,在当事人基本情况、案件来源和裁定书主文部分用当事人全称,裁定书其余部分均用简称指代该当事人,不使用"再审申请人、被申请人"等代称。出现次数很少的当事人不必使用简称。

(四)第一次引用法律或司法解释的,应写明全称并注明简称,如《中华人民共和国合同法》(以下简称合同法),此后使用该简称不加书名号。引用次数很少的法律或司法解释不必使用简称。

（五）引用法律法规条文，应当用汉字注明条文序号，如《中华人民共和国合同法》第六十六条。引用司法解释，司法解释条文序号使用汉字的，用汉字注明条文序号，如《最高人民法院关于适用〈中华人民共和国合同法〉若干问题的解释（二）》第十条；司法解释条文序号使用阿拉伯数字的，用阿拉伯数字注明条文序号，如《最高人民法院关于适用〈中华人民共和国民事诉讼法〉若干问题的意见》第1条。

（六）五位及五位以上的阿拉伯数字，数字应当连续写，数字中间不加空格或分节号，如123456元；尾数零多的，可以改写为以万、亿作单位的数，如100000元可以写作10万元。一个用阿拉伯数字书写的多位数不能移行。

本规定自公布之日起施行。

附2：民事申请再审案件诉讼文书样式（略）

最高人民检察院关于贯彻执行《中华人民共和国民事诉讼法》若干问题的通知

［2013年1月9日，高检发民字〔2013〕1号］

各省、自治区、直辖市人民检察院，军事检察院，新疆生产建设兵团人民检察院：

2012年8月31日第十一届全国人民代表大会常务委员会第二十八次会议审议通过的《关于修改〈中华人民共和国民事诉讼法〉的决定》，已于2013年1月1日起施行。为正确适用修改后民事诉讼法，现就有关问题通知如下：

一、人民检察院对于2012年12月31日前受理但尚未审查终结的案件，应当在2013年3月31日前审查终结。

二、当事人在2013年1月1日后向人民检察院申请监督的，人民检察院应当依照修改后民事诉讼法第二百零八条、第二百零九条的规定进行审查，符合上述规定的，应当受理。当事人未向人民法院申请再审，直接向人民检察院申请监督的，人民检察院应当依照第二百零九条第一款的规定不予受理。

三、当事人申请对民事审判程序中审判人员违法行为、民事执行活动进行监督，法律规定当事人可以提出异议、申请复议、提起诉讼，当事人没有按照法律规定行使权利或者人民法院正在处理的，人民检察院不予受理。

四、当事人向人民检察院申请监督，由作出生效判决、裁定、调解书或者正在审理、执行案件的人民法院的同级人民检察院控告检察部门受理。人民检察院受理监督申请时，应当要求当事人提交申请书、相关法律文书、身份证明和相关证据材料。

人民检察院控告检察部门在接收材料后应进行审查，并作出是否受理的决定。符合受理条件的，控告检察部门应当在决定受理之日起三日内向申请人、被申请人送达《受理通知书》。

下级人民检察院向上级人民检察院提请抗诉的，由上级人民检察院案件管理部门受理。

五、人民检察院自2013年1月1日起受理的案件，应当在受理之日起三个月内进行审查，作出提出检察建议、抗诉的决定,或者作出不支持监督申请的决定。

六、人民检察院在受理后经审查,认为申请监督的理由和依据不能成立的,应当作出不支持监督申请的决定并制作决定书送达案件当事人。

七、人民检察院经审查决定提出检察建议或者抗诉,应当制作检察建议书或者抗诉书发送同级人民法院,并将提出检察建议或者抗诉的决定通知案件当事人。

提出再审检察建议应当经本院检察委员会决定,并报上一级人民检察院备案。

人民检察院经审查决定不提出检察建议或者抗诉的,应当制作不支持监督申请的决定书送达案件当事人。

八、人民检察院提请抗诉,应当制作提请抗诉报告书连同案件卷宗报送上一级人民检察院,并将提请抗诉的决定通知案件当事人。

人民检察院经审查决定不提请抗诉的,应当制作不支持监督申请的决定书并送达案件当事人。

九、人民检察院已经作出检察监督决定或者人民法院基于检察监督作出判决、裁定、决定的,当事人再次申请监督,人民检察院不予受理。

人民检察院提出检察建议或者抗诉后,人民法院对检察建议未予采纳或者作出的再审判决、裁定确有错误的,人民检察院可以依据修改后民事诉讼法第二百零八条的规定,依职权进行监督。

本通知自印发之日起执行。各级人民检察院在执行本通知过程中遇到的问题,请及时层报高检院。

最高人民法院关于民事审判监督程序严格依法适用指令再审和发回重审若干问题的规定

[2015年2月2日最高人民法院审判委员会第1643次会议通过,2015年2月16日公布,自2015年3月15日起施行,法释〔2015〕7号]

为了及时有效维护各方当事人的合法权益,维护司法公正,进一步规范民事案件指令再审和再审发回重审,提高审判监督质量和效率,根据《中华人民共和国民事诉讼法》,结合审判实际,制定本规定。

第一条 上级人民法院应当严格依照民事诉讼法第二百条等规定审查当事人的再审申请,符合法定条件的,裁定再审。不得因指令再审而降低再审启动标准,也不得因当事人反复申诉将依法不应当再审的案件指令下级人民法院再审。

第二条 因当事人申请裁定再审的案件一般应当由裁定再审的人民法院审理。有下列情形之一的,最高人民法院、高级人民法院可以指令原审人民法院再审:

(一)依据民事诉讼法第二百条第(四)项、第(五)项或者第(九)项裁定再审的;

(二)发生法律效力的判决、裁定、调解书是由第一审法院作出的;

(三)当事人一方人数众多或者当事人双方为公民的;

(四)经审判委员会讨论决定的其他情形。

人民检察院提出抗诉的案件,由接受

抗诉的人民法院审理，具有民事诉讼法第二百条第(一)至(五)项规定情形之一的，可以指令原审人民法院再审。

人民法院依据民事诉讼法第一百九十八条第二款裁定再审的，应当提审。

第三条 虽然符合本规定第二条可以指令再审的条件，但有下列情形之一的，应当提审：

（一）原判决、裁定系经原审人民法院再审审理后作出的；

（二）原判决、裁定系经原审人民法院审判委员会讨论作出的；

（三）原审审判人员在审理该案件时有贪污受贿，徇私舞弊，枉法裁判行为的；

（四）原人民法院对该案无再审管辖权的；

（五）需要统一法律适用或裁量权行使标准的；

（六）其他不宜指令原审人民法院再审的情形。

第四条 人民法院按照第二审程序审理再审案件，发现原判决认定基本事实不清的，一般应当通过庭审认定事实后依法作出判决。但原审人民法院未对基本事实进行过审理的，可以裁定撤销原判决，发回重审。原判决认定事实错误的，上级人民法院不得以基本事实不清为由裁定发回重审。

第五条 人民法院按照第二审程序审理再审案件，发现第一审人民法院有下列严重违反法定程序情形之一的，可以依照民事诉讼法第一百七十条第一款第(四)项的规定，裁定撤销原判决，发回第一审人民法院重审：

（一）原判决遗漏必须参加诉讼的当事人的；

（二）无诉讼行为能力人未经法定代理人代为诉讼，或者应当参加诉讼的当事人，因不能归责于本人或者其诉讼代理人的事由，未参加诉讼的；

（三）未经合法传唤缺席判决，或者违反法律规定剥夺当事人辩论权利的；

（四）审判组织的组成不合法或者依法应当回避的审判人员没有回避的；

（五）原判决、裁定遗漏诉讼请求的。

第六条 上级人民法院裁定指令再审、发回重审的，应当在裁定书中阐明指令再审或者发回重审的具体理由。

第七条 再审案件应当围绕申请人的再审请求进行审理和裁判。对方当事人在再审庭审辩论终结前也提出再审请求的，应一并审理和裁判。当事人的再审请求超出原审诉讼请求的不予审理，构成另案诉讼的应告知当事人可以提起新的诉讼。

第八条 再审发回重审的案件，应当围绕当事人原诉讼请求进行审理。当事人申请变更、增加诉讼请求和提出反诉的，按照《最高人民法院关于适用〈中华人民共和国民事诉讼法〉的解释》第二百五十二条的规定审查决定是否准许。当事人变更其在原审中的诉讼主张、质证及辩论意见的，应说明理由并提交相应的证据，理由不成立或证据不充分的，人民法院不予支持。

第九条 各级人民法院对民事案件指令再审和再审发回重审的审判行为，应当严格遵守本规定。违反本规定的，应当依照相关规定追究有关人员的责任。

第十条 最高人民法院以前发布的司法解释与本规定不一致的，不再适用。

(十七)督促程序

最高人民法院关于支付令生效后发现确有错误应当如何处理给山东省高级人民法院的复函

[1992年7月13日,法函〔1992〕98号]

你院鲁高法函〔1992〕35号请示收悉。经研究,答复如下:

一、债务人未在法定期间提出书面异议,支付令即发生法律效力,债务人不得申请再审;超过法定期间债务人提出的异议,不影响支付令的效力。

二、人民法院院长对本院已经发生法律效力的支付令,发现确有错误,认为需要撤销的,应当提交审判委员会讨论通过后,裁定撤销原支付令,驳回债权人的申请。

此复。

最高人民法院关于中级人民法院能否适用督促程序的复函

[1993年11月9日,〔1993〕法民字第29号]

内蒙古自治区高级人民法院:

你院内高法〔1993〕51号关于中级人民法院能否适用督促程序的请示收悉。经研究,我们认为,督促程序是人民法院催促债务人向债权人履行债务的一种简便的程序,它只适用于债权债务关系明确,当事人又无争议的特定的债务案件。为使此类案件能够迅速得到解决,《中华人民共和国民事诉讼法》第一百八十九条第一款规定,债权人"可以向有管辖权的基层人民法院申请支付令"。据此,我们同意你院的意见,即中级人民法院适用督促程序是不符合《中华人民共和国民事诉讼法》规定的。

此复。

最高人民法院关于适用督促程序若干问题的规定

[2000年11月13日最高人民法院审判委员会第1137次会议通过,2001年1月8日公布,自2001年1月21日起施行,法释〔2001〕2号,根据2008年12月16日《最高人民法院关于调整司法解释等文件引用〈中华人民共和国民事诉讼法〉条文序号的决定》修正]

为了在审判工作中正确适用督促程序,根据《中华人民共和国民事诉讼法》有关规定,现对适用督促程序处理案件的若干问题规定如下:

第一条 基层人民法院受理债权人依法申请支付令的案件,不受争议金额的限制。

第二条 共同债务人住所地、经常居住地不在同一基层人民法院辖区,各有关人民法院都有管辖权的,债权人可以向其中任何一个基层人民法院申请支付令;债权人向两个以上有管辖权的人民法院申请支付令的,由最先立案的人民法院管辖。

第三条 人民法院收到债权人的书

面申请后，认为申请书不符合要求的，人民法院可以通知债权人限期补正。补正期间不计入民事诉讼法第一百九十二条规定的期限。

第四条　对设有担保的债务案件主债务人发出的支付令，对担保人没有拘束力。债权人就担保关系单独提起诉讼的，支付令自行失效。

第五条　人民法院受理债权人的支付令申请后，经审理，有下列情况之一的，应当裁定驳回申请：

（一）当事人不适格；

（二）给付金钱或者汇票、本票、支票以及股票、债券、国库券、可转让的存款单等有价证券的证明文件没有约定逾期给付利息或者违约金、赔偿金，债权人坚持要求给付利息或者违约金、赔偿金；

（三）债权人要求给付的金钱或者汇票、本票、支票以及股票、债券、国库券、可转让的存款单等有价证券属于违法所得；

（四）债权人申请支付令之前已向人民法院申请诉前保全，或者申请支付令同时又要求诉前保全。

第六条　人民法院受理支付令申请后，债权人就同一债权关系又提起诉讼，或者人民法院发出支付令之日起三十日内无法送达债务人的，应当裁定终结督促程序。

第七条　债务人对债权债务关系没有异议，但对清偿能力、清偿期限、清偿方式等提出不同意见的，不影响支付令的效力。

第八条　债权人基于同一债权债务关系，向债务人提出多项支付请求，债务人仅就其中一项或几项请求提出异议的，不影响其他各项请求的效力。

第九条　债权人基于同一债权债务关系，就可分之债向多个债务人提出支付请求，多个债务人中的一人或几人提出异议的，不影响其他请求的效力。

第十条　人民法院作出终结督促程序前，债务人请求撤回异议的，应当准许。

第十一条　人民法院院长对本院已发生法律效力的支付令，发现确有错误，认为需要撤销的，应当提交审判委员会讨论决定后，裁定撤销支付令，驳回债权人的申请。

第十二条　最高人民法院有关适用督促程序的其他司法解释与本规定不一致的，以本规定为准。

（十八）公示催告程序

最高人民法院关于对遗失金融债券可否按"公示催告"程序办理的复函

［1992年5月8日，法函〔1992〕60号］

中国银行：

你行中银综〔1992〕59号《关于对遗失债券有关法律问题的请示》收悉。经研究，答复如下：

我国民事诉讼法第一百九十三条规定："按照规定可以背书转让的票据持有人，因票据被盗、遗失或者灭失，可以向票据支付地的基层人民法院申请公示催告。依照法律规定可以申请公示催告的其他事项，适用本章规定。"这里的票据是指汇票、本票和支票。你行发行的金融债券不属于以上几种票据，也不属于"依照法律规定可以申请公示催告的其他事项"，而且你行在"发行通知"中明确规定,此种金融债券"不计名、不挂失,可以转让和抵押"。因此,对你行发行的金融债券不能适用公示催告程序。

三、执 行 程 序

(十九)一 般 规 定

最高人民法院执行工作办公室关于石油工业出版社申请执行回转一案的复函

[2002年9月12日,〔2002〕执监字第103-1号]

湖南省高级人民法院:

你院〔2002〕湘高法执函字第16号《关于石油工业出版社申请执行回转一案有关问题的请示报告》收悉。经研究,答复如下:

同意你院对本案的第一种处理意见,即不应将深圳凯利集团公司(以下简称凯利公司)列为本执行回转案的被执行人。理由如下:

一、按照《民事诉讼法》第214条和《关于人民法院执行工作若干问题的规定(试行)》第109条规定,"原申请执行人",是指原执行案件中的申请执行人,才能作为执行回转案中的被执行人。在本案中,原申请执行人是湖南利达国际贸易长沙物资公司(以下简称利达公司),凯利公司并非该案的当事人,故将凯利公司列为执行回转案中的被执行人没有事实和法律依据。

二、凯利公司取得的248万元,是在利达公司对其欠债的情况下,依据长沙市中级人民法院〔1997〕长中经初字第124号民事调解书,通过执行程序取得的,而且不论利达公司与北京城市合作银行和平里支行、石油工业出版社纠纷案是否按撤诉处理,均不能否定凯利公司对利达公司的债权。

三、利达公司在长沙市中级人民法院〔1997〕长中经初字第124号民事调解书中,明确表示其将用从石油工业出版社执行回的款项清偿其对凯利公司的债务。

四、利达公司与凯利公司的债权债务关系同石油工业出版社与利达公司的债权债务关系是两种不同的法律关系,不能混淆,单独处理前者的债权债务并无不妥。

最高人民法院印发《关于正确适用暂缓执行措施若干问题的规定》的通知

[2002年9月28日,法发〔2002〕16号]

各省、自治区、直辖市高级人民法院,解放军军事法院,新疆维吾尔自治区高级人民法院生产建设兵团分院:

最高人民法院《关于正确适用暂缓执行措施若干问题的规定》已于2002年9月24日第1244次审判委员会讨论通过,现印发给你们,望认真学习,贯彻执行。

附：最高人民法院关于正确适用暂缓执行措施若干问题的规定

为了在执行程序中正确适用暂缓执行措施，维护当事人及其他利害关系人的合法权益，根据《中华人民共和国民事诉讼法》和其他有关法律的规定，结合司法实践，制定本规定。

第一条 执行程序开始后，人民法院因法定事由，可以决定对某一项或者某几项执行措施在规定的期限内暂缓实施。

执行程序开始后，除法定事由外，人民法院不得决定暂缓执行。

第二条 暂缓执行由执行法院或者其上级人民法院作出决定，由执行机构统一办理。

人民法院决定暂缓执行的，应当制作暂缓执行决定书，并及时送达当事人。

第三条 有下列情形之一的，经当事人或者其他利害关系人申请，人民法院可以决定暂缓执行：

（一）执行措施或者执行程序违反法律规定的；

（二）执行标的物存在权属争议的；

（三）被执行人对申请执行人享有抵销权的。

第四条 人民法院根据本规定第三条决定暂缓执行的，应当同时责令申请暂缓执行的当事人或者其他利害关系人在指定的期限内提供相应的担保。

被执行人或者其他利害关系人提供担保申请暂缓执行，申请执行人提供担保要求继续执行的，执行法院可以继续执行。

第五条 当事人或者其他利害关系人提供财产担保的，应当出具评估机构对担保财产价值的评估证明。

评估机构出具虚假证明给当事人造成损失的，当事人可以对担保人、评估机构另行提起损害赔偿诉讼。

第六条 人民法院在收到暂缓执行申请后，应当在十五日内作出决定，并在作出决定后五日内将决定书发送当事人或者其他利害关系人。

第七条 有下列情形之一的，人民法院可以依职权决定暂缓执行：

（一）上级人民法院已经受理执行争议案件并正在处理的；

（二）人民法院发现据以执行的生效法律文书确有错误，并正在按照审判监督程序进行审查的。

人民法院依照前款规定决定暂缓执行的，一般应由申请执行人或者被执行人提供相应的担保。

第八条 依照本规定第七条第一款第（一）项决定暂缓执行的，由上级人民法院作出决定。依照本规定第七条第一款第（二）项决定暂缓执行的，审判机构应当向本院执行机构发出暂缓执行建议书，执行机构收到建议书后，应当办理暂缓相关执行措施的手续。

第九条 在执行过程中，执行人员发现据以执行的判决、裁定、调解书和支付令确有错误的，应当依照最高人民法院《关于适用〈中华人民共和国民事诉讼法〉若干问题的意见》第258条的规定处理。

在审查处理期间，执行机构可以报经院长决定对执行标的暂缓采取处分性措施，并通知当事人。

第十条 暂缓执行的期间不得超过三个月。因特殊事由需要延长的，可以适当延长，延长的期限不得超过三个月。

暂缓执行的期限从执行法院作出暂

缓执行决定之日起计算。暂缓执行的决定由上级人民法院作出的,从执行法院收到暂缓执行决定之日起计算。

第十一条 人民法院对暂缓执行的案件,应当组成合议庭对是否暂缓执行进行审查,必要时应当听取当事人或者其他利害关系人的意见。

第十二条 上级人民法院发现执行法院对不符合暂缓执行条件的案件决定暂缓执行,或者对符合暂缓执行条件的案件未予暂缓执行的,应当作出决定予以纠正。执行法院收到该决定后,应当遵照执行。

第十三条 暂缓执行期限届满后,人民法院应当立即恢复执行。

暂缓执行期限届满前,据以决定暂缓执行的事由消灭的,如果该暂缓执行的决定是由执行法院作出的,执行法院应当立即作出恢复执行的决定;如果该暂缓执行的决定是由执行法院的上级人民法院作出的,执行法院应当将该暂缓执行事由消灭的情况及时报告上级人民法院,该上级人民法院应当在收到报告后十日内审查核实并作出恢复执行的决定。

第十四条 本规定自公布之日起施行。本规定施行后,其他司法解释与本规定不一致的,适用本规定。

最高人民法院关于当事人对迟延履行和解协议的争议应当另诉解决的复函

[2005年6月24日,[2005]执监字第24-1号]

四川省高级人民法院:
关于云南川龙翔实业有限责任公司(下称龙翔公司)申请执行四川省烟草公司资阳分公司简阳卷烟营销管理中心(下称烟草公司)债务纠纷一案,你院以[2004]川执请字第1号答复资阳市中级人民法院,认为龙翔公司申请恢复执行并无不当。烟草公司不服你院的答复,向我院提出申诉。

我院经调卷审查认为,根据我国民事诉讼法和我院司法解释的有关规定,执行和解协议已履行完毕的人民法院不予恢复执行。本案执行和解协议的履行尽管存在瑕疵,但和解协议确已履行完毕,人民法院应不予恢复执行。至于当事人对延迟履行和解协议的争议,不属执行程序处理,应由当事人另诉解决。请你院按此意见妥善处理该案。

最高人民法院关于人民法院执行设定抵押的房屋的规定

[2005年11月14日最高人民法院审判委员会第1371次会议通过,2005年12月14日公布,自2005年12月21日起施行,法释[2015]14号,根据2008年12月16日《最高人民法院调整司法解释等文件中引用〈中华人民共和国民事诉讼法〉条文序号的决定》修正]

根据《中华人民共和国民事诉讼法》等法律的规定,结合人民法院民事执行工作的实践,对人民法院根据抵押权人的申请,执行设定抵押的房屋的问题规定如下:

第一条 对于被执行人所有的已经依法设定抵押的房屋,人民法院可以查封,并可以根据抵押权人的申请,依法拍卖、变卖或者抵债。

第二条 人民法院对已经依法设定抵押的被执行人及其所扶养家属居住的房屋,在裁定拍卖、变卖或者抵债后,应当给予被执行人六个月的宽限期。在此期限内,被执行人应当主动腾空房屋,人民法院不得强制被执行人及其所扶养家属迁出该房屋。

第三条 上述宽限期届满后,被执行人仍未迁出的,人民法院可以作出强制迁出裁定,并按照民事诉讼法第二百二十六条的规定执行。

强制迁出时,被执行人无法自行解决居住问题的,经人民法院审查属实,可以由申请执行人为被执行人及其所扶养家属提供临时住房。

第四条 申请执行人提供的临时住房,其房屋品质、地段可以不同于被执行人原住房,面积参照建设部、财政部、民政部、国土资源部和国家税务总局联合发布的《城镇最低收入家属廉租住房管理办法》所规定的人均廉租住房面积标准确定。

第五条 申请执行人提供的临时住房,应当计收租金。租金标准由申请执行人和被执行人双方协商确定;协商不成的,由人民法院参照当地同类房屋租金标准确定,当地无同类房屋租金标准可以参照的,参照当地房屋租赁市场平均租金标准确定。

已经产生的租金,可以从房屋拍卖或者变卖价款中优先扣除。

第六条 被执行人属于低保对象且无法自行解决居住问题的,人民法院不应强制迁出。

第七条 本规定自公布之日起施行。施行前本院已公布的司法解释与本规定不一致的,以本规定为准。

人民法院执行文书立卷归档办法(试行)

[2006年5月18日,法发〔2006〕11号]

一、总　　则

第一条 为了加强执行文书的立卷归档工作,根据《中华人民共和国档案法》、《人民法院档案管理办法》等有关规定,结合人民法院执行工作实际,制定本办法。

第二条 本办法所称的执行文书,是指人民法院在案件执行过程中所形成的一切与案件有关的各类文书材料。

第三条 人民法院办理的下列执行案件,纳入立卷归档的范围。

1. 本院直接受理的执行案件;
2. 提级执行、受指定执行的案件;
3. 受托执行的案件;
4. 执行监督、请示、协调的案件;
5. 申请复议的案件;
6. 其他执行案件。

第四条 执行案件由立案庭统一立案,按照案件类型分类编号。

执行案件必须一案一号。一个案件从收案到结案所形成的法律文书、公文、函电等所有司法文书以及执行文书的立卷、归档、保管均使用收案时编定的案号。

中止执行的案件恢复执行后,不得重新立案,应继续使用原案号。

第五条 执行文书材料由承办书记员负责收集、整理立卷,承办执行法官或执行员和部门领导负责检查卷宗质量,并监督承办书记员按期归档。

二、执行文书材料的收集

第六条 执行案件收案后,承办书记员即开始收集有关本案的各种文书材料,着手立卷工作。

第七条 执行文书材料应全面、真实地反映执行的整个过程和具体情况。

第八条 送达法律文书应当有送达回证附卷。

邮寄送达法律文书被退回的,挂号函件收据、附有邮局改退批条的退回邮件信封应当附卷。

公告送达法律文书的,公告的原件和附件、刊登公告的报纸版面或张贴公告的照片应当附卷。

第九条 执行款物的收付材料必须附卷,包括收取执行款物的收据存根;交付、退回款物后当事人开具的收据;划款通知书;法院扣收申请执行费、实际支出费的票据;以物抵债裁定书及抵债物交付过程的材料;双方当事人签订和解协议后交付款物的收据复印件等。

第十条 入卷的执行法律文书,除卷内装订的外,应当随卷各附三份归档,装入卷底袋内备用。其他文书材料,一般只保存一份(有领导人批示的材料除外)。

第十一条 入卷的执行文书材料应当保留原件,未能提供原件的可保存一份复印件,但要注明没有原件的原因。执行人员依职权通过摘录、复制方式取得的与案件有关的证明材料,应注明来源、日期,并由经手人或经办人签名,同时加盖提供单位印章。

第十二条 下列文书材料一般不归档:

1. 没有证明价值的信封、工作材料;
2. 内容相同的重份材料;
3. 法规、条例复制件;
4. 一般的法律文书草稿(未定稿);
5. 与本案无关的材料。

第十三条 在案件办结以后,执行人员应当认真检查全案的文书材料是否收集齐全,若发现法律文书不完备的,应当及时补齐。

三、执行文书材料的排列

第十四条 执行文书材料的排列顺序应当按照执行程序的进程,形成文书的时间顺序,兼顾文书材料之间的有机联系进行排列。

执行卷宗应当按照利于保密、方便利用的原则,分别立正卷和副卷。无不宜公开内容的案件可以不立副卷。

第十五条 执行案件正卷文书材料排列顺序:

1. 卷宗封面;2. 卷内目录;3. 立案审批表;4. 申请执行书;5. 执行依据;6. 受理案件通知书、举证通知书及送达回执;7. 案件受理费及实际支出费收据;8. 执行通知书、财产申报通知书及送达回执;9. 申请执行人、被执行人身份证明、工商登记资料、法定代表人身份证明及授权委托书、律师事务所函;10. 申请执行人、被执行人、案外人举证材料;11. 询问笔录、调查笔录、听证笔录、执行笔录及人民法院取证材料;12. 采取、解除、撤销强制执行措施(包括查询、查封、冻结、扣划、扣押、评估、拍卖、变卖、搜查、拘传、罚款、拘留等)文书材料;13. 追加、变更执行主体裁定书正本;14. 强制执行裁定书正本;15. 执行和解协议;16. 执行和解协议履行情况的证明材料;17. 以物抵债裁定书及相关材料;

18. 中止执行、终结执行、不予执行裁定书及执行凭证；19. 执行款物收取、交付凭证及有关审批材料；20. 延长执行期限的审批表；21. 结案报告、结案审批表；22. 送达回证；23. 备考表；24. 证物袋；25. 卷底。

第十六条 执行监督案件正卷文书材料的排列顺序：

1. 卷宗封面；2. 卷内目录；3. 立案审批表；4. 执行监督申请书；5. 原执行裁定书；6. 当事人身份证明或法定代表人身份证明及授权委托书、律师事务所函；7. 当事人提供的证据材料；8. 听证笔录、调查笔录；9. 督办函；10. 执行法院书面报告；11. 监督结果或有关裁定书；12. 结案报告、结案审批表；13. 送达回证；14. 备考表；15. 证物袋；16. 卷底。

第十七条 执行协调案件文书材料的排列顺序：

1. 卷宗封面；2. 卷内目录；3. 立案审批表；4. 请求协调报告及相关证据材料；5. 协调函；6. 被协调法院的报告及相关证据材料；7. 协调会议记录；8. 承办人审查报告；9. 合议庭评议案件笔录；10. 执行局（庭）研究案件记录及会议纪要；11. 审判委员会研究案件记录及会议纪要；12. 协调意见书；13. 结案报告、结案审批表；14. 备考表；15. 证物袋；16. 卷底。

第十八条 执行请示案件文书材料的排列顺序：

1. 卷宗封面；2. 卷内目录；3. 立案审批表；4. 请示报告及相关证据材料；5. 承办人审查报告；6. 合议庭评议案件笔录；7. 执行局（庭）研究案件笔录及会议纪要；8. 本院审判委员会评议案件笔录及会议纪要；9. 向上级法院的请示或报告；10. 批复意见；11. 结案报告、结案审批表；12. 备考表；13. 证物袋；14. 卷底。

第十九条 执行复议案件正卷文书材料的排列顺序：

1. 卷宗封面；2. 卷内目录；3. 立案审批表；4. 复议申请书；5. 原决定书；6. 复议申请人身份证明、法定代表人身份证明及授权委托书、律师事务所函；7. 复议申请人提供的证据材料；8. 听证笔录、调查笔录；9. 复议决定书；10. 结案报告、结案审批表；11. 送达回证；12. 备考表；13. 证物袋；14. 卷底。

第二十条 各类执行案件副卷文书材料的排列顺序：

1. 卷宗封面；2. 卷内目录；3. 阅卷笔录；4. 执行方案；5. 承办人与有关部门内部交换意见的材料或笔录；6. 有关案件的内部请示与批复；7. 上级法院及有关单位领导人对案件的批示；8. 承办人审查报告；9. 合议庭评议案件笔录；10. 执行局（庭）研究案件记录及会议纪要；11. 审判委员会研究案件记录及会议纪要；12. 法律文书签发件；13. 其他不宜公开的材料；14. 备考表；15. 证物袋；16. 卷底。

四、执行文书的立卷及卷宗装订

第二十一条 人民法院执行文书材料经过系统收集、整理、排列后，逐页编号。页号一律用阿拉伯数字编写，正面书写在右上角，背面书写在左上角，背面无字迹的不编页号。卷宗封面、卷内目录、备考表、证物袋、卷底不编页号。

第二十二条 执行文书材料包括卷皮的书写、签发必须使用碳素墨水、蓝黑墨水或微机打印，如出现文书材料使用红、蓝墨水或铅笔、圆珠笔及易褪色不易长期保管书写工具书写的,要附复印件。需要归档的传真文书材料必须复印,复印件归档,传真件不归档。

第二十三条　卷宗封面必须按项目要求填写齐全,字迹工整、规范、清晰。卷面案号应当与卷内文件案号一致;案件类别栏填写"执行";案由栏填写执行依据确认的案由;当事人栏应当填写准确、完整,不能缩写、简称或省略;收、结案日期应当与卷内文书记载一致;执行标的栏,应当填写申请执行标的;执行结果栏,应当填写已经执行的金额或其他情况;裁决机关栏,应当填写作出生效法律文书的机关;结案方式栏,按不同情况分别填写自动履行、强制执行、终结执行、执行和解或不予执行等;结案日期栏,应当填写批准报结的日期。

第二十四条　卷内目录应当按文书材料顺序逐项填写。一份文书材料编一个顺序号。

第二十五条　卷内文件目录所在页的编号,除最后一份需填写起止号外,其余只填起号。

第二十六条　卷内备考表,由本卷情况说明、立卷人、检查人、验收人、立卷日期等项目组成。

"本卷情况说明"栏内填写卷内文书缺损、修改、补充、移出、销毁等情况;"立卷人"由立卷人签字;"检查人"由承办执行法官或执行员签字;"验收人"由档案部门接收人签字;"立卷日期"填写立卷完成的日期。

第二十七条　卷宗的装订必须牢固、整齐、美观,便于保管和利用。

每卷的厚度以不超过15毫米为宜,材料过多的,应当按顺序分册装订。每册案卷都从"1"开始编写页号。卷宗装订齐下齐右、三孔一线,长度以180毫米左右为宜,并在卷底装订线结扣处粘贴封条,由立卷人盖章。

第二十八条　卷宗装订前,要对文书材料进行全面检查,材料不完整的要补齐,破损或褪色、字迹扩散的要修补、复制。

卷内材料用纸以A4办公纸为标准。纸张过大的要修剪折叠,纸张过小、订口过窄的要加贴衬纸。

外文及少数民族文字材料应当附上汉语译文。

作为证据查考日期的信封,保留原件,打开展平加贴衬纸。

卷宗内严禁留置金属物。

五、执行卷宗的归档和保管

第二十九条　执行人员应当妥善保管执行卷宗,防止卷宗毁损、遗漏、丢失。

第三十条　承办书记员应当在案件报结后一个月内将执行卷宗装订完毕,并送有关部门或负责人核查是否符合案件归档条件,验收合格的应当立即归档。不合格的,应当及时予以补救。

执行卷宗应当在案件报结后的三个月内完成归档工作。

第三十一条　执行机构应当对执行卷宗的归档情况登记造册,归档案件必须有档案部门的签收手续。

第三十二条　中止执行的案件可以由执行机构统一保管执行卷宗,不得在执行人员处存放。

第三十三条　执行档案的保管期限由档案管理部门按照有关规定确定。

第三十四条　已经归档的卷宗不得抽取材料,确需增添材料的,应当征得档案管理人员同意后,按立卷要求办理。

第三十五条 对违反本办法未及时归档、任意从案卷中抽取文书材料或损毁、遗漏、丢失案卷材料的有关人员,视情节轻重,依有关规定作出相应处理。

六、附　则

第三十六条 各高级人民法院在实施本办法过程中,可以根据实际需要制定实施细则。

第三十七条 本办法自公布之日起施行。

最高人民法院关于执行案件督办工作的规定(试行)

[2006年5月18日,法发〔2006〕11号]

为了加强和规范上级法院对下级法院执行案件的监督,根据《中华人民共和国民事诉讼法》及有关司法解释的规定,结合人民法院执行工作的实践,制定本规定。

第一条 最高人民法院对地方各级人民法院执行案件进行监督。高级人民法院、中级人民法院对本辖区内人民法院执行案件进行监督。

第二条 当事人反映下级法院有消极执行或者案件长期不能执结,上级法院认为情况属实的,应当督促下级法院及时采取执行措施,或者在指定期限内办结。

第三条 上级法院应当在受理反映下级法院执行问题的申诉后十日内,对符合督办条件的案件制作督办函,并附相关材料函转下级法院。遇有特殊情况,上级法院可要求下级法院立即进行汇报,或派员实地进行督办。

下级法院在接到上级法院的督办函后,应指定专人办理。

第四条 下级法院应当在上级法院指定的期限内,将案件办理情况或者处理意见向督办法院作出书面报告。

第五条 对于上级法院督办的执行案件,被督办法院应当按照上一级法院的要求,及时制作案件督办函,并附案件相关材料函转至执行法院。被督办法院负责在上一级法院限定的期限届满前,将督办案件办理情况书面报告上一级法院,并附相关材料。

第六条 下级法院逾期未报告工作情况或案件处理结果的,上级法院根据情况可以进行催报,也可以直接调卷审查,指定其他法院办理,或者提级执行。

第七条 上级法院收到下级法院的书面报告后,认为下级法院的处理意见不当的,应当提出书面意见函告下级法院。下级法院应当按照上级法院的意见办理。

第八条 下级法院认为上级法院的处理意见错误,可以按照有关规定提请上级法院复议。

对下级法院提请复议的案件,上级法院应当另行组成合议庭进行审查。经审查认为原处理意见错误的,应当纠正;认为原处理意见正确的,应当拟函督促下级法院按照原处理意见办理。

第九条 对于上级法院督办的执行案件,下级法院无正当理由逾期未报告工作情况或案件处理结果,或者拒不落实、消极落实上级法院的处理意见,经上级法院催办后仍未纠正的,上级法院可以在辖区内予以通报,并依据有关规定追究相关法院或者责任人的责任。

第十条 本规定自公布之日起施行。

最高人民法院关于人民法院执行公开的若干规定

[2006年12月23日，法发〔2006〕35号]

为进一步规范人民法院执行行为，增强执行工作的透明度，保障当事人的知情权和监督权，进一步加强对执行工作的监督，确保执行公正，根据《中华人民共和国民事诉讼法》和有关司法解释等规定，结合执行工作实际，制定本规定。

第一条 本规定所称的执行公开，是指人民法院将案件执行过程和执行程序予以公开。

第二条 人民法院应当通过通知、公告或者法院网络、新闻媒体等方式，依法公开案件执行各个环节和有关信息，但涉及国家秘密、商业秘密等法律禁止公开的信息除外。

第三条 人民法院应当向社会公开执行案件的立案标准和启动程序。

人民法院对当事人的强制执行申请立案受理后，应当及时将立案的有关情况、当事人在执行程序中的权利和义务以及可能存在的执行风险书面告知当事人；不予立案的，应当制作裁定书送达申请人，裁定书应当载明不予立案的法律依据和理由。

第四条 人民法院应当向社会公开执行费用的收费标准和根据，公开执行费减、缓、免交的基本条件和程序。

第五条 人民法院受理执行案件后，应当及时将案件承办人或合议庭成员及联系方式告知双方当事人。

第六条 人民法院在执行过程中，申请执行人要求了解案件执行进展情况的，执行人员应当如实告知。

第七条 人民法院对申请执行人提供的财产线索进行调查后，应当及时将调查结果告知申请执行人；对依职权调查的被执行人财产状况和被执行人申报的财产状况，应当主动告知申请执行人。

第八条 人民法院采取查封、扣押、冻结、划拨等执行措施的，应当依法制作裁定书送达被执行人，并在实施执行措施后将有关情况及时告知双方当事人，或者以方便当事人查询的方式予以公开。

第九条 人民法院采取拘留、罚款、拘传等强制措施的，应当依法向被采取强制措施的人出示有关手续，并说明对其采取强制措施的理由和法律依据。采取强制措施后，应当将情况告知其他当事人。

采取拘留或罚款措施的，应当在决定书中告知被拘留或者被罚款的人享有向上级人民法院申请复议的权利。

第十条 人民法院拟委托评估、拍卖或者变卖被执行人财产的，应当及时告知双方当事人及其他利害关系人，并严格按照《中华人民共和国民事诉讼法》和最高人民法院《关于人民法院民事执行中拍卖、变卖财产的规定》等有关规定，采取公开的方式选定评估机构和拍卖机构，并依法公开进行拍卖、变卖。

评估结束后，人民法院应当及时向双方当事人及其他利害关系人送达评估报告；拍卖、变卖结束后，应当及时将结果告知双方当事人及其他利害关系人。

第十一条 人民法院在办理参与分配的执行案件时，应当将被执行人财产的处理方案、分配原则和分配方案以及相关法律规定告知申请参与分配的债权人。必要时，应当组织各方当事人举行听证会。

第十二条　人民法院对案外人异议、不予执行的申请以及变更、追加被执行主体等重大执行事项，一般应当公开听证进行审查；案情简单、事实清楚，没有必要听证的，人民法院可以直接审查。审查结果应当依法制作裁定书送达各方当事人。

第十三条　人民法院依职权对案件中止执行的，应当制作裁定书并送达当事人。裁定书应当说明中止执行的理由，并明确援引相应的法律依据。

对已经中止执行的案件，人民法院应当告知当事人中止执行案件的管理制度、申请恢复执行或者人民法院依职权恢复执行的条件和程序。

第十四条　人民法院依职权对据以执行的生效法律文书终结执行的，应当公开听证，但申请执行人没有异议的除外。

终结执行应当制作裁定书并送达双方当事人。裁定书应当充分说明终结执行的理由，并明确援引相应的法律依据。

第十五条　人民法院未能按照最高人民法院《关于人民法院办理执行案件若干期限的规定》中规定的期限完成执行行为的，应当及时向申请执行人说明原因。

第十六条　人民法院对执行过程中形成的各种法律文书和相关材料，除涉及国家秘密、商业秘密等不宜公开的文书材料外，其他一般都应当予以公开。

当事人及其委托代理人申请查阅执行卷宗的，经人民法院许可，可以按照有关规定查阅、抄录、复制执行卷宗正卷中的有关材料。

第十七条　对违反本规定不公开或不及时公开案件执行信息的，视情节轻重，依有关规定追究相应的责任。

第十八条　各高级人民法院在实施本规定过程中，可以根据实际需要制定实施细则。

第十九条　本规定自2007年1月1日起施行。

最高人民法院关于适用《中华人民共和国民事诉讼法》执行程序若干问题的解释

[2008年9月4日最高人民法院审判委员会第1452次会议通过，2008年11月3日公布，自2009年1月1日起施行，法释〔2008〕13号]

为了依法及时有效地执行生效法律文书，维护当事人的合法权益，根据2007年10月修改后的《中华人民共和国民事诉讼法》（以下简称民事诉讼法），结合人民法院执行工作实际，对执行程序中适用法律的若干问题作出如下解释：

第一条　申请执行人向被执行的财产所在地人民法院申请执行的，应当提供该人民法院辖区有可供执行财产的证明材料。

第二条　对两个以上人民法院都有管辖权的执行案件，人民法院在立案前发现其他有管辖权的人民法院已经立案的，不得重复立案。

立案后发现其他有管辖权的人民法院已经立案的，应当撤销案件；已经采取执行措施的，应当将控制的财产交先立案的执行法院处理。

第三条　人民法院受理执行申请后，当事人对管辖权有异议的，应当自收到执行通知书之日起十日内提出。

人民法院对当事人提出的异议，应当

审查。异议成立的,应当撤销执行案件,并告知当事人向有管辖权的人民法院申请执行;异议不成立的,裁定驳回。当事人对裁定不服的,可以向上一级人民法院申请复议。

管辖权异议审查和复议期间,不停止执行。

第四条 对人民法院采取财产保全措施的案件,申请执行人向采取保全措施的人民法院以外的其他有管辖权的人民法院申请执行的,采取保全措施的人民法院应当将保全的财产交执行法院处理。

第五条 执行过程中,当事人、利害关系人认为执行法院的执行行为违反法律规定的,可以依照民事诉讼法第二百零二条的规定提出异议。

执行法院审查处理执行异议,应当自收到书面异议之日起十五日内作出裁定。

第六条 当事人、利害关系人依照民事诉讼法第二百零二条规定申请复议的,应当采取书面形式。

第七条 当事人、利害关系人申请复议的书面材料,可以通过执行法院转交,也可以直接向执行法院的上一级人民法院提交。

执行法院收到复议申请后,应当在五日内将复议所需的案卷材料报送上一级人民法院;上一级人民法院收到复议申请后,应当通知执行法院在五日内报送复议所需的案卷材料。

第八条 上一级人民法院对当事人、利害关系人的复议申请,应当组成合议庭进行审查。

第九条 当事人、利害关系人依照民事诉讼法第二百零二条规定申请复议的,上一级人民法院应当自收到复议申请之日起三十日内审查完毕,并作出裁定。有特殊情况需要延长的,经本院院长批准,可以延长,延长的期限不得超过三十日。

第十条 执行异议审查和复议期间,不停止执行。

被执行人、利害关系人提供充分、有效的担保请求停止相应处分措施的,人民法院可以准许;申请执行人提供充分、有效的担保请求继续执行的,应当继续执行。

第十一条 依照民事诉讼法第二百零三条的规定,有下列情形之一的,上一级人民法院可以根据申请执行人的申请,责令执行法院限期执行或者变更执行法院:

(一)债权人申请执行时被执行人有可供执行的财产,执行法院自收到申请执行书之日起超过六个月对该财产未执行完结的;

(二)执行过程中发现被执行人可供执行的财产,执行法院自发现财产之日起超过六个月对该财产未执行完结的;

(三)对法律文书确定的行为义务的执行,执行法院自收到申请执行书之日起超过六个月未依法采取相应执行措施的;

(四)其他有条件执行超过六个月未执行的。

第十二条 上一级人民法院依照民事诉讼法第二百零三条规定责令执行法院限期执行的,应当向其发出督促执行令,并将有关情况书面通知申请执行人。

上一级人民法院决定由本院执行或者指令本辖区其他人民法院执行的,应当作出裁定,送达当事人并通知有关人民法院。

第十三条 上一级人民法院责令执行法院限期执行,执行法院在指定期间内无正当理由仍未执行完结的,上一级人民法院应当裁定由本院执行或者指令本辖区其他人民法院执行。

第十四条 民事诉讼法第二百零三条规定的六个月期间,不应当计算执行中的公告期间、鉴定评估期间、管辖争议处理期间、执行争议协调期间、暂缓执行期间以及中止执行期间。

第十五条 案外人对执行标的主张所有权或者有其他足以阻止执行标的转让、交付的实体权利的,可以依照民事诉讼法第二百零四条的规定,向执行法院提出异议。

第十六条 案外人异议审查期间,人民法院不得对执行标的进行处分。

案外人向人民法院提供充分、有效的担保请求解除对异议标的的查封、扣押、冻结的,人民法院可以准许;申请执行人提供充分、有效的担保请求继续执行的,应当继续执行。

因案外人提供担保解除查封、扣押、冻结有错误,致使该标的无法执行的,人民法院可以直接执行担保财产;申请执行人提供担保请求继续执行有错误,对方造成损失的,应当予以赔偿。

第十七条 案外人依照民事诉讼法第二百零四条规定提起诉讼,对执行标的主张实体权利,并请求对执行标的停止执行的,应当以申请执行人为被告;被执行人反对案外人对执行标的所主张的实体权利的,应当以申请执行人和被执行人为共同被告。

第十八条 案外人依照民事诉讼法第二百零四条规定提起诉讼的,由执行法院管辖。

第十九条 案外人依照民事诉讼法第二百零四条规定提起诉讼的,执行法院应当依照诉讼程序审理。经审理,理由不成立的,判决驳回其诉讼请求;理由成立的,根据案外人的诉讼请求作出相应的裁判。

第二十条 案外人依照民事诉讼法第二百零四条规定提起诉讼的,诉讼期间,不停止执行。

案外人的诉讼请求确有理由或者提供充分、有效的担保请求停止执行的,可以裁定停止对执行标的进行处分;申请执行人提供充分、有效的担保请求继续执行的,应当继续执行。

案外人请求停止执行、请求解除查封、扣押、冻结或者申请执行人请求继续执行有错误,给对方造成损失的,应当予以赔偿。

第二十一条 申请执行人依照民事诉讼法第二百零四条规定提起诉讼,请求对执行标的许可执行的,应当以案外人为被告;被执行人反对申请执行人请求的,应当以案外人和被执行人为共同被告。

第二十二条 申请执行人依照民事诉讼法第二百零四条规定提起诉讼的,由执行法院管辖。

第二十三条 人民法院依照民事诉讼法第二百零四条规定裁定对异议标的中止执行后,申请执行人自裁定送达之日起十五日内未提起诉讼的,人民法院应当裁定解除已经采取的执行措施。

第二十四条 申请执行人依照民事诉讼法第二百零四条规定提起诉讼的,执行法院应当依照诉讼程序审理。经审理,理由不成立的,判决驳回其诉讼请求;理由成立的,根据申请执行人的诉讼请求作出相应的裁判。

第二十五条 多个债权人对同一被执行人申请执行或者对执行财产申请参与分配的,执行法院应当制作财产分配方案,并送达各债权人和被执行人。债权人或者被执行人对分配方案有异议的,应当自收到分配方案之日起十五日内向执行法院提出书面异议。

第二十六条 债权人或者被执行人对分配方案提出书面异议的,执行法院应当通知未提出异议的债权人或被执行人。

未提出异议的债权人、被执行人收到通知之日起十五日内未提出反对意见的,执行法院依异议人的意见对分配方案审查修正后进行分配;提出反对意见的,应当通知异议人。异议人可以自收到通知之日起十五日内,以提出反对意见的债权人、被执行人为被告,向执行法院提起诉讼;异议人逾期未提起诉讼的,执行法院依原分配方案进行分配。

诉讼期间进行分配的,执行法院应当将与争议债权数额相应的款项予以提存。

第二十七条 在申请执行时效期间的最后六个月内,因不可抗力或者其他障碍不能行使请求权的,申请执行时效中止。从中止时效的原因消除之日起,申请执行时效期间继续计算。

第二十八条 申请执行时效因申请执行、当事人双方达成和解协议、当事人一方提出履行要求或者同意履行义务而中断。从中断时起,申请执行时效期间重新计算。

第二十九条 生效法律文书规定债务人负有不作为义务的,申请执行时效期间从债务人违反不作为义务之日起计算。

第三十条 执行员依照民事诉讼法第二百一十六条规定立即采取强制执行措施的,可以同时或者自采取强制执行措施之日起三日内发送执行通知书。

第三十一条 人民法院依照民事诉讼法第二百一十七条规定责令被执行人报告财产情况的,应当向其发出报告财产令。报告财产令中应当写明报告财产的范围、报告财产的期间、拒绝报告或者虚假报告的法律后果等内容。

第三十二条 被执行人依照民事诉讼法第二百一十七条的规定,应当书面报告下列财产情况:

(一) 收入、银行存款、现金、有价证券;

(二) 土地使用权、房屋等不动产;

(三) 交通运输工具、机器设备、产品、原材料等动产;

(四) 债权、股权、投资权益、基金、知识产权等财产性权利;

(五) 其他应当报告的财产。

被执行人自收到执行通知之日前一年至当前财产发生变动的,应当对该变动情况进行报告。

被执行人在报告财产期间履行全部债务的,人民法院应当裁定终结报告程序。

第三十三条 被执行人报告财产后,其财产情况发生变动,影响申请执行人债权实现的,应当自财产变动之日起十日内向人民法院补充报告。

第三十四条 对被执行人报告的财产情况,申请执行人请求查询的,人民法院应当准许。申请执行人对查询的被执行人财产情况,应当保密。

第三十五条 对被执行人报告的财产情况,执行法院可以依申请执行人的申请或者依职权调查核实。

第三十六条 依照民事诉讼法第二百三十一条规定对被执行人限制出境的,应当由申请执行人向执行法院提出书面申请;必要时,执行法院可以依职权决定。

第三十七条 被执行人为单位的,可

以对其法定代表人、主要负责人或者影响债务履行的直接责任人员限制出境。

被执行人为无民事行为能力人或者限制民事行为能力人的,可以对其法定代理人限制出境。

第三十八条 在限制出境期间,被执行人履行法律文书确定的全部债务的,执行法院应当及时解除限制出境措施;被执行人提供充分、有效的担保或者申请执行人同意的,可以解除限制出境措施。

第三十九条 依照民事诉讼法第二百三十一条的规定,执行法院可以依职权或者依申请执行人的申请,将被执行人不履行法律文书确定义务的信息,通过报纸、广播、电视、互联网等媒体公布。

媒体公布的有关费用,由被执行人负担;申请执行人申请在媒体公布的,应当垫付有关费用。

第四十条 本解释施行前本院公布的司法解释与本解释不一致的,以本解释为准。

最高人民法院关于执行工作中正确适用修改后民事诉讼法第202条、第204条规定的通知

〔2008年11月28日,法明传〔2008〕1223号〕

各省、自治区、直辖市高级人民法院,解放军军事法院,新疆维吾尔自治区高级人民法院生产建设兵团分院:

近期,我院陆续收到当事人直接或通过执行法院向我院申请复议的案件。经审查发现,部分申请复议的案件不符合法律规定。为了保证各级人民法院在执行工作过程中正确适用修改后民事诉讼法第202条、第204条的规定,现通知如下:

一、当事人、利害关系人根据民事诉讼法第202条的规定,提出异议或申请复议,只适用于发生在2008年4月1日后作出的执行行为;对于2008年4月1日前发生的执行行为,当事人、利害关系人可以依法提起申诉,按监督案件处理。

二、案外人对执行标的提出异议的,执行法院应当审查并作出裁定。按民事诉讼法第204条的规定,案外人不服此裁定只能提起诉讼或者按审判监督程序办理。执行法院在针对异议作出的裁定书中赋予案外人、当事人申请复议的权利,无法律依据。

三、当事人、利害关系人认为执行法院的执行行为违法的,应当先提出异议,对执行法院作出的异议裁定不服的才能申请复议。执行法院不得在作出执行行为的裁定书中直接赋予当时人申请复议的权力。

特此通知。

最高人民法院关于委托执行若干问题的规定

〔2011年4月25日最高人民法院审判委员会第1521次会议通过,2011年5月3日公布,自2011年5月16日起施行,法释〔2011〕11号〕

为了规范委托执行工作,维护当事人的合法权益,根据《中华人民共和国民事诉讼法》的规定,结合司法实践,制定本规定。

第一条 执行法院经调查发现被执

行人在本辖区内已无财产可供执行,且在其他省、自治区、直辖市内有可供执行财产的,应当将案件委托异地的同级人民法院执行。

执行案件中有三个以上被执行人或者三处以上被执行财产在本省、自治区、直辖市辖区以外,且分属不同异地的,执行法院根据案件具体情况,报经高级人民法院批准后可以异地执行。

第二条 案件委托执行后,受托法院应当依法立案,委托法院应当在收到受托法院的立案通知书后作委托结案处理。

委托异地法院协助查询、冻结、查封、调查或者送达法律文书等有关事项的,受托法院不作为委托执行案件立案办理,但应当积极予以协助。

第三条 委托执行应当以执行标的物所在地或者执行行为实施地的同级人民法院为受托执行法院。有两处以上财产在异地的,可以委托主要财产所在地的人民法院执行。

被执行人是现役军人或者军事单位的,可以委托对其有管辖权的军事法院执行。

执行标的物是船舶的,可以委托有管辖权的海事法院执行。

第四条 委托执行案件应当由委托法院直接向受托法院办理委托手续,并层报各自所在的高级人民法院备案。

事项委托应当以机要形式送达委托事项的相关手续,不需报高级人民法院备案。

第五条 案件委托执行时,委托法院应当提供下列材料:

(一)委托执行函;

(二)申请执行书和委托执行案件审批表;

(三)据以执行的生效法律文书副本;

(四)有关案件情况的材料或者说明,包括本辖区无财产的调查材料、财产保全情况、被执行人财产状况、生效法律文书的履行情况等;

(五)申请执行人地址、联系电话;

(六)被执行人身份证件或者营业执照复印件、地址、联系电话;

(七)委托法院执行员和联系电话;

(八)其他必要的案件材料等。

第六条 委托执行时,委托法院应当将已经查封、扣押、冻结的被执行人的异地财产,一并移交受托法院处理,并在委托执行函中说明。

委托执行后,委托法院对被执行人财产已经采取查封、扣押、冻结等措施的,视为受托法院的查封、扣押、冻结措施。受托法院需要继续查封、扣押、冻结,持委托执行函和立案通知书办理相关手续。续封续冻时,仍为原委托法院的查封冻结顺序。

查封、扣押、冻结等措施的有效期限在移交受托法院时不足1个月的,委托法院应当先行续封或者续冻,再移交受托法院。

第七条 受托法院收到委托执行函后,应当在7日内予以立案,并及时将立案通知书通过委托法院送达申请执行人,同时将指定的承办人、联系电话等书面告知委托法院。

委托法院收到上述通知书后,应当在7日内书面通知申请执行人案件已经委托执行,并告知申请执行人可以直接与受托法院联系执行相关事宜。

第八条 受托法院如发现委托执行的手续、材料不全,可以要求委托法院补办。委托法院应当在30日内完成补办事项，在上述期限内未完成的，应当作出书面说明。委托法院既不补办又不说明原因的，视为撤回委托，受托法院可以将委托材料退回委托法院。

第九条 受托法院退回委托的，应当层报所在辖区高级人民法院审批。高级人民法院同意退回后，受托法院应当在15日内将有关委托手续和案卷材料退回委托法院，并作出书面说明。

委托执行案件退回后，受托法院已立案的，应当作销案处理。委托法院在案件退回原因消除之后可以再行委托。确因委托不当被退回的，委托法院应当决定撤销委托并恢复案件执行，报所在的高级人民法院备案。

第十条 委托法院在案件委托执行后又发现有可供执行财产的，应当及时告知受托法院。受托法院发现被执行人在受托法院辖区外另有可供执行财产的，可以直接异地执行，一般不再行委托执行。根据情况确需再行委托的，应当按照委托执行案件的程序办理，并通知案件当事人。

第十一条 受托法院未能在6个月内将受托案件执结的，申请执行人有权请求受托法院的上一级人民法院提级执行或者指定执行，上一级人民法院应当立案审查，发现受托法院无正当理由不予执行的，应当限期执行或者作出裁定提级执行或者指定执行。

第十二条 执行法院赴异地执行案件时，应当持有其所在辖区高级人民法院的批准函件，但异地采取财产保全措施和查封、扣押、冻结等非处分性执行措施的除外。

异地执行时，可以根据案件具体情况，请求当地法院协助执行，当地法院应当积极配合，保证执行人员的人身安全和执行装备、执行标的物不受侵害。

第十三条 高级人民法院应当对辖区内委托执行和异地执行工作实行统一管理和协调，履行以下职责：

（一）统一管理跨省、自治区、直辖市辖区的委托和受托执行案件；

（二）指导、检查、监督本辖区内的受托案件的执行情况；

（三）协调本辖区内跨省、自治区、直辖市辖区的委托和受托执行争议案件；

（四）承办需异地执行的有关案件的审批事项；

（五）对下级法院报送的有关委托和受托执行案件中的相关问题提出指导性处理意见；

（六）办理其他涉及委托执行工作的事项。

第十四条 本规定所称的异地是指本省、自治区、直辖市以外的区域。各省、自治区、直辖市内的委托执行，由各高级人民法院参照本规定，结合实际情况，制定具体办法。

第十五条 本规定施行之后，其他有关委托执行的司法解释不再适用。

最高人民法院关于人民法院委托评估、拍卖和变卖工作的若干规定

［2009年8月24日最高人民法院审判委员会第1472次会议通过，2009年11月12日公布，自2009年11月20日起施行，法释〔2009〕16号〕

为规范人民法院委托评估、拍卖和变

卖工作,保障当事人的合法权益,维护司法公正,根据《中华人民共和国民事诉讼法》等有关法律的规定,结合人民法院委托评估、拍卖和变卖工作实际,制定本规定。

第一条 人民法院司法技术管理部门负责本院的委托评估、拍卖和流拍财产的变卖工作,依法对委托评估、拍卖机构的评估、拍卖活动进行监督。

第二条 根据工作需要,下级人民法院可将评估、拍卖和变卖工作报请上级人民法院办理。

第三条 人民法院需要对异地的财产进行评估或拍卖时,可以委托财产所在地人民法院办理。

第四条 人民法院按照公开、公平、择优的原则编制人民法院委托评估、拍卖机构名册。

人民法院编制委托评估、拍卖机构名册,应当先期公告,明确入册机构的条件和评审程序等事项。

第五条 人民法院在编制委托评估、拍卖机构名册时,由司法技术管理部门、审判部门、执行部门组成评审委员会,必要时可邀请评估、拍卖行业的专家参加评审。

第六条 评审委员会对申请加入人民法院委托评估、拍卖名册的机构,应当从资质等级、职业信誉、经营业绩、执业人员情况等方面进行审查、打分,按分数高低经过初审、公示、复审后确定进入名册的机构,并对名册进行动态管理。

第七条 人民法院选择评估、拍卖机构,应当在人民法院委托评估、拍卖机构名册内采取公开随机的方式选定。

第八条 人民法院选择评估、拍卖机构,应当通知审判、执行人员到场,视情况可邀请社会有关人员到场监督。

第九条 人民法院选择评估、拍卖机构,应当提前通知各方当事人到场;当事人不到场的,人民法院可将选择机构的情况,以书面形式送达当事人。

第十条 评估、拍卖机构选定后,人民法院应当向选定的机构出具委托书,委托书中应当载明本次委托的要求和工作完成的期限等事项。

第十一条 评估、拍卖机构接受人民法院的委托后,在规定期限内无正当理由不能完成委托事项的,人民法院应当解除委托,重新选择机构,并对其暂停备选资格或从委托评估、拍卖机构名册内除名。

第十二条 评估机构在工作中需要对现场进行勘验的,人民法院应当提前通知审判、执行人员和当事人到场,当事人不到场的,不影响勘验的进行,但应当有见证人见证。评估机构勘验现场,应当制作现场勘验笔录。

勘验现场人员、当事人或见证人应当在勘验笔录上签字或盖章确认。

第十三条 拍卖财产经过评估的,评估价即为第一次拍卖的保留价;未作评估的,保留价由人民法院参照市价确定。并应当征询有关当事人的意见。

第十四条 审判、执行部门未经司法技术管理部门同意擅自委托评估、拍卖,或对流拍财产进行变卖的,按照有关纪律规定追究责任。

第十五条 人民法院司法技术管理部门,在组织评审委员会审查评估、拍卖入册机构,或选择评估、拍卖机构,或对流拍财产进行变卖时,应当通知本院纪检监察部门。纪检监察部门可视情况派员参加。

第十六条 施行前本院公布的司法

解释与本规定不一致的，以本规定为准。

最高人民法院印发《关于执行权合理配置和科学运行的若干意见》的通知

[2011年10月19日，法发〔2011〕15号]

各省、自治区、直辖市高级人民法院，解放军军事法院，新疆维吾尔自治区高级人民法院生产建设兵团分院：

现将最高人民法院《关于执行权合理配置和科学运行的若干意见》印发给你们，请结合工作实际，认真贯彻执行。

附：关于执行权合理配置和科学运行的若干意见

为了促进执行权的公正、高效、规范、廉洁运行，实现立案、审判、执行等机构之间的协调配合，完善执行工作的统一管理，根据《中华人民共和国民事诉讼法》和有关司法解释的规定，提出以下意见。

一、关于执行权分权和高效运行机制

1. 执行权是人民法院依法采取各类执行措施以及对执行异议、复议、申诉等事项进行审查的权力，包括执行实施权和执行审查权。

2. 地方人民法院执行局应当按照分权运行机制设立和其他业务庭平行的执行实施和执行审查部门，分别行使执行实施权和执行审查权。

3. 执行实施权的范围主要是财产调查、控制、处分、交付和分配以及罚款、拘留措施等实施事项。执行实施权由执行员或者法官行使。

4. 执行审查权的范围主要是审查和处理执行异议、复议、申诉以及决定执行管辖权的移转等审查事项。执行审查权由法官行使。

5. 执行实施事项的处理应当采取审批制，执行审查事项的处理应当采取合议制。

6. 人民法院可以将执行实施程序分为财产查控、财产处置、款物发放等不同阶段并明确时限要求，由不同的执行人员集中办理，互相监督，分权制衡，提高执行工作质量和效率。执行局的综合管理部门应当对分段执行实行节点控制和流程管理。

7. 执行中因情况紧急必须及时采取执行措施的，执行人员经执行指挥中心指令，可依法采取查封、扣押、冻结等财产保全和其他控制性措施，事后两个工作日内应当及时补办审批手续。

8. 人民法院在执行局内建立执行信访审查处理机制，以有效解决消极执行和不规范执行问题。执行申诉审查部门可以参与涉执行信访案件的接访工作，并应当采取排名通报、挂牌督办等措施促进涉执行信访案件的及时处理。

9. 继续推进全国法院执行案件信息管理系统建设，积极参与社会信用体系建设。执行信息部门应当发挥职能优势，采取多种措施扩大查询范围，实现执行案件所有信息在法院系统内的共享，推进执行案件信息与其他部门信用信息的共享，并通过信用惩戒手段促使债务人自动履行义务。

二、关于执行局与立案、审判等机构之间的分工协作

10. 执行权由人民法院的执行局行使;人民法庭可根据执行局授权执行自审案件,但应接受执行局的管理和业务指导。

11. 办理执行实施、执行异议、执行复议、执行监督、执行协调、执行请示等执行案件和案外人执行异议之诉、申请执行人执行异议之诉、执行分配方案异议之诉、代位析产之诉等涉执行的诉讼案件,由立案机构进行立案审查,并纳入审判和执行案件统一管理体系。

人民法庭经授权执行自审案件,可由其自行办理立案登记手续,并纳入执行案件的统一管理。

12. 案外人执行异议之诉、申请执行人执行异议之诉、执行分配方案异议之诉、代位析产之诉等涉执行的诉讼,由人民法院的审判机构按照民事诉讼程序审理。逐步促进涉执行诉讼审判的专业化,具备条件的人民法院可以设立专门审判机构,对涉执行的诉讼案件集中审理。

案外人、当事人认为据以执行的判决、裁定错误的,由作出生效判决、裁定的原审人民法院或其上级人民法院按照审判监督程序审理。

13. 行政非诉案件、行政诉讼案件的执行申请,由立案机构登记后转行政审判机构进行合法性审查;裁定准予强制执行的,再由立案机构办理执行立案登记后移交执行局执行。

14. 强制清算的实施由执行局负责,强制清算中的实体争议由民事审判机构负责审理。

15. 诉前、申请执行前的财产保全申请由立案机构进行审查并作出裁定;裁定保全的,移交执行局执行。

16. 诉讼中财产保全、先予执行的申请由相关审判机构审查并作出裁定;裁定财产保全或者先予执行的,移交执行局执行。

17. 当事人、案外人对财产保全、先予执行的裁定不服申请复议的,由作出裁定的立案机构或者审判机构按照民事诉讼法第九十九条的规定进行审查。

当事人、案外人、利害关系人对财产保全、先予执行的实施行为提出异议的,由执行局根据异议事项的性质按照民事诉讼法第二百零二条或者第二百零四条的规定进行审查。

当事人、案外人的异议既指向财产保全、先予执行的裁定,又指向实施行为的,一并由作出裁定的立案机构或者审判机构分别按照民事诉讼法第九十九条和第二百零二条或者第二百零四条的规定审查。

18. 具有执行内容的财产刑和非刑罚制裁措施的执行由执行局负责。

19. 境外法院、仲裁机构作出的生效法律文书的执行申请,由审判机构负责审查;依法裁定准予执行或者发出执行令的,移交执行局执行。

20. 不同法院因执行程序,执行与破产、强制清算、审判等程序之间对执行标的产生争议,经自行协调无法达成一致意见的,由争议法院的共同上级法院执行局中的协调指导部门处理。

21. 执行过程中依法需要变更、追加执行主体的,由执行局按照法定程序办理;应当通过另诉或者提起再审追加、变更的,由审判机构按照法定程序办理。

22. 委托评估、拍卖、变卖由司法辅

助部门负责,对评估、拍卖、变卖所提异议由执行局审查。

23. 被执行人对国内仲裁裁决提出不予执行抗辩的,由执行局审查。

24. 立案、审判机构在办理民商事和附带民事诉讼案件时,应当根据案件实际,就追加诉讼当事人、申请诉前、诉中和申请执行前的财产保全等内容向当事人作必要的释明和告知。

25. 立案、审判机构在办理民商事和附带民事诉讼案件时,除依法缺席判决等无法准确查明当事人身份和地址的情形外,应当在有关法律文书中载明当事人的身份证号码,在卷宗中载明送达地址。

26. 审判机构在审理确权诉讼时,应当查询所要确权的财产权属状况,发现已经被执行局查封、扣押、冻结的,应当中止审理;当事人诉请确权的财产被执行局处置的,应当撤销确权案件;在执行局查封、扣押、冻结后确权的,应当撤销确权判决或者调解书。

27. 对符合法定移送执行条件的法律文书,审判机构应当在法律文书生效后及时移送执行局执行。

三、关于执行工作的统一管理

28. 中级以上人民法院对辖区人民法院的执行工作实行统一管理。下级人民法院拒不服从上级人民法院统一管理的,依照有关规定追究下级人民法院有关责任人的责任。

29. 上级人民法院可以根据本辖区的执行工作情况,组织集中执行和专项执行活动。

30. 对下级人民法院违法、错误的执行裁定、执行行为,上级人民法院有权指令下级人民法院自行纠正或者通过裁定、决定予以纠正。

31. 上级人民法院在组织集中执行、专项执行或其他重大执行活动中,可以统一指挥和调度下级人民法院的执行人员、司法警察和执行装备。

32. 上级人民法院根据执行工作需要,可以商政府有关部门编制辖区内人民法院的执行装备标准和业务经费计划。

33. 上级人民法院有权对下级人民法院的执行工作进行考核,考核结果向下级人民法院通报。

最高人民法院关于转发住房和城乡建设部《关于无证房产依据协助执行文书办理产权登记有关问题的函》的通知

[2012年6月15日,法〔2012〕151号]

各省、自治区、直辖市高级人民法院,解放军军事法院,新疆维吾尔自治区高级人民法院生产建设兵团分院:

现将住房和城乡建设部《关于无证房产依据协助执行文书办理产权登记有关问题的函》(建法函〔2012〕102号)转发你们,请参照执行,并在执行中注意如下问题:

一、各级人民法院在执行程序中,既要依法履行强制执行职责,又要尊重房屋登记机构依法享有的行政权力;既要保证执行工作的顺利开展,也要防止"违法建筑"等不符合法律、行政法规规定的房屋通过协助执行行为合法化。

二、执行程序中处置未办理初始登记的房屋时,具备初始登记条件的,执行法院处置后可以依法向房屋登记机构发出《协助执行通知书》;暂时不具备初始登记条件的,执行法院处置后可以向房屋登记机构发出《协助执行通知书》,并载明待房屋买受人或承受人完善相关手续具备初始登记条件后,由房屋登记机构按照《协助执行通知书》予以登记;不具备初始登记条件的,原则上进行"现状处置",即处置前披露房屋不具备初始登记条件的现状,买受人或承受人按照房屋的权利现状取得房屋,后续的产权登记事项由买受人或承受人自行负责。

三、执行法院向房屋登记机构发出《协助执行通知书》,房屋登记机构认为不具备初始登记条件并作出书面说明的,执行法院应在30日内依照法律和有关规定,参照行政规章,对其说明理由进行审查。理由成立的,撤销或变更《协助执行通知书》并书面通知房屋登记机构;理由不成立的,书面通知房屋登记机构限期按《协助执行通知书》办理。

特此通知。

附:住房和城乡建设部关于无证房产依据协助执行文书办理产权登记有关问题的函

[2012年5月30日,建法函[2012]102号]

浙江省住房和城乡建设厅:

《关于无证房产可否依据协助执行文书直接办理产权登记的请示》(浙建房[2011]72号)收悉。经商最高人民法院,函复如下:

一、对已办理初始登记的房屋,房屋登记机构应当按照人民法院生效法律文书和协助执行通知书的要求予以办理。

二、对未办理初始登记的房屋,在完善相关手续后具备初始登记条件的,房屋登记机构应当按照人民法院生效法律文书和协助执行通知书予以登记;不具备初始登记条件的,房屋登记机构应当向人民法院书面说明情况,在人民法院按照法律和有关规定作出处理前,房屋登记机构暂停办理登记。

三、房屋登记机构依据人民法院协助执行通知书予以登记的,应当在房屋登记簿上记载基于人民法院生效的法律文书予以登记的事实。

最高人民法院办公厅
关于切实保障执行当事人及
案外人异议权的通知

[2014年5月9日,法办[2014]62号]

各省、自治区、直辖市高级人民法院,解放军军事法院,新疆维吾尔自治区高级人民法院生产建设兵团分院:

2007年民事诉讼法修正案实施之后,各级人民法院在执行案件压力大、任务重的情况下,办理了大量的执行异议和复议案件,有效维护了执行当事人及案外人的合法权益。但是,我院在处理人民群众来信来访的过程中,也发现在个别地方法院,仍然不同程度地存在忽视甚至漠视执行当事人及案外人异议权的一些问题:有的法院对执行当事人及案外人提出的异议不受理、不立案;有的法院受理异议后,无正当理由不按照法定的异议期限作出异议裁定;有的法院违背法定程序,对异议裁定一裁终局,剥夺异议当事人通过执行复议和异议之诉再行救济的权利。

出现上述问题，既有执行案件数量大幅增加、执行机构人手不够、法律规定不够完善等客观方面的原因，也有个别执行人员司法为民意识不强、素质不高等主观方面的原因。执行当事人及案外人异议权行使渠道不畅，将使当事人对执行程序的公正性存在疑虑，对强制执行产生抵触情绪，在一定程度上加剧"执行难"；另一方面，也会使部分群众对人民法院的执行工作产生负面评价，降低司法公信力。因此，必须采取切实有力的措施加以解决。现就有关事项通知如下：

一、高度重视执行当事人异议权的保障。执行异议制度是2007年民事诉讼法修正案所建立的一项救济制度，它对于规范执行程序，维护执行当事人及案外人的合法权利和利益，防止执行权滥用和"执行乱"具有重要意义。各级人民法院要认真组织学习领会民事诉讼法的规定，纠正"提异议就会妨碍执行"的错误认识，克服"怕麻烦"的思想，真正把法律赋予执行当事人及案外人的这项救济权利在司法实践中落到实处。同时，还要注意把政治素质高、业务素质强、作风扎实的法官充实到执行异议审查机构中来，为执行当事人及案外人的异议审查提供人员保障。

二、严格依法受理和审查执行异议。对于符合法律规定条件的执行异议和复议、异议之诉案件，各级人民法院必须及时受理并办理正式立案手续，受理后必须及时审查、及时作出异议、复议裁定或者异议之诉判决。依法应当再审、另诉或者通过其他程序解决的，应当及时向异议当事人进行释明，引导当事人申请再审、另诉或者通过其他程序解决。上级人民法院应当恪尽监督职责，对于执行当事人及案外人反映下级人民法院存在拒不受理异议或者受理异议后久拖不决的，应当责令下级人民法院依法及时受理和审查异议，必要时，可以指定异地人民法院受理和审查执行异议。

三、提高执行异议案件审查的质量。对于受理的执行异议案件，一要注意正确区分不同性质的异议，严守法定程序，确保认定事实清楚，适用法律正确，处理得当；二要注意提高法律文书质量，做到格式规范，逻辑清晰，说理透彻，依据充分；三要注意公开透明，该听证的要及时组织公开听证，确保当事人的知情权和程序参与权。

四、开展专项检查和抽查活动。各高级人民法院要结合最高人民法院安排的各项专项活动，对辖区内各级人民法院保障执行当事人及案外人异议权的情况进行检查，对检查中发现的问题应当及时提出意见、建议并报告我院。我院将结合群众来信来访适时进行抽查。本通知下发之后，对于人民群众反映相关法院存在前述问题的案例，我院一经查实，将在全国法院范围内予以通报批评；情节严重的，要依法依纪严肃处理。

最高人民法院关于人民法院在审判执行活动中主动接受案件当事人监督的若干规定

［2014年7月15日，法发〔2014〕13号］

为规范人民法院在审判执行活动中主动接受案件当事人监督的工作，促进公正、高效、廉洁、文明司法，根据《中华人民共和国法官法》，制定本规定。

第一条 人民法院及其案件承办部门和办案人员在审判执行活动中应当严格执行廉政纪律，不断改进司法作风，主动接受案件当事人监督。

第二条 人民法院应当在本院诉讼服务大厅、立案大厅、派出人民法庭等场所公布人民法院的纪律作风规定、举报受理电话和举报受理网址。

第三条 在案件立案、审理程序中，人民法院应当通过适当方式，及时将立案审查结果、诉讼保全及程序变更等关键节点信息主动告知案件当事人。

第四条 在案件执行程序中，人民法院应当通过适当方式，及时将执行立案、变更与追加被执行人、执行措施实施、执行财产查控、执行财产处置、终结本次执行、终结本次执行案件的恢复执行、终结执行等关键节点信息主动告知案件当事人。

第五条 案件当事人需要向人民法院了解办案进度的，人民法院案件承办部门及办案人员应当告知。

第六条 人民法院案件承办部门应当在向案件当事人送达相关案件受理法律文书时，向案件当事人发送廉政监督卡。案件当事人也可以根据需要到人民法院诉讼服务大厅、立案大厅、派出人民法庭直接领取廉政监督卡。

廉政监督卡应当按照最高人民法院规定的格式进行制作。

第七条 案件当事人可以在案件办理期间或者案件办结之后，将填有本人意见的廉政监督卡直接寄交人民法院监察部门。

人民法院监察部门应当对案件当事人反映的廉政监督意见进行统一处置和管理。

第八条 人民法院应当按照本院每年办案总数的一定比例，从当年审结或者执结的案件中随机抽取部分案件进行廉政回访，主动听取案件当事人对办案人员执行纪律作风规定情况的评价意见。

第九条 人民法院除随机抽取案件进行廉政回访外，还应当对当年审结或者执结的下列案件进行廉政回访：

（一）社会广泛关注的案件；

（二）案件当事人反映存在违反廉政作风规定的案件；

（三）其他有必要进行回访的案件。

第十条 廉政回访可以采取约谈回访、上门回访、电话回访、信函回访等方式进行。对案件当事人在回访中反映的意见应当记录在案。

第十一条 廉政回访工作由人民法院监察部门会同案件承办部门共同组织实施。

第十二条 人民法院监察部门对案件当事人在廉政监督卡和廉政回访中提出的意见，应当按照下列方式进行处置：

（一）对提出的批评意见，转案件承办部门查明情况后酌情对被监督人进行批评教育；

（二）对提出的表扬意见，转案件承办部门查明情况后酌情对被监督人进行表扬奖励；

（三）对反映的违纪违法线索，会同案件承办部门廉政监察员进行核查处理；

（四）对反映的办案程序、法律适用及事实认定等方面问题，依照相关规定分别移送案件承办部门、审判监督部门或者审判管理部门处理。

第十三条 人民法院案件承办部门对案件当事人反映的批评意见进行处置

后,应当适时向案件当事人反馈处置情况。

人民法院监察部门在对案件当事人反映的违纪违法线索进行处置后,应当适时向案件当事人反馈处置情况。

因案件当事人反映问题不实而给被反映人造成不良影响的,人民法院监察部门和案件承办部门应当通过适当方式为被反映人澄清事实。

第十四条 人民法院监察部门应当定期对案件当事人在廉政监督卡和廉政回访中提出的意见进行梳理分析,并结合分析发现的普遍性问题向本院党组提出进一步改进工作的意见建议。

第十五条 人民法院监察部门应当对本院各部门及其工作人员落实本规定的情况进行检查督促。人民法院政工部门应当将本院各部门及其工作人员落实本规定的情况纳入考核范围。

第十六条 尚未设立监察部门的人民法院,由本院政工部门承担本规定赋予监察部门的各项职责。

第十七条 本规定所称案件当事人,包括刑事案件中的被告人、被害人、自诉人、附带民事诉讼的原告人和被告人;民事、行政案件中的原告、被告及第三人;执行案件中的申请执行人、被执行人、案外人。

受案件当事人的委托,辩护人、诉讼代理人可以代表案件当事人接收、填写廉政监督卡或者接受廉政回访。

第十八条 人民法院在办理死刑复核案件、国家赔偿案件中主动接受案件当事人监督的工作另行规定。

第十九条 各高级人民法院可以依照本规定制定本院及辖区法院主动接受案件当事人监督工作的实施细则。

第二十条 本规定自发布之日起实施,由最高人民法院负责解释。

最高人民法院、最高人民检察院印发《关于民事执行活动法律监督若干问题的规定》的通知

[2016年11月2日,法发〔2016〕30号]

各省、自治区、直辖市高级人民法院、人民检察院,军事法院、军事检察院,新疆维吾尔自治区高级人民法院生产建设兵团分院、新疆生产建设兵团人民检察院:

为促进人民法院依法执行,规范人民检察院民事执行法律监督活动,根据《中华人民共和国民事诉讼法》和其他有关法律规定,最高人民法院、最高人民检察院联合制定了《关于民事执行活动法律监督若干问题的规定》。现予印发,请认真贯彻执行。对执行中遇到的问题,请分别及时报告最高人民法院执行局和最高人民检察院民事行政检察厅。

附:关于民事执行活动法律监督若干问题的规定

为促进人民法院依法执行,规范人民检察院民事执行法律监督活动,根据《中华人民共和国民事诉讼法》和其他有关法律规定,结合人民法院民事执行和人民检察院民事执行法律监督工作实际,制定本规定。

第一条 人民检察院依法对民事执行活动实行法律监督。人民法院依法接受人民检察院的法律监督。

第二条 人民检察院办理民事执行监督案件,应当以事实为依据,以法律为准绳,坚持公开、公平、公正和诚实信用原则,尊重和保障当事人的诉讼权利,监督和支持人民法院依法行使执行权。

第三条 人民检察院对人民法院执行生效民事判决、裁定、调解书、支付令、仲裁裁决以及公证债权文书等法律文书的活动实施法律监督。

第四条 对民事执行活动的监督案件,由执行法院所在地同级人民检察院管辖。

上级人民检察院认为确有必要的,可以办理下级人民检察院管辖的民事执行监督案件。下级人民检察院对有管辖权的民事执行监督案件,认为需要上级人民检察院办理的,可以报请上级人民检察院办理。

第五条 当事人、利害关系人、案外人认为人民法院的民事执行活动存在违法情形向人民检察院申请监督,应当提交监督申请书、身份证明、相关法律文书及证据材料。提交证据材料的,应当附证据清单。

申请监督材料不齐备的,人民检察院应当要求申请人限期补齐,并明确告知应补齐的全部材料。申请人逾期未补齐的,视为撤回监督申请。

第六条 当事人、利害关系人、案外人认为民事执行活动存在违法情形,向人民检察院申请监督,法律规定可以提出异议、复议或者提起诉讼,当事人、利害关系人、案外人没有提出异议、申请复议或者提起诉讼的,人民检察院不予受理,但有正当理由的除外。

当事人、利害关系人、案外人已经向人民法院提出执行异议或者申请复议,人民法院审查异议、复议期间,当事人、利害关系人、案外人又向人民检察院申请监督的,人民检察院不予受理,但申请对人民法院的异议、复议程序进行监督的除外。

第七条 具有下列情形之一的民事执行案件,人民检察院应当依职权进行监督:

(一)损害国家利益或者社会公共利益的;

(二)执行人员在执行该案时有贪污受贿、徇私舞弊、枉法执行等违法行为、司法机关已经立案的;

(三)造成重大社会影响的;

(四)需要跟进监督的。

第八条 人民检察院因办理监督案件的需要,依照有关规定可以调阅人民法院的执行卷宗,人民法院应当予以配合。

通过拷贝电子卷、查阅、复制、摘录等方式能够满足办案需要的,不调阅卷宗。

人民检察院调阅人民法院卷宗,由人民法院办公室(厅)负责办理,并在五日内提供,因特殊情况不能按时提供的,应当向人民检察院说明理由,并在情况消除后及时提供。

人民法院正在办理或者已结案尚未归档的案件,人民检察院办理民事执行监督案件时可以直接到办理部门查阅、复制、拷贝、摘录案件材料,不调阅卷宗。

第九条 人民检察院因履行法律监督职责的需要,可以向当事人或者案外人调查核实有关情况。

第十条 人民检察院认为人民法院在民事执行活动中可能存在怠于履行职责情形的,可以向人民法院书面了解相关情况,人民法院应当说明案件的执行情况及理由,并在十五日内书面回复人民检察院。

第十一条 人民检察院向人民法院提出民事执行监督检察建议，应当经检察长批准或者检察委员会决定，制作检察建议书，在决定之日起十五日内将检察建议书连同案件卷宗移送同级人民法院。

检察建议书应当载明检察机关查明的事实、监督理由、依据以及建议内容等。

第十二条 人民检察院提出的民事执行监督检察建议，统一由同级人民法院立案受理。

第十三条 人民法院收到人民检察院的检察建议书后，应当在三个月内将审查处理情况以回复意见函的形式回复人民检察院，并附裁定、决定等相关法律文书。有特殊情况需要延长的，经本院院长批准，可以延长一个月。

回复意见函应当载明人民法院查明的事实、回复意见和理由并加盖院章。不采纳检察建议的，应当说明理由。

第十四条 人民法院收到检察建议后逾期未回复或者处理结果不当的，提出检察建议的人民检察院可以依职权提请上一级人民检察院向其同级人民法院提出检察建议。上一级人民检察院认为应当跟进监督的，应当向其同级人民法院提出检察建议。人民法院应当在三个月内提出审查处理意见并以回复意见函的形式回复人民检察院，认为人民检察院的意见正确的，应当监督下级人民法院及时纠正。

第十五条 当事人在人民检察院审查案件过程中达成和解协议且不违反法律规定的，人民检察院应当告知其将和解协议送交人民法院，由人民法院依照民事诉讼法第二百三十条的规定进行处理。

第十六条 当事人、利害关系人、案外人申请监督的案件，人民检察院认为人民法院民事执行活动不存在违法情形的，应当作出不支持监督申请的决定，在决定之日起十五日内制作不支持监督申请决定书，发送申请人，并做好释法说理工作。

人民检察院办理依职权监督的案件，认为人民法院民事执行活动不存在违法情形的，应当作出终结审查决定。

第十七条 人民法院认为检察监督行为违反法律规定的，可以向人民检察院提出书面建议。人民检察院应当在收到书面建议后三个月内作出处理并将处理情况书面回复人民法院；人民法院对于人民检察院的回复有异议的，可以通过上一级人民法院向上一级人民检察院提出。上一级人民检察院认为人民法院建议正确的，应当要求下级人民检察院及时纠正。

第十八条 有关国家机关不依法履行生效法律文书确定的执行义务或者协助执行义务的，人民检察院可以向相关国家机关提出检察建议。

第十九条 人民检察院民事检察部门在办案中发现被执行人涉嫌构成拒不执行判决、裁定罪且公安机关不予立案侦查的，应当移送侦查监督部门处理。

第二十条 人民法院、人民检察院应当建立完善沟通联系机制，密切配合，互相支持，促进民事执行法律监督工作依法有序稳妥开展。

第二十一条 人民检察院对人民法院行政执行活动实施法律监督，行政诉讼法及有关司法解释没有规定的，参照本规定执行。

第二十二条 本规定自2017年1月1日起施行。

最高人民法院印发《关于人民法院执行流程公开的若干意见》的通知

[2014年9月3日,法发〔2014〕18号]

各省、自治区、直辖市高级人民法院,解放军军事法院,新疆维吾尔自治区高级人民法院生产建设兵团分院:

为贯彻落实执行公开原则,规范人民法院执行流程公开工作,进一步提高执行工作的透明度,推进执行信息公开平台建设,最高人民法院制定了《关于人民法院执行流程公开的若干意见》。现将该意见予以印发,请加强组织领导,采取有效措施,按照该意见的要求,切实做好执行流程信息公开工作。

附:关于人民法院执行流程公开的若干意见

为贯彻落实执行公开原则,规范人民法院执行流程公开工作,方便当事人及时了解案件执行进展情况,更好地保障当事人和社会公众对执行工作的知情权、参与权、表达权和监督权,进一步提高执行工作的透明度,以公开促公正、以公正立公信,根据《最高人民法院关于人民法院执行公开的若干规定》(法发〔2006〕35号)、《最高人民法院关于推进司法公开三大平台建设的若干意见》(法发〔2013〕13号)等规定,结合执行工作实际,制定本意见。

一、总体要求

第一条 人民法院执行流程信息以公开为原则、不公开为例外。对依法应当公开、可以公开的执行流程及其相关信息,一律予以公开,实现执行案件办理过程全公开、节点全告知、程序全对接、文书全上网,为当事人和社会公众提供全方位、多元化、实时性的执行公开服务,全面推进阳光执行。

第二条 人民法院执行流程公开工作,以各级人民法院互联网门户网站(政务网)为基础平台和主要公开渠道,辅以手机短信、电话语音系统、电子公告屏和触摸屏、手机应用客户端、法院微博、法院微信公众号等其他平台或渠道,将执行案件流程节点信息、案件进展状态及有关材料向案件当事人及委托代理人公开,将与法院执行工作有关的执行服务信息、执行公告信息等公共信息向社会公众公开。

各级人民法院应当在本院门户网站(政务网)下设的审判流程信息公开网上建立查询执行流程信息的功能模块。最高人民法院在政务网上建立"中国执行信息公开网",开设"中国审判流程信息公开网"的入口,提供查询执行案件流程信息的功能以及全国各级人民法院执行流程信息公开平台的链接。各级人民法院应当建立电话语音系统,在立案大厅或信访接待等场所设立电子触摸屏,供案件当事人和委托代理人以及社会公众查阅有关执行公开事项。具备条件的法院,应当建立电子公告屏、在执行指挥系统建设中增加12368智能短信服务平台、法院微博以及法院微信公众号等公开渠道。

二、公开的渠道和内容

第三条 下列执行案件信息应当向当事人及委托代理人公开:

(一)当事人名称、案号、案由、立案

日期等立案信息；

（二）执行法官以及书记员的姓名和办公电话；

（三）采取执行措施信息，包括被执行人财产查询、查封、冻结、扣划、扣押等信息；

（四）采取强制措施信息，包括司法拘留、罚款、拘传、搜查以及限制出境、限制高消费、纳入失信被执行人名单库等信息；

（五）执行财产处置信息，包括委托评估、拍卖、变卖、以物抵债等信息；

（六）债权分配和执行款收付信息，包括债权分配方案、债权分配方案异议、债权分配方案修改、执行款进入法院执行专用账户、执行款划付等信息；

（七）暂缓执行、中止执行、委托执行、指定执行、提级执行等信息；

（八）执行和解协议信息；

（九）执行实施案件结案信息，包括执行结案日期、执行标的到位情况、结案方式、终结本次执行程序征求申请执行人意见等信息；

（十）执行异议、执行复议、案外人异议、执行主体变更和追加等案件的立案时间、案件承办法官和合议庭其他组成人员以及书记员的姓名和办公电话、执行裁决、结案时间等信息；

（十一）执行申诉信访、执行督促、执行监督等案件的立案时间、案件承办法官和合议庭其他组成人员以及书记员的姓名和办公电话、案件处理意见、结案时间等信息；

（十二）执行听证、询问的时间、地点等信息；

（十三）案件的执行期限或审查期限，以及执行期限或审查期限扣除、延长等变更情况；

（十四）执行案件受理通知书、执行通知书、财产申报通知书、询问通知、听证通知、传票和询问笔录、调查取证笔录、执行听证笔录等材料；

（十五）执行裁定书、决定书等裁判文书；

（十六）执行裁判文书开始送达时间、完成送达时间、送达方式等送达信息；

（十七）执行裁判文书在执行法院执行流程信息公开模块、中国执行信息公开网及中国裁判文书网公布的情况，包括公布时间、查询方式等；

（十八）有关法律或司法解释要求公布的其他执行流程信息。

第四条　具备条件的法院，询问当事人、执行听证和开展重大执行活动时应当进行录音录像。询问、听证和执行活动结束后，该录音录像应当向当事人及委托代理人公开。当事人及委托代理人申请查阅录音录像的，执行法院经核对身份信息后，及时提供查阅。

第五条　各级人民法院通过网上办案，自动生成执行案件电子卷宗。电子卷宗正卷应当向当事人及委托代理人公开。当事人及委托代理人申请查阅电子卷宗的，执行法院经核对身份信息后，及时提供查阅。

第六条　对于执行裁定书、决定书以外的程序性执行文书，各级法院通过执行流程信息公开模块，向当事人及诉讼代理人提供电子送达服务。当事人及委托代理人同意人民法院采用电子方式送达执行文书的，应当在立案时提交签名或者盖章的确认书。

第七条　各级人民法院通过互联网门户网站（政务网）向社会公众公开本院

下列信息：

（一）法院地址、交通图示、联系方式、管辖范围、下辖法院、内设部门及其职能、投诉渠道等机构信息；

（二）审判委员会组成人员、审判执行人员的姓名、职务等人员信息；

（三）执行流程、执行裁判文书和执行信息的公开范围和查询方法等执行公开指南信息；

（四）执行立案条件、执行流程、申请执行书等执行文书样式、收费标准、执行费缓减免交的条件和程序、申请强制执行风险提示等执行指南信息；

（五）听证公告、悬赏公告、拍卖公告；

（六）评估、拍卖及其他社会中介入选机构名册等名册信息。

（七）司法解释、指导性案例、执行业务文件等。

三、公开的流程

第八条 除执行请示、执行协调案件外，各级人民法院受理的各类执行案件，应当及时向案件当事人及委托代理人预留的手机号码，自动推送短信，提示案件流程进展情况，提醒案件当事人及委托代理人及时接受电子送达的执行文书。

立案部门、执行机构在向案件当事人及其委托代理人送达案件受理通知书、执行通知书时，应当告知案件流程进展查询、接受电子送达执行文书的方法，并做好宣传、咨询服务等工作。

在执行过程中，追加或变更当事人、委托代理人的，由执行机构在送达相关法律文书时告知前述事项。

第九条 在执行案件办理过程中，案件当事人及委托代理人可凭有效证件号码或组织机构代码、手机号码以及执行法院提供的查询码、密码，通过执行流程信息公开模块、电话语音系统、电子公告屏和触摸屏、手机应用客户端、法院微博、法院微信公众号等多种载体，查询、下载有关执行流程信息、材料等。

第十条 执行流程信息公开模块应具备双向互动功能。案件当事人及委托代理人登录执行流程信息公开模块后，可向案件承办人留言。留言内容应于次日自动导入网上办案平台，案件承办人可通过网上办案平台对留言进行回复。

第十一条 同意采用电子方式送达执行文书的当事人及委托代理人，可以通过执行流程信息公开模块签收执行法院以电子方式送达的各类执行文书。

当事人及委托代理人下载或者查阅以电子方式送达的执行文书时，自动生成送达回证，记录受送达人下载文书的名称、下载时间、IP地址等。自动生成的送达回证归入电子卷宗。

执行机构书记员负责跟踪受送达人接受电子送达的情况，提醒、指导受送达人及时下载、查阅电子送达的执行文书。提醒短信发出后三日内受送达人未下载或者查阅电子送达的执行文书的，应当通过电子邮件、传真、邮寄等方式及时送达。

四、职责分工

第十二条 具备网上办案条件的法院，应当严格按照网上办案的相关要求，在网上办案系统中流转、审批执行案件，制作各类文书、笔录和报告，及时、准确、完整地扫描、录入案件材料和案件信息。

执行案件因特殊情形未能严格实行网上办案的，案件信息录入工作应当与实际操作同步完成。

因具有特殊情形不能及时入信息的,应当详细说明原因,报执行机构负责人和分管院领导审批。

第十三条　案件承办人认为具体案件不宜按照本意见第三条、第四条和第五条公开全部或部分流程信息及材料的,应当填写《执行流程信息不予公开审批表》,详细说明原因,经执行机构负责人审核后,呈报分管院领导审批。

第十四条　各级人民法院网上办案系统生成的执行流程数据和执行过程中生成的其他流程信息,应当存储在网上办案系统数据库中,作为执行信息公开的基础数据,通过数据摆渡的方式同步到互联网上的执行信息公开模块,并及时、全面、准确将执行案件流程数据录入全国法院执行案件信息管理系统数据库。

执行法院网上办案系统形成的执行裁判文书,通过数据摆渡的方式导出至执行法院互联网门户网站(政务网)下设的裁判文书公开网,并提供与中国裁判文书网和中国执行信息公开网链接的端口。

第十五条　案件承办人认为具体案件不宜按照本意见第二条和第三条公开全部或部分流程信息及材料的,应当填写《执行流程信息不予公开审批表》,详细说明原因,经执行机构负责人审核后,呈报分管院领导审批。

第十六条　已在执行流程信息公开平台上发布的信息,因故需要变更的,案件承办人应当呈报执行机构领导审批后,及时更正网上办案平台中的相关信息,并通知当事人及网管人员,由网管人员及时更新执行流程信息公开平台上的相关信息。

第十七条　各级人民法院立案部门、执行机构是执行流程信息公开平台具体执行案件进度信息公开工作的责任部门,负责确保案件信息的准确性、完整性和录入、公开的及时性。

第十八条　各级人民法院司法行政装备管理部门应当为执行信息公开工作提供物质保障。

信息技术部门负责网站建设、运行维护、技术支持,督促技术部门每日定时将网上办案平台中的有关信息数据,包括领导已经签发的各类执行文书等,导出至执行流程信息公开平台,并通过执行流程信息公开平台将收集的有关信息,包括自动生成的送达回证等,导入网上办案平台,实现网上办案平台与执行流程信息公开平台的数据安全传输和对接。

第十九条　审判管理部门负责组织实施执行流程公开工作,监管执行流程信息公开平台,适时组织检查,汇总工作信息,向院领导报告工作情况,编发通报,进行督促、督办等。

发现案件信息不完整、滞后公开或存在错误的,审判管理部门应当督促相关门补正,并协调、指导信息技术部门及时做好信息更新等工作。

第二十条　向公众公开信息的发布和更新,由各级法院确定具体负责部门。

五、责任与考评

第二十一条　因过失导致公开的执行流程信息出现重大错漏,造成严重后果的,依据相关规定追究有关人员的责任。

第二十二条　执行流程信息公开工作纳入司法公开工作绩效考评范围,考评办法另行制定。

六、附　　则

第二十三条　本意见自下发之日起执行。

最高人民法院关于刑事裁判涉财产部分执行的若干规定

[2014年9月1日最高人民法院审判委员会第1625次会议通过,2014年10月30日公布,自2014年11月6日起施行,法释〔2014〕13号]

为进一步规范刑事裁判涉财产部分的执行,维护当事人合法权益,根据《中华人民共和国刑法》《中华人民共和国刑事诉讼法》等法律规定,结合人民法院执行工作实际,制定本规定。

第一条 本规定所称刑事裁判涉财产部分的执行,是指发生法律效力的刑事裁判主文确定的下列事项的执行:

(一)罚金、没收财产;

(二)责令退赔;

(三)处置随案移送的赃款赃物;

(四)没收随案移送的供犯罪所用本人财物;

(五)其他应当由人民法院执行的相关事项。

刑事附带民事裁判的执行,适用民事执行的有关规定。

第二条 刑事裁判涉财产部分,由第一审人民法院执行。第一审人民法院可以委托财产所在地的同级人民法院执行。

第三条 人民法院办理刑事裁判涉财产部分执行案件的期限为六个月。有特殊情况需要延长的,经本院院长批准,可以延长。

第四条 人民法院刑事审判中可能判处被告人财产刑、责令退赔的,刑事审判部门应当依法对被告人的财产状况进行调查;发现可能隐匿、转移财产的,应当及时查封、扣押、冻结其相应财产。

第五条 刑事审判或者执行中,对于侦查机关已经采取的查封、扣押、冻结,人民法院应当在期限届满前及时续行查封、扣押、冻结。人民法院续行查封、扣押、冻结的顺位与侦查机关查封、扣押、冻结的顺位相同。

对侦查机关查封、扣押、冻结的财产,人民法院执行中可以直接裁定处置,无需侦查机关出具解除手续,但裁定中应当指明侦查机关查封、扣押、冻结的事实。

第六条 刑事裁判涉财产部分的裁判内容,应当明确、具体。涉案财物或者被害人人数较多,不宜在判决主文中详细列明的,可以概括叙明并另附清单。

判处没收部分财产的,应当明确没收的具体财物或者金额。

判处追缴或者责令退赔的,应当明确追缴或者退赔的金额或财物的名称、数量等相关情况。

第七条 由人民法院执行机构负责执行的刑事裁判涉财产部分,刑事审判部门应当及时移送立案部门审查立案。

移送立案应当提交生效裁判文书及其附件和其他相关材料,并填写《移送执行表》。《移送执行表》应当载明以下内容:

(一)被执行人、被害人的基本信息;

(二)已查明的财产状况或者财产线索;

(三)随案移送的财产和已经处置财产的情况;

(四)查封、扣押、冻结财产的情况;

(五)移送执行的时间;

(六)其他需要说明的情况。

人民法院立案部门经审查,认为属于移送范围且移送材料齐全的,应当在七日内立案,并移送执行机构。

第八条 人民法院可以向刑罚执行机关、社区矫正机构等有关单位调查被执行人的财产状况,并可以根据不同情形要求有关单位协助采取查封、扣押、冻结、划拨等执行措施。

第九条 判处没收财产的,应当执行刑事裁判生效时被执行人合法所有的财产。

执行没收财产或罚金刑,应当参照被扶养人住所地政府公布的上年度当地居民最低生活费标准,保留被执行人及其所扶养家属的生活必需费用。

第十条 对赃款赃物及其收益,人民法院应当一并追缴。

被执行人将赃款赃物投资或者置业,对因此形成的财产及其收益,人民法院应予追缴。

被执行人将赃款赃物与其他合法财产共同投资或者置业,对因此形成的财产中与赃款赃物对应的份额及其收益,人民法院应予追缴。

对于被害人的损失,应当按照刑事裁判认定的实际损失予以发还或者赔偿。

第十一条 被执行人将刑事裁判认定为赃款赃物的涉案财物用于清偿债务、转让或者设置其他权利负担,具有下列情形之一的,人民法院应予追缴:

(一)第三人明知是涉案财物而接受的;

(二)第三人无偿或者以明显低于市场的价格取得涉案财物的;

(三)第三人通过非法债务清偿或者违法犯罪活动取得涉案财物的;

(四)第三人通过其他恶意方式取得涉案财物的。

第三人善意取得涉案财物的,执行程序中不予追缴。作为原所有人的被害人对该涉案财物主张权利的,人民法院应当告知其通过诉讼程序处理。

第十二条 被执行财产需要变价的,人民法院执行机构应当依法采取拍卖、变卖等变价措施。

涉案财物最后一次拍卖未能成交,需要上缴国库的,人民法院应当通知有关财政机关以该次拍卖保留价予以接收;有关财政机关要求继续变价的,可以进行无保留价拍卖。需要退赔被害人的,以该次拍卖保留价以物退赔;被害人不同意以物退赔的,可以进行无保留价拍卖。

第十三条 被执行人在执行中同时承担刑事责任、民事责任,其财产不足以支付的,按照下列顺序执行:

(一)人身损害赔偿中的医疗费用;

(二)退赔被害人的损失;

(三)其他民事债务;

(四)罚金;

(五)没收财产。

债权人对执行标的依法享有优先受偿权,其主张优先受偿的,人民法院应当在前款第(一)项规定的医疗费用受偿后,予以支持。

第十四条 执行过程中,当事人、利害关系人认为执行行为违反法律规定,或者案外人对执行标的主张足以阻止执行的实体权利,向执行法院提出书面异议的,执行法院应当依照民事诉讼法第二百二十五条的规定处理。

人民法院审查案外人异议、复议,应当公开听证。

第十五条 执行过程中,案外人或被害人认为刑事裁判中对涉案财物是否属于赃款赃物认定错误或者应予认定而未认定,向执行法院提出书面异议,可以通过裁定补正的,执行机构应当将异议材料移送刑事审判部门处理;无法通过裁定补正的,应当告知异议人通过审判监督程序处理。

第十六条 人民法院办理刑事裁判涉财产部分执行案件,刑法、刑事诉讼法及有关司法解释没有相应规定的,参照适用民事执行的有关规定。

第十七条 最高人民法院此前发布的司法解释与本规定不一致的,以本规定为准。

最高人民法院关于执行款物管理工作的规定

〔2006年5月18日《最高人民法院关于执行款物管理工作的规定(试行)》公布并施行,法发〔2006〕11号,2017年2月27日最高人民法院修订公布,自2017年5月1日起施行,法发〔2017〕6号〕

为规范人民法院对执行款物的管理工作,维护当事人的合法权益,根据《中华人民共和国民事诉讼法》及有关司法解释,参照有关财务管理规定,结合执行工作实际,制定本规定。

第一条 本规定所称执行款物,是指执行程序中依法应当由人民法院经管的财物。

第二条 执行款物的管理实行执行机构与有关管理部门分工负责、相互配合、相互监督的原则。

第三条 财务部门应当对执行款的收付进行逐案登记,并建立明细账。

对于由人民法院保管的查封、扣押物品,应当指定专人或部门负责,逐案登记,妥善保管,任何人不得擅自使用。

执行机构应当指定专人对执行款物的收发情况进行管理,设立台账、逐案登记,并与执行款物管理部门对执行款物的收发情况每月进行核对。

第四条 人民法院应当开设执行款专户或在案款专户中设置执行款科目,对执行款实行专项管理、独立核算、专款专付。

人民法院应当采取一案一账号的方式,对执行款进行归集管理,案号、款项、被执行人或交款人应当一一对应。

第五条 执行人员应当在执行通知书或有关法律文书中告知人民法院执行款专户或案款专户的开户银行名称、账号、户名,以及交款时应当注明执行案件案号、被执行人姓名或名称、交款人姓名或名称、交款用途等信息。

第六条 被执行人可以将执行款直接支付给申请执行人;人民法院也可以将执行款从被执行人账户直接划至申请执行人账户。但有争议或需再分配的执行款,以及人民法院认为确有必要的,应当将执行款划至执行款专户或案款专户。

人民法院通过网络执行查控系统扣划的执行款,应当划至执行款专户或案款专户。

第七条 交款人直接到人民法院交付执行款的,执行人员可以会同交款人或由交款人直接到财务部门办理相关手续。

交付现金的,财务部门应当即时向交款人出具收款凭据;交付票据的,财务部门应当即时向交款人出具收取凭证,在款项到账后三日内通知执行人员领取收款凭据。

收到财务部门的收款凭据后,执行人员应当及时通知被执行人或交款人在指定期限内用收取凭证更换收款凭据。被执行人或交款人未在指定期限内办理更换手续或明确拒绝更换的,执行人员应当书面说明情况,连同收款凭据一并附卷。

第八条 交款人采用转账汇款方式交付和人民法院采用扣划方式收取执行款的,财务部门应当在款项到账后三日内通知执行人员领取收款凭据。

收到财务部门的收款凭据后,执行人员应当参照本规定第七条第三款规定办理。

第九条 执行人员原则上不直接收取现金和票据;确有必要直接收取的,应当不少于两名执行人员在场,即时向交款人出具收取凭证,同时制作收款笔录,由交款人和在场人员签名。

执行人员直接收取现金或者票据的,应当在回院后当日将现金或票据移交财务部门;当日移交确有困难的,应当在回院后一日内移交并说明原因。财务部门应当按照本规定第七条第二款规定办理。

收到财务部门的收款凭据后,执行人员应当按照本规定第七条第三款规定办理。

第十条 执行人员应当在收到财务部门执行款到账通知之日起三十日内,完成执行款的核算、执行费用的结算、通知申请执行人领取和执行款发放等工作。

有下列情形之一的,报经执行局局长或主管院领导批准后,可以延缓发放:

(一)需要进行案款分配的;

(二)申请执行人因另案诉讼、执行或涉嫌犯罪等原因导致执行款被保全或冻结的;

(三)申请执行人经通知未领取的;

(四)案件被依法中止或者暂缓执行的;

(五)有其他正当理由需要延缓发放执行款的。

上述情形消失后,执行人员应当在十日内完成执行款的发放。

第十一条 人民法院发放执行款,一般应当采取转账方式。

执行款应当发放给申请执行人,确需发放给申请执行人以外的单位或个人的,应当组成合议庭进行审查,但依法应当退还给交款人的除外。

第十二条 发放执行款时,执行人员应当填写执行款发放审批表。执行款发放审批表中应当注明执行案件案号、当事人姓名或名称、交款人姓名或名称、交款金额、交款时间、交款方式、收款人姓名或名称、收款人账号、发款金额和方式等情况。报经执行局局长或主管领导批准后,交由财务部门办理支付手续。

委托他人代为办理领取执行款手续的,应当附特别授权委托书、委托代理人的身份证复印件。委托代理人是律师的,应当附所在律师事务所出具的公函及律师执照复印件。

第十三条 申请执行人要求或同意人民法院采取转账方式发放执行款的,执行人员应当持执行款发放审批表及申请执行人出具的本人或本单位接收执行款的账户信息的书面证明,交财务部门办理转账手续。

申请执行人或委托代理人直接到人民法院办理领取执行款手续的,执行人员应当在查验领款人身份证件、授权委托手续后,持执行款发放审批表,会同领款人到财务部门办理支付手续。

第十四条 财务部门在办理执行款支付手续时,除应当查验执行款发放审批表,还应当按照有关财务管理规定进行审核。

第十五条 发放执行款时,收款人应当出具合法有效的收款凭证。财务部门另有规定的,依照其规定。

第十六条 有下列情形之一,不能在规定期限内发放执行款的,人民法院可以将执行款提存:

(一)申请执行人无正当理由拒绝领取的;

(二)申请执行人下落不明的;

(三)申请执行人死亡未确定继承人或者丧失民事行为能力未确定监护人的;

(四)按照申请执行人提供的联系方式无法通知其领取的;

(五)其他不能发放的情形。

第十七条 需要提存执行款的,执行人员应当填写执行款提存审批表并附具有提存情形的证明材料。执行款提存审批表中应注明执行案件案号、当事人姓名或名称、交款人姓名或名称、交款金额、交款时间、交款方式、收款人姓名或名称、提存金额、提存原因等情况。报经执行局局长或主管院领导批准后,办理提存手续。

提存费用应当由申请执行人负担,可以从执行款中扣除。

第十八条 被执行人将执行依据确定交付、返还的物品(包括票据、证照等)直接交付给申请执行人的,被执行人应当向人民法院出具物品接收证明;没有物品接收证明的,执行人员应当将履行情况记入笔录,经双方当事人签字后附卷。

被执行人将物品交由人民法院转交给申请执行人或由人民法院主持双方当事人进行交接的,执行人员应当将交付情况记入笔录,经双方当事人签字后附卷。

第十九条 查封、扣押至人民法院或被执行人、担保人等直接向人民法院交付的物品,执行人员应当立即通知保管部门对物品进行清点、登记,有价证券、金银珠宝、古董等贵重物品应当封存,并办理交接。保管部门接收物品后,应当出具收取凭证。

对于在异地查封、扣押,且不便运输或容易毁损的物品,人民法院可以委托物品所在地人民法院代为保管,代为保管的人民法院应当按照前款规定办理。

第二十条 人民法院应当确定专门场所存放本规定第十九条规定的物品。

第二十一条 对季节性商品、鲜活、易腐烂变质以及其他不宜长期保存的物品,人民法院可以责令当事人及时处理,将价款交付人民法院;必要时,执行人员可予以变卖,并将价款依照本规定要求交财务部门。

第二十二条 人民法院查封、扣押或被执行人交付,且属于执行依据确定交付、返还的物品,执行人员应当自查封、扣押或被执行人交付之日起三十日内,完成执行费用的结算、通知申请执行人领取和发放物品等工作。不属于执行依据确定交付、返还的物品,符合处置条件的,执行人员应当依法启动财产处置程序。

第二十三条 人民法院解除对物品的查封、扣押措施的,除指定由被执行人保管的外,应当自解除查封、扣押措施之日起十日内将物品发还给所有人或交付人。

物品在人民法院查封、扣押期间,因自然损耗、折旧所造成的损失,由物品所有人或交付人自行负担,但法律另有规定的除外。

第二十四条 符合本规定第十六条规定情形之一的,人民法院可以对物品进行提存。

物品不适于提存或者提存费用过高的,人民法院可以提存拍卖或者变卖该物品所得价款。

第二十五条 物品的发放、延缓发放、提存等,除本规定有明确规定外,参照执行款的有关规定办理。

第二十六条 执行款物的收发凭证、相关证明材料,应当附卷归档。

第二十七条 案件承办人调离执行机构,在移交案件时,必须同时移交执行款物收发凭证及相关材料。执行款物收发情况复杂的,可以在交接时进行审计。执行款物交接不清的,不得办理调离手续。

第二十八条 各高级人民法院在实施本规定过程中,结合行政事业单位内部控制建设的要求,以及执行工作实际,可制定具体实施办法。

第二十九条 本规定自2017年5月1日起施行。2006年5月18日施行的《最高人民法院关于执行款物管理工作的规定(试行)》(法发〔2006〕11号)同时废止。

最高人民法院关于人民法院办理执行异议和复议案件若干问题的规定

[2014年12月29日最高人民法院审判委员会第1638次会议通过,2015年5月5日公布,法释〔2015〕10号]

为了规范人民法院办理执行异议和复议案件,维护当事人、利害关系人和案外人的合法权益,根据民事诉讼法等法律规定,结合人民法院执行工作实际,制定本规定。

第一条 异议人提出执行异议或者复议申请人申请复议,应当向人民法院提交申请书。申请书应当载明具体的异议或者复议请求、事实、理由等内容,并附下列材料:

(一)异议人或者复议申请人的身份证明;

(二)相关证据材料;

(三)送达地址和联系方式。

第二条 执行异议符合民事诉讼法第二百二十五条或者第二百二十七条规定条件的,人民法院应当在三日内立案,并在立案后三日内通知异议人和相关当事人。不符合受理条件的,裁定不予受理;立案后发现不符合受理条件的,裁定驳回申请。

执行异议申请材料不齐备的,人民法院应当一次性告知异议人在三日内补足,逾期未补足的,不予受理。

异议人对不予受理或者驳回申请裁定不服的,可以自裁定送达之日起十日内向上一级人民法院申请复议。上一级人民法院审查后认为符合受理条件的,应当裁定撤销原裁定,指令执行法院立案或者对执行异议进行审查。

第三条 执行法院收到执行异议后三日内既不立案又不作出不予受理裁定,或者受理后无正当理由超过法定期限不作出异议裁定的,异议人可以向上一级人民法院提出异议。上一级人民法院审查后认为理由成立的,应当指令执行法院在三日内立案或者在十五日内作出异议裁定。

第四条 执行案件被指定执行、提级执行、委托执行后,当事人、利害关系人对原执行法院的执行行为提出异议的,由提出异议时负责该案件执行的人民法院审查处理;受指定或者受委托的人民法院是原执行法院的下级人民法院的,仍由原执行法院审查处理。

执行案件被指定执行、提级执行、委托执行后,案外人对原执行法院的执行标的提出异议的,参照前款规定处理。

第五条 有下列情形之一的,当事人以外的公民、法人和其他组织,可以作为利害关系人提出执行行为异议:

(一)认为人民法院的执行行为违法,妨碍其轮候查封、扣押、冻结的债权受偿的;

(二)认为人民法院的拍卖措施违法,妨碍其参与公平竞价的;

(三)认为人民法院的拍卖、变卖或者以物抵债措施违法,侵害其对执行标的的优先购买权的;

(四)认为人民法院要求协助执行的事项超出其协助范围或者违反法律规定的;

(五)认为其他合法权益受到人民法院违法执行行为侵害的。

第六条 当事人、利害关系人依照民事诉讼法第二百二十五条规定提出异议的,应当在执行程序终结之前提出,但对终结执行措施提出异议的除外。

案外人依照民事诉讼法第二百二十七条规定提出异议的,应当在异议指向的执行标的执行终结之前提出;执行标的由当事人受让的,应当在执行程序终结之前提出。

第七条 当事人、利害关系人认为执行过程中或者执行保全、先予执行裁定过程中的下列行为违法提出异议的,人民法院应当依照民事诉讼法第二百二十五条规定进行审查:

(一)查封、扣押、冻结、拍卖、变卖、以物抵债、暂缓执行、中止执行、终结执行等执行措施;

(二)执行的期间、顺序等应当遵守的法定程序;

(三)人民法院作出的侵害当事人、利害关系人合法权益的其他行为。

被执行人以债权消灭、丧失强制执行效力等执行依据生效之后的实体事由提出排除执行异议的,人民法院应当参照民事诉讼法第二百二十五条规定进行审查。

除本规定第十九条规定的情形外,被执行人以执行依据生效之前的实体事由提出排除执行异议的,人民法院应当告知其依法申请再审或者通过其他程序解决。

第八条 案外人基于实体权利既对执行标的提出排除执行异议又作为利害关系人提出执行行为异议的,人民法院应当依照民事诉讼法第二百二十七条规定进行审查。

案外人既基于实体权利对执行标的提出排除执行异议又作为利害关系人提出与实体权利无关的执行行为异议的,人民法院应当分别依照民事诉讼法第二百二十七条和第二百二十五条规定进行审查。

第九条 被限制出境的人认为对其限制出境错误的,可以自收到限制出境决定之日起十日内向上一级人民法院申请复议。上一级人民法院应当自收到复议申请之日起十五日内作出决定。复议期间,不停止原决定的执行。

第十条 当事人不服驳回不予执行公证债权文书申请的裁定的,可以自收到裁定之日起十日内向上一级人民法院申请复议。上一级人民法院应当自收到复议申请之日起三十日内审查,理由成立的,裁定撤销原裁定,不予执行该公证债权文书;理由不成立的,裁定驳回复议申请。复议期间,不停止执行。

第十一条　人民法院审查执行异议或者复议案件,应当依法组成合议庭。

指令重新审查的执行异议案件,应当另行组成合议庭。

办理执行实施案件的人员不得参与相关执行异议和复议案件的审查。

第十二条　人民法院对执行异议和复议案件实行书面审查。案情复杂、争议较大的,应当进行听证。

第十三条　执行异议、复议案件审查期间,异议人、复议申请人申请撤回异议、复议申请的,是否准许由人民法院裁定。

第十四条　异议人或者复议申请人经合法传唤,无正当理由拒不参加听证,或者未经法庭许可中途退出听证,致使人民法院无法查清相关事实的,由其自行承担不利后果。

第十五条　当事人、利害关系人对同一执行行为有多个异议事由,但未在异议审查过程中一并提出,撤回异议或者被裁定驳回异议后,再次就该执行行为提出异议的,人民法院不予受理。

案外人撤回异议或者被裁定驳回异议后,再次就同一执行标的提出异议的,人民法院不予受理。

第十六条　人民法院依照民事诉讼法第二百二十五条规定作出裁定时,应当告知相关权利人申请复议的权利和期限。

人民法院依照民事诉讼法第二百二十七条规定作出裁定时,应当告知相关权利人提起执行异议之诉的权利和期限。

人民法院作出其他裁定和决定时,法律、司法解释规定了相关权利人申请复议的权利和期限的,应当进行告知。

第十七条　人民法院对执行行为异议,应当按照下列情形,分别处理:

(一)异议不成立的,裁定驳回异议;

(二)异议成立的,裁定撤销相关执行行为;

(三)异议部分成立的,裁定变更相关执行行为;

(四)异议成立或者部分成立,但执行行为无撤销、变更内容的,裁定异议成立或者相应部分异议成立。

第十八条　执行过程中,第三人因书面承诺自愿代被执行人偿还债务而被追加为被执行人后,无正当理由反悔并提出异议的,人民法院不予支持。

第十九条　当事人互负到期债务,被执行人请求抵销,请求抵销的债务符合下列情形的,除依照法律规定或者按照债务性质不得抵销的以外,人民法院应予支持:

(一)已经生效法律文书确定或者经申请执行人认可;

(二)与被执行人所负债务的标的物种类、品质相同。

第二十条　金钱债权执行中,符合下列情形之一,被执行人以执行标的系本人及所扶养家属维持生活必需的居住房屋为由提出异议的,人民法院不予支持:

(一)对被执行人有扶养义务的人名下有其他能够维持生活必需的居住房屋的;

(二)执行依据生效后,被执行人为逃避债务转让其名下其他房屋的;

(三)申请执行人按照当地廉租住房保障面积标准为被执行人及所扶养家属提供居住房屋,或者同意参照当地房屋租赁市场平均租金标准从该房屋的变价款中扣除五至八年租金的。

执行依据确定被执行人交付居住的房屋，自执行通知送达之日起，已经给予三个月的宽限期，被执行人以该房屋系本人及所扶养家属维持生活的必需品为由提出异议的，人民法院不予支持。

第二十一条 当事人、利害关系人提出异议请求撤销拍卖，符合下列情形之一的，人民法院应予支持：

（一）竞买人之间、竞买人与拍卖机构之间恶意串通，损害当事人或者其他竞买人利益的；

（二）买受人不具备法律规定的竞买资格的；

（三）违法限制竞买人参加竞买或者对不同的竞买人规定不同竞买条件的；

（四）未按照法律、司法解释的规定对拍卖标的物进行公告的；

（五）其他严重违反拍卖程序且损害当事人或竞买人利益的情形。

当事人、利害关系人请求撤销变卖的，参照前款规定处理。

第二十二条 公证债权文书对主债务和担保债务同时赋予强制执行效力的，人民法院应予执行；仅对主债务赋予强制执行效力未涉及担保债务的，对担保债务的执行申请不予受理；仅对担保债务赋予强制执行效力未涉及主债务的，对主债务的执行申请不予受理。

人民法院受理担保债务的执行申请后，被执行人仅以担保合同不属于赋予强制执行效力的公证债权文书范围为由申请不予执行的，不予支持。

第二十三条 上一级人民法院对不服异议裁定的复议申请审查后，应当按照下列情形，分别处理：

（一）异议裁定认定事实清楚，适用法律正确，结果应予维持的，裁定驳回复议申请，维持异议裁定；

（二）异议裁定认定事实错误，或者适用法律错误，结果应予纠正的，裁定撤销或者变更异议裁定；

（三）异议裁定认定基本事实不清、证据不足的，裁定撤销异议裁定，发回作出裁定的人民法院重新审查，或者查清事实后作出相应裁定；

（四）异议裁定遗漏异议请求或者存在其他严重违反法定程序的情形，裁定撤销异议裁定，发回作出裁定的人民法院重新审查；

（五）异议裁定对应当适用民事诉讼法第二百二十七条规定审查处理的异议，错误适用民事诉讼法第二百二十五条规定审查处理的，裁定撤销异议裁定，发回作出裁定的人民法院重新作出裁定。

除依照本条第一款第三、四、五项发回重新审查或者重新作出裁定的情形外，裁定撤销或者变更异议裁定且执行行为可撤销、变更的，应当同时撤销或者变更该裁定维持的执行行为。

人民法院对发回重新审查的案件作出裁定后，当事人、利害关系人申请复议的，上一级人民法院复议后不得再次发回重新审查。

第二十四条 对案外人提出的排除执行异议，人民法院应当审查下列内容：

（一）案外人是否系权利人；

（二）该权利的合法性与真实性；

（三）该权利能否排除执行。

第二十五条 对案外人的异议，人民法院应当按照下列标准判断其是否系权利人：

（一）已登记的不动产，按照不动产登记簿判断；未登记的建筑物、构筑物及其附属设施，按照土地使用权登记簿、建设工程规划许可、施工许可等相关证据判断；

（二）已登记的机动车、船舶、航空器等特定动产，按照相关管理部门的登记判断；未登记的特定动产和其他动产，按照实际占有情况判断；

（三）银行存款和存管在金融机构的有价证券，按照金融机构和登记结算机构登记的账户名称判断；有价证券由具备合法经营资质的托管机构名义持有的，按照该机构登记的实际投资人账户名称判断；

（四）股权按照工商行政管理机关的登记和企业信用信息公示系统公示的信息判断；

（五）其他财产和权利，有登记的，按照登记机构的登记判断；无登记的，按照合同等证明财产权属或者权利人的证据判断。

案外人依据另案生效法律文书提出排除执行异议，该法律文书认定的执行标的权利人与依照前款规定得出的判断不一致的，依照本规定第二十六条规定处理。

第二十六条 金钱债权执行中，案外人依据执行标的被查封、扣押、冻结前作出的另案生效法律文书提出排除执行异议，人民法院应当按照下列情形，分别处理：

（一）该法律文书系就案外人与被执行人之间的权利纠纷以及租赁、借用、保管等不以转移财产权属为目的的合同纠纷，判决、裁决执行标的归属于案外人或者向其返还执行标的且其权利能够排除执行的，应予支持；

（二）该法律文书系就案外人与被执行人之间除前项所列合同之外的债权纠纷，判决、裁决执行标的归属于案外人或者向其交付、返还执行标的的，不予支持；

（三）该法律文书系案外人受让执行标的的拍卖、变卖成交裁定或者以物抵债裁定且其权利能够排除执行的，应予支持。

金钱债权执行中，案外人依据执行标的被查封、扣押、冻结后作出的另案生效法律文书提出排除执行异议的，人民法院不予支持。

非金钱债权执行中，案外人依据另案生效法律文书提出排除执行异议，该法律文书对执行标的权属作出不同认定的，人民法院应当告知案外人依法申请再审或者通过其他程序解决。

申请执行人或者案外人不服人民法院依照本条第一、二款规定作出的裁定，可以依照民事诉讼法第二百二十七条规定提起执行异议之诉。

第二十七条 申请执行人对执行标的依法享有对抗案外人的担保物权等优先受偿权，人民法院对案外人提出的排除执行异议不予支持，但法律、司法解释另有规定的除外。

第二十八条 金钱债权执行中，买受人对登记在被执行人名下的不动产提出异议，符合下列情形且其权利能够排除执行的，人民法院应予支持：

（一）在人民法院查封之前已签订合法有效的书面买卖合同；

（二）在人民法院查封之前已合法占有该不动产；

（三）已支付全部价款，或者已按照合同约定支付部分价款且将剩余价款按照人民法院的要求交付执行；

（四）非因买受人自身原因未办理过户登记。

第二十九条 金钱债权执行中，买受人对登记在被执行的房地产开发企业名下的商品房提出异议，符合下列情形且其权利能够排除执行的，人民法院应予支持：

（一）在人民法院查封之前已签订合法有效的书面买卖合同；

（二）所购商品房系用于居住且买受人名下无其他用于居住的房屋；

（三）已支付的价款超过合同约定总价款的百分之五十。

第三十条 金钱债权执行中，对被查封的办理了受让物权预告登记的不动产，受让人提出停止处分异议的，人民法院应予支持；符合物权登记条件，受让人提出排除执行异议的，应予支持。

第三十一条 承租人请求在租赁期内阻止向受让人移交占有被执行的不动产，在人民法院查封之前已签订合法有效的书面租赁合同并占有使用该不动产的，人民法院应予支持。

承租人与被执行人恶意串通，以明显不合理的低价承租被执行的不动产或者伪造交付租金证据的，对其提出的阻止移交占有的请求，人民法院不予支持。

第三十二条 本规定施行后尚未审查终结的执行异议和复议案件，适用本规定。本规定施行前已经审查终结的执行异议和复议案件，人民法院依法提起执行监督程序的，不适用本规定。

（二十）执行的申请和移送

最高人民法院关于捷成洋行申请执行中国国际经济贸易仲裁委员会(97)贸仲裁字第0256号裁决一案的复函

[2001年1月6日，〔2001〕民四他字第42号]

天津市高级人民法院：

你院《关于执行捷成洋行与中化天津进出口公司仲裁案件的审查意见》收悉。本院经研究同意你院对本案的审查意见。本案双方当事人在L53/93/075号合同仲裁条款中没有明确约定仲裁机构，应认定仲裁条款无效。双方委托代理人的往来函件亦不能视为双方对仲裁机构的确认达成补充协议。因此本案符合《中华人民共和国民事诉讼法》第二百一十七条第二款第（一）项规定的情形，中国国际经济贸易仲裁委员会(97)贸仲裁字第0256号裁决应不予执行。

由于本案系船舶滞期费纠纷，根据《中华人民共和国海事诉讼特别程序法》第十一条的规定，本案应由天津海事法院管辖。

此复。

最高人民法院关于仲裁协议无效是否可以裁定不予执行的处理意见

[2002年6月20日，〔1999〕执监字第174-1号]

广东省高级人民法院：

你院〔1999〕粤高法执监字第65-2号"关于中国农业银行杭州市延安路支行申请执行杭州市经济合同仲裁委员会杭裁字〔1996〕第80号裁决书一案"的报告收悉，经研究，答复如下：

申请人中国农业银行浙江省信托投资公司（现为中国农业银行杭州市延安路支行，以下简称农业银行）与被申请人深圳政华实业公司（以下简称政华公司）、招商银行深圳福田支行（以下简称招商银行）合作投资担保合同纠纷一案，杭州市经济合同仲裁委员会于1996年10月25日作出杭裁字〔1996〕第80号裁决书裁决：政华公司在裁决生效后十日内归还农业银行借款及利息人民币617万余元，招商银行承担连带偿付责任。在执行该仲裁裁决过程中，被执行人招商银行向深圳市中级人民法院申请不予执行该仲裁裁决。深圳市中级人民法院认为：由于当事人只约定了仲裁地点，未约定仲裁机构，且双方当事人事后又未达成补充协议，故仲裁协议无效，杭州市经济合同仲裁和会无权对本案进行仲裁。因此，以〔1997〕深中法执字第10-15号民事裁定书裁定不予执行。

本院认为：本案的仲裁协议只约定仲裁地点而没有约定具体的仲裁机构，应当认定无效，但仲裁协议无效并不等于没有仲裁协议。仲裁协议无效的法律后果是不排除人民法院的管辖权，当事人可以选择由法院管辖而排除仲裁管辖，当事人未向法院起诉而选择仲裁应诉的，应视为当事人对仲裁庭管辖权的认可。招商银行在仲裁裁决前未向人民法院起诉，而参加仲裁应诉，应视为其对仲裁庭关于管辖权争议的裁决的认可。本案仲裁庭在裁决驳回管辖权异议后作出的仲裁裁决，在程序上符合仲裁法和民诉法的规定，没有不予执行的法定理由。执行法院不应再对该仲裁协议的效力进行审查。执行法院也不能将"仲裁协议无效"视为"没有仲裁协议"而裁定不予执行。因此，深圳市中级人民法院裁定不予执行错误，本案仲裁裁决应当恢复执行。

请你院监督执行法院按上述意见办理，在两个月内执结此案并报告本院。

此复。

最高人民法院执行工作办公室关于广东省高级人民法院请示的交通银行汕头分行与汕头经济特区龙湖乐园发展有限公司申请不予执行仲裁裁决案的复函

[2003年7月30日，〔2003〕执他字第10号]

广东省高级人民法院：

你院〔2003〕粤高法47号"关于交通银行汕头分行与汕头经济特区龙湖乐园发展有限公司申请不予执行仲裁裁决一案的请示"收悉。经研究，现答复如下：

我国《合同法》第114条第2款规定：

"约定的违约金低于造成的损失的,当事人可以请求人民法院或者仲裁机构予以增加;约定的违约金过分高于造成的损失的,当事人可以请求人民法院或者仲裁机构予以适当减少。"违约金由双方当事人自由约定,只要不违反法律规定和不损害第三人合法权益,国家一般不予干涉。国家认为双方当事人约定的违约金过高或者过低的,可以予以调整,但必须是基于一方当事人的请求。在本案中,交通银行汕头分行作为仲裁案件的被申请人和向汕头市中级人民法院申请不予执行仲裁裁决的申请人,始终未就违约金提出异议。依据我国《民法通则》第112条规定,当事人可以在合同中约定赔偿额的计算方法,本仲裁庭对本案违约金的计算和确认的数额并无不当。因此,本仲裁案的裁决不存在《民事诉讼法》第217条第2款第(5)项规定的适用法律确有错误的情形,人民法院应予执行。

此复。

最高人民法院关于裁定不予承认和执行英国伦敦仲裁庭作出的塞浦路斯瓦赛斯航运有限公司与中国粮油饲料有限公司、中国人民财产保险股份有限公司河北省分公司、中国人保控股公司仲裁裁决一案的请示的复函

[2004年9月30日,〔2004〕民四他字第32号]

天津市高级人民法院:

你院津高法〔2004〕123号《关于裁定不予承认和执行英国伦敦仲裁庭作出的塞浦路斯瓦赛斯航运有限公司与中国粮油饲料有限公司、中国人民财产保险股份有限公司河北省分公司、中国人保控股公司仲裁裁决一案的请示》收悉。经研究答复如下:

本案伦敦仲裁庭的三份仲裁裁决分别于2001年3月14日、2001年6月20日、2002年2月13日作出,天津海事法院收到申请人塞浦路斯瓦赛斯航运有限公司申请承认和执行仲裁裁决申请材料的日期是2004年1月17日。虽然三份仲裁裁决均未明确履行期限,且送达时间不明,但本案两被申请人中国粮油饲料有限公司、中国人民财产保险股份有限公司河北省分公司向英国高等法院提出起诉的时间,表明三份仲裁裁决书已于2002年3月28日前送达给两被申请人。本案中英国高等法院对仲裁裁决异议案件的审理与裁决不构成申请人申请承认和执行仲裁裁决期限中断或延长的理由。

根据我国《民事诉讼法》第二百一十九条关于申请执行期限的规定,本案申请人塞浦路斯瓦赛斯航运有限公司申请承认和执行伦敦仲裁裁决,已超过六个月申请执行期限,应不予承认和执行。

最高人民法院关于当事人对具有强制执行效力的公证债权文书的内容有争议提起诉讼人民法院是否受理问题的批复

[2008年12月8日最高人民法院审判委员会第1457次会议通过,2008年12月22日公布,自2008年12月26日起施行,法释〔2008〕17号]

各省、自治区、直辖市高级人民法院,解放

军军事法院、新疆维吾尔自治区高级人民法院生产建设兵团分院：

关于当事人对具有强制执行效力的公证债权文书的内容有争议提起诉讼人民法院是否受理的问题，我院陆续收到江苏、重庆等高级人民法院的请示，经研究，批复如下：

根据《中华人民共和国民事诉讼法》第二百一十四条和《中华人民共和国公证法》第三十七条的规定，经公证的以给付为内容并载明债务人愿意接受强制执行承诺的债权文书依法具有强制执行效力。债权人或者债务人对该债权文书的内容有争议直接向人民法院提起民事诉讼的，人民法院不予受理。但公证债权文书确有错误，人民法院裁定不予执行的，当事人、公证事项的利害关系人可以就争议内容向人民法院提起民事诉讼。

最高人民法院印发《关于执行案件立案、结案若干问题的意见》的通知

[2014年12月17日，法发〔2014〕26号]

各省、自治区、直辖市高级人民法院，解放军军事法院，新疆维吾尔自治区高级人民法院生产建设兵团分院：

为统一执行案件立案、结案标准，规范执行行为，最高人民法院制定了《关于执行案件立案、结案若干问题的意见》，现予以印发。请遵照执行，并通过建立、健全辖区三级法院统一使用、切合实际、功能完备、科学有效的案件管理系统，加强对执行案件立、结案工作的管理。该意见自2015年1月1日起施行，执行局要及时与立案庭进行沟通，做好新、旧年度执行案件立案、结案的衔接工作，确保该意见规定的立、结案标准得到全面实施。

附：最高人民法院关于执行案件立案、结案若干问题的意见

为统一执行案件立案、结案标准，规范执行行为，根据《中华人民共和国民事诉讼法》等法律、司法解释的规定，结合人民法院执行工作实际，制定本意见。

第一条 本意见所称执行案件包括执行实施类案件和执行审查类案件。

执行实施类案件是指人民法院因申请执行人申请、审判机构移送、受托、提级、指定和依职权，对已发生法律效力且具有可强制执行内容的法律文书所确定的事项予以执行的案件。

执行审查类案件是指在执行过程中，人民法院审查和处理执行异议、复议、申诉、请示、协调以及决定执行管辖权的移转等事项的案件。

第二条 执行案件统一由人民法院立案机构进行审查立案，人民法庭经授权执行自审案件的，可以自行审查立案，法律、司法解释规定可以移送执行的，相关审判机构可以移送立案机构办理立案登记手续。

立案机构立案后，应当依照法律、司法解释的规定向申请人发出执行案件受理通知书。

第三条 人民法院对符合法律、司法解释规定的立案标准的执行案件，应当予以立案，并纳入审判和执行案件统一管理体系。

人民法院不得有审判和执行案件统一管理体系之外的执行案件。

任何案件不得以任何理由未经立案

即进入执行程序。

第四条 立案机构在审查立案时,应当按照本意见确定执行案件的类型代字和案件编号,不得违反本意见创设案件类型代字。

第五条 执行实施类案件类型代字为"执字",按照立案时间的先后顺序确定案件编号,单独进行排序;但执行财产保全裁定的,案件类型代字为"执保字",按照立案时间的先后顺序确定案件编号,单独进行排序;恢复执行的,案件类型代字为"执恢字",按照立案时间的先后顺序确定案件编号,单独进行排序。

第六条 下列案件,人民法院应当按照恢复执行案件予以立案:

(一)申请执行人因受欺诈、胁迫与被执行人达成和解协议,申请恢复执行原生效法律文书的;

(二)一方当事人不履行或不完全履行执行和解协议,对方当事人申请恢复执行原生效法律文书的;

(三)执行实施案件以裁定终结本次执行程序方式报结后,如发现被执行人有财产可供执行,申请执行人申请或者人民法院依职权恢复执行的;

(四)执行实施案件因委托执行结案后,确因委托不当被已立案的受托法院退回委托的;

(五)依照民事诉讼法第二百五十七条的规定而终结执行的案件,申请执行的条件具备时,申请执行人申请恢复执行的。

第七条 除下列情形外,人民法院不得人为拆分执行实施案件:

(一)生效法律文书确定的给付内容为分期履行的,各期债务履行期间届满,被执行人未自动履行,申请执行人可分期申请执行,也可以对几期或全部到期债权一并申请执行;

(二)生效法律文书确定有多个债务人各自单独承担明确的债务的,申请执行人可以对每个债务人分别申请执行,也可以对几个或全部债务人一并申请执行;

(三)生效法律文书确定有多个债权人各自享有明确的债权的(包括按份共有),每个债权人可以分别申请执行;

(四)申请执行赡养费、扶养费、抚养费的案件,涉及金钱给付内容的,人民法院应当根据申请执行时已发生的债权数额进行审查立案,执行过程中新发生的债权应当另行申请执行;涉及人身权内容的,人民法院应当根据申请执行时义务人未履行义务的事实进行审查立案,执行过程中义务人延续消极行为的,应当依据申请执行人的申请一并执行。

第八条 执行审查类案件按下列规则确定类型代字和案件编号:

(一)执行异议案件类型代字为"执异字",按照立案时间的先后顺序确定案件编号,单独进行排序;

(二)执行复议案件类型代字为"执复字",按照立案时间的先后顺序确定案件编号,单独进行排序;

(三)执行监督案件类型代字为"执监字",按照立案时间的先后顺序确定案件编号,单独进行排序;

(四)执行请示案件类型代字为"执请字",按照立案时间的先后顺序确定案件编号,单独进行排序;

(五)执行协调案件类型代字为"执协字",按照立案时间的先后顺序确定案件编号,单独进行排序。

第九条 下列案件,人民法院应当按照执行异议案件予以立案:

（一）当事人、利害关系人认为人民法院的执行行为违反法律规定，提出书面异议的；

（二）执行过程中，案外人对执行标的提出书面异议的；

（三）人民法院受理执行申请后，当事人对管辖权提出异议的；

（四）申请执行人申请追加、变更被执行人的；

（五）被执行人以债权消灭、超过申请执行期间或者其他阻止执行的实体事由提出阻止执行的；

（六）被执行人对仲裁裁决或者公证机关赋予强制执行效力的公证债权文书申请不予执行的；

（七）其他依法可以申请执行异议的。

第十条　下列案件，人民法院应当按照执行复议案件予以立案：

（一）当事人、利害关系人不服人民法院针对本意见第九条第（一）项、第（三）项、第（五）项作出的裁定，向上一级人民法院申请复议的；

（二）除因夫妻共同债务、出资人未依法出资、股权转让引起的追加和对一人公司股东的追加外，当事人、利害关系人不服人民法院针对本意见第九条第（四）项作出的裁定，向上一级人民法院申请复议的；

（三）当事人不服人民法院针对本意见第九条第（六）项作出的不予执行公证债权文书、驳回不予执行公证债权文书申请、不予执行仲裁裁决、驳回不予执行仲裁裁决申请的裁定，向上一级人民法院申请复议的；

（四）其他依法可以申请复议的。

第十一条　上级人民法院对下级人民法院，最高人民法院对地方各级人民法院依法进行监督的案件，应当按照执行监督案件予以立案。

第十二条　下列案件，人民法院应当按照执行请示案件予以立案：

（一）当事人向人民法院申请执行内地仲裁机构作出的涉港澳仲裁裁决或者香港特别行政区、澳门特别行政区仲裁机构作出的仲裁裁决或者临时仲裁庭在香港特别行政区、澳门特别行政区作出的仲裁裁决，人民法院经审查认为裁决存在依法不予执行的情形，在作出裁定前，报请所属高级人民法院进行审查的，以及高级人民法院同意不予执行，报请最高人民法院的；

（二）下级人民法院依法向上级人民法院请示的。

第十三条　下列案件，人民法院应当按照执行协调案件予以立案：

（一）不同法院因执行程序、执行与破产、强制清算、审判等程序之间对执行标的产生争议，经自行协调无法达成一致意见，向共同上级人民法院报请协调处理的；

（二）对跨高级人民法院辖区的法院与公安、检察等机关之间的执行争议案件，执行法院报请所属高级人民法院与有关公安、检察等机关所在地的高级人民法院商有关机关协调解决或者报请最高人民法院协调处理的；

（三）当事人对内地仲裁机构作出的涉港澳仲裁裁决分别向不同人民法院申请撤销及执行，受理执行申请的人民法院对受理撤销申请的人民法院作出的决定撤销或者不予撤销的裁定存在异议，亦不能直接作出与该裁定相矛盾的执行或者不予执行的裁定，报请共同上级人民法院

解决的;

(四)当事人对内地仲裁机构作出的涉港澳仲裁裁决向人民法院申请执行且人民法院已经作出应予执行的裁定后,一方当事人向人民法院申请撤销该裁决,受理撤销申请的人民法院认为裁决应予撤销且该人民法院与受理执行申请的人民法院非同一人民法院时,报请共同上级人民法院解决的;

(五)跨省、自治区、直辖市的执行争议案件报请最高人民法院协调处理的;

(六)其他依法报请协调的。

第十四条 除执行财产保全裁定、恢复执行的案件外,其他执行实施类案件的结案方式包括:

(一)执行完毕;

(二)终结本次执行程序;

(三)终结执行;

(四)销案;

(五)不予执行;

(六)驳回申请。

第十五条 生效法律文书确定的执行内容,经被执行人自动履行、人民法院强制执行,已全部执行完毕,或者是当事人达成执行和解协议,且执行和解协议履行完毕,可以以"执行完毕"方式结案。

执行完毕应当制作结案通知书并发送当事人。双方当事人书面认可执行完毕或口头认可执行完毕并记入笔录的,无需制作结案通知书。

执行和解协议应当附卷,没有签订书面执行和解协议的,应当将口头和解协议的内容作成笔录,经当事人签字后附卷。

第十六条 有下列情形之一的,可以以"终结本次执行程序"方式结案:

(一)被执行人确无财产可供执行,申请执行人书面同意人民法院终结本次执行程序的;

(二)因被执行人无财产而中止执行满两年,经查证被执行人确无财产可供执行的;

(三)申请执行人明确表示提供不出被执行人的财产或财产线索,并在人民法院穷尽财产调查措施之后,对人民法院认定被执行人无财产可供执行书面表示认可的;

(四)被执行人的财产无法拍卖变卖,或者动产经两次拍卖、不动产或其他财产权经三次拍卖仍然流拍,申请执行人拒绝接受或者依法不能交付其抵债,经人民法院穷尽财产调查措施,被执行人确无其他财产可供执行的;

(五)经人民法院穷尽财产调查措施,被执行人确无财产可供执行或虽有财产但不宜强制执行,当事人达成分期履行和解协议,且未履行完毕的;

(六)被执行人确无财产可供执行,申请执行人属于特困群体,执行法院已经给予其适当救助的。

人民法院应当依法组成合议庭,就案件是否终结本次执行程序进行合议。

终结本次执行程序应当制作裁定书,送达申请执行人。裁定应当载明案件的执行情况、申请执行人债权已受偿和未受偿的情况、终结本次执行程序的理由,以及发现被执行人有可供执行财产,可以申请恢复执行等内容。

依据本条第一款第(二)(四)(五)(六)项规定的情形裁定终结本次执行程序前,应当告知申请执行人可以在指定的期限内提出异议。申请执行人提出异议的,应当另行组成合议庭组织当事人就被执行人是否有财产可供执行进行听证;申请执行人提供被执行人财产线索的,人民法院应当就其提供的线索重新调查核实，发现被执行人有财产可供执行的，应当继续执行；经听证认定被执行人确无财产可供执行，申请执行人亦不能提供被执行人有可供执行财产的，可以裁定终结本次执行程序。

本条第一款第(三)(四)(五)项中规定的"人民法院穷尽财产调查措施"，是指至少完成下列调查事项：

(一) 被执行人是法人或其他组织的，应当向银行业金融机构查询银行存款，向有关房地产管理部门查询房地产登记，向法人登记机关查询股权，向有关车管部门查询车辆等情况；

(二) 被执行人是自然人的，应当向被执行人所在单位及居住地周边群众调查了解被执行人的财产状况或财产线索，包括被执行人的经济收入来源、被执行人到期债权等。如果根据财产线索判断被执行人有较高收入，应当按照对法人或其他组织的调查途径进行调查；

(三) 通过最高人民法院的全国法院网络执行查控系统和执行法院所属高级人民法院的"点对点"网络执行查控系统能够完成的调查事项；

(四) 法律、司法解释规定必须完成的调查事项。

人民法院裁定终结本次执行程序后，发现被执行人有财产的，可以依申请执行人的申请或依职权恢复执行。申请执行人申请恢复执行的，不受申请执行期限的限制。

第十七条 有下列情形之一的，可以以"终结执行"方式结案：

(一) 申请人撤销申请或者是当事人双方达成执行和解协议，申请执行人撤回执行申请的；

(二) 据以执行的法律文书被撤销的；

(三) 作为被执行人的公民死亡，无遗产可供执行，又无义务承担人的；

(四) 追索赡养费、扶养费、抚育费案件的权利人死亡的；

(五) 作为被执行人的公民因生活困难无力偿还借款，无收入来源，又丧失劳动能力的；

(六) 作为被执行人的企业法人或其他组织被撤销、注销、吊销营业执照或者歇业、终止后既无财产可供执行，又无义务承受人，也没有能够依法追加变更执行主体的；

(七) 依照刑法第五十三条规定免除罚金的；

(八) 被执行人被人民法院裁定宣告破产的；

(九) 行政执行标的灭失的；

(十) 案件被上级人民法院裁定提级执行的；

(十一) 案件被上级人民法院裁定指定由其他法院执行的；

(十二) 按照《最高人民法院关于委托执行若干问题的规定》，办理了委托执行手续，且收到受托法院立案通知书的；

(十三) 人民法院认为应当终结执行的其他情形。

前款除第(十)项、第(十一)项、第(十二)项规定的情形外，终结执行的，应当制作裁定书，送达当事人。

第十八条 执行实施案件立案后，有下列情形之一的，可以以"销案"方式结案：

(一) 被执行人提出管辖异议，经审查异议成立，将案件移送有管辖权的法院或申请执行人撤回申请的；

（二）发现其他有管辖权的人民法院已经立案在先的；

（三）受托法院报经高级人民法院同意退回委托的。

第十九条　执行实施案件立案后，被执行人对仲裁裁决或公证债权文书提出不予执行申请，经人民法院审查，裁定不予执行的，以"不予执行"方式结案。

第二十条　执行实施案件立案后，经审查发现不符合《最高人民法院关于人民法院执行工作若干问题的规定（试行）》第18条规定的受理条件，裁定驳回申请的，以"驳回申请"方式结案。

第二十一条　执行财产保全裁定案件的结案方式包括：

（一）保全完毕，即保全事项全部实施完毕；

（二）部分保全，即因未查询到足额财产，致使保全事项未能全部实施完毕；

（三）无标的物可实施保全，即未查到财产可供保全。

第二十二条　恢复执行案件的结案方式包括：

（一）执行完毕；

（二）终结本次执行程序；

（三）终结执行。

第二十三条　下列案件不得作结案处理：

（一）人民法院裁定中止执行的；

（二）人民法院决定暂缓执行的；

（三）执行和解协议未全部履行完毕，且不符合本意见第十六条、第十七条规定终结本次执行程序、终结执行条件的。

第二十四条　执行异议案件的结案方式包括：

（一）准予撤回异议或申请，即异议人撤回异议或申请的；

（二）驳回异议或申请，即异议不成立或者案外人虽然对执行标的享有实体权利但不能阻止执行的；

（三）撤销相关执行行为、中止对执行标的的执行、不予执行、追加变更当事人，即异议成立的；

（四）部分撤销并变更执行行为、部分不予执行、部分追加变更当事人，即异议部分成立的；

（五）不能撤销、变更执行行为，即异议成立或部分成立，但不能撤销、变更执行行为的；

（六）移送其他人民法院管辖，即管辖权异议成立的。

执行异议案件应当制作裁定书，并送达当事人。法律、司法解释规定对执行异议案件可以口头裁定的，应当记入笔录。

第二十五条　执行复议案件的结案方式包括：

（一）准许撤回申请，即申请复议人撤回复议申请的；

（二）驳回复议申请，维持异议裁定，即异议裁定认定事实清楚，适用法律正确，复议理由不成立的；

（三）撤销或变更异议裁定，即异议裁定认定事实错误或者适用法律错误，复议理由成立的；

（四）查清事实后作出裁定，即异议裁定认定事实不清，证据不足的；

（五）撤销异议裁定，发回重新审查，即异议裁定遗漏异议请求或者异议裁定错误对案外人异议适用执行行为异议审查程序的。

人民法院对重新审查的案件作出裁定后，当事人申请复议的，上级人民法院不得再次发回重新审查。

执行复议案件应当制作裁定书,并送达当事人。法律、司法解释规定对执行复议案件可以口头裁定的,应当记入笔录。

第二十六条 执行监督案件的结案方式包括:

(一)准许撤回申请,即当事人撤回监督申请的;

(二)驳回申请,即监督申请不成立的;

(三)限期改正,即监督申请成立,指定执行法院在一定期限内改正的;

(四)撤销并改正,即监督申请成立,撤销执行法院的裁定直接改正的;

(五)提级执行,即监督申请成立,上级人民法院决定提级自行执行的;

(六)指定执行,即监督申请成立,上级人民法院决定指定其他法院执行的;

(七)其他,即其他可以报结的情形。

第二十七条 执行请示案件的结案方式包括:

(一)答复,即符合请示条件的;

(二)销案,即不符合请示条件的。

第二十八条 执行协调案件的结案方式包括:

(一)撤回协调请求,即执行争议法院自行协商一致,撤回协调请求的;

(二)协调解决,即经过协调,执行争议法院达成一致协调意见,将协调意见记入笔录或者向执行争议法院发出协调意见函的。

第二十九条 执行案件的立案、执行和结案情况应当及时、完整、真实、准确地录入全国法院执行案件信息管理系统。

第三十条 地方各级人民法院不能制定与法律、司法解释和本意见规定相抵触的执行案件立案、结案标准和结案方式。

违反法律、司法解释和本意见的规定立案、结案,或者在全国法院执行案件信息管理系统录入立案、结案情况时弄虚作假的,通报批评;造成严重后果或恶劣影响的,根据《人民法院工作人员纪律处分条例》追究相关领导和工作人员的责任。

第三十一条 各高级人民法院应当积极推进执行信息化建设,通过建立、健全辖区三级法院统一使用、切合实际、功能完备、科学有效的案件管理系统,加强对执行案件立、结案的管理。实现立、审、执案件信息三位一体的综合管理;实现对终结本次执行程序案件的单独管理;实现对恢复执行案件的动态管理;实现辖区的案件管理系统与全国法院执行案件信息管理系统的数据对接。

第三十二条 本意见自2015年1月1日起施行。

(二十一)执行措施

最高人民法院关于可否执行当事人邮政储蓄存款的复函

[1993年3月19日,法经〔1993〕37号]

江苏省高级人民法院:

你院苏高法研〔1993〕2号请示报告收悉。经研究答复如下:

根据民事诉讼法第二百二十一条的规定,"被执行人未按执行通知履行法律文书确定的义务,人民法院有权向银行、信用合作社和其他储蓄业务的单位查询被执行人的存款情况,有权冻结、划拨被执行人的存款"。按照最高人民法院关于适用《中华人民共和国民事诉讼法》若干问题的意见,该邮电支局既对外开办储蓄业务,如东县人民法院即可以依法直接查询、冻结和扣划被执行人在邮电支局的定期储蓄存款。人民法院在决定冻结划拨被执行人储蓄存款时应当作出裁定,并发出协助执行通知书。

最高人民法院执行办公室关于判决交付的特定物灭失后如何折价问题的复函

[2000年12月25日,[2000]执他字第31号]

山东省高级人民法院:

你院鲁高法函[1999]78号《关于判决交付的特定标的物灭失后如何折价问题的请示》收悉。经研究,答复如下:

山东省聊城地区中级人民法院[1993]聊中法民终字第166号民事判决,系判决交付可替代的种类物的执行案件而不是判决交付特定物的执行案件。如被执行人有该种类物,执行法院直接执行即可;如被执行人无该种类物,应发出履行通知书要求被执行人依判决购买该种类物偿还债务;被执行人拒不购买交付的,执行法院可以该种类物的现时市场价格及运费确定其债务数额,命被执行人预行交付;拒不交付的,可裁定强制执行被执行人的其他财产。

鉴于本案的特殊情况,可就执行标的问题征求申请执行人意见,或按上述关于执行可替代物的有关原则办理;或直接裁定转入金钱代偿执行。对本案的迟延履行金,应当按照《最高人民法院关于适用〈中华人民共和国民事诉讼法〉若干问题的意见》第二百九十五条的规定办理。

此复。

最高人民法院关于冻结、拍卖上市公司国有股和社会法人股若干问题的规定

[2001年8月28日最高人民法院审判委员会第1188次会议通过,2001年9月21日公布,自2001年9月30日起施行,法释[2001]28号]

为了保护债权人以及其他当事人的合法权益,维护证券市场的正常交易秩序,根据《中华人民共和国证券法》、《中华人民共和国公司法》、《中华人民共和国民事诉讼法》,参照《中华人民共和国拍卖法》等法律的有关规定,对人民法院在财产保全和执行过程中,冻结、拍卖上市公司国有股和社会法人股(以下均简称股权)等有关问题,作如下规定:

第一条 人民法院在审理民事纠纷案件过程中,对股权采取冻结、评估、拍卖和办理股权过户等财产保全和执行措施,适用本规定。

第二条 本规定所指上市公司国有股、包括国家股和国有法人股。国家股指有权代表国家投资的机构或部门向股份有限公司出资或依据法定程序取得的股份;国有法人股指国有法人单位,包括国有资产比例超过50%的国有控股企业,以其依法占有的法人资产向股份有限公司出资形成或者依据法定程序取得的股份。

本规定所指社会法人股是指非国有

法人资产投资于上市公司形成的股份。

第三条 人民法院对股权采取冻结、拍卖措施时,被保全人和被执行人应当是股权的持有人或者所有权人。被冻结、拍卖股权的上市公司非依据法定程序确定为案件当事人或者被执行人,人民法院不得对其采取保全或执行措施。

第四条 人民法院在审理案件过程中,股权持有人或者所有权人作为债务人,如有偿还能力的,人民法院一般不应对其股权采取冻结保全措施。

人民法院已对股权采取冻结保全措施的,股权持有人、所有权人或者第三人提供了有效担保,人民法院经审查符合法律规定的,可以解除对股权的冻结。

第五条 人民法院裁定冻结或者解除冻结股权,除应当将法律文书送达负有协助执行义务的单位以外,还应当在作出冻结或者解除冻结裁定后7日内,将法律文书送达股权持有人或者所有权人并书面通知上市公司。

人民法院裁定拍卖上市公司股权,应当于委托拍卖之前将法律文书送达股权持有人或者所有权人并书面通知上市公司。

被冻结或者拍卖股权的当事人是国有股份持有人的,人民法院在向该国有股份持有人送达冻结或者拍卖裁定时,应当告其于5日内报主管财政部门备案。

第六条 冻结股权的期限不超过一年。如申请人需要延长期限的,人民法院应当根据申请,在冻结期限届满前办理续冻手续,每次续冻期限不超过6个月。逾期不办理续冻手续的,视为自动撤销冻结。

第七条 人民法院采取保全措施,所冻结的股权价值不得超过股权持有人或者所有权人的债务总额。股权价值应当按照上市公司最近期报表每股资产净值计算。

股权冻结的效力及于股权产生的股息以及红利、红股等孳息,但股权持有人或者所有权人仍可享有因上市公司增发、配售新股而产生的权利。

第八条 人民法院采取强制执行措施时,如果股权持有人或者所有权人在限期内提供了方便执行的其他财产,应当首先执行其他财产。其他财产不足以清偿债务的,方可执行股权。

本规定所称可供方便执行的其他财产,是指存款、现金、成品和半成品、原材料、交通工具等。

人民法院执行股权,必须进行拍卖。

股权的持有人或者所有权人以股权向债权人质押的,人民法院执行时也应当通过拍卖方式进行,不得直接将股权执行给债权人。

第九条 拍卖股权之前,人民法院应当委托具有证券从业资格的资产评估机构对股权价值进行评估。资产评估机构由债权人和债务人协商选定。不能达成一致意见的,由人民法院召集债权人和债务人提出候选评估机构,以抽签方式决定。

第十条 人民法院委托资产评估机构评估时,应当要求资产评估机构严格依照国家规定的标准、程序和方法对股权价值进行评估,并说明其应当对所作出的评估报告依法承担相应责任。

人民法院还应当要求上市公司向接受人民法院委托的资产评估机构如实提供有关情况和资料;要求资产评估机构对上市公司提供的情况和资料保守秘密。

第十一条 人民法院收到资产评估

机构作出的评估报告后,须将评估报告分别送达债权人和债务人以及上市公司。债权人和债务人以及上市公司对评估报告有异议的,应当在收到评估报告后7日内书面提出。人民法院应当将异议书交资产评估机构,要求该机构在10日之内作出说明或者补正。

第十二条 对股权拍卖,人民法院应当委托依法成立的拍卖机构进行。拍卖机构的选定,参照本规定第九条规定的方法进行。

第十三条 股权拍卖保留价,应当按照评估值确定。

第一次拍卖最高应价未达到保留价时,应当继续进行拍卖,每次拍卖的保留价应当不低于前次保留价的90%。经三次拍卖仍不能成交时,人民法院应当将所拍卖的股权按第三次拍卖的保留价折价抵偿给债权人。

人民法院可以在每次拍卖未成交后主持调解,将所拍卖的股权参照该次拍卖保留价折价抵偿给债权人。

第十四条 拍卖股权,人民法院应当委托拍卖机构于拍卖日前10天,在《中国证券报》《证券时报》或者《上海证券报》上进行公告。

第十五条 国有股权竞买人应当具备依法受让国有股权的条件。

第十六条 股权拍卖过程中,竞买人已经持有的该上市公司股份数额和其竞买的股份数额累计不得超过该上市公司已经发行股份数额的30%。如竞买人累计持有该上市公司股份数额已达到30%仍参与竞买的,依照《中华人民共和国证券法》的相关规定办理,在此期间应当中止拍卖程序。

第十七条 拍卖成交后,人民法院应当向证券交易市场和证券登记结算公司出具协助执行通知书,由买受人持拍卖机构出具的成交证明和财政主管部门对股权性质的界定等有关文件,向证券交易市场和证券登记结算公司办理股权变更登记。

最高人民法院、国土资源部、建设部关于依法规范人民法院执行和国土资源房地产管理部门协助执行若干问题的通知

[2004年2月10日,法发〔2004〕5号]

各省、自治区、直辖市高级人民法院,解放军军事法院,新疆维吾尔自治区高级人民法院生产建设兵团分院;各省、自治区、直辖市国土资源厅(国土环境资源厅、国土资源和房屋管理局、房屋土地资源管理局、规划和国土资源局),新疆生产建设兵团国土资源局;各省、自治区建设厅,新疆生产建设兵团建设局,各直辖市房地产管理局:

为保证人民法院生效判决、裁定及其他生效法律文书依法及时执行,保护当事人的合法权益,根据《中华人民共和国民事诉讼法》、《中华人民共和国土地管理法》、《中华人民共和国城市房地产管理法》等有关法律规定,现就规范人民法院执行和国土资源、房地产管理部门协助执行的有关问题通知如下:

一、人民法院在办理案件时,需要国土资源、房地产管理部门协助执行的,国土资源、房地产管理部门应当按照人民法院的生效法律文书和协助执行通知书办理协助执行事项。

国土资源、房地产管理部门依法协助人民法院执行时，除复制有关材料所必需的工本费外，不得向人民法院收取其他费用。登记过户的费用按照国家有关规定收取。

二、人民法院对土地使用权、房屋实施查封或者进行实体处理前，应当向国土资源、房地产管理部门查询该土地、房屋的权属。

人民法院执行人员到国土资源、房地产管理部门查询土地、房屋权属情况时，应当出示本人工作证和执行公务证，并出具协助查询通知书。

人民法院执行人员到国土资源、房地产管理部门办理土地使用权或者房屋查封、预查封登记手续时，应当出示本人工作证和执行公务证，并出具查封、预查封裁定书和协助执行通知书。

三、对人民法院查封或者预查封的土地使用权、房屋，国土资源、房地产管理部门应当及时办理查封或者预查封登记。

国土资源、房地产管理部门在协助人民法院执行土地使用权、房屋时，不对生效法律文书和协助执行通知书进行实体审查。国土资源、房地产管理部门认为人民法院查封、预查封或者处理的土地、房屋权属错误的，可以向人民法院提出审查建议，但不应当停止办理协助执行事项。

四、人民法院在国土资源、房地产管理部门查询并复制或者抄录的书面材料，由土地、房屋权属的登记机构或者其所属的档案室（馆）加盖印章。无法查询或者查询无结果的，国土资源、房地产管理部门应当书面告知人民法院。

五、人民法院查封时，土地、房屋权属的确认以国土资源、房地产管理部门的登记或者出具的权属证明为准。权属证明与权属登记不一致的，以权属登记为准。

在执行人民法院确认土地、房屋权属的生效法律文书时，应当按照人民法院生效法律文书所确认的权利人办理土地、房屋权属变更、转移登记手续。

六、土地使用权和房屋所有权归属同一权利人的，人民法院应当同时查封；土地使用权和房屋所有权归属不一致的，查封被执行人名下的土地使用权或者房屋。

七、登记在案外人名下的土地使用权、房屋，登记名义人（案外人）书面认可该土地、房屋实际属于被执行人时，执行法院可以采取查封措施。

如果登记名义人否认该土地、房屋属于被执行人，而执行法院、申请执行人认为登记为虚假时，须经当事人另行提起诉讼或者通过其他程序，撤销该登记并登记在被执行人名下之后，才可以采取查封措施。

八、对被执行人因继承、判决或者强制执行取得，但尚未办理过户登记的土地使用权、房屋的查封，执行法院应当向国土资源、房地产管理部门提交被执行人取得财产所依据的继承证明、生效判决书或者执行裁定书及协助执行通知书，由国土资源、房地产管理部门办理过户登记手续后，办理查封登记。

九、对国土资源、房地产管理部门已经受理被执行人转让土地使用权、房屋的过户登记申请，尚未核准登记的，人民法院可以进行查封，已核准登记的，不得进行查封。

十、人民法院对可以分割处分的房屋应当在执行标的额的范围内分割查封，不可分割的房屋可以整体查封。

分割查封的,应当在协助执行通知书中明确查封房屋的具体部位。

十一、人民法院对土地使用权、房屋的查封期限不得超过二年。期限届满可以续封一次,续封时应当重新制作查封裁定书和协助执行通知书,续封的期限不得超过一年。确有特殊情况需要再续封的,应当经过所属高级人民法院批准,且每次再续封的期限不得超过一年。

查封期限届满,人民法院未办理继续查封手续的,查封的效力消灭。

十二、人民法院在案件执行完毕后,对未处理的土地使用权、房屋需要解除查封的,应当及时作出裁定解除查封,并将解除查封裁定书和协助执行通知书送达国土资源、房地产管理部门。

十三、被执行人全部缴纳土地使用权出让金但尚未办理土地使用权登记的,人民法院可以对该土地使用权进行预查封。

十四、被执行人部分缴纳土地使用权出让金但尚未办理土地使用权登记的,对可以分割的土地使用权,按已缴付的土地使用权出让金,由国土资源管理部门确认被执行人的土地使用权,人民法院可以对确认后的土地使用权裁定预查封。对不可以分割的土地使用权,可以全部进行预查封。

被执行人在规定的期限内仍未全部缴纳土地出让金的,在人民政府收回土地使用权的同时,应当将被执行人缴纳的按照有关规定应当退还的土地出让金交由人民法院处理,预查封自动解除。

十五、下列房屋虽未进行房屋所有权登记,人民法院也可以进行预查封:

(一)作为被执行人的房地产开发企业,已办理了商品房预售许可证且尚未出售的房屋;

(二)被执行人购买的已由房地产开发企业办理了房屋权属初始登记的房屋;

(三)被执行人购买的办理了商品房预售合同登记备案手续或者商品房预告登记的房屋。

十六、国土资源、房地产管理部门应当依据人民法院的协助执行通知书和所附的裁定书办理预查封登记。土地、房屋权属在预查封期间登记在被执行人名下的,预查封登记自动转为查封登记,预查封转为正式查封后,查封期限从预查封之日起开始计算。

十七、预查封的期限为二年。期限届满可以续封一次,续封时应当重新制作预查封裁定书和协助执行通知书,预查封的续封期限为一年。确有特殊情况需要再续封的,应当经过所属高级人民法院批准,且每次再续封的期限不得超过一年。

十八、预查封的效力等同于正式查封。预查封期限届满之日,人民法院未办理预查封续封手续的,预查封的效力消灭。

十九、两个以上人民法院对同一宗土地使用权、房屋进行查封的,国土资源、房地产管理部门为首先送达协助执行通知书的人民法院办理查封登记手续后,对后来办理查封登记的人民法院作轮候查封登记,并书面告知该土地使用权、房屋已被其他人民法院查封的事实及查封的有关情况。

二十、轮候查封登记的顺序按照人民法院送达协助执行通知书的时间先后进行排列。查封法院依法解除查封的,排列在先的轮候查封自动转为查封;查封法院对查封的土地使用权、房屋全部处理的,排列在后的轮候查封自动失效;查封法院对查封的土地使用权、房屋部分处理的,对剩余部分,排列在后的轮候查封自动转为查封。

预查封的轮候登记参照第十九条和本条第一款的规定办理。

二十一、已被人民法院查封、预查封并在国土资源、房地产管理部门办理了查封、预查封登记手续的土地使用权、房屋,被执行人隐瞒真实情况,到国土资源、房地产管理部门办理抵押、转让等手续的,人民法院应当依法确认其行为无效,并可视情节轻重,依法追究有关人员的法律责任。国土资源、房地产管理部门应当按照人民法院的生效法律文书撤销不合法的抵押、转让等登记,并注销所颁发的证照。

二十二、国土资源、房地产管理部门对被人民法院依法查封、预查封的土地使用权、房屋,在查封、预查封期间不得办理抵押、转让等权属变更、转移登记手续。

国土资源、房地产管理部门明知土地使用权、房屋已被人民法院查封、预查封,仍然办理抵押、转让等权属变更、转移登记手续的,对有关的国土资源、房地产管理部门和直接责任人可以依照民事诉讼法第一百零二条的规定处理。

二十三、在变价处理土地使用权、房屋时,土地使用权、房屋所有权同时转移;土地使用权与房屋所有权归属不一致的,受让人继受原权利人的合法权利。

二十四、人民法院执行集体土地使用权时,经与国土资源管理部门取得一致意见后,可以裁定予以处理,但应当告知权利受让人到国土资源管理部门办理土地征用和国有土地使用权出让手续,缴纳土地使用权出让金及有关税费。

对处理农村房屋涉及集体土地的,人民法院应当与国土资源管理部门协商一致后再行处理。

二十五、人民法院执行土地使用权时,不得改变原土地用途和出让年限。

二十六、经申请执行人和被执行人协商同意,可以不经拍卖、变卖,直接裁定将被执行人以出让方式取得的国有土地使用权及其地上房屋经评估作价后交由申请执行人抵偿债务,但应当依法向国土资源和房地产管理部门办理土地、房屋权属变更、转移登记手续。

二十七、人民法院制作的土地使用权、房屋所有权转移裁定送达权利受让人时即发生法律效力,人民法院应当明确告知权利受让人及时到国土资源、房地产管理部门申请土地、房屋权属变更、转移登记。

国土资源、房地产管理部门依据生效法律文书进行权属登记时,当事人的土地、房屋权利应当追溯到相关法律文书生效之时。

二十八、人民法院进行财产保全和先予执行时适用本通知。

二十九、本通知下发前已经进行的查封,自本通知实施之日起计算期限。

三十、本通知自2004年3月1日起实施。

最高人民法院关于冻结、扣划证券交易结算资金有关问题的通知

[2004年11月9日,法〔2004〕239号]

为了保障金融安全和社会稳定,维护证券市场正常交易结算秩序,保护当事人的合法权益,保障人民法院依法执行,经商中国证券监督管理委员会,现就人民法

院冻结、扣划证券交易结算资金有关问题通知如下：

一、人民法院办理涉及证券交易结算资金的案件，应当根据资金的不同性质区别对待。证券交易结算资金，包括客户交易结算资金和证券公司从事自营证券业务的自有资金。证券公司将客户交易结算资金全额存放于客户交易结算资金专用存款账户和结算备付金账户，将自营证券业务的自有资金存放于自有资金专用存款账户，而上述账户均应报中国证券监督管理委员会备案。因此，对证券市场主体为被执行人的案件，要区别处理：

当证券公司为被执行人时，人民法院可以冻结、扣划该证券公司开设的自有资金存款账户中的资金，但不得冻结、扣划该证券公司开设的客户交易结算资金专用存款账户中的资金。

当客户为被执行人时，人民法院可以冻结、扣划该客户在证券公司营业部开设的资金账户中的资金，证券公司应当协助执行。但对于证券公司在存管银行开设的客户交易结算资金专用存款账户中属于所有客户共有的资金，人民法院不得冻结、扣划。

二、人民法院冻结、扣划证券结算备付金时，应当正确界定证券结算备付金与自营结算备付金。证券结算备付金是证券公司从客户交易结算资金、自营证券业务的自有资金中缴存于中国证券登记结算有限责任公司（以下简称登记结算公司）的结算备用资金，专用于证券交易成交后的清算，具有结算履约担保作用。登记结算公司对每个证券公司缴存的结算备付金分别设立客户结算备付金账户和自营结算备付金账户进行账务管理，并依照经中国证券监督管理委员会批准的规则确定结算备付金最低限额。因此，对证券公司缴存在登记结算公司的客户结算备付金，人民法院不得冻结、扣划。

当证券公司为被执行人时，人民法院可以向登记结算公司查询确认该证券公司缴存的自营结算备付金余额；对其最低限额以外的自营结算备付金，人民法院可以冻结、扣划，登记结算公司应当协助执行。

三、人民法院不得冻结、扣划新股发行验资专用账户中的资金。登记结算公司在结算银行开设的新股发行验资专用账户，专门用于证券市场的新股发行业务中的资金存放、调拨，并按照中国证券监督管理委员会批准的规则开立、使用、备案和管理，故人民法院不得冻结、扣划该专用账户中的资金。

四、人民法院在执行中应当正确处理清算交收程序与执行财产顺序的关系。当证券公司或者客户为被执行人时，人民法院可以冻结属于该被执行人的已完成清算交收后的证券或者资金，并以书面形式责令其在 7 日内提供可供执行的其他财产。被执行人提供了其他可供执行的财产的，人民法院应当先执行该财产；逾期不提供或者提供的财产不足清偿债务的，人民法院可以执行上述已经冻结的证券或者资金。

对被执行人的证券交易成交后进入清算交收期间的证券或者资金，以及被执行人为履行清算交收义务交付给登记结算公司但尚未清算的证券或者资金，人民法院不得冻结、扣划。

五、人民法院对被执行人证券账户内的流通证券采取执行措施时，应当查明该流通证券确属被执行人所有。

人民法院执行流通证券，可以指令被

执行人所在的证券公司营业部在 30 个交易日内通过证券交易将该证券卖出,并将变卖所得价款直接划付到人民法院指定的账户。

六、人民法院在冻结、扣划证券交易结算资金的过程中,对于当事人或者协助执行人对相关资金是否属客户交易结算资金、结算备付金提出异议的,应当认真审查;必要时,可以提交中国证券监督管理委员会作出审查认定后,依法处理。

七、人民法院在证券交易、结算场所采取保全或者执行措施时,不得影响证券交易、结算业务的正常秩序。

八、本通知自发布之日起执行。发布前最高人民法院的其他规定与本通知的规定不一致,以本通知为准。

特此通知。

最高人民法院关于人民法院民事执行中查封、扣押、冻结财产的规定

[2004 年 10 月 26 日最高人民法院审判委员会第 1330 次会议通过,2004 年 11 月 4 日公布,自 2005 年 1 月 1 日起施行,法释[2004]15 号,根据 2008 年 12 月 16 日《最高人民法院调整司法解释等文件中引用〈中华人民共和国民事诉讼法〉条文序号的决定》调整]

为了进一步规范民事执行中的查封、扣押、冻结措施,维护当事人的合法权益,根据《中华人民共和国民事诉讼法》等法律的规定,结合人民法院民事执行工作的实践经验,制定本规定。

第一条 人民法院查封、扣押、冻结被执行人的动产、不动产及其他财产权,应当作出裁定,并送达被执行人和申请执行人。

采取查封、扣押、冻结措施需要有关单位或者个人协助的,人民法院应当制作协助执行通知书,连同裁定书副本一并送达协助执行人。查封、扣押、冻结裁定书和协助执行通知书送达时发生法律效力。

第二条 人民法院可以查封、扣押、冻结被执行人占有的动产、登记在被执行人名下的不动产、特定动产及其他财产权。

未登记的建筑物和土地使用权,依据土地使用权的审批文件和其他相关证据确定权属。

对于第三人占有的动产或者登记在第三人名下的不动产、特定动产及其他财产权,第三人书面确认该财产属于被执行人的,人民法院可以查封、扣押、冻结。

第三条 作为执行依据的法律文书生效后至申请执行前,债权人可以向有执行管辖权的人民法院申请保全债务人的财产。人民法院可以参照民事诉讼法第九十二条的规定作出保全裁定,保全裁定应当立即执行。

第四条 诉讼前、诉讼中及仲裁中采取财产保全措施的,进入执行程序后,自动转为执行中的查封、扣押、冻结措施,并适用本规定第二十九条关于查封、扣押、冻结期限的规定。

第五条 人民法院对被执行人下列的财产不得查封、扣押、冻结:

(一)被执行人及其所扶养家属生活所必需的衣服、家具、炊具、餐具及其他家庭生活必需的物品;

(二)被执行人及其所扶养家属所必需的生活费用。当地有最低生活保障标准的,必需的生活费用依照该标准确定;

（三）被执行人及其所扶养家属完成义务教育所必需的物品；

（四）未公开的发明或者未发表的著作；

（五）被执行人及其所扶养家属用于身体缺陷所必需的辅助工具、医疗物品；

（六）被执行人所得的勋章及其他荣誉表彰的物品；

（七）根据《中华人民共和国缔结条约程序法》，以中华人民共和国、中华人民共和国政府或者中华人民共和国政府部门名义同外国、国际组织缔结的条约、协定和其他具有条约、协定性质的文件中规定免于查封、扣押、冻结的财产；

（八）法律或者司法解释规定的其他不得查封、扣押、冻结的财产。

第六条 对被执行人及其所扶养家属生活所必需的居住房屋，人民法院可以查封，但不得拍卖、变卖或者抵债。

第七条 对于超过被执行人及其所扶养家属生活所必需的房屋和生活用品，人民法院根据申请执行人的申请，在保障被执行人及其所扶养家属最低生活标准所必需的居住房屋和普通生活必需品后，可予以执行。

第八条 查封、扣押动产的，人民法院可以直接控制该项财产。人民法院将查封、扣押的动产交付其他人控制的，应当在该动产上加贴封条或者采取其他足以公示查封、扣押的适当方式。

第九条 查封不动产的，人民法院应当张贴封条或者公告，并可以提取保存有关财产权证照。

查封、扣押、冻结已登记的不动产、特定动产及其他财产权，应当通知有关登记机关办理登记手续。未办理登记手续的，不得对抗其他已经办理了登记手续的查封、扣押、冻结行为。

第十条 查封尚未进行权属登记的建筑物时，人民法院应当通知其管理人或者该建筑物的实际占有人，并在显著位置张贴公告。

第十一条 扣押尚未进行权属登记的机动车辆时，人民法院应当在扣押清单上记载该机动车辆的发动机编号。该车辆在扣押期间权利人要求办理权属登记手续的，人民法院应当准许并及时办理相应的扣押登记手续。

第十二条 查封、扣押的财产不宜由人民法院保管的，人民法院可以指定被执行人负责保管；不宜由被执行人保管的，可以委托第三人或者申请执行人保管。

由人民法院指定被执行人保管的财产，如果继续使用对该财产的价值无重大影响，可以允许被执行人继续使用；由人民法院保管或者委托第三人、申请执行人保管的，保管人不得使用。

第十三条 查封、扣押、冻结担保物权人占有的担保财产，一般应当指定该担保物权人作为保管人；该财产由人民法院保管的，质权、留置权不因转移占有而消灭。

第十四条 对被执行人与其他人共有的财产，人民法院可以查封、扣押、冻结，并及时通知共有人。

共有人协议分割共有财产，并经债权人认可的，人民法院可以认定有效。查封、扣押、冻结的效力及于协议分割后被执行人享有份额内的财产；对其他共有人享有份额内的财产的查封、扣押、冻结，人民法院应当裁定予以解除。

共有人提起析产诉讼或者申请执行人代位提起析产诉讼的，人民法院应当准许。诉讼期间中止对该财产的执行。

第十五条 对第三人为被执行人的利益占有的被执行人的财产，人民法院可以查封、扣押、冻结；该财产被指定给第三人继续保管的，第三人不得将其交付给被执行人。

对第三人为自己的利益依法占有的被执行人的财产，人民法院可以查封、扣押、冻结，第三人可以继续占有和使用该财产，但不得将其交付给被执行人。

第三人无偿借用被执行人的财产的，不受前款规定的限制。

第十六条 被执行人将其财产出卖给第三人，第三人已经支付部分价款并实际占有该财产，但根据合同约定被执行人保留所有权的，人民法院可以查封、扣押、冻结；第三人要求继续履行合同的，应当由第三人在合理期限内向人民法院交付全部余款后，裁定解除查封、扣押、冻结。

第十七条 被执行人将其所有的需要办理过户登记的财产出卖给第三人，第三人已经支付部分或者全部价款并实际占有该财产，但尚未办理产权过户登记手续的，人民法院可以查封、扣押、冻结；第三人已经支付全部价款并实际占有，但未办理过户登记手续的，如果第三人对此没有过错，人民法院不得查封、扣押、冻结。

第十八条 被执行人购买第三人的财产，已经支付部分价款并实际占有该财产，但第三人依合同约定保留所有权，申请执行人已向第三人支付剩余价款或者第三人书面同意剩余价款从该财产变价款中优先支付的，人民法院可以查封、扣押、冻结。

第三人依法解除合同的，人民法院应当准许，已经采取的查封、扣押、冻结措施应当解除，但人民法院可以依据申请执行人的申请，执行被执行人因支付价款而形成的对该第三人的债权。

第十九条 被执行人购买需要办理过户登记的第三人的财产，已经支付部分或者全部价款并实际占有该财产，虽未办理产权过户登记手续，但申请执行人已向第三人支付剩余价款或者第三人同意剩余价款从该财产变价款中优先支付的，人民法院可以查封、扣押、冻结。

第二十条 查封、扣押、冻结被执行人的财产时，执行人员应当制作笔录，载明下列内容：

（一）执行措施开始及完成的时间；

（二）财产的所在地、种类、数量；

（三）财产的保管人；

（四）其他应当记明的事项。

执行人员及保管人应当在笔录上签名，有民事诉讼法第二百二十一条规定的人员到场的，到场人员也应当在笔录上签名。

第二十一条 查封、扣押、冻结被执行人的财产，以其价额足以清偿法律文书确定的债权额及执行费用为限，不得明显超标的额查封、扣押、冻结。

发现超标的额查封、扣押、冻结的，人民法院应当根据被执行人的申请或者依职权，及时解除对超标的额部分财产的查封、扣押、冻结，但该财产为不可分物且被执行人无其他可供执行的财产或者其他财产不足以清偿债务的除外。

第二十二条 查封、扣押的效力及于查封、扣押物的从物和天然孳息。

第二十三条 查封地上建筑物的效力及于该地上建筑物使用范围内的土地使用权，查封土地使用权的效力及于地上建筑物，但土地使用权与地上建筑物的所有权分属被执行人与他人的除外。

地上建筑物和土地使用权的登记机

关不是同一机关的,应当分别办理查封登记。

第二十四条 查封、扣押、冻结的财产灭失或者毁损的,查封、扣押、冻结的效力及于该财产的替代物、赔偿款。人民法院应当及时作出查封、扣押、冻结该替代物、赔偿款的裁定。

第二十五条 查封、扣押、冻结协助执行通知书在送达登记机关时,登记机关已经受理被执行人转让不动产、特定动产及其他财产的过户登记申请,尚未核准登记的,应当协助人民法院执行。人民法院不得对登记机关已经核准登记的被执行人已转让的财产实施查封、扣押、冻结措施。

查封、扣押、冻结协助执行通知书在送达登记机关时,其他人民法院已向该登记机关送达了过户登记协助执行通知书的,应当优先办理过户登记。

第二十六条 被执行人就已经查封、扣押、冻结的财产所作的移转、设定权利负担或者其他有碍执行的行为,不得对抗申请执行人。

第三人未经人民法院准许占有查封、扣押、冻结的财产或者实施其他有碍执行的行为的,人民法院可以依据申请执行人的申请或者依职权解除其占有或者排除其妨害。

人民法院的查封、扣押、冻结没有公示的,其效力不得对抗善意第三人。

第二十七条 人民法院查封、扣押被执行人设定最高额抵押权的抵押物的,应当通知抵押权人。抵押权人受抵押担保的债权数额自收到人民法院通知时起不再增加。

人民法院虽然没有通知抵押权人,但有证据证明抵押权人知道查封、扣押事实的,受抵押担保的债权数额从其知道该事实时起不再增加。

第二十八条 对已被人民法院查封、扣押、冻结的财产,其他人民法院可以进行轮候查封、扣押、冻结。查封、扣押、冻结解除的,登记在先的轮候查封、扣押、冻结即自动生效。

其他人民法院对已登记的财产进行轮候查封、扣押、冻结的,应当通知有关登记机关协助进行轮候登记,实施查封、扣押、冻结的人民法院应当允许其他人民法院查阅有关文书和记录。

其他人民法院对没有登记的财产进行轮候查封、扣押、冻结的,应当制作笔录,并经实施查封、扣押、冻结的人民法院执行人员及被执行人签字,或者书面通知实施查封、扣押、冻结的人民法院。

第二十九条 人民法院冻结被执行人的银行存款及其他资金的期限不得超过六个月,查封、扣押动产的期限不得超过一年,查封不动产、冻结其他财产权的期限不得超过二年。法律、司法解释另有规定的除外。

申请执行人申请延长期限的,人民法院应当在查封、扣押、冻结期限届满前办理续行查封、扣押、冻结手续,续行期限不得超过前款规定期限的二分之一。

第三十条 查封、扣押、冻结期限届满,人民法院未办理延期手续的,查封、扣押、冻结的效力消灭。

查封、扣押、冻结的财产已经被执行拍卖、变卖或者抵债的,查封、扣押、冻结的效力消灭。

第三十一条 有下列情形之一的,人民法院应当作出解除查封、扣押、冻结裁定,并送达申请执行人、被执行人或者案外人:

（一）查封、扣押、冻结案外人财产的；

（二）申请执行人撤回执行申请或者放弃债权的；

（三）查封、扣押、冻结的财产流拍或者变卖不成，申请执行人和其他执行债权人又不同意接受抵债的；

（四）债务已经清偿的；

（五）被执行人提供担保且申请执行人同意解除查封、扣押、冻结的；

（六）人民法院认为应当解除查封、扣押、冻结的其他情形。

解除以登记方式实施的查封、扣押、冻结的，应当向登记机关发出协助执行通知书。

第三十二条　财产保全裁定和先予执行裁定的执行适用本规定。

第三十三条　本规定自 2005 年 1 月 1 日起施行。施行前本院公布的司法解释与本规定不一致的，以本规定为准。

最高人民法院关于人民法院民事执行中拍卖、变卖财产的规定

[2004 年 10 月 26 日最高人民法院审判委员会第 1330 次会议通过，2004 年 11 月 15 日公布，自 2005 年 1 月 1 日起施行，法释〔2004〕16 号]

为了进一步规范民事执行中的拍卖、变卖措施，维护当事人的合法权益，根据《中华人民共和国民事诉讼法》等法律的规定，结合人民法院民事执行工作的实践经验，制定本规定。

第一条　在执行程序中，被执行人的财产被查封、扣押、冻结后，人民法院应当及时进行拍卖、变卖或者采取其他执行措施。

第二条　人民法院对查封、扣押、冻结的财产进行变价处理时，应当首先采取拍卖的方式，但法律、司法解释另有规定的除外。

第三条　人民法院拍卖被执行人财产，应当委托具有相应资质的拍卖机构进行，并对拍卖机构的拍卖进行监督，但法律、司法解释另有规定的除外。

第四条　对拟拍卖的财产，人民法院应当委托具有相应资质的评估机构进行价格评估。对于财产价值较低或者价格依照通常方法容易确定的，可以不进行评估。

当事人双方及其他执行债权人申请不进行评估的，人民法院应当准许。

对被执行人的股权进行评估时，人民法院可以责令有关企业提供会计报表等资料；有关企业拒不提供的，可以强制提取。

第五条　评估机构由当事人协商一致后经人民法院审查确定；协商不成的，从负责执行的人民法院或者被执行人财产所在地的人民法院确定的评估机构名册中，采取随机的方式确定；当事人双方申请通过公开招标方式确定评估机构的，人民法院应当准许。

第六条　人民法院收到评估机构作出的评估报告后，应当在五日内将评估报告发送当事人及其他利害关系人。当事人或者其他利害关系人对评估报告有异议的，可以在收到评估报告后十日内以书面形式向人民法院提出。

当事人或者其他利害关系人有证据证明评估机构、评估人员不具备相应的评估资质或者评估程序严重违法而申请重

新评估的,人民法院应当准许。

第七条　拍卖机构由当事人协商一致后经人民法院审查确定;协商不成的,从负责执行的人民法院或者被执行人财产所在地的人民法院确定的拍卖机构名册中,采取随机的方式确定;当事人双方申请通过公开招标方式确定拍卖机构的,人民法院应当准许。

第八条　拍卖应当确定保留价。

拍卖保留价由人民法院参照评估价确定;未作评估的,参照市价确定,并应当征询有关当事人的意见。

人民法院确定的保留价,第一次拍卖时,不得低于评估价或者市价的百分之八十;如果出现流拍,再行拍卖时,可以酌情降低保留价,但每次降低的数额不得超过前次保留价的百分之二十。

第九条　保留价确定后,依据本次拍卖保留价计算,拍卖所得价款在清偿优先债权和强制执行费用后无剩余可能的,应当在实施拍卖前将有关情况通知申请执行人。申请执行人于收到通知后五日内申请继续拍卖的,人民法院应当准许,但应当重新确定保留价;重新确定的保留价应当大于该优先债权及强制执行费用的总额。

依照前款规定流拍的,拍卖费用由申请执行人负担。

第十条　执行人员应当对拍卖财产的权属状况、占有使用情况等进行必要的调查,制作拍卖财产现状的调查笔录或者收集其他有关资料。

第十一条　拍卖应当先期公告。

拍卖动产的,应当在拍卖七日前公告;拍卖不动产或者其他财产权的,应当在拍卖十五日前公告。

第十二条　拍卖公告的范围及媒体由当事人双方协商确定;协商不成的,由人民法院确定。拍卖财产具有专业属性的,应当同时在专业性报纸上进行公告。

当事人申请在其他新闻媒体上公告或者要求扩大公告范围的,应当准许,但该部分的公告费用由其自行承担。

第十三条　拍卖不动产、其他财产权或者价值较高的动产的,竞买人应当于拍卖前向人民法院预交保证金。申请执行人参加竞买的,可以不预交保证金。保证金的数额由人民法院确定,但不得低于评估价或者市价的百分之五。

应当预交保证金而未交纳的,不得参加竞买。拍卖成交后,买受人预交的保证金充抵价款,其他竞买人预交的保证金应当在三日内退还;拍卖未成交的,保证金应当于三日内退还竞买人。

第十四条　人民法院应当在拍卖五日前以书面或者其他能够确认收悉的适当方式,通知当事人和已知的担保物权人、优先购买权人或者其他优先权人于拍卖日到场。

优先购买权人经通知未到场的,视为放弃优先购买权。

第十五条　法律、行政法规对买受人的资格或者条件有特殊规定的,竞买人应当具备规定的资格或者条件。

申请执行人、被执行人可以参加竞买。

第十六条　拍卖过程中,有最高应价时,优先购买权人可以表示以该最高价买受,如无更高应价,则拍归优先购买权人;如有更高应价,而优先购买权人不作表示的,则拍归该应价最高的竞买人。

顺序相同的多个优先购买权人同时表示买受的,以抽签方式决定买受人。

第十七条　拍卖多项财产时,其中部

分财产卖得的价款足以清偿债务和支付被执行人应当负担的费用的，对剩余的财产应当停止拍卖，但被执行人同意全部拍卖的除外。

第十八条 拍卖的多项财产在使用上不可分，或者分别拍卖可能严重减损其价值的，应当合并拍卖。

第十九条 拍卖时无人竞买或者竞买人的最高应价低于保留价，到场的申请执行人或者其他执行债权人申请或者同意以该次拍卖所定的保留价接受拍卖财产的，应当将该财产交其抵债。

有两个以上执行债权人申请以拍卖财产抵债的，由法定受偿顺位在先的债权人优先承受；受偿顺位相同的，以抽签方式决定承受人。承受人应受清偿的债权额低于抵债财产的价额的，人民法院应当责令其在指定的期间内补交差额。

第二十条 在拍卖开始前，有下列情形之一的，人民法院应当撤回拍卖委托：

（一）据以执行的生效法律文书被撤销的；

（二）申请执行人及其他执行债权人撤回执行申请的；

（三）被执行人全部履行了法律文书确定的金钱债务的；

（四）当事人达成了执行和解协议，不需要拍卖财产的；

（五）案外人对拍卖财产提出确有理由的异议的；

（六）拍卖机构与竞买人恶意串通的；

（七）其他应当撤回拍卖委托的情形。

第二十一条 人民法院委托拍卖后，遇有依法应当暂缓执行或者中止执行的情形的，应当决定暂缓执行或者裁定中止执行，并及时通知拍卖机构和当事人。拍卖机构收到通知后，应当立即停止拍卖，并通知竞买人。

暂缓执行期限届满或者中止执行的事由消失后，需要继续拍卖的，人民法院应当在十五日内通知拍卖机构恢复拍卖。

第二十二条 被执行人在拍卖日之前向人民法院提交足额金钱清偿债务，要求停止拍卖的，人民法院应当准许，但被执行人应当负担因拍卖支出的必要费用。

第二十三条 拍卖成交或者以流拍的财产抵债的，人民法院应当作出裁定，并于价款或者需要补交的差价全额交付后十日内，送达买受人或者承受人。

第二十四条 拍卖成交后，买受人应当在拍卖公告确定的期限或者人民法院指定的期限内将价款交付到人民法院或者汇入人民法院指定的账户。

第二十五条 拍卖成交或者以流拍的财产抵债后，买受人逾期未支付价款或者承受人逾期未补交差价而使拍卖、抵债的目的难以实现的，人民法院可以裁定重新拍卖。重新拍卖时，原买受人不得参加竞买。

重新拍卖的价款低于原拍卖价款造成的差价、费用损失及原拍卖中的佣金，由原买受人承担。人民法院可以直接从其预交的保证金中扣除。扣除后保证金有剩余的，应当退还原买受人；保证金数额不足的，可以责令原买受人补交；拒不补交的，强制执行。

第二十六条 拍卖时无人竞买或者竞买人的最高应价低于保留价，到场的申请执行人或者其他执行债权人不申请以该次拍卖所定的保留价抵债的，应当在六十日内再行拍卖。

第二十七条 对于第二次拍卖仍流

拍的动产,人民法院可以依照本规定第十九条的规定将其作价交申请执行人或者其他执行债权人抵债。申请执行人或者其他执行债权人拒绝接受或者依法不能交付其抵债的,人民法院应当解除查封、扣押,并将该动产退还被执行人。

第二十八条 对于第二次拍卖仍流拍的不动产或者其他财产权,人民法院可以依照本规定第十九条的规定将其作价交申请执行人或者其他执行债权人抵债。申请执行人或者其他执行债权人拒绝接受或者依法不能交付其抵债的,应当在六十日内进行第三次拍卖。

第三次拍卖流拍且申请执行人或者其他执行债权人拒绝接受或者依法不能接受该不动产或者其他财产权抵债的,人民法院应当于第三次拍卖终结之日起七日内发出变卖公告。自公告之日起六十日内没有买受人愿意以第三次拍卖的保留价买受该财产,且申请执行人、其他执行债权人仍不表示接受该财产抵债的,应当解除查封、冻结,将该财产退还被执行人,但对该财产可以采取其他执行措施的除外。

第二十九条 动产拍卖成交或者抵债后,其所有权自该动产交付时起转移给买受人或者承受人。

不动产、有登记的特定动产或者其他财产权拍卖成交或者抵债后,该不动产、特定动产的所有权、其他财产权自拍卖成交或者抵债裁定送达买受人或者承受人时起转移。

第三十条 人民法院裁定拍卖成交或者以流拍的财产抵债后,除有依法不能移交的情形外,应当于裁定送达后十五日内,将拍卖的财产移交买受人或者承受人。被执行人或者第三人占有拍卖财产应当移交而拒不移交的,强制执行。

第三十一条 拍卖财产上原有的担保物权及其他优先受偿权,因拍卖而消灭,拍卖所得价款,应当优先清偿担保权人及其他优先受偿权人的债权,但当事人另有约定的除外。

拍卖财产上原有的租赁权及其他用益物权,不因拍卖而消灭,但该权利继续存在于拍卖财产上,对在先的担保物权或者其他优先受偿权的实现有影响的,人民法院应当依法将其除去后进行拍卖。

第三十二条 拍卖成交的,拍卖机构可以按照下列比例向买受人收取佣金:

拍卖成交价200万元以下的,收取佣金的比例不得超过5%;超过200万元至1000万元的部分,不得超过3%;1000万元至5000万元的部分,不得超过2%;超过5000万元至1亿元的部分,不得超过1%;超过1亿元的部分,不得超过0.5%。

采取公开招标方式确定拍卖机构的,按照中标方案确定的数额收取佣金。

拍卖未成交或者非因拍卖机构的原因撤回拍卖委托的,拍卖机构为本次拍卖已经支出的合理费用,应当由被执行人负担。

第三十三条 在执行程序中拍卖上市公司国有股和社会法人股的,适用最高人民法院《关于冻结、拍卖上市公司国有股和社会法人股若干问题的规定》。

第三十四条 对查封、扣押、冻结的财产,当事人双方及有关权利人同意变卖的,可以变卖。

金银及其制品、当地市场有公开交易价格的动产、易腐烂变质的物品、季节性商品、保管困难或者保管费用过高的物品,人民法院可以决定变卖。

第三十五条　当事人双方及有关权利人对变卖财产的价格有约定的，按照其约定价格变卖；无约定价格但有市价的，变卖价格不得低于市价；无市价但价值较大、价格不易确定的，应当委托评估机构进行评估，并按照评估价格进行变卖。

按照评估价格变卖不成的，可以降低价格变卖，但最低的变卖价不得低于评估价的二分之一。

变卖的财产无人应买的，适用本规定第十九条的规定将该财产交申请执行人或者其他执行债权人抵债；申请执行人或者其他执行债权人拒绝接受或者依法不能交付其抵债的，人民法院应当解除查封、扣押，并将该财产退还被执行人。

第三十六条　本规定自2005年1月1日起施行。施行前本院公布的司法解释与本规定不一致的，以本规定为准。

最高人民法院关于民事执行中查封、扣押、冻结财产有关期限问题的答复

〔2006年7月11日，法函〔2006〕76号〕

上海市高级人民法院：

你院《关于民事执行续行查封、扣押、冻结财产问题的请示》（沪高法〔2006〕12号）收悉。经研究，答复如下：

同意你院倾向性意见，即《最高人民法院关于人民法院民事执行中查封、扣押、冻结财产的规定》施行前采取的查封、扣押、冻结措施，除了当时法律、司法解释及有关通知对期限问题有专门规定的以外，没有期限限制。但人民法院应当对有关案件尽快处理。

最高人民法院关于在民事判决书中增加向当事人告知民事诉讼法第二百三十二条规定内容的通知

〔2007年2月7日，法〔2007〕19号〕

全国地方各级人民法院、各级军事法院、各铁路运输中级法院和基层法院、各海事法院，新疆生产建设兵团各级法院：

根据《中共中央关于构建社会主义和谐社会若干重大问题的决定》有关"落实当事人权利义务告知制度"的要求，为使胜诉的当事人及时获得诉讼成果，促使败诉的当事人及时履行义务，经研究决定，在具有金钱给付内容的民事判决书中增加向当事人告知民事诉讼法第二百三十二条规定的内容。现将在民事判决书中具体表述方式通知如下：

一、一审判决中具有金钱给付义务的，应当在所有判项之后另起一行写明：如果未按本判决指定的期间履行给付金钱义务，应当依照《中华人民共和国民事诉讼法》第二百三十二条之规定，加倍支付迟延履行期间的债务利息。

二、二审判决作出改判的案件，无论一审判决是否写入了上述告知内容，均应在所有判项之后另起一行写明第一条的告知内容。

三、如一审判决已经写明上述告知内容，二审维持原判的判决，可不再重复告知。

特此通知。

最高人民法院、最高人民检察院、公安部、中国证券监督管理委员会关于查询、冻结、扣划证券和证券交易结算资金有关问题的通知

[2008年1月10日，法发〔2008〕4号]

各省、自治区、直辖市高级人民法院、人民检察院、公安厅（局），解放军军事法院、军事检察院，新疆维吾尔自治区高级人民法院生产建设兵团分院，新疆生产建设兵团人民检察院、公安局：

为维护正常的证券交易结算秩序，保护公民、法人和其他组织的合法权益，保障执法机关依法执行公务，根据《中华人民共和国刑事诉讼法》、《中华人民共和国民事诉讼法》、《中华人民共和国证券法》等法律以及司法解释的规定，现就人民法院、人民检察院、公安机关查询、冻结、扣划证券和证券交易结算资金的有关问题通知如下：

一、人民法院、人民检察院、公安机关在办理案件过程中，按照法定权限需要通过证券登记结算机构或者证券公司查询、冻结、扣划证券和证券交易结算资金的，证券登记结算机构或者证券公司应当依法予以协助。

二、人民法院要求证券登记结算机构或者证券公司协助查询、冻结、扣划证券和证券交易结算资金，人民检察院、公安机关要求证券登记结算机构或者证券公司协助查询、冻结证券和证券交易结算资金时，有关执法人员应当依法出具相关证件和有效法律文书。

执法人员证件齐全、手续完备的，证券登记结算机构或者证券公司应当签收有关法律文书并协助办理有关事项。

拒绝签收人民法院生效法律文书的，可以留置送达。

三、人民法院、人民检察院、公安机关可以依法向证券登记结算机构查询客户和证券公司的证券账户、证券交收账户和资金交收账户内已完成清算交收程序的余额、余额变动、开户资料等内容。

人民法院、人民检察院、公安机关可依法向证券公司查询客户的证券账户和资金账户、证券交收账户和资金交收账户内的余额、余额变动、证券及资金流向、开户资料等内容。

查询自然人账户的，应当提供自然人姓名和身份证件号码；查询法人账户的，应当提供法人名称和营业执照或者法人注册登记证书号码。

证券登记结算机构或者证券公司应当出具书面查询结果并加盖业务专用章。查询机关对查询结果有疑问时，证券登记结算机构、证券公司在必要时应当进行书面解释并加盖业务专用章。

四、人民法院、人民检察院、公安机关按照法定权限冻结、扣划相关证券、资金时，应当明确冻结、扣划证券、资金所在的账户名称、账户号码、冻结期限，所冻结、扣划证券的名称、数量或者资金的数额。扣划时，还应当明确拟划入的账户名称、账号。

冻结证券和交易结算资金时，应当明确冻结的范围是否及于孳息。

本通知规定的以证券登记结算机构名义建立的各类专门清算交收账户不得整体冻结。

五、证券登记结算机构依法按照业务规则收取并存放于专门清算交收账户内的下列证券，不得冻结、扣划：

（一）证券登记结算机构设立的证券集中交收账户、专用清偿账户、专用处置账户内的证券。

（二）证券公司按照业务规则在证券登记结算机构开设的客户证券交收账户、自营证券交收账户和证券处置账户内的证券。

六、证券登记结算机构依法按照业务规则收取并存放于专门清算交收账户内的下列资金，不得冻结、扣划：

（一）证券登记结算机构设立的资金集中交收账户、专用清偿账户内的资金；

（二）证券登记结算机构依法收取的证券结算风险基金和结算互保金；

（三）证券登记结算机构在银行开立的结算备付金专用存款账户和新股发行验资专户内的资金，以及证券登记结算机构为新股发行网下申购配售对象开立的网下申购资金账户内的资金；

（四）证券公司在证券登记结算机构开设的客户资金交收账户内的资金；

（五）证券公司在证券登记结算机构开设的自营资金交收账户内最低限额自营结算备付金及根据成交结果确定的应付资金。

七、证券登记结算机构依法按照业务规则要求证券公司等结算参与人、投资者或者发行人提供的回购质押券、价差担保物、行权担保物、履约担保物，在交收完成之前，不得冻结、扣划。

八、证券公司在银行开立的自营资金账户内的资金可以冻结、扣划。

九、在证券公司托管的证券的冻结、扣划，既可以在托管的证券公司办理，也可以在证券登记结算机构办理。不同的执法机关同一交易日分别在证券公司、证券登记结算机构对同一笔证券办理冻结、扣划手续的，证券公司协助办理的为在先冻结、扣划。

冻结、扣划未在证券公司或者其他托管机构托管的证券或者证券公司自营证券的，由证券登记结算机构协助办理。

十、证券登记结算机构受理冻结、扣划要求后，应当在受理日对应的交收日交收程序完成后根据交收结果协助冻结、扣划。

证券公司受理冻结、扣划要求后，应当立即停止证券交易，冻结时已经下单但尚未撮合成功的应当采取撤单措施。冻结后，根据成交结果确定的用于交收的应付证券和应付资金可以进行正常交收。在交收程序完成后，对于剩余部分可以扣划。同时，证券公司应当根据成交结果计算出等额的应收资金或者应收证券交由执法机关冻结或者扣划。

十一、已被人民法院、人民检察院、公安机关冻结的证券或证券交易结算资金，其他人民法院、人民检察院、公安机关或者同一机关因不同案件可以进行轮候冻结。冻结解除的，登记在先的轮候冻结自动生效。

轮候冻结生效后，协助冻结的证券登记结算机构或者证券公司应当书面通知做出该轮候冻结的机关。

十二、冻结证券的期限不得超过二年，冻结交易结算资金的期限不得超过六个月。

需要延长冻结期限的，应当在冻结期限届满前办理续行冻结手续，每次续行冻结的期限不得超过前款规定的期限。

十三、不同的人民法院、人民检察院、公安机关对同一笔证券或者交易结算资金要求冻结、扣划或者轮候冻结时，证券登记结算机构或者证券公司应当按照送达协助冻结、扣划通知书的先后顺序办理协助事项。

十四、要求冻结、扣划的人民法院、人民检察院、公安机关之间,因冻结、扣划事项发生争议的,要求冻结、扣划的机关应当自行协商解决。协商不成的,由其共同上级机关决定;没有共同上级机关的,由其各自的上级机关协商解决。

在争议解决之前,协助冻结的证券登记结算机构或者证券公司应当按照争议机关所送达法律文书载明的最大标的范围对争议标的进行控制。

十五、依法应当予以协助而拒绝协助,或者向当事人通风报信,或者与当事人通谋转移、隐匿财产的,对有关的证券登记结算机构或者证券公司和直接责任人应当依法进行制裁。

十六、以前规定与本通知规定内容不一致的,以本通知为准。

十七、本通知中所规定的证券登记结算机构,是指中国证券登记结算有限责任公司及其分公司。

十八、本通知自2008年3月1日起实施。

最高人民法院关于部分人民法院冻结、扣划被风险处置证券公司客户证券交易结算资金有关问题的通知

[2010年6月22日,〔2010〕民二他字第21号]

北京市、上海市、江苏省、山东省、湖北省、福建省高级人民法院:

近日,中国证券监督管理委员会致函我院称,因部分人民法院前期冻结、扣划的客户证券交易结算资金未能及时解冻或退回,导致相应客户证券交易结算资金缺口难以弥补,影响被处置证券公司行政清理工作,请求我院协调有关人民法院解冻或退回客户证券交易结算资金。经研究,现就有关问题通知如下:

一、关于涉及客户证券交易结算资金的冻结与扣划事项,应严格按照《中华人民共和国证券法》、《最高人民法院关于冻结、扣划证券交易结算资金有关问题的通知》(法〔2004〕239号)、《最高人民法院、最高人民检察院、公安部、中国证券监督管理委员会关于查询、冻结、扣划证券和证券交易结算资金有关问题的通知》(法发〔2008〕4号)、《最高人民法院关于依法审理和执行被风险处置证券公司相关案件的通知》(法发〔2009〕35号)的相关规定进行。人民法院在保全、执行措施中违反上述规定冻结、扣划客户证券交易结算资金的,应坚决予以纠正。

二、在证券公司行政处置过程中,按照国家有关政策弥补客户证券交易结算资金缺口是中国证券投资者保护基金有限责任公司(以下简称保护基金公司)的重要职责,被风险处置证券公司的客户证券交易结算资金专用存款账户、结算备付金账户内资金均属于证券交易结算资金,保护基金公司对被风险处置证券公司因违法冻结、扣划的客户证券交易结算资金予以垫付弥补后,取得相应的代位权,其就此主张权利的,人民法院应予支持。被冻结、扣划的客户证券交易结算资金已经解冻并转入管理人账户的,经保护基金公司申请,相关破产案件审理法院应当监督管理人退回保护基金公司专用账户;仍处于冻结状态的,由保护基金公司向相关保

全法院申请解冻，保全法院应将解冻资金返还保护基金公司专用账户；已经扣划的，由保护基金公司向相关执行法院申请执行回转，执行法院应将退回资金划入保护基金公司专用账户。此外，被冻结、扣划客户证券交易结算资金对应缺口尚未弥补的，由相关行政清理组申请保全或者执行法院解冻或退回。

请各高级法院督促辖区内相关法院遵照执行。

特此通知。

最高人民法院关于在执行工作中如何计算迟延履行期间的债务利息等问题的批复

〔2009年3月30日最高人民法院审判委员会第1465次会议通过，2009年5月11日公布，自2009年5月18日起施行，法释〔2009〕6号〕

四川省高级人民法院：

你院《关于执行工作几个适用法律问题的请示》（川高法〔2007〕390号）收悉。经研究，批复如下：

一、人民法院根据《中华人民共和国民事诉讼法》第二百二十九条（现行第二百五十三条）计算"迟延履行期间的债务利息"时，应当按照中国人民银行规定的同期贷款基准利率计算。

二、执行款不足以偿付全部债务的，应当根据并还原则按比例清偿法律文书确定的金钱债务与迟延履行期间的债务利息，但当事人在执行和解中对清偿顺序另有约定的除外。

此复。

附：具体计算方法

（1）执行款＝清偿的法律文书确定的金钱债务＋清偿的迟延履行期间的债务利息。

（2）清偿的迟延履行期间的债务利息＝清偿的法律文书确定的金钱债务×同期贷款基准利率×2×迟延履行期间。

最高人民法院关于执行程序中计算迟延履行期间的债务利息适用法律若干问题的解释

〔2014年6月9日最高人民法院审判委员会第1619次会议通过，2014年7月7日公布，自2014年8月1日起施行，法释〔2014〕8号〕

为规范执行程序中迟延履行期间债务利息的计算，根据《中华人民共和国民事诉讼法》的规定，结合司法实践，制定本解释。

第一条 根据民事诉讼法第二百五十三条规定加倍计算之后的迟延履行期间的债务利息，包括迟延履行期间的一般债务利息和加倍部分债务利息。

迟延履行期间的一般债务利息，根据生效法律文书确定的方法计算；生效法律文书未确定给付该利息的，不予计算。

加倍部分债务利息的计算方法为：加倍部分债务利息＝债务人尚未清偿的生效法律文书确定的除一般债务利息之外的金钱债务×日万分之一点七五×迟延履行期间。

第二条 加倍部分债务利息自生效法律文书确定的履行期间届满之日起计

算;生效法律文书确定分期履行的,自每次履行期间届满之日起计算;生效法律文书未确定履行期间的,自法律文书生效之日起计算。

第三条 加倍部分债务利息计算至被执行人履行完毕之日;被执行人分次履行的,相应部分的加倍部分债务利息计算至每次履行完毕之日。

人民法院划拨、提取被执行人的存款、收入、股息、红利等财产的,相应部分的加倍部分债务利息计算至划拨、提取之日;人民法院对被执行人财产拍卖、变卖或者以物抵债的,计算至成交裁定或者抵债裁定生效之日;人民法院对被执行人财产通过其他方式变价的,计算至财产变价完成之日。

非因被执行人的申请,对生效法律文书审查而中止或者暂缓执行的期间及再审中止执行的期间,不计算加倍部分债务利息。

第四条 被执行人的财产不足以清偿全部债务的,应当先清偿生效法律文书确定的金钱债务,再清偿加倍部分债务利息,但当事人对清偿顺序另有约定的除外。

第五条 生效法律文书确定给付外币的,执行时以该种外币按日万分之一点七五计算加倍部分债务利息,但申请执行人主张以人民币计算的,人民法院应予准许。

以人民币计算加倍部分债务利息的,应当先将生效法律文书确定的外币折算或者套算为人民币后再进行计算。

外币折算或者套算为人民币的,按照加倍部分债务利息起算之日的中国外汇交易中心或者中国人民银行授权机构公布的人民币对该外币的中间价折合成人民币计算;中国外汇交易中心或者中国人民银行授权机构未公布汇率中间价的外币,按照该日境内银行人民币对该外币的中间价折算成人民币,或者该外币在境内银行、国际外汇市场对美元汇率,与人民币对美元汇率中间价进行套算。

第六条 执行回转程序中,原申请执行人迟延履行金钱给付义务的,应当按照本解释的规定承担加倍部分债务利息。

第七条 本解释施行时尚未执行完毕部分的金钱债务,本解释施行前的迟延履行期间债务利息按照之前的规定计算;施行后的迟延履行期间债务利息按照本解释计算。

本解释施行前本院发布的司法解释与本解释不一致的,以本解释为准。

最高人民法院、中国人民银行关于人民法院查询和人民银行协助查询被执行人人民币银行结算账户开户银行名称的联合通知

[2010年7月14日,法发〔2010〕27号]

各省、自治区、直辖市高级人民法院,解放军军事法院,新疆维吾尔自治区高级人民法院生产建设兵团分院,中国人民银行上海总部,各分行、营业管理部、省会(首府)城市中心支行,深圳市中心支行:

为维护债权人合法权益和国家司法权威,根据《中华人民共和国民事诉讼法》、《中华人民共和国中国人民银行》等法律,现就人民法院通过人民币银行结算账户管理系统查询被执行人银行结算账

户开户银行名称的有关事项通知如下：

一、人民法院查询对象限于生效法律文书所确定的被执行人，包括法人、其他组织和自然人。

二、人民法院需要查询被执行人银行结算账户开户银行名称的，人民银行上海总部，被执行人注册地（身份证发证机关所在地）所在省（自治区、直辖市）人民银行各分行、营业管理部、省会（首府）城市中心支行及深圳市中心支行应当予以查询。

三、人民法院查询被执行人结算账户开户银行名称的，由被执行人注册地（身份证发证机关所在地）所在省（自治区、直辖市）高级人民法院（另含深圳市中级人民法院）统一集中批量办理。

四、高级人民法院（另含深圳市中级人民法院）审核汇总有关查询申请后，应当就协助查询被执行人名称（姓名、身份证号码）、注册地（身份证发证机关所在地）、执行法院、执行案号等事项填写《协助查询书》，加盖高级人民法院（另含深圳市中级人民法院）公章后于每周一上午（节假日顺延）安排专人向所在地人民银行上述机构送交《协助查询书》（并附协助查询书的电子版光盘）。

五、人民银行上述机构街道高级人民法院（另含深圳市中级人民法院）送达的《协助查询书》后，应当核查《协助查询书》的要素是否完备。经核查无误后，在5个工作日内通过人民币银行结算账户管理系统查询被执行人的银行结算账户开户行名称，根据查询结果如实填写《协助查询答复书》，并加盖人民银行公章或协助查询专用章。经核查《协助查询书》要素不完备的，人民银行上述机构不予查询，并及时通知相关人民法院。

六、被执行人的人民币银行结算账户开户银行名称由银行业金融机构向人民银行报备，人民银行只对银行业金融机构报备的被执行人的人民币银行结算账户开户银行名称进行汇总，不负责审查真实性和准确性。

七、人民法院应当依法使用人民银行上述机构提供的被执行人银行结算账户开户银行名称信息，为当事人保守秘密。

人民银行上述机构以及工作人员在协助查询过程中应当保守查询密码，不得向查询当事人及其关联人泄漏与查询有关的信息。

八、人民银行上述机构因按本通知协助人民法院查询被执行人银行结算账户开户银行名称而被起诉的，人民法院应不予受理。

九、人民法院对人民银行上述机构及工作人员执行本通知规定，或依法执行公务的行为，不应采取强制措施。如发生争议，高级人民法院（另含深圳市中级人民法院）与人民银行上述机构应当协商解决；协商不成的，应及时报请最高人民法院和中国人民银行处理。

十、本通知自下发之日起正式实施，原下发的最高人民法院、中国人民银行《关于在全国清理执行积案期间人民法院查询法人被执行人人民币银行结算账户开户银行名称的通知》（法发〔2009〕5号）同时废止。

最高人民法院、国家工商总局关于加强信息合作规范执行与协助执行的通知

[2014年10月10日,法〔2014〕251号]

各省、自治区、直辖市高级人民法院,解放军军事法院,新疆维吾尔自治区高级人民法院生产建设兵团分院;各省、自治区、直辖市工商行政管理局:

按照中央改革工商登记制度的决策部署,根据全国人大常委会、国务院对注册资本登记制度改革涉及的法律、行政法规的修改决定,以及国务院印发的《注册资本登记制度改革方案》《企业信息公示暂行条例》,最高人民法院、国家工商行政管理总局就加强信息合作、规范人民法院执行与工商行政管理机关协助执行等事项通知如下:

一、进一步加强信息合作

1. 各级人民法院与工商行政管理机关通过网络专线、电子政务平台等媒介,将双方业务信息系统对接,建立网络执行查控系统,实现网络化执行与协助执行。

2. 人民法院与工商行政管理机关要积极创造条件,逐步实现人民法院通过企业信用信息公示系统自行公示相关信息。

3. 已建立网络执行查控系统的地区,可以通过该系统办理协助事项。

有关网络执行查控系统要求、电子文书要求、法律效力等规定,按照《最高人民法院关于网络查询、冻结被执行人存款的规定》(法释〔2013〕20号)执行。通过网络冻结、强制转让股权、其他投资权益(原按照法释〔2013〕20号第九、十条等规定执行)的程序,按照本通知要求执行,但协助请求、结果反馈的方式由现场转变为通过网络操作。

4. 未建成网络执行查控系统的地区,工商行政管理机关有条件的,可以设立专门的司法协助窗口或者指定专门的机构或者人员办理协助执行事务。

5. 各级人民法院与工商行政管理机关通过网络专线、电子政务平台等媒介,建立被执行人、失信被执行人名单、刑事犯罪人员等信息交换机制。工商行政管理机关将其作为加强市场信用监管的信息来源。

二、进一步规范人民法院执行与工商行政管理机关协助执行

6. 人民法院办理案件需要工商行政管理机关协助执行的,工商行政管理机关应当按照人民法院的生效法律文书和协助执行通知书办理协助执行事项。

人民法院要求协助执行的事项,应当属于工商行政管理机关的法定职权范围。

7. 工商行政管理机关协助人民法院办理以下事项:

(1)查询有关主体的设立、变更、注销登记,对外投资,以及受处罚等情况及原始资料(企业信用信息公示系统已经公示的信息除外);

(2)对冻结、解除冻结被执行人股权、其他投资权益进行公示;

(3)因人民法院强制转让被执行人股权,办理有限责任公司股东变更登记;

(4)法律、行政法规规定的其他事项。

8. 工商行政管理机关在企业信用信息公示系统中设置"司法协助"栏目,公开登载人民法院要求协助执行的事项。

人民法院要求工商行政管理机关协助公示时,应当制作协助公示执行信息需

求书,随协助执行通知书等法律文书一并送达工商行政管理机关。工商行政管理机关按照协助公示执行信息需求书,发布公示信息。

公示信息应当记载执行法院,执行裁定书及执行通知书文号,被执行人姓名(名称),被冻结或转让的股权、其他投资权益所在市场主体的姓名(名称)、股权、其他投资权益数额、受让人、协助执行的时间等内容。

9. 人民法院对股权、其他投资权益进行冻结或者实体处分前,应当查询权属。

人民法院应先通过企业信用信息公示系统查询有关信息。需要进一步获取有关信息的,可以要求工商行政管理机关予以协助。

执行人员到工商行政管理机关查询时,应当出示工作证或者执行公务证,并出具协助查询通知书。协助查询通知书应当载明被查询主体的姓名(名称)、查询内容,并记载执行依据、人民法院经办人员的姓名和电话等内容。

10. 人民法院对从工商行政管理机关业务系统、企业信用信息公示系统以及公司章程中查明属于被执行人名下的股权、其他投资权益,可以冻结。

11. 人民法院冻结股权、其他投资权益时,应当向被执行人及其股权、其他投资权益所在市场主体送达冻结裁定,并要求工商行政管理机关协助公示。

人民法院要求协助公示冻结股权、其他投资权益时,执行人员应当出示工作证或者执行公务证,向被冻结股权、其他投资权益所在市场主体登记的工商行政管理机关送达执行裁定书、协助公示通知书和协助公示执行信息需求书。

协助公示通知书应当载明被执行人姓名(名称),执行依据,被冻结的股权、其他投资权益所在市场主体的姓名(名称)、股权、其他投资权益数额、冻结期限,人民法院经办人员的姓名和电话等内容。

工商行政管理机关应当在收到通知后三个工作日内通过企业信用信息公示系统公示。

12. 股权、其他投资权益被冻结的,未经人民法院许可,不得转让,不得设定质押或者其他权利负担。

有限责任公司股东的股权被冻结期间,工商行政管理机关不予办理该股东的变更登记、该股东向公司其他股东转让股权被冻结部分的公司章程备案,以及被冻结部分股权的出质登记。

13. 工商行政管理机关在多家法院要求冻结同一股权、其他投资权益的情况下,应当将所有冻结要求全部公示。

首先送达协助公示通知书的执行法院的冻结为生效冻结。送达在后的冻结为轮候冻结。有效的冻结解除的,轮候的冻结中,送达在先的自动生效。

14. 冻结股权、其他投资权益的期限不得超过两年。申请人申请续行冻结的,人民法院应当在本次冻结期限届满三日前按照本通知第11条办理。续冻期限不得超过一年。续行冻结没有次数限制。

有效的冻结期满,人民法院未办理续行冻结的,冻结的效力消灭。按照前款办理了续行冻结的,冻结效力延续,优先于轮候冻结。

15. 人民法院对被执行人股权、其他投资权益等解除冻结的,应当通知当事人,同时通知工商行政管理机关公示。

人民法院通知和工商行政管理机关

公示的程序,按照本通知第11条办理。

16. 人民法院强制转让被执行人的股权、其他投资权益,完成变价等程序后,应当向受让人、被执行人或者其股权、其他投资权益所在市场主体送达转让裁定,要求工商行政管理机关协助公示并办理有限责任公司股东变更登记。

人民法院要求办理有限责任公司股东变更登记的,执行人员应当出示工作证或者执行公务证,送达生效法律文书副本或者执行裁定书、协助执行通知书、协助公示执行信息需求书、合法受让人的身份或资格证明,到被执行人股权所在有限责任公司登记的工商行政管理机关办理。

法律、行政法规对股东资格、持股比例等有特殊规定的,人民法院要求工商行政管理机关办理有限责任公司股东变更登记前,应当进行审查,并确认该公司股东变更符合公司法第二十四条、第五十八条的规定。

工商行政管理机关收到人民法院上述文书后,应当在三个工作日内直接在业务系统中办理,不需要该有限责任公司另行申请,并及时公示股东变更登记信息。公示后,该股东权利以公示信息确定。

17. 人民法院可以对有关材料查询、摘抄、复制,但不得带走原件。

工商行政管理机关对人民法院复制的书面材料应当核对并加盖印章。人民法院要求提供电子版,工商行政管理机关有条件的,应当提供。

对于工商行政管理机关无法协助的事项,人民法院要求出具书面说明的,工商行政管理机关应当出具。

18. 工商行政管理机关对按人民法院要求协助执行产生的后果,不承担责任。

当事人、案外人对工商行政管理机关协助执行的行为不服,提出异议或者行政复议的,工商行政管理机关不予受理;向人民法院起诉的,人民法院不予受理。

当事人、案外人认为人民法院协助执行要求存在错误的,应当按照民事诉讼法第二百二十五条之规定,向人民法院提出执行异议,人民法院应当受理。

当事人认为工商行政管理机关在协助执行时扩大了范围或者违法采取措施造成其损害,提起行政诉讼的,人民法院应当受理。

19. 人民法院冻结股权、其他投资权益的通知在2014年2月28日之前送达工商行政管理机关、冻结到期日在2014年3月1日以后的,工商行政管理机关应当在2014年11月30日前将冻结信息公示。公示后续行冻结的,按照本通知第11条办理。

冻结到期日在2014年3月1日以后、2014年11月30日前,人民法院送达了续行冻结通知书的,续行冻结有效。工商行政管理机关还应当在2014年11月30日前公示续行冻结信息。

人民法院对股权、其他投资权益的冻结未设定期限的,工商行政管理机关应当在2014年11月30日前将冻结信息公示。从公示之日起满两年,人民法院未续行冻结的,冻结的效力消灭。

各高级人民法院与各省级工商行政管理局可以根据本通知,结合本地实际,制定贯彻实施办法。对执行本通知的情况和工作中遇到的问题,要及时报告最高人民法院、国家工商行政管理总局。

附件:主要文书参考样式(略)

最高人民法院关于网络查询、冻结被执行人存款的规定

[2013年8月26日最高人民法院审判委员会第1587次会议通过,2013年8月29日公布,自2013年9月2日起施行,法释〔2013〕20号]

为规范人民法院办理执行案件过程中通过网络查询、冻结被执行人存款及其他财产的行为,进一步提高执行效率,根据《中华人民共和国民事诉讼法》的规定,结合人民法院工作实际,制定本规定。

第一条 人民法院与金融机构已建立网络执行查控机制的,可以通过网络实施查询、冻结被执行人存款等措施。

网络执行查控机制的建立和运行应当具备以下条件:

(一)已建立网络执行查控系统,具有通过网络执行查控系统发送、传输、反馈查控信息的功能;

(二)授权特定的人员办理网络执行查控业务;

(三)具有符合安全规范的电子印章系统;

(四)已采取足以保障查控系统和信息安全的措施。

第二条 人民法院实施网络执行查控措施,应当事前统一向相应金融机构报备有权通过网络采取执行查控措施的特定执行人员的相关公务证件。办理具体业务时,不再另行向相应金融机构提供执行人员的相关公务证件。

人民法院办理网络执行查控业务的特定执行人员发生变更的,应当及时向相应金融机构报备人员变更信息及相关公务证件。

第三条 人民法院通过网络查询被执行人存款时,应当向金融机构传输电子协助查询存款通知书。多案集中查询的,可以附汇总的案件查询清单。

对查询到的被执行人存款需要冻结或者续行冻结的,人民法院应当及时向金融机构传输电子冻结裁定书和协助冻结存款通知书。

对冻结的被执行人存款需要解除冻结的,人民法院应当及时向金融机构传输电子解除冻结裁定书和协助解除冻结存款通知书。

第四条 人民法院向金融机构传输的法律文书,应当加盖电子印章。

作为协助执行人的金融机构完成查询、冻结等事项后,应当及时通过网络向人民法院回复加盖电子印章的查询、冻结等结果。

人民法院出具的电子法律文书、金融机构出具的电子查询、冻结等结果,与纸质法律文书及反馈结果具有同等效力。

第五条 人民法院通过网络查询、冻结、续冻、解冻被执行人存款,与执行人员赴金融机构营业场所查询、冻结、续冻、解冻被执行人存款具有同等效力。

第六条 金融机构认为人民法院通过网络执行查控系统采取的查控措施违反相关法律、行政法规规定的,应当向人民法院书面提出异议。人民法院应当在15日内审查完毕并书面回复。

第七条 人民法院应当依据法律、行政法规规定及相应操作规范使用网络执行查控系统和查控信息,确保信息安全。

人民法院办理执行案件过程中,不得泄露通过网络执行查控系统取得的查控信息,也不得用于执行案件以外的目的。

人民法院办理执行案件过程中,不得对被执行人以外的非执行义务主体采取网络查控措施。

第八条 人民法院工作人员违反第七条规定的,应当按照《人民法院工作人员处分条例》给予纪律处分;情节严重构成犯罪的,应当依法追究刑事责任。

第九条 人民法院具备相应网络扣划技术条件,并与金融机构协商一致的,可以通过网络执行查控系统采取扣划被执行人存款措施。

第十条 人民法院与工商行政管理、证券监管、土地房产管理等协助执行单位已建立网络执行查控机制,通过网络执行查控系统对被执行人股权、股票、证券账户资金、房地产等其他财产采取查控措施的,参照本规定执行。

最高人民法院关于扣押与拍卖船舶适用法律若干问题的规定

[2014年12月8日最高人民法院审判委员会第1631次会议通过,2015年2月28日公布,自2015年3月1日起施行,法释〔2015〕6号]

为规范海事诉讼中扣押与拍卖船舶,根据《中华人民共和国民事诉讼法》《中华人民共和国海事诉讼特别程序法》等法律,结合司法实践,制定本规定。

第一条 海事请求人申请对船舶采取限制处分或者抵押等保全措施的,海事法院可以依照民事诉讼法的有关规定,裁定准许并通知船舶登记机关协助执行。

前款规定的保全措施不影响其他海事请求人申请扣押船舶。

第二条 海事法院应不同海事请求人的申请,可以对本院或其他海事法院已经扣押的船舶采取扣押措施。

先申请扣押船舶的海事请求人未申请拍卖船舶的,后申请扣押船舶的海事请求人可以依据海事诉讼特别程序法第二十九条的规定,向准许其扣押申请的海事法院申请拍卖船舶。

第三条 船舶因光船承租人对海事请求负有责任而被扣押的,海事请求人依据海事诉讼特别程序法第二十九条的规定,申请拍卖船舶用于清偿光船承租人经营该船舶产生的相关债务的,海事法院应予准许。

第四条 海事请求人申请扣押船舶的,海事法院应当责令其提供担保。但因船员劳务合同、海上及通海水域人身损害赔偿纠纷申请扣押船舶,且事实清楚、权利义务关系明确的,可以不要求提供担保。

第五条 海事诉讼特别程序法第七十六条第二款规定的海事请求人提供担保的具体数额,应当相当于船舶扣押期间可能产生的各项维持费用与支出、因扣押造成的船期损失和被请求人为使船舶解除扣押而提供担保所支出的费用。

船舶扣押后,海事请求人提供的担保不足以赔偿可能给被请求人造成损失的,海事法院应责令其追加担保。

第六条 案件终审后,海事请求人申请返还其所提供担保的,海事法院应将该申请告知被请求人,被请求人在三十日内未提起相关索赔诉讼的,海事法院可以准许海事请求人返还担保的申请。

被请求人同意返还,或生效法律文书认定被请求人负有责任,且赔偿或给付金额与海事请求人要求被请求人提供担保的数额基本相当的,海事法院可以直接准许海事请求人返还担保的申请。

第七条　船舶扣押期间由船舶所有人或光船承租人负责管理。

船舶所有人或光船承租人不履行船舶管理职责的,海事法院可委托第三人或者海事请求人代为管理,由此产生的费用由船舶所有人或光船承租人承担,或在拍卖船舶价款中优先拨付。

第八条　船舶扣押后,海事请求人依据海事诉讼特别程序法第十九条的规定,向其他有管辖权的海事法院提起诉讼的,可以由扣押船舶的海事法院继续实施保全措施。

第九条　扣押船舶裁定执行前,海事请求人撤回扣押船舶申请的,海事法院应当裁定予以准许,并终结扣押船舶裁定的执行。

扣押船舶裁定作出后因客观原因无法执行的,海事法院应当裁定终结执行。

第十条　船舶拍卖未能成交,需要再次拍卖的,适用拍卖法第四十五条关于拍卖日七日前发布拍卖公告的规定。

第十一条　拍卖船舶由拍卖船舶委员会实施,海事法院不另行委托拍卖机构进行拍卖。

第十二条　海事法院拍卖船舶应当依据评估价确定保留价。保留价不得公开。

第一次拍卖时,保留价不得低于评估价的百分之八十;因流拍需要再行拍卖的,可以酌情降低保留价,但降低的数额不得超过前次保留价的百分之二十。

第十三条　对经过两次拍卖仍然流拍的船舶,可以进行变卖。变卖价格不得低于评估价的百分之五十。

第十四条　依照本规定第十三条变卖仍未成交的,经已受理登记债权三分之二以上份额的债权人同意,可以低于评估价的百分之五十进行变卖处理。仍未成交的,海事法院可以解除船舶扣押。

第十五条　船舶经海事法院拍卖、变卖后,对该船舶已采取的其他保全措施效力消灭。

第十六条　海事诉讼特别程序法第一百一十一条规定的申请债权登记期间的届满之日,为拍卖船舶公告最后一次发布之日起第六十日。

前款所指公告为第一次拍卖时的拍卖船舶公告。

第十七条　海事法院受理债权登记申请后,应当在船舶被拍卖、变卖成交后,依照海事诉讼特别程序法第一百一十四条的规定作出是否准予的裁定。

第十八条　申请拍卖船舶的海事请求人未经债权登记,直接要求参与拍卖船舶价款分配的,海事法院应予准许。

第十九条　海事法院裁定终止拍卖船舶的,应当同时裁定终结债权登记受偿程序,当事人已经缴纳的债权登记申请费予以退还。

第二十条　当事人在债权登记前已经就有关债权提起诉讼的,不适用海事诉讼特别程序法第一百一十六条第二款的规定,当事人对海事法院作出的判决、裁定可以依法提起上诉。

第二十一条　债权人依照海事诉讼特别程序法第一百一十六条第一款的规定提起确权诉讼后,需要判定碰撞船舶过失程度比例的,当事人对海事法院作出的判决、裁定可以依法提起上诉。

第二十二条　海事法院拍卖、变卖船舶所得价款及其利息,先行拨付海事诉讼特别程序法第一百一十九条第二款规定

的费用后,依法按照下列顺序进行分配:

(一)具有船舶优先权的海事请求;

(二)由船舶留置权担保的海事请求;

(三)由船舶抵押权担保的海事请求;

(四)与被拍卖、变卖船舶有关的其他海事请求。

依据海事诉讼特别程序法第二十三条第二款的规定申请扣押船舶的海事请求人申请拍卖船舶的,在前款规定海事请求清偿后,参与船舶价款的分配。

依照前款规定分配后的余款,按照民事诉讼法及相关司法解释的规定执行。

第二十三条 当事人依照民事诉讼法第十五章第七节的规定,申请拍卖船舶实现船舶担保物权的,由船舶所在地或船籍港所在地的海事法院管辖,按照海事诉讼特别程序法以及本规定关于船舶拍卖受偿程序的规定处理。

第二十四条 海事法院的上级人民法院扣押与拍卖船舶的,适用本规定。

执行程序中拍卖被扣押船舶清偿债务的,适用本规定。

第二十五条 本规定施行前已经实施的船舶扣押与拍卖,本规定施行后当事人申请复议的,不适用本规定。

本规定施行后,最高人民法院 1994 年 7 月 6 日制定的《关于海事法院拍卖被扣押船舶清偿债务的规定》(法发〔1994〕14 号)同时废止。最高人民法院以前发布的司法解释和规范性文件与本规定不一致的,以本规定为准。

最高人民法院关于限制被执行人高消费及有关消费的若干规定

〔2010 年 5 月 17 日最高人民法院审判委员会第 1487 次会议通过,2010 年 7 月 1 日公布,自 2010 年 10 月 10 日起施行,法释〔2010〕8 号,根据 2015 年 7 月 6 日最高人民法院审判委员会第 1657 次会议《最高人民法院关于修改〈最高人民法院关于限制被执行人高消费的若干规定〉的决定》修正,该修正于 2015 年 7 月 20 日公布,自 2015 年 7 月 22 日起施行,法释〔2015〕17 号〕

为进一步加大执行力度,推动社会信用机制建设,最大限度保护申请执行人和被执行人的合法权益,根据《中华人民共和国民事诉讼法》的有关规定,结合人民法院民事执行工作的实践经验,制定本规定。

第一条 被执行人未按执行通知书指定的期间履行生效法律文书确定的给付义务的,人民法院可以采取限制消费措施,限制其高消费及非生活或者经营必需的有关消费。

纳入失信被执行人名单的被执行人,人民法院应当对其采取限制消费措施。

第二条 人民法院决定采取限制消费措施时,应当考虑被执行人是否有消极履行、规避执行或者抗拒执行的行为以及被执行人的履行能力等因素。

第三条 被执行人为自然人的,被采取限制消费措施后,不得有以下高消费及非生活和工作必需的消费行为:

(一)乘坐交通工具时,选择飞机、列车软卧、轮船二等以上舱位;

（二）在星级以上宾馆、酒店、夜总会、高尔夫球场等场所进行高消费；

（三）购买不动产或者新建、扩建、高档装修房屋；

（四）租赁高档写字楼、宾馆、公寓等场所办公；

（五）购买非经营必需车辆；

（六）旅游、度假；

（七）子女就读高收费私立学校；

（八）支付高额保费购买保险理财产品；

（九）乘坐G字头动车组列车全部座位、其他动车组列车一等以上座位等其他非生活和工作必需的消费行为。

被执行人为单位的，被采取限制消费措施后，被执行人及其法定代表人、主要负责人、影响债务履行的直接责任人员、实际控制人不得实施前款规定的行为。因私消费以个人财产实施前款规定行为的，可以向执行法院提出申请。执行法院审查属实的，应予准许。

第四条　限制消费措施一般由申请执行人提出书面申请，经人民法院审查决定；必要时人民法院可以依职权决定。

第五条　人民法院决定采取限制消费措施的，应当向被执行人发出限制消费令。限制消费令由人民法院院长签发。限制消费令应当载明限制消费的期间、项目、法律后果等内容。

第六条　人民法院决定采取限制消费措施的，可以根据案件需要和被执行人的情况向有义务协助调查、执行的单位送达协助执行通知书，也可以在相关媒体上进行公告。

第七条　限制消费令的公告费用由被执行人负担；申请执行人申请在媒体公告的，应当垫付公告费用。

第八条　被限制消费的被执行人因生活或者经营必需而进行本规定禁止的消费活动的，应当向人民法院提出申请，获批准后方可进行。

第九条　在限制消费期间，被执行人提供确实有效的担保或者经申请执行人同意的，人民法院可以解除限制消费令；被执行人履行完毕生效法律文书确定的义务的，人民法院应当在本规定第六条通知或者公告的范围内及时以通知或者公告解除限制消费令。

第十条　人民法院应当设置举报电话或者邮箱，接受申请执行人和社会公众对被限制消费的被执行人违反本规定第三条的举报，并进行审查认定。

第十一条　被执行人违反限制消费令进行消费的行为属于拒不履行人民法院已经发生法律效力的判决、裁定的行为，经查证属实的，依照《中华人民共和国民事诉讼法》第一百一十一条的规定，予以拘留、罚款；情节严重，构成犯罪的，追究其刑事责任。

有关单位在收到人民法院协助执行通知书后，仍允许被执行人进行高消费及非生活或者经营必需的有关消费的，人民法院可以依照《中华人民共和国民事诉讼法》第一百一十四条的规定，追究其法律责任。

最高人民法院、中国银行业监督管理委员会关于联合下发《人民法院、银行业金融机构网络执行查控工作规范》的通知

［2015年11月13日，法〔2015〕321号］

各省、自治区、直辖市高级人民法院，解放

军军事法院,新疆维吾尔自治区高级人民法院生产建设兵团分院;各银监局,各政策性银行、大型银行、股份制银行、邮储银行,各省级农村信用联社:

为全面落实《最高人民法院、中国银行业监督管理委员会关于人民法院与银行业金融机构开展网络执行查控和联合信用惩戒工作的意见》(法〔2014〕266号),加快推进网络执行查控机制建设,依法规范人民法院与银行业金融机构(以下简称金融机构)之间的网络执行查控工作,最高人民法院与中国银行业监督管理委员会研究制定了《人民法院、银行业金融机构网络执行查控工作规范》,现联合下发给你们,请遵照执行。具体要求如下:

一、已与最高人民法院建立"总对总"网络执行查控系统的,应当在2016年2月底前完善网络查控功能;未建立的,各银行业金融机构总行应当在2015年12月底前通过最高人民法院与中国银行业监督管理委员会之间的专线完成本单位与最高人民法院的网络对接工作;2016年2月底前网络查控功能上线。

二、各省、自治区、直辖市高级人民法院执行局,新疆维吾尔自治区高级人民法院生产建设兵团分院执行局,负责督促、落实总行设在本辖区的银行业金融机构与最高人民法院"总对总"网络执行查控系统建设的工作,并向最高人民法院报告进展情况。

三、各省、自治区、直辖市高级人民法院,解放军军事法院,新疆维吾尔自治区高级人民法院生产建设兵团分院;各银监局,各银行业金融机构总行,应当各指定一名主管领导、业务和技术人员,专门负责网络查控工作,并填报联系表(见后),于2015年11月30日前分别上报最高人民法院和中国银行业监督管理委员会。其中,各地方法人银行业金融机构应将联系表报当地银监局汇总后统一上报最高人民法院和中国银行业监督管理委员会。

附:人民法院、银行业金融机构网络执行查控工作规范

为依法规范人民法院与银行业金融机构(以下简称金融机构)之间的网络执行查控工作,提高网络查询、冻结(包括续冻和解冻)、扣划、处置被执行人银行账户、银行卡、存款及其他金融资产等工作的效率,保护当事人、利害关系人的合法权益,根据《最高人民法院关于网络查询、冻结被执行人存款的规定》《最高人民法院、中国银行业监督管理委员会关于人民法院与银行业金融机构开展网络执行查控和联合信用惩戒工作的意见》(法〔2014〕266号)的规定,制定本规范。

1. 人民法院对被执行人的银行账户、银行卡、存款及其他金融资产采取查询、冻结、扣划等执行措施(以下简称查控措施),可以通过专线或金融网络等方式与金融机构进行网络连接,向金融机构发送采取查控措施的数据和电子法律文书,接收金融机构查询、冻结、扣划、处置等的结果数据和电子回执。

前款所述金融资产,指可以进行变价交易,并且交易价款及孳息可以存款的方式转入金融机构特定关联资金账户的各类财产。

2. 最高人民法院与金融机构总行建立"总对总"网络执行查控系统的,全国各级法院的查控数据和电子法律文书通

过"总对总"网络执行查控系统实时向金融机构发送;金融机构完成协助查控事项后,查控结果数据及电子回执通过"总对总"网络执行查控系统实时向执行法院反馈。

各省(自治区、直辖市)高级人民法院与金融机构分行已经建立"点对点"网络执行查控系统的,金融机构总行应授权有关分行查询、冻结、扣划本行系统内全国账户及金融资产。

人民法院与金融机构的网络查控系统由最高人民法院和各省(自治区、直辖市)高级人民法院负责通过银行业监管机构金融专网通道分别与金融机构总行和省级分行建设,金融机构无需与各中、基层人民法院建立"点对点"网络执行查控系统。最高人民法院和银行业监管机构鼓励和支持各级人民法院与辖区内金融机构建立更加便捷、高效的纠纷处置协调机制。

金融机构与最高人民法院建成"总对总"网络执行查控系统后,由最高人民法院和金融机构共同下发通知,停止运行对应的"点对点"网络执行查控系统。金融机构已与最高人民法院建立"总对总"网络执行查控系统的,金融机构无需再与各中、基层人民法院建立"点对点"网络执行查控系统。

3. 各级人民法院应当将执行人员的公务证件在网络执行查控系统中进行登记备案和存储扫描件。

执行法院采取网络执行查控措施时,由网络执行查控系统通过技术手段确认执行人员的用户身份,并向金融机构发送该执行人员的姓名、联系电话及公务证件扫描件。

4. 各级人民法院应当将执行款专户在网络执行查控系统中进行登记备案。

新增或变更执行款专户时,应当按规定审批后,在系统中修改相关信息。

5. 执行人员对被执行人采取网络执行查控措施前,应当对案件当事人姓名或名称、身份证件号码、统一社会信用代码或组织机构代码等基本信息进行核对,确保信息全面、准确。

执行人员发现案件当事人基本信息数据存在错误、遗漏的,应当将修改项目、内容、原因等情况按规定审批后,在案件管理系统中进行修改。

财产已被采取查控措施的被执行人,除被执行人发生合并、分立、变更姓名或名称以外,执行人员不得修改或删除其基本信息,但可以增加其他基本信息。

人民法院应当在案件管理系统中实现本条第二款、第三款信息修改流程,并保留修改的记录。

6. 执行法院通过网络执行查控系统查询被执行人银行账户、银行卡、存款及其他金融资产信息的,应当向金融机构发送被执行人的基本信息数据(包括被执行人姓名或名称、证件类型、证件号码或统一社会信用代码、组织机构代码)。与金融机构联网的人民法院应当制作电子协助执行通知书,并附电子查询清单(包括案号、执行法院名称、被执行人基本信息),实时向金融机构发送。

执行法院要求金融机构协助查询被执行人账户交易流水明细、交易对手姓名或名称、账号、开户银行等账户交易信息的,应当列明具体查询时间、区间等信息。

7. 金融机构协助人民法院采取网络查询措施的,应当根据所提供的被执行人基本信息数据,在本单位生产数据库或实时备份库中查询,并通过网络执行查控系统实时反馈查询结果。

被执行人有开立账户记录的,金融机构应反馈开户时间、开户行名称、户名、账号、账户性质、账户状态(含已注销的账户)、余额、联系电话、被有权机关冻结的情况等信息;被执行人有存款以外的其他金融资产的,金融机构应反馈关联资金账户、资产管理人等信息。

被执行人未开立账户,金融机构应反馈查无开户信息。

8. 金融机构协助人民法院查询的被执行人银行账户、银行卡、存款及其他金融资产信息,可以作为执行线索、拒不履行生效法律文书的证据或者结案依据使用。

金融机构应在收到查控措施数据及电子法律文书后,根据办理结果数据生成加盖电子印章(可以是单位公章或网络查控专用章)的协助执行结果回执,通过网络执行查控系统向执行法院反馈。

金融机构反馈信息,仅以当时协助办理查控事项的金融机构本行系统的数据为限。

9. 执行法院通过网络执行查控系统对被执行人采取冻结、续行冻结、解除冻结、扣划等执行措施的,应当向金融机构发送加盖电子印章的执行裁定书、协助执行通知书和执行人员的公务证件电子扫描件。

执行法院通过网络执行查控系统对被执行人采取冻结、续行冻结、解除冻结、扣划等执行措施的,应当有明确的银行账户及金额。

10. 金融机构协助冻结被执行人存款的,应当根据人民法院要求冻结的金额冻结指定账户,并向人民法院反馈冻结账户对应的应冻结金额(要求冻结的金额)、实际冻结金额、冻结起止时间等信息。

当被执行人账户中的可用余额(本次冻结前尚未被冻结的金额)小于应冻结金额时,金融机构应对指定账户按照人民法院要求冻结的金额进行限额冻结。

有权机关要求金融机构对指定账户进行轮候冻结的,金融机构应按有权机关要求的金额对指定账户冻结的限制额度叠加,进行限额冻结,并反馈冻结账户对应的应冻结金额(要求冻结的金额)、实际冻结金额、冻结起止时间以及先前顺序冻结记录等信息。

有权机关要求金融机构对指定账户进行继续冻结(即续冻)的,金融机构应按有权机关的要求延长原冻结事项的截止时间,并反馈冻结账户对应的应冻结金额(要求冻结的金额)、实际冻结金额、冻结起止时间以及前后顺序冻结记录等信息。

11. 有权机关要求冻结被执行人存款以外的其他金融资产的,应当在协助执行通知书中载明具体数额。金融机构应按要求冻结金融资产所对应的被执行人的银行账户,一律通过限额冻结完成该协助冻结事项。

12. 有权机关、金融机构或第三人对被执行人银行账户中的存款及其他金融资产享有质押权、保证金等优先受偿权的,金融机构应当将所登记的优先受偿权信息在查询结果中载明。执行法院可以采取冻结措施,金融机构反馈查询结果中载明优先受偿权人的,人民法院应在办理后五个工作日内,将采取冻结措施的情况通知优先受偿权人。优先受偿权人可向执行法院主张权利,执行法院应当依法审查处理。审查处理期间,执行法院不得强制扣划。

存款或金融资产的优先受偿权消灭前,其价值不计算在实际冻结总金额内;优先受偿权消灭后,执行法院可以依法采取扣划、强制变价等执行措施。

被执行人与案外人开设联名账户等共有账户,案外人对账户中的存款及其他金融资产享有共有权的,参照前两款规定处理。

13. 执行法院通过网络执行查控系统对被执行人的存款采取扣划措施的,应当将款项扣划至本院执行款专户;被执行人的存款为外币的,应当将款项扣划至本院外币执行款专户。

14. 执行法院通过网络执行查控系统对被执行人的存款采取扣划措施的,应当在协助执行通知书中载明扣划的账号、扣划金额、执行款专户信息(包括开户行名称、账号、户名)。金融机构应当按照协助执行通知书的要求,将被执行人的存款扣划至执行法院的执行款专户。

执行法院扣划被执行人已经被冻结的存款,无需先行解除原冻结措施。

15. 金融机构协助扣划被执行人存款的,反馈的回执中应当载明实际扣划金额、未扣划金额(执行法院对已冻结的存款部分扣划的,原冻结金额与本次实际扣划金额的差额)等内容。

16. 网络冻结、扣划等执行措施的电子法律文书等数据发送至网络查控系统的时间视为送达时间。

17. 金融机构接收查控数据及相关电子法律文书后,无法协助执行法院对被执行人的银行账户、银行卡、存款和其他金融资产采取查控措施的,应当在反馈回执中载明原因。

18. 人民法院和金融机构通过网络执行查控系统实施查询、冻结、扣划银行存款的,不受地域限制。

19. 金融机构依法协助人民法院办理网络执行查控措施,当事人向其提出异议的,金融机构可告知其应向执行法院提出异议,并将执行法院名称、案号、执行人员姓名告知当事人。

20. 最高人民法院与中国银行业监督管理委员会制定网络执行查控系统的技术规范(包括数据格式、法律文书、查控结果回执样式等),作为本规范的附件。

各高级人民法院应当根据该技术规范,对本辖区法院的案件管理系统进行改造,开发与"总对总"或"点对点"网络查控系统进行对接的软件。

各金融机构应当根据该技术规范,对本行业务系统进行改造,开发与"总对总"或"点对点"网络查控系统进行对接的,具备自动接收、审核、处理查询、冻结、扣划及反馈查控结果等网络查控功能的软件。

21. 人民法院办理先予执行案件,适用本规范的规定。

人民法院在保全执行中,可以遵照本规范的规定,通过网络执行查控系统实施查控措施。

22. 最高人民法院与中国银行业监督管理委员会建立网络查控工作应急处理机制,负责解决人民法院与金融机构间因网络查控发生的一切事宜。

23.《人民法院、银行业金融机构网络执行查控工作技术规范》作为本规范的附件,人民法院和各金融机构应当按照该技术规范研发网络查控系统。

最高人民法院关于首先查封法院与优先债权执行法院处分查封财产有关问题的批复

[2015年12月16日最高人民法院审判委员会第1672次会议通过,2016年4月12日公布,自2016年4月14日起施行,法释〔2016〕6号]

福建省高级人民法院:

你院《关于解决法院首封处分权与债权人行使优先受偿债权冲突问题的请示》(闽高法〔2015〕261号)收悉。经研究,批复如下:

一、执行过程中,应当由首先查封、扣押、冻结(以下简称查封)法院负责处分查封财产。但已进入其他法院执行程序的债权对查封财产有顺位在先的担保物权、优先权(该债权以下简称优先债权),自首先查封之日起已超过60日,且首先查封法院就该查封财产尚未发布拍卖公告或者进入变卖程序的,优先债权执行法院可以要求将该查封财产移送执行。

二、优先债权执行法院要求首先查封法院将查封财产移送执行的,应当出具商请移送执行函,并附确认优先债权的生效法律文书及案件情况说明。

首先查封法院应当在收到优先债权执行法院商请移送执行函之日起15日内出具移送执行函,将查封财产移送优先债权执行法院执行,并告知当事人。

移送执行函应当载明将查封财产移送执行及首先查封权的相关情况等内容。

三、财产移送执行后,优先债权执行法院在处分或继续查封该财产时,可以持首先查封法院移送执行函办理相关手续。

优先债权执行法院对移送的财产变价后,应当按照法律规定的清偿顺序分配,并将相关情况告知首先查封法院。

首先查封债权尚未经生效法律文书确认的,应当按照首先查封债权的清偿顺位,预留相应份额。

四、首先查封法院与优先债权执行法院就移送查封财产发生争议的,可以逐级报请双方共同的上级法院指定该财产的执行法院。

共同的上级法院根据首先查封债权所处的诉讼阶段、查封财产的种类及所在地、各债权数额与查封财产价值之间的关系等案件具体情况,认为由首先查封法院执行更为妥当的,也可以决定由首先查封法院继续执行,但应当督促其在指定期限内处分查封财产。

此复。

附件:
1. ××××人民法院商请移送执行函(略)
2. ××××人民法院移送执行函(略)

最高人民法院印发《关于建立和管理网络服务提供者名单库的办法》的通知

[2016年9月19日,法发〔2016〕23号]

各省、自治区、直辖市高级人民法院,解放军军事法院,新疆维吾尔自治区高级人民法院生产建设兵团分院:

现将《关于建立和管理网络服务提

供者名单库的办法》予以印发,请各地结合实际,认真贯彻执行。

附:关于建立和管理网络服务提供者名单库的办法

为落实《最高人民法院关于人民法院网络司法拍卖若干问题的规定》(以下简称《网拍规定》),科学建立和管理全国性网络服务提供者名单库,确保网络司法拍卖工作依法有序进行,制定本办法。

第一条 最高人民法院设立网络服务提供者名单库评审委员会,负责网络服务提供者的选定、评审和除名工作。评审委员会由互联网专家、全国人大代表、全国政协委员、特约监督员和最高人民法院审判、执行、行装、技术等部门人员组成。

第二条 能够提供符合《网拍规定》和本办法要求的网络司法拍卖平台并有意开展网络司法拍卖业务的网络服务提供者,可以向评审委员会提出申请。申请入库的,应当提交入库申请书及符合要求的相关证明材料。

第三条 申请入库的网络服务提供者应当具备保障全国法院网络司法拍卖安全、便捷、有序进行的信息系统、硬件设备、资金及人员等,且服务质优价廉。

第四条 申请入库的网络服务提供者应当同时符合以下基本要求:

(一)网络服务提供者提供的网络司法拍卖平台应当在全国范围内具有较高知名度和较大影响力;

(二)在同类平台中取得行业公认的领先地位;

(三)已开展涉公共事务领域网络拍卖业务一年以上;

(四)无违法违规记录。

第五条 申请入库的网络服务提供者应当对其提供的网络司法拍卖平台的安全性负责,具备法律法规规定的资质和安全管理体系等。

第六条 网络司法拍卖平台应当具备系统开放性、技术先进性和持续发展性,能与人民法院执行案件管理系统实现信息联通共享,能顺应网络司法拍卖发展需求及时提升扩展服务。

第七条 为保障网络司法拍卖有序进行,网络司法拍卖平台应当符合下列要求:

(一)为司法拍卖设置首页入口和专用频道以提高用户辨识度和使用便捷性,并通过该频道向社会公众真实、准确、完整展示网络司法拍卖的各类信息;

(二)具备实时在线核验报名竞买人身份信息功能,确保竞买人可自主完成报名和随机生成竞买代码、密码;

(三)使用具备合法经营牌照和符合安全标准的网络支付系统,可自动处理保证金的交纳、冻结和结算;

(四)具备通过互联网进行电子竞价的功能;

(五)为不同层级人民法院设置系统操作功能及管理权限,并具备自动化统计功能,确保人民法院随时发布、管理、统计和监督司法拍卖活动;

(六)对拍卖形成的全部数据进行加密保护,确保安全,并具备自动归档留存功能,可下载制作副本;

(七)具备大数据实时计算分析、精准投放与推介能力,确保拍卖信息及时推送潜在竞买人,扩大参与竞买人数量;

(八)具备包括PC端和移动端的多终端登陆系统与操作功能,方便竞买人多渠道参与竞买;

（九）为网络司法拍卖交易各方提供及时全面的咨询、答疑和提醒等服务；

（十）后台未设置监控竞买人信息和操控、干预竞价程序的功能等；

（十一）其他人民法院认为应当符合的要求。

第八条 评审委员会有权审查网络司法拍卖平台的相关程序，确保后台未设置监控竞买人信息、操控和干预竞价程序的功能。

第九条 评审委员会采用委托第三方评估机构评估方式定期对新申请入库的网络服务提供者进行评审，择优入库并公示，免收服务费用的可优先入库；每年对已入库的网络服务提供者开展的网络司法拍卖情况进行评估并公布结果。

第十条 网络服务提供者发生影响网络司法拍卖业务正常运行的重大经营变化的，应当及时向评审委员会报告。

网络服务提供者不再为网络司法拍卖提供网络平台的，应当提前三个月书面向评审委员会申请从名单库中退出，不得自行中断服务。

第十一条 网络服务提供者存在违反《网拍规定》第三十五条规定情形的，评审委员会经评审后将其从名单库中除名并公示。

第十二条 网络服务提供者被除名或被准许退出名单库的，应当做好交接和善后工作，包括保障尚未完成的拍卖顺利进行完毕，将存储的全部拍卖信息数据移交评审委员会保存、妥善处理好保证金的划转和解冻事宜等。

第十三条 本办法自2016年9月20日起施行。

最高人民法院关于人民法院网络司法拍卖若干问题的规定

[2016年5月30日最高人民法院审判委员会第1685次会议通过，2016年8月2日公布，自2017年1月1日起施行，法释〔2016〕18号]

为了规范网络司法拍卖行为，保障网络司法拍卖公开、公平、公正、安全、高效，维护当事人的合法权益，根据《中华人民共和国民事诉讼法》等法律的规定，结合人民法院执行工作的实际，制定本规定。

第一条 本规定所称的网络司法拍卖，是指人民法院依法通过互联网拍卖平台，以网络电子竞价方式公开处置财产的行为。

第二条 人民法院以拍卖方式处置财产的，应当采取网络司法拍卖方式，但法律、行政法规和司法解释规定必须通过其他途径处置，或者不宜采用网络拍卖方式处置的除外。

第三条 网络司法拍卖应当在互联网拍卖平台上向社会全程公开，接受社会监督。

第四条 最高人民法院建立全国性网络服务提供者名单库。网络服务提供者申请纳入名单库的，其提供的网络司法拍卖平台应当符合下列条件：

（一）具备全面展示司法拍卖信息的界面；

（二）具备本规定要求的信息公示、网上报名、竞价、结算等功能；

（三）具有信息共享、功能齐全、技术拓展等功能的独立系统；

（四）程序运作规范、系统安全高效、

服务优质价廉;

(五) 在全国具有较高的知名度和广泛的社会参与度。

最高人民法院组成专门的评审委员会,负责网络服务提供者的选定、评审和除名。最高人民法院每年引入第三方评估机构对已纳入和新申请纳入名单库的网络服务提供者予以评审并公布结果。

第五条 网络服务提供者由申请执行人从名单库中选择;未选择或者多个申请执行人的选择不一致的,由人民法院指定。

第六条 实施网络司法拍卖的,人民法院应当履行下列职责:

(一) 制作、发布拍卖公告;

(二) 查明拍卖财产现状、权利负担等内容,并予以说明;

(三) 确定拍卖保留价、保证金的数额、税费负担等;

(四) 确定保证金、拍卖款项等支付方式;

(五) 通知当事人和优先购买权人;

(六) 制作拍卖成交裁定;

(七) 办理财产交付和出具财产权证照转移协助执行通知书;

(八) 开设网络司法拍卖专用账户;

(九) 其他依法由人民法院履行的职责。

第七条 实施网络司法拍卖的,人民法院可以将下列拍卖辅助工作委托社会机构或者组织承担:

(一) 制作拍卖财产的文字说明及视频或者照片等资料;

(二) 展示拍卖财产,接受咨询,引领查看,封存样品等;

(三) 拍卖财产的鉴定、检验、评估、审计、仓储、保管、运输等;

(四) 其他可以委托的拍卖辅助工作。

社会机构或者组织承担网络司法拍卖辅助工作所支出的必要费用由被执行人承担。

第八条 实施网络司法拍卖的,下列事项应当由网络服务提供者承担:

(一) 提供符合法律、行政法规和司法解释规定的网络司法拍卖平台,并保障安全正常运行;

(二) 提供安全便捷配套的电子支付对接系统;

(三) 全面、及时展示人民法院及其委托的社会机构或者组织提供的拍卖信息;

(四) 保证拍卖全程的信息数据真实、准确、完整和安全;

(五) 其他应当由网络服务提供者承担的工作。

网络服务提供者不得在拍卖程序中设置阻碍适格竞买人报名、参拍、竞价以及监视竞买人信息等后台操控功能。

网络服务提供者提供的服务无正当理由不得中断。

第九条 网络司法拍卖服务提供者从事与网络司法拍卖相关的行为,应当接受人民法院的管理、监督和指导。

第十条 网络司法拍卖应当确定保留价,拍卖保留价即为起拍价。

起拍价由人民法院参照评估价确定;未作评估的,参照市价确定,并征询当事人意见。起拍价不得低于评估价或者市价的百分之七十。

第十一条 网络司法拍卖不限制竞买人数量。一人参与竞拍,出价不低于起拍价的,拍卖成交。

第十二条 网络司法拍卖应当先期

公告,拍卖公告除通过法定途径发布外,还应同时在网络司法拍卖平台发布。拍卖动产的,应当在拍卖十五日前公告;拍卖不动产或者其他财产权的,应当在拍卖三十日前公告。

拍卖公告应包括拍卖财产、价格、保证金、竞买人条件、拍卖财产已知瑕疵、相关权利义务、法律责任、拍卖时间、网络平台和拍卖法院等信息。

第十三条 实施网络司法拍卖的,人民法院应当在拍卖公告发布当日通过网络司法拍卖平台公示下列信息:

(一)拍卖公告;

(二)执行所依据的法律文书,但法律规定不得公开的除外;

(三)评估报告副本,或者未经评估的定价依据;

(四)拍卖时间、起拍价以及竞价规则;

(五)拍卖财产权属、占有使用、附随义务等现状的文字说明、视频或者照片等;

(六)优先购买权主体以及权利性质;

(七)通知或者无法通知当事人、已知优先购买权人的情况;

(八)拍卖保证金、拍卖款项支付方式和账户;

(九)拍卖财产产权转移可能产生的税费及承担方式;

(十)执行法院名称、联系、监督方式等;

(十一)其他应当公示的信息。

第十四条 实施网络司法拍卖的,人民法院应当在拍卖公告发布当日通过网络司法拍卖平台对下列事项予以特别提示:

(一)竞买人应当具备完全民事行为能力,法律、行政法规和司法解释对买受人资格或者条件有特殊规定的,竞买人应当具备规定的资格或者条件;

(二)委托他人代为竞买的,应当在竞价程序开始前经人民法院确认,并通知网络服务提供者;

(三)拍卖财产已知瑕疵和权利负担;

(四)拍卖财产以实物现状为准,竞买人可以申请实地看样;

(五)竞买人决定参与竞买的,视为对拍卖财产完全了解,并接受拍卖财产一切已知和未知瑕疵;

(六)载明买受人真实身份的拍卖成交确认书在网络司法拍卖平台上公示;

(七)买受人悔拍后保证金不予退还。

第十五条 被执行人应当提供拍卖财产品质的有关资料和说明。

人民法院已按本规定第十三条、第十四条的要求予以公示和特别提示,且在拍卖公告中声明不能保证拍卖财产真伪或者品质的,不承担瑕疵担保责任。

第十六条 网络司法拍卖的事项应当在拍卖公告发布三日前以书面或者其他能够确认收悉的合理方式,通知当事人、已知优先购买权人。权利人书面明确放弃权利的,可以不通知。无法通知的,应当在网络司法拍卖平台公示并说明无法通知的理由,公示满五日视为已经通知。

优先购买权人经通知未参与竞买的,视为放弃优先购买权。

第十七条 保证金数额由人民法院在起拍价的百分之五至百分之二十范围内确定。

竞买人应当在参加拍卖前以实名交纳保证金,未交纳的,不得参加竞买。申请执行人参加竞买的,可以不交保证金;但债权数额小于保证金数额的按差额部分交纳。

交纳保证金,竞买人可以向人民法院指定的账户交纳,也可以由网络服务提供者在其提供的支付系统中对竞买人的相应款项予以冻结。

第十八条 竞买人在拍卖竞价程序结束前交纳保证金经人民法院或者网络服务提供者确认后,取得竞买资格。网络服务提供者应当向取得资格的竞买人赋予竞买代码、参拍密码;竞买人以该代码参与竞买。

网络司法拍卖竞价程序结束前,人民法院及网络服务提供者对竞买人以及其他能够确认竞买人真实身份的信息、密码等,应当予以保密。

第十九条 优先购买权人经人民法院确认后,取得优先竞买资格以及优先竞买代码、参拍密码,并以优先竞买代码参与竞买;未经确认的,不得以优先购买权人身份参与竞买。

顺序不同的优先购买权人申请参与竞买的,人民法院应当确认其顺序,赋予不同顺序的优先竞买代码。

第二十条 网络司法拍卖从起拍价开始以递增出价方式竞价,增价幅度由人民法院确定。竞买人以低于起拍价出价的无效。

网络司法拍卖的竞价时间应当不少于二十四小时。竞价程序结束前五分钟内无人出价的,最后出价即为成交价;有出价的,竞价时间自该出价时点顺延五分钟。竞买人的出价时间以进入网络司法拍卖平台服务系统的时间为准。

竞买代码及其出价信息应当在网络竞买页面实时显示,并储存、显示竞价全程。

第二十一条 优先购买权人参与竞买的,可以与其他竞买人以相同的价格出价,没有更高出价的,拍卖财产由优先购买权人竞得。

顺序不同的优先购买权人以相同价格出价的,拍卖财产由顺序在先的优先购买权人竞得。

顺序相同的优先购买权人以相同价格出价的,拍卖财产由出价在先的优先购买权人竞得。

第二十二条 网络司法拍卖成交的,由网络司法拍卖平台以买受人的真实身份自动生成确认书并公示。

拍卖财产所有权自拍卖成交裁定送达买受人时转移。

第二十三条 拍卖成交后,买受人交纳的保证金可以充抵价款;其他竞买人交纳的保证金应当在竞价程序结束后二十四小时内退还或者解冻。拍卖未成交的,竞买人交纳的保证金应当在竞价程序结束后二十四小时内退还或者解冻。

第二十四条 拍卖成交后买受人悔拍的,交纳的保证金不予退还,依次用于支付拍卖产生的费用损失、弥补重新拍卖价款低于原拍卖价款的差价、冲抵本案被执行人的债务以及与拍卖财产相关的被执行人的债务。

悔拍后重新拍卖的,原买受人不得参加竞买。

第二十五条 拍卖成交后,买受人应当在拍卖公告确定的期限内将剩余价款交付人民法院指定账户。拍卖成交后二十四小时内,网络服务提供者应当将冻结的买受人交纳的保证金划入人民法院指定账户。

第二十六条 网络司法拍卖竞价期间无人出价的,本次拍卖流拍。流拍后应当在三十日内在同一网络司法拍卖平台再次拍卖,拍卖动产的应当在拍卖七日前公告;拍卖不动产或者其他财产权的应当在拍卖十五日前公告。再次拍卖的起拍价降价幅度不得超过前次起拍价的百分之二十。

再次拍卖流拍的,可以依法在同一网络司法拍卖平台变卖。

第二十七条 起拍价及其降价幅度、竞价增价幅度、保证金数额和优先购买权人竞买资格及其顺序等事项,应当由人民法院依法组成合议庭评议确定。

第二十八条 网络司法拍卖竞价程序中,有依法应当暂缓、中止执行等情形的,人民法院应当决定暂缓或者裁定中止拍卖;人民法院可以自行或者通知网络服务提供者停止拍卖。

网络服务提供者发现系统故障、安全隐患等紧急情况的,可以先行暂缓拍卖,并立即报告人民法院。

暂缓或者中止拍卖的,应当及时在网络司法拍卖平台公告原因或者理由。

暂缓拍卖期限届满或者中止拍卖的事由消失后,需要继续拍卖的,应当在五日内恢复拍卖。

第二十九条 网络服务提供者对拍卖形成的电子数据,应当完整保存不少于十年,但法律、行政法规另有规定的除外。

第三十条 因网络司法拍卖本身形成的税费,应当依照相关法律、行政法规的规定,由相应主体承担;没有规定或者规定不明的,人民法院可以根据法律原则和案件实际情况确定税费承担的相关主体、数额。

第三十一条 当事人、利害关系人提出异议请求撤销网络司法拍卖,符合下列情形之一的,人民法院应当支持:

(一)由于拍卖财产的文字说明、视频或者照片展示以及瑕疵说明严重失实,致使买受人产生重大误解,购买目的无法实现,但拍卖时的技术水平不能发现或者已经就相关瑕疵以及责任承担予以公示说明的除外;

(二)由于系统故障、病毒入侵、黑客攻击、数据错误等原因致使拍卖结果错误,严重损害当事人或者其他竞买人利益的;

(三)竞买人之间,竞买人与网络司法拍卖服务提供者之间恶意串通,损害当事人或者其他竞买人利益的;

(四)买受人不具备法律、行政法规和司法解释规定的竞买资格的;

(五)违法限制竞买人参加竞买或者对享有同等权利的竞买人规定不同竞买条件的;

(六)其他严重违反网络司法拍卖程序且损害当事人或者竞买人利益的情形。

第三十二条 网络司法拍卖被人民法院撤销,当事人、利害关系人、案外人认为人民法院的拍卖行为违法致使其合法权益遭受损害的,可以依法申请国家赔偿;认为其他主体的行为违法致使其合法权益遭受损害的,可以另行提起诉讼。

第三十三条 当事人、利害关系人、案外人认为网络司法拍卖服务提供者的行为违法致使其合法权益遭受损害的,可以另行提起诉讼;理由成立的,人民法院应当支持,但具有法定免责事由的除外。

第三十四条 实施网络司法拍卖的,下列机构和人员不得竞买并不得委托他人代为竞买与其行为相关的拍卖财产:

（一）负责执行的人民法院；
（二）网络服务提供者；
（三）承担拍卖辅助工作的社会机构或者组织；
（四）第（一）至（三）项规定主体的工作人员及其近亲属。

第三十五条　网络服务提供者有下列情形之一的，应当将其从名单库中除名：
（一）存在违反本规定第八条第二款规定操控拍卖程序、修改拍卖信息等行为的；
（二）存在恶意串通、弄虚作假、泄漏保密信息等行为的；
（三）因违反法律、行政法规和司法解释等规定受到处罚，不适于继续从事网络司法拍卖的；
（四）存在违反本规定第三十四条规定行为的；
（五）其他应当除名的情形。
网络服务提供者有前款规定情形之一，人民法院可以依照《中华人民共和国民事诉讼法》的相关规定予以处理。

第三十六条　当事人、利害关系人认为网络司法拍卖行为违法侵害其合法权益的，可以提出执行异议。异议、复议期间，人民法院可以决定暂缓或者裁定中止拍卖。
案外人对网络司法拍卖的标的提出异议的，人民法院应当依据《中华人民共和国民事诉讼法》第二百二十七条及相关司法解释的规定处理，并决定暂缓或者裁定中止拍卖。

第三十七条　人民法院通过互联网平台以变卖方式处置财产的，参照本规定执行。
执行程序中委托拍卖机构通过互联网平台实施网络拍卖的，参照本规定执行。
本规定对网络司法拍卖行为没有规定的，适用其他有关司法拍卖的规定。

第三十八条　本规定自2017年1月1日起施行。施行前最高人民法院公布的司法解释和规范性文件与本规定不一致的，以本规定为准。

最高人民法院关于公布失信被执行人名单信息的若干规定

〔2013年7月1日最高人民法院审判委员会第1582次会议通过，2013年7月16日公布，自2013年10月1日起施行，法释〔2013〕17号，根据2017年1月16日最高人民法院审判委员会第1707次会议《最高人民法院关于修改〈最高人民法院关于公布失信被执行人名单信息的若干规定〉的决定》修正，该修正于2017年2月28日公布，自2017年5月1日起施行，法释〔2017〕7号〕

为促使被执行人自觉履行生效法律文书确定的义务，推进社会信用体系建设，根据《中华人民共和国民事诉讼法》的规定，结合人民法院工作实际，制定本规定。

第一条　被执行人未履行生效法律文书确定的义务，并具有下列情形之一的，人民法院应当将其纳入失信被执行人名单，依法对其进行信用惩戒：
（一）有履行能力而拒不履行生效法律文书确定义务的；
（二）以伪造证据、暴力、威胁等方法妨碍、抗拒执行的；

（三）以虚假诉讼、虚假仲裁或者以隐匿、转移财产等方法规避执行的；

（四）违反财产报告制度的；

（五）违反限制消费令的；

（六）无正当理由拒不履行执行和解协议的。

第二条 被执行人具有本规定第一条第二项至第六项规定情形的，纳入失信被执行人名单的期限为二年。被执行人以暴力、威胁方法妨碍、抗拒执行情节严重或具有多项失信行为的，可以延长一至三年。

失信被执行人积极履行生效法律文书确定义务或主动纠正失信行为的，人民法院可以决定提前删除失信信息。

第三条 具有下列情形之一的，人民法院不得依据本规定第一条第一项的规定将被执行人纳入失信被执行人名单：

（一）提供了充分有效担保的；

（二）已被采取查封、扣押、冻结等措施的财产足以清偿生效法律文书确定债务的；

（三）被执行人履行顺序在后，对其依法不应强制执行的；

（四）其他不属于有履行能力而拒不履行生效法律文书确定义务的情形。

第四条 被执行人为未成年人的，人民法院不得将其纳入失信被执行人名单。

第五条 人民法院向被执行人发出的执行通知中，应当载明有关纳入失信被执行人名单的风险提示等内容。

申请执行人认为被执行人具有本规定第一条规定情形之一的，可以向人民法院申请将其纳入失信被执行人名单。人民法院应当自收到申请之日起十五日内审查并作出决定。人民法院认为被执行人具有本规定第一条规定情形之一的，也可以依职权决定将其纳入失信被执行人名单。

人民法院决定将被执行人纳入失信被执行人名单的，应当制作决定书，决定书应当写明纳入失信被执行人名单的理由，有纳入期限的，应当写明纳入期限。决定书由院长签发，自作出之日起生效。决定书应当按照民事诉讼法规定的法律文书送达方式送达当事人。

第六条 记载和公布的失信被执行人名单信息应当包括：

（一）作为被执行人的法人或者其他组织的名称、统一社会信用代码（或组织机构代码）、法定代表人或者负责人姓名；

（二）作为被执行人的自然人的姓名、性别、年龄、身份证号码；

（三）生效法律文书确定的义务和被执行人的履行情况；

（四）被执行人失信行为的具体情形；

（五）执行依据的制作单位和文号、执行案号、立案时间、执行法院；

（六）人民法院认为应当记载和公布的不涉及国家秘密、商业秘密、个人隐私的其他事项。

第七条 各级人民法院应当将失信被执行人名单信息录入最高人民法院失信被执行人名单库，并通过该名单库统一向社会公布。

各级人民法院可以根据各地实际情况，将失信被执行人名单通过报纸、广播、电视、网络、法院公告栏等其他方式予以公布，并可以采取新闻发布会或者其他方式对本院及辖区法院实施失信被执行人名单制度的情况定期向社会公布。

第八条 人民法院应当将失信被执行人名单信息，向政府相关部门、金融监管机构、金融机构、承担行政职能的事业单位及行业协会等通报,供相关单位依照法律、法规和有关规定,在政府采购、招标投标、行政审批、政府扶持、融资信贷、市场准入、资质认定等方面,对失信被执行人予以信用惩戒。

人民法院应当将失信被执行人名单信息向征信机构通报,并由征信机构在其征信系统中记录。

国家工作人员、人大代表、政协委员等被纳入失信被执行人名单的,人民法院应当将失信情况通报其所在单位和相关部门。

国家机关、事业单位、国有企业等被纳入失信被执行人名单的,人民法院应当将失信情况通报其上级单位、主管部门或者履行出资人职责的机构。

第九条 不应纳入失信被执行人名单的公民、法人或其他组织被纳入失信被执行人名单的,人民法院应当在三个工作日内撤销失信信息。

记载和公布的失信信息不准确的,人民法院应当在三个工作日内更正失信信息。

第十条 具有下列情形之一的,人民法院应当在三个工作日内删除失信信息:

(一)被执行人已履行生效法律文书确定的义务或人民法院已执行完毕的;

(二)当事人达成执行和解协议且已履行完毕的;

(三)申请执行人书面申请删除失信信息,人民法院审查同意的;

(四)终结本次执行程序后,通过网络执行查控系统查询被执行人财产两次以上,未发现有可供执行财产,且申请执行人或其他人未提供有效财产线索的;

(五)因审判监督或破产程序,人民法院依法裁定对失信被执行人中止执行的;

(六)人民法院依法裁定不予执行的;

(七)人民法院依法裁定终结执行的。

有纳入期限的,不适用前款规定。纳入期限届满后三个工作日内,人民法院应当删除失信信息。

依照本条第一款规定删除失信信息后,被执行人具有本规定第一条规定情形之一的,人民法院可以重新将其纳入失信被执行人名单。

依照本条第一款第三项规定删除失信信息后六个月内,申请执行人申请将该被执行人纳入失信被执行人名单的,人民法院不予支持。

第十一条 被纳入失信被执行人名单的公民、法人或其他组织认为有下列情形之一的,可以向执行法院申请纠正:

(一)不应将其纳入失信被执行人名单的;

(二)记载和公布的失信信息不准确的;

(三)失信信息应予删除的。

第十二条 公民、法人或其他组织对被纳入失信被执行人名单申请纠正的,执行法院应当自收到书面纠正申请之日起十五日内审查,理由成立的,应当在三个工作日内纠正;理由不成立的,决定驳回。公民、法人或其他组织对驳回决定不服的,可以自决定书送达之日起十日内向上一级人民法院申请复议。上一级人民法院应当自收到复议申请之日起十五日内作出决定。

复议期间,不停止原决定的执行。

第十三条 人民法院工作人员违反

本规定公布、撤销、更正、删除失信信息的,参照有关规定追究责任。

最高人民法院关于民事执行中财产调查若干问题的规定

[2017年1月25日最高人民法院审判委员会第1708次会议通过,2017年2月28日公布,自2017年5月1日起施行,法释〔2017〕8号]

为规范民事执行财产调查,维护当事人及利害关系人的合法权益,根据《中华人民共和国民事诉讼法》等法律的规定,结合执行实践,制定本规定。

第一条 执行过程中,申请执行人应当提供被执行人的财产线索;被执行人应当如实报告财产;人民法院应当通过网络执行查控系统进行调查,根据案件需要应当通过其他方式进行调查的,同时采取其他调查方式。

第二条 申请执行人提供被执行人财产线索,应当填写财产调查表。财产线索明确、具体的,人民法院应当在七日内调查核实;情况紧急的,应当在三日内调查核实。财产线索确实的,人民法院应当及时采取相应的执行措施。

申请执行人确因客观原因无法自行查明财产的,可以申请人民法院调查。

第三条 人民法院依申请执行人的申请或依职权责令被执行人报告财产情况的,应当向其发出报告财产令。金钱债权执行中,报告财产令应当与执行通知同时发出。

人民法院根据案件需要再次责令被执行人报告财产情况的,应当重新向其发出报告财产令。

第四条 报告财产令应当载明下列事项:

(一)提交财产报告的期限;

(二)报告财产的范围、期间;

(三)补充报告财产的条件及期间;

(四)违反报告财产义务应承担的法律责任;

(五)人民法院认为有必要载明的其他事项。

报告财产令应附财产调查表,被执行人必须按照要求逐项填写。

第五条 被执行人应当在报告财产令载明的期限内向人民法院书面报告下列财产情况:

(一)收入、银行存款、现金、理财产品、有价证券;

(二)土地使用权、房屋等不动产;

(三)交通运输工具、机器设备、产品、原材料等动产;

(四)债权、股权、投资权益、基金份额、信托受益权、知识产权等财产性权利;

(五)其他应当报告的财产。

被执行人的财产已出租、已设立担保物权等权利负担,或者存在共有、权属争议等情形的,应当一并报告;被执行人的动产由第三人占有,被执行人的不动产、特定动产、其他财产权等登记在第三人名下的,也应当一并报告。

被执行人在报告财产令载明的期限内提交书面报告确有困难的,可以向人民法院书面申请延长期限;申请有正当理由的,人民法院可以适当延长。

第六条 被执行人自收到执行通知之日前一年至提交书面财产报告之日,其财产情况发生下列变动的,应当将变动情况一并报告:

（一）转让、出租财产的；

（二）在财产上设立担保物权等权利负担的；

（三）放弃债权或延长债权清偿期的；

（四）支出大额资金的；

（五）其他影响生效法律文书确定债权实现的财产变动。

第七条 被执行人报告财产后，其财产情况发生变动，影响申请执行人债权实现的，应当自财产变动之日起十日内向人民法院补充报告。

第八条 对被执行人报告的财产情况，人民法院应当及时调查核实，必要时可以组织当事人进行听证。

申请执行人申请查询被执行人报告的财产情况的，人民法院应当准许。申请执行人及其代理人对查询过程中知悉的信息应当保密。

第九条 被执行人拒绝报告、虚假报告或者无正当理由逾期报告财产情况的，人民法院可以根据情节轻重对被执行人或者其法定代理人予以罚款、拘留；构成犯罪的，依法追究刑事责任。

人民法院对有前款规定行为之一的单位，可以对其主要负责人或者直接责任人员予以罚款、拘留；构成犯罪的，依法追究刑事责任。

第十条 被执行人拒绝报告、虚假报告或者无正当理由逾期报告财产情况的，人民法院应当依照相关规定将其纳入失信被执行人名单。

第十一条 有下列情形之一的，财产报告程序终结：

（一）被执行人履行完毕生效法律书确定义务的；

（二）人民法院裁定终结执行的；

（三）人民法院裁定不予执行的；

（四）人民法院认为财产报告程序应当终结的其他情形。

发出报告财产令后，人民法院裁定终结本次执行程序的，被执行人仍应依照本规定第七条的规定履行补充报告义务。

第十二条 被执行人未按执行通知履行生效法律文书确定的义务，人民法院有权通过网络执行查控系统、现场调查等方式向被执行人、有关单位或个人调查被执行人的身份信息和财产信息，有关单位和个人应当依法协助办理。

人民法院对调查所需资料可以复制、打印、抄录、拍照或以其他方式进行提取、留存。

申请执行人申请查询人民法院调查的财产信息的，人民法院可以根据案件需要决定是否准许。申请执行人及其代理人对查询过程中知悉的信息应当保密。

第十三条 人民法院通过网络执行查控系统进行调查，与现场调查具有同等法律效力。

人民法院调查过程中作出的电子法律文书与纸质法律文书具有同等法律效力；协助执行单位反馈的电子查询结果与纸质反馈结果具有同等法律效力。

第十四条 被执行人隐匿财产、会计账簿等资料拒不交出的，人民法院可以依法采取搜查措施。

人民法院依法搜查时，对被执行人可能隐匿财产或者资料的处所、箱柜等，经责令被执行人开启而拒不配合的，可以强制开启。

第十五条 为查明被执行人的财产情况和履行义务的能力，可以传唤被执行人或被执行人的法定代表人、负责人、实际控制人、直接责任人员到人民法院接受调查询问。

对必须接受调查询问的被执行人、被执行人的法定代表人、负责人或者实际控制人,经依法传唤无正当理由拒不到场的,人民法院可以拘传其到场;上述人员下落不明的,人民法院可以依照相关规定通知有关单位协助查找。

第十六条 人民法院对已经办理查封登记手续的被执行人机动车、船舶、航空器等特定动产未能实际扣押的,可以依照相关规定通知有关单位协助查找。

第十七条 作为被执行人的法人或其他组织不履行生效法律文书确定的义务,申请执行人认为其有拒绝报告、虚假报告财产情况、隐匿、转移财产等逃避债务情形或者其股东、出资人有出资不实、抽逃出资等情形的,可以书面申请人民法院委托审计机构对该被执行人进行审计。人民法院应当自收到书面申请之日起十日内决定是否准许。

第十八条 人民法院决定审计的,应当随机确定具备资格的审计机构,并责令被执行人提交会计凭证、会计账簿、财务会计报告等与审计事项有关的资料。

被执行人隐匿审计资料的,人民法院可以依法采取搜查措施。

第十九条 被执行人拒不提供、转移、隐匿、伪造、篡改、毁弃审计资料,阻挠审计人员查看业务现场或者有其他妨碍审计调查行为的,人民法院可以根据情节轻重对被执行人或其主要负责人、直接责任人员予以罚款、拘留;构成犯罪的,依法追究刑事责任。

第二十条 审计费用由提出审计申请的申请执行人预交。被执行人存在拒绝报告或虚假报告财产情况、隐匿、转移财产或者其他逃避债务情形的,审计费用由被执行人承担;未发现被执行人存在上述情形的,审计费用由申请执行人承担。

第二十一条 被执行人不履行生效法律文书确定的义务,申请执行人可以向人民法院书面申请发布悬赏公告查找可供执行的财产。申请书应当载明下列事项:

(一)悬赏金的数额或计算方法;

(二)有关人员提供人民法院尚未掌握的财产线索,使该申请执行人的债权得以全部或部分实现时,自愿支付悬赏金的承诺;

(三)悬赏公告的发布方式;

(四)其他需要载明的事项。

人民法院应当自收到书面申请之日起十日内决定是否准许。

第二十二条 人民法院决定悬赏查找财产的,应当制作悬赏公告。悬赏公告应当载明悬赏金的数额或计算方法、领取条件等内容。

悬赏公告应当在全国法院执行悬赏公告平台、法院微博或微信等媒体平台发布,也可以在执行法院公告栏或被执行人住所地、经常居住地等处张贴。申请执行人申请在其他媒体平台发布,并自愿承担发布费用的,人民法院应当准许。

第二十三条 悬赏公告发布后,有关人员向人民法院提供财产线索的,人民法院应当对有关人员的身份信息和财产线索进行登记;两人以上提供相同财产线索的,应当按照提供线索的先后顺序登记。

人民法院对有关人员的身份信息和财产线索应当保密,但为发放悬赏金需要告知申请执行人的除外。

第二十四条 有关人员提供人民法院尚未掌握的财产线索,使申请发布悬赏公告的申请执行人的债权得以全部或部分实现的,人民法院应当按照悬赏公告发放悬赏金。

悬赏金从前款规定的申请执行人应得的执行款中予以扣减。特定物交付执行或者存在其他无法扣减情形的,悬赏金由该申请执行人另行支付。

有关人员为申请执行人的代理人、有义务向人民法院提供财产线索的人员或者存在其他不应发放悬赏金情形的,不予发放。

第二十五条 执行人员不得调查与执行案件无关的信息,对调查过程中知悉的国家秘密、商业秘密和个人隐私应当保密。

第二十六条 本规定自2017年5月1日起施行。

本规定施行后,本院以前公布的司法解释与本规定不一致的,以本规定为准。

(二十二) 执行中止和终结

最高人民法院关于对破产案件的债务人未被执行的财产均应中止执行问题的批复

[1993年9月17日,法复[1993]9号]

四川省高级人民法院:

你院川高法执[1993]字第4号《关于执行案件已冻结的款能否再作为破产财产清偿的请示报告》收悉,经研究,答复如下:

根据《中华人民共和国企业破产法(试行)》关于"人民法院受理破产案件后,对债务人财产的其他民事执行程序均应中止"的规定,以破产案件的债务人为被执行人的执行案件,执行法院虽对该债务人的财产已决定采取或者已经采取了冻结、扣留、查封或扣押等措施的,仍属于未执行财产,均应依法中止执行。

执行程序中止后,该执行案件的债权人,可凭生效的法律文书向受理破产案件的人民法院申报债权。如果受理破产案件的人民法院裁定宣告债务人(被执行人)破产,被中止执行的财产应当作为破产财产;如果破产案件审理终结,债务人不被宣告破产,被中止的执行程序可恢复进行。

最高人民法院关于中银信托投资公司作为被执行人的案件应中止执行的通知

[1995年12月21日、1996年9月28日,法[1995]209号]

各省、自治区、直辖市高级人民法院,解放军军事法院:

鉴于中国人民银行已决定对中银信托投资公司进行接管,凡涉及中银信托投资公司作为被执行人的案件,在接管、清理期间,有关执行法院应根据《中华人民共和国民事诉讼法》第二百二十四条第一款第(五)项之规定,对生效的法律文书,裁定中止执行。

请各高级法院、军事法院接通知后,立即告知所辖中级法院、基层法院及专门法院按本通知认真执行。

最高人民法院关于人民法院办理执行案件若干期限的规定

[2006年12月23日，法发〔2006〕35号]

为确保及时、高效、公正办理执行案件，依据《中华人民共和国民事诉讼法》和有关司法解释的规定，结合执行工作实际，制定本规定。

第一条 被执行人有财产可供执行的案件，一般应当在立案之日起6个月内执结；非诉执行案件一般应当在立案之日起3个月内执结。

有特殊情况须延长执行期限的，应当报请本院院长或副院长批准。

申请延长执行期限的，应当在期限届满前5日内提出。

第二条 人民法院应当在立案后7日内确定承办人。

第三条 承办人收到案件材料后，经审查认为情况紧急、需立即采取执行措施的，经批准后可立即采取相应的执行措施。

第四条 承办人应当在收到案件材料后3日内向被执行人发出执行通知书，通知被执行人按照有关规定申报财产，责令被执行人履行生效法律文书确定的义务。

被执行人在指定的履行期间内有转移、隐匿、变卖、毁损财产等情形的，人民法院在获悉后应当立即采取控制性执行措施。

第五条 承办人应当在收到案件材料后3日内通知申请执行人提供被执行人财产状况或财产线索。

第六条 申请执行人提供了明确、具体的财产状况或财产线索的，承办人应当在申请执行人提供财产状况或财产线索后5日内进行查证、核实。情况紧急的，应当立即予以核查。

申请执行人无法提供被执行人财产状况或财产线索，或者提供财产状况或财产线索确有困难，需人民法院进行调查的，承办人应当在申请执行人提出调查申请后10日内启动调查程序。

根据案件具体情况，承办人一般应当在1个月内完成对被执行人收入、银行存款、有价证券、不动产、车辆、机器设备、知识产权、对外投资权益及收益、到期债权等资产状况的调查。

第七条 执行中采取评估、拍卖措施的，承办人应当在10日内完成评估、拍卖机构的遴选。

第八条 执行中涉及不动产、特定动产及其他财产需办理过户登记手续的，承办人应当在5日内向有关登记机关送达协助执行通知书。

第九条 对执行异议的审查，承办人应当在收到异议材料及执行案卷后15日内提出审查处理意见。

第十条 对执行异议的审查需进行听证的，合议庭应当在决定听证后10日内组织异议人、申请执行人、被执行人及其他利害关系人进行听证。

承办人应当在听证结束后5日内提出审查处理意见。

第十一条 对执行异议的审查，人民法院一般应当在1个月内办理完毕。

需延长期限的，承办人应当在期限届满前3日内提出申请。

第十二条 执行措施的实施及执行法律文书的制作需报经审批的，相关负责人应当在7日内完成审批程序。

第十三条 下列期间不计入办案期限：

1. 公告送达执行法律文书的期间；
2. 暂缓执行的期间；
3. 中止执行的期间；
4. 就法律适用问题向上级法院请示的期间；
5. 与其他法院发生执行争议报请共同的上级法院协调处理的期间。

第十四条 法律或司法解释对办理期限有明确规定的，按照法律或司法解释规定执行。

第十五条 本规定自2007年1月1日起施行。

最高人民法院关于对人民法院终结执行行为提出执行异议期限问题的批复

[2015年11月30日最高人民法院审判委员会第1668次会议通过，2016年2月14日公布，自2016年2月25日起施行，法释〔2016〕3号]

湖北省高级人民法院：

你院《关于咸宁市广泰置业有限公司与咸宁市枫丹置业有限公司房地产开发经营合同纠纷案的请示》（鄂高法〔2015〕295号）收悉。经研究，批复如下：

当事人、利害关系人依照民事诉讼法第二百二十五条规定对终结执行行为提出异议的，应当自收到终结执行法律文书之日起六十日内提出；未收到法律文书的，应当自知道或者应当知道人民法院终结执行之日起六十日内提出。批复发布前终结执行的，自批复发布之日起六十日内提出。超出该期限提出执行异议的，人民法院不予受理。

此复。

四、涉外民事诉讼程序的特别规定

最高人民法院、外交部、司法部关于我国法院和外国法院通过外交途径相互委托送达法律文书若干问题的通知

[1986年8月14日，外发〔1986〕47号]

全国各有关法院、各驻外使领馆：

目前，在我国与外国没有双边协议的情况下，有关涉外民事、经济等方面诉讼的法律文书，一般按互惠原则通过外交途径送达。过去，由于送达的法律文书不多，没有制定统一的规定。随着我国实行对外开放政策，涉外民事、经济等方面诉讼案件中需要送达的法律文书日益增多，为适应新的形势，针对过去在法律文书送达方面的问题，现根据我国民事诉讼法（试行）的有关规定，对我国法院和外国法院通过外交途径相互委托送达民事、经济等方面诉讼的法律文书的若干问题通知如下：

一、凡已同我国建交国家的法院，通过外交途径委托我国法院向我国公民或法人以及在华的第三国或无国籍当事人送达法律文书，除该国同我国已订有协议的按协议处理外，一般根据互惠原则按下列程序和要求办理：

1. 由该国驻华使馆将法律文书交外交部领事司转递给有关高级人民法院，再

由该高级人民法院指定有关中级人民法院送达给当事人。当事人在所附送达回证上签字后,中级人民法院将送达回证退高级人民法院,再通过外交部领事司转退给对方;如未附送达回证,则由有关中级人民法院出具送达证明交有关高级人民法院,再通过外交部领事司转给对方。

2. 委托送达法律文书须用委托书。委托书和所送法律文书须附有中文译本。

3. 法律文书的内容有损我国主权和安全的,予以驳回;如受送达人享有外交特权和豁免,一般不予送达;不属于我国法院职权范围或因地址不明或其他原因不能送达的,由有关高级人民法院提出处理意见或注明妨碍送达的原因,由外交部领事司向对方说明理由,予以退回。

二、外国驻华使、领馆可以直接向其在华的本国国民送达法律文书,但不得损害我国主权和安全,不得采取强制措施。如对方通过外交途径委托我方向其在华的该国国民送达法律文书,亦可按第一条的规定予以送达。

三、对拒绝转递我国法院通过外交途径委托送达法律文书的国家或有特殊限制的国家,我方可根据情况采取相应措施。

四、我国法院通过外交途径向国外当事人送达法律文书,应按下列程序和要求办理:

1. 要求送达的法律文书须经省、自治区、直辖市高级人民法院审查,由外交部领事司负责转递。

2. 须准确注明受送达人姓名、性别、年龄、国籍及其在国外的详细外文地址,并将该案的基本情况函告外交部领事司,以便转递。

3. 须附有送达委托书。如对方法院名称不明,可委托当事人所在地区主管法院。委托书和所送法律文书还须附有该国文字或该国同意使用的第三国文字译本。如该国对委托书及法律文书有公证、认证等特殊要求,将由外交部领事司逐案通知。

五、我国法院向在外国领域内的中国籍当事人送达法律文书,如该国允许我使、领馆直接送达,可委托我驻该国使、领馆送达。此类法律文书可不必附有外文译本。

六、我国法院和外国法院通过外交途径相互委托送达法律文书的收费,一般按对等原则办理。外国法院支付我国法院代为送达法律文书的费用,由外交部领事司转交有关高级人民法院;我国法院支付外国法院代为送达法律文书的费用,由有关高级人民法院交外部领事司转递。但应委托一方要求用特殊方式送达法律文书引起的费用,由委托一方负担。

七、中、日(本)双方法院委托对方法院代为送达法律文书,除按上述有关原则办理外,还应依照最高人民法院一九八二年十月十二日《关于中、日两国之间委托送达法律文书使用送达回证问题的通知》办理。

八、我国法院和外国法院通过外交途径相互委托代为调查或取证,参照以上有关规定办理。

本通知自发出之日起实行。执行中有何问题,请报有关单位。

最高人民法院、外交部、司法部关于执行《关于向国外送达民事或商事司法文书和司法外文书公约》有关程序的通知

[1992年3月4日，外发〔1992〕8号]

全国各有关法院、各驻外使领馆：

1991年3月2日，第七届全国人民代表大会常务委员会第十八次会议决定批准我国加入1965年11月15日订于海牙的《关于向国外送达民事或商事司法文书和司法外文书公约》（以下简称《公约》），并指定司法部为中央机关和有权接收外国通过领事途径转递的文书的机关。该公约已自1992年1月1日起对我国生效。现就执行该公约的有关程序通知如下：

一、凡公约成员国驻华使、领馆转送该国法院或其他机关请求我国送达的民事或商事司法文书，应直接送交司法部，由司法部转递给最高人民法院，再由最高人民法院交有关人民法院送达给当事人。送达证明由有关人民法院交最高人民法院退司法部，再由司法部送交该国驻华使、领馆。

二、凡公约成员国有权送交文书的主管当局或司法助理人员直接送交司法部请求我国送达的民事或商事司法文书，由司法部转递给最高人民法院，再由最高人民法院交有关人民法院送达给当事人。送达证明由有关人民法院交最高人民法院退司法部，再由司法部送交该国主管当局或司法助理人员。

三、对公约成员国驻华使、领馆直接向其在华的本国公民送达民事或商事司法文书，如不违反我国法律，可不表示异议。

四、我国法院若请求公约成员国向该国公民或第三国公民或无国籍人送达民事或商事司法文书，有关中级人民法院或专门人民法院将请求书和所送达司法文书送有关高级人民法院转最高人民法院，由最高人民法院送司法部转送给该国指定的中央机关；必要时，也可由最高人民法院送我国驻该国使馆转送给该国指定的中央机关。

五、我国法院欲向在公约成员国的中国公民送达民事或商事司法文书，可委托我国驻该国的使、领馆代为送达。委托书和所送司法文书应由有关中级人民法院或专门人民法院送有关高级人民法院转最高人民法院，由最高人民法院径送或经司法部转送我国驻该国使、领馆送达给当事人。送达证明按原途径退有关法院。

六、非公约成员国通过外交途径委托我国法院送达的司法文书按最高人民法院、外交部、司法部1986年6月14日联名颁发的外发〔1986〕47号《关于我国法院和外国法院通过外交途径相互委托送达法律文书若干问题的通知》办理。公约成员国在特殊情况下通过外交途径请求我国法院送达的司法文书，也按上述文件办理。

七、我国与公约成员国签订有司法协助协定的，按协定的规定办理。

八、执行公约中需同公约成员国交涉的事项由外交部办理。

九、执行公约的其他事项由司法部商有关部门办理。

注：截至1991年12月，下列国家批准或加入了该公约：中国、比利时、加拿大、塞浦路斯、捷克和斯洛伐克、丹麦、埃及、芬兰、法国、德国、希腊、以色列、意大

利、日本、卢森堡、荷兰、挪威、葡萄牙、西班牙、瑞典、土耳其、英国、美国、安提瓜与巴布达、巴巴多斯、博茨瓦纳、巴基斯坦、马拉维、塞舌尔；下列国家签署了该公约：爱尔兰、瑞士。

最高人民法院办公厅关于"送达公约"适用于香港的通知

[1992年7月15日，法办〔1992〕86号]

各省、自治区、直辖市高级人民法院，各中级人民法院，各铁路运输中级法院，各海事法院：

一九九一年三月二日，第七届全国人民代表大会常务委员会第十八次会议决定批准我国加入《关于向国外送达民事或商事司法文书和司法外文书公约》，该公约自一九九二年一月一日起对我国生效。一九九二年三月四日，最高人民法院、外交部、司法部联合发出《关于执行〈关于向国外送达民事或商事司法文书和司法外文书公约〉有关程序的通知》（外发〔1992〕8号文件）。经征询国务院港澳办公室的意见，今后，香港最高法院和内地人民法院送达司法文书和司法外文书，可以参照最高人民法院、外交部、司法部外发〔1992〕8号文件的有关规定办理。

特此通知。

最高人民法院关于向居住在外国的我国公民送达司法文书问题的复函

[1993年11月19日]

外交部领事司：

你司转来的我国驻纽约总领事馆"关于向我国公民和华人送达司法文书事的请示"收悉。经研究，现答复如下：

一、关于我国人民法院向海牙送达公约成员国送达民、商事司法文书的程序问题，最高人民法院、外交部、司法部外发〔1992〕8号《关于执行〈关于向国外送达民事或商事司法文书和司法外文书公约〉有关程序的通知》和司发通〔1992〕093号《关于印发〈关于执行海牙送达公约〉的实施办法的通知》中已有明确规定，即我国法院若请求公约成员国向该国公民或第三国公民或无国籍人送达民事或商事司法文书，有关中级人民法院或专门人民法院应将请求书和所送司法文书送有关高级人民法院转最高人民法院，由最高人民法院送司法部转送给该国指定的中央机关；必要时也可由最高人民法院送我国驻该国使馆转送给该国指定的中央机关。我国法院向在公约成员国的中国公民送达民事或商事司法文书，可委托我国驻该国的使、领馆代为送达。委托书和所送司法文书应由有关中级人民法院或专门人民法院送有关高级人民法院转最高人民法院，由最高人民法院径送或经司法部转送我国驻该国使领馆送达给当事人。送达证明按原途径退委托法院。

二、接到我国法院委托送达司法文书的使、领馆发现委托法院有违反规定的送达程序或者司法文书的格式不规范、地址不详细等情况以致不能完成送达时,应备函说明原因,将司法文书及时退回原委托法院。

三、一方或双方居住在外国的中国公民就同一案件,不论其起诉案由如何,分别向我国法院和外国法院起诉,我国法院已经受理,或者正在审理,或者已经判决的案件,不发生人民法院承认和执行外国法院判决的问题。在我国领域内,我国法院发生法律效力的判决,或者我国法院裁定承认的外国法院判决,对当事人具有拘束力。

四、关于我驻纽约总领事馆请示函所提司法文书邮寄给当事人后,当事人未及时退回送达回证,应如何回复原委托法院问题,我们意见仍按外交部领事司函五函〔1991〕12号《关于送达司法文书若干问题的说明》第三、四、五的规定办理。对使、领馆在驻在国通过邮寄方式送达的诉讼文书,经过一定时间(由使领馆根据具体情况掌握,如一个月内),送达回证、回执等没有退回,但根据各种情况足以认定已经送达的,可以将情况写明函复委托法院,由委托法院依法确定送达日期。

最高人民法院关于涉外商事海事案件中法律文书外交送达费用人民币1000元以上的性质应如何认定的请示的复函

〔2005年6月6日,〔2005〕民四他字第15号〕

上海市高级人民法院:

你院沪高法〔2005〕61号《关于涉外商事海事案件中法律文书外交送达费用人民币1000元以上的性质应如何认定的请示报告》收悉。经研究,答复如下:

你院请示的问题实际上是对人民币1000元以上的外交送达费用如何列支的问题,即该笔送达费用是从"案件受理费"中列支,还是作为"其他诉讼费用"由有关当事人另行委托法院缴纳。对此,《人民法院诉讼收费办法》及其《补充规定》均未明确规定人民法院可以向当事人收取法律文书的外交送达费用。因此,你院不应再就涉外案件法律文书的外交送达费用向当事人另行收取。至于具体如何列支,应由你院自行决定。

此复。

最高人民法院关于涉外民事或商事案件司法文书送达问题若干规定

〔2006年7月17日最高人民法院审判委员会第1394次会议通过,2006年8月10日公布,自2006年8月22日起施行,法释〔2006〕5号,根据2008年12月16日《最高人民法院关于调整司法解释等文件中引用〈中华人民共和国民事诉讼法〉条文序号的决定》修正〕

为规范涉外民事或商事案件司法文书送达,根据《中华人民共和国民事诉讼法》(以下简称民事诉讼法)的规定,结合审判实践,制定本规定。

第一条 人民法院审理涉外民事或商事案件时,向中华人民共和国领域内没有住所的受送达人送达司法文书,适用本规定。

第二条 本规定所称司法文书,是指起诉状副本、上诉状副本、反诉状副本、答辩状副本、传票、判决书、调解书、裁定书、支付令、决定书、通知书、证明书、送达回证以及其他司法文书。

第三条 作为受送达人的自然人或者企业、其他组织的法定代表人、主要负责人在中华人民共和国领域内的,人民法院可以向该自然人或者法定代表人、主要负责人送达。

第四条 除受送达人在授权委托书中明确表明其诉讼代理人无权代为接收有关司法文书外,其委托的诉讼代理人为民事诉讼法第二百四十五条第(四)项规定的有权代其接受送达的诉讼代理人,人民法院可以向该诉讼代理人送达。

第五条 人民法院向受送达人送达司法文书,可以送达给其在中华人民共和国领域内设立的代表机构。

受送达人在中华人民共和国领域内有分支机构或者业务代办人的,经受送达人授权,人民法院可以向其分支机构或者业务代办人送达。

第六条 人民法院向在中华人民共和国领域内没有住所的受送达人送达司法文书时,若该受送达人所在国与中华人民共和国签订有司法协助协定,可以依照司法协助协定规定的方式送达;若该受送达人所在国是《关于向国外送达民事或商事司法文书和司法外文书公约》的成员国,可以依照该公约规定的方式送达。

受送达人所在国与中华人民共和国签订有司法协助协定,且为《关于向国外送达民事或商事司法文书和司法外文书公约》成员国的,人民法院依照司法协助协定的规定办理。

第七条 按照司法协助协定、《关于向国外送达民事或商事司法文书和司法外文书公约》或者外交途径送达司法文书,自我国有关机关将司法文书转递受送达人所在国有关机关之日起满六个月,如果未能收到送达与否的证明文件,且根据各种情况不足以认定已经送达的,视为不能用该种方式送达。

第八条 受送达人所在国允许邮寄送达的,人民法院可以邮寄送达。

邮寄送达时应附有送达回证。受送达人未在送达回证上签收但在邮件回执上签收的,视为送达,签收日期为送达日期。

自邮寄之日起满六个月,如果未能收到送达与否的证明文件,且根据各种情况不足以认定已经送达的,视为不能用邮寄方式送达。

第九条 人民法院依照民事诉讼法第二百四十五条第(七)项规定的公告方式送达时,公告内容应在国内外公开发行的报刊上刊登。

第十条 除本规定上述送达方式外,人民法院可以通过传真、电子邮件等能够确认收悉的其他适当方式向受送达人送达。

第十一条 除公告送达方式外,人民法院可以同时采取多种方式向受送达人进行送达,但应根据最先实现送达的方式确定送达日期。

第十二条 人民法院向受送达人在中华人民共和国领域内的法定代表人、主要负责人、诉讼代理人、代表机构以及有权接受送达的分支机构、业务代办人送达司法文书,可以适用留置送达的方式。

第十三条 受送达人未对人民法院送达的司法文书履行签收手续,但存在以下情形之一的,视为送达:

(一)受送达人书面向人民法院提及了所送达司法文书的内容;

（二）受送达人已经按照所送达司法文书的内容履行；

（三）其他可以视为已经送达的情形。

第十四条　人民法院送达司法文书，根据有关规定需要通过上级人民法院转递的，应附申请转递函。

上级人民法院收到下级人民法院申请转递的司法文书，应在七个工作日内予以转递。

上级人民法院认为下级人民法院申请转递的司法文书不符合有关规定需要补正的，应在七个工作日内退回申请转递的人民法院。

第十五条　人民法院送达司法文书，根据有关规定需要提供翻译件的，应由受理案件的人民法院委托中华人民共和国领域内的翻译机构进行翻译。

翻译件不加盖人民法院印章，但应由翻译机构或翻译人员签名或盖章证明译文与原文一致。

第十六条　本规定自公布之日起施行。

最高人民法院关于涉台民事诉讼文书送达的若干规定

[最高人民法院审判委员会第1421次会议通过，2008年4月17日公布，自2008年4月23日起施行，法释〔2008〕4号]

为维护涉台民事案件当事人的合法权益，保障涉台民事案件诉讼活动的顺利进行，促进海峡两岸人员往来和交流，根据民事诉讼法的有关规定，制定本规定。

第一条　人民法院审理涉台民事案件向住所地在台湾地区的当事人送达民事诉讼文书，以及人民法院接受台湾地区有关法院的委托代为向住所地在大陆的当事人送达民事诉讼文书，适用本规定。

涉台民事诉讼文书送达事务的处理，应当遵守一个中国原则和法律的基本原则，不违反社会公共利益。

第二条　人民法院送达或者代为送达的民事诉讼文书包括：起诉状副本、上诉状副本、反诉状副本、答辩状副本、授权委托书、传票、判决书、调解书、裁定书、支付令、决定书、通知书、证明书、送达回证以及与民事诉讼有关的其他文书。

第三条　人民法院向住所地在台湾地区的当事人送达民事诉讼文书，可以采用下列方式：

（一）受送达人居住在大陆的，直接送达。受送达人是自然人，本人不在的，可以交其同住成年家属签收；受送达人是法人或者其他组织的，应当由法人的法定代表人、其他组织的主要负责人或者该法人、组织负责收件的人签收；

受送达人不在大陆居住，但送达时在大陆的，可以直接送达；

（二）受送达人在大陆有诉讼代理人的，向诉讼代理人送达。受送达人在授权委托书中明确表明其诉讼代理人无权代为接收的除外；

（三）受送达人有指定代收人的，向代收人送达；

（四）受送达人在大陆有代表机构、分支机构、业务代办人的，向其代表机构或者经受送达人明确授权接受送达的分支机构、业务代办人送达；

（五）受送达人在台湾地区的地址明确的，可以邮寄送达；

（六）有明确的传真号码、电子信箱地址的，可以通过传真、电子邮件方式向受送达人送达；

（七）按照两岸认可的其他途径送达。

采用上述方式不能送达或者台湾地区的当事人下落不明的，公告送达。

第四条 采用本规定第三条第一款第(一)、(二)、(三)、(四)项方式送达的，由受送达人、诉讼代理人或者有权接受送达的人在送达回证上签收或者盖章，即为送达；拒绝签收或者盖章的，可以依法留置送达。

第五条 采用本规定第三条第一款第(五)项方式送达的，应当附有送达回证。受送达人未在送达回证上签收但在邮件回执上签收的，视为送达，签收日期为送达日期。

自邮寄之日起满三个月，如果未能收到送达与否的证明文件，且根据各种情况不足以认定已经送达的，视为未送达。

第六条 采用本规定第三条第一款第(六)项方式送达的，应当注明人民法院的传真号码或者电子信箱地址，并要求受送达人在收到传真件或者电子邮件后及时予以回复。以能够确认受送达人收悉的日期为送达日期。

第七条 采用本规定第三条第一款第(七)项方式送达的，应当由有关的高级人民法院出具盖有本院印章的委托函。委托函应当写明案件各方当事人的姓名或者名称、案由、案号；受送达人姓名或者名称、受送达人的详细地址以及需送达的文书种类。

第八条 采用公告方式送达的，公告内容应当在境内外公开发行的报刊或者权威网站上刊登。

公告送达的，自公告之日起满三个月，即视为送达。

第九条 人民法院按照两岸认可的有关途径代为送达台湾地区法院的民事诉讼文书的，应当有台湾地区有关法院的委托函。

人民法院收到台湾地区有关法院的委托函后，经审查符合条件的，应当在收到委托函之日起两个月内完成送达。

民事诉讼文书中确定的出庭日期或者其他期限逾期的，受委托的人民法院亦应予送达。

第十条 人民法院按照委托函中的受送达人姓名或者名称、地址不能送达的，应当附函写明情况，将委托送达的民事诉讼文书退回。

完成送达的送达回证以及未完成送达的委托材料，可以按照原途径退回。

第十一条 受委托的人民法院对台湾地区有关法院委托送达的民事诉讼文书的内容和后果不负法律责任。

最高人民法院关于涉港澳民商事案件司法文书送达问题若干规定

[2009年2月16日最高人民法院审判委员会第1463次会议通过，2009年3月9日公布，自2009年3月16日起施行，法释[2009]2号]

为规范涉及香港特别行政区、澳门特别行政区民商事案件司法文书送达，根据《中华人民共和国民事诉讼法》的规定，结合审判实践，制定本规定。

第一条 人民法院审理涉及香港特别行政区、澳门特别行政区的民商事案件时,向住所地在香港特别行政区、澳门特别行政区的受送达人送达司法文书,适用本规定。

第二条 本规定所称司法文书,是指起诉状副本、上诉状副本、反诉状副本、答辩状副本、传票、判决书、调解书、裁定书、支付令、决定书、通知书、证明书、送达回证等与诉讼相关的文书。

第三条 作为受送达人的自然人或者企业、其他组织的法定代表人、主要负责人在内地的,人民法院可以直接向该自然人或者法定代表人、主要负责人送达。

第四条 除受送达人在授权委托书中明确表明其诉讼代理人无权代为接受有关司法文书外,其委托的诉讼代理人为有权代其接受送达的诉讼代理人,人民法院可以向该诉讼代理人送达。

第五条 受送达人在内地设立有代表机构的,人民法院可以直接向该代表机构送达。

受送达人在内地设立有分支机构或者业务代办人并授权其接受送达的,人民法院可以直接向该分支机构或者业务代办人送达。

第六条 人民法院向在内地没有住所的受送达人送达司法文书,可以按照最高人民法院《关于内地与香港特别行政区法院相互委托送达民商事司法文书的安排》或者《最高人民法院关于内地与澳门特别行政区法院就民商事案件相互委托送达司法文书和调取证据的安排》送达。

按照前款规定方式送达的,自内地的高级人民法院或者最高人民法院将有关司法文书递送香港特别行政区高等法院或者澳门特别行政区终审法院之日起满三个月,如果未能收到送达与否的证明文件且不存在本规定第十二条规定情形的,视为不能适用上述安排中规定的方式送达。

第七条 人民法院向受送达人送达司法文书,可以邮寄送达。

邮寄送达时应附有送达回证。受送达人未在送达回证上签收但在邮件回执上签收的,视为送达,签收日期为送达日期。

自邮寄之日起满三个月,虽未收到送达与否的证明文件,但存在本规定第十二条规定情形的,期间届满之日视为送达。

自邮寄之日起满三个月,如果未能收到送达与否的证明文件,且不存在本规定第十二条规定情形的,视为未送达。

第八条 人民法院可以通过传真、电子邮件等能够确认收悉的其他适当方式向受送达人送达。

第九条 人民法院不能依照本规定上述方式送达的,可以公告送达。公告内容应当在内地和受送达人住所地公开发行的报刊上刊登,自公告之日起满三个月即视为送达。

第十条 除公告送达方式外,人民法院可以同时采取多种法定方式向受送达人送达。

采取多种方式送达的,应当根据最先实现送达的方式确定送达日期。

第十一条 人民法院向在内地的受送达人或者受送达人的法定代表人、主要负责人、诉讼代理人、代表机构以及有权接受送达的分支机构、业务代办人送达司法文书,可以适用留置送达的方式。

第十二条 受送达人未对人民法院送达的司法文书履行签收手续,但存在以下情形之一的,视为送达:

(一)受送达人向人民法院提及了所送达司法文书的内容;

(二)受送达人已经按照所送达司法文书的内容履行;

(三) 其他可以确认已经送达的情形。

第十三条 下级人民法院送达司法文书,根据有关规定需要通过上级人民法院转递的,应当附申请转递函。

上级人民法院收到下级人民法院申请转递的司法文书,应当在七个工作日内予以转递。

上级人民法院认为下级人民法院申请转递的司法文书不符合有关规定需要补正的,应当在七个工作日内退回申请转递的人民法院。

最高人民法院关于香港特别行政区企业在国内开办全资独资企业法律文书送达问题的请示的复函

[2011年10月27日,〔2011〕民四他字第44号]

湖南省高级人民法院民三庭:

你庭《关于香港特别行政区企业在国内开办全资独资企业法律文书送达问题的请示》收悉。经研究,答复如下:

一、在涉港商事案件的审理过程中,如果当事人提交了经合法公证认证的香港特别行政区受送达人(以下简称受送达人)的登记注册资料,首先,人民法院应当对该受送达人的主体资格予以确认;其次,人民法院可以通过《最高人民法院关于涉港澳民商事案件司法文书送达问题若干规定》中规定的途径向该受送达人登记注册资料中载明的地址进行送达。即使人民法院向受送达人登记注册资料中载明的地址无法成功送达的,亦不能必然得出受送达人登记注册资料不实的结论,人民法院亦不能主动对此予以纠正。

二、参照《最高人民法院关于涉港澳民商事案件司法文书送达问题若干规定》第五条第二款的相关规定,受送达人在内地设立的独资企业未经其明确授权的,人民法院不能直接向该独资企业送达司法文书,但有证据证明通过该独资企业送达的司法文书成功送达到了受送达人的除外。参照《最高人民法院关于涉港澳民商事案件司法文书送达问题若干规定》第三条的规定,受送达人的董事一般可以被认定为有权代表该受送达人接受司法文书的主体。如果有证据证明受送达人的现任董事在内地出现,人民法院可以将送达给受送达人的司法文书向其董事本人进行送达。

今后此类案件应以你院的名义而非你庭的名义报送请示。

此复。

最高人民法院办公厅关于墨西哥对其加入《海牙送达公约》时作出的声明进行修改并指定中央机关的通知

[2012年1月19日,法办〔2012〕18号]

各省、自治区、直辖市高级人民法院:

2011年5月,墨西哥对其加入《关于向国外送达民事或商事司法文书和司法外文书公约》(以下简称《海牙送达公约》)时作出的声明进行了修改并指定了接收请求的中央机关。

现通知如下:

一、根据《海牙送达公约》第二条,墨西哥指定 Directorate-General for Legal Affairs of the Ministry of Foreign Affairs 为该

国的中央机关,负责根据该公约第三条至第六条的规定,接收来自其他缔约国的送达请求书,并予以转递。

二、我国法院委托墨西哥主管当局向在该国的法人和非中国籍公民送达的民商事司法文书,应当附有西班牙文译文。

三、经我院授权依照《海牙送达公约》直接对外发出请求的高级人民法院,在向墨西哥中央机关提出或转递民商事司法文书送达请求时,应当用西班牙文填写该公约所附的请求书、被送达文书概要等格式函的空白栏目。

四、当墨西哥司法助理人员或法律主管人员参与送达,或按照请求方要求采取的特定方法送达时,墨西哥要求申请者支付由此产生的费用。

五、请求书、被送达文书概要等格式函的西班牙文文本及墨西哥声明的详细信息请查阅以下网址 www.hcch.net。

六、墨西哥反对采用公约第十条所规定的方式在其境内进行送达,其中包括反对通过邮寄途径向其境内直接送交司法文书。

特此通知。

最高人民法院关于深圳市广夏文化实业总公司、宁夏伊斯兰国际信托投资公司、深圳兴庆电子公司与密苏尔有限公司仲裁裁决不予执行案的复函

[2002年4月20日,[2000]执监字第96-2号]

广东省高级人民法院:

深圳市广夏文化实业总公司(以下简称广夏公司)、宁夏伊斯兰国际信托公司(以下简称宁夏公司)、深圳兴庆电子公司与密苏尔有限公司(以下简称密苏尔公司)合资纠纷一案,中国国际经济贸易仲裁委员会于1996年7月30日作出[96]贸仲裁字第0271号裁决书。裁决:三申请人于裁决作出之日起60日内向被申请人密苏尔公司支付160万美元,逾期不付按年息8%计付利息;驳回双方的其他仲裁请求;本案仲裁费20950元由三申请人承担,反请求费及实际费用计145800元由被申请人密苏尔公司承担。同年9月9日,申请人三个公司以该仲裁裁决在程序和实体上存在错误为由向北京市第二中级人民法院申请撤销此裁决书。1997年7月29日,该院以本案中存在申请人三个公司由于其他不属于三个公司负责的原因未能陈述意见的情形,裁定本案中止撤销程序,通知中国国际经济贸易仲裁委员会对本案重新作出裁决。1998年6月30日,该仲裁委重新作出裁决;维持[96]贸仲裁字第0271号裁决书的结果;本裁决构成原裁决的一部分。裁决生效后,密苏尔公司向深圳市中级人民法院申请强制执行;三个公司不服,则分别向北京市第二中级人民法院和深圳市中级人民法院申请,请求不予执行并撤销中国国际经济贸易仲裁委员会作出的裁决,被两地法院裁定驳回。深圳市中级人民法院遂裁定查封了三个公司的有关财产。三个公司则向我院提出申诉。

本院经审查认为:[96]贸仲裁字第0271号仲裁裁决书原文第26页称"仲裁庭认为,申请人通过不正当的手段获取了不符事实的验资报告,并据此向政府有关部门提出变更股东的要求。政府有关部门作出的上述行政决定乃是申请人侵权

行为的结果,决不是孤立的行政行为,申请人不能以行政机关行政行为为理由摆脱其应承担的侵权责任"。该文字表述违反了《民事诉讼法》和《仲裁规则》关于仲裁庭仲裁范围和管辖权限的有关规定,主要有以下两个错误:

一、该仲裁裁决的事项超越了仲裁范围。[96]贸仲裁字第0271号裁决书认定了密苏尔公司对合资公司履行了出资义务,实际上否定了深圳市工商行政管理局关于密苏尔公司未按照合营合同规定的期限、金额出资,构成违约的结论;同时也违反了深圳市人民政府关于取消密苏尔公司股东资格的决定。合资公司如果认为股东出资没有到位,可以依据合资公司的章程等有关规定向有关行政管理部门申请更换或取消其股东资格,行政机关经审查后,可以依法作出行政决定。对行政机关依法作出的行政决定的合法性,仲裁庭无权进行裁决。依据《民事诉讼法》第二百六十条第一款第四项之规定,该仲裁庭裁决的事项超越了仲裁范围,系无权仲裁。

二、仲裁裁决内容违反了仲裁规则。《中国国际经济贸易仲裁委员会仲裁规则》第二条规定"中国国际经济贸易仲裁委员会以仲裁的方式,独立、公正地解决产生于国际或涉外的契约性或非契约性的经济贸易等争议"。由此可知,仲裁庭仲裁的案件仅限于契约或非契约性的民商事纠纷案件,对于涉及侵权性质的纠纷案件则无权进行仲裁。本案的仲裁庭在裁决中认定政府等有关部门作出的具体行政行为是申请人三个公司侵权行为的结果,即认定合资公司按照政府等有关部门的批准进行股东更换,是一种侵权行为。因此,裁决申请人三个公司承担因侵权而产生的责任。仲裁庭的上述裁决明显违反了《中国国际经济贸易仲裁委员会仲裁规则》关于裁决案件受理范围的有关规定。

综上所述,申请人三个公司以中国国际经济贸易仲裁委员会[96]贸仲裁字第0271号裁决书存在程序错误,向北京市第二中级人民法院和深圳市中级人民法院请求予以撤销和申请不予执行该裁决的异议理由成立,两中院裁定驳回三个公司的申请错误。深圳市中级人民法院应撤销该院作出的[1998]深中法经二初字第97号裁定书,同时裁定对中国国际经济贸易仲裁委员会[96]贸仲裁字第0271号裁决不予执行,并函复当事人。

请你院收到此函后,立即监督深圳市中级人民法院照此意见执行并报告落实情况。

最高人民法院关于不予执行中国国际经济贸易仲裁委员会作出的广州总统大酒店有限公司与杨光大仲裁一案请示的复函

[2002年7月22日,[2001]民四他字第41号]

广东省高级人民法院:

你院2001年2月12日[2000]粤高法执监字第226号《关于不予执行中国国际经济贸易仲裁委员会作出的广州总统大酒店有限公司与杨光大仲裁一案的请示报告》收悉。经本院审判委员会研究,答复如下:

本案涉及不同当事人签订的三份合同,即:广州总统大酒店有限公司于1995

年12月17日分别与香港高速货运有限公司、潮粤海鲜楼签订的《租赁总统大酒店潮粤海鲜楼合同》《总统大酒店、潮粤海鲜楼经营管理协议》,于1996年10月17日与高速货运(FAST & CARE CARGO SERVICES)杨光大签订的《总统大酒店与潮粤海鲜楼补充管理协议》。在广州总统大酒店有限公司与香港高速货运有限公司签订的租赁合同中,双方约定将争议"提交中国国际经济贸易仲裁委员会北京分会按照该会的仲裁规则进行仲裁"。鉴于中国国际经济贸易仲裁委员会仅在上海和深圳设有分会,在北京没有分会且各分会均适用与北京总会不同的仲裁规则,因此,该合同约定的仲裁机构实际上并不存在,中国国际经济贸易仲裁委员会北京总会无权依据该款约定仲裁广州总统大酒店有限公司与香港高速货运有限公司或者合同签字人杨光大之间的租赁合同纠纷。在广州总统大酒店有限公司与高速货运(FAST & CARE CARGO SER-VICES)杨光大签订的补充管理协议中,双方约定将争议"提交中国国际经济贸易仲裁委员会深圳分会依该会仲裁规则进行仲裁"。鉴于补充管理协议的一方当事人为杨光大个人,而提请中国国际经济贸易仲裁委员会深圳分会仲裁的申请人是高速货运(FAST & CARE CARGO SERVICES),因此,中国国际经济贸易仲裁委员会深圳分会亦无权仲裁广州总统大酒店有限公司与高速货运(FAST & CARE CARGO SERVICES)之间的任何纠纷。依照《中华人民共和国仲裁法》第十六条、第十八条及《中华人民共和国民事诉讼法》第二百六十条第一款的规定,有关法院对本案所涉中国国际经济贸易仲裁委员会[2000]贸仲裁字第0148号裁决书和中国国际经济贸易仲裁委员会深圳分会[2000]深国仲结字第23号裁决书均应当不予执行。

此复。

最高人民法院关于中国国际经济贸易仲裁委员会深圳分会作出的[2001]深国仲结字第31号裁决是否应予执行的复函

[2003年5月27日,[2002]民四他字第39号]

重庆市高级人民法院:

你院《关于对中国国际经济贸易仲裁委员会深圳分会作出的[2001]深国仲结字第31号裁决应不予执行的报告》收悉。本院经研究认为:

《合资经营重庆台华公司房地产开发有限公司合同书》(以下称合资经营合同)订有股权转让的内容和仲裁条款,鲍扬波、重庆上桥实业总公司和重庆沙坪坝区物资公司均为该合同的当事人,他们之间因股权转让而产生的纠纷应当提交仲裁解决。据此,有关上述三方当事人之间股权转让行为效力的裁决应为有效,可予以执行。

因重庆晨光实业发展(集团)有限责任公司(以下称晨光公司)不是本案合资经营合同的主体,合资经营合同的仲裁条款对其没有约束力,且晨光公司与本案其他几方当事人的股权转让合同中没有订立仲裁条款,事后也未达成仲裁协议,故上述裁决中涉及晨光公司股权转让的内容超出仲裁范围,不应予以执行。

此复。

最高人民法院执行工作办公室关于澳门大明集团有限公司与广州市东建实业总公司合作开发房地产纠纷仲裁裁决执行案的复函

[2003年8月5日,〔2003〕执他字第9号]

广东省高级人民法院:

你院〔2002〕粤高法执监字第119号《关于澳门大明集团有限公司与广州市东建实业总公司合作开发房地产纠纷仲裁执行一案的请示》收悉。经研究,答复如下:

本案双方当事人在合同中有关合作合同的争议提交中国国际经济贸易仲裁委员会仲裁的约定,应当理解为双方选择的仲裁机构为中国国际经济贸易仲裁委员会,仲裁地点为北京。因此,根据澳门大明集团有限公司(简称澳门大明公司)的申请,中国国际经济贸易仲裁委员会有权对该案在北京进行仲裁。至于此前广州市东建实业总公司(简称广州东建公司)将其争议的事项提交中国国际经济贸易仲裁委员会深圳分会在深圳进行仲裁,鉴于双方当事人对仲裁事项无异议,且深圳分会也是中国国际经济贸易仲裁委员会的分支机构,其仲裁在程序上并不违法,即可维持其管辖权的效力,但并不影响在北京进行的仲裁。

因两个仲裁的申请人不同,请求裁决的内容和范围不同,且当事人对同一事项的法律权利不同,因此中国国际经济贸易仲裁委员会受理澳门大明公司的仲裁请求并不违反"一事不再理"的原则。同样,中国国际经济贸易仲裁委员会裁决支持澳门大明公司提出的解除两份协议书和合作合同的请求,与深圳分会裁决驳回广州东建公司提出的解除两份协议书的请求,因当事人各自基于解除协议的理由不同,并不矛盾,不会产生执行冲突。

因此,本案不存在《民事诉讼法》第二百六十条规定的不予执行的事由,应当对中国国际经济贸易仲裁委员会在北京作出的裁决予以执行。

此复。

最高人民法院关于对中国国际经济贸易仲裁委员会[2002]贸仲裁字第0112号仲裁裁决不予执行的请示的复函

[2004年2月24日]

重庆市高级人民法院:

你院〔2003〕渝高法执示字第22号《关于对中国国际经济贸易仲裁委员会[2002]贸仲裁字第0112号仲裁裁决不予执行的报告》收悉。经研究,答复如下:

根据你院请示报告所述事实,本案各方当事人均为在我国注册成立的法人,且争议事项也不具有涉外因素,因此虽然本案仲裁裁决是由中国国际经济贸易仲裁委员会作出,但该裁决在性质上应属于国内裁决,而非涉外仲裁裁决,不适用《最高人民法院关于人民法院处理与涉外仲裁及外国仲裁事项有关问题的通知》的规定。本案可由你院自行决定是否予以执行。

此复。

最高人民法院关于不予执行佛山仲裁委[1998]佛仲字第04号仲裁裁决报请审查的请示的复函

[2004年8月30日,民四他字[2004]第16号]

广东省高级人民法院：

你院[2002]粤高法执请复字第35号"关于不予执行佛山仲裁委[1998]佛仲字第04号仲裁裁决报请审查的请示"收悉,经研究,答复如下：

本案系涉港纠纷案件,CLINTON ENGINEERING LIMITED(以下简称克林顿公司)与广州市东峻房地产有限公司(以下简称东峻公司)根据双方签订的《机电工程协议书》中的仲裁条款,将纠纷提交佛山仲裁委员会进行仲裁,对于是否应当执行该仲裁裁决的审查应当参照适用《民事诉讼法》第二百六十条的规定。

东峻公司与克林顿公司在仲裁委员会委托鉴定机构之前,对鉴定机构的选定有明确的要求,即：不同意选择广州以及佛山的鉴定机构。在仲裁委员会委托注册地在佛山辖区之内的广东德正会计师事务所之后,东峻公司对该情况及鉴定资质曾经提出了异议。现有证据显示：德正会计师事务所不具备工程质量与工程造价项目的鉴定资质。《仲裁法》第四十四条、《佛山仲裁规则》第五十六条均规定：仲裁庭对案件涉及的专门性问题认为需要鉴定的,可以交由当事人约定的鉴定部门鉴定；也可以交由仲裁庭指定的鉴定部门鉴定。在双方当事人共同委托仲裁庭指定鉴定机构时,仲裁庭可以依法以及依照仲裁规则作出指定,但该指定有一个基本的前提与限制：仲裁庭必须在对相关项目有鉴定资质的鉴定机构中进行选择。鉴定机构资质方面的要求,有关法律、仲裁规则虽未明确加以限定,但却是有关法律以及仲裁规则对鉴定结论作为证据形成程序合法性方面的隐含的必然要求。在鉴定机构缺乏法定资质的情况下,可以认定裁决存在《民事诉讼法》第二百六十条第一款第三项规定的"仲裁的程序与仲裁规则不符的"情形。根据《民事诉讼法》第二百六十条第一款第三项、《仲裁法》第七十一条的规定,本案仲裁裁决应当不予执行。

此复。

最高人民法院关于廊坊市中级人民法院对中国国际经济贸易仲裁委员会[2003]贸仲裁字第0060号裁决书裁定不予执行问题的请示的复函

[2004年9月9日,民四他字[2004]第18号]

河北省高级人民法院：

你院[2004]冀执监一字第2号《关于廊坊市中级人民法院对中国国际经济贸易仲裁委员会[2003]贸仲裁字第0060号裁决书裁定不予执行问题的请示报告》收悉。经研究,答复如下：

廊坊东方房地产开发有限公司于1995年5月22日与爱科工程咨询国际有限公司签订了一份东方花园别墅售楼合同。该合同第十六条约定"合同用中、英文书写,两种文本具有同等效力"。另据瑞士、意大利驻华使馆照会及仲裁委反映,廊坊东方房地产开发有限公司又就相同标的与史密德个人订立了内容与上述中文本相同的英文本合同。两份合同第十四条均约定"本合同依据中华人民共和国有关法律、廊坊市人民政府有关规定、条例制定;双方因履行合同发生纠纷,应友好协商解决;不能友好协商的,双方将交由设在北京的中国国际经济贸易仲裁委员会裁决。仲裁的裁决是终局的,败诉方将按中国有关规定承担费用"。事实上,史密德作为合同主体之一也得到了廊坊东方房地产开发有限公司的认可。如上述情况属实,应认定史密德个人也是东方花园别墅售楼合同及仲裁协议的一方当事人。仲裁庭将史密德与爱科工程咨询国际有限公司并列为共同主体并无不当,你院认为史密德不是仲裁协议的一方当事人没有事实依据。本案仲裁裁决不存在我国《民事诉讼法》第二百六十条规定的不予执行的情形,依法应予执行。

此复。

最高人民法院关于不予执行中国国际经济贸易仲裁委员会[2004]中国贸仲京字第0105号裁决的请示的复函

[2004年11月30日,[2004]民四他字第40号]

宁夏回族自治区高级人民法院:

你院[2004]宁高法执他字第1号《关于同意石嘴山中院不予执行中国国际经济贸易仲裁委员会[2004]中国贸仲京字第0105号裁决的请示报告》收悉。

经研究,答复如下:

本案系一方当事人申请执行我国涉外仲裁裁决案。在另一方当事人提出不予执行的抗辩理由的情况下,人民法院应当根据《中华人民共和国仲裁法》第七十一条和《中华人民共和国民事诉讼法》第二百六十条的规定对所涉仲裁裁决进行审查。

本案中宁夏民族化工集团有限责任公司(以下简称民族化工)提出的不予执行所涉仲裁裁决的理由主要有两个:一是仲裁程序违法;二是仲裁事项不属于仲裁协议的范围。

关于仲裁程序是否违法的问题。本案仲裁过程中,新加坡永航私人有限公司(以下简称永航公司)、新加坡新川利有限公司(以下简称新川利公司)委托司富韬为两公司的代理人参与仲裁,向仲裁庭出具了经过公证、认证的授权委托书,委托手续合法有效,并不存在仅银川变压器有限公司(以下简称变压器公司)一方参与仲裁的事实。因此,民族化工关于司富韬未获永航公司和新川利公司的授权、仅变压器公司一方参与仲裁、仲裁程序违法的抗辩理由不能成立。对此,同意你院的意见。

关于所涉仲裁裁决是否超裁的问题。本案当事人在《宁夏永川食品有限责任公司转让合同书》(以下简称《转让合同书》)中约定的仲裁条款称:"因履行本合同及与本合同有关的事宜发生纠纷,甲乙各方应协商处理。若协商不成,则提请中国国际经济贸易仲裁委员会(北京)仲裁处理,依据该委员会的规则,且仲裁是终局的。"因此,"因履行本合同及与本合同有关的事宜发生纠纷"均属于可交付仲裁的事项。本案中,永航公司、新川利公司、变压器公司以民族化工未履行合同、构成违约为由向中国国际经济贸易仲裁委员会申请仲裁，并提出了具体的请求，仲裁庭围绕《转让合同书》的履行情况认定民族化工构成违约，并根据仲裁申请人的具体请求作出了仲裁裁决。解除合同并支付人民币1241.41万元或交付与人民币1241.41万元等额的财产、支付占用和使用财产费619.49万元等，均是仲裁庭针对仲裁被申请人民族化工的违约行为，并根据仲裁申请人的具体请求作出的实体处理结果，属于在当事人交付仲裁事项的范围内作出的裁决，不能以仲裁裁决对于违约行为的实际处理结果与合同中约定的违约责任不同而认为仲裁裁决超出了仲裁协议的范围。因此，民族化工关于本案所涉仲裁裁决事项不属于仲裁协议范围的观点不能成立。本案仲裁裁决的实体处理结果是否得当，不属于人民法院对涉外仲裁裁决的司法审查范围，这是当事人选择仲裁解决纠纷所应承受的风险。综上，本案所涉仲裁裁决不存在我国法律规定可不予执行的情形，人民法院应予执行。

此复。

最高人民法院关于是否裁定不予执行中国国际经济贸易仲裁委员会仲裁裁决的复函

〔2006年1月23日，〔2005〕民四他字第45号〕

安徽省高级人民法院：

你院〔2005〕皖执他字第11号"关于能否裁定不予执行〔2003〕贸仲裁字第0138号仲裁裁决的请示"收悉。经研究，答复如下：

中国国际经济贸易仲裁委员会依据深圳宝升竞高环保发展有限公司、合肥市市容环境卫生管理委员会（后变更为合肥市市容环境卫生管理局，以下简称市容管理局）、香港合升国际有限公司、合肥市进出口公司（后变更为合肥市进出口有限公司）以及美国Wildcat Mfg. co., Inc.之间签订的《合肥市市容环境卫生管理委员会引进美国野猫公司城市生活垃圾处理设备及技术合同》中的仲裁条款作出〔2003〕贸仲裁字第0138号仲裁裁决后，市容管理局以仲裁裁决违反法定程序、主要证据未经当事人质证、认定事实的主要依据不足、适用法律错误等为由申请人民法院不予执行该裁决。因合同存在涉外和涉港因素，中国国际经济贸易仲裁委员会仲裁庭就该纠纷所作出的裁决属于我国涉外仲裁裁决。根据《中华人民共和国民事诉讼法》和《中华人民共和国仲裁法》关于涉外仲裁的规定，人民法院对仲裁庭就本案具体适用法律和有关事实认定无权进行审查，市容管理局提出的仲裁裁决认定事实的主要证据不足、适用法律错误的理由不应予以支持。

《中国国际经济贸易仲裁委员会仲裁规则》（2000年）第四十条规定："专家报告和鉴定报告的副本，应送给双方当事人，给予双方当事人对专家报告和鉴定报告提出意见的机会。任何一方当事人要求专家/鉴定人参加开庭的，经仲裁庭同意后，专家/鉴定人可以参加开庭，并在仲裁庭认为必要和适宜的情况下就他们的报告作出解释。"第四十一条规定："当事人提出的证据由仲裁庭审定；专家报告和鉴定报告，由仲裁庭决定是否采纳。"该仲裁规则并未要求相关鉴定报告必须经开庭质证,仲裁庭有权对鉴定报告进行审查并决定是否采纳。在本案中,仲裁庭将鉴定报告分别送达双方当事人并要求其提出书面意见的做法既不违反仲裁规则也保证了双方当事人的程序权利。市容管理局的此项理由亦不应予以支持。

关于是否可以根据《中华人民共和国民事诉讼法》第二百六十条第二款的规定以裁决违背社会公共利益为由不予执行的问题。《中华人民共和国民事诉讼法》第二百六十条第一款规定的抗辩理由主要是为了维护仲裁程序上的公平和正义,赋予当事人以司法上的救济权利,而第二款社会公共利益不仅是为了维护仲裁程序上的公平,而且还担负着维护国家根本法律秩序的功能。从本案情况来看,有关合同的签订与执行并不存在违背社会公共利益以至无法为我国法律秩序所容忍的情节。同时,有关设备闲置并非执行相关仲裁裁决产生的结果,以违背社会公共利益为由不予执行仲裁裁决缺乏依据。

综上,本案相关仲裁裁决应当予以执行。

此复。

最高人民法院关于西安嘉侨电力有限公司与百营物业(中国)有限公司、百营物业(武汉)有限公司、施展望股权转让纠纷执行一案的请示的复函

[2006年5月25日,〔2006〕民四他字第13号]

湖北省高级人民法院:

你院鄂高法〔2006〕72号"关于西安嘉侨电力有限公司与百营物业(中国)有限公司、百营物业(武汉)有限公司、施展望股权转让纠纷执行一案的请示"收悉,经研究,答复如下:

本案当事人之一百营物业(中国)有限公司的注册地在英属处女岛,因此,本案在主体方面存在涉外因素,案涉裁决属于我国仲裁机构作出的涉外仲裁裁决,应当依据有关涉外仲裁司法审查的法律规定进行处理。

从本案程序方面来看,西安仲裁委员会的仲裁裁决作出后,百营物业(中国)有限公司等三申请人向西安市中级人民法院申请撤销仲裁裁决。2005年4月14日,西安市中级人民法院以〔2005〕西民四仲字第35号裁定驳回了上述当事人的申请。根据我院法发〔2005〕26号最高人民法院《关于印发〈第二次全国涉外商事海事审判工作会议纪要〉的通知》内容的精神,当事人向人民法院申请撤销仲裁裁决被驳回后,又在执行程序中提出不予执行抗辩的,人民法院不予支持。武汉市中级人民法院以西安市中级人民法院上述裁定为根据,以〔2005〕武执字第00043-1号裁定驳回相关被执行人不予执行仲裁裁决的申请是有法律依据的。

从仲裁裁决本身来看,百营物业(武汉)有限公司、施展望虽然与西安嘉侨电力有限公司没有签订书面仲裁协议,但其在被通知参加仲裁后,即选定了仲裁员,提出了答辩意见,积极参加仲裁,该行为表明其认可了仲裁庭的管辖权,仲裁庭有权对本案作出裁决。

本案应当维持武汉市中级人民法院〔2005〕武执字第00043-1号裁定的相关内容,有关仲裁裁决应当予以执行。

此复。

最高人民法院关于玉林市中级人民法院报请对东迅投资有限公司涉外仲裁一案不予执行的请示的复函

[2006年9月13日，〔2006〕民四他字第24号]

广西壮族自治区高级人民法院：

你院〔2006〕桂法执复字第2号、〔2006〕桂法执议字第4号《关于玉林市中级人民法院报请对东迅投资有限公司涉外仲裁一案不予执行的请示报告》收悉。经研究，答复如下：

关于你院请示的第一个问题，涉及人民法院是否应予执行我国仲裁机构作出的涉外仲裁裁决，应当根据《中华人民共和国民事诉讼法》第二百六十条的规定进行审查。

从本案有关事实看，合作合同中明确约定合作双方为广西玉林市恒通有限公司（以下简称恒通公司）和东迅投资有限公司（以下简称东迅公司）。广西壮族自治区玉林市人民政府（以下简称玉林市政府）作为恒通公司的主管部门，路劲基建有限公司（以下简称路劲公司）作为东迅公司的主管部门，尽管亦在该合作合同上签署，但是合作合同第二章明确约定合作公司的合作双方为恒通公司和东迅公司。因此，玉林市政府和路劲公司均不是合作合同的当事人，合作合同中的仲裁条款不能约束玉林市政府。玉林市政府提供的担保函中没有约定仲裁条款，玉林市政府与东迅公司之间亦未就他们之间的担保纠纷的解决达成仲裁协议。仲裁庭依据合作合同中的仲裁条款受理本案，就涉及玉林市政府的担保纠纷而言，仲裁裁决已经超出了仲裁协议的范围。

综上，根据《中华人民共和国民事诉讼法》第二百六十条第一款第（四）项以及最高人民法院《关于适用〈中华人民共和国民事诉讼法〉若干问题的意见》第二百七十七条的规定，人民法院应当裁定不予执行涉及玉林市政府部分的仲裁裁决，其余部分应予执行。对此，同意你院的处理意见。

关于你院请示的第二个问题，对于人民法院作出的中止执行的裁定，当事人不能申请复议，因此，你院不应受理东迅公司申请复议一案。

此复。

最高人民法院关于朱裕华与上海海船厨房设备金属制品厂申请撤销仲裁裁决再审一案的请示报告的复函

[2007年9月18日，〔2007〕民四他字第7号]

上海市高级人民法院：

你院〔2007〕沪高民四（商）他字第2号《关于朱裕华与上海海船厨房设备金属制品厂申请撤销仲裁裁决再审一案的请示报告》已收悉。经研究，答复如下：

根据你院的请示报告，中国国际经济贸易仲裁委员会上海分会在仲裁朱裕华与上海海船厨房设备金属制品厂合作合同纠纷一案过程中，因将受送达人朱裕华的送达地址书写不当而未能向其送达"仲裁通知"、"仲裁规则"、"仲裁员名册"、"仲裁申请书及附件材料"及"仲裁庭组成和开庭通知"，导致受送达人朱裕华未能出庭并陈述意见。根据《中华人民共和国仲裁法》第七十条、《中华人民共和国民事诉讼法》第二百六十条第一款第(二)项之规定,同意你院的审查意见,即中国国际经济贸易仲裁委员会上海分会〔2004〕中国贸仲沪裁字第 073 号裁决应予撤销。

最高人民法院关于香港永开利企业公司申请执行中国国际经济贸易仲裁委员会〔1996〕贸仲裁字第 0109 号仲裁裁决一案请示的复函

〔2007 年 10 月 23 日,〔2007〕民四他字第 23 号〕

广西壮族自治区高级人民法院:

你院〔2007〕桂高法执请字第 1 号"关于裁定对中国国际经示"收悉。经研究,答复如下:

根据你院请示及所附材料,香港永开利企业有限公司与"广西进出口贸易股份有限公司梧州分公司"在 1994 年 8 月 2 日签订了 94PYGXD020 号买卖合同,中国国际经济贸易仲裁委员会对该合同下的争议作出〔1996〕贸仲裁字第 0109 号裁决后,香港永开利企业有限公司向南宁市中级人民法院申请执行该裁决。经南宁市中级人民法院和你院查证,仲裁裁决书所确定的被申请人地址上不存在被申请人"广西进出口贸易股份有限公司梧州分公司",工商部门也无"广西进出口贸易股份有限公司梧州分公司"的登记资料,且香港永开利企业有限公司自认与其有交易关系的是广西桂信实业开发公司,有关款项付给了广西桂信实业开发公司。由于"广西进出口贸易股份有限公司梧州分公司"在法律上和事实上均不存在,以"广西进出口贸易股份有限公司梧州分公司"为被申请人的〔1996〕贸仲裁字第 0109 号裁决应不予执行。同意你院不予执行上述仲裁裁决的意见。

此复。

最高人民法院关于润和发展有限公司申请不予执行仲裁裁决一案的审查报告的复函

〔2008 年 5 月 8 日,〔2008〕民四他字第 1 号〕

湖南省高级人民法院:

你院〔2005〕湘高法执请字第 1 号《关于润和发展有限公司申请不予执行仲裁裁决一案的审查报告》收悉。经研究,答复如下:

1. 本案为当事人申请执行仲裁裁决案件,由于一方当事人润和发展有限公司(以下简称润和公司)系在香港注册成立的公司,故本案应适用关于执行涉外仲裁裁决的相关规定进行审查。

2. 根据仲裁裁决书记载的内容,仲裁庭按照申请人深圳妈湾电力有限公司(以下简称妈湾公司)在仲裁申请书中提供的地址向润和公司邮寄了仲裁通知、仲裁规则、仲裁员名册和申请人提交的仲裁申请书等文件后,被以"无此公司"为由退回,此后,妈湾公司通过华南分会委托律师代为查询的被申请人登记情况表明,被申请人的公司注册地址为"231 Wing

Lok Street 3rd FLR"。按照该注册地址，华南分会秘书处向润和公司又邮寄了上述文件，此后又按照该地址邮寄了仲裁庭组成和开庭通知等，但均被以"无人领取"或"无人居住"为由退回。而根据卷宗中记载的润和公司提交的其工商注册登记材料，其法定注册地址应为"3/F 231 WING LOK STREET HK"，且其提交证据证明香港政府部门依据该注册地址寄送的信件其已收悉。由于仲裁庭送达的地址与润和公司注册地址不符，客观上润和公司未能收到相关仲裁文件，因此，你院请示报告中"仲裁机构没有依法送达仲裁文件"的第1点不予执行理由是成立的。

3. 当事人虽然在仲裁协议中约定发生纠纷应当协商解决，但其未明确约定协商的期限，约定的内容比较原则，对这一条款应当如何履行和界定在理解上会产生歧义，而结合当事人订立仲裁协议的目的来判断该协议的真实意思，当事人约定的"友好协商"和"协商不成"这两项条件，前项属于程序上要求一个协商的形式，后一项可理解为必须有协商不成的结果，妈湾公司申请仲裁的行为，应视为已经出现了协商不成的结果，因此，在前一项条件难以界定履行标准，而后一项条件已经成立的情况下，仲裁庭有权依据该仲裁协议受理案件。你院请示报告中"争议还未到提起仲裁的时间，仲裁机构不应受理"的第2点不予执行理由不能成立。

4. 仲裁庭依法有权对当事人间争议合同的效力、是否解除等事项作出裁决，本案中仲裁庭经审理认为妈湾公司有权解除合同，最终裁决润和公司返还妈湾公司相关款项和利息。仲裁庭并未就湖南省人民政府的批准证书及长沙市招商局批复的效力和是否撤销等问题作出裁决，因此，你院请示报告中"仲裁裁决改变政府行政机关的审批违法"的第3点不予执行理由不能成立。

5. 根据仲裁裁决书载明的内容，妈湾公司选定王璞先生作为仲裁员，因润和公司未在规定期限内选定或委托选定仲裁员，根据《仲裁规则》的规定，中国国际经济贸易仲裁委员会华南分会主任为被申请人代指定了仲裁员罗利伟先生。因双方当事人未在规定的期限内共同选定或共同委托指定首席仲裁员，中国国际经济贸易委员会主任遂指定郭晓文先生作为首席仲裁员。你院请示报告查明的事实并未否定裁决书中载明的上述内容的真实性，而根据长沙中院向仲裁委调查的笔录记载的内容，仲裁委称对于指定仲裁员的报告是口头回复的，《仲裁规则》第二十六条、第二十七条亦未规定必须要求书面回复，因此仲裁案件卷内没有审批程序，并不能表明仲裁员的选定程序违法。你院关于"仲裁员的选定程序违法"的第4点不予执行理由不能成立。

综上，由于仲裁庭送达地址错误，没有依法送达仲裁文件，润和公司未能参加仲裁陈述意见，故依照《中华人民共和国民事诉讼法》第二百六十条第一款第（二）项的规定，本案仲裁裁决应不予执行。

此复。

最高人民法院关于是否应不予执行[2007]中国贸仲沪裁字第224号仲裁裁决请示的答复

[2008年9月12日,〔2008〕民四他字第34号]

浙江省高级人民法院:

你院《关于同意宁波市中级人民法院不予执行[2007]中国贸仲沪裁字第224号仲裁裁决的报告》收悉,经研究答复如下:

(一)你院对本案所涉仲裁裁决的审查适用中国法律;确认中国国际经济贸易仲裁委员会上海分会对本案纠纷具有管辖权;对该涉外仲裁裁决不做实体审查的意见,本院均同意。

(二)本案仲裁裁决所涉《AQ7200项目技术开发合同》中约定:"任何因本合同产生的或相关的争议首先应双方协商解决,如果协商不能……,这些争议将提交中国国际经济贸易仲裁委员会上海分会进行仲裁。"从上述约定可以看出,提交仲裁解决的纠纷范围both包括"因本合同产生的或相关的争议"。关于奥克斯集团有限公司主张超裁的7500欧元DVD制作费问题,从你院请示报告查明的事实看,该DVD的制作是瑞克—李普萨有限公司为使奥克斯集团有限公司清楚地了解整车完成后的效果及便于奥克斯集团有限公司对外宣传,而制作的视觉效果动画片,虽不在合同约定的技术范围内,但的确是与履行《AQ7200项目技术开发合同》相关联,由此产生的纠纷,仲裁机关有权进行裁决。

至于奥克斯集团有限公司主张仲裁裁决书认定的奥克斯集团有限公司的法定代表人在西班牙观看了DVD并接受7500欧元价格,与事实不符,认定事实不清的问题,属实体审理范围,人民法院无权进行审查,故奥克斯集团有限公司申请不予执行仲裁裁决的理由,不能得到支持。

综上,奥克斯集团有限公司向宁波市中级人民法院申请不予执行仲裁裁决的理由不能得到支持。中国国际经济贸易仲裁委员会上海分会作出的[2007]中国贸仲沪裁字第224号仲裁裁决应予执行。

此复。

最高人民法院关于是否不予执行中国国际经济贸易仲裁委员会[2008]中国贸仲京裁字第0379号仲裁裁决的请示报告的复函

[2010年5月27日,〔2010〕民四他字第21号]

江苏省高级人民法院:

你院[2010]苏知民仲审字第0001号《关于不予执行中国国际经济贸易仲裁委员会[2008]中国贸仲京裁字第0379号仲裁裁决的请示报告》收悉。经研究,答复如下:

晋皓公司系在香港注册登记的企业法人,对于其申请执行[2008]中国贸仲京裁字第0379号仲裁裁决的内容,应参照《中华人民共和国民事诉讼法》第二百五十八条的规定进行审查。

仲裁裁决的第一项内容为擎天公司应当将其违反合作合同约定所获利益偿付给合营公司。故合营公司是该项利益的权利主体，应由合营公司向擎天公司进行主张，晋皓公司无权替代合营公司提起仲裁。仲裁机构根据晋皓公司的申请，就擎天公司应偿付给合营公司的收益进行仲裁并作出裁决，实质上是就合营公司与擎天公司之间的纠纷进行了仲裁。而本案合作合同系由晋皓公司和擎天公司签订，其仲裁条款的范围仅限于晋皓公司和擎天公司之间因合作合同引起或与合作合同有关的争议，故仲裁机构对合营公司与擎天公司之间的纠纷无权仲裁，该项仲裁裁决应不予执行。

仲裁裁决的第二项内容为擎天公司应偿付晋皓公司因制止违约行为所支付的费用。该项裁决的事项涉及晋皓公司与擎天公司之间因合作合同引起的争议，属于合作合同仲裁条款的范围，仲裁机构有权进行仲裁，故对该项仲裁裁决应予执行。

仲裁裁决的第三项内容为驳回晋皓公司的其他仲裁请求。该项仲裁裁决无应当执行的内容。

仲裁裁决的第四项内容为仲裁费用的承担。仲裁机构有权对仲裁费用的承担作出裁决，故对该项仲裁裁决应予执行。

此复。

最高人民法院关于 Ecom Agroindustrial Corp. Ltd.（瑞士伊卡姆农工商有限公司）申请执行涉外仲裁裁决一案的请示的复函

〔2013年2月6日，〔2013〕民四他字第2号〕

广西壮族自治区高级人民法院：

你院〔2012〕桂请字第 15 号《关于 Ecom Agroindustrial Corp. Ltd.（瑞士伊卡姆农工商有限公司）申请执行涉外仲裁裁决一案的请示》收悉。经研究，答复如下：

仲裁庭查明的货物同类报价虽未经当事人质证，但该报价并没有被作为裁决的依据，仲裁裁决关于违约金的认定是以当事人约定为依据的。仲裁庭在确定律师费承担时，没有采信申请人超过举证期间提交的证据。而且，证据问题也不等同于仲裁程序问题。因此，请示中涉及的证据问题不构成仲裁程序与仲裁规则不符的情形。如无其他不予执行的法定情形，中国国际经济贸易仲裁委员会〔2007〕中国贸仲京裁字第 0160 号仲裁裁决应予执行。同意你院倾向性意见。

此复。

最高人民法院关于 Ecom USA. Inc.（伊卡姆美国公司）申请执行涉外仲裁裁决一案的请示的复函

〔2013年2月6日，〔2013〕民四他字第3号〕

广西壮族自治区高级人民法院：

你院〔2012〕桂请字第 19 号《关于 Ecom USA. Inc.（伊卡姆美国公司）申请执行涉外仲裁裁决一案的请示》收悉。经研究，答复如下：

仲裁庭查明的货物同类报价虽未经当事人质证，但该报价是周知的价格，仲裁裁决的赔偿金额远小于请求的金额，仲裁裁决没有超出仲裁请求范围。仲裁庭在确定律师费承担时，没有采信申请人超过举证期间提交的证据。而且，证据问题也不等同于仲裁程序问题。因此，请示中的问题不构成仲裁程序与仲裁规则不符的情形。如无其他不予执行的法定情形，中国国际经济贸易仲裁委员会[2007]中国贸仲京裁字第0161号仲裁裁决应予执行。同意你院倾向性意见。

此复。

最高人民法院关于对诗董橡胶股份有限公司与三角轮胎股份有限公司涉外仲裁一案不予执行的请示的复函

[2013年3月22日,〔2013〕民四他字第12号]

山东省高级人民法院：

你院[2012]鲁执请字第2号《关于对诗董橡胶股份有限公司与三角轮胎股份有限公司涉外仲裁一案不予执行的请示报告》收悉。经研究，答复如下：

本案系当事人申请不予执行国内仲裁机构作出的涉外仲裁裁决案件。根据《最高人民法院关于修改后的民事诉讼法施行时未结案件适用法律若干问题的规定》第七条的规定，本案应当依据《中华人民共和国民事诉讼法》(2007年修正)第二百五十八条的规定进行审查。

根据你院请示报告所述事实，诗董橡胶股份有限公司(以下简称诗董公司)仅提交了载有仲裁条款的合同复印件，三角轮胎股份有限公司(以下简称三角公司)对该复印件的真实性不予认可并否认双方之间存在有效的仲裁协议。诗董公司未能提交其他证据予以佐证，其不能证明与三角公司达成了有效的仲裁协议。且即使认可该合同复印件的真实性，从当事人确认的缔约过程来看，在三角公司将要约传真给诗董公司后，诗董公司对要约中载明的主体、货物数量以及价款等内容进行了实质性修改，构成新的要约。诗董公司亦未能提供证据证明三角公司对该新的要约进行了承诺，双方之间的合同并未成立。退一步讲，即使以当事人已实际履行合同的行为推定合同成立，但是根据我国法律对仲裁协议的书面性要求和仲裁协议的独立性原则，不能据此即认定当事人就纠纷的解决方式达成仲裁协议。况且根据一审法院查明的事实，当事人实际履行的合同不是诗董公司提交的载有仲裁条款的合同，是案外的其他现货买卖合同，而该现货买卖合同中并没有仲裁条款。因此，诗董公司与三角公司之间不存在有效的书面仲裁协议。

综上，案涉仲裁裁决存在《中华人民共和国民事诉讼法》第二百五十八条第一款第(一)项规定的情形，人民法院应不予执行。同意你院审判委员会的意见。

此复。

最高人民法院关于对上海市高级人民法院等就涉及中国国际经济贸易仲裁委员会及其原分会等仲裁机构所作仲裁裁决司法审查案件请示问题的批复

[2015年6月23日最高人民法院审判委员会第1655次会议通过，2015年7月15日公布，自2015年7月17日起施行，法释[2015]15号]

上海市高级人民法院、江苏省高级人民法

院、广东省高级人民法院：

因中国国际经济贸易仲裁委员会（以下简称中国贸仲）于2012年5月1日施行修订后的仲裁规则以及原中国国际经济贸易仲裁委员会华南分会（现已更名为华南国际经济贸易仲裁委员会，同时使用深圳国际仲裁院的名称，以下简称华南贸仲）、原中国国际经济贸易仲裁委员会上海分会（现已更名为上海国际经济贸易仲裁委员会，同时使用上海国际仲裁中心的名称，以下简称上海贸仲）变更名称并施行新的仲裁规则，致使部分当事人对相关仲裁协议的效力以及上述各仲裁机构受理仲裁案件的权限、仲裁的管辖、仲裁的执行等问题产生争议，向人民法院请求确认仲裁协议效力、申请撤销或者不予执行相关仲裁裁决，引发诸多仲裁司法审查案件。上海市高级人民法院、江苏省高级人民法院、广东省高级人民法院就有关问题向我院请示。

为依法保护仲裁当事人合法权益，充分尊重当事人意思自治，考虑中国贸仲和华南贸仲、上海贸仲的历史关系，从支持和维护仲裁事业健康发展、促进建立多元纠纷解决机制出发，经研究，对有关问题答复如下：

一、当事人在华南贸仲更名为华南国际经济贸易仲裁委员会、上海贸仲更名为上海国际经济贸易仲裁委员会之前签订仲裁协议约定将争议提交"中国国际经济贸易仲裁委员会华南分会"或者"中国国际经济贸易仲裁委员会上海分会"仲裁的，华南贸仲或者上海贸仲对案件享有管辖权。当事人以华南贸仲或者上海贸仲无权仲裁为由请求人民法院确认仲裁协议无效、申请撤销或者不予执行仲裁裁决的，人民法院不予支持。

当事人在华南贸仲更名为华南国际经济贸易仲裁委员会、上海贸仲更名为上海国际经济贸易仲裁委员会之后（含更名之日）本批复施行之前签订仲裁协议约定将争议提交"中国国际经济贸易仲裁委员会华南分会"或者"中国国际经济贸易仲裁委员会上海分会"仲裁的，中国贸仲对案件享有管辖权。但申请人向华南贸仲或者上海贸仲申请仲裁，被申请人对华南贸仲或者上海贸仲的管辖权没有提出异议的，当事人在仲裁裁决作出后以华南贸仲或者上海贸仲无权仲裁为由申请撤销或者不予执行仲裁裁决的，人民法院不予支持。

当事人在本批复施行之后（含施行起始之日）签订仲裁协议约定将争议提交"中国国际经济贸易仲裁委员会华南分会"或者"中国国际经济贸易仲裁委员会上海分会"仲裁的，中国贸仲对案件享有管辖权。

二、仲裁案件的申请人向仲裁机构申请仲裁的同时请求仲裁机构对案件的管辖权作出决定，仲裁机构作出确认仲裁协议有效、其对案件享有管辖权的决定后，被申请人在仲裁庭首次开庭前向人民法院提起申请确认仲裁协议效力之诉的，人民法院应予受理并作出裁定。申请人或者仲裁机构根据《最高人民法院关于确认仲裁协议效力几个问题的批复》（法释〔1998〕27号）第三条或者《最高人民法院关于适用〈中华人民共和国仲裁法〉若干问题的解释》（法释〔2006〕7号）第十三条第二款的规定主张人民法院对被申请人的起诉应当不予受理的，人民法院不予支持。

三、本批复施行之前，中国贸仲或者华南贸仲、上海贸仲已经受理的根据本批复第一条规定不应由其受理的案件,当事人在仲裁裁决作出后以仲裁机构无权仲裁为由申请撤销或者不予执行仲裁裁决的,人民法院不予支持。

四、本批复施行之前,中国贸仲或者华南贸仲、上海贸仲受理了同一仲裁案件,当事人在仲裁庭首次开庭前向人民法院申请确认仲裁协议效力的,人民法院应当根据本批复第一条的规定进行审理并作出裁定。

本批复施行之前,中国贸仲或者华南贸仲、上海贸仲受理了同一仲裁案件,当事人并未在仲裁庭首次开庭前向人民法院申请确认仲裁协议效力的,先受理的仲裁机构对案件享有管辖权。

此复。

最高人民法院关于执行我国加入的《承认及执行外国仲裁裁决公约》的通知

[1987年4月10日,法(经)发〔1987〕5号]

全国地方各高、中级人民法院,各海事法院、铁路运输中级法院:

第六届全国人民代表大会常务委员会第十八次会议于1986年12月2日决定我国加入1958年在纽约通过的《承认及执行外国仲裁裁决公约》(以下简称《1958年纽约公约》),该公约将于1987年4月22日对我国生效。各高、中级人民法院都应立即组织经济、民事审判人员、执行人员以及其他有关人员认真学习这一重要的国际公约,并且切实依照执行。现就执行该公约的几个问题通知如下:

一、根据我国加入该公约时所作的互惠保留声明,我国对在另一缔约国领土内作出的仲裁裁决的承认和执行适用该公约。该公约与我国民事诉讼法(试行)有不同规定的,按该公约的规定办理。

对于在非缔约国领土内作出的仲裁裁决,需要我国法院承认和执行的,应按民事诉讼法(试行)第二百零四条的规定办理。

二、根据我国加入该公约时所作的商事保留声明,我国仅对按照我国法律属于契约性和非契约性商事法律关系所引起的争议适用该公约。所谓"契约性和非契约性商事法律关系",具体的是指由于合同、侵权或者根据有关法律规定而产生的经济上的权利义务关系,例如货物买卖、财产租赁、工程承包、加工承揽、技术转让、合资经营、合作经营、勘探开发自然资源、保险、信贷、劳务、代理、咨询服务和海上、民用航空、铁路、公路的客货运输以及产品责任、环境污染、海上事故和所有权争议等,但不包括外国投资者与东道国政府之间的争端。

三、根据《1958年纽约公约》第四条的规定,申请我国法院承认和执行在另一缔约国领土内作出的仲裁裁决,是由仲裁裁决的一方当事人提出的。对于当事人的申请应由我国下列地点的中级人民法院受理:

1. 被执行人为自然人的,为其户籍所在地或者居所地;

2. 被执行人为法人的,为其主要办事机构所在地;

3. 被执行人在我国无住所、居所或者主要办事机构,但有财产在我国境内的,为其财产所在地。

四、我国有管辖权的人民法院接到一方当事人的申请后，应对申请承认及执行的仲裁裁决进行审查，如果认为不具有《1958年纽约公约》第五条第一、二两项所列的情形，应当裁定承认其效力，并且依照民事诉讼法（试行）规定的程序执行；如果认定具有第五条第二项所列的情形之一的，或者根据被执行人提供的证据证明具有第五条第一项所列的情形之一的，应当裁定驳回申请，拒绝承认及执行。

五、申请我国法院承认及执行的仲裁裁决，仅限于《1958年纽约公约》对我国生效后在另一缔约国领土内作出的仲裁裁决。该项申请应当在民事诉讼法（试行）第一百六十九条规定的申请执行期限内提出。

附1：本通知引用的《承认及执行外国仲裁裁决公约》有关条款

第四条 一、声请承认及执行之一造，为取得前条所称之承认及执行，应于声请时提具：

（甲）原裁决之正本或其正式副本；

（乙）第二条所称协定之原本或其正式副本。

二、倘前述裁决或协定所用文字非为援引裁决地所在国之正式文字，声请承认及执行裁决之一造应具备各该文件之此项文字译本。译本应由公设或宣誓之翻译员或外交或领事人员认证之。

第五条 一、裁决唯有受裁决援用之一造向声请承认及执行地之主管机关提具证据证明有下列情形之一时，始得依该造之请求，拒予承认及执行：

（甲）第二条所称协定之当事人依对其适用之法律有某种无行为能力情形者，或该项协定依当事人作为协定准据之法律系属无效，或未指明以何法律为准时，依裁决地所在国法律系属无效者；

（乙）受裁决援用之一造未接获关于指派仲裁员或仲裁程序之适当通知，或因他故，致未能申辩者；

（丙）裁决所处理之争议非为交付仲裁之标的或不在其条款之列，或裁决载有关于交付仲裁范围以外事项之决定者，但交付仲裁事项之决定可与未交付仲裁之事项划分时，裁决中关于交付仲裁事项之决定部分得予承认及执行；

（丁）仲裁机关之组成或仲裁程序与各造间之协议不符，或无协议而与仲裁地所在国法律不符者；

（戊）裁决对各造尚无拘束力，或业经裁决地所在国或裁决所依据法律之国家之主管机关撤销或停止执行者。

二、倘声请承认及执行地所在国之主管机关认定有下列情形之一，亦得拒不承认及执行仲裁裁决：

（甲）依该国法律，争议事项系不能以仲裁解决者；

（乙）承认或执行裁决有违该国公共政策者。

附2：本通知引用的《中华人民共和国民事诉讼法（试行）》有关条款

第一百六十九条 申请执行的期限，双方或者一方当事人是个人的为一年；双方是企业事业单位、机关、团体的为六个月。

第二百零四条 中华人民共和国人民法院对外国法院委托执行的已经确定的判决、裁决，应当根据中华人民共和国缔结或者参加的国际条约，或者按照互惠原则进行审查，认为不违反中华人民共和国法律的基本准则或者我国国家、社会利益的，裁定承认其效力，并且依照本法规定的程序执行。否则，应当退回外国法院。

附3：加入《承认及执行外国仲裁裁决公约》的国家

丹麦(1、2) 法国(1、2) 希腊(1、2) 罗马教庭(1、2) 美国(1、2) 奥地利(1) 比利时(1) 联邦德国(1) 爱尔兰(1) 日本(1) 卢森堡(1) 荷兰(1) 瑞士(1) 英国(1) 挪威(1) 澳大利亚 芬兰 新西兰(1) 圣马利诺

西班牙 意大利 加拿大 瑞典 民主德国(1、2) 匈牙利(1、2) 波兰(1、2) 罗马尼亚(1、2) 南斯拉夫(1、2、3) 保加利亚(1) 捷克斯洛伐克(1) 苏联(1) 苏联白俄罗斯共和国(1) 苏联乌克兰共和国(1) 博茨瓦纳(1、2) 中非共和国(1、2) 中国(1、2) 古巴(1、2) 塞浦路斯(1、2) 厄瓜多尔(1、2) 印度(1、2) 印度尼西亚(1、2) 马达加斯加(1、2) 尼日利亚(1、2) 菲律宾(1、2) 特立尼达和多马哥(1、2) 突尼斯(1、2) 危地马拉(1、2) 南朝鲜(1、2) 摩纳哥(1、2) 科威特(1) 摩洛哥(1) 坦桑尼亚(1) 贝宁

智利 哥伦比亚 民主柬埔寨 埃及 加纳 以色列 约旦 墨西哥 尼日尔 南非 斯里兰卡 叙利亚 泰国 乌拉圭 吉布提 海地 巴拿马 马来西亚 新加坡

注：1. 该国声明，只适用本公约于在另一缔约国领土内作出的仲裁裁决，即作互惠保留。

2. 该国声明，只适用本公约于根据其本国的法律认定为属于商事的法律关系(契约性或非契约性的)所引起争议，即作商事保留。

3. 该国声明，只承认和执行该国加入本公约之后在外国作出的仲裁裁决。

最高人民法院关于英国嘉能可有限公司申请承认和执行英国伦敦金属交易所仲裁裁决一案请示的复函

[2001年4月19日，〔2001〕民四他字第2号]

重庆市高级人民法院：

你院2000年12月12日〔2000〕渝高法执示字第26号《关于对英国嘉能可有限公司申请承认及执行英国伦敦金属交易所仲裁裁决一案有关问题的请示》收悉。经研究认为：根据联合国《承认及执行外国仲裁裁决公约》第五条第一款(甲)项规定，对合同当事人行为能力的认定，应依照属人主义原则适用我国法律。重庆机械设备进出口公司职员孙健与英国嘉能可有限公司签订合同，孙健在"代表"公司签订本案合同时未经授权且公司也未在该合同上加盖印章，缺乏代理关系成立的形式要件，事后重庆机械设备进出口公司对孙健的上述行为明确表示否认。同时孙健的签约行为也不符合两公司之间以往的习惯做法，不能认定为表见代理。根据《中华人民共和国民法通则》第六十六条第一款和我院《关于适用〈中华人民共和国涉外经济合同法〉若干问题的解答》第三条第一款第四项的规定，孙健不具代理权，其"代表"公司签订的合同应当认定为无效合同，其民事责任不应由重庆机械设备进出口公司承担。

同理,孙健"代表"公司签订的仲裁条款亦属无效,其法律后果亦不能及于重庆机械设备进出口公司。本案所涉仲裁裁决,依法应当拒绝承认及执行。

此复。

最高人民法院关于麦考·奈浦敦有限公司申请承认和执行仲裁裁决一案请示的复函

[2001年4月23日,法民二〔2001〕32号]

上海市高级人民法院:

你院〔1999〕沪高执他字第5号函《关于麦考·奈浦敦有限公司申请承认和执行仲裁裁决一案的请示》收悉。经研究,答复如下:

一、关于申请人提出的承认及执行申请是否符合立案受理条件的问题。根据我院1987年《关于执行我国加入的〈承认和执行外国仲裁裁决公约〉的通知》第五条的规定,申请承认及执行的期限为6个月,该期限应从法律文书规定的履行期限的最后1日起计算。具体到本案,因裁决书没有关于履行期限的内容,但应给当事人一个合理的履行期限,故从仲裁裁决送达当事人第二日起计算较为合理,而不应从仲裁裁决作出之日起计算申请承认及执行的期限。另外,尽管申请人在有效期内提供的申请材料不完全符合有关规定,但经人民法院通知补充后基本上是符合要求的,人民法院应当立案受理并已受理,故不能以"申请人未在法定期限内提出有效的申请"为由拒绝承认和执行本案所涉仲裁裁决。

二、关于本案所涉仲裁裁决是否存在不予承认和执行的情形的问题。申请人提出的六点理由均不构成《纽约公约》第5条第1款规定的可以据以拒绝承认和执行的几种情形。你院对此点的分析与认定是全面、正确的。申请人提出的"裁决本身存在不予承认和执行的情形"没有事实和法律依据,不能成为拒绝承认及执行本案所涉仲裁裁决的理由。

三、关于你院提出的"本案仲裁裁决因未作初步裁决而违反仲裁地法律"以及"裁决裁定被诉人补偿申诉人律师费,超出当事人交付仲裁范围"的问题。根据《纽约公约》第5条的规定,这类问题属应当事人请求才予审查的情形,人民法院不应依职权提起。而本案当事人始终未提及该问题,故人民法院不能以此为由拒绝承认及执行本案所涉仲裁裁决。

四、关于本案是否适用《纽约公约》的问题。《纽约公约》第1条第1款规定的适用范围有两种情形:一是"仲裁裁决,因自然人或法人间之争议而产生且在声请承认及执行地所在国以外之国家领土内做成者,其承认及执行适用本公约。"你院请示所述案符合此种情形,应当适用《纽约公约》;另一种情形是"本公约对于仲裁裁决经声请承认及执行地所在国认为非内国裁决者,亦适用之。"这里所指的"非内国裁决"是相对"声请承认及执行地所在国"而言的。你院请示所述案并非我国国内裁决,当然应适用《纽约公约》。你院提出的"本案所涉裁决系'非国内裁决',尚不能明确是否适用于《纽约公约》"的问题,系对公约有关条款的误解。

综上,本案不存在可以拒绝承认和执行所涉仲裁裁决的理由。上海市中级人民法院应当裁定承认和执行本案所涉瑞士苏黎士商会仲裁庭的仲裁裁决。

此复。

最高人民法院关于不承认及执行伦敦最终仲裁裁决案的请示的复函

[2001年9月11日,〔2000〕交他字第11号]

湖北省高级人民法院：

你院鄂高法〔2000〕231号关于不承认及执行伦敦最终仲裁裁决案的请示收悉。经研究认为：

一、鉴于本案被申请人中国外运南京公司的所有活动都是通过其经纪人丸红公司进行的，因此应当认定丸红公司是被申请人的代理人，被申请人应当受丸红公司代其签订的租船合同的约束。

二、被申请人签发航次指令的行为是一种履行合同的行为，该行为表明被申请人与申请人之间有租船合同。

三、因为本案租船合同和租船概要中均含有仲裁条款，所以应当认定被申请人与申请人之间存在仲裁协议，本案仲裁裁决不具有不予承认和执行的情形。根据《中华人民共和国民事诉讼法》第二百六十九条和《承认和执行外国仲裁裁决公约》的规定，该仲裁裁决应当得到承认与执行。

此复。

最高人民法院关于ED&F曼氏（香港）有限公司申请承认和执行伦敦糖业协会仲裁裁决案的复函

[2003年7月1日,〔2003〕民四他字第3号]

北京市高级人民法院：

你院2003年1月15日京高法〔2003〕7号《关于对ED&F曼氏（香港）有限公司申请承认与执行伦敦糖业协会第158号仲裁裁决一案的请示》收悉。经本院审判委员会讨论决定，答复如下：

中国糖业酒类集团公司与ED&F曼氏（香港）有限公司于1994年12月14日签订的8008合同明确约定，因该合同引起的一切争议均需提交伦敦糖业协会依照该协会规则进行仲裁。双方当事人就履行8008合同发生争议后，伦敦糖业协会依照双方当事人的上述约定受理有关争议具有法律依据。经审查，伦敦糖业协会在仲裁本案过程中不存在1958年《承认与执行外国仲裁裁决公约》第五条第一款规定的任何情形。双方当事人因履行期货交易合同产生的纠纷，在性质上属于因契约性商事法律关系产生的纠纷，依照我国法律规定可以约定提请仲裁。依照我国有关法律法规的规定，境内企业未经批准不得擅自从事境外期货交易。中国糖业酒类集团公司未经批准擅自从事境外期货交易的行为，依照中国法律无疑应认定为无效。但违反我国法律的强制性规定不能完全等同于违反我国的公共政策。因此，本案亦不存在1958年《承认与执行外国仲裁裁决公约》第五条第二款规定的不可仲裁及承认与执行该判决将违反我国公共政策的情形。依照《中华人民共和国民事诉讼法》第二百六十九条及1958年《承认与执行外国仲裁裁决公约》第五条之规定,应当承认和执行本案仲裁裁决。

此复。

最高人民法院关于香港享进粮油食品有限公司申请执行香港国际仲裁中心仲裁裁决案的复函

[2003年11月14日,〔2003〕民四他字第9号]

安徽省高级人民法院:

你院〔2003〕皖执他字第01号"关于对香港国际仲裁中心仲裁裁决香港享进粮油食品有限公司与安徽粮油食品进出口(集团)公司买卖合同纠纷案不予执行的审查情况报告"收悉。经研究,答复如下:

根据你院所述事实,安徽粮油食品进出口(集团)公司(以下简称安徽粮油公司)系海南高富瑞工贸有限公司(以下简称海南高富瑞公司)的股东。本案所涉合同是海南高富瑞公司总经理张根杰,利用其持有的安徽粮油公司派驻海南高富瑞公司任职人员的相关文件的便利,采取剪取、粘贴、复印、传真等违法手段,盗用安徽粮油公司圆形行政公章,以安徽粮油公司的名义与香港享进粮油食品有限公司(以下简称享进公司)签订的。由于张根杰没有得到安徽粮油公司的明确授权,而是采用违法的手段盗用其印章签订合同,且事后张根杰未告知安徽粮油公司,更未得到追认,根据当事人的属人法即我国内地相应的法律规定,张根杰无权代理安徽粮油公司签订合同,亦即其不具备以安徽粮油公司名义签订合同的行为能力,相应地,其亦不具有以安徽粮油公司名义签订合同中仲裁条款的行为能力。由于本案所涉仲裁协议是张根杰通过欺诈手段签订的,因此,根据本案仲裁地法即香港特别行政区的法律,该仲裁协议也应认定无效。故根据《最高人民法院关于内地与香港特别行政区相互执行仲裁裁决的安排》第七条第一款第(一)项的规定,应不予执行本案仲裁裁决。同意你院的处理意见,但你院不宜以《最高人民法院关于内地与香港特别行政区相互执行仲裁裁决的安排》第七条第三款的规定作为不予执行本案仲裁裁决的法律依据。

此复。

最高人民法院关于不予执行国际商会仲裁院10334/AMW/BWD/TE最终裁决一案的请示的复函

[2004年7月5日,〔2004〕民四他字第6号]

山西省高级人民法院:

你院〔2004〕晋法民四请字第1号"关于同意太原中院不予执行国际商会仲裁院10334/AMW/BWD/TE最终裁决一案的报告"收悉。经研究,答复如下:

本案所涉裁决是国际商会仲裁院根据当事人之间达成的仲裁协议及申请作出的一份机构仲裁裁决,由于国际商会仲裁院系在法国设立的仲裁机构,而我国和法国均为《承认及执行外国仲裁裁决公约》的成员国,因此审查本案裁决的承认和执行,应适用该公约的规定,而不应适用《最高人民法院关于内地与香港特别行政区相互承认和执行仲裁裁决的安排》的规定。你院请示报告中所述两点不予承认和执行本案裁决的理由,均不符合《承认及执行外国仲裁裁决公约》的规定,因此你院以该两点理由不予承认和执行本案裁决的意见不能成立。

对于本案中伟贸国际(香港)有限公司是否在申请执行期限内提交了申请这一事实,你院应审查清楚。如其确系在申请执行期限内提交了申请,则即使其提交的材料不完备,你院亦不应直接裁定拒绝承认和执行本案裁决,而应该明确告知当事人,并限定一合理的时间让其补正,如其限定的合理时间内拒绝补正,则应考虑以其申请不符合立案条件为由驳回其申请。

此复。

最高人民法院关于是否承认和执行大韩商事仲裁院仲裁裁决的请示的复函

[2006年3月3日,〔2005〕民四他字第46号]

黑龙江省高级人民法院:

你院〔2005〕黑高商外他字第1号《关于(株)TS海码路申请承认并执行大韩商事仲裁院仲裁裁决一案的请示报告》收悉。经研究,答复如下:

大韩商事仲裁院就(株)TS海码路与大庆派派思食品有限公司之间的开发协议和连锁协议纠纷,于2004年10月22日做出了第04113-0004号仲裁裁决。大庆派派思食品有限公司在(株)TS海码路向哈尔滨市中级人民法院申请承认和执行该仲裁裁决后,以仲裁庭未按照《中华人民共和国和大韩民国关于民事和商事司法协助的条约》第4条和第8条的规定向其送达开庭通知书和仲裁裁决书为由主张拒绝承认和执行该仲裁裁决。由于双方当事人在开发协议和连锁协议中明确约定"仲裁适用《大韩商事仲裁院仲裁规则》",而本案仲裁庭按照该仲裁规则的规定通过邮寄方式向大庆派派思食品有限公司送达了开庭通知书和仲裁裁决书,也有证据证明大庆派派思食品有限公司收到了上述开庭通知书和仲裁裁决书。虽然仲裁庭在送达开庭通知书和仲裁裁决书时未附中文译本,但通过邮寄方式送达以及未附中文译本的做法并不违反韩国仲裁法和《大韩商事仲裁院仲裁规则》的规定。《中华人民共和国和大韩民国关于民事和商事司法协助的条约》中有关"司法协助的联系途径"和"文字"的规定,仅适用于两国司法机关进行司法协助的情形,不适用于仲裁机构或者仲裁庭在仲裁程序中的送达。大庆派派思食品有限公司没有举证证明本案仲裁裁决存在我国参加的《1958年承认执行外国仲裁裁决公约》第5条第1款规定的情形,本案仲裁裁决依法应予承认和执行。

此复。

最高人民法院关于是否裁定不予承认和执行英国伦敦"ABRA 轮 2004 年 12 月 28 日租约"仲裁裁决的请示的复函

[2007 年 1 月 10 日,〔2006〕民四他字第 34 号]

天津市高级人民法院:

你院〔2005〕津高民四他字第 5 号《关于是否裁定不予承认和执行英国伦敦"ABRA 轮 2004 年 12 月 28 日租约"仲裁裁决的请示》收悉。经研究,答复如下:

涉案申请人世界海运管理公司与被申请人天津市凯强商贸有限公司签订的租船合同约定:"本合同产生的或者与本合同有关的所有争议当任何一方索赔总金额(除利息和费用外)不超过 50 000 美元时,应根据伦敦海事仲裁员协会规则提交伦敦仲裁;其他所有争议,除非当事人立即同意一个独任仲裁员,应提交在英国执业的波罗的交易所成员的两个仲裁员最终仲裁裁决,每方当事人指定一个仲裁员,再由仲裁员指定首席仲裁员。本合同由英国法调整并根据英国法解释"。申请人索赔标的为 163 815.38 美元,超过 50 000 美元的限额,应由当事人指定仲裁员。根据《1996 年英国仲裁法》第 14 条第(4)款规定,如果仲裁员需由当事人指定,仲裁程序以及指定仲裁员的通知可以由一方当事人向对方当事人送达。该法第 76 条规定:当事人可以通过仲裁协议对送达的方式进行约定;没有约定的,通知或者其他文件可以任何有效的方式送达个人。

在仲裁过程中,涉案申请人根据《1996 年英国仲裁法》的规定,通过案外人采用电子邮件方式向被申请人送达,该送达方式并非我国所禁止,在申请人能够证明被申请人已收悉送达通知的情况下,该送达应为有效送达。但申请人未能提供被申请人确认收到电子邮件或者能够证明被申请人收到电子邮件的其他证据,证明被申请人得到指定仲裁员和仲裁程序的适当通知。根据《纽约公约》第 5 条第 1 款第 2 项的规定,天津海事法院应对该仲裁裁决不予承认和执行。同意你院的处理意见。

此复。

最高人民法院关于邦基农贸新加坡私人有限公司申请承认和执行英国仲裁裁决一案的请示的复函

[2007 年 6 月 25 日,〔2006〕民四他字第 41 号]

广东省高级人民法院:

你院〔2006〕粤高法民四他字第 10 号《关于邦基农贸新加坡私人有限公司申请承认和执行英国仲裁裁决一案的请示》收悉。经研究,答复如下:

本案一方当事人申请承认与执行国际油、油籽和油脂协会仲裁员在英国伦敦作出的仲裁裁决,该裁决为外国仲裁裁决。我国和英国均是《承认及执行外国仲裁裁决公约》(以下简称《纽约公约》)的缔约国,根据《中华人民共和国民事诉讼法》第二百六十九条的规定,本案仲裁裁决是否可以得到承认与执行,应当按照《纽约公约》的规定进行审查。关于本案所涉仲裁协议和仲裁程序的审查,应当适用双方当事人明确约定的国际油、油籽和油脂协会 2001 年 1 月 1 日修订并生效的《上诉和仲裁规则》以及英国 1996 年《仲裁法》。

《上诉和仲裁规则》第一条(f)款规定,"本协会将通知没有选定仲裁员或者替代仲裁员的一方当事人,本协会将为其指定一名仲裁员,除非该方当事人在本协会向其发出通知后的 14 日内为自己选定了仲裁员"。而本案仲裁庭在原为被申请人广东丰源粮油集团有限公司指定的仲裁员 S. Bigwood 先生自动回避后并没有向被申请人广东丰源粮油集团有限公司发出选定替代仲裁员的通知,而是径直为其重新指定了仲裁员。仲裁庭重新指定仲裁员的行为违反了当事人约定的仲裁规则的上述规定,应认定属于《纽约公约》第五条第一款(丁)项规定的"仲裁机关之组成或仲裁程序与各造间协议不符"的情形。据此,人民法院应当拒绝承认和执行本案仲裁裁决。

此复。

最高人民法院关于申请人瑞士邦基有限公司申请承认和执行英国仲裁裁决一案的请示的复函

[2007 年 5 月 9 日,〔2006〕民四他字第 47 号]

广东省高级人民法院:

你院〔2006〕粤高法民四他字第 9 号"关于申请人瑞士邦基有限公司申请承认和执行英国仲裁裁决一案的请示"收悉。经研究,答复如下:

1. 本案是申请承认和执行外国仲裁裁决纠纷案件。由于本案仲裁裁决在英国作出,中国和英国均为《承认及执行外国仲裁裁决公约》(以下简称《纽约公约》)的缔约国,根据《中华人民共和国民事诉讼法》第二百六十九条的规定,本案仲裁裁决是否予以承认和执行,应当依照《纽约公约》的规定进行审查。根据你院提供的案情,本案仲裁协议有效,仲裁程序合法,裁决应当予以承认;

2. 按照最高人民法院《关于执行我国加入的(承认及执行外国仲裁裁决公约)的通知》第五条的规定,申请人申请执行外国仲裁裁决的,应当在我国法律规定的申请执行期限内提出。根据《中华人民共和国民事诉讼法》第二百一十九条的规定,申请执行的期限,双方是法人或者其他组织的为六个月,从法律文书规定履行期间的最后一日起计算。本案裁决书并无履行期限的内容,应当给予当事人一个合理的期限。根据《纽约公约》第四条的规定,申请人取得仲裁裁决正本或者正式副本是向法院申请承认执行仲裁裁决的必要条件。故可以从申请人收到裁决书正本或者正式副本之日起计算申请人申请执行的期限。请你院查清有关事实后,依法作出裁定。

最高人民法院关于马绍尔群岛第一投资公司申请承认和执行英国伦敦临时仲裁庭仲裁裁决案的复函

[2008 年 2 月 27 日,〔2007〕民四他字第 35 号]

福建省高级人民法院:

你院〔2007〕闽民他字第 36 号《关于

马绍尔群岛第一投资公司申请承认和执行英国伦敦临时仲裁庭仲裁裁决一案的请示》收悉。经研究，同意你院审委会对该案处理意见的结论。

本案是马绍尔群岛第一投资公司申请承认和执行英国伦敦临时仲裁庭仲裁裁决案。我国为《1958年承认和执行外国仲裁裁决公约》（以下简称《纽约公约》）的参加国，应当依照纽约公约的规定审查该裁决是否应当予以承认和执行。

本案仲裁庭虽由3名仲裁员组成，但是仲裁员王生长并未参与仲裁的全过程，没有参与最终仲裁裁决的全部审议。因此，仲裁庭的组成或仲裁程序与当事人之间仲裁协议的约定不符，也与仲裁地英国的法律相违背。根据《纽约公约》第5条第1款第（4）项的规定，该仲裁裁决不应予以承认和执行。

最高人民法院关于不予承认和执行国际商会仲裁院仲裁裁决的请示的复函

[2008年6月2日，〔2008〕民四他字第11号]

山东省高级人民法院：

你院〔2007〕鲁民四他字第12号《关于不予承认和执行国际商会仲裁院仲裁裁决的请示》收悉。经研究，答复如下：

本案仲裁裁决系国际商会仲裁院作出，应根据我国加入的1958年《承认及执行外国仲裁裁决公约》进行审查。

Hemofarm DD、MAG国际贸易公司、苏拉么媒体有限公司与济南永宁制药股份有限公司在《济南—海慕法姆制药有限公司合资合同》中约定的仲裁条款仅约束合资合同当事人就合资事项发生的争议，不能约束济南永宁制药股份有限公司与合资公司济南—海慕法姆制药有限公司之间的租赁合同纠纷。国际商会仲裁院在仲裁Hemofarm DD、MAG国际贸易公司、苏拉么媒体有限公司与济南永宁制药股份有限公司合资合同纠纷案件中，对济南永宁制药股份有限公司与合资公司济南—海慕法姆制药有限公司之间的租赁合同纠纷进行了审理和裁决，超出了合资合同约定的仲裁协议的范围。在中国有关法院就济南永宁制药股份有限公司与合资公司济南—海慕法姆制药有限公司之间的租赁合同纠纷裁定对合资公司的财产进行保全并作出判决的情况下，国际商会仲裁院再对济南永宁制药股份有限公司与合资公司济南—海慕法姆制药有限公司之间的租赁合同纠纷进行审理并裁决，侵犯了中国的司法主权和中国法院的司法管辖权。依据《承认及执行外国仲裁裁决公约》第五条第一款（丙）项和第二款（乙）项之规定，应拒绝承认和执行国际商会仲裁院第13464/MS/JB/JEM号仲裁裁决。

同意你院的请示意见。

此复。

最高人民法院关于裁定不予承认和执行社团法人日本商事仲裁协会东京05-03号仲裁裁决的报告的答复

[2008年9月10日，〔2008〕民四他字第18号]

天津市高级人民法院：

你院〔2006〕津高民四他字第0006号

《裁定不予承认和执行社团法人日本商事仲裁协会东京 05-03 号仲裁裁决的报告》收悉。经研究,答复如下:

本案系日本信越化学工业株式会社(以下简称信越会社)向我国法院申请承认日本商事仲裁协会作出的仲裁裁决,中日两国均为《承认及执行外国仲裁裁决公约》(以下简称《纽约公约》)的缔约国,因此,应当依据《纽约公约》的有关规定进行审查。

从你院请示报告中反映的情况看,本案仲裁裁决在有关通知程序方面与《日本商事仲裁协会商事仲裁规则》(以下简称《仲裁规则》)的规定不符,存在《纽约公约》第五条第一款(乙)、(丁)项规定的情形。

首先,根据上述《仲裁规则》第 53 条的规定:"1. 仲裁庭认为仲裁程序已进行得完全充分,可以进行裁决并决定终结审理程序时,仲裁庭应在作出该决定之日起 5 周内作出仲裁裁决;如果因为案情复杂或其他原因,仲裁庭认为有必要时,可以适当延长该期限,但不得超过 8 周。2. 仲裁庭根据前段规定决定审理终结后,应当通知当事人作出仲裁裁决的期限。"

本案仲裁庭在审理终结后,没有履行《仲裁规则》规定的"通知当事人作出裁决的期限"的义务,未通知天津鑫茂科技股份有限公司(原天津天大天财股份有限公司,以下简称鑫茂公司)其作出仲裁裁决的期限。《仲裁规则》将仲裁庭通知当事方作出仲裁裁决的期限规定为仲裁庭必须履行的职责,仲裁庭没有自行决定是否通知的选择权,仲裁庭未通知鑫茂公司其作出裁决的期限的行为违反了《仲裁规则》的强制性规定。当事人双方在协议中选择了仲裁作为处理争议的方式,并明确约定了适用《日本商事仲裁协会商事仲裁规则》,因此,《仲裁规则》中的有关内容已经成为当事人协议的一部分。本案仲裁庭对以上《仲裁规则》内容的违反,符合《纽约公约》第五条第一款(丁)项规定的"仲裁机关之组成或仲裁程序与各造间之协议不符"的情形。

其次,《仲裁规则》第 20 条规定:"1. 申请人可以就同一仲裁协议向协会提出申请变更申请书并变更其申请内容。如果是在仲裁庭组成后提出修改,应当向仲裁庭提出变更申请书的请求,并得到仲裁庭的许可。2. 仲裁庭在作出前款的许可前应事先听取对方当事人的意见。"

信越公司主张:其于 2005 年 8 月 31 日向仲裁庭提出《申请事项变更申请书》后,仲裁协会事务局已经于 2005 年 10 月 21 日以国际快递的方式将《征求意见书》邮寄给鑫茂公司。但鑫茂公司否认其收到仲裁庭寄送的相关《征求意见书》,信越公司亦未能提交仲裁庭确实履行上述通知行为的证据,同时,没有任何证据表明仲裁庭于 2005 年 10 月 21 日向鑫茂公司邮寄过上述涉及信越公司变更申请的文件。鑫茂公司也未能就信越公司变更申请的行为提出意见。

在信越公司对申请事项提出变更的情况下,鑫茂公司有权利对变更后的申请内容提出意见,而该变更事项通知应当属于仲裁程序中的重要内容,仲裁庭未能将该变更申请通知鑫茂公司,实际上剥夺了鑫茂公司提出申辩的权利和机会,构成《纽约公约》第五条第一款(乙)项规定的"受裁决援用之一造未接获关于指派仲裁员或仲裁程序之适当通知,或因他故,致未能申辩者"的情形。同时,该情形并与当事人选择的《仲裁规则》不符。

综上，同意你院的处理意见，本案仲裁裁决存在《纽约公约》第五条第一款（乙）、（丁）项规定的情形，不应予以承认。

此复。

最高人民法院关于中基宁波对外贸易股份有限公司申请不予执行香港国际仲裁中心仲裁裁决一案的审核报告的复函

[2009年12月9日，〔2009〕民四他字第42号]

浙江省高级人民法院：

你院〔2009〕浙执他字第2号《关于中基宁波对外贸易股份有限公司申请不予执行香港国际仲裁中心仲裁裁决一案的审核报告》收悉，经研究，答复如下：

本案因 Addax Bv 向宁波市中级人民法院申请执行香港国际仲裁中心作出的仲裁裁决，中基宁波对外贸易股份有限公司（以下简称中基宁波公司）提出抗辩申请不予执行而提起。因此，本案应根据法释〔2000〕3号《最高人民法院关于内地与香港特别行政区相互执行仲裁裁决的安排》第七条的规定进行审查。中基宁波公司申请不予执行的主要理由是：未接到指派仲裁员的适当通知。

按照你院报告所述案件事实，2006年7月18日，香港国际仲裁中心以传真和双挂号信的方式，按中基宁波公司在《混合芳烃分期供货合同》中载明的传真号码和地址，向其发送了指派仲裁员的通知，并要求其"于8月1日前提出意见"。

对此，中基宁波公司提出：上述传真号码在香港国际仲裁中心发出传真时已不使用，而上述双挂号信则"在8月17日才收到，无法在8月1日前提出意见。"对于中基宁波公司以上主张，首先，根据《联合国国际贸易法委员会仲裁规则》第二条"通知和时间计算"有关规定，中基宁波公司在合同中载明的传真号码，为其在本案中最后确定的通讯方式，香港国际仲裁中心按该传真号码所发送的指派仲裁员通知，应视为中基宁波公司业已收到；其次，中基宁波公司提出双挂号信"在8月17日才收到"，但其并未提交充分证据予以证明。因此，中基宁波公司申请不予执行的理由不能成立。

综上，本案不存在《最高人民法院关于内地与香港特别行政区相互执行仲裁裁决的安排》第七条所规定不予执行仲裁裁决的情形。香港国际仲裁中心作出的仲裁裁决应予执行。

此复。

最高人民法院关于香港仲裁裁决在内地执行的有关问题的通知

[2009年12月30日，法〔2009〕415号]

各省、自治区、直辖市高级人民法院，新疆维吾尔自治区高级人民法院生产建设兵团分院：

近期，有关人民法院或者当事人向我院反映，在香港特别行政区做出的临时仲裁裁决、国际商会仲裁院在香港作出的仲裁裁决，当事人可否依据《关于内地与香港特别行政区相互执行仲裁裁决的安排》（以下简称《安排》）在内地申请执行。

为了确保人民法院在办理该类案件中正确适用《安排》，统一执法尺度，现就有关问题通知如下：

当事人向人民法院申请执行在香港特别行政区做出的临时仲裁裁决、国际商会仲裁院等国外仲裁机构在香港特别行政区作出的仲裁裁决的，人民法院应当按照《安排》的规定进行审查。不存在《安排》第七条规定的情形的，该仲裁裁决可以在内地得到执行。

特此通知。

最高人民法院关于路易达孚商品亚洲有限公司申请承认和执行国际油、种子和脂肪协会作出的第 3980 号仲裁裁决请示一案的复函

〔2010 年 10 月 10 日，〔2010〕民四他字第 48 号〕

广东省高级人民法院：

你院〔2009〕粤高法民四他字第 10 号《关于路易达孚商品亚洲有限公司与广东富虹油品有限公司申请承认和执行外国仲裁裁决一案的请示》收悉，经研究，答复如下：

本案所涉国际油、种子和脂肪协会作出的第 3980 号仲裁裁决系在英国伦敦作出，该裁决为外国仲裁裁决。我国和英国均是《承认与执行外国仲裁裁决公约》（以下简称《纽约公约》）的缔约国，根据《中华人民共和国民事诉讼法》第二百六十七条之规定，本案仲裁裁决是否予以承认与执行，应当依照《纽约公约》的规定进行审查。

根据你院请示报告认定的事实，本案申请人路易达孚商品亚洲有限公司（以下简称路易达孚公司）无法提供证据证明其收到裁决书的具体日期，你院以本案所涉裁决的生效日期 2007 年 8 月 29 日作为申请承认与执行起算日并无不妥。湛江市中级人民法院（以下简称湛江中院）于 2008 年 2 月 13 日收到路易达孚公司申请执行材料，并确认其立即通知了路易达孚公司重新提交办理申请承认的立案手续，路易达孚公司立刻口头予以了申请。按照当时适用的《中华人民共和国民事诉讼法》第二百一十九条的规定，路易达孚公司在法定期限之内向湛江中院提出了申请。

本案所涉货物尽管混有有毒的种衣剂大豆，但在卸货前已经进行了挑选处理，无证据证明该批货物造成了严重的卫生安全以及有损公众健康的事实。本案仲裁员认为中国的法律法规的规定与实践中的适用存在明显差距，但该错误认识并不会导致承认与执行该仲裁裁决违反我国公共政策。因此，本案适用公共政策为由拒绝承认与执行该仲裁裁决缺乏足够依据。

另外，本案独立仲裁人的行为是否影响仲裁裁决的公正性，不属于《纽约公约》规定的审查范围。

综上，对本案仲裁裁决应当予以承认与执行。

此复。

最高人民法院关于认真学习贯彻《全国人民代表大会常务委员会关于修改〈中华人民共和国民事诉讼法〉的决定》的通知

[2012年11月28日，法〔2012〕289号]

各省、自治区、直辖市高级人民法院，解放军军事法院，新疆维吾尔自治区高级人民法院生产建设兵团分院：

2012年8月31日，第十一届全国人民代表大会常务委员会第二十八次会议审议通过的《关于修改〈中华人民共和国民事诉讼法〉的决定》（以下简称民事诉讼法修改决定）将于2013年1月1日起施行。为保证统一正确适用民事诉讼法修改决定，特通知如下：

一、深刻认识贯彻实施民事诉讼法修改决定的重大意义

民事诉讼法是中国特色社会主义法律体系中的基本法律之一，是人民法院受理、审理和执行民事案件在程序方面的基本法律依据。民事诉讼法修改决定增加了诚实信用原则，新设了公益诉讼、第三人撤销之诉、小额诉讼、行为保全、确认调解协议、直接实现担保物权、检察建议等多项重大诉讼制度，对立案制度、管辖制度、调解制度、证据制度、一审程序、二审程序、特别程序、审判监督程序、执行程序和涉外程序等均有重大修改完善。此次民事诉讼法的修改对于加强法律实施，完善"公正、高效、权威"的民事诉讼制度，保障人民群众民事权益和社会公共利益，促进经济社会发展，维护社会和谐稳定，具有重大现实意义和深远历史意义。全国法院要高度重视民事诉讼法修改决定的学习和贯彻实施，要以这次民事诉讼法修改决定的贯彻实施工作为契机，进一步提升人民法院民事审判执行工作的质量、效率和水平。

二、正确把握贯彻实施民事诉讼法修改决定的原则

人民法院贯彻实施民事诉讼法修改决定，应当坚持以下原则：

一要坚持全面原则。这次民事诉讼法修改是一次全面修改，涉及到民事诉讼法的各个部分和每一个程序，既有对当事人诉权保护的内容，也有规范人民法院审判执行工作程序的内容，还有加强对审判执行工作法律监督的内容。应当全面把握这次修改民事诉讼法的指导思想，深刻理解每一项新制度、新规定，不仅要学好、学深、学透，更要学全，全面贯彻落实好民事诉讼法修改决定。

二要坚持区分原则。民事诉讼法修改决定集中体现了近年来民事诉讼制度改革的成果，人民法院加强和改进民事审判执行工作，既面临重大机遇，也面临诸多挑战。对于有利于促进民事诉讼顺利开展的内容，要用好、用足，提升司法公信；对于法律规定较为原则，需要进一步细化、明确的问题，要在审判实践中积极探索，为司法解释出台积累经验；对于涉及其他部门的规定，要加强沟通，平稳推进。

三要坚持统筹原则。此次民事诉讼法的修改涉及一审、二审、再审和执行等各项程序，涉及立案、审判、执行等多个部门，贯彻实施工作要统一部署、统筹安排。最高人民法院在民事诉讼法修改决定生效实施前，将就民事诉讼法修改决定施行时尚未审结的案件如何适用法律等问题出台司法解释。各高级人民法院也要统

筹做好贯彻实施民事诉讼法修改决定的各项准备工作。

三、做好贯彻实施民事诉讼法修改决定的立案审判执行准备工作

（一）进一步加强立案工作。一要大力提升立案工作水平，对于当事人起诉到人民法院的民事案件，符合受理条件的，严格依法及时受理，保障当事人诉权的实现；对于不予受理的案件，积极引导当事人通过其他救济途径解决，从根本上解决纠纷。二要严格规范管辖权转移，准确把握第一审民事案件移交下级人民法院审理的适用条件，严格执行向上级人民法院报请批准的法定程序，依法及时将矛盾纠纷化解在基层。三要及时配备必要的视听记录设备，确保人民法院通过法定方式和程序，完成留置送达，提高送达质量和效率。

（二）进一步加强审理工作。一要认真落实先行调解规定，对于起诉到人民法院的民事纠纷，要在立案前和立案后，加大调解力度，积极引导当事人通过多层次的调解方式化解矛盾。二要健全案件分流机制，进一步加强审判流程管理，确定合理的案件流程，缩短程序转换周期，有效提高诉讼效率。三要认真执行证据规则，对于电子数据等新证据形式，要结合相关法律，健全调查取证、质证等操作规程，确保庭审有序进行，裁判结果公正合理。四要认真落实公开审判制度，依法扩大二审案件开庭审理的范围，明确径行裁判的适用条件，切实提高二审案件审理的质量和效率。

（三）进一步加强裁判文书工作。一要进一步规范裁判文书制作，做到证据审查全面客观，事实认定准确清楚，说理部分透彻明白，裁判依据明确充分，增强裁判文书的说理性，切实促进当事人服判息诉，实现案结事了。二要进一步规范生效裁判文书公开的形式和载体，结合当地实际，逐步扩大公开的范围，方便当事人和社会公众查阅，同时也要注意维护国家秘密、商业秘密和当事人隐私。

（四）进一步加强执行工作。一要准确理解与把握修改后的民事诉讼法关于执行措施的新规定，细化发出执行通知前的准备工作，切实提高执行效率。二要细化人民法院委托变卖或者自行变卖的程序和方式，对于查封、扣押财产，坚持拍卖优先原则，结合相关司法解释，保障执行程序顺利进行。三要严格执行关于不予执行仲裁裁决相关标准的新规定，规范和完善人民法院对仲裁活动的监督。四要依法运用对逃避执行行为的处罚措施，加大执行力度。

四、做好贯彻实施民事诉讼法修改决定确立的新制度的实施准备工作

民事诉讼法修改决定中增加了一些新的制度，如小额诉讼、公益诉讼、第三人撤销之诉、执行法律监督等制度，贯彻实施这些新制度对于加强和改进人民法院的民事审判和执行工作，既是机遇，也是挑战。对于这些新制度，人民法院缺乏审判实践的经验积累，待时机成熟时将出台司法解释和指导意见。目前，最高人民法院正在组织人员进行研究，在《人民法院报》上发表相关文章，供各级人民法院参考。各级人民法院也要预先研判，积极、稳妥、有计划、有层次地开展工作。

五、做好与相关部门的沟通协调工作

民事诉讼法修改决定新增加了一些需要与其他部门进行协调、沟通、配合的制度。各高级人民法院要与有关部门加

强工作层面的沟通协调,建立完善相应工作机制,确保民事诉讼法修改决定的贯彻实施。一要与财政部门进行沟通,为人民法院在特定情形下,先行垫付证人出庭费用及误工损失等工作做好准备;二要与统计部门进行沟通,为人民法院受理小额诉讼案件做好准备;三要与检察机关进行沟通协调,为贯彻实施民事诉讼法修改决定有关检察建议和执行法律监督等制度做好准备;四要与协助执行的相关单位进行沟通,继续完善执行联动机制,为贯彻实施民事诉讼法修改决定有关协助执行制度做好准备。

六、做好民事诉讼法修改决定的学习培训工作

要把学习民事诉讼法修改决定,作为当前和今后一段时期人民法院特别是广大民事法官的一项重点工作。最高人民法院在民事诉讼法修改决定实施前举办了全国法院学习贯彻民事诉讼法修改决定培训班,对各高、中级法院及基层法院的主管民事审判工作的院领导、庭领导进行集中培训。明年,最高人民法院将继续把学习贯彻民事诉讼法修改决定作为全国法院培训的重要内容,进一步巩固学习培训效果。各高级人民法院和中级人民法院也要利用多种形式进行培训,在民事诉讼法修改决定实施前和实施后,对民事立案、审判、执行人员进行轮训;各基层人民法院要组织法官和相关工作人员认真学习。在培训和学习中,要逐条领会新规定,准确把握立法精神,深刻理解各修改条文的含义,学深学透、融会贯通。

七、做好民事诉讼法修改决定的宣传工作

要进一步加大宣传力度,注意通过具体的民事审判和执行活动,以案释法,不断加强与新闻媒体、有关社会组织的沟通合作。大力宣传民事诉讼法修改决定的立法精神和条文宗旨,特别要做好新制度、新规则的普法工作,引导社会各方和人民群众正确理解新的诉讼制度,树立正确的诉讼观念。

对于贯彻实施民事诉讼法修改决定过程中遇到的问题和情况,要及时层报最高人民法院。

最高人民法院关于在知识产权审判中贯彻落实《全国人民代表大会常务委员会关于修改〈中华人民共和国民事诉讼法〉的决定》有关问题的通知

[2012年12月24日,法〔2012〕317号]

各省、自治区、直辖市高级人民法院,解放军军事法院,新疆维吾尔自治区高级人民法院生产建设兵团分院:

第十一届全国人民代表大会常务委员会第二十八次会议审议通过的《关于修改〈中华人民共和国民事诉讼法〉的决定》(以下简称《民事诉讼法修改决定》)将于2013年1月1日起施行。为在知识产权审判工作中正确适用《民事诉讼法修改决定》,现就有关事项通知如下:

一、充分认识贯彻落实《民事诉讼法修改决定》对知识产权审判工作的重要意义《民事诉讼法修改决定》明确规定了诚实信用原则,修改了关于委托代理人的规定,完善了证据制度,新增了诉前证据保全和诉前行为保全制度等,对于完善知识产权司法保护机制、充分发挥知识产权

司法保护主导作用具有重要意义。要高度重视和深入研究《民事诉讼法修改决定》在知识产权审判工作中的贯彻落实，进一步完善知识产权诉讼制度，加大司法保护力度，提高司法保护水平。

二、规范专利代理人以公民身份担任诉讼代理人《民事诉讼法修改决定》施行后，专利代理人经中华全国专利代理人协会推荐，可以公民身份在专利案件中担任诉讼代理人。

中华全国专利代理人协会在具体案件中向人民法院个别推荐专利代理人担任诉讼代理人的，人民法院应当对推荐手续和专利代理人资格予以审查。

中华全国专利代理人协会以名单方式向最高人民法院推荐专利代理人担任诉讼代理人，经最高人民法院确认后，名单内的专利代理人在具体案件中担任诉讼代理人无需再履行个别推荐手续。各级人民法院根据最高人民法院确认的推荐名单对专利代理人资格予以审查。

三、正确适用诉前保全制度《民事诉讼法修改决定》施行后，利害关系人因专利、商标和著作权纠纷在起诉前向人民法院申请采取诉前证据保全或者诉前行为保全措施的，适用修改后民事诉讼法。相关司法解释关于诉前证据保全和诉前行为保全的规定与修改后民事诉讼法有关规定不一致的，不再适用；不相冲突的，应继续适用。

《民事诉讼法修改决定》施行后，利害关系人因不正当竞争、植物新品种、垄断等纠纷在起诉前向人民法院申请采取诉前证据保全或者诉前行为保全措施的，人民法院应当依法受理。

本通知执行中如有问题和新情况，请及时层报最高人民法院。

最高人民法院关于修改后的民事诉讼法施行时未结案件适用法律若干问题的规定

［2012年12月24日最高人民法院审判委员会第1564次会议通过，2012年12月28日公布，自2013年1月1日起施行，法释〔2012〕23号］

为正确适用《全国人民代表大会常务委员会关于修改〈中华人民共和国民事诉讼法〉的决定》(2012年8月31日第十一届全国人民代表大会常务委员会第二十八次会议通过，2013年1月1日起施行)(以下简称《决定》)，现就修改后的民事诉讼法施行前已经受理、施行时尚未审结和执结的案件(以下简称2013年1月1日未结案件)具体适用法律的若干问题规定如下：

第一条　2013年1月1日未结案件适用修改后的民事诉讼法，但本规定另有规定的除外。

前款规定的案件，2013年1月1日前依照修改前的民事诉讼法和有关司法解释的规定已经完成的程序事项，仍然有效。

第二条　2013年1月1日未结案件符合修改前的民事诉讼法或者修改后的民事诉讼法管辖规定的，人民法院对该案件继续审理。

第三条　2013年1月1日未结案件符合修改前的民事诉讼法或者修改后的民事诉讼法送达规定的，人民法院已经完成的送达，仍然有效。

第四条　在2013年1月1日未结案件中，人民法院对2013年1月1日前发

生的妨害民事诉讼行为尚未处理的,适用修改前的民事诉讼法,但下列情形应当适用修改后的民事诉讼法:

(一) 修改后的民事诉讼法第一百一十二条规定的情形;

(二) 修改后的民事诉讼法第一百一十三条规定情形在 2013 年 1 月 1 日以后仍在进行的。

第五条　2013 年 1 月 1 日前,利害关系人向人民法院申请诉前保全措施的,适用修改前的民事诉讼法等法律,但人民法院 2013 年 1 月 1 日尚未作出保全裁定的,适用修改后的民事诉讼法确定解除保全措施的期限。

第六条　当事人对 2013 年 1 月 1 日前已经发生法律效力的判决、裁定或者调解书申请再审的,人民法院应当依据修改前的民事诉讼法第一百八十四条规定审查确定当事人申请再审的期间,但该期间在 2013 年 6 月 30 日尚未届满的,截止到 2013 年 6 月 30 日。

前款规定当事人的申请符合下列情形的,仍适用修改前的民事诉讼法第一百八十四条规定:

(一) 有新的证据,足以推翻原判决、裁定的;

(二) 原判决、裁定认定事实的主要证据是伪造的;

(三) 判决、裁定发生法律效力二年后,据以作出原判决、裁定的法律文书被撤销或者变更,以及发现审判人员在审理该案件时有贪污受贿、徇私舞弊、枉法裁判行为的。

第七条　人民法院对 2013 年 1 月 1 日前已经受理、2013 年 1 月 1 日尚未审查完毕的申请不予执行仲裁裁决的案件,适用修改前的民事诉讼法。

第八条　本规定所称修改后的民事诉讼法,是指根据《决定》作相应修改后的《中华人民共和国民事诉讼法》。

本规定所称修改前的民事诉讼法,是指《决定》施行之前的《中华人民共和国民事诉讼法》。

最高人民法院关于依据国际公约和双边司法协助条约办理民商事案件司法文书送达和调查取证司法协助请求的规定

[2013 年 1 月 21 日最高人民法院审判委员会第 1568 次会议通过,2013 年 4 月 7 日公布,自 2013 年 5 月 2 日起施行,法释〔2013〕11 号]

为正确适用有关国际公约和双边司法协助条约,依法办理民商事案件司法文书送达和调查取证请求,根据《中华人民共和国民事诉讼法》《关于向国外送达民事或商事司法文书和司法外文书的公约》(海牙送达公约)、《关于从国外调取民事或商事证据的公约》(海牙取证公约)和双边民事司法协助条约的规定,结合我国的司法实践,制定本规定。

第一条　人民法院应当根据便捷、高效的原则确定依据海牙送达公约、海牙取证公约,或者双边民事司法协助条约,对外提出民商事案件司法文书送达和调查取证请求。

第二条　人民法院协助外国办理民商事案件司法文书送达和调查取证请求,适用对等原则。

第三条　人民法院协助外国办理民商事案件司法文书送达和调查取证请求,

应当进行审查。外国提出的司法协助请求,具有海牙送达公约、海牙取证公约或双边民事司法协助条约规定的拒绝提供协助的情形的,人民法院应当拒绝提供协助。

第四条 人民法院协助外国办理民商事案件司法文书送达和调查取证请求,应当按照民事诉讼法和相关司法解释规定的方式办理。

请求方要求按照请求书中列明的特殊方式办理的,如果该方式与我国法律不相抵触,且在实践中不存在无法办理或者办理困难的情形,应当按照该特殊方式办理。

第五条 人民法院委托外国送达民商事案件司法文书和进行民商事案件调查取证,需要提供译文的,应当委托中华人民共和国领域内的翻译机构进行翻译。

译文应当附有确认译文与原文一致的翻译证明。翻译证明应当有翻译机构的印章和翻译人的签名。译文不得加盖人民法院印章。

第六条 最高人民法院统一管理全国各级人民法院的国际司法协助工作。高级人民法院应当确定一个部门统一管理本辖区各级人民法院的国际司法协助工作并指定专人负责。中级人民法院、基层人民法院和有权受理涉外案件的专门法院,应当指定专人管理国际司法协助工作;有条件的,可以同时确定一个部门管理国际司法协助工作。

第七条 人民法院应当建立独立的国际司法协助登记制度。

第八条 人民法院应当建立国际司法协助档案制度。办理民商事案件司法文书送达的送达回证、送达证明在各个转递环节应当以适当方式保存。办理民商事案件调查取证的材料应当作为档案保存。

第九条 经最高人民法院授权的高级人民法院,可以依据海牙送达公约、海牙取证公约直接对外发出本辖区各级人民法院提出的民商事案件司法文书送达和调查取证请求。

第十条 通过外交途径办理民商事案件司法文书送达和调查取证,不适用本规定。

第十一条 最高人民法院国际司法协助统一管理部门根据本规定制定实施细则。

第十二条 最高人民法院以前所作的司法解释及规范性文件,凡与本规定不一致的,按本规定办理。

最高人民法院印发《关于依据国际公约和双边司法协助条约办理民商事案件司法文书送达和调查取证司法协助请求的规定实施细则(试行)》的通知

[2013年4月7日,法发〔2013〕6号]

各省、自治区、直辖市高级人民法院,解放军军事法院,新疆维吾尔自治区高级人民法院生产建设兵团分院:

现将最高人民法院《关于依据国际公约和双边司法协助条约办理民商事案件司法文书送达和调查取证司法协助请求的规定实施细则(试行)》印发给你们,请认真贯彻执行。

附:关于依据国际公约和双边司法协助条约办理民商事案件司法文书送达和调查取证司法协助请求的规定实施细则(试行)

第一章 总 则

第一条 根据最高人民法院《关于依据国际公约和双边司法协助条约办理民商事案件司法文书送达和调查取证司法协助请求的规定》,制定本实施细则。

第二条 本实施细则适用于人民法院依据海牙送达公约、海牙取证公约和双边民事、民商事、民刑事和民商刑事司法协助条约、协定(以下简称双边民事司法协助条约)办理民商事案件司法文书送达和调查取证请求。

第三条 人民法院应当根据便捷、高效的原则,优先依据海牙取证公约提出民商事案件调查取证请求。

第四条 有权依据海牙送达公约、海牙取证公约直接对外发出司法协助请求的高级人民法院,应当根据便捷、高效的原则,优先依据海牙送达公约和海牙取证公约提出、转递本辖区各级人民法院提出的民商事案件司法文书送达和调查取证请求。

第五条 人民法院国际司法协助统一管理部门和专门负责国际司法协助工作的人员(国际司法协助专办员)负责国际司法协助请求的审查、转递、督办和登记、统计、指导、调研等工作。

第二章 我国法院委托外国协助送达民商事案件司法文书

第六条 人民法院审判、执行部门向国际司法协助专办员、国际司法协助统一管理部门报送民商事案件司法文书送达请求时,应当制作给国际司法协助专办员或者国际司法协助统一管理部门的转递函,并按照下列要求办理:

(一)向在国外的法人和非中国籍公民送达

1. 所送达的各项文书应当附有被请求国官方文字的译文,对于不同地区使用不同官方文字的国家,如加拿大、瑞士等,应当附有该地区所使用的官方文字的译文。翻译为被请求国官方文字确有困难的,可以依据双边民事司法协助条约提出司法文书送达请求,并附双边民事司法协助条约中规定的第三方文字的译文。被请求国不接受双边民事司法协助条约中规定的第三方文字译文的,所送达的各项文书应当附有被请求国官方文字的译文。

2. 所送达的文书应当一式两份,分别装订为两套文书。

每套文书应当独立成册,参照下列顺序装订:

(1)起诉状中文及译文;
(2)应诉通知书中文及译文;
(3)传票中文及译文;
(4)合议庭组成人员通知书中文及译文;
(5)举证通知书中文及译文;
(6)其他材料之一中文及译文(其他材料之二、三依此类推);
(7)证据一中文及译文(证据二、三依此类推);
(8)翻译证明。

人民法院向在国外的法人和非中国籍公民送达民商事案件司法文书无需附送达回证及译文。但是,所送达的文书不能反映准确送达地址的,应当通过附送达回证及译文的方式说明准确的送达地址。

3. 被请求国协助送达要求支付费用的,送达费用由当事人负担。被请求国要求预付费的,应当将送达费用汇票与所送文书一并转递,并在转递函上注明汇票编号。

4. 所送达的各项文书中,受送达人的姓名、名称和送达地址应当一致、完整、准确。送达地址应当打印,不便打印的,手写地址应当清晰、可明确辨认;受送达人姓名、名称和送达地址不一致的,应当修改一致;送达地址不便修改的,应当在转递函中列明准确的送达地址,并注明"已核对,以此送达地址为准"。

5. 确定开庭日期时应当预留足够的送达时间。

(二) 向在国外的中国籍公民送达

1. 转递函中列明受送达人为中国国籍。

2. 所送达的文书应当一式两份,无需译文,分别装订为两套文书。

每套文书应当独立成册,参照下列顺序装订:

(1) 起诉状;

(2) 应诉通知书;

(3) 传票;

(4) 合议庭组成人员通知书;

(5) 举证通知书;

(6) 其他材料之一(其他材料之二、三依此类推);

(7) 证据一(证据二、三依此类推);

(8) 送达回证(送达回证中应当列明上述文书各一份)。

3. 送达回证中应当打印受送达人准确的外文(所在国官方文字)送达地址;不便打印的,手写地址应当清晰、可明确辨认;受送达人如有外文姓名的,亦应当在送达回证中注明外文姓名。

4. 确定开庭日期时应当预留足够的送达时间。

5. 我国驻外使、领馆要求出具委托书的,应当附提出送达请求的法院致我国驻该国使、领馆的委托书。委托书随文书一并转递。

第七条 国际司法协助专办员收到本院审判、执行部门或者下级法院报送的民商事案件司法文书送达请求后,应当按照下列标准进行审查:

(一) 有审判、执行部门或者下级法院的转递函;

(二) 被请求国是海牙送达公约缔约国,或者被请求国与我国签订的双边民事司法协助条约已经生效;

(三) 审判、执行部门或者下级法院转来的文书与转递函中所列的文书清单在名称和份数上一致;

(四) 所送达的文书按照第六条的相关规定分别装订成两套,两套文书的装订顺序一致;

(五) 应当附译文的,译文文字符合海牙送达公约或者双边民事司法协助条约的规定;

(六) 所送达的各项文书中载明的受送达人姓名、名称、送达地址应当一致;受送达人姓名、名称前后不一致的,应当退回审判、执行部门修改;送达地址不一致的,审判、执行部门或者下级法院应当在转递函中列明最终确认的送达地址并注明"已核对,以此送达地址为准";

(七) 如果受送达人是外国国家、外国政府、外国政府组成机构以及享有外交特权和豁免权的主体,最高人民法院已经批准受理该案件;

(八) 需要受送达人出庭的,确定开庭日期时预留了足够的送达时间;

（九）被请求国要求预付送达费用的，附有送达费用汇票；汇票中所列的收款机构、币种、数额符合被请求国的要求；汇票在有效期内；

（十）向在国外的中国籍公民送达民商事案件司法文书，附有送达回证；送达回证中列明受送达人所在国官方文字的送达地址；送达回证中所列明的文书清单与实际送达的文书的名称、份数一致；

（十一）向在国外的中国籍公民送达民商事案件司法文书，我国驻外使、领馆要求出具委托书的，附有提出送达请求的法院致我国驻该国使、领馆的委托书；

（十二）送达的民商事案件司法文书，特别是证据材料中，不含有明确标注密级的材料；

（十三）所送达的文书中，不存在应当填写而未填写的内容情形；

（十四）翻译证明符合被请求国的要求；

（十五）其他应当审查的事项。

第八条　国际司法协助专办员对审判、执行部门报送的民商事案件司法文书送达请求审查合格的，应当制作转递函，及时报送高级人民法院国际司法协助统一管理部门。高级人民法院审查合格的，应当制作转递函，及时报送最高人民法院国际司法协助统一管理部门。文书中受送达人地址前后不一致的，高级人民法院应当在转递函中说明已核对无误的送达地址。最高人民法院审查合格的，应当制作转递函，及时转递中央机关。

除另有规定外，有权依据海牙送达公约直接对外发出民商事案件司法文书送达请求的高级人民法院国际司法协助统一管理部门收到下级法院或者本院审判、执行部门报送的民商事案件司法文书送达请求并审查合格的，应当填写符合海牙送达公约所附范本格式的请求书并加盖该高级人民法院国际司法协助专用章后邮寄被请求国中央机关。

第九条　最高人民法院国际司法协助统一管理部门收到中央机关转回的送达证明和被请求国事后要求支付送达费用的通知后，应当及时登记并转递有关高级人民法院国际司法协助统一管理部门。

高级人民法院收到最高人民法院转回的送达证明和付费通知后，或者有权依据海牙送达公约直接对外发出送达请求的高级人民法院收到外国中央机关转回的送达证明和付费通知后，应当及时登记并转递提出送达请求的人民法院。

第十条　提出送达请求的人民法院收到付费通知后，应当及时向当事人代收。当事人根据被请求国要求支付的费用，应当以汇票等形式支付并通过原途径转交被请求国相关机构。

第三章　外国委托我国法院协助送达民商事案件司法文书

第十一条　最高人民法院国际司法协助统一管理部门收到中央机关转来的外国委托我国法院协助送达的民商事案件司法文书后，应当按照下列标准进行审查：

（一）有中央机关的转递函或者请求书；

（二）请求国是海牙送达公约缔约国或者与我国签订的双边民事司法协助条约已经生效；

（三）属于海牙送达公约或者双边民事司法协助条约规定的范围；

（四）属于人民法院的办理范围；

（五）不具有海牙送达公约或者双边

民事司法协助条约中规定的拒绝提供协助的情形;

(六)请求方要求采取特殊方式送达的,所要求的特殊方式与我国法律不相抵触,且在实践中不存在无法办理或者办理困难的情形;

(七)实际送达的文书与请求书中列明的文书在名称、份数上一致;

(八)依据海牙送达公约委托我协助送达的文书,应当附有中文译文,但请求方仅要求按照海牙送达公约第五条第二款规定的方式予以送达的除外;

(九)依据双边民事司法协助条约委托我国协助送达的司法文书,附有中文译文或者双边民事司法协助条约中规定的第三方文字译文;

(十)其他应当审查的事项。

第十二条　我国法院委托外国协助送达的司法文书附有双边民事司法协助条约规定的第三方文字译文,但被请求国依然要求必附有该国官方文字译文的,按照对等原则,该国委托我国协助送达的司法文书应当附有中文译文。

第十三条　最高人民法院国际司法协助统一管理部门审查合格的,应当制作转递函,与所送达的文书一并转递受送达人所在地高级人民法院国际司法协助统一管理部门。

第十四条　高级人民法院收到最高人民法院转来的转递函和所送达的文书后,应当参照第十一条的规定进行审查。审查合格的,应当制作转递函,与所送达的文书一并转递受送达人所在地中级或者基层人民法院国际司法协助专办员。高级人民法院国际司法协助统一管理部门认为由本院办理更为适宜的,可以直接移交本院负责民商事案件司法文书送达工作的部门办理。

第十五条　中级或者基层人民法院国际司法协助专办员收到高级人民法院转来的转递函和所送达的文书后,亦应当参照第十一条的规定进行审查。审查合格的,及时移交本院负责民商事案件司法文书送达工作的部门办理。

第十六条　人民法院送达司法文书时,应当使用本院的送达回证。

第十七条　依据海牙送达公约委托我国法院协助送达的司法文书,无论文书中确定的开庭日期或者期限是否已过,办理送达的人民法院均应当予以送达。但是,请求方另有明确表示的除外。

第十八条　受送达人是自然人的,应当由其本人签收司法文书;受送达人是法人或者其他组织的,应当由法人的法定代表人、其他组织的主要负责人或者该法人、组织负责收件的人签收司法文书。他人代收的,应当符合民事诉讼法和相关司法解释的规定。

第十九条　请求方要求采取海牙送达公约第五条第二款规定的方式送达的,办理送达的人民法院应当告知受送达人享有自愿接收的权利。受送达人拒收的,应当在送达回证上注明。

第二十条　送达成功的,办理送达的部门应当将送达回证转递本院国际司法协助专办员。送达不成功的,办理送达的部门应当将送达回证和未能送达的文书一并转递本院国际司法协助专办员。

第二十一条　国际司法协助专办员收到送达回证后,应当按照下列标准进行审查:

(一)送达回证加盖人民法院院章;

(二)送达回证填写规范、完整。包括:逐一列明所送达的文书的名称和份数、送达日期、代收人与受送达人的关系以及受送达人、代收人、送达人的签字或者盖章。如果未能成功送达,送达人还应当在送达回证中说明未能成功送达的原因。

第二十二条 通过邮寄方式送达的,国际司法协助专办员收到邮政机构出具的邮寄送达证明后,应当参照第二十一条的规定进行审查。

第二十三条 国际司法协助专办员审查合格后,应当制作送达结果转递函,与送达回证、邮寄送达证明、未能送达的文书一并转递高级人民法院国际司法协助统一管理部门。

第二十四条 高级人民法院收到送达回证、邮寄送达证明、未能成功送达的文书后,应当参照第二十一条的规定进行审查。审查合格的,应当制作给最高人民法院国际司法协助统一管理部门的转递函,并在转递函和送达回证右上角注明最高人民法院原始转递函的函号,然后将高级人民法院转递函、送达回证、邮寄送达证明、未能送达的文书转递最高人民法院国际司法协助统一管理部门。

第二十五条 最高人民法院收到高级人民法院转来的转递函、送达回证、邮寄送达证明、未能送达的文书后,应当进行审查。审查合格的,应当及时退回中央机关。

第四章 我国法院委托外国法院协助进行民商事案件调查取证

第二十六条 人民法院审判、执行部门依据海牙取证公约提出调查取证请求时,应当按照下列要求办理:

(一)制作符合海牙取证公约规定的调查取证请求书。

被请求国对请求书及其附件文字未作出声明或者保留的,请求书及其附件应当附有被请求国官方文字、英文或者法文译文。

被请求国对请求书及其附件文字作出声明或者保留的,请求书及其附件应当附有被请求国官方文字的译文。

被请求国不同地区使用不同官方文字的,请求书及其附件应当附有该地区官方文字的译文。

请求书有附件的,附件译文的语种应当与请求书译文的语种一致。

(二)请求书、附件及其译文应当一式两份,参照下列顺序装订成两套:

1. 请求书原文及译文;

2. 附件一原文及译文(附件二、三依此类推);

3. 证明请求书及其附件的译文与原文一致的翻译证明。

(三)请求书在最终向外国中央机关发出之前,不填写签发日期、地点,也不加盖任一经手法院或者部门的印章。

(四)制作转递函,与请求书及其附件等一并报送国际司法协助专办员或者国际司法协助统一管理部门。

第二十七条 国际司法协助专办员收到本院审判、执行部门或者下级法院报送的依据海牙取证公约提出的调查取证请求后,应当按照下列标准进行审查:

(一)有审判、执行部门或者下级法院的转递函;

(二)被请求国是海牙取证公约缔约国且公约已经在我国和该国之间生效;

(三)请求书及其附件的译文符合海牙取证公约的规定和被请求国对此所作的声明和保留;附件译文的语种与请求书的语种一致;

（四）请求书的各项内容填写规范、完整；

（五）附件中不含有明确标注密级的材料；

（六）其他应当审查的事项。

第二十八条 国际司法协助专办员对审判、执行部门报送的依据海牙取证公约提出的调查取证请求审查合格的，应当制作转递函，及时报送高级人民法院国际司法协助统一管理部门。高级人民法院审查合格的，应当制作转递函，及时报送最高人民法院国际司法协助统一管理部门。最高人民法院审查合格的，应当在请求书及其译文上填写签发日期、地点并加盖最高人民法院国际司法协助专用章后邮寄被请求国中央机关。

除另有规定外，有权依据海牙取证公约直接对外发出调查取证请求的高级人民法院国际司法协助统一管理部门收到下级法院或者本院审判、执行部门报送的调查取证请求并审查合格的，应当在请求书及其译文上填写签发日期、地点并加盖该高级人民法院国际司法协助专用章后邮寄被请求国中央机关。

第二十九条 人民法院审判、执行部门依据双边民事司法协助条约提出调查取证请求时，应当按照下列要求办理：

（一）制作符合双边民事司法协助条约规定的调查取证请求书。

请求书及其附件应当附有被请求国官方文字的译文。翻译为被请求国官方文字确有困难的，可以翻译为双边民事司法协助条约中规定的第三方文字。被请求国不接受双边民事司法协助条约中规定的第三方文字译文的，请求书及其附件应当附有被请求国官方文字的译文。

（二）请求书、附件及其译文应当一式两份，按照下列顺序装订成两套：

1. 请求书原文及译文；

2. 附件一原文及译文（附件二、三依此类推）；

3. 证明请求书及其附件的译文与原文一致的翻译证明。

（三）请求书加盖提出调查取证请求的人民法院院章。

（四）制作转递函，与请求书及其附件等一并报送国际司法协助专办员或者国际司法协助统一管理部门。

第三十条 国际司法协助专办员收到本院审判、执行部门或者下级法院报送的依据双边民事司法协助条约提出的调查取证请求后，应当按照下列标准进行审查：

（一）有审判、执行部门或者下级法院的转递函；

（二）被请求国与我国签订双边民事司法协助条约且已经生效；

（三）请求书及其附件的译文符合双边民事司法协助条约的规定；附件译文的语种与请求书的语种一致；

（四）请求书的各项内容符合双边民事司法协助条约的具体规定，填写规范、完整；

（五）附件中不含有明确标注密级的材料；

（六）其他应当审查的事项。

第三十一条 国际司法协助专办员对审判、执行部门报送的依据双边民事司法协助条约提出的调查取证请求审查合格的，应当制作转递函，及时报送高级人民法院国际司法协助统一管理部门。高级人民法院审查合格的，应当制作转递函，及时报送最高人民法院国际司法协助统一管理部门。最高人民法院审查合格的,应当制作转递函,及时转递中央机关。

第三十二条 最高人民法院国际司法协助统一管理部门收到中央机关转回的调查取证结果和被请求国事后要求支付相关费用的通知后,应当及时登记并转递有关高级人民法院国际司法协助统一管理部门。

高级人民法院收到最高人民法院转回的调查取证结果、付费通知后,或者有权依据海牙取证公约直接对外发出调查取证请求的高级人民法院收到外国中央机关转回的调查取证结果、付费通知后,应当及时登记并转递提出调查取证请求的人民法院。

第三十三条 被请求国要求支付调查取证费用,符合海牙取证公约或者双边民事司法协助条约规定的,提出调查取证请求的人民法院应当及时向当事人代收,当事人根据被请求国要求支付的费用,应当以汇票等形式支付并通过原途径转交被请求国相关机构。

第五章 外国法院委托我国法院协助进行民商事案件调查取证

第三十四条 最高人民法院国际司法协助统一管理部门收到中央机关转来的外国法院依据海牙取证公约或者双边民事司法协助条约提出的民商事案件调查取证请求后,应当按照下列标准进行审查:

(一)有中央机关的转递函或者请求书;

(二)依据海牙取证公约提出调查取证请求的,该公约在我国与请求国之间已经生效;依据双边民事司法协助条约提出调查取证请求的,该条约已经生效;

(三)属于海牙取证公约或者双边民事司法协助条约规定的范围;

(四)属于人民法院的办理范围;

(五)不具有海牙取证公约或者双边民事司法协助条约中规定的拒绝提供协助的情形;

(六)请求方要求采取特殊方式调查取证的,所要求的特殊方式与我国法律不相抵触,且在实践中不存在无法办理或者办理困难的情形;

(七)请求书及其附件有中文译文或者符合海牙取证公约、双边民事司法协助条约规定的语种译文;

(八)其他应当审查的事项。

第三十五条 我国法院委托外国协助调查取证,请求书及其附件附有双边民事司法协助条约规定的第三方文字译文,但被请求国依然要求必须附有该国官方文字译文的,按照对等原则,该国委托我国协助调查取证的请求书及其附件应当附有中文译文。

第三十六条 最高人民法院国际司法协助统一管理部门审查合格的,应当制作转递函,与请求书及其附件一并转递证据或者证人所在地高级人民法院国际司法协助统一管理部门。同一调查取证请求中的证人或者证据位于不同高级人民法院辖区的,最高人民法院可以指定其中一个高级人民法院统一办理。如有需要,相关高级人民法院应当给予必要的协助。

第三十七条 高级人民法院国际司法协助统一管理部门收到最高人民法院转来的调查取证请求后,应当会同本院审判部门进一步审查。审查后认为可以提供协助的,应当制作转递函,与请求书及其附件一并转递证据或者证人所在地中级或者基层人民法院审查、办理。高级人民法院认为本院办理更为适宜的,可以直接办理。

第三十八条 调查取证请求应当由相应的审判部门的法官办理。

第三十九条 调查取证完毕后,办理调查取证的法官应当对调查取证结果按照下列标准进行审查:

（一）调查取证的内容符合请求书的要求;

（二）不含有明确标注密级的材料;

（三）调查取证结果对外提供后不存在损害国家主权、安全、泄露国家秘密、侵犯商业秘密等情形;

（四）提供的证据材料符合民事诉讼法和相关司法解释规定的形式要件;

（五）其他应当审查的事项。

第四十条 办理调查取证的法官审查合格后,应当将调查取证结果转递本院国际司法协助专办员。国际司法协助专办员应当参照第三十九条的规定对调查取证结果进行审查。审查合格的,应当制作转递函,与调查取证结果一并转递高级人民法院国际司法协助统一管理部门。

第四十一条 高级人民法院收到调查取证结果后,应当参照第三十九条的规定进行审查。审查合格的,应当制作转递函,与调查取证结果一并转递最高人民法院国际司法协助统一管理部门。

第四十二条 对于存在第三十九条第（三）项情形的证据材料,各级人民法院应当在转递函中注明,并将该材料按照第四十条、第四十一条的规定与其他材料一并转递。

第四十三条 最高人民法院收到高级人民法院转来的转递函和调查取证结果后,应当进行审查,认为可以转交请求方的,应当及时转交中央机关。

第四十四条 我国法院协助外国法院调查取证产生的费用,根据海牙取证公约或者双边民事司法协助条约应当由请求方支付的,由办理调查取证的法院提出收费依据和费用清单,通过高级人民法院国际司法协助统一管理部门报请最高人民法院国际司法协助统一管理部门审核。最高人民法院认为应当收取的,通过中央机关要求请求方支付。请求方支付的费用,通过原途径转交办理调查取证的法院。

第六章 附 则

第四十五条 人民法院办理民商事案件司法文书送达的送达回证、送达证明在各个转递环节均应当扫描为 PDF 文件以电子文档的形式保存,保存期限为三年;人民法院办理民商事案件调查取证的材料应当作为档案保存。

第四十六条 通过外交途径办理民商事案件司法文书送达、调查取证,以及向在国外的中国籍公民进行简单询问形式的调查取证,不适用本实施细则。

第四十七条 本实施细则自2013年5月2日起试行。

第六部分 指导性案例、典型案例、公报案例与会议纪要

一、指导性案例

最高人民法院关于发布第一批指导性案例的通知

[2011年12月20日，法〔2011〕354号]

各省、自治区、直辖市高级人民法院，解放军军事法院，新疆维吾尔自治区高级人民法院生产建设兵团分院：

为了贯彻落实中央关于建立案例指导制度的司法改革举措，最高人民法院于2010年11月26日印发了《关于案例指导工作的规定》（以下简称《规定》）。《规定》的出台，标志着中国特色案例指导制度初步确立。社会各界对此高度关注，并给予大力支持。各高级人民法院根据《规定》要求，积极向最高人民法院推荐报送指导性案例。最高人民法院专门设立案例指导工作办公室，加强并协调有关方面对指导性案例的研究。近日，最高人民法院审判委员会讨论通过，决定将上海中原物业顾问有限公司诉陶德华居间合同纠纷案等4个案例作为第一批指导性案例予以公布。现将有关工作通知如下：

一、准确把握案例的指导精神

（一）上海中原物业顾问有限公司诉陶德华居间合同纠纷案，旨在解决二手房买卖活动中买方与中介公司因"跳单"引发的纠纷。该案例确认：居间合同中禁止买方利用中介公司提供的房源信息，却撇开该中介公司与卖方签订房屋买卖合同的约定具有约束力，即买方不得"跳单"违约；但是同一房源信息经多个中介公司发布，买方通过上述正当途径获取该房源信息的，有权在多个中介公司中选择报价低、服务好的中介公司促成交易，此行为不属于"跳单"违约。从而既保护中介公司合法权益，促进中介服务市场健康发展，维护市场交易诚信，又促进房屋买卖中介公司之间公平竞争，提高服务质量，保护消费者的合法权益。

（二）吴梅诉四川省眉山西城纸业有限公司买卖合同纠纷案，旨在正确处理诉讼外和解协议与判决的效力关系。该案例确认：对于当事人在二审期间达成诉讼外和解协议后撤诉的，当事人应当依约履行。一方当事人不履行或不完全履行和解协议的，另一方当事人可以申请人民法院执行一审生效判决。从而既尊重当事人对争议标的自由处分权，强调了协议必须信守履行的规则，又维护了人民法院生效裁判的权威。

（三）潘玉梅、陈宁受贿案旨在解决新形式、新手段受贿罪的认定问题。该案

例确认:国家工作人员以"合办"公司的名义或以交易形式收受贿赂的、承诺"为他人谋取利益"未谋取利益而受贿的、以及为掩饰犯罪而退赃的,不影响受贿罪的认定,从而对近年来以新的手段收受贿赂案件的处理提供了明确指导。对于依法惩治受贿犯罪,有效查处新形势下出现的新类型受贿案件,推进反腐败斗争深入开展,具有重要意义。

(四)王志才故意杀人案旨在明确判处死缓并限制减刑的具体条件。该案例确认:刑法修正案(八)规定的限制减刑制度,可以适用于2011年4月30日之前发生的犯罪行为;对于罪行极其严重,应当判处死刑立即执行,被害方反应强烈,但被告人具有法定或酌定从轻处罚情节,判处死刑缓期执行,同时依法决定限制减刑能够实现罪刑相适应的,可以判处死缓并限制减刑。这有利于切实贯彻宽严相济刑事政策,既依法严惩严重刑事犯罪,又进一步严格限制死刑,最大限度地增加和谐因素,最大限度地减少不和谐因素,促进和谐社会建设。

二、切实发挥好指导性案例作用

各级人民法院对于上述指导性案例,要组织广大法官认真学习研究,深刻领会和正确把握指导性案例的精神实质和指导意义;要增强运用指导性案例的自觉性,以先进的司法理念、公平的裁判尺度、科学的裁判方法,严格参照指导性案例审理好类似案件,进一步提高办案质量和效率,确保案件裁判法律效果和社会效果的有机统一,保障社会和谐稳定;要高度重视案例指导工作,精心编选、积极推荐、及时报送指导性案例,不断提高选报案例质量,推进案例指导工作扎实开展;要充分发挥舆论引导作用,宣传案例指导制度的意义和成效,营造社会各界理解、关心和支持人民法院审判工作的良好氛围。

今后,各高级人民法院可以通过发布参考性案例等形式,对辖区内各级人民法院和专门法院的审判业务工作进行指导,但不得使用"指导性案例"或者"指导案例"的称谓,以避免与指导性案例相混淆。对于实施案例指导工作中遇到的问题和改进案例指导工作的建议,请及时层报最高人民法院。

指导案例 2 号
吴梅诉四川省眉山西城纸业有限公司买卖合同纠纷案

【关键词】民事诉讼/执行和解/撤回上诉/不履行和解协议/申请执行/一审判决

【裁判要点】民事案件二审期间,双方当事人达成和解协议,人民法院准许撤回上诉的,该和解协议未经人民法院依法制作调解书,属于诉讼外达成的协议。一方当事人不履行和解协议,另一方当事人申请执行一审判决的,人民法院应予支持。

【相关法条】《中华人民共和国民事诉讼法》第二百零七条第二款

【基本案情】原告吴梅系四川省眉山市东坡区吴梅收旧站业主,从事废品收购业务。约自2004年开始,吴梅出售废书给被告四川省眉山西城纸业有限公司(简称西城纸业公司)。2009年4月14日双方通过结算,西城纸业公司向吴梅出具欠条载明:今欠到吴梅废书款壹佰玖拾柒万元整(¥1970000.00)。同年6月11日,双方又对后期货款进行了结算,西城纸业公司向吴梅出具欠条载明:今欠到吴梅废书款伍拾肆万捌仟元整（￥548 000.00）。因经多次催收上述货款无果，吴梅向眉山市东坡区人民法院起诉，请求法院判令西城纸业公司支付货款251.8万元及利息。被告西城纸业公司对欠吴梅货款251.8万元没有异议。

一审法院经审理后判决：被告西城纸业公司在判决生效之日起十日内给付原告吴梅货款251.8万元及违约利息。宣判后，西城纸业公司向眉山市中级人民法院提起上诉。二审审理期间，西城纸业公司于2009年10月15日与吴梅签订了一份还款协议，商定西城纸业公司的还款计划，吴梅则放弃了支付利息的请求。同年10月20日，西城纸业公司以自愿与对方达成和解协议为由申请撤回上诉。眉山市中级人民法院裁定准予撤诉后，因西城纸业公司未完全履行和解协议，吴梅向一审法院申请执行一审判决。眉山市东坡区人民法院对吴梅申请执行一审判决予以支持。西城纸业公司向眉山市中级人民法院申请执行监督，主张不予执行原一审判决。

【裁判结果】眉山市中级人民法院于2010年7月7日作出（2010）眉执督字第4号复函认为：根据吴梅的申请，一审法院受理执行已生效法律文书并无不当，应当继续执行。

【裁判理由】法院认为：西城纸业公司对于撤诉的法律后果应当明知，即一旦法院裁定准予其撤回上诉，眉山市东坡区人民法院的一审判决即为生效判决，具有强制执行的效力。虽然二审期间双方在自愿基础上达成的和解协议对相关权利义务做出约定，西城纸业公司因该协议的签订而放弃行使上诉权，吴梅则放弃了利息，但是该和解协议属于双方当事人诉讼外达成的协议，未经人民法院依法确认制作调解书，不具有强制执行力。西城纸业公司未按和解协议履行还款义务，违背了双方约定和诚实信用原则，故对其以双方达成和解协议为由，主张不予执行原生效判决的请求不予支持。

最高人民法院关于发布第二批指导性案例的通知

[2012年4月9日，法〔2012〕172号]

各省、自治区、直辖市高级人民法院，解放军事法院，新疆维吾尔自治区高级人民法院生产建设兵团分院：

经最高人民法院审判委员会讨论决定，现将鲁潍（福建）盐业进出口有限公司苏州分公司诉江苏省苏州市盐务管理局盐业行政处罚案等四个案例（指导案例5—8号），作为第二批指导性案例发布，供在审判类似案件时参照。

指导案例7号
牡丹江市宏阁建筑安装有限责任公司诉牡丹江市华隆房地产开发有限责任公司、张继增建设工程施工合同纠纷案

【关键词】民事诉讼/抗诉/申请撤诉/终结审查

【裁判要点】人民法院接到民事抗诉书后，经审查发现案件纠纷已经解决，当事人申请撤诉，且不损害国家利益、社会公共利益或第三人利益的，应当依法作出对抗诉案终结审查的裁定；如果已裁定再审，应当依法作出终结再审诉讼的裁定。

【相关法条】《中华人民共和国民事诉

讼法》第一百四十条第一款第(十一)项

【基本案情】2009年6月15日,黑龙江省牡丹江市华隆房地产开发有限责任公司(简称华隆公司)因与牡丹江市宏阁建筑安装有限责任公司(简称宏阁公司)、张继增建设工程施工合同纠纷一案,不服黑龙江省高级人民法院同年2月11日作出的(2008)黑民一终字第173号民事判决,向最高人民法院申请再审。最高人民法院于同年12月8日作出(2009)民申字第1164号民事裁定,按照审判监督程序提审本案。在最高人民法院民事审判第一庭提审期间,华隆公司鉴于当事人之间已达成和解且已履行完毕,提交了撤回再审申请书。最高人民法院经审查,于2010年12月15日以(2010)民提字第63号民事裁定准许其撤回再审申请。

申诉人华隆公司在向法院申请再审的同时,也向检察院申请抗诉。2010年11月12日,最高人民检察院受理后决定对本案按照审判监督程序提出抗诉。2011年3月9日,最高人民法院立案一庭收到最高人民检察院高检民抗〔2010〕58号民事抗诉书后进行立案登记,同月11日移送审判监督庭审理。最高人民法院审判监督庭经审查发现,华隆公司曾向本院申请再审,其纠纷已解决,且申请检察院抗诉的理由与申请再审的理由基本相同,遂与最高人民检察院沟通并建议其撤回抗诉,最高人民检察院不同意撤回抗诉。再与华隆公司联系,华隆公司称当事人之间已就抗诉案达成和解且已履行完毕,纠纷已经解决,并于同年4月13日再次向最高人民法院提交了撤诉申请书。

【裁判结果】最高人民法院于2011年7月6日以(2011)民抗字第29号民事裁定书,裁定本案终结审查。

【裁判理由】最高人民法院认为:对于人民检察院抗诉再审的案件,或者人民法院依据当事人申请或依职权裁定再审的案件,如果再审期间当事人达成和解并履行完毕,或者撤回申诉,且不损害国家利益、社会公共利益的,为了尊重和保障当事人在法定范围内对本人合法权利的自由处分权,实现诉讼法律效果与社会效果的统一,促进社会和谐,人民法院应当根据最高人民法院《关于适用〈中华人民共和国民事诉讼法〉审判监督程序若干问题的解释》第三十四条的规定,裁定终结再审诉讼。

本案中,申诉人华隆公司不服原审法院民事判决,在向最高人民法院申请再审的同时,也向检察机关申请抗诉。在本院提审期间,当事人达成和解,华隆公司向本院申请撤诉。由于当事人有权在法律规定的范围内自由处分自己的民事权益和诉讼权利,其撤诉申请意思表示真实,已裁定准许其撤回再审申请,本案当事人之间的纠纷已得到解决,且本案并不涉及国家利益、社会公共利益或第三人利益,故检察机关抗诉的基础已不存在,本案已无按抗诉程序裁定进入再审的必要,应当依法裁定本案终结审查。

最高人民法院关于发布第八批指导性案例的通知

[2014年12月18日,法〔2014〕327号]

各省、自治区、直辖市高级人民法院,解放军军事法院,新疆维吾尔自治区高级人民法院生产建设兵团分院:

经最高人民法院审判委员会讨论决

定,现将张某某、金某危险驾驶案等六个案例(指导案例32—37号),作为第八批指导性案例发布,供在审判类似案件时参照。

指导案例34号
李晓玲、李鹏裕申请执行厦门海洋实业(集团)股份有限公司、厦门海洋实业总公司执行复议案

【关键词】民事诉讼/执行复议/权利承受人/申请执行

【裁判要点】生效法律文书确定的权利人在进入执行程序前合法转让债权的,债权受让人即权利承受人可以作为申请执行人直接申请执行,无需执行法院作出变更申请执行人的裁定。

【相关法条】《中华人民共和国民事诉讼法》第二百三十六条第一款

【基本案情】原告投资2234中国第一号基金公司(Investments 2234 China Fund 1 B.V.,以下简称2234公司)与被告厦门海洋实业(集团)股份有限公司(以下简称海洋股份公司)、厦门海洋实业总公司(以下简称海洋实业公司)借款合同纠纷一案,2012年1月11日由最高人民法院作出终审判决,判令:海洋实业公司应于判决生效之日起偿还2234公司借款本金2 274万元及相应利息;2234公司对蜂巢山路3号的土地使用权享有抵押权。在该判决作出之前的2011年6月8日,2234公司将其对于海洋股份公司和海洋实业公司的2 274万元本金债权转让给李晓玲、李鹏裕,并签订《债权转让协议》。2012年4月19日,李晓玲、李鹏裕依据上述判决和《债权转让协议》向福建省高级人民法院(以下简称福建高院)申请执

行。4月24日,福建高院向海洋股份公司、海洋实业公司发出(2012)闽执行字第8号执行通知。海洋股份公司不服该执行通知,以执行通知中直接变更执行主体缺乏法律依据,申请执行人李鹏裕系公务员,其受让不良债权行为无效,由此债权转让合同无效为主要理由,向福建高院提出执行异议。福建高院在异议审查中查明:李鹏裕系国家公务员,其本人称,在债权转让中,未实际出资,并已于2011年9月退出受让的债权份额。

福建高院认为:一、关于债权转让合同效力问题。根据《最高人民法院关于审理涉及金融不良债权转让案件工作座谈会纪要》(以下简称《纪要》)第六条关于金融资产管理公司转让不良债权存在"受让人为国家公务员、金融监管机构工作人员"的情形无效和《中华人民共和国公务员法》第五十三条第十四项明确禁止国家公务员从事或者参与营利性活动等相关规定,作为债权受让人之一的李鹏裕为国家公务员,其本人购买债权受身份适格的限制。李鹏裕称已退出所受让债权的份额,该院受理的执行案件未做审查仍将李鹏裕列为申请执行人显属不当。二、关于执行通知中直接变更申请执行主体的问题。最高人民法院(2009)执他字第1号《关于判决确定的金融不良债权多次转让人民法院能否裁定变更申请执行主体请示的答复》(以下简称1号答复)认为:"《最高人民法院关于人民法院执行工作若干问题的规定(试行)》(以下简称《执行规定》),已经对申请执行人的资格予以明确。其中第18条第1款规定:'人民法院受理执行案件应当符合下列条件:……(2)申请执行人是生效法律文书确定的权利人或其继承人、权利承受

人。'该条中的'权利承受人',包含通过债权转让的方式承受债权的人。依法从金融资产管理公司受让债权的受让人将债权再行转让给其他普通受让人的,执行法院可以依据上述规定,依债权转让协议以及受让人或者转让人的申请,裁定变更申请执行主体"。据此,该院在执行通知中直接将本案受让人作为申请执行主体,未作出裁定变更,程序不当,遂于2012年8月6日作出(2012)闽执异字第1号执行裁定,撤销(2012)闽执行字第8号执行通知。

李晓玲不服,向最高人民法院申请复议,其主要理由如下:一、李鹏裕的公务员身份不影响其作为债权受让主体的适格性。二、申请执行前,两申请人已同2234公司完成债权转让,并通知了债务人(即被执行人),是合法的债权人;根据《执行规定》有关规定,申请人只要提交生效法律文书、承受权利的证明等,即具备申请执行人资格,这一资格在立案阶段已予审查,并向申请人送达了案件受理通知书;1号答复适用于执行程序中依受让人申请变更的情形,而本案申请人并非在执行过程中申请变更执行主体,因此不需要裁定变更申请执行主体。

【裁判结果】最高人民法院于2012年12月11日作出(2012)执复字第26号执行裁定:撤销福建高院(2012)闽执异字第1号执行裁定书,由福建高院向两被执行人重新发出执行通知书。

【裁判理由】最高人民法院认为:本案申请复议中争议焦点问题是,生效法律文书确定的权利人在进入执行程序前合法转让债权的,债权受让人即权利承受人可否作为申请执行人直接申请执行,是否需要裁定变更申请执行主体,以及执行中如何处理债权转让合同效力争议问题。

一、关于是否需要裁定变更申请执行主体的问题。变更申请执行主体是在根据原申请执行人的申请已经开始了的执行程序中,变更新的权利人为申请执行人。根据《执行规定》第18条、第20条的规定,权利承受人有权以自己的名义申请执行,只要向人民法院提交承受权利的证明文件,证明自己是生效法律文书确定的权利承受人的,即符合受理执行案件的条件。这种情况不属于严格意义上的变更申请执行主体,但二者的法律基础相同,故也可以理解为广义上的申请执行主体变更,即通过立案阶段解决主体变更问题。1号答复的意见是,《执行规定》第18条可以作为变更申请执行主体的法律依据,并且认为债权受让人可以视为该条规定中的权利承受人。本案中,生效判决确定的原权利人2234公司在执行开始之前已经转让债权,并未作为申请执行人参加执行程序,而是权利受让人李晓玲、李鹏裕依据《执行规定》第18条的规定直接申请执行。因其申请已经法院立案受理,受理的方式不是通过裁定而是发出受理通知,债权受让人已经成为申请执行人,故并不需要执行法院再作出变更主体的裁定,然后发出执行通知,而应当直接发出执行通知。实践中有的法院在这种情况下先以原权利人作为申请执行人,待执行开始后再作出变更主体裁定,因其只是增加了工作量,而并无实质性影响,故并不被认为程序上存在问题。但不能由此反过来认为没有作出变更主体裁定是程序错误。

二、关于债权转让合同效力争议问题,原则上应当通过另行提起诉讼解决,执行程序不是审查判断和解决该问题的适当程序。被执行人主张转让合同无效所援引的《纪要》第五条也规定：在受让人向债务人主张债权的诉讼中，债务人提出不良债权转让合同无效抗辩的，人民法院应告知其向同一人民法院另行提起不良债权转让合同无效的诉讼；债务人不另行起诉的，人民法院对其抗辩不予支持。关于李鹏裕的申请执行人资格问题。因本案在异议审查中查明，李鹏裕明确表示其已经退出债权受让，不再参与本案执行，故后续执行中应不再将李鹏裕列为申请执行人。但如果没有其他因素，该事实不影响另一债权受让人李晓玲的受让和申请执行资格。李晓玲要求继续执行的，福建高院应以李晓玲为申请执行人继续执行。

指导案例 36 号
中投信用担保有限公司与海通证券股份有限公司等证券权益纠纷执行复议案

【关键词】民事诉讼/执行复议/到期债权/协助履行

【裁判要点】被执行人在收到执行法院执行通知之前，收到另案执行法院要求其向申请执行人的债权人直接清偿已经法院生效法律文书确认的债务的通知，并清偿债务的，执行法院不能将该部分已清偿债务纳入执行范围。

【相关法条】《中华人民共和国民事诉讼法》第二百二十四条第一款

【基本案情】中投信用担保有限公司（以下简称中投公司）与海通证券股份有限公司（以下简称海通证券）、海通证券股份有限公司福州广达路证券营业部（以下简称海通证券营业部）证券权益纠纷一案，福建省高级人民法院（以下简称福建高院）于 2009 年 6 月 11 日作出 (2009) 闽民初字第 3 号民事调解书，已经发生法律效力。中投公司于 2009 年 6 月 25 日向福建高院申请执行。福建高院于同年 7 月 3 日立案执行，并于当月 15 日向被执行人海通证券营业部、海通证券发出 (2009) 闽执行字第 99 号执行通知书，责令其履行法律文书确定的义务。

被执行人海通证券及海通证券营业部不服福建高院 (2009) 闽执行字第 99 号执行通知书，向该院提出书面异议。异议称：被执行人已于 2009 年 6 月 12 日根据北京市东城区人民法院（以下简称北京东城法院）的履行到期债务通知书，向中投公司的执行债权人潘鼎履行其对中投公司所负的到期债务 11 222 761.55 元，该款汇入了北京东城法院账户；上海市第二中级人民法院（以下简称上海二中院）为执行上海中维资产管理有限公司与中投公司纠纷案，向其发出协助执行通知书，并于 2009 年 6 月 22 日扣划了海通证券的银行存款 8 777 238.45 元。以上共计向中投公司的债权人支付了 2 000 万元，故其与中投公司之间已经不存在未履行 (2009) 闽民初字第 3 号民事调解书确定的付款义务的事实，福建高院向其发出的执行通知书应当撤销。为此，福建高院作出 (2009) 闽执异字第 1 号裁定书，认定被执行人异议成立，撤销 (2009) 闽执行字第 99 号执行通知书。申请执行人中投公司不服，向最高人民法院提出了复议申请。申请执行人的主要理由是：北京东城法院的履行到期债务通知书和上海二中院的协助执行通知书，均违反了最高人民法院给江苏省高级人民法院的 (2000) 执监字第 304 号关于法院判决的债权不适用《关于适用〈中华人民共和国民事诉讼法〉若干问题的意见》第 300 条规定(以下简称意见第 300 条)的复函精神,福建高院的裁定错误。

【裁判结果】最高人民法院于 2010 年 4 月 13 日作出(2010)执复字第 2 号执行裁定,驳回中投信用担保有限公司的复议请求,维持福建高院(2009)闽执异字第 1 号裁定。

【裁判理由】最高人民法院认为:最高人民法院(2000)执监字第 304 号复函是针对个案的答复,不具有普遍效力。随着民事诉讼法对执行管辖权的调整,该函中基于执行只能由一审法院管辖,认为经法院判决确定的到期债权不适用意见第 300 条的观点已不再具有合理性。对此问题正确的解释应当是:对经法院判决(或调解书,以下通称判决)确定的债权,也可以由非判决法院按照意见第 300 条规定的程序执行。因该到期债权已经法院判决确定,故第三人(被执行人的债务人)不能提出债权不存在的异议(否认生效判决的定论)。本案中,北京东城法院和上海二中院正是按照上述精神对福建高院(2009)闽民初字第 3 号民事调解书确定的债权进行执行的。被执行人海通证券无权对生效调解书确定的债权提出异议,不能对抗上海二中院强制扣划行为,其自动按照北京东城法院的通知要求履行,也是合法的。

被执行人海通证券营业部、海通证券收到有关法院通知的时间及其协助有关法院执行,是在福建高院向其发出执行通知之前。在其协助有关法院执行后,其因(2009)闽民初字第 3 号民事调解书而对于申请执行人中投公司负有的 2 000 万元债务已经消灭,被执行人有权请求福建高院不得再依据该调解书强制执行。

综上,福建高院(2009)闽执异字第 1 号裁定书认定事实清楚,适用法律正确。故驳回中投公司的复议请求,维持福建高院(2009)闽执异字第 1 号裁定。

指导案例 37 号
上海金纬机械制造有限公司与瑞士瑞泰克公司仲裁裁决执行复议案

【关键词】民事诉讼/执行复议/涉外仲裁裁决/执行管辖/申请执行期间起算

【裁判要点】当事人向我国法院申请执行发生法律效力的涉外仲裁裁决,发现被申请执行人或者其财产在我国领域内的,我国法院即对该案具有执行管辖权。当事人申请法院强制执行的时效期间,应当自发现被申请执行人或者其财产在我国领域内之日起算。

【相关法条】《中华人民共和国民事诉讼法》第二百三十九条、第二百七十三条

【基本案情】上海金纬机械制造有限公司(以下简称金纬公司)与瑞士瑞泰克公司(RETECH Aktiengesellschaft,以下简称瑞泰克公司)买卖合同纠纷一案,由中国国际经济贸易仲裁委员会于 2006 年 9 月 18 日作出仲裁裁决。2007 年 8 月 27 日,金纬公司向瑞士联邦兰茨堡(Lenzburg)法院(以下简称兰茨堡法院)申请承认和执行该仲裁裁决,并提交了由中国中央翻译社翻译、经上海市外事办公室及瑞士驻上海总领事认证的仲裁裁决书翻译件。同年 10 月 25 日,兰茨堡法院以金纬公司所提交的仲裁裁决书翻译件不能满足《承认及执行外国仲裁裁决公约》(以下简称《纽约公约》)第四条第二点关于"译文由公设或宣誓之翻译员或外交

或领事人员认证"的规定为由,驳回金纬公司申请。其后,金纬公司又先后两次向兰茨堡法院递交了分别由瑞士当地翻译机构翻译的仲裁裁决书译件和由上海上外翻译公司翻译、上海市外事办公室、瑞士驻上海总领事认证的仲裁裁决书翻译件以申请执行,仍被该法院分别于2009年3月17日和2010年8月31日,以仲裁裁决书翻译文件没有严格意义上符合《纽约公约》第四条第二点的规定为由,驳回申请。

2008年7月30日,金纬公司发现瑞泰克公司有一批机器设备正在上海市浦东新区展览,遂于当日向上海市第一中级人民法院(以下简称上海一中院)申请执行。上海一中院于同日立案执行并查封、扣押了瑞泰克公司参展机器设备。瑞泰克公司遂以金纬公司申请执行已超过《中华人民共和国民事诉讼法》(以下简称《民事诉讼法》)规定的期限为由提出异议,要求上海一中院不受理该案,并解除查封,停止执行。

【裁判结果】上海市第一中级人民法院于2008年11月17日作出(2008)沪一中执字第640-1民事裁定,驳回瑞泰克公司的异议。裁定送达后,瑞泰克公司向上海市高级人民法院申请执行复议。2011年12月20日,上海市高级人民法院作出(2009)沪高执复议字第2号执行裁定,驳回复议申请。

【裁判理由】法院生效裁判认为:本案争议焦点是我国法院对该案是否具有管辖权以及申请执行期间应当从何时开始起算。

一、关于我国法院的执行管辖权问题

根据《民事诉讼法》的规定,我国涉外仲裁机构作出的仲裁裁决,如果被执行人或者其财产不在中华人民共和国领域内的,应当由当事人直接向有管辖权的外国法院申请承认和执行。鉴于本案所涉仲裁裁决生效时,被执行人瑞泰克公司及其财产均不在我国领域内,因此,人民法院在该仲裁裁决生效时,对裁决的执行没有管辖权。

2008年7月30日,金纬公司发现被执行人瑞泰克公司有财产正在上海市参展。此时,被申请执行人瑞泰克公司有财产在中华人民共和国领域内的事实,使我国法院产生了对本案的执行管辖权。申请执行人依据《民事诉讼法》"一方当事人不履行仲裁裁决的,对方当事人可以向被申请人住所地或者财产所在地的中级人民法院申请执行"的规定,基于被执行人不履行仲裁裁决义务的事实,行使民事强制执行请求权,向上海一中院申请执行。这符合我国《民事诉讼法》有关人民法院管辖涉外仲裁裁决执行案件所应当具备的要求,上海一中院对该执行申请有管辖权。

考虑到《纽约公约》规定的原则是,只要仲裁裁决符合公约规定的基本条件,就允许在任何缔约国得到承认和执行。《纽约公约》的目的在于便利仲裁裁决在各缔约国得到顺利执行,因此并不禁止当事人向多个公约成员国申请相关仲裁裁决的承认与执行。被执行人一方可以通过举证已经履行了仲裁裁决义务进行抗辩,向执行地法院提交已经清偿债务数额的证据,这样即可防止被执行人被强制重复履行或者超标的履行的问题。因此,人民法院对该案行使执行管辖权,符合《纽约公约》规定的精神,也不会造成被执行人重复履行生效仲裁裁决义务的问题。

二、关于本案申请执行期间起算问题

依照《民事诉讼法》(2007 年修正)第二百一十五条的规定,"申请执行的期间为二年。""前款规定的期间,从法律文书规定履行期间的最后一日起计算;法律文书规定分期履行的,从规定的每次履行期间的最后一日起计算;法律文书未规定履行期间的,从法律文书生效之日起计算。"鉴于我国法律有关申请执行期间起算,是针对生效法律文书作出时,被执行人或者其财产在我国领域内的一般情况作出的规定;而本案的具体情况是,仲裁裁决生效当时,我国法院对该案并没有执行管辖权,当事人依法向外国法院申请承认和执行该裁决而未能得到执行,不存在怠于行使申请执行权的问题;被执行人一直拒绝履行裁决所确定的法律义务;申请执行人在发现被执行人有财产在我国领域内之后,即向人民法院申请执行。考虑到这类情况下,外国被执行人或者其财产何时会再次进入我国领域内,具有较大的不确定性,因此,应当合理确定申请执行期间起算点,才能公平保护申请执行人的合法权益。

鉴于债权人取得有给付内容的生效法律文书后,如债务人未履行生效文书所确定的义务,债权人即可申请法院行使强制执行权,实现其实体法上的请求权,此项权利即为民事强制执行请求权。民事强制执行请求权的存在依赖于实体权利,取得依赖于执行根据,行使依赖于执行管辖权。执行管辖权是民事强制执行请求权的基础和前提。在司法实践中,人民法院的执行管辖权与当事人的民事强制执行请求权不能是抽象或不确定的,而应是具体且可操作的。义务人瑞泰克公司未履行裁决所确定的义务时,权利人金纬公司即拥有了民事强制执行请求权,但是,根据《民事诉讼法》的规定,对于涉外仲裁机构作出的仲裁申请执行,如果被执行人或者其财产不在中华人民共和国领域内,应当由当事人直接向有管辖权的外国法院申请承认和执行。此时,因被执行人或者其财产不在我国领域内,我国法院对该案没有执行管辖权,申请执行人金纬公司并非其主观上不愿或怠于行使权利,而是由于客观上纠纷本身没有产生人民法院执行管辖连接点,导致其无法向人民法院申请执行。人民法院在受理强制执行申请后,应当审查申请是否在法律规定的时效期间内提出。具有执行管辖权是人民法院审查申请执行人相关申请的必要前提,因此应当自执行管辖确定之日,即发现被执行人可供执行财产之日,开始计算申请执行人的申请执行期限。

最高人民法院关于发布第十批指导性案例的通知

[2015 年 4 月 15 日,法〔2015〕85 号]

各省、自治区、直辖市高级人民法院,解放军军事法院,新疆维吾尔自治区高级人民法院生产建设兵团分院:

根据《最高人民法院关于案例指导工作的规定》第九条的规定,最高人民法院对《最高人民法院公报》刊发的对全国法院审判、执行工作具有指导意义的案例,进行了清理和编纂。经最高人民法院审判委员会讨论决定,现将经清理和编纂的北京百度网讯科技有限公司诉青岛奥商网络技术有限公司等不正当竞争纠纷案等八个案例（指导案例 45—52 号），作为第十批指导性案例发布，供在审判类似案件时参照。

指导案例 49 号
石鸿林诉泰州华仁电子资讯有限公司侵害计算机软件著作权纠纷案

【关键词】民事/侵害计算机软件著作权/举证责任/侵权对比/缺陷性特征

【裁判要点】在被告拒绝提供被控侵权软件的源程序或者目标程序，且由于技术上的限制，无法从被控侵权产品中直接读出目标程序的情形下，如果原、被告软件在设计缺陷方面基本相同，而被告又无正当理由拒绝提供其软件源程序或者目标程序以供直接比对，则考虑到原告的客观举证难度，可以判定原、被告计算机软件构成实质性相同，由被告承担侵权责任。

【相关法条】《计算机软件保护条例》第三条第一款

【基本案情】原告石鸿林诉称：被告泰州华仁电子资讯有限公司（以下简称华仁公司）未经许可，长期大量复制、发行、销售与石鸿林计算机软件"S 型线切割机床单片机控制器系统软件 V1.0" 相同的软件，严重损害其合法权益。故诉请判令华仁公司停止侵权，公开赔礼道歉，并赔偿原告经济损失 10 万元、为制止侵权行为所支付的证据保全公证费、诉讼代理费 9 200 元以及鉴定费用。

被告华仁公司辩称：其公司 HR-Z 型线切割机床控制器所采用的系统软件系其独立开发完成，与石鸿林 S 型线切割机床单片机控制系统应无相同可能，且其公司产品与石鸿林生产的 S 型线切割机床单片机控制器的硬件及键盘布局也完全不同，请求驳回石鸿林的诉讼请求。

法院经审理查明：2000 年 8 月 1 日，石鸿林开发完成 S 型线切割机床单片机控制器系统软件。

2005 年 4 月 18 日获得国家版权局软著登字第 035260 号计算机软件著作权登记证书，证书载明软件名称为 S 型线切割机床单片机控制器系统软件 V1.0（以下简称 S 系列软件），著作权人为石鸿林，权利取得方式为原始取得。2005 年 12 月 20 日，泰州市海陵区公证处出具（2005）泰海证民内字第 1146 号公证书一份，对石鸿林以 660 元价格向华仁公司购买 HR-Z 线切割机床数控控制器（以下简称 HR-Z 型控制器）一台和取得销售发票（No:00550751）的购买过程，制作了保全公证工作记录、拍摄了所购控制器及其使用说明书、外包装的照片 8 张，并对该控制器进行了封存。

一审中，法院委托江苏省科技咨询中心对下列事项进行比对鉴定：(1) 石鸿林本案中提供的软件源程序与其在国家版权局版权登记备案的软件源程序的同一性；(2) 公证保全的华仁公司 HR-Z 型控制器系统软件与石鸿林获得版权登记的软件源程序代码相似性或者相同性。后江苏省科技咨询中心出具鉴定工作报告，因被告的软件主要固化在美国 ATMEL 公司的 AT89F51 和菲利普公司的 P89C58 两块芯片上，而代号为"AT89F51"的芯片是一块带自加密的微控制器，必须首先破解它的加密系统，才能读取固化其中的软件代码。而根据现有技术条件，无法解决芯片解密程序问题，因而根据现有鉴定材料难以作出客观、科学的鉴定结论。

二审中，法院根据原告石鸿林的申

请,就以下事项组织技术鉴定:原告软件与被控侵权软件是否具有相同的软件缺陷及运行特征。经鉴定,中国版权保护中心版权鉴定委员会出具鉴定报告,结论为:通过运行原、被告软件,发现二者存在如下相同的缺陷情况:(1)二控制器连续加工程序段超过 2048 条后,均出现无法正常执行的情况;(2)在加工完整的一段程序后只让自动报警两声以下即按任意键关闭报警时,在下一次加工过程中加工回复线之前自动暂停后,二控制器均有偶然出现蜂鸣器响声 2 声的现象。

二审法院另查明:原、被告软件的使用说明书基本相同。两者对控制器功能的描述及技术指标基本相同;两者对使用操作的说明基本相同;两者在段落编排方式和多数语句的使用上基本相同。经二审法院多次释明,华仁公司始终拒绝提供被控侵权软件的源程序以供比对。

【裁判结果】江苏省泰州市中级人民法院于 2006 年 12 月 8 日作出(2006)泰民三初字第 2 号民事判决:驳回原告石鸿林的诉讼请求。石鸿林提起上诉,江苏省高级人民法院于 2007 年 12 月 17 日作出(2007)苏民三终字第 0018 号民事判决:一、撤销江苏省泰州市中级人民法院(2006)泰民三初字第 2 号民事判决;二、华仁公司立即停止生产、销售侵犯石鸿林 S 型线切割机床单片机控制器系统软件 V1.0 著作权的产品;三、华仁公司于本判决生效之日起 10 日内赔偿石鸿林经济损失 79 200 元;四、驳回石鸿林的其他诉讼请求。

【裁判理由】法院生效裁判认为:根据现有证据,应当认定华仁公司侵犯了石鸿林 S 系列软件著作权。

一、本案的证明标准应根据当事人客观存在的举证难度合理确定

根据法律规定,当事人对自己提出的诉讼请求所依据的事实有责任提供证据加以证明。本案中,石鸿林主张华仁公司侵犯其 S 系列软件著作权,其须举证证明双方计算机软件之间构成相同或实质性相同。一般而言,石鸿林就此须举证证明两计算机软件的源程序或目标程序之间构成相同或实质性相同。但本案中,由于存在客观上的困难,石鸿林实际上无法提供被控侵权的 HR-Z 软件的源程序或目标程序,并进而直接证明两者的源程序或目标程序构成相同或实质性相同。1. 石鸿林无法直接获得被控侵权的计算机软件源程序或目标程序。由于被控侵权的 HR-Z 软件的源程序及目标程序处于华仁公司的实际掌握之中,因此在华仁公司拒绝提供的情况下,石鸿林实际无法提供 HR-Z 软件的源程序或目标程序以供直接对比。2. 现有技术手段无法从被控侵权的 HR-Z 型控制器中获得 HR-Z 软件源程序或目标程序。根据一审鉴定情况,HR-Z 软件的目标程序系加载于 HR-Z 型控制器中的内置芯片上,由于该芯片属于加密芯片,无法从芯片中读出 HR-Z 软件的目标程序,并进而反向编译出源程序。因此,依靠现有技术手段无法从 HR-Z 型控制器中获得 HR-Z 软件源程序或目标程序。

综上,本案在华仁公司无正当理由拒绝提供软件源程序以供直接比对,石鸿林确因客观困难无法直接举证证明其诉讼主张的情形下,应从公平和诚实信用原则出发,合理把握证明标准的尺度,对石鸿林提供的现有证据能否形成高度盖然性优势进行综合判断。

二、石鸿林提供的现有证据能够证明被控侵权的 HR-Z 软件与石鸿林的 S 系列软件构成实质相同,华仁公司应就此承担提供相反证据的义务

本案中的现有证据能够证明以下事实:

1. 二审鉴定结论显示:通过运行安装 HX-Z 软件的 HX-Z 型控制器和安装 HR-Z 软件的 HR-Z 型控制器,发现二者存在前述相同的系统软件缺陷情况。

2. 二审鉴定结论显示:通过运行安装 HX-Z 软件的 HX-Z 型控制器和安装 HR-Z 软件的 HR-Z 型控制器,发现二者在加电运行时存在相同的特征性情况。

3. HX-Z 和 HR-Z 型控制器的使用说明书基本相同。

4. HX-Z 和 HR-Z 型控制器的整体外观和布局基本相同,主要包括面板、键盘的总体布局基本相同等。

据此,鉴于 HX-Z 和 HR-Z 软件存在共同的系统软件缺陷,根据计算机软件设计的一般性原理,在独立完成设计的情况下,不同软件之间出现相同的软件缺陷机率极小,而如果软件之间存在共同的软件缺陷,则软件之间的源程序相同的概率较大。同时结合两者在加电运行时存在相同的特征性情况、HX-Z 和 HR-Z 型控制器的使用说明书基本相同、HX-Z 和 HR-Z 型控制器的整体外观和布局基本相同等相关事实,法院认为石鸿林提供的现有证据能够形成高度盖然性优势,足以使法院相信 HX-Z 和 HR-Z 软件构成实质相同。同时,由于 HX-Z 软件是石鸿林对其 S 系列软件的改版,且 HX-Z 软件与 S 系列软件实质相同。因此,被控侵权的 HR-Z 软件与石鸿林的 S 系列软件亦构成实质相同,即华仁公司侵犯了石鸿林享有的 S 系列软件著作权。

三、华仁公司未能提供相反证据证明其诉讼主张,应当承担举证不能的不利后果

本案中,在石鸿林提供了上述证据证明其诉讼主张的情形下,华仁公司并未能提供相反证据予以反证,依法应当承担举证不能的不利后果。经本院反复释明,华仁公司最终仍未提供被控侵权的 HR-Z 软件源程序以供比对。华仁公司虽提供了 DX-Z 线切割控制器微处理器固件程序系统 V3.0 的计算机软件著作权登记证书,但其既未证明该软件与被控侵权的 HR-Z 软件属于同一软件,又未证明被控侵权的 HR-Z 软件的完成时间早于石鸿林的 S 系列软件,或系其独立开发完成。尽管华仁公司还称,其二审中提供的 2004 年 5 月 19 日商业销售发票,可以证明其于 2004 年就开发完成了被控侵权软件。对此法院认为,该份发票上虽注明货物名称为 HR-Z 线切割控制器,但并不能当然推断出该控制器所使用的软件即为被控侵权的 HR-Z 软件,华仁公司也未就此进一步提供其他证据予以证实。同时结合该份发票并非正规的增值税发票、也未注明购货单位名称等一系列瑕疵,法院认为,华仁公司 2004 年就开发完成了被控侵权软件的诉讼主张缺乏事实依据,不予采纳。

综上,根据现有证据,同时在华仁公司持有被控侵权的 HR-Z 软件源程序且无正当理由拒不提供的情形下,应当认定被控侵权的 HR-Z 软件与石鸿林的 S 系列软件构成实质相同,华仁公司侵犯了石鸿林 S 系列软件著作权。

最高人民法院关于发布第十一批指导性案例的通知

［2015年11月19日，法〔2015〕320号］

各省、自治区、直辖市高级人民法院，解放军军事法院，新疆维吾尔自治区高级人民法院生产建设兵团分院：

经最高人民法院审判委员会讨论决定，现将福建海峡银行股份有限公司福州五一支行诉长乐亚新污水处理有限公司、福州市政工程有限公司金融借款合同纠纷案等4个案例（指导案例53—56号），作为第11批指导性案例发布，供在审判类似案件时参照。

指导案例54号
中国农业发展银行安徽省分行诉张大标、安徽长江融资担保集团有限公司执行异议之诉纠纷案

【关键词】民事/执行异议之诉/金钱质押/特定化/移交占有

【裁判要点】当事人依约为出质的金钱开立保证金专门账户，且质权人取得对该专门账户的占有控制权，符合金钱特定化和移交占有的要求，即使该账户内资金余额发生浮动，也不影响该金钱质权的设立。

【相关法条】《中华人民共和国物权法》第212条

【基本案情】原告中国农业发展银行安徽省分行（以下简称农发行安徽分行）诉称：其与第三人安徽长江融资担保集团有限公司（以下简称长江担保公司）按照签订的《信贷担保业务合作协议》，就信贷担保业务按约进行了合作。长江担保公司在农发行安徽分行处开设的担保证金专户内的资金实际是长江担保公司向其提供的质押担保，请求判令其对该账户内的资金享有质权。

被告张大标辩称：农发行安徽分行与第三人长江担保公司之间的《贷款担保业务合作协议》没有质押的意思表示；案涉账户资金本身是浮动的，不符合金钱特定化要求，农发行安徽分行对案涉保证金账户内的资金不享有质权。

第三人长江担保公司认可农发行安徽分行对账户资金享有质权的意见。

法院经审理查明：2009年4月7日，农发行安徽分行与长江担保公司签订一份《贷款担保业务合作协议》。其中第三条"担保方式及担保责任"约定：甲方（长江担保公司）向乙方（农发行安徽分行）提供的保证担保为连带责任保证；保证担保的范围包括主债权及利息、违约金和实现债权的费用等。第四条"担保保证金（担保存款）"约定：甲方在乙方开立保证金专户，担保保证金专户行为农发行安徽分行营业部，账户尾号为9511；甲方需将具体担保业务约定的保证金在保证合同签订前存入担保保证金专户，甲方需缴存的保证金不低于贷款额度的10%；未经乙方同意，甲方不得动用担保保证金专户内的资金。第六条"贷款的催收、展期及担保责任的承担"约定：借款人逾期未能足额还款的，甲方在接到乙方书面通知后五日内按照第三条约定向乙方承担担保责任，并将相应款项划入乙方指定账户。第八条"违约责任"约定：甲方在乙方开立的担保专户的余额无论何种原因而小于约定的额度时，甲方应在接到乙方通知后三个工作日内补足，补足前乙方可以中止本协议项下业务。甲方违反本协

议第六条的约定,没有按时履行保证责任的,乙方有权从甲方在其开立的担保基金专户或其他任一账户中扣划相应的款项。2009年10月30日、2010年10月30日,农发行安徽分行与长江担保公司还分别签订与上述合作协议内容相似的两份《信贷担保业务合作协议》。

上述协议签订后,农发行安徽分行与长江担保公司就贷款担保业务进行合作,长江担保公司在农发行安徽分行处开立担保保证金账户,账号尾号为9511。长江担保公司按照协议约定缴存规定比例的担保保证金,并据此为相应额度的贷款提供了连带保证责任担保。自2009年4月3日至2012年12月31日,该账户共发生了107笔业务,其中贷方业务为长江担保公司缴存的保证金;借方业务主要涉及两大类,一类是贷款归还后长江担保公司申请农发行安徽分行退还的保证金,部分退至债务人的账户;另一类是贷款逾期后农发行安徽分行从该账户内扣划的保证金。

2011年12月19日,安徽省合肥市中级人民法院在审理张大标诉安徽省六本食品有限责任公司、长江担保公司等民间借贷纠纷一案过程中,根据张大标的申请,对长江担保公司上述保证金账户内的资金1495.7852万元进行保全。该案判决生效后,合肥市中级人民法院将上述保证金账户内的资金1338.313257万元划至该院账户。农发行安徽分行作为案外人提出执行异议,2012年11月2日被合肥市中级人民法院裁定驳回异议。随后,农发行安徽分行因与被告张大标、第三人长江担保公司发生执行异议纠纷,提起本案诉讼。

【裁判结果】安徽省合肥市中级人民法院于2013年3月28日作出(2012)合民一初字第00505号民事判决:驳回农发行安徽分行的诉讼请求。宣判后,农发行安徽分行提出上诉。安徽省高级人民法院于2013年11月19日作出(2013)皖民二终字第00261号民事判决:一、撤销安徽省合肥市中级人民法院(2012)合民一初字第00505号民事判决;二、农发行安徽分行对长江担保公司账户(账号尾号9511)内的13 383 132.57元资金享有质权。

【裁判理由】法院生效裁判认为:本案二审的争议焦点为农发行安徽分行对案涉账户内的资金是否享有质权。对此应当从农发行安徽分行与长江担保公司之间是否存在质押关系以及质权是否设立两个方面进行审查。

一、农发行安徽分行与长江担保公司是否存在质押关系

《中华人民共和国物权法》(以下简称《物权法》)第二百一十条规定:"设立质权,当事人应当采取书面形式订立质权合同。质权合同一般包括下列条款:(一)被担保债权的种类和数额;(二)债务人履行债务的期限;(三)质押财产的名称、数量、质量、状况;(四)担保的范围;(五)质押财产交付的时间。"本案中,农发行安徽分行与长江担保公司之间虽没有单独订立带有"质押"字样的合同,但依据该协议第四条、第六条、第八条约定的条款内容,农发行安徽分行与长江担保公司之间协商一致,对以下事项达成合意:长江担保公司为担保业务所缴存的保证金设立担保保证金专户,长江担保公司按照贷款额度的一定比例缴存保证金;农发行安徽分行作为开户行对长江担保公司存入该账户的保证金取得控制权,未经

同意,长江担保公司不能自由使用该账户内的资金;长江担保公司未履行保证责任,农发行安徽分行有权从该账户中扣划相应的款项。该合意明确约定了所担保债权的种类和数量、债务履行期限、质物数量和移交时间、担保范围、质权行使条件,具备《物权法》第二百一十条规定的质押合同的一般条款,故应认定农发行安徽分行与长江担保公司之间订立了书面质押合同。

二、案涉质权是否设立

《物权法》第二百一十二条规定:"质权自出质人交付质押财产时设立。"《最高人民法院关于适用〈中华人民共和国担保法〉若干问题的解释》第八十五条规定,债务人或者第三人将其金钱以特户、封金、保证金等形式特定化后,移交债权人占有作为债权的担保,债务人不履行债务时,债权人可以以该金钱优先受偿。依照上述法律和司法解释规定,金钱作为一种特殊的动产,可以用于质押。金钱质押作为特殊的动产质押,不同于不动产抵押和权利质押,还应当符合金钱特定化和移交债权人占有两个要件,以使金钱既不与出质人其他财产相混同,又能独立于质权人的财产。

本案中,首先金钱以保证金形式特定化。长江担保公司于2009年4月3日在农发行安徽分行开户,且与《贷款担保业务合作协议》约定的账号一致,即双方当事人已经按照协议约定为出质金钱开立了担保保证金专户。保证金专户开立后,账户内转入的资金为长江担保公司根据每次担保贷款额度的一定比例向该账户缴存保证金;账户内转出的资金为农发行安徽分行对保证金的退还和扣划,该账户未作日常结算使用,故符合《最高人民法院关于适用〈中华人民共和国担保法〉若干问题的解释》第八十五条规定的金钱以特户等形式特定化的要求。其次,特定化金钱已移交债权人占有。占有是指对物进行控制和管理的事实状态。案涉保证金账户开立在农发行安徽分行,长江担保公司作为担保保证金专户内资金的所有权人,本应享有自由支取的权利,但《贷款担保业务合作协议》约定未经农发行安徽分行同意,长江担保公司不得动用担保保证金专户内的资金。同时,《贷款担保业务合作协议》约定在担保的贷款到期未获清偿时,农发行安徽分行有权直接扣划担保保证金专户内的资金,农发行安徽分行作为债权人取得了案涉保证金账户的控制权,实际控制和管理该账户,此种控制权移交符合出质金钱移交债权人占有的要求。据此,应当认定双方当事人已就案涉保证金账户内的资金设立质权。

关于账户资金浮动是否影响金钱特定化的问题。保证金以专门账户形式特定化并不等于固定化。案涉账户在使用过程中,随着担保业务的开展,保证金账户的资金余额是浮动的。担保公司开展新的贷款担保业务时,需要按照约定存入一定比例的保证金,必然导致账户资金的增加;在担保公司担保的贷款到期未获清偿时,扣划保证金账户内的资金,必然导致账户资金的减少。虽然账户内资金根据业务发生情况处于浮动状态,但均与保证金业务相对应,除缴存的保证金外,支出的款项均用于保证金的退还和扣划,未用于非保证金业务的日常结算。即农发行安徽分行可以控制该账户,长江担保公司对该账户内的资金使用受到限制,故该账户资金浮动仍符合金钱作为质权的特定化和移交占有的要求,不影响该金钱质权的设立。

指导案例 56 号
韩凤彬诉内蒙古九郡药业有限责任公司等产品责任纠纷管辖权异议案

【关键词】民事诉讼/管辖异议/再审期间

【裁判要点】当事人在一审提交答辩状期间未提出管辖异议,在二审或者再审发回重审时提出管辖异议的,人民法院不予审查。

【相关法条】《中华人民共和国民事诉讼法》第 127 条

【基本案情】原告韩凤彬诉被告内蒙古九郡药业有限责任公司(以下简称九郡药业)、上海云洲商厦有限公司(以下简称云洲商厦)、上海广播电视台(以下简称上海电视台)、大连鸿雁大药房有限公司(以下简称鸿雁大药房)产品质量损害赔偿纠纷一案,辽宁省大连市中级人民法院于 2008 年 9 月 3 日作出(2007)大民权初字第 4 号民事判决。九郡药业、云洲商厦、上海电视台不服,向辽宁省高级人民法院提起上诉。该院于 2010 年 5 月 24 日作出(2008)辽民一终字第 400 号民事判决。该判决发生法律效力后,再审申请人九郡药业、云洲商厦向最高人民法院申请再审。

最高人民法院于同年 12 月 22 日作出(2010)民申字第 1019 号民事裁定,提审本案,并于 2011 年 8 月 3 日作出(2011)民提字第 117 号民事裁定,撤销一、二审民事判决,发回辽宁省大连市中级人民法院重审。在重审中,九郡药业和云洲商厦提出管辖异议。

【裁判结果】辽宁省大连市中级人民法院于 2012 年 2 月 29 日作出(2011)大审民再初字第 7 号民事裁定,认为该院重审此案系接受最高人民法院指令,被告之一鸿雁大药房住所地在辽宁省大连市中山区,遂裁定驳回九郡药业和云洲商厦对管辖权提出的异议。九郡药业、云洲商厦提起上诉,辽宁省高级人民法院于 2012 年 5 月 7 日作出(2012)辽立一民再终字第 1 号民事裁定,认为原告韩凤彬在向大连市中级人民法院提起诉讼时,即将住所地在大连市的鸿雁大药房列为被告之一,且在原审过程中提交了在鸿雁大药房购药的相关证据并经庭审质证,鸿雁大药房属适格被告,大连市中级人民法院对该案有管辖权,遂裁定驳回上诉,维持原裁定。九郡药业、云洲商厦后分别向最高人民法院申请再审。最高人民法院于 2013 年 3 月 27 日作出(2013)民再申字第 27 号民事裁定,驳回九郡药业和云洲商厦的再审申请。

【裁判理由】法院生效裁判认为:对于当事人提出管辖权异议的期间,《中华人民共和国民事诉讼法》(以下简称《民事诉讼法》)第一百二十七条明确规定:当事人对管辖权有异议的,应当在提交答辩状期间提出。当事人未提出管辖异议,并应诉答辩的,视为受诉人民法院有管辖权。由此可知,当事人在一审提交答辩状期间未提出管辖异议,在案件二审或者再审时才提出管辖权异议的,根据管辖恒定原则,案件管辖权已经确定,人民法院对此不予审查。本案中,九郡药业和云洲商厦是案件被通过审判监督程序裁定发回一审法院重审,在一审法院的重审中才就管辖权提出异议的。最初一审时原告韩凤彬的起诉状送达给九郡药业和云洲商厦,九郡药业和云洲商厦在答辩期内并没有对管辖权提出异议,说明其已接受了一审法院的管辖,管辖权已确定。而且案件经过一审、二审和再审,所经过的程序仍具有程序上的效力,不可逆转。本案是经审判监督程序发回一审法院重审的案件,虽然按照第一审程序审理,但是发回重审的案件并非一个初审案件,案件管辖权早已确定。就管辖而言,因民事诉讼程序的启动始于当事人的起诉,确定案件的管辖权,应以起诉时为标准,起诉时对案件有管辖权的法院,不因确定管辖的事实在诉讼过程中发生变化而影响其管辖权。当案件诉至人民法院,经人民法院立案受理,诉状送达给被告,被告在答辩期内未提出管辖异议,表明案件已确定了管辖法院,此后不因当事人住所地、经常居住地的变更或行政区域的变更而改变案件的管辖法院。在管辖权已确定的前提下,当事人无权再就管辖权提出异议。如果在重审中当事人仍可就管辖权提出异议,无疑会使已稳定的诉讼程序处于不确定的状态,破坏了诉讼程序的安定、有序,拖延诉讼,不仅降低诉讼效率,浪费司法资源,而且不利于纠纷的解决。因此,基于管辖恒定原则、诉讼程序的确定性以及公正和效率的要求,不能支持重审案件当事人再就管辖权提出的异议。据此,九郡药业和云洲商厦就本案管辖权提出异议,没有法律依据,原审裁定驳回其管辖异议并无不当。

综上,九郡药业和云洲商厦的再审申请不符合《民事诉讼法》第二百条第(六)项规定的应当再审情形,故依照该法第二百零四条第一款的规定,裁定驳回九郡药业和云洲商厦的再审申请。

最高人民法院关于发布第十四批指导性案例的通知

[2016年9月19日,法〔2016〕311号]

各省、自治区、直辖市高级人民法院,解放军军事法院,新疆维吾尔自治区高级人民法院生产建设兵团分院:

经最高人民法院审判委员会讨论决定,现将上海市虹口区久乐大厦小区业主大会诉上海环亚实业总公司业主共有权纠纷案等5件案例(指导案例65—69号),作为第14批指导性案例发布,供在审判类似案件时参照。

指导案例68号
上海欧宝生物科技有限公司诉辽宁特莱维置业发展有限公司企业借贷纠纷案

【关键词】民事诉讼/企业借贷/虚假诉讼

【裁判要点】人民法院审理民事案件中发现存在虚假诉讼可能时,应当依职权调取相关证据,详细询问当事人,全面严格审查诉讼请求与相关证据之间是否存在矛盾,以及当事人诉讼中言行是否违背常理。经综合审查判断,当事人存在虚构事实、恶意串通、规避法律或国家政策以谋取非法利益,进行虚假民事诉讼情形的,应当依法予以制裁。

【相关法条】《中华人民共和国民事诉讼法》第112条

【基本案情】上海欧宝生物科技有限公司(以下简称欧宝公司)诉称:欧宝公司借款给辽宁特莱维置业发展有限公司(以下简称特莱维公司)8650万元,用于开发辽宁省东港市特莱维国际花园房地产项目。借期届满时,特莱维公司拒不偿还。故请求法院判令特莱维公司返还借款本金8650万元及利息。

特莱维公司辩称:对欧宝公司起诉的事实予以认可,借款全部投入到特莱维国际花园房地产项目,房屋滞销,暂时无力偿还借款本息。

一审申诉人谢涛述称:特莱维公司与欧宝公司,通过虚构债务的方式,恶意侵害其合法权益,请求法院查明事实,依法制裁。

法院经审理查明:2007年7月至2009年3月,欧宝公司与特莱维公司先后签订9份《借款合同》,约定特莱维公司向欧宝公司共借款8650万元,约定利息为同年贷款利率的4倍。约定借款用途为:只限用于特莱维国际花园房地产项目。借款合同签订后,欧宝公司先后共汇款10笔,计8650万元,而特莱维公司却在收到汇款的当日或数日后立即将其中的6笔转出,共计转出7050万余元。其中5笔转往上海翰皇实业发展有限公司(以下简称翰皇公司),共计6400万余元。此外,欧宝公司在提起一审诉讼要求特莱维公司还款期间,仍向特莱维公司转款3笔,计360万元。

欧宝公司法定代表人为宗惠光,该公司股东曲叶丽持有73.75%的股权,姜雯琪持有2%的股权,宗惠光持有2%的股权。特莱维公司原法定代表人为王作新,翰皇公司持有该公司90%股权,王阳持有10%的股权,2010年8月16日法定代表人变更为姜雯琪。工商档案记载,该公司在变更登记时,领取执照人签字处由刘静君签字,而刘静君又是本案原一审诉讼期间欧宝公司的委托代理人,身份系欧宝公司的员工。翰皇公司2002年3月26日成立,法定代表人为王作新,前身为上海特莱维化妆品有限公司,王作新持有该公司67%的股权,曲叶丽持有33%的股权,同年10月28日,曲叶丽将其持有的股权转让给王阳。2004年10月10日该公司更名为翰皇公司,公司登记等手续委托宗惠光办理,2011年7月5日该公司注销。王作新与曲叶丽系夫妻关系。

本案原一审诉讼期间,欧宝公司于2010年6月22日向辽宁省高级人民法院(以下简称辽宁高院)提出财产保全申请,要求查封、扣押、冻结特莱维公司5850万元的财产,王田以其所有的位于辽宁省沈阳市和平区澳门路、建筑面积均为236.4平方米的两处房产为欧宝公司担保。王作鹏以其所有的位于沈阳市皇姑区宁山中路的建筑面积为671.76平方米的房产为欧宝公司担保,沈阳沙琪化妆品有限公司(以下简称沙琪公司,股东为王振义和修桂芳)以其所有的位于沈阳市东陵区白塔镇小羊安村建筑面积分别为212平方米、946平方米的两处厂房及使用面积为4000平方米的一块土地为欧宝公司担保。

欧宝公司与特莱维公司的《开立单位银行结算账户申请书》记载地址均为东港市新兴路1号,委托经办人均为崔秀芳。再审期间谢涛向辽宁高院提供上海市第一中级人民法院(2008)沪一中民三(商)终字第426号民事判决书一份,该案系张娥珍、贾世克诉翰皇公司、欧宝公司特许经营合同纠纷案,判决所列翰皇公司的法定代表人为王作新,欧宝公司和翰皇公司的委托代理人均系翰皇公司员工宗惠光。

二审审理中另查明：

（一）关于欧宝公司和特莱维公司之间关系的事实

工商档案表明，沈阳特莱维化妆品连锁有限责任公司（以下简称沈阳特莱维）成立于 2000 年 3 月 15 日，该公司由欧宝公司控股（持股 96.67%），设立时的经办人为宗惠光。公司登记的处所系向沈阳丹菲专业护肤中心承租而来，该中心负责人为王振义。2005 年 12 月 23 日，特莱维公司原法定代表人王作新代表欧宝公司与案外人张娥珍签订连锁加盟（特许）合同。2007 年 2 月 28 日，霍静代表特莱维公司与世安建设集团有限公司（以下简称世安公司）签订关于特莱维国际花园项目施工的《补充协议》。2010 年 5 月，魏亚丽经特莱维公司授权办理银行账户的开户，2011 年 9 月又代表欧宝公司办理银行账户开户。两账户所留联系人均为魏亚丽，联系电话均为同一号码，与欧宝公司 2010 年 6 月 10 日提交辽宁高院的民事起诉状中所留特莱维公司联系电话相同。

2010 年 9 月 3 日，欧宝公司向辽宁高院出具《回复函》称：同意提供位于上海市青浦区苏虹公路 332 号的面积 12 026.91 平方米、价值 2 亿元的房产作为保全担保。欧宝公司庭审中承认，前述房产属于上海特莱维护肤品股份有限公司（以下简称上海特莱维）所有。上海特莱维成立于 2002 年 12 月 9 日，法定代表人为王作新，股东有王作新、翰皇公司的股东王阳、邹艳，欧宝公司的股东宗惠光、姜雯琪、王奇等人。王阳同时任上海特莱维董事，宗惠光任副董事长兼副总经理，王奇任副总经理，霍静任董事。

2011 年 4 月 20 日，欧宝公司向辽宁高院申请执行（2010）辽民二初字第 15 号民事判决，该院当日立案执行。同年 7 月 12 日，欧宝公司向辽宁高院提交书面申请称："为尽快回笼资金，减少我公司损失，经与被执行人商定，我公司允许被执行人销售该项目的剩余房产，但必须由我公司指派财务人员收款，所销售的房款须存入我公司指定账户。" 2011 年 9 月 6 日，辽宁高院向东港市房地产管理处发出《协助执行通知书》，以相关查封房产已经交付申请执行人抵债为由，要求该处将前述房产直接过户登记到案外买受人名下。

欧宝公司申请执行后，除谢涛外，特莱维公司的其他债权人世安公司、江西临川建筑安装工程总公司、东港市前阳建筑安装工程总公司也先后以提交执行异议等形式，向辽宁高院反映欧宝公司与特莱维公司虚构债权进行虚假诉讼。

翰皇公司的清算组成员由王作新、王阳、姜雯琪担任，王作新为负责人；清算组在成立之日起 10 日内通知了所有债权人，并于 2011 年 5 月 14 日在《上海商报》上刊登了注销公告。2012 年 6 月 25 日，王作新将翰皇公司所持特莱维公司股权中的 1 600 万元转让于王阳，200 万元转让于邹艳，并于 2012 年 7 月 9 日办理了工商变更登记。

沙琪公司的股东王振义和修桂芳分别是王作新的父亲和母亲；欧宝公司的股东王阁系王作新的哥哥王作鹏之女；王作新与王阳系兄妹关系。

（二）关于欧宝公司与案涉公司之间资金往来的事实

欧宝公司尾号为 8115 的账户（以下简称欧宝公司 8115 账户），2006 年 1 月 4 日至 2011 年 9 月 29 日的交易明细显示，自2006年3月8日起,欧宝公司开始与特莱维公司互有资金往来。其中,2006年3月8日欧宝公司该账户汇给特莱维公司尾号为4891账户(以下简称特莱维公司4891账户)300万元,备注用途为借款,2006年6月12日转给特莱维公司801万元。2007年8月16日至23日从特莱维公司账户转入欧宝公司8115账户近70笔款项,备注用途多为货款。该账户自2006年1月4日至2011年9月29日与沙琪公司、沈阳特莱维、翰皇公司、上海特莱维均有大笔资金往来,用途多为货款或借款。

欧宝公司在中国建设银行东港支行开立的账户(尾号0357)2010年8月31日至2011年11月9日的交易明细显示:该账户2010年9月15日、9月17日由欧宝公司以现金形式分别存入168万元、100万元;2010年9月30日支付东港市安邦房地产开发有限公司工程款100万元;2010年9月30日自特莱维公司账户(尾号0549)转入100万元,2011年8月22日、8月30日、9月9日自特莱维公司账户分别转入欧宝公司该账户71.6985万元、51.4841万元、62.3495万元,2011年11月4日特莱维公司尾号为5555账户(以下简称特莱维公司5555账户)以法院扣款的名义转入该账户84.556787万元;2011年9月27日以"往来款"名义转入欧宝公司8115账户193.5万元,2011年11月9日转入欧宝公司尾号4548账户(以下简称欧宝公司4548账户)157.995万元。

欧宝公司设立在中国工商银行上海青浦支行的账户(尾号5617)显示,2012年7月12日该账户以"借款"名义转入特莱维公司50万元。

欧宝公司在中国建设银行沈阳马路湾支行的4548账户2013年10月7日至2015年2月7日期间的交易明细显示,自2014年1月20日起,特莱维公司以"还款"名义转入该账户的资金,大部分又以"还款"名义转入王作鹏个人账户和上海特莱维的账户。

翰皇公司建设银行上海分行尾号为4917账户(以下简称翰皇公司4917账户)2006年1月5日至2009年1月14日的交易明细显示,特莱维公司4891账户2008年7月7日转入翰皇公司该账户605万元,同日翰皇公司又从该账户将同等数额的款项转入特莱维公司5555账户,但自翰皇公司打入特莱维公司账户的该笔款项计入了特莱维公司的借款数额,自特莱维公司打入翰皇公司的款项未计入该公司的还款数额。该账户同时间段还分别和欧宝公司、沙琪公司以"借款""往来款"的名义进行资金转入和转出。

特莱维公司5555账户2006年6月7日至2015年9月21日的交易明细显示,2009年7月2日自该账户以"转账支取"的名义汇入欧宝公司的账户(尾号0801)600万元;自2011年11月4日起至2014年12月31日止,该账户转入欧宝公司资金达30笔,最多的为2012年12月20日汇入欧宝公司4548账户的一笔达1800万元。此外,该账户还有多笔大额资金在2009年11月13日至2010年7月19日期间以"借款"的名义转入沙琪公司账户。

沙琪公司在中国光大银行沈阳和平支行的账户(尾号6312)2009年11月13日至2011年6月27日的交易明细显示,特莱维公司转入沙琪公司的资金,有的以"往来款"或者"借款"的名义转回特莱维公司的其他账户。例如,2009年11月13日自特莱维公司5555账户以"借款"的名义转入沙琪公司3800万元,2009年12月4日又以"往来款"的名义转回特莱维公司另外设立的尾号为8361账户(以下简称特莱维公司8361账户)3800万元;2010年2月3日自特莱维公司8361账户以"往来款"的名义转入沙琪公司账户的4827万元,同月10日又以"借款"的名义转入特莱维公司5555账户500万元,以"汇兑"名义转入特莱维公司4891账户1930万元,2010年3月31日沙琪公司以"往来款"的名义转入特莱维公司8361账户1000万元,同年4月12日以系统内划款的名义转回特莱维公司8361账户1806万元。特莱维公司转入沙琪公司账户的资金有部分流入了沈阳特莱维的账户。例如,2010年5月6日以"借款"的名义转入沈阳特莱维1000万元,同年7月29日以"转款"的名义转入沈阳特莱维2272万元。此外,欧宝公司也以"往来款"的名义转入该账户部分资金。

欧宝公司和特莱维公司均承认,欧宝公司4548账户和在中国建设银行东港支行的账户(尾号0357)由王作新控制。

【裁判结果】辽宁高院2011年3月21日作出(2010)辽民二初字第15号民事判决:特莱维公司于判决生效后10日内偿还欧宝公司借款本金8650万元及借款实际发生之日起至判决确定给付之日止的中国人民银行同期贷款利息。该判决发生法律效力后,因案外人谢涛提出申诉,辽宁高院于2012年1月4日作出(2012)辽立二民监字第8号民事裁定再审本案。辽宁高院经再审于2015年5月20日作出(2012)辽审二民再字第13号民事判决,驳回欧宝公司的诉讼请求。欧宝公司提起上诉,最高人民法院第二巡回法庭经审理于2015年10月27日作出(2015)民二终字第324号民事判决,认定本案属于虚假民事诉讼,驳回上诉,维持原判。同时作出罚款决定,对参与虚假诉讼的欧宝公司和特莱维公司各罚款50万元。

【裁判理由】法院生效裁判认为:人民法院保护合法的借贷关系,同时对于恶意串通进行虚假诉讼意图损害他人合法权益的行为,应当依法制裁。本案争议的焦点问题有两个,一是欧宝公司与特莱维公司之间是否存在关联关系;二是欧宝公司和特莱维公司就争议的8650万元是否存在真实的借款关系。

一、欧宝公司与特莱维公司是否存在关联关系的问题?

《中华人民共和国公司法》第二百一十七条规定,关联关系,是指公司控股股东、实际控制人、董事、监事、高级管理人员与其直接或间接控制的企业之间的关系,以及可能导致公司利益转移的其他关系。可见,公司法所称的关联公司,既包括公司股东的相互交叉,也包括公司共同由第三人直接或者间接控制,或者股东之间、公司的实际控制人之间存在直系血亲、姻亲、共同投资等可能导致利益转移的其他关系。

本案中,曲叶丽为欧宝公司的控股股东,王作新是特莱维公司的原法定代表人,也是案涉合同签订时特莱维公司的控股股东翰皇公司的控股股东和法定代表人,王作新与曲叶丽系夫妻关系,说明欧宝公司与特莱维公司由夫妻二人控制。欧宝公司称两人已经离婚,却未提供民政部门的离婚登记或者人民法院的生效法律文书。虽然辽宁高院受理本案诉讼后,特莱维公司的法定代表人由王作新变更为姜雯琪,但王作新仍是特莱维公司的实际控制人。同时,欧宝公司股东兼法定代表人宗惠光、王奇等人,与特莱维公司的实际控制人王作新、法定代表人姜雯琪、目前的控股股东王阳共同投资设立了上海特莱维,说明欧宝公司的股东与特莱维公司的控股股东、实际控制人存在其他的共同利益关系。另外,沈阳特莱维是欧宝公司控股的公司,沙琪公司的股东是王作新的父亲和母亲。可见,欧宝公司与特莱维公司之间、前述两公司与沙琪公司、上海特莱维、沈阳特莱维之间均存在关联关系。

欧宝公司与特莱维公司及其他关联公司之间还存在人员混同的问题。首先,高管人员之间存在混同。姜雯琪既是欧宝公司的股东和董事,又是特莱维公司的法定代表人,同时还参与翰皇公司的清算。宗惠光既是欧宝公司的法定代表人,又是翰皇公司的工作人员,虽然欧宝公司称宗惠光自2008年5月即从翰皇公司辞职,但从上海市第一中级人民法院(2008)沪一中民三(商)终字第426号民事判决载明的事实看,该案2008年8月至12月审理期间,宗惠光仍以翰皇公司工作人员的身份参与诉讼。王奇既是欧宝公司的监事,又是上海特莱维的董事,还以该公司工作人员的身份代理相关行政诉讼。王阳既是特莱维公司的监事,又是上海特莱维的董事。王作新是特莱维公司原法定代表人、实际控制人,还曾先后代表欧宝公司、翰皇公司与案外第三人签订连锁加盟(特许)合同。其次,普通员工也存在混同。霍静是欧宝公司的工作人员,在本案中作为欧宝公司原一审诉讼的代理人,2007年2月23日代表特莱维公司与世安公司签订建设施工合同,又同时兼任上海特莱维的董事。崔秀芳是特莱维公司的会计,2010年1月7日代特莱维公司开立银行账户,2010年8月20日本案诉讼之后又代欧宝公司开立银行账户。欧宝公司当庭自述魏亚丽系特莱维公司的工作人员,2010年5月魏亚丽经特莱维公司授权办理银行账户开户,2011年9月诉讼之后又经欧宝公司授权办理该公司在中国建设银行沈阳马路湾支行的开户,且该银行账户的联系人为魏亚丽。刘静君是欧宝公司的工作人员,在本案原一审和执行程序中作为欧宝公司的代理人,2009年3月17日又代特莱维公司办理企业登记等相关事项。刘洋以特莱维公司员工名义代理本案诉讼,又受王作新的指派代理上海特莱维的相关诉讼。

上述事实充分说明,欧宝公司、特莱维公司以及其他关联公司的人员之间并未严格区分,上述人员实际上服从王作新一人的指挥,根据不同的工作任务,随时转换为不同关联公司的工作人员。欧宝公司在上诉状中称,在2007年借款之初就派相关人员进驻特莱维公司,监督该公司对投资款的使用并协助工作,但早在欧宝公司所称的向特莱维公司转入首笔借款之前5个月,霍静即参与该公司的合同签订业务。而且从这些所谓的"派驻人员"在特莱维公司所起的作用看,上述人员参与了该公司的合同签订、财务管理到诉讼代理的全面工作,而不仅是监督工作,欧宝公司的辩解,不足为信。辽宁高院关于欧宝公司和特莱维公司系由王作新、曲叶丽夫妇控制之关联公司的认定,依据充分。

二、欧宝公司和特莱维公司就争议

的8650万元是否存在真实借款关系的问题。

根据《最高人民法院关于适用〈中华人民共和国民事诉讼法〉的解释》第九十条规定,当事人对自己提出的诉讼请求所依据的事实或者反驳对方诉讼请求所依据的事实,应当提供证据加以证明;当事人未能提供证据或者证据不足以证明其事实主张的,由负有举证证明责任的当事人承担不利的后果。第一百零八条规定:"对负有举证证明责任的当事人提供的证据,人民法院经审查并结合相关事实,确信待证事实的存在具有高度可能性的,应当认定该事实存在。对一方当事人为反驳负有举证责任的当事人所主张的事实而提供的证据,人民法院经审查并结合相关事实,认为待证事实真伪不明的,应当认定该事实不存在。"在当事人之间存在关联关系的情况下,为防止恶意串通提起虚假诉讼,损害他人合法权益,人民法院对其是否存在真实的借款法律关系,必须严格审查。

欧宝公司提起诉讼,要求特莱维公司偿还借款8650万元及利息,虽然提供了借款合同及转账凭证,但其自述及提交的证据和其他在案证据之间存在无法消除的矛盾,当事人在诉讼前后的诸多言行违背常理,主要表现为以下7个方面:

第一,从借款合意形成过程来看,借款合同存在虚假的可能。欧宝公司和特莱维公司对借款法律关系的要约与承诺的细节事实陈述不清,尤其是作为债权人欧宝公司的法定代表人、自称是合同经办人的宗惠光,对所有借款合同的签订时间、地点、每一合同的己方及对方经办人等细节,语焉不详。案涉借款每一笔均为大额借款,当事人对所有合同的签订细节,甚至大致情形均陈述不清,于理不合。

第二,从借款的时间上看,当事人提交的证据前后矛盾。欧宝公司的自述及其提交的借款合同表明,欧宝公司自2007年7月开始与特莱维公司发生借款关系。向本院提起上诉后,其提交的自行委托形成的审计报告又载明,自2006年12月份开始向特莱维公司借款,但从特莱维公司和欧宝公司的银行账户交易明细看,在2006年12月之前,仅欧宝公司8115账户就发生过两笔高达1100万元的转款,其中,2006年3月8日以"借款"名义转入特莱维公司账户300万元,同年6月12日转入801万元。

第三,从借款的数额上看,当事人的主张前后矛盾。欧宝公司起诉后,先主张自2007年7月起累计借款金额为5850万元,后在诉讼中又变更为8650万元,上诉时又称借款总额1.085亿元,主张的借款数额多次变化,但只能提供8650万元的借款合同。而谢涛当庭提交的银行转账凭证证明,在欧宝公司所称的1.085亿元借款之外,另有4400多万元的款项以"借款"名义打入特莱维公司账户。对此,欧宝公司自认,这些多出的款项是受王作新的请求帮忙转款,并非真实借款。该自认说明,欧宝公司在相关银行凭证上填写的款项用途极其随意。从本院调取的银行账户交易明细所载金额看,欧宝公司以借款名义转入特莱维公司账户的金额远远超出欧宝公司先后主张的上述金额。此外,还有其他多笔以"借款"名义转入特莱维公司账户的巨额资金,没有列入欧宝公司所主张的借款数额范围。

第四,从资金往来情况看,欧宝公司存在单向统计账户流出资金而不统计流入资金的问题。无论是案涉借款合同载明的借款期间,还是在此之前,甚至诉讼开始以后,欧宝公司和特莱维公司账户之间的资金往来,既有欧宝公司转入特莱维公司账户款项的情况,又有特莱维公司转入欧宝公司账户款项的情况,但欧宝公司只计算己方账户转出的借方金额,而对特莱维公司转入的贷方金额只字不提。

第五,从所有关联公司之间的转款情况看,存在双方或多方账户循环转款问题。如上所述,将欧宝公司、特莱维公司、翰皇公司、沙琪公司等公司之间的账户对照检查,存在特莱维公司将己方款项转入翰皇公司账户过桥欧宝公司账户后,又转回特莱维公司账户,造成虚增借款的现象。特莱维公司与其他关联公司之间的资金往来也存在此种情况。

第六,从借款的用途看,与合同约定相悖。借款合同第二条约定,借款限用于特莱维国际花园房地产项目,但是案涉款项转入特莱维公司账户后,该公司随即将大部分款项以"借款""还款"等名义分别转给翰皇公司和沙琪公司,最终又流向欧宝公司和欧宝公司控股的沈阳特莱维。至于欧宝公司辩称,特莱维公司将款项打入翰皇公司是偿还对翰皇公司借款的辩解,由于其提供的翰皇公司和特莱维公司之间的借款数额与两公司银行账户交易的实际数额互相矛盾,且从流向上看大部分又流回了欧宝公司或者其控股的公司,其辩解不足为凭。

第七,从欧宝公司和特莱维公司及其关联公司在诉讼和执行中的行为来看,与日常经验相悖。欧宝公司提起诉讼后,仍与特莱维公司互相转款;特莱维公司不断向欧宝公司账户转入巨额款项,但在诉讼和执行程序中却未就还款金额对欧宝公司的请求提出任何抗辩;欧宝公司向辽宁高院申请财产保全,特莱维公司的股东王阳却以其所有的房产为本应是利益对立方的欧宝公司提供担保;欧宝公司在原一审诉讼中另外提供担保的上海市青浦区房产的所有权,竟然属于王作新任法定代表人的上海特莱维;欧宝公司和特莱维公司当庭自认,欧宝公司开立在中国建设银行东港支行、中国建设银行沈阳马路湾支行的银行账户都由王作新控制。

对上述矛盾和违反常理之处,欧宝公司与特莱维公司均未作出合理解释。由此可见,欧宝公司没有提供足够的证据证明其就案涉争议款项与特莱维公司之间存在真实的借贷关系。且从调取的欧宝公司、特莱维公司及其关联公司账户的交易明细发现,欧宝公司、特莱维公司以及其他关联公司之间、同一公司的不同账户之间随意转款,款项用途随意填写。结合在案其他证据,法院确信,欧宝公司诉请之债权系截取其与特莱维公司之间的往来款项虚构而成,其以虚构债权为基础请求特莱维公司返还8650万元借款及利息的请求不应支持。据此,辽宁高院再审判决驳回其诉讼请求并无不当。

至于欧宝公司与特莱维公司提起本案诉讼是否存在恶意串通损害他人合法权益的问题。首先,无论欧宝公司,还是特莱维公司,对特莱维公司与一审申诉人谢涛及其他债权人的债权债务关系是明知的。从案涉判决执行的过程看,欧宝公司申请执行之后,对查封的房产不同意法院拍卖,而是继续允许该公司销售,特莱维公司每销售一套,欧宝公司即申请法院解封一套。在接受法院当庭询问时,欧宝公司对特莱维公司销售了多少查封房产,偿还了多少债务陈述不清,表明其提起本案诉讼并非为实现债权,而是通过司法程序进行保护性查封以阻止其他债权人对特莱维公司财产的受偿。虚构债权,恶意串通,损害他人合法权益的目的明显。其次,从欧宝公司与特莱维公司人员混同、银行账户同为王作新控制的事实可知,两公司同属一人,均已失去公司法人所具有的独立人格。《中华人民共和国民事诉讼法》第一百一十二条规定:"当事人之间恶意串通,企图通过诉讼、调解等方式侵害他人合法权益的,人民法院应当驳回其请求,并根据情节轻重予以罚款、拘留;构成犯罪的,依法追究刑事责任。"一审申诉人谢涛认为欧宝公司与特莱维公司之间恶意串通提起虚假诉讼损害其合法权益的意见,以及对有关当事人和相关责任人进行制裁的请求,于法有据,应予支持。

最高人民法院关于发布第十五批指导性案例的通知

[2016年12月28日,法〔2016〕449号]

各省、自治区、直辖市高级人民法院,解放军军事法院,新疆维吾尔自治区高级人民法院生产建设兵团分院:

经最高人民法院审判委员会讨论决定,现将北京阳光一佰生物技术开发有限公司、习文有等生产、销售有毒、有害食品案等八个案例(指导案例70—77号),作为第15批指导性案例发布,供在审判类似案件时参照。

指导案例75号
中国生物多样性保护与绿色发展基金会诉宁夏瑞泰科技股份有限公司环境污染公益诉讼案

【关键词】民事/环境污染公益诉讼/专门从事环境保护公益活动的社会组织

【裁判要点】1. 社会组织的章程虽未载明维护环境公共利益,但工作内容属于保护环境要素及生态系统的,应认定符合《最高人民法院关于审理环境民事公益诉讼案件适用法律若干问题的解释》(以下简称《解释》)第四条关于"社会组织章程确定的宗旨和主要业务范围是维护社会公共利益"的规定。

2. 《解释》第四条规定的"环境保护公益活动",既包括直接改善生态环境的行为,也包括与环境保护相关的有利于完善环境治理体系、提高环境治理能力、促进全社会形成环境保护广泛共识的活动。

3. 社会组织起诉的事项与其宗旨和业务范围具有对应关系,或者与其所保护的环境要素及生态系统具有一定联系的,应认定符合《解释》第四条关于"与其宗旨和业务范围具有关联性"的规定。

【相关法条】《中华人民共和国环境保护法》第58条

【基本案情】2015年8月13日,中国环境保护与绿色发展基金会(以下简称绿发会)向宁夏回族自治区中卫市中级人民法院提起诉讼称:宁夏瑞泰科技股份有限公司(以下简称瑞泰公司)在生产过程中违规将超标废水直接排入蒸发池,造成腾格里沙漠严重污染,截至起诉时仍然没有整改完毕。请求判令瑞泰公司:(一)停止非法污染环境行为;(二)对造成环境污染的危险予以消除;(三)恢复生态环境或者成立沙漠环境修复专项基金并委托具有资质的第三方进行修复;(四)针对第二项和第三项诉讼请求,由法院组织原告、技术专家、法律专家、人大代表、政协委员共同验收;(五)赔偿环境修复前生态功能损失;(六)在全国性媒体上公开赔礼道歉等。

绿发会向法院提交了基金会法人登记证书,显示绿发会是在中华人民共和国民政部登记的基金会法人。绿发会提交的 2010 至 2014 年度检查证明材料,显示其在提起本案公益诉讼前五年年检合格。绿发会亦提交了五年内未因从事业务活动违反法律、法规的规定而受到行政、刑事处罚的无违法记录声明。此外,绿发会章程规定,其宗旨为"广泛动员全社会关心和支持生物多样性保护和绿色发展事业,保护国家战略资源,促进生态文明建设和人与自然和谐,构建人类美好家园"。在案件的一审、二审及再审期间,绿发会向法院提交了其自 1985 年成立至今,一直实际从事包括举办环境保护研讨会、组织生态考察、开展环境保护宣传教育、提起环境民事公益诉讼等活动的相关证据材料。

【裁判结果】宁夏回族自治区中卫市中级人民法院于 2015 年 8 月 19 日作出(2015)卫民公立字第 6 号民事裁定,以绿发会不能认定为《中华人民共和国环境保护法》(以下简称《环境保护法》)第五十八条规定的"专门从事环境保护公益活动"的社会组织为由,裁定对绿发会的起诉不予受理。绿发会不服,向宁夏回族自治区高级人民法院提起上诉。该院于 2015 年 11 月 6 日作出(2015)宁民公立终字第 6 号民事裁定,驳回上诉,维持原裁定。绿发会又向最高人民法院申请再审。最高人民法院于 2016 年 1 月 22 日作出(2015)民申字第 3377 号民事裁定,裁定提审本案;并于 2016 年 1 月 28 日作出(2016)最高法民再 47 号民事裁定,裁定本案由宁夏回族自治区中卫市中级人民法院立案受理。

【裁判理由】法院生效裁判认为:本案系社会组织提起的环境污染公益诉讼。本案的争议焦点是绿发会应否认定为专门从事环境保护公益活动的社会组织。

《中华人民共和国民事诉讼法》第五十五条规定了环境民事公益诉讼制度,明确法律规定的机关和有关组织可以提起环境公益诉讼。《环境保护法》第五十八条规定:"对污染环境、破坏生态,损害社会公共利益的行为,符合下列条件的社会组织可以向人民法院提起诉讼:(一)依法在设区的市级以上人民政府民政部门登记;(二)专门从事环境保护公益活动连续五年以上且无违法记录。符合前款规定的社会组织向人民法院提起诉讼,人民法院应当依法受理。"《解释》第四条进一步明确了对于社会组织"专门从事环境保护公益活动"的判断标准,即"社会组织章程确定的宗旨和主要业务范围是维护社会公共利益,且从事环境保护公益活动的,可以认定为《环境保护法》第五十八条规定的'专门从事环境保护公益活动'。社会组织提起的诉讼所涉及的社会公共利益,应与其宗旨和业务范围具有关联性"。有关本案绿发会是否可以作为"专门从事环境保护公益活动"的社会组织提起本案诉讼,应重点从其宗旨和业务范围是否包含维护环境公共利益,是否实际从事环境保护公益活动,以及所维护的环境公共利益是否与其宗旨和业务范围具有关联性等三个方面进行审查。

一、关于绿发会章程规定的宗旨和业务范围是否包含维护环境公共利益的问题。社会公众所享有的在健康、舒适、优美环境中生存和发展的共同利益，表现形式多样。对于社会组织宗旨和业务范围是否包含维护环境公共利益，应根据其内涵而非简单依据文字表述作出判断。社会组织章程即使未写明维护环境公共利益，但若其工作内容属于保护各种影响人类生存和发展的天然的和经过人工改造的自然因素的范畴，包括对大气、水、海洋、土地、矿藏、森林、草原、湿地、野生生物、自然遗迹、人文遗迹、自然保护区、风景名胜区、城市和乡村等环境要素及其生态系统的保护，均可以认定为宗旨和业务范围包含维护环境公共利益。

我国1992年签署的联合国《生物多样性公约》指出，生物多样性是指陆地、海洋和其他水生生态系统及其所构成的生态综合体，包括物种内部、物种之间和生态系统的多样性。《环境保护法》第三十条规定，"开发利用自然资源，应当合理开发，保护生物多样性，保障生态安全，依法制定有关生态保护和恢复治理方案并予以实施。引进外来物种以及研究、开发和利用生物技术，应当采取措施，防止对生物多样性的破坏。"可见，生物多样性保护是环境保护的重要内容，亦属维护环境公共利益的重要组成部分。

绿发会章程中明确规定，其宗旨为"广泛动员全社会关心和支持生物多样性保护和绿色发展事业，保护国家战略资源，促进生态文明建设和人与自然和谐，构建人类美好家园"，符合联合国《生物多样性公约》和《环境保护法》保护生物多样性的要求。同时，"促进生态文明建设""人与自然和谐""构建人类美好家园"等内容契合绿色发展理念，亦与环境保护密切相关，属于维护环境公共利益的范畴。故应认定绿发会的宗旨和业务范围包含维护环境公共利益内容。

二、关于绿发会是否实际从事环境保护公益活动的问题。环境保护公益活动，不仅包括植树造林、濒危物种保护、节能减排、环境修复等直接改善生态环境的行为，还包括与环境保护有关的宣传教育、研究培训、学术交流、法律援助、公益诉讼等有利于完善环境治理体系，提高环境治理能力，促进全社会形成环境保护广泛共识的活动。绿发会在本案一审、二审及再审期间提交的历史沿革、公益活动照片、环境公益诉讼立案受理通知书等相关证据材料，虽未经质证，但在立案审查阶段，足以显示绿发会自1985年成立以来长期实际从事包括举办环境保护研讨会、组织生态考察、开展环境保护宣传教育、提起环境民事公益诉讼等环境保护活动，符合《环境保护法》和《解释》的规定。同时，上述证据亦证明绿发会从事环境保护公益活动的时间已满五年，符合《环境保护法》第五十八条关于社会组织从事环境保护公益活动应五年以上的规定。

三、关于本案所涉及的社会公共利益与绿发会宗旨和业务范围是否具有关联性的问题。依据《解释》第四条的规定，社会组织提起的公益诉讼涉及的环境公共利益，应与社会组织的宗旨和业务范围具有一定关联。此项规定旨在促使社会组织所起诉的环境公共利益保护事项与其宗旨和业务范围具有对应或者关联关系，以保证社会组织具有相应的诉讼能力。因此，即使社会组织起诉事项与其宗旨和业务范围不具有对应关系，但若与其所保护的环境要素或者生态系统具有一定的联系,亦应基于关联性标准确认其主体资格。本案环境公益诉讼系针对腾格里沙漠污染提起。沙漠生物群落及其环境相互作用所形成的复杂而脆弱的沙漠生态系统,更加需要人类的珍惜利用和悉心呵护。绿发会起诉认为瑞泰公司将超标废水排入蒸发池,严重破坏了腾格里沙漠本已脆弱的生态系统,所涉及的环境公共利益之维护属于绿发会宗旨和业务范围。

此外,绿发会提交的基金会法人登记证书显示,绿发会是在中华人民共和国民政部登记的基金会法人。绿发会提交的2010至2014年度检查证明材料,显示其在提起本案公益诉讼前五年年检合格。绿发会还按照《解释》第五条的规定提交了其五年内未因从事业务活动违反法律、法规的规定而受到行政、刑事处罚的无违法记录声明。据此,绿发会亦符合《环境保护法》第五十八条,《解释》第二条、第三条、第五条对提起环境公益诉讼社会组织的其他要求,具备提起环境民事公益诉讼的主体资格。

最高人民检察院关于印发最高人民检察院第八批指导性案例的通知

〔2016年12月29日,高检发研字〔2016〕13号〕

各省、自治区、直辖市人民检察院,军事检察院,新疆生产建设兵团人民检察院:

经2016年12月26日最高人民检察院第十二届检察委员会第五十九次会议决定,现将江苏省常州市人民检察院诉许建惠、许玉仙民事公益诉讼案等五个指导性案例印发给你们,供参照适用。

检例第28号
江苏省常州市人民检察院诉
许建惠、许玉仙民事公益诉讼案

【关键词】民事公益诉讼/生态环境修复/虚拟治理成本法

【基本案情】许建惠,男,1962年4月1日生。许玉仙,女,1965年5月15日生。2010年上半年至2014年9月,许建惠、许玉仙在江苏省常州市武进区遥观镇东方村租用他人厂房,在无营业执照、无危险废物经营许可证的情况下,擅自从事废树脂桶和废油桶的清洗业务。洗桶产生的废水通过排污沟排向无防渗漏措施的露天污水池,产生的残渣被堆放在污水池周围。

2014年9月1日,公安机关在许建惠、许玉仙洗桶现场查获废桶7789只,其中6289只尚未清洗。经鉴定,未清洗的桶及桶内物质均属于危险废物,现场地下水、污水池内废水以及污水池四周堆放的残渣、污水池底部沉积物中均检出铬、锌等多种重金属和总石油烃、氯代烷烃、苯系物等多种有机物。

2015年6月17日,许建惠、许玉仙因犯污染环境罪被常州市武进区人民法院分别判处有期徒刑二年六个月、缓刑四年,有期徒刑二年、缓刑四年,并分别判处罚金。许建惠、许玉仙虽被依法追究刑事责任,但现场尚留存130只未清洗的废桶、残渣、污水和污泥尚未清除,对土壤和地下水持续造成污染。

【诉前程序】经调查,在常州市民政局登记的三家环保类社会组织,均不符合法律对提起公益诉讼主体要求的相关规定,不能作为原告向常州市中级人民法院提起环境民事公益诉讼。

【诉讼过程】2015年12月21日,常州市人民检察院以公益诉讼人身份,向常州市中级人民法院提起民事公益诉讼,诉求:1.判令二被告依法及时处置场地内遗留的危险废物,消除危险;2.判令二被告依法及时修复被污染的土壤,恢复原状;3.判令二被告依法赔偿场地排污对环境影响的修复费用,以虚拟治理成本30万元为基数,根据该区域环境敏感程度以4.5—6倍计算赔偿数额。常州市人民检察院认为:

一、许建惠、许玉仙非法洗桶行为造成了严重的环境污染损害后果。现场留存的大量废桶、残渣,污水池里的废水、污泥,均属于有毒物质,并且仍在对环境造成污染。经检测,污水池下方的地下水、土壤已遭到严重污染。

二、许建惠、许玉仙的行为与环境污染损害后果之间存在因果关系。污水池附近区域的地下水中检测出的污染物与洗桶产生的特征污染物相同,而周边的纺织、塑料和铝制品加工企业等不会产生该系列的特征污染物。

【案件结果】庭审过程中,公益诉讼人向法院申请由市环保局从常州市环境应急专家库中甄选的环境专家苏衡博士作为专家辅助人,就本案涉及的环境专业性问题发表意见。

2016年4月14日,常州市中级人民法院作出一审判决:

1. 被告许建惠、许玉仙于本判决发生法律效力之日起十五日内,将常州市武进区遥观镇东方村洗桶场地内留存的130只废桶、两个污水池中蓄积的污水及池底污泥以及厂区内堆放的残渣委托有处理资质的单位全部清理处置,消除继续污染环境危险。

2. 被告许建惠、许玉仙于本判决发生法律效力之日起三十日内,委托有土壤处理资质的单位制定土壤修复方案,提交常州市环保局审核通过后,六十日内实施。

3. 被告许建惠、许玉仙赔偿对环境造成的其他损失150万元,该款于判决发生法律效力之日起三十日内支付至常州市环境公益基金专用账户。

一审宣判后,许建惠、许玉仙均未上诉,判决已发生法律效力。

本案的办理得到当地政府、相关行政执法部门以及公益组织的广泛关注和支持,对引导政府完善社会治理,促进环保等行政执法部门加强履职起到了积极作用。本案经20多家媒体直播庭审、跟踪报道,激发了社会公众关注公益诉讼的热情。当地政府将本案作为典型案例,以生效判决文书作为宣教材料,对当地企业开展宣传教育,为进一步推进公益保护工作营造了良好的社会氛围。

【要旨】1. 侵权人因同一行为已经承担行政责任或者刑事责任的,不影响承担民事侵权责任。

2. 环境污染导致生态环境损害无法通过恢复工程完全恢复的,恢复成本远远大于其收益的或者缺乏生态环境损害恢复评价指标的,可以参考虚拟治理成本法计算修复费用。

3. 专业技术问题,可以引入专家辅助人。专家意见经质证,可以作为认定事实的根据。

【指导意义】本案是全国人大常委会授权检察机关开展公益诉讼试点工作后

全国首例由检察机关提起的民事公益诉讼案件。

1. 围绕侵权构成要件,开展调查核实。虽然污染环境侵权案件因果关系适用举证责任倒置原则,但为保证依法准确监督,检察机关仍应充分开展调查核实,查明案件事实。调查核实主要包括以下方面:(1)侵权人实施了污染环境的行为;(2)侵权人的行为已经损害社会公共利益;(3)侵权人实施的污染环境行为与损害结果之间具有关联性。

2. 准确定位民事侵权责任,提起公益诉讼。《中华人民共和国侵权责任法》第四条规定,侵权人因同一行为应当承担行政责任或者刑事责任的,不影响依法承担侵权责任。污染环境肇事人、食品药品安全领域侵害众多消费者合法权益等损害社会公共利益的侵权人,因该侵权行为受过行政或刑事处罚,不影响检察机关对该侵权人提起民事公益诉讼。罚款或罚金均不属于民事侵权责任范畴,不能抵销损害社会公共利益的侵权损害赔偿金额。

3. 围绕环境污染情况,提出合理诉求。检察机关提起环境民事公益诉讼,应当结合具体案情和相关证据合理确定污染者承担停止侵害、排除妨碍、消除危险、恢复原状、赔礼道歉、赔偿损失等民事责任。检察机关提起环境民事公益诉讼的第一诉求应是停止侵害、排除危险和恢复原状。其中,"恢复原状"应当是在有恢复原状的可能和必要的前提下,要求损害者承担治理污染和修复生态的责任。无法完全恢复或恢复成本远远大于其收益的,可以准许采用替代性修复方式,也可以要求被告承担生态环境修复费用。

4. 围绕生态环境修复实际,确定赔偿费用。生态环境修复费用包括制定、实施修复方案的费用和监测、监管等费用。环境污染所致生态环境损害无法通过恢复工程完全恢复的,恢复成本远大于收益的,缺乏生态环境损害恢复评价指标、生态环境修复费用难以确定的,可以参考环境保护部制定的《环境损害鉴定评估推荐方法》,采用虚拟治理成本法计算修复费用,即在虚拟治理成本基数的基础上,根据受污染区域的环境功能敏感程度与对应的敏感系数相乘予以合理确定。

5. 围绕专业技术问题,引入专家辅助人。环境民事公益诉讼案件,涉及土壤污染、非法排污、因果关系、环境修复等大量的专业技术问题,检察机关可以通过甄选环境专家协助办案,厘清关键证据中的专业性技术问题。专家辅助人出庭就鉴定人作出的鉴定意见或者就因果关系、生态环境修复方式、生态环境修复费用以及生态环境受到损害至恢复原状期间服务功能的损失等专门性问题,作出说明或提出意见,经质证后可以作为认定事实的根据。

检例第 29 号
吉林省白山市人民检察院诉白山市江源区卫生和计划生育局及江源区中医院行政附带民事公益诉讼案

【关键词】行政附带民事公益诉讼/诉前程序/管辖

【基本案情】2012 年,吉林省白山市江源区中医院建设综合楼时未建设污水处理设施,综合楼未经环保验收即投入使用,并将医疗污水经消毒粉处理后直接排入院内渗井及院外渗坑,污染了周边地下水及土壤。2014 年 1 月 8 日,江源区中医院在进行建筑设施改建时,未执行建设项目的防治污染措施应当与主体工程同时设计、同时施工、同时投产使用的"三同时"制度,江源区环保局对区中医院作出罚款行政处罚和责令改正、限期办理环保验收的行政处理。江源区中医院因污水处理系统建设资金未到位,继续通过渗井、渗坑排放医疗污水。

2015年5月18日,在江源区中医院未提供环评合格报告的情况下,江源区卫生和计划生育局对区中医院《医疗机构执业许可证》校验结果评定为合格。

【诉前程序】2015年11月18日,吉林省白山市江源区人民检察院向区卫生和计划生育局发出检察建议,建议该局依法履行监督管理职责,采取有效措施,制止江源区中医院违法排放医疗污水。江源区卫生和计划生育局于2015年11月23日向区中医院发出整改通知,并于2015年12月10日向江源区人民检察院作出回复,但一直未能有效制止江源区中医院违法排放医疗污水,导致社会公共利益持续处于受侵害状态。

经咨询吉林省环保厅、白山市环保局、民政局,吉林省内没有符合法律规定条件的可以提起公益诉讼的社会公益组织。

【诉讼过程】2016年2月29日,白山市人民检察院以公益诉讼人身份向白山市中级人民法院提起行政附带民事公益诉讼,诉求判令江源区中医院立即停止违法排放医疗污水,确认江源区卫生和计划生育局校验监管行为违法,并要求江源区卫生和计划生育局立即履行法定监管职责责令区中医院有效整改建设污水净化设施。白山市人民检察院认为:

一、江源区中医院排放医疗污水造成了环境污染及更大环境污染风险隐患。经取样检测,医疗污水及渗井周边土壤化学需氧量、五日生化需氧量、悬浮物、总余氯等均超出国家规定的标准限值,已造成周边地下水、土壤污染。鉴定意见认为,医疗污水的排放可引起医源性细菌对地下水、生活用水及周边土壤的污染,存在细菌传播的隐患。

二、江源区卫生和计划生育局怠于履行监管职责。江源区卫生和计划生育局对辖区内医疗机构具有监督管理的法定职责。江源区人民检察院发出检察建议后,江源区卫生和计划生育局虽然发出整改通知并回复,并通过向江源区人民政府申请资金的方式,促使区中医院污水处理工程投入建设。但江源区中医院仍通过渗井、渗坑违法排放医疗污水,导致社会公共利益持续处于受侵害状态。

三、江源区卫生和计划生育局的校验行为违法。卫生部《医疗机构管理条例实施细则》第三十五条、《吉林省医疗机构审批管理办法(试行)》第四十四条规定,医疗机构申请校验时应提交校验申请、执业登记项目变更情况、接受整改情况、环评合格报告等材料。在江源区中医院未提交环评合格报告的情况下,江源区卫生和计划生育局对区中医院的《医疗机构执业许可证》校验为合格,违反上述规章和规范性文件的规定,江源区卫生和计划生育局的校验行为违法。

【案件结果】2016年5月11日,白山市中级人民法院公开开庭审理了本案。同年7月15日,白山市中级人民法院分别作出一审行政判决和民事判决。行政判决确认江源区卫生和计划生育局于2015年5月18日对江源区中医院《医疗机构执业许可证》校验合格的行政行为违法;判令江源区卫生和计划生育局履行监督管理职责,监督江源区中医院在三个月内完成医疗污水处理设施的整改。民事判决判令江源区中医院立即停止违法排放医疗污水。

一审宣判后,江源区卫生和计划生育局、中医院均未上诉,判决已发生法律效力。

本案判决作出后,白山市委、市政府为积极推动整改,专门开展医疗废物、废水的专项治理活动,并要求江源区政府拨款 90 余万元,购买并安装医疗污水净化处理设备。江源区政府主动接受监督,积极整改,拨款 90 余万元推动完成整改工作。吉林省人民检察院就全省范围内存在的医疗垃圾和污水处理不规范等问题,向省卫计委、环保厅发出检察建议,与省卫计委、环保厅召开座谈会,联合发文开展专项执法检查,推动在全省范围内对医疗垃圾和污水处理问题的全面调研、全面检查、全面治理。

【要旨】检察机关在履行职责中发现负有监督管理职责的行政机关存在违法行政行为,导致发生污染环境,侵害社会公共利益的行为,且违法行政行为是民事侵权行为的先决或者前提行为,在履行行政公益诉讼和民事公益诉讼诉前程序后,违法行政行为和民事侵权行为未得到纠正,在没有适格主体或者适格主体不提起诉讼的情况下,检察机关可以参照《中华人民共和国行政诉讼法》第六十一条第一款的规定,向人民法院提起行政附带民事公益诉讼,由法院一并审。

【指导意义】本案是公益诉讼试点后全国首例行政附带民事公益诉讼案。

1. 检察机关作为公益诉讼人,可以提起行政附带民事公益诉讼。根据《人民检察院提起公益诉讼试点工作实施办法》(以下简称《检察院实施办法》)第五十六条和《人民法院审理人民检察院提起公益诉讼案件试点工作实施办法》(以下简称《法院实施办法》)第四条、第十四条、第二十三条的规定,人民检察院以公益诉讼人身份提起民事或行政公益诉讼,诉讼权利和义务参照民事诉讼法、行政诉讼法关于原告诉讼权利义务的规定。人民法院审理人民检察院提起的公益诉讼案件,《检察院实施办法》《法院实施办法》没有规定的,适用民事诉讼法、行政诉讼法及相关司法解释的规定。

根据《检察院实施办法》第一条和第二十八条规定,试点阶段人民检察院可以同时提起民事公益诉讼和行政公益诉讼的仅为污染环境领域。人民检察院能否直接提起行政附带民事公益诉讼,《检察院实施办法》和《法院实施办法》均没有明确规定。根据《检察院实施办法》第五十六条和《法院实施办法》第二十三条规定,没有规定的即适用民事诉讼法、行政诉讼法及相关司法解释的规定。其中《中华人民共和国行政诉讼法》第六十一条第一款规定了行政附带民事诉讼制度,该制度的设立主要是源于程序效益原则,有利于节约诉讼成本,优化审判资源,统一司法判决和增强判决权威性。在试点的检察机关提起的公益诉讼中,存在生态环境领域侵害社会公共利益的民事侵权行为,而负有监督管理职责的行政机关又存在违法行政行为,且违法行政行为是民事侵权行为的先决或前提行为,为督促行政机关依法正确履行职责,并解决民事主体对国家利益和社会公共利益造成侵害的问题,检察机关可以参照《中华人民共和国行政诉讼法》第六十一条第一款的规定,向人民法院提起行政附带民事公益诉讼,由法院一并审理。

2. 检察机关提起行政附带民事公益诉讼,应当同时履行行政公益诉讼和民事公益诉讼诉前程序。《检察院实施办法》规定,人民检察院提起民事公益诉讼或行政公益诉讼,都必须严格履行诉前程序。行政附带民事公益诉讼涵盖民事公益诉讼和行政公益诉讼,提起公益诉讼前,人民检察院应当发出检察建议依法督促行政机关纠正违法行为、履行法定职责,并督促、支持法律规定的机关和有关组织提请民事公益诉讼。

3. 检察机关提起行政附带民事公益诉讼案件,原则上由市(分、州)以上人民检察院办理。《检察院实施办法》第二条第一款、第二十九条第一款、第四款规定:"人民检察院提起民事公益诉讼的案件,一般由侵权行为地、损害结果地或者被告住所地的市(分、州)人民检察院管辖"、"人民检察院提起行政公益诉讼的案件,一般由违法行使职权或者不作为的行政机关所在地的基层人民检察院管辖"、"上级人民检察院认为确有必要,可以办理下级人民检察院管辖的案件"。由于检察机关提起的行政公益诉讼和民事公益诉讼管辖级别不同,民事公益诉讼一般不由基层人民检察院管辖,而上级人民检察院可以办理下级人民检察院的行政公益诉讼案件,故行政附带民事公益诉讼原则上应由市(分、州)以上人民检察院向中级人民法院提起。

有管辖权的市(分、州)人民检察院根据《检察院实施办法》第二条第四款规定将案件交办的,基层人民检察院也可以提起行政附带民事公益诉讼。

二、典 型 案 例

最高人民法院发布的四起典型案例

[2014 年 7 月 25 日]

案例1 陈某某人身损害赔偿案

【基本案情】杜某某(88 岁)与陈某某(小学生)系同村村民,2009 年 1 月 4 日在双方住房附近的街道上,陈某某将杜某某撞倒在地。杜某某被送住院治疗,经医生诊断为:1. 心房纤颤;2. 右股骨粗隆间粉碎性骨折。花费医疗费人民币 2121.85 元。半年后,卫生所再次诊断为右下肢骨折,合伴感染。同年 8 月 17 日,杜某某去世。杜某某亲属要求陈某某及其法定代理人赔偿包括死亡赔偿金在内的各项损失 94145 元。陈某某一方辩称,陈某某是要去上学时发现杜某某躺在水沟里,主动上前要把她扶起来,根本没有撞倒杜某某,其行为完全是助人为乐。法院审理查明,2009 年 1 月 8 日,被告陈某某的祖父陈国华出具一张便条交原告收执,该便条载明:"经征求××意见,不报警私了,一切由我自负。2009 年 1 月 8 日 陈国华"。2009 年 1 月 10 日,原告陈孙权、陈孙胜、陈东辉(即杜某某之子)出具一张收据交陈国华收执,该收据载明:"今收到第二监护人陈国华现金壹仟伍佰元正,[因其孙撞倒杜某某造成骨折。(前收据已由国华烧掉,以本据为准)]。收款人:陈孙权 陈东辉 陈孙胜 二〇〇九年一月十日"。

【裁判结果】福建省厦门市同安区人民法院审理认为,陈国华作为陈某某的长辈,在事发当日即到现场,从其出具的"私了"便条和其提供的"收据"内容分析,可以认定陈国华确认了陈某某撞倒杜某某的事实。虽然陈国华主张该便条并非其真实意思表示,但并未提供证据证明其系受到欺骗或威胁而写下,结合其已支付 1500 元的事实也表明其同意承担赔偿责任。就死亡后果与此次摔伤间的因果关系看,杜某某摔倒骨折并非导致其死亡的唯一原因,结合本案实际,本院确定杜某某的摔伤在其死亡结果中占有 20% 的原因力。陈某某对杜某某的摔伤结果存在过错,但杜某某的子女未尽好监护义务导致其在巷道里摔倒同样存在过错,故原告应承担相应的责任。本院因此酌定被告陈某某与原告各承担 50% 的责任。结合杜某某摔伤与其死亡结果的原因力比例,法院确定,杜某某因伤就医的损失为 13 321.85 元,死亡造成的损失 59 925 元。判决被告方承担杜某某受伤、死亡造成经济损失为(13 321.85 元 + 59 925 × 20%) × 50% = 12 655.43 元。

【典型意义】本案中,双方对侵权人是否实施侵权行为的事实各执一词,在此情况下,原告方提出的被告方在处理此事的过程中承认侵权行为的书面证据,就成为认定事实的关键。本案的典型意义在于,在被告方不能提供证据反驳案涉书面证据的情况下,法院根据书面证据认定被告的侵权事实,符合《最高人民法院关于民事诉讼证据的若干规定》第 72 条的规定。此外,在赔偿责任的负担上,法院对于侵权行为与被侵权人死亡结果之间原因力的区分和确认,以及对最终赔偿责任的合理划分,亦有借鉴意义。

案例 2 吴俊东、吴秀芝与胡启明、戴聪球交通事故人身损害赔偿纠纷案

【基本案情】2010 年 11 月 23 日,吴俊东驾驶吴秀芝的鲁 DK0103 普通正三轮摩托车在全宽 6 米的机非混合车道超车时,与胡启明驾驶的无号牌电动自行车(搭载其妻戴聪球)发生交通事故。电动自行车失控侧翻致胡启明及戴聪球二人受伤,随后吴俊东送二人至医院治疗。双方就吴俊东是否谨慎驾驶及其所驾摩托车与胡启明所驾电动自行车是否发生刮擦及碰撞,各执一词。交管部门对事故成因及责任无法认定。超车过程中,胡启明车辆靠道路右侧行驶,距道路右边半米左右,吴俊东车辆距离道路右边一米多远,两车横向距离为 40—50 厘米。吴俊东超车时为五档,迎面有一黑色轿车快速驶来,吴俊东称感觉有点危险。事发现场道路平坦,事发时除黑色轿车外无其他车辆经过。事故车辆经检验均符合安全技术标准;吴秀芝的车辆未投保交强险。

【裁判结果】浙江省金华市中级人民法院二审认为,吴俊东驾驶三轮摩托车超越胡启明驾驶的电动自行车时,其车速较快;结合吴俊东超车前未注意到对向快速驶来的黑色轿车看,可以认定其未尽谨慎驾驶的注意义务。交管部门的事故责任证明虽未能证实两车是否发生碰撞或刮擦,但从证人证言反映的情况看,正是在吴俊东超车过程中胡启明的电动自行车发生左右晃动而侧翻,结合事故现场的其他情况,根据民事诉讼法高度盖然性的司法原则,审理法院认为胡启明的电动自行车翻车与吴俊东驾驶三轮摩托车超车中疏忽大意存在因果关系,吴俊东应承担事

故的主要责任；胡启明驾驶电动自行车搭载成年人违反道路交通安全法亦有过错，双方按三七比例承担胡启明等的医疗费、伤残赔偿金、误工费等人身损害赔偿责任。

【典型意义】法律事实不同于客观事实，民事诉讼的证明标准也不同于刑事诉讼证明标准。我国民事诉讼采取的是高度盖然性标准。本案的典型意义在于，法院根据高度盖然性证明标准，结合吴俊东超车前未注意到前方驶来的车辆，超车时车速较快（五档），与胡启明车辆横向距离较短（仅为40—50厘米），从而认定超车过程中胡启明的电动自行车发生左右晃动而侧翻与吴俊东的超车行为之间具有因果关系。本案合理界定了超车时驾驶人的注意义务范围，在证明标准及事实认定方面具有指导意义。

案例3 许云鹤与王秀芝道路交通事故人身损害赔偿纠纷案

【基本案情】2009年10月21日中午，许云鹤驾驶未投保交强险的轿车并道时，与违法翻越中心隔离护栏的王秀芝发生交通事故。王秀芝倒地受伤，造成右下肢受伤。现场勘查显示，许云鹤所驾车辆停在中心隔离栏边的第一条车道，车辆左前部紧挨中心隔离栏，左前轮压着中心隔离栏桩基，车辆与隔离栏呈约45度夹角。许云鹤称王秀芝属跨越护栏时被绊自行摔伤，与己无关。因无现场证人及直接证据，当地交管部门出具的交通事故证明并未对该起事故责任予以划分。王秀芝起诉请求医疗费、残疾赔偿金、护理费等16万余元。二审期间，经王秀芝申请并经征询双方意见，审理法院依法选择相关司法鉴定机构对王秀芝的伤情成因进行了鉴定，鉴定意见为：王秀芝右膝部损伤符合较大钝性外力直接作用所致，该损伤单纯摔跌难以形成，遭受车辆撞击可以形成。

【裁判结果】天津市第一中级人民法院二审认为，根据《中华人民共和国道路交通安全法》（以下简称道路交通安全法）的相关规定，本案系许云鹤与王秀芝在道路通行中因过错或意外而发生的人身伤害及财产损失事件，属交通事故人身损害赔偿纠纷范围。关于许云鹤的驾车行为是否实害王秀芝的问题，二审认为虽无事故现场监控录像及目击证人等直接证据，但根据相关证据亦可认定。交管部门的现场勘查及事发时许云鹤车辆的位置，符合紧急情况下避让制动停车状态；司法鉴定意见认为王秀芝的腿伤符合较大钝性外力由外向内直接作用的特征，且腿伤高度与案涉车辆制动状态下前保险杠防撞条高度吻合，符合车辆撞击特征，单纯摔跌难以形成；事故现场无致伤的第三方，从王秀芝尚能从容跨越护栏亦可排除其之前被撞受伤的可能性。鉴定单位及人员具有相应的鉴定资质、接受质询分析清楚、说明充分，送检材料亦经过双方质证。二审认为，上述证据形成了完整的证据链，足以认定王秀芝腿伤系许云鹤驾车行为所致；许云鹤称王秀芝属自行摔伤，其停车救助的理由不能成立。许云鹤驾驶机动车未尽高度谨慎的安全注意义务，应承担40%的过错责任；王秀芝违反道路交通安全法有关"行人不得跨越、倚坐道路隔离设施"的规定，应承担60%的过错责任。因许云鹤未履行交强险之法定投保义务，审理法院根据道路交通安全法及交强险的有关规定，判决许云鹤于交强险赔偿限额内（医疗费赔偿限额1万元，死亡伤残赔偿限额11万元）赔偿

10.7万余元。

【典型意义】机动车交通事故中,对于一些无监控录像、无目击证人,且双方当事人对于事故原因又各执一词的情形,人民法院如何认定事实是一大难点,本案即具有典型意义。本案的争议焦点是王秀芝的腿伤是否为许云鹤的驾车行为所致。对此,二审法院委托具有资质的鉴定机构进行伤情成因鉴定。鉴定机构经过鉴定,认为受害人伤情符合车辆撞击特征,单纯摔跌难以形成。同时,由于事发时并无第三方车辆,且受害人尚能从容跨越护栏,故可以认定王秀芝的腿伤乃许云鹤的驾车行为所致。此外,由于许云鹤违反法律规定,未购买机动车交强险,故而承担了交强险项下的赔偿责任。如果其依法购买交强险,该责任原本是可由保险机构承担的。

案例4 曾明清诉彭友洪、中国平安财产保险股份有限公司成都市蜀都支公司机动车交通事故责任纠纷案

【基本案情】2011年10月10日19时左右,未知名驾驶人驾驶未知号牌货车与横穿马路的曾某某相撞后逃逸;后有未知名驾驶人驾驶未知号牌机动车碾压倒地的曾某某后亦逃逸。19时05分许,彭友洪驾驶自有的川A211R9号小型轿车(该车在平安财保蜀都支公司投保了交强险和不计免赔额为20万元的商业三者险)途经事发路段时,由于刹车不及,从已倒在道路中间的曾某某身上碾压过去(其自述碾压部位为曾某某胸部),随即停车报警。19时21分,医护人员到场,经现场抢救,确定曾某某已无生命体征,出具了死亡证明书,载明曾某某死亡时间为19时34分。交警部门亦对现场进行了勘验、拍照,并制作了现场图,上述材料显示:道路基本情况为城市道路,双向8车道,道路中心由双实线分隔,事故现场附近无人行横道,路上血迹、曾某某倒地位置、川A211R9号车辆均位于靠近双实线的车道内,周围无拖拉痕迹。同月19日,四川基因格司法鉴定所出具《DNA鉴定报告》,鉴定意见为:川A211R9轿车前保险杠下部和轮胎上提取的血痕样本属于曾某某。同月26日,成都市公安局物证鉴定所出具《尸检报告》,载明检验意见为:"推断曾某某的死因为颅脑、胸腹部复合性损伤致死亡,建议进行尸体解剖明确致死方式。"但经彭友洪与曾某某亲属协商,未进行尸体解剖。2011年11月14日,交警部门出具《道路交通事故认定书》,以未知名驾驶人肇事后逃逸为由,确定未知名驾驶人均承担事故的全部责任。该《道路交通事故认定书》还载明:彭友洪驾车未确保安全,违反了道路交通安全法第二十二条第一款的规定;由于无法证实曾某某死亡是否因与川A211R9号车相撞所致,故不能根据当事人的行为对发生交通事故所起的作用及过错的严重程度确定当事人的责任。由于未找到逃逸车辆,曾某某之父曾明清(系曾某某的唯一继承人)向法院起诉,请求判令彭友洪、平安财保蜀都支公司赔偿因曾某某死亡造成的各项损失合计424 576.50元。

【裁判结果】成都市中级人民法院二审认为,在彭友洪驾车碾压曾某某之前,有未知名驾驶人先后驾车与曾某某相撞并逃逸。未知名驾驶人与彭友洪虽无共同故意或共同过失,但每个人分别实施的加害行为都独立构成了对曾某某的侵权,

最终造成了曾某某死亡的损害后果,该损害后果具有不可分性,且每个人的加害行为均是发生损害后果的直接原因,即每个人的行为都足以造成曾某某死亡。因此,原判根据《中华人民共和国侵权责任法》(以下简称侵权责任法)第十一条"二人以上分别实施侵权行为造成同一损害,每个人的侵权行为都足以造成全部损害的,行为人承担连带责任"之规定,确定彭友洪与肇事逃逸者承担连带赔偿责任并无不当。连带责任对外是一个整体责任,连带责任中的每个人都有义务对被侵权人承担全部责任。被请求承担全部责任的连带责任人,不得以自己的过错程度等为由主张只承担自己内部责任份额内的责任。在其他肇事者逃逸的情况下,曾明清请求彭友洪承担所有侵权人应当承担的全部责任,符合法律规定。故判决:1. 平安财保蜀都支公司于判决生效后 10 日内赔偿原告曾明清 310 212 元;2. 彭友洪于判决生效后 10 日内赔偿原告曾明清 8 099.60 元。

【典型意义】本案审理之时曾广受关注,一些媒体将本案简化为"三车碾压老人致死,前两车逃逸第三车担责"的标题式报道。部分社会公众从普通情感出发,认为由第三车承担全部责任不合情理,可能助长"谁救谁倒霉"、"好人没好报"的社会心理。然而,从事实层面而言,第三车碾压之时,受害人并未死亡,究竟哪一辆车的行为致受害人死亡无法确定,但根据尸检报告、勘验笔录等证据,可以确认每一辆车的碾压行为均足以造成受害人死亡的后果。这属于侵权责任法第十一条所规定的聚合因果关系,行为人之间需承担连带责任。彭友宏发现碾压后果及时停车报警,救助受害人,是履行公民责任的诚信行为,值得赞赏和提倡,而就事件后果而言,由于有交强险及商业三者险的分担机制,车主自身承担的赔偿责任实际上并不重。但反观肇事后逃逸车辆的未知名驾车人,一方面,在法律上其乃肇事后逃逸的刑事犯罪嫌疑人,时时有可能被抓捕归案;另一方面,逃逸之后其内心也将时时受到良心的谴责而无法安宁。与主动救助相比,逃逸的后果无疑是更为严重的。

最高人民法院发布的四起典型案例

[2015 年 4 月 1 日]

案例1 沙港公司诉开天公司执行分配方案异议案

【基本案情】2010 年 6 月 11 日,上海市松江区人民法院作出(2010)松民二(商)初字第 275 号民事判决,茸城公司应当向沙港公司支付货款以及相应利息损失。275 号案判决生效后进入执行程序,因未查实茸城公司可供执行的财产线索,终结执行。茸城公司被注销后,沙港公司申请恢复执行,松江法院裁定恢复执行,并追加茸城公司股东开天公司及 7 名自然人股东为被执行人,并在各自出资不实范围内向沙港公司承担责任,扣划到开天公司和 4 个自然人股东款项共计 696 505.68 元(包括开天公司出资不足的 45 万元)。2012 年 7 月 18 日,该院分别立案受理由开天公司提起的两个诉讼:(2012)松民二(商)初字第 1436 号案和(2012)松民三(民)初字第 2084 号案,开天公司要求茸城公司 8 个股东在各自出资不实范围内对茸城公司欠付开天公司借款以及相应利息、房屋租金以及相应逾期付款违约金承担连带清偿责任。该两案判决生效后均进入执行程序。

2013年2月27日,沙港公司收到松江法院执行局送达的《被执行人茸城公司追加股东执行款分配方案表》。分配方案表将上述三案合并,确定执行款696 505.68元在先行发还三案诉讼费用后,余款再按31.825%同比例分配,今后继续执行到款项再行分配处理。沙港公司后向松江法院提交《执行分配方案异议书》,认为开天公司不能就其因出资不到位而被扣划的款项参与分配,且对分配方案未将逾期付款双倍利息纳入执行标的不予认可,开天公司对沙港公司上述执行分配方案异议提出反对意见,要求按原定方案分配。松江法院将此函告沙港公司,2013年4月27日,松江法院依法受理原告沙港公司提起的本案诉讼。

另查明,上述三案裁判文书认定了茸城公司股东各自应缴注册资本金数额和实缴数额的情况。

【裁判结果】法院一审认为,本案是一起执行分配方案异议之诉。原、被告双方在本案中围绕相关执行分配方案存在两个争议焦点,一是针对开天公司出资不实而被法院扣划的45万元,开天公司能否以对公司也享有债权为由与沙港公司共同分配该部分执行款;二是执行标的是否应包括加倍支付迟延履行期间的债务利息。关于第一个争议焦点,公司法律明确规定有限责任公司的股东以其认缴的出资额为限对公司承担责任。开天公司因出资不实而被扣划的45万元应首先补足茸城公司责任资产作为公司外部的债权人原告沙港公司进行清偿。开天公司以其对茸城公司也享有债权要求参与其自身被扣划款项的分配,对公司外部债权人是不公平的,也与公司股东以其出资对公司承担责任的法律原则相悖。696 505.68元执行款中的45万元应先由原告受偿,余款再按比例进行分配的意见予以采纳。关于第二个争议焦点,相关275号案、1436号案、2084号案民事判决书均判令如债务人未按指定期间履行金钱债务的,须加倍支付迟延履行期间的债务利息。故对原告沙港公司关于执行标的应包括加倍支付迟延履行债务期间的利息的主张,予以采纳。原、被告双方均对各自主张的迟延履行期间双倍利息明确了计算方式,原告沙港公司对系争执行分配方案所提主张基本成立,法院依法予以调整。一审判决后,当事人均未提出上诉,一审判决生效。

【典型意义】本案当事人对执行分配方案的主要争议在于,出资不实股东因向公司外部债权人承担出资不实的股东责任并被扣划款项后,能否以其对于公司的债权与外部债权人就上述款项进行分配。对此,我国法律尚未明确规定,而美国历史上深石案所确立的衡平居次原则对本案的处理具有一定的借鉴意义。在该类案件的审判实践中,若允许出资不实的问题股东就其对公司的债权与外部债权人处于同等受偿顺位,既会导致对公司外部债权人不公平的结果,也与公司法对于出资不实股东课以的法律责任相悖。故本案最终否定了出资不实股东进行同等顺位受偿的主张,社会效果较好,对同类案件的处理也有较好的借鉴意义。

案例2 张丰春与泰安市中心医院医疗服务合同纠纷案

【基本案情】原告张丰春因道路交通事故受伤在山东省泰安市中心医院住院治疗，入院伤情诊断为全身多处软组织伤，住院43天，住院期间花费医疗费16747.64元、检查费4元，共计16751.64元。原告出院后，以机动车交通事故责任为由将侵权人孔凡忠及中华联合保险泰安支公司诉至泰安市泰山区人民法院，要求赔偿其因交通事故所遭受的经济损失。该案在审理过程中，中华联合保险泰安支公司申请对原告住院期间的用药合理性进行审查，剔除与交通事故所致伤情无关的用药。泰安东岳司法鉴定所出具司法鉴定意见书认为：被鉴定人张丰春住院期间所用药物奥扎格雷钠适应症为治疗急性血栓性脑梗死和脑梗死所伴随的运动障碍，被鉴定人本次交通事故损伤诊断为全身多处软组织挫伤，因此奥扎格雷钠为本次损伤治疗中的不合理用药，应去除费用为7250.40元。原告对该鉴定结论提出异议，并申请司法鉴定人员杨丰强出庭接受质询，同时申请其主治医师娄彦华、王震出庭作证，原告主治医师亦未能明确证明药品奥扎格雷钠的使用与治疗原告伤情之间的合理性与必要性。法院对鉴定意见予以采纳，判决认定原告受伤住院治疗过程中因使用奥扎格雷钠所花费的7250.40元为不合理用药，应在赔偿范围内予以扣除。因此，原告诉至法院，要求被告泰安市中心医院赔偿其因不合理用药所受到的经济损失。

【裁判结果】泰安市泰山区人民法院经审理认为，原告在被告处住院治疗，原、被告之间形成医疗服务合同关系，被告应当根据原告的病情使用药物并按照正确的方法、手段为原告提供医疗服务。根据泰安东岳司法鉴定所鉴定意见书以及民事判决书，足以认定原告张丰春因交通事故受伤住院期间所用药物奥扎格雷钠为不合理用药。药物奥扎格雷钠适应症为治疗急性血栓性脑梗死和脑梗死所伴随的运动障碍。原告陈述其并未有急性血栓性脑梗死及相关病史，在被告出具的住院病案中现病史、既往史部分亦未发现原告患有或曾经患有上述病症的记载。因此，被告泰安市中心医院未根据原告的病情为原告提供合理、恰当的医疗服务，原告因被告在治疗过程中不合理用药行为所造成的损失，应当由被告予以赔偿。法院判决泰安市中心医院赔偿原告张丰春经济损失共计7750.40元。被告已按判决履行完毕。

【典型意义】医疗服务合同是调整医疗机构与患者之间权利义务关系的合同，我国现阶段医疗纠纷日益增加，不仅影响到患者及家属的心理，也加重了医务人员的心理压力，降低了医疗单位和医务人员在社会上的声誉形象。在实践中确实存在部分医疗机构或医务人员为了追求经济利益，给患者开出价格较为昂贵或不必要的药物，加重了患者的经济负担。本案判令被告泰安市中心医院赔偿原告因不合理用药行为给原告造成的经济损失。通过本案，提醒医疗机构在为患者提供服务的过程中，应秉承"救死扶伤、治病救人"的宗旨，本着必要、合理的原则，为患者提供恰当的治疗方案，加强与患者及患者家属之间的沟通，充分尊重患者的知情权，以构建和谐的医患关系。

案例3　赵春连申请执行张宇昊机动车交通事故案

【基本案情】2010年7月31日21时41分，李福胜驾驶三轮车（后乘申请人赵春连）与被执行人张宇昊发生机动车交通事故。事故造成赵春连脑外伤精神分裂、一级伤残，丧失诉讼能力，经交管部门鉴定，张宇昊负事故全部责任。2011年3月，赵春连之夫李福胜代其向北京市丰台区人民法院提起诉讼。北京市丰台区人民法院一审判决：张宇昊赔付赵春连医疗费、误工费、残疾赔偿金、住院伙食补助等共计129万余元。判决作出后，张宇昊向北京市第二中级人民法院提起上诉，北京市第二中级人民法院作出民事调解书，该调解书确定张宇昊分期给付赵春连各项赔偿款共计90万元。张宇昊于调解书作出当日给付赵春连20万元，其后对剩余赔偿款便不再按调解书继续给付。故李福胜代赵春连于2012年7月23日向北京市丰台区人民法院申请强制执行，该院依法受理。

在执行过程中，法院及时发出执行通知并多次传唤被执行人张宇昊，张宇昊拒不露面、隐匿行踪，承办法官多次到被执行人住所地查找张宇昊，亦未发现其下落。张宇昊名下的肇事车辆被依法查封档案，但无法查找到该车，其名下七个银行账户余额为零或只有几十元钱，名下也无房产登记信息，案件未能取得实际进展。该案申请执行人赵春连丧失劳动能力且生活不能自理，被执行人拒不执行的行为致使申请执行人一家的生活陷入困境。为维护申请执行人的合法权益，法院加大了对被执行人张宇昊财产线索的查找力度，承办法官先后到保险公司、银行等机构查询张宇昊的保险理赔金支取情况和资金往来状况，发现张宇昊在二审调解后申请执行前将保险公司赔付的10万元商业第三者责任险保险理赔金领取但未支付给申请执行人。同时，发现其银行账户虽无存款但之前每月有5000余元的流水记录。查明上述情况后，承办法官立即与被执行人张宇昊的父亲取得联系，要求张宇昊尽快履行义务，张宇昊父亲声称张宇昊不在北京且其无能力履行，张宇昊本人则仍旧拒不露面。鉴于张宇昊转移财产、规避执行的上述行为，依据法律有关规定，2014年10月18日，北京市丰台区人民法院以涉嫌犯拒不执行判决、裁定罪将案件移送北京市公安局丰台分局立案侦查。

【执行结果】北京市丰台区人民法院受理案件后，被执行人张宇昊拒不露面，转移财产，规避执行，涉嫌构成拒不执行判决、裁定罪。北京市丰台区人民法院将案件证据线索移送公安机关立案侦查后，张宇昊主动交纳10万元案款，其被刑事拘留后，张宇昊亲属将剩余60万元执行款交到法院，该案得以顺利执结。同时，北京市公安局丰台分局以涉嫌犯拒不执行判决、裁定罪将张宇昊移送到北京市丰台区人民检察院提起公诉。2015年2月4日，北京市丰台区人民法院依法判处张宇昊有期徒刑六个月，缓期一年执行。

【典型意义】本案是一起因被执行人拒不执行而将其犯罪线索移送公安机关追究其刑事责任的典型案例。本案标的额较大，所以在考虑被执行人履行能力的情况下，二审法院调解书确定被告张宇昊分期履行。但被告张宇昊在调解书生效后并没有积极的履行义务，无视法院判决、蔑视司法权威。申请执行人赵春连申请执行后,被执行人张宇昊又故意隐匿行踪,转移财产规避执行,主观恶意明显,并导致申请执行人因事故造成的损害进一步扩大,使其家庭生活陷入极度的困顿。在法官掌握被告转移财产、规避执行的证据后再次要求被执行人履行义务,并告知其如果继续规避执行将要承担刑事责任,但被执行人依旧拒不露面,抗拒法院执行,无视司法权威。鉴于被执行人的上述行为,承办法官依据相关法律规定,将其拒不执行法院生效判决的证据和线索移送公安机关,由公安机关立案侦查,追究其刑事责任。最终在刑事处罚的威慑下,被执行人主动履行了判决义务,这也从另一个方面证明了其实际具有履行能力,被执行人张宇昊必将因其损害司法权威、妨害司法秩序的行为而付出沉重的代价。该案通过追究被执行人刑事责任,维护了申请人的合法权益,捍卫了法律和司法的尊严,警示和威慑了所有意图拒不履行义务、拒不履行法院判决、裁定确定义务的被执行人。

案例4　潘文才申请执行债权转让合同纠纷案

【基本案情】申请人潘文才依据北京市第二中级人民法院作出的民事判决,向北京市通州区人民法院申请执行,要求被执行人中扶建设有限责任公司北京路通同泰建筑分公司(以下简称路通同泰建筑分公司)给付货款、违约金、迟延履行期间的债务利息,共计115万余元。执行法院通过相关查询、现场勘查,发现路通同泰建筑分公司没有能力履行全部债务。

【执行结果】北京市通州区人民法院经查明:被执行人路通同泰建筑分公司系企业法人的分支机构,并不具有独立承担民事责任的法人资格。中扶建设有限责任公司为企业法人,其系被执行人路通同泰建筑分公司的开办单位,其所设立的分支机构在不能对外清偿债务时,企业法人应对其设立的分支机构对外承担清偿责任。故依法裁定:追加中扶建设有限责任公司为本案被执行人。随后北京市通州区人民法院对中扶建设有限责任公司采取了一系列强制执行措施,将本案执结。

【典型意义】本案是一起个人与分公司之间产生的债权转让合同纠纷,属于典型的分公司无力还款,总公司承担责任的执行案件。在追加中扶建设有限责任公司(以下简称中扶建设公司)为被执行人后,该企业懈怠履行债务,逃避执行,严重损害了申请人的合法权益。执行法院对中扶建设公司采取了一系列的执行措施。其中,采用具有执行联动效应的失信被执行人制度,将中扶建设公司纳入失信被执行人名单,向全社会公布。同时,对中扶建设公司限制高消费,对负有直接责任的法定代表人庄清良限制高消费、罚款,以进行惩戒。中扶建设公司因企业纳入失信名单而不能开展招投标业务,法人代表庄清良个人受到处罚等原因,该公司主动与申请人潘文才进行协商,达成和解协议,按约履行了相关债务。

在本案执行中,北京市通州区人民法院通过依法追加被执行人,维护了申请人的权益。执行法官在执行中采用多种执行措施,运用相关联动机制,对被执行人及法定代表人进行威慑,促成其积极履行债务。同时,有关企业可以从本案中认识到总公司的法律责任,以及涉及的法律风险,在一定程度上可规范相关企业的行为。

最高人民法院发布十起环境侵权典型案例

[2015 年 12 月 29 日]

案例 1　北京市朝阳区自然之友环境研究所、福建省绿家园环境友好中心诉谢知锦等四人破坏林地民事公益诉讼案

【基本案情】2008 年 7 月 29 日,谢知锦等四人未经行政主管部门审批,擅自扩大采矿范围,采取从山顶往下剥山皮、将采矿产生的弃石往山下倾倒、在矿山塘口下方兴建工棚的方式,严重毁坏了 28.33 亩林地植被。2014 年 7 月 28 日,谢知锦等人因犯非法占用农用地罪分别被判处刑罚。2015 年 1 月 1 日,北京市朝阳区自然之友环境研究所(以下简称自然之友)、福建省绿家园环境友好中心(以下简称绿家园)提起诉讼,请求判令四被告承担在一定期限内恢复林地植被的责任,赔偿生态环境服务功能损失 134 万元;如不能在一定期限内恢复林地植被,则应赔偿生态环境修复费用 110 万余元;共同偿付原告为诉讼支出的评估费、律师费及其他合理费用。

【裁判结果】福建省南平市中级人民法院一审认为,谢知锦等四人为采矿占用林地,不仅严重破坏了 28.33 亩林地的原有植被,还造成了林地植被受损至恢复原状期间生态服务功能的损失,依法应共同承担恢复林地植被、赔偿生态功能损失的侵权责任。遂判令谢知锦等四人在判决生效之日起五个月内恢复被破坏的 28.33 亩林地功能,在该林地上补种林木并抚育管护三年,如不能在指定期限内恢复林地植被,则共同赔偿生态环境修复费用 110 万余元;共同赔偿生态环境服务功能损失 127 万元,用于原地或异地生态修复;共同支付原告支出的评估费、律师费、为诉讼支出的其他合理费用 16.5 万余元。福建省高级人民法院二审维持了一审判决。

【典型意义】本案系新环境保护法实施后全国首例环境民事公益诉讼,涉及原告主体资格的审查、环境修复责任的承担以及生态环境服务功能损失的赔偿等问题。本案判决依照环境保护法第五十八条和《最高人民法院关于审理环境民事公益诉讼案件适用法律若干问题的解释》的规定,确认了自然之友、绿家园作为公益诉讼原告的主体资格;以生态环境修复为着眼点,判令被告限期恢复被破坏林地功能,在该林地上补种林木并抚育管护三年,进而实现尽快恢复林地植被、修复生态环境的目的;首次通过判决明确支持了生态环境受到损害至恢复原状期间服务功能损失的赔偿请求,提高了破坏生态行为的违法成本,体现了保护生态环境的价值理念,判决具有很好的评价、指引和示范作用。

案例 2　中华环保联合会诉德州晶华集团振华有限公司大气污染民事公益诉讼案

【基本案情】德州晶华集团振华有限公司(以下简称振华公司)是一家从事玻璃及玻璃深加工产品制造的企业,位于山东省德州市区内。振华公司虽投入资金建设脱硫除尘设施,但仍有两个烟囱长期超标排放污染物,造成大气污染,严重影响了周围居民生活。2014 年,振华公司被环境保护部点名批评,并被山东省环境

保护行政主管部门多次处罚,但其仍持续超标向大气排放污染物。2015年3月25日,中华环保联合会提起诉讼,请求判令振华公司立即停止超标向大气排放污染物,增设大气污染防治设施,经环境保护行政主管部门验收合格并投入使用后方可进行生产经营活动;赔偿因超标排放污染物造成的损失2040万元及因拒不改正超标排放污染物行为造成的损失780万元,并将赔偿款项支付至地方政府财政专户,用于德州市大气污染的治理;在省级及以上媒体向社会公开赔礼道歉;承担本案诉讼、检验、鉴定、专家证人、律师及其他为诉讼支出的费用。

山东省德州市中级人民法院受理本案后,向振华公司送达民事起诉状等诉讼材料,向社会公告案件受理情况,并向德州市环境保护局告知本案受理情况。德州市人民政府、德州市环境保护局积极支持、配合本案审理,并与一审法院共同召开协调会。通过司法机关与环境保护行政主管部门的联动、协调,振华公司将全部生产线关停,在远离居民生活区的天衢工业园区选址建设新厂,启动老厂区搬迁工作。2015年9月21日,法院组织原、被告双方质证,就相关证据材料、被告整改情况等问题见面沟通、交换意见。本案尚在审理之中。

【典型意义】环境公益诉讼案件的审理,要依法协调环境保护与经济发展的关系,支持政府部门行使环境治理与生态修复职责,督促企业在承担环境保护义务与责任基础上更好的经营发展。本案是新环境保护法实施后人民法院受理的首例针对大气污染提起的环境民事公益诉讼。法院立案受理后,按照《最高人民法院关于审理环境民事公益诉讼案件适用法律若干问题的解释》和《最高人民法院、民政部、环境保护部关于贯彻实施环境民事公益诉讼制度的通知》的要求,及时与政府部门沟通,发挥司法与行政执法协调联动作用,促使被告及时停止污染行为,主动关停生产线,积极整改,重新选址,搬离市区,防止了污染及损害的进一步扩大,促进振华公司向节能环保型企业转型发展。本案虽然尚未审结,但上述做法符合环境公益诉讼案件的审理原则和工作要求,所取得的阶段性审理成效值得肯定。

案例3 常州市环境公益协会诉储卫清、常州博世尔物资再生利用有限公司等土壤污染民事公益诉讼案

【基本案情】2012年9月1日至2013年12月11日,储卫清经常州市博世尔物资再生利用有限公司(以下简称博世尔公司)同意,使用该公司场地及设备,从事"含油滤渣"的处置经营活动。其间,无锡金科化工有限公司(以下简称金科公司)明知储卫清不具备处置危险废物的资质,允许其使用危险废物经营许可证并以该公司名义从无锡翔悦石油制品有限公司(以下简称翔悦公司)、常州精炼石化有限公司(以下简称精炼公司)等处违规购置油泥、滤渣,提炼废润滑油进行销售牟利,造成博世尔公司场地及周边地区土壤受到严重污染。2014年7月18日,常州市环境公益协会提起诉讼,请求判令储卫清、博世尔公司、金科公司、翔悦公司、精炼公司共同承担土壤污染损失的赔偿责任。

【裁判结果】江苏省常州市中级人民法院受理后,组成由环境保护专家担任人民陪审员的合议庭审理本案,依照法定程序就环境污染损害情况委托鉴定,并出具三套生态环境修复方案,在受污染场地周边公示,以现场问卷形式收集公众意见,最终参考公众意见,结合案情确定了生态环境修复方案。法院认为,储卫清违反国家规定,借用金科公司的危险废物经营资质并以该公司名义,将从翔悦公司、精炼公司购买的油泥、滤渣进行非法处置,污染周边环境;博世尔公司明知储卫清无危险废物经营许可证,为储卫清持续实施环境污染行为提供了场所和便利,造成其场地内环境污染损害结果的发生;翔悦公司、精炼公司明知储卫清行为违法,仍然违规将其生产经营过程中产生的危险废物交由储卫清处置,未支付处置费用,还向储卫清收取危险废物价款。五被告之行为相互结合导致损害结果的发生,构成共同侵权,应当共同承担侵权责任。遂判令五被告向江苏省常州市生态环境法律保护公益金专用账户支付环境修复赔偿金283万余元。一审判决送达后,各方当事人均未上诉。判决生效后,一审法院组织检察机关、环境保护行政主管部门、鉴定机构以及案件当事人共同商定第三方托管方案,由第三方具体实施污染造成的生态环境治理和修复。

【典型意义】环境侵权案件具有很强的专业性、技术性,对于污染物认定、损失评估、因果关系认定、环境生态修复方案等问题,通常需要从专业技术的角度作出评判。受案法院在审理过程中,邀请环境保护专家担任人民陪审员,委托专业机构进行鉴定评估,制作生态环境修复方案,很好地发挥了技术专家和专业机构的辅助与支持作用。此外,受案法院将土壤修复方案向社会公布、听取公众意见,保障了公众对环境修复工作的有效参与;引入第三方治理模式,通过市场化运作,将环境修复交由专业公司实施,既有利于解决判决执行的监管,也有利于提高污染治理效率。

案例4　曲忠全诉山东富海实业股份有限公司大气污染责任纠纷案

【基本案情】1995年,曲忠全承包一处集体土地种植樱桃。2001年,山东富海实业股份有限公司(以下简称富海公司)迁至曲忠全樱桃园毗邻处从事铝产品生产加工。2009年4月,曲忠全提起诉讼,请求富海公司停止排放废气,赔偿其损失501万余元。为证明其主张,曲忠全提交了烟台市牟平区公证处勘验笔录、烟台市农产品质量检测中心出具的樱桃叶片氟含量检测报告等证据。后经双方共同选定和取样,一审法院委托山东省农业科学院中心实验室对樱桃叶片的氟化物含量予以检测,检测报告表明:距离富海公司厂区越近,樱桃叶片氟化物含量越高。富海公司提供樱桃树叶氟含量检测报告、厂区大气氟化物含量检测报告、烟台市牟平区气象局出具的2008年2月至2009年5月的气候情况等证据,拟证明其不存在排污行为,曲忠全樱桃园受到损害系气候原因所致。

【裁判结果】山东省烟台市中级人民法院一审判令富海公司停止排放氟化物,赔偿曲忠全损失204万余元。曲忠全、富海公司均不服提起上诉。山东省高级人民法院二审判令富海公司赔偿曲忠全224万余元。富海公司不服,向最高人民法院申请再审。

最高人民法院审查认为,曲忠全提交的公证勘验笔录和检测报告,与相关科普资料、国家标准以及一审法院委托专业机构出具的检测报告等证据相互印证,足以证明曲忠全的樱桃园受到损害,富海公司排污、排污和损害之间具有关联性,已完成举证证明责任。富海公司作为侵权人,其提交的樱桃树叶氟化物含量检测报告中距离厂区越近浓度越低的结论有悖常识;厂区大气氟化物含量检测报告系2010年5月7日作出,与本案待证事实不具有关联性;天气原因亦不能否定排污行为和损害之间的因果关系。考虑到确实存在天气恶劣等影响樱桃生产的原因,二审法院酌情判令富海公司对曲忠全的损失承担70%的赔偿责任,认定事实和适用法律均无不当。

【典型意义】《最高人民法院关于审理环境侵权责任纠纷案件适用法律若干问题的解释》第六条规定,被侵权人根据侵权责任法第六十五条规定请求赔偿的,应当提供污染者排放了污染物;被侵权人的损害;污染者排放的污染物或者其次生污染物与损害之间具有关联性的证明材料。本案判决作出于上述司法解释之前,在适用侵权责任法第六十六条因果关系举证责任倒置原则的同时,要求被侵权人就污染行为与损害结果之间具有关联性负举证证明责任,对于细化被侵权人和污染者之间的举证责任分配,衡平双方利益具有典型意义,体现了审判实践在推进法律规则形成、探寻符合法律价值解决途径中的努力和贡献。同时,本案判决运用科普资料、国家标准以及专业机构的鉴定报告等做出事实认定,综合过错程度和原因力的大小合理划分责任范围,在事实查明方法和法律适用的逻辑、论证等方面提供了示范。

案例5 沈海俊诉机械工业第一设计研究院噪声污染责任纠纷案

【基本案情】沈海俊系机械工业第一设计研究院(以下简称机械设计院)退休工程师,住该院宿舍。为增加院内暖气管道输送压力,机械设计院在沈海俊的住宅东墙外侧安装了增压泵。2014年,沈海俊认为增压泵影响其休息向法院提起诉讼。后双方达成和解,沈海俊撤回起诉,机械设计院将增压泵移至沈海俊住宅东墙外热交换站的东侧。2015年,沈海俊又以增压泵影响其睡眠、住宅需要零噪声为由,再次诉至法院,要求判令机械设计院停止侵害,拆除产生噪声的增压泵,赔偿其精神损害费1万元。根据沈海俊的申请,法院委托蚌埠市环境监测站对增压泵进行监测,结果显示沈海俊居住卧室室内噪声所有指标均未超过规定的限值。

【裁判结果】安徽省蚌埠市禹会区人民法院一审认为,经监测,增压泵作为被测主要声源,在正常连续工作时,沈海俊居住卧室室内噪声所有指标均未超过规定的限值。沈海俊关于增压泵在夜间必须是零噪声的诉讼主张没有法律依据。一审法院判决驳回沈海俊的诉讼请求。安徽省蚌埠市中级人民法院二审维持了一审判决。

【典型意义】环境噪声污染防治法第二条规定,环境噪声污染是指所产生的环境噪声超过国家规定的环境噪声排放标准,并干扰他人正常生活、工作和学习的现象。与一般环境侵权适用无过错责任原则不同,环境噪声侵权行为人的主观上要有过错,其外观须具有超过国家规定的噪声排放标准的违法性,才承担噪声污染侵权责任。因此,是否超过国家规定的环境噪声排放标准,是判断排放行为是否构成噪声污染侵权的依据。经委托鉴定,在增压泵正常工作过程中,沈海俊居住卧室室内噪声并未超过国家规定标准,不构成噪声污染,机械设计院不承担噪声污染侵权责任。本案判决有利于指引公众在依法保障其合法权益的同时,承担一定范围和限度内的容忍义务,衡平各方利益,促进邻里和睦,共同提升生活质量。

案例6 袁科威诉广州嘉富房地产发展有限公司噪声污染责任纠纷案

【基本案情】袁科威购买了广州嘉富房地产发展有限公司(以下简称嘉富公司)开发的商品房。2014年2月,袁科威委托中国科学院广州化学研究所测试分析中心对其居住的房屋进行环境质量监测。该中心作出的环境监测报告显示袁科威卧室夜间的噪声值超过了《民用建筑隔声设计规范》(GB50118-2010)规定的噪声最高限值标准。袁科威认为住宅电梯临近其房屋,电梯设备直接设置在与其住房客厅共用墙之上,且未作任何隔音处理,致使电梯存在噪声污染。向法院提起诉讼,要求判令嘉富公司承担侵权责任。嘉富公司主张案涉电梯质量合格,住宅设计和电梯设计、电梯安装均符合国家规定并经政府部门验收合格,故其不应承担侵权责任。

【裁判结果】广东省广州市越秀区人民法院一审认为,嘉富公司主张案涉电梯在设计、建筑、安装均符合国家相关部门的规定并经验收合格才投入使用,且电梯每年均进行年检并达标,但这只能证明电梯能够安全运行。袁科威购买的房屋经监测噪声值超过国家规定标准,构成了噪

声污染。嘉富公司提供的证据不足以证明其对案涉房屋超标噪声不承担责任或者存在减轻责任的情形。一审法院判令嘉富公司60日内对案涉电梯采取相应的隔声降噪措施,使袁科威居住的房屋的噪声达到《民用建筑隔声设计规范》(GB50118-2010)规定的噪声最高限值以下;逾期未达标准,按每日100元对袁科威进行补偿;支付袁科威精神抚慰金1万元。广东省广州市中级人民法院二审维持了一审判决。

【典型意义】电梯是民用建筑的一部分,电梯的设计、建设与安装均应当接受《民用建筑隔声设计规范》(GB50118-2010)的调整。经过监测,涉案电梯的噪声值已经超过国家标准,构成噪声污染。根据侵权责任法第六十六条规定,嘉富公司要对其行为与损害不存在因果关系或者减轻责任的情形承担举证证明责任。在嘉富公司未能提供证据证明袁科威对涉案电梯噪声超标存在过错或故意,亦不能证明噪声超标系第三人、不可抗力、正当防卫或紧急避险等原因造成,其不存在法律规定的不承担责任或者减轻责任的情形,应承担相应的侵权责任。本案的审理结果具有很好的警示作用,尤其是生产经营者要在机械设备的设计、建造、安装及日常运营过程中,关注噪声是否达标,自觉承担应有的环境保护社会责任。

案例7 梁兆南诉华润水泥(上思)有限公司水污染责任纠纷案

【基本案情】2011年10月5日,上思县水产畜牧兽医局接到梁兆南报告,梁兆南所承包的下走水库因华润水泥(上思)有限公司(以下简称华润公司)所属华润水泥厂所排入的污水污染致使大批鱼类

死亡。该局与县环境监测大队、思阳镇政府等单位组成联合调查组多次前往现场调查,调查报告显示,下走水库水质发黄混浊,水库周围靠近岸边的水面及其他水面出现死鱼;华润水泥厂的排水沟有水泥、煤炭等粉灰不断排入水库。上思县渔政管理站出具的《现场检查(勘验)笔录》记载,华润水泥厂位于水库上游,有水沟直接排到水库。上思县水产畜牧兽医局会同思阳镇政府、六银村、龙怀村及华润公司等单位到现场勘察,发现库中鱼类基本死亡。梁兆南提起诉讼,主张华润公司承担侵权责任。经法院委托鉴定确认,梁兆南的鱼类损失为11万余元。

【裁判结果】广西壮族自治区上思县人民法院一审认为,华润公司有污染源进入梁兆南的养殖水库,其水库中鱼类基本死亡。上思县水产畜牧兽医局出具的调查报告,是在联合调查组三次现场勘察、对周边群众进行询问后形成的,并无违法情形,调查报告得出下走水库鱼类死亡与华润公司排污有因果关系的结论,应予采信。华润公司存在污染侵权行为,其所举证据并不足以证明其行为与损害之间没有因果关系,故其应承担环境污染的侵权责任,赔偿下走水库鱼类死亡的损失。一审法院判令华润公司赔偿梁兆南经济损失11万余元。广西壮族自治区防城港市中级人民法院二审维持了一审判决。

【典型意义】环境污染具有易逝性、扩散性,污染事件发生后,必须尽快收集、固定相关证据。环境保护行政主管部门依职权或应当事人申请对污染者、污染物、排污设备、环境介质等进行查封、扣押、记录、检测、处罚,形成的行政文书有助于人民法院准确认定案件事实。本案污染事故发生后,政府相关部门及时介入,成立联合调查组,出具调查报告,固定、保全证据,为受案法院准确认定案件事实奠定良好基础。受案法院根据调查报告等,认定华润公司有污染行为,梁兆南承包的水库确有鱼类死亡的损害事实存在,水库鱼类死亡与华润公司排污有因果关系,本案对促进行政、司法联动,发挥行政文书的证明作用,解决环境侵权案件的举证难问题具有示范作用。《最高人民法院关于审理环境侵权责任纠纷案件适用法律若干问题的解释》第十条规定:"负有环境保护监督管理职责的部门或者其委托的机构出具的环境污染事件调查报告、检验报告、检测报告、评估报告或者监测数据等,经当事人质证,可以作为认定案件事实的根据。"进一步肯定了本案的做法。

案例8 周航诉荆门市明祥物流有限公司、重庆铁发遂渝高速公路有限公司水污染责任纠纷案

【基本案情】2012年2月20日,荆门市明祥物流有限公司(以下简称明祥物流公司)所有的油罐运输车,在重庆铁发遂渝高速公路有限公司(以下简称遂渝高速公司)管理的成渝环线高速公路发生意外事故,所载变压器油泄漏。事故发生后,遂渝高速公司及时处理交通事故,撒沙处理油污路段。经铜梁县环境保护局现场勘验,长约1公里、宽约10米的路面被泄漏的变压器油污染。泄漏的变压器油顺着高速公路边坡流入高速公路下方雨水沟,经涵洞流入周航承包的鱼塘,鱼塘水面有大面积油层漂浮。经铜梁县环境监测站监测,鱼塘挥发酚、石油类浓度均超标。经鉴定,周航损失鱼类经济价值为35万余元。周航提起诉讼,要求明

祥物流公司、遂渝高速公司承担侵权责任,赔偿其损失。

【裁判结果】重庆市渝北区人民法院一审认为,明祥物流公司运输车辆在遂渝高速公司管理的成渝环线高速公路发生意外事故,变压器油泄露,导致周航承包的鱼塘中鱼类死亡,明祥物流公司应当承担侵权责任。遂渝高速公司作为事故路段的管理者,应充分了解其控制、管理路产的周边情况,在交通事故导致变压器油大量泄漏并可能导致水污染事件的情况下,应当及时启动应急预案并采取有效措施,控制污染源,防止损害的扩大。遂渝高速公司在事故发生后仅应急处理路面交通情况,并未对该路段周围油污进行清理,致使油污流入周航承包的鱼塘造成进一步损害,应根据其过错程度承担次要的赔偿责任。遂判令明祥物流公司承担70%的赔偿责任,遂渝高速公司承担30%的赔偿责任。重庆市第一中级人民法院二审维持了一审判决。

【典型意义】本案系在高速公路发生意外事故导致的环境污染及财产损害纠纷。随着我国高速公路的延伸和行驶车辆的增多,高速公路及两侧区域的生态环境保护问题日益突出。高速公路及其沿线的环境保护,不仅仅是环境保护行政主管部门的责任,更需要车辆所有人与使用人、高速公路建设单位与运营单位等方面的共同参与。本案中,遂渝高速公司虽然不是污染事故的肇事者,但在高速公路意外事故造成或者可能造成水污染事件的情况下,其理应依法采取有效措施予以处置,并向有关主管部门报告。遂渝高速公司没有履行上述义务,造成损失扩大,应当承担相应的赔偿责任。本案判决对于高速公路的运营、管理单位提高认识,完善机制,履行环境保护义务具有规范、引导作用。

案例9 吴国金诉中铁五局(集团)有限公司、中铁五局集团路桥工程有限责任公司噪声污染责任纠纷案

【基本案情】在中铁五局(集团)有限公司(以下简称中铁五局)、中铁五局集团路桥工程有限责任公司(以下简称路桥公司)施工期间,距施工现场约20至30米的吴国金养殖场出现蛋鸡大量死亡、生产软蛋和畸形蛋等情况。吴国金聘请三位动物医学和兽医方面的专家到养殖场进行探查,认为蛋鸡不是因为疫病死亡,而是在突然炮声或长期噪声影响下受到惊吓,卵子进入腹腔内形成腹膜炎所致。吴国金提起诉讼,请求中铁五局、路桥公司赔偿损失150万余元。

【裁判结果】贵州省清镇市人民法院一审认为:吴国金养殖场蛋鸡的损失与中铁五局、路桥公司施工产生的噪声之间具有因果关系,中铁五局、路桥公司应承担相应的侵权责任。按照举证责任分配规则,吴国金应证明其具体损失数额。虽然吴国金所举证据无法证明其所受损失的具体数额,但中铁五局、路桥公司对于施工中产生的噪声造成吴国金损失的事实不持异议,表示愿意承担赔偿责任。但在此情况下,一审法院依据公平原则,借助养殖手册、专家证人所提供的基础数据,建立计算模型,计算出吴国金所受损失并判令中铁五局、路桥公司赔偿35万余元。贵州省贵阳市中级人民法院二审肯定了一审法院以养殖手册及专家意见确定本案实际损失的做法,终审判令中铁五局、路桥公司赔偿吴国金45万余元。

【典型意义】环境损害数额的确定，往往需要通过技术手段鉴定。但在鉴定困难、鉴定成本过高或不宜进行鉴定的情况下，人民法院可以参考专家意见，结合案件具体案情，依正当程序合理确定损失数额。本案中，吴国金能够证明其开办养鸡场在先，二被告施工行为在后，在二被告施工期间其养殖的蛋鸡出现异常死亡，并提交专家论证报告及其自行记载的蛋鸡死亡数量，但是难以举证证明损害的具体数额。在此情况下，受案法院并没有机械地因吴国金证据不足，判决驳回其诉讼请求，而是充分考虑噪声污染的特殊性，在认定蛋鸡受损系与二被告施工噪声存在因果关系的基础上，通知专家就本案蛋鸡损失等专业性问题出庭作证，充分运用专家证言、养殖手册等确定蛋鸡损失基础数据，并在专家的帮助下建立蛋鸡损失计算模型，得出损失数额并判决支持了吴国金部分诉请，在确定环境损害数额问题上做了有益尝试。

案例10 李才能诉海南海石实业有限公司粉尘污染责任纠纷案

【基本案情】海南海石实业有限公司（以下简称海石公司）未经依法批准，自2010年起租赁集体土地建设灰沙环保砖厂，所建厂房位于李才能羊圈及屋舍西面隔壁。李才能认为海石公司生产经营排放的石灰粉尘、烧锅炉产生的蒸汽、废烟及设备噪声等造成了山羊和种植的菠萝蜜树叶损害，遂向法院提起诉讼，请求判令海石公司停止侵害，停止石灰粉碎和烧锅炉生产作业，赔偿其菠萝蜜树叶及林下草地失去草料价值所致损失以及其身体健康损害、水井污染和孕羊流产等损失共计53 000元。

【裁判结果】海南省海口市琼山区人民法院受理案件后，指导李才能委托法律援助律师，并免去其需预交的案件受理费用。承办法官及时赴现场查勘、拍摄固定海石公司污染行为的有关证据，向环境保护、国土主管部门调取海石公司未办理环境影响评价、违法占地及排污等证据。考虑到损害鉴定费用高、周期长，而本案基本事实清楚，法律关系明晰，为依法妥善解决纠纷，一审法院在明确案件基本事实的基础上，明之以法、晓之以理，促成李才能、海石公司自愿达成调解协议，由海石公司一次性赔偿李才能损失53 000元，并于签收调解书时当场支付赔偿款。调解书生效后，一审法院向环境保护主管部门发出司法建议，以监督海石公司限期整改，消除污染，防止后续环境损害行为的发生。

【典型意义】调解是贯穿民事诉讼的基本原则。在环境侵权案件审理过程中，人民法院应当统筹社会力量，健全完善调解机制，推动形成防范化解社会矛盾的整体合力，充分发挥司法在环境资源纠纷多元化解决机制中的引领、推动和保障作用。本案受案法院在查明事实、分清是非的基础上，积极探寻当事人个人利益与生态环境保护的根本利益的交汇点，在依法保障个人合法权益，促成李才能与海石公司达成和解的同时，注重环境治理、修复，向环境保护主管部门发出司法建议，促进了司法与行政执法的有机衔接，共同强化对生态环境的保护力度。此外，受案法院依法免除原告应预交的诉讼费用，指导原告委托法律援助律师，将法律援助与司法救助对接，引导当事人依法理性表达诉求、维护环境权益的做法，亦值得肯定。

最高人民法院公布保障民生第二批典型案例

［2014 年 3 月 19 日］

案例 3　丹麦供油有限公司与"星耀"（XING YAO）轮船舶所有人诉前海事请求保全扣押船舶案

【基本案情】　申请人丹麦供油有限公司（A/S Dan-Bunkering Ltd.）于 2012 年 12 月 12 日在香港海域为被申请人所属的巴拿马籍"星耀"（Xing Yao）轮提供 485.1820 公吨 Fol80Cst 及 158.5280 公吨 Gas-Oil 的船用油，费用为 461 238.21 美元。被申请人仅支付人民币 1 000 000 元（折合美元为 158 730 美元），仍欠 302 508 美元。后该轮驶入广东汕头水域，被申请人已联系好买家正准备向新的船东交船，情况较为紧急。为防止债权落空，申请人于 2013 年 1 月 22 日紧急向广州海事法院提出诉前海事请求保全申请，申请诉前扣押"星耀"轮，并责令被申请人提供 302 508 美元或等值人民币的担保。"星耀"轮船长 225 米，船宽 32 米，型深 17.81，载重吨 62 343，因吨位大无法靠泊码头，在汕头港离岸约 25 海里水域抛锚，随时可能驶离。

【裁判结果】　广州海事法院收到申请后，立即组成合议庭对申请进行审查，要求申请人提供被扣船舶的具体地点；另一方面制作扣押船舶裁定书及扣船令。根据法律规定，海事请求权人应向船舶所在地的海事法院提出诉前海事请求保全申请，本案海事请求权人提供了"星耀"轮已驶离香港海域进入广东汕头海域抛锚的证据，应由广州海事法院依法行使海事司法管辖权扣船。申请人选择诉前扣押该轮，且情况较为紧急，符合诉前海事请求保全的法定条件。经审查，广州海事法院认为，申请人的申请符合法律规定，应予准许。依照《中华人民共和国海事诉讼特别程序法》第二十一条第十二项、第二十三条第一款第一、二项、第二十八条第一款的规定，裁定准许申请人的诉前海事请求保全申请；扣押被申请人所属的停泊于汕头港的"星耀"轮；责令被申请人提供 302 508 美元或等值人民币的担保。2013 年 1 月 24 日，法官乘坐交通艇往返近七个小时，冒着海上风浪，在离岸 25 海里水域登船扣押了六万吨级的"星耀"轮；扣船后，法官又积极促成申请人与被申请人进行协商，在法院主持下进行了诉前调解，1 月 29 日，申请人即从被申请人处得到全额赔款。

【典型意义】　本案是一宗涉及丹麦王国、巴拿马等不同国家当事人及中国香港法域的纠纷，涉案船舶进入中国广东海域后，中国内地法院通过及时有效地行使司法管辖权诉前扣押船舶，并开展诉前调解工作，仅用 5 天时间便高效地解决了当事人之间的纠纷，真正做到了"案结事了"。2013 年 3 月 26 日，广州海事法院收到申请人致函，对中国法院及时高效扣船解决纠纷表示感谢。

本案创下了广州海事法院汕头法庭的三项纪录："扣押外轮吨位最大"、"乘艇扣船离岸最远"和"解决纠纷时间最短"。及时有效的扣船工作，对于首次到中国法院进行诉讼活动的外国当事人而言，是至关重要的维权途径，是切实感受中国司法公信力的窗口。这一案件的圆满解决体现了中国海事司法"实施精品战略，打造一流品牌"工作的重大意义，增强了国外当事人对中国海事司法的信任度,有利于树立中国法院的司法公信力和法官良好的司法形象。

案例10 中华环保联合会诉无锡市蠡湖惠山景区管理委员会生态环境侵权案

【基本案情】 无锡动物园、太湖欢乐园(下称欢乐园)系由无锡市蠡湖惠山景区管理委员会(下称景区管委会)承建的市重点生态环境工程和"为民办实事"项目。在该项目建设过程中,景区管委会未经批准改变部分林地用途,其中3 677平方米被建设成为观光电梯和消防水池。

【裁判结果】 江苏省无锡市滨湖区人民法院经审理认为,景区管委会在开发建设项目时尚未取得改变林地用途的审批手续,构成了占用林地的事实。改变林地用途对生态环境造成损害,应当承担相应的民事侵权责任。景区改变林地用途的行为,根据法律规定,应当责令限期恢复原状。但考虑到消防水池和观光电梯同时具有逃生、急救通道的功能,是欢乐园的必要组成部分,涉及较大的社会公共利益,如直接恢复原状,可能造成对社会资源的浪费。如就地恢复确有困难,可以异地恢复,以尽量达到或超过原有的生态容量水平。对异地恢复的地点的选择,按照与原被侵权地最相密切联系、恢复方案经济可靠的原则确定。最终法院结合补植方案的可行性和苗木选择的合理性、林木养护的便利性等综合因素,判决无锡市滨湖区杨湾地块补植方案为本案恢复林地的最终方案,对被告提交的该处异地补植恢复方案予以确认与准许。景区管委会于2013年3、4月在杨湾地块,投入近八十万元,开垦种植七千平米的城市绿地,法院全程参与监督和验收,并监督景区管委会进行树木的缺陷期养护(一年)。

【典型意义】 本案是一起由中华环保联合会提起的环境公益诉讼。建设工程未经批准占用并改变林地用途对生态环境造成损害的,建设单位应当承担相应的民事责任。因无法量化评估由于树木面积减少导致的生态损害赔偿数额,而原地恢复原状可能会造成较大社会财富浪费,人民法院可以判决建设单位通过异地补植的方式来恢复生态容量。

最高人民法院发布十九起合同纠纷典型案例

[2015年12月4日]

案例6 王风明诉孙元丽、孙子明买卖合同纠纷案

【基本案情】原告王风明从事贩卖板皮业务,被告孙元丽在临沂市兰山区义堂镇某村开办了福隆板材厂,为个体工商户,从事胶合板生产。自2011年开始,原告王风明将板皮送至福隆板材厂,由本案另一被告孙子明(孙元丽之兄)收货,孙元丽给付货款。2012年4月1日,被告孙子明在收货后,用制式的"出库单"为原告王风明出具了一张收货条,收货条载明:夹心皮,货款236 000元。被告曾偿付10 000元,其后迟迟不再给付剩余货款。原告为追回剩余货款226 000元,于2013年9月27日诉至临沂市兰山区法院。二被告以收货条系孙子明签字,属于孙子明与王风明之间的买卖合同关系为由抗辩,

孙元丽并称已经替孙子明以银行存款的方式分两次向王凤明付款64000元，下余货款应由孙子明支付。

一、二审期间，二被上诉人孙子明、孙元丽本人均未出庭应诉，均由特别授权委托代理人王琳出庭应诉。

【裁判结果】山东省临沂市中级人民法院二审认为，本案争议的焦点问题有两个：一、该批板皮买卖合同的买方是孙子明还是孙元丽。二、被上诉人孙元丽曾向上诉人王凤明银行卡存款54000元，是否系偿还本案中该批板皮的货款。

关于双方争议的焦点一，被上诉人孙元丽认可自2011年上诉人王凤明即开始向福隆板材厂送板皮，双方多次发生业务，以前货款也是由孙元丽支付，且本案的该批板皮送到了其开办的福隆板材厂，实际上用于板材厂的生产经营，该批板皮的部分货款已由其支付；孙元丽在王凤明提供的录音证据中对孙子明出具债权凭证的行为认可，并承诺对孙子明收货行为所产生的欠款由其偿还。考虑以前的交易习惯、兄妹关系等因素，孙子明出具债权凭证的行为是代表福隆板材厂出具，系履行职务的行为，根据《民法通则》第四十三条的规定（企业法人应当对它的法定代表人和其他工作人员的经营活动，承担民事责任），孙元丽应对孙子明出具债权凭证的行为承担民事责任。二被上诉人主张孙子明将板皮转售给孙元丽，孙元丽已于2012年年底将货款支付给孙子明的事实，二人未提供任何证据予以证实，二审法院不予采信。故应认定该板皮的买方系个体户孙元丽。

对于争议的焦点二，二审法院认为，银行业务存款凭条是银行向存款人出具的证明银行与存款人之间双方发生交易的业务凭据，不是由上诉人向存款人出具的收款条，该业务凭据只能证明存款人孙元丽于2012年4月14日向王凤明银行卡存款54000元的事实，不能证明该笔存款的用途。即银行存款凭条本身不能证明与本案中的货款存在关联性，上诉人在提供银行存款凭条后，仍需要继续提供证据证实该银行存款凭条与本案货款存在关联性，此时，举证责任不发生转移。因为此时之前的债权凭证因偿付完货款而销毁，法院若要求债权人举证之前的债权凭证会对债权人造成非常大的举证困难，对债权人不公平。本案中，孙元丽仅提供了银行业务凭条，未能继续举证该次银行业务凭条与本案货款存在关联性，二审法院不认定该54000元的银行存款凭条与本案债权存在关联性，本院对该份证据不认定是本案的有效证据，孙元丽以此次存款要求冲减总货款理由不成立。另外，上诉人孙元丽采用银行汇款只取得银行出具的业务凭条，在存款后不及时更改其与上诉人之间的债权凭证这种交易方式，是造成孙元丽举证困难的重要原因，由此带来的后果，应由其自行承担。

据此判决：被上诉人孙元丽于本判决生效后十日内偿付上诉人王凤明货款226000元及利息（利息自2012年4月1日起至本院确定的履行之日止，按中国人民银行规定的同期银行基准贷款利率计算）。

【典型意义】该案是一例普通的买卖合同案件，但是裁判的说理十分透彻。一是关于举证责任的划分，债务人在主张还款后，负有举证证明已还款的义务，这是毋庸置疑的，在举证不充分的情况下，要承担败诉的风险，举证责任不发生转移。在本案中，孙元丽以银行存款凭条举证，但是该证据不能充分证明其已还款,孙元丽仍负有举证证明该事实的义务。二是银行存款业务凭证作为证据时效力的认定,尤其是关联性的认定。银行存款凭条是银行向存款人出具的证明银行与存款人之间发生交易的业务凭据,不是由债权人向存款人出具的收款条,该业务凭据只能证明存款人存款的事实,不能证明存款的用途,即是否偿还了欠款,在有多笔欠款的情况下,更不能证明存款是用于偿还了哪笔欠款。即,银行存款凭条本身不能证明欠款存在关联性。三是雇佣人员职务行为的认定。本案中,孙子明既是孙元丽的哥哥,又是板材厂的雇佣人员,根据以往的交易习惯,应视孙子明签字收货的行为为职务行为。该案中买卖合同的一方当事人孙元丽违约,不履行付款义务。人民法院依法裁判,具有积极导向意义。

案例9 郑某诉冉某民间借贷纠纷案

【基本案情】被告冉某以急需资金为其堂哥买房,而自己存款未到期无法取出为由,于2011年12月31日晚,在参加原告郑某父亲的丧礼时,找到原告郑某借款人民币20 000元。原告因与被告夫妻相熟,了解被告的家庭情况,便从当时在场之案外人杨某江处借取1 200元后,凑齐20 000元交付被告本人。并且,原告出于借款金额不大,丧礼上宾客众多,当众拟写借据会有伤双方颜面的考虑,未要求被告出具书面的借条,亦未约定具体的还款时间及利息的计算标准,仅是由被告口头承诺短时期内便能偿还。时隔半年,原告见被告仍无还款意向,便多次找其催收,被告却均以各种理由搪塞。近期,被告又以避而不见的方式躲避债务,因此原告于2014年8月6日向重庆市酉阳土家族苗族自治县人民法院提起诉讼,要求被告归还借款及利息,并承担本案诉讼费用。庭审中原告方明确资金利息从借款之日后一个月后开始计算至实际清偿之日止,并自愿选择该利息以当地农村商业银行贷款利率作为参考。因被告没有出庭,未能调解。

【裁判结果】法院审理后认为,虽然双方都无直接证据,但原告提交的间接证据来源合法,内容符合客观事实,证据真实有效,且各证据之间能形成证据锁链,能相互印证,足以认定原、被告之间的债权债务关系。故判决由被告归还原告借款本金2万元,并按照重庆农村商业银行同期同类贷款利率支付原告从法院受理之日起至实际清偿之日止的利息。日前,该判决已生效。

【典型意义】大量民间借贷纠纷都是发生在熟人之间,比如朋友、同事、甚至兄弟,在生活当中,熟人之间出于面子、人情等因素的考虑,一般很少写借条以及其他凭证,而一旦对方违约,出借人一般很难拿出有效的直接证据来认定借贷行为成立的事实,在这种情况下,法院在判决时应结合各方提供的间接证据,在证据之间能够相互印证、能够形成证据锁链的情况下,对借贷行为予以确认,以维护社会诚信,实现公平正义。

法官提醒:在生活当中,即使是熟人之间,也要留有相关凭证,以免在发生纠纷时无力举证,导致败诉。

案例18 黄某楼诉李某民间借贷纠纷案

【基本案情】2000年1月16日,李某成向原告黄某楼借款2 000元,用于经营养殖,并向原告黄某楼出具借据一张,借据记载:今借到现金人民币贰仟元整

(2000)，李某成，2000年元月16号。李某成于2000年6月3日因病去世，李某成去世前并未向原告黄某楼偿还借款2000元。被告李某系李某成的儿子，李某成去世留下房子五间由被告李某继承。黄某楼多次找被告李某协商支付事情，均未得到妥善解决。为维护自身合法权益，黄某楼向法院提起诉讼，要求被告支付欠款及本案诉讼费用。

【裁判结果】北关区法院一审认为，李某成向原告黄某楼借款2000元用于经营养殖，并向原告黄某楼出具借据一张，双方之间形成的借贷关系，系双方真实意思表示，不违反法律法规限制性规定，本院依法予以保护。李某成未及时向原告黄某楼偿还借款系产生本案纠纷的原因。根据我国相关法律规定，继承遗产应先在遗产范围内偿还被继承人债务。本案被告李某继承了李某成留下的遗产五间房屋，且该遗产价值不低于2000元。故原告黄某楼要求被告李某偿还该借款，于法有据，本院予以支持。原告黄某楼已提供借据证明李某欠款2000元，已履行了举证义务，被告李某否认该事实，应当承担举证责任，因其未提供证据证明自己的主张，故对其辩称意见，本院不予采信。遂判决被告李某偿还原告黄某楼借款2000元。该判决现已生效。

【典型意义】这个案例是涉及我国民事诉讼中的举证责任的典型案例。举证责任在我国有两层含义，一是当事人对自己所的法律主张所依据的事实有提供证据加以证明的责任，二是当经过诉辩双方举证、质证之后，待证事实仍然处于真伪不明状态时，由负有举证责任的一方承担不利后果。根据举证责任分配原则，主张法律关系存在的一方应承担证明该法律关系发生的举证责任，主张法律关系不存在的一方应承担证明法律关系未发生或已消灭的举证责任，若任何一方举出的证据不足以证明以上事实，则应承担由此带来的不利后果。本案中，原告黄某楼提供借据来证明借款关系存在，已履行了举证义务；而被告李某对此不认可，应当承担证明该法律关系不存在或已消灭的举证责任，因其未提供充分证据证明自己的主张，应承担由此产生的不利后果即败诉风险。

最高人民法院关于反规避执行的九起典型案例

[2011年8月24日]

案例1 首都师范大学与中建物业管理公司供用热力合同纠纷执行案

【案情摘要】首都师范大学与中建物业管理公司供用热力合同纠纷一案，北京市海淀区人民法院判决中建物业管理公司给付首都师范大学供暖费2 913 715.7元以及利息270 025.17元。一审判决后，中建物业管理公司提起上诉。北京市第一中级人民法院二审判决驳回上诉，维持原判。

由于中建物业管理公司未履行生效判决确定的义务，首都师范大学向北京市海淀区人民法院申请执行。执行法院要求中建物业管理公司申报财产情况。中建物业管理公司申报了中国工商银行和兴业银行两个银行账户，执行法院对两个账户进行了冻结，仅扣划到9 800元。执行法院进一步调查发现,中建物业管理公司在中国建设银行还开立有一个账户,执行法院遂冻结了该账上仅有的存款13 289.02元。执行法院要求中建物业管理公司负责人到庭说明为何没有如实申报财产,并要求中建物业管理公司提供3个银行账号的对账单和会计凭证供调查。中建物业管理公司负责人未到庭,且未提供对账单和会计凭证。鉴于此,执行法院对中建物业管理公司的办公场所进行了搜查。通过查阅搜查获取的会计账簿,发现中建物业管理公司以工资、药费、差旅费等名义向中建北配楼招待所支付了大笔费用,累计近百万元。执行法院调取了中建物业管理公司的中国建设银行账户交易记录,显示在执行法院发出执行通知书后,中建物业管理公司仍有多笔大额资金往来。执行法院到中建北配楼招待所的经营场所进行调查,发现招待所条件十分简陋,仅有6名员工,月经营收入为20 000至30 000元。

经过调查,执行法院掌握了大量确凿的证据,证明中建物业管理公司在收到执行通知书后,未如实申报财产情况,其将经营收入等大笔资金转入中建北配楼招待所的银行账户,以达到转移财产,规避执行的目的。因此,执行法院对中建物业管理公司的负责人采取了拘留措施,并决定对中建物业管理公司的账目进行审计。执行法院采取强制措施后,中建物业管理公司迫于压力,3日内向法院支付了180余万元执行款,并与申请人首都师范大学达成了执行和解协议,并已分期履行完毕。

【典型意义】 执行法院严格落实财产报告制度,加大依职权调查财产的力度,适当运用审计方法调查被执行人财产,使得该案得以顺利执结。

案例2 张曲与陈适、吴洋英民间借贷纠纷执行案

【案情摘要】 张曲与陈适、吴洋英民间借贷纠纷一案,福建省福州市中级人民法院判令陈适偿还张曲188万元及利息;被告吴洋英承担连带清偿责任。一审判决后,陈适、吴洋英提起上诉。福建省高级人民法院二审判决驳回上诉,维持原判。

由于陈适、吴洋英未履行生效判决所确定的义务,张曲向福州市中级人民法院申请强制执行。执行法院决定对诉讼阶段保全查封的吴洋英名下的位于福州市晋安区新店镇福飞北路136号福州新慧嘉苑5号楼一层02号房屋进行强制拍卖。被执行人吴洋英向法院出示了一份其与弟弟签订的关于上述房屋的租赁合同,合同约定每月租金950元,租期15年,租金一次性支付。吴洋英称,她在法院查封前已经将房屋出租给弟弟,并一次收取了租金17万元,其弟弟在签订合同后,又转租给第三人(次承租人)。吴洋英不能出具金融机构的相关转账凭证,证明她一次性收取了17万元租金。对此,吴洋英辩称,她是向弟弟借钱买了房屋,约定用该房屋的租金偿还。申请人张曲向执行法院提交报告,称她曾亲眼看到吴洋英亲自向次承租人收取租金,她认为吴洋英出示的租赁合同系吴洋英姐弟串通伪造而成。执行人员向房屋前后几个承租人调查了解情况,几个承租人证实,每个月租金均由吴洋英收取,租金为每月3 000元。执行人员在掌握充分证据后,约谈了吴洋英的弟弟。吴洋英弟弟承认,吴洋英知道房屋被法院查封后,以他的名

义将房屋转租给次承租人,转租合同上的签名系吴洋英所签,吴洋英直接向次承租人收取租金。

执行法院认为,查封财产上的租赁关系不影响对查封财产的处置。执行法院决定对查封房屋进行拍卖,并在拍卖公告中告知被执行人有权提出异议。吴洋英没有在规定期限内提出异议。吴洋英的弟弟在法院决定强制拍卖房屋之前,主动退出了租赁、转租的三方租赁合同关系。执行法院依法对房屋进行了评估拍卖。拍卖成交后,原次承租人仍享有租赁权,改向买受人交付租金。

【典型意义】人民法院强化财产保全措施,加大对保全财产的执行力度,使得该案得以顺利执行。

案例3 上海金地石化有限公司与上海立宇贸易有限公司侵权损害赔偿纠纷执行案

【案情摘要】上海金地石化有限公司(以下简称金地公司)与上海立宇贸易有限公司(以下简称立宇公司)侵权损害赔偿纠纷一案,上海市高级人民法院作出民事调解书,确认立宇公司支付金地公司880万元;杨丽萍在740万元范围内对立宇公司的支付义务承担连带责任。

立宇公司与杨丽萍未履行调解书约定的付款义务,金地公司向该案一审法院上海市第一中级人民法院申请强制执行。执行法院查明,立宇公司因涉嫌刑事案件,经相关机构鉴定,已无偿债能力;杨丽萍名下原有四套房产,但在原告金地公司提起诉讼前两天,杨丽萍与龚某(杨丽萍之子)签订了3份《上海市房地产买卖合同》,将其名下四套房产中的三套"售与"龚某,随后办理了房产过户手续。

执行立案后,金地公司向上海市闵行区人民法院提起撤销杨丽萍与龚某之间的房地产买卖合同的诉讼,上海市第一中级人民法院遂依法裁定该案中止执行。上海市闵行区人民法院在审理中查明,杨丽萍系立宇公司股东,其在接受公安机关讯问时,明确回答龚某实际未支付房款;龚某在受让房产时年仅二十岁,且一直在国外读书,生活来源需父母供给,并不具备支付房款的能力。法院认为,杨丽萍预见到可能承担责任后,将其房屋产权无偿过户至龚某名下,主观上具有逃避债务的恶意,且事实上致使其清偿债务能力减弱,损害了债权人的利益。因此,判决撤销了杨丽萍、龚某签订的3份《上海市房地产买卖合同》。随后,金地公司申请恢复执行,要求处理已恢复至杨丽萍名下的房产。执行法院恢复执行后,金地公司与杨丽萍达成和解协议,杨丽萍将其名下的一套房产过户至金地公司名下,并补偿金地公司16万元,金地公司放弃其他债权主张。案件执行终结。

【典型意义】被执行人无偿转让财产,对申请执行人造成损害,申请执行人依照《合同法》相关规定向有管辖权的人民法院提起撤销权诉讼,有效地反制规避执行行为。

案例4 湖北宏鑫建设工程有限公司、团风县方高坪建筑公司与亿源科大磁性材料有限公司及黄冈中机汽车销售有限公司工程款担保纠纷执行案

【案情摘要】湖北宏鑫建设工程有限公司(下称宏鑫公司)、团风县方高坪建筑公司(下称方高坪建筑公司)与亿源科大磁性材料有限公司(下称亿源公司)、

黄冈中机汽车销售有限公司（下称中机公司）工程款担保纠纷执行一案，湖北省黄冈市中级人民法院于2008年3月3日立案执行。亿源公司以其法定代表人丁某为市政协委员的特殊身份及无还款能力为由拒不履行生效判决确定的义务。经执行法院调查，亿源公司在人民银行登记备案的几个银行账户均只有几元到几百元不等的存款，公司不动产已设定抵押，无其他可供执行财产；中机公司早已歇业，无可供执行财产。2008年5月19日，申请执行人向执行法院提供线索，亿源公司有75万元货款从深圳汇回。执行人员随即查询亿源公司在人民银行登记备案的几个银行账户，未发现该笔款项。后执行人员查询到亿源公司于工商银行开立的一账户（该账户未在人民银行备案），查到该笔汇款，但款项已被转走。经调查，该款汇入当天即转入亿源公司会计邓某个人账户。根据上述情况，执行法院认为亿源公司有隐匿资产、规避执行的嫌疑，立即冻结了邓某个人账户上的65万元存款。邓某提出执行异议，称被冻结账户上的款项系亿源公司偿还他的借款，系其个人财产。执行法院依法对异议进行审查，经核对亿源公司和邓某账户，发现自2007年11月至2008年5月，亿源公司账户所有大额资金（共22笔，156.5万元）均于到账当日或次日转入邓某个人账户，邓某个人账户除由公司账户转入的22笔款项外，无其他存款记录。审查过程中，邓某出示一份盖有亿源公司印章、金额为86万元的借条。经对亿源公司会计账目进行调查，没有该笔借款记录。执行法院查明，邓某50多岁，下岗职工，配偶无职业，家庭生活拮据。据此推断邓某与亿源公司的借贷关系不合常理。

执行法院要求邓某说明资金来源和给付方式，并告知虚假陈述的法律责任。邓某含糊搪塞，主动要求收回借据。执行法院遂依审查中查明的情况，认定亿源公司为邓某账户款项的实际所有人，依法裁定驳回邓某的异议。邓某签收裁定后，向执行法院提起异议之诉，又于开庭前撤诉。

执行法院以故意隐匿资产、妨碍执行为由，对亿源公司处以罚款，同时积极征得黄冈市政协的同意和支持，对亿源公司法定代表人丁某处以拘留。亿源公司及丁某均未提任何异议、复议或申诉。案件得以顺利执行。

【典型意义】被执行人虚假报告财产，虚构债务隐藏、转移财产，给申请执行人造成损失的，执行法院依法对被执行人及其相关责任人处以罚款、拘留，使得案件得以顺利执结。

案例5 广东省惠东县建筑工程总公司与万事达商贸城（惠东）有限公司工程款纠纷执行案

【案情摘要】广东省惠东县建筑工程总公司与万事达商贸城（惠东）有限公司工程款纠纷执行一案，广东省惠东县人民法院于2010年1月13日向被执行人万事达商贸城（惠东）有限公司发出执行通知书及财产申报令，责令被执行人万事达商贸城（惠东）有限公司于同年1月20日支付80万元工程款给申请执行人。被执行人万事达商贸城（惠东）有限公司接到执行通知书后，派人到庭，但未申报公司财产状况，同时表示希望申请执行人在其指定的一家酒店消费30万元了结该案。经执行法院调查，被执行人万事达商贸城（惠东）有限公司为港资企业，法定代表人李幼生系香港居民，公司的银行存款仅有1 000多元，登记在公司名下的房地产占地面积共计16 357平方米，已在银行办理了抵押登记，且该房地产已被万事达商贸城（惠东）有限公司出租给某酒店，租赁期限为60年，且租金已由被执行人一次性收取，该房产无法处置变现。

因被执行人万事达商贸城（惠东）有限公司法定代表人李幼生系香港居民，执行法院决定对其采取限制出境措施。2010年3月25日晚，正准备在深圳罗湖口岸出境的李幼生被限制出境。随后，执行法院决定对其采取拘留措施。被拘留后，李幼生主动承认了不申报财产和不履行法律文书确定义务的错误。最终，申请执行人广东省惠东县建筑工程总公司与被执行人万事达商贸城（惠东）有限公司达成执行和解协议，被执行人分两期将80万元工程款全部支付给了申请执行人。

【典型意义】由于被执行人不履行法律文书确定的义务，执行法院依法对被执行人法定代表人采取限制出境和拘留措施，在强大的法律威慑力下，被执行人履行了义务，案件得以顺利执结。

案例6　周明利拒不执行判决、裁定案

【案情摘要】被告人周明利，男，汉族，1972年4月6日出生于安徽省砀山县，初中文化，农民，捕前暂住于北京市海淀区永丰乡屯佃村。

2007年7月20日，被告人周明利驾驶车牌号为京HQ4771的吉利牌小客车在北京市海淀区太舟坞东路砖瓦厂路口发生交通事故，将行人孙爱龙撞伤。经交通管理部门认定，周明利负事故全部责任。后孙爱龙将周明利诉至北京市海淀区人民法院，北京市海淀区人民法院于2008年6月18日判令周明利赔偿孙爱龙人民币43 398.26元。

上述判决生效期间，周明利从安邦财产保险股份有限公司领取事故赔偿款人民币62 872.3元，但并未履行对孙爱龙的赔偿义务，而是挪作他用。其在得知孙爱龙申请执行后，又将所有的吉利牌小客车过户到他人名下。2008年8月15日，周明利被传唤至北京市海淀区人民法院后，如实交代了其为逃避执行而转移财产的行为。同日，周明利被北京市海淀区人民法院决定司法拘留，后被移送公安机关。

北京市海淀区人民检察院以周明利涉嫌构成拒不执行判决、裁定罪向北京市海淀区人民法院提起公诉。北京市海淀区人民法院经开庭审理后认为，被告人周明利在对人民法院的判决有执行能力的情况下，采取转移财产的方式拒不执行，情节严重，其行为已构成拒不执行判决、裁定罪。鉴于周明利经电话传唤后主动到案，如实供述了其罪行，属于自首；同时结合其认罪态度较好，受到刑事追究后履行了民事判决确定的赔偿义务，对其可从轻处罚。据此，以拒不执行判决、裁定罪判处被告人周明利有期徒刑八个月。

【典型意义】周明利发生交通事故后，在保险公司领取了专门用于赔付因交通事故造成的第三者经济损失的保险理赔款，未支付给受害人，而是挪作他用，且将车辆过户到案外人名下，造成生效判决无法执行，其拒不执行判决的行为受到了刑罚制裁。该案件的处理，对于当前在交通事故损害赔偿案件中，义务人存在的挪用机动车辆保险赔偿款以及转移、隐匿机动车辆等规避执行行为起到了较好的教育和示范效应，具有一定的典型意义。

案例7　李永辉拒不执行判决、裁定案

【案情摘要】被告人李永辉,男,汉族,1964年7月30日出生于新疆维吾尔自治区乌鲁木齐市,大学文化程度,系新疆协和天然物产有限公司法定代表人,捕前住乌鲁木齐市幸福花园32号楼2单元402室。

2007年4月20日,新疆维吾尔自治区博尔塔拉蒙古自治州中级人民法院对原告新疆华冶国际贸易有限公司与被告新疆协和天然物产有限公司、李永辉买卖合同纠纷、代理合同纠纷两案依法作出判决,共判令新疆协和天然物产有限公司偿还新疆华冶国际贸易有限公司货款及利息等900余万元,李永辉个人承担连带清偿责任。判决生效进入执行程序后,博尔塔拉蒙古自治州中级人民法院依法向李永辉送达了执行通知书。李永辉不但不履行义务,反而将博尔塔拉蒙古自治州中级人民法院于2007年4月11日裁定扣押的新A-92691号江淮客车、新AC-3362号富康车以及2007年8月24日扣押的新A67700号桑塔纳轿车转移、隐藏至浙江省杭州市等地,其本人也藏匿于杭州市等地,并停止使用原来的手机号码,致使判决无法执行。

2008年1月,李永辉被博尔塔拉蒙古自治州中级人民法院司法拘留,后被移送公安机关。同年11月,新疆维吾尔自治区博乐市人民检察院以李永辉涉嫌构成拒不执行判决、裁定罪向博乐市人民法院提起公诉。

博乐市人民法院经开庭审理后认为,被告人李永辉无视法院生效判决,有能力履行但拒不执行判决所确定的给付义务,采取转移、隐匿法院扣押的财产和停用手机号码并躲藏到外地的方式,逃避法院强制执行,情节严重,其行为已构成拒不执行判决、裁定罪,据此依法判处其有期徒刑二年六个月。宣判后,李永辉提出上诉。博尔塔拉蒙古自治州中级人民法院审理后认为,原审判决认定事实清楚,证据确实、充分,定性准确,适用法律正确,量刑适当,裁定驳回上诉,维持原判。

【典型意义】被执行人李永辉在执行过程中,隐藏、转移已被查封的财产,致使判决无法执行,依照最高人民法院司法解释规定,属于拒不执行人民法院判决、裁定的行为"情节严重",依法应当以拒不执行判决、裁定罪追究刑事责任。本案的处理,对于依法打击实践中个别被执行人擅自隐藏、转移、变卖、毁损已被依法查封、扣押或者已被清点并责令其保管的财产等不法行为,具有一定的教育宣传作用。

案例8　陈少欢、洪桂成拒不执行判决、裁定案

【案情摘要】被告人陈少欢,女,汉族,1969年2月2日出生,小学文化,农民。被告人洪桂成,男,汉族,1965年12月16日出生,小学文化,居民。二人系夫妻关系,捕前住广东省深圳市宝安区松岗镇洪桥头东三巷15号。

2008年4月3日,福建省建瓯市人民法院对原告建瓯市立伟塑料有限公司与被告深圳市德扬塑胶电木有限公司、陈少欢、洪桂成买卖合同纠纷一案依法作出判决,判令深圳市德扬塑胶电木有限公司向建瓯市立伟塑料有限公司支付货款人民币509 250元及违约金,陈少欢、洪桂成个人对上述欠款承担保证责任。

该判决生效后,陈少欢、洪桂成夫妇

于 2008 年 5 月 8 日将两人名下位于深圳市宝安区松岗街道塘下涌社区一村新区三巷 18 号的房产以 220 万元的价格出售；同年 7 月，二人又将深圳市德扬塑胶电木有限公司的机器设备以 11.5 万元的价格出售。二人并未将获得的款项用于履行生效判决所确定的债务，而是将款项转至别处，致使法院判决无法执行。

2009 年 4 月 8 日，陈少欢被建瓯市公安机关刑拘；同月 27 日，洪桂成主动投案自首。案发后，二被告人与申请执行人建瓯市立伟塑料有限公司达成和解协议并于同年 6 月履行完毕。

福建省建瓯市人民检察院以陈少欢、洪桂成涉嫌构成拒不执行判决、裁定罪提起公诉后，建瓯市人民法院经开庭审理认为，被告人陈少欢、洪桂成在法院民事判决已发生法律效力的情况下，为逃避债务，故意将可执行财产予以变卖转移，造成法院判决无法执行，情节严重，其行为均已构成拒不执行判决、裁定罪。鉴于二人在案发后认罪态度好，全部履行了义务，洪桂成还具有自首情节，可分别从轻处罚。据此，以拒不执行判决、裁定罪分别判处陈少欢、洪桂成有期徒刑二年，缓期三年执行和有期徒刑一年六个月，缓期二年执行。

【典型意义】实践中，被执行人为逃避履行生效判决确定的义务，千方百计转移、隐匿财产，其中常见的手法是将名下房产予以变卖、处置，对这种行为必须予以严厉制裁。本案中，被执行人夫妇在判决生效后，出售房屋并转移售房得款，很显然属于有能力执行而拒不执行，依法应当追究刑事责任。而且本案还从另一个角度说明，对于那些涉嫌构成拒不执行判决、裁定罪的被执行人，只要能认清形势，主动投案并积极履行义务，依照宽严相济的刑事政策，可以得到从轻处罚。

案例 9　李勇明与被执行人丁浙良虚假诉讼案

【案情摘要】被告人李勇明，男，汉族，1971 年 9 月 22 日出生于浙江省嵊州市，初中文化，无业。曾因犯抢劫罪于 1994 年 8 月被判处有期徒刑三年六个月，1997 年 8 月刑满释放。

被告人丁浙良，男，汉族，1977 年 6 月 28 日出生于浙江省嵊州市，初中文化，农民，捕前住嵊州市崇仁镇福坑口村王龙湾 60 号。

2007 年 9 月，丁浙良因与他人发生经济纠纷，致其位于浙江省嵊州市仙湖路 877 号锦绣嘉园东苑 15 幢二单元 501 室的房产被嵊州市人民法院查封。2008 年，嵊州市人民法院陆续受理了 4 件以丁浙良为被执行人的案件，总标的额为 140 余万元。同年 11 月，丁浙良被查封的房产被以 37 万元的价格拍卖。

2006 年，丁浙良因经营所需，曾先后向李勇明借款共计 10 万元。2007 年 12 月，李勇明指使丁浙良与其伪造了一张房屋租赁合同，约定以 10 万元的价格承租上述房屋，租期为 20 年，落款时间为该房产被查封之前的 2007 年 6 月。2008 年 2 月，李勇明为了多分得债权利益，又指使丁浙良与其伪造了一张由丁浙良向其借款 35 万元的借条，并于同年 3 月起诉至嵊州市人民法院，庭审前双方达成还款调解协议，嵊州市人民法院作出（2008）嵊民二初字第 592 号民事调解书予以确认。

李勇明依据嵊州市人民法院作出的前述民事调解书申请执行，要求参与分配，并以已向丁浙良一次性付清 10 万元房租为由,要求法院先行退还剩余的房屋租赁费。多名债权人依法受偿丁浙良房产拍卖款项时,对李勇明与被执行人丁浙良之间的借条提出异议。嵊州市人民法院经查发现,李勇明与丁浙良存在虚构债务的虚假诉讼情况,遂于2009年4月29日决定对该案进行再审,并于2009年7月15日作出撤销原民事调解书的判决。其后,嵊州市人民法院将李勇明、丁浙良虚假诉讼涉嫌犯罪的线索,移交公安机关立案侦查。2009年11月12日,李勇明、丁浙良主动向嵊州市公安局投案。

2010年4月9日,嵊州市人民检察院以李勇明、丁浙良分别涉嫌构成妨害作证罪,帮助伪造证据罪提起公诉。嵊州市人民法院经开庭审理后认为,被告人李勇明为多分得债权利益,指使他人伪造借条,向人民法院提起诉讼并申请执行,严重妨害了司法机关正常的诉讼活动,其行为已构成妨害作证罪。被告人丁浙良为使李勇明多分得债权利益,帮助其伪造借条,情节严重,其行为已构成帮助伪造证据罪。鉴于二人犯罪后能自动投案,如实供述自己的罪行,属于自首,均可从轻处罚。据此,以妨害作证罪判处李勇明有期徒刑一年,以帮助伪造证据罪判处丁浙良有期徒刑八个月。

【典型意义】司法实践中,债务人与个别债权人或案外人串通进行虚假诉讼,对债务人名下财产主张权利,侵害其他债权人利益的现象偶有发生,必须坚决依法予以打击。本案债权人李勇明为了多分得债权利益,指使债务人丁浙良与其伪造了一张由丁浙良向其借款35万元的借条,起诉到法院后以民事调解书予以确认,并据此申请参与分配,导致其他债权人受偿数额减少,侵害了他人合法权益。

案发后,人民法院根据查明的事实,对李勇明、丁浙良分别以妨害作证罪、帮助伪造证据罪定罪量刑,准确适当。本案的处理给有关当事人能起到一定的警示作用,进行虚假诉讼,情节严重的,将依法追究刑事责任。

最高人民法院公布五起"失信被执行人"典型案例

[2013年7月20日]

案例1 张海峰等三人与郑州龙腾混凝土有限公司劳务合同纠纷执行案

【基本案情】张海峰等三名进城务工人员申请执行郑州龙腾混凝土有限公司(以下简称郑州龙腾公司)劳务合同纠纷一案,河南省荥阳市人民法院判令郑州龙腾公司支付张海峰等三人劳务工资22万元及利息。

由于郑州龙腾公司未履行生效判决所确定的义务,张海峰等三人向荥阳市人民法院申请强制执行。执行法院经多次查询郑州龙腾公司银行账户,账户均无存款;同时查明郑州龙腾公司经营场所、机器设备系租赁他人,不能强制执行。之后,执行法院多次传唤郑州龙腾公司法定代表人,其表示企业现经营困难,没有能力支付工资,案件一度陷入困局。执行法院调查发现该公司仍在正常经营,但经采取多种强制执行措施仍未取得明显成效后,执行法院将案件有关情况逐级上报河南省高级人民法院(以下简称河南高院)。河南高院执行局决定依法将其列入失信被执行人名单,并在河南高院政务网、新浪网、《大河报》、《河南商报》等网络和报刊上进行公开发布,同时向建委、国土、房管、工商、税务等部门和银行等金融机构进行了通报,使其在贷款融资、工商注册、减免税、购置土地、房产等方面受到限制,压缩其经营发展空间,对其进行信用惩戒,敦促其履行法律义务。

失信被执行人名单发布后,郑州龙腾公司迫于舆论和失信被执行人名单的威慑,担心今后没有生意可做,遂积极配合法院工作,将全部案件款主动交付执行法院,这起涉及农民工工资案件得以顺利执结,申请执行人对此表示满意。

【典型意义】执行法院严格按照河南高院《关于建立失信被执行人名单的若干意见(试行)》的相关规定,将长期不履行生效法律文书义务的被执行人列入失信被执行人名单,在网络和报刊上进行公开发布,同时以公告的形式向相关联动单位通报,使其在贷款融资、工商注册、减免税、购置土地、房产等方面受到限制,压缩其经营发展空间,对其进行信用惩戒,敦促其履行法律义务。

案例2 郑州一建商品混凝土有限公司申请执行河南国建建设工程有限公司买卖合同纠纷执行案

【基本案情】郑州一建商品混凝土有限公司(以下简称郑州一建公司)申请执行河南国建建设工程有限公司(以下简称河南国建公司)买卖合同纠纷一案,郑州市惠济区人民法院(以下简称惠济区法院)判决河南国建公司支付郑州一建公司货款210 013.85元及12 226元的违约金等实际费用。

河南国建公司没有按照判决内容履行法律义务,郑州一建公司向惠济区法院申请强制执行。

执行立案后,惠济区法院向河南国建公司送达了执行通知书和申报财产令,限其三日内自动履行义务,河南国建公司未按执行通知书履行义务,也未向执行法院申报财产。经执行法院调查,河南国建公司无银行存款等可供执行的财产,但该公司仍在正常经营。执行人员到河南国建公司位于金水区的办公场所进行现场执行,双方当事人因利息数额等问题发生争执打斗,场面一度失控。经执行法院耐心做工作,河南国建公司支付部分案件款,后经多次传唤拒不到庭,且随后变更公司办公地址逃避执行。

2013年5月,河南高院将河南国建公司列为失信被执行人,并在河南高院政务网等相关网络及报刊上进行公开发布,同时向工商、税务等部门和银行等金融机构进行了通报,使其在贷款融资、工商注册等方面受到限制。河南国建公司在申请贷款遭银行拒绝后,又在报纸和网站上看到该公司的一系列不诚信披露信息,迫于舆论和经营的双重压力,主动找到惠济区法院将所欠款项主动履行完毕,双方当事人达成和解协议,一度争吵甚至动手的双方当事人握手言和。

【典型意义】执行法院通过在网络和报刊上公布失信被执行人名单,同时向相关联动单位及时移送,使其在贷款融资、房产等方面受到限制,对被执行人的生产经营活动产生了重大影响。失信被执行人名单制度融联动机制、失信信息共享等制度的作用于一体,具有强大的威慑力和影响力,在案件执行上发挥着积极的作用。

案例3 青州市农村信用合作联社与青州市汇丰建筑安装有限公司金融借款合同纠纷执行案

【基本案情】山东省青州市农村信用合作联社(以下简称青州农信社)与青州市汇丰建筑安装有限公司(以下简称青州汇丰公司)及其他三公司金融借款合同纠纷一案,青州市人民法院(以下简称青州市法院)经调解结案,其中青州汇丰公司对借款本金100万元及利息承担连带清偿责任。后因该案的借款人、保证人均未按期履行义务,青州农信社申请强制执行。

法院立案执行后,除向各被执行人送达了执行通知书、报告财产令等法律文书外,还向其送达了"诚信诉讼提示书"、"诚信诉讼承诺书"等。法院执行中发现,青州汇丰公司因未履行生效法律文书确定的义务,被依法强制执行的案件还有两起。在上述三案执行过程中,该公司拒不申报财产等失信行为均被进行了采集,并录入至青州市法院诉讼诚信信息库,其失信等级被评定为"严重失信"。

执行法院根据青州汇丰公司涉案多起、均未履行,且已达到"严重失信"的情况,向包括青州市工商行政管理局等在内的多家诉讼诚信体系联动部门进行了披露,工商局将这一信息录入至该企业的电子档案。2012年8月份,该公司到工商局欲进行股权变更,但工商局经过查询该公司的企业电子档案,发现该公司存在因未履行法律义务失信的不良信息,遂告知该公司暂不能为其办理;并告知其应先行到法院履行相关手续,法院同意后方可办理。

该公司终于引起重视,随后对于近几年涉案的履行情况进行了认真排查,并对另两起自身为直接义务人的案件积极履行完毕。后该公司向法院提出申请,请求青州市法院撤销该公司在青州市工商行政管理局的不良信息记录。青州市法院受理后,经审查,发现该公司承担直接还款责任的案件确已履行完毕,但在青州农信社申请执行的案件中,该公司承担的是连带清偿责任,而该案的主债务人并未履行完毕法律义务,因此青州汇丰公司所负的连带清偿责任并未免除。青州市法院将该情况告知青州汇丰公司,责令其督促主债务人尽快履行法律义务,否则其失信不良记录不会被撤销。

【典型意义】执行法院将被执行人的失信信息披露后,联动单位青州市工商局将该信息录入,该公司的股权变更登记等将受限制,无法获得投标资格,国土、房地产管理部门也将停止办理产权转移、权属变更等手续。本案被执行人涉案多起,在履行法律义务时存在拖延情况。法院诉讼诚信体系运行之后,该公司认识到了问题的严重性,主动联系执行法院并及时将本公司作为直接债务人的两起案件履行完毕。

案例4 李某与上海松东百味佳餐饮经营管理有限公司买卖合同纠纷执行案

【基本案情】李某与上海松东百味佳餐饮经营管理有限公司(以下简称百味佳餐饮公司)买卖合同纠纷一案,上海市松江区人民法院(以下简称松江区法院)判决百味佳餐饮公司给付李某货款90 100元。

判决生效后,百味佳餐饮公司未履行生效判决所确定的义务,李某向松江区法院申请执行。执行法院向百味佳餐饮公司送达执行通知,该公司法定代表人郝某到法院声称公司经营困难,希望法院暂缓执行。执行法院通过上海法院协助执行网络对百味佳餐饮公司的财产状况进行了调查,未发现有价值的财产线索。但在实地走访时,执行法院发现该公司宾客满座,生意火爆,法官随机走访了几名客人,他们都表示是在网上团购的套餐,价廉物美。执行法院随即封存了该公司的账册,并进行了更深入调查,发现该餐饮公司在上海市松江区小有名气,其最大的业务量来自于网上团购,占到其全部业务量的80%左右。

执行法院为敦促百味佳餐饮公司履行义务,结合其经营特点,根据《中华人民共和国民事诉讼法》第二百五十五条可以通过媒体公布被执行人不履行义务信息的规定,依法在上海法院互联网"阳光执行"平台、上海市松江区的《松江报》等媒体上将其未履行法院判决的失信行为予以曝光,并在该公司几个连锁门店的显著位置张贴其未履行生效判决的公告,让其目标客户——网民知悉其失信行为。一开始,百味佳餐饮公司对执行法院曝光其未履行义务的失信行为并不在意。但其后不到半个月,该公司多次致电执行法院,表示认识到不履行义务的错误,但确实一时难以全额支付所欠债务,将争取与申请执行人李某协商还款事宜,请求撤销曝光其失信行为的措施。经调查,自从执行法院对百味佳餐饮公司未履行法院判决的行为通过网络、报纸、公告等形式予以曝光后,该消息迅速传播,导致该公司业务量直线下降。对于百味佳餐饮公司提出的撤销曝光其失信行为的请求,执行法院告知其在未履行判决所确定的义务

之前,撤销不诚信信息于法无据,不予支持。慑于曝光失信行为的威力,百味佳餐饮公司与申请执行人李某达成了执行和解协议,约定还款方案,通过分期履行的方式将全部钱款支付给了申请执行人李某,执行法院也依法撤销了对百味佳餐饮公司所采取的曝光措施,案件得以顺利执结。

【典型意义】执行法院抓住商家重视商业信誉的特点,通过互联网、报刊、公告等途径对其未履行法院判决的行为予以曝光,促使被执行人通过与申请执行人达成执行和解协议的途径履行生效判决所确定的义务,使得案件得以顺利执结。

案例5　浙江某建设公司所涉40余起合同纠纷执行案

【基本案情】2007至2009年间,被执行人浙江某建设公司在浙江省杭州、台州、湖州、金华、舟山等地法院有40余件案件未履行,涉及标的金额共计2 600多万元。这些案件的案由包括买卖合同纠纷、建设工程承包合同纠纷、承揽合同纠纷、租赁合同纠纷等。

在执行过程中,被执行人认为这些纠纷引起的债务应由各地的项目经营部或项目经理个人承担,项目经营部与公司总部之间财务独立,公司总部不应承担履行义务,因而态度消极,对调查财产等很少配合。2009年3月,浙江省高级人民法院(以下简称浙江高院)执行局与浙江省信用中心建立了联建共享省公共联合征信平台的工作机制,浙江高院通过全省法院执行案件管理系统将全省各级法院所有超过3个月未实际执结的案件信息提取出来,包括被执行人姓名(单位名称、法定代表人姓名)、身份证号码(组织机

构代码）、住址、未履行金额、案号、执行法院等信息，分别形成个人和单位未履行生效裁判失信信息数据库，交省信用中心导入省联合公共征信平台，在信用浙江网上予以公开，供社会各界开放查询，并应用于金融、招投标和政府监管等领域，促进信用联防奖惩机制的形成。该建筑公司的上述40余起案件均在公布之列，形成40多条失信记录。

根据浙江省在重点建设工程招投标领域应用企业信用报告的有关规定，建筑施工企业参与重点工程招投标都必须提供由信用评级机构作出的企业信用报告，对信用等级没有达到一定条件的，取消投标资格。而根据此项规定，只要在信用浙江网上有两条失信记录的，企业的信用评级就会下调，丧失投标资格。

执行失信信息被公布之后，该被执行人在建筑企业资质评定和工程招投标上受到严重影响。为改善自身信用情况，从2010年2月份起，该被执行人主动到各执行法院寻求履行办法，通过督促项目部负责人积极筹款履行义务，余额由公司总部划拨资金垫付等办法，到年底全部履行了债务。不仅如此，该公司还从中总结汲取教训，采取措施加强风险管控，取得了涉诉纠纷逐年下降的良好效果。

【典型意义】法院通过与信用中心联建共享公共联合征信平台，形成失信信息数据库，在网上予以公开，供社会各界开放查询。本案中，被执行人因失信信息被公布导致其信用评级较低，在建筑企业资质评定和工程招投标上受到严重影响。为改善自身信用状况，被执行人主动履行了清偿义务。

最高人民法院发布失信被执行人名单制度典型案例

[2013年11月6日]

案例1　张某与河南某食品工业有限公司买卖合同纠纷执行案

【基本案情】张某与河南某食品工业有限公司买卖合同纠纷一案，河南省辉县市人民法院判令河南某食品工业有限公司偿还张某94万余元及利息。

后本案指定新乡市牧野区人民法院执行。执行法院向被执行人送达执行通知书和报告财产令后，当事人双方达成和解协议，但被执行人于2013年1月30日偿还20万元后，便以各种理由拖延履行。执行法院多次劝说被执行人法定代表人继续履行和解协议，被执行人于2013年5月20日偿还5000元，此后未再继续履行义务。

《最高人民法院关于公布失信被执行人名单信息的若干规定》施行后，执行法院于2013年10月9日作出决定书，将河南某食品工业有限公司纳入失信被执行人名单，并录入最高人民法院失信被执行人名单库统一对外公布。被执行人迫于舆论压力，为避免对其商业信誉造成更为严重的影响，遂于2013年10月15日向申请执行人偿还了8万元现金和一辆汽车。鉴于一次性履行全部义务确有较大困难，被执行人主动与申请执行人达成和解协议，每月偿还5万元，直至全部清偿。

【典型意义】面向全社会统一公布失信被执行人名单信息，通过公开曝光的方式将被执行人的失信情况公之于众，减损了失信被执行人的名誉,迫使其为了恢复名誉而积极履行法律文书确定的义务,达到了促进执行的目的,取得了良好的社会效果。本案被执行人为恢复其商业信誉,主动向申请执行人履行了部分义务,虽然一次性履行全部义务存在困难,但其通过与申请执行人达成和解协议等方式,积极承担了责任和义务。

案例2 郭红某与郭淑某人身损害赔偿纠纷执行案

【基本案情】郭红某诉郭淑某人身损害赔偿纠纷一案,河南省洛阳市中级人民法院判令被告郭淑某赔偿郭红某医疗费、住院伙食补助费、营养费、护理费、误工费、残疾赔偿金、精神损害抚慰金等共计8万余元。

由于郭淑某拒绝履行生效判决所确定的给付义务,郭红某于2012年1月1日向洛阳市涧西区人民法院申请执行。执行法院立案后,除向被执行人送达了执行通知书、报告财产令等法律文书外,还向其送达了风险提示书、诚信诉讼承诺书等,但被执行人始终不履行义务。执行法院多次查询被执行人的银行账户,均无财产可供执行。被执行人名下有房产一套,但出于保障被执行人生活需要,执行法院未能采取强制措施。由于被执行人无其他财产可供执行,案件执行一度陷入困境。

全国法院失信被执行人名单信息公布与查询平台于2013年10月24日面向社会开通。通过该平台,全国各级人民法院录入的失信被执行人及相关信息可以对外公布,郭淑某也在名单之列。郭淑某感觉到了舆论的压力和信用惩戒的风险,主动找到执行法官表示愿意配合执行。

此外,执行法院通过刚刚成立的涧西区网络化执行联动指挥中心,与辖区工商、税务、房管、国土、银行等多家单位形成了执行联动,迅速查到郭淑某另有一套房产被隐匿。得知此信息后,执行法官立即依法查封了该套房产并告知郭淑某尽早履行法定义务。后郭淑某积极配合法院工作,将全部款项主动交至执行法院。

【典型意义】本案体现了人民法院执行信息化建设和执行联动机制建设的成果。失信被执行人名单信息的公布,有力震慑了失信行为,打击了各种妨碍、抗拒执行以及规避执行的行为。执行指挥中心为执行联动搭建了平台,通过发挥网络化的执行联动效应,人民法院能够及时获取被执行人的相关财产信息,促使被执行人履行义务,保障案件顺利执结。

案例3 北京某汽车装饰中心等50余人与北京某汽车制造有限公司系列执行案

【基本案情】自2000年起至今,北京某汽车制造有限公司作为被执行人在北京市丰台区人民法院有大批执行案件,未执行到位标的额高达4000余万元。

执行过程中,执行法院查封了被执行人北京某汽车制造有限公司的生产线和其他财产,但因被执行人未尽到保管责任,造成部分查封财产毁损灭失。经北京市价格认证中心鉴定,被查封财产已失去变现条件。之后,执行法院多方查找,均未发现被执行人名下有任何可供执行的银行存款、车辆、房产等财产。被执行人法定代表人长期下落不明,拒不到庭报告财产。众多申请执行人对此十分不满。

失信被执行人名单制度出台后,申请人之一北京某汽车装饰中心向执行法院提出申请,要求将被执行人纳入失信被执行人名单。执行法院经过审查,以被执行人违反财产报告制度为由,决定将其纳入失信被执行人名单,并通过《京华时报》、《北京青年报》、《北京晨报》、《法制晚报》、《新京报》、《北京晚报》进行了曝光。之后,北京电视台《都市晚高峰》、《法治进行时》、北京广播电台《北京新闻》、中国法院网、北京法院网等媒体也进行了报道,人民网、新华网、光明网、凤凰网等几十家网站纷纷转载。被执行人看到相关报道后,迫于失信被执行人名单的威慑和舆论压力,主动与执行法院联系,并派代理律师到法院核实其未履行案款数额,表示会尽快通过多种方式履行义务,以消除不良影响。同时,申请执行人通过媒体看到公布失信被执行人信息后,专程向执行法院寄去感谢信,对执行法院的工作表示了理解。

【典型意义】执行法院将失信被执行人名单信息录入最高人民法院失信被执行人名单库,统一向社会公布,并同时通过报纸、广播、电视、网络等其他方式予以公布。被执行人作为企业,迫于社会压力,为维护其经济交往中的名声,主动向执行法院表示尽快履行义务,失信被执行人名单制度的信用惩戒功能得以有效发挥。

案例4　郑彦某与郑庆某买卖合同纠纷执行案

【基本案情】郑彦某与郑庆某买卖合同纠纷一案,生效调解书确认郑庆某于2012年7月19日即调解协议签订之日给付郑彦某10 000元,余款23 930元于2012年12月31日全部付清。

然而,郑庆某除签订调解协议时给付的10 000元外,余款23 930元并未按协议如期履行。2013年4月22日,郑彦某向河北省枣强县人民法院申请执行。该案进入执行程序后,执行法院依法向被执行人送达了执行通知书、报告财产令,但被执行人既未履行调解书确定的义务,也未向执行法院报告财产,更不依传票传唤到庭接受调查。执行法院将被执行人在枣强县农村信用合作联社的存款2 400元予以强制扣划,此外再未发现被执行人名下有可供执行的财产。后经执行法院查明,被执行人曾向某客户出售过一批兔皮。为此,执行法院决定以被执行人拒不报告财产、有履行能力而拒不履行生效法律文书确定的义务为由对被执行人予以司法拘留。

后执行法院在调查中了解到,由于皮毛市场行情看好,为把生意做大,被执行人正在办理银行贷款和公司注册登记手续。针对上述情况,执行法院向枣强县各金融机构、工商管理部门等送达了《枣强县人民法院不予办理失信被执行人申请事项建议书》,建议有关机构和部门在该案未执行结案前不为被执行人办理贷款业务和公司登记等事项。2013年8月20日,被执行人郑庆某来到执行法院,称因自己的失信行为,银行不同意向其发放贷款,工商部门也已停止为其办理公司注册登记。被执行人表示愿意主动履行民事调解书确定的义务,请求人民法院将其从失信被执行人名单中删除。同年8月22日,当事人双方达成和解协议,郑庆某一次性给付郑彦某货款20 000元(含执行法院自信用社强制扣划部分),余款郑彦某自愿放弃。此案最终顺利结案。

【典型意义】向有关单位定向通报失信被执行人名单信息,由受通报单位在政府采购、招标投标、行政审批、政府扶持、融资信贷、市场准入、资质认定等方面对失信被执行人施以信用惩戒,是失信被执行人名单制度发挥功能和效果的一个重要渠道。本案被执行人正是由于在贷款、开办公司等方面受到了限制,导致无法开展经营活动,社会生存空间被挤压,于是主动向执行法院履行了义务。

案例 5 李某与杨某借款合同纠纷执行案

【基本案情】李某与杨某借款合同纠纷一案,经云南省昆明市五华区人民法院判决,李某偿还杨某借款 1 340 547 元本金及利息。

判决生效后,李某一直未能主动履行法律文书所确定的义务,杨某遂于 2013 年 9 月 5 日向云南省昆明市五华区人民法院申请强制执行。执行过程中,执行法院依法查封、冻结了被执行人李某名下的房产、股权,并告知其如不及时履行生效法律文书所确定的义务,执行法院将严格按照《最高人民法院关于公布失信被执行人名单信息的若干规定》,将其纳入失信被执行人名单,一旦对外公布,将对被执行人的出行、信贷、经营活动及家庭生活等各方面产生重大影响。得知这一法律后果,正在办理出国签证的被执行人李某为避免对其日后出国、出境造成不利影响,遂于国庆节期间四处筹措资金,国庆假期结束当日便主动找到执行法院,全部履行了生效法律文书确定的义务。

【典型意义】本案中,执行法院在依法采取查封、冻结等强制措施的同时,向被执行人告知了纳入失信被执行人名单的风险,使其感受到来自日常生活、商业往来等各方面的压力,最终促使被执行人主动履行了生效法律文书确定的义务,失信被执行人名单制度的威慑作用得以有效发挥,彰显了司法权威。

最高人民法院发布五起典型案例

[2014 年 4 月 30 日]

案例 3 雅培贸易(上海)有限公司与台州市黄岩亿隆塑业有限公司、北京溢炀杰商贸有限公司诉前停止侵害专利权及专利侵权纠纷案

【基本案情】雅培贸易公司是 ZL200730158176.0 号名称为"容器"的外观设计专利权(简称涉案专利)的被许可人,并获得涉案专利权人的授权以自己的名义对侵权人申请诉前保全措施及提起诉讼。亿隆公司未经许可生产、销售、许诺销售了侵害涉案专利权的"YL-650A"、"YL-750A"、"YL-1000A"等型号的可密封塑料容器(简称被控侵权产品),溢炀杰公司未经许可销售了被控侵权产品。雅培贸易公司遂向北京市第三中级人民法院申请诉前停止被控侵权行为,并提供了现金担保。

【裁判结果】北京市第三中级人民法院经审理认为:被控侵权产品系奶粉罐,亿隆公司和溢炀杰公司主要向奶粉生产企业批发销售被控侵权产品,被控侵权产品将与奶粉一并销售给最终用户,每一个销售环节都很有可能构成对涉案专利权的侵权。而每增加一个销售环节,都会造成损失扩大,侵权行为人增多,雅培贸易公司维权成本增加,维权难度加大。同时,涉案专利权系容器的外观设计专利,

有效期仅十年,容器的外观设计更新换代快,被控侵权行为的持续进行将会极大地影响到雅培贸易公司对涉案专利权的行使。因此,如不责令亿隆公司和溢炀杰公司立即停止被控侵权行为,将会对雅培贸易公司合法权益造成难以弥补的损害。据此,法院裁定亿隆公司立即停止生产、销售、许诺销售侵犯涉案专利权的产品;溢炀杰公司立即停止销售侵犯涉案专利权的产品。

法院作出裁定后,经过多次与双方当事人沟通、协调、辨法析理,促使被申请人从最初的拒绝签收诉讼文书转变至自动停止被控侵权行为,并最终成功促成双方达成和解协议,以调解的方式解决双方纠纷。

【典型意义】本案系人民法院维护食品安全、准确及时有效保护知识产权的典型案例。首先,在社会效果方面,食品安全,尤其是奶粉安全问题是人民群众重点关注的问题。雅培奶粉是世界知名奶粉品牌,本案的处理结果及时制止假奶粉罐的泛滥,从源头上对假奶粉进行治理,体现了人民法院关注民生,维护食品安全的决心和努力。其次,在加强知识产权保护方面,法院考虑销售环节、维权成本、权利保护期限等具体因素,准确认定行为保全中"难以弥补损害"要件,迅速作出诉前行为保全裁定,准确及时保护当事人的权利。最后,在确保诉前行为保全的实际效果方面,法院积极督促被申请人执行保全裁定,并最终促成了双方达成和解协议,有效保护了申请人的权利,充分实现了以行为保全促调解的社会效果。本案是北京市法院依据修改后的民事诉讼法作出的首例涉及专利权的诉前行为保全裁定,表明了人民法院积极满足社会司法需求,依法加强知识产权司法保护的实践努力。

案例4 唐兰与程永莉房屋买卖合同纠纷案

【基本案情】2000年11月7日,重庆市九龙坡区土地房屋权属登记中心收到以唐兰为卖方、程永莉为买方的《房屋买卖合同》《房地产交易合同登记申请表》等关于唐兰所有房屋的房屋买卖材料,材料上均盖有"唐兰"字样私章,部分材料签有"唐兰"字样签名,重庆市九龙坡区土地房屋权属登记中心凭上述材料将登记在唐兰名下的房屋过户给了程永莉。2003年4月17日,唐兰以其从未与程永莉签订房屋买卖合同为由向法院提起行政诉讼。重庆市第一中级人民法院二审以主体不适格为由裁定驳回唐兰的起诉,并在裁判理由中认为:唐兰与程永莉盖章签订制式房地产买卖合同,经登记部门审查,获准房屋权属转移登记。2007年3月,唐兰向重庆市九龙坡区人民法院提起本案民事诉讼,请求确认房屋买卖合同无效,并判令程永莉将诉争房屋返还给唐兰。诉讼中,法院查明,上述"唐兰"的签名均为程永莉丈夫所签,"唐兰"字样的私章无法证明为唐兰所有。该案经一审、二审以及重庆高院再审,均在合同是有效还是无效之间争议,重庆高院再审判决认为合同有效并据此驳回了唐兰的诉讼请求。唐兰不服,向检察机关申诉,2012年5月16日,最高人民检察院向最高人民法院提起抗诉。

【裁判结果】最高人民法院再审认为,涉案合同不涉及有效与无效的问题,而是是否成立的问题。在双方当事人就合同关系是否成立存在争议的情况下,根据法律规定,应由主张合同关系成立的一方当事人承担举证责任,在"唐兰"签名被证实并非唐兰本人所签的情况下,程永莉不能证明"唐兰"字样的私章为唐兰本人所有并加盖时,应当承担举证不能的诉讼后果。行政裁定书认定的事实只能证明房管部门行政行为的合规性,并不能证明民事行为的成立,且多方面证据均证明唐兰并未签订《房地产买卖合同》,唐兰与程永莉之间没有就涉案房屋成立房屋买卖合同关系。据此最高人民法院判决程永莉向唐兰返还房屋。

【典型意义】该案庭审过程中,最高人民检察院首次接受当事人当庭质证,对于我国民事抗诉程序的丰富和发展具有重要意义。在该案的合同效力形态上,当事人在有效与无效之间争议,原审法院也在合同有效与无效之间裁判,但经审理发现涉案合同仅涉及是否成立的问题,并在此基础上正确运用合同成立的举证规则,合理分配举证责任,从而做到对当事人实体权利的保护,对于民事判决中举证责任的适用方法具有指导意义。

案例5 魏卓夫申请执行张宝峰、张泽政、李玉明公证债权文书纠纷执行案

【基本案情】魏卓夫与张宝峰为邻居。2011年张宝峰因生意筹集资金向魏卓夫借款人民币4100万元整,期限为一年。李玉明作为张宝峰的朋友自愿对债务承担连带保证责任,张宝峰的儿子张泽政自愿以其名下的房产为借款提供抵押担保。同年12月8日,魏卓夫与张宝峰、张泽政、李玉明签订了《借款合同》,并在北京市中信公证处对该合同办理了具有强制执行效力的债权文书公证。还款期限届满后,张宝峰未能偿还借款本金。魏卓夫于2013年9月18日向北京市中信公证处申请了《执行证书》,该证书确认张宝峰应偿还魏卓夫借款本金4100万元及相应的借款利息、违约金,李玉明对该借款承担连带保证责任,张泽政对该借款承担抵押担保责任。

【执行情况】2013年9月27日,魏卓夫向北京市朝阳区人民法院申请强制执行。执行法官收案后,即联系被执行人督促其主动履行还款义务,但被执行人拒不履行义务。随后,执行法官依法查封了三名被执行人名下的四套房产与三辆汽车。2013年12月30日,执行法官再次电话联系张宝峰督促其履行时,其不但无任何主动履行意愿,且态度蛮横,并对执行法官言语威胁。

2014年1月9日,执行法官等6名执行干警与多家媒体一起赶到被执行人张宝峰之子张泽政位于北京市朝阳区900多平米的房屋进行强制执行。执行现场共有被执行人所雇佣保姆、司机、厨师及房客四人,在执行法官出示证件后,上述人员仍有阻碍执行公务的行为。执行法官在控制住现场秩序后,依法在房屋门口张贴拍卖公告,并向被执行人张宝峰送达传票和限制高消费令,对其乘坐飞机、入住高档酒店等高消费行为依法予以限制。执行过程中,执行法官还当场扣押被执行人所有的宾利车钥匙一把。

次日,张宝峰便主动向执行法官打电话,承认错误并表示积极履行还款义务。2014年1月22日,魏卓夫到法院递交了执行和解协议,本案顺利执结。

【典型意义】该案属于典型的被执行人有能力履行而拒不履行法律义务的案件。本案三名被执行人生活富足,名下有数套房产,住着价值近6000万的豪宅,拥

有宾利、宝马等多辆名车,却欠债不还。在法院立案执行后,被执行人张宝峰仍然态度强硬,拒绝履行,甚至对执行法官言语威胁,抗拒执行,是典型的失信被执行人。

本案法院向被执行人发出限制高消费令,禁止被执行人乘坐飞机、列车软卧,限制其贷款或办理信用卡,不得担任企业法定代表人、董事、监事、高级管理人员等,在社会征信系统内对其进行信用惩戒,形成了一处失信处处受制、最大限度压缩其生存空间的执行威慑效应。正是在遭受信用惩戒之后,本案被执行人才主动与申请执行人取得联系并达成执行和解协议。这充分说明,信用惩戒是一种行之有效的执行威慑机制。同时,在本案执行中,执行法院通过媒体曝光,如实记录法院强制执行的过程,不仅加深了社会对执行工作的理解,而且震慑了其他的被执行人和债务人,使人们直观地感受到拒不执行行为的严重后果。本案执行的过程说明,媒体除了具有引导形成诚实守信的社会风气、推动社会诚信建设的功能外,还具有助推债务人履行义务从而降低执行成本、提高执行效益的作用。

最高人民法院公布五起打击拒不执行涉民生案件典型案例

[2015年2月15日]

案例1 陈联会拒不支付劳动报酬案
——被执行人法定代表人拖欠73名公司职工14万余元工资后逃匿,被依法追究拒不支付劳动报酬罪,庭审期间自觉履行了法定义务

执行法院:重庆市开县人民法院

执行案由:追索劳动报酬纠纷
申请执行人:袁祖桃等65人
被执行人:重庆同发针织有限公司

【案情摘要】 2008年12月5日,陈联会、雷必容出资设立重庆同发针织有限公司,从事针织品加工销售业务,公司住所地为重庆市开县。截至2011年6月,重庆同发针织有限公司累计拖欠袁祖桃等73名职工工资共计144 474元。公司法定代表人陈联会逃避支付工人工资。同年7月、8月,重庆同发针织有限公司职工为此多次群体上访。8月10日,开县人力资源和社会保障局对陈联会下达了限期支付拖欠职工工资告知书,陈联会未予理会。2011年9月,袁祖桃等65人依法向开县人民法院提起诉讼。同年11月,开县人民法院依法判决,由重庆同发针织有限公司支付袁祖桃等65人工资合计124 311元。

由于重庆同发针织有限公司未在规定时间内履行义务,袁祖桃等65人依法申请强制执行。开县人民法院受理执行后,查封了重庆同发针织有限公司遗留在租用场地内的机器设备。经依法评估后,开县人民法院于2012年委托公开拍卖。由于机器设备陈旧,无人竞买,两次降价后流拍。开县人民法院对以上设备进行公告变卖,亦无人购买,申请执行人也不同意以该设备抵偿债务。期间,陈联会始终不予露面。

2014年1月26日,开县人民法院经研究后认为,重庆同发针织有限公司拒不支付劳动报酬,涉及人数众多,数额较大,其行为涉嫌犯罪,于是决定移送公安机关追究其刑事责任。同年5月22日,陈联会在昆明机场被公安机关刑事拘留。刑事拘留期间,陈联会通过家人向袁祖桃等

65 人支付了所欠的全部工资 124 311 元。

2014 年 11 月 27 日,开县人民检察院向法院提起公诉,要求追究陈联会拒不支付劳动报酬罪。在案件审理过程中,陈联会将没有到法院起诉的另外 8 名职工的 19 313 元劳动报酬也支付完毕。考虑到陈联会有认罪悔罪的实际行动,开县人民法院于 2015 年 1 月 9 日以拒不支付劳动报酬罪从轻判处陈联会有期徒刑三年,缓刑三年,并处罚金人民币 10 000 元。

【典型意义】在该系列案执行过程中,执行法院高度重视追索劳动报酬等与群众生计休戚相关的案件执行,对拒不履行生效法律文书的被执行人,严格按照最高人民法院、最高人民检察院、公安部《关于开展集中打击拒不执行法院判决、裁定等犯罪行为专项行动有关工作的通知》的要求,加强与公安、检察机关的沟通联系,依法进行了打击,提高执行威慑力,效果良好。该案顺利执结再次表明,人民法院判决一经生效就具有法律强制力,当事人都必须自觉执行,不能心存侥幸,抗拒、逃避执行有可能被依法追究刑事责任。

案例 2 黄起滨拒不执行判决、裁定案

——被执行人拒不履行生效调解书,
将银行存款转移至案外人名下,
致使案件无法执行,被依法追究
拒不执行判决、裁定刑事责任

执行法院:福建省大田县人民法院
执行案由:继承纠纷案
申请执行人:林兰香
被执行人:黄起滨

【案情摘要】2014 年 3 月 25 日,福建省大田县人民法院对原告林兰香与被告黄起滨继承纠纷一案依法作出 (2014) 大民初字第 958 号民事调解书,确定黄起滨须于 2014 年 4 月 2 日前付清林兰香继承余款 19 万元。调解书生效后,黄起滨未如期履行义务,林兰香向大田县人民法院申请强制执行。大田县人民法院受理执行申请后,依法向黄起滨送达了执行通知书,并裁定冻结、扣划黄起滨的银行存款或扣留、提取其相应价值的收入。大田县人民法院在作出裁定后,以当面谈话等方式责令黄起滨履行调解书所确定的义务,但黄起滨仍拒不履行。之后,大田县人民法院通过银行查询,查明黄起滨曾在调解书生效后,将其账户中的存款 130 余万元转入案外人名下,且其无法说明转款事由,大田县人民法院遂以黄起滨涉嫌构成拒不执行判决、裁定罪移送公安机关立案侦查。

案发后,黄起滨于 2014 年 11 月 28 日主动向公安机关投案,并于次日与林兰香达成执行和解,支付林兰香执行款及利息共人民币 23 万元,林兰香书面请求对黄起滨从轻处理。大田县人民法院经开庭审理后认为,被告黄起滨对人民法院依法作出的具有执行内容的并发生法律效力的调解书有能力执行而拒不执行,情节严重,其行为已构成拒不执行判决、裁定罪。鉴于被告黄起滨能主动投案,如实供述犯罪事实,属于自首,同时,其支付了全部执行款及利息,取得申请执行人的书面谅解,可从轻处罚。据此,大田县人民法院以拒不执行判决、裁定罪判处被告黄起滨拘役六个月,缓刑六个月。

【典型意义】经人民法院主持达成的调解协议具有与生效判决、裁定同等的效力,生效调解书也属于拒不执行判决、裁定罪中的"判决、裁定"范畴。本案被执

行人黄起滨在调解书生效后,将其130余万元银行存款转至案外人账户,致使生效调解书无法履行,已经构成了拒不执行判决、裁定罪。本案还从另一个角度说明,对那些涉嫌构成拒不执行判决、裁定罪的被执行人,如能主动投案并积极履行义务,依照宽严相济的刑事政策,可以得到从轻处罚。

案例3 许军燕非法处置查封、扣押、冻结财产案

——被执行人有履行能力,却转移财产逃避执行,被以涉嫌构成非法处置查封、扣押、冻结财产罪移送追究刑事责任

执行法院:浙江省嘉兴市南湖区人民法院

执行案由:交通事故人身损害赔偿

申请执行人:徐守龙

被执行人:高雪珍

【案情摘要】2006年3月5日,高雪珍驾驶二轮摩托车与徐守龙发生碰撞,造成徐守龙受伤。经交警部门认定,高雪珍负事故全部责任,经鉴定徐守龙伤势构成八级伤残。徐守龙将高雪珍诉至浙江省嘉兴市南湖区人民法院,要求支付赔偿款107 026.45元。经嘉兴市南湖区人民法院调解,双方当事人于2007年5月18日达成(2007)南民一初字第380号民事调解书,确定被告高雪珍赔偿原告徐守龙医药费、住院伙食补助费、护理费、误工费、交通费、伤残补助金、鉴定费、精神损害抚慰金等损失合计83 800元,并定于2007年12月底前分三次付清。该民事调解书生效后,高雪珍并未如约履行,徐守龙遂于2007年8月6日申请强制执行。

该案执行过程中,嘉兴市南湖区人民法院未发现被执行人高雪珍有可供执行财产,遂于2007年11月2日终结本次执行程序。2012年底,随着嘉兴市南湖区"三改一拆"活动展开,申请执行人发现被执行人高雪珍家庭所有的猪舍列入拆迁范围,应当有相应的款项予以补偿,于是向法院申请恢复执行。嘉兴市南湖区人民法院经查,2013年5月,高雪珍家与嘉兴市南湖区新丰镇人民政府就猪棚拆除有相关补偿,且相关猪舍拆迁协议系该家庭以许军燕(高雪珍之子)名义与拆迁单位签订。2013年7月19日,嘉兴市南湖区人民法院对补偿单位新丰镇竹林村村委会送达协助执行通知书,要求协助冻结补偿款项共计155 492.18元(含迟延履行期间的债务利息)。其后,许军燕于2013年12月4日通过在中国农业银行新丰支行挂失补偿款的农行存单,转移该笔补偿款人民币226 170元至张理伟(高雪珍之女婿)账户。嘉兴市南湖区人民法院遂以许军燕涉嫌构成非法处置查封、扣押、冻结财产罪移送公安机关侦查。在公安机关侦查过程中,被执行人高雪珍于2015年1月20日将全部赔偿款及迟延履行期间的债务利息82 118.22元交至执行法院。有关机关对许军燕的刑事追责程序正在进行中。

【典型意义】被执行人之子许军燕非法处置查封、扣押、冻结财产的行为已经涉嫌构成犯罪。正是在公安机关启动刑事追责程序之后,被执行人主动履行了执行义务,从而促成了本案的执结,维护了交通肇事受害人的合法权利。在当前被执行人抗拒、逃避执行现象多发,"执行难"问题突出的背景下,人民法院依法启动刑事追责程序,对于依法实现判决、裁

定确定的权利义务关系,维护司法秩序、增强司法权威,提高司法公信力,无疑具有重要的导向作用。

案例4 曾木生涉嫌拒不执行判决、裁定案

——被执行人在判决生效后转移财产,拒不履行赔偿义务,被以涉嫌拒不执行判决、裁定罪移送立案侦查

执行法院:广西壮族自治区富川瑶族自治县人民法院

执行案由:交通肇事损害赔偿纠纷

申请执行人:何品文

被执行人:高顺举、曾木生

【案情摘要】2014年3月22日,曾木生雇请司机高顺举驾驶轻型厢式货车在广西富川瑶族自治县石家乡公路上行驶,与行人何平(系申请执行人何品文之子、滕梅之继子)发生碰撞,造成何平当场死亡。富川瑶族自治县公安局交通管理大队经调查后,认定司机高顺举承担主要责任,何平承担次要责任。2014年6月9日,富川瑶族自治县人民法院判决高顺举、曾木生互负连带责任,赔偿何品文、滕梅因何平死亡造成的死亡赔偿金、丧葬费、精神抚慰金等共计349 695.14元。

判决生效后,申请执行人何品文、滕梅于2014年7月24日向富川县人民法院申请强制执行,该院受理后于7月30日向高顺举、曾木生发出执行通知书,但两被执行人未主动履行义务。经执行法院查明,被执行人曾木生于2014年6月25日将自己名下的一辆小型普通客车和一辆货车转让给了他人,于2014年6月26日到工商行政部门注销了其在贺州市八步区经营的裕生食品批发部。经富川县人民法院多次调查,未发现另一被执行人高顺举有可供执行的财产或线索。

由于被执行人曾木生在法院判决已发生法律效力的情况下,为逃避债务,将名下财产予以变卖、处置,造成法院判决无法执行,情节严重,其行为涉嫌构成拒不执行判决、裁定罪。2014年12月8日,富川县人民法院将曾木生移送富川县公安局立案侦查;同年12月31日,曾木生被富川县人民检察院批准逮捕。2015年1月23日,双方当事人达成执行和解协议,由被执行人曾木生先行支付申请执行人15万元,余款分期给付履行。对曾木生的刑事追责程序仍在进行。

【典型意义】实践中,被执行人为逃避履行生效判决确定的义务,千方百计转移、隐匿财产,其中常见的手法是将名下车辆、房产等予以变卖、处置。本案中,被执行人曾木生在判决生效后,故意将其名下的车辆予以变卖,将经营的个体户予以注销,显然属于有能力履行义务而拒不执行,已涉嫌构成拒不执行判决、裁定罪。其在羁押期间与申请执行人达成和解协议,可作为酌定量刑情节。本案旨在告诫被执行人不要抱有侥幸心理,要主动、自觉履行法院判决,如果转移、隐匿财产,将可能受到刑事处罚。

案例5 王以军涉嫌拒不执行判决、裁定案

——被执行人隐匿法院查封的财产,被两次司法拘留后仍抗拒执行,被以涉嫌构成拒不执行判决、裁定罪移送追责

执行法院:甘肃省山丹县人民法院

执行案由:交通肇事损害赔偿纠纷

申请执行人:赵钧

被执行人：王以军

【案情摘要】2013年9月13日傍晚，被执行人王以军的雇佣人员任玉华驾驶王以军名下车牌号为甘GF2002的轻型自卸货车，行驶至甘肃省山丹县霍城镇王庄村路段时，与申请执行人赵钧之妻杜永花驾驶的三轮摩托车发生刮擦，致杜永花受伤，经抢救无效死亡。在处理事故中双方达成赔偿协议，由王以军支付申请人赵钧包括死亡赔偿金、丧葬费、被抚养人生活费等各项费用共计266 000元，扣除已支付的20 000元及达成协议当日支付的106 000元外，剩余140 000元于2013年12月31日前全部付清，如不按协议履行，需另赔偿总额20%的违约金53 200元。同年10月8日，经双方申请，甘肃省山丹县人民法院依法确认上述赔偿协议的效力。

因王以军未按照协议确定的期限履行，申请执行人赵钧于2014年11月13日向山丹县人民法院申请强制执行。执行中，山丹县人民法院调查到被执行人王以军拥有车牌照分别为甘GF2002轻型自卸货车和甘GC6631小型普通客车各一辆，与其妻刘春桂在该县陈户乡范营村市场经营一化妆品店和一手机、家电门市部，完全具备履行能力。执行人员找到王以军通知其主动履行法院生效裁判，但王以军拒不履行。2014年12月8日，山丹县人民法院对王以军采取了司法拘留措施，同时查封了王以军名下的甘GF2002轻型自卸货车及甘GC6631小型普通客车。拘留期限届满后，王以军仍然拒绝履行。山丹县人民法院责令王以军交出查封的车辆，但王以军拒不交出。2015年1月15日，山丹县人民法院再次对其采取了司法拘留措施。拘留期间，执行法院向其告知拒不执行法院裁决的法律后果，要求其主动交出车辆配合执行，但王以军仍拒不配合。山丹县人民法院认为，被执行人王以军完全具备履行能力，在多次告知法律后果后，仍拒不履行生效裁判，其行为涉嫌构成拒不执行法院判决、裁定罪，遂将有关犯罪线索移送公安机关。公安机关立即立案侦查，及时对王以军采取了刑事拘留措施。王以军慑于法律的威严，于2015年2月3日交清全部执行款193 200元，案件顺利得到执结。对王以军的刑事追责程序仍在进行中。

【典型意义】被执行人王以军在完全具备履行能力的情况下，拒不执行法院生效裁判，拒绝交出法院查封的财产，执行法院对其两次司法拘留仍对抗执行，属于拒不执行人民法院判决裁定的行为"情节严重"。本案通过严肃追究被执行人拒不执行人民法院判决裁定犯罪行为，不仅促使法院生效裁判得到顺利执行，维护了当事人合法权益，而且有力震慑了犯罪，具有一定的教育宣传作用。

最高人民法院公布五起拒不执行生效判决、裁定典型案例

[2015年12月4日]

案例1 庄新建申请强制执行民权小乔酒店有限公司案

【基本案情】2014年11月3日，民权小乔酒店有限公司因购置酒店配套设施及内部升级改造，急需资金，向庄新建借款1 800万元，借款期限20天，并由民权

小乔食品有限公司、李冰冰、魏明胜承担连带保证责任。借款期限到期后,借款人未按照合同约定,按期归还所借款项。申请人庄新建于 2014 年 11 月 24 日向商丘市睢阳区公证处申请出具与被申请人民权小乔酒店有限公司签订的具有强制执行效力的执行证书。经商丘市睢阳区公证处审查,庄新建所提申请符合法律规定,随于 2014 年 11 月 25 日为庄新建出具了(2014)商睢证字第 060 号执行证书。

执行证书生效后,申请人多次催促被申请人履行还款义务,被申请人仅偿还本金 750 万元。经多次催要无果后,申请人庄新建于 2015 年 4 月 7 日向商丘市中级人民法院申请强制执行,2015 年 5 月 21 日商丘市中级人民法院将此案移送民权县人民法院执行。

【执行情况】民权县人民法院受理此案后,采取了以下措施:

首先送达手续、查控财产。执行人员接受案件后,一方面及时向被执行人民权小乔酒店有限公司、担保人民权小乔食品有限公司、李冰冰、魏明胜送达了执行通知书、被执行人权利义务告知书、财产报告令等有关法律文书;另一方面查控被执行人的财产状况,及时对被执行人所在公司所持股权进行查封。第三,向被执行人讲明有关法律规定,督促被执行人在规定期限内履行义务以及拒不履行的法律后果。

其次利用网络查控被执行人信息并及时将其列为失信被执行人。该案受理后,利用网络查控被执行人信息,经查询,被执行人在银行没有大额存款。又对被执行人房产情况进行查询,也没有重大发现。在被执行人未按照规定期限履行义务的情况下,及时把被执行人列为失信被执行人,以及在有关电子屏幕上公布其失信的情况,限制其高消费,以督促其积极主动履行义务。在被告知其列为失信被执行人时,被执行人极为紧张,因为被执行人作为一个企业,其声誉高于一切,为此,被执行人积极与申请执行人进行协商,主动与申请人沟通,作出解决案件的高姿态。

最后做好说理教育工作。在执行规程中,被执行人没有按照规定期限履行义务,执行人员及时传唤被执行人,对其说理释法,讲明有关执行法律规定,拒不履行的法律后果等,让被执行人明白拒不履行的法律后果,被执行人在执行人员有理有据的教育说服下,很快拿出解决方案,并积极主动与申请人协商,达成执行和解,及时履行了其应尽的义务,案件执结。

【典型意义】执行法院将失信被执行人名单信息录入最高人民法院失信被执行人名单库,统一向社会公布,并同时通过报纸、广播、电视、网络等其他方式予以公布。被执行人作为企业,迫于社会压力,为维护其在经济交往中的名声,主动向执行法院表示尽快履行义务,失信被执行人名单制度的信用惩戒功能得以有效发挥。

案例 2　王翼军拒不执行判决、裁定案

【基本案情】2006 年 12 月起,常永花、杨忠、王福军等人先后到和平区法院立案执行,要求被执行人辽同创房屋开发有限公司返还购房款。执行过程中,王翼军明知该公司已被法院判决归还他人钱款且在多次收到执行通知书的情况下,于 2011 年 4 月 15 日将公司所有的位于沈阳市和平区文安路 58 号负 1 层房屋以 8 866 400 元的价格低价变卖,并在取得卖房款后仍不履行判决内容,擅自向与同创房产公司无关的段连发支付,几经催要未果,最终致使已生效的民事判决书无法执行。

【裁判结果】沈阳市和平区人民法院经审理认为,王翼军在法院判决、裁定生效后,将其财产予以变卖,所得款项支付给他人,而对人民法院已经发生法律效力的判决拒不履行,致使法院的判决无法执行,情节严重,其行为已构成拒不执行判决罪,公诉机关指控成立。依照刑法有关规定,以拒不执行判决罪判处王翼军有期徒刑二年。宣判后王翼军表示服从判决结果,未提起上诉。

【典型意义】王翼军作为辽宁同创房屋开发有限公司的总经理,完全有能力执行生效法律文书给付购房款。但执行中其在明知判决归还他人钱款且多次收到执行通知书的情况下,不仅拒绝、阻碍执行,甚至将财产变卖,将所得款项用于支付他人,直接造成判决无法执行的后果。王翼军的上述行为主观上有抗拒执行的故意,情节恶劣、后果严重,有较大的社会危害性。通过本案,如果王翼军在接到法院通知后能够正确认识到规避执行的法律后果,主动履行判决确定的义务,就不会被移送公安机关。正是由于自身存在一定的侥幸心理,试图通过转移财产牟取利益,其行为破坏了法院正常的执行秩序,本人最终为抗拒执行付出了应有的法律代价。

王翼军案属于典型的有履行能力却拒不执行的情形,正是在公安机关启动了刑事追责程序之后,王翼军受到了相应处罚,相关权利人的合法权利得到了维护。在当前抗拒、逃避执行现象多发、执行难问题突出的背景下,人民法院依法打击拒执行为显得尤为必要,对实现判决内容、维护司法秩序、增强司法权威、提高司法公信力具有重要的导向作用。

案例3　杨宏余拒不执行判决、裁定案

【基本案情】2010年10月23日,年仅7岁的霍某到本村村民家新盖的房屋屋顶玩耍,在玩耍过程中不慎触碰到房顶的10千伏高压线被击伤。经滇西司法鉴定中心鉴定:1.霍某右肩关节9.2cm处以远肢体缺失的目前损伤达五级伤残、被高压电烧伤所致的增生性疤痕百分比面积为13%,目前损伤达九级伤残。2011年9月29日原告霍某诉请判令被告大理供电有限公司、杨宏余及房主杨某某共同承担赔偿责任。

2011年12月12日大理市人民法院判决由被告杨宏余赔偿199353.99元,扣除已支付的15000元,实际再支付184353.99元;由被告大理供电有限公司赔偿199353.99元;由被告杨某某赔偿133235.99元。2012年8月24日霍某申请强制执行。经多次督促,被执行人杨宏余拒不履行赔偿义务。执行过程中查明,被执行人杨宏余开办有个体工商企业大理宏余铸造厂,该厂按期纳税,运行状态正常;其名下登记有机动车两辆;被执行人在案发后还建盖了一幢五层住房(建筑面积约1000平方米)。

2012年9月25日大理市人民法院对被执行人进行司法拘留15日,拘留期满,被执行人仍不履行赔偿义务。2014年8月28日,执行人员向被执行人杨宏余送达了将其纳入失信被执行人名单的《执行决定书》,2014年10月21日执行人交纳了执行款10000元,对余款174353.99元其仍以各种理由拒绝履行。

【裁判结果】被执行人杨宏余长期拒不履行生效裁判文书确定的义务,其行为已涉嫌拒不执行判决、裁定罪,2014年12月12日大理市法院将该案移送大理市公安局立案侦查,2015年1月31日大理市检察院向大理市人民法院提起公诉,指控杨宏余犯拒不执行判决罪。在该案审理过程中被执行人杨宏余如实供述自己的犯罪事实并自愿认罪,其家属积极筹措、支付了全部赔偿款项并取得了受害人的谅解,大理市人民法院遂做出对被告杨宏余拒不执行判决罪,判处有期徒刑六个月,缓刑一年。

【典型意义】本案被执行人在被人民法院司法拘留后仍然对抗执行,明明有财产可供执行,却故意拖欠逃避执行,其已经构成拒不执行判决、裁定的行为,情节严重,应依法追究相应刑事责任。

案例4　朱兴福拒不执行判决、裁定案

【基本案情】2011年10月28日,宜良县人民法院判决被告朱兴福、李琼芳返还原告付某等二人不当得利人民币24万元,判决生效后,朱兴福、李琼芳一直未执行该判决,2011年12月19日,申请人向人民法院申请强制执行。2012年1月29日,被告朱兴福因拒不执行生效判决被法院司法拘留15天,后因被执行人朱兴福无财产可供执行,2012年12月6日终结了本案的执行程序,申请人多次来法院申请本案的恢复执行。法院查明:朱兴福曾向其女儿朱家梅和女婿计永辉各转账10万元,且计永辉的银行卡仍有5万余元,2015年2月,法院恢复了案件的执行,裁定追加朱家梅和计永辉为被执行人,并冻结了计永辉的银行卡及李琼芳的银行卡。之后,朱兴福仍不执行人民法院判决,宜良县人民法院将已冻结的11万元执行款发放给付某等二人。被告人朱兴福等人仍未返还剩余的13万元给付某等人。

【裁判结果】法院审理认为,被告人朱兴福对人民法院的判决有能力执行而拒不执行,情节严重,其行为已触犯了《中华人民共和国刑法》第三百一十三条之规定,构成拒执罪,依法对被告朱兴福判处有期徒刑一年。

【典型意义】本案被执行人朱兴福有一定能力执行生效判决,但其转移财产行为,性质恶劣,社会危害性较大,依法应予惩戒。宜良县人民法院为进一步使案件的审理公开透明,主动接受人大、政协和社会的监督,特邀请部分人大代表、政协委员、人民陪审员及当地群众50余人参加旁听,并下发了《关于拒不执行判决、裁定罪的相关法律规定》宣传资料,通过案件的审理让旁听群众从中认识到法院判决、裁定的重要性,拒绝执行法院生效的判决、裁定是要受到刑事责任追究的。

案例5　庞国发拒不执行判决、裁定案

【基本案情】桦南县农村信用社因被告人庞国发贷款75 000元到期未归还而诉诸法院,经桦南县人民法院调解双方达成调解协议:庞国发于2011年11月30日归还借款。协议到期后,庞国发未履行调解协议,桦南县农村信用合作联社申请法院强制执行。2014年10月21日桦南县人民法院裁定依法对庞国发家的50吨水稻予以查封,同年11月份,庞国发私自将被查封的水稻变卖,销售得款11万余元,除归还桦南县信用社借款2万元外,其余款项用于偿还个人债务,致使裁定无法执行。

另查明,被告人庞国发到案后已经将

执行款人民币 90 000 元交到桦南县人民法院执行局。

【裁判结果】黑龙江省桦南县人民法院经审理认为,被告人庞国发有能力执行裁定而拒不执行,情节严重,其行为已经构成拒不执行裁定罪,依法应予惩处。公诉机关指控被告人庞国发犯拒不执行裁定罪,事实清楚,证据确实、充分,指控罪名成立。被告人庞国发到案能如实供述犯罪事实,并主动履行了部分执行义务,且此次犯罪系初犯,故对其可从轻处罚并适用缓刑。依照《中华人民共和国刑法》第三百一十三条、第六十七条第三款、第七十二条、第七十三条第二款、第三款之规定,判决如下:被告人庞国发犯拒不执行裁定罪,判处有期徒刑六个月,缓刑一年。

【典型意义】近年来,全国法院生效文书执行难的情况日益严重,失信被执行人以各种方法逃避执行,使权利受到侵害的债权人,拿着法院的生效判决,却得不到实际履行。人民法院用刑事审判这把利剑,惩处了一批拒执案件,有效地保障了债权人的合法权益得到履行,也有效地惩治了诚信缺失的不良社会风气。

最高人民法院公布十二起涉民生执行典型案例

[2016 年 1 月 24 日]

案例1 被执行人广州振君服饰有限公司拖欠劳动报酬系列纠纷案
——执行法官跑遍 7 市,全国 26 家法院协助,为百余名工人追讨拖欠工资 82 万元

【基本案情】2015 年 3、4 月份,被执行人广州振君服饰有限公司经营不善致拖欠工人工资,为此,该公司工人向广州市海珠区劳动人事争议仲裁委员会申请仲裁。经该委裁决,广州振君服饰有限公司应向彭某等 153 名工人支付拖欠工资报酬合计 210 多万元。裁决生效后,广州市振君服饰有限公司未履行义务,彭某等人遂向法院申请强制执行。

广州市海珠区人民法院立案执行后,即向银行、车管、房管、工商等部门调查被执行人财产,除扣划银行存款 7 万余元外,未发现被执行人有可供执行财产。经搜查发现,该公司已不再经营。为打破执行僵局,执行法官积极与工人沟通,得知被执行人在全国各地有多家直营店铺,可能有应收营业款及押金可供执行。执行法官在 45 天内奔赴广东省内广州、深圳、珠海、江门等七个城市,并联系湖南、重庆等广东省外 26 家法院,共向 100 多个直营店铺所在商场送达执行裁定书及协助执行通知书,要求将未结算给被执行人的款项直接汇给法院处理,并持续与上述商场沟通。截至 2015 年 10 月 24 日,执行到位 24 笔执行款合计 75 万余元,加上 7 万元扣划存款,总计 82 万余元。

款项到账后,执行法官多次召开包括供货商在内的债权人会议。经过耐心工作,供货商们同意放弃在本次执行款中参与分配,从而使执行款可以全部分配给工人。2015 年 11 月 10 日,广州市海珠区人民法院将执行款 82 万多元按比例发还给工人们,得到当事人和社会舆论的一致好评。

【典型意义】本案的典型意义体现在:第一,强化法院间相互协助。为防止被执行人转移财产,执行法官迅速反应,对省内财产直接执行,并联系省外法院协

助执行,确保执行效果。第二,依法执行对第三人到期债权。为避免各地商场不配合执行,执行法官持续沟通释法,赢得第三人积极支持。第三,促使工人工资优先受偿。在现有法律制度框架下,通过债权人会议促使供货商主动放弃参与分配,支持工人工资优先受偿。

案例2 杜伯东申请执行广州罗邑贸易有限公司工资支付案
——通过网络查询发现被执行人天猫网店,依法冻结、扣划支付宝账户资金

【基本案情】2015年3月25日,北京市西城区劳动人事争议仲裁委员会对杜伯东与广州罗邑贸易有限公司工资等争议一案作出裁决,裁令广州罗邑贸易有限公司支付杜伯东工资、基本生活费以及解除劳动合同经济补偿共计约9万元。裁决发生法律效力后,广州罗邑贸易有限公司未履行义务,杜伯东依法向北京市西城区人民法院申请强制执行。

立案后,北京市西城区人民法院依法向广州罗邑贸易有限公司住所地寄送执行通知,但执行通知以"被执行单位已倒闭"为由退回。执行人员遂通过最高人民法院执行网络查控系统对被执行人财产情况进行查询,未发现被执行人存款。申请执行人杜伯东亦表示广州罗邑贸易有限公司位于广州的工厂已停产很久,公司已经倒闭多时,单位员工无法联系上公司的负责人,广州工厂的货物及其他财产也早被处理完毕,其不能提供被执行人其他财产线索。

执行人员通过与杜伯东沟通注意到,广州罗邑贸易有限公司曾在北京运作天猫网店,遂通过网络查找到了该公司注册运营的天猫网店,并在第一时间与支付宝(中国)网络技术有限公司联系,查询被执行人账户及账户余额。经查,被执行人支付宝账户余额约为3.1万元,执行人员当即向支付宝(中国)网络技术有限公司寄送冻结裁定及扣划裁定。在被执行人支付宝账户被冻结后,仍有款项陆续进入。2015年12月23日,在支付宝(中国)网络技术有限公司协助下,执行法院成功从广州罗邑贸易有限公司的支付宝账户中扣划约5.3万元,对不足部分进行额度冻结。截至2015年12月29日,对被执行人支付宝账户又冻结金额约1.3万元。

【典型意义】此案属于新形势下通过网络查询被执行人财产的有益尝试。网络购物的普及,使得支付宝在电子商家和网络买家中广泛使用。支付宝账户内的款项作为被执行人名下财产,根据法律规定属于法院可执行的财产范围。本案执行人员不局限于传统的财产调查模式,借助网络信息,拓展查询思路,根据案件情况调查被执行人是否有运营网店等情况,挖掘被执行人的新类型财产线索。在查找到被执行人支付宝账户后,及时采取有效措施,有力地推进了案件的执行。

案例3 许春财与杨顺局抚养费纠纷案
——被执行人不履行支付抚养费的义务,执行法院通过全国法院网络查控系统冻结其银行账户后,被执行人迫于压力,主动履行义务

【基本案情】许春财与杨顺局抚养费纠纷一案,山东省临沂市兰山区人民法院判决准予杨顺局与许春财离婚,双方婚生女由许春财抚养,杨顺局每月支付抚养费人民币400元,自2013年6月份起至女

儿能够独立生活之日止。2013年度的抚养费2 800元于2013年12月1日前付清,以后每年度的抚养费于每年7月1日前付清。

判决生效后,杨顺局一直未履行法律文书确定的义务,许春财于2015年11月17日向临沂市兰山区人民法院申请执行,要求杨顺局支付女儿抚养费12 400元。案件进入执行程序后,了解到申请执行人家庭十分困难,被抚养人年纪尚幼,亟需此笔抚养费,执行法院加快了执行速度。但被执行人杨顺局离婚后,一直逃避法院执行。2015年11月底,临沂市兰山区人民法院开通全国法院网络执行查控平台后,承办法官于11月30日将该案输入全国法院网络执行查控系统,该系统于当天下午反馈信息:被执行人杨顺局在银行账户内有存款8 048.32元。12月1日上午承办法官通过系统冻结杨顺局银行账户,下午银行反馈信息显示已成功冻结。随后,承办法官与杨顺局取得联系,对其进行批评教育。杨顺局慑于网络查控的巨大震慑力和执行工作的强大力度,于12月9日下午主动将剩余抚养费4 400元打入法院专用账户,并保证以后每年主动支付抚养费5 000元。

【**典型意义**】追索抚养费的案件关系到未成年人的健康成长,本案中,申请执行人家庭困难,且被抚养人年纪尚幼,被执行人一直躲避法院执行,迁离了原址,执行难度较大。执行法院充分利用全国法院网络查控系统,加大对被执行人的财产查控力度,高效执结了案件,及时维护了当事人的合法权益。

案例4 三鹿乳业有限公司拖欠职工工资执行案

——执行法院采取多种措施,将189名职工工资、补偿费和社会保险等费用520余万元执行到位

【**基本案情**】河北省行唐三鹿乳业有限公司是由原石家庄三鹿集团股份有限公司占有51%股份的有限公司,因"三鹿奶粉"事件,于2008年9月停产,除少数职工留守外,其他职工全部放假。2010年10月该公司营业执照被有关部门依法吊销。到2013年3月,该公司除其他债务外(另案处理),尚拖欠189名职工的工资、补偿费、养老保险、失业保险费等520余万元。189名职工多次向有关部门反映,并将三鹿乳业有限公司诉至法院。河北省行唐县人民法院经审理后,依法做出判决:一、在判决生效后30内,三鹿乳业有限公司将189名职工的工资、经济补偿费和社会保险等费用全部补发、补缴。二、三鹿乳业有限公司与189名职工解除劳动关系。

判决生效后,三鹿乳业有限公司未能主动履行义务,2013年9月当事人提出执行申请。因该公司拖欠债务较多,行唐县人民法院与有关部门沟通协调后,依法对该公司的资产进行了评估、拍卖。面对涉及人数众多、具体情况差异大、标的额不同的情况,执行人员逐个认真核对,在确保数额准确无误的情况下,将拖欠的工资、补偿费用300余万元发放到189名职工手中,剩余的各类社会保险220余万元,经社保有关单位及县就业局审核确认后,一次性全部交至相关保险公司。至此,长达两年半的劳动关系、工资、经济补

偿和社会保险劳动争议案件,圆满执结。

【典型意义】本案是一起典型的涉民生案件,涉及人数众多,社会影响较大。执行这类案件,首先要加强沟通协调。执行法院多次找职工代表和企业负责人谈话,多次与政府主管部门协调沟通,取得了各方面的积极支持。其次要注意规范执行行为。在执行时,执行法院依法将以该公司为被执行人案件并案执行,确保相关职工利益得到公平保障,同时依法评估和公开拍卖,依法制定执行款分配方案,确保执行活动合法合规。

案例5 吴庆模等19 244名蔗农追索蔗款纠纷案
——广西永凯糖纸集团有限责任公司宾阳大桥分公司等拖欠蔗农甘蔗款2.5亿元,被依法强制执行,蔗农甘蔗款全部执行到位

【基本案情】2015年1月,广西永凯糖纸集团有限责任公司宾阳大桥分公司因拖欠吴庆模等19 244名蔗农甘蔗款被诉至广西宾阳县人民法院,后经宾阳县人民法院主持调解,确认广西永凯糖纸集团有限责任公司宾阳大桥分公司应向吴庆模等19 244人支付甘蔗款共计2.5亿元,分三期履行完毕。广西永凯糖纸集团有限责任公司、宾阳县永凯大桥制糖有限责任公司承担连带付款责任。调解书生效后,广西永凯糖纸集团有限责任公司宾阳大桥分公司未履行义务,19 244名蔗农向宾阳县人民法院依法申请强制执行。因本案与蔗农生计息息相关,且涉及人数众多、数额巨大,在办案过程中,执行法院注重向蔗农辩法释理,引导蔗农依法行使诉讼权利,维护合法权益;同时,宾阳县人民法院启动涉民生案件优先执行、快速执行机制,立即向被执行人送达执行通知书,并以最快速度采取执行措施查控被执行人的银行存款、土地使用权、厂房及生产设备等资产,部分资产经依法评估后予以拍卖。经过艰苦努力,被执行人拖欠蔗农的2.5亿元蔗款全部执行到位。

【典型意义】广西三分之一的土地是甘蔗田,种植甘蔗的农民近2 000万。执行法院高度重视与蔗农生计休戚相关的案件执行,为此类案件开辟"绿色通道",采取优先立案、快速执行的方式予以办理。执行法院在该案执行阶段仅用时两个半月,执行全程公开透明,以2.5亿元兑现了近2万蔗农甘蔗款,执行效果良好。

案例6 安徽现在彩色印务有限公司拒不执行仲裁法律文书案
——被执行人逃避执行,其法定代表人王明峰被法院移送公安机关协查,被采取拘留措施后全部履行到位

【基本案情】安徽现在彩色印务有限公司是安徽省合肥市长丰县双凤经济开发区内一家从事包装品印刷的企业,因种种原因,自2014年9月开始拖欠工人工资,涉及工人150多人,累计金额达100余万元。2015年初,徐传翠等80人向长丰县劳动人事争议仲裁委员会申请劳动仲裁。仲裁委员会经审理后作出了仲裁调解书,确认应支付上述80人的工资合计50余万元。仲裁法律文书生效后,徐传翠等80人分别向安徽省合肥市长丰县人民法院申请强制执行。

长丰县人民法院立案执行后,执行人员发现,企业大门紧闭,一片萧条,已停产多日,生产设备已被合肥市瑶海区人民法院等多家法院查封。通过进一步查询发

现,该公司无房产、土地及银行存款等可供执行的财产,法定代表人王明峰去向不明,案件执行陷入困境。

随后,执行人员根据申请执行人提供的该公司日常工作负责人王某的电话,多次依法、依情、依理与其进行沟通,但王某始终没有提出具体的解决措施或方案,也没有提供法定代表人王明峰的去向,案件没有实质性进展。在此情况下,执行法院将该案移送公安机关,请求协查王明峰的下落。公安机关依法对王明峰进行网上协查。后王明峰在合肥的某浴场出现,公安机关及时将其控制并移交至执行法院。在强大的法律威慑下,安徽现在彩色印务有限公司将拖欠一年之久的工资如数交到法院。

【典型意义】本案被执行人采取逃避的方式拒不履行生效法律文书确定的义务,致使80名工人的工资难以兑现。在多次执行无果的情况下,执行法院请求公安机关协查法定代表人下落,由此打开了整个案件的突破口。公安机关充分利用网络平台优势,及时发布协查信息,迅速对被执行单位法定代表人进行了定位和控制。慑于法律威严,被执行人最终支付了拖欠的工资。实践证明,执行联动机制对解决执行难问题具有重要意义,人民法院应当积极借助公安机关力量,通过网上协查等方式迅速找到被执行人或被执行人法定代表人。

案例7 渠敬枝与刘亮机动车交通事故赔偿案
——被执行人躲避执行,法院协调公安机关进行查控,促使其全部履行义务

【基本案情】2014年3月13日,刘亮无证驾驶小型普通客车,沿348省道自西向东行驶至山东省鱼台县唐马镇杨辛庄路口时,与自南向北行驶至路口处的渠敬枝所骑的电动三轮车相撞,后渠敬枝起诉至山东省鱼台县人民法院。2014年8月8日,鱼台县人民法院作出判决,判令刘亮赔偿渠敬枝因本次交通事故造成的经济损失78 207.54元。

判决生效后,刘亮未主动履行判决确定的义务,渠敬枝向鱼台县人民法院申请强制执行。受理执行申请后,鱼台县人民法院向刘亮送达了执行通知书及财产报告令,但在法院指定的期限内,刘亮拒不履行义务,也未报告财产状况。鱼台县人民法院于2015年1月23日依法对刘亮作出司法拘留15日、罚款5万元的决定。被司法拘留后,刘亮既不履行法律义务,也不主动交纳罚款,拘留期满后仍躲避执行。申请执行人渠敬枝因伤致残,家庭生活困难,鱼台县人民法院按有关规定给予司法救助7 000元。2015年11月,鱼台县人民法院向鱼台县公安局发出协查函,请公安机关协助查找被执行人刘亮下落,发现后立即采取临时控制措施。2015年11月13日,鱼台公安局辖区派出所民警将刘亮找到并控制。接到派出所的通知后,执行人员即刻前往派出所对刘亮采取司法拘留措施。2015年11月26日,被执行人刘亮认识到自己的错误,表示愿意履行法律义务,当日,双方当事人达成执行和解协议并履行完毕,本案得以执结。

【典型意义】本案中,被执行人刘亮被采取司法拘留措施后,仍不履行义务,逃避执行,使得申请执行人的权益得不到实现。执行法院加强与公安机关协调配合,及时将案件移送公安机关协查、控制,依法采取司法拘留措施,对被执行人形成

震慑,使案件得以执结。本案充分说明,公安机关配合执行法院采取协查措施,对查找被执行人下落具有重要意义。

最高人民法院发布六起涉民生执行典型案例

[2017年1月24日]

案例1　姜海龙拒不执行判决、裁定案
——被执行人擅自处理法院查封财产,申请执行人提起刑事自诉,双方当庭达成和解协议并实际履行

【基本案情】2012年3月17日,姜海龙驾校雇员任瑞国驾驶驾校所有的吉A7A855号大型普通客车载学员于洋等人,沿302国道由北向南行驶至639公里处,越过道路中心线逆向驶入路左侧,与由南向北行驶的吉J95117中型仓栅式货车相撞,致于洋等人受伤。任瑞国负事故全部责任。于洋经吉林大学第一医院诊断为双侧胫腓骨粉碎性骨折、左踝关节粉碎性骨折、骨盆多发骨折、尾骨骨折、骶骨右侧骨折、腹部闭合性损伤、脾脏周围血肿、局限性腹膜炎、双肾周血肿,住院治疗37天,共发生各种费用合计287 890.52元,姜海龙在于洋住院期间支付了104 500元,其余183 390.52元,双方未能自行解决,于洋遂向农安县人民法院提起诉讼。农安县人民法院受理后,于2014年12月9日作出(2013)吉农民初字第352号民事判决,判令:一、中国人民财产保险股份有限公司松原市支公司于判决生效后十日内在交强险限额内赔偿于洋11 000元。二、姜海龙、刘景志于判决生效后十日内赔偿于洋医疗费、伙食费、鉴定费、二次手术费等共计172 390.52元。判决生效后,保险公司自动履行了给付义务,姜海龙、刘景志未能自动履行。于洋于2015年3月10日向农安县人民法院申请强制执行。农安县人民法院受理后,于2015年3月31日向被执行人下发了执行通知书及报告财产令,查封了被执行人姜海龙名下两台轿车(一台现代,一台捷达)的车籍。2015年6月30日因被执行人姜海龙既不履行义务,亦不申报财产,对其实施了拘留,拘留时在其衣袋内搜出人民币3 000元。拘留期间,被执行人提出和解。在法院主持下,双方达成执行和解协议,被执行人拘留被释放后一次性给付申请执行人赔偿款130 000元。被执行人姜海龙被释放后,未履行和解协议,农安县人民法院欲对查封其名下的两台轿车进行评估拍卖时发现已被其转卖一台,遂于2016年5月3日对其实施了第二次拘留。拘留时,姜海龙极不配合,声称要钱没有,要命一条。此次拘留期届满后,姜海龙仍拒不履行给付义务。后申请执行人于洋于2016年5月17日向公安机关提起控告,公安机关不予受理。

2016年6月28日,申请执行人于洋向农安县人民法院提起自诉,要求追究被执行人姜海龙拒不执行判决、裁定的刑事责任。该院经审查后于2016年7月4日立案,7月28日对姜海龙予以逮捕。同年8月17日公开开庭进行审理。庭审过程中,姜海龙认罪态度较好,主动提出和解一次性给付150 000元,并当庭履行完毕。姜海龙的认罪悔罪表现,取得了于洋的谅解,于洋当庭要求撤回自诉申请,农安县人民法院当庭准许自诉人于洋撤诉,释放了被告人姜海龙。

【典型意义】本案被执行人对生效判决确定的赔偿义务有能力履行而拒不履行,被施以拘留后仍不思悔改,擅自转卖法院查封财产,致使生效判决无法完全履行,应追究其刑事责任。本案以自诉方式启动追诉程序,最终促使被执行人履行了赔偿义务,取得了申请执行人的谅解。

案例2 杨玉道拒不执行判决、裁定案
——被执行人拖欠农民工劳动报酬,有履行能力却拒不执行法院生效判决,依法应予以刑事处罚

【基本案情】杨玉道在湖北省老河口市长期从事个体装修,长期聘请农民工朱新忠、薛道庆、杨洪刚、袁金玉、韩必立、历锁等人为其打工。杨玉道因拖欠上述6人劳动报酬20余万元发生纠纷。上述6人分别诉至老河口市人民法院。该院于2014年10月15日分别作出(2014)鄂老河口民初字第02197、02195、02193、02196、02194号民事调解书,确定杨玉道于2015年6月30日前分期分别偿还朱新忠3.85万元、薛道庆4 000元、杨洪刚3.1万元、袁金玉1万元、韩必立1.8万元。该院又于2015年6月26日作出(2015)鄂老河口民初字第00880号民事判决书,判决被告人杨玉道于判决生效后十日内一次性偿还历锁12万元。

2015年1月6日,朱新忠等5人向老河口市人民法院申请强制执行,该院于同年2月11日向杨玉道送达了执行通知书及报告财产令,但杨玉道未按执行通知书履行生效法律文书确定的义务,未报告本人财产状况。在法院主持下,双方当事人于同年4月30日就第一期债务5.075万元达成执行和解协议。杨玉道除执行1.1万元外,余额3.975万元及第二期债务5.075万元未执行。杨玉道长期从事建筑装修业务,其拥有位于老河口市洪山嘴镇洪山嘴村2栋2间三层楼房。

历锁于2015年8月3日向老河口市人民法院申请强制执行,该院于2015年8月8日向杨玉道送达了执行通知书及报告财产令,但杨玉道未按执行通知书履行生效法律文书确定的义务,未报告财产。老河口市人民法院于2015年8月15日对杨玉道实施司法拘留15日,但杨玉道在法院对其拘留后仍拒不履行法定义务。

老河口市人民法院遂将杨玉道以涉嫌拒不执行判决、裁定罪移送公安机关侦查,并由检察机关提起公诉。杨玉道被逮捕后,与历锁协商自愿用老河口市洪山嘴镇洪山嘴村1栋房屋抵清拖欠历锁的全部劳动报酬,同时向朱新忠、薛道庆、杨洪刚、袁金玉、韩必立出具还款保证书,分期偿还朱新忠等五人劳动报酬,上述被害人对杨玉道表示谅解。老河口市人民法院审理认为,被告人杨玉道有执行能力却拒不执行人民法院生效裁判,构成拒不执行判决、裁定罪,于2016年11月15日判决杨玉道犯拒不执行判决、裁定罪,判处有期徒刑一年一个月。

【典型意义】被执行人拖欠农民工劳动报酬,有履行能力却拒不执行人民法院生效判决,且未如实报告其财产情况,属于有执行能力而抗拒执行情形,依法应予以刑事处罚。人民法院通过办理拒执罪案件,既打击了犯罪,又维护了农民工合法权益,实现了法律效果和社会效果有机统一。

案例3　陈建跃拒不执行判决、裁定案
——被执行人有履行能力而拒不履行法院判决,执行法院以涉嫌拒执犯罪向公安机关移送后,被执行人即与申请执行人达成执行和解协议并当即履行完毕

【基本案情】2013年12月2日16时50分许,陈建跃驾驶湘AB1329号重型普通货车沿S308线由东向西从安化县东坪镇往马路镇方向行驶,行至柘溪镇路口时,将谌席政停放在道路北侧有效路面外的湘HP5450号摩托车撞倒,造成谌席政严重受伤(现下身瘫痪)。安化县人民法院于2014年11月13日判决:陈建跃赔偿谌席政医药费等各项经济损失518 226元。

谌席政于2014年12月25日向安化县人民法院申请执行。该院立案执行后,发现被执行人有6 300元银行存款并依法扣划,同时,查询到被执行人陈建跃有2台货车,车牌号码:湘A29489中型普通货车,湘AB1329重型货车。执行人员多次到被执行人陈建跃住所地岳阳市湘阴县、工作地长沙市、沅江市上门执行,陈建跃一直未见面,经调查了解,陈建跃完全有能力履行安化县人民法院(2014)安法民一初字第868号民事判决书所确定的义务,但其拒不履行,其行为涉嫌构成犯罪。2016年8月1日,安化县人民法院将此案作为拒执罪典型案件移送至安化县公安局立案侦查。安化县公安局立案后立即对被执行人陈建跃进行网上追逃,不久在长沙市火车站将陈建跃抓获后刑拘。8月22日,陈建跃的亲属及委托律师与谌席政达成执行和解协议并当即履行完毕,该案执行完毕。后检察机关撤回对陈建跃的起诉。

【典型意义】对有履行能力而拒不履行法院判决、裁定的被执行人,以涉嫌拒执犯罪向公安机关移送后,既能促使案件顺利执结,同时可以使抗拒执行的行为人受到法律惩处,不仅对改善当前执行环境、缓解执行难具有直接推动作用,而且对强化社会诚信意识、弘扬社会主义法治精神,促进平安中国、法治中国建设,都具有重要意义。应进一步畅通该类案件移送、侦查、审查起诉、审判的渠道,为解决执行难助力。

案例4　广西桂飘香有限公司拖欠劳动报酬案
——被执行人以经营困难为由拖欠劳动报酬,法院将其纳入失信被执行人名单并依法对其处以罚款,迫使被执行人履行义务

【基本案情】刘建龙、张朝英、蓝柳青、蔡彩云等四人因广西桂飘香食品有限公司拖欠其2014年8月至9月的劳动报酬13 423.1元(刘建龙4 330.6元、张朝英2 961.9元、蓝柳青3 200元、蔡彩云2 930.6元),于2014年向柳州市人力资源和社会保障局投诉。柳州市人力资源和社会保障局审查后于2015年5月25日分别作出《劳动保障监察行政处理决定书》,要求广西桂飘香食品有限公司支付刘建龙、张朝英、蓝柳青、蔡彩云等四人的劳动报酬。但是广西桂飘香食品有限公司一直以经营状况欠佳为由,拒绝向刘建龙、张朝英、蓝柳青、蔡彩云等四人支付劳动报酬。柳州市人力资源和社会保障局向柳州市城中区人民法院申请强制执行,该院审查后于2016年5月24日以(2016)桂0202执746、747、748、749号案

立案受理,并于2016年6月1日向广西桂飘香食品有限公司发出执行通知和报告财产令,要求广西桂飘香食品有限公司在三日内履行。2016年7月26日,广西桂飘香食品有限公向该院报告称,其经营状况不佳且有股权纠纷(另案)拒绝履行支付劳动报酬的义务。该院通过"执行查控系统"对广西桂飘香食品有限公司银行存款、车辆、房产等财产情况多次、反复进行查询,但均未发现有可供执行的财产线索。为执行本案,维护劳动者合法权益,该院执行员到达广西桂飘香食品有限公司注册登记地柳州市柳石路382号进行调查。经核查,广西桂飘香食品有限公司的注册地生产场所系向柳州市建益电工材料有限公司租赁的厂房,现仅有办公室人员留守。本案执行因未发现被执行人可供执行财产而陷入困境。2016年10月30日,柳州市城中区人民法院依法将广西桂飘香食品有限公司纳入失信被执行人名单。2016年11月15日,本案投诉人向该院报告称,广西桂飘香食品有限公司在某商场进行产品展销。得知此线索后,院党组高度重视,2016年11月16日即对广西桂飘香食品有限公司法定代表人黄志勇进行约谈,但黄志勇仍然表示公司生产经营困难无法履行。因广西桂飘香食品有限公司拒不履行生效法律文书所确定的向刘建龙、张朝英、蓝柳青、蔡彩云等四人支付工资的义务,柳州市城中区人民法院依据《中华人民共和国民事诉讼法》第一百一十一条第一款(六)项的规定对广西桂飘香食品有限公司法定代表人黄志勇作出四案共罚款计8万元的决定(每件案件罚款2万元),黄志勇当即表示愿意履行。2016年11月18日,黄志勇向刘建龙、张朝英、蓝柳青、蔡彩

四人支付劳动报酬共计13 423.1元。至此,(2016)桂0202执746、747、748、749号柳州市人力资源和社会保障局与广西桂飘香食品有限公司行政非诉执行四案执行完毕。

【典型意义】追索劳动报酬与群众生计休戚相关,此类案件的执行也一直是法院执行工作的重心和难点。部分被执行人心存侥幸,利用无自有房屋、财产情况难以核查的客观情况,以公司经营困难为借口拒不支付劳动报酬,但这些都不是拒不履行支付劳动报酬义务的理由。本案的顺利执结表明,当事人必须自觉履行人民法院的生效裁判,不能心存侥幸,抗拒、逃避执行将承担相应的法律责任。

案例5 张可嘉追索医疗费用等人身损害赔偿案
——被执行人拒不履行生效法律文书确定的赔偿义务,法院加大财产查控力度,利用失信被执行人名单制度,顺利执结案件

【基本案情】2012年5月26日,年仅6岁的张可嘉在辅导班学习舞蹈,在一次练习后下腰动作时蹲倒,下肢疼痛无力,难以站立,经医院和司法鉴定所鉴定属于脊髓二级伤残,东阿县人民法院于2013年12月23日作出(2012)东少民初字第15号判决书,判决朱红梅与李文才承担80%的赔偿责任,赔偿医疗费、护理费、交通费、住宿费、住院伙食补助费、伤残赔偿金、残后护理费、精神损害抚慰金等各项损失共计932 615.54元。

案件判决后,两被告未按期履行义务,张可嘉及其代理人于2014年5月6日向法院申请强制执行,法院立案后向被

执行人下达执行通知书和财产报告令。被执行人在赔付61 520元后未再继续履行义务。执行人员依法在网络查控系统及其他金融机构中查询了两被执行人的银行账户，查询房管局、不动产登记中心及车管所，冻结了被执行人名下的工资并查封了被执行人一处房产。同时，依法将被执行人纳入失信被执行人名单，并将其失信信息投放在县中心的一处电子屏幕上，每天滚动播出。因加入失信被执行人名单，两被执行人倍感惩戒压力，2016年6月15日，两被执行人来到法院，在执行人员主持下，双方达成和解协议，将房产过户于张可嘉父亲名下，另外一次性给付现金30万元，案件得以顺利执结。

【典型意义】本案的顺利执结是法院依法运用失信被执行人名单的结果，通过将被执行人纳入失信名单，加大对被执行人法律上及道德上的威慑力，促使被执行人履行生效法律文书确定的赔偿义务，在破解执行难方面具有典型性。

案例6 杜开均申请执行四川科茂建筑劳务有限公司工伤赔偿纠纷案
——被执行人拒不履行生效法律文书确定义务，法院将其列入失信被执行人名单，促使其与申请执行人达成执行和解协议

【基本案情】杜开均于2013年3月底到四川科茂建筑劳务有限公司从事泥工工作，系泥工班班头。2014年4月13日，杜开均在科茂公司九楼工地施工过程中，右手被电切割机割伤。2015年3月，经泸州市人力和社会资源保障局认定为工伤。同年8月，泸州市劳动能力鉴定委员会认定杜开均伤残等级为七级，无生活自理能力。由于杜开均在科茂公司上班期间，该公司未为其办理工伤保险，科茂公司就工伤保险待遇问题与杜开均发生纠纷，并于2015年10月经泸县劳动争议仲裁委员会裁决，科茂公司承担杜开均工伤保险待遇共计226 496.5元。2015年11月，科茂公司不服该仲裁裁决向泸县人民法院提起诉讼。2016年3月，泸县人民法院作出（2016）川0521民初142号判决：杜开均因工伤致七级伤残享受工伤保险待遇共计211 496.5元，由科茂公司在判决生效后10日内支付。科茂公司不服该判决，向泸州市中级人民法院提起上诉，2016年6月二审判决驳回上诉、维持原判。

因科茂公司拒不履行判决确定义务，2016年7月，杜开均向泸县人民法院申请强制执行。泸县人民法院立即开展执行工作，通过"点对点"、"总对总"系统进行查控，发现被执行人账户仅余7000元；核查工商、不动产等登记情况，均未发现可执行财产线索；承办法官找到被执行人并向被执行人下达财产报告令，要求其主动履行判决确定义务，释明拒不执行可能带来的失信惩戒后果，但被执行人报告仍无财产。为此，承办法官将被执行人列入失信被执行人名单，冻结被执行人账户。2016年11月30日，在泸县人民法院主持下，被执行人科茂公司与申请人杜开均通过协商达成和解协议，科茂公司支付150 000元，其余款项杜开均予以放弃。12月1日，杜开均终于领到第一笔工伤保险金110 000元。另外4万元工伤保险金，被执行人于12月5日支付申请执行人。

【典型意义】本案是工伤保险执行案件，此类执行案件的申请执行人多为弱势群体，经济困难，被执行人拒不支付工伤

保险的行为,会使申请执行人陷入困境。本案通过将被执行人纳入失信名单,对其商誉形成压力,促使被执行人与申请执行人达成执行和解协议。

最高人民法院发布十起环境公益诉讼典型案例

[2017年3月7日]

案例1 江苏省泰州市环保联合会诉泰兴锦汇化工有限公司等水污染民事公益诉讼案

【基本案情】2012年1月至2013年2月,被告锦汇公司等六家企业将生产过程中产生的危险废物废盐酸、废硫酸总计2.5万余吨,以每吨20至100元不等的价格,交给无危险废物处理资质的相关公司偷排进泰兴市如泰运河、泰州市高港区古马干河中,导致水体严重污染。泰州市环保联合会诉请法院判令六家被告企业赔偿环境修复费1.6亿余元、鉴定评估费用10万元。

【裁判结果】江苏省泰州市中级人民法院一审认为,泰州市环保联合会作为依法成立的参与环境保护事业的非营利性社团组织,有权提起环境公益诉讼。六家被告企业将副产酸交给无处置资质和处置能力的公司,支付的款项远低于依法处理副产酸所需费用,导致大量副产酸未经处理倾倒入河,造成严重环境污染,应当赔偿损失并恢复生态环境。2万多吨副产酸倾倒入河必然造成严重环境污染,由于河水流动,即使倾倒地点的水质好转,并不意味着河流的生态环境已完全恢复,

依然需要修复。在修复费用难以计算的情况下,应当以虚拟治理成本法计算生态环境修复费用。遂判决六家被告企业赔偿环境修复费用共计1.6亿余元,并承担鉴定评估费用10万元及诉讼费用。江苏省高级人民法院二审认为,泰州市环保联合会依法具备提起环境公益诉讼的原告资格,一审判程序合法。六家被告企业处置副产酸的行为与造成古马干河、如泰运河环境污染损害结果之间存在因果关系。一审判决对赔偿数额的认定正确,修复费用计算方法适当,六家被告企业依法应当就其造成的环境污染损害承担侵权责任。二审判决维持一审法院关于六家被告企业赔偿环境修复费用共计1.6亿余元的判项,并对义务的履行方式进行了调整。如六家被告企业能够通过技术改造对副产酸进行循环利用,明显降低环境风险,且一年内没有因环境违法行为受到处罚的,其已支付的技术改造费用可经验收后在判令赔偿环境修复费用的40%额度内抵扣。六家被告企业中的三家在二审判决后积极履行了判决的全部内容。锦汇公司不服二审判决,向最高人民法院申请再审。最高人民法院认为,环境污染案件中,危险化学品和化工产品生产企业对其主营产品及副产品均需具有较高的注意义务,需要全面了解其主营产品和主营产品生产过程中产生的副产品是否具有高度危险性,是否会造成环境污染;需要使其主营产品的生产、出售、运输、储存和处置符合相关法律规定,亦需使其副产品的生产、出售、运输、储存和处置符合相关法律规定,避免对生态环境造成损害或者产生造成生态环境损害的重大风险。虽然河水具有流动性和自净能力,但在环境容量有限的前提下,向水体大量倾倒副

产酸,必然对河流的水质、水体动植物、河床、河岸以及河流下游的生态环境造成严重破坏。如不及时修复,污染的累积必然会超出环境承载能力,最终造成不可逆转的环境损害。因此,不能以部分水域的水质得到恢复为由免除污染者应当承担的环境修复责任。最高人民法院最终裁定驳回了锦汇公司的再审申请。

【典型意义】泰州水污染公益诉讼案被媒体称为"天价"环境公益诉讼案。该案由社会组织作为原告、检察机关支持起诉,参与主体特殊、涉案被告多、判赔金额大、探索创新多、借鉴价值高。一审法院正确认定泰州市环保联合会的主体资格,确认锦汇公司等六家公司主观上具有非法处置危险废物的故意,客观上造成了环境严重污染的结果,应该承担对环境污染进行修复的赔偿责任。同时,结合鉴定结论和专家证人意见认定环境修复费用,判令六家被告企业共计赔偿1.6亿余元环境修复费用。二审法院衡平企业良性发展与环境保护目标,创新了修复费用支付方式,鼓励企业加大技术改造力度,处理好全局利益与局部利益、长远利益与短期利益的关系,承担起企业环境保护主体责任和社会责任。最高人民法院肯定了二审法院创新修复费用支付方式的做法,鼓励企业积极开展技术创新和改造,促进区域生态环境质量改善。同时明确了危险化学品和化工产品生产企业在生产经营过程中应具有较高的注意义务,应承担更多的社会责任。对于河水这种具有流动性和自净能力的环境介质,确立了水污染环境修复责任的处理原则,即污染行为一旦发生,不因水环境的自净改善而影响污染者承担修复义务。本案对水污染案件的处理具有一定的示范意义。

【点评专家】吕忠梅 十二届全国人大代表、全国政协社会和法制委员会驻会副主任、最高人民法院特邀咨询员

【点评意见】泰州案因参与主体特殊、诉讼程序完整、因果关系判定、环境污染损害鉴定评估、赔付履行方式创新等,引人瞩目。再审裁定虽然主要是对一、二审判决的确认,但其作为国家最高司法机关的终审裁决,对今后的个案审判乃至司法规则确立具有里程碑意义。该案的事实认定与因果关系推定法理十分清晰。区分该案被告有直接实施污染物倾倒行为和非倾倒行为直接实施人两类不同情况,采纳"违反注意义务说"及因果关系推定规则,清晰的展示"受害人证明基础事实达到低标准证明——法官推定因果关系的存在——被推定人提出反证证明"的逻辑,妥当实现原、被告间在诉讼中的平衡。该案损害后果的认定鲜明体现环境侵权特征。针对当事人双方就是否存在损害后果的严重分歧,法官基于对环境侵权后果二元性的充分认识,清晰的论证了倾倒副产酸这一污染行为所造成的污染与生态损害两种后果,正确认定河域生态系统损害及其规律。该案对环境修复费用的确定、计算以及履行方式积极探索创新。法官将倾倒副产酸的损害后果确定为污染导致的生态破坏危险,引入虚拟治理成本计算法,采用支付环境修复费用的责任承担方式并探索具体履行路径,较好考虑了司法效果、社会效果与环境效果的统一。

案例2 中国生物多样性保护与绿色发展基金会诉宁夏瑞泰科技股份有限公司等腾格里沙漠污染系列民事公益诉讼案

【基本案情】2015年8月,中国生物

多样性保护与绿色发展基金会向宁夏回族自治区中卫市中级人民法院提起诉讼称：瑞泰公司等八家企业在生产过程中违规将超标废水直接排入蒸发池，造成腾格里沙漠严重污染，截至起诉时仍然没有整改完毕。请求判令：1.停止非法污染环境行为；2.对造成环境污染的危险予以消除；3.恢复生态环境或者成立沙漠环境修复专项基金并委托具有资质的第三方进行修复；4.针对第二项和第三项诉讼请求，由法院组织原告、技术专家、法律专家、人大代表、政协委员共同验收；5.赔偿环境修复前生态功能损失；6.在全国性媒体上公开赔礼道歉等。绿发会向法院提交了基金会法人登记证书，显示绿发会是在国家民政部登记的基金会法人。绿发会提交的2010至2014年度检查证明材料，显示其在提起本案公益诉讼前五年年检合格。绿发会提交了五年内未因从事业务活动违反法律、法规的规定而受到行政、刑事处罚的无违法记录声明。此外，绿发会章程规定，其宗旨为"广泛动员全社会关心和支持生物多样性保护和绿色发展事业，保护国家战略资源，促进生态文明建设和人与自然和谐，构建人类美好家园"。绿发会还向法院提交了其自1985年成立至今，一直实际从事包括举办环境保护研讨会、组织生态考察、开展环境保护宣传教育、提起环境民事公益诉讼等活动的相关证据材料。

【裁判结果】宁夏回族自治区中卫市中级人民法院一审认为，绿发会不能认定为环境保护法第五十八条规定的"专门从事环境保护公益活动"的社会组织，对绿发会的起诉裁定不予受理。绿发会不服，提起上诉。宁夏回族自治区高级人民法院审查后裁定驳回上诉，维持原裁定。

绿发会不服二审裁定，向最高人民法院申请再审。最高人民法院依法提审并审理认为，因环境公共利益具有普惠性和共享性，没有特定的法律上直接利害关系人，有必要鼓励、引导和规范社会组织依法提起环境公益诉讼，以充分发挥环境公益诉讼功能。依据环境保护法第五十八条和《最高人民法院关于审理环境民事公益诉讼案件适用法律若干问题的解释》第四条的规定，对于本案绿发会是否可以作为"专门从事环境保护公益活动"的社会组织提起本案诉讼，应重点从其宗旨和业务范围是否包含维护环境公共利益，是否实际从事环境保护公益活动，以及所维护的环境公共利益是否与其宗旨和业务范围具有关联性等三个方面进行审查。对于社会组织宗旨和业务范围是否包含维护环境公共利益，应根据其内涵而非简单依据文字表述作出判断。社会组织章程即使未写明维护环境公共利益，但若其工作内容属于保护各种影响人类生存和发展的天然的和经过人工改造的自然因素的范畴，均应认定宗旨和业务范围包含维护环境公共利益。绿发会章程中规定的宗旨契合绿色发展理念，亦与环境保护密切相关，属于维护环境公共利益的范畴。环境保护公益活动，不仅包括植树造林、濒危物种保护、节能减排、环境修复等直接改善生态环境的行为，还包括与环境保护有关的宣传教育、研究培训、学术交流、法律援助、公益诉讼等有利于完善环境治理体系，提高环境治理能力，促进全社会形成环境保护广泛共识的活动。绿发会在本案一审、二审及再审期间提交的历史沿革、公益活动照片、环境公益诉讼立案受理通知书等相关证据材料，虽未经庭审质证，但在立案审查阶段，足以显示绿发会自1985年成立以来长期实际从事包括举办环境保护研讨会、组织生态考察、开展环境保护宣传教育、提起环境民事公益诉讼等环境保护活动，符合环境保护法和环境公益诉讼司法解释的规定。同时，上述证据亦证明绿发会从事环境保护公益活动的时间已满五年，符合环境保护法第五十八条关于社会组织从事环境保护公益活动应五年以上的规定。依据环境公益诉讼司法解释第四条的规定，社会组织提起的公益诉讼涉及的环境公共利益，应与社会组织的宗旨和业务范围具有一定关联。即使社会组织起诉事项与其宗旨和业务范围不具有对应关系，但若与其所保护的环境要素或者生态系统具有一定的联系，亦应基于关联性标准确认其主体资格。本案环境公益诉讼系针对腾格里沙漠污染提起。沙漠生物群落及其环境相互作用所形成的复杂而脆弱的沙漠生态系统，需要人类的珍惜利用和悉心呵护。绿发会起诉认为瑞泰公司将超标废水排入蒸发池，严重破坏了腾格里沙漠本已脆弱的生态系统，所涉及的环境公共利益维护属于绿发会宗旨和业务范围。此外，绿发会提交的基金会法人登记证书、年度检查证明材料、无违法记录声明等，证明其符合环境保护法第五十八条，环境公益诉讼司法解释第二条、第三条、第五条对提起环境公益诉讼社会组织的其他要求，具备提起环境民事公益诉讼的主体资格。最高人民法院再审裁定撤销一审、二审裁定，指令本案由中卫市中级人民法院立案受理。

【典型意义】最高人民法院通过审理腾格里沙漠污染系列民事公益诉讼案，针对新环境保护法实施以来各地环境公益诉讼案件审理中出现的与原告主体资格有关的突出问题，就环境保护法第五十八条以及环境公益诉讼司法解释规定的环境公益诉讼原告主体资格相关法律适用问题，确立、细化了裁判规则。再审裁定明确对于社会组织是否具备提起环境民事公益诉讼的主体资格，应当重点从宗旨和业务范围是否包含维护环境公共利益，是否实际从事环境保护公益活动，以及所维护的环境公共利益是否与其宗旨和业务范围具有关联性等三个方面进行认定。再审裁定阐明了对于社会组织宗旨和业务范围是否包含维护环境公共利益，应根据其内涵而非简单依据文字表述作出判断；阐明了环境保护公益活动，不仅包括直接改善生态环境的行为，还包括有利于完善环境治理体系，提高环境治理能力，促进全社会形成环境保护广泛共识的活动；阐明了社会组织起诉事项与其宗旨和业务范围即便不具有对应关系，但若与其所保护的环境要素或者生态系统具有一定的联系，亦应基于关联性标准确认其主体资格。该系列案件是最高人民法院首次通过具体案例从司法层面就环境民事公益诉讼主体问题明确判断标准，推动了环境公益诉讼制度的发展，已作为最高人民法院指导性案例发布，对于环境民事公益诉讼案件的审理具有重要的指引和示范作用。

【点评专家】王树义　武汉大学教授

【点评意见】环境民事公益诉讼的原告资格问题，是近几年来在环境民事公益诉讼司法实践中时常困扰法官们的一个实际问题。问题主要出在对环境保护法第五十八条中"专门从事环境保护公益活动"的理解。其实，《最高人民法院关于审理环境民事公益诉讼案件适用法律若干问题的解释》第四条已经解释得非常清楚,为何依然出现此类问题？主要还是涉及对"专门从事环境保护公益活动"的正确理解。如何认定一个社会组织是否属于专门从事环境保护公益活动的社会组织,主要考察两点:一是社会组织章程确定的宗旨;二是社会组织的主要业务活动范围。具体到本案,绿发会章程中明确规定,其宗旨是"广泛动员全社会关心和支持生物多样性保护与绿色发展事业,维护公众环境权益和社会公共利益";第七条规定,其业务范围包括"(五)开展和资助维护公众环境权益和环境保护领域社会公共利益的理论研究和实践活动,推动我国环境法治";"(九)开展和资助符合本基金会宗旨的其他项目和活动"。从绿发会的宗旨和主要业务范围看,绿发会显然应当被认定为"专门从事环境保护公益活动"的社会组织。因为,保护生物多样性、推动和支持绿色发展、开展维护公众环境权益和环境保护领域社会公共利益的实践活动,就是一种环境保护的公益活动,并且是一种重要的、应当广泛提倡和推动的环境保护公益活动。另外,绿发会起诉的事项与其宗旨及业务范围亦具有对应关系或关联性,其原告资格显而易见。最高人民法院对本案的再审裁定,对类似案件具有很好的指引和示范作用。

案例3 中华环保联合会诉山东德州晶华集团振华有限公司大气污染民事公益诉讼案

【基本案情】振华公司是一家从事玻璃及玻璃深加工产品制造的企业,位于山东省德州市区内。振华公司虽投入资金建设脱硫除尘设施,但仍有两个烟囱长期超标排放污染物,造成大气污染,严重影响了周围居民生活,被环境保护部点名批评,并被山东省环境保护行政主管部门多次处罚,但其仍持续超标向大气排放污染物。中华环保联合会提起诉讼,请求判令振华公司立即停止超标向大气排放污染物,增设大气污染防治设施,经环境保护行政主管部门验收合格并投入使用后方可进行生产经营活动;赔偿因超标排放污染物造成的损失2040万元(诉讼期间变更为2746万元)及因拒不改正超标排放污染物行为造成的损失780万元,并将赔偿款项支付至地方政府财政专户,用于德州市大气污染的治理;在省级及以上媒体向社会公开赔礼道歉;承担本案诉讼、检验、鉴定、专家证人、律师及其他为诉讼支出的费用。德州市中级人民法院受理本案后,向振华公司送达民事起诉状等诉讼材料,向社会公告案件受理情况,并向德州市环境保护局告知本案受理情况。德州市人民政府、德州市环境保护局积极支持、配合本案审理,并与一审法院共同召开协调会。通过司法机关与环境保护行政主管部门的联动、协调,振华公司将全部生产线关停,在远离居民生活区的天衢工业园区选址建设新厂,防止了污染及损害的进一步扩大,使案件尚未审结即取得阶段性成效。

【裁判结果】山东省德州市中级人民法院一审认为,诉讼期间振华公司放水停产,停止使用原厂区,可以认定振华公司已经停止侵害。在停止排放前,振华公司未安装或者未运行脱硫和脱硝治理设施,未安装除尘设施或者除尘设施处理能力不够,多次超标向大气排放二氧化硫、氮氧化物、烟粉尘等污染物。其中,二氧化硫、氮氧化物是酸雨的前导物,过量排放形成酸雨会造成居民人身及财产损害,过量排放烟粉尘将影响大气能见度及清洁度。振华公司超标排放污染物的行为导致了大气环境的生态附加值功能受到损害，应当依法承担生态环境修复责任，赔偿生态环境受到损害至恢复原状期间服务功能损失。同时，振华公司超标向大气排放污染物的行为侵害了社会公众的精神性环境权益，应当承担赔礼道歉的民事责任。遂判决振华公司赔偿超标排放污染物造成损失2 198.36万元，用于大气环境质量修复；振华公司在省级以上媒体向社会公开赔礼道歉等。宣判后，双方当事人均未提起上诉，一审判决已生效。

【典型意义】德州大气污染公益诉讼案是新环境保护法施行后，人民法院受理的首例京津冀及其周边地区大气污染公益诉讼案件。大气具有流动性，其本身具有一定的自净功能，企业超标排放是否构成生态环境损害是本案审理的难点。本案裁判明确超标过量排放二氧化硫、氮氧化物和粉尘将影响大气的生态服务功能，应当承担法律责任，可根据企业超标排放数量以及二氧化硫、氮氧化物和粉尘的单位治理成本计算大气污染治理的虚拟成本，进而作为生态环境损害赔偿的依据，具有一定合理性。振华公司在本案审理期间主动承担社会责任，积极采取措施防止污染的持续和扩大，值得肯定。该案的审结及时回应了当前社会公众对京津冀及周边地区的大气污染治理的关切，对区域大气污染治理进行了有益的实践探索。

【点评专家】周珂 中国人民大学教授

【点评意见】本案判决结果较充分地体现了环境司法这一新型司法领域独特的公平正义。第一，关于超标排污的正当性问题。法院判决被告超标排污的行为侵害了社会公共的环境权益，即认定了其行为的违法性和对环境公益的侵害性。这为通过环境公益诉讼的办法，使超标排污造成大气污染得到有效治理开辟了一条新的有效的途径。第二，大气污染的因果关系历来是个难点，判决不纠缠于复杂的逻辑争辩，在本案所在城市属于国内污染极为严重城市这一不需要鉴定的事实前提下，确认了鉴定报告可以作为认定事实的依据，采用了国外环境诉讼中的间接因果关系认定说，提高了审判的效率，也完全满足程序正义的要求。第三，大气污染环境公益诉讼的损害数额计算全世界也没有统一的标准，判决认定了鉴定报告采用的"按虚拟治理成本的4倍计算被告振华公司生态损害数额"的计算方法，采用了适中的倍数。这为今后环境公益诉讼正确和有效地处理这方面的问题提供了有益的经验。第四，修改前的环保法没有赔礼道歉的规定，而判决援引了2014年新环保法的有关规定，认定被告应当承担赔礼道歉的民事责任，其历史意义是重大而深远的。第五，本案法院立案受理后，及时与政府部门沟通，发挥司法与行政执法协调联动作用，促进污染企业向节能环保型企业转型发展，体现了我国绿色司法追求社会经济发展与生态环境保护双赢的目标和效果。

案例4 重庆市绿色志愿者联合会诉湖北恩施州建始磺厂坪矿业有限责任公司水库污染民事公益诉讼案

【基本案情】千丈岩水库位于重庆市巫山县、奉节县和湖北省建始县交界地带，距离长江25公里，被重庆市人民政府确认为集中式饮用水源保护区，供应周边5万居民的生活饮用和生产用水。该地区属喀斯特地貌。磺厂坪矿业公司距离千丈岩水库约2.6公里,2011年5月取得湖北省恩施土家族苗族自治州环境保护局环境影响评价批复,但该项目建设可行性报告明确指出尾矿库库区为自然成库的岩溶洼地,库区岩溶表现为岩溶裂隙和溶洞;尾矿库工程安全预评价报告建议对尾矿库运行后可能存在的排洪排水问题进行补充评价。磺厂坪矿业公司未按照报告要求修改可行性研究报告并申请补充环评。项目于2014年6月建成,8月10日开始违法生产,产生的废水、尾矿未经处理就排入临近有溶洞漏斗发育的自然洼地。2014年8月12日,巫山县红椿乡村民反映千丈岩水库饮用水源取水口水质出现异常,巫山县启动了重大突发环境事件应急预案。重庆绿联会提起诉讼,请求判令磺厂坪矿业公司停止侵害,不再生产或者避免再次造成污染,对今后可能出现的污染地下溶洞水体和污染水库的风险重新作出环境影响评价,并由法院根据环境影响评价结果,作出是否要求磺厂坪矿业公司搬迁的裁判;磺厂坪矿业公司进行生态环境修复,并承担相应费用991 000元等。

【裁判结果】重庆市万州区人民法院一审认为,磺厂坪矿业公司违法生产行为已导致千丈岩水库污染,破坏了千丈岩地区水体、地下水溶洞以及排放废水洼地等生态,造成周边居民的生活饮用水困难,损害了社会公共利益。同时,磺厂坪矿业公司的选址存在污染地下水风险,且至今未建设水污染防治设施,潜在的污染风险和现实的环境损害同时存在。据此,一审法院判决磺厂坪矿业公司立即停止侵害,履行重新申请环境影响评价的义务,未经环境保护行政主管部门批复、环境保护设施未经验收的,不得生产;在判决生效后180日内,制定磺厂坪矿业公司洼地土壤修复方案并进行修复,逾期不履行修复义务或者修复未达到保护生态环境社会公共利益标准的,承担修复费用991 000元;在国家级媒体上赔礼道歉等。重庆市第二中级人民法院二审维持了一审判决。

【典型意义】本案涉及三峡库区饮用水资源的保护。磺厂坪矿业公司位于喀斯特地貌山区,地下裂缝纵横,暗河较多,选址建厂应当充分考虑特殊地质条件,生产对周边生态环境的影响。磺厂坪矿业公司与千丈岩水库分处两个不同的省级行政区域,导致原环境影响评价并未全面考虑生产对相邻千丈岩水库的影响。磺厂坪矿业公司在水污染防治设施尚未建成的情况下,擅自投入生产,违法倾倒生产废水和尾矿,引发千丈岩水库重大突发环境事件。本案结合污染预防和治理的需要,创新民事责任承担方式,将停止侵害的具体履行方式进一步明确为重新申请环境影响评价,未经环境保护行政主管部门批复和环境保护设施未经验收的不得生产,较好地将行政权和司法权相衔接,使判决更具可执行性,有利于及时制止违法生产行为,全面保护社会公共利益。

【点评专家】张新宝 中国人民大学教授

【点评意见】本案属于典型的环境民事公益诉讼案,审理法院对已有的公益诉讼审判规则的把握和适用较为准确,并体现了一定的创新性。具体分析如下:第一,关于诉讼管辖规则。本案被告磺厂坪矿业公司地处湖北省建始县,而因其违法行为遭受损害的千丈岩水库位于重庆市巫山县、奉节县和湖北省建始县交界地带

（被重庆市确认为集中式饮用水源保护区），根据《最高人民法院关于审理环境民事公益诉讼案件适用法律若干问题的解释》第六条、第七条，以及《重庆市关于环境资源审判组织管辖环境资源案件范围的暂行规定》可知，万州区人民法院享有第一审环境民事公益诉讼管辖权。第二，关于原告诉讼请求。鉴于磺厂坪矿业公司造成的现实环境损害与潜在的污染风险并存，本案原告重庆绿联会主张之诉讼请求合法且合理。第三，关于民事责任承担方式。法院根据事实和法律判决支持原告停止侵害诉讼请求，要求被告重新申请环境影响评价，未经环境保护行政主管部门批复和环境保护设施未经验收的不得生产。这种将诉讼请求予以具体化的原告主张方式和法院判决思路，是值得后续相应案例予以思考和借鉴的，其能够较好地实现司法权与行政权的衔接、配合，使判决更加具有可执行性。同时，环境民事公益诉讼司法解释第二十条规定的生态修复可以理解为民事责任承担方式中恢复原状的一种，即法院可以依法判决被告将环境修复到损害发生之前的状态和功能，无法完全修复可准许采取替代性修复方式，并且法院可以确定被告不履行修复义务时应当承担的修复费用（也可以直接判决被告承担费用）。本案一审法院直接判处被告制定、实施生态修复方案，并在逾期不履行或修复不达标时承担修复费用，符合现行法律和司法解释规定。

案例5　中华环保联合会诉江苏江阴长泾梁平生猪专业合作社等养殖污染民事公益诉讼案

【基本案情】梁平合作社等与周边村庄相距较近，其生猪养殖项目建设未经环境影响评价、配套污染防治设施未经验收，就擅自投入生产，造成邻近村庄严重污染。中华环保联合会提起诉讼，请求法院判令梁平合作社等立即停止违法养猪、排污行为，并通过当地媒体向公众赔礼道歉；对养殖产生的粪便、沼液等进行无害化处理，排除污染环境的危险，并承担采取合理预防、处置措施而发生的费用；对污染的水及土壤等环境要素进行修复，并承担相应的生态环境修复费用；承担生态环境受到损害至恢复原状期间服务功能损失费用等。诉讼期间，梁平合作社停止了生猪养殖及排污侵害行为，向法院提交《环境修复报告》。江苏省无锡市中级人民法院组织双方进行了质证，并邀请专家到庭发表意见。专家认为，《环境修复报告》所提供的修复方案不能达到消除污染的目的。原、被告双方对专家意见均无异议，该院予以确认。经双方当事人同意，法院委托鉴定部门重新作出修复方案和监理方案。

【裁判结果】江苏省无锡市中级人民法院一审认为，经双方当事人同意，法院委托专家在现场调研和勘验的基础上，针对案涉环境地形地貌、污染状况，并结合国家、地方地表水环境质量标准、江河湖泊水功能区划水质要求，作出的技术性修复方案程序合法，依据充分，应予以确认。被告应按照该修复方案对受污染的水、土壤等环境要素进行修复，并自觉接受监理单位的监督。遂判决梁平合作社等必须严格按照修复方案明确的土地复耕方案对涉案土壤进行修复，复耕标准达到国土资源主管部门复耕要求和农林主管部门农业生产条件符合性评价指标与要求；必须严格按照修复方案对涉案污染的水环境进行修复，水环境污染物浓度应降低到《地表水环境质量标准》(GB3838-2002) V

类标准,并自觉接受监理单位的监督;在判决生效后一个月内向该院报告环境修复落实情况,法院将委托当地环境保护主管部门验收;如自行修复后经环境保护主管部门验收仍不能达到环境修复预期目标的,法院将委托第三方进行修复,由此产生的一切费用由梁平合作社等负担。宣判后,双方当事人均未提起上诉,一审判决已生效。

【典型意义】"十三五"规划纲要提出,要开展农村人居环境整治行动,建设美丽宜居乡村。国家标准委下发的《美丽乡村建设指南》明确了农村畜禽研制厂污染排放、废弃物综合利用和畜禽无害化处理等的具体标准。法院在审理本案过程中,针对被告提交的《环境修复报告》组织双方当事人质证、并邀请专家出庭发表意见,充分发挥庭审功能,确保实现修复生态环境的诉讼目的。在当事人提交的《环境修复报告》不能实现修复目的的情形下,法院发挥能动作用,征得双方当事人同意委托专家另行出具其修复方案、监理方案,确保污染预防、治理方案科学合理、切实可行。该案裁判在具体判项中引入相关国家标准,使被告履行义务更加全面具体,确保污染防治能够达到国家标准的质量和水平。该案对于人民法院发挥审判职能作用,支持保障美丽宜居乡村建设,发挥了良好的示范作用。

【点评专家】王灿发 中国政法大学教授

【点评意见】本案是一起针对畜禽养殖污染要求污染者停止污染、治理污染并修复生态环境的公益诉讼。在诉讼期间,排污者就停止了污染行为,部分诉讼目的已经实现。关键的问题是修复已经被污染破坏了的生态环境。在处理这个难题上,该案的审判具有三个方面的亮点:一是充分体现了"技术的归技术,法律的归法律"的环境案件审判特点。环境案件的审判,通常会涉及许多的技术问题,作为法官,不可能对这些技术问题都了解和掌握,也难以判断其中的科学性。在这种情况下,就需要依靠科学技术机构和专家对技术问题作出判断,而法官则要在专家技术判断的基础上来适用法律,这样才能保障案件审判的科学性、合理性和公正性。二是法院对案件的审判没有停留在判断是非和法益归属上,而是延伸到了执行的监督。该案的判决,不但判令被告负责修复环境,而且对修复过程中的监理、修复后的验收作出安排。因此可以说这是一份十分负责的判决,为今后此类环境公益诉讼案件的审判提供了范例。三是该案的审判回应了农村环境亟待司法保障的需求。随我国经济的发展,在城市环境问题尚未得到根本解决的情况下,农村环境的污染和破坏也越来越严重。特别是由畜禽养殖造成的水污染、大气污染和土壤污染,已经达到相当严重的程度。由于农村地区环境法治观念淡薄和一些地方政府一味追求经济发展,使得农村地区的畜禽养殖大多缺乏治理措施。该公益诉讼案件的审理和判决,一方面给其他畜禽养殖污染者敲响了警钟,同时也对其他环保社会组织提起类似的公益诉讼作出了示范,必将有利于促进农村环境污染的预防和治理。

案例6 北京市朝阳区自然之友环境研究所诉山东金岭化工股份有限公司大气污染民事公益诉讼案

【基本案情】金岭公司下属热电厂持

续向大气超标排放污染物,并存在环保设施未经验收即投入生产、私自篡改监测数据等环境违法行为。2014年至2015年间,多个环境保护主管部门先后对金岭公司进行了多次行政处罚,山东省环境保护厅责成其停产整改、限期建成脱硫脱硝设施,环境保护部对该公司进行过通报、督查。自然之友诉请人民法院判令被告停止超标排污,消除所有不遵守环境保护法律法规行为对大气环境造成的危险;判令被告支付2014年1月1日起至被告停止侵害、消除危险期间所产生的大气环境治理费用,具体数额以专家意见或者鉴定结论为准等。

【裁判结果】在山东省东营市中级人民法院审理本案期间,金岭公司纠正违法行为,全部实现达标排放,监测设备全部运行并通过了东营市环境保护局的验收。经法院主持调解,金岭公司自愿承担支付生态环境治理费300万元。为了保障社会公众的知情权,法院在双方当事人达成调解协议之后,依法公示调解协议内容,并在公告期间届满后,对调解协议内容是否损害社会公共利益进行了审查,确保调解符合公益诉讼目的,生态环境损害能够得到及时有效救济。该案调解书经双方当事人签收已发生法律效力。

【典型意义】本案涉及公用事业单位超标排放的环境污染责任。金岭公司系热电企业,在生产过程中多次违法超标排放,对大气造成严重污染。诉讼中,金岭公司积极整改,停止侵害,实现达标排放,监测设备正常运行,使本案具备了调解的基础。法院依法确认该企业存在向大气超标排放污染物等违法事实,并依照《最高人民法院关于审理环境民事公益诉讼案件适用法律若干问题的解释》第二十五条规定,对调解协议内容进行公示,公告期间届满又对调解协议内容进行审查后出具调解书。该案对于督促公用事业单位在提供公共服务过程中履行环境保护责任,依法保障社会公众在环境公益诉讼案件调解程序中的知情权、参与权,做了有益的探索,具有良好的示范意义。

【点评专家】孙佑海 天津大学法学院院长、教授

【点评意见】关于环境民事公益诉讼案件能否适用调解的问题,在制定相关司法解释时有过争论。《最高人民法院关于审理环境民事公益诉讼案件适用法律若干问题的解释》第二十五条明确规定,在办理环境民事公益诉讼案件中可以采用调解方式。本案中,山东省东营市中级人民法院根据该司法解释,采用调解方式成功解决了一起在全国有重大影响的环境民事公益诉讼纠纷,取得了良好的社会效果。在环境民事公益诉讼案件中适用调解方式,需要认真把握以下几点:一是对社会公共利益的保护不能仅仅寄希望于通过单一途径或单一方式,多元矛盾纠纷解决机制不失为另一种有效选择;二是对环境民事公益诉讼案件进行调解,符合构建社会主义和谐社会的要求,且具有成本低、效率高、社会风险小、节约司法资源等优势;三是根据权利和义务相一致的原则,既然环境民事公益诉讼的原告负担着诉讼中的一切义务,那么,其也理当享有完整的诉讼权利,包括处分权在内,否则不公平;四是鉴于该类公益诉讼的性质,应当强化监督,人民法院不仅要对调解协议依法进行公告,听取社会公众的意见和建议,而且公告期满后还要进行认真审查,认为调解协议或者和解协议的内容不损害社会公共利益的,才可以出具调解

书。东营市中级人民法院在案件的办理中,悉心关照环境民事公益诉讼的特点,根据"有限调解"等原则,对环境民事公益诉讼调解的特殊模式予以考量,凸显环境民事公益诉讼不同于一般民事诉讼的特征,取得了宝贵的经验,对今后办理类似案件,具有良好的示范性。

案例7 江苏省镇江市生态环境公益保护协会诉江苏优立光学眼镜公司固体废物污染民事公益诉讼案

【基本案情】优立公司是江苏省丹阳市一家生产树脂眼镜镜片的企业。2006年,丹阳市环境保护科技咨询服务中心作出的环境影响报告表认定,当地眼镜生产加工企业因树脂镜片磨边、修边工段产生的树脂玻璃质粉末废物为危险废物HW13。2014年4月至7月期间,优立公司将约5.5吨该类废物交给3名货车司机,倾倒于某拆迁空地,造成环境污染。丹阳市环境保护局对污染场地进行初步清理,将该废物连同被污染的土壤挖掘并予以保管。镇江公益协会提起诉讼,请求判令优立公司采取措施消除污染,承担固体废物暂存、前期清理以及验收合格的费用,或者赔偿因其环境污染所需的相关修复费用234 400元。

【裁判结果】江苏省镇江市中级人民法院一审经委托鉴定查明,案涉树脂玻璃质粉末废物不在《国家危险废物名录》之列,原环评报告将其评定为危险废物不符合法律规定,遂向丹阳市环境保护局、当地眼镜商会发出司法建议,建议依法重新评定该类固体废物的属性,准确定性。后经组织评定,确认该类废物不具有危险特性,可交由第三方综合利用或者无害化焚烧等方式进行处置。一审法院根据评定报告再次提出司法建议,建议为该类废物建立集中收集处置体系。丹阳市眼镜商会采纳了该建议,参照固体废物相关环保管理要求,采取转移"五联单"的办法管理,并将该类废物运交垃圾发电厂焚烧发电。丹阳市环境保护局对新的评定报告予以认可,同意丹阳市眼镜商会提出的该类废物集中处置方案,并表示愿意监督优立公司依法处置剩余废物。一审法院遂判令优立公司在丹阳市环境保护局的监督下按照一般废物依法处置涉案废物。宣判后,双方均未上诉,一审判决已生效。

【典型意义】本案涉及固体废物污染责任的认定问题。法院在案件审理中积极采取委托鉴定、调查等方式,依照固体废物污染环境防治法的规定,依法确认案涉固体废物的属性,较好发挥了司法的能动作用。鉴于对该类废物属性的确定和管理,将影响当地眼镜产业数百家企业的生产模式,以及区域危险废物处置能力的调整,法院发出司法建议,推动和督促当地眼镜商会和环境保护主管部门依法纠正了长达十余年的行业误评,鼓励、支持地方政府和行业组织采取有利于保护环境的固体废物集中处置措施,破解了治理固体废物污染的难题,促进了清洁生产和循环经济发展,对于充分发挥环境公益诉讼推动公共政策形成的功能,具有较好的示范意义。

【点评专家】王子健 中国科学院生态环境研究中心研究员,国家863计划"化学品风险管理与控制"重大项目首席科学家

【点评意见】本案关于树脂眼镜镜片修边工艺段粉末是否具有"危险特性"的认定过程具有典型性。《国家危险废物

名录》规定,可以从两个方面认定固体废物是否具有危险特性。首先看废弃物是否列入了《国家危险废物名录》。本案中,地方眼镜行业技术服务部门的环评报告将其认定为危废(HW13),但是眼镜镜片材料从属性上并不符合"非特定行业的废弃的离子交换树脂(900-015-13)"。本案中的树脂指的是镜片树脂,而不是离子交换树脂。离子交换树脂在工业上和废水处理中用来吸附重金属等阳离子或氰化物等阴离子,因此在废弃阶段可能含有毒性残留物。对固体废物是否具有"危险特性"不明确时,还可以采用《国家危险废物名录》规定的"危险废物鉴别标准和鉴别方法"予以认定,而本案的分析测试结果也表明该固体废物不具有危险性。危险废弃物危害性质的鉴别及其处理处置费用十分高昂,因此,准确鉴别固体废物的危险特性在环境损害认定和赔偿中至关重要。本案中有机镜片树脂可分为天然树脂和合成树脂两种。其中的天然树脂不具有危害属性;合成树脂主要是烯丙基二甘醇酸脂烯(CR39)、聚碳酸酯(PC)和甲基丙烯酸甲酯(PMMA),也不具备物理、环境和健康危害特征。然而许多无毒原材料生产的物品为了达到使用功能性要求可能会加入一些有毒化学物质,对这些化学物质的危害性质界定是需要将来在法律法规中予以明确的。

案例8 江苏省徐州市人民检察院诉徐州市鸿顺造纸有限公司水污染民事公益诉讼案

【基本案情】鸿顺公司多次被环境保护主管机关查获以私设暗管方式向连通京杭运河的苏北堤河排放生产废水,废水的化学需氧量、氨氮、总磷等污染物指标均超标。江苏省徐州市铜山区环境保护局曾两次对鸿顺公司予以行政处罚。徐州市人民检察院作为公益诉讼人,于2015年12月28日向徐州市中级人民法院提起环境民事公益诉讼,请求判令鸿顺公司将被污染损害的苏北堤河环境恢复原状,并赔偿生态环境受到损害至恢复原状期间的服务功能损失;如鸿顺公司无法恢复原状,请求判令其以2600吨废水的生态环境修复费用26.91万元为基准,以该基准的3倍至5倍承担赔偿责任。

【裁判结果】江苏省徐州市中级人民法院一审认为,鸿顺公司排放废水污染环境,应当承担环境污染责任。根据已查明的环境污染事实、鸿顺公司的主观过错程度、防治污染设备的运行成本、生态环境恢复的难易程度、生态环境的服务功能等因素,可酌情确定该公司应当承担的生态环境修复费用及生态环境受到损害至恢复原状期间的服务功能损失,遂判决鸿顺公司赔偿生态环境修复费用及服务功能损失共计105.82万元。宣判后,鸿顺公司以一审公益诉讼人徐州市人民检察院为被上诉人提起上诉。江苏省高级人民法院二审认为,污染物排放点的环境质量已经达标不能作为鸿顺公司拒绝承担生态环境修复费用的理由,一审判决以2.035倍作为以虚拟治理成本法计算生态环境修复费用的系数并无不当,以查明的鸿顺公司排放废水量的四倍计算生态环境修复费用具有事实和法律依据。二审判决驳回上诉,维持原判。

【典型意义】该案是全国人大常委会授权检察机关试点提起公益诉讼以来人民法院依法受理的首批民事公益诉讼案件,也是人民法院审理的第一起检察机关试点提起公益诉讼的二审案件。一审法院注重司法公开,体现公众参与,合议庭由审判员和人民陪审员共同组成,庭审向社会公开并进行视频、文字同步直播。庭审时邀请专家辅助人就环境保护专业技术问题提出专家意见,较好地解决了环境资源案件科学性和公正性的衔接问题。该案尝试根据被告违法排污的主观过错程度、排污行为的隐蔽性以及环境损害后果等因素,合理确定带有一定惩罚性质的生态环境修复费用,加大污染企业违法成本,有助于从源头上遏制企业违法排污。二审法院依据民事诉讼法、《全国人民代表大会常务委员会关于授权最高人民检察院在部分地区开展公益诉讼试点工作的决定》审理检察机关提起公益诉讼的二审案件,对于完善该类案件二审程序规则起到了示范作用。

【点评专家】李浩 南京师范大学中国法治现代化研究院研究员

【点评意见】本案是一起非常值得关注的具有典型意义的案件。这是检察机关作为公益诉讼人提起诉讼且进入第二审程序的首例民事公益诉讼案件。由于是第一案,它也提出了一些在程序上值得注意、值得重视、值得研究的问题。

首先,在被告提起上诉的情况下,如何确定检察机关在第二审程序中的称谓?在民事诉讼法中,只有上诉人和被上诉人,检察机关在二审中如何称谓?是继续称谓公益诉讼人还是称谓被上诉人?考虑到民事诉讼第二程序的特点,二审判决将提起诉讼的徐州市人民检察院列为被上诉人(公益诉讼人)。应当说这是相当有智慧的做法,既充分关照了民事诉讼的特点,又保留了第一审中检察机关公益诉讼人这一特殊称谓。第二,在被上诉人未提交答辩状的情况下,程序如何进行?检察机关是否需要提交答辩状?这对于检察机关来说,恐怕是第一次遇到的问题。检察机关熟悉的情形是刑事诉讼中被告提起上诉进入第二审程序。对于此种情形,虽然根据刑事诉讼法的规定法院要把上诉状的副本交送同级人民检察院,但并未规定检察机关可以提交答辩状,事实上检察机关也不会提出答辩状。但是,依照民事诉讼法的规定,被上诉人是可以提交答辩状的。作为被上诉人的徐州市人民检察院会作出何种选择呢?在本案中,检察机关未提交答辩状。当然,不提交答辩状,在程序上也是合法的,因为按照民事诉讼法的规定,答辩是被上诉人的一项权利,既然是权利,就可以放弃。对于对方当事人不提出答辩状的情形,立法者在制定民事诉讼法时是有预估的,在第一百六十七条中规定不提不答辩状的不影响法院对案件的审理。所以二审法院适用民事诉讼法的这一规定化解了上诉案中的这一新问题。第三,二审是采取开庭审理还是径行裁判的方式。公益诉讼案件是社会影响大、民众关注度高的案件,所以该案在第一审中不仅由两名审判员和三名人民陪审员组成合议庭开庭审理,而且将庭审情况用图像、文字向社会进行了直播。进入第二审之后,要不要开庭审理?民事诉讼法第一百六十九条对二审案件规定了开庭审理和径行裁判两种审理方式,以开庭审理为原则,但经过阅卷、调查和询问当事人,对没有提出新的事实、证据或者理由,合议庭认为不需要开庭审理的,可以不开庭审理。本案虽然是公益诉讼案件,但由于上诉人在上诉时并未提出新的事实、证据或者理由,所以二审法院决定采用径行判决的方式。综上,二审法院通过适用民事诉讼法,妥善地解决了第一案中遇到的新的程序问题。

最高人民法院发布十起环境资源刑事、民事、行政典型案例

[2017年6月22日]

案例2 江苏省连云港市连云区人民检察院诉尹宝山等人非法捕捞水产品刑事附带民事诉讼案

【基本案情】2012年6月初至7月30日,尹宝山召集李至友、秦军、秦波涛、李明明、秦新波等人,在伏季休渔期间违规出海作业捕捞海产品,捕捞的海产品全部由尹宝山收购。至2012年7月30日,尹宝山收购上述另五人捕捞的水产品价值828 784元人民币。连云港市连云区人民检察院以上述六人犯非法捕捞水产品罪向连云港市连云区人民法院提起公诉,同时根据相关职能部门出具的修复方案,提起刑事附带民事诉讼,要求六人采取一定方式修复被其犯罪行为破坏的海洋生态环境。

【裁判结果】江苏省连云港市连云区人民法院一审认为,尹宝山召集李至友、秦军、秦波涛、李明明、秦新波等人违反保护水产资源法规,在禁渔期、禁渔区非法捕捞水产品,情节严重,六人的行为均已构成非法捕捞水产品罪。六人主动退缴部分违法所得,确有悔罪表现,还主动交纳了海洋生态环境修复保证金,同意以实际行动修复被其犯罪行为损害的海洋生态环境,量刑时可酌情从轻处罚。六人在禁渔期、禁渔区非法捕捞海产品的犯罪行为,影响海洋生物休养繁殖,给海洋渔业资源造成严重破坏。为了保护国家海洋渔业资源,改善被六人犯罪行为破坏的海洋生态环境,六人应当根据《中华人民共和国侵权责任法》的规定,采取科学、合理的方式予以修复。根据专业机构出具的修复意见,采取增殖放流的方式,放流中国对虾苗可以有效地进行修复。遂对六人分别判处一年至二年三个月不等的有期徒刑,部分适用缓刑,没收全部违法所得。同时判决六人以增殖放流1 365万尾中国对虾苗的方式修复被其犯罪行为破坏的海洋生态环境。一审判决作出后,尹宝山以一审量刑过重为由,上诉至江苏省连云港市中级人民法院,该院经审理后裁定驳回上诉,维持原判。

【典型意义】本案系江苏省首例由检察机关提起刑事附带民事诉讼的环境资源刑事案件。该案在审判及执行方式上的探索创新,对环境资源案件审理具有较好的借鉴价值。一审法院在依法受理检察机关提起的刑事附带民事起诉后,查明案件事实并充分听取了各被告对修复方案的意见,将生态修复方案向社会公开,广泛征求公众的意见,在汇总、审查社会公众意见后,确认了相关职能部门出具的根据产出比1:10增殖放流中国对虾苗的修复方案的科学性、合理性,开创了引导社会公众参与环境司法的新机制。本案对环境资源审判贯彻恢复性司法理念审理海洋生态环境破坏案件,引导社会公众参与审判具有较好的示范意义。

【点评专家】罗丽,北京理工大学教授

【点评意见】本案是由检察机关在提起公诉追究犯罪行为人非法捕捞水产品

罪刑事责任时提起的附带民事诉讼案件。本案的典型意义在于：第一，本案充分发挥了刑事附带民事诉讼制度在维护环境公共利益方面的功能。我国设立刑事附带民事诉讼制度的主要目的在于，通过使民事赔偿与刑事制裁一体化，实现服务于预防与控制犯罪、救济被害人的刑事政策目标。根据我国现行立法规定，在追究破坏环境资源保护罪犯罪行为人刑事责任时，检察机关通过提起刑事附带民事诉讼，能够有效实现保护国家财产、集体财产等生态环境公共利益之目的。因此，针对犯罪嫌疑人构成破坏环境资源保护罪的案件，检察机关除提起公诉追究行为人刑事责任外，还应通过提起刑事附带民事诉讼途径维护国家财产、集体财产等生态环境公共利益。例如，在本案中，检察机关通过提起附带民事诉讼请求依法判令六名被告人修复被其犯罪行为损害的海洋生态环境或赔偿生态环境修复费用81 900元的请求得到了法院支持，法院最终判决六名被告以增殖放流中国对虾苗1 365万尾的方式修复被其破坏的海洋生态环境，实现了维护海洋生态环境公共利益之目的。第二，本案在审判和执行方式方面引入了信息公开和公众参与机制，有利于制定科学、合理的生态修复方案。由于生态环境损害调查、鉴定评估、修复方案编制等工作会涉及到生态环境公共利益，法院在审判和执行过程中对相关重大事项向社会公开，并推行公众参与机制，便于公众监督，有利于制定科学、合理的生态环境修复方案。如在本案中，人民法院充分听取了各被告对修复方案的意见，并将生态修复方案通过地方新闻媒体、法院官方微博、微信公众号等方式向社会公开，广泛征求公众的意见。这种在生态环境损害赔偿司法裁判过程中引导社会公众参与民主科学决策的创新方式，具有积极的借鉴价值。

案例3　湖南省岳阳楼区人民检察院诉何建强等非法杀害珍贵、濒危野生动物罪、非法狩猎罪刑事附带民事诉讼案

【基本案情】 2014年11月至2015年1月期间，何建强、钟德军在湖南省东洞庭湖国家级自然保护区收鱼时，与养鱼户及帮工人员方建华、龙雪如、龙启明和涂胜保、余六秋、张连海、任小平等人商定投毒杀害保护区内野生候鸟，由何建强提供农药并负责收购。此后，何建强等人先后多次在保护区内投毒杀害野生候鸟，均由何建强统一收购后贩卖给李强介绍的汪前平。2015年1月18日，何建强、钟德军先后从方建华及余六秋处收购了8袋共计63只候鸟，在岳阳市君山区壕坝码头被自然保护区管理局工作人员当场查获。经鉴定，上述63只候鸟均系中毒死亡；其中12只小天鹅及5只白琵鹭均属国家二级保护野生动物；其余苍鹭、赤麻鸭、赤颈鸭、斑嘴鸭、夜鹭等共计46只，均属国家"三有"保护野生动物。查获的63只野生候鸟核定价值为人民币44 617元。

湖南省岳阳楼区人民检察院以何建强等七人犯非法猎捕、杀害珍贵濒危野生动物罪，向岳阳市岳阳楼区人民法院提起公诉。岳阳市林业局提起刑事附带民事诉讼，请求七名被告人共同赔偿损失53 553元，湖南省岳阳楼区人民检察院支持起诉。

【裁判结果】 湖南省岳阳市岳阳楼区人民法院一审认为：何建强伙同钟德军、方建华在湖南东洞庭湖国家级自然保护

区内,采取投毒方式非法杀害国家二级保护动物小天鹅、白琵鹭及其他野生动物,李强帮助何建强购毒并全程负责对毒杀的野生候鸟进行销售,何建强、钟德军、方建华、李强的行为均已构成非法杀害珍贵、濒危野生动物罪,属情节特别严重。龙雪如、龙启明、龙真在何建强的授意下,采取投毒方式,分别在国家级自然保护区内猎杀野生候鸟,破坏野生动物资源,情节严重,其行为均已构成非法狩猎罪。何建强、钟德军的犯罪行为同时触犯非法杀害珍贵、濒危野生动物罪和非法狩猎罪,应择一重罪以非法杀害珍贵、濒危野生动物罪定罪处罚。此外,因何建强等七人的犯罪行为破坏了国家野生动物资源,致使国家财产遭受损失,各方应承担赔偿责任。相应损失以涉案63只野生候鸟的核定价值认定为44 617元,根据各人在犯罪过程中所起的具体作用进行分担,判决何建强、钟德军、方建华、李强犯非法杀害珍贵、濒危野生动物罪,判处有期徒刑六年至十二年不等,并处罚金。龙雪如、龙真、龙启明犯非法狩猎罪,判处有期徒刑一年至二年不等,其中二人缓刑两年。由何建强等七人共同向岳阳市林业局赔偿损失人民币44 617元。

【**典型意义**】本案系非法猎捕、杀害珍贵、濒危野生动物刑事附带民事诉讼案件。刑罚是环境治理的重要方式,面对日趋严峻的环境资源问题,运用刑罚手段惩治和防范环境资源犯罪,加大环境资源刑事司法保护力度,是维护生态环境的重要环节。本案发生于东洞庭湖国家级自然保护区内,在检察机关提起公诉的同时,由相关环境资源主管部门提起刑事附带民事诉讼,检察机关支持起诉,依法同时追究行为人刑事责任和民事责任,具有较

高借鉴价值。一审法院在认定七名被告人均具有在自然保护区内投毒杀害野生候鸟的主观犯意前提下,正确区分各自的客观行为,根据主客观相一致原则对七名被告人分别以杀害珍贵、濒危野生动物罪和非法狩猎罪定罪;并根据共同犯罪理论区分主从犯,分别对七名被告人判处一年至十二年不等的有期徒刑,部分适用缓刑,既体现了从严惩治环境资源犯罪的基本价值取向,突出了环境法益的独立地位,又体现了宽严相济的刑事政策,充分发挥了刑法的威慑和教育功能。此外,本案不仅追究了被告人杀害野生候鸟的刑事责任,还追究了被告人因其犯罪行为给国家野生动物资源造成损失的民事赔偿责任,对环境资源刑事犯罪和民事赔偿案件的一并处理具有较好的示范意义。

【**点评专家**】秦天宝,武汉大学教授

【**点评意见**】本案中司法机关依法对非法捕杀珍贵、濒危野生动物的犯罪行为进行打击,不仅体现了我国司法机制惩治环境犯罪行为、保护生态环境的积极意义,而且本对今后我国环境司法专门化的进一步发展具有积极意义。

首先,本案体现了打击环境违法行为中的多部门协作。本案中,湖南省东洞庭湖自然保护区管理局发现犯罪行为后立即将该案移交岳阳市森林公安局办理。公安机关积极进行案件侦办和移送工作,并由检察机关依法提起公诉,最终由法院依法作出判决。同时,检察机关还派员支持了由岳阳市林业局提起的刑事附带民事诉讼。行政机关、公安机关、检察机关、审判机关等多部门的协作配合不仅有效打击了环境违法行为,而且也代表了新时期我国环境司法机制的发展方向。其次,本案提升了公众保护环境、特别是野生生

物的意识。本案中人民法院依法对环境犯罪行为进行了判决,不仅使违法行为人得到了应有的处罚,而且证据鉴定、法律适用等内容向公众呈现了我国司法机关保护生态环境的具体运行机制。同时,人民陪审员的加入以及开庭审理的方式体现了司法机关保障公众参与环境保护的权利,进而提升了公众的环境保护意识。最后,本案积极探索了生态环境修复机制。在附带民事赔偿部分,法院判决被告赔偿其违法行为造成的国家野生动物资源损失。虽然单纯的经济赔偿难以完全填补和修复生态环境损失,但本案判决体现了我国环境司法实践的积极探索,对于建立健全我国的生态环境修复机制具有重要意义。

案例7 中华环保联合会诉谭耀洪、方运双环境污染民事公益诉讼案

【基本案情】2011年8月,方运双将其承包的两个鱼塘转租给谭耀洪。当年9月1日至3日,谭耀洪向其中一个面积为0.75亩的鱼塘倾倒不明固体污泥110车。之后,方运双收回鱼塘,撒上石灰后继续养鱼。2011年9月14日,广州市白云区环境保护局到上述被倾倒污泥的鱼塘进行现场检查取样。经检测,确认该鱼塘铜和锌超过相应限值。中华环保联合会诉请法院判令谭耀洪、方运双共同修复鱼塘至污染损害发生前的状态和功能,或承担恢复鱼塘原状所需的环境污染处理费4 092 432元,广州市白云区人民检察院作为支持起诉人支持中华环保联合会提起诉讼。

【裁判结果】广州市白云区人民法院一审认为,中华环保联合会作为专门从事环境保护公益活动的全国性、非营利性社团组织,对危害社会公益的行为提起公益诉讼,为当地百姓消除环境污染损害,对其积极维护公共利益的行为予以赞许。双方对于谭耀洪向涉案鱼塘倾倒不明固体污泥、造成环境污染的事实均无异议,对该侵权事实予以认定。只要污染源没有清理,重金属通过食物链的浓缩和富集会对鱼塘及周边环境形成持续的污染危害。方运双既未证明鱼塘倾倒污泥前已经受到污染,也未证明污染损害已经消除。遂判决谭耀洪、方运双共同修复涉案鱼塘到本次污染损害发生之前的状态和功能;逾期未修复的,由环保部门指定具有专业清污资质的机构代为修复,修复费用由谭耀洪与方运双共同承担,并相互负连带责任。广州市中级人民法院二审认为,中华环保联合会作为专门从事与环境相关活动的非营利性社会团体,依法有权对损害社会公共利益的行为提起环境民事公益诉讼;广州市白云区人民检察院作为国家法律监督机关,在社会公共利益遭受损害的情况下,支持中华环保联合会提起环境民事公益诉讼,具有合法性和正当性。谭耀洪倾倒污泥的行为造成鱼塘污泥中的铜、锌重金属超标,损害了社会公共利益,构成环境污染侵权,其依法应承担相应的法律责任。本次污染的损害后果是由谭耀洪倾倒污泥的行为和方运双出租鱼塘的行为直接结合所共同导致的,故二人构成共同侵权,应当承担连带责任。谭耀洪直接倾倒污泥导致污染的发生,其对损害结果的发生起到主要作用;而方运双仅为倾倒污泥提供场所和便利,且在事后积极向村委会反映情况,配合村委会阻止了谭耀洪的继续倾倒行为,其行为对损害结果的发生仅起到次要作用,故

酌情确定谭耀洪承担80%的责任,方运双承担20%的责任。修复鱼塘属于谭耀洪和方运双履行生效法律文书所确定的行为义务,如果二人逾期未履行,应当由人民法院选定代为修复的机构,而非由环保部门指定。二审法院对谭耀洪、方运双的责任分担以及代履行机构的选定等内容进行改判。

【典型意义】本案系倾倒固体废物污染水体的环境民事公益诉讼案件。本案由社会组织作为原告、检察机关支持起诉,弥补了个体受害者难以应付专业性强、案情复杂的环境侵权诉讼的不足和环境公益救济主体的缺失,无论对个体权益还是对社会公共利益的保护都非常必要和及时。本案环境污染的后果是鱼塘污泥中的铜、锌重金属超标,侵权行为所侵害的环境权益是公众享有无害水产品和清洁水环境的权益,虽然没有证据显示已有特定主体因此受到重金属的毒害,但是二审判决基于"超过最高容许含量的重金属会通过食物链进一步浓缩和富集,并最终毒害人体"的原理认定污染行为"造成损害",符合环境污染损害的特点,对于审理固体废物污染案件具有一定示范意义。

【点评专家】郑少华,上海财经大学教授

【点评意见】环境问题日趋严重,司法机关如何应对?近几年来,随着生态文明建设的强力推进,司法机关在环境资源审判专门化、环境公益诉讼等方面都采取了一些突破性的措施。作为个案,本案的裁判较为典型地反映了司法机关全面应对环境问题,实施强有力的司法救济。首先,采取民事公益诉讼加支持起诉的方式,弥补公益保护之不足。在本案中,由中华环保联合会作为原告,检察机关支持起诉,以专门从事环境保护活动的社会组织提起公益诉讼与法律监督机关支持起诉相结合的方式,将"分散化"的不特定多数人的利益以公益聚合在一起,以对抗通过"专业化"和"商业化"聚合而形成的侵权人,通过法庭控辩双方对等博弈,最终保护了社会公共利益。其次,确定共同被告,建立完善的追责机制。本案依据二被告行为结合产生损害的事实,将鱼塘承包人方运双与污泥倾倒者谭耀洪确定为共同被告,在判定二被告共同侵权,负连带责任的基础上,细化了责任比例。这样,既凸显责任分担比例,又通过连带责任使追责机制得以完善。最后,通过举证责任转移、申请评估人员作证等程序与相关制度,构建完整的审理机制,体现了环境侵权案例审理的复杂性与专业性。

三、公报案例

(一)任务、适用范围和基本原则

重庆雨田房地产开发有限公司与中国农业银行股份有限公司重庆市分行房屋联建纠纷案

[最高人民法院〔2011〕民抗字第48号民事判决书,《最高人民法院公报》2012年第5期]

【裁判要旨】一、双方当事人在平等自愿基础上达成的前后两份协议,符合法律规定,合法有效,两份协议所约定的内容均应对当事人产生约束力。当两份合同(协议)均属有效合同(协议),除当事人有特别约定外,如果前后两份合同(协议)对同一内容有不同约定产生冲突时,基于意思表示最新最近,且不违反合同(协议)目的,可根据合同(协议)成立的时间先后,确定以后一合同(协议)确定的内容为准。如果前后两份合同(协议)所约定的内容不冲突,只是对合同(协议)的内容进行了不同的约定,因此,不能简单地认定后一协议是前一协议的变更,或后一协议是对前一协议的补充和完善。

二、当事人在法律规定的范围内处分自己的民事、诉讼权利和"不告不理"是民事诉讼的重要原则,人民法院处理民商事纠纷时,只能对已诉至法院的民事权利义务关系作出判断,除涉及国家和公共利益外,其审理和判决应以当事人请求、主张的范围为限。

天津市滨海商贸大世界有限公司与天津市天益工贸有限公司、王锡锋财产权属纠纷案

[最高人民法院〔2012〕民再申字第310号民事裁定书,《最高人民法院公报》2013年第10期]

【裁判要旨】一、根据《中华人民共和国民事诉讼法》第十三条第一款的规定,民事诉讼应当遵循诚实信用原则。当事人提出诉讼请求并经人民法院作出生效判决后,又否认其据以提起诉讼请求的基本事实,并以此为由申请再审,违背诚实信用原则,人民法院不予支持。

二、最高人民法院《关于审理商品房买卖合同纠纷案件适用法律若干问题的解释》第十五条关于解除权行使期限的规定仅适用于该解释所称的商品房买卖合同纠纷案件。对于其他房屋买卖合同解除权的行使期限,法律没有规定或者当事人没有约定的,应当根据《中华人民共和国合同法》九十五条的规定,在合理期限内行使。何为"合理期限",由人民法院结合具体案情予以认定。

(二)管 辖

赵子文与潘日阳财产侵权纠纷案

[最高人民法院〔2010〕民一终字第17号民事裁定书,《最高人民法院公报》2010年第7期]

【裁判要旨】最高人民法院《关于调整高级人民法院和中级人民法院管辖第一审民商事案件标准的通知》中所称的"当事人一方住所地不在本辖区",是指原告、被告中仅有一方当事人住所地不在本辖区,不包括原告、被告双方当事人的住所地均不在本辖区的情形。在共同诉讼中,原告之一或者被告之一住所地不在本辖区的,属于上述通知所称的"当事人一方住所地不在本辖区"。因第三人是参加他人之间的诉讼,故无论是有独立请求权的第三人还是无独立请求权的第三人,其住所地是否在本辖区不影响案件的管辖。

北京智扬伟博科技发展有限公司与创思生物技术工程(东莞)有限公司、河南省开封市城市管理局居间合同纠纷案

[最高人民法院〔2008〕民申字第1364号民事裁定书,《最高人民法院公报》2009年第7期]

【裁判要旨】一、民事诉讼原告起诉时列明多个被告,因其中一个被告的住所

地在受理案件的人民法院辖区内，故受理案件的人民法院可以依据被告住所地确定管辖权。其他被告如果认为受理案件的人民法院没有管辖权，应当在一审答辩期内提出管辖权异议，未在此期间提出异议的，因案件已经进入实体审理阶段，管辖权已经确定，即使受理案件的人民法院辖区内的被告不是案件的适格被告，人民法院亦可裁定驳回原告对该被告的起诉，并不影响案件实体审理，无需再移送管辖。

二、合同履行地是指合同主要义务的履行地。居间合同的主要义务履行地应当确定为居间行为地。

准格尔旗鼎峰商贸有限责任公司与中铁十局集团有限公司铁路修建合同纠纷管辖权异议案

［最高人民法院〔2013〕民提字第231号民事裁定书，《最高人民法院公报》2014年第3期］

【裁判要旨】在确定铁路运输法院专门管辖案件的级别管辖时，一方当事人住所地在铁路运输法院辖区，一方当事人住所地既不在铁路运输法院辖区，又不在铁路运输法院所在省份行政辖区，属于"当事人一方住所地不在省高级人民法院辖区"案件，即铁路运输法院辖区也是所属省高级人民法院辖区。

中国技术进出口总公司诉瑞士工业资源公司侵权损害赔偿纠纷上诉案

［上海市高级人民法院1988年10月11日民事判决书，《最高人民法院公报》1989年第1期］

【裁判要旨】自愿、公平、等价有偿、诚实信用是民事活动应该遵循的原则。在合同关系中，当事人一方利用合同形式进行欺诈，是对诚实信用原则的违背，由此引发的双方的纠纷，不是对合同内容的争议，而是超出合同范围的侵权损害的争议。原合同中有仲裁条款，但双方的纠纷是超越合同权利义务的侵权纠纷，不受原合同中仲裁条款的约束，而应该按照《中华人民共和国民事诉讼法》第二十二条（编者注：现为该法第二十八条）的规定，因侵权行为提起诉讼的，有侵权行为地人民法院管辖，受害的一方有权向侵权行为地的人民法院提起诉讼。*

世纪证券有限责任公司与天津市住房公积金管理中心、世纪证券有限责任公司天津世纪大道营业部、中国旅游国际信托投资有限公司天津证券交易营业部、中国旅游国际信托投资有限公司侵权纠纷案

［最高人民法院〔2005〕民二终字第207号民事裁定书，《最高人民法院公报》2006年第5期］

【裁判要旨】客户在证券公司开户投资，证券公司及其营业部对客户账户内的资金和证券既负有合同约定的妥善保管义务，同时还负有法定的妥善保管义务。证券公司营业部挪用客户账户内资金或证券的，既构成违约，又构成侵权，客户有权选择要求证券营业部承担违约责任或者侵权责任。客户以侵权为由对证券营

———————

* 本部分【裁判要旨】内容由本书作者编写整理时，在相关部分均用 * 表示。

业部提起民事诉讼的,应按照民事诉讼法第二十九条(编者注:现为该法第二十八条)的规定,由侵权行为地或者被告住所地人民法院管辖。

四维实业(深圳)有限公司、四维企业股份有限公司与艾利丹尼森公司、艾利(广州)有限公司、艾利(昆山)有限公司、艾利(中国)有限公司、南海市里水意利印刷厂、佛山市环市镇东升汾江印刷厂经营部侵犯商业秘密纠纷管辖权异议案

[最高人民法院[2007]民三终字第10号民事裁定书,《最高人民法院公报》2009年第8期]

【裁判要旨】根据《中华人民共和国反不正当竞争法》第十条的规定,销售侵犯商业秘密所制造的侵权产品并不属于该法所规定的侵犯商业秘密的行为。通常情况下,使用商业秘密的过程就是制造侵权产品的过程,当侵权产品制造完成时,使用商业秘密的侵权结果即同时发生。因此,使用商业秘密的行为实施地和结果发生地通常是重合的,不宜将侵权产品的销售地视为使用商业秘密的侵权结果发生地。

香港百粤金融财务有限公司诉香港红荔美食有限公司贷款纠纷案

[广东省广州市中级人民法院1991年5月31日民事判决书,《最高人民法院公报》1992年第2期]

【裁判要旨】《中华人民共和国民事诉讼法》第二百四十四条(编者注:现为该法第三十四条)规定,涉外合同或者涉外财产权益纠纷的当事人,可以用书面协议选择与争议有实际联系的地点的法院管辖;选择中华人民共和国人民法院管辖的,不得违反本法关于级别管辖和专属管辖的规定。涉外民事案件的争议实际联系地点不在我国境内,或者双方没有约定选择由中华人民共和国法院管辖的案件,不属于我国法院的管辖范围。被告方可以就此类案件的诉讼提出管辖权异议,但是如果不提出管辖权异议,那么表示被告方承认法院具有管辖权。*

阿拉山口公司诉宁夏秦毅公司买卖合同纠纷管辖权异议案

[最高人民法院[2005]民二终字第94号民事裁定书,《最高人民法院公报》2005年第8期]

【裁判要旨】争议焦点为合同约定当事人双方都有权向各自住所地法院提起诉讼的,在一方当事人已起诉且被受理,而另一方当事人提出管辖权异议的,协议管辖的效力应如何认定。根据民事诉讼法第二十五条的规定(编者注:现为该法第三十四条)和最高人民法院《关于适用〈中华人民共和国民事诉讼法〉若干问题的意见》(编者注:现已失效)第33条的规定,双方当事人协议约定可向各自住所地人民法院起诉的案件,任何一方提起诉讼且为其住所地法院立案受理后,另一方要求其住所地人民法院重复立案或将案件移送其住所地人民法院的,应予驳回。

中国昊华化工(集团)总公司与中企国际投资有限公司借款合同纠纷案

[最高人民法院〔2006〕民二终字第186号民事裁定书,《最高人民法院公报》2007年第2期]

【裁判要旨】当事人在订立合同中,为了解决可能发生的纠纷而明确约定了管辖法院。此后基于合同形成的债权几经转让,但新的债权人均未与债务人、保证人重新约定管辖法院,亦未排除原合同关于管辖法院约定的,只要原协议管辖约定不违反法律规定,则应认定继续有效。

德国亚欧交流有限责任公司与绥芬河市青云经贸有限公司合作协议纠纷案

[最高人民法院〔2006〕民四终字第8号民事裁定书,《最高人民法院公报》2007年第6期]

【裁判要旨】涉外合同的当事人在合同中明确约定由合同签订地法院管辖,随后又在其他地方就合同的未尽事宜签订补充协议,但补充协议并未修改原约定管辖条款的,合同中约定管辖的条款的效力不因补充协议的签订而改变,当事人之间发生的合同纠纷应当由合同签订地法院管辖。

山东聚丰网络有限公司诉韩国 MGAME 公司、第三人天津风云网络技术有限公司网络游戏代理及许可合同纠纷管辖权异议上诉案

[最高人民法院〔2009〕民三终字第4号民事裁定书,《最高人民法院公报》2010年第6期]

【裁判要旨】《中华人民共和国民法通则》第一百四十五条规定:"涉外合同的当事人可以选择处理合同争议所适用的法律,法律另有规定的除外。涉外合同的当事人没有选择的,适用与合同有最密切联系的国家的法律。"《中华人民共和国民事诉讼法》第二百四十二条(编者注:现为该法第三十四条)规定:"涉外合同或者涉外财产权益纠纷的当事人,可以用书面协议选择与争议有实际联系的地点的法院管辖。选择中华人民共和国人民法院管辖的,不得违反本法关于级别管辖和专属管辖的规定。"最高人民法院《关于审理涉外民事或商事合同纠纷案件法律适用若干问题的规定》第一条规定:"涉外民事或商事合同应适用的法律,是指有关国家或地区的实体法,不包括冲突法和程序法。"据此,涉外合同的当事人协议选择适用法律与协议选择管辖法院是两个截然不同的法律行为,应当根据相关法律规定分别判断其效力。对于协议选择管辖法院条款的效力,应当依据法院地法进行判断,与准据法所属国的法律规定无关。前述《中华人民共和国民事诉讼法》第二百四十二条(编者注:现为该法第三十四条)的规定属于授权性规范,而非指示性规范,即按照我国现行法律规定,对于涉外合同或者涉外财产权益纠纷案件当事人协议选择管辖法院的问题,仍应当坚持书面形式和实际联系原则。

天同证券公司与健康元公司、天同证券深圳营业部证券合同纠纷管辖权异议案

[最高人民法院〔2005〕民二终字第160号民事裁定书,《最高人民法院公报》2006年第6期]

【裁判要旨】《民事诉讼法》第四十九条(编者注:现为该法第四十八条)规定,公民、法人和其他组织可以作为民事诉讼的当事人。同时《最高人民法院关于适用〈中华人民共和国民事诉讼法〉若干问题的意见》(编者注:现已失效)中第四十条规定,民事诉讼法第四十九条(编者注:现为该法第四十八条)规定的其他组织是指依法成立、有一定的组织机构和财产,但又不具备法人资格的组织,其中包括法人依法设立并领取营业执照的分支机构。所以,具有营业执照和一定运营资金的企业法人分支机构可以作为民事诉讼的当事人。

何荣兰诉海科公司等清偿债务纠纷案

[最高人民法院〔2003〕民一终字第46号民事判决书,《最高人民法院公报》2004年第4期]

【裁判要旨】《中华人民共和国合同法》第八十条第一款规定,债权人转让权利的,应当通知债务人。未经通知,该转让对债务人不发生效力。但是,我国法律并没有明确规定应当以何种方式通知债务人。债权人以登报的形式通知债务人债权转让事实的,并不违反法律的规定。只要债权转让人和受让人采取了有效地告知行为,即对债务人发生法律效力。因此,以报纸公告的方式通知债务人债权转让的,其债权转让的行为,对债务人发生效力。《中华人民共和国民事诉讼法》第五十三条(编者注:现为该法第五十二条)规定,当事人一方或者双方为二人以上,诉讼标的是共同的,或者诉讼标的是同一种类、人民法院认为可以合并审理

并经当事人同意的,为共同诉讼。对于债权债务人相同,债权性质相同的案件,尽管两个债权债务关系中的担保人不同,但是由于两笔债权债务关系是明确的,因此,担保人与债权债务人之间的法律关系和责任都是明确的,且法院对两个案件都具有管辖权,因此,对于债权债务人相同,债权性质相同,且同一法院都具有管辖权,但担保人不同的案件,可以合并审理。

吉庆公司、华鼎公司与农行西藏分行营业部抵押借款合同纠纷案

[最高人民法院〔2005〕民二终字第186号民事判决书,《最高人民法院公报》2006年第8期]

【裁判要旨】民事诉讼法第五十三条(编者注:现为该法第五十二条)关于"当事人一方或者双方为二人以上,其诉讼标的是共同的,或者诉讼标的是同一种类、人民法院认为可以合并审理并经当事人同意的,为共同诉讼"的规定,是就主体合并审理必须经当事人同意作出的规定,其前提是当事人一方或者双方必须为二人以上。我国法律并无客体合并审理必须经当事人同意的强制性规定。债权人就两笔到期债务一并提起诉讼,人民法院合并审理并作出一份判决并不违反法律规定。

瑞华投资控股公司与山东鲁祥铜业集团有限公司、山东省嘉祥景韦铜业有限公司、陈中荣、高学敏等借款担保合同纠纷案

[最高人民法院〔2007〕民四终字第28号民事裁定书,《最高人民法院公报》

2008年第12期〕

【裁判要旨】原告据以提起诉讼的基础法律关系涉及多份借款合同,虽然借款人为同一主体,但是,为多份借款合同提供担保的担保人均系多人,各担保人所提供担保的对象、金额、方式也不相同。根据《中华人民共和国民事诉讼法》第五十三条(编者注:现为该法第五十二条)的规定,此类诉讼的合并需要当事人同意并经人民法院许可,否则人民法院对此类案件不予合并审理。

(三) 诉讼参加人

朱正茂、中华环保联合会与江阴港集装箱公司环境污染责任纠纷案

〔江苏省无锡市中级人民法院民事调解书,《最高人民法院公报》2014年第11期〕

【裁判要旨】《中华人民共和国民事诉讼法》在2012年已明确规定公益诉讼制度,但是未明确规定如何在审判实践中具体操作。2012年之前,环境公益诉讼并没有在法律中明文规定,但实践中出现不少由环保组织作为原告提起的环境公益诉讼。如果把环境污染侵权诉讼作为私益诉讼,则此环境污染直接侵害的是具体当事人的合法权益;若把环境污染侵权诉讼作为公益诉讼,由于损害到不特定当事人的利益,环境污染诉讼有可能具有私益诉讼和公益诉讼的双重性质。所以,企业若有环境污染行为,造成周边环境污染的,该污染既侵害了特定居民的合法权益,还侵害了不特定对象的合法权益,既具有私益诉讼性质,又具有公益诉讼性质,因此,在此情况下,周边居民和环保组织可以共同作为原告,向法院提起环境公益诉讼。

中国生物多样性保护与绿色发展基金会不服宁夏回族自治区高级人民法院不予受理裁定案

〔最高人民法院〔2016〕最高法民再51号民事裁定书,《最高人民法院公报》2016年第9期〕

【裁判要旨】判断社会组织是否属于环境保护法第五十八条规定的"专门从事环境保护公益活动"的组织,应当综合考量该组织的宗旨和业务范围是否包含维护环境公共利益、是否实际从事环境保护公益活动以及所维护的环境公共利益是否与其宗旨和业务范围具有关联性。社会组织的宗旨和业务范围是否包含维护环境公共利益,应根据其内涵而非简单依据文字表述作出判断。

黄光娜与海口栋梁实业有限公司、广东省阳江市建安集团有限公司海南分公司商品房销售合同纠纷案

〔最高人民法院〔2015〕民一终字第37号民事裁定书,《最高人民法院公报》2016年第9期〕

【裁判要旨】一、案件争议不动产的登记所有权人,同案件处理结果具有法律

上的利害关系,可以作为案件第三人。

二、一方当事人大股东在案件诉讼过程中受让争议标的物,但未作为第三人参加诉讼,在案件判决生效后,又提起第三人撤销之诉的,法院推定其知悉案件情况,非因不能归责于本人的原因未参加诉讼的,符合常理和交易惯例。上述大股东所提第三人撤销之诉不符合起诉条件,应裁定不予受理。

(四) 证 据

华镇名与孙海涛、吉林市轩宇房地产开发有限责任公司申请执行人执行异议纠纷案

[最高人民法院〔2013〕民申字第675号民事裁定书,《最高人民法院公报》2014年第5期]

【裁判要旨】根据最高人民法院《关于民事诉讼证据的若干规定》第六十四条的规定,审判人员应当依照法定程序,全面、客观地审核证据,依据法律的规定,遵循法官职业道德,运用逻辑推理和日常生活经验,对证据有无证明力和证明力大小独立进行判断,并公开判断的理由和结果。

王高武诉云集路证券营业部股票纠纷案

[湖北省宜昌市中级人民法院2000年10月9日民事判决书,《最高人民法院公报》2001年第5期]

【裁判要旨】客户起诉证券公司,认为其违规操作给客户造成损失的,应当由证券公司举证证明其在指定交易中严格遵守了规定的交易流程,不存在违规行为。如果不能证明,则应当对客户所受损失承担赔偿责任。

西能科技公司诉国泰君安证券公司委托管理资产合同纠纷案

[最高人民法院〔2003〕民二终字第182号民事判决书,《最高人民法院公报》2004年第8期]

【裁判要旨】资产管理人根据资产管理委托协议,在股市证券买卖交易中,基于商业判断而作出的正常投资行为,只要尽到了善良管理义务,不存在明显的过错,就不应承担交易损失的后果。《民事诉讼法》第六十四条规定,当事人对自己提出的主张,有责任提供证据。因此,委托人需要对资产管理人存在的过错承担举证责任。

包头市方通物资有限责任公司诉包钢建筑安装工程公司拖欠建筑安装工程款纠纷案

[内蒙古自治区高级人民法院〔2003〕内法民再字第104号民事判决书,《最高人民检察院公报》2006年第1号]

【裁判要旨】工程发包方在施工过程中垫付货款,发包方在结算时予以认可,双方即产生债权债务关系,承包方有权要求发包方清偿。发包方事后又以承包方不能提供购物发票为由不承认债务,该理由有违诚信原则。根据最高人民法院

《关于民事诉讼证据的若干规定》第二条、第七十六条的规定，当事人对自己提出的诉讼请求所依据的事实或者反驳对方诉讼请求所依据的事实有责任提供证据加以证明。没有证据或者证据不足以证明当事人的事实主张的，由负有举证责任的当事人承担不利后果。发包方对此负有举证的义务，否则应承担举证不能的法律后果。*

福建三木集团股份有限公司与福建省泉州市煌星房地产发展有限公司商品房预售合同纠纷案

[最高人民法院〔2004〕民一终字第104号民事判决书，《最高人民法院公报》2006年第5期]

【裁判要旨】根据最高人民法院《关于民事诉讼证据的若干规定》第二条、第十条、第三十四条之规定，当事人对自己提出诉讼请求所依据的事实或反驳对方诉讼请求所依据的事实有责任提供证据加以证明。当事人向人民法院提供书证的，应当提供原件，并在人民法院指定的举证期限内积极、全面、正确地完成举证义务。因此，签订合同的一方当事人主张对方向法院提供的合同文本原件不真实，即应当向法院提供自己持有的合同文本原件及其他相关证据；如果不能向法院提供合同文本原件，亦不能提供其他确有证明力的证据以否定对方当事人提供的合同文本原件的真实性，人民法院应当依据优势证据原则，认定对方当事人提供的合同文本原件真实。

宁夏瀛海建材集团有限公司与宁夏瀛海银川建材有限公司、第三人中国石油宁夏化工厂债权纠纷案

[最高人民法院〔2010〕民二终字第19号民事判决书，《最高人民法院公报》2011年第7期]

【裁判要旨】对于股东主张其与公司之间存在债权债务关系且公司予以认可，但公司其他股东对此持有异议的案件，人民法院应对各方证据进行综合分析。证据不足以证明该债权债务关系存在的，人民法院对该债权债务关系不予认定。

赵俊诉项会敏、何雪琴民间借贷纠纷案

[上海市长宁区人民法院2013年4月19日民事判决书，《最高人民法院公报》2014年第12期]

【裁判要旨】一、夫妻一方具有和第三人恶意串通、通过虚假诉讼虚构婚内债务嫌疑的，该夫妻一方单方自认债务，并不必然免除"出借人"对借贷关系成立并生效的事实应承担的举证责任。

二、借款人配偶未参加诉讼且出借人及借款人均未明确表示放弃该配偶可能承担的债务份额的，为查明案件事实，应依法追加与案件审理结果具有利害关系的借款人配偶作为第三人参加诉讼，以形成实质性的对抗。

三、出借人仅提供借据佐证借贷关系的，应深入调查辅助性事实以判断借贷合意的真实性，如举债的必要性、款项用途的合理性等。出借人无法提供证据证

明借款交付事实的,应综合考虑出借人的经济状况、资金来源、交付方式、在场见证人等因素判断当事人陈述的可信度。对于大额借款仅有借据而无任何交付凭证、当事人陈述有重大疑点或矛盾之处的,应依据证据规则认定"出借人"未完成举证义务,判决驳回其诉讼请求。

陈明、徐炎芳、陈洁诉上海携程国际旅行社有限公司旅游合同纠纷案

[上海市第一中级人民法院 2014 年 12 月 19 日民事判决书,《最高人民法院公报》2015 年第 4 期]

【裁判要旨】一、当事人对自己提出的主张,有责任提供证据。旅游经营者主张旅游者的单方解约系违约行为,应当按照合同约定承担实际损失的,则旅游经营者应当举证证明"损失已实际产生"和"损失的合理性"。如举证不力,则由旅游经营者承担不利后果。

二、按照有关司法解释的规定,旅游经营者向人民法院提供的证据系在中华人民共和国领域外形成的,该证据应当按照法律规定完成公证、认证手续;在香港、澳门特区或台湾地区形成的,应当履行相关的证明手续。

北京新中实经济发展有限责任公司、海南中实(集团)有限公司与华润置地(北京)股份有限公司房地产项目权益纠纷案

[最高人民法院〔2004〕民一终字第 107 号民事裁定书,《最高人民法院公报》2006 年第 8 期]

【裁判要旨】根据最高人民法院《关于民事诉讼证据的若干规定》的规定,一审诉讼中,当事人主张的法律关系的性质或民事行为的效力与法院根据案件事实作出的认定不一致的,法院应当告知当事人可以变更诉讼请求;当事人坚持不变更诉讼请求的,法院应当驳回其起诉,而不应作出实体判决;法院径行对当事人未予主张的法律关系作出裁判,既是代替当事人行使起诉权利,又剥夺了对方当事人的抗辩权利,构成程序违法。

江西圳业房地产开发有限公司与江西省国利建筑工程有限公司建设工程施工合同纠纷案

[最高人民法院〔2006〕民一终字第 52 号民事判决书,《最高人民法院公报》2007 年第 6 期]

【裁判要旨】根据最高人民法院《关于民事诉讼证据的若干规定》第三十四条的规定,当事人应当在举证期限内向人民法院提交证据材料,当事人在举证期限内不提交的,视为放弃举证权利,人民法院可以根据对方当事人提供的证据认定案件事实。但是,被视为放弃举证权利的一方当事人依法仍享有抗辩权,人民法院对其抗辩应当依法审查,抗辩有理的应当予以采纳、支持。

金坛市建筑安装工程公司与大庆市庆龙房地产开发有限公司建设工程结算纠纷案

[最高人民法院〔2004〕民一终字第 118 号民事判决书,《最高人民法院公报》2007 年第 7 期]

【裁判要旨】在审理建设工程施工合同纠纷案件中，一审法院针对发包人和承包人就已完工程总造价、材料分析退价、不合格工程返修费用等事项产生的争议，基于当事人申请，分别委托鉴定机构就上述事项进行鉴定，经一审法院组织质证后，当事人对上述鉴定结论仍有异议提起上诉，经二审庭审补充质证，当事人对上述鉴定结论没有提出充分的相反证据和反驳理由的，可以认定上述鉴定结论的证明力。

自贡市自流井区国有资产经营投资有限责任公司诉四川廉正工程咨询有限公司服务合同纠纷案

［四川省成都市金牛区人民法院2011年5月16日民事裁定书，《最高人民法院公报》2013年第2期］

【裁判要旨】人民法院委托鉴定机构作出的司法鉴定结论，仅是诉讼证据之一，其不具有可诉性。当事人对鉴定结论存在异议，直接向人民法院提起诉讼请求确认鉴定结论无效的，不属于人民法院民事诉讼受案范围，应当依法裁定驳回起诉。

孙卫与南通百川面粉有限公司不当得利纠纷案

［江苏省海安县人民法院〔2014〕安开民初字第00816号民事判决书，《最高人民法院公报》2015年第7期］

【裁判要旨】刑事判决认定的赃款数额并非等同于作案造成损失的范围，不能简单依据刑事判决认定赃款的数额确定损失范围，刑事案件与民事案件的证明标准不同，不应以刑事案件的高标准取代民事证明标准。

洪秀凤与昆明安钡佳房地产开发有限公司房屋买卖合同纠纷案

［最高人民法院〔2015〕民一终字第78号民事判决书，《最高人民法院公报》2016年第1期］

【裁判要旨】一、合同在性质上属于原始证据、直接证据，应当重视其相对于传来证据、间接证据所具有的较高证明力，并将其作为确定当事人法律关系性质的逻辑起点和基本依据。若要否定书面证据所体现的法律关系，并确定当事人之间存在缺乏以书面证据为载体的其他民事法律关系，必须在证据审核方面给予更为审慎的分析研判。

二、在两种解读结果具有同等合理性的场合，应朝着有利于书面证据所代表法律关系成立的方向作出判定，借此传达和树立重诺守信的价值导向。

三、透过解释确定争议法律关系的性质，应当秉持使争议法律关系项下之权利义务更加清楚，而不是更加模糊的基本价值取向。在没有充分证据佐证当事人之间存在隐蔽法律关系且该隐蔽法律关系真实并终局地对当事人产生约束力的场合，不宜简单否定既存外化法律关系对当事人真实意思的体现和反映，避免当事人一方不当摆脱既定权利义务约束的结果出现。

陈汝国与泰州市天源化工有限公司水污染责任纠纷案

[江苏省泰州医药高新技术产业开发区人民法院〔2013〕泰高新环民初字第0001号民事判决书,《最高人民法院公报》2016年第3期]

【裁判要旨】1. 对环境污染损害因果关系,主张者只需证明被主张者存在污染环境的可能性,不存在因果关系的举证责任则由被主张者承担。

2.（略）

厦门特区锦江贸易公司申请诉前证据保全案

[厦门海事法院1992年12月2日民事裁定书,《最高人民法院公报》1993年第2期]

【裁判要旨】关于证据保全的问题,《中华人民共和国民事诉讼法》第七十四条(编者注:现为该法第八十一条)规定,在证据可能灭失或者以后难以取得的情况下,当事人可以在诉讼过程中向人民法院申请保全证据,人民法院也可以主动采取保全措施。虽然依据上述规定,证据保全发生在民事诉讼开始之后,但是证据保全的目的是为了在紧急情况下保全日后可能灭失或者难于取得的证据,保证诉讼的正常进行。根据这一立法精神来看,当事人在紧急情况下于民事诉讼开始前向法院申请证据保全,法院应当准许。依据《民事诉讼法》第九十三条(编者注:现为该法第一百零一条)关于诉前财产保全的规定,如果申请人在人民法院采取保全措施后三十日内不依法提起诉讼或者申请仲裁的,人民法院应当解除保全。参照此条规定,法院采取诉前证据保全后,当事人未向法院起诉的,法院可以解除证据保全,将证据返还给被申请人,维护被申请人的合法权益。*

（五）期间、送达

中国长城资产管理公司昆明办事处与昆明新人人海鲜酒楼有限责任公司、昆明新人人金实酒楼有限责任公司借款合同纠纷案

[最高人民法院〔2007〕民二终字第210号民事判决书,《最高人民法院公报》2008年第9期]

【裁判要旨】人民法院审理民事案件中,鉴于被告方数个企业法人的法定代表人为同一人,且其在各企业法人中的法定职权与义务基本相同,故在向被告方送达开庭传票等法律文书时,仅送达至其中一个企业法人,并通过该企业法人向被告方其他企业法人转交或者留置送达的做法,并不影响当事人的诉讼权利,不属于审判程序违法。

（六）调 解

武汉中联证券劳动服务公司与港澳祥庆实业返还财产纠纷案

[最高人民法院〔2005〕民四提字第1号民事判决书,《最高人民法院公报》

2007 年第 5 期］

【裁判要旨】一、根据《中华人民共和国民事诉讼法》第八十五条（编者注：现为该法第九十三条）的规定，人民法院审理民事案件，根据当事人自愿进行调解的，也必须在事实清楚的基础上分清是非。

二、对于已经发生法律效力的调解书，当事人虽然没有申请再审，但损害了案外人的合法权益，人民法院发现确有错误，必须进行再审的，人民法院可以按照审判监督程序进行再审。

伊宁市华强新型建材有限责任公司不服新疆维吾尔自治区高级人民法院执行裁定案

［最高人民法院〔2014〕执监字第 80 号执行裁定书，《最高人民法院公报》2015 年第 12 期］

【裁判要旨】一、依法生效的调解书不仅是对当事人在自愿、合法基础上达成的权利义务协议内容的确定，而且也是具有强制执行效力的法律文书。

二、可采取强制执行措施的生效法律文书所确定的内容必须具有给付性，如果一方当事人不按照确定的给付内容履行，另一方当事人可以就该确定的给付内容向人民法院申请强制执行。因此，人民法院在受理执行案件时，首先应对申请人的债权请求权是否存在予以审查，即有权对调解书等法律文书是否具有可执行性进行审查，主要包括审查法律文书是否已经生效、义务人是否在法律文书确定的期限内履行义务、法律文书确定的强制执行条件是否明确等。

三、调解书等生效法律文书中所确定的基于双方违约责任而导致的给付义务，取决于未来发生的事实，即当事人双方在履行生效调解书过程中是否违约以及违约程度等，属于与案件审结后新发生事实相结合而形成的新的实体权利义务争议，并非简单的事实判断，在执行程序中直接加以认定。缺乏程序的正当性和必要的程序保障。为能够更加有效地保障各方当事人的合法权益，应允许当事人通过另行提起诉讼的方式予以解决。

（七）保全和先予执行

李正辉诉柴国生财产损害赔偿纠纷案

［最高人民法院〔2012〕民申字第 1282 号民事裁定书，《最高人民法院公报》2014 年第 3 期］

【裁判要旨】向人民法院申请采取保全措施是当事人的诉讼权利，但申请有错误的，申请人应当赔偿被申请人因保全所遭受的损失。如何判断当事人的申请是否错误，《中华人民共和国民事诉讼法》对此并没有作出规定。判断申请人的申请是否存在错误，应当结合具体案情，通过审查申请人是否存在通过保全损害被申请人合法权益的过错、保全的对象是否属于权属有争议的标的物、被申请人是否存在损失、是否为了保证判决的执行等因素予以考虑，不宜简单地以判决支持的请求额与保全财产数额的差异判断申请人是否有错误。

中国太平洋保险公司与大连扬帆船务有限公司发还担保纠纷再审案

[最高人民法院1998年11月16日民事裁定书,《最高人民法院公报》1999年第1期]

【裁判要旨】《中华人民共和国民事诉讼法》第二百五十一条第二款(编者注:现为该法第一百零一条)规定,涉外案件的利害关系人可以在起诉前向人民法院申请财产保全。根据《民事诉讼法》第二百五十二条(编者注:现为该法第一百零一条)的规定,人民法院裁定准许诉前财产保全后,申请人应当在三十日内提起诉讼。逾期不起诉的,人民法院应当解除财产保全。因此,对于申请诉前财产保全的利害关系人,如果逾期不起诉的,人民法院依法应当解除财产保全。

杨季康(笔名杨绛)与中贸圣佳国际拍卖有限公司、李国强诉前禁令案

[北京市第二中级人民法院民事裁定书,《最高人民法院公报》2014年第10期]

【裁判要旨】所谓诉前禁止,是指法院依申请在诉讼提起之前,责令相关侵权人停止有关侵权行为的措施。当事人可以向法院提出申请,请求法院采取及时有效的临时措施,以防止证据销毁或者其他影响当事人权利的事情的发生。《中华人民共和国著作权法》第五十条规定,著作权人或者与著作权有关的权利人有证据证明他人正在实施或者即将实施侵犯其权利的行为,如不及时制止将会使其合法权益受到难以弥补的损害的,可以在起诉前向人民法院申请采取责令停止有关行为和财产保全的措施。

中华环保联合会、贵阳公众环境教育中心与贵阳市乌当区定扒造纸厂水污染责任纠纷案

[贵州省清镇市人民法院民事判决书,《最高人民法院公报》2014年第11期]

【裁判要旨】环境污染的治理成本是非常高的,有些环境污染甚至一旦发生,就无法挽回。因此,对于环境污染,应当采取预防重于治理的原则。2007年《民事诉讼法》第九十七条第三项(编者注:现为该法第一百零六条)规定,因情况紧急需要先予执行的案件,根据当事人的申请,可以裁定先予执行。在司法实践中,人民法院可以利用该条的规定,对于紧急情况的环境污染,应当积极进行先予执行,以免判决作出后环境污染结果已经发生或扩大。因此,法院在受理环境污染侵权纠纷的同时,可以依据当事人的申请裁定责令排污者立即停止排污行为。

(八)第一审普通程序

高淳县民政局诉王昌胜、吕芳、天安保险江苏分公司交通事故人身损害赔偿纠纷案

[江苏省南京市中级人民法院2007年3月27日民事裁定书,《最高人民法院公报》2007年第6期]

【裁判要旨】因交通事故引发的人身损害赔偿案件中，死亡受害人为城市生活无着的流浪乞讨人员，经公安部门刊发启示未发现其近亲属，政府民政部门作为原告提起民事诉讼，要求赔偿义务人承担赔偿责任的，因民政部门不是法律规定的赔偿权利人，与案件不存在民事权利义务关系，且其法定职责不包括代表或代替城市生活无着的流浪乞讨人员提起民事诉讼，故民政部门不是案件的适格诉讼主体，其起诉应依法驳回。

马文良与马德云房屋确权纠纷抗诉案

［青海省高级人民法院1998年10月12日民事判决书，《最高人民检察院公报》2000年第3号］

【裁判要旨】《中华人民共和国民事诉讼法》第一百一十一条第（五）项（编者注：现为该法第一百二十四条第（五）项）规定，对判决、裁定已经发生法律效力的案件，当事人又起诉的，除人民法院裁定准许撤诉的案件外，人民法院不予受理，而应告知原告按照申诉处理。民事诉讼案件以调解的方式结案，制作的调解书具有法律约束力和强制执行力。按照"一事不再理"的诉讼原则和法律规定，以调解结案的民事诉讼案件，当事人不能就同一争议再行起诉，如果当时对调解不服，应对调解提起申诉。《最高人民法院关于适用〈中华人民共和国民事诉讼法〉若干问题的意见》（编者注：现已失效）第七十五条规定，"一方当事人对另一方当事人陈述的案件事实和提出的诉讼请求，明确表示承认的"以及"根据法律规定或已知事实，能推出的另一事实"是无需当事人举证的，因此，一方当事人在诉讼中向法院承认的对方当事人所主张的事实，以及根据已知事实能推定出的另一事实，属于无需举证的事实。*

香港绿谷投资公司诉加拿大绿谷（国际）投资公司等股权纠纷案

［最高人民法院［2002］民四终字第14号民事裁定书，《最高人民法院公报》2004年第7期］

【裁判要旨】根据中外合资经营企业法的规定，中外合资经营企业股权变更必须报经有关主管部门审批，并应根据主管部门审批的结果确定股东的身份。当事人认为股权变更不当并要求变更审批结果的，应通过行政诉讼解决。当事人就此提起民事诉讼，请求人民法院变更其在中外合资经营企业中股权的，应按照民事诉讼法第一百一十一条第（一）项（编者注：现为该法第一百二十四条第（一）项）关于"依照行政诉讼法的规定，属于行政诉讼受案范围的，告知原告提起行政诉讼"的规定，由法院告知当事人进行行政复议或以股权变更审批机构为被告提起行政诉讼。*

威海鲲鹏投资有限公司与威海西港房地产开发有限公司、山东省重点建设实业有限公司土地使用权纠纷管辖权异议案

［最高人民法院［2005］民一终字第86号民事裁定书，《最高人民法院公报》2006年第5期］

【裁判要旨】两次诉讼基于同一纠纷,但当事人不同、具体诉讼请求不同,且不能相互替代或涵盖,那么是否属于重复诉讼,关于这个问题,适用《中华人民共和国民事诉讼法》及其相关规定。民事诉讼法第一百一十一条第(五)项[编者注:现为该法第一百二十四条第(五)项]规定:对判决、裁定已经发生法律效力的案件,当事人又起诉的,告知原告按照申诉处理,但人民法院准许撤诉的裁定除外。《最高人民法院关于适用〈中华人民共和国民事诉讼法〉若干问题的意见》(编者注:现已失效)第一百三十九条规定:起诉不符合受理条件的,人民法院应当裁定不予受理。立案后发现起诉不符合受理条件的,裁定驳回起诉。由此可见,一案禁止两诉,即基于同一纠纷和同一法律关系,如果已经有生效的法院判决、裁定,相同的当事人再次提起诉讼是为法律所禁止的。但是,判断基于同一纠纷而提起的两次诉讼是否属于重复诉讼,应当结合当事人诉讼请求及其依据,以及行使处分权的具体情况进行综合判断。如果两次起诉的当事人不同,具体诉讼请求等也不同,相互不能替代或涵盖,则人民法院不能简单地因两次起诉基于同一纠纷而认定为重复起诉,并依照"一事不再理"的原则对后一起诉予以驳回。*

峰峰集团有限公司与中国节能投资公司借款合同纠纷案

[最高人民法院〔2007〕民终二字第19号民事判决书,《最高人民法院公报》2007年第10期]

【裁判要旨】当事人因占有使用国家基本建设经营性基金而发生的借款合同纠纷,不属于最高人民法院1996年4月2日法复〔1996〕4号《关于因政府调整划转企业国有资产引起的纠纷是否受理问题的批复》第一条所规定的"因政府及其所属主管部门在对企业国有资产调整、划转过程中引起相关国有企业之间的纠纷,应由政府或所属国有资产管理部门处理,国有企业作为当事人向人民法院提起民事诉讼的,人民法院不予受理"的情形。当事人就上述借款合同纠纷向人民法院提起民事诉讼的,人民法院应当依法受理。

河源市劳动服务建筑工程公司与龙川县人民政府建设工程施工合同纠纷案

[最高人民法院〔2011〕民再申字第68号民事裁定书,《最高人民法院公报》2013年第6期]

【裁判要旨】原告提出诉讼请求并经人民法院作出生效裁判后,又以实际争议标的额超出原诉讼请求为由,就超出的数额另行提起诉讼,系对同一争议事实再次起诉,违反一事不再理的民事诉讼原则,人民法院不应予以支持。

王贺春、张福才等六人与卢继先、华宸建设集团股份有限公司债权转让合同纠纷案

[最高人民法院〔2012〕民提字第44号民事裁定书,《最高人民法院公报》2012年第11期]

【裁判要旨】一、判断当事人在同一法院或不同法院分别起诉所形成的案件

是否属于同一案件,应当从案件的当事人、案件的性质(法律关系)、案件的事实以及当事人的诉讼请求等方面是否同一进行综合考量。基于相同的当事人、同一事实、同一法律关系以及主要诉讼请求相同,在不同地方法院分别提起诉讼所形成的案件,可以认定属于同一案件。

二、人民法院口头准许撤诉裁定记入笔录,履行相关通知义务后,其与书面准许撤诉裁定具有同等法律效力。当事人撤诉后,除法律有禁止性规定外,可另行起诉。

三、当事人在不同时间分别向有管辖权的不同地方人民法院提起诉讼,先立案的人民法院不得将案件移送给另一个有管辖权的人民法院;人民法院在立案前发现其他有管辖权的人民法院已立案的,不得重复立案;立案后发现其他有管辖权的人民法院已先立案的,应当裁定将案件移送给先立案的人民法院。后立案的人民法院在移送前,当事人在先立案的人民法院撤回诉讼并获得准许的,后立案的人民法院予以审理不存在法律程序上的障碍。

鸿润锦源(厦门)房地产开发有限公司与彭雄浑、鸿润集团房地产投资有限公司商品房预售合同纠纷案

[最高人民法院〔2006〕民一终字第34号民事裁定书,《最高人民法院公报》2006年第12期]

【裁判要旨】根据《中华人民共和国民事诉讼法》第一百零八条第(四)项(编者注:现为该法第一百一十九条第(四)项)和第三十八条(编者注:现为该法

一百二十七条)的规定,管辖权异议是指当事人对案件是否属于人民法院受理范围或者是否由受诉人民法院管辖提出的异议。当事人有权提出管辖权异议,但当事人以其不是适格被告为由提出管辖权异议,不符合上述规定,不属于管辖权异议。当事人是否属于适格被告,应当经人民法院实体审理确定。

吴国军诉陈晓富、王克祥及德清县中建房地产开发有限公司民间借贷、担保合同纠纷案

[浙江省湖州市中级人民法院〔2009〕浙湖商终字第276号民事判决书,《最高人民法院公报》2011年第11期]

【裁判要旨】民间借贷涉嫌或构成非法吸收公众存款罪,合同一方当事人可能被追究刑事责任的,并不当然影响民间借贷合同以及相对应的担保合同的效力。如果民间借贷纠纷案件的审理并不必须以刑事案件的审理结果为依据,则民间借贷纠纷案件无须中止审理。

内蒙古九郡药业有限责任公司、上海云洲商厦有限公司与韩凤彬、上海广播电视台、大连鸿雁大药房有限公司产品质量损害赔偿纠纷管辖权异议申请再审案

[最高人民法院〔2013〕民再申字第27号民事裁定书,《最高人民法院公报》2013年第7期]

【裁判要旨】上级人民法院发回重审的案件,当事人能否再行提出管辖权异

议,《中华人民共和国民事诉讼法》对此并没有明确作出规定。但根据管辖恒定原则,发回重审的案件管辖权已经确定,当事人仍提出管辖权异议的,人民法院不予支持。

东方公司广州办事处诉中山市工业原材料公司等借款担保合同纠纷案

[最高人民法院〔2004〕民二终字第207号民事判决书,《最高人民法院公报》2005年第6期]

【裁判要旨】《民事诉讼法》第一百二十五条规定,当事人在法庭上可以提出新的证据。《最高人民法院关于民事诉讼证据的若干规定》第四十一条对上述规定中的"新的证据"给出了具体规定,明确指出二审程序中的新的证据包括一审庭审结束后新发现的证据。同时该司法解释第四十二条规定,当事人在二审程序中提供新的证据的,应当在二审开庭前或者开庭审理时提出。据此,当事人在二审中可以提出新证据。《最高人民法院关于民事诉讼证据的若干规定》第四十七条规定,证据应当在法庭上出示,由当事人质证。未经质证的证据,不能作为认定案件事实的依据。经质证后的证据可以作为认定事实的依据。此规定表明证据作为证明案件事实的依据必须以经过质证为前提,但是法律并没有规定必须以对方当事人同意质证为前提。所以另一方当事人以超过举证期限为由不同意质证的,不影响二审法院根据个案情况对新的证据予以审查和采信,经审查的证据依然可以作为证明案件事实的依据。*

徐州市路保交通设施制造有限公司与徐州市华建房地产开发有限公司、第三人尤安庆房屋买卖合同纠纷案

[最高人民法院〔2005〕民一终字第65号民事裁定书,《最高人民法院公报》2006年第6期]

【裁判要旨】当事人对已经发生法律效力的判决不服,或者人民法院发现已经发生法律效力的判决确有错误,只有通过依法启动审判监督程序撤销原审判决,才能对案件进行重新审判,否则均应受该已经发生法律效力的判决的拘束,当事人不得在以后的诉讼中主张与该判决相反的内容,人民法院也不得在以后的判决中作出与该判决冲突的认定和处理。

(九) 特 别 程 序

吴少晖不服选民资格处理决定案

[福建省屏南县人民法院2003年7月8日民事判决书,《最高人民法院公报》2003年第6期]

【裁判要旨】《中华人民共和国村民委员会组织法》第十二条及第十四条(编者注:现为该法第十三条和第十五条)规定,除被剥夺政治权利的人外,年满十八周岁的村民,不分民族、种族、性别、职业、家庭出身、宗教信仰、教育程度、财产状况、居住期限,都有选举权和被选举权。选举村民委员会的具体选举办法由省、自治区、直辖市的人民代表大会常务委员会规定。选举权与被选举权,是宪法规定公

民享有的一项基本政治权利。对于登记日后迁入本村的非农业户籍村民,只要其属于法律规定具有选举权与被选举权的公民,又不违背地方村民委员会选举办法之规定的,其迁入时间及户籍类型等均不能阻却其成为选民参加选举,从而应确认该村民具有选民资格。*

张月英申请宣告陈炎死亡案

[江苏省淮安市淮阴区(县)人民法院1996年5月15日民事判决书,《最高人民法院公报》1996年第3期]

【裁判要旨】《中华人民共和国民法通则》第二十三条规定,公民下落不明满四年的或者因意外事故下落不明,从事故发生之日起满二年的,其利害关系人可以向人民法院申请宣告其死亡。宣告死亡,是指公民离开自己的住所或者因意外事故等情况下落不明,在一定期间没有音讯,利害关系人可以依法申请人民法院宣告其死亡。人民法院在受理宣告死亡的案件后,应当依照《中华人民共和国民事诉讼法》第一百六十八条(编者注:现为该法第一百八十五条)的规定,发出寻找下落不明人的公告,宣告死亡的公告期间为一年。因意外事故下落不明,经有关机关证明该公民不可能生存的,宣告死亡的公告期间为三个月。公告期间届满,人民法院应当根据被宣告死亡的事实是否得到确认,作出宣告死亡的判决或者驳回申请的判决。*

陈益锡申请认定财产无主案

[上海市杨浦区人民法院1995年8月4日民事判决书,《最高人民法院公报》1995年第4期]

【裁判要旨】根据《中华人民共和国民事诉讼法》第一百七十五条(编者注:现为该法第一百九十二条)关于认定财产无主案件的规定,人民法院在受理申请后,经审查核实,应当发出财产认领公告。公告满一年无人认领的,判决认定财产无主,收归国家或者集体所有。依据第一百七十六条(编者注:现为该法第一百九十三条)规定,在财产经法院判决认定为无主的后,原财产所有人或者继承人依然可以在民法通则规定的诉讼时效期间内对财产提出请求,人民法院审查属实后,应当作出新判决,撤销原判决。对于继承人以外的对被继承人尽了主要扶养义务的人,根据《中华人民共和国继承法》第十四条规定:"对继承人以外的依靠被继承人扶养的缺乏劳动能力又没有生活来源的人,或者继承人以外的对被继承人扶养较多的人,可以分配给他们适当的遗产。"因此,经公告被收归为国家或者集体所有的无主财产,继承人以外的对被继承人尽了主要扶养义务的人有权向人民法院主张对该财产的所有权。*

(十)审判监督程序

中国有色金属工业长沙勘察设计研究院与海南省汇富房地产开发公司长沙公司、海南省汇富房地产开发公司合作建房合同纠纷案

[最高人民法院〔2006〕民一终字第28号民事判决书,《最高人民法院公报》2006年第11期]

【裁判要旨】依照审判监督程序对案件进行再审的基础，是已经发生法律效力的判决、裁定确有错误，或者有证据证明已经发生法律效力的调解书违反调解自愿原则或调解协议的内容违法。纠正原审错误是再审的基本功能。因此，再审应当依照原审的审理范围进行，而不能超出原审范围进行裁判。

安徽省福利彩票发行中心与北京德法利科技发展有限责任公司营销协议纠纷案

［最高人民法院〔2008〕民提字第61号民事判决书，《最高人民法院公报》2009年第9期］

【裁判要旨】根据最高人民法院《关于适用〈中华人民共和国民事诉讼法〉审判监督程序若干问题的解释》第三十三条的规定，人民法院应当在具体的再审请求范围内或在抗诉支持当事人请求的范围内审理再审案件。当事人超出原审范围增加、变更诉讼请求的，不属于再审审理范围。但涉及国家利益、社会公共利益，或者当事人在原审诉讼中已经依法要求增加、变更诉讼请求，原审未予审理且客观上不能形成其他诉讼的除外。

二、根据最高人民法院《关于适用〈中华人民共和国合同法〉若干问题的解释（一）》第四条的规定，合同法实施以后，人民法院确认合同无效，应当以全国人大及其常委会制定的法律和国务院制定的行政法规为依据，不得以地方性法规、行政规章为依据。

杨培康与无锡活力保健品有限公司侵犯发明专利权纠纷案

［最高人民法院〔2008〕民申字第1185号民事裁定书，《最高人民法院公报》2009年第11期］

【裁判要旨】诉讼和解协议是案件当事人为终止争议或者防止争议再次发生，通过相互让步形成的合意，和解协议的内容不限于当事人的诉讼请求事项。

当事人具有较高的文化程度，并有代理律师一同参与诉讼、调解、和解活动。在此情形下，当事人在和解协议上签字同意并收取了对方当事人按照和解协议支付的款项，此后又以调解违背其真实意愿为由申请再审的，其再审申请不符合《中华人民共和国民事诉讼法》第一百八十二条规定的情形，应予驳回。

湖北金华实业有限公司与苏金水等商品房买卖合同纠纷案

［最高人民法院〔2012〕民抗字第24号民事判决书，《最高人民法院公报》2014年第1期］

【裁判要旨】一、人民法院审理检察机关抗诉的再审案件一般应以原审审理范围为限。当事人的诉讼请求不同于支持其提出请求的理由和依据，如当事人提出请求的理由和依据不同于检察机关抗诉所提出的理由和依据，并不意味其申请抗诉的请求未获得检察机关抗诉支持；当事人的再审请求未超出原审审理范围的，人民法院再审中应予审理。

二、在房地产开发企业委托代理机构销售房屋的情况下，房地产开发企业因委托代理机构未告知其特定房屋已经售出而导致一房二卖，属于其选择和监督委托代理人的经营风险，不得转嫁于购房者，房地产开发企业以此为由主张最高人民法院《关于审理商品房买卖合同纠纷案件适用法律若干问题的解释》第八条规定的惩罚性赔偿应予免除的请求，人民法院不予支持。

（十一）公示催告程序

黎传雄股票灭失申请公示催告案

［上海市静安区人民法院1993年9月22日民事判决书，《最高人民法院公报》1993年第4期］

【裁判要旨】公示催告程序是指人民法院根据当事人的申请，以公示的方式催告不明的利害关系人，在法定期间内申报权利，逾期无人申报，作出宣告票据无效（除权）的判决程序，属于非诉讼程序，即特别程序。《民事诉讼法》第一百九十三条（编者注：现为该法第二百一十八条）规定，按照规定可以背书转让的票据持有人，因票据被盗、遗失或者灭失，可以向票据支付地的基层人民法院申请公示催告，依照法律规定可以申请公示催告的其他事项，适用本章规定。所以，股票持有人的股票发生灭失的，可以参照以上规定向法院申请公示催告。公告期间无人申报权利的，法院应作出持有人的股票无效的判决，申请人可以持此判决向股票发行者申请补发。

（十二）执行程序的一般规定

香港信诺投资有限公司申请执行复议案

［最高人民法院［2013］执复字第13号民事裁定书，《最高人民法院公报》2013年第12期］

【裁判要旨】一、案外人对执行标的提出主张权属的异议，应当根据民事诉讼法第二百二十七条规定的程序进行审查，案外人、当事人对执行裁定不服，应当通过诉讼程序进行救济。不能将案外人作为利害关系人，适用民事诉讼法第二百二十五条规定的程序进行审查并赋予当事人申请复议的权利，否则即属适用法律错误，违反法定程序，应予纠正。

二、案外人所提的程序异议如果与其对执行标的权属主张之异议并无联系，则可在符合条件的情况下以利害关系人的身份适用民事诉讼法第二百二十五条规定的程序进行审查，与实体争议分别处理；如果案外人所提出的程序异议与实体异议关系密切，直接或间接地针对同一执行标的权属问题，在其同时提出实体异议的情况下，应当合并适用民事诉讼法第二百二十七条规定的程序进行审查，以减轻当事人的诉累。

三、被执行人单独提出的异议，应当按照民事诉讼法第二百二十五条规定的程序进行审查。但如果被执行人所提异议实质是支持案外人对执行标的的实体权利的主张，则对被执行人所提出的异议不应当单独审查，而应当在对案外人所提异议进行审查的过程中一并解决。

兰州正林农垦食品有限公司与林柏君、郑州正林食品有限公司债务纠纷再审案

[最高人民法院〔2010〕民申字第1276号民事裁定书,《最高人民法院公报》2011年第4期]

【裁判要旨】案外人在可以通过另行提起诉讼解决其与案件一方当事人之间的债权债务关系,且案件双方当事人在人民法院主持下达成调解协议,人民法院作出的调解书不涉及案外人与案件一方当事人之间的债权债务关系的情况下,对人民法院作出的调解书申请再审的,不符合《中华人民共和国民事诉讼法》第二百零四条(编者注:现为该法第二百二十七条)、最高人民法院《关于适用〈中华人民共和国民事诉讼法〉审判监督程序若干问题的解释》第五条关于案外人提起再审申请的规定,应予驳回。

西部信托有限公司申请执行复议案

[最高人民法院〔2013〕执复字第11号民事裁定书,《最高人民法院公报》2013年第12期]

【裁判要旨】《中华人民共和国民事诉讼法》第二百二十七条规定,执行过程中,案外人对执行标的提出书面异议的,人民法院应当自收到书面异议之日起十五日内审查,理由成立的,裁定中止对该标的的执行;理由不成立的,裁定驳回。案外人、当事人对裁定不服,认为原判决、裁定错误的,依照审判监督程序办理;与原判决、裁定无关的,可自裁定送达之日起十五日内向人民法院提起诉讼。案外人基于对执行标的物主张实体权利而提出异议,以排除对该执行标的物之强制执行的,属于案外人异议,不管该案外人主张实体权利的依据是否涉及其他法院的相关生效法律文书,均应当适用《中华人民共和国民事诉讼法》第二百二十七条规定处理,以保护案外人和当事人通过诉讼途径寻求实体救济的合法权利。

孙昌明与江苏威特集团有限公司、盐城经济开发区祥欣农村小额贷款有限公司案外人执行异议纠纷案

[最高人民法院〔2013〕民提字第207号民事裁定书,《最高人民法院公报》2015年第7期]

【裁判要旨】一、执行过程中,案外人对执行标的提出的书面异议被驳回后,应当根据其权利主张与原判决、裁定之间的关系,依法选择通过审判监督程序或者执行异议之诉维护其合法权益。

二、执行异议之诉是对案外人权利保护提供的司法救济途径,针对的是执行行为本身,核心在于以案外人是否对执行标的具有足以阻却执行程序的正当权利为前提,就执行程序应当继续还是应该停止做出评价和判断。如案外人权利主张所指向的民事权利义务关系或者其诉讼请求所指向的标的物,与原判决、裁定确定的民事权利义务关系或者该权利义务关系的客体具有同一性,执行标的就是作为执行依据的生效裁判确定的权利义务关系的特定客体,其则属于"认为原判决、裁定错误"的情形,应依照审判监督程序办理。

桂林同德房地产开发有限公司申请执行重庆金山酒店有限公司等经营权案

[重庆市高级人民法院1998年2月17日民事调解书,《最高人民法院公报》1999年第5期]

【裁判要旨】执行和解指在法院执行过程中,双方当事人经过自愿协商,达成协议,结束执行程序的活动。对双方当事人达成的和解协议,人民法院执行员应当将协议内容记入笔录,由双方签名或盖章。如被执行人已无资金可供法院执行,为平等保护债权人的合法权益,法院可根据案件的具体情况,保证国家利益、各债权人利益不受损失的前提下,通过双方当事人协商达成和解协议,可执行被执行人的产业,通过将该产业的经营权交付申请执行人,以收益冲抵债权的方式实现对债权人权益的保护。*

吉林中城建中大房地产开发有限公司申诉案

[最高人民法院〔2011〕执监字第15号驳回申诉通知书,《最高人民法院公报》2012年第2期]

【裁判要旨】被执行人与其他人以复杂的出资组建新公司、收购股份及并购的名义,将债权人享有优先受偿权的工程及相关土地等主要资产变更至新组建的公司名下,而其他人控制新组建公司多数股权、新组建公司不承担工程价款的债务的,该情形可以认定为被执行人和其他人及新组建的公司之间转移资产,侵犯工程价款优先债权人的合法权益,其他人和新组建公司应当作为被执行人的权利义务承受人对该优先债权人承担责任。执行法院有权裁定追加其他人和新组建的公司为被执行人。

李杰与辽宁金鹏房屋开发有限公司金融不良债权追偿纠纷案

[最高人民法院〔2014〕民二终字第199号民事判决书,《最高人民法院公报》2016年第4期]

【裁判要旨】根据《中华人民共和国民事诉讼法》第二百三十八条、最高人民法院《关于当事人对具有强制执行效力的公证债权文书的内容有争议提起诉讼人民法院是否受理问题的批复》的规定,具有强制执行效力的公证债权文书与生效判决书、仲裁裁决书一样,是人民法院的执行依据,当事人可以据此申请强制执行。对于有强制执行效力的公证债权文书,发生争议后债权人应当申请强制执行,直接提起诉讼的,人民法院不予受理。

根据最高人民法院、司法部《关于公证机关赋予强制执行效力的债权文书执行有关问题的联合通知》第一条的规定,赋予强制执行效力的公证债权文书必须符合当事人已经就强制执行问题在债权文书中达成书面合意的条件。如果仅有公证的形式,而没有当事人关于执行问题的特殊合意,也不能产生可以申请强制执行的效果。因此,合同当事人的意思表示是赋予强制执行效力的公证债权文书强制执行效力的重要来源,当事人可以通过合意的方式约定直接申请强制执行的内容,法律亦不禁止当事人变更直接申请强制执行的内容,放弃对债权的特殊保障。在存在有强制执行效力的公证债权文书的情况下,双方当事人后又对部分债权约定可以采取诉讼方式解决纠纷,是通过合意的方式变更了可以直接申请强制执行的内容,当事人可以就该部分债权提起诉讼。

(十三) 执行的申请和开始

王爱英与李保生宅基纠纷强制执行案

[最高人民法院1983年3月28日民事执行书,《最高人民法院公报》1986年第2期]

【裁判要旨】在申诉期间,当事人拒不执行已经发生法律效力的判决时,可以适用《中华人民共和国民事诉讼法》第二百一十二条(编者注:现为该法第二百三十六条)的规定:"发生法律效力的民事判决、裁定,当事人必须履行。一方拒绝履行的,对方当事人可以向人民法院申请执行,也可以由审判员移送执行员执行。调解书和其他应当由人民法院执行的法律文书,当事人必须履行。一方拒绝履行的,对方当事人可以向人民法院申请执行。"由此可见,当事人必须履行发生法律效力的民事判决、裁定,虽然是在申诉期间,但已经发生法律效力的判决不停止执行,当事人拒不执行的,属于违法行为,对方当事人可以向人民法院申请执行,也可以由审判员移送执行员执行。*

林锦璋拒不履行法院判决被强制变卖房产执行案

[福建省武夷山市人民法院1990年12月22日民事执行书,《最高人民法院公报》1991年第4期]

【裁判要旨】在法院判决和法院主持下的调解协议生效之后,当事人必须履行;如果拒不履行判决和调解协议的,对方可以向法院申请执行。*

李文通拒不执行法院判决并隐匿财产被搜查案

[天津市蓟县人民法院1991年4月26日民事搜查令,《最高人民法院公报》1991年第4期]

【裁判要旨】我国1991年《民事诉讼法》第二百一十六条(编者注:现为该法第二百三十六条)规定,发生法律效力的民事判决、裁定,当事人必须履行。一方拒绝履行的,对方当事人可以向人民法院申请执行,也可以由审判员移送执行员执行。执行员接到申请执行书或者移交执行书,应当向被执行人发出执行通知,责令其在指定的期间履行,逾期不履行的,强制执行。被执行人未按执行通知履行法律文书确定的义务,人民法院有权查封、扣押、冻结、拍卖、变卖被执行人应当履行义务部分的财产。对于查封的财产,执行员可以指定被执行人负责保管。因被执行人的过错造成的损失,由被执行人承担。《民事诉讼法》第二百二十七条(编者注:现为该法第二百四十八条)规定,被执行人不履行法律文书确定的义务,并隐匿财产的,人民法院有权发出搜查令,对被执行人及其住所或者财产隐匿地进行搜查。

中国银行等五家银行与奥林匹克饭店有限公司仲裁裁决执行案

[北京市第一中级人民法院 1998 年 11 月 18 日民事裁定书,《最高人民法院公报》1999 年第 5 期]

【裁判要旨】仲裁实行一裁终局制度,裁决自作出之日起发生法律效力。根据我国《民事诉讼法》第二百一十七条(编者注:现为该法第二百三十七条)的规定,对依法设立的仲裁机构的裁决,一方当事人不履行的,对方当事人可以向有管辖权的人民法院申请执行,受申请的人民法院应当执行。*

重庆德艺房地产开发有限公司不服执行裁定复议案

[最高人民法院〔2011〕执复字第 2 号民事裁定书,《最高人民法院公报》2011 年第 11 期]

【裁判要旨】人民法院在审查处理不予执行公证债权文书的案件时,应当全面审查公证债权文书的内容是否确有错误,包括审查程序问题和实体问题;实体审查的对象原则上应限定于被赋予强制执行效力的公证债权文书本身,而不涉及公证债权文书形成的基础事实。

光大银行北京营业部与仟村百货购物中心、仟村科工贸开发公司公证债权文书执行案

[北京市第二中级人民法院 1998 年 10 月 31 日民事裁定书,《最高人民法院公报》1999 年第 5 期]

【裁判要旨】《中华人民共和国民事诉讼法》第二百二十条(编者注:现为该法第二百四十条)规定,执行员接到申请执行书或者移交执行书,应当向被执行人发出执行通知,并可以立即采取强制执行措施。因此,人民法院的执行员接到申请执行书或者移交执行书,应当向被执行人发出执行通知,责令其在指定的期间履行,逾期不履行的,强制执行。法院强制义务人履行已经发生法律效力的法院的判决、裁定或者其他法律文书,以保证权利人权利的实现。*

(十四)执行措施

交通银行南昌分行诉赛格信托公司江西证券交易部存款支付纠纷案

[最高人民法院〔2001〕民二提字第 7 号民事判决书,《最高人民法院公报》2004 年第 8 期]

【裁判要旨】《民事诉讼法》第二百一十八条(编者注:现为该法第二百四十二条)规定,被执行人未按执行通知履行法律文书确定的义务,人民法院有权向银行、信用合作社和其他有储蓄业务的单位查询被执行人的存款情况,有权冻结、划拨被执行人的存款,但查询、冻结、划拨存款不得超出被执行人应当履行义务的范围。人民法院决定冻结、划拨存款,应当作出裁定,并发出协助执行通知书,银行、信用合作社和其他有储蓄业务的单位必须办理。所以,因合同关系产生的付款义务在银行将款项划入储户账户后已经履行完毕,银行依据法院的裁定和通知将储户账

户上的款项予以冻结和扣划是履行法定的协助义务,银行对此不应承担任何责任。*

(十五) 管 辖

中国银行珠江分行诉香港传统投资有限公司等担保合同纠纷案

[广东省广州市中级人民法院1992年5月11日民事判决书,《最高人民法院公报》1992年第4期]

【裁判要旨】保证人在借款人无法依约向借贷方偿付借款时代为偿付借款的,借款人应当在约定期限内向保证人清付代偿款项,保证人有权要求借款人履行还款义务,从而在保证人与借款人之间产生新的债权债务关系,这与保证人为主合同当事人提供保证是两个独立的法律关系,由此产生的纠纷,其管辖权不受此限制,可以依照《民事诉讼法》第二百四十三条(编者注:现为该法第二百六十五条)的规定,由合同签订地的法院管辖。*

郭叶律师行诉厦门华洋彩印公司代理合同纠纷管辖权异议案

[福建省厦门市中级人民法院2003年8月13日民事裁定书,《最高人民法院公报》2004年第7期]

【裁判要旨】平行诉讼,是指相同当事人之间就同一标的在两个或两个以上国家或地区的法院进行诉讼。只要根据我国法律或所参加的国际条约的规定,我国法院对某一案件有管辖权,那么不论该案件的当事人是否已经在其他国家或地区提起诉讼,均不影响我国法院对该案的管辖。对于我国人民法院和其他国家或者地区的法院都有管辖权的案件,一方当事人已向其他国家或者地区的法院起诉后,又向我国人民法院起诉的,如不违反民事诉讼法和我国参加的国际条约的管辖规定,人民法院可予受理。*

(十六) 仲 裁

锦宫公司与广发公司商品房买卖合同纠纷管辖权异议案

[最高人民法院[2006]民一终字第11号民事裁定书,《最高人民法院公报》2006年第6期]

【裁判要旨】根据仲裁法第十八条的规定,仲裁协议对仲裁事项或者仲裁委员会没有约定或者约定不明确的,当事人可以补充协议;达不成补充协议的,仲裁协议无效。根据最高人民法院《关于确认仲裁协议效力几个问题的批复》第一条的规定,在仲裁法实施后重新组建仲裁机构前,当事人达成的仲裁协议只约定了仲裁地点,未约定仲裁机构的,双方当事人在补充协议中选定了在该地点依法重新组建的仲裁机构的,仲裁协议有效;双方当事人达不成补充协议的,仲裁协议无效。依照上述规定认定仲裁协议无效的,当事人向有管辖权的人民法院提起诉讼,人民法院应当受理。

苏州东宝置业有限公司、苏州市金城担保有限责任公司、苏州市东宝金属材料有限公司、苏州市东宝有黑色金属材料有限公司、徐阿大与苏州百货总公司、江苏少女之春集团公司资产转让合同纠纷案

［最高人民法院〔2006〕民二终字第2号民事裁定书，《最高人民法院公报》2007年第2期］

【裁判要旨】一、当事人签订的多份合同中，有的约定了仲裁条款，有的既没有约定仲裁条款，也没有明确将其列为约定了仲裁条款的合同的附件，或表示接受约定了仲裁条款的合同关于仲裁管辖的约定。尽管上述合同之间具有一定的关联性，但不能因此否认各自的独立性。

二、根据仲裁法的相关规定，当事人采用仲裁方式解决纠纷，应当自愿达成仲裁协议；未达成仲裁协议，一方当事人申请仲裁的，仲裁委员会不予受理。因此，当事人约定仲裁管辖必须有明确的意思表示并订立仲裁协议，仲裁条款也只在达成仲裁协议的当事人之间产生法律效力。

华建电子有限责任公司、华建机器翻译有限公司与广州科技风险投资有限公司、谢雄平、张贺平、仇绍明、黄若浩合作协议纠纷案

［最高人民法院〔2010〕民提字第10号民事判决书，《最高人民法院公报》2011年第3期］

【裁判要旨】为达成合作目的，当事人签订多个合同，但仅在一个合同中约定了仲裁条款，涉及该合同的仲裁裁决生效后，又因其他未约定仲裁条款的合同的争议形成诉讼，一方当事人仅以仲裁裁决已生效为由主张人民法院无管辖权的，人民法院不予支持。在生效仲裁裁决依据的合同与人民法院处理争议案件依据的合同不同，人民法院审理的内容也不涉及仲裁条款约定事项的情形下，一方当事人以"一事不再理"为由主张人民法院不应重复处理的，人民法院不予支持。

（十七）司法协助

日本公民五味晃申请中国法院承认和执行日本法院判决案

［辽宁省大连市中级人民法院1994年11月5日民事裁定书，《最高人民法院公报》1996年第1期］

【裁判要旨】关于外国法院作出的发生法律效力的判决、裁定，人民法院是否应当根据当事人的申请或者请求予以承认和执行的问题，适用《中华人民共和国民事诉讼法》第二百六十八条（编者注：现为该法第二百八十二条）规定："人民法院对申请或者请求承认和执行的外国法院作出的发生法律效力的判决、裁定，依照中华人民共和国缔结或者参加的国际条约，或者按照互惠原则进行审查后，认为不违反中华人民共和国法律的基本原则或者国家主权、安全、社会公共利益的，裁定承认其效力，需要执行的，发出执行令，依照本法的规定执行。违反中华人民共和国法律的基本原则或者国家主权、安全、社会公共利益的，不予承认和执

行。"因此,根据该条法律规定,如果我国与申请执行已生效的国外判决、裁定的当事人所在国之间没有缔结或者参加相互承认和执行法院判决、裁定的国际条约,亦未建立相应的互惠关系,则对当事人的申请或者请求不予承认和执行。*

四、会议纪要

第八次全国法院民事商事审判工作会议(民事部分)纪要

[2016年11月21日,法〔2016〕399号]

2015年12月23日至24日,最高人民法院在北京召开第八次全国法院民事商事审判工作会议。中共中央政治局委员、中央政法委书记孟建柱同志专门作出重要批语。最高人民法院院长周强出席会议并讲话。各省、自治区、直辖市高级人民法院,解放军军事法院,新疆维吾尔自治区高级人民法院生产建设兵团分院以及计划单列市中级人民法院派员参加会议。中央政法委、全国人大常委会法工委、国务院法制办等中央国家机关代表,部分全国人大代表、全国政协委员、最高人民法院特邀咨询员、最高人民法院特约监督员以及有关专家学者应邀列席会议。

这次会议是在党的十八届五中全会提出"十三五"规划建议新形势下召开的一次重要的民事商事审判工作会议。对于人民法院主动适应经济社会发展新形势新常态,更加充分发挥审判工作职能,为推进"十三五"规划战略布局,实现全面建成小康社会"第一个百年目标"提供有力司法保障,具有重要而深远的历史意义。通过讨论,对当前和今后一段时期更好开展民事审判工作形成如下纪要。

一、民事审判工作总体要求

我国正处于奋力夺取全面建成小康社会的决胜阶段,人民法院面临的机遇和挑战前所未有,民事审判工作的责任更加重大。作为人民法院工作重要组成部分的民事审判工作,当前和今后一段时期的主要任务是:深入贯彻落实党的十八大和十八届三中、四中、五中、六中全会精神,以习近平总书记系列重要讲话精神为指导,按照"五位一体"总体部署,协调推进"四个全面"战略布局,围绕"努力让人民群众在每一个司法案件中感受到公平正义"的目标,坚持司法为民、公正司法,充分发挥民事审判职能作用,服务创新、协调、绿色、开放、共享五大发展理念,坚持依法保护产权、尊重契约自由、依法平等保护、权利义务责任相统一、倡导诚实守信以及程序公正与实体公正相统一"六个原则",积极参与社会治理,切实提升司法公信力,为如期实现全面建成小康社会提供有力司法服务和保障。

二、关于婚姻家庭纠纷案件的审理

审理好婚姻家庭案件对于弘扬社会主义核心价值观和中华民族传统美德,传递正能量,促进家风建设,维护婚姻家庭稳定,具有重要意义。要注重探索家事审判工作规律,积极稳妥开展家事审判方式和工作机制改革试点工作;做好反家暴法实施工作,及时总结人民法院适用人身安全保护令制止家庭暴力的成功经验,促进社会健康和谐发展。

(一)关于未成年人保护问题

1. 在审理婚姻家庭案件中,应注重对未成年人权益的保护,特别是涉及家庭暴力的离婚案件，从未成年子女利益最大化的原则出发，对于实施家庭暴力的父母一方，一般不宜判决其直接抚养未成年子女。

2. 离婚后，不直接抚养未成年子女的父母一方提出探望未成年子女诉讼请求的，应当向双方当事人释明探望权的适当行使对未成年子女健康成长、人格塑造的重要意义，并根据未成年子女的年龄、智力和认知水平，在有利于未成年子女成长和尊重其意愿的前提下，保障当事人依法行使探望权。

3. 祖父母、外祖父母对父母已经死亡或父母无力抚养的未成年孙子女、外孙子女尽了抚养义务，其定期探望孙子女、外孙子女的权利应当得到尊重，并有权通过诉讼方式获得司法保护。

（二）关于夫妻共同财产认定问题

4. 婚姻关系存续期间以夫妻共同财产投保，投保人和被保险人同为夫妻一方，离婚时处于保险期内，投保人不愿意继续投保的，保险人退还的保险单现金价值部分应按照夫妻共同财产处理；离婚时投保人选择继续投保的，投保人应当支付保险单现金价值的一半给另一方。

5. 婚姻关系存续期间，夫妻一方作为被保险人依据意外伤害保险合同、健康保险合同获得的具有人身性质的保险金，或者夫妻一方作为受益人依据以死亡为给付条件的人寿保险合同获得的保险金，宜认定为个人财产，但双方另有约定的除外。

婚姻关系存续期间，夫妻一方依据以生存到一定年龄为给付条件的具有现金价值的保险合同获得的保险金，宜认定为夫妻共同财产，但双方另有约定的除外。

三、关于侵权纠纷案件的审理

审理好侵权损害赔偿案件对于保护民事主体的合法权益，明确侵权责任，预防并制裁侵权行为，促进社会公平正义具有重要意义。要总结和运用以往审理侵权案件所积累下来的成功经验，进一步探索新形势下侵权案件的审理规律，更加强调裁判标准和裁判尺度的统一。当前，要注意以下几方面问题：

（一）关于侵权责任法实施中的相关问题

6. 鉴于侵权责任法第十八条明确规定被侵权人死亡，其近亲属有权请求侵权人承担侵权责任，并没有赋予有关机关或者单位提起请求的权利，当侵权行为造成身份不明人死亡时，如果没有赔偿权利人或者赔偿权利人不明，有关机关或者单位无权提起民事诉讼主张死亡赔偿金，但其为死者垫付的医疗费、丧葬费等实际发生的费用除外。

7. 依据侵权责任法第二十一条的规定，被侵权人请求义务人承担停止侵害、排除妨害、消除危险等责任，义务人以自己无过错为由提出抗辩的，不予支持。

8. 残疾赔偿金或死亡赔偿金的计算标准，应根据案件的实际情况，结合受害人住所地、经常居住地、主要收入来源等因素确定。在计算被扶养人生活费时，如果受害人是农村居民但按照城镇标准计算残疾赔偿金或者死亡赔偿金的，其被扶养人生活费也应按照受诉法院所在地上一年度城镇居民人均消费性支出标准计算。被扶养人生活费一并计入残疾赔偿金或者死亡赔偿金。

（二）关于社会保险与侵权责任的关系问题

9. 被侵权人有权获得工伤保险待遇或者其他社会保险待遇的，侵权人的侵权责任不因受害人获得社会保险而减轻或者免除。根据社会保险法第三十条和四十二条的规定，被侵权人有权请求工伤保险基金或者其他社会保险支付工伤保险待遇或者其他保险待遇。

10. 用人单位未依法缴纳工伤保险费，劳动者因第三人侵权造成人身损害并构成工伤，侵权人已经赔偿的，劳动者有权请求用人单位支付除医疗费之外的工伤保险待遇。用人单位先行支付工伤保险待遇的，可以就医疗费用在第三人应承担的赔偿责任范围内向其追偿。

（三）关于医疗损害赔偿责任问题

11. 患者一方请求医疗机构承担侵权责任，应证明与医疗机构之间存在医疗关系及受损害的事实。对于是否存在医疗关系，应综合挂号单、交费单、病历、出院证明以及其他能够证明存在医疗行为的证据加以认定。

12. 对当事人所举证据材料，应根据法律、法规及司法解释的相关规定进行综合审查。因当事人采取伪造、篡改、涂改等方式改变病历资料内容，或者遗失、销毁、抢夺病历，致使医疗行为与损害后果之间的因果关系或医疗机构及其医务人员的过错无法认定的，改变或者遗失、销毁、抢夺病历资料一方当事人应承担相应的不利后果；制作方对病历资料内容存在的明显矛盾或错误不能作出合理解释的，应承担相应的不利后果；病历仅存在错别字、未按病历规范格式书写等形式瑕疵的，不影响对病历资料真实性的认定。

四、关于房地产纠纷案件的审理

房地产纠纷案件的审判历来是民事审判的重要组成部分，审理好房地产纠纷案件对于保障人民安居乐业，优化土地资源配置，服务经济社会发展具有重要意义。随着我国经济发展进入新常态、产业结构优化升级以及国家房地产政策的调整，房地产纠纷案件还会出现新情况、新问题，要做好此类纠纷的研究和预判，不断提高化解矛盾的能力和水平。

（一）关于合同效力问题

13. 城市房地产管理法第三十九条第一款第二项规定并非效力性强制性规定，当事人仅以转让国有土地使用权未达到该项规定条件为由，请求确认转让合同无效的，不予支持。

14. 物权法第一百九十一条第二款并非针对抵押财产转让合同的效力性强制性规定，当事人仅以转让抵押房地产未经抵押权人同意为由，请求确认转让合同无效的，不予支持。受让人在抵押登记未涂销时要求办理过户登记的，不予支持。

（二）关于一房数卖的合同履行问题

15. 审理一房数卖纠纷案件时，如果数份合同均有效且买受人均要求履行合同的，一般应按照已经办理房屋所有权变更登记、合法占有房屋以及合同履行情况、买卖合同成立先后等顺序确定权利保护顺位。但恶意办理登记的买受人，其权利不能优先于已经合法占有该房屋的买受人。对买卖合同的成立时间，应综合主管机关备案时间、合同载明的签订时间以及其他证据确定。

（三）关于以房抵债问题

16. 当事人达成以房抵债协议，并要求制作调解书的，人民法院应当严格审查协议是否在平等自愿基础上达成；对存在重大误解或显失公平的，应当予以释明；对利用协议损害其他债权人利益或者规避公共管理政策的，不能制作调解书；对当事人行为构成虚假诉讼的，严格按照民事诉讼法第一百一十二条和《最高人民法院关于适用〈中华人民共和国民事诉讼法〉的解释》第一百九十条、第一百九十一条的规定处理;涉嫌犯罪的,移送刑事侦查机关处理。

17. 当事人在债务清偿期届满后达成以房抵债协议并已经办理了产权转移手续,一方要求确认以房抵债协议无效或者变更、撤销,经审查不属于合同法第五十二条、第五十四条规定情形的,对其主张不予支持。

(四)关于违约责任问题

18. 买受人请求出卖人支付逾期办证的违约金,从合同约定或者法定期限届满之次日起计算诉讼时效期间。

合同没有约定违约责任或者损失数额难以确定的,可参照《最高人民法院关于审理民间借贷案件适用法律若干问题的规定》第二十九条第二款规定处理。

五、关于物权纠纷案件的审理

物权法是中国特色社会主义法律体系中的重要支柱性法律,对于明确物的归属,发挥物的效用,增强权利义务意识和责任意识,保障市场主体的权利和平等发展,具有重要作用。妥善审理物权纠纷案件,对于依法保护物权,维护交易秩序,促进经济社会发展,意义重大。

(一)关于农村房屋买卖问题

19. 在国家确定的宅基地制度改革试点地区,可以按照国家政策及相关指导意见处理宅基地使用权因抵押担保、转让而产生的纠纷。

在非试点地区,农民将其宅基地上的房屋出售给本集体经济组织以外的个人,该房屋买卖合同认定为无效。合同无效后,买受人请求返还购房款及其利息,以及请求赔偿翻建或者改建成本的,应当综合考虑当事人过错等因素予以确定。

20. 在涉及农村宅基地或农村集体经营性建设用地的民事纠纷案件中,当事人主张利润分配等合同权利的,应提供政府部门关于土地利用规划、建设用地计划及优先满足集体建设用地等要求的审批文件或者证明。未提供上述手续或者虽提供了上述手续,但在一审法庭辩论终结前土地性质仍未变更为国有土地的,所涉及的相关合同应按无效处理。

(二)关于违法建筑相关纠纷的处理问题

21. 对于未取得建设工程规划许可证或者未按照建设工程规划许可证规定内容建设的违法建筑的认定和处理,属于国家有关行政机关的职权范围,应避免通过民事审判变相为违法建筑确权。当事人请求确认违法建筑权利归属及内容的,人民法院不予受理;已经受理的,裁定驳回起诉。

22. 因违法建筑倒塌或其搁置物、悬挂物脱落、坠落造成的损害赔偿纠纷,属于民事案件受案范围,应按照侵权责任法有关物件损害责任的相关规定处理。

(三)关于因土地承包、征收、征用引发争议的处理问题

23. 审理土地补偿费分配纠纷时,要在现行法律规定框架内,综合考虑当事人生产生活状况、户口登记状况以及农村土地对农民的基本生活保障功能等因素认定相关权利主体。要以当事人是否获得其他替代性基本生活保障为重要考量因素,慎重认定其权利主体资格的丧失,注重依法保护妇女、儿童以及农民工等群体的合法权益。

(四)关于诉讼时效问题

24. 已经合法占有转让标的物的受让人请求转让人办理物权变更登记,登记权利人请求无权占有人返还不动产或者

动产,利害关系人请求确认物权的归属或内容,权利人请求排除妨害、消除危险,对方当事人以超过诉讼时效期间抗辩的,均应不予支持。

25. 被继承人死亡后遗产未分割,各继承人均未表示放弃继承,依据继承法第二十五条规定应视为均已接受继承,遗产属各继承人共同共有;当事人诉请享有继承权、主张分割遗产的纠纷案件,应参照共有财产分割的原则,不适用有关诉讼时效的规定。

六、关于劳动争议纠纷案件的审理

劳动争议案件的审理对于构建和谐劳动关系,优化劳动力、资本、技术、管理等要素配置,激发创新创业活力,推动大众创业、万众创新,促进新技术新产业的发展具有重要意义。应当坚持依法保护劳动者合法权益和维护用人单位生存发展并重的原则,严格依法区分劳动关系和劳务关系,防止认定劳动关系泛化。

(一)关于案件受理问题

26. 劳动人事仲裁机构作出仲裁裁决,当事人在法定期限内未提起诉讼但再次申请仲裁,劳动人事仲裁机构作出不予受理裁决、决定或通知,当事人不服提起诉讼,经审查认为前后两次申请仲裁事项属于不同事项的,人民法院予以受理;经审查认为属于同一事项的,人民法院不予受理,已经受理的裁定驳回起诉。

(二)关于仲裁时效问题

27. 当事人在仲裁阶段未提出超过仲裁申请期间的抗辩,劳动人事仲裁机构作出实体裁决后,当事人在诉讼阶段又以超过仲裁时效期间为由进行抗辩的,人民法院不予支持。

当事人未按照规定提出仲裁时效抗辩,又以仲裁时效期间届满为由申请再审或者提出再审抗辩的,人民法院不予支持。

(三)关于竞业限制问题

28. 用人单位和劳动者在竞业限制协议中约定的违约金过分高于或者低于实际损失,当事人请求调整违约金数额的,人民法院可以参照《最高人民法院关于适用〈中华人民共和国合同法〉若干问题的解释(二)》第二十九条的规定予以处理。

(四)关于劳动合同解除问题

29. 用人单位在劳动合同期限内通过"末位淘汰"或"竞争上岗"等形式单方解除劳动合同,劳动者可以用人单位违法解除劳动合同为由,请求用人单位继续履行劳动合同或者支付赔偿金。

七、关于建设工程施工合同纠纷案件的审理

经济新常态形势下,因建设方资金缺口增大,导致工程欠款、质量缺陷等纠纷案件数量持续上升。人民法院要准确把握法律、法规、司法解释规定,调整建筑活动中个体利益与社会利益冲突,维护社会公共利益和建筑市场经济秩序。

(一)关于合同效力问题

30. 要依法维护通过招投标所签订的中标合同的法律效力。当事人违反工程建设强制性标准,任意压缩合理工期、降低工程质量标准的约定,应认定无效。对于约定无效后的工程价款结算,应依据建设工程施工合同司法解释的相关规定处理。

(二)关于工程价款问题

31. 招标人和中标人另行签订改变工期、工程价款、工程项目性质等影响中标结果实质性内容的协议,导致合同双方当事人就实质性内容享有的权利义务发生较大变化的,应认定为变更中标合同实质性内容。

（三）关于承包人停(窝)工损失的赔偿问题

32. 因发包人未按照约定提供原材料、设备、场地、资金、技术资料的,隐蔽工程在隐蔽之前,承包人已通知发包人检查,发包人未及时检查等原因致使工程中途停、缓建,发包人应当赔偿因此给承包人造成的停(窝)工损失,包括停(窝)工人员工费、机械设备窝工费和因窝工造成设备租赁费用等停(窝)工损失。

（四）关于不履行协作义务的责任问题

33. 发包人不履行告知变更后的施工方案、施工技术交底、完善施工条件等协作义务,致使承包人停(窝)工,以至难以完成工程项目建设的,承包人催告在合理期限内履行,发包人逾期仍不履行的,人民法院视违约情节,可以依据合同法第二百五十九条、第二百八十三条规定裁判顺延工期,并有权要求赔偿停(窝)工损失。

34. 承包人不履行配合工程档案备案、开具发票等协作义务的,人民法院视违约情节,可以依据合同法第六十条、第一百零七条规定,判令承包人限期履行、赔偿损失等。

八、关于民事审判程序

程序公正是司法公正的重要内容。人民群众和社会各界对于司法公正的认知和感受,很大程度上来源于其所参与的诉讼活动。要继续严格贯彻执行民事诉讼法及其司法解释,进一步强化民事审判程序意识,确保程序公正。

（一）关于鉴定问题

35. 当事人对鉴定人作出的鉴定意见的一部分提出异议并申请重新鉴定的,应当着重审查异议是否成立;如异议成立,原则上仅针对异议部分重新鉴定或者补充鉴定,并尽量缩减鉴定的范围和次数。

（二）关于诉讼代理人资格问题

36. 以当事人的工作人员身份参加诉讼活动,应当按照《最高人民法院关于适用〈中华人民共和国民事诉讼法〉的解释》第八十六条的规定,至少应当提交以下证据之一加以证明:

（1）缴纳社保记录凭证;

（2）领取工资凭证;

（3）其他能够证明其为当事人工作人员身份的证据。

第八次全国法院民事商事审判工作会议针对新情况、新问题,在法律与司法解释尚未明确规定的情况下,就民事审判中的热点难点问题提出处理意见,对于及时满足民事审判实践需求,切实统一裁判思路、标准和尺度,有效化解各类矛盾纠纷,具有重要指导意义。对于纪要规定的有关问题,在充分积累经验并被证明切实可行时,最高人民法院将及时制定相关司法解释。各级人民法院要紧密团结在以习近平同志为核心的党中央周围,牢固树立政治意识、大局意识、核心意识、看齐意识,充分发挥审判职能,为全面推进"十三五"规划提供有力司法保障,为如期实现全面建成小康社会作出更大贡献。

附　录

一、立改文件

中华人民共和国民事诉讼法

[1991年4月9日第七届全国人民代表大会第四次会议通过并公布，自1991年4月9日起施行，中华人民共和国主席令第44号]

目　录

第一编　总则
  第一章　任务、适用范围和基本原则
  第二章　管辖
    第一节　级别管辖
    第二节　地域管辖
    第三节　移送管辖和指定管辖
  第三章　审判组织
  第四章　回避
  第五章　诉讼参加人
    第一节　当事人
    第二节　诉讼代理人
  第六章　证据
  第七章　期间、送达
    第一节　期间
    第二节　送达
  第八章　调解
  第九章　财产保全和先予执行
  第十章　对妨害民事诉讼的强制措施
  第十一章　诉讼费用
第二编　审判程序
  第十二章　第一审普通程序
    第一节　起诉和受理
    第二节　审理前的准备
    第三节　开庭审理
    第四节　诉讼中止和终结
    第五节　判决和裁定
  第十三章　简易程序
  第十四章　第二审程序
  第十五章　特别程序
    第一节　一般规定
    第二节　选民资格案件
    第三节　宣告失踪、宣告死亡案件
    第四节　认定公民无民事行为能力、限制民事行为能力案件
    第五节　认定财产无主案件
  第十六章　审判监督程序
  第十七章　督促程序
  第十八章　公示催告程序
  第十九章　企业法人破产还债程序
第三编　执行程序
  第二十章　一般规定
  第二十一章　执行的申请和移送
  第二十二章　执行措施
  第二十三章　执行中止和终结
第四编　涉外民事诉讼程序的特别规定
  第二十四章　一般原则

第二十五章　管辖
第二十六章　送达、期间
第二十七章　财产保全
第二十八章　仲裁
第二十九章　司法协助

第一编　总　　则

第一章　任务、适用范围和基本原则

第一条　中华人民共和国民事诉讼法以宪法为根据，结合我国民事审判工作的经验和实际情况制定。

第二条　中华人民共和国民事诉讼法的任务，是保护当事人行使诉讼权利，保证人民法院查明事实，分清是非，正确适用法律，及时审理民事案件，确认民事权利义务关系，制裁民事违法行为，保护当事人的合法权益，教育公民自觉遵守法律，维护社会秩序，经济秩序，保障社会主义建设事业顺利进行。

第三条　人民法院受理公民之间、法人之间、其他组织之间以及他们相互之间因财产关系和人身关系提起的民事诉讼，适用本法的规定。

第四条　凡在中华人民共和国领域内进行民事诉讼，必须遵守本法。

第五条　外国人、无国籍人、外国企业和组织在人民法院起诉、应诉，同中华人民共和国公民、法人和其他组织有同等的诉讼权利义务。

外国法院对中华人民共和国公民、法人和其他组织的民事诉讼权利加以限制的，中华人民共和国人民法院对该国公民、企业和组织的民事诉讼权利，实行对等原则。

第六条　民事案件的审判权由人民法院行使。

人民法院依照法律规定对民事案件独立进行审判，不受行政机关、社会团体和个人的干涉。

第七条　人民法院审理民事案件，必须以事实为根据，以法律为准绳。

第八条　民事诉讼当事人有平等的诉讼权利。人民法院审理民事案件，应当保障和便利当事人行使诉讼权利，对当事人在适用法律上一律平等。

第九条　人民法院审理民事案件，应当根据自愿和合法的原则进行调解；调解不成的，应当及时判决。

第十条　人民法院审理民事案件，依照法律规定实行合议、回避、公开审判和两审终审制度。

第十一条　各民族公民都有用本民族语言、文字进行民事诉讼的权利。

在少数民族聚居或者多民族共同居住的地区，人民法院应当用当地民族通用的语言、文字进行审理和发布法律文书。

人民法院应当对不通晓当地民族通用的语言、文字的诉讼参与人提供翻译。

第十二条　人民法院审理民事案件时，当事人有权进行辩论。

第十三条　当事人有权在法律规定的范围内处分自己的民事权利和诉讼权利。

第十四条　人民检察院有权对民事审判活动实行法律监督。

第十五条　机关、社会团体、企业事业单位对损害国家、集体或者个人民事权益的行为，可以支持受损害的单位或者个人向人民法院起诉。

第十六条　人民调解委员会是在基层人民政府和基层人民法院指导下，调解民间纠纷的群众性组织。

人民调解委员会依照法律规定,根据自愿原则进行调解。当事人对调解达成的协议应当履行;不愿调解、调解不成或者反悔的,可以向人民法院起诉。

人民调解委员会调解民间纠纷,如有违背法律的,人民法院应当予以纠正。

第十七条 民族自治地方的人民代表大会根据宪法和本法的原则,结合当地民族的具体情况,可以制定变通或者补充的规定。自治区的规定,报全国人民代表大会常务委员会批准。自治州、自治县的规定,报省或者自治区的人民代表大会常务委员会批准,并报全国人民代表大会常务委员会备案。

第二章 管 辖

第一节 级别管辖

第十八条 基层人民法院管辖第一审民事案件,但本法另有规定的除外。

第十九条 中级人民法院管辖下列第一审民事案件:

(一) 重大涉外案件;

(二) 在本辖区有重大影响的案件;

(三) 最高人民法院确定由中级人民法院管辖的案件。

第二十条 高级人民法院管辖在本辖区有重大影响的第一审民事案件。

第二十一条 最高人民法院管辖下列第一审民事案件:

(一) 在全国有重大影响的案件;

(二) 认为应当由本院审理的案件。

第二节 地域管辖

第二十二条 对公民提起的民事诉讼,由被告住所地人民法院管辖;被告住所地与经常居住地不一致的,由经常居住地人民法院管辖。

对法人或者其他组织提起的民事诉讼,由被告住所地人民法院管辖。

同一诉讼的几个被告住所地、经常居住地在两个以上人民法院辖区的,各该人民法院都有管辖权。

第二十三条 下列民事诉讼,由原告住所地人民法院管辖;原告住所地与经常居住地不一致的,由原告经常居住地人民法院管辖:

(一) 对不在中华人民共和国领域内居住的人提起的有关身份关系的诉讼;

(二) 对下落不明或者宣告失踪的人提起的有关身份关系的诉讼;

(三) 对被劳动教养的人提起的诉讼;

(四) 对被监禁的人提起的诉讼。

第二十四条 因合同纠纷提起的诉讼,由被告住所地或者合同履行地人民法院管辖。

第二十五条 合同的双方当事人可以在书面合同中协议选择被告住所地、合同履行地、合同签订地、原告住所地、标的物所在地人民法院管辖,但不得违反本法对级别管辖和专属管辖的规定。

第二十六条 因保险合同纠纷提起的诉讼,由被告住所地或者保险标的物所在地人民法院管辖。

第二十七条 因票据纠纷提起的诉讼,由票据支付地或者被告住所地人民法院管辖。

第二十八条 因铁路、公路、水上、航空运输和联合运输合同纠纷提起的诉讼,由运输始发地、目的地或者被告住所地人民法院管辖。

第二十九条 因侵权行为提起的诉讼,由侵权行为地或者被告住所地人民法院管辖。

第三十条 因铁路、公路、水上和航空事故请求损害赔偿提起的诉讼，由事故发生地或者车辆、船舶最先到达地、航空器最先降落地或者被告住所地人民法院管辖。

第三十一条 因船舶碰撞或者其他海事损害事故请求损害赔偿提起的诉讼，由碰撞发生地、碰撞船舶最先到达地、加害船舶被扣留地或者被告住所地人民法院管辖。

第三十二条 因海难救助费用提起的诉讼，由救助地或者被救助船舶最先到达地人民法院管辖。

第三十三条 因共同海损提起的诉讼，由船舶最先到达地、共同海损理算地或者航程终止地的人民法院管辖。

第三十四条 下列案件，由本条规定的人民法院专属管辖：

（一）因不动产纠纷提起的诉讼，由不动产所在地人民法院管辖；

（二）因港口作业中发生纠纷提起的诉讼，由港口所在地人民法院管辖；

（三）因继承遗产纠纷提起的诉讼，由被继承人死亡时住所地或者主要遗产所在地人民法院管辖。

第三十五条 两个以上人民法院都有管辖权的诉讼，原告可以向其中一个人民法院起诉；原告向两个以上有管辖权的人民法院起诉的，由最先立案的人民法院管辖。

第三节 移送管辖和指定管辖

第三十六条 人民法院发现受理的案件不属于本院管辖的，应当移送有管辖权的人民法院，受移送的人民法院应当受理。受移送的人民法院认为受移送的案件依照规定不属于本院管辖的，应当报请上级人民法院指定管辖，不得再自行移送。

第三十七条 有管辖权的人民法院由于特殊原因，不能行使管辖权的，由上级人民法院指定管辖。

人民法院之间因管辖权发生争议，由争议双方协商解决；协商解决不了的，报请它们的共同上级人民法院指定管辖。

第三十八条 人民法院受理案件后，当事人对管辖权有异议的，应当在提交答辩状期间提出。人民法院对当事人提出的异议，应当审查。异议成立的，裁定将案件移送有管辖权的人民法院；异议不成立的，裁定驳回。

第三十九条 上级人民法院有权审理下级人民法院管辖的第一审民事案件；也可以把本院管辖的第一审民事案件交下级人民法院审理。

下级人民法院对它所管辖的第一审民事案件，认为需要由上级人民法院审理的，可以报请上级人民法院审理。

第三章 审判组织

第四十条 人民法院审理第一审民事案件，由审判员、陪审员共同组成合议庭或者由审判员组成合议庭。合议庭的成员人数，必须是单数。

适用简易程序审理的民事案件，由审判员一人独任审理。

陪审员在执行陪审职务时，与审判员有同等的权利义务。

第四十一条 人民法院审理第二审民事案件，由审判员组成合议庭。合议庭的成员人数，必须是单数。

发回重审的案件，原审人民法院应当按照第一审程序另行组成合议庭。

审理再审案件,原来是第一审的,按照第一审程序另行组成合议庭;原来是第二审的或者是上级人民法院提审的,按照第二审程序另行组成合议庭。

第四十二条 合议庭的审判长由院长或者庭长指定审判员一人担任;院长或者庭长参加审判的,由院长或者庭长担任。

第四十三条 合议庭评议案件,实行少数服从多数的原则。评议应当制作笔录,由合议庭成员签名。评议中的不同意见,必须如实记入笔录。

第四十四条 审判人员应当依法秉公办案。

审判人员不得接受当事人及其诉讼代理人请客送礼。

审判人员有贪污受贿,徇私舞弊,枉法裁判行为的,应当追究法律责任;构成犯罪的,依法追究刑事责任。

第四章 回 避

第四十五条 审判人员有下列情形之一的,必须回避,当事人有权用口头或者书面方式申请他们回避:

(一)是本案当事人或者当事人、诉讼代理人的近亲属;

(二)与本案有利害关系;

(三)与本案当事人有其他关系,可能影响对案件公正审理的。

前款规定,适用于书记员、翻译人员、鉴定人、勘验人。

第四十六条 当事人提出回避申请,应当说明理由,在案件开始审理时提出;回避事由在案件开始审理后知道的,也可以在法庭辩论终结前提出。

被申请回避的人员在人民法院作出是否回避的决定前,应当暂停参与本案的工作,但案件需要采取紧急措施的除外。

第四十七条 院长担任审判长时的回避,由审判委员会决定;审判人员的回避,由院长决定;其他人员的回避,由审判长决定。

第四十八条 人民法院对当事人提出的回避申请,应当在申请提出的三日内,以口头或者书面形式作出决定。申请人对决定不服的,可以在接到决定时申请复议一次。复议期间,被申请回避的人员,不停止参与本案的工作。人民法院对复议申请,应当在三日内作出复议决定,并通知复议申请人。

第五章 诉讼参加人

第一节 当 事 人

第四十九条 公民、法人和其他组织可以作为民事诉讼的当事人。

法人由其法定代表人进行诉讼。其他组织由其主要负责人进行诉讼。

第五十条 当事人有权委托代理人,提出回避申请,收集、提供证据,进行辩论,请求调解,提起上诉,申请执行。

当事人可以查阅本案有关材料,并可以复制本案有关材料和法律文书。查阅、复制本案有关材料的范围和办法由最高人民法院规定。

当事人必须依法行使诉讼权利,遵守诉讼秩序,履行发生法律效力的判决书、裁定书和调解书。

第五十一条 双方当事人可以自行和解。

第五十二条 原告可以放弃或者变更诉讼请求。被告可以承认或者反驳诉讼请求,有权提起反诉。

第五十三条 当事人一方或者双方

为二人以上，其诉讼标的是共同的，或者诉讼标的是同一种类、人民法院认为可以合并审理并经当事人同意的，为共同诉讼。

共同诉讼的一方当事人对诉讼标的有共同权利义务的，其中一人的诉讼行为经其他共同诉讼人承认，对其他共同诉讼人发生效力；对诉讼标的没有共同权利义务的，其中一人的诉讼行为对其他共同诉讼人不发生效力。

第五十四条 当事人一方人数众多的共同诉讼，可以由当事人推选代表人进行诉讼。代表人的诉讼行为对其所代表的当事人发生效力，但代表人变更、放弃诉讼请求或者承认对方当事人的诉讼请求，进行和解，必须经被代表的当事人同意。

第五十五条 诉讼标的是同一种类、当事人一方人数众多在起诉时人数尚未确定的，人民法院可以发出公告，说明案件情况和诉讼请求，通知权利人在一定期间向人民法院登记。

向人民法院登记的权利人可以推选代表人进行诉讼；推选不出代表人的，人民法院可以与参加登记的权利人商定代表人。

代表人的诉讼行为对其所代表的当事人发生效力，但代表人变更、放弃诉讼请求或者承认对方当事人的诉讼请求，进行和解，必须经被代表的当事人同意。

人民法院作出的判决、裁定，对参加登记的全体权利人发生效力。未参加登记的权利人在诉讼时效期间提起诉讼的，适用该判决、裁定。

第五十六条 对当事人双方的诉讼标的，第三人认为有独立请求权的，有权提起诉讼。

对当事人双方的诉讼标的，第三人虽然没有独立请求权，但案件处理结果同他有法律上的利害关系的，可以申请参加诉讼，或者由人民法院通知他参加诉讼。人民法院判决承担民事责任的第三人，有当事人的诉讼权利义务。

第二节 诉讼代理人

第五十七条 无诉讼行为能力人由他的监护人作为法定代理人代为诉讼。法定代理人之间互相推诿代理责任的，由人民法院指定其中一人代为诉讼。

第五十八条 当事人、法定代理人可以委托一至二人作为诉讼代理人。

律师、当事人的近亲属、有关的社会团体或者所在单位推荐的人，经人民法院许可的其他公民，都可以被委托为诉讼代理人。

第五十九条 委托他人代为诉讼，必须向人民法院提交由委托人签名或者盖章的授权委托书。

授权委托书必须记明委托事项和权限。诉讼代理人代为承认、放弃、变更诉讼请求，进行和解，提起反诉或者上诉，必须有委托人的特别授权。

侨居在国外的中华人民共和国公民从国外寄交或者托交的授权委托书，必须经中华人民共和国驻该国的使领馆证明；没有使领馆的，由与中华人民共和国有外交关系的第三国驻该国的使领馆证明，再转由中华人民共和国驻该第三国使领馆证明，或者由当地的爱国华侨团体证明。

第六十条 诉讼代理人的权限如果变更或者解除，当事人应当书面告知人民法院，并由人民法院通知对方当事人。

第六十一条 代理诉讼的律师和其他诉讼代理人有权调查收集证据，可以查阅本案有关材料。查阅本案有关材料的范围和办法由最高人民法院规定。

第六十二条 离婚案件有诉讼代理人的,本人除不能表达意志的以外,仍应出庭;确因特殊情况无法出庭的,必须向人民法院提交书面意见。

第六章 证 据

第六十三条 证据有下列几种:

(一) 书证;
(二) 物证;
(三) 视听资料;
(四) 证人证言;
(五) 当事人的陈述;
(六) 鉴定结论;
(七) 勘验笔录。

以上证据必须查证属实,才能作为认定事实的根据。

第六十四条 当事人对自己提出的主张,有责任提供证据。

当事人及其诉讼代理人因客观原因不能自行收集的证据,或者人民法院认为审理案件需要的证据,人民法院应当调查收集。

人民法院应当按照法定程序,全面地、客观地审查核实证据。

第六十五条 人民法院有权向有关单位和个人调查取证,有关单位和个人不得拒绝。

人民法院对有关单位和个人提出的证明文书,应当辨别真伪,审查确定其效力。

第六十六条 证据应当在法庭上出示,并由当事人互相质证。对涉及国家秘密、商业秘密和个人隐私的证据应当保密,需要在法庭出示的,不得在公开开庭时出示。

第六十七条 经过法定程序公证证明的法律行为、法律事实和文书,人民法院应当作为认定事实的根据。但有相反证据足以推翻公证证明的除外。

第六十八条 书证应当提交原件。物证应当提交原物。提交原件或者原物确有困难的,可以提交复制品、照片、副本、节录本。

提交外文书证,必须附有中文译本。

第六十九条 人民法院对视听资料,应当辨别真伪,并结合本案的其他证据,审查确定能否作为认定事实的根据。

第七十条 凡是知道案件情况的单位和个人,都有义务出庭作证。有关单位的负责人应当支持证人作证。证人确有困难不能出庭的,经人民法院许可,可以提交书面证言。

不能正确表达意志的人,不能作证。

第七十一条 人民法院对当事人的陈述,应当结合本案的其他证据,审查确定能否作为认定事实的根据。

当事人拒绝陈述的,不影响人民法院根据证据认定案件事实。

第七十二条 人民法院对专门性问题认为需要鉴定的,应当交由法定鉴定部门鉴定;没有法定鉴定部门的,由人民法院指定的鉴定部门鉴定。

鉴定部门及其指定的鉴定人有权了解进行鉴定所需要的案件材料,必要时可以询问当事人、证人。

鉴定部门和鉴定人应当提出书面鉴定结论,在鉴定书上签名或者盖章。鉴定人鉴定的,应当由鉴定人所在单位加盖印章,证明鉴定人身份。

第七十三条 勘验物证或者现场,勘验人必须出示人民法院的证件,并邀请当地基层组织或者当事人所在单位派人参加。当事人或者当事人的成年家属应当到场，拒不到场的，不影响勘验的进行。

有关单位和个人根据人民法院的通知，有义务保护现场，协助勘验工作。

勘验人应当将勘验情况和结果制作笔录，由勘验人、当事人和被邀参加人签名或者盖章。

第七十四条 在证据可能灭失或者以后难以取得的情况下，诉讼参加人可以向人民法院申请保全证据，人民法院也可以主动采取保全措施。

第七章 期间、送达

第一节 期 间

第七十五条 期间包括法定期间和人民法院指定的期间。

期间以时、日、月、年计算。期间开始的时和日，不计算在期间内。

期间届满的最后一日是节假日的，以节假日后的第一日为期间届满的日期。

期间不包括在途时间，诉讼文书在期满前交邮的，不算过期。

第七十六条 当事人因不可抗拒的事由或者其他正当理由耽误期限的，在障碍消除后的十日内，可以申请顺延期限，是否准许，由人民法院决定。

第二节 送 达

第七十七条 送达诉讼文书必须有送达回证，由受送达人在送达回证上记明收到日期，签名或者盖章。

受送达人在送达回证上的签收日期为送达日期。

第七十八条 送达诉讼文书，应当直接送交受送达人。受送达人是公民的，本人不在交他的同住成年家属签收；受送达人是法人或者其他组织的，应当由法人的法定代表人、其他组织的主要负责人或者该法人、组织负责收件的人签收；受送达人有诉讼代理人的，可以送交其代理人签收；受送达人已向人民法院指定代收人的，送交代收人签收。

受送达人的同住成年家属，法人或者其他组织的负责收件的人，诉讼代理人或者代收人在送达回证上签收的日期为送达日期。

第七十九条 受送达人或者他的同住成年家属拒绝接收诉讼文书的，送达人应当邀请有关基层组织或者所在单位的代表到场，说明情况，在送达回证上记明拒收事由和日期，由送达人、见证人签名或者盖章，把诉讼文书留在受送达人的住所，即视为送达。

第八十条 直接送达诉讼文书有困难的，可以委托其他人民法院代为送达，或者邮寄送达。邮寄送达的，以回执上注明的收件日期为送达日期。

第八十一条 受送达人是军人的，通过其所在部队团以上单位的政治机关转交。

第八十二条 受送达人是被监禁的，通过其所在监所或者劳动改造单位转交。

受送达人是被劳动教养的，通过其所在劳动教养单位转交。

第八十三条 代为转交的机关、单位收到诉讼文书后，必须立即交受送达人签收，以在送达回证上的签收日期，为送达日期。

第八十四条 受送达人下落不明，或者用本节规定的其他方式无法送达的，公告送达。自发出公告之日起，经过六十日，即视为送达。

公告送达，应当在案卷中记明原因和

经过。

第八章 调 解

第八十五条 人民法院审理民事案件,根据当事人自愿的原则,在事实清楚的基础上,分清是非,进行调解。

第八十六条 人民法院进行调解,可以由审判员一人主持,也可以由合议庭主持,并尽可能就地进行。

人民法院进行调解,可以用简便方式通知当事人、证人到庭。

第八十七条 人民法院进行调解,可以邀请有关单位和个人协助。被邀请的单位和个人,应当协助人民法院进行调解。

第八十八条 调解达成协议,必须双方自愿,不得强迫。调解协议的内容不得违反法律规定。

第八十九条 调解达成协议,人民法院应当制作调解书。调解书应当写明诉讼请求、案件的事实和调解结果。

调解书由审判人员、书记员署名,加盖人民法院印章,送达双方当事人。

调解书经双方当事人签收后,即具有法律效力。

第九十条 下列案件调解达成协议,人民法院可以不制作调解书:

(一) 调解和好的离婚案件;

(二) 调解维持收养关系的案件;

(三) 能够即时履行的案件;

(四) 其他不需要制作调解书的案件。

对不需要制作调解书的协议,应当记入笔录,由双方当事人、审判人员、书记员签名或者盖章后,即具有法律效力。

第九十一条 调解未达成协议或者调解书送达前一方反悔的,人民法院应当及时判决。

第九章 财产保全和先予执行

第九十二条 人民法院对于可能因当事人一方的行为或者其他原因,使判决不能执行或者难以执行的案件,可以根据对方当事人的申请,作出财产保全的裁定;当事人没有提出申请的,人民法院在必要时也可以裁定采取财产保全措施。

人民法院采取财产保全措施,可以责令申请人提供担保;申请人不提供担保的,驳回申请。

人民法院接受申请后,对情况紧急的,必须在四十八小时内作出裁定;裁定采取财产保全措施的,应当立即开始执行。

第九十三条 利害关系人因情况紧急,不立即申请财产保全将会使其合法权益受到难以弥补的损害的,可以在起诉前向人民法院申请采取财产保全措施。申请人应当提供担保,不提供担保的,驳回申请。

人民法院接受申请后,必须在四十八小时内作出裁定;裁定采取财产保全措施的,应当立即开始执行。

申请人在人民法院采取保全措施后十五日内不起诉的,人民法院应当解除财产保全。

第九十四条 财产保全限于请求的范围,或者与本案有关的财物。

财产保全采取查封、扣押、冻结或者法律规定的其他方法。

人民法院冻结财产后,应当立即通知被冻结财产的人。

财产已被查封、冻结的,不得重复查封、冻结。

第九十五条 被申请人提供担保的,

人民法院应当解除财产保全。

第九十六条 申请有错误的,申请人应当赔偿被申请人因财产保全所遭受的损失。

第九十七条 人民法院对下列案件,根据当事人的申请,可以裁定先予执行:

(一)追索赡养费、扶养费、抚育费、抚恤金、医疗费用的;

(二)追索劳动报酬的;

(三)因情况紧急需要先予执行的。

第九十八条 人民法院裁定先予执行的,应当符合下列条件:

(一)当事人之间权利义务关系明确,不先予执行将严重影响申请人的生活或者生产经营的;

(二)被申请人有履行能力。

人民法院可以责令申请人提供担保,申请人不提供担保的,驳回申请。申请人败诉的,应当赔偿被申请人因先予执行遭受的财产损失。

第九十九条 当事人对财产保全或者先予执行的裁定不服的,可以申请复议一次。复议期间不停止裁定的执行。

第十章 对妨害民事诉讼的强制措施

第一百条 人民法院对必须到庭的被告,经两次传票传唤,无正当理由拒不到庭的,可以拘传。

第一百零一条 诉讼参与人和其他人应当遵守法庭规则。

人民法院对违反法庭规则的人,可以予以训诫,责令退出法庭或者予以罚款、拘留。

人民法院对哄闹、冲击法庭,侮辱、诽谤、威胁、殴打审判人员,严重扰乱法庭秩序的人,依法追究刑事责任;情节较轻的,予以罚款、拘留。

第一百零二条 诉讼参与人或者其他人有下列行为之一的,人民法院可以根据情节轻重予以罚款、拘留;构成犯罪的,依法追究刑事责任:

(一)伪造、毁灭重要证据,妨碍人民法院审理案件的;

(二)以暴力、威胁、贿买方法阻止证人作证或者指使、贿买、胁迫他人作伪证的;

(三)隐藏、转移、变卖、毁损已被查封、扣押的财产,或者已被清点并责令其保管的财产,转移已被冻结的财产的;

(四)对司法工作人员、诉讼参加人、证人、翻译人员、鉴定人、勘验人、协助执行的人,进行侮辱、诽谤、诬陷、殴打或者打击报复的;

(五)以暴力、威胁或者其他方法阻碍司法工作人员执行职务的;

(六)拒不履行人民法院已经发生法律效力的判决、裁定的。

人民法院对有前款规定的行为之一的单位,可以对其主要负责人或者直接责任人员予以罚款、拘留;构成犯罪的,依法追究刑事责任。

第一百零三条 有义务协助调查、执行的单位有下列行为之一的,人民法院除责令其履行协助义务外,并可以予以罚款:

(一)有关单位拒绝或者妨碍人民法院调查取证的;

(二)银行、信用合作社和其他有储蓄业务的单位接到人民法院协助执行通知书后,拒不协助查询、冻结或者划拨款的;

(三)有关单位接到人民法院协助执行通知书后,拒不协助扣留被执行人的收入、办理有关财产权证照转移手续、转交

有关票证、证照或者其他财产的;

(四)其他拒绝协助执行的。

人民法院对有前款规定的行为之一的单位,可以对其主要负责人或者直接责任人员予以罚款;还可以向监察机关或者有关机关提出予以纪律处分的司法建议。

第一百零四条 对个人的罚款金额,为人民币一千元以下。对单位的罚款金额,为人民币一千元以上三万元以下。

拘留的期限,为十五日以下。

被拘留的人,由人民法院交公安机关看管。在拘留期间,被拘留人承认并改正错误的,人民法院可以决定提前解除拘留。

第一百零五条 拘传、罚款、拘留必须经院长批准。

拘传应当发拘传票。

罚款、拘留应当用决定书。对决定不服的,可以向上一级人民法院申请复议一次。复议期间不停止执行。

第一百零六条 采取对妨害民事诉讼的强制措施必须由人民法院决定。任何单位和个人采取非法拘禁他人或者非法私自扣押他人财产追索债务的,应当依法追究刑事责任,或者予以拘留、罚款。

第十一章 诉讼费用

第一百零七条 当事人进行民事诉讼,应当按照规定交纳案件受理费。财产案件除交纳案件受理费外,并按照规定交纳其他诉讼费用。

当事人交纳诉讼费用确有困难的,可以按照规定向人民法院申请缓交、减交或者免交。

收取诉讼费用的办法另行制定。

第二编 审判程序

第十二章 第一审普通程序

第一节 起诉和受理

第一百零八条 起诉必须符合下列条件:

(一)原告是与本案有直接利害关系的公民、法人和其他组织;

(二)有明确的被告;

(三)有具体的诉讼请求和事实、理由;

(四)属于人民法院受理民事诉讼的范围和受诉人民法院管辖。

第一百零九条 起诉应当向人民法院递交起诉状,并按照被告人数提出副本。

书写起诉状确有困难的,可以口头起诉,由人民法院记入笔录,并告知对方当事人。

第一百一十条 起诉状应当记明下列事项:

(一)当事人的姓名、性别、年龄、民族、职业、工作单位和住所,法人或者其他组织的名称、住所和法定代表人或者主要负责人的姓名、职务;

(二)诉讼请求和所根据的事实与理由;

(三)证据和证据来源,证人姓名和住所。

第一百一十一条 人民法院对符合本法第一百零八条的起诉,必须受理;对下列起诉,分别情形,予以处理:

(一)依照行政诉讼法的规定,属于行政诉讼受案范围的,告知原告提起行政诉讼;

（二）依照法律规定，双方当事人对合同纠纷自愿达成书面仲裁协议向仲裁机构申请仲裁、不得向人民法院起诉的，告知原告向仲裁机构申请仲裁；

（三）依照法律规定，应当由其他机关处理的争议，告知原告向有关机关申请解决；

（四）对不属于本院管辖的案件，告知原告向有管辖权的人民法院起诉；

（五）对判决、裁定已经发生法律效力的案件，当事人又起诉的，告知原告按照申诉处理，但人民法院准许撤诉的裁定除外；

（六）依照法律规定，在一定期限内不得起诉的案件，在不得起诉的期限内起诉的，不予受理；

（七）判决不准离婚和调解和好的离婚案件，判决、调解维持收养关系的案件，没有新情况、新理由，原告在六个月内又起诉的，不予受理。

第一百一十二条　人民法院收到起诉状或者口头起诉，经审查，认为符合起诉条件的，应当在七日内立案，并通知当事人；认为不符合起诉条件的，应当在七日内裁定不予受理；原告对裁定不服的，可以提起上诉。

第二节　审理前的准备

第一百一十三条　人民法院应当在立案之日起五日内将起诉状副本发送被告，被告在收到之日起十五日内提出答辩状。

被告提出答辩状的，人民法院应当在收到之日起五日内将答辩状副本发送原告。被告不提出答辩状的，不影响人民法院审理。

第一百一十四条　人民法院对决定受理的案件，应当在受理案件通知书和应诉通知书中向当事人告知有关的诉讼权利义务，或者口头告知。

第一百一十五条　合议庭组成人员确定后，应当在三日内告知当事人。

第一百一十六条　审判人员必须认真审核诉讼材料，调查收集必要的证据。

第一百一十七条　人民法院派出人员进行调查时，应当向被调查人出示证件。

调查笔录经被调查人校阅后，由被调查人、调查人签名或者盖章。

第一百一十八条　人民法院在必要时可以委托外地人民法院调查。

委托调查，必须提出明确的项目和要求。受委托人民法院可以主动补充调查。

受委托人民法院收到委托书后，应当在三十日内完成调查。因故不能完成的，应当在上述期限内函告委托人民法院。

第一百一十九条　必须共同进行诉讼的当事人没有参加诉讼的，人民法院应当通知其参加诉讼。

第三节　开庭审理

第一百二十条　人民法院审理民事案件，除涉及国家秘密、个人隐私或者法律另有规定的以外，应当公开进行。

离婚案件，涉及商业秘密的案件，当事人申请不公开审理的，可以不公开审理。

第一百二十一条　人民法院审理民事案件，根据需要进行巡回审理，就地办案。

第一百二十二条　人民法院审理民事案件，应当在开庭三日前通知当事人和其他诉讼参与人。公开审理的，应当公告当事人姓名、案由和开庭的时间、地点。

第一百二十三条 开庭审理前,书记员应当查明当事人和其他诉讼参与人是否到庭,宣布法庭纪律。

开庭审理时,由审判长核对当事人,宣布案由,宣布审判人员、书记员名单,告知当事人有关的诉讼权利义务,询问当事人是否提出回避申请。

第一百二十四条 法庭调查按照下列顺序进行:

(一)当事人陈述;

(二)告知证人的权利义务,证人作证,宣读未到庭的证人证言;

(三)出示书证、物证和视听资料;

(四)宣读鉴定结论;

(五)宣读勘验笔录。

第一百二十五条 当事人在法庭上可以提出新的证据。

当事人经法庭许可,可以向证人、鉴定人、勘验人发问。

当事人要求重新进行调查、鉴定或者勘验的,是否准许,由人民法院决定。

第一百二十六条 原告增加诉讼请求,被告提出反诉,第三人提出与本案有关的诉讼请求,可以合并审理。

第一百二十七条 法庭辩论按照下列顺序进行:

(一)原告及其诉讼代理人发言;

(二)被告及其诉讼代理人答辩;

(三)第三人及其诉讼代理人发言或者答辩;

(四)互相辩论。

法庭辩论终结,由审判长按照原告、被告、第三人的先后顺序征询各方最后意见。

第一百二十八条 法庭辩论终结,应当依法作出判决。判决前能够调解的,还可以进行调解,调解不成的,应当及时判决。

第一百二十九条 原告经传票传唤,无正当理由拒不到庭的,或者未经法庭许可中途退庭的,可以按撤诉处理;被告反诉的,可以缺席判决。

第一百三十条 被告经传票传唤,无正当理由拒不到庭的,或者未经法庭许可中途退庭的,可以缺席判决。

第一百三十一条 宣判前,原告申请撤诉的,是否准许,由人民法院裁定。

人民法院裁定不准许撤诉的,原告经传票传唤,无正当理由拒不到庭的,可以缺席判决。

第一百三十二条 有下列情形之一的,可以延期开庭审理:

(一)必须到庭的当事人和其他诉讼参与人有正当理由没有到庭的;

(二)当事人临时提出回避申请的;

(三)需要通知新的证人到庭,调取新的证据,重新鉴定、勘验,或者需要补充调查的;

(四)其他应当延期的情形。

第一百三十三条 书记员应当将法庭审理的全部活动记入笔录,由审判人员和书记员签名。

法庭笔录应当当庭宣读,也可以告知当事人和其他诉讼参与人当庭或者在五日内阅读。当事人和其他诉讼参与人认为对自己的陈述记录有遗漏或者差错的,有权申请补正。如果不予补正,应当将申请记录在案。

法庭笔录由当事人和其他诉讼参与人签名或者盖章。拒绝签名盖章的,记明情况附卷。

第一百三十四条 人民法院对公开审理或者不公开审理的案件,一律公开宣告判决。

当庭宣判的,应当在十日内发送判决书;定期宣判的,宣判后立即发给判决书。

宣告判决时,必须告知当事人上诉权利、上诉期限和上诉的法院。

宣告离婚判决,必须告知当事人在判决发生法律效力前不得另行结婚。

第一百三十五条 人民法院适用普通程序审理的案件,应当在立案之日起六个月内审结。有特殊情况需要延长的,由本院院长批准,可以延长六个月;还需要延长的,报请上级人民法院批准。

第四节 诉讼中止和终结

第一百三十六条 有下列情形之一的,中止诉讼:

(一)一方当事人死亡,需要等待继承人表明是否参加诉讼的;

(二)一方当事人丧失诉讼行为能力,尚未确定法定代理人的;

(三)作为一方当事人的法人或者其他组织终止,尚未确定权利义务承受人的;

(四)一方当事人因不可抗拒的事由,不能参加诉讼的;

(五)本案必须以另一案的审理结果为依据,而另一案尚未审结的;

(六)其他应当中止诉讼的情形。

中止诉讼的原因消除后,恢复诉讼。

第一百三十七条 有下列情形之一的,终结诉讼:

(一)原告死亡,没有继承人,或者继承人放弃诉讼权利的;

(二)被告死亡,没有遗产,也没有应当承担义务的人的;

(三)离婚案件一方当事人死亡的;

(四)追索赡养费、扶养费、抚育费以及解除收养关系案件的一方当事人死亡的。

第五节 判决和裁定

第一百三十八条 判决书应当写明:

(一)案由、诉讼请求、争议的事实和理由;

(二)判决认定的事实、理由和适用的法律依据;

(三)判决结果和诉讼费用的负担;

(四)上诉期间和上诉的法院。

判决书由审判人员、书记员署名,加盖人民法院印章。

第一百三十九条 人民法院审理案件,其中一部分事实已经清楚,可以就该部分先行判决。

第一百四十条 裁定适用于下列范围:

(一)不予受理;

(二)对管辖权有异议的;

(三)驳回起诉;

(四)财产保全和先予执行;

(五)准许或者不准许撤诉;

(六)中止或者终结诉讼;

(七)补正判决书中的笔误;

(八)中止或者终结执行;

(九)不予执行仲裁裁决;

(十)不予执行公证机关赋予强制执行效力的债权文书;

(十一)其他需要裁定解决的事项。

对前款第(一)、(二)、(三)项裁定,可以上诉。

裁定书由审判人员、书记员署名,加盖人民法院印章。口头裁定的,记入笔录。

第一百四十一条 最高人民法院的判决、裁定,以及依法不准上诉或者超过上诉期没有上诉的判决、裁定,是发生法律效力的判决、裁定。

第十三章 简易程序

第一百四十二条 基层人民法院和它派出的法庭审理事实清楚、权利义务关系明确、争议不大的简单的民事案件,适用本章规定。

第一百四十三条 对简单的民事案件,原告可以口头起诉。

当事人双方可以同时到基层人民法院或者它派出的法庭,请求解决纠纷。基层人民法院或者它派出的法庭可以当即审理,也可以另定日期审理。

第一百四十四条 基层人民法院和它派出的法庭审理简单的民事案件,可以用简便方式随时传唤当事人、证人。

第一百四十五条 简单的民事案件由审判员一人独任审理,并不受本法第一百二十二条、第一百二十四条、第一百二十七条规定的限制。

第一百四十六条 人民法院适用简易程序审理案件,应当在立案之日起三个月内审结。

第十四章 第二审程序

第一百四十七条 当事人不服地方人民法院第一审判决的,有权在判决书送达之日起十五日内向上一级人民法院提起上诉。

当事人不服地方人民法院第一审裁定的,有权在裁定书送达之日起十日内向上一级人民法院提起上诉。

第一百四十八条 上诉应当递交上诉状。上诉状的内容,应当包括当事人的姓名,法人的名称及其法定代表人的姓名或者其他组织的名称及其主要负责人的姓名;原审人民法院名称、案件的编号和案由;上诉的请求和理由。

第一百四十九条 上诉状应当通过原审人民法院提出,并按照对方当事人或者代表人的人数提出副本。

当事人直接向第二审人民法院上诉的,第二审人民法院应当在五日内将上诉状移交原审人民法院。

第一百五十条 原审人民法院收到上诉状,应当在五日内将上诉状副本送达对方当事人,对方当事人在收到之日起十五日内提出答辩状。人民法院应当在收到答辩状之日起五日内将副本送达上诉人。对方当事人不提出答辩状的,不影响人民法院审理。

原审人民法院收到上诉状、答辩状,应当在五日内连同全部案卷和证据,报送第二审人民法院。

第一百五十一条 第二审人民法院应当对上诉请求的有关事实和适用法律进行审查。

第一百五十二条 第二审人民法院对上诉案件,应当组成合议庭,开庭审理。经过阅卷和调查,询问当事人,在事实核对清楚后,合议庭认为不需要开庭审理的,也可以径行判决、裁定。

第二审人民法院审理上诉案件,可以在本院进行,也可以到案件发生地或者原审人民法院所在地进行。

第一百五十三条 第二审人民法院对上诉案件,经过审理,按照下列情形,分别处理:

(一) 原判决认定事实清楚,适用法律正确的,判决驳回上诉,维持原判决;

(二) 原判决适用法律错误的,依法改判;

(三) 原判决认定事实错误,或者原判决认定事实不清,证据不足,裁定撤销原判决，发回原审人民法院重审，或者查清事实后改判；

（四）原判决违反法定程序，可能影响案件正确判决的，裁定撤销原判决，发回原审人民法院重审。

当事人对重审案件的判决、裁定，可以上诉。

第一百五十四条　第二审人民法院对不服第一审人民法院裁定的上诉案件的处理，一律使用裁定。

第一百五十五条　第二审人民法院审理上诉案件，可以进行调解。调解达成协议，应当制作调解书，由审判人员、书记员署名，加盖人民法院印章。调解书送达后，原审人民法院的判决即视为撤销。

第一百五十六条　第二审人民法院判决宣告前，上诉人申请撤回上诉的，是否准许，由第二审人民法院裁定。

第一百五十七条　第二审人民法院审理上诉案件，除依照本章规定外，适用第一审普通程序。

第一百五十八条　第二审人民法院的判决、裁定，是终审的判决、裁定。

第一百五十九条　人民法院审理对判决的上诉案件，应当在第二审立案之日起三个月内审结。有特殊情况需要延长的，由本院院长批准。

人民法院审理对裁定的上诉案件，应当在第二审立案之日起三十日内作出终审裁定。

第十五章　特别程序

第一节　一般规定

第一百六十条　人民法院审理选民资格案件、宣告失踪或者宣告死亡案件、认定公民无民事行为能力或者限制民事行为能力案件和认定财产无主案件，适用本章规定。本章没有规定的，适用本法和其他法律的有关规定。

第一百六十一条　依照本章程序审理的案件，实行一审终审。选民资格案件或者重大、疑难的案件，由审判员组成合议庭审理；其他案件由审判员一人独任审理。

第一百六十二条　人民法院在依照本章程序审理案件的过程中，发现本案属于民事权益争议的，应当裁定终结特别程序，并告知利害关系人可以另行起诉。

第一百六十三条　人民法院适用特别程序审理的案件，应当在立案之日起三十日内或者公告期满后三十日内审结。有特殊情况需要延长的，由本院院长批准。但审理选民资格的案件除外。

第二节　选民资格案件

第一百六十四条　公民不服选举委员会对选民资格的申诉所作的处理决定，可以在选举日的五日以前向选区所在地基层人民法院起诉。

第一百六十五条　人民法院受理选民资格案件后，必须在选举日前审结。

审理时，起诉人、选举委员会的代表和有关公民必须参加。

人民法院的判决书，应当在选举日前送达选举委员会和起诉人，并通知有关公民。

第三节　宣告失踪、宣告死亡案件

第一百六十六条　公民下落不明满二年，利害关系人申请宣告其失踪的，向下落不明人住所地基层人民法院提出。

申请书应当写明失踪的事实、时间和请求，并附有公安机关或者其他有关机关关于该公民下落不明的书面证明。

第一百六十七条 公民下落不明满四年,或者因意外事故下落不明满二年,或者因意外事故下落不明,经有关机关证明该公民不可能生存,利害关系人申请宣告其死亡的,向下落不明人住所地基层人民法院提出。

申请书应当写明下落不明的事实、时间和请求,并附有公安机关或者其他有关机关关于该公民下落不明的书面证明。

第一百六十八条 人民法院受理宣告失踪、宣告死亡案件后,应当发出寻找下落不明人的公告。宣告失踪的公告期间为三个月,宣告死亡的公告期间为一年。因意外事故下落不明,经有关机关证明该公民不可能生存的,宣告死亡的公告期间为三个月。

公告期间届满,人民法院应当根据被宣告失踪、宣告死亡的事实是否得到确认,作出宣告失踪、宣告死亡的判决或者驳回申请的判决。

第一百六十九条 被宣告失踪、宣告死亡的公民重新出现,经本人或者利害关系人申请,人民法院应当作出新判决,撤销原判决。

第四节 认定公民无民事行为能力、限制民事行为能力案件

第一百七十条 申请认定公民无民事行为能力或者限制民事行为能力,由其近亲属或者其他利害关系人向该公民住所地基层人民法院提出。

申请书应当写明该公民无民事行为能力或者限制民事行为能力的事实和根据。

第一百七十一条 人民法院受理申请后,必要时应当对被请求认定为无民事行为能力或者限制民事行为能力的公民进行鉴定。申请人已提供鉴定结论的,应当对鉴定结论进行审查。

第一百七十二条 人民法院审理认定公民无民事行为能力或者限制民事行为能力的案件,应当由该公民的近亲属为代理人,但申请人除外。近亲属互相推诿的,由人民法院指定其中一人为代理人。该公民健康情况许可的,还应当询问本人的意见。

人民法院经审理认定申请有事实根据的,判决该公民为无民事行为能力或者限制民事行为能力人;认定申请没有事实根据的,应当判决予以驳回。

第一百七十三条 人民法院根据被认定为无民事行为能力人、限制民事行为能力人或者他的监护人的申请,证实该公民无民事行为能力或者限制民事行为能力的原因已经消除的,应当作出新判决,撤销原判决。

第五节 认定财产无主案件

第一百七十四条 申请认定财产无主,由公民、法人或者其他组织向财产所在地基层人民法院提出。

申请书应当写明财产的种类、数量以及要求认定财产无主的根据。

第一百七十五条 人民法院受理申请后,经审查核实,应当发出财产认领公告。公告满一年无人认领的,判决认定财产无主,收归国家或者集体所有。

第一百七十六条 判决认定财产无主后,原财产所有人或者继承人出现,在民法通则规定的诉讼时效期间可以对财产提出请求,人民法院审查属实后,应当作出新判决,撤销原判决。

第十六章　审判监督程序

第一百七十七条　各级人民法院院长对本院已经发生法律效力的判决、裁定,发现确有错误,认为需要再审的,应当提交审判委员会讨论决定。

最高人民法院对地方各级人民法院已经发生法律效力的判决、裁定,上级人民法院对下级人民法院已经发生法律效力的判决、裁定,发现确有错误的,有权提审或者指令下级人民法院再审。

第一百七十八条　当事人对已经发生法律效力的判决、裁定,认为有错误的,可以向原审人民法院或者上一级人民法院申请再审,但不停止判决、裁定的执行。

第一百七十九条　当事人的申请符合下列情形之一的,人民法院应当再审:

(一)有新的证据,足以推翻原判决、裁定的;

(二)原判决、裁定认定事实的主要证据不足的;

(三)原判决、裁定适用法律确有错误的;

(四)人民法院违反法定程序,可能影响案件正确判决、裁定的;

(五)审判人员在审理该案件时有贪污受贿,徇私舞弊,枉法裁判行为的。

人民法院对不符合前款规定的申请,予以驳回。

第一百八十条　当事人对已经发生法律效力的调解书,提出证据证明调解违反自愿原则或者调解协议的内容违反法律的,可以申请再审。经人民法院审查属实的,应当再审。

第一百八十一条　当事人对已经发生法律效力的解除婚姻关系的判决,不得申请再审。

第一百八十二条　当事人申请再审,应当在判决、裁定发生法律效力后二年内提出。

第一百八十三条　按照审判监督程序决定再审的案件,裁定中止原判决的执行。裁定由院长署名,加盖人民法院印章。

第一百八十四条　人民法院按照审判监督程序再审的案件,发生法律效力的判决、裁定是由第一审法院作出的,按照第一审程序审理,所作的判决、裁定,当事人可以上诉;发生法律效力的判决、裁定是由第二审法院作出的,按照第二审程序审理,所作的判决、裁定,是发生法律效力的判决、裁定;上级人民法院按照审判监督程序提审的,按照第二审程序审理,所作的判决、裁定是发生法律效力的判决、裁定。

人民法院审理再审案件,应当另行组成合议庭。

第一百八十五条　最高人民检察院对各级人民法院已经发生法律效力的判决、裁定,上级人民检察院对下级人民法院已经发生法律效力的判决、裁定,发现有下列情形之一的,应当按照审判监督程序提出抗诉:

(一)原判决、裁定认定事实的主要证据不足的;

(二)原判决、裁定适用法律确有错误的;

(三)人民法院违反法定程序,可能影响案件正确判决、裁定的;

(四)审判人员在审理该案件时有贪污受贿,徇私舞弊,枉法裁判行为的。

地方各级人民检察院对同级人民法院已经发生法律效力的判决、裁定,发现有前款规定情形之一的,应当提请上级人民检察院按照审判监督程序提出抗诉。

第一百八十六条 人民检察院提出抗诉的案件,人民法院应当再审。

第一百八十七条 人民检察院决定对人民法院的判决、裁定提出抗诉的,应当制作抗诉书。

第一百八十八条 人民检察院提出抗诉的案件,人民法院再审时,应当通知人民检察院派员出席法庭。

第十七章 督促程序

第一百八十九条 债权人请求债务人给付金钱、有价证券,符合下列条件的,可以向有管辖权的基层人民法院申请支付令:

(一)债权人与债务人没有其他债务纠纷的;

(二)支付令能够送达债务人的。

申请书应当写明请求给付金钱或者有价证券的数量和所根据的事实、证据。

第一百九十条 债权人提出申请后,人民法院应当在五日内通知债权人是否受理。

第一百九十一条 人民法院受理申请后,经审查债权人提供的事实、证据,对债权债务关系明确、合法的,应当在受理之日起十五日内向债务人发出支付令;申请不成立的,裁定予以驳回。

债务人应当自收到支付令之日起十五日内清偿债务,或者向人民法院提出书面异议。

债务人在前款规定的期间不提出异议又不履行支付令的,债权人可以向人民法院申请执行。

第一百九十二条 人民法院收到债务人提出的书面异议后,应当裁定终结督促程序,支付令自行失效,债权人可以起诉。

第十八章 公示催告程序

第一百九十三条 按照规定可以背书转让的票据持有人,因票据被盗、遗失或者灭失,可以向票据支付地的基层人民法院申请公示催告。依照法律规定可以申请公示催告的其他事项,适用本章规定。

申请人应当向人民法院递交申请书,写明票面金额、发票人、持票人、背书人等票据主要内容和申请的理由、事实。

第一百九十四条 人民法院决定受理申请,应当同时通知支付人停止支付,并在三日内发出公告,催促利害关系人申报权利。公示催告的期间,由人民法院根据情况决定,但不得少于六十日。

第一百九十五条 支付人收到人民法院停止支付的通知,应当停止支付,至公示催告程序终结。

公示催告期间,转让票据权利的行为无效。

第一百九十六条 利害关系人应当在公示催告期间向人民法院申报。

人民法院收到利害关系人的申报后,应当裁定终结公示催告程序,并通知申请人和支付人。

申请人或者申报人可以向人民法院起诉。

第一百九十七条 没有人申报的,人民法院应当根据申请人的申请,作出判决,宣告票据无效。判决应当公告,并通知支付人。自判决公告之日起,申请人有权向支付人请求支付。

第一百九十八条 利害关系人因正当理由不能在判决前向人民法院申报的,自知道或者应当知道判决公告之日起一年内,可以向作出判决的人民法院起诉。

第十九章 企业法人破产还债程序

第一百九十九条 企业法人因严重亏损,无力清偿到期债务,债权人可以向人民法院申请宣告债务人破产还债,债务人也可以向人民法院申请宣告破产还债。

第二百条 人民法院裁定宣告进入破产还债程序后,应当在十日内通知债务人和已知的债权人,并发出公告。

债权人应当在收到通知后三十日内,未收到通知的债权人应当自公告之日起三个月内,向人民法院申报债权。逾期未申报债权的,视为放弃债权。

债权人可以组成债权人会议,讨论通过破产财产的处理和分配方案或者和解协议。

第二百零一条 人民法院可以组织有关机关和有关人员成立清算组织。清算组织负责破产财产的保管、清理、估价、处理和分配。清算组织可以依法进行必要的民事活动。

清算组织对人民法院负责并报告工作。

第二百零二条 企业法人与债权人会议达成和解协议的,经人民法院认可后,由人民法院发布公告,中止破产还债程序。和解协议自公告之日起具有法律效力。

第二百零三条 已作为银行贷款等债权的抵押物或者其他担保物的财产,银行和其他债权人享有就该抵押物或者其他担保物优先受偿的权利。抵押物或者其他担保物的价款超过其所担保的债务数额的,超过部分属于破产还债的财产。

第二百零四条 破产财产优先拨付破产费用后,按照下列顺序清偿:

(一)破产企业所欠职工工资和劳动保险费用;

(二)破产企业所欠税款;

(三)破产债权。

破产财产不足清偿同一顺序的清偿要求的,按照比例分配。

第二百零五条 企业法人破产还债,由该企业法人住所地的人民法院管辖。

第二百零六条 全民所有制企业的破产还债程序适用中华人民共和国企业破产法的规定。

不是法人的企业、个体工商户、农村承包经营户、个人合伙,不适用本章规定。

第三编 执行程序

第二十章 一般规定

第二百零七条 发生法律效力的民事判决、裁定,以及刑事判决、裁定中的财产部分,由第一审人民法院执行。

法律规定由人民法院执行的其他法律文书,由被执行人住所地或者被执行的财产所在地人民法院执行。

第二百零八条 执行过程中,案外人对执行标的提出异议的,执行员应当按照法定程序进行审查。理由不成立的,予以驳回;理由成立的,由院长批准中止执行。如果发现判决、裁定确有错误,按照审判监督程序处理。

第二百零九条 执行工作由执行员进行。

采取强制执行措施时,执行员应当出示证件。执行完毕后,应当将执行情况制作笔录,由在场的有关人员签名或者盖章。

基层人民法院、中级人民法院根据需要,可以设立执行机构。执行机构的职责由最高人民法院规定。

第二百一十条 被执行人或者被执行的财产在外地的,可以委托当地人民法院代为执行。受委托人民法院收到委托函件后,必须在十五日内开始执行,不得拒绝。执行完毕后,应当将执行结果及时函复委托人民法院;在三十日内如果还未执行完毕,也应当将执行情况函告委托人民法院。

受委托人民法院自收到委托函件之日起十五日内不执行的,委托人民法院可以请求受委托人民法院的上级人民法院指令受委托人民法院执行。

第二百一十一条 在执行中,双方当事人自行和解达成协议的,执行员应当将协议内容记入笔录,由双方当事人签名或者盖章。

一方当事人不履行和解协议的,人民法院可以根据对方当事人的申请,恢复对原生效法律文书的执行。

第二百一十二条 在执行中,被执行人向人民法院提供担保,并经申请执行人同意的,人民法院可以决定暂缓执行及暂缓执行的期限。被执行人逾期仍不履行的,人民法院有权执行被执行人的担保财产或者担保人的财产。

第二百一十三条 作为被执行人的公民死亡的,以其遗产偿还债务。作为被执行人的法人或者其他组织终止的,由其权利义务承受人履行义务。

第二百一十四条 执行完毕后,据以执行的判决、裁定和其他法律文书确有错误,被人民法院撤销的,对已被执行的财产,人民法院应当作出裁定,责令取得财产的人返还;拒不返还的,强制执行。

第二百一十五条 人民法院制作的调解书的执行,适用本编的规定。

第二十一章 执行的申请和移送

第二百一十六条 发生法律效力的民事判决、裁定,当事人必须履行。一方拒绝履行的,对方当事人可以向人民法院申请执行,也可以由审判员移送执行员执行。

调解书和其他应当由人民法院执行的法律文书,当事人必须履行。一方拒绝履行的,对方当事人可以向人民法院申请执行。

第二百一十七条 对依法设立的仲裁机构的裁决,一方当事人不履行的,对方当事人可以向有管辖权的人民法院申请执行。受申请的人民法院应当执行。

被申请人提出证据证明仲裁裁决有下列情形之一的,经人民法院组成合议庭审查核实,裁定不予执行:

(一)当事人在合同中没有订有仲裁条款或者事后没有达成书面仲裁协议的;

(二)裁决的事项不属于仲裁协议的范围或者仲裁机构无权仲裁的;

(三)仲裁庭的组成或者仲裁的程序违反法定程序的;

(四)认定事实的主要证据不足的;

(五)适用法律确有错误的;

(六)仲裁员在仲裁该案时有贪污受贿,徇私舞弊,枉法裁决行为的。

人民法院认定执行该裁决违背社会公共利益的,裁定不予执行。

裁定书应当送达双方当事人和仲裁机构。

仲裁裁决被人民法院裁定不予执行的,当事人可以根据双方达成的书面仲裁协议重新申请仲裁,也可以向人民法院起诉。

第二百一十八条 对公证机关依法

赋予强制执行效力的债权文书,一方当事人不履行的,对方当事人可以向有管辖权的人民法院申请执行,受申请的人民法院应当执行。

公证债权文书确有错误的,人民法院裁定不予执行,并将裁定书送达双方当事人和公证机关。

第二百一十九条 申请执行的期限,双方或者一方当事人是公民的为一年,双方是法人或者其他组织的为六个月。

前款规定的期限,从法律文书规定履行期间的最后一日起计算;法律文书规定分期履行的,从规定的每次履行期间的最后一日起计算。

第二百二十条 执行员接到申请执行书或者移交执行书,应当向被执行人发出执行通知,责令其在指定的期间履行,逾期不履行的,强制执行。

第二十二章 执 行 措 施

第二百二十一条 被执行人未按执行通知履行法律文书确定的义务,人民法院有权向银行、信用合作社和其他有储蓄业务的单位查询被执行人的存款情况,有权冻结、划拨被执行人的存款,但查询、冻结、划拨存款不得超出被执行人应当履行义务的范围。

人民法院决定冻结、划拨存款,应当作出裁定,并发出协助执行通知书,银行、信用合作社和其他有储蓄业务的单位必须办理。

第二百二十二条 被执行人未按执行通知履行法律文书确定的义务,人民法院有权扣留、提取被执行人应当履行义务部分的收入。但应当保留被执行人及其所扶养家属的生活必需费用。

人民法院扣留、提取收入时,应当作出裁定,并发出协助执行通知书,被执行人所在单位、银行、信用合作社和其他有储蓄业务的单位必须办理。

第二百二十三条 被执行人未按执行通知履行法律文书确定的义务,人民法院有权查封、扣押、冻结、拍卖、变卖被执行人应当履行义务部分的财产。但应当保留被执行人及其所扶养家属的生活必需品。

采取前款措施,人民法院应当作出裁定。

第二百二十四条 人民法院查封、扣押财产时,被执行人是公民的,应当通知被执行人或者他的成年家属到场;被执行人是法人或者其他组织的,应当通知其法定代表人或者主要负责人到场。拒不到场的,不影响执行。被执行人是公民的,其工作单位或者财产所在地的基层组织应当派人参加。

对被查封、扣押的财产,执行员必须造具清单,由在场人签名或者盖章后,交被执行人一份。被执行人是公民的,也可以交他的成年家属一份。

第二百二十五条 被查封的财产,执行员可以指定被执行人负责保管。因被执行人的过错造成的损失,由被执行人承担。

第二百二十六条 财产被查封、扣押后,执行员应当责令被执行人在指定期间履行法律文书确定的义务。被执行人逾期不履行的,人民法院可以按照规定交有关单位拍卖或者变卖被查封、扣押的财产。国家禁止自由买卖的物品,交有关单位按照国家规定的价格收购。

第二百二十七条 被执行人不履行法律文书确定的义务,并隐匿财产的,人民法院有权发出搜查令,对被执行人及其住所或者财产隐匿地进行搜查。

采取前款措施,由院长签发搜查令。

第二百二十八条 法律文书指定交付的财物或者票证,由执行员传唤双方当事人当面交付,或者由执行员转交,并由被交付人签收。

有关单位持有该项财物或者票证的,应当根据人民法院的协助执行通知书转交,并由被交付人签收。

有关公民持有该项财物或者票证的,人民法院通知其交出。拒不交出的,强制执行。

第二百二十九条 强制迁出房屋或者强制退出土地,由院长签发公告,责令被执行人在指定期间履行。被执行人逾期不履行的,由执行员强制执行。

强制执行时,被执行人是公民的,应当通知被执行人或者他的成年家属到场;被执行人是法人或者其他组织的,应当通知其法定代表人或者主要负责人到场。拒不到场的,不影响执行。被执行人是公民的,其工作单位或者房屋、土地所在地的基层组织应当派人参加。执行员应当将强制执行情况记入笔录,由在场人签名或者盖章。

强制迁出房屋被搬出的财物,由人民法院派人运至指定处所,交给被执行人。被执行人是公民的,也可以交给他的成年家属。因拒绝接收而造成的损失,由被执行人承担。

第二百三十条 在执行中,需要办理有关财产权证照转移手续的,人民法院可以向有关单位发出协助执行通知书,有关单位必须办理。

第二百三十一条 对判决、裁定和其他法律文书指定的行为,被执行人未按执行通知履行的,人民法院可以强制执行或者委托有关单位或者其他人完成,费用由被执行人承担。

第二百三十二条 被执行人未按判决、裁定和其他法律文书指定的期间履行给付金钱义务的,应当加倍支付迟延履行期间的债务利息。被执行人未按判决、裁定和其他法律文书指定的期间履行其他义务的,应当支付迟延履行金。

第二百三十三条 人民法院采取本法第二百二十一条、第二百二十二条、第二百二十三条规定的执行措施后,被执行人仍不能偿还债务的,应当继续履行义务。债权人发现被执行人有其他财产的,可以随时请求人民法院执行。

第二十三章 执行中止和终结

第二百三十四条 有下列情形之一的,人民法院应当裁定中止执行:

(一)申请人表示可以延期执行的;

(二)案外人对执行标的提出确有理由的异议的;

(三)作为一方当事人的公民死亡,需要等待继承人继承权利或者承担义务的;

(四)作为一方当事人的法人或者其他组织终止,尚未确定权利义务承受人的;

(五)人民法院认为应当中止执行的其他情形。

中止的情形消失后,恢复执行。

第二百三十五条 有下列情形之一的,人民法院裁定终结执行:

(一)申请人撤销申请的;

(二)据以执行的法律文书被撤销的;

(三)作为被执行人的公民死亡,无遗产可供执行,又无义务承担人的;

（四）追索赡养费、扶养费、抚育费案件的权利人死亡的；

（五）作为被执行人的公民因生活困难无力偿还借款，无收入来源，又丧失劳动能力的；

（六）人民法院认为应当终结执行的其他情形。

第二百三十六条　中止和终结执行的裁定，送达当事人后立即生效。

第四编　涉外民事诉讼程序的特别规定

第二十四章　一般原则

第二百三十七条　在中华人民共和国领域内进行涉外民事诉讼，适用本编规定。本编没有规定的，适用本法其他有关规定。

第二百三十八条　中华人民共和国缔结或者参加的国际条约同本法有不同规定的，适用该国际条约的规定，但中华人民共和国声明保留的条款除外。

第二百三十九条　对享有外交特权与豁免的外国人、外国组织或者国际组织提起的民事诉讼，应当依照中华人民共和国有关法律和中华人民共和国缔结或者参加的国际条约的规定办理。

第二百四十条　人民法院审理涉外民事案件，应当使用中华人民共和国通用的语言、文字。当事人要求提供翻译的，可以提供，费用由当事人承担。

第二百四十一条　外国人、无国籍人、外国企业和组织在人民法院起诉、应诉，需要委托律师代理诉讼的，必须委托中华人民共和国的律师。

第二百四十二条　在中华人民共和国领域内没有住所的外国人、无国籍人、外国企业和组织委托中华人民共和国律师或者其他人代理诉讼，从中华人民共和国领域外寄交或者托交的授权委托书，应当经所在国公证机关证明，并经中华人民共和国驻该国使领馆认证，或者履行中华人民共和国与该所在国订立的有关条约中规定的证明手续后，才具有效力。

第二十五章　管　辖

第二百四十三条　因合同纠纷或者其他财产权益纠纷，对在中华人民共和国领域内没有住所的被告提起的诉讼，如果合同在中华人民共和国领域内签订或者履行，或者诉讼标的物在中华人民共和国领域内，或者被告在中华人民共和国领域内有可供扣押的财产，或者被告在中华人民共和国领域内设有代表机构，可以由合同签订地、合同履行地、诉讼标的物所在地、可供扣押财产所在地、侵权行为地或者代表机构住所地人民法院管辖。

第二百四十四条　涉外合同或者涉外财产权益纠纷的当事人，可以用书面协议选择与争议有实际联系的地点的法院管辖。选择中华人民共和国人民法院管辖的，不得违反本法关于级别管辖和专属管辖的规定。

第二百四十五条　涉外民事诉讼的被告对人民法院管辖不提出异议，并应诉答辩的，视为承认该人民法院为有管辖权的法院。

第二百四十六条　因在中华人民共和国履行中外合资经营企业合同、中外合作经营企业合同、中外合作勘探开发自然资源合同发生纠纷提起的诉讼，由中华人民共和国人民法院管辖。

第二十六章 送达、期间

第二百四十七条 人民法院对在中华人民共和国领域内没有住所的当事人送达诉讼文书,可以采用下列方式:

(一)依照受送达人所在国与中华人民共和国缔结或者共同参加的国际条约中规定的方式送达;

(二)通过外交途径送达;

(三)对具有中华人民共和国国籍的受送达人,可以委托中华人民共和国驻受送达人所在国的使领馆代为送达;

(四)向受送达人委托的有权代其接受送达的诉讼代理人送达;

(五)向受送达人在中华人民共和国领域内设立的代表机构或者有权接受送达的分支机构、业务代办人送达;

(六)受送达人所在国的法律允许邮寄送达的,可以邮寄送达,自邮寄之日起满六个月,送达回证没有退回,但根据各种情况足以认定已经送达的,期间届满之日视为送达;

(七)不能用上述方式送达的,公告送达,自公告之日起满六个月,即视为送达。

第二百四十八条 被告在中华人民共和国领域内没有住所的,人民法院应当将起诉状副本送达被告,并通知被告在收到起诉状副本后三十日内提出答辩状。被告申请延期的,是否准许,由人民法院决定。

第二百四十九条 在中华人民共和国领域内没有住所的当事人,不服第一审人民法院判决、裁定的,有权在判决书、裁定书送达之日起三十日内提出上诉。被上诉人在收到上诉状副本后,应当在三十日内提出答辩状。当事人不能在法定期间提起上诉或者提出答辩状,申请延期的,是否准许,由人民法院决定。

第二百五十条 人民法院审理涉外民事案件的期间,不受本法第一百三十五条、第一百五十九条规定的限制。

第二十七章 财产保全

第二百五十一条 当事人依照本法第九十二条的规定可以向人民法院申请财产保全。

利害关系人依照本法第九十三条的规定可以在起诉前向人民法院申请财产保全。

第二百五十二条 人民法院裁定准许诉前财产保全后,申请人应当在三十日内提起诉讼。逾期不起诉的,人民法院应当解除财产保全。

第二百五十三条 人民法院裁定准许财产保全后,被申请人提供担保的,人民法院应当解除财产保全。

第二百五十四条 申请有错误的,申请人应当赔偿被申请人因财产保全所遭受的损失。

第二百五十五条 人民法院决定保全的财产需要监督的,应当通知有关单位负责监督,费用由被申请人承担。

第二百五十六条 人民法院解除保全的命令由执行员执行。

第二十八章 仲 裁

第二百五十七条 涉外经济贸易、运输和海事中发生的纠纷,当事人在合同中订有仲裁条款或者事后达成书面仲裁协议,提交中华人民共和国涉外仲裁机构或者其他仲裁机构仲裁的,当事人不得向人民法院起诉。

当事人在合同中没有订有仲裁条款

或者事后没有达成书面仲裁协议的,可以向人民法院起诉。

第二百五十八条 当事人申请采取财产保全的,中华人民共和国的涉外仲裁机构应当将当事人的申请,提交被申请人住所地或者财产所在地的中级人民法院裁定。

第二百五十九条 经中华人民共和国涉外仲裁机构裁决的,当事人不得向人民法院起诉。一方当事人不履行仲裁裁决的,对方当事人可以向被申请人住所地或者财产所在地的中级人民法院申请执行。

第二百六十条 对中华人民共和国涉外仲裁机构作出的裁决,被申请人提出证据证明仲裁裁决有下列情形之一的,经人民法院组成合议庭审查核实,裁定不予执行:

(一)当事人在合同中没有订有仲裁条款或者事后没有达成书面仲裁协议的;

(二)被申请人没有得到指定仲裁员或者进行仲裁程序的通知,或者由于其他不属于被申请人负责的原因未能陈述意见的;

(三)仲裁庭的组成或者仲裁的程序与仲裁规则不符的;

(四)裁决的事项不属于仲裁协议的范围或者仲裁机构无权仲裁的。

人民法院认定执行该裁决违背社会公共利益的,裁定不予执行。

第二百六十一条 仲裁裁决被人民法院裁定不予执行的,当事人可以根据双方达成的书面仲裁协议重新申请仲裁,也可以向人民法院起诉。

第二十九章 司法协助

第二百六十二条 根据中华人民共和国缔结或者参加的国际条约,或者按照互惠原则,人民法院和外国法院可以相互请求,代为送达文书、调查取证以及进行其他诉讼行为。

外国法院请求协助的事项有损于中华人民共和国的主权、安全或者社会公共利益的,人民法院不予执行。

第二百六十三条 请求和提供司法协助,应当依照中华人民共和国缔结或者参加的国际条约所规定的途径进行;没有条约关系的,通过外交途径进行。

外国驻中华人民共和国的使领馆可以向该国公民送达文书和调查取证,但不得违反中华人民共和国的法律,并不得采取强制措施。

除前款规定的情况外,未经中华人民共和国主管机关准许,任何外国机关或者个人不得在中华人民共和国领域内送达文书、调查取证。

第二百六十四条 外国法院请求人民法院提供司法协助的请求书及其所附文件,应当附有中文译本或者国际条约规定的其他文字文本。

人民法院请求外国法院提供司法协助的请求书及其所附文件,应当附有该国文字译本或者国际条约规定的其他文字文本。

第二百六十五条 人民法院提供司法协助,依照中华人民共和国法律规定的程序进行。外国法院请求采用特殊方式的,也可以按照其请求的特殊方式进行,但请求采用的特殊方式不得违反中华人民共和国法律。

第二百六十六条 人民法院作出的发生法律效力的判决、裁定,如果被执行人或者其财产不在中华人民共和国领域内,当事人请求执行的,可以由当事人直接向有管辖权的外国法院申请承认和执行,也可以由人民法院依照中华人民共和国缔结或者参加的国际条约的规定,或者按照互惠原则,请求外国法院承认和执行。

中华人民共和国涉外仲裁机构作出的发生法律效力的仲裁裁决,当事人请求执行的,如果被执行人或者其财产不在中华人民共和国领域内,应当由当事人直接向有管辖权的外国法院申请承认和执行。

第二百六十七条 外国法院作出的发生法律效力的判决、裁定,需要中华人民共和国人民法院承认和执行的,可以由当事人直接向中华人民共和国有管辖权的中级人民法院申请承认和执行,也可以由外国法院依照该国与中华人民共和国缔结或者参加的国际条约的规定,或者按照互惠原则,请求人民法院承认和执行。

第二百六十八条 人民法院对申请或者请求承认和执行的外国法院作出的发生法律效力的判决、裁定,依照中华人民共和国缔结或者参加的国际条约,或者按照互惠原则进行审查后,认为不违反中华人民共和国法律的基本原则或者国家主权、安全、社会公共利益的,裁定承认其效力,需要执行的,发出执行令,依照本法的有关规定执行。违反中华人民共和国法律的基本原则或者国家主权、安全、社会公共利益的,不予承认和执行。

第二百六十九条 国外仲裁机构的裁决,需要中华人民共和国人民法院承认和执行的,应当由当事人直接向被执行人住所地或者其财产所在地的中级人民法院申请,人民法院应当依照中华人民共和国缔结或者参加的国际条约,或者按照互惠原则办理。

第二百七十条 本法自公布之日起施行,《中华人民共和国民事诉讼法(试行)》同时废止。

中华人民共和国
民事诉讼法修正案(草案)

[2007年6月24日,第十届全国人民代表大会常务委员会第二十八次会议]

一、第一百零三条第二款修改为:"人民法院对有前款规定的行为之一的单位,可以对其主要负责人或者直接责任人员予以罚款并责令改正;拒不改正的,予以拘留;还可以向监察机关或者有关机关提出予以纪律处分的司法建议。"

二、第一百零四条第一款修改为:"对个人的罚款金额,为人民币一万元以下。对单位的罚款金额,为人民币一万元以上三十万元以下。"

三、第一百七十八条修改为:"当事人对已经发生法律效力的判决、裁定,认为有错误的,可以向上一级人民法院申请再审,但不停止判决、裁定的执行。"

四、第一百七十九条第一款改为第一百七十九条,修改为:"当事人的申请符合下列情形之一的,人民法院应当再审:

"(一)有新的证据,足以推翻原判决、裁定的;

"(二)原判决、裁定认定的基本事实缺乏证据证明的;

"(三)原判决、裁定认定事实的主要证据是伪造的;

"(四)原判决、裁定认定事实的主要证据未经质证的;

"(五)对审理案件需要的证据,当事

人因客观原因不能自行收集书面申请人民法院调查收集,人民法院未调查收集的;

"(六)据以作出原判决、裁定的法律文书被撤销或者变更的;

"(七)原判决、裁定适用法律确有错误的;

"(八)审判组织的组成不合法的;

"(九)依法应当回避的审判人员没有回避的;

"(十)审判人员在审理该案件时有贪污受贿,徇私舞弊,枉法裁判行为的;

"(十一)无诉讼行为能力人未经法定代理人代为诉讼的;

"(十二)应当参加诉讼的当事人,因不能归责于本人或者其诉讼代理人的事由,未参加诉讼的;

"(十三)未依法开庭审理的;

"(十四)未经传票传唤缺席判决的;

"(十五)原判决、裁定遗漏、超出诉讼请求的;

"(十六)其他致使原判决、裁定错误的情形。"

五、增加一条,作为第一百八十条:"当事人申请再审的,应当提交再审申请书等材料。人民法院应当在五日内将再审申请书副本发送对方当事人。对方当事人应当在十五日内提交书面意见;不提交书面意见的,不影响人民法院审查。人民法院可以要求申请人和对方当事人补充有关材料,询问有关事项。"

六、第一百七十九条第二款改为第一百八十一条,修改为:"人民法院应当自收到再审申请书之日起三个月内审查。有特殊情况需要延长的,由本院院长批准。人民法院经审查,符合本法第一百七十九条规定情形之一的,裁定再审;不符合本法第一百七十九条规定的,裁定驳回申请。

"因当事人申请裁定再审的案件由中级人民法院以上的人民法院审理。最高人民法院、高级人民法院裁定再审的案件,可以交原审人民法院或者其他人民法院再审。原审人民法院审理再审案件,应当另行组成合议庭。"

七、第一百八十四条改为第一百八十六条,修改为:"人民法院再审的案件,按照第二审程序审理,所作的判决、裁定是发生法律效力的判决、裁定。

"人民法院审理再审案件,应当组成合议庭,开庭审理。"

八、第一百八十五条改为第一百八十七条,修改为:"最高人民检察院对各级人民法院已经发生法律效力的判决、裁定,上级人民检察院对下级人民法院已经发生法律效力的判决、裁定,发现有本法第一百七十九条规定情形之一的,应当提出抗诉。

"地方各级人民检察院对同级人民法院已经发生法律效力的判决、裁定,发现有本法第一百七十九条规定情形之一的,应当提请上级人民检察院向同级人民法院提出抗诉。"

九、第一百八十六条改为第一百八十八条,修改为:"人民检察院提出抗诉的案件,接受抗诉的人民法院应当在三十日内再审,有本法第一百七十九条第一项至第四项规定情形之一的,可以交下一级人民法院再审。"

十、第二百零七条改为第二百零九条,第一款修改为:"发生法律效力的民事判决、裁定,以及刑事判决、裁定中的财产部分,由第一审人民法院或者被执行的财产所在地人民法院执行。"

十一、增加一条,作为第二百一十条:"当事人、利害关系人可以对违反法律规定的执行行为向人民法院提出异议。当事人、利害关系人提出异议,人民法院经审查,理由成立的,裁定撤销或者改正;理由不成立的,裁定驳回。当事人、利害关系人对裁定不服的,可以自裁定送达之日起十日内向上一级人民法院申请复议。"

十二、增加一条,作为第二百一十一条:"人民法院自收到申请执行书之日起超过六个月未执行的,申请执行人可以向上一级人民法院申请由其他人民法院执行。上一级人民法院经审查,可以责令原人民法院在一定期限内执行,也可以决定由本院执行或者指令其他人民法院执行。"

十三、第二百零八条改为第二百一十二条,修改为:"执行过程中,案外人对执行标的提出异议的,人民法院经审查,理由成立的,裁定中止对该标的的执行;理由不成立的,裁定驳回。案外人、当事人对裁定不服,认为原判决、裁定错误的,依照审判监督程序办理;与原判决、裁定无关的,可以自裁定送达之日起十五日内向人民法院提起诉讼。"

十四、第二百零九条改为第二百一十三条,第三款修改为:"人民法院根据需要可以设立执行机构。"

十五、第二百一十九条改为第二百二十三条,修改为:"申请执行的期限为三年。

"前款规定的期间,从法律文书规定履行期间的最后一日起计算;法律文书规定分期履行的,从规定的每次履行期间的最后一日起计算;法律文书未规定履行期间的,从法律文书生效之日起计算。"

十六、第二百二十条改为第二百二十四条,增加一款,作为第二款:"被执行人不履行法律文书确定的义务,并有可能隐匿、转移财产的,执行员可以立即采取强制执行措施。"

十七、增加一条,作为第二百三十八条:"人民法院在执行中发现被执行人的财产不足以清偿债务的,应当责令被执行人报告当前以及收到执行通知之日前一年的财产情况。被执行人拒绝报告或者虚假报告的,人民法院可以根据情节轻重对被执行人或者法定代理人、有关单位的主要负责人或者直接责任人员予以罚款、拘留。"

十八、增加一条,作为第二百三十九条:"被执行人不履行法律文书确定的义务的,人民法院可以对其采取或者通知有关单位协助采取限制出境、在征信系统记录不履行义务信息的措施。"

本决定自2008年4月1日起施行。《中华人民共和国民事诉讼法》根据本修正案作修改并对条款顺序作调整后,重新公布。

关于《中华人民共和国民事诉讼法修正案(草案)》的说明

——2007年6月24日在第十届全国人民代表大会常务委员会第二十八次会议上

全国人大常委会法制工作委员会副主任 王胜明

全国人民代表大会常务委员会:

我受委员长会议的委托,作《中华人

民共和国民事诉讼法修正案(草案)》的说明。

民事诉讼法是审理民事案件的基本法律。现行民事诉讼法是1991年七届全国人大第四次会议通过的。十六年来,民事诉讼法对于保护当事人的诉讼权利,保障人民法院正确、及时地审理民事案件,维护经济社会秩序,促进社会主义现代化建设,发挥了重要作用。同时,随着改革开放和经济社会的发展,经济成分、组织形式、利益关系日趋多样化,新情况新问题不断出现,民事纠纷日益增多,公民、法人向人民法院提起民事诉讼维护自身合法权益的民事案件大量增加,人民法院在审理和执行过程中遇到了许多新的矛盾和难题,民事诉讼法的现有规定已经不能完全适应司法实践的需要,有必要总结民事审判实践经验,修改完善民事诉讼法。

民事诉讼法修改已列入十届全国人大常委会立法规划和今年的立法计划。十届全国人大代表联名提出修改民事诉讼法的议案共90件,其中针对当事人"申诉难"、"执行难",要求完善审判监督程序和执行程序的议案57件,占总数的近三分之二。中央关于司法体制和工作机制改革的方案中提出,要着力解决人民群众反映强烈的"申诉难"和"执行难"问题。经研究,这次修改民事诉讼法主要解决意见反映集中、修改条件比较成熟的上述两个问题,对民事诉讼法中的审判监督程序和执行程序作出修改。今年大会期间,湖南团江必新等30名代表提出《关于修改民事诉讼法以解决"执行难"、"申诉难"的议案》,并提出了民事诉讼法修正案(草案)的建议稿。这个议案的质量较好。为了发挥全国人大代表积极提出高质量议案、促进立法工作的作用,全国人大常委会法制工作委员会以该议案为基础,吸收其他代表有关议案的意见,并考虑专家的建议,会同全国人大内务司法委员会和最高人民法院、最高人民检察院多次研究修改,形成了民事诉讼法修正案(草案)。现将主要内容说明如下:

一、关于审判监督程序

审判监督程序(也称再审程序)是对确有错误的发生法律效力的判决、裁定依法重新审理的程序,对于纠正错案,维护司法公正,保护当事人的诉讼权利和实体权利,具有重要作用。"申诉难",难就难在应当再审的未能再审,应当及时再审的长期未能再审,不少当事人申请再审的权利得不到保障。2006年,各级人民法院受理当事人申请再审的案件为227 002件,决定再审的为48 214件,改判的为15 568件,民事再审案件占再审案件90%以上。

为了解决当事人"申诉难",切实保障当事人申请再审的权利,同时规范申请再审的行为,避免有的当事人无理缠诉,草案对审判监督程序作出以下修改补充:

(一)进一步将再审事由具体化

明确哪些情形应当再审,是解决"申诉难"的重要环节。草案将民事诉讼法规定的再审事由从五项情形具体化为十六项情形,当事人的申请符合其中情形之一的,人民法院应当再审:(一)有新的证据,足以推翻原判决、裁定的;(二)原判决、裁定认定的基本事实缺乏证据证明的;(三)原判决、裁定认定事实的主要证据是伪造的;(四)原判决、裁定认定事实的主要证据未经质证的;(五)对审理案件需要的证据,当事人因客观原因不能自行收集书面申请人民法院调查收集,人民法院未调查收集的;(六)据以作出原判决、裁定的法律文书被撤销或者变更的；(七)原判决、裁定适用法律确有错误的；(八)审判组织的组成不合法的；(九)依法应当回避的审判人员没有回避的；(十)审判人员在审理该案件时有贪污受贿，徇私舞弊，枉法裁判行为的；(十一)无诉讼行为能力人未经法定代理人代为诉讼的；(十二)应当参加诉讼的当事人，因不能归责于本人或者其诉讼代理人的事由，未参加诉讼的；(十三)未依法开庭审理的；(十四)未经传票传唤缺席判决的；(十五)原判决、裁定遗漏、超出诉讼请求的；(十六)其他致使原判决、裁定错误的情形。这样规定，增强可操作性，减少随意性，避免应当再审的不予再审，切实保障当事人的申诉权利。

(二)明确向上一级人民法院申请再审和再审审查期限

再审程序是保障当事人申诉权利的操作规程，完善再审程序，有利于解决当事人"申诉难"。草案主要从两个方面作了规定：

一是明确规定当事人申请再审应当向上一级人民法院提出。按照民事诉讼法的规定，当事人申请再审，既可以向原审人民法院提出，也可以向上一级人民法院提出。实践中产生的问题是当事人向人民法院多头申诉，反复申诉，人民法院重复审查。这次修改，删去了当事人向原审人民法院申请再审的规定，保留了当事人可以向上一级人民法院申请再审的规定。这样修改，既可以避免多头申诉、重复审查的问题，也可以避免由原审人民法院自己纠错较为困难，当事人不信任原审人民法院会公正处理的问题。

二是明确再审案件的审查期限。民事诉讼法未规定人民法院对当事人申请再审的审查期限和审查方式。草案规定，人民法院应当自收到再审申请书之日起三个月内进行审查。有特殊情况需要延长的，由本院院长批准。人民法院经审查，符合本法第一百七十九条规定情形之一的，裁定再审；不符合本法第一百七十九条规定的，裁定驳回申请。

(三)完善检察机关法律监督的规定

人民检察院对民事审判活动实行法律监督，是保证人民法院依法行使审判权，正确审理民事案件的重要制度。草案主要从两个方面完善检察机关法律监督的规定：

一是将人民检察院的抗诉事由进一步具体化。草案将民事诉讼法规定的抗诉事由从四项情形进一步具体化为十六项情形，人民检察院发现已经发生法律效力的判决、裁定有十六项情形之一的，应当提出抗诉，人民法院应当再审。

二是明确规定接受抗诉的人民法院的再审期限。草案规定，人民检察院提出抗诉的案件，接受抗诉的人民法院应当在三十日内再审。

二、关于执行程序

执行程序是人民法院依法采取措施，强制当事人履行法定义务的程序。随着民事案件的增加，申请执行的案件也大量增加，由于多种原因，有相当一部分判决、裁定没有得到执行，胜诉当事人的合法权益未能最终实现，"执行难"成为人民群众反映强烈的问题。2006年，各级人民法院受理申请执行的民事案件为213万件，人民法院发出执行通知后履行义务的为71万件，采取强制措施执行的为46万件。为了有效执行依法作出的判决和裁定，维护法律和司法的权威，保障胜诉当事人的合法权益，草案对执行程序作出以下修改补充：

（一）强化执行措施，促使被执行人依法履行义务

解决执行难，需要加大执行力度，强化执行措施，促使被执行人依法履行义务。草案主要从五个方面作了规定：

一是增加规定，被执行人不履行法律文书确定的义务，并有可能隐匿、转移财产的，执行员可以立即采取强制执行措施。

二是增加规定，人民法院在执行中发现被执行人的财产不足以清偿债务的，应当责令被执行人报告当前以及收到执行通知之日前一年的财产情况。被执行人拒绝报告或者虚假报告的，人民法院可以根据情节轻重对被执行人或者法定代理人、有关单位的主要负责人或者直接责任人员予以罚款、拘留。

三是增加规定，被执行人不履行法律文书确定的义务的，人民法院可以对其采取或者通知有关单位协助采取限制出境、在征信系统记录不履行义务信息的措施。

四是将拒不履行人民法院生效判决、裁定的强制措施，对个人的罚款金额从人民币一千元以下提高到一万元以下；对单位的罚款金额从人民币一千元以上三万元以下提高到一万元以上三十万元以下。

五是对有义务协助调查、执行的单位拒绝协助调查、执行的强制措施，在民事诉讼法规定罚款的基础上增加人民法院有权责令改正，拒不改正的，予以拘留的规定。

（二）规范执行行为，切实保护当事人的合法权益

在执行过程中有的执行人员执法不严格、行为不规范，也是产生"执行难"的原因之一。为了规范执行行为，促进司法公正，切实保护当事人的合法权益，草案从三个方面作了规定：

一是增加规定，当事人、利害关系人可以对违反法律规定的执行行为向人民法院提出异议。当事人、利害关系人提出异议，人民法院经审查，理由成立的，裁定撤销或者改正；理由不成立的，裁定驳回。当事人、利害关系人对裁定不服的，可以自裁定送达之日起十日内向上一级人民法院申请复议。

二是针对有的执行案件受到地方保护主义干扰，长期得不到执行等情况，赋予当事人向上级人民法院申请由其他人民法院执行的权利。增加规定，人民法院自收到申请执行之日起超过六个月未执行的，申请执行人可以向上一级人民法院申请由其他人民法院执行。上一级人民法院经审查，可以责令原人民法院在一定期限内执行，也可以决定由本院执行或者指令其他人民法院执行。

三是在执行过程中有时发生案外人对执行标的提出异议，案外人异议实质是对执行标的的归属发生争议，人民法院审查案外人异议涉及对该争议的处理，对人民法院的审查应当给予救济途径，否则有可能损害案外人或者当事人的合法权益。增加规定，执行过程中，案外人对执行标的提出异议的，人民法院经审查，理由成立的，裁定中止对该标的的执行；理由不成立的，裁定驳回。案外人、当事人对裁定不服，认为原判决、裁定错误的，按照审判监督程序处理；与原判决、裁定无关的，可以自裁定送达之日起十五日内向人民法院提起诉讼。

（三）适当延长申请执行期限，以利于当事人行使权利、履行债务

民事诉讼法规定："申请执行的期

限,双方或者一方当事人是公民的为一年,双方是法人或者其他组织的为六个月。"从实际情况看,不少债务人履行义务需要较长时间,申请执行期限太短,不利于债务人履行债务,也不利于当事人达成和解。而且,有的当事人如在期限内未申请执行,就不能得到人民法院保护。为有利于当事人行使权利,履行债务,草案将当事人申请执行的期限统一延长为三年。

(四)完善执行机构,加强执行工作

解决当事人"执行难",需要完善执行机构,加强执行工作。民事诉讼法规定:"基层人民法院、中级人民法院根据需要,可以设立执行机构。"从实际工作考虑,最高人民法院和高级人民法院也需要设立执行机构,对执行工作予以指导和管理。因此,草案规定,人民法院根据需要可以设立执行机构。

民事诉讼法规定,发生法律效力的民事判决、裁定,由第一审人民法院执行。这一规定总的看是适当的,但有些案件的被执行人的财产不在第一审人民法院所在地,由第一审人民法院执行较为困难。为了便于执行,提高执行效率,草案规定,发生法律效力的民事判决、裁定,可以由被执行的财产所在地人民法院执行。

此外,全国人大代表和有关方面还提出了一些其他修改意见和建议,如第一审普通程序、简易程序、第二审程序、涉外民事诉讼程序、公益诉讼制度、证据制度、调解制度等,拟继续调研,征求意见,待条件成熟及时修改,不断完善民事诉讼制度。

《中华人民共和国民事诉讼法修正案(草案)》和以上说明是否妥当,请审议。

全国人民代表大会常务委员会关于修改《中华人民共和国民事诉讼法》的决定

[2007年10月28日第十届全国人民代表大会常务委员会第三十次会议通过并公布,自2008年4月1日起施行,中华人民共和国主席令第75号]

第十届全国人民代表大会常务委员会第三十次会议决定对《中华人民共和国民事诉讼法》作如下修改:

一、第一百零三条第二款修改为:"人民法院对有前款规定的行为之一的单位,可以对其主要负责人或者直接责任人员予以罚款;对仍不履行协助义务的,可以予以拘留;并可以向监察机关或者有关机关提出予以纪律处分的司法建议。"

二、第一百零四条第一款修改为:"对个人的罚款金额,为人民币一万元以下。对单位的罚款金额,为人民币一万元以上三十万元以下。"

三、第一百七十八条修改为:"当事人对已经发生法律效力的判决、裁定,认为有错误的,可以向上一级人民法院申请再审,但不停止判决、裁定的执行。"

四、第一百七十九条第一款改为第一百七十九条,修改为:"当事人的申请符合下列情形之一的,人民法院应当再审:

"(一)有新的证据,足以推翻原判决、裁定的;

"(二)原判决、裁定认定的基本事实缺乏证据证明的;

"(三)原判决、裁定认定事实的主要证据是伪造的;

"(四)原判决、裁定认定事实的主要证据未经质证的;

"(五)对审理案件需要的证据,当事人因客观原因不能自行收集,书面申请人民法院调查收集,人民法院未调查收集的;

"(六)原判决、裁定适用法律确有错误的;

"(七)违反法律规定,管辖错误的;

"(八)审判组织的组成不合法或者依法应当回避的审判人员没有回避的;

"(九)无诉讼行为能力人未经法定代理人代为诉讼或者应当参加诉讼的当事人,因不能归责于本人或者其诉讼代理人的事由,未参加诉讼的;

"(十)违反法律规定,剥夺当事人辩论权利的;

"(十一)未经传票传唤,缺席判决的;

"(十二)原判决、裁定遗漏或者超出诉讼请求的;

"(十三)据以作出原判决、裁定的法律文书被撤销或者变更的。

"对违反法定程序可能影响案件正确判决、裁定的情形,或者审判人员在审理该案件时有贪污受贿,徇私舞弊,枉法裁判行为的,人民法院应当再审。"

五、增加一条,作为第一百八十条:"当事人申请再审的,应当提交再审申请书等材料。人民法院应当自收到再审申请书之日起五日内将再审申请书副本发送对方当事人。对方当事人应当自收到再审申请书副本之日起十五日内提交书面意见;不提交书面意见的,不影响人民法院审查。人民法院可以要求申请人和对方当事人补充有关材料,询问有关事项。"

六、第一百七十九条第二款改为第一百八十一条,修改为:"人民法院应当自收到再审申请书之日起三个月内审查,符合本法第一百七十九条规定情形之一的,裁定再审;不符合本法第一百七十九条规定的,裁定驳回申请。有特殊情况需要延长的,由本院院长批准。

"因当事人申请裁定再审的案件由中级人民法院以上的人民法院审理。最高人民法院、高级人民法院裁定再审的案件,由本院再审或者交其他人民法院再审,也可以交原审人民法院再审。"

七、第一百八十二条改为第一百八十四条,修改为:"当事人申请再审,应当在判决、裁定发生法律效力后二年内提出;二年后据以作出原判决、裁定的法律文书被撤销或者变更,以及发现审判人员在审理该案件时有贪污受贿,徇私舞弊,枉法裁判行为的,自知道或者应当知道之日起三个月内提出。"

八、第一百八十五条改为第一百八十七条,修改为:"最高人民检察院对各级人民法院已经发生法律效力的判决、裁定,上级人民检察院对下级人民法院已经发生法律效力的判决、裁定,发现有本法第一百七十九条规定情形之一的,应当提出抗诉。

"地方各级人民检察院对同级人民法院已经发生法律效力的判决、裁定,发现有本法第一百七十九条规定情形之一的,应当提请上级人民检察院向同级人民法院提出抗诉。"

九、第一百八十六条改为第一百八十八条,修改为:"人民检察院提出抗诉的案件,接受抗诉的人民法院应当自收到抗诉书之日起三十日内作出再审的裁定;有本法第一百七十九条第一款第(一)项至第(五)项规定情形之一的,可以交下一级人民法院再审。"

十、第二百零七条改为第二百零一条,第一款修改为:"发生法律效力的民事判决、裁定,以及刑事判决、裁定中的财产部分,由第一审人民法院或者与第一审人民法院同级的被执行的财产所在地人民法院执行。"

十一、增加一条,作为第二百零二条:"当事人、利害关系人认为执行行为违反法律规定的,可以向负责执行的人民法院提出书面异议。当事人、利害关系人提出书面异议的,人民法院应当自收到书面异议之日起十五日内审查,理由成立的,裁定撤销或者改正;理由不成立的,裁定驳回。当事人、利害关系人对裁定不服的,可以自裁定送达之日起十日内向上一级人民法院申请复议。"

十二、增加一条,作为第二百零三条:"人民法院自收到申请执行书之日起超过六个月未执行的,申请执行人可以向上一级人民法院申请执行。上一级人民法院经审查,可以责令原人民法院在一定期限内执行,也可以决定由本院执行或者指令其他人民法院执行。"

十三、第二百零八条改为第二百零四条,修改为:"执行过程中,案外人对执行标的提出书面异议的,人民法院应当自收到书面异议之日起十五日内审查,理由成立的,裁定中止对该标的的执行;理由不成立的,裁定驳回。案外人、当事人对裁定不服,认为原判决、裁定错误的,依照审判监督程序办理;与原判决、裁定无关的,可以自裁定送达之日起十五日内向人民法院提起诉讼。"

十四、第二百零九条改为第二百零五条,第三款修改为:"人民法院根据需要可以设立执行机构。"

十五、第二百一十九条改为第二百一十五条,修改为:"申请执行的期间为二年。申请执行时效的中止、中断,适用法律有关诉讼时效中止、中断的规定。

"前款规定的期间,从法律文书规定履行期间的最后一日起计算;法律文书规定分期履行的,从规定的每次履行期间的最后一日起计算;法律文书未规定履行期间的,从法律文书生效之日起计算。"

十六、第二百二十条改为第二百一十六条,增加一款,作为第二款:"被执行人不履行法律文书确定的义务,并有可能隐匿、转移财产的,执行员可以立即采取强制执行措施。"

十七、增加一条,作为第二百一十七条:"被执行人未按执行通知履行法律文书确定的义务,应当报告当前以及收到执行通知之日前一年的财产情况。被执行人拒绝报告或者虚假报告的,人民法院可以根据情节轻重对被执行人或者其法定代理人、有关单位的主要负责人或者直接责任人员予以罚款、拘留。"

十八、增加一条,作为第二百三十一条:"被执行人不履行法律文书确定的义务的,人民法院可以对其采取或者通知有关单位协助采取限制出境,在征信系统记录、通过媒体公布不履行义务信息以及法律规定的其他措施。"

十九、删去第十九章"企业法人破产还债程序"。

本决定自 2008 年 4 月 1 日起施行。
《中华人民共和国民事诉讼法》根据本决定作修改并对章节条款顺序作调整后,重新公布。

中华人民共和国民事诉讼法修正案(草案)

[十一届全国人大常委会第二十三次会议初次审议,2011年10月29日公布]

一、将第十四条修改为:"人民检察院有权以检察建议、抗诉方式对民事诉讼实行法律监督。"

二、删去第十六条。

三、将第二十五条改为第三十四条,修改为:"合同或者其他财产权益纠纷的当事人可以书面协议选择被告住所地、合同履行地、合同签订地、原告住所地、标的物所在地等人民法院管辖,但不得违反本法对级别管辖和专属管辖的规定。"

四、增加一条,作为第二十六条:"因公司设立、解散等纠纷提起的诉讼,由公司住所地人民法院管辖。"

五、将第三十八条改为第一百二十六条,增加一款,作为第二款:"当事人未提出管辖异议,并应诉答辩的,视为受诉人民法院有管辖权,但违反级别管辖和专属管辖规定的除外。"

六、将第三十九条改为第三十八条,第一款修改为:"上级人民法院有权审理下级人民法院管辖的第一审民事案件。"

七、将第四十五条改为第四十四条,第一款修改为:"审判人员有下列情形之一的,应当自行回避,当事人有权用口头或者书面方式申请他们回避:

"(一)是本案当事人或者当事人、诉讼代理人近亲属的;

"(二)与本案有利害关系的;

"(三)与本案当事人、诉讼代理人有其他关系,可能影响对案件公正审理的;

"(四)审判人员违反规定会见当事人、诉讼代理人,接受当事人、诉讼代理人请客送礼,或者有贪污受贿,徇私舞弊,枉法裁判行为的。"

八、增加一条,作为第五十五条:"对污染环境、侵害众多消费者合法权益等损害社会公共利益的行为,有关机关、社会团体可以向人民法院提起诉讼。"

九、将第六十三条修改为:"证据包括:

"(一)当事人的陈述;

"(二)书证;

"(三)物证;

"(四)视听资料;

"(五)电子数据;

"(六)证人证言;

"(七)鉴定意见;

"(八)勘验笔录。

"证据必须经法定程序查证属实,才能作为认定事实的根据。"

相应地将第一百二十四条、第一百七十一条中的"鉴定结论"修改为"鉴定意见"。

十、增加二条,作为第六十五条、第六十六条:

"第六十五条 当事人对自己提出的主张应当及时提供证据。未及时提供证据的,人民法院应当责令其说明理由。理由不成立的,人民法院根据不同情形予以训诫、罚款、赔偿拖延诉讼造成的损失、不予采纳该证据。

"第六十六条 人民法院收到当事人提交的证据材料,应当出具收据,写明证据名称、页数、份数以及收到时间,并由经办人员签名或者盖章。"

十一、将第七十条改为三条,作为第

七十二条、第七十三条、第七十四条，修改为：

"第七十二条凡是知道案件情况的单位和个人，都有义务出庭作证。有关单位的负责人应当支持证人作证。

"不能正确表达意志的人，不能作证。

"第七十三条经人民法院依法通知，证人应当出庭作证。有下列情形之一的，经人民法院许可，可以通过书面证言、视听传输技术或者视听资料等方式作证：

"（一）因健康原因不能出庭的；

"（二）因路途遥远，交通不便不能出庭的；

"（三）因自然灾害等不可抗力不能出庭的；

"（四）其他有正当理由不能出庭的。

"第七十四条证人因履行作证义务而支出的交通、住宿、就餐等必要费用以及误工损失，由败诉一方当事人负担。当事人申请证人作证的，由该当事人先行垫付；当事人没有申请，人民法院依法通知证人作证的，由人民法院先行垫付。"

十二、将第七十二条改为三条，作为第七十六条、第七十七条、第七十八条，修改为：

"第七十六条当事人可以就查明事实的专门性问题向人民法院申请鉴定。当事人申请鉴定的，由双方当事人协商确定具备资格的鉴定人；协商不成的，由人民法院指定。

"当事人未申请鉴定，人民法院对专门性问题认为需要鉴定的，应当委托具备资格的鉴定人进行鉴定。

"第七十七条鉴定人有权了解进行鉴定所需要的案件材料，必要时可以询问当事人、证人。

"鉴定人应当提出书面鉴定意见，在鉴定书上签名或者盖章。

"第七十八条当事人对鉴定意见有异议或者人民法院认为鉴定人有必要出庭的，鉴定人应当出庭作证。经人民法院通知，鉴定人拒不出庭作证的，鉴定意见不得作为认定事实的根据。"

十三、将第七十四条改为第八十条，修改为："在证据可能灭失或者以后难以取得的情况下，当事人可以在诉讼过程中向人民法院申请保全证据，人民法院也可以主动采取保全措施。

"因情况紧急，在证据可能灭失或者以后难以取得的情况下，利害关系人可以在起诉前向证据所在地、被申请人住所地或者有管辖权的人民法院申请保全证据。

"证据保全的其他程序，参照适用本法第九章保全的有关规定。"

十四、将第七十九条改为第八十五条，修改为："受送达人或者他的同住成年家属拒绝接收诉讼文书的，送达人可以邀请有关基层组织或者所在单位的代表到场，说明情况，在送达回证上记明拒收事由和日期，由送达人、见证人签名或者盖章，把诉讼文书留在受送达人的住所；也可以把诉讼文书留在受送达人的住所，并采用拍照、录像等方式记录送达过程，即视为送达。"

十五、增加一条，作为第八十六条："经当事人同意，人民法院可以采用传真、电子邮件等能够确认受送达人收悉的方式送达诉讼文书。

"采用前款方式送达的，以传真、电子邮件等到达受送达人特定系统的日期为送达日期。"

十六、将第九章的章名、第九十六条、第九十九条、第二百五十六条中的"财产保全"修改为"保全"。

十七、将第九十二条改为第九十九条,修改为:"人民法院对于可能因当事人一方的行为或者其他原因,使判决难以执行或者造成当事人损害的案件,根据对方当事人的申请,可以裁定对其财产进行保全、责令其作出一定行为或者禁止其作出一定行为;当事人没有提出申请的,人民法院在必要时也可以裁定采取保全措施。

"人民法院采取保全措施,可以责令申请人提供相应的担保,申请人不提供担保的,裁定驳回申请。

"人民法院接受申请后,对情况紧急的,必须在四十八小时内作出裁定;裁定采取保全措施的,应当立即开始执行。"

十八、将第九十三条改为第一百条,修改为:"利害关系人因情况紧急,不立即申请保全将会使其合法权益受到难以弥补的损害的,可以在提起诉讼或者申请仲裁前向被保全财产所在地、被申请人住所地或者对案件有管辖权的人民法院申请采取保全措施。申请人应当提供担保,不提供担保的,裁定驳回申请。

"人民法院接受申请后,必须在四十八小时内作出裁定;裁定采取保全措施的,应当立即开始执行。

"申请人在人民法院采取保全措施后三十日内不依法提起诉讼或者申请仲裁的,人民法院应当解除保全。"

十九、将第九十四条改为二条,作为第一百零一条、第一百零二条,修改为:

"第一百零一条保全限于请求的范围,或者与本案有关的财物。

"第一百零二条财产保全采取查封、扣押、冻结或者法律规定的其他方法。人民法院冻结财产后,应当立即通知被冻结财产的人。

"财产已被查封、冻结的,不得重复查封、冻结。"

二十、将第九十五条改为第一百零三条,修改为:"属于财产纠纷的案件,被申请人提供担保的,人民法院应当裁定解除保全。"

二十一、增加二条,作为第一百一十一条、第一百一十二条:

"第一百一十一条当事人之间恶意串通,企图通过诉讼、调解等方式逃避债务、侵占他人财产的,人民法院应当驳回其请求,并根据情节轻重予以罚款、拘留;构成犯罪的,依法追究刑事责任。

"第一百一十二条被执行人与他人恶意串通,通过诉讼、仲裁等方式逃避履行法律文书确定的义务的,人民法院应当根据情节轻重予以罚款、拘留;构成犯罪的,依法追究刑事责任。"

二十二、将第一百零三条改为第一百一十三条,第一款第二项修改为:"有关单位接到人民法院协助执行通知书后,拒不协助查询、扣押、冻结、划拨、变价财产的"。

二十三、将第一百零四条改为第一百一十四条,第一款修改为:"对个人的罚款金额,为人民币十万元以下。对单位的罚款金额,为人民币五万元以上一百万元以下。"

二十四、将第一百一十条改为第一百二十条,第一项修改为:"当事人的姓名、性别、年龄、民族、职业、工作单位、住所、身份号码、联系方式,法人或者其他组织的名称、住所和法定代表人或者主要负责人的姓名、职务、联系方式"。

二十五、增加一条,作为第一百二十一条:"当事人起诉到人民法院的民事纠纷,适宜调解的,先行调解。"

二十六、将第一百一十一条改为第一百二十三条,修改为:"人民法院对下列起诉,分别情形,予以处理:

"(一)依照行政诉讼法的规定,属于行政诉讼受案范围的,告知原告提起行政诉讼;

"(二)依照法律规定,双方当事人达成书面仲裁协议申请仲裁,不得向人民法院起诉的,告知原告向仲裁机构申请仲裁;

"(三)依照法律规定,应当由其他机关处理的争议,告知原告向有关机关申请解决;

"(四)对不属于本院管辖的案件,告知原告向有管辖权的人民法院起诉;

"(五)对判决、裁定、调解书已经发生法律效力的案件,当事人又起诉的,告知原告申请再审,但人民法院准许撤诉的裁定除外;

"(六)依照法律规定,在一定期限内不得起诉的案件,在不得起诉的期限内起诉的,不予受理;

"(七)判决不准离婚和调解和好的离婚案件,判决、调解维持收养关系的案件,没有新情况、新理由,原告在六个月内又起诉的,不予受理。"

二十七、将第一百一十二条改为第一百二十二条,修改为:"人民法院应当保障当事人依照法律规定享有的起诉权利。对符合本法第一百一十八条的起诉,必须受理。符合起诉条件的,应当在七日内立案,并通知当事人;不符合起诉条件的,应当在七日内作出裁定书,不予受理;原告对裁定不服的,可以提起上诉。"

二十八、增加一条,作为第一百三十二条:"人民法院对受理的案件,分别情形,予以处理:

"(一)对当事人没有争议,可以适用督促程序的,转入督促程序;

"(二)对当事人争议不大的,采取调解等方式及时解决纠纷;

"(三)根据案件性质,确定适用简易程序或者普通程序;

"(四)需要开庭审理的,要求当事人交换证据,明确争议焦点。"

二十九、将第一百二十四条改为第一百三十七条,第三项修改为:"出示书证、物证、视听资料和电子数据"。

三十、将第一百三十八条改为第一百五十一条,第一款修改为:"判决书应当写明判决结果以及作出该判决的理由。判决书内容包括:

"(一)案由、诉讼请求、争议的事实和理由;

"(二)判决认定的事实和适用的法律及其理由;

"(三)判决结果和诉讼费用的负担;

"(四)上诉期间和上诉的法院。"

三十一、将第一百四十条改为第一百五十三条,第一款修改为:"裁定书应当写明裁定结果以及作出该裁定的理由。裁定适用的范围:

"(一)不予受理;

"(二)对管辖权有异议的;

"(三)驳回起诉;

"(四)保全和先予执行;

"(五)准许或者不准许撤诉;

"(六)中止或者终结诉讼;

"(七)补正判决书中的笔误;

"(八)中止或者终结执行;

"(九)不予执行仲裁裁决;

"(十)不予执行公证机关赋予强制执行效力的债权文书;

"(十一)其他需要裁定解决的

事项。"

三十二、增加一条,作为第一百五十五条:"公众可以查阅发生法律效力的判决书、裁定书,但涉及国家秘密、商业秘密和个人隐私的内容除外。"

三十三、将第一百四十二条改为第一百五十六条,增加一款,作为第二款:"对前款规定以外的民事案件,当事人双方也可以约定适用简易程序。"

三十四、将第一百四十四条改为第一百五十八条,修改为:"基层人民法院和它派出的法庭审理简单的民事案件,可以用简便方式传唤当事人和证人、送达文书、审理案件,但应保障当事人陈述意见的权利。"

三十五、增加一条,作为第一百六十一条:"基层人民法院和它派出的法庭审理标的额人民币五千元以下的民事案件,实行一审终审。"

三十六、将第一百四十八条改为第一百六十三条,修改为:"上诉应当递交上诉状。上诉状的内容应当包括:

"(一)当事人的姓名、性别、年龄、民族、职业、工作单位、住所、身份证号码、联系方式,法人或者其他组织的名称、住所和法定代表人或者主要负责人的姓名、职务、联系方式;

"(二)原审人民法院名称、案件的编号和案由;

"(三)上诉的请求和理由。"

三十七、将第一百五十三条改为第一百六十八条,修改为:"第二审人民法院对上诉案件,经过审理,按照下列情形,分别处理:

"(一)原判决认定事实清楚,适用法律正确的,判决驳回上诉,维持原判决;

"(二)原判决认定事实错误或者适用法律错误的,依法改判;

"(三)原判决认定基本事实不清的,裁定撤销原判决,发回原审人民法院重审,或者查清事实后改判;

"(四)原判决遗漏当事人或者违法缺席判决等严重违反法定程序的,裁定撤销原判决,发回原审人民法院重审。

"原审人民法院对发回重审的案件作出判决后,当事人提起上诉的,第二审人民法院应当依法作出判决。"

三十八、将第一百六十条改为第一百七十五条,修改为:"人民法院审理选民资格案件、宣告失踪或者宣告死亡案件、认定公民无民事行为能力或者限制民事行为能力案件、认定财产无主案件、确认调解协议案件和实现担保物权案件,适用本章规定。本章没有规定的,适用本法和其他法律的有关规定。"

三十九、在第十五章第五节后增加二节,作为第六节、第七节:

"第六节 确认调解协议案件

"第一百九十二条 申请司法确认调解协议,由双方当事人依照人民调解法等法律,自调解协议生效之日起三十日内,共同向调解组织所在地基层人民法院提出。

"第一百九十三条 人民法院受理申请后,经审查,符合法律规定的,裁定调解协议有效,一方当事人拒绝履行或者未全部履行的,对方当事人可以向人民法院申请执行;不符合法律规定的,裁定驳回申请,当事人可以通过调解方式变更原调解协议或者达成新的调解协议,也可以向人民法院提起诉讼。

"第七节 实现担保物权案件

"第一百九十四条 申请实现担保物权,由担保权人依照物权法等法律,向担保财产所在地基层人民法院提出。

"第一百九十五条 人民法院受理申请后,经审查,符合法律规定的,裁定拍卖、变卖担保财产,一方当事人拒绝履行或者未全部履行的,对方当事人可以向人民法院申请执行;不符合法律规定的,裁定驳回申请,当事人可以向人民法院提起诉讼。"

四十、将第一百七十八条改为第一百九十七条,修改为:"当事人对已经发生法律效力的判决、裁定,认为有错误的,可以向上一级人民法院申请再审;发生在公民之间的案件,也可以向原审人民法院申请再审。当事人申请再审的,不停止判决、裁定的执行。"

四十一、将第一百七十九条改为第一百九十八条,修改为:"当事人的申请符合下列情形之一的,人民法院应当再审:

"(一)有新的证据,足以推翻原判决、裁定的;

"(二)原判决、裁定认定的基本事实缺乏证据证明的;

"(三)原判决、裁定认定事实的主要证据是伪造的;

"(四)原判决、裁定认定事实的主要证据未经质证的;

"(五)对审理案件需要的主要证据,当事人因客观原因不能自行收集,书面申请人民法院调查收集,人民法院未调查收集的;

"(六)原判决、裁定适用法律确有错误的;

"(七)审判组织的组成不合法或者依法应当回避的审判人员没有回避的;

"(八)无诉讼行为能力人未经法定代理人代为诉讼或者应当参加诉讼的当事人,因不能归责于本人或者其诉讼代理人的事由,未参加诉讼的;

"(九)违反法律规定,剥夺当事人辩论权利的;

"(十)未经传票传唤,缺席判决的;

"(十一)原判决、裁定遗漏或者超出诉讼请求的;

"(十二)据以作出原判决、裁定的法律文书被撤销或者变更的;

"(十三)审判人员审理该案件时有贪污受贿,徇私舞弊,枉法裁判行为的。"

四十二、将第一百八十一条改为第二百零二条,第一款修改为:"人民法院应当自收到再审申请书之日起三个月内审查,符合本法规定的,裁定再审;不符合本法规定的,裁定驳回申请。有特殊情况需要延长的,由本院院长批准。"

四十三、将第一百八十二条改为第一百九十九条。将第一百八十三条、第一百八十五条、第一百八十九条改为第二百条、第二百零四条、第二百一十条,修改为:

"第二百条 当事人对已经发生法律效力的解除婚姻关系的判决、调解书,不得申请再审。

"第二百零四条 按照审判监督程序决定再审的案件,裁定中止原判决、调解书的执行。

"第二百一十条 人民检察院决定对人民法院的判决、裁定、调解书提出抗诉的,应当制作抗诉书。"

四十四、将第一百八十七条改为第二百零六条,修改为:"最高人民检察院对各级人民法院已经发生法律效力的判决、裁定,上级人民检察院对下级人民法院已经发生法律效力的判决、裁定,发现有本法第一百九十八条规定情形之一的,或者发现调解书损害社会公共利益的,应当提出抗诉。

"地方各级人民检察院对同级人民法院已经发生法律效力的判决、裁定,发现有本法第一百九十八条规定情形之一的,或者发现调解书损害社会公共利益的,可以向同级人民法院提出再审检察建议,也可以提请上级人民检察院向同级人民法院提出抗诉。"

四十五、增加二条,作为第二百零七条、第二百零八条:

"第二百零七条有下列情形之一的,当事人可以向人民检察院申请再审检察建议或者抗诉:

"(一)人民法院驳回再审申请的;

"(二)人民法院逾期未对再审申请作出裁定的;

"(三)再审判决、裁定有明显错误的。

"经人民检察院提出再审检察建议或者抗诉,人民法院再审的,当事人不得再向人民检察院申请再审检察建议或者抗诉。

"第二百零八条人民检察院因提出再审检察建议或者抗诉的需要,可以查阅人民法院的诉讼卷宗,并可以向当事人或者案外人调查核实有关情况。"

四十六、将第一百八十八条改为第二百零九条,修改为:"人民检察院提出抗诉的案件,接受抗诉的人民法院应当自收到抗诉书之日起三十日内作出再审的裁定;有本法第一百九十八条第(一)项至第(五)项规定情形之一的,可以交下一级人民法院再审,但原审人民法院再审的除外。"

四十七、将第一百九十四条改为第二百一十五条,修改为:"人民法院收到债务人提出的书面异议后,经审查,异议成立的,应当裁定终结督促程序,支付令自行失效。

"支付令失效的,转入诉讼程序,但申请支付令的一方当事人不同意提起诉讼的除外。"

四十八、将第二百零七条改为第二百二十八条,第二款修改为:"申请执行人因受欺诈、胁迫与被执行人达成和解协议,或者当事人不履行和解协议的,人民法院可以根据当事人的申请,恢复对原生效法律文书的执行。"

四十九、将第二百一十六条改为第二百三十七条,修改为:"执行员接到申请执行书或者移交执行书,应当向被执行人发出执行通知,并可以立即采取强制执行措施。"

五十、将第二百一十八条改为第二百三十九条,修改为:"被执行人未按执行通知履行法律文书确定的义务,人民法院有权向有关单位查询被执行人的存款、债券、股票、基金份额等财产情况。人民法院有权根据不同情形扣押、冻结、划拨、变价被执行人的财产。人民法院查询、扣押、冻结、划拨、变价的财产不得超出被执行人应当履行义务的范围。

"人民法院决定扣押、冻结、划拨、变价财产,应当作出裁定,并发出协助执行通知书,有关单位必须办理。"

五十一、将第二百二十三条改为第二百四十四条,修改为:"财产被查封、扣押后,执行员应当责令被执行人在指定期间履行法律文书确定的义务。被执行人逾期不履行的,人民法院应当拍卖被查封、扣押的财产;不适于拍卖或者当事人双方同意不进行拍卖的,人民法院可以委托有关单位变卖或者自行变卖。国家禁止自由买卖的物品,交有关单位按照国家规定的价格收购。"

五十二、删去第二百四十二条、第二百四十三条。

五十三、将第二百四十五条改为第二百六十四条,修改为:"人民法院对在中华人民共和国领域内没有住所的当事人送达诉讼文书,可以采用下列方式:

"(一)依照受送达人所在国与中华人民共和国缔结或者共同参加的国际条约中规定的方式送达;

"(二)通过外交途径送达;

"(三)对具有中华人民共和国国籍的受送达人,可以委托中华人民共和国驻受送达人所在国的使领馆代为送达;

"(四)向受送达人委托的诉讼代理人送达;

"(五)向受送达人在中华人民共和国领域内设立的代表机构或者有权接受送达的分支机构、业务代办人送达;

"(六)受送达人所在国的法律允许邮寄送达的,可以邮寄送达,自邮寄之日起满三个月,送达回证没有退回,但根据各种情况足以认定已经送达的,期间届满之日视为送达;

"(七)采用传真、电子邮件等能够确认受送达人收悉的方式送达;

"(八)不能用上述方式送达的,公告送达,自公告之日起满六个月,即视为送达。"

五十四、删去第二十六章"财产保全"。

民事诉讼法的有关章节及条文序号根据本修正案作相应调整。

关于《中华人民共和国民事诉讼法修正案(草案)》的说明
——2011 年 10 月 24 日在第十一届全国人民代表大会常务委员会第二十三次会议上

全国人大常委会法制工作委员会副主任 王胜明

民事诉讼法是国家的基本法律,是规范民事诉讼程序的基本规则。我国现行民事诉讼法是 1991 年七届全国人大四次会议通过的。2007 年十届全国人大常委会第三十次会议曾对民事诉讼法审判监督程序和执行程序的部分规定作了修改。总的看,民事诉讼法规定的基本原则是正确的,条文规定大多是可行的,对保证人民法院依法审理民事案件,保护当事人合法权益,维护社会和谐稳定,发挥了重要作用。但是,随着经济社会快速发展,民事案件数量不断增多,新的案件类型不断出现,民事诉讼法的规定在某些方面已经不能完全适应人民群众的司法需求,有必要进一步予以完善。

近几年来,一些全国人大代表和有关方面陆续提出修改民事诉讼法的意见和建议。中央关于深化司法体制和工作机制改革的意见也要求进一步完善民事诉讼制度。法制工作委员会按照全国人大常委会立法工作安排和不断完善中国特色社会主义法律体系的总体要求,从 2010 年开始,着手民事诉讼法修改方案的研究起草工作。修改工作注意把握以下几点:一是秉持中国特色社会主义法治理念,认真总结民事诉讼法实施的经验,针对实践中出现的新情况新问题,进一步保障当事人的诉讼权利,维护司法公正;二是遵循民事诉讼的基本原理,科学配置司法资源,提高诉讼效率;三是强化对民事诉讼的法律监督,保证法律的正确实施;四是注重有效解决民事纠纷,促进社会和谐稳定;五是对认识不一致、目前还没有把握的一些问题暂不作规定。经反复与最高人民法院、最高人民检察院等单位研究,多次听取全国人大代表、企业、律师和专家学者的意见,并专门征求部分地方人大常委会的意见,在充分论证并取得基本共识的基础上,对民事诉讼法作了部分修改,形成了民事诉讼法修正案(草案)。现就主要问题说明如下:

一、完善调解与诉讼相衔接的机制

当前我国处于社会矛盾凸显期,各类民事纠纷日益增多,充分发挥调解作用,尽量将矛盾纠纷解决在基层、解决在当地,对及时化解矛盾纠纷,促进社会和谐稳定,具有重要作用。建议从两个方面完善调解与诉讼相衔接的机制:

1. 增加先行调解的规定。调解作为解决纠纷的有效方式,具有程序简便、方式灵活、自觉履行率高等优点。未经人民调解的纠纷,起诉到法院的,可以先行调解;经过人民调解未达成调解协议的纠纷,起诉到法院的,也可以先行调解。为此,建议增加规定:当事人起诉到人民法院的民事纠纷,适宜调解的,先行调解。(修正案草案第二十五条)

2. 增加民事诉讼法和人民调解法相衔接的规定。人民调解法规定了对调解协议的司法确认制度,经司法确认的调解协议具有强制执行效力。为做好法律的衔接,建议在特别程序中专节规定"确认调解协议案件",明确规定当事人申请司法确认调解协议的程序和法律后果。(修正案草案第三十九条)

二、进一步保障当事人的诉讼权利

切实保障当事人的诉讼权利,是正确适用法律,维护司法公正的重要前提和基础。针对实践中存在的问题,建议作以下补充修改:

1. 完善起诉和受理程序。为了保障当事人的起诉权利,规范人民法院受理案件的程序,建议明确规定:人民法院应当保障当事人依照法律规定享有的起诉权利。人民法院对不符合起诉条件的,应当在七日内作出裁定书。原告对裁定不服的,可以提起上诉。(修正案草案第二十七条)

2. 完善开庭前准备程序。根据审判实践并借鉴国外好的做法,建议在开庭前准备程序中分别情形规定不同的处理办法:一是,对当事人没有争议,可以适用督促程序的,转入督促程序。二是,对当事人争议不大的,采取调解等方式及时解决纠纷。三是,根据案件性质,确定适用简易程序或者普通程序。四是,需要开庭审理的,要求当事人交换证据,明确争议焦点。(修正案草案第二十八条)

3. 增加公益诉讼制度。近年来,环境污染和食品安全事故不断发生,一些全国人大代表和有关方面多次提出在民事诉讼法中增加公益诉讼制度。建议增加规定:对污染环境、侵害众多消费者合法权益等损害社会公共利益的行为,有关机关、社会团体可以向人民法院提起诉讼。(修正案草案第八条)

4. 完善保全制度。民事诉讼法对行为保全问题未作规定。侵害知识产权等案件有时需要禁止当事人作出某种行为,或者要求其作出某种行为,以制止侵权发生、防止损害扩大。著作权法、专利法、商标法、海事诉讼特别程序法等法律作了相关规定。建议在财产保全的基础上增加这方面的规定：人民法院对于可能因当事人一方的行为或者其他原因，使判决难以执行或者造成当事人损害的案件，根据对方当事人的申请，可以裁定对其财产进行保全、责令其作出一定行为或者禁止其作出一定行为；当事人没有提出申请的，人民法院在必要时也可以裁定采取保全措施。（修正案草案第十七条）

5. 完善裁判文书公开制度。裁判文书公开，是审判公开制度的重要内容，对提高审判质量、释法服判具有重要作用。建议增加规定：公众可以查阅发生法律效力的判决书、裁定书，但涉及国家秘密、商业秘密和个人隐私的内容除外。同时，建议进一步明确规定判决书、裁定书都应当写明判决、裁定结果以及作出判决、裁定的理由。（修正案草案第三十条至第三十二条）

三、完善当事人举证制度

证据是人民法院认定事实并作出裁判的基础。完善当事人举证制度，对于查明事实，正确适用法律，妥善解决民事纠纷具有重要作用。针对实践中存在的问题，建议作以下补充修改：

1. 明确接收当事人提交证据材料的手续。建议明确规定：人民法院收到当事人提交的证据材料，应当出具收据，写明证据名称、页数、份数以及收到时间，并由经办人员签名或者盖章。（修正案草案第十条）

2. 促使当事人积极提供证据。针对有的当事人在诉讼活动中为拖延诉讼，不及时提供证据的情况，建议增加规定：当事人对自己提出的主张应当及时提供证据。未及时提供证据的，人民法院应当责令其说明理由。理由不成立的，人民法院根据不同情形予以训诫、罚款、赔偿拖延诉讼造成的损失、不予采纳该证据。（修正案草案第十条）

3. 赋予当事人启动鉴定程序的权利。根据审判实践和各方面意见，建议增加规定：当事人可以就查明事实的专门性问题向人民法院申请鉴定。当事人申请鉴定的，由双方当事人协商确定具备资格的鉴定人；协商不成的，由人民法院指定。当事人对鉴定意见有异议或者人民法院认为鉴定人有必要出庭的，鉴定人应当出庭作证。经人民法院通知，鉴定人拒不出庭作证的，鉴定意见不得作为认定事实的根据。（修正案草案第十二条）

四、完善简易程序

民事案件中不少是事实清楚、争议不大的简单民事案件。民事诉讼法规定审理简单的民事案件适用简易程序。完善简易程序，对于提高审判效率，降低当事人诉讼成本，合理利用司法资源，具有重要作用。针对实践中存在的问题，建议作以下补充修改：

1. 设立小额诉讼制度。为及时解决面广量大的民事纠纷，根据一些地方的试点探索并借鉴国外好的做法，可以就适用简易程序的部分案件设立小额诉讼制度。建议增加规定：基层人民法院和它派出的法庭审理标的额人民币五千元以下的民事案件，实行一审终审。（修正案草案第三十五条）

2. 扩大简易程序适用范围。根据当事人有权处分民事权利和诉讼权利的原则，建议增加规定对简单民事案件以外的其他民事案件，当事人双方也可以约定适用简易程序。（修正案草案第三十三条）

3. 进一步简化审理程序。建议明确

规定,基层人民法院和它派出的法庭审理简单的民事案件,可以用简便方式传唤当事人、送达文书、审理案件。(修正案草案第三十四条)

五、强化法律监督

检察机关对民事诉讼实行法律监督,是保证依法行使审判权,正确实施法律的重要制度,对促进司法公正,维护社会公共利益,具有重要作用。建议作以下补充修改:

1. 增加监督方式。民事诉讼法只规定了抗诉一种监督方式。根据近年来一些地方的试点探索,建议增加规定人民检察院有权以检察建议的方式对民事诉讼实行法律监督。并在审判监督程序中增加规定,地方各级人民检察院对同级人民法院已经发生法律效力的判决、裁定和调解书,发现有错误的,可以向同级人民法院提出再审检察建议。(修正案草案第一条、第四十四条)

2. 扩大监督范围。民事诉讼法没有明确规定对民事执行活动和人民法院的调解活动能否实行检察监督。针对执行活动中一些当事人恶意串通,通过调解协议损害社会公共利益的情况,建议将人民检察院有权对民事审判活动实行法律监督,修改为人民检察院有权对民事诉讼实行法律监督,将民事执行活动纳入法律监督。同时,增加规定人民检察院发现调解书损害社会公共利益的,应当提出再审检察建议或者提出抗诉。(修正案草案第一条、第四十四条)

3. 强化监督手段。建议增加规定:人民检察院因提出再审检察建议或者抗诉的需要,可以查阅人民法院的诉讼卷宗,并可以向当事人或者案外人调查核实有关情况。(修正案草案第四十六条)

六、完善审判监督程序

审判监督程序对于纠正错案,维护司法公正,保护当事人的合法权益,具有重要作用。针对实践中存在的问题,建议作以下补充修改:

1. 完善再审级规定。民事诉讼法规定当事人认为判决、裁定有错误的,可以向上一级人民法院申请再审。为方便公民申请再审,可以考虑发生在公民之间的民事案件,不一定都到上一级法院申请再审。建议增加规定:发生在公民之间的案件,也可以向原审人民法院申请再审。同时,对再审事由作适当限制。(修正案草案第四十条、第四十一条)

2. 完善申请再审检察建议或者抗诉程序。实践中不少当事人既向人民法院申请再审,又向人民检察院申请抗诉。为更好地配置司法资源,增强法律监督实效,有必要明确当事人申请再审检察建议或者抗诉的条件。建议增加规定,在三种情况下当事人可以向人民检察院申请再审检察建议或者抗诉:一是,人民法院驳回再审申请的。二是,人民法院逾期未对再审申请作出裁定的。三是,再审判决、裁定有明显错误的。同时,针对各方面反映的一些当事人反复缠诉,终审不终的问题,建议明确规定:经人民检察院提出再审检察建议或者抗诉,人民法院再审的,当事人不得再向人民检察院申请再审检察建议或者抗诉。(修正案草案第四十五条)

七、完善执行程序

为进一步解决执行难的问题,针对实践中存在的问题,建议作以下补充修改:

1. 强化执行措施。针对一些被执行人隐匿、转移财产的情况,建议进一步规定:执行员接到申请执行书或者移交执行

书,应当向被执行人发出执行通知,并可以立即采取强制执行措施。(修正案草案第四十九条)

2. 制裁逃避执行行为。针对一些被执行人通过另启诉讼等方式逃避执行的情况,建议增加规定:被执行人与他人恶意串通,通过诉讼、仲裁等方式逃避履行法律文书确定的义务的,人民法院应当根据情节轻重予以罚款、拘留;构成犯罪的,依法追究刑事责任。(修正案草案第二十一条)

3. 加大对拒不执行的惩处力度。针对被执行人隐藏、转移已经查封、扣押的财产,拒不履行生效判决、裁定等行为,建议将对个人的罚款金额从一万元以下提高到十万元以下;对单位的罚款金额从一万元以上三十万元以下提高到五万元以上一百万元以下,进一步强化对妨碍民事诉讼的强制措施。(修正案草案第二十三条)

全国人民代表大会常务委员会关于修改《中华人民共和国民事诉讼法》的决定

[2012年8月31日第十一届全国人民代表大会常务委员会第二十八次会议通过并公布,自2013年1月1日起施行,中华人民共和国主席令第59号]

第十一届全国人民代表大会常务委员会第二十八次会议决定对《中华人民共和国民事诉讼法》作如下修改:

一、第十三条增加一款,作为第一款:"民事诉讼应当遵循诚实信用原则。"

二、将第十四条修改为:"人民检察院有权对民事诉讼实行法律监督。"

三、删去第十六条。

四、将第二十五条改为第三十四条,修改为:"合同或者其他财产权益纠纷的当事人可以书面协议选择被告住所地、合同履行地、合同签订地、原告住所地、标的物所在地等与争议有实际联系的地点的人民法院管辖,但不得违反本法对级别管辖和专属管辖的规定。"

五、增加一条,作为第二十六条:"因公司设立、确认股东资格、分配利润、解散等纠纷提起的诉讼,由公司住所地人民法院管辖。"

六、将第三十八条改为第一百二十七条,增加一款,作为第二款:"当事人未提出管辖异议,并应诉答辩的,视为受诉人民法院有管辖权,但违反级别管辖和专属管辖规定的除外。"

七、将第三十九条改为第三十八条,第一款修改为:"上级人民法院有权审理下级人民法院管辖的第一审民事案件;确有必要将本院管辖的第一审民事案件交下级人民法院审理的,应当报请其上级人民法院批准。"

八、将第四十五条改为第四十四条,修改为:"审判人员有下列情形之一的,应当自行回避,当事人有权用口头或者书面方式申请他们回避:

"(一)是本案当事人或者当事人、诉讼代理人近亲属的;

"(二)与本案有利害关系的;

"(三)与本案当事人、诉讼代理人有其他关系,可能影响对案件公正审理的。

"审判人员接受当事人、诉讼代理人请客送礼,或者违反规定会见当事人、诉讼代理人的,当事人有权要求他们回避。

"审判人员有前款规定的行为的,应

当依法追究法律责任。

"前三款规定,适用于书记员、翻译人员、鉴定人、勘验人。"

九、增加一条,作为第五十五条:"对污染环境、侵害众多消费者合法权益等损害社会公共利益的行为,法律规定的机关和有关组织可以向人民法院提起诉讼。"

十、第五十六条增加一款,作为第三款:"前两款规定的第三人,因不能归责于本人的事由未参加诉讼,但有证据证明发生法律效力的判决、裁定、调解书的部分或者全部内容错误,损害其民事权益的,可以自知道或者应当知道其民事权益受到损害之日起六个月内,向作出该判决、裁定、调解书的人民法院提起诉讼。人民法院经审理,诉讼请求成立的,应当改变或者撤销原判决、裁定、调解书;诉讼请求不成立的,驳回诉讼请求。"

十一、将第五十八条第二款修改为:"下列人员可以被委托为诉讼代理人:

"(一)律师、基层法律服务工作者;

"(二)当事人的近亲属或者工作人员;

"(三)当事人所在社区、单位以及有关社会团体推荐的公民。"

十二、将第六十三条修改为:"证据包括:

"(一)当事人的陈述;

"(二)书证;

"(三)物证;

"(四)视听资料;

"(五)电子数据;

"(六)证人证言;

"(七)鉴定意见;

"(八)勘验笔录。

"证据必须查证属实,才能作为认定事实的根据。"

相应地将第一百二十四条、第一百七十一条中的"鉴定结论"修改为"鉴定意见"。

十三、增加二条,作为第六十五条、第六十六条:

"第六十五条当事人对自己提出的主张应当及时提供证据。

"人民法院根据当事人的主张和案件审理情况,确定当事人应当提供的证据及其期限。当事人在该期限内提供证据确有困难的,可以向人民法院申请延长期限,人民法院根据当事人的申请适当延长。当事人逾期提供证据的,人民法院应当责令其说明理由;拒不说明理由或者理由不成立的,人民法院根据不同情形可以不予采纳该证据,或者采纳该证据但予以训诫、罚款。

"第六十六条人民法院收到当事人提交的证据材料,应当出具收据,写明证据名称、页数、份数、原件或者复印件以及收到时间等,并由经办人员签名或者盖章。"

十四、将第六十七条改为第六十九条,修改为:"经过法定程序公证证明的法律事实和文书,人民法院应当作为认定事实的根据,但有相反证据足以推翻公证证明的除外。"

十五、将第七十条改为三条,作为第七十二条、第七十三条、第七十四条,修改为:

"第七十二条凡是知道案件情况的单位和个人,都有义务出庭作证。有关单位的负责人应当支持证人作证。

"不能正确表达意思的人,不能作证。

"第七十三条经人民法院通知,证人应当出庭作证。有下列情形之一的,经人民法院许可,可以通过书面证言、视听传输技术或者视听资料等方式作证：

"（一）因健康原因不能出庭的；

"（二）因路途遥远，交通不便不能出庭的；

"（三）因自然灾害等不可抗力不能出庭的；

"（四）其他有正当理由不能出庭的。

"第七十四条 证人因履行出庭作证义务而支出的交通、住宿、就餐等必要费用以及误工损失，由败诉一方当事人负担。当事人申请证人作证的，由该当事人先行垫付；当事人没有申请，人民法院通知证人作证的，由人民法院先行垫付。"

相应地将第六十二条中的"意志"修改为"意思"。

十六、将第七十二条改为三条，作为第七十六条、第七十七条、第七十八条，修改为：

"第七十六条 当事人可以就查明事实的专门性问题向人民法院申请鉴定。当事人申请鉴定的，由双方当事人协商确定具备资格的鉴定人；协商不成的，由人民法院指定。

"当事人未申请鉴定，人民法院对专门性问题认为需要鉴定的，应当委托具备资格的鉴定人进行鉴定。

"第七十七条 鉴定人有权了解进行鉴定所需要的案件材料，必要时可以询问当事人、证人。

"鉴定人应当提出书面鉴定意见，在鉴定书上签名或者盖章。

"第七十八条 当事人对鉴定意见有异议或者人民法院认为鉴定人有必要出庭的，鉴定人应当出庭作证。经人民法院通知，鉴定人拒不出庭作证的，鉴定意见不得作为认定事实的根据；支付鉴定费用的当事人可以要求返还鉴定费用。"

增加一条，作为第七十九条："当事人可以申请人民法院通知有专门知识的人出庭，就鉴定人作出的鉴定意见或者专业问题提出意见。"

十七、将第七十四条改为第八十一条，修改为："在证据可能灭失或者以后难以取得的情况下，当事人可以在诉讼过程中向人民法院申请保全证据，人民法院也可以主动采取保全措施。

"因情况紧急，在证据可能灭失或者以后难以取得的情况下，利害关系人可以在提起诉讼或者申请仲裁前向证据所在地、被申请人住所地或者对案件有管辖权的人民法院申请保全证据。

"证据保全的其他程序，参照适用本法第九章保全的有关规定。"

十八、将第七十九条改为第八十六条，修改为："受送达人或者他的同住成年家属拒绝接收诉讼文书的，送达人可以邀请有关基层组织或者所在单位的代表到场，说明情况，在送达回证上记明拒收事由和日期，由送达人、见证人签名或者盖章，把诉讼文书留在受送达人的住所；也可以把诉讼文书留在受送达人的住所，并采用拍照、录像等方式记录送达过程，即视为送达。"

增加一条，作为第八十七条："经受送达人同意，人民法院可以采用传真、电子邮件等能够确认其收悉的方式送达诉讼文书，但判决书、裁定书、调解书除外。

"采用前款方式送达的，以传真、电子邮件等到达受送达人特定系统的日期为送达日期。"

十九、将第八十二条改为第九十条，修改为："受送达人被监禁的，通过其所在监所转交。

"受送达人被采取强制性教育措施

的,通过其所在强制性教育机构转交。"

相应地将第二十三条第三项修改为:"(三)对被采取强制性教育措施的人提起的诉讼"。

二十、将第九章的章名、第九十六条、第九十九条、第一百四十条、第二百五十六条中的"财产保全"修改为"保全"。

二十一、将第九十二条改为第一百条,修改为:"人民法院对于可能因当事人一方的行为或者其他原因,使判决难以执行或者造成当事人其他损害的案件,根据对方当事人的申请,可以裁定对其财产进行保全、责令其作出一定行为或者禁止其作出一定行为;当事人没有提出申请的,人民法院在必要时也可以裁定采取保全措施。

"人民法院采取保全措施,可以责令申请人提供担保,申请人不提供担保的,裁定驳回申请。

"人民法院接受申请后,对情况紧急的,必须在四十八小时内作出裁定;裁定采取保全措施的,应当立即开始执行。"

二十二、将第九十三条改为第一百零一条,修改为:"利害关系人因情况紧急,不立即申请保全将会使其合法权益受到难以弥补的损害的,可以在提起诉讼或者申请仲裁前向被保全财产所在地、被申请人住所地或者对案件有管辖权的人民法院申请采取保全措施。申请人应当提供担保,不提供担保的,裁定驳回申请。

"人民法院接受申请后,必须在四十八小时内作出裁定;裁定采取保全措施的,应当立即开始执行。

"申请人在人民法院采取保全措施后三十日内不依法提起诉讼或者申请仲裁的,人民法院应当解除保全。"

二十三、将第九十四条改为二条,作为第一百零二条、第一百零三条,修改为:

"第一百零二条保全限于请求的范围,或者与本案有关的财物。

"第一百零三条财产保全采取查封、扣押、冻结或者法律规定的其他方法。人民法院保全财产后,应当立即通知被保全财产的人。

"财产已被查封、冻结的,不得重复查封、冻结。"

将第九十五条改为第一百零四条,修改为:"财产纠纷案件,被申请人提供担保的,人民法院应当裁定解除保全。"

二十四、增加二条,作为第一百一十二条、第一百一十三条:

"第一百一十二条当事人之间恶意串通,企图通过诉讼、调解等方式侵害他人合法权益的,人民法院应当驳回其请求,并根据情节轻重予以罚款、拘留;构成犯罪的,依法追究刑事责任。

"第一百一十三条被执行人与他人恶意串通,通过诉讼、仲裁、调解等方式逃避履行法律文书确定的义务的,人民法院应当根据情节轻重予以罚款、拘留;构成犯罪的,依法追究刑事责任。"

二十五、将第一百零三条改为第一百一十四条,第一款第二项修改为:"(二)有关单位接到人民法院协助执行通知书后,拒不协助查询、扣押、冻结、划拨、变价财产的"。

将第一百零四条改为第一百一十五条,第一款修改为:"对个人的罚款金额,为人民币十万元以下。对单位的罚款金额,为人民币五万元以上一百万元以下。"

二十六、将第一百一十条改为第一百二十一条,第一项改为二项,作为第一项、第二项,修改为:

"(一)原告的姓名、性别、年龄、民

族、职业、工作单位、住所、联系方式,法人或者其他组织的名称、住所和法定代表人或者主要负责人的姓名、职务、联系方式;

"(二)被告的姓名、性别、工作单位、住所等信息,法人或者其他组织的名称、住所等信息"。

将第一百一十三条改为第一百二十五条,修改为:"人民法院应当在立案之日起五日内将起诉状副本发送被告,被告应当在收到之日起十五日内提出答辩状。答辩状应当记明被告的姓名、性别、年龄、民族、职业、工作单位、住所、联系方式;法人或者其他组织的名称、住所和法定代表人或者主要负责人的姓名、职务、联系方式。人民法院应当在收到答辩状之日起五日内将答辩状副本发送原告。

"被告不提出答辩状的,不影响人民法院审理。"

二十七、增加一条,作为第一百二十二条:"当事人起诉到人民法院的民事纠纷,适宜调解的,先行调解,但当事人拒绝调解的除外。"

二十八、将第一百一十一条改为第一百二十四条,其中的"人民法院对符合本法第一百零八条的起诉,必须受理;对下列起诉,分别情形,予以处理:"修改为:"人民法院对下列起诉,分别情形,予以处理:"。

第二项修改为:"(二)依照法律规定,双方当事人达成书面仲裁协议申请仲裁,不得向人民法院起诉的,告知原告向仲裁机构申请仲裁"。

第五项修改为:"(五)对判决、裁定、调解书已经发生法律效力的案件,当事人又起诉的,告知原告申请再审,但人民法院准许撤诉的裁定除外"。

二十九、将第一百一十二条改为第一百二十三条,修改为:"人民法院应当保障当事人依照法律规定享有的起诉权利。对符合本法第一百一十九条的起诉,必须受理。符合起诉条件的,应当在七日内立案,并通知当事人;不符合起诉条件的,应当在七日内作出裁定书,不予受理;原告对裁定不服的,可以提起上诉。"

三十、增加一条,作为第一百三十三条:"人民法院对受理的案件,分别情形,予以处理:

"(一)当事人没有争议,符合督促程序规定条件的,可以转入督促程序;

"(二)开庭前可以调解的,采取调解方式及时解决纠纷;

"(三)根据案件情况,确定适用简易程序或者普通程序;

"(四)需要开庭审理的,通过要求当事人交换证据等方式,明确争议焦点。"

三十一、将第一百二十四条改为第一百三十八条,第三项修改为:"(三)出示书证、物证、视听资料和电子数据"。

三十二、将第一百三十八条改为第一百五十二条,第一款中的"判决书应当写明:"修改为:"判决书应当写明判决结果和作出该判决的理由。判决书内容包括:"。

第一款第二项修改为:"(二)判决认定的事实和理由、适用的法律和理由"。

三十三、将第一百四十条改为第一百五十四条,第一款第九项修改为:"(九)撤销或者不予执行仲裁裁决"。

第二款修改为:"对前款第一项至第三项裁定,可以上诉。"

第三款修改为:"裁定书应当写明裁定结果和作出该裁定的理由。裁定书由审判人员、书记员署名,加盖人民法院印章。口头裁定的,记入笔录。"

三十四、增加一条，作为第一百五十六条："公众可以查阅发生法律效力的判决书、裁定书，但涉及国家秘密、商业秘密和个人隐私的内容除外。"

三十五、将第一百四十二条改为第一百五十七条，增加一款，作为第二款："基层人民法院和它派出的法庭审理前款规定以外的民事案件，当事人双方也可以约定适用简易程序。"

三十六、将第一百四十四条改为第一百五十九条，修改为："基层人民法院和它派出的法庭审理简单的民事案件，可以用简便方式传唤当事人和证人、送达诉讼文书、审理案件，但应当保障当事人陈述意见的权利。"

三十七、增加一条，作为第一百六十二条："基层人民法院和它派出的法庭审理符合本法第一百五十七条第一款规定的简单的民事案件，标的额为各省、自治区、直辖市上年度就业人员年平均工资百分之三十以下的，实行一审终审。"

三十八、增加一条，作为第一百六十三条："人民法院在审理过程中，发现案件不宜适用简易程序的，裁定转为普通程序。"

三十九、将第一百五十二条改为第一百六十九条，第一款修改为："第二审人民法院对上诉案件，应当组成合议庭，开庭审理。经过阅卷、调查和询问当事人，对没有提出新的事实、证据或者理由，合议庭认为不需要开庭审理的，可以不开庭审理。"

四十、将第一百五十三条改为第一百七十条，修改为："第二审人民法院对上诉案件，经过审理，按照下列情形，分别处理：

"（一）原判决、裁定认定事实清楚，适用法律正确的，以判决、裁定方式驳回上诉，维持原判决、裁定；

"（二）原判决、裁定认定事实错误或者适用法律错误的，以判决、裁定方式依法改判、撤销或者变更；

"（三）原判决认定基本事实不清的，裁定撤销原判决，发回原审人民法院重审，或者查清事实后改判；

"（四）原判决遗漏当事人或者违法缺席判决等严重违反法定程序的，裁定撤销原判决，发回原审人民法院重审。

"原审人民法院对发回重审的案件作出判决后，当事人提起上诉的，第二审人民法院不得再次发回重审。"

四十一、将第一百六十条改为第一百七十七条，修改为："人民法院审理选民资格案件、宣告失踪或者宣告死亡案件、认定公民无民事行为能力或者限制民事行为能力案件、认定财产无主案件、确认调解协议案件和实现担保物权案件，适用本章规定。本章没有规定的，适用本法和其他法律的有关规定。"

四十二、在第十五章第五节后增加二节，作为第六节、第七节：

"第六节　确认调解协议案件

"第一百九十四条　申请司法确认调解协议，由双方当事人依照人民调解法等法律，自调解协议生效之日起三十日内，共同向调解组织所在地基层人民法院提出。

"第一百九十五条　人民法院受理申请后，经审查，符合法律规定的，裁定调解协议有效，一方当事人拒绝履行或者未全部履行的，对方当事人可以向人民法院申请执行；不符合法律规定的，裁定驳回申请，当事人可以通过调解方式变更原调解协议或者达成新的调解协议，也可以向人民法院提起诉讼。

"第七节 实现担保物权案件

"第一百九十六条 申请实现担保物权,由担保物权人以及其他有权请求实现担保物权的人依照物权法等法律,向担保财产所在地或者担保物权登记地基层人民法院提出。

"第一百九十七条 人民法院受理申请后,经审查,符合法律规定的,裁定拍卖、变卖担保财产,当事人依据该裁定可以向人民法院申请执行;不符合法律规定的,裁定驳回申请,当事人可以向人民法院提起诉讼。"

四十三、将第一百七十八条改为第一百九十九条,修改为:"当事人对已经发生法律效力的判决、裁定,认为有错误的,可以向上一级人民法院申请再审;当事人一方人数众多或者当事人双方为公民的案件,也可以向原审人民法院申请再审。当事人申请再审的,不停止判决、裁定的执行。"

四十四、将第一百七十九条改为第二百条,第一款第五项修改为:"(五)对审理案件需要的主要证据,当事人因客观原因不能自行收集,书面申请人民法院调查收集,人民法院未调查收集的"。

删去第一款第七项。

将第二款作为第十三项,修改为:"(十三)审判人员审理该案件时有贪污受贿,徇私舞弊,枉法裁判行为的。"

四十五、将第一百八十一条改为第二百零四条,修改为:"人民法院应当自收到再审申请书之日起三个月内审查,符合本法规定的,裁定再审;不符合本法规定的,裁定驳回申请。有特殊情况需要延长的,由本院院长批准。

"因当事人申请裁定再审的案件由中级人民法院以上的人民法院审理,但当事人依照本法第一百九十九条的规定选择向基层人民法院申请再审的除外。最高人民法院、高级人民法院裁定再审的案件,由本院再审或者交其他人民法院再审,也可以交原审人民法院再审。"

四十六、将第一百八十二条改为第二百零一条。将第一百七十七条、第一百八十三条、第一百八十五条、第一百八十九条改为第一百九十八条、第二百零二条、第二百零六条、第二百一十二条,修改为:

"第一百九十八条 各级人民法院院长对本院已经发生法律效力的判决、裁定、调解书,发现确有错误,认为需要再审的,应当提交审判委员会讨论决定。

"最高人民法院对地方各级人民法院已经发生法律效力的判决、裁定、调解书,上级人民法院对下级人民法院已经发生法律效力的判决、裁定、调解书,发现确有错误的,有权提审或者指令下级人民法院再审。

"第二百零二条 当事人对已经发生法律效力的解除婚姻关系的判决、调解书,不得申请再审。

"第二百零六条 按照审判监督程序决定再审的案件,裁定中止原判决、裁定、调解书的执行,但追索赡养费、扶养费、抚育费、抚恤金、医疗费用、劳动报酬等案件,可以不中止执行。

"第二百一十二条 人民检察院决定对人民法院的判决、裁定、调解书提出抗诉的,应当制作抗诉书。"

四十七、将第一百八十四条改为第二百零五条,修改为:"当事人申请再审,应当在判决、裁定发生法律效力后六个月内提出;有本法第二百条第一项、第三项、第十二项、第十三项规定情形的,自知道或者应当知道之日起六个月内提出。"

四十八、将第一百八十七条改为第二百零八条，修改为："最高人民检察院对各级人民法院已经发生法律效力的判决、裁定，上级人民检察院对下级人民法院已经发生法律效力的判决、裁定，发现有本法第二百条规定情形之一的，或者发现调解书损害国家利益、社会公共利益的，应当提出抗诉。

"地方各级人民检察院对同级人民法院已经发生法律效力的判决、裁定，发现有本法第二百条规定情形之一的，或者发现调解书损害国家利益、社会公共利益的，可以向同级人民法院提出检察建议，并报上级人民检察院备案；也可以提请上级人民检察院向同级人民法院提出抗诉。

"各级人民检察院对审判监督程序以外的其他审判程序中审判人员的违法行为，有权向同级人民法院提出检察建议。"

四十九、增加二条，作为第二百零九条、第二百一十条：

"第二百零九条有下列情形之一的，当事人可以向人民检察院申请检察建议或者抗诉：

"（一）人民法院驳回再审申请的；

"（二）人民法院逾期未对再审申请作出裁定的；

"（三）再审判决、裁定有明显错误的。

"人民检察院对当事人的申请应当在三个月内进行审查，作出提出或者不予提出检察建议或者抗诉的决定。当事人不得再次向人民检察院申请检察建议或者抗诉。

"第二百一十条人民检察院因履行法律监督职责提出检察建议或者抗诉的需要，可以向当事人或者案外人调查核实有关情况。"

五十、将第一百八十八条改为第二百一十一条，修改为："人民检察院提出抗诉的案件，接受抗诉的人民法院应当自收到抗诉书之日起三十日内作出再审的裁定；有本法第二百条第一项至第五项规定情形之一的，可以交下一级人民法院再审，但经该下一级人民法院再审的除外。"

五十一、将第一百九十四条改为第二百一十七条，修改为："人民法院收到债务人提出的书面异议后，经审查，异议成立的，应当裁定终结督促程序，支付令自行失效。

"支付令失效的，转入诉讼程序，但申请支付令的一方当事人不同意提起诉讼的除外。"

五十二、将第二百零七条改为第二百三十条，第二款修改为："申请执行人因受欺诈、胁迫与被执行人达成和解协议，或者当事人不履行和解协议的，人民法院可以根据当事人的申请，恢复对原生效法律文书的执行。"

五十三、增加一条，作为第二百三十五条："人民检察院有权对民事执行活动实行法律监督。"

五十四、将第二百一十三条改为第二百三十七条，第二款第四项、第五项修改为：

"（四）裁决所根据的证据是伪造的；

"（五）对方当事人向仲裁机构隐瞒了足以影响公正裁决的证据的"。

五十五、将第二百一十六条改为第二百四十条，修改为："执行员接到申请执行书或者移交执行书，应当向被执行人发出执行通知，并可以立即采取强制执行措施。"

五十六、将第二百一十八条改为第二百四十二条,修改为:"被执行人未按执行通知履行法律文书确定的义务,人民法院有权向有关单位查询被执行人的存款、债券、股票、基金份额等财产情况。人民法院有权根据不同情形扣押、冻结、划拨、变价被执行人的财产。人民法院查询、扣押、冻结、划拨、变价的财产不得超出被执行人应当履行义务的范围。

"人民法院决定扣押、冻结、划拨、变价财产,应当作出裁定,并发出协助执行通知书,有关单位必须办理。"

五十七、将第二百二十三条改为第二百四十七条,修改为:"财产被查封、扣押后,执行员应当责令被执行人在指定期间履行法律文书确定的义务。被执行人逾期不履行的,人民法院应当拍卖被查封、扣押的财产;不适于拍卖或者当事人双方同意不进行拍卖的,人民法院可以委托有关单位变卖或者自行变卖。国家禁止自由买卖的物品,交有关单位按照国家规定的价格收购。"

五十八、删去第二百四十二条、第二百四十三条。

五十九、将第二百四十五条改为第二百六十七条,第六项修改为:"(六)受送达人所在国的法律允许邮寄送达的,可以邮寄送达,自邮寄之日起满三个月,送达回证没有退回,但根据各种情况足以认定已经送达的,期间届满之日视为送达"。

增加一项,作为第七项:"(七)采用传真、电子邮件等能够确认受送达人收悉的方式送达"。

第七项改为第八项,修改为:"(八)不能用上述方式送达的,公告送达,自公告之日起满三个月,即视为送达。"

六十、删去第二十六章"财产保全"。

民事诉讼法的有关章节序号及条文序号根据本决定作相应调整。

本决定自2013年1月1日起施行。

《中华人民共和国民事诉讼法》根据本决定作相应修改,重新公布。

关于《中华人民共和国行政诉讼法修正案(草案)》和《中华人民共和国民事诉讼法修正案(草案)》的说明

——2017年6月22日在第十二届全国人民代表大会常务委员会第二十八次会议上

最高人民检察院检察长　曹建明

委员长、各位副委员长、秘书长、各位委员:

我代表最高人民检察院,对《中华人民共和国行政诉讼法修正案(草案)》和《中华人民共和国民事诉讼法修正案(草案)》[以下简称《修正案(草案)》]作说明。

根据《全国人民代表大会常务委员会关于授权最高人民检察院在部分地区开展公益诉讼试点工作的决定》(以下简称《授权决定》),最高人民检察院自2015年7月起,在北京等13个省区市开展为期两年的检察机关提起公益诉讼试点。2017年5月23日,习近平总书记主持召开中央全面深化改革领导小组第三十五次会议,审议通过《关于检察机关提起公益诉讼试点情况和下一步工作建议的报告》。会议指出,试点检察机关在生态环境和资源保护、食品药品安全、国有资产保护、国有土地使用权出让等领域,办理了一大批公益诉讼案件,积累了丰富的案件样本,制度设计得到充分检验,正式建立检察机关提起公益诉讼制度的时机已经成熟;要在总结试点工作的基础上,为检察机关提起公益诉讼提供法律保障。《授权决定》也明确要求,试点期满后,对实践证明可行的,应当修改完善有关法律。根据党中央决策部署和全国人大常委会授权决定要求,最高人民检察院对检察机关提起公益诉讼试点工作进行全面总结,并会同有关方面深入研究,起草了《中华人民共和国行政诉讼法修正案(草案)》和《中华人民共和国民事诉讼法修正案(草案)》。

一、正式确立检察机关提起公益诉讼制度的必要性

在以习近平同志为核心的党中央坚强领导下,在试点省区市各级党委领导、人大监督、政府和社会各方面支持下,检察机关和人民法院共同努力,检察机关提起公益诉讼试点工作进展顺利。截至2017年5月,各试点地区检察机关共办理公益诉讼案件7 886件,其中诉前程序案件6 952件、提起诉讼案件934件。案件覆盖生态环境和资源保护、食品药品安全、国有资产保护、国有土地使用权出让等所有试点领域。诉前程序案件中,行政机关主动纠正违法4 358件,相关社会组织提起诉讼34件。提起诉讼案件中,人民法院判决结案222件,全部支持检察机关的诉讼请求。实践充分证明,党的十八届四中全会部署"探索建立检察机关提起公益诉讼制度"是完全正确的,这一制度设计也是切实可行的,对于全面依法治国特别是推进法治政府建设、完善中国特色社会主义司法制度具有重大意义。

第一,有利于更好地保护国家利益和社会公共利益。这是检察机关提起公益诉讼制度的着眼点。试点地区检察机关按照《授权决定》要求,牢牢抓住公益这个核心,重点办理造成国家和社会公共利益受到侵害的案件。一是突出对生态环境和资源领域的保护。开展土壤污染防治、水资源保护、森林和草原生态环境保护等专项监督活动,督促恢复被污染、破坏的耕地、林地、湿地、草原12.8万公顷,督促治理恢复被污染水源面积180余平方公里,督促1 400余家违法企业进行整改。二是突出对民生的保护。在生活垃圾处理、饮用水安全、食品药品监管等民生领域办理了一批案件,推动解决了一批舆论高度关注、人民群众反映强烈的"老大难"问题。三是突出对国有资产的保护。试点地区检察机关通过公益诉讼,为国家挽回直接经济损失65亿余元,其中督促收回国有土地出让金54亿余元、人防易地建费1.26亿余元,督促违法企业或个人赔偿损失2亿余元。

第二,促进了公益保护体系的不断完善。检察机关提起公益诉讼,有利于发挥法律监督职能作用,健全对国家利益和社会公共利益保护的法律制度。一是弥补行政公益诉讼的主体缺位。在行政机关不纠正违法或怠于履行职责的情况下,检察机关通过检察建议、提起公益诉讼等方式,督促行政机关依法履行保护公益职责,向人民法院提起行政公益诉讼,确保国家利益和社会公共利益得到有效保护。二是督促行政机关依法行政、严格执法。在行政公益诉讼中,诉前程序是必经程序,检察机关通过提出检察建议督促行政机关依法履行职责,增强了行政机关依法

行政的主动性和积极性。同时,针对实践中有些行政相对人不履行法定义务甚至抗拒行政机关处罚的情况,检察机关通过公益诉讼介入后,也有利于维护行政执法权威和公信力。三是调动法律规定的机关和组织参与公益保护的积极性。在民事公益诉讼中,检察机关积极与相关社会组织沟通、引导、支持、建议符合条件的社会组织以原告身份提起公益诉讼,并在法律咨询、证据收集等方面提供专业支持和帮助,有利于形成行政机关、社会公益组织、司法机关共同保护公益的格局。

第三,检察机关提起公益诉讼的制度设计得到检验。"两高"在《授权决定》和《检察机关提起公益诉讼试点方案》基础上,先后制定《人民检察院提起公益诉讼试点工作实施办法》和《人民法院审理人民检察院提起公益诉讼案件试点工作实施办法》,对相关具体程序作出规定。试点地区检察机关针对不同案件的特点,探索运用支持起诉、督促起诉、诉前建议、提起诉讼等多种手段,共办理生态环境和资源保护领域案件5579件、食品药品安全领域案件62件、国有资产保护领域案件1387件、国有土地使用权出让领域案件858件,覆盖所有授权领域。各类案件在试点地区分布均匀广泛,全部试点市(分、州)检察院和91%的基层检察院办理了诉讼案件,涵盖民事公益诉讼、行政公益诉讼、行政公益附带民事公益诉讼、刑事附带民事公益诉讼等案件类型。人民法院审结的236件诉讼案件中,一审、二审程序所有环节都有涉及,判决、调解、撤诉等结案方式多样。全覆盖、多样化的试点探索使检察机关提起公益诉讼制度顶层设计得到校验。

第四,试点工作得到各方面肯定。党中央、国务院《关于推进安全生产领域改革发展的意见》提出研究建立安全生产民事和行政公益诉讼制度;国务院《土壤污染防治行动计划》及江西、贵州、福建三省贯彻落实中央办公厅、国务院办公厅《关于设立统一规范的国家生态文明试验区的意见》实施方案,均明确要求积极推动检察机关提起公益诉讼。人民群众和社会各界对检察机关提起公益诉讼的做法和成效予以肯定。今年全国两会上,240余位代表、委员提出议案、建议,积极评价检察机关提起公益诉讼在保护国家利益和社会公共利益方面取得的成效,认为试点完善了公益保护体系,达到了预期目标,具有可行性和优越性,建议在全国推开。

二、《修正案(草案)》的主要内容

(一)关于案件范围。《授权决定》规定检察机关提起公益诉讼的案件范围为生态环境和资源保护、食品药品安全、国有资产保护、国有土地使用权出让等领域。这些领域直接涉及国家利益和社会公共利益,也是人民群众高度关注的民生领域。《修正案(草案)》认真总结试点经验,将检察机关提起行政公益诉讼的案件范围确定为生态环境和资源保护、食品药品安全、国有财产保护、国有土地使用权出让等领域;将检察机关提起民事公益诉讼的案件范围确定为生态环境和资源保护、食品药品安全等领域。

(二)关于诉前程序。《授权决定》明确要求,提起公益诉讼前,人民检察院应当依法督促行政机关纠正违法行政行为、履行法定职责,或者督促、支持法律规定的机关和有关组织提起公益诉讼。试点中,超过75%的行政机关在收到检察建议后主动纠正了违法行为。《修正案(草案)》继续对此作出规定,检察机关在提起行政公益诉讼前,应当向行政机关提出检察建议,督促其依法履行职责。民事公益诉讼中,在没有法律规定的机关和有关组织或者法律规定的机关和有关组织不提起诉讼的情况下,检察机关可以向人民法院提起诉讼。法律规定的机关或者有关组织提起诉讼的,检察机关可以支持起诉。

（三）关于具体程序。检察机关提起公益诉讼是履行职责的职权行为,除了要遵循行政诉讼法、民事诉讼法规定之外,还应当遵循检察机关履职的相关规定。鉴于《修正案（草案）》仅就检察机关提起公益诉讼制度的原则性问题作出规定,为了规范、有序推进此项工作,建议授权"两高"共同制定检察机关提起、人民法院审理公益诉讼案件的具体办法,报全国人大常委会备案。

《修正案（草案）》和以上说明是否妥当,请审议。

全国人民代表大会常务委员会关于修改《中华人民共和国民事诉讼法》和《中华人民共和国行政诉讼法》的决定

[2017年6月27日第十二届全国人民代表大会常务委员会第28次会议通过并公布,自2017年7月1日起施行,中华人民共和国主席令第71号]

第十二届全国人民代表大会常务委员会第二十八次会议决定：

一、对《中华人民共和国民事诉讼法》作出修改

第五十五条增加一款,作为第二款："人民检察院在履行职责中发现破坏生态环境和资源保护、食品药品安全领域侵害众多消费者合法权益等损害社会公共利益的行为,在没有前款规定的机关和组织或者前款规定的机关和组织不提起诉讼的情况下,可以向人民法院提起诉讼。前款规定的机关或者组织提起诉讼的,人民检察院可以支持起诉。"

二、对《中华人民共和国行政诉讼法》作出修改

第二十五条增加一款,作为第四款："人民检察院在履行职责中发现生态环境和资源保护、食品药品安全、国有财产保护、国有土地使用权出让等领域负有监督管理职责的行政机关违法行使职权或者不作为,致使国家利益或者社会公共利益受到侵害的,应当向行政机关提出检察建议,督促其依法履行职责。行政机关不依法履行职责的,人民检察院依法向人民法院提起诉讼。"

本决定自2017年7月1日起施行。

《中华人民共和国民事诉讼法》和《中华人民共和国行政诉讼法》根据本决定作相应修改,重新公布。

二、废止文件目录

（一）民事诉讼

1. 最高人民法院关于少数民族与汉族通婚问题的复示(1951.1.22)
2. 最高人民法院、司法部关于现役革命军人与退役革命残废军人离婚案件的处理办法及开展爱国拥军教育的指示(1951.4.25)
3. 最高人民法院、司法部关于婚姻

案件中聘金或聘礼处理原则问题的函(1951.8.10)

4. 最高人民法院华东分院关于父母子女间的法律关系可否声请脱离问题的批复(1951.11.2)

5. 最高人民法院、司法部、内务部纠正几个有关处理婚姻案件程序的错误的指示(1952.12.25)

6. 最高人民法院、司法部关于几个有关婚姻的具体问题的解答(1953.2.11)

7. 最高人民法院、司法部关于"五代内"的解释的复函(1953.3.7)

8. 最高人民法院中南分院关于"公公与媳妇""继母与儿子"等可否结婚问题的复函(1953.7.14)

9. 最高人民法院关于夫妻一方患精神病另一方提请离婚可否批准问题的批复(1953.10.10)

10. 最高人民法院关于已出五代的辈分不同的旁系血亲请求结婚问题的批复(1954.3.26)

11. 最高人民法院关于女方因通奸怀孕男方能否提出离婚问题的批复(1955.5.18)

12. 最高人民法院、内务部、解放军总政治部联合通知之附件一:关于多年无音讯之现役革命军人家属待遇及婚姻问题处理办法(1955.6.15)

13. 最高人民法院关于男女双方已办理结婚登记后一方反悔不愿同居应如何处理问题的复函(1955.9.29)

14. 最高人民法院、司法部转发中国人民解放军总政治部组织部"关于现役军官婚姻问题的规定"(1956.6.25)

15. 最高人民法院关于延吉县人民法院请示朝鲜公民贩运鸦片等案件的审判权问题的复函(1956.10.11)

16. 最高人民法院关于处理劳动教养人员离婚问题的复函(1956.10.17)

17. 最高人民法院关于提审案件审级问题的复函(1956.10.26)

18. 最高人民法院关于上诉审人民法院终审判决不准离婚经过一定时期后当事人一方又向第一审人民法院起诉如何处理的批复(1956.12.1)

19. 最高人民法院关于一方居住内地一方居住香港的离婚案件如何征求意见问题的复函(1956.12.6)

20. 最高人民法院关于对人民法庭的判决不服而提起上诉的函(1956.12.24)

21. 最高人民法院关于合伙经营的企业与独资经营的企业均负有债务、独资企业无力偿还时拍卖合伙企业的财产应否首先清偿合伙企业所负债务问题的批复(1957.1.22)

22. 最高人民法院关于由院长参加审判的案件实行审判监督程序问题的复函(1957.1.26)

23. 最高人民法院关于离婚案件的一方当事人在上诉期间与第三者结婚是否违法和人民法院主持成立的调解可否提起上诉两个问题的批复(1957.2.21)

24. 最高人民法院关于由院长提交审判委员会处理而审判委员会作出决议另行组织合议庭重审的案件的处理程序问题的复函(1957.3.19)

25. 最高人民法院有关遗嘱继承的两个具体问题的复函(1957.3.26)

26. 最高人民法院关于离婚案件管辖问题的批复(1957.3.26)

27. 最高人民法院关于现役革命军人婚约经双方协议取消时是否须再经人民法院裁判问题的批复(1957.4.11)

28. 最高人民法院关于上诉审法院主持成立的调解的效力等问题的批复(1957.5.13)

29. 最高人民法院关于与案件有直接利害关系的人能否当证人等问题的复函(1957.6.22)

30. 最高人民法院关于担保人是否应代债务人偿还欠款问题的批复(1957.6.25)

31. 最高人民法院关于原审法院在未发生女方怀孕时判决离婚宣判后女方发现怀孕提起上诉应如何处理问题的复函(1957.7.19)

32. 最高人民法院关于经审判委员会讨论的案件在判决书上如何署名问题的复函(1957.7.23)

33. 最高人民法院关于劳改犯配偶提出离婚的案件管辖问题的复函(1957.7.24)

34. 最高人民法院关于少数民族的配偶因他方患麻风病一方请求离婚应如何处理问题的批复(1957.7.25)

35. 最高人民法院关于女方产后三个月婴儿死亡男方可否提出离婚问题的复函(1957.8.17)

36. 最高人民法院关于被告人是精神病患者又无诉讼代理人的离婚案件可由法院指定诉讼代理人进行诉讼不宜缺席审判的批复(1957.9.20)

37. 最高人民法院关于依法不公开审理的案件其判决仍应向社会公开的批复(1957.10.8)

38. 最高人民法院关于回族男方与汉族女方离婚后对子女抚养问题发生争执如何处理的复函(1957.12.26)

39. 最高人民法院关于审判委员会决定再审撤销原判的裁定由谁署名及再审案件进行再审时原来充任当事人的辩护人或代理人的律师是否继续出庭等问题的复函(1957.12.26)

40. 最高人民法院关于已出嫁女儿赡养父母和媳妇赡养婆婆问题的批复(1958.1.27)

41. 最高人民法院关于离婚案件当事人一方收到判决书,须待对方收到判决书,过了上诉期限,判决发生法律效力后,才可另行结婚问题的复函(1958.2.12)

42. 最高人民法院关于女方小产后男方能否提出离婚问题的批复(1958.2.16)

43. 最高人民法院关于被假释的犯人在假释期间可否结婚问题的复函(1958.3.4)

44. 最高人民法院关于处理领取了结婚证而未同居的离婚案件问题的批复(1958.3.21)

45. 最高人民法院关于受当事人委托的律师如何参加上诉审和监督审为当事人进行辩护、代理问题的复函(1958.3.26)

46. 最高人民法院关于离婚案件当事人对已经发生法律效力的判决提出申诉后可否通知他方当事人暂勿结婚问题的复函(节录)(1958.4.5)

47. 最高人民法院关于我国公民与苏联公民离婚诉讼应由我国法院受理问题的复函(1958.5.4)

48. 最高人民法院关于对印尼归国华侨要求公证请示的复函(1961.4.6)

49. 最高人民法院关于认真贯彻执行人民陪审员制度的复函(1961.8.3)

50. 最高人民法院关于劳改犯留场就业人员自留人员婚姻案件管辖问题的批复(1961.8.19)

51. 最高人民法院关于人民武装警察部队成员的婚姻问题是否应按照现役军人婚姻问题处理的批复(1962.1.25)

52. 最高人民法院关于委托外地法院调查案情和传讯当事人应注意的问题的函(1962.2.12)

53. 最高人民法院关于我国公民与外国公民离婚后的子女抚养费问题的批复(1962.3.24)

54. 最高人民法院关于异父母兄妹结婚问题的复函(1962.7.26)

55. 最高人民法院关于保外就医犯人能否结婚的复函(1962.9.1)

56. 最高人民法院关于几个继承问题的批复(1962.9.13)

57. 最高人民法院关于劳改犯留场就业人员婚姻案件管辖问题的批复(1962.11.28)

58. 最高人民法院关于职工因交通事故死亡抚恤问题的复函(1962.12.24)

59. 最高人民法院关于交通肇事抚恤问题的批复(1963.4.28)

60. 最高人民法院关于旅居国外华侨委托他人出售国内房屋的公证认证手续问题的复函(1963.6.28)

61. 最高人民法院、公安部、外交部复关于今后办理外侨各种证明的问题(1963.8.13)

62. 最高人民法院关于离婚案件中自留地、自留畜的处理问题的批复(1963.10.21)

63. 最高人民法院关于自留人员离婚案件管辖问题的批复(1963.10.21)

64. 最高人民法院关于离婚案件中对财产处理如何强制执行问题的批复(1963.12.9)

65. 最高人民法院关于旅蒙华侨持我国法院离婚调解书向我国使馆申请结婚登记问题的复函(1963.12.9)

66. 最高人民法院关于民事案件在开庭审理前试行调解时不必邀请人民陪审员参加的批复(1964.1.18)

67. 最高人民法院关于女方提出离婚后就离开原籍的离婚案件管辖问题的复函(1964.1.18)

68. 最高人民法院关于劳教分子和在押未决犯等五种人员的离婚和其他民享案件管辖问题的批复(1964.5.15)

69. 最高人民法院关于立"嗣书"继承,不予承认问题的批复(1964.9.16)

70. 最高人民法院、公安部、外交部关于严格涉外公证手续的通知(1964.9.23)

71. 最高人民法院关于外流妇女重婚案件和外流妇女重婚后的离婚案件管辖问题的批复(1964.10.23)

72. 最高人民法院关于长期参加边疆国防建设工人的配偶提出离婚不按军婚处理的批复(1965.12.6)

73. 最高人民法院印发《关于处理中朝两国公民离婚案件座谈会纪要》的通知(1966.5.12)

74. 最高人民法院关于办理学历证明书的通知(1974.1.18)

75. 最高人民法院关于对非婚生子女解释的复函(1974.5.17)

76. 最高人民法院办公室、外交部领事司关于公证文件中对中国血统外国籍人的提法事(1974.6.14)

77. 最高人民法院关于来华治病的华侨和外籍人要求出具延期治疗证明问题的批复(1975.1.24)

78. 最高人民法院关于处理破坏军婚案件中几个问题的批复(1977.6.13)

79. 最高人民法院关于同父母兄妹可否结婚问题的批复(1977.9.24)

80. 最高人民法院关于发给国外当事人的法律文书可交给其国内代理人的批复(1978.8.14)

81. 最高人民法院、公安部、外交部关于办理出生、结婚和亲属关系证明书的通知(1978.11.22)

82. 最高人民法院关于北京市高级人民法院办理学历证明工作证明请示的批复(1979.5.8)

83. 最高人民法院关于办理过继和收养关系公证的通知(1979.6.5)

84. 最高人民法院关于子女对继母有无赡养义务的请示的批复(1979.11.2)

85. 最高人民法院关于公开审判正在服刑的罪犯又犯罪的案件可否组织劳改犯参加旁听问题的批复(1980.6.16)

86. 最高人民法院关于我国公民同居住在越南的配偶离婚问题的批复(1980.7.25)

87. 最高人民法院关于地主家庭出身的能否回赎土改前典当给劳动人民的房屋的请示的复函(1981.6.22)

88. 最高人民法院关于受理现役军人提出离婚案件应参照执行中国人民解放军总政治部《关于军队贯彻执行中华人民共和国婚姻法的暂行规定》的复函(1981.7.28)

89. 最高人民法院关于扣船法律程序的请示报告的批复(1981.10.24)

90. 最高人民法院关于为实施《中华人民共和国经济合同法》和《中华人民共和国民事诉讼法(试行)》做好准备工作的通知(1982.3.16)

91. 最高人民法院关于如何确认和公证事实婚姻问题的复函(1982.10.5)

92. 最高人民法院关于立案后有关涉外诉讼文书及送达问题的批复(1983.12.1)

93. 最高人民法院关于一方为外国人与我国境内的配偶达成离婚协议我国法院可否制发调解书问题的批复(1984.4.9)

94. 最高人民法院关于原在内地登记结婚,现双方均居住香港,他们发生离婚诉讼,内地人民法院可否按《关于驻外使领馆处理华侨婚姻的若干规定》的通知办理的批复(1984.4.14)

95. 最高人民法院关于《城市私有房屋管理条例》公布前机关、团体、部队、企业、事业单位购买或租用房屋是否有效问题的答复(1984.4.17)

96. 最高人民法院关于给在台湾的当事人送达法律文书的批复(1984.8.29)

97. 最高人民法院关于港澳同胞持有"英国属土国民护照"或澳葡当局所发身份证在内地人民法院起诉应诉的民事案件是否作为涉外案件问题的批复(1984.12.6)

98. 最高人民法院、公安部、商业部、城乡建设环境保护部关于转发陕西省西安市《关于办理离婚、房产案件中有关户粮分立、迁转和房产变动问题的联合通知》的通知(1985.3.21)

99. 最高人民法院关于指定重庆市中级人民法院办理部分专利纠纷案件的批复(1985.3.27)

100. 最高人民法院关于民事上诉案件受理费的几个问题的批复(1985.4.4)

101. 最高人民法院关于男女登记离婚后一方翻悔,向人民法院提起诉讼,人民法院是否应当受理的批复(1985.6.15)

102. 最高人民法院关于台湾同胞为

追索建国前公民之间债务的起诉,人民法院是否受理问题的批复(1985.8.8)

103. 最高人民法院关于侵犯商标专用权如何计算损失赔偿额和侵权期间问题的批复(1985.11.6)

104. 最高人民法院关于加强经济审判工作的通知(1985.12.9)

105. 最高人民法院关于广东省高级人民法院与香港最高法院相互协助送达民商事诉讼文书初步协议的批复(1986.1.3)

106. 最高人民法院关于房屋租赁纠纷如何确定管辖问题的批复(1986.1.7)

107. 最高人民法院关于审理土改中地主、富农被遗漏房屋产权案件有关政策问题的批复(1986.1.27)

108. 最高人民法院关于涉外海事诉讼管辖的具体规定(1986.1.31)

109. 最高人民法院关于原判决未涉及房屋所有权问题后当事人发生争议的可到有管辖权的人民法院起诉的函(1986.6.19)

110. 最高人民法院关于民事诉讼收费几个问题的批复(1986.6.21)

111. 最高人民法院关于在审理经济纠纷案件中发现经济犯罪问题后移送有关部门,是否退还预收的案件受理费的批复(1986.8.28)

112. 最高人民法院研究室关于当事人对工商行政管理部门确认经济合同无效不服向人民法院起诉应否受理问题的电话答复(1986.9.23)

113. 最高人民法院关于男女双方登记离婚后因对财产、子女抚养发生纠纷当事人向人民法院起诉的法院应予受理的批复(1986.10.3)

114. 最高人民法院关于人民法院制作法律文书应如何引用法律规范性文件问题的答复(1986.10.28)

115. 最高人民法院关于执行《国营企业实行劳动合同制暂行规定》和《国营企业辞退违纪职工暂行规定》的有关问题的批复(1986.11.8)

116. 最高人民法院关于我在港澳以私人企业名义注册登记的银行在经济特区设立的分行能否享有贷款优先清偿权的批复(1986.11.28)

117. 最高人民法院关于在离婚诉讼中发现双方隐瞒近亲关系骗取结婚登记,且生活多年生有子女,应按婚姻法第二十五条处理的批复(1987.1.14)

118. 最高人民法院关于地方各级法院不宜制定司法解释性质文件问题的批复(1987.3.31)

119. 最高人民法院关于人民法院在审判工作中能否采用人类白细胞抗原作亲子鉴定问题的批复(1987.6.15)

120. 最高人民法院关于当事人对工商行政管理局无效经济合同确认书中认定的事实和财产后果的处理不服,向人民法院起诉,人民法院可否受理的批复(1987.7.11)

121. 最高人民法院关于调整武汉、上海海事法院管辖区域的通知(1987.7.28)

122. 最高人民法院关于审理专利申请权纠纷案件若干问题的通知(1987.10.19)

123. 最高人民法院、城乡建设环境保护部《关于复查历史案件中处理私人房产有关事项的通知》(1987.10.22)

124. 最高人民法院关于审理涉港澳经济纠纷案件若干问题的解答(1987.10.19)

125. 最高人民法院关于山西省雁北地区瓷厂诉河南省方城县酒厂购销酒瓶合同纠纷案管辖问题的批复(1987.11.19)

126. 最高人民法院关于最高人民法院交通运输审判庭的职责范围和启用印章的通知(1987.11.24)

127. 最高人民法院研究室关于案件管辖问题的电话答复(1987.12.11)

128. 最高人民法院关于如何核定案件受理费的批复(1988.1.6)

129. 最高人民法院关于执行中外司法协助协定的通知(1988.2.1)(1988.2.9)

130. 最高人民法院关于暂由广东省高级人民法院受理应由海南省高级人民法院管辖的案件的批复(1988.5.6)

131. 最高人民法院关于由别人代为起草而以个人名义发表的会议讲话作品其著作权(版权)应归个人所有的批复(1988.6.9)

132. 最高人民法院关于处理私房社会主义改造中房屋典当回赎案件中的两个问题的批复(1988.9.8)

133. 最高人民法院关于甘肃省金昌市工业品综合批发公司诉辽宁省抚顺市电视机联销公司电视机合同纠纷案管辖问题的批复(1988.12.7)

134. 最高人民法院关于水路货物运输中索赔问题的复函(1988.12.8)

135. 最高人民法院关于通过外交途径向日本国民送达传票期限的通知(1989.1.16)

136. 最高人民法院关于建立经济纠纷大案要案报告制度的通知(1989.1.31)

137. 最高人民法院关于死亡人的名誉权应受法律保护的函(1989.4.12)

138. 最高人民法院关于财产犯罪的受害者能否向已经过司法机关处理的人提起损害赔偿的民事诉讼的函(1989.7.10)

139. 最高人民法院关于各级人民法院处理民事和经济纠纷案件申诉的暂行规定(1989.7.21)

140. 最高人民法院对劳动部《关于人民法院审理劳动争议案件几个问题的函》的答复(1989.8.10)

141. 最高人民法院关于对一方当事人下落不明未满两年的离婚案件是否受理和公告送达问题的批复(1989.8.22)

142. 最高人民法院关于扣押船舶收费标准的具体意见(1990.1.13)

143. 最高人民法院关于人民法院离退休审判人员不得担任参与自己审理过的案件一方当事人的委托代理人的批复(1990.1.16)

144. 最高人民法院关于已分家独自生活的被赡养人致人损害时不能由赡养人承担民事责任问题的批复(1990.2.10)

145. 最高人民法院关于广泛开展宣传《婚姻法》活动的通知(1990.4.14)

146. 最高人民法院关于邓瑞莲诉何汉思离婚管辖问题的复函(1990.5.28)

147. 最高人民法院关于专利纠纷案件管辖问题的复函(1990.6.26)

148. 最高人民法院关于对在国外居住未加入外国籍的当事人的离婚案件应参照涉外民事诉讼程序的规定审理的函(1990.7.26)

149. 最高人民法院关于经济纠纷案件当事人向受诉法院提出管辖权异议的期限问题的批复(1990.8.5)

150. 最高人民法院关于全民所有制工业企业承包经营合同、租赁经营合同纠纷当事人不服工商行政管理机关终局裁决向人民法院起诉是否受理问题的复函

(1990.10.11)

151. 最高人民法院关于原属于夫妻一方婚前个人的房产婚后夫妻双方长期共同生活使用的应视为夫妻共同财产的函(1991.1.28)

152. 最高人民法院关于指令再审的民事案件应依法作出新判决的批复(1991.3.21)

153. 最高人民法院关于青海进出口商品检验局与付元宗劳动争议案人民法院是否受理的复函(1991.3.21)

154. 最高人民法院关于学习、宣传、贯彻民事诉讼法的通知(1991.5.24)

155. 最高人民法院关于对侵占铁路运输用地管辖问题的函(1991.7.10)

156. 最高人民法院关于国内船舶发生海损事故造成的营运损失应列入海损赔偿范围的复函(1991.9.13)

157. 最高人民法院关于河北省定州市药材站与沈阳市北方医药采购供应站购销合同和借款合同纠纷一案指定管辖问题的复函(1991.11.2)

158. 最高人民法院关于湖北省沙市电冰箱总厂与广东省汕尾市物资总公司物资串换合同纠纷案和广东粤海进出口公司深圳分公司以物资串换合同当事人双方为共同被告的代理进口合同纠纷案管辖权争议问题的复函(1991.11.4)

159. 最高人民法院关于贯彻执行《中华人民共和国企业破产法(试行)》若干问题的意见(1991.11.7)

160. 最高人民法院关于因科技拨款有偿使用合同纠纷提起的诉讼人民法院应予受理的复函(1991.12.20)

161. 最高人民法院关于新疆生产建设兵团农七师131团农牧副产品经营部与芜湖市金宝炒货商店购销合同纠纷一案指定管辖问题的复函(1992.2.20)

162. 最高人民法院经济审判庭关于中国有色金属材料总公司经营部与兰州铝厂补偿贸易合同纠纷一案指定管辖问题复查结果的报告(1992.3.11)

163. 最高人民法院印发《关于审理涉外海上人身伤亡案件损害赔偿的具体规定(试行)》的通知(1992.5.16)

164. 最高人民法院关于军事法院审理军内经济纠纷案件的复函(1992.10.4)

165. 最高人民法院关于及时审理因农民负担过重引起的案件的通知(1993.4.7)

166. 最高人民法院关于人民法院对集体企业退休职工为追索退休金而提起的诉讼应否受理问题的复函(1993.4.15)

167. 最高人民法院关于印发《全国经济审判工作座谈会纪要》的通知(1993.5.6)

168. 最高人民法院关于人民法院批准当事人申请缓交诉讼费用后对有关问题应如何处理的函复(1993.6.3)

169. 最高人民法院关于高级人民法院指令基层人民法院再审的裁定中应否撤销中级人民法院驳回再审申请的通知问题的复函(1993.7.26)

170. 最高人民法院关于如何处理经乡(镇)人民政府调处的民间纠纷的通知(1993.9.3)

171. 最高人民法院关于运输货物误交付法律责任问题的复函(1993.9.6)

172. 最高人民法院民事审判庭关于中国音乐著作权协会与音乐著作权人之间几个法律问题的复函(1993.9.14)

173. 最高人民法院关于劳动争议案件受理问题的通知(1993.10.20)

174. 最高人民法院关于适用《关于修改〈中华人民共和国经济合同法〉的决定》有关问题的通知(1993.11.27)

175. 最高人民法院关于深入贯彻执行《中华人民共和国著作权法几个问题的通知》(1993.12.24)

176. 最高人民法院《关于专利侵权案件中如何确定地域管辖的请示》的复函(1994.3.8)

177. 最高人民法院关于适用新的《婚姻登记管理条例》的通知(1994.4.4)

178. 最高人民法院关于诉讼费问题两个请示的复函(1994.8.23)

179. 最高人民法院关于进一步加强知识产权司法保护的通知(1994.9.29)

180. 最高人民法院关于《江苏省高级人民法院一审经济纠纷案件级别管辖的规定》的复函(1994.12.21)

181. 最高人民法院关于铁路路外人身伤亡损害赔偿案件管辖问题的复函(1995.1.25)

182. 最高人民法院关于经济纠纷案件级别管辖的复函(1995.2.16)

183. 最高人民法院关于经济纠纷案件级别管辖的复函(1995.3.25)

184. 最高人民法院关于经济纠纷案件级别管辖的复函(1995.5.18)

185. 最高人民法院关于经济纠纷案件依照诉讼标的金额确定级别管辖的规定的复函(1995.6.8)

186. 最高人民法院关于对宁夏回族自治区各级人民法院第一审经济纠纷案件级别管辖的规定请示的复函(1995.6.8)

187. 最高人民法院关于当事人就级别管辖提出异议应如何处理问题的函(1995.7.3)

188. 最高人民法院关于不服专利管理机关对专利申请权纠纷、专利侵权纠纷的处理决定提起诉讼,人民法院应作何种案件受理问题的答复(1995.7.7)

189. 最高人民法院关于提高广东省各基层人民法院管辖的第一审经济纠纷案件标的额问题的复函(1995.8.1)

190. 最高人民法院关于上一级人民检察院对基层人民法院已发生法律效力的民事判决、裁定向中级人民法院提出抗诉,中级人民法院可否交基层人民法院再审的复函(1995.10.9)

191. 最高人民法院关于对上海市高级人民法院级别管辖的请示的复函(1995.11.22)

192. 最高人民法院印发《关于审理房地产管理法施行前房地产开发经营案件若干问题的解答》的通知(1995.12.27)

193. 最高人民法院关于会计师事务所为企业出具虚假验资证明应如何处理的问题的答复(1996.4.4)

194. 最高人民法院关于对云南省各级人民法院第一审经济纠纷案件级别管辖规定请示的复函(1996.4.11)

195. 最高人民法院关于鉴证机构对经济合同鉴证错误给当事人造成损失,应当承担赔偿责任的答复(1996.4.19)

196. 最高人民法院关于当事人对已经发生法律效力的判决、裁定申请再审是否必须提交审判委员会讨论决定立案问题的复函(1996.4.24)

197. 最高人民法院关于几种案件诉讼收费问题的复函(1996.4.25)

198. 最高人民法院关于认真贯彻实施《农业法》加强涉农案件审判工作的通知(1996.5.20)

199. 最高人民法院关于对甘肃省各级人民法院第一审经济纠纷案件级别管辖规定请示的复函(1996.5.22)

200. 最高人民法院关于当事人就案件级别管辖权向上级法院提出异议上级

法院发函通知移送,而下级法院拒不移送,也不作出实体判决应如何处理问题的复函(1996.10.9)

201．最高人民法院关于人民法院审理企业破产案件若干问题的紧急通知(1996.11.15)

202．最高人民法院关于长城万事达信用卡透支利息不应计算复利的批复(1996.11.29)

203．最高人民法院关于齐鲁制药厂诉美国安泰国际贸易公司合资合同纠纷一案中仲裁条款效力问题的答复(1996.12.12)

204．最高人民法院关于涉蒙经济合同未直接约定仲裁条款如何认定案件管辖权的复函(1996.12.14)

205．最高人民法院关于证券经营机构之间以及证券经营机构与证券交易场所之间因股票发行或者交易引起的争议人民法院能否受理的复函(1996.12.18)

206．最高人民法院知识产权审判庭关于不属于外观设计专利的保护对象,但又授予外观设计专利的产品是否保护的请示的答复(1997.2.17)

207．最高人民法院关于当前人民法院审理企业破产案件应当注意的几个问题的通知(1997.3.6)

208．最高人民法院关于涉及中银信托投资公司案件的诉讼时效问题的通知(1997.6.7)

209．最高人民法院关于调整部分高级人民法院一审经济纠纷案件争议金额管辖标准的通知(1997.6.9)

210．最高人民法院关于对北京市高级人民法院有关案件级别管辖规定的请示的答复(1997.6.13)

211．最高人民法院关于公路运输和航空运输案件受理问题的通知(1997.11.12)

212．最高人民法院关于电话费逾期未交违约金如何计算问题的复函(1998.1.12)

213．最高人民法院关于发回重审后原审时未上诉一方当事人提出上诉应否交纳案件受理费问题的批复(1998.4.23)

214．最高人民法院关于各高级人民法院受理第一审民事、经济纠纷案件问题的通知(1999.4.9)

215．最高人民法院、司法部关于民事法律援助工作若干问题的联合通知(1999.4.12)

216．最高人民法院批准各高级人民法院辖区内各级人民法院受理第一审民事、经济纠纷案件级别管辖标准(1999.8.1)

217．最高人民法院关于我国仲裁机构作出的仲裁裁决能否部分撤销问题的批复(1999.8.25)

218．最高人民法院关于严格诉讼费用管理的通知(1999.9.20)

219．最高人民法院关于企业被人民法院依法宣告破产后在破产程序终结前经人民法院允许从事经营活动所签合同是否有效问题的批复(2000.12.1)

220．最高人民法院办公厅关于对合同标的为外币的案件在收取诉讼费用时不得收取外币等问题的通知(2000.12.25)

221．最高人民法院关于审理触电人身损害赔偿案件若干问题的解释(2001.1.10)

222．最高人民法院关于军事法院试行审理军内民事案件问题的复函(2001.6.26)

223．最高人民法院关于涉证券民事赔偿案件暂不予受理的通知(2001.9.21)

224．最高人民法院关于严格执行高级人民法院受理第一审民商事纠纷案件级别管辖标准问题的通知(2002.2.1)

225．最高人民法院关于企业离退休人员的养老保险统筹金应当列入破产财产分配方案问题的批复(2002.4.18)

226．最高人民法院关于国内船员劳务合同纠纷案件是否应劳动仲裁前置的请示的复函(2002.6.10)

227．最高人民法院关于苏州龙宝生物工程实业公司与苏州朗力福保健品有限公司请求确认不侵犯专利权纠纷案的批复(2002.7.12)

228．最高人民法院关于土地转让方未按规定完成土地的卅发投资即签订土地使用权转让合同的效力问题的答复(2003.6.9)

229．最高人民法院关于江苏省高级人民法院《关于提高诉讼费收费标准的请示》的答复(2003.8.6)

230．最高人民法院关于离婚后财产纠纷案件收费标准的请示的复函(2003.9.10)

231．最高人民法院审判监督庭印发《关于审理民事、行政抗诉案件几个具体程序问题的意见》的通知(2003.10.15)

232．最高人民法院关于可否将航道养护费的缴付请求列入船舶优先权问题的批复(2003.12.8)

233．最高人民法院关于未经消防验收合格而订立的房屋租赁合同如何认定其效力的函复(2004.3.4)

234．最高人民法院关于对江苏省高级人民法院《关于江苏振泰机械织造公司与泰兴市同心纺织机械有限公司侵犯商标专用权、企业名称权纠纷一案的请示报告》的复函(2005.2.17)

235．最高人民法院对《山东省高级人民法院关于济宁之窗信息有限公司网络链接行为是否侵犯录音制品制作者权、信息网络传播权及赔偿数额如何计算问题的请示》的答复(2005.6.2)

236．最高人民法院关于审理涉外民事或商事合同纠纷案件法律适用若干问题的规定(2007.7.23)

237．最高人民法院关于印发《民事案件案由规定》的通知(2008.2.4)

（二）民　事　执　行

1．最高人民法院关于离婚案件中对财产处理如何强制执行问题的批复(1963.12.9)

2．最高人民法院、中国人民银行转发上海市高级人民法院《关于人民法院执行民事判决向银行调取当事人存款问题的通知》(1980.6.16)

3．最高人民法院关于扣船法律程序的请示报告的批复(1981.10.24)

4．最高人民法院、中国人民银行关于查询、冻结和扣划企业事业单位、机关、团体的银行存款的联合通知(1983.12.20)

5．最高人民法院关于人民法院依法执行行政机关的行政处罚决定应用何种法律文书的问题的批复(1985.9.14)

6．最高人民法院经济审判庭关于执行程序中如何变更主体问题的电话答复(1987.10.28)

7．最高人民法院研究室关于需由外地银行协助扣划被执行人存款是否必须委托被执行人所在地人民法院向被执行人的开户银行发出协助执行通知问题的电话答复(1988.4.11)

8．最高人民法院关于对尚未到期的

财产收益可否采取诉讼保全措施的批复(1988.7.8)

9. 最高人民法院经济审判庭关于执行仲裁机构裁决过程中被执行单位被撤销需要变更被执行单位的应如何处理问题的电话答复(1988.9.20)

10. 最高人民法院、中国人民银行关于法院对行政机关依法申请强制执行需要银行协助执行的案件应如何处理问题的联合通知(1989.1.11)

11. 最高人民法院关于申请执行工商仲裁机构法律文书中的被执行人已撤销如何处理问题的批复(1990.11.14)

12. 最高人民法院关于工商行政管理部门在无效经济合同确认书中对经济纠纷做出处理后人民法院是否接受申请据以执行问题的批复(1990.11.17)

13. 最高人民法院经济审判庭关于因法院审判人员工作失误给当事人造成经济损失如何处理问题的复函(1991.9.16)

14. 最高人民法院经济审判庭关于严格依法正确适用财产保全措施的通知(1991.9.27)

15. 最高人民法院关于实施《食品卫生法(试行)》中卫生防疫部门能否采用"查封"措施的答复(1991.10.9)

16. 最高人民法院经济审判庭关于银行应否支付企业存款被冻结期间利息问题的复函(1992.9.25)

17. 最高人民法院关于经工商行政管理机关确认经济合同无效,并对财产纠纷作出处理决定后,当事人一方逾期既不起诉又不履行的,对方当事人可否申请人民法院强制执行问题的复函(1993.1.17)

18. 最高人民法院经济审判庭关于人民法院在依法执行过程中变卖被执行人房产等财物应否交纳税收费用的复函(1993.5.28)

19. 最高人民法院关于人民法院受理破产案件后对以破产案件的债务人为被执行人的执行案件均应中止执行给四川省高级人民法院的批复(1993.9.17)

20. 最高人民法院关于在劳动争议仲裁程序中能否适用先予执行的函(1994.8.10)

21. 最高人民法院关于下级法院能否对上级法院生效裁判作出中止执行裁定的复函(1995.3.8)

22. 最高人民法院关于人民法院可以对商业银行在人民银行的存款依法采取强制措施的批复(1995.8.10)

23. 最高人民法院对有关不动产的非诉行政案件执行管辖问题的答复(1995.8.24)

24. 最高人民法院关于检察机关对先予执行的民事裁定提出抗诉人民法院应当如何审理问题的批复(1996.8.8)

25. 最高人民法院关于加强和改进委托执行工作的若干规定(2000.3.8)

26. 最高人民法院关于跨省、自治区、直辖市委托执行工作有关问题的通知(2000.5.12)

27. 最高人民法院关于证券监督管理机构申请人民法院冻结资金账户、证券账户的若干规定(2005.4.29)

28. 最高人民法院关于印发《关于证券监督管理机构申请人民法院冻结资金账户、证券账户的若干规定》的通知(2005.4.29)

29. 最高人民法院、中央社会治安综合治理委员会办公室关于印发《2009年省、自治区、直辖市法院执行工作纳入社会治安综合治理目标责任考核办法》的通知(2010.1.4)

三、《中华人民共和国民事诉讼法》条文修改对照表
——以 2007 年《民事诉讼法》和 2012 年《民事诉讼法》条文对照为主*

2007 年《中华人民共和国民事诉讼法》	2012 年《中华人民共和国民事诉讼法》
《全国人民代表大会常务委员会关于修改〈中华人民共和国民事诉讼法〉的决定》由中华人民共和国第十届全国人民代表大会常务委员会第三十次会议于 2007 年 10 月 28 日通过,自 2008 年 4 月 1 日起施行。	《全国人民代表大会常务委员会关于修改〈中华人民共和国民事诉讼法〉的决定》由中华人民共和国第十一届全国人民代表大会常务委员会第二十八次会议于 2012 年 8 月 31 日通过,自 2013 年 1 月 1 日起施行。
第一编 总 则	**第一编 总 则**
第一章 任务、适用范围和基本原则	**第一章 任务、适用范围和基本原则**
第一条 中华人民共和国民事诉讼法以宪法为根据,结合我国民事审判工作的经验和实际情况制定。	**第一条** 中华人民共和国民事诉讼法以宪法为根据,结合我国民事审判工作的经验和实际情况制定。
第二条 中华人民共和国民事诉讼法的任务,是保护当事人行使诉讼权利,保证人民法院查明事实,分清是非,正确适用法律,及时审理民事案件,确认民事权利义务关系,制裁民事违法行为,保护当事人的合法权益,教育公民自觉遵守法律,维护社会秩序、经济秩序,保障社会主义建设事业顺利进行。	**第二条** 中华人民共和国民事诉讼法的任务,是保护当事人行使诉讼权利,保证人民法院查明事实,分清是非,正确适用法律,及时审理民事案件,确认民事权利义务关系,制裁民事违法行为,保护当事人的合法权益,教育公民自觉遵守法律,维护社会秩序、经济秩序,保障社会主义建设事业顺利进行。
第三条 人民法院受理公民之间、法人之间、其他组织之间以及他们相互之间因财产关系和人身关系提起的民事诉讼,适用本法的规定。	**第三条** 人民法院受理公民之间、法人之间、其他组织之间以及他们相互之间因财产关系和人身关系提起的民事诉讼,适用本法的规定。
第四条 凡在中华人民共和国领域内进行民事诉讼,必须遵守本法。	**第四条** 凡在中华人民共和国领域内进行民事诉讼,必须遵守本法。

---

* 【对照说明】《全国人民代表大会常务委员会关于修改〈中华人民共和国民事诉讼法〉和〈中华人民共和国行政诉讼法〉的决定》由中华人民共和国第十二届全国人民代表大会常务委员会第二十八次会议于 2017 年 6 月 27 日通过,自 2017 年 7 月 1 日起施行。由于此次修改仅增加第五十五条第二款,故本条文对照表主要比较 2007 年与 2012 年民事诉讼法的修改变化。

【标注说明】2007 年《民事诉讼法》字体加删除线的,为立法废止的内容;2012 年《民事诉讼法》中,条文下加波浪线的,为 2012 年修改的内容;条文下加双线的,为 2017 年修改增加的内容。

(续表)

第五条 外国人、无国籍人、外国企业和组织在人民法院起诉、应诉,同中华人民共和国公民、法人和其他组织有同等的诉讼权利义务。外国法院对中华人民共和国公民、法人和其他组织的民事诉讼权利加以限制的,中华人民共和国人民法院对该国公民、企业和组织的民事诉讼权利,实行对等原则。	第五条 外国人、无国籍人、外国企业和组织在人民法院起诉、应诉,同中华人民共和国公民、法人和其他组织有同等的诉讼权利义务。外国法院对中华人民共和国公民、法人和其他组织的民事诉讼权利加以限制的,中华人民共和国人民法院对该国公民、企业和组织的民事诉讼权利,实行对等原则。
第六条 民事案件的审判权由人民法院行使。人民法院依照法律规定对民事案件独立进行审判,不受行政机关、社会团体和个人的干涉。	第六条 民事案件的审判权由人民法院行使。人民法院依照法律规定对民事案件独立进行审判,不受行政机关、社会团体和个人的干涉。
第七条 人民法院审理民事案件,必须以事实为根据,以法律为准绳。	第七条 人民法院审理民事案件,必须以事实为根据,以法律为准绳。
第八条 民事诉讼当事人有平等的诉讼权利。人民法院审理民事案件,应当保障和便利当事人行使诉讼权利,对当事人在适用法律上一律平等。	第八条 民事诉讼当事人有平等的诉讼权利。人民法院审理民事案件,应当保障和便利当事人行使诉讼权利,对当事人在适用法律上一律平等。
第九条 人民法院审理民事案件,应当根据自愿和合法的原则进行调解;调解不成的,应当及时判决。	第九条 人民法院审理民事案件,应当根据自愿和合法的原则进行调解;调解不成的,应当及时判决。
第十条 人民法院审理民事案件,依照法律规定实行合议、回避、公开审判和两审终审制度。	第十条 人民法院审理民事案件,依照法律规定实行合议、回避、公开审判和两审终审制度。
第十一条 各民族公民都有用本民族语言、文字进行民事诉讼的权利。在少数民族聚居或者多民族共同居住的地区,人民法院应当用当地民族通用的语言、文字进行审理和发布法律文书。人民法院应当对不通晓当地民族通用的语言、文字的诉讼参与人提供翻译。	第十一条 各民族公民都有用本民族语言、文字进行民事诉讼的权利。在少数民族聚居或者多民族共同居住的地区,人民法院应当用当地民族通用的语言、文字进行审理和发布法律文书。人民法院应当对不通晓当地民族通用的语言、文字的诉讼参与人提供翻译。
第十二条 人民法院审理民事案件时,当事人有权进行辩论。	第十二条 人民法院审理民事案件时,当事人有权进行辩论。
第十三条 当事人有权在法律规定的范围内处分自己的民事权利和诉讼权利。	第十三条 <u>民事诉讼应当遵循诚实信用原则。</u> 当事人有权在法律规定的范围内处分自己的民事权利和诉讼权利。

(续表)

第十四条 人民检察院有权对民事审判活动实行法律监督。	**第十四条** 人民检察院有权对民事诉讼实行法律监督。
第十五条 机关、社会团体、企业事业单位对损害国家、集体或者个人民事权益的行为，可以支持受损害的单位或者个人向人民法院起诉。	**第十五条** 机关、社会团体、企业事业单位对损害国家、集体或者个人民事权益的行为，可以支持受损害的单位或者个人向人民法院起诉。
第十六条 人民调解委员会是在基层人民政府和基层人民法院指导下，调解民间纠纷的群众性组织。人民调解委员会依照法律规定，根据自愿原则进行调解。当事人对调解达成的协议应当履行；不愿调解、调解不成或者反悔的，可以向人民法院起诉。人民调解委员会调解民间纠纷，如有违背法律的，人民法院应当予以纠正。	
第十七条 民族自治地方的人民代表大会根据宪法和本法的原则，结合当地民族的具体情况，可以制定变通或者补充的规定。自治区的规定，报全国人民代表大会常务委员会批准。自治州、自治县的规定，报省或者自治区的人民代表大会常务委员会批准，并报全国人民代表大会常务委员会备案。	**第十六条** 民族自治地方的人民代表大会根据宪法和本法的原则，结合当地民族的具体情况，可以制定变通或者补充的规定。自治区的规定，报全国人民代表大会常务委员会批准。自治州、自治县的规定，报省或者自治区的人民代表大会常务委员会批准，并报全国人民代表大会常务委员会备案。
<center>第二章 管　辖</center>	<center>第二章 管　辖</center>
<center>第一节 级别管辖</center>	<center>第一节 级别管辖</center>
第十八条 基层人民法院管辖第一审民事案件，但本法另有规定的除外。	**第十七条** 基层人民法院管辖第一审民事案件，但本法另有规定的除外。
第十九条 中级人民法院管辖下列第一审民事案件： （一）重大涉外案件； （二）在本辖区有重大影响的案件； （三）最高人民法院确定由中级人民法院管辖的案件。	**第十八条** 中级人民法院管辖下列第一审民事案件： （一）重大涉外案件； （二）在本辖区有重大影响的案件； （三）最高人民法院确定由中级人民法院管辖的案件。
第二十条 高级人民法院管辖在本辖区有重大影响的第一审民事案件。	**第十九条** 高级人民法院管辖在本辖区有重大影响的第一审民事案件。
第二十一条 最高人民法院管辖下列第一审民事案件： （一）在全国有重大影响的案件； （二）认为应当由本院审理的案件。	**第二十条** 最高人民法院管辖下列第一审民事案件： （一）在全国有重大影响的案件； （二）认为应当由本院审理的案件。

(续表)

第二节　地域管辖	第二节　地域管辖
第二十二条　对公民提起的民事诉讼，由被告住所地人民法院管辖；被告住所地与经常居住地不一致的，由经常居住地人民法院管辖。 对法人或者其他组织提起的民事诉讼，由被告住所地人民法院管辖。同一诉讼的几个被告住所地、经常居住地在两个以上人民法院辖区的，各该人民法院都有管辖权。	第二十一条　对公民提起的民事诉讼，由被告住所地人民法院管辖；被告住所地与经常居住地不一致的，由经常居住地人民法院管辖。 对法人或者其他组织提起的民事诉讼，由被告住所地人民法院管辖。同一诉讼的几个被告住所地、经常居住地在两个以上人民法院辖区的，各该人民法院都有管辖权。
第二十三条　下列民事诉讼，由原告住所地人民法院管辖；原告住所地与经常居住地不一致的，由原告经常居住地人民法院管辖： （一）对不在中华人民共和国领域内居住的人提起的有关身份关系的诉讼； （二）对下落不明或者宣告失踪的人提起的有关身份关系的诉讼； （三）对被劳动教养的人提起的诉讼； （四）对被监禁的人提起的诉讼。	第二十二条　下列民事诉讼，由原告住所地人民法院管辖；原告住所地与经常居住地不一致的，由原告经常居住地人民法院管辖： （一）对不在中华人民共和国领域内居住的人提起的有关身份关系的诉讼； （二）对下落不明或者宣告失踪的人提起的有关身份关系的诉讼； （三）对被采取强制性教育措施的人提起的诉讼； （四）对被监禁的人提起的诉讼。
第二十四条　因合同纠纷提起的诉讼，由被告住所地或者合同履行地人民法院管辖。	第二十三条　因合同纠纷提起的诉讼，由被告住所地或者合同履行地人民法院管辖。
第二十五条　合同的双方当事人可以在书面合同中协议选择被告住所地、合同履行地、合同签订地、原告住所地、标的物所在地人民法院管辖，但不得违反本法对级别管辖和专属管辖的规定。 （本条内容移至新条文第三十四条）	
第二十六条　因保险合同纠纷提起的诉讼，由被告住所地或者保险标的物所在地人民法院管辖。	第二十四条　因保险合同纠纷提起的诉讼，由被告住所地或者保险标的物所在地人民法院管辖。
第二十七条　因票据纠纷提起的诉讼，由票据支付地或者被告住所地人民法院管辖。	第二十五条　因票据纠纷提起的诉讼，由票据支付地或者被告住所地人民法院管辖。
	第二十六条　因公司设立、确认股东资格、分配利润、解散等纠纷提起的诉讼，由公司住所地人民法院管辖。

(续表)

第二十八条　因铁路、公路、水上、航空运输和联合运输合同纠纷提起的诉讼，由运输始发地、目的地或者被告住所地人民法院管辖。	第二十七条　因铁路、公路、水上、航空运输和联合运输合同纠纷提起的诉讼，由运输始发地、目的地或者被告住所地人民法院管辖。
第二十九条　因侵权行为提起的诉讼，由侵权行为地或者被告住所地人民法院管辖。	第二十八条　因侵权行为提起的诉讼，由侵权行为地或者被告住所地人民法院管辖。
第三十条　因铁路、公路、水上和航空事故请求损害赔偿提起的诉讼，由事故发生地或者车辆、船舶最先到达地、航空器最先降落地或者被告住所地人民法院管辖。	第二十九条　因铁路、公路、水上和航空事故请求损害赔偿提起的诉讼，由事故发生地或者车辆、船舶最先到达地、航空器最先降落地或者被告住所地人民法院管辖。
第三十一条　因船舶碰撞或者其他海事损害事故请求损害赔偿提起的诉讼，由碰撞发生地、碰撞船舶最先到达地、加害船舶被扣留地或者被告住所地人民法院管辖。	第三十条　因船舶碰撞或者其他海事损害事故请求损害赔偿提起的诉讼，由碰撞发生地、碰撞船舶最先到达地、加害船舶被扣留地或者被告住所地人民法院管辖。
第三十二条　因海难救助费用提起的诉讼，由救助地或者被救助船舶最先到达地人民法院管辖。	第三十一条　因海难救助费用提起的诉讼，由救助地或者被救助船舶最先到达地人民法院管辖。
第三十三条　因共同海损提起的诉讼，由船舶最先到达地、共同海损理算地或者航程终止地的人民法院管辖。	第三十二条　因共同海损提起的诉讼，由船舶最先到达地、共同海损理算地或者航程终止地的人民法院管辖。
第三十四条　下列案件，由本条规定的人民法院专属管辖： （一）因不动产纠纷提起的诉讼，由不动产所在地人民法院管辖； （二）因港口作业中发生纠纷提起的诉讼，由港口所在地人民法院管辖； （三）因继承遗产纠纷提起的诉讼，由被继承人死亡时住所地或者主要遗产所在地人民法院管辖。	第三十三条　下列案件，由本条规定的人民法院专属管辖： （一）因不动产纠纷提起的诉讼，由不动产所在地人民法院管辖； （二）因港口作业中发生纠纷提起的诉讼，由港口所在地人民法院管辖； （三）因继承遗产纠纷提起的诉讼，由被继承人死亡时住所地或者主要遗产所在地人民法院管辖。
	第三十四条　合同或者其他财产权益纠纷的当事人可以书面协议选择被告住所地、合同履行地、合同签订地、原告住所地、标的物所在地等与争议有实际联系的地点的人民法院管辖，但不得违反本法对级别管辖和专属管辖的规定。

(续表)

第三十五条 两个以上人民法院都有管辖权的诉讼,原告可以向其中一个人民法院起诉;原告向两个以上有管辖权的人民法院起诉的,由最先立案的人民法院管辖。	**第三十五条** 两个以上人民法院都有管辖权的诉讼,原告可以向其中一个人民法院起诉;原告向两个以上有管辖权的人民法院起诉的,由最先立案的人民法院管辖。
第三节 移送管辖和指定管辖	第三节 移送管辖和指定管辖
第三十六条 人民法院发现受理的案件不属于本院管辖的,应当移送有管辖权的人民法院,受移送的人民法院应当受理。受移送的人民法院认为受移送的案件依照规定不属于本院管辖的,应当报请上级人民法院指定管辖,不得再自行移送。	**第三十六条** 人民法院发现受理的案件不属于本院管辖的,应当移送有管辖权的人民法院,受移送的人民法院应当受理。受移送的人民法院认为受移送的案件依照规定不属于本院管辖的,应当报请上级人民法院指定管辖,不得再自行移送。
第三十七条 有管辖权的人民法院由于特殊原因,不能行使管辖权的,由上级人民法院指定管辖。人民法院之间因管辖权发生争议,由争议双方协商解决;协商解决不了的,报请它们的共同上级人民法院指定管辖。	**第三十七条** 有管辖权的人民法院由于特殊原因,不能行使管辖权的,由上级人民法院指定管辖。人民法院之间因管辖权发生争议,由争议双方协商解决;协商解决不了的,报请它们的共同上级人民法院指定管辖。
第三十八条 人民法院受理案件后,当事人对管辖权有异议的,应当在提交答辩状期间提出。人民法院对当事人提出的异议,应当审查。异议成立的,裁定将案件移送有管辖权的人民法院;异议不成立的,裁定驳回。 (本条内容移至新条文第一百二十七条)	
第三十九条 上级人民法院有权审理下级人民法院管辖的第一审民事案件,也可以把本院管辖的第一审民事案件交下级人民法院审理。下级人民法院对它所管辖的第一审民事案件,认为需要由上级人民法院审理的,可以报请上级人民法院审理。	**第三十八条** 上级人民法院有权审理下级人民法院管辖的第一审民事案件;确有必要将本院管辖的第一审民事案件交下级人民法院审理的,应当报请其上级人民法院批准。
第三章 审判组织	第三章 审判组织
第四十条 人民法院审理第一审民事案件,由审判员、陪审员共同组成合议庭或者由审判员组成合议庭。合议庭的成员人数,必须是单数。适用简易程序审理的民事案件,由审判员一人独任审理。陪审员在执行陪审职务时,与审判员有同等的权利义务。	**第三十九条** 人民法院审理第一审民事案件,由审判员、陪审员共同组成合议庭或者由审判员组成合议庭。合议庭的成员人数,必须是单数。适用简易程序审理的民事案件,由审判员一人独任审理。陪审员在执行陪审职务时,与审判员有同等的权利义务。

(续表)

第四十一条 人民法院审理第二审民事案件,由审判员组成合议庭。合议庭的成员人数,必须是单数。发回重审的案件,原审人民法院应当按照第一审程序另行组成合议庭。 审理再审案件,原来是第一审的,按照第一审程序另行组成合议庭;原来是第二审的或者是上级人民法院提审的,按照第二审程序另行组成合议庭。	第四十条 人民法院审理第二审民事案件,由审判员组成合议庭。合议庭的成员人数,必须是单数。发回重审的案件,原审人民法院应当按照第一审程序另行组成合议庭。 审理再审案件,原来是第一审的,按照第一审程序另行组成合议庭;原来是第二审的或者是上级人民法院提审的,按照第二审程序另行组成合议庭。
第四十二条 合议庭的审判长由院长或者庭长指定审判员一人担任;院长或者庭长参加审判的,由院长或者庭长担任。	第四十一条 合议庭的审判长由院长或者庭长指定审判员一人担任;院长或者庭长参加审判的,由院长或者庭长担任。
第四十三条 合议庭评议案件,实行少数服从多数的原则。评议应当制作笔录,由合议庭成员签名。评议中的不同意见,必须如实记入笔录。	第四十二条 合议庭评议案件,实行少数服从多数的原则。评议应当制作笔录,由合议庭成员签名。评议中的不同意见,必须如实记入笔录。
第四十四条 审判人员应当依法秉公办案。审判人员不得接受当事人及其诉讼代理人请客送礼。审判人员有贪污受贿,徇私舞弊,枉法裁判行为的,应当追究法律责任;构成犯罪的,依法追究刑事责任。	第四十三条 审判人员应当依法秉公办案。审判人员不得接受当事人及其诉讼代理人请客送礼。审判人员有贪污受贿,徇私舞弊,枉法裁判行为的,应当追究法律责任;构成犯罪的,依法追究刑事责任。
第四章 回 避	第四章 回 避
第四十五条 审判人员有下列情形之一的,必须回避,当事人有权用口头或者书面方式申请他们回避: (一)是本案当事人或者当事人、诉讼代理人的近亲属; (二)与本案有利害关系; (三)与本案当事人有其他关系,可能影响对案件公正审理的。 前款规定,适用于书记员、翻译人员、鉴定人、勘验人。	第四十四条 审判人员有下列情形之一的,应当自行回避,当事人有权用口头或者书面方式申请他们回避: (一)是本案当事人或者当事人、诉讼代理人近亲属的; (二)与本案有利害关系的; (三)与本案当事人、诉讼代理人有其他关系,可能影响对案件公正审理的。 审判人员接受当事人、诉讼代理人请客送礼,或者违反规定会见当事人、诉讼代理人的,当事人有权要求他们回避。 审判人员有前款规定的行为的,应当依法追究法律责任。 前三款规定,适用于书记员、翻译人员、鉴定人、勘验人。

(续表)

第四十六条　当事人提出回避申请,应当说明理由,在案件开始审理时提出;回避事由在案件开始审理后知道的,也可以在法庭辩论终结前提出。被申请回避的人员在人民法院作出是否回避的决定前,应当暂停参与本案的工作,但案件需要采取紧急措施的除外。	第四十五条　当事人提出回避申请,应当说明理由,在案件开始审理时提出;回避事由在案件开始审理后知道的,也可以在法庭辩论终结前提出。被申请回避的人员在人民法院作出是否回避的决定前,应当暂停参与本案的工作,但案件需要采取紧急措施的除外。
第四十七条　院长担任审判长时的回避,由审判委员会决定;审判人员的回避,由院长决定;其他人员的回避,由审判长决定。	第四十六条　院长担任审判长时的回避,由审判委员会决定;审判人员的回避,由院长决定;其他人员的回避,由审判长决定。
第四十八条　人民法院对当事人提出的回避申请,应当在申请提出的三日内,以口头或者书面形式作出决定。申请人对决定不服的,可以在接到决定时申请复议一次。复议期间,被申请回避的人员,不停止参与本案的工作。人民法院对复议申请,应当在三日内作出复议决定,并通知复议申请人。	第四十七条　人民法院对当事人提出的回避申请,应当在申请提出的三日内,以口头或者书面形式作出决定。申请人对决定不服的,可以在接到决定时申请复议一次。复议期间,被申请回避的人员,不停止参与本案的工作。人民法院对复议申请,应当在三日内作出复议决定,并通知复议申请人。
第五章　诉讼参加人	第五章　诉讼参加人
第一节　当事人	第一节　当事人
第四十九条　公民、法人和其他组织可以作为民事诉讼的当事人。法人由其法定代表人进行诉讼。其他组织由其主要负责人进行诉讼。	第四十八条　公民、法人和其他组织可以作为民事诉讼的当事人。法人由其法定代表人进行诉讼。其他组织由其主要负责人进行诉讼。
第五十条　当事人有权委托代理人,提出回避申请,收集、提供证据,进行辩论,请求调解,提起上诉,申请执行。当事人可以查阅本案有关材料,并可以复制本案有关材料和法律文书。查阅、复制本案有关材料的范围和办法由最高人民法院规定。当事人必须依法行使诉讼权利,遵守诉讼秩序,履行发生法律效力的判决书、裁定书和调解书。	第四十九条　当事人有权委托代理人,提出回避申请,收集、提供证据,进行辩论,请求调解,提起上诉,申请执行。当事人可以查阅本案有关材料,并可以复制本案有关材料和法律文书。查阅、复制本案有关材料的范围和办法由最高人民法院规定。当事人必须依法行使诉讼权利,遵守诉讼秩序,履行发生法律效力的判决书、裁定书和调解书。
第五十一条　双方当事人可以自行和解。	第五十条　双方当事人可以自行和解。
第五十二条　原告可以放弃或者变更诉讼请求。被告可以承认或者反驳诉讼请求,有权提起反诉。	第五十一条　原告可以放弃或者变更诉讼请求。被告可以承认或者反驳诉讼请求,有权提起反诉。

(续表)

第五十三条 当事人一方或者双方为二人以上,其诉讼标的是共同的,或者诉讼标的是同一种类、人民法院认为可以合并审理并经当事人同意的,为共同诉讼。共同诉讼的一方当事人对诉讼标的有共同权利义务的,其中一人的诉讼行为经其他共同诉讼人承认,对其他共同诉讼人发生效力;对诉讼标的没有共同权利义务的,其中一人的诉讼行为对其他共同诉讼人不发生效力。	**第五十二条** 当事人一方或者双方为二人以上,其诉讼标的是共同的,或者诉讼标的是同一种类、人民法院认为可以合并审理并经当事人同意的,为共同诉讼。共同诉讼的一方当事人对诉讼标的有共同权利义务的,其中一人的诉讼行为经其他共同诉讼人承认,对其他共同诉讼人发生效力;对诉讼标的没有共同权利义务的,其中一人的诉讼行为对其他共同诉讼人不发生效力。
第五十四条 当事人一方人数众多的共同诉讼,可以由当事人推选代表人进行诉讼。代表人的诉讼行为对其所代表的当事人发生效力,但代表人变更、放弃诉讼请求或者承认对方当事人的诉讼请求,进行和解,必须经被代表的当事人同意。	**第五十三条** 当事人一方人数众多的共同诉讼,可以由当事人推选代表人进行诉讼。代表人的诉讼行为对其所代表的当事人发生效力,但代表人变更、放弃诉讼请求或者承认对方当事人的诉讼请求,进行和解,必须经被代表的当事人同意。
第五十五条 诉讼标的是同一种类、当事人一方人数众多在起诉时人数尚未确定的,人民法院可以发出公告,说明案件情况和诉讼请求,通知权利人在一定期间向人民法院登记。向人民法院登记的权利人可以推选代表人进行诉讼;推选不出代表人的,人民法院可以与参加登记的权利人商定代表人。代表人的诉讼行为对其所代表的当事人发生效力,但代表人变更、放弃诉讼请求或者承认对方当事人的诉讼请求,进行和解,必须经被代表的当事人同意。人民法院作出的判决、裁定,对参加登记的全体权利人发生效力。未参加登记的权利人在诉讼时效期间提起诉讼的,适用该判决、裁定。	**第五十四条** 诉讼标的是同一种类、当事人一方人数众多在起诉时人数尚未确定的,人民法院可以发出公告,说明案件情况和诉讼请求,通知权利人在一定期间向人民法院登记。向人民法院登记的权利人可以推选代表人进行诉讼;推选不出代表人的,人民法院可以与参加登记的权利人商定代表人。代表人的诉讼行为对其所代表的当事人发生效力,但代表人变更、放弃诉讼请求或者承认对方当事人的诉讼请求,进行和解,必须经被代表的当事人同意。人民法院作出的判决、裁定,对参加登记的全体权利人发生效力。未参加登记的权利人在诉讼时效期间提起诉讼的,适用该判决、裁定。

(续表)

	第五十五条 对污染环境、侵害众多消费者合法权益等损害社会公共利益的行为,法律规定的机关和有关组织可以向人民法院提起诉讼。 人民检察院在履行职责中发现破坏生态环境和资源保护、食品药品安全领域侵害众多消费者合法权益等损害社会公共利益的行为,在没有前款规定的机关或组织或者前款规定的机关和组织不提起诉讼的情况下,可以向人民法院提起诉讼。前款规定的机关或组织提起诉讼的,人民检察院可以支持起诉。 (此款为2017年6月27日修改新增内容)
第五十六条 对当事人双方的诉讼标的,第三人认为有独立请求权的,有权提起诉讼。对当事人双方的诉讼标的,第三人虽然没有独立请求权,但案件处理结果同他有法律上的利害关系的,可以申请参加诉讼,或者由人民法院通知他参加诉讼。人民法院判决承担民事责任的第三人,有当事人的诉讼权利义务。	第五十六条 对当事人双方的诉讼标的,第三人认为有独立请求权的,有权提起诉讼。对当事人双方的诉讼标的,第三人虽然没有独立请求权,但案件处理结果同他有法律上的利害关系的,可以申请参加诉讼,或者由人民法院通知他参加诉讼。人民法院判决承担民事责任的第三人,有当事人的诉讼权利义务。 前两款规定的第三人,因不能归责于本人的事由未参加诉讼,但有证据证明发生法律效力的判决、裁定、调解书的部分或者全部内容错误,损害其民事权益的,可以自知道或者应当知道其民事权益受到损害之日起六个月内,向作出该判决、裁定、调解书的人民法院提起诉讼。人民法院经审理,诉讼请求成立的,应当改变或者撤销原判决、裁定、调解书;诉讼请求不成立的,驳回诉讼请求。
第二节 诉讼代理人	第二节 诉讼代理人
第五十七条 无诉讼行为能力人由他的监护人作为法定代理人代为诉讼。法定代理人之间互相推诿代理责任的,由人民法院指定其中一人代为诉讼。	第五十七条 无诉讼行为能力人由他的监护人作为法定代理人代为诉讼。法定代理人之间互相推诿代理责任的,由人民法院指定其中一人代为诉讼。
第五十八条 当事人、法定代理人可以委托一至二人作为诉讼代理人。律师、当事人的近亲属、有关的社会团体或者所在单位推荐的人,经人民法院许可的其他公民,都可以被委托为诉讼代理人。	第五十八条 当事人、法定代理人可以委托一至二人作为诉讼代理人。 下列人员可以被委托为诉讼代理人: (一)律师、基层法律服务工作者; (二)当事人的近亲属或者工作人员; (三)当事人所在社区、单位以及有关社会团体推荐的公民。

(续表)

第五十九条 委托他人代为诉讼,必须向人民法院提交由委托人签名或者盖章的授权委托书。授权委托书必须记明委托事项和权限。诉讼代理人代为承认、放弃、变更诉讼请求,进行和解,提起反诉或者上诉,必须有委托人的特别授权。 侨居在国外的中华人民共和国公民从国外寄交或者托交的授权委托书,必须经中华人民共和国驻该国的使领馆证明;没有使领馆的,由与中华人民共和国有外交关系的第三国驻该国的使领馆证明,再转由中华人民共和国驻该第三国使领馆证明,或者由当地的爱国华侨团体证明。	第五十九条 委托他人代为诉讼,必须向人民法院提交由委托人签名或者盖章的授权委托书。授权委托书必须记明委托事项和权限。诉讼代理人代为承认、放弃、变更诉讼请求,进行和解,提起反诉或者上诉,必须有委托人的特别授权。 侨居在国外的中华人民共和国公民从国外寄交或者托交的授权委托书,必须经中华人民共和国驻该国的使领馆证明;没有使领馆的,由与中华人民共和国有外交关系的第三国驻该国的使领馆证明,再转由中华人民共和国驻该第三国使领馆证明,或者由当地的爱国华侨团体证明。
第六十条 诉讼代理人的权限如果变更或者解除,当事人应当书面告知人民法院,并由人民法院通知对方当事人。	第六十条 诉讼代理人的权限如果变更或者解除,当事人应当书面告知人民法院,并由人民法院通知对方当事人。
第六十一条 代理诉讼的律师和其他诉讼代理人有权调查收集证据,可以查阅本案有关材料。查阅本案有关材料的范围和办法由最高人民法院规定。	第六十一条 代理诉讼的律师和其他诉讼代理人有权调查收集证据,可以查阅本案有关材料。查阅本案有关材料的范围和办法由最高人民法院规定。
第六十二条 离婚案件有诉讼代理人的,本人除不能表达意志的以外,仍应出庭;因特殊情况无法出庭的,必须向人民法院提交书面意见。	第六十二条 离婚案件有诉讼代理人的,本人除不能表达意思的以外,仍应出庭;因特殊情况无法出庭的,必须向人民法院提交书面意见。
第六章 证 据	第六章 证 据
第六十三条 证据有下列几种: (一)书证; (二)物证; (三)视听资料; (四)证人证言; (五)当事人的陈述; (六)鉴定结论; (七)勘验笔录。 以上证据必须查证属实,才能作为认定事实的根据。	第六十三条 证据包括: (一)当事人的陈述; (二)书证; (三)物证; (四)视听资料; (五)电子数据; (六)证人证言; (七)鉴定意见; (八)勘验笔录。 证据必须查证属实,才能作为认定事实的根据。

(续表)

第六十四条 当事人对自己提出的主张,有责任提供证据。当事人及其诉讼代理人因客观原因不能自行收集的证据,或者人民法院认为审理案件需要的证据,人民法院应当调查收集。人民法院应当按照法定程序,全面地、客观地审查核实证据。	第六十四条 当事人对自己提出的主张,有责任提供证据。当事人及其诉讼代理人因客观原因不能自行收集的证据,或者人民法院认为审理案件需要的证据,人民法院应当调查收集。人民法院应当按照法定程序,全面地、客观地审查核实证据。
	第六十五条 当事人对自己提出的主张应当及时提供证据。人民法院根据当事人的主张和案件审理情况,确定当事人应当提供的证据及其期限。当事人在该期限内提供证据确有困难的,可以向人民法院申请延长期限,人民法院根据当事人的申请适当延长。当事人逾期提供证据的,人民法院应当责令其说明理由;拒不说明理由或者理由不成立的,人民法院根据不同情形可以不予采纳该证据,或者采纳该证据但予以训诫、罚款。
	第六十六条 人民法院收到当事人提交的证据材料,应当出具收据,写明证据名称、页数、份数、原件或者复印件以及收到时间等,并由经办人员签名或者盖章。
第六十五条 人民法院有权向有关单位和个人调查取证,有关单位和个人不得拒绝。人民法院对有关单位和个人提出的证明文书,应当辨别真伪,审查确定其效力。	第六十七条 人民法院有权向有关单位和个人调查取证,有关单位和个人不得拒绝。人民法院对有关单位和个人提出的证明文书,应当辨别真伪,审查确定其效力。
第六十六条 证据应当在法庭上出示,并由当事人互相质证。对涉及国家秘密、商业秘密和个人隐私的证据应当保密,需要在法庭出示的,不得在公开开庭时出示。	第六十八条 证据应当在法庭上出示,并由当事人互相质证。对涉及国家秘密、商业秘密和个人隐私的证据应当保密,需要在法庭出示的,不得在公开开庭时出示。
第六十七条 经过法定程序公证证明的法律行为、法律事实和文书,人民法院应当作为认定事实的根据。但有相反证据足以推翻公证证明的除外。	第六十九条 经过法定程序公证证明的法律事实和文书,人民法院应当作为认定事实的根据,但有相反证据足以推翻公证证明的除外。
第六十八条 书证应当提交原件。物证应当提交原物。提交原件或者原物确有困难的,可以提交复制品、照片、副本、节录本。提交外文书证,必须附有中文译本。	第七十条 书证应当提交原件。物证应当提交原物。提交原件或者原物确有困难的,可以提交复制品、照片、副本、节录本。提交外文书证,必须附有中文译本。

(续表)

第六十九条　人民法院对视听资料,应当辨别真伪,并结合本案的其他证据,审查确定能否作为认定事实的根据。	第七十一条　人民法院对视听资料,应当辨别真伪,并结合本案的其他证据,审查确定能否作为认定事实的根据。
第七十条　凡是知道案件情况的单位和个人,都有义务出庭作证。有关单位的负责人应当支持证人作证。证人确有困难不能出庭的,经人民法院许可,可以提交书面证言。不能正确表达意志的人,不能作证。	第七十二条　凡是知道案件情况的单位和个人,都有义务出庭作证。有关单位的负责人应当支持证人作证。不能正确表达意思的人,不能作证。
	第七十三条　经人民法院通知,证人应当出庭作证。有下列情形之一的,经人民法院许可,可以通过书面证言、视听传输技术或者视听资料等方式作证: (一)因健康原因不能出庭的; (二)因路途遥远,交通不便不能出庭的; (三)因自然灾害等不可抗力不能出庭的; (四)其他有正当理由不能出庭的。
	第七十四条　证人因履行出庭作证义务而支出的交通、住宿、就餐等必要费用以及误工损失,由败诉一方当事人负担。当事人申请证人作证的,由该当事人先行垫付;当事人没有申请,人民法院通知证人作证的,由人民法院先行垫付。
第七十一条　人民法院对当事人的陈述,应当结合本案的其他证据,审查确定能否作为认定事实的根据。 当事人拒绝陈述的,不影响人民法院根据证据认定案件事实。	第七十五条　人民法院对当事人的陈述,应当结合本案的其他证据,审查确定能否作为认定事实的根据。 当事人拒绝陈述的,不影响人民法院根据证据认定案件事实。

(续表)

第七十二条　人民法院对专门性问题认为需要鉴定的,应当交由法定鉴定部门鉴定;没有法定鉴定部门的,由人民法院指定的鉴定部门鉴定。鉴定部门及其指定的鉴定人有权了解进行鉴定所需要的案件材料,必要时可以询问当事人、证人。鉴定部门和鉴定人应当提出书面鉴定结论,在鉴定书上签名或者盖章。鉴定人鉴定的,应当由鉴定人所在单位加盖印章,证明鉴定人身份。	第七十六条　当事人可以就查明事实的专门性问题向人民法院申请鉴定。当事人申请鉴定的,由双方当事人协商确定具备资格的鉴定人;协商不成的,由人民法院指定。当事人未申请鉴定,人民法院对专门性问题认为需要鉴定的,应当委托具备资格的鉴定人进行鉴定。
	第七十七条　鉴定人有权了解进行鉴定所需要的案件材料,必要时可以询问当事人、证人。 鉴定人应当提出书面鉴定意见,在鉴定书上签名或者盖章。
	第七十八条　当事人对鉴定意见有异议或者人民法院认为鉴定人有必要出庭的,鉴定人应当出庭作证。经人民法院通知,鉴定人拒不出庭作证的,鉴定意见不得作为认定事实的根据;支付鉴定费用的当事人可以要求返还鉴定费用。
第七十三条　勘验物证或者现场,勘验人必须出示人民法院的证件,并邀请当地基层组织或者当事人所在单位派人参加。当事人或者当事人的成年家属应当到场,拒不到场的,不影响勘验的进行。 有关单位和个人根据人民法院的通知,有义务保护现场,协助勘验工作。勘验人应当将勘验情况和结果制作笔录,由勘验人、当事人和被邀参加人签名或者盖章。	第七十九条　当事人可以申请人民法院通知有专门知识的人出庭,就鉴定人作出的鉴定意见或者专业问题提出意见。
	第八十条　勘验物证或者现场,勘验人必须出示人民法院的证件,并邀请当地基层组织或者当事人所在单位派人参加。当事人或者当事人的成年家属应当到场,拒不到场的,不影响勘验的进行。 有关单位和个人根据人民法院的通知,有义务保护现场,协助勘验工作。 勘验人应当将勘验情况和结果制作笔录,由勘验人、当事人和被邀参加人签名或者盖章。

（续表）

第七十四条　在证据可能灭失或者以后难以取得的情况下,诉讼参加人可以向人民法院申请保全证据,人民法院也可以主动采取保全措施。	第八十一条　在证据可能灭失或者以后难以取得的情况下,当事人可以在诉讼过程中向人民法院申请保全证据,人民法院也可以主动采取保全措施。 因情况紧急,在证据可能灭失或者以后难以取得的情况下,利害关系人可以在提起诉讼或者申请仲裁前向证据所在地、被申请人住所地或者对案件有管辖权的人民法院申请保全证据。 证据保全的其他程序,参照适用本法第九章保全的有关规定。
第七章　期间、送达	第七章　期间、送达
第一节　期　　间	第一节　期　　间
第七十五条　期间包括法定期间和人民法院指定的期间。期间以时、日、月、年计算。期间开始的时和日,不计算在期间内。期间届满的最后一日是节假日的,以节假日后的第一日为期间届满的日期。 期间不包括在途时间,诉讼文书在期满前交邮的,不算过期。	第八十二条　期间包括法定期间和人民法院指定的期间。期间以时、日、月、年计算。期间开始的时和日,不计算在期间内。期间届满的最后一日是节假日的,以节假日后的第一日为期间届满的日期。 期间不包括在途时间,诉讼文书在期满前交邮的,不算过期。
第七十六条　当事人因不可抗拒的事由或者其他正当理由耽误期限的,在障碍消除后的十日内,可以申请顺延期限,是否准许,由人民法院决定。	第八十三条　当事人因不可抗拒的事由或者其他正当理由耽误期限的,在障碍消除后的十日内,可以申请顺延期限,是否准许,由人民法院决定。
第二节　送　　达	第二节　送　　达
第七十七条　送达诉讼文书必须有送达回证,由受送达人在送达回证上记明收到日期,签名或者盖章。受送达人在送达回证上的签收日期为送达日期。	第八十四条　送达诉讼文书必须有送达回证,由受送达人在送达回证上记明收到日期,签名或者盖章。受送达人在送达回证上的签收日期为送达日期。

(续表)

第七十八条 送达诉讼文书,应当直接送交受送达人。受送达人是公民的,本人不在交他的同住成年家属签收;受送达人是法人或者其他组织的,应当由法人的法定代表人、其他组织的主要负责人或者该法人、组织负责收件的人签收;受送达人有诉讼代理人的,可以送交其代理人签收;受送达人已向人民法院指定代收人的,送交代收人签收。受送达人的同住成年家属,法人或者其他组织的负责收件的人,诉讼代理人或者代收人在送达回证上签收的日期为送达日期。	**第八十五条** 送达诉讼文书,应当直接送交受送达人。受送达人是公民的,本人不在交他的同住成年家属签收;受送达人是法人或者其他组织的,应当由法人的法定代表人、其他组织的主要负责人或者该法人、组织负责收件的人签收;受送达人有诉讼代理人的,可以送交其代理人签收;受送达人已向人民法院指定代收人的,送交代收人签收。受送达人的同住成年家属,法人或者其他组织的负责收件的人,诉讼代理人或者代收人在送达回证上签收的日期为送达日期。
第七十九条 受送达人或者他的同住成年家属拒绝接收诉讼文书的,送达人应当邀请有关基层组织或者所在单位的代表到场,说明情况,在送达回证上记明拒收事由和日期,由送达人、见证人签名或者盖章,把诉讼文书留在受送达人的住所,即视为送达。	**第八十六条** 受送达人或者他的同住成年家属拒绝接收诉讼文书的,送达人可以邀请有关基层组织或者所在单位的代表到场,说明情况,在送达回证上记明拒收事由和日期,由送达人、见证人签名或者盖章,把诉讼文书留在受送达人的住所;也可以把诉讼文书留在受送达人的住所,并采用拍照、录像等方式记录送达过程,即视为送达。
	第八十七条 经受送达人同意,人民法院可以采用传真、电子邮件等能够确认其收悉的方式送达诉讼文书,但判决书、裁定书、调解书除外。 采用前款方式送达的,以传真、电子邮件等到达受送达人特定系统的日期为送达日期。
第八十条 直接送达诉讼文书有困难的,可以委托其他人民法院代为送达,或者邮寄送达。邮寄送达的,以回执上注明的收件日期为送达日期。	**第八十八条** 直接送达诉讼文书有困难的,可以委托其他人民法院代为送达,或者邮寄送达。邮寄送达的,以回执上注明的收件日期为送达日期。
第八十一条 受送达人是军人的,通过其所在部队团以上单位的政治机关转交。	**第八十九条** 受送达人是军人的,通过其所在部队团以上单位的政治机关转交。
第八十二条 受送达人是被监禁的,通过其所在监所或者劳动改造单位转交。受送达人是被劳动教养的,通过其所在劳动教养单位转交。	**第九十条** 受送达人被监禁的,通过其所在监所转交。受送达人被采取强制性教育措施的,通过其所在强制性教育机构转交。

（续表）

第八十三条　代为转交的机关、单位收到诉讼文书后，必须立即交受送达人签收，以在送达回证上的签收日期，为送达日期。	第九十一条　代为转交的机关、单位收到诉讼文书后，必须立即交受送达人签收，以在送达回证上的签收日期，为送达日期。
第八十四条　受送达人下落不明，或者用本节规定的其他方式无法送达的，公告送达。自发出公告之日起，经过六十日，即视为送达。公告送达，应当在案卷中记明原因和经过。	第九十二条　受送达人下落不明，或者用本节规定的其他方式无法送达的，公告送达。自发出公告之日起，经过六十日，即视为送达。公告送达，应当在案卷中记明原因和经过。
第八章　调　解	第八章　调　解
第八十五条　人民法院审理民事案件，根据当事人自愿的原则，在事实清楚的基础上，分清是非，进行调解。	第九十三条　人民法院审理民事案件，根据当事人自愿的原则，在事实清楚的基础上，分清是非，进行调解。
第八十六条　人民法院进行调解，可以由审判员一人主持，也可以由合议庭主持，并尽可能就地进行。人民法院进行调解，可以用简便方式通知当事人、证人到庭。	第九十四条　人民法院进行调解，可以由审判员一人主持，也可以由合议庭主持，并尽可能就地进行。人民法院进行调解，可以用简便方式通知当事人、证人到庭。
第八十七条　人民法院进行调解，可以邀请有关单位和个人协助。被邀请的单位和个人，应当协助人民法院进行调解。	第九十五条　人民法院进行调解，可以邀请有关单位和个人协助。被邀请的单位和个人，应当协助人民法院进行调解。
第八十八条　调解达成协议，必须双方自愿，不得强迫。调解协议的内容不得违反法律规定。	第九十六条　调解达成协议，必须双方自愿，不得强迫。调解协议的内容不得违反法律规定。
第八十九条　调解达成协议，人民法院应当制作调解书。调解书应当写明诉讼请求、案件的事实和调解结果。调解书由审判人员、书记员署名，加盖人民法院印章，送达双方当事人。调解书经双方当事人签收后，即具有法律效力。	第九十七条　调解达成协议，人民法院应当制作调解书。调解书应当写明诉讼请求、案件的事实和调解结果。调解书由审判人员、书记员署名，加盖人民法院印章，送达双方当事人。调解书经双方当事人签收后，即具有法律效力。
第九十条　下列案件调解达成协议，人民法院可以不制作调解书： （一）调解和好的离婚案件； （二）调解维持收养关系的案件； （三）能够即时履行的案件； （四）其他不需要制作调解书的案件。 对不需要制作调解书的协议，应当记入笔录，由双方当事人、审判人员、书记员签名或者盖章后，即具有法律效力。	第九十八条　下列案件调解达成协议，人民法院可以不制作调解书： （一）调解和好的离婚案件； （二）调解维持收养关系的案件； （三）能够即时履行的案件； （四）其他不需要制作调解书的案件。 对不需要制作调解书的协议，应当记入笔录，由双方当事人、审判人员、书记员签名或者盖章后，即具有法律效力。

(续表)

第九十一条　调解未达成协议或者调解书送达前一方反悔的,人民法院应当及时判决。	第九十九条　调解未达成协议或者调解书送达前一方反悔的,人民法院应当及时判决。
第九章　财产保全和先予执行	**第九章　保全和先予执行**
第九十二条　人民法院对于可能因当事人一方的行为或者其他原因,使判决<u>不能执行或者</u>难以执行的案件,<u>可以</u>根据对方当事人的申请,作出财产保全的裁定;当事人没有提出申请,人民法院在必要时也可以裁定采取财产保全措施。人民法院采取财产保全措施,可以责令申请人提供担保;申请人不提供担保的,驳回申请。人民法院接受申请后,对情况紧急的,必须在四十八小时内作出裁定;裁定采取财产保全措施的,应当立即开始执行。	第一百条　人民法院对于可能因当事人一方的行为或者其他原因,使判决<u>难以执行或者造成当事人其他损害</u>的案件,根据对方当事人的申请,可以裁定对其财产进行保全、责令其作出一定行为或者禁止其作出一定行为;当事人没有提出申请,人民法院在必要时也可以裁定采取保全措施。 人民法院采取保全措施,可以责令申请人提供担保,申请人不提供担保的,裁定驳回申请。 人民法院接受申请后,对情况紧急的,必须在四十八小时内作出裁定;裁定采取保全措施的,应当立即开始执行。
第九十三条　利害关系人因情况紧急,不立即申请财产保全将会使其合法权益受到难以弥补的损害的,可以在起诉前向人民法院申请采取财产保全措施。<u>申请人应当提供担保,不提供担保的,驳回申请。</u> 人民法院接受申请后,必须在四十八小时内作出裁定;裁定采取财产保全措施的,应当立即开始执行。<u>申请人</u>在人民法院采取保全措施后十五日内不起诉的,人民法院应当解除财产保全。	第一百零一条　利害关系人因情况紧急,不立即申请财产保全将会使其合法权益受到难以弥补的损害的,可以<u>在提起诉讼或者申请仲裁前向被保全财产所在地、被申请人住所地或者对案件有管辖权的人民法院申请采取保全措施。</u>申请人应当提供担保,不提供担保的,裁定驳回申请。 人民法院接受申请后,必须在四十八小时内作出裁定;裁定采取保全措施的,应当立即开始执行。申请人在人民法院采取保全措施后<u>三十日内不依法提起诉讼或者申请仲裁</u>的,人民法院应当解除保全。
第九十四条　财产保全限于请求的范围,或者与本案有关的财物。财产保全采取查封、扣押、冻结或者法律规定的其他方法。人民法院冻结财产后,应当立即通知被冻结财产的人。财产已被查封、冻结的,不得重复查封、冻结。	第一百零二条　<u>保全</u>限于请求的范围,或<u>者与本案有关的财物。</u>
	第一百零三条　财产保全采取查封、扣押、冻结或者法律规定的其他方法。人民法院<u>保全</u>财产后,应当立即通知被<u>保全</u>财产的人。 财产已被查封、冻结的,不得重复查封、冻结。

(续表)

第九十五条　被申请人提供担保的,人民法院应当解除财产保全。	第一百零四条　财产纠纷案件,被申请人提供担保的,人民法院应当裁定解除保全。
第九十六条　申请有错误的,申请人应当赔偿被申请人因财产保全所遭受的损失。	第一百零五条　申请有错误的,申请人应当赔偿被申请人因保全所遭受的损失。
第九十七条　人民法院对下列案件,根据当事人的申请,可以裁定先予执行: (一)追索赡养费、扶养费、抚育费、抚恤金、医疗费用的; (二)追索劳动报酬的; (三)因情况紧急需要先予执行的。	第一百零六条　人民法院对下列案件,根据当事人的申请,可以裁定先予执行: (一)追索赡养费、扶养费、抚育费、抚恤金、医疗费用的; (二)追索劳动报酬的; (三)因情况紧急需要先予执行的。
第九十八条　人民法院裁定先予执行的,应当符合下列条件: (一)当事人之间权利义务关系明确,不先予执行将严重影响申请人的生活或者生产经营的; (二)被申请人有履行能力。 人民法院可以责令申请人提供担保,申请人不提供担保的,驳回申请。申请人败诉的,应当赔偿被申请人因先予执行遭受的财产损失。	第一百零七条　人民法院裁定先予执行的,应当符合下列条件: (一)当事人之间权利义务关系明确,不先予执行将严重影响申请人的生活或者生产经营的; (二)被申请人有履行能力。 人民法院可以责令申请人提供担保,申请人不提供担保的,驳回申请。申请人败诉的,应当赔偿被申请人因先予执行遭受的财产损失。
第九十九条　当事人对财产保全或者先予执行的裁定不服的,可以申请复议一次。复议期间不停止裁定的执行。	第一百零八条　当事人对保全或者先予执行的裁定不服的,可以申请复议一次。复议期间不停止裁定的执行。
第十章　对妨害民事诉讼的强制措施	第十章　对妨害民事诉讼的强制措施
第一百条　人民法院对必须到庭的被告,经两次传票传唤,无正当理由拒不到庭的,可以拘传。	第一百零九条　人民法院对必须到庭的被告,经两次传票传唤,无正当理由拒不到庭的,可以拘传。
第一百零一条　诉讼参与人和其他人应当遵守法庭规则。 人民法院对违反法庭规则的人,可以予以训诫,责令退出法庭或者予以罚款、拘留。人民法院对哄闹、冲击法庭,侮辱、诽谤、威胁、殴打审判人员,严重扰乱法庭秩序的人,依法追究刑事责任;情节较轻的,予以罚款、拘留。	第一百一十条　诉讼参与人和其他人应当遵守法庭规则。 人民法院对违反法庭规则的人,可以予以训诫,责令退出法庭或者予以罚款、拘留。人民法院对哄闹、冲击法庭,侮辱、诽谤、威胁、殴打审判人员,严重扰乱法庭秩序的人,依法追究刑事责任;情节较轻的,予以罚款、拘留。

(续表)

第一百零二条　诉讼参与人或者其他人有下列行为之一的,人民法院可以根据情节轻重予以罚款、拘留;构成犯罪的,依法追究刑事责任: (一) 伪造、毁灭重要证据,妨碍人民法院审理案件的; (二) 以暴力、威胁、贿买方法阻止证人作证或者指使、贿买、胁迫他人作伪证的; (三) 隐藏、转移、变卖、毁损已被查封、扣押的财产,或者已被清点并责令其保管的财产,转移已被冻结的财产的; (四) 对司法工作人员、诉讼参加人、证人、翻译人员、鉴定人、勘验人、协助执行的人,进行侮辱、诽谤、诬陷、殴打或者打击报复的; (五) 以暴力、威胁或者其他方法阻碍司法工作人员执行职务的; (六) 拒不履行人民法院已经发生法律效力的判决、裁定的。人民法院对有前款规定的行为之一的单位,可以对其主要负责人或者直接责任人员予以罚款、拘留;构成犯罪的,依法追究刑事责任。	第一百一十一条　诉讼参与人或者其他人有下列行为之一的,人民法院可以根据情节轻重予以罚款、拘留;构成犯罪的,依法追究刑事责任: (一) 伪造、毁灭重要证据,妨碍人民法院审理案件的; (二) 以暴力、威胁、贿买方法阻止证人作证或者指使、贿买、胁迫他人作伪证的; (三) 隐藏、转移、变卖、毁损已被查封、扣押的财产,或者已被清点并责令其保管的财产,转移已被冻结的财产的; (四) 对司法工作人员、诉讼参加人、证人、翻译人员、鉴定人、勘验人、协助执行的人,进行侮辱、诽谤、诬陷、殴打或者打击报复的; (五) 以暴力、威胁或者其他方法阻碍司法工作人员执行职务的; (六) 拒不履行人民法院已经发生法律效力的判决、裁定的。人民法院对有前款规定的行为之一的单位,可以对其主要负责人或者直接责任人员予以罚款、拘留;构成犯罪的,依法追究刑事责任。
	第一百一十二条　当事人之间恶意串通,企图通过诉讼、调解等方式侵害他人合法权益的,人民法院应当驳回其请求,并根据情节轻重予以罚款、拘留;构成犯罪的,依法追究刑事责任。
	第一百一十三条　被执行人与他人恶意串通,通过诉讼、仲裁、调解等方式逃避履行法律文书确定的义务的,人民法院应当根据情节轻重予以罚款、拘留;构成犯罪的,依法追究刑事责任。

(续表)

第一百零三条　有义务协助调查、执行的单位有下列行为之一的，人民法院除责令其履行协助义务外，并可以予以罚款： （一）有关单位拒绝或者妨碍人民法院调查取证的； （二）银行、信用合作社和其他有储蓄业务的单位接到人民法院协助执行通知书后，拒不协助查询、冻结或者划拨存款的； （三）有关单位接到人民法院协助执行通知书后，拒不协助扣留被执行人的收入、办理有关财产权证照转移手续、转交有关票证、证照或者其他财产的； （四）其他拒绝协助执行的。 人民法院对有前款规定的行为之一的单位，可以对其主要负责人或者直接责任人员予以罚款；对仍不履行协助义务的，可以予以拘留；并可以向监察机关或者有关机关提出予以纪律处分的司法建议。	第一百一十四条　有义务协助调查、执行的单位有下列行为之一的，人民法院除责令其履行协助义务外，并可以予以罚款： （一）有关单位拒绝或者妨碍人民法院调查取证的； （二）有关单位接到人民法院协助执行通知书后，拒不协助查询、扣押、冻结、划拨、变价财产的； （三）有关单位接到人民法院协助执行通知书后，拒不协助扣留被执行人的收入、办理有关财产权证照转移手续、转交有关票证、证照或者其他财产的； （四）其他拒绝协助执行的。 人民法院对有前款规定的行为之一的单位，可以对其主要负责人或者直接责任人员予以罚款；对仍不履行协助义务的，可以予以拘留；并可以向监察机关或者有关机关提出予以纪律处分的司法建议。
第一百零四条　对个人的罚款金额，为人民币一万元以下。对单位的罚款金额，为人民币一万元以上三十万元以下。拘留的期限，为十五日以下。被拘留的人，由人民法院交公安机关看管。在拘留期间，被拘留的人承认并改正错误的，人民法院可以决定提前解除拘留。	第一百一十五条　对个人的罚款金额，为人民币十万元以下。对单位的罚款金额，为人民币五万元以上一百万元以下。拘留的期限，为十五日以下。被拘留的人，由人民法院交公安机关看管。在拘留期间，被拘留人承认并改正错误的，人民法院可以决定提前解除拘留。
第一百零五条　拘传、罚款、拘留必须经院长批准。拘传应当发拘传票。罚款、拘留应当用决定书。对决定不服的，可以向上一级人民法院申请复议一次。复议期间不停止执行。	第一百一十六条　拘传、罚款、拘留必须经院长批准。拘传应当发拘传票。罚款、拘留应当用决定书。对决定不服的，可以向上一级人民法院申请复议一次。复议期间不停止执行。
第一百零六条　采取对妨害民事诉讼的强制措施必须由人民法院决定。任何单位和个人采取非法拘禁他人或者非法私自扣押他人财产追索债务的，应当依法追究刑事责任，或者予以拘留、罚款。	第一百一十七条　采取对妨害民事诉讼的强制措施必须由人民法院决定。任何单位和个人采取非法拘禁他人或者非法私自扣押他人财产追索债务的，应当依法追究刑事责任，或者予以拘留、罚款。

(续表)

第十一章 诉讼费用	第十一章 诉讼费用
第一百零七条 当事人进行民事诉讼,应当按照规定交纳案件受理费。财产案件除交纳案件受理费外,并按照规定交纳其他诉讼费用。当事人交纳诉讼费用确有困难的,可以按照规定向人民法院申请缓交、减交或者免交。收取诉讼费用的办法另行制定。	第一百一十八条 当事人进行民事诉讼,应当按照规定交纳案件受理费。财产案件除交纳案件受理费外,并按照规定交纳其他诉讼费用。当事人交纳诉讼费用确有困难的,可以按照规定向人民法院申请缓交、减交或者免交。收取诉讼费用的办法另行制定。
第二编 审判程序	**第二编 审判程序**
第十二章 第一审普通程序	第十二章 第一审普通程序
第一节 起诉和受理	第一节 起诉和受理
第一百零八条 起诉必须符合下列条件: (一)原告是与本案有直接利害关系的公民、法人和其他组织; (二)有明确的被告; (三)有具体的诉讼请求和事实、理由; (四)属于人民法院受理民事诉讼的范围和受诉人民法院管辖。	第一百一十九条 起诉必须符合下列条件: (一)原告是与本案有直接利害关系的公民、法人和其他组织; (二)有明确的被告; (三)有具体的诉讼请求和事实、理由; (四)属于人民法院受理民事诉讼的范围和受诉人民法院管辖。
第一百零九条 起诉应当向人民法院递交起诉状,并按照被告人数提出副本。书写起诉状确有困难的,可以口头起诉,由人民法院记入笔录,并告知对方当事人。	第一百二十条 起诉应当向人民法院递交起诉状,并按照被告人数提出副本。书写起诉状确有困难的,可以口头起诉,由人民法院记入笔录,并告知对方当事人。
第一百一十条 起诉状应当记明下列事项: (一)当事人的姓名、性别、年龄、民族、职业、工作单位和住所,法人或者其他组织的名称、住所和法定代表人或者主要负责人的姓名、职务; (二)诉讼请求和所根据的事实与理由; (三)证据和证据来源,证人姓名和住所。	第一百二十一条 起诉状应当记明下列事项: (一)原告的姓名、性别、年龄、民族、职业、工作单位、住所、联系方式,法人或者其他组织的名称、住所和法定代表人或者主要负责人的姓名、职务、联系方式; (二)被告的姓名、性别、工作单位、住所等信息,法人或者其他组织的名称、住所等信息; (三)诉讼请求和所根据的事实与理由; (四)证据和证据来源,证人姓名和住所。
	第一百二十二条 当事人起诉到人民法院的民事纠纷,适宜调解的,先行调解,但当事人拒绝调解的除外。

(续表)

第一百一十一条　人民法院对符合本法第一百零八条的起诉,必须受理;对下列起诉,分别情形,予以处理: (一) 依照行政诉讼法的规定,属于行政诉讼受案范围的,告知原告提起行政诉讼; (二) 依照法律规定,双方当事人对合同纠纷自愿达成书面仲裁协议向仲裁机构申请仲裁,不得向人民法院起诉的,告知原告向仲裁机构申请仲裁; (三) 依照法律规定,应当由其他机关处理的争议,告知原告向有关机关申请解决; (四) 对不属于本院管辖的案件,告知原告向有管辖权的人民法院起诉; (五) 对判决、裁定已经发生法律效力的案件,当事人又起诉的,告知原告按照申诉处理,但人民法院准许撤诉的裁定除外; (六) 依照法律规定,在一定期限内不得起诉的案件,在不得起诉的期限内起诉的,不予受理; (七) 判决不准离婚和调解和好的离婚案件,判决、调解维持收养关系的案件,没有新情况、新理由,原告在六个月内又起诉的,不予受理。 第一百一十二条　人民法院收到起诉状或者口头起诉,经审查,认为符合起诉条件的,应当在七日内立案,并通知当事人;认为不符合起诉条件的,应当在七日内裁定不予受理;原告对裁定不服的,可以提起上诉。	第一百二十三条　人民法院应当保障当事人依照法律规定享有的起诉权利。对符合本法第一百一十九条的起诉,必须受理。符合起诉条件的,应当在七日内立案,并通知当事人;不符合起诉条件的,应当在七日内作出裁定书,不予受理;原告对裁定不服的,可以提起上诉。 第一百二十四条　人民法院对下列起诉,分别情形,予以处理: (一) 依照行政诉讼法的规定,属于行政诉讼受案范围的,告知原告提起行政诉讼; (二) <u>依照法律规定,双方当事人达成书面仲裁协议申请仲裁、不得向人民法院起诉的,告知原告向仲裁机构申请仲裁</u>; (三) 依照法律规定,应当由其他机关处理的争议,告知原告向有关机关申请解决; (四) 对不属于本院管辖的案件,告知原告向有管辖权的人民法院起诉; (五) <u>对判决、裁定、调解书已经发生法律效力的案件,当事人又起诉的,告知原告申请再审,但人民法院准许撤诉的裁定除外</u>; (六) 依照法律规定,在一定期限内不得起诉的案件,在不得起诉的期限内起诉的,不予受理; (七) 判决不准离婚和调解和好的离婚案件,判决、调解维持收养关系的案件,没有新情况、新理由,原告在六个月内又起诉的,不予受理。
第二节　审理前的准备	第二节　审理前的准备
第一百一十三条　人民法院应当在立案之日起五日内将起诉状副本发送被告,被告在收到之日起十五日内提出答辩状。被告提出答辩状的,人民法院应当在收到之日起五日内将答辩状副本发送原告。被告不提出答辩状的,不影响人民法院审理。	第一百二十五条　人民法院应当在立案之日起五日内将起诉状副本发送被告,被告应当在收到之日起十五日内提出答辩状。答辩状应当记明被告的姓名、性别、年龄、民族、职业、工作单位、住所、联系方式;法人或者其他组织的名称、住所和法定代表人或者主要负责人的姓名、职务、联系方式。人民法院应当在收到答辩状之日起五日内将答辩状副本发送原告。 被告不提出答辩状的,不影响人民法院审理。

(续表)

第一百一十四条　人民法院对决定受理的案件,应当在受理案件通知书和应诉通知书中向当事人告知有关的诉讼权利义务,或者口头告知。	第一百二十六条　人民法院对决定受理的案件,应当在受理案件通知书和应诉通知书中向当事人告知有关的诉讼权利义务,或者口头告知。
	第一百二十七条　人民法院受理案件后,当事人对管辖权有异议的,应当在提交答辩状期间提出。人民法院对当事人提出的异议,应当审查。异议成立的,裁定将案件移送有管辖权的人民法院;异议不成立的,裁定驳回。当事人未提出管辖异议,并应诉答辩的,视为受诉人民法院有管辖权,但违反级别管辖和专属管辖规定的除外。
第一百一十五条　合议庭组成人员确定后,应当在三日内告知当事人。	第一百二十八条　合议庭组成人员确定后,应当在三日内告知当事人。
第一百一十六条　审判人员必须认真审核诉讼材料,调查收集必要的证据。	第一百二十九条　审判人员必须认真审核诉讼材料,调查收集必要的证据。
第一百一十七条　人民法院派出人员进行调查时,应当向被调查人出示证件。调查笔录经被调查人校阅后,由被调查人、调查人签名或者盖章。	第一百三十条　人民法院派出人员进行调查时,应当向被调查人出示证件。调查笔录经被调查人校阅后,由被调查人、调查人签名或者盖章。
第一百一十八条　人民法院在必要时可以委托外地人民法院调查。委托调查,必须提出明确的项目和要求。受委托人民法院可以主动补充调查。受委托人民法院收到委托书后,应当在三十日内完成调查。因故不能完成的,应当在上述期限内函告委托人民法院。	第一百三十一条　人民法院在必要时可以委托外地人民法院调查。委托调查,必须提出明确的项目和要求。受委托人民法院可以主动补充调查。受委托人民法院收到委托书后,应当在三十日内完成调查。因故不能完成的,应当在上述期限内函告委托人民法院。
第一百一十九条　必须共同进行诉讼的当事人没有参加诉讼的,人民法院应当通知其参加诉讼。	第一百三十二条　必须共同进行诉讼的当事人没有参加诉讼的,人民法院应当通知其参加诉讼。
	第一百三十三条　人民法院对受理的案件,分别情形,予以处理: (一)当事人没有争议,符合督促程序规定条件的,可以转入督促程序; (二)开庭前可以调解的,采取调解方式及时解决纠纷; (三)根据案件情况,确定适用简易程序或者普通程序; (四)需要开庭审理的,通过要求当事人交换证据等方式,明确争议焦点。

(续表)

第三节 开庭审理	第三节 开庭审理
第一百二十条 人民法院审理民事案件，除涉及国家秘密、个人隐私或者法律另有规定的以外，应当公开进行。离婚案件，涉及商业秘密的案件，当事人申请不公开审理的，可以不公开审理。	第一百三十四条 人民法院审理民事案件，除涉及国家秘密、个人隐私或者法律另有规定的以外，应当公开进行。离婚案件，涉及商业秘密的案件，当事人申请不公开审理的，可以不公开审理。
第一百二十一条 人民法院审理民事案件，根据需要进行巡回审理，就地办案。	第一百三十五条 人民法院审理民事案件，根据需要进行巡回审理，就地办案。
第一百二十二条 人民法院审理民事案件，应当在开庭三日前通知当事人和其他诉讼参与人。公开审理的，应当公告当事人姓名、案由和开庭的时间、地点。	第一百三十六条 人民法院审理民事案件，应当在开庭三日前通知当事人和其他诉讼参与人。公开审理的，应当公告当事人姓名、案由和开庭的时间、地点。
第一百二十三条 开庭审理前，书记员应当查明当事人和其他诉讼参与人是否到庭，宣布法庭纪律。 开庭审理时，由审判长核对当事人，宣布案由，宣布审判人员、书记员名单，告知当事人有关的诉讼权利义务，询问当事人是否提出回避申请。	第一百三十七条 开庭审理前，书记员应当查明当事人和其他诉讼参与人是否到庭，宣布法庭纪律。 开庭审理时，由审判长核对当事人，宣布案由，宣布审判人员、书记员名单，告知当事人有关的诉讼权利义务，询问当事人是否提出回避申请。
第一百二十四条 法庭调查按照下列顺序进行： （一）当事人陈述； （二）告知证人的权利义务，证人作证，宣读未到庭的证人证言； （三）出示书证、物证和视听资料； （四）宣读鉴定结论； （五）宣读勘验笔录。	第一百三十八条 法庭调查按照下列顺序进行： （一）当事人陈述； （二）告知证人的权利义务，证人作证，宣读未到庭的证人证言； （三）出示书证、物证、视听资料和电子数据； （四）宣读鉴定意见； （五）宣读勘验笔录。
第一百二十五条 当事人在法庭上可以提出新的证据。当事人经法庭许可，可以向证人、鉴定人、勘验人发问。当事人要求重新进行调查、鉴定或者勘验的，是否准许，由人民法院决定。	第一百三十九条 当事人在法庭上可以提出新的证据。当事人经法庭许可，可以向证人、鉴定人、勘验人发问。当事人要求重新进行调查、鉴定或者勘验的，是否准许，由人民法院决定。
第一百二十六条 原告增加诉讼请求，被告提出反诉，第三人提出与本案有关的诉讼请求，可以合并审理。	第一百四十条 原告增加诉讼请求，被告提出反诉，第三人提出与本案有关的诉讼请求，可以合并审理。

(续表)

第一百二十七条　法庭辩论按照下列顺序进行： （一）原告及其诉讼代理人发言； （二）被告及其诉讼代理人答辩； （三）第三人及其诉讼代理人发言或者答辩； （四）互相辩论。 法庭辩论终结，由审判长按照原告、被告、第三人的先后顺序征询各方最后意见。	第一百四十一条　法庭辩论按照下列顺序进行： （一）原告及其诉讼代理人发言； （二）被告及其诉讼代理人答辩； （三）第三人及其诉讼代理人发言或者答辩； （四）互相辩论。 法庭辩论终结，由审判长按照原告、被告、第三人的先后顺序征询各方最后意见。
第一百二十八条　法庭辩论终结，应当依法作出判决。判决前能够调解的，还可以进行调解，调解不成的，应当及时判决。	第一百四十二条　法庭辩论终结，应当依法作出判决。判决前能够调解的，还可以进行调解，调解不成的，应当及时判决。
第一百二十九条　原告经传票传唤，无正当理由拒不到庭的，或者未经法庭许可中途退庭的，可以按撤诉处理；被告反诉的，可以缺席判决。	第一百四十三条　原告经传票传唤，无正当理由拒不到庭的，或者未经法庭许可中途退庭的，可以按撤诉处理；被告反诉的，可以缺席判决。
第一百三十条　被告经传票传唤，无正当理由拒不到庭的，或者未经法庭许可中途退庭的，可以缺席判决。	第一百四十四条　被告经传票传唤，无正当理由拒不到庭的，或者未经法庭许可中途退庭的，可以缺席判决。
第一百三十一条　宣判前，原告申请撤诉的，是否准许，由人民法院裁定。人民法院裁定不准许撤诉的，原告经传票传唤，无正当理由拒不到庭的，可以缺席判决。	第一百四十五条　宣判前，原告申请撤诉的，是否准许，由人民法院裁定。人民法院裁定不准许撤诉的，原告经传票传唤，无正当理由拒不到庭的，可以缺席判决。
第一百三十二条　有下列情形之一的，可以延期开庭审理： （一）必须到庭的当事人和其他诉讼参与人有正当理由没有到庭的； （二）当事人临时提出回避申请的； （三）需要通知新的证人到庭，调取新的证据，重新鉴定、勘验，或者需要补充调查的； （四）其他应当延期的情形。	第一百四十六条　有下列情形之一的，可以延期开庭审理： （一）必须到庭的当事人和其他诉讼参与人有正当理由没有到庭的； （二）当事人临时提出回避申请的； （三）需要通知新的证人到庭，调取新的证据，重新鉴定、勘验，或者需要补充调查的； （四）其他应当延期的情形。

(续表)

第一百三十三条 书记员应当将法庭审理的全部活动记入笔录,由审判人员和书记员签名。法庭笔录应当当庭宣读,也可以告知当事人和其他诉讼参与人当庭或者在五日内阅读。当事人和其他诉讼参与人认为对自己的陈述记录有遗漏或者差错的,有权申请补正。如果不予补正,应当将申请记录在案。法庭笔录由当事人和其他诉讼参与人签名或者盖章。拒绝签名盖章的,记明情况附卷。	**第一百四十七条** 书记员应当将法庭审理的全部活动记入笔录,由审判人员和书记员签名。法庭笔录应当当庭宣读,也可以告知当事人和其他诉讼参与人当庭或者在五日内阅读。当事人和其他诉讼参与人认为对自己的陈述记录有遗漏或者差错的,有权申请补正。如果不予补正,应当将申请记录在案。法庭笔录由当事人和其他诉讼参与人签名或者盖章。拒绝签名盖章的,记明情况附卷。
第一百三十四条 人民法院对公开审理或者不公开审理的案件,一律公开宣告判决。当庭宣判的,应当在十日内发送判决书;定期宣判的,宣判后立即发给判决书。宣告判决时,必须告知当事人上诉权利、上诉期限和上诉的法院。宣告离婚判决,必须告知当事人在判决发生法律效力前不得另行结婚。	**第一百四十八条** 人民法院对公开审理或者不公开审理的案件,一律公开宣告判决。当庭宣判的,应当在十日内发送判决书;定期宣判的,宣判后立即发给判决书。宣告判决时,必须告知当事人上诉权利、上诉期限和上诉的法院。宣告离婚判决,必须告知当事人在判决发生法律效力前不得另行结婚。
第一百三十五条 人民法院适用普通程序审理的案件,应当在立案之日起六个月内审结。有特殊情况需要延长的,由本院院长批准,可以延长六个月;还需要延长的,报请上级人民法院批准。	**第一百四十九条** 人民法院适用普通程序审理的案件,应当在立案之日起六个月内审结。有特殊情况需要延长的,由本院院长批准,可以延长六个月;还需要延长的,报请上级人民法院批准。
第四节 诉讼中止和终结	第四节 诉讼中止和终结
第一百三十六条 有下列情形之一的,中止诉讼: (一)一方当事人死亡,需要等待继承人表明是否参加诉讼的; (二)一方当事人丧失诉讼行为能力,尚未确定法定代理人的; (三)作为一方当事人的法人或者其他组织终止,尚未确定权利义务承受人的; (四)一方当事人因不可抗拒的事由,不能参加诉讼的; (五)本案必须以另一案的审理结果为依据,而另一案尚未审结的; (六)其他应当中止诉讼的情形。中止诉讼的原因消除后,恢复诉讼。	**第一百五十条** 有下列情形之一的,中止诉讼: (一)一方当事人死亡,需要等待继承人表明是否参加诉讼的; (二)一方当事人丧失诉讼行为能力,尚未确定法定代理人的; (三)作为一方当事人的法人或者其他组织终止,尚未确定权利义务承受人的; (四)一方当事人因不可抗拒的事由,不能参加诉讼的; (五)本案必须以另一案的审理结果为依据,而另一案尚未审结的; (六)其他应当中止诉讼的情形。中止诉讼的原因消除后,恢复诉讼。

(续表)

第一百三十七条 有下列情形之一的,终结诉讼: (一) 原告死亡,没有继承人,或者继承人放弃诉讼权利的; (二) 被告死亡,没有遗产,也没有应当承担义务的人的; (三) 离婚案件一方当事人死亡的; (四) 追索赡养费、扶养费、抚育费以及解除收养关系案件的一方当事人死亡的。	**第一百五十一条** 有下列情形之一的,终结诉讼: (一) 原告死亡,没有继承人,或者继承人放弃诉讼权利的; (二) 被告死亡,没有遗产,也没有应当承担义务的人的; (三) 离婚案件一方当事人死亡的; (四) 追索赡养费、扶养费、抚育费以及解除收养关系案件的一方当事人死亡的。
第五节 判决和裁定	第五节 判决和裁定
第一百三十八条 判决书应当写明: (一) 案由、诉讼请求、争议的事实和理由; (二) 判决认定的事实、理由和适用的法律依据; (三) 判决结果和诉讼费用的负担; (四) 上诉期间和上诉的法院。 判决书由审判人员、书记员署名,加盖人民法院印章。	**第一百五十二条** 判决书应当写明判决结果和作出该判决的理由。判决书内容包括: (一) 案由、诉讼请求、争议的事实和理由; (二) 判决认定的事实和理由、适用的法律和理由; (三) 判决结果和诉讼费用的负担; (四) 上诉期间和上诉的法院。 判决书由审判人员、书记员署名,加盖人民法院印章。
第一百三十九条 人民法院审理案件,其中一部分事实已经清楚,可以就该部分先行判决。	**第一百五十三条** 人民法院审理案件,其中一部分事实已经清楚,可以就该部分先行判决。
第一百四十条 裁定适用于下列范围: (一) 不予受理; (二) 对管辖权有异议的; (三) 驳回起诉; (四) 财产保全和先予执行; (五) 准许或者不准许撤诉; (六) 中止或者终结诉讼; (七) 补正判决书中的笔误; (八) 中止或者终结执行; (九) 不予执行仲裁裁决; (十) 不予执行公证机关赋予强制执行效力的债权文书; (十一) 其他需要裁定解决的事项。 对前款第(一)、(二)、(三)项裁定,可以上诉。 裁定书由审判人员、书记员署名,加盖人民法院印章。口头裁定的,记入笔录。	**第一百五十四条** 裁定适用于下列范围: (一) 不予受理; (二) 对管辖权有异议的; (三) 驳回起诉; (四) 保全和先予执行; (五) 准许或者不准许撤诉; (六) 中止或者终结诉讼; (七) 补正判决书中的笔误; (八) 中止或者终结执行; (九) 撤销或者不予执行仲裁裁决; (十) 不予执行公证机关赋予强制执行效力的债权文书; (十一) 其他需要裁定解决的事项。 对前款第一项至第三项裁定,可以上诉。 裁定书应当写明裁定结果和作出该裁定的理由。裁定书由审判人员、书记员署名,加盖人民法院印章。口头裁定的,记入笔录。

(续表)

第一百四十一条　最高人民法院的判决、裁定，以及依法不准上诉或者超过上诉期没有上诉的判决、裁定，是发生法律效力的判决、裁定。	第一百五十五条　最高人民法院的判决、裁定，以及依法不准上诉或者超过上诉期没有上诉的判决、裁定，是发生法律效力的判决、裁定。
	第一百五十六条　公众可以查阅发生法律效力的判决书、裁定书，但涉及国家秘密、商业秘密和个人隐私的内容除外。
第十三章　简易程序	第十三章　简易程序
第一百四十二条　基层人民法院和它派出的法庭审理事实清楚、权利义务关系明确、争议不大的简单的民事案件，适用本章规定。	第一百五十七条　基层人民法院和它派出的法庭审理事实清楚、权利义务关系明确、争议不大的简单的民事案件，适用本章规定。 基层人民法院和它派出的法庭审理前款规定以外的民事案件，当事人双方也可以约定适用简易程序。
第一百四十三条　对简单的民事案件，原告可以口头起诉。当事人双方可以同时到基层人民法院或它派出的法庭，请求解决纠纷。基层人民法院或者它派出的法庭可以当即审理，也可以另定日期审理。	第一百五十八条　对简单的民事案件，原告可以口头起诉。当事人双方可以同时到基层人民法院或它派出的法庭，请求解决纠纷。基层人民法院或者它派出的法庭可以当即审理，也可以另定日期审理。
第一百四十四条　基层人民法院和它派出的法庭审理简单的民事案件，可以用简便方式随时传唤当事人、证人。	第一百五十九条　基层人民法院和它派出的法庭审理简单的民事案件，可以用简便方式传唤当事人和证人、送达文书、审理案件，但应当保障当事人陈述意见的权利。
第一百四十五条　简单的民事案件由审判员一人独任审理，并不受本法第一百二十二条、第一百二十四条、第一百二十七条规定的限制。	第一百六十条　简单的民事案件由审判员一人独任审理，并不受本法第一百三十六条、第一百三十八条、第一百四十一条规定的限制。
第一百四十六条　人民法院适用简易程序审理案件，应当在立案之日起三个月内审结。	第一百六十一条　人民法院适用简易程序审理案件，应当在立案之日起三个月内审结。
	第一百六十二条　基层人民法院和它派出的法庭审理符合本法第一百五十七条第一款规定的简单的民事案件，标的额为各省、自治区、直辖市上年度就业人员年平均工资百分之三十以下的，实行一审终审。

(续表)

	第一百六十三条 人民法院在审理过程中,发现案件不宜适用简易程序的,裁定转为普通程序。
第十四章 第二审程序	第十四章 第二审程序
第一百四十七条 当事人不服地方人民法院第一审判决的,有权在判决书送达之日起十五日内向上一级人民法院提起上诉。当事人不服地方人民法院第一审裁定的,有权在裁定书送达之日起十日内向上一级人民法院提起上诉。	第一百六十四条 当事人不服地方人民法院第一审判决的,有权在判决书送达之日起十五日内向上一级人民法院提起上诉。当事人不服地方人民法院第一审裁定的,有权在裁定书送达之日起十日内向上一级人民法院提起上诉。
第一百四十八条 上诉应当递交上诉状。上诉状的内容,应当包括当事人的姓名,法人的名称及其法定代表人的姓名或者其他组织的名称及其主要负责人的姓名;原审人民法院名称、案件的编号和案由;上诉的请求和理由。	第一百六十五条 上诉应当递交上诉状。上诉状的内容,应当包括当事人的姓名,法人的名称及其法定代表人的姓名或者其他组织的名称及其主要负责人的姓名;原审人民法院名称、案件的编号和案由;上诉的请求和理由。
第一百四十九条 上诉状应当通过原审人民法院提出,并按照对方当事人或者代表人的人数提出副本。当事人直接向第二人民法院上诉的,第二审人民法院应当在五日内将上诉状移交原审人民法院。	第一百六十六条 上诉状应当通过原审人民法院提出,并按照对方当事人或者代表人的人数提出副本。当事人直接向第二人民法院上诉的,第二审人民法院应当在五日内将上诉状移交原审人民法院。
第一百五十条 原审人民法院收到上诉状,应当在五日内将上诉状副本送达对方当事人,对方当事人在收到之日起十五日内提出答辩状。人民法院应当在收到答辩状之日起五日内将副本送达上诉人。对方当事人不提出答辩状的,不影响人民法院审理。	第一百六十七条 原审人民法院收到上诉状,应当在五日内将上诉状副本送达对方当事人,对方当事人在收到之日起十五日内提出答辩状。人民法院应当在收到答辩状之日起五日内将副本送达上诉人。对方当事人不提出答辩状的,不影响人民法院审理。原审人民法院收到上诉状、答辩状,应当在五日内连同全部案卷和证据,报送第二审人民法院。
第一百五十一条 第二审人民法院应当对上诉请求的有关事实和适用法律进行审查。	第一百六十八条 第二审人民法院应当对上诉请求的有关事实和适用法律进行审查。

（续表）

第一百五十二条 第二审人民法院对上诉案件，应当组成合议庭，开庭审理。经过阅卷和调查，询问当事人，在事实核对清楚后，合议庭认为不需要开庭审理的，也可以径行判决、裁定。第二审人民法院审理上诉案件，可以在本院进行，也可以到案件发生地或者原审人民法院所在地进行。	**第一百六十九条** 第二审人民法院对上诉案件，应当组成合议庭，开庭审理。经过阅卷、调查和询问当事人，对没有提出新的事实、证据或者理由，合议庭认为不需要开庭审理的，可以不开庭审理。第二审人民法院审理上诉案件，可以在本院进行，也可以到案件发生地或者原审人民法院所在地进行。
第一百五十三条 第二审人民法院对上诉案件，经过审理，按照下列情形，分别处理： （一）原判决认定事实清楚，适用法律正确的，判决驳回上诉，维持原判决； （二）原判决适用法律错误的，依法改判； （三）原判决认定事实错误，或者原判决认定事实不清，证据不足，裁定撤销原判决，发回原审人民法院重审，或者查清事实后改判； （四）原判决违反法定程序，可能影响案件正确判决的，裁定撤销原判决，发回原审人民法院重审。 当事人对重审案件的判决、裁定，可以上诉。	**第一百七十条** 第二审人民法院对上诉案件，经过审理，按照下列情形，分别处理： （一）原判决、裁定认定事实清楚，适用法律正确的，以判决、裁定方式驳回上诉，维持原判决、裁定； （二）原判决、裁定认定事实错误或者适用法律错误的，以判决、裁定方式依法改判、撤销或者变更； （三）原判决认定基本事实不清的，裁定撤销原判决，发回原审人民法院重审，或者查清事实后改判； （四）原判决遗漏当事人或者违法缺席判决等严重违反法定程序的，裁定撤销原判决，发回原审人民法院重审。 原审人民法院对发回重审的案件作出判决后，当事人提起上诉的，第二审人民法院不得再次发回重审。
第一百五十四条 第二审人民法院对不服第一审人民法院裁定的上诉案件的处理，一律使用裁定。	**第一百七十一条** 第二审人民法院对不服第一审人民法院裁定的上诉案件的处理，一律使用裁定。
第一百五十五条 第二审人民法院审理上诉案件，可以进行调解。调解达成协议，应当制作调解书，由审判人员、书记员署名，加盖人民法院印章。调解书送达后，原审人民法院的判决即视为撤销。	**第一百七十二条** 第二审人民法院审理上诉案件，可以进行调解。调解达成协议，应当制作调解书，由审判人员、书记员署名，加盖人民法院印章。调解书送达后，原审人民法院的判决即视为撤销。
第一百五十六条 第二审人民法院判决宣告前，上诉人申请撤回上诉的，是否准许，由第二审人民法院裁定。	**第一百七十三条** 第二审人民法院判决宣告前，上诉人申请撤回上诉的，是否准许，由第二审人民法院裁定。
第一百五十七条 第二审人民法院审理上诉案件，除依照本章规定外，适用第一审普通程序。	**第一百七十四条** 第二审人民法院审理上诉案件，除依照本章规定外，适用第一审普通程序。

(续表)

第一百五十八条 第二审人民法院的判决、裁定,是终审的判决、裁定。	第一百七十五条 第二审人民法院的判决、裁定,是终审的判决、裁定。
第一百五十九条 人民法院审理对判决的上诉案件,应当在第二审立案之日起三个月内审结。有特殊情况需要延长的,由本院院长批准。人民法院审理对裁定的上诉案件,应当在第二审立案之日起三十日内作出终审裁定。	第一百七十六条 人民法院审理对判决的上诉案件,应当在第二审立案之日起三个月内审结。有特殊情况需要延长的,由本院院长批准。人民法院审理对裁定的上诉案件,应当在第二审立案之日起三十日内作出终审裁定。
第十五章 特别程序	第十五章 特别程序
第一节 一般规定	第一节 一般规定
第一百六十条 人民法院审理选民资格案件、宣告失踪或者宣告死亡案件、认定公民无民事行为能力或者限制民事行为能力案件和认定财产无主案件,适用本章规定。本章没有规定的,适用本法和其他法律的有关规定。	第一百七十七条 人民法院审理选民资格案件、宣告失踪或者宣告死亡案件、认定公民无民事行为能力或者限制民事行为能力案件、认定财产无主案件、确认调解协议案件和实现担保物权案件,适用本章规定。本章没有规定的,适用本法和其他法律的有关规定。
第一百六十一条 依照本章程序审理的案件,实行一审终审。选民资格案件或者重大、疑难的案件,由审判员组成合议庭审理;其他案件由审判员一人独任审理。	第一百七十八条 依照本章程序审理的案件,实行一审终审。选民资格案件或者重大、疑难的案件,由审判员组成合议庭审理;其他案件由审判员一人独任审理。
第一百六十二条 人民法院在依照本章程序审理案件的过程中,发现本案属于民事权益争议的,应当裁定终结特别程序,并告知利害关系人可以另行起诉。	第一百七十九条 人民法院在依照本章程序审理案件的过程中,发现本案属于民事权益争议的,应当裁定终结特别程序,并告知利害关系人可以另行起诉。
第一百六十三条 人民法院适用特别程序审理的案件,应当在立案之日起三十日内或者公告期满后三十日内审结。有特殊情况需要延长的,由本院院长批准。但审理选民资格的案件除外。	第一百八十条 人民法院适用特别程序审理的案件,应当在立案之日起三十日内或者公告期满后三十日内审结。有特殊情况需要延长的,由本院院长批准。但审理选民资格的案件除外。
第二节 选民资格案件	第二节 选民资格案件
第一百六十四条 公民不服选举委员会对选民资格的申诉所作的处理决定,可以在选举日的五日以前向选区所在地基层人民法院起诉。	第一百八十一条 公民不服选举委员会对选民资格的申诉所作的处理决定,可以在选举日的五日以前向选区所在地基层人民法院起诉。

(续表)

第一百六十五条　人民法院受理选民资格案件后,必须在选举日前审结。审理时,起诉人、选举委员会的代表和有关公民必须参加。人民法院的判决书,应当在选举日前送达选举委员会和起诉人,并通知有关公民。	第一百八十二条　人民法院受理选民资格案件后,必须在选举日前审结。审理时,起诉人、选举委员会的代表和有关公民必须参加。人民法院的判决书,应当在选举日前送达选举委员会和起诉人,并通知有关公民。
第三节　宣告失踪、宣告死亡案件	第三节　宣告失踪、宣告死亡案件
第一百六十六条　公民下落不明满二年,利害关系人申请宣告其失踪的,向下落不明人住所地基层人民法院提出。申请书应当写明失踪的事实、时间和请求,并附有公安机关或者其他有关机关关于该公民下落不明的书面证明。	第一百八十三条　公民下落不明满二年,利害关系人申请宣告其失踪的,向下落不明人住所地基层人民法院提出。申请书应当写明失踪的事实、时间和请求,并附有公安机关或者其他有关机关关于该公民下落不明的书面证明。
第一百六十七条　公民下落不明满四年,或者因意外事故下落不明满二年,或者因意外事故下落不明,经有关机关证明该公民不可能生存,利害关系人申请宣告其死亡的,向下落不明人住所地基层人民法院提出。申请书应当写明下落不明的事实、时间和请求,并附有公安机关或者其他有关机关关于该公民下落不明的书面证明。	第一百八十四条　公民下落不明满四年,或者因意外事故下落不明满二年,或者因意外事故下落不明,经有关机关证明该公民不可能生存,利害关系人申请宣告其死亡的,向下落不明人住所地基层人民法院提出。申请书应当写明下落不明的事实、时间和请求,并附有公安机关或者其他有关机关关于该公民下落不明的书面证明。
第一百六十八条　人民法院受理宣告失踪、宣告死亡案件后,应当发出寻找下落不明人的公告。宣告失踪的公告期间为三个月,宣告死亡的公告期间为一年。因意外事故下落不明,经有关机关证明该公民不可能生存的,宣告死亡的公告期间为三个月。 公告期间届满,人民法院应当根据被宣告失踪、宣告死亡的事实是否得到确认,作出宣告失踪、宣告死亡的判决或者驳回申请的判决。	第一百八十五条　人民法院受理宣告失踪、宣告死亡案件后,应当发出寻找下落不明人的公告。宣告失踪的公告期间为三个月,宣告死亡的公告期间为一年。因意外事故下落不明,经有关机关证明该公民不可能生存的,宣告死亡的公告期间为三个月。 公告期间届满,人民法院应当根据被宣告失踪、宣告死亡的事实是否得到确认,作出宣告失踪、宣告死亡的判决或者驳回申请的判决。
第一百六十九条　被宣告失踪、宣告死亡的公民重新出现,经本人或者利害关系人申请,人民法院应当作出新判决,撤销原判决。	第一百八十六条　被宣告失踪、宣告死亡的公民重新出现,经本人或者利害关系人申请,人民法院应当作出新判决,撤销原判决。

(续表)

第四节　认定公民无民事行为能力、限制民事行为能力案件	第四节　认定公民无民事行为能力、限制民事行为能力案件
第一百七十条　申请认定公民无民事行为能力或者限制民事行为能力,由其近亲属或者其他利害关系人向该公民住所地基层人民法院提出。申请书应当写明该公民无民事行为能力或者限制民事行为能力的事实和根据。	**第一百八十七条**　申请认定公民无民事行为能力或者限制民事行为能力,由其近亲属或者其他利害关系人向该公民住所地基层人民法院提出。申请书应当写明该公民无民事行为能力或者限制民事行为能力的事实和根据。
第一百七十一条　人民法院受理申请后,必要时应当对被请求认定为无民事行为能力或者限制民事行为能力的公民进行鉴定。申请人已提供鉴定结论的,应当对鉴定结论进行审查。	**第一百八十八条**　人民法院受理申请后,必要时应当对被请求认定为无民事行为能力或者限制民事行为能力的公民进行鉴定。申请人已提供鉴定意见的,应当对<u>鉴定意见</u>进行审查。
第一百七十二条　人民法院审理认定公民无民事行为能力或者限制民事行为能力的案件,应当由该公民的近亲属为代理人,但申请人除外。近亲属互相推诿的,由人民法院指定其中一人为代理人。该公民健康情况许可的,还应当询问本人的意见。人民法院经审理认定申请有事实根据的,判决该公民为无民事行为能力或者限制民事行为能力人;认定申请没有事实根据的,应当判决予以驳回。	**第一百八十九条**　人民法院审理认定公民无民事行为能力或者限制民事行为能力的案件,应当由该公民的近亲属为代理人,但申请人除外。近亲属互相推诿的,由人民法院指定其中一人为代理人。该公民健康情况许可的,还应当询问本人的意见。人民法院经审理认定申请有事实根据的,判决该公民为无民事行为能力或者限制民事行为能力人;认定申请没有事实根据的,应当判决予以驳回。
第一百七十三条　人民法院根据被认定为无民事行为能力人、限制民事行为能力人或者他的监护人的申请,证实该公民无民事行为能力或者限制民事行为能力的原因已经消除的,应当作出新判决,撤销原判决。	**第一百九十条**　人民法院根据被认定为无民事行为能力人、限制民事行为能力人或者他的监护人的申请,证实该公民无民事行为能力或者限制民事行为能力的原因已经消除的,应当作出新判决,撤销原判决。
第五节　认定财产无主案件	第五节　认定财产无主案件
第一百七十四条　申请认定财产无主,由公民、法人或者其他组织向财产所在地基层人民法院提出。申请书应当写明财产的种类、数量以及要求认定财产无主的根据。	**第一百九十一条**　申请认定财产无主,由公民、法人或者其他组织向财产所在地基层人民法院提出。申请书应当写明财产的种类、数量以及要求认定财产无主的根据。
第一百七十五条　人民法院受理申请后,经审查核实,应当发出财产认领公告。公告满一年无人认领的,判决认定财产无主,收归国家或者集体所有。	**第一百九十二条**　人民法院受理申请后,经审查核实,应当发出财产认领公告。公告满一年无人认领的,判决认定财产无主,收归国家或者集体所有。

(续表)

第一百七十六条　判决认定财产无主后，原财产所有人或者继承人出现，在民法通则规定的诉讼时效期间可以对财产提出请求，人民法院审查属实后，应当作出新判决，撤销原判决。	第一百九十三条　判决认定财产无主后，原财产所有人或者继承人出现，在民法通则规定的诉讼时效期间可以对财产提出请求，人民法院审查属实后，应当作出新判决，撤销原判决。
	第六节　确认调解协议案件
	第一百九十四条　申请司法确认调解协议，由双方当事人依照人民调解法等法律，自调解协议生效之日起三十日内，共同向调解组织所在地基层人民法院提出。
	第一百九十五条　人民法院受理申请后，经审查，符合法律规定的，裁定调解协议有效，一方当事人拒绝履行或者未全部履行的，对方当事人可以向人民法院申请执行；不符合法律规定的，裁定驳回申请，当事人可以通过调解方式变更原调解协议或者达成新的调解协议，也可以向人民法院提起诉讼。
	第七节　实现担保物权案件
	第一百九十六条　申请实现担保物权，由担保物权人以及其他有权请求实现担保物权的人依照物权法等法律，向担保财产所在地或者担保物权登记地基层人民法院提出。
	第一百九十七条　人民法院受理申请后，经审查，符合法律规定的，裁定拍卖、变卖担保财产，当事人依据该裁定可以向人民法院申请执行；不符合法律规定的，裁定驳回申请，当事人可以向人民法院提起诉讼。
第十六章　审判监督程序	第十六章　审判监督程序
第一百七十七条　各级人民法院院长对本院已经发生法律效力的判决、裁定，发现确有错误，认为需要再审的，应当提交审判委员会讨论决定。最高人民法院对地方各级人民法院已经发生法律效力的判决、裁定，上级人民法院对下级人民法院已经发生法律效力的判决、裁定，发现确有错误的，有权提审或者指令下级人民法院再审。	第一百九十八条　各级人民法院院长对本院已经发生法律效力的判决、裁定、调解书，发现确有错误，认为需要再审的，应当提交审判委员会讨论决定。最高人民法院对地方各级人民法院已经发生法律效力的判决、裁定、调解书，上级人民法院对下级人民法院已经发生法律效力的判决、裁定、调解书，发现确有错误的，有权提审或者指令下级人民法院再审。

(续表)

第一百七十八条　当事人对已经发生法律效力的判决、裁定，认为有错误的，可以向上一级人民法院申请再审，但不停止判决、裁定的执行。	第一百九十九条　当事人对已经发生法律效力的判决、裁定，认为有错误的，可以向上一级人民法院申请再审；当事人一方人数众多或者当事人双方为公民的案件，也可以向原审人民法院申请再审。当事人申请再审的，不停止判决、裁定的执行。
第一百七十九条　当事人的申请符合下列情形之一的，人民法院应当再审： （一）有新的证据，足以推翻原判决、裁定的； （二）原判决、裁定认定的基本事实缺乏证据证明的； （三）原判决、裁定认定事实的主要证据是伪造的； （四）原判决、裁定认定事实的主要证据未经质证的； （五）对审理案件需要的证据，当事人因客观原因不能自行收集，书面申请人民法院调查收集，人民法院未调查收集的； （六）原判决、裁定适用法律确有错误的； （七）违反法律规定，管辖错误的； （八）审判组织的组成不合法或者依法应当回避的审判人员没有回避的； （九）无诉讼行为能力人未经法定代理人代为诉讼或者应当参加诉讼的当事人，因不能归责于本人或者其诉讼代理人的事由，未参加诉讼的； （十）违反法律规定，剥夺当事人辩论权利的； （十一）未经传票传唤，缺席判决的； （十二）原判决、裁定遗漏或者超出诉讼请求的； （十三）据以作出原判决、裁定的法律文书被撤销或者变更的。 对违反法定程序可能影响案件正确判决、裁定的情形，或者审判人员在审理该案件时有贪污受贿，徇私舞弊，枉法裁判行为的，人民法院应当再审。	第二百条　当事人的申请符合下列情形之一的，人民法院应当再审： （一）有新的证据，足以推翻原判决、裁定的； （二）原判决、裁定认定的基本事实缺乏证据证明的； （三）原判决、裁定认定事实的主要证据是伪造的； （四）原判决、裁定认定事实的主要证据未经质证的； （五）对审理案件需要的主要证据，当事人因客观原因不能自行收集，书面申请人民法院调查收集，人民法院未调查收集的； （六）原判决、裁定适用法律确有错误的； （七）审判组织的组成不合法或者依法应当回避的审判人员没有回避的； （八）无诉讼行为能力人未经法定代理人代为诉讼或者应当参加诉讼的当事人，因不能归责于本人或者其诉讼代理人的事由，未参加诉讼的； （九）违反法律规定，剥夺当事人辩论权利的； （十）未经传票传唤，缺席判决的； （十一）原判决、裁定遗漏或者超出诉讼请求的； （十二）据以作出原判决、裁定的法律文书被撤销或者变更的； （十三）审判人员审理该案件时有贪污受贿，徇私舞弊，枉法裁判行为的。

(续表)

	第二百零一条　当事人对已经发生法律效力的调解书,提出证据证明调解违反自愿原则或者调解协议的内容违反法律的,可以申请再审。经人民法院审查属实的,应当再审。
	第二百零二条　当事人对已经发生法律效力的解除婚姻关系的判决、调解书,不得申请再审。
第一百八十条　当事人申请再审的,应当提交再审申请书等材料。人民法院应当自收到再审申请书之日起五日内将再审申请书副本发送对方当事人。对方当事人应当自收到再审申请书副本之日起十五日内提交书面意见;不提交书面意见的,不影响人民法院审查。人民法院可以要求申请人和对方当事人补充有关材料,询问有关事项。	第二百零三条　当事人申请再审的,应当提交再审申请书等材料。人民法院应当自收到再审申请书之日起五日内将再审申请书副本发送对方当事人。对方当事人应当自收到再审申请书副本之日起十五日内提交书面意见;不提交书面意见的,不影响人民法院审查。人民法院可以要求申请人和对方当事人补充有关材料,询问有关事项。
第一百八十一条　人民法院应当自收到再审申请书之日起三个月内审查,符合本法第一百七十九条规定情形之一的,裁定再审;不符合本法第一百七十九条规定的,裁定驳回申请。有特殊情况需要延长的,由本院院长批准。 因当事人申请裁定再审的案件由中级人民法院以上的人民法院审理。最高人民法院、高级人民法院裁定再审的案件,由本院再审或者交其他人民法院再审,也可以交原审人民法院再审。	第二百零四条　人民法院应当自收到再审申请书之日起三个月内审查,符合本法规定的,裁定再审;不符合本法规定的,裁定驳回申请。有特殊情况需要延长的,由本院院长批准。因当事人申请裁定再审的案件由中级人民法院以上的人民法院审理,但当事人依照本法第一百九十九条的规定选择向基层人民法院申请再审的除外。最高人民法院、高级人民法院裁定再审的案件,由本院再审或者交其他人民法院再审,也可以交原审人民法院再审。
第一百八十二条　当事人对已经发生法律效力的调解书,提出证据证明调解违反自愿原则或者调解协议的内容违反法律的,可以申请再审。经人民法院审查属实的,应当再审。 (本条内容移至新条文第二百零一条)	

(续表)

第一百八十三条 当事人对已经发生法律效力的解除婚姻关系的判决,不得申请再审。 (本条内容移至新条文第二百零二条)	
第一百八十四条 当事人申请再审,应当在判决、裁定发生法律效力后二年内提出;二年后据以作出原判决、裁定的法律文书被撤销或者变更,以及发现审判人员在审理该案件时有贪污受贿、徇私舞弊、枉法裁判行为的,自知道或者应当知道之日起三个月内提出。	第二百零五条 当事人申请再审,应当在判决、裁定发生法律效力后六个月内提出;有本法第二百条第一项、第三项、第十二项、第十三项规定情形的,自知道或者应当知道之日起六个月内提出。
第一百八十五条 按照审判监督程序决定再审的案件,裁定中止原判决的执行。裁定由院长署名,加盖人民法院印章。	第二百零六条 按照审判监督程序决定再审的案件,裁定中止原判决、裁定、调解书的执行,但追索赡养费、扶养费、抚育费、抚恤金、医疗费用、劳动报酬等案件,可以不中止执行。
第一百八十六条 人民法院按照审判监督程序再审的案件,发生法律效力的判决、裁定是由第一审法院作出的,按照第一审程序审理,所作的判决、裁定,当事人可以上诉;发生法律效力的判决、裁定是由第二审法院作出的,按照第二审程序审理,所作的判决、裁定,是发生法律效力的判决、裁定;上级人民法院按照审判监督程序提审的,按照第二审程序审理,所作的判决、裁定是发生法律效力的判决、裁定。 人民法院审理再审案件,应当另行组成合议庭。	第二百零七条 人民法院按照审判监督程序再审的案件,发生法律效力的判决、裁定是由第一审法院作出的,按照第一审程序审理,所作的判决、裁定,当事人可以上诉;发生法律效力的判决、裁定是由第二审法院作出的,按照第二审程序审理,所作的判决、裁定,是发生法律效力的判决、裁定;上级人民法院按照审判监督程序提审的,按照第二审程序审理,所作的判决、裁定是发生法律效力的判决、裁定。 人民法院审理再审案件,应当另行组成合议庭。

(续表)

第一百八十七条　最高人民检察院对各级人民法院已经发生法律效力的判决、裁定，上级人民检察院对下级人民法院已经发生法律效力的判决、裁定，发现有本法第一百七十九条规定情形之一的，应当提出抗诉。 地方各级人民检察院对同级人民法院已经发生法律效力的判决、裁定，发现有本法第一百七十九条规定情形之一的，应当提请上级人民检察院向同级人民法院提出抗诉。	第二百零八条　最高人民检察院对各级人民法院已经发生法律效力的判决、裁定，上级人民检察院对下级人民法院已经发生法律效力的判决、裁定，发现有本法第二百条规定情形之一的，或者发现调解书损害国家利益、社会公共利益的，应当提出抗诉。 地方各级人民检察院对同级人民法院已经发生法律效力的判决、裁定，发现有本法第二百条规定情形之一的，或者发现调解书损害国家利益、社会公共利益的，可以向同级人民法院提出检察建议，并报上级人民检察院备案；也可以提请上级人民检察院向同级人民法院提出抗诉。 各级人民检察院对审判监督程序以外的其他审判程序中审判人员的违法行为，有权向同级人民法院提出检察建议。
	第二百零九条　有下列情形之一的，当事人可以向人民检察院申请检察建议或者抗诉： （一）人民法院驳回再审申请的； （二）人民法院逾期未对再审申请作出裁定的； （三）再审判决、裁定有明显错误的。 人民检察院对当事人的申请应当在三个月内进行审查，作出提出或者不予提出检察建议或者抗诉的决定。当事人不得再次向人民检察院申请检察建议或者抗诉。
	第二百一十条　人民检察院因履行法律监督职责提出检察建议或者抗诉的需要，可以向当事人或者案外人调查核实有关情况。
第一百八十八条　人民检察院提出抗诉的案件，接受抗诉的人民法院应当自收到抗诉书之日起三十日内作出再审的裁定；有本法第一百七十九条第一款第（一）项至第（五）项规定情形之一的，可以交下一级人民法院再审。	第二百一十一条　人民检察院提出抗诉的案件，接受抗诉的人民法院应当自收到抗诉书之日起三十日内作出再审的裁定；有本法第二百条第一项至第五项规定情形之一的，可以交下一级人民法院再审，但经该下一级人民法院再审的除外。
第一百八十九条　人民检察院决定对人民法院的判决、裁定提出抗诉的，应当制作抗诉书。	第二百一十二条　人民检察院决定对人民法院的判决、裁定、调解书提出抗诉的，应当制作抗诉书。

(续表)

第一百九十条 人民检察院提出抗诉的案件,人民法院再审时,应当通知人民检察院派员出席法庭。	第二百一十三条 人民检察院提出抗诉的案件,人民法院再审时,应当通知人民检察院派员出席法庭。
第十七章 督促程序	**第十七章 督促程序**
第一百九十一条 债权人请求债务人给付金钱、有价证券,符合下列条件的,可以向有管辖权的基层人民法院申请支付令: (一)债权人与债务人没有其他债务纠纷的; (二)支付令能够送达债务人的。 申请书应当写明请求给付金钱或者有价证券的数量和所根据的事实、证据。	第二百一十四条 债权人请求债务人给付金钱、有价证券,符合下列条件的,可以向有管辖权的基层人民法院申请支付令: (一)债权人与债务人没有其他债务纠纷的; (二)支付令能够送达债务人的。 申请书应当写明请求给付金钱或者有价证券的数量和所根据的事实、证据。
第一百九十二条 债权人提出申请后,人民法院应当在五日内通知债权人是否受理。	第二百一十五条 债权人提出申请后,人民法院应当在五日内通知债权人是否受理。
第一百九十三条 人民法院受理申请后,经审查债权人提供的事实、证据,对债权债务关系明确、合法的,应当在受理之日起十五日内向债务人发出支付令;申请不成立的,裁定予以驳回。债务人应当自收到支付令之日起十五日内清偿债务,或者向人民法院提出书面异议。债务人在前款规定的期间不提出异议又不履行支付令的,债权人可以向人民法院申请执行。	第二百一十六条 人民法院受理申请后,经审查债权人提供的事实、证据,对债权债务关系明确、合法的,应当在受理之日起十五日内向债务人发出支付令;申请不成立的,裁定予以驳回。债务人应当自收到支付令之日起十五日内清偿债务,或者向人民法院提出书面异议。债务人在前款规定的期间不提出异议又不履行支付令的,债权人可以向人民法院申请执行。
第一百九十四条 人民法院收到债务人提出的书面异议后,应当裁定终结督促程序,支付令自行失效,债权人可以起诉。	第二百一十七条 人民法院收到债务人提出的书面异议后,经审查,异议成立的,应当裁定终结督促程序,支付令自行失效。支付令失效的,转入诉讼程序,但申请支付令的一方当事人不同意提起诉讼的除外。
第十八章 公示催告程序	**第十八章 公示催告程序**
第一百九十五条 按照规定可以背书转让的票据持有人,因票据被盗、遗失或者灭失,可以向票据支付地的基层人民法院申请公示催告。依照法律规定可以申请公示催告的其他事项,适用本章规定。申请人应当向人民法院递交申请书,写明票面金额、发票人、持票人、背书人等票据主要内容和申请的理由、事实。	第二百一十八条 按照规定可以背书转让的票据持有人,因票据被盗、遗失或者灭失,可以向票据支付地的基层人民法院申请公示催告。依照法律规定可以申请公示催告的其他事项,适用本章规定。申请人应当向人民法院递交申请书,写明票面金额、发票人、持票人、背书人等票据主要内容和申请的理由、事实。

(续表)

第一百九十六条 人民法院决定受理申请,应当同时通知支付人停止支付,并在三日内发出公告,催促利害关系人申报权利。公示催告的期间,由人民法院根据情况决定,但不得少于六十日。	**第二百一十九条** 人民法院决定受理申请,应当同时通知支付人停止支付,并在三日内发出公告,催促利害关系人申报权利。公示催告的期间,由人民法院根据情况决定,但不得少于六十日。
第一百九十七条 支付人收到人民法院停止支付的通知,应当停止支付,至公示催告程序终结。公示催告期间,转让票据权利的行为无效。	**第二百二十条** 支付人收到人民法院停止支付的通知,应当停止支付,至公示催告程序终结。公示催告期间,转让票据权利的行为无效。
第一百九十八条 利害关系人应当在公示催告期间向人民法院申报。人民法院收到利害关系人的申报后,应当裁定终结公示催告程序,并通知申请人和支付人。申请人或者申报人可以向人民法院起诉。	**第二百二十一条** 利害关系人应当在公示催告期间向人民法院申报。人民法院收到利害关系人的申报后,应当裁定终结公示催告程序,并通知申请人和支付人。申请人或者申报人可以向人民法院起诉。
第一百九十九条 没有人申报的,人民法院应当根据申请人的申请,作出判决,宣告票据无效。判决应当公告,并通知支付人。自判决公告之日起,申请人有权向支付人请求支付。	**第二百二十二条** 没有人申报的,人民法院应当根据申请人的申请,作出判决,宣告票据无效。判决应当公告,并通知支付人。自判决公告之日起,申请人有权向支付人请求支付。
第二百条 利害关系人因正当理由不能在判决前向人民法院申报的,自知道或者应当知道判决公告之日起一年内,可以向作出判决的人民法院起诉。	**第二百二十三条** 利害关系人因正当理由不能在判决前向人民法院申报的,自知道或者应当知道判决公告之日起一年内,可以向作出判决的人民法院起诉。
<div align="center">**第三编 执行程序**</div>	<div align="center">**第三编 执行程序**</div>
<div align="center">**第十九章 一般规定**</div>	<div align="center">**第十九章 一般规定**</div>
第二百零一条 发生法律效力的民事判决、裁定,以及刑事判决、裁定中的财产部分,由第一审人民法院或者与第一审人民法院同级的被执行的财产所在地人民法院执行。法律规定由人民法院执行的其他法律文书,由被执行人住所地或者被执行的财产所在地人民法院执行。	**第二百二十四条** 发生法律效力的民事判决、裁定,以及刑事判决、裁定中的财产部分,由第一审人民法院或者与第一审人民法院同级的被执行的财产所在地人民法院执行。法律规定由人民法院执行的其他法律文书,由被执行人住所地或者被执行的财产所在地人民法院执行。

(续表)

第二百零二条 当事人、利害关系人认为执行行为违反法律规定的,可以向负责执行的人民法院提出书面异议。当事人、利害关系人提出书面异议的,人民法院应当自收到书面异议之日起十五日内审查,理由成立的,裁定撤销或者改正;理由不成立的,裁定驳回。当事人、利害关系人对裁定不服的,可以自裁定送达之日起十日内向上一级人民法院申请复议。	第二百二十五条 当事人、利害关系人认为执行行为违反法律规定的,可以向负责执行的人民法院提出书面异议。当事人、利害关系人提出书面异议的,人民法院应当自收到书面异议之日起十五日内审查,理由成立的,裁定撤销或者改正;理由不成立的,裁定驳回。当事人、利害关系人对裁定不服的,可以自裁定送达之日起十日内向上一级人民法院申请复议。
第二百零三条 人民法院自收到申请执行书之日起超过六个月未执行的,申请执行人可以向上一级人民法院申请执行。上一级人民法院经审查,可以责令原人民法院在一定期限内执行,也可以决定由本院执行或者指令其他人民法院执行。	第二百二十六条 人民法院自收到申请执行书之日起超过六个月未执行的,申请执行人可以向上一级人民法院申请执行。上一级人民法院经审查,可以责令原人民法院在一定期限内执行,也可以决定由本院执行或者指令其他人民法院执行。
第二百零四条 执行过程中,案外人对执行标的提出书面异议的,人民法院应当自收到书面异议之日起十五日内审查,理由成立的,裁定中止对该标的的执行;理由不成立的,裁定驳回。案外人、当事人对裁定不服,认为原判决、裁定错误的,依照审判监督程序办理;与原判决、裁定无关的,可以自裁定送达之日起十五日内向人民法院提起诉讼。	第二百二十七条 执行过程中,案外人对执行标的提出书面异议的,人民法院应当自收到书面异议之日起十五日内审查,理由成立的,裁定中止对该标的的执行;理由不成立的,裁定驳回。案外人、当事人对裁定不服,认为原判决、裁定错误的,依照审判监督程序办理;与原判决、裁定无关的,可以自裁定送达之日起十五日内向人民法院提起诉讼。
第二百零五条 执行工作由执行员进行。采取强制执行措施时,执行员应当出示证件。执行完毕后,应当将执行情况制作笔录,由在场的有关人员签名或者盖章。人民法院根据需要可以设立执行机构。	第二百二十八条 执行工作由执行员进行。采取强制执行措施时,执行员应当出示证件。执行完毕后,应当将执行情况制作笔录,由在场的有关人员签名或者盖章。人民法院根据需要可以设立执行机构。
第二百零六条 被执行人或者被执行的财产在外地的,可以委托当地人民法院代为执行。受委托人民法院收到委托函件后,必须在十五日内开始执行,不得拒绝。执行完毕后,应当将执行结果及时函复委托人民法院;在三十日内如果还未执行完毕,也应当将执行情况函告委托人民法院。 受委托人民法院自收到委托函件之日起十五日内不执行的,委托人民法院可以请求受委托人民法院的上级人民法院指令受委托人民法院执行。	第二百二十九条 被执行人或者被执行的财产在外地的,可以委托当地人民法院代为执行。受委托人民法院收到委托函件后,必须在十五日内开始执行,不得拒绝。执行完毕后,应当将执行结果及时函复委托人民法院;在三十日内如果还未执行完毕,也应当将执行情况函告委托人民法院。 受委托人民法院自收到委托函件之日起十五日内不执行的,委托人民法院可以请求受委托人民法院的上级人民法院指令受委托人民法院执行。

	(续表)
第二百零七条　在执行中,双方当事人自行和解达成协议的,执行员应当将协议内容记入笔录,由双方当事人签名或者盖章。一方当事人不履行和解协议的,人民法院可以根据对方当事人的申请,恢复对原生效法律文书的执行。	第二百三十条　在执行中,双方当事人自行和解达成协议的,执行员应当将协议内容记入笔录,由双方当事人签名或者盖章。<u>申请执行人因受欺诈、胁迫与被执行人达成和解协议,</u>或者当事人不履行和解协议的,人民法院可以根据当事人的申请,恢复对原生效法律文书的执行。
第二百零八条　在执行中,被执行人向人民法院提供担保,并经申请执行人同意的,人民法院可以决定暂缓执行及暂缓执行的期限。被执行人逾期仍不履行的,人民法院有权执行被执行人的担保财产或者担保人的财产。	第二百三十一条　在执行中,被执行人向人民法院提供担保,并经申请执行人同意的,人民法院可以决定暂缓执行及暂缓执行的期限。被执行人逾期仍不履行的,人民法院有权执行被执行人的担保财产或者担保人的财产。
第二百零九条　作为被执行人的公民死亡的,以其遗产偿还债务。作为被执行人的法人或者其他组织终止的,由其权利义务承受人履行义务。	第二百三十二条　作为被执行人的公民死亡的,以其遗产偿还债务。作为被执行人的法人或者其他组织终止的,由其权利义务承受人履行义务。
第二百一十条　执行完毕后,据以执行的判决、裁定和其他法律文书确有错误,被人民法院撤销的,对已被执行的财产,人民法院应当作出裁定,责令取得财产的人返还;拒不返还的,强制执行。	第二百三十三条　执行完毕后,据以执行的判决、裁定和其他法律文书确有错误,被人民法院撤销的,对已被执行的财产,人民法院应当作出裁定,责令取得财产的人返还;拒不返还的,强制执行。
第二百一十一条　人民法院制作的调解书的执行,适用本编的规定。	第二百三十四条　人民法院制作的调解书的执行,适用本编的规定。
	<u>第二百三十五条　人民检察院有权对民事执行活动实行法律监督。</u>
第二十章　执行的申请和移送	第二十章　执行的申请和移送
第二百一十二条　发生法律效力的民事判决、裁定,当事人必须履行。一方拒绝履行的,对方当事人可以向人民法院申请执行,也可以由审判员移送执行员执行。 调解书和其他应当由人民法院执行的法律文书,当事人必须履行。一方拒绝履行的,对方当事人可以向人民法院申请执行。	第二百三十六条　发生法律效力的民事判决、裁定,当事人必须履行。一方拒绝履行的,对方当事人可以向人民法院申请执行,也可以由审判员移送执行员执行。 调解书和其他应当由人民法院执行的法律文书,当事人必须履行。一方拒绝履行的,对方当事人可以向人民法院申请执行。

(续表)

第二百一十三条　对依法设立的仲裁机构的裁决,一方当事人不履行的,对方当事人可以向有管辖权的人民法院申请执行。受申请的人民法院应当执行。被申请人提出证据证明仲裁裁决有下列情形之一的,经人民法院组成合议庭审查核实,裁定不予执行: (一)当事人在合同中没有订有仲裁条款或者事后没有达成书面仲裁协议的; (二)裁决的事项不属于仲裁协议的范围或者仲裁机构无权仲裁的; (三)仲裁庭的组成或者仲裁的程序违反法定程序的; (四)认定事实的主要证据不足的; (五)适用法律确有错误的; (六)仲裁员在仲裁该案时有贪污受贿,徇私舞弊,枉法裁决行为的。 人民法院认定执行该裁决违背社会公共利益的,裁定不予执行。裁定书应当送达双方当事人和仲裁机构。 仲裁裁决被人民法院裁定不予执行的,当事人可以根据双方达成的书面仲裁协议重新申请仲裁,也可以向人民法院起诉。	第二百三十七条　对依法设立的仲裁机构的裁决,一方当事人不履行的,对方当事人可以向有管辖权的人民法院申请执行。受申请的人民法院应当执行。被申请人提出证据证明仲裁裁决有下列情形之一的,经人民法院组成合议庭审查核实,裁定不予执行: (一)当事人在合同中没有订有仲裁条款或者事后没有达成书面仲裁协议的; (二)裁决的事项不属于仲裁协议的范围或者仲裁机构无权仲裁的; (三)仲裁庭的组成或者仲裁的程序违反法定程序的; (四)裁决所根据的证据是伪造的; (五)对方当事人向仲裁机构隐瞒了足以影响公正裁决的证据的; (六)仲裁员在仲裁该案时有贪污受贿,徇私舞弊,枉法裁决行为的。 人民法院认定执行该裁决违背社会公共利益的,裁定不予执行。裁定书应当送达双方当事人和仲裁机构。 仲裁裁决被人民法院裁定不予执行的,当事人可以根据双方达成的书面仲裁协议重新申请仲裁,也可以向人民法院起诉。
第二百一十四条　对公证机关依法赋予强制执行效力的债权文书,一方当事人不履行的,对方当事人可以向有管辖权的人民法院申请执行,受申请的人民法院应当执行。公证债权文书确有错误的,人民法院裁定不予执行,并将裁定书送达双方当事人和公证机关。	第二百三十八条　对公证机关依法赋予强制执行效力的债权文书,一方当事人不履行的,对方当事人可以向有管辖权的人民法院申请执行,受申请的人民法院应当执行。公证债权文书确有错误的,人民法院裁定不予执行,并将裁定书送达双方当事人和公证机关。
第二百一十五条　申请执行的期间为二年。申请执行时效的中止、中断,适用法律有关诉讼时效中止、中断的规定。 前款规定的期间,从法律文书规定履行期间的最后一日起计算;法律文书规定分期履行的,从规定的每次履行期间的最后一日起计算;法律文书未规定履行期间的,从法律文书生效之日起计算。	第二百三十九条　申请执行的期间为二年。申请执行时效的中止、中断,适用法律有关诉讼时效中止、中断的规定。 前款规定的期间,从法律文书规定履行期间的最后一日起计算;法律文书规定分期履行的,从规定的每次履行期间的最后一日起计算;法律文书未规定履行期间的,从法律文书生效之日起计算。

(续表)

第二百一十六条 执行员接到申请执行书或者移交执行书,应当向被执行人发出执行通知,责令其在指定的期间履行,逾期不履行的,强制执行。 被执行人不履行法律文书确定的义务,并有可能隐匿、转移财产的,执行员可以立即采取强制执行措施。	第二百四十条 执行员接到申请执行书或者移交执行书,应当向被执行人发出执行通知,并可以立即采取强制执行措施。
第二十一章 执行措施	第二十一章 执行措施
第二百一十七条 被执行人未按执行通知履行法律文书确定的义务,应当报告当前以及收到执行通知之日前一年的财产情况。被执行人拒绝报告或者虚假报告的,人民法院可以根据情节轻重对被执行人或者其法定代理人、有关单位的主要负责人或者直接责任人员予以罚款、拘留。	第二百四十一条 被执行人未按执行通知履行法律文书确定的义务,应当报告当前以及收到执行通知之日前一年的财产情况。被执行人拒绝报告或者虚假报告的,人民法院可以根据情节轻重对被执行人或者其法定代理人、有关单位的主要负责人或者直接责任人员予以罚款、拘留。
第二百一十八条 被执行人未按执行通知履行法律文书确定的义务,人民法院有权向银行、信用合作社和其他有储蓄业务的单位查询被执行人的存款情况,有权冻结、划拨被执行人的存款,但查询、冻结、划拨存款不得超出被执行人应当履行义务的范围。 人民法院决定冻结、划拨存款,应当作出裁定,并发出协助执行通知书,银行、信用合作社和其他有储蓄业务的单位必须办理。	第二百四十二条 被执行人未按执行通知履行法律文书确定的义务,人民法院有权向有关单位查询被执行人的存款、债券、股票、基金份额等财产情况。人民法院有权根据不同情形扣押、冻结、划拨、变价被执行人的财产。人民法院查询、扣押、冻结、划拨、变价的财产不得超出被执行人应当履行义务的范围。 人民法院决定扣押、冻结、划拨、变价财产,应当作出裁定,并发出协助执行通知书,有关单位必须办理。
第二百一十九条 被执行人未按执行通知履行法律文书确定的义务,人民法院有权扣留、提取被执行人应当履行义务部分的收入。但应当保留被执行人及其所扶养家属的生活必需费用。人民法院扣留、提取收入时,应当作出裁定,并发出协助执行通知书,被执行人所在单位、银行、信用合作社和其他有储蓄业务的单位必须办理。	第二百四十三条 被执行人未按执行通知履行法律文书确定的义务,人民法院有权扣留、提取被执行人应当履行义务部分的收入。但应当保留被执行人及其所扶养家属的生活必需费用。人民法院扣留、提取收入时,应当作出裁定,并发出协助执行通知书,被执行人所在单位、银行、信用合作社和其他有储蓄业务的单位必须办理。
第二百二十条 被执行人未按执行通知履行法律文书确定的义务,人民法院有权查封、扣押、冻结、拍卖、变卖被执行人应当履行义务部分的财产。但应当保留被执行人及其所扶养家属的生活必需品。采取前款措施,人民法院应当作出裁定。	第二百四十四条 被执行人未按执行通知履行法律文书确定的义务,人民法院有权查封、扣押、冻结、拍卖、变卖被执行人应当履行义务部分的财产。但应当保留被执行人及其所扶养家属的生活必需品。采取前款措施,人民法院应当作出裁定。

(续表)

第二百二十一条　人民法院查封、扣押财产时,被执行人是公民的,应当通知被执行人或者他的成年家属到场;被执行人是法人或者其他组织的,应当通知其法定代表人或者主要负责人到场。拒不到场的,不影响执行。被执行人是公民的,其工作单位或者财产所在地的基层组织应当派人参加。 对被查封、扣押的财产,执行员必须造具清单,由在场人签名或者盖章后,交被执行人一份。被执行人是公民的,也可以交他的成年家属一份。	第二百四十五条　人民法院查封、扣押财产时,被执行人是公民的,应当通知被执行人或者他的成年家属到场;被执行人是法人或者其他组织的,应当通知其法定代表人或者主要负责人到场。拒不到场的,不影响执行。被执行人是公民的,其工作单位或者财产所在地的基层组织应当派人参加。 对被查封、扣押的财产,执行员必须造具清单,由在场人签名或者盖章后,交被执行人一份。被执行人是公民的,也可以交他的成年家属一份。
第二百二十二条　被查封的财产,执行员可以指定被执行人负责保管。因被执行人的过错造成的损失,由被执行人承担。	第二百四十六条　被查封的财产,执行员可以指定被执行人负责保管。因被执行人的过错造成的损失,由被执行人承担。
第二百二十三条　财产被查封、扣押后,执行员应当责令被执行人在指定期间履行法律文书确定的义务。被执行人逾期不履行的,人民法院可以按照规定交有关单位拍卖或者变卖被查封、扣押的财产。国家禁止自由买卖的物品,交有关单位按照国家规定的价格收购。	第二百四十七条　财产被查封、扣押后,执行员应当责令被执行人在指定期间履行法律文书确定的义务。被执行人逾期不履行的,<u>人民法院应当拍卖被查封、扣押的财产;不适于拍卖或者当事人双方同意不进行拍卖的,人民法院可以委托有关单位变卖或者自行变卖。</u>国家禁止自由买卖的物品,交有关单位按照国家规定的价格收购。
第二百二十四条　被执行人不履行法律文书确定的义务,并隐匿财产的,人民法院有权发出搜查令,对被执行人及其住所或者财产隐匿地进行搜查。采取前款措施,由院长签发搜查令。	第二百四十八条　被执行人不履行法律文书确定的义务,并隐匿财产的,人民法院有权发出搜查令,对被执行人及其住所或者财产隐匿地进行搜查。采取前款措施,由院长签发搜查令。
第二百二十五条　法律文书指定交付的财物或者票证,由执行员传唤双方当事人当面交付,或者由执行员转交,并由被交付人签收。有关单位持有该项财物或者票证的,应当根据人民法院的协助执行通知书转交,并由被交付人签收。有关公民持有该项财物或者票证的,人民法院通知其交出。拒不交出的,强制执行。	第二百四十九条　法律文书指定交付的财物或者票证,由执行员传唤双方当事人当面交付,或者由执行员转交,并由被交付人签收。有关单位持有该项财物或者票证的,应当根据人民法院的协助执行通知书转交,并由被交付人签收。有关公民持有该项财物或者票证的,人民法院通知其交出。拒不交出的,强制执行。

(续表)

第二百二十六条　强制迁出房屋或者强制退出土地,由院长签发公告,责令被执行人在指定期间履行。被执行人逾期不履行的,由执行员强制执行。 强制执行时,被执行人是公民的,应当通知被执行人或者他的成年家属到场;被执行人是法人或者其他组织的,应当通知其法定代表人或者主要负责人到场。拒不到场的,不影响执行。被执行人是公民的,其工作单位或者房屋、土地所在地的基层组织应当派人参加。执行员应当将强制执行情况记入笔录,由在场人签名或者盖章。 强制迁出房屋被搬出的财物,由人民法院派人运至指定处所,交给被执行人。被执行人是公民的,也可以交给他的成年家属。因拒绝接收而造成的损失,由被执行人承担。	第二百五十条　强制迁出房屋或者强制退出土地,由院长签发公告,责令被执行人在指定期间履行。被执行人逾期不履行的,由执行员强制执行。 强制执行时,被执行人是公民的,应当通知被执行人或者他的成年家属到场;被执行人是法人或者其他组织的,应当通知其法定代表人或者主要负责人到场。拒不到场的,不影响执行。被执行人是公民的,其工作单位或者房屋、土地所在地的基层组织应当派人参加。执行员应当将强制执行情况记入笔录,由在场人签名或者盖章。 强制迁出房屋被搬出的财物,由人民法院派人运至指定处所,交给被执行人。被执行人是公民的,也可以交给他的成年家属。因拒绝接收而造成的损失,由被执行人承担。
第二百二十七条　在执行中,需要办理有关财产权证照转移手续的,人民法院可以向有关单位发出协助执行通知书,有关单位必须办理。	第二百五十一条　在执行中,需要办理有关财产权证照转移手续的,人民法院可以向有关单位发出协助执行通知书,有关单位必须办理。
第二百二十八条　对判决、裁定和其他法律文书指定的行为,被执行人未按执行通知履行的,人民法院可以强制执行或者委托有关单位或者其他人完成,费用由被执行人承担。	第二百五十二条　对判决、裁定和其他法律文书指定的行为,被执行人未按执行通知履行的,人民法院可以强制执行或者委托有关单位或者其他人完成,费用由被执行人承担。
第二百二十九条　被执行人未按判决、裁定和其他法律文书指定的期间履行给付金钱义务的,应当加倍支付迟延履行期间的债务利息。被执行人未按判决、裁定和其他法律文书指定的期间履行其他义务的,应当支付迟延履行金。	第二百五十三条　被执行人未按判决、裁定和其他法律文书指定的期间履行给付金钱义务的,应当加倍支付迟延履行期间的债务利息。被执行人未按判决、裁定和其他法律文书指定的期间履行其他义务的,应当支付迟延履行金。
第二百三十条　人民法院采取本法第二百一十八条、第二百一十九条、第二百二十条规定的执行措施后,被执行人仍不能偿还债务的,应当继续履行义务。债权人发现被执行人有其他财产的,可以随时请求人民法院执行。	第二百五十四条　人民法院采取本法第二百四十二条、第二百四十三条、第二百四十四条规定的执行措施后,被执行人仍不能偿还债务的,应当继续履行义务。债权人发现被执行人有其他财产的,可以随时请求人民法院执行。

(续表)

第二百三十一条　被执行人不履行法律文书确定的义务的,人民法院可以对其采取或者通知有关单位协助采取限制出境,在征信系统记录、通过媒体公布不履行义务信息以及法律规定的其他措施。	第二百五十五条　被执行人不履行法律文书确定的义务的,人民法院可以对其采取或者通知有关单位协助采取限制出境,在征信系统记录、通过媒体公布不履行义务信息以及法律规定的其他措施。
第二十二章　执行中止和终结	**第二十二章　执行中止和终结**
第二百三十二条　有下列情形之一的,人民法院应当裁定中止执行: (一)申请人表示可以延期执行的; (二)案外人对执行标的提出确有理由的异议的; (三)作为一方当事人的公民死亡,需要等待继承人继承权利或者承担义务的; (四)作为一方当事人的法人或者其他组织终止,尚未确定权利义务承受人的; (五)人民法院认为应当中止执行的其他情形。 中止的情形消失后,恢复执行。	第二百五十六条　有下列情形之一的,人民法院应当裁定中止执行: (一)申请人表示可以延期执行的; (二)案外人对执行标的提出确有理由的异议的; (三)作为一方当事人的公民死亡,需要等待继承人继承权利或者承担义务的; (四)作为一方当事人的法人或者其他组织终止,尚未确定权利义务承受人的; (五)人民法院认为应当中止执行的其他情形。 中止的情形消失后,恢复执行。
第二百三十三条　有下列情形之一的,人民法院裁定终结执行: (一)申请人撤销申请的; (二)据以执行的法律文书被撤销的; (三)作为被执行人的公民死亡,无遗产可供执行,又无义务承担人的; (四)追索赡养费、扶养费、抚育费案件的权利人死亡的; (五)作为被执行人的公民因生活困难无力偿还借款,无收入来源,又丧失劳动能力的; (六)人民法院认为应当终结执行的其他情形。	第二百五十七条　有下列情形之一的,人民法院裁定终结执行: (一)申请人撤销申请的; (二)据以执行的法律文书被撤销的; (三)作为被执行人的公民死亡,无遗产可供执行,又无义务承担人的; (四)追索赡养费、扶养费、抚育费案件的权利人死亡的; (五)作为被执行人的公民因生活困难无力偿还借款,无收入来源,又丧失劳动能力的; (六)人民法院认为应当终结执行的其他情形。
第二百三十四条　中止和终结执行的裁定,送达当事人后立即生效。	第二百五十八条　中止和终结执行的裁定,送达当事人后立即生效。
第四编　涉外民事诉讼程序的特别规定	**第四编　涉外民事诉讼程序的特别规定**
第二十三章　一般原则	**第二十三章　一般原则**
第二百三十五条　在中华人民共和国领域内进行涉外民事诉讼,适用本编规定。本编没有规定的,适用本法其他有关规定。	第二百五十九条　在中华人民共和国领域内进行涉外民事诉讼,适用本编规定。本编没有规定的,适用本法其他有关规定。

(续表)

第二百三十六条 中华人民共和国缔结或者参加的国际条约同本法有不同规定的,适用该国际条约的规定,但中华人民共和国声明保留的条款除外。	第二百六十条 中华人民共和国缔结或者参加的国际条约同本法有不同规定的,适用该国际条约的规定,但中华人民共和国声明保留的条款除外。
第二百三十七条 对享有外交特权与豁免的外国人、外国组织或者国际组织提起的民事诉讼,应当依照中华人民共和国有关法律和中华人民共和国缔结或者参加的国际条约的规定办理。	第二百六十一条 对享有外交特权与豁免的外国人、外国组织或者国际组织提起的民事诉讼,应当依照中华人民共和国有关法律和中华人民共和国缔结或者参加的国际条约的规定办理。
第二百三十八条 人民法院审理涉外民事案件,应当使用中华人民共和国通用的语言、文字。当事人要求提供翻译的,可以提供,费用由当事人承担。	第二百六十二条 人民法院审理涉外民事案件,应当使用中华人民共和国通用的语言、文字。当事人要求提供翻译的,可以提供,费用由当事人承担。
第二百三十九条 外国人、无国籍人、外国企业和组织在人民法院起诉、应诉,需要委托律师代理诉讼的,必须委托中华人民共和国的律师。	第二百六十三条 外国人、无国籍人、外国企业和组织在人民法院起诉、应诉,需要委托律师代理诉讼的,必须委托中华人民共和国的律师。
第二百四十条 在中华人民共和国领域内没有住所的外国人、无国籍人、外国企业和组织委托中华人民共和国律师或者其他人代理诉讼,从中华人民共和国领域外寄交或者托交的授权委托书,应当经所在国公证机关证明,并经中华人民共和国驻该国使领馆认证,或者履行中华人民共和国与该所在国订立的有关条约中规定的证明手续后,才具有效力。	第二百六十四条 在中华人民共和国领域内没有住所的外国人、无国籍人、外国企业和组织委托中华人民共和国律师或者其他人代理诉讼,从中华人民共和国领域外寄交或者托交的授权委托书,应当经所在国公证机关证明,并经中华人民共和国驻该国使领馆认证,或者履行中华人民共和国与该所在国订立的有关条约中规定的证明手续后,才具有效力。
第二十四章 管 辖	第二十四章 管 辖
第二百四十一条 因合同纠纷或者其他财产权益纠纷,对在中华人民共和国领域内没有住所的被告提起的诉讼,如果合同在中华人民共和国领域内签订或者履行,或者诉讼标的物在中华人民共和国领域内,或者被告在中华人民共和国领域内有可供扣押的财产,或者被告在中华人民共和国领域内设有代表机构,可以由合同签订地、合同履行地、诉讼标的物所在地、可供扣押财产所在地、侵权行为地或者代表机构住所地人民法院管辖。	第二百六十五条 因合同纠纷或者其他财产权益纠纷,对在中华人民共和国领域内没有住所的被告提起的诉讼,如果合同在中华人民共和国领域内签订或者履行,或者诉讼标的物在中华人民共和国领域内,或者被告在中华人民共和国领域内有可供扣押的财产,或者被告在中华人民共和国领域内设有代表机构,可以由合同签订地、合同履行地、诉讼标的物所在地、可供扣押财产所在地、侵权行为地或者代表机构住所地人民法院管辖。

(续表)

第二百四十二条 涉外合同或者涉外财产权益纠纷的当事人,可以用书面协议选择与争议有实际联系的地点的法院管辖。选择中华人民共和国人民法院管辖的,不得违反本法关于级别管辖和专属管辖的规定。	
第二百四十三条 涉外民事诉讼的被告对人民法院管辖不提出异议,并应诉答辩的,视为承认该人民法院为有管辖权的法院。	
第二百四十四条 因在中华人民共和国履行中外合资经营企业合同、中外合作经营企业合同、中外合作勘探开发自然资源合同发生纠纷提起的诉讼,由中华人民共和国人民法院管辖。	第二百六十六条 因在中华人民共和国履行中外合资经营企业合同、中外合作经营企业合同、中外合作勘探开发自然资源合同发生纠纷提起的诉讼,由中华人民共和国人民法院管辖。
第二十五章 送达、期间	第二十五章 送达、期间
第二百四十五条 人民法院对在中华人民共和国领域内没有住所的当事人送达诉讼文书,可以采用下列方式: (一) 依照受送达人所在国与中华人民共和国缔结或者共同参加的国际条约中规定的方式送达; (二) 通过外交途径送达; (三) 对具有中华人民共和国国籍的受送达人,可以委托中华人民共和国驻受送达人所在国的使领馆代为送达; (四) 向受送达人委托的有权代其接受送达的诉讼代理人送达; (五) 向受送达人在中华人民共和国领域内设立的代表机构或者有权接受送达的分支机构、业务代办人送达; (六) 受送达人所在国的法律允许邮寄送达的,可以邮寄送达,自邮寄之日起满六个月,送达回证没有退回,但根据各种情况足以认定已经送达的,期间届满之日视为送达; (七) 不能用上述方式送达的,公告送达,自公告之日起满六个月,即视为送达。	第二百六十七条 人民法院对在中华人民共和国领域内没有住所的当事人送达诉讼文书,可以采用下列方式: (一) 依照受送达人所在国与中华人民共和国缔结或者共同参加的国际条约中规定的方式送达; (二) 通过外交途径送达; (三) 对具有中华人民共和国国籍的受送达人,可以委托中华人民共和国驻受送达人所在国的使领馆代为送达; (四) 向受送达人委托的有权代其接受送达的诉讼代理人送达; (五) 向受送达人在中华人民共和国领域内设立的代表机构或者有权接受送达的分支机构、业务代办人送达; (六) 受送达人所在国的法律允许邮寄送达的,可以邮寄送达,自邮寄之日起满三个月,送达回证没有退回,但根据各种情况足以认定已经送达的,期间届满之日视为送达; (七) 采用传真、电子邮件等能够确认受送达人收悉的方式送达; (八) 不能用上述方式送达的,公告送达,自公告之日起满三个月,即视为送达。

(续表)

第二百四十六条　被告在中华人民共和国领域内没有住所的，人民法院应当将起诉状副本送达被告，并通知被告在收到起诉状副本后三十日内提出答辩状。被告申请延期的，是否准许，由人民法院决定。	第二百六十八条　被告在中华人民共和国领域内没有住所的，人民法院应当将起诉状副本送达被告，并通知被告在收到起诉状副本后三十日内提出答辩状。被告申请延期的，是否准许，由人民法院决定。
第二百四十七条　在中华人民共和国领域内没有住所的当事人，不服第一审人民法院判决、裁定的，有权在判决书、裁定书送达之日起三十日内提起上诉。被上诉人在收到上诉状副本后，应当在三十日内提出答辩状。当事人不能在法定期间提起上诉或者提出答辩状，申请延期的，是否准许，由人民法院决定。	第二百六十九条　在中华人民共和国领域内没有住所的当事人，不服第一审人民法院判决、裁定的，有权在判决书、裁定书送达之日起三十日内提起上诉。被上诉人在收到上诉状副本后，应当在三十日内提出答辩状。当事人不能在法定期间提起上诉或者提出答辩状，申请延期的，是否准许，由人民法院决定。
第二百四十八条　人民法院审理涉外民事案件的期间，不受本法第一百三十五条、第一百五十九条规定的限制。	第二百七十条　人民法院审理涉外民事案件的期间，不受本法第一百四十九条、第一百七十六条规定的限制。
第二十六章　财产保全	
第二百四十九条　当事人依照本法第九十二条的规定可以向人民法院申请财产保全。利害关系人依照本法第九十三条的规定可以在起诉前向人民法院申请财产保全。	
第二百五十条　人民法院裁定准许诉前财产保全后，申请人应当在三十日内提起诉讼。逾期不起诉的，人民法院应当解除财产保全。	
第二百五十一条　人民法院裁定准许财产保全后，被申请人提供担保的，人民法院应当解除财产保全。	
第二百五十二条　申请有错误的，申请人应当赔偿被申请人因财产保全所遭受的损失。	
第二百五十三条　人民法院决定保全的财产需要监督的，应当通知有关单位负责监督，费用由被申请人承担。	
第二百五十四条　人民法院解除保全的命令由执行员执行。	

(续表)

第二十七章 仲裁	第二十六章 仲裁
第二百五十五条 涉外经济贸易、运输和海事中发生的纠纷，当事人在合同中订有仲裁条款或者事后达成书面仲裁协议，提交中华人民共和国涉外仲裁机构或者其他仲裁机构仲裁的，当事人不得向人民法院起诉。当事人在合同中没有订有仲裁条款或者事后没有达成书面仲裁协议的，可以向人民法院起诉。	**第二百七十一条** 涉外经济贸易、运输和海事中发生的纠纷，当事人在合同中订有仲裁条款或者事后达成书面仲裁协议，提交中华人民共和国涉外仲裁机构或者其他仲裁机构仲裁的，当事人不得向人民法院起诉。当事人在合同中没有订有仲裁条款或者事后没有达成书面仲裁协议的，可以向人民法院起诉。
第二百五十六条 当事人申请采取财产保全的，中华人民共和国的涉外仲裁机构应当将当事人的申请，提交被申请人住所地或者财产所在地的中级人民法院裁定。	**第二百七十二条** 当事人申请采取保全的，中华人民共和国的涉外仲裁机构应当将当事人的申请，提交被申请人住所地或者财产所在地的中级人民法院裁定。
第二百五十七条 经中华人民共和国涉外仲裁机构裁决的，当事人不得向人民法院起诉。一方当事人不履行仲裁裁决的，对方当事人可以向被申请人住所地或者财产所在地的中级人民法院申请执行。	**第二百七十三条** 经中华人民共和国涉外仲裁机构裁决的，当事人不得向人民法院起诉。一方当事人不履行仲裁裁决的，对方当事人可以向被申请人住所地或者财产所在地的中级人民法院申请执行。
第二百五十八条 对中华人民共和国涉外仲裁机构作出的裁决，被申请人提出证据证明仲裁裁决有下列情形之一的，经人民法院组成合议庭审查核实，裁定不予执行： （一）当事人在合同中没有订有仲裁条款或者事后没有达成书面仲裁协议的； （二）被申请人没有得到指定仲裁员或者进行仲裁程序的通知，或者由于其他不属于被申请人负责的原因未能陈述意见的； （三）仲裁庭的组成或者仲裁的程序与仲裁规则不符的； （四）裁决的事项不属于仲裁协议的范围或者仲裁机构无权仲裁的。 人民法院认定执行该裁决违背社会公共利益的，裁定不予执行。	**第二百七十四条** 对中华人民共和国涉外仲裁机构作出的裁决，被申请人提出证据证明仲裁裁决有下列情形之一的，经人民法院组成合议庭审查核实，裁定不予执行： （一）当事人在合同中没有订有仲裁条款或者事后没有达成书面仲裁协议的； （二）被申请人没有得到指定仲裁员或者进行仲裁程序的通知，或者由于其他不属于被申请人负责的原因未能陈述意见的； （三）仲裁庭的组成或者仲裁的程序与仲裁规则不符的； （四）裁决的事项不属于仲裁协议的范围或者仲裁机构无权仲裁的。 人民法院认定执行该裁决违背社会公共利益的，裁定不予执行。
第二百五十九条 仲裁裁决被人民法院裁定不予执行的，当事人可以根据双方达成的书面仲裁协议重新申请仲裁，也可以向人民法院起诉。	**第二百七十五条** 仲裁裁决被人民法院裁定不予执行的，当事人可以根据双方达成的书面仲裁协议重新申请仲裁，也可以向人民法院起诉。

(续表)

第二十八章　司　法　协　助	第二十七章　司　法　协　助
第二百六十条　根据中华人民共和国缔结或者参加的国际条约，或者按照互惠原则，人民法院和外国法院可以相互请求，代为送达文书、调查取证以及进行其他诉讼行为。 外国法院请求协助的事项有损于中华人民共和国的主权、安全或者社会公共利益的，人民法院不予执行。	**第二百七十六条**　根据中华人民共和国缔结或者参加的国际条约，或者按照互惠原则，人民法院和外国法院可以相互请求，代为送达文书、调查取证以及进行其他诉讼行为。 外国法院请求协助的事项有损于中华人民共和国的主权、安全或者社会公共利益的，人民法院不予执行。
第二百六十一条　请求和提供司法协助，应当依照中华人民共和国缔结或者参加的国际条约所规定的途径进行；没有条约关系的，通过外交途径进行。外国驻中华人民共和国的使领馆可以向该国公民送达文书和调查取证，但不得违反中华人民共和国的法律，并不得采取强制措施。 除前款规定的情况外，未经中华人民共和国主管机关准许，任何外国机关或者个人不得在中华人民共和国领域内送达文书、调查取证。	**第二百七十七条**　请求和提供司法协助，应当依照中华人民共和国缔结或者参加的国际条约所规定的途径进行；没有条约关系的，通过外交途径进行。外国驻中华人民共和国的使领馆可以向该国公民送达文书和调查取证，但不得违反中华人民共和国的法律，并不得采取强制措施。 除前款规定的情况外，未经中华人民共和国主管机关准许，任何外国机关或者个人不得在中华人民共和国领域内送达文书、调查取证。
第二百六十二条　外国法院请求人民法院提供司法协助的请求书及其所附文件，应当附有中文译本或者国际条约规定的其他文字文本。人民法院请求外国法院提供司法协助的请求书及其所附文件，应当附有该国文字译本或者国际条约规定的其他文字文本。	**第二百七十八条**　外国法院请求人民法院提供司法协助的请求书及其所附文件，应当附有中文译本或者国际条约规定的其他文字文本。人民法院请求外国法院提供司法协助的请求书及其所附文件，应当附有该国文字译本或者国际条约规定的其他文字文本。
第二百六十三条　人民法院提供司法协助，依照中华人民共和国法律规定的程序进行。外国法院请求采用特殊方式的，也可以按照其请求的特殊方式进行，但请求采用的特殊方式不得违反中华人民共和国法律。	**第二百七十九条**　人民法院提供司法协助，依照中华人民共和国法律规定的程序进行。外国法院请求采用特殊方式的，也可以按照其请求的特殊方式进行，但请求采用的特殊方式不得违反中华人民共和国法律。

(续表)

第二百六十四条　人民法院作出的发生法律效力的判决、裁定,如果被执行人或者其财产不在中华人民共和国领域内,当事人请求执行的,可以由当事人直接向有管辖权的外国法院申请承认和执行,也可以由人民法院依照中华人民共和国缔结或者参加的国际条约的规定,或者按照互惠原则,请求外国法院承认和执行。 中华人民共和国涉外仲裁机构作出的发生法律效力的仲裁裁决,当事人请求执行的,如果被执行人或者其财产不在中华人民共和国领域内,应当由当事人直接向有管辖权的外国法院申请承认和执行。	第二百八十条　人民法院作出的发生法律效力的判决、裁定,如果被执行人或者其财产不在中华人民共和国领域内,当事人请求执行的,可以由当事人直接向有管辖权的外国法院申请承认和执行,也可以由人民法院依照中华人民共和国缔结或者参加的国际条约的规定,或者按照互惠原则,请求外国法院承认和执行。 中华人民共和国涉外仲裁机构作出的发生法律效力的仲裁裁决,当事人请求执行的,如果被执行人或者其财产不在中华人民共和国领域内,应当由当事人直接向有管辖权的外国法院申请承认和执行。
第二百六十五条　外国法院作出的发生法律效力的判决、裁定,需要中华人民共和国人民法院承认和执行的,可以由当事人直接向中华人民共和国有管辖权的中级人民法院申请承认和执行,也可以由外国法院依照该国与中华人民共和国缔结或者参加的国际条约的规定,或者按照互惠原则,请求人民法院承认和执行。	第二百八十一条　外国法院作出的发生法律效力的判决、裁定,需要中华人民共和国人民法院承认和执行的,可以由当事人直接向中华人民共和国有管辖权的中级人民法院申请承认和执行,也可以由外国法院依照该国与中华人民共和国缔结或者参加的国际条约的规定,或者按照互惠原则,请求人民法院承认和执行。
第二百六十六条　人民法院对申请或者请求承认和执行的外国法院作出的发生法律效力的判决、裁定,依照中华人民共和国缔结或者参加的国际条约,或者按照互惠原则进行审查后,认为不违反中华人民共和国法律的基本原则或者国家主权、安全、社会公共利益的,裁定承认其效力,需要执行的,发出执行令,依照本法的有关规定执行。违反中华人民共和国法律的基本原则或者国家主权、安全、社会公共利益的,不予承认和执行。	第二百八十二条　人民法院对申请或者请求承认和执行的外国法院作出的发生法律效力的判决、裁定,依照中华人民共和国缔结或者参加的国际条约,或者按照互惠原则进行审查后,认为不违反中华人民共和国法律的基本原则或者国家主权、安全、社会公共利益的,裁定承认其效力,需要执行的,发出执行令,依照本法的有关规定执行。违反中华人民共和国法律的基本原则或者国家主权、安全、社会公共利益的,不予承认和执行。
第二百六十七条　国外仲裁机构的裁决,需要中华人民共和国人民法院承认和执行的,应当由当事人直接向被执行人住所地或者其财产所在地的中级人民法院申请,人民法院应当依照中华人民共和国缔结或者参加的国际条约,或者按照互惠原则办理。	第二百八十三条　国外仲裁机构的裁决,需要中华人民共和国人民法院承认和执行的,应当由当事人直接向被执行人住所地或者其财产所在地的中级人民法院申请,人民法院应当依照中华人民共和国缔结或者参加的国际条约,或者按照互惠原则办理。
第二百六十八条　本法自公布之日起施行,《中华人民共和国民事诉讼法(试行)》同时废止。	第二百八十四条　本法自公布之日起施行,《中华人民共和国民事诉讼法(试行)》同时废止。